21세기 자본

LE CAPITAL AU XXIe SIÈCLE
by Thomas Piketty
ⓒ Editions du Seuil, 2013
Korean translation copyright ⓒ Geulhangari, 2014
Published by arrangement with Editions du Seuil
through Sibylle Books Literary Agency, Seoul

CAPITAL
in the Twenty-First Century

21세기 자본

토마 피케티

장경덕 외 옮김 | **이강국** 감수

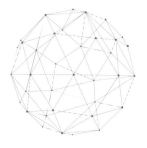

글항아리

일러두기

1. 이 책은 2013년 프랑스 쇠유에서 출간한 토마 피케티의 *LE CAPITAL AU XXIᵉ SIÈCLE*을 완역한 것이다. 한국어판 번역에서는 2014년 미국 하버드대출판부에서 출간한 이 책의 영어 번역서 *Capital in the Twenty-First Century*를 텍스트로 삼았음을 밝혀둔다. 단, 프랑스 원서와 일일이 대조하는 과정을 거쳤으며 영어판과 프랑스어판의 중요한 차이가 있을 경우 프랑스어판을 따랐다. 이 과정에서 저자, 쇠유, 하버드대출판부 모두의 동의와 허락을 받았다.

2. 직역을 우선으로 했으며, 독자들의 내용 이해를 위해 필요한 경우 의역을 곁들였다.

3. 경제학을 전공하지 않은 독자들도 누구나 쉽게 이해할 수 있도록 책을 썼다는 저자의 의도에 따라 전문 용어들은 최대한 풀어 썼으며, 원뜻을 손상하지 않는 범위 안에서 이해하기 쉬운 단어들로 표현했다. 예를 들어 '국민총자본' '자본총량' '상속액' '자본세' 등이 그렇다.

4. 일부 용어는 저자가 여러 가지 표현을 섞어 쓰고 있으며 번역에서는 그 의미를 충실히 살리려고 노력했다. '부' '자산' '재산' '격차 확대' '양극화' 등이 그것이다.

5. 원문의 줄표와 괄호는 부분적으로 생략하기도 했다.

서장

> **"사회적 차별은 오직 공익에 바탕을 둘 때만 가능하다."**
> −1789년 프랑스혁명 당시 인간과 시민의 권리에 관한 선언 제1조

부의 분배는 오늘날 가장 널리 논의되고 또한 가장 많은 논란을 일으키는 문제 중 하나다. 하지만 우리는 장기적으로 부의 분배가 어떻게 변화해왔는지에 관해 무엇을 진정으로 알고 있는가? 19세기에 카를 마르크스가 믿었던 것처럼 민간자본 축적의 동학dynamics으로 인해 부와 권력이 필연적으로 그 어느 때보다 소수의 손에 집중될 것인가? 아니면 20세기에 사이먼 쿠즈네츠Simon Kuznets가 생각했던 것처럼 더 발전된 단계에서는 성장, 경쟁, 기술적 진보에 따라 균형을 잡아가는 힘 덕분에 불평등이 줄어들고 계층 간의 조화로운 안정성이 확보될 것인가? 우리는 18세기 이후 부와 소득이 어떻게 진화해왔는지에 관해 실제로 무엇을 알고 있으며, 그로부터 21세기를 위해 어떤 교훈을 이끌어낼 수 있는가?

나는 이 책에서 바로 이런 질문들에 대한 해답을 제시하고자 한다. 여기에서 제시할 해답들은 완전하지도 완벽하지도 않다는 점을 미리 밝혀두고 싶다. 그러나 이 해답들은 이전의 연구자들이 이용한 것보다 훨씬 더

광범위한 역사적 비교 자료에 바탕을 두고 있다. 이 자료들은 3세기에 걸쳐 20개국 이상의 역사를 보여주는 것이다. 이 해답들은 또한 부와 소득 분배의 밑바탕에 있는 메커니즘들을 더 깊이 이해할 수 있게 해줄 새로운 이론적 틀에 기초한 것이다. 우리는 현대의 경제성장과 지식의 확산 덕분에 마르크스적인 종말은 피해갈 수 있었지만, 자본과 불평등의 심층적인 구조가 바뀐 것은 아니었다. 적어도 제2차 세계대전 이후 낙관적이었던 수십 년 동안 상상할 수 있었던 만큼의 변화는 일어나지 않았다. 자본의 수익률이 생산과 소득의 성장률을 넘어설 때 자본주의는 자의적이고 견딜 수 없는 불평등을 자동적으로 양산하게 된다. 19세기에 이런 상황이 벌어졌으며, 21세기에도 그렇게 될 가능성이 상당히 높은 것으로 보인다. 이러한 불평등은 민주주의 사회의 토대를 이루는 능력주의의 가치들을 근본적으로 침식한다. 그럼에도 불구하고 경제의 개방성을 유지하고 보호주의적이며 국수주의적인 반발을 피하면서 민주주의가 자본주의에 대한 통제력을 되찾고 공동의 이익이 사적인 이익에 앞서도록 보장할 수 있는 방법들이 없는 것은 아니다. 나는 역사적 경험에서 이끌어낸 교훈들에 바탕을 두고 이러한 방향으로 나아가기 위한 정책들을 제안할 것이며, 바로 그런 이야기가 이 책의 줄거리를 이룰 것이다.

데이터 없는 토론?

부의 분배에 관한 지적·정치적 토론은 지금까지 오랫동안 부족한 사실과 넘치는 편견을 바탕으로 진행되어왔다. 사람들은 누구나 어떤 이론적 틀이나 통계적 분석 없이도 자기가 살고 있는 시대의 부와 소득에 관해 직관적인 지식을 갖게 되는데 이러한 지식의 중요성을 과소평가하는 것은 확실히 오류를 범하는 일일 수 있다. 예를 들어 영화나 문학작품, 특히 19세기 소설들은 다양한 사회집단의 상대적 부와 생활수준, 불평등의 심층적인 구조와 그에 대한 정당화, 그리고 불평등이 각자의 삶에 대해 지니는 함의에 관한 상세한 정보로 가득하다. 실제로 제인 오스틴과 오노레 드 발자크는 1790년에서 1830년 사이 영국과 프랑스의 부의 분배에 관한 놀라운 모습들을 그려냈다. 두 소설가는 각자의 사회에 나타난 부의 계층 구조를 속속들이 알고 있었다. 그들은 부의 비밀스러운 형세를 파악했으며, 그것이 필연적으로 보통 사람들의 삶에, 그들의 결혼 전략 및 개인적인 희망과 낙담에 미칠 영향을 인식했다. 그들은 어떤 통계적 분석이나 이론적 분석과도 비교할 수 없을 정도로 진실하게, 그리고 현실을 환기시키는 힘을 가지고 불평등의 함의를 드러내 보여준다.

사실 부의 분배는 매우 중요한 문제여서 경제학자, 사회학자, 철학자들에게만 맡겨둘 수 없다. 이는 모든 사람의 관심사이며 그래서 다행스럽다. 불평등의 구체적이고 물질적인 실체는 그것을 체험하는 모든 이의 눈에 드러나는 것이며, 자연히 날카롭고 논쟁적인 정치적 판단을 부추긴다. 농부와 귀족, 노동자와 공장주, 웨이터와 은행가는 각자 자기가 서 있는 자리에서 이런저런 사람들의 삶의 조건들, 그리고 사회집단 사이의 힘과 지배관계를 살펴보면서 무엇이 정당하고 무엇이 정당하지 않은지에 대한 자기만의 관념을 갖게 된다. 그러므로 부의 분배라는 문제는 언제나 주관적이고 심리적이며, 어쩔 수 없이 정치적이고 갈등적인 면을 갖게 된다. 이는 과학적이라고 하는 어떤 분석을 통해서도 쉽사리 완화할 수 없는 것이다. 아주 다행스럽게도 민주주의는 결코 전문가들의 공화국으로 대체되지 않을 것이다.

그럼에도 불구하고 분배 문제는 또한 체계적이고 조직적인 방식으로 연구할 만한 가치가 있다. 정확하게 정의된 자료와 연구 방법, 개념이 없을 경우에는 어떤 것도 주장할 수 있고 동시에 그 반대의 주장도 할 수 있다. 어떤 이들은 불평등이 언제나 커지고 있으며 따라서 세상이 언제나 더 정의롭지 않게 되어간다고 믿는다. 다른 이들은 불평등이 자연히 줄어들고 있다거나 자동적으로 조화가 이루어진다고 믿으며, 어쨌든 이 행복한 균형을 무너뜨릴 위험이 있는 어떤 일도 해서는 안 된다고 생각한다. 각 진영이 상대편의 지적 나태함을 꼬집으면서 자신의 게으름의 구실로 삼는 이 귀머거리들 간의 대화를 생각하면, 완전히 과학적이지는 않더라도 적어도 체계적이고 조직적인 연구가 담당할 역할이 있다고 본다. 전문가의 분석은 불평등이 필연적으로 부추길 격렬한 정치적 충돌에 결코 마침표를 찍을 수는 없을 것이다. 사회과학에서의 연구는 언제나 잠정적이고 불완전한 것이며, 앞으로도 그러할 것이다. 사회과학적 연구는 경제학, 사회학, 역사학을 정밀과학으로 변형시키려는 오만한 주장을 내포하고 있지 않다. 그 연구는 대신 끈기 있게 사실과 패턴을 찾아내고 그것들을 설명할 수 있는 경제적, 사회적, 정치적인 작동 원리들을 차분하게 분석함으로써 민주적인 토론에 필요한 정보를 제공하며 그 토론의 관심이 좋은 질문들에 집중되도록 할 수 있다. 이런 연구는 토론의 용어들을 끊임없이 다시 정의하고, 선입견이나 사기를 폭로하고, 모든 것이 비판적인 검증을 받도록 하는 데 기여할 수 있다. 내가 보기에는 이것이 바로 사회과학 연구자를 비롯한 지식인들, 그리고 누구보다도 연구에 바칠 수 있는 시간을 더 많이 가진 (그리고 그 연구에 대한 보수까지 받는 귀중한 특권을 가진) 운 좋은 시민들이 할 수 있고 또 해야 하는 역할이다.

그러나 부의 분배에 관한 사회과학 연구가 오랫동안, 그리 많지 않은 확인된 사실과 온갖 종류의 순전히 이론적인 사변들로 이루어졌다는 사실을 부인할 수는 없다. 내 작업의 토대를 이루는 자료들을 좀더 명확하게 제시하기에 앞서, 내가 이 책을 쓰려고 준비하면서 수집했던 이 문제에 관한 이전의 성찰들을 짧게 개관하려 한다.

맬서스, 영 그리고 **프랑스혁명**

/

18세기 말과 19세기 초 영국과 프랑스에서 고전파 정치경제학이 탄생했을 때 분배 문제는 이미 모든 분석의 핵심에 있었다. 누구나 근본적인 변화가 일어나고 있음을 목도했다. 그 변화는 그전에는 알려진 바 없는 지속적인 인구 증가, 농촌 인구의 대탈출, 산업혁명의 도래로 촉진된 것이었다. 이런 격변들이 부의 분배, 사회 구조, 유럽 사회의 정치적 균형에 미친 영향은 무엇이었을까?

1798년에 『인구론Essay on the Principle of Population』을 출간한 토머스 맬서스 Thomas Malthus가 보기에는 모든 것이 명확했는데, 가장 큰 위협은 다름 아닌 인구 과잉이었다.[1] 그의 자료는 빈약했지만 그는 그것들을 최대한 잘 활용하려 했다. 그에게 특히 중요한 영향을 미친 것은 영국 농학자 아서 영Arthur Young이 펴낸 여행기였다. 영은 프랑스혁명 직전인 1787~1788년에 칼레부터 피레네와 브르타뉴, 프랑슈콩테까지 프랑스를 널리 여행하고 당시 프랑스 지방의 비참한 실상에 관해 썼다.

영의 흥미로운 에세이는 결코 전적으로 부정확하기만 한 것은 아니었다. 당시 프랑스는 유럽에서 단연 인구가 가장 많은 나라였으므로 탐구 대상으로 삼기에 이상적인 곳이었다. 프랑스는 영국 인구가 800만 명(잉글랜드만 따지면 500만 명)밖에 되지 않았던 1700년에 이미 2000만 명의 인구를 자랑할 수 있었다. 프랑스의 인구는 루이 14세 통치 말기부터 루이 16세가 죽음을 맞을 때까지 18세기 내내 꾸준히 늘어났으며, 1780년에는 3000만 명에 육박했다. 이 전례 없이 빠른 인구 증가가 1789년 혁명이 터지기 전 수십 년 동안 농업 분야의 임금이 정체되고 토지 임대료가 상승하는 데 기여했다고 믿을 만한 충분한 근거가 된다. 이러한 인구 변동이 프랑스혁명의 유일한 원인은 아니지만 귀족사회와 기존 정치체제의 인기를 떨어뜨린 것만은 분명하다.

그럼에도 불구하고 1789년 출간된 영의 책은 민족주의적 편견과 어림짐작으로 수행한 비교의 흔적들을 지니고 있다. 이 뛰어난 농학자는 그가 머물던 여관들에 전혀 만족하지 못했으며 시중을 들었던 여성들의 태도를 역겨워했다. 그가 관찰한 것 중 많은 것이 진부한 일화들이었지만 그는 그로부터 보편적인 결론을 이끌어내고자 했다. 그는 주로 자신이 목격한 광범위한 빈곤이 정치적 격변으로 이어질 것을 우려했다. 특히 책임감 있는 사람들이 이끄는 조화롭고 평화적인 발전은 귀족과 평민의 의회를 분리하고 귀족에게 거부권을 주는 영국식 정치체제에서만 이루어질 수 있다고 확신했다. 그는 프랑스가 1789~1790년 귀족과 평민 모두 동일한 입법기구에서 자리를 차지하도록 허용함으로써 파멸을 향해 가고 있다고 확신한다. 그의 이야기 전체가 프랑스혁명에 대한 두려움에 의해서도 영향을 받았다는 것은 과장이 아니다. 부의 분배에 관해 이야기할 때면 누구도 정치와 멀찌감치 떨어져 있을 수 없으며, 당대의 계급적 편견과 이해관계를 벗어나기는 힘들다.

맬서스 목사는 1798년 자신의 유명한 『인구론』을 펴냈을 때 영보다 훨씬 더 과격한 결론에 이르렀다. 같은 나라의 영처럼 그는 프랑스에서 발산되는 새로운 정치사상을 몹시 두려워했고, 영국에서는 프랑스혁명과 비슷한 격변이 일어나지 않을 것이라고 스스로를 안심시키기 위해 가난한 이들을 위한 모든 복지 지원을 즉각 중단해야 하며 세계가 인구 과잉에 따른 혼란과 불행에 빠져들지 않도록 하려면 빈곤층의 출산을 엄격히 통제해야 한다고 주장했다. 실제로 1790년대 유럽의 엘리트들이 얼마나 이런 공포에 사로잡혔는지를 고려하지 않고는 맬서스의 그 어두운 예측들을 이해할 수 없다.

리카도: 희소성의 원리

/

지금에 와서 회고적으로, 이런 불행의 예언자들을 비웃는 것은 아주 쉽다. 그러나 18세기 말과 19세기 초의 경제적, 사회적 변화는 그것을 목도한 이들에게 엄청나게 충격적인 것은 아니었을지 몰라도 분명 매우 인상적인 것이었음을 인식할 필요가 있다. 사실 맬서스와 영뿐만 아니라 그 시대의 관찰자 대부분은 부의 분배와 사회의 계층 구조가 장기적으로 어떻게 바뀔지에 대해 비교적 암울하거나 종말론적인 견해를 공유했다. 특히 데이비드 리카도David Ricardo와 카를 마르크스가 그랬다. 이들은 확실히 19세기에 가장 영향력이 컸던 경제학자들로, 둘 다 소수의 사회집단—리카도가 보기에는 지주들, 마르크스가 보기에는 산업자본가들—이 필연적으로 생산과 소득의 점점 더 많은 몫을 차지하게 될 것이라고 믿었다.[2]

1817년 『정치경제학과 조세의 원리Principles of Political Economy and Taxation』를 펴낸 리카도에게 가장 중요한 관심사는 토지 가격과 지대의 장기적인 변화였다. 맬서스와 마찬가지로 그는 통계라고 할 만한 자료를 거의 갖고 있지 못했다. 그럼에도 불구하고 그는 그 시대 자본주의에 대해 깊은 지식을 갖고 있었다. 포르투갈 출신의 유대계 금융가 집안에서 태어난 그는 맬서스, 영 또는 스미스보다 정치적 편견이 조금 덜했던 것으로 보인다. 그는 맬서스의 모형으로부터 영향을 받았지만 그의 논리를 더 밀고 나갔다. 그의 관심을 끈 것은 무엇보다 다음과 같은 논리적 역설이었다. 일단 인구와 생산이 모두 꾸준히 늘어나기 시작하면 토지는 다른 상품들에 비해 점점 더 희소해지는 경향이 있다. 그러면 수요와 공급의 법칙에 따라 토지 가격이 지속적으로 오르고 지주에게 내는 지대도 상승할 것이다. 이에 따라 지주들이 국민소득 가운데 갈수록 더 많은 몫을 차지하면서 나머지 인구에게 돌아갈 몫은 줄어들 것이고, 결국 사회적 균형에 혼란이 일어날 것이다. 리카도가 볼 때 논리적으로, 정치적으로 받아들일 수 있는 유일한 해법은 토지 임대소득에 대해 점점 더 많은 세금을 물리는 것이었다.

이 암울한 예언은 틀린 것으로 드러났다. 지대는 장기간에 걸쳐 분명 높은 수준에 머물렀지만, 국민소득 중 농업의 비중이 줄어들면서 농경지의 가치는 결국 필연적으로 다른 형태의 재산에 비해 상대적으로 하락했다. 1810년대에 책을 쓴 리카도가 훗날의 기술 진보나 산업 성장의 중요성을 예견할 길은 없었다. 맬서스와 영처럼 그도 인류가 절박한 식량 수요에서 완전히 해방되리라고는 상상조차 하지 못했던 것이다.

그러나 토지 가격에 대한 그의 통찰은 흥미롭다. 그의 주장의 기초였던 '희소성의 원리'는 어떤 가격들이 수십 년에 걸쳐 매우 높은 수준으로 오를 수 있다는 것을 의미했다. 이는 사회 전체를 흔들어놓기에 충분한 것이었다. 가격 체계는 수백만 명—오늘날 새로운 글로벌 경제에서는 수십억 명—의 개인 활동을 조정하는 데 없어서는 안 될 역할을 한다. 문제는 가격 체계가 그 한계도 도덕성도 알지 못한다는 점이다.

21세기에 세계적인 부의 분배를 이해하는 데 희소성의 원리의 중요성을 무시하는 것은 심각한 잘못이 될 것이다. 누구든 스스로 이 점을 확신하려면 리카도 모형에서 농지 가격이 차지하던 자리에 세계적으로 중요한 수도의 도심 부동산 가격이나 석유 가격을 대입해보는 것만으로도 충분하다. 이 두 경우에 1970~2010년의 가격 추세를 2010~2050년 또는 2010~2100년까지 연장해보면 그 결과는 각국 간에는 물론 각국 내에서도 상당히 큰 경제적, 사회적, 정치적 불균형으로 나타날 것이다. 리카도가 예언한 대재앙을 떠올릴 수밖에 없는 불균형이다.

확실히 원론적으로는 이 과정에서 균형을 되찾을 수 있도록 하는 아주 간단한 경제 원리가 있다. 수요와 공급의 원리가 그것이다. 어떤 상품이든 공급이 불충분하면, 그리고 가격이 지나치게 높으면, 그 상품에 대한 수요는 줄어들어야 하며 이에 따라 가격은 떨어져야 한다. 다시 말해 부동산과 석유 가격이 오르면 사람들은 시골로 이주하거나 자전거로 여행하고 다니는 것에 (혹은 둘 모두에) 익숙해져야 한다. 하지만 그런 적응과정이 기분 나쁘고 번거롭다는 것은 차치하더라도 그 과정은 수십 년이 걸릴 수도 있고 그러는 사이 부동산과 유전 소유자들은 나머지 인구에 대해 무언가를 청구할 수 있는 자산을 축적할 것이다. 그런 자산은 무척 광범위해서 그들은 시골의 부동산과 자전거를 포함해 소유할 수 있는 것은 모조리 최종적으로 손에 넣게 될 것이다.[3] 하지만 늘 그렇듯이 최악의 상황이 찾아올지는 결코 확실하지 않다.

독자들에게 2050년이 되면 카타르 국왕에게 임대료를 내고 있을 수도 있다고 경고하기에는, 아직은 너무 이르다. 나는 적당한 때에 이 문제를 검토하고자 한다. 내 해답은 적당히 위안을 주는 것이 되겠지만, 틀림없이 훨씬 더 미묘한 내용이 될 것이다. 그러나 지금 중요한 것은, 수요와 공급의 상호 작용이 어떤 상대적인 가격들의 극단적인 변화에 따라 부의 분배의 심각한 양극화가 지속될 가능성을 결코 배제하지 못한다는 점을 이해하는 것이다. 이것이 바로 리카도의 희소성의 원리가 주는 중요한 시사점이다. 그러나 우리에게 주사위를 던지도록 강요하는 것은 아무것도 없다.

마르크스: **무한 축적의 원리**

/

리카도의 『정치경제학과 조세의 원리』가 출간된 지 꼭 반세기가 지난 1867년 『자본Capital』 제1권이 출간되었을 때 경제적, 사회적 현실은 심층적으로 변모한 상태였다. 이제 더 이상 농부들이 늘어나는 인구를 먹여 살릴 수 있을지 또는 토지 가격이 하늘 높이 치솟을지 하는 것이 문제가 아니었다. 활짝 피어난 산업자본주의의 동학을 어떻게 이해할 것인가가 중요한 문제로 부상했다.

　그 시대의 가장 놀라운 실상은 산업 프롤레타리아트(무산 노동자 계급—옮긴이)의 비참한 생활이었다. 경제성장에도 불구하고(또는 부분적으로 그 성장 때문에) 그리고 인구 증가와 농업 생산성 향상에 따른 농촌 인구의 대탈출로 인해 노동자들은 도시 빈민가로 쇄도해 왔다. 노동 시간은 길었고 임금은 매우 낮았다. 도시의 새로운 빈곤이 더 뚜렷하게, 더 충격적으로 모습을 드러냈으며, 이는 어떤 면에서는 구체제의 농촌 지역에서 보았던 빈곤보다 훨씬 더 극단적이었다. (1841년 프랑스에서) 8세 이상 어린이들만 공장에서 일할 수 있도록 하거나 (1842년 영국에서) 10세 이상만 광산에서 일할 수 있도록 제한하는 법이 실제로 있었던 것처럼 『제르미날』『올리버 트위스트』『레미제라블』이 소설가들의 상상 속에서 튀어나온 것은 아니다. 프랑스 의사 루이 비예르메Louis-René Villermé가 1840년에 발표한 (1841년 미온적인 새 아동근로법 통과를 이끌어낸) 『공장 노동자의 신체와 심리상태 보고서Tableau de l'état physique et moral des ouvriers employés dans les manufactures』도 1845년 프리드리히 엥겔스가 출간한 『영국 노동계급의 현실The Condition of the Working Class in England』과 마찬가지로 추악한 현실을 묘사했다.[4]

사실 오늘날 우리가 이용할 수 있는 모든 역사적 자료는 19세기 후반—또는 심지어 19세기의 마지막 3분의 1에 해당되는 시기—에 가서야 구매력 면에서 임금의 의미 있는 상승이 나타난다는 것을 보여준다. 1800년대부터 1850년대까지 노동자들의 임금은 매우 낮은—18세기와 그 이전 수준에 가깝거나 심지어 그보다 낮은—수준에 정체되어 있었다. 프랑스뿐만 아니라 영국에서도 관찰되는 이 오랜 임금 정체 국면은 바로 이 기간에 경제성장은 도리어 가속화되었다는 사실과 비교할 때 더욱 두드러져 보인다. 오늘날 이용할 수 있는 불완전한 자료로 추정하는 한 이 두 국가의 국민소득에서 자본이 차지하는 몫—기업의 이윤, 토지와 건물의 임대소득—은 19세기 전반에 크게 늘어났다.[5] 19세기의 마지막 수십 년간 임금이 어느 정도 성장률을 따라잡으면서 자본가의 몫은 조금 줄어들게 된다. 그러나 우리가 정리한 자료에 따르면 제1차 세계대전 이전에는 구조적 불평등이 결코 줄어들지 않았다. 1870~1914년 기간에는 기껏해야 불평등이 극히 높은 수준에서 굳어져버린 것을 볼 수 있다. 그리고 어떤 면에서는 부가 갈수록 더 소수에게 집중되면서 불평등이 끊임없이 확대되는 악순환을 볼 수 있다. 이런 궤적이 1914~1918년의 폭발에서 비롯된 중대한 경제적, 정치적 충격이 없었더라면 어느 방향으로 흘러갔을지 섣불리 말할 수는 없다. 역사적 분석의 도움을 받고 오늘날 우리가 가진 약간의 관점을 동원해 살펴보면, 그러한 충격들은 산업혁명 이후 능히 불평등을 감소시키는 쪽으로 작용한 유일한 힘처럼 보인다고 할 수 있다.

어찌되었든 간에, 1840년대에는 노동소득이 정체되는 가운데 자본은 융성했고 산업 이윤은 늘어났다. 이것은 너무나 자명했기 때문에 당시 어느 누구도 국가 전체를 보는 통계자료를 활용할 수 없었음에도 불구하고 모두가 그 사실을 완벽하게 인지하고 있었다. 최초의 공산주의와 사회주의 운동이 전개된 것은 바로 이런 맥락에서였다. 그들의 핵심적인 질문은 단순한 것이었다. 반세기 동안의 산업적 성장을 이룬 다음에도 대중의 상황이 여전히 그전처럼 비참하다면, 그리고 8세 미만 어린이들의 공장노동을 금지하는 것이 입법자들이 할 수 있는 일의 전부라면, 산업 발전은 무엇을 위한 것이며 이 모든 기술 혁신과 이 모든 노력과 인구 이동은 도대체 무엇을 위한 것이란 말인가? 기존 경제와 정치체제의 파산은 명백해 보였다. 그러므로 사람들은 장기적인 체제 변화에 관해 알고 싶어했다. 그에 대해 무슨 말을 할 수 있을까?

이것이 바로 마르크스가 스스로 설정한 과제였다. 그는 1848년 '민중의 봄spring of nations'(그해 봄 전 유럽에 걸쳐 터져나온 혁명들) 직전에 「공산당선언」을 발표했는데, 이 짧고 강력한 텍스트는 그 유명한 "한 유령이 유럽을 배회하고 있다―공산주의라는 유령이"라는 말로 시작된다.[6] 이 선언은 혁명을 예언하는 서두만큼 유명한 말로 끝을 맺는다. "그러므로 현대의 산업 발전은 부르주아지(유산계급―옮긴이)가 생산을 하고 그 생산물을 전유하는 바로 그 기반을 발밑에서부터 무너뜨린다. 따라서 부르주아지가 생산하는 것은 무엇보다 그 자신의 무덤을 파는 일꾼들이다. 그들의 파멸과 프롤레타리아트의 승리는 똑같이 필연적인 것이다."

이후 20년 동안 마르크스는 이 결론이 옳다는 것을 증명하고 자본주의와 그 붕괴에 대한 최초의 과학적인 분석을 내놓기 위해 방대한 저작을 집필하는 데 힘을 쏟게 된다. 이 작업은 미완으로 남았다. 『자본』의 첫째 권은 1867년에 출간되었지만 마르크스는 그다음 두 권을 완성하지 못한 채 1883년에 죽었다. 그의 친구 엥겔스는 마르크스 사후 그것들을 출간했는데, 때로는 마르크스가 남긴 원고의 불명료한 조각들을 짜맞추어야 했다.

리카도와 같이 마르크스의 연구도 자본주의 체제 내부의 논리적 모순에 대한 분석을 바탕으로 했다. 따라서 그는 자신을 부르주아 경제학자들과 유토피아 사회주의자, 프루동 추종자들 모두와 구별짓고자 했다.(부르주아 경제학자들은 시장을 자기조절적 시스템으로 보았다. 즉 애덤 스미스의 '보이지 않는 손'의 이미지 그리고 생산은 스스로 수요를 창출한다는 장바티스트 세Jean-Baptiste Say의 법칙에 맞게 균형 상태에서 크게 벗어나지 않으면서 스스로 균형을 찾아갈 수 있는 시스템으로 보았다.) 마르크스가 보기에 유토피아 사회주의자와 프루동 추종자들은 노동계급의 비참한 실상을 고발하는 데 만족하고 그 원인이 되는 경제적 과정에 대한 진정한 과학적인 분석을 제시하지는 못했다.[7] 요컨대 마르크스는 자본의 가격과 희소성의 원리에 관한 리카도 모형을 자본주의 동학에 대한 더 철저한 분석의 바탕으로 삼았다. 그 시대에 자본은 토지 관련 부동산이 아니라 주로 (기계와 공장을 비롯한) 산업자본이었으며, 따라서 기본적으로 축적할 수 있는 자본의 양에는 아무런 제한이 없었다. 사실 그의 주요 결론은 '무한 축적의 원리principle of infinite accumulation'라고 일컬을 만한 것이다. 즉 자본은 계속 축적되면서 갈수록 소수의 손에 집중되는 움직일 수 없는 경향이 있으며, 그 과정에 아무런 자연적 제약이 없다는 것이다. 이것이 마르크스가 자본주의의 파멸을 예언한 근거다. 자본의 수익률이 끊임없이 감소하거나(그래서 자본축적의 엔진을 꺼뜨리고 자본가들 사이에 격렬한 투쟁을 부르거나) 국민소득 가운데 자본가의 몫이 무한히 증가해(그래서 조만간 노동자들이 단결해 폭동을 일으켜) 결국 자본주의는 최후를 맞는다는 것이다. 어느 쪽이든 안정된 사회경제적, 정치적 균형은 불가능하다.

마르크스의 암울한 예언은 리카도의 예언보다 현실로 나타날 가능성이 결코 더 높지 않았다. 19세기의 마지막 3분의 1에 해당되는 기간에 임금은 마침내 올라가기 시작했다. 노동자들의 구매력 향상은 모든 곳으로 확산되었다. 비록 극심한 불평등이 지속되고 어떤 면에서는 제1차 세계대전 때까지 불평등이 계속 커졌다 해도 노동자의 구매력 증가는 상황을 근본적으로 바꾸어놓았다. 공산주의 혁명은 실제로 일어났지만 유럽에서 가장 낙후된 국가인 러시아에서 발생했다. 유럽의 가장 발전한 국가들이 (그 국가의 국민에게는 다행스럽게도) 사회민주주의라는 다른 길을 모색하고 있을 때 러시아에서는 산업혁명이 거의 시작도 되지 않은 상황이었다. 그보다 앞선 연구자들처럼 마르크스도 지속적인 기술 진보와 꾸준한 생산성 향상이 이뤄질 가능성을 완전히 무시했다. 기술 진보와 생산성 향상은 민간자본의 축적과 집중화 과정에서 어느 정도는 균형을 잡아주는 힘이다. 마르크스에게는 그의 예언들을 가다듬는 데 필요한 통계자료가 부족했던 것이 틀림없다. 아마도 그는 자신의 결론들을 정당화하는 데 필요한 연구에 착수하기 전인 1848년에 이미 그 결론들을 내렸다는 점 때문에도 어려움을 겪었을 것이다. 그는 분명히 대단한 정치적 열광의 풍토 속에서 글을 썼는데 이 때문에 때로 성급하게 지름길을 택해야 했으며, 이것이 훗날 그의 발목을 잡게 된다. 경제 이론이 가능한 한 충실한 역사적 자료에 뿌리를 둘 필요가 있는 것은 바로 그 때문이며, 이런 면에서 마르크스는 그가 손에 넣을 수 있는 모든 자료를 이용했다고 말할 수 없다.[8] 더욱이 그는 어떤 사회의 민간자본이 완전히 폐지된 경우 어떻게 그 사회를 정치적, 경제적으로 조직할 수 있는가 하는 문제에 대해 별로 깊이 고민하지 않았다. 민간자본이 폐지된 나라들이 수행했던 비극적인 전체주의 실험이 보여주듯이 실제로 그런 상황이 될 경우 이는 매우 복잡한 문제를 야기한다.

이런 여러 가지 한계에도 불구하고 마르크스의 분석은 몇 가지 면에서 여전히 타당하다고 볼 수 있다. 첫째, 그는 (산업혁명 기간의 믿기 어려울 정도의 부의 집중에 관한) 중요한 물음을 품고 자신에게 가용한 방법들을 동원해 그에 답하려고 노력했다. 오늘날 경제학자들은 그의 본보기에서 영감을 얻을 수 있을 것이다. 더욱 중요한 것은 마르크스가 제시한 무한 축적의 원리에는 핵심적인 통찰이 담겨 있다는 것이다. 이 통찰은 19세기에 대한 분석에서와 마찬가지로 21세기에 대한 분석에서도 타당하며, 어떤 면에서는 리카도의 희소성의 원리보다 우리를 더 불안하게 한다. 인구와 생산성 증가율이 비교적 낮으면 자연히 과거에 축적된 부가 상당한 정도의 중요성을 지니게 되는데, 이 중요성은 잠재적으로 과도해질 수 있으며 사회의 조화를 해칠 수도 있는 것이다. 달리 말하면 낮은 성장은 마르크스의 무한 축적 원리에 대해 적절한 균형을 잡아줄 수 없다. 그 결과로 나타나는 균형은 마르크스가 예언한 것처럼 종말론적이지는 않지만 그럼에도 불구하고 대단히 불안한 것이다. 축적은 어떤 한계에 이르면 끝나게 되지만, 그 한계가 불안을 초래하기에 충분할 정도로 높을 수도 있다. 특히 1980년대와 1990년대 이후 유럽의 부유한 국가들과 일본에서 민간부문은 연간 국민소득의 배수로 가늠되는 대단히 높은 수준의 부를 축적했는데, 이는 마르크스의 논리를 직접적으로 반영한다.

마르크스부터 쿠즈네츠까지, 또는 **종말론에서 동화로**

/

19세기의 리카도와 마르크스의 분석에서 20세기의 사이먼 쿠즈네츠의 분석으로 옮겨간다는 것은 종말론적인 예언에 대한 경제학자들의 지나치게 두드러진 취향으로부터 이제 동화 같은 이야기나 해피엔딩에 대한 그들의 똑같이 극단적인 선호로 옮겨가는 것과 같다고 말할 수 있다. 쿠즈네츠의 이론에 따르면, 자본주의의 더 높은 발전 단계에서는 소득불평등이 경제 정책 선택이나 국가 사이의 다른 차이와 무관하게 결국 납득할 수 있는 수준에서 안정될 때까지 자동적으로 감소하게 된다. 1955년에 제시된 이 이론은 1945년부터 1975년까지 이어진, 프랑스에서 '영광의 30년Trente Glorieuses'이라고 일컬어지는 전후의 황홀한 시대에 정확히 부합하는 이론이었다.[9] 쿠즈네츠가 보기에는 머지않아 성장이 모든 이에게 이득이 될 터이므로 참고 기다리는 것으로 충분했다. 그 당시의 철학은 다음과 같은 한 문장으로 요약된다. "성장은 모든 배를 뜨게 하는 밀물이다." 1956년 로버트 솔로Robert Solow가 경제의 '균형성장 경로balanced growth path' 달성에 필

요한 조건을 분석한 데서도 비슷한 낙관론을 찾아볼 수 있다. 이 경로는
—생산, 소득, 이윤, 임금, 자본, 자산 가격을 비롯한—모든 변수가 같은
속도로 움직이는 성장의 궤적이다. 이에 따르면 모든 사회집단이 성장으
로부터 같은 수준의 혜택을 보며 정상 궤도에서 크게 벗어나는 경우는 없
다.[10] 그래서 쿠즈네츠의 견해는 불평등의 악순환에 관한 리카도와 마르
크스의 생각에 정면으로 반대하는 것이며, 19세기의 종말론적인 예언들과
완전히 상반되는 것이다.

쿠즈네츠의 이론이 1980~1990년대에 발휘했고 오늘날에도 어느 정도
발휘하고 있는 큰 영향력을 제대로 이해하려면 그것이 이런 종류의 이론
들 가운데서는 처음으로 철저한 통계 작업에 기초한 것이라는 점을 강조
해야 한다. 사실 20세기 중반까지도 최초의 역사적인 소득분배 시계열 자
료time series가 나오지 않았다. 1953년 쿠즈네츠의『소득과 저축에서 소득
상위 계층이 차지하는 비중Shares of Upper Income Groups in Income and Savings』이
라는 기념비적인 저서가 출간되고 나서야 비로소 이런 통계를 이용할 수
있게 되었다. 쿠즈네츠의 통계는 오로지 미국 한 국가의 35년(1913~1948)
기간을 다룬 것이었다. 그럼에도 이는 중요한 기여를 한 것으로, 19세기의
저자들은 전혀 이용할 수 없었던 두 가지 자료, 즉 (1913년 소득세가 도입
되기 전에는 없었던) 미국 연방 소득세 신고 자료와 몇 년 전부터 쿠즈네
츠 자신이 추정한 미국 국민소득 자료에 의존한 것이었다. 이는 사회적 불
평등을 그처럼 야심찬 규모로 측정하려고 한 최초의 시도였다.[11]

서로 보완적이고 꼭 필요한 이 두 데이터가 없으면 소득분배의 불평등
을 측정하거나 시간의 흐름 속에서 그 불평등이 어떻게 달라졌는지 가늠
하는 것은 한마디로 불가능하다는 점을 깨닫는 것이 중요하다. 물론 영
국과 프랑스에서 국민소득을 추산하려는 최초의 시도들은 17세기 말과
18세기 초까지 거슬러 올라가며 19세기가 지나는 동안 그 같은 시도들
이 훨씬 더 늘어나게 된다. 그러나 이런 추산들은 일회성으로 그쳤다. 20
세기 들어 제1차 세계대전과 제2차 세계대전 사이에 가서야 미국의 쿠즈

네츠와 존 켄드릭John W. Kendrick, 영국의 아서 볼리Arthur Bowley와 콜린 클라크Colin Clark, 프랑스의 L. 뒤제 드 베르농빌L. Dugé de Bernonville 같은 경제학자들의 주도 아래 처음으로 국민소득의 연간 시계열 자료들이 개발된다. 이런 유형의 자료들은 한 국가의 총소득을 측정할 수 있도록 해준다. 국민소득에서 고소득층이 차지하는 비중을 가늠하려면 소득세 신고 자료도 필요하다. 이러한 정보는 제1차 세계대전 전후에 많은 나라가 누진적 소득세를 채택했을 때 이용할 수 있게 되었다.(미국은 1913년, 프랑스는 1914년, 영국은 1909년, 인도는 1922년, 아르헨티나는 1932년에 이런 세제를 채택했다.)[12]

소득세가 없는 나라에도 어떤 형태든 간에 특정 시점에 존재하는 과세 기반에 관한 온갖 통계가 있다는 것을 인식할 필요가 있다.(예를 들어 19세기 프랑스에서는 지방 행정당국이 출입문과 창문 수의 분포에 관한 통계를 갖고 있었는데 이는 흥미로운 일이다.) 그러나 이런 자료들은 소득에 관해서는 아무것도 말해주지 않는다. 더욱이 세무당국에 소득을 신고하도록 의무화한 법이 만들어지기 전에는 사람들이 흔히 자신의 소득이 얼마인지도 알지 못했다. 법인세와 부유세도 마찬가지다. 과세는 모든 시민이 공공지출과 사업의 재원 조달에 기여하게 하고 세금을 가능한 한 공평하게 부담하도록 배분하는 방법일 뿐만 아니라 분류 체계를 확립하고 지식과 민주적 투명성을 촉진하는 데에도 유용하다.

어쨌든 쿠즈네츠가 수집한 자료는 미국의 소득계층 구조에서 상위 몇 퍼센트나 각 십분위 계층이 전체 국민소득에서 차지하는 비중의 변화를 계산할 수 있도록 해주었다. 그런데 그가 발견한 것은 무엇이었을까? 그가 확인한 것은 1913년과 1948년 사이에 미국의 소득불평등이 급속히 감소했다는 사실이었다. 더 구체적으로 보면 이 기간이 시작될 때 미국의 소득분포상 상위 10퍼센트가 연간 국민소득의 45~50퍼센트를 차지하고 있었다. 1940년대 후반이 되자 상위 10퍼센트의 몫은 국민소득의 약 30~35퍼센트로 감소했다. 국민소득에서 10퍼센트포인트가 낮아졌다는 것은 상당히 큰 폭의 감소라고 할 수 있다. 예를 들면 이는 미국에서 소득 하위 50퍼센트 계층이 벌어들인 소득의 절반에 해당된다.[13] 불평등의 감소는 명백하고 반박할 여지가 없는 것이었다. 이는 상당히 중요한 뉴스였으며, 전후시대 대학과 국제기구의 경제적 논의에 엄청난 영향을 미쳤다.

맬서스, 리카도, 마르크스, 그리고 다른 많은 이가 수십 년 동안 어떤 자료도 인용하지 않고 혹은 한 기간을 다른 기간과 비교하거나 대립되는 가설들 중 하나를 선택하는 방법을 쓰지도 않고 불평등을 이야기해왔다. 그러나 이제 처음으로 객관적인 데이터를 이용할 수 있게 되었다. 비록 그 정보는 불완전하더라도 존재 가치를 지니고 있다. 더구나 그 자료들은 매우 훌륭하게 정리되어 있다. 1953년 쿠즈네츠가 출간한 묵직한 책은 자료의 출처와 통계 방법에 관한 가장 상세한 내용을 밝혀 모든 계산이 재연될 수 있도록 했다. 게다가 쿠즈네츠는 복음의 전달자였다. 그 복음은 불평등이 감소하고 있다는 것이었다.

쿠즈네츠 곡선: 냉전 한복판에서의 희소식

/

사실 쿠즈네츠 자신은 1913년부터 1948년까지 미국의 소득 격차가 줄어든 것이 대개는 우연적인 성격을 지닌다는 사실을 잘 알고 있었다. 불평등이 줄어든 것은 대부분 1930년대의 대공황과 제2차 세계대전이 촉발한 충격이 겹친 데 따른 것으로, 자연적이거나 자동적인 과정과는 거의 아무런 관련이 없었다. 1953년의 방대한 연구에서 그는 자신의 시계열 자료를 상세히 분석했고 독자들에게 성급한 일반화를 하지 말라고 경고했다. 그러나 1954년 12월 그가 회장을 맡고 있던 미국경제학회 디트로이트 총회에서 쿠즈네츠는 자신의 연구 결과에 대해 1953년에 그랬던 것보다 더 낙관적인 해석을 제시했다. 이날 강연 내용은 1955년 「경제성장과 소득불평등」이라는 논문으로 출간되었는데, '쿠즈네츠 곡선Kuznets curve' 이론이 부상한 것은 바로 이 강연에서였다.

이 이론에 따르면 모든 불평등은 '벨 커브bell curve'를 따를 것으로 예상할 수 있다. 다시 말해 초기에는 불평등이 커지다가 산업화와 경제발전이 진전되면서 줄어든다는 것이다. 쿠즈네츠에 따르면, 산업화 초기 단계에 자연히 불평등이 늘어나는 첫 번째 국면이 지나가면 불평등이 급속히 줄어드는 국면이 찾아온다. 미국의 경우 대체로 19세기가 첫 번째 국면에 해당되며 그 반대 국면은 그의 주장에 따르면 20세기 전반에 시작되었다.

쿠즈네츠의 1955년 논문은 이를 명백히 해준다. 그는 데이터를 신중하게 해석해야 할 모든 이유를 독자들에게 상기시키고 당시 미국의 불평등이 줄어드는 데 외부 충격들이 명백히 중요했음을 지적했다. 그런 다음 쿠즈네츠는 거의 무심한 듯이 지나치면서 경제발전의 내부적 논리 또한 어떤 정책 개입이나 외부 충격과도 상관없이 같은 결과를 낳을 수 있음을 시사했다. 그의 생각은 산업화 초기 국면에서는 단지 소수만이 산업화가 가져다주는 새로운 부의 수혜자가 될 준비가 되어 있기 때문에 불평등이 커진다는 것이다. 또한 나중에 더 진전된 발전 단계에서는 전체 인구 중 갈수록 더 많은 사람이 경제성장의 과실을 나눠 가지면서 불평등은 자동적으로 줄어든다는 것이다.[14]

산업 발전의 '성숙 단계'는 선진국의 경우 19세기 말 혹은 20세기 초에 시작된 것으로 추정된다. 그러므로 미국에서 1913년과 1948년 사이에 불평등이 줄어든 것은 더 일반적인 현상의 한 예로 생각할 수 있다. 그렇다면 이는 당시 식민 지배에서 벗어나 빈곤의 늪에 빠져 있던 저개발국들을 포함한 모든 국가에도 적용될 수 있어야 했다. 쿠즈네츠가 1953년 책에서 제시했던 데이터는 갑자기 강력한 정치적 무기가 되었다.[15] 그는 자신의 이론이 추측성이 짙다는 것을 잘 알았다.[16] 그럼에도 불구하고 그는 미국 경제학자들의 중요한 학회에서 '학회장 연설' 형식으로 그토록 낙관적인 이론을 제시함으로써 커다란 영향력을 발휘하게 되리라는 것을 알았다. 청중은 그들의 명망 있는 동료가 전하는 복음을 믿고 또 전파하고 싶어했다. 그래서 '쿠즈네츠 곡선'이 탄생했다. 모든 사람이 문제의 핵심을 확실하게 이해하도록 하기 위해 쿠즈네츠는 또한 자신이 낙관적으로 예측하는 의도는 한마디로 저개발국들이 "자유세계의 궤도를 벗어나지 않도록" 잡아두려는 것임을 청중에게 상기시키는 것을 잊지 않았다.[17] 그렇다면 쿠즈네츠 곡선 이론은 대체적으로 냉전의 산물이었다.

오해를 피하기 위해 하는 말이지만, 미국 국민계정national accounts과 불평등 지표들의 역사적 시계열 자료를 최초로 만든 쿠즈네츠의 연구는 극히 중요한 것이었으며, 그의 책들을 읽어보면 (논문들과 달리) 그가 진정한 과학적 연구 윤리를 지켰다는 것을 명백히 알 수 있다. 게다가 제2차 세계대전 이후 모든 선진국에서 나타난 높은 성장률은 대단히 중요한 사건이었으며, 모든 사회집단이 그 성장의 열매를 나누었다는 사실은 더욱 중요한 것이었다. 영광의 30년이 어느 정도 낙관론을 부추기고 부의 분배에 관한 19세기의 종말론적인 예언들이 인기를 상당 부분 잃어버린 사실은 확실히 이해할 만하다. 그럼에도 이 황홀한 쿠즈네츠 곡선 이론은 많은 부분 잘못된 논거들로 이루어졌으며 그 실증적 토대는 극히 취약했다. 1914년에서 1945년 사이에 모든 부유한 국가에서 나타난 소득불평등의 급속한 감소는 무엇보다도 두 차례의 세계대전과, 전쟁이 (특히 많은 재산을 가진 이들에게) 불러온 강력한 경제적, 정치적 충격에 기인하는 것이었다. 이는 쿠즈네츠가 묘사한 산업부문 간 이동의 평화로운 과정과는 거의 관련이 없었다.

분배 문제를 경제학적 분석의 중심으로 되돌리기

분배 문제는 중요하다. 단지 역사적인 이유 때문에 그런 것만은 아니다. 1970년대 이후 선진국들에서 소득불평등은 크게 증가했다. 특히 미국에서는 2000년대 들어 소득 집중도가 1910년대 수준으로—사실은 그보다 조금 더 높은 수준으로—되돌아갔다. 그러므로 불평등이 왜, 그리고 어떻게 일시적으로 줄어들었었는지 명확히 이해하는 것은 대단히 중요하다. 확실히 빈곤국과 신흥국들, 특히 중국은 대단히 빠른 성장을 통해 선진 국들이 1945~1975년에 그랬던 것과 똑같이 세계적인 차원에서 불평등을 줄일 효과적인 힘을 보여줄 수 있다. 그러나 이런 과정은 신흥국에서 깊은 염려를 낳고 있으며, 선진국에서는 더 깊은 염려를 자아냈다. 더욱이 최근 수십 년간 나타난 금융, 석유, 부동산 시장의 엄청난 불균형은 자연히 솔로와 쿠즈네츠가 이야기한 '균형성장 경로'의 필연성에 관한 의심을 불러일으켰다. 이들에 따르면 모든 핵심적인 경제 변수들은 같은 속도로 움직일 것이다. 2050년이나 2100년의 세계는 상품과 금융 거래자들, 최고위 경영자들, 엄청난 거부들의 소유가 될까, 혹은 산유국이나 중국런민은행 손안에 들어갈까? 아니면 이런 주역들이 은신처로 찾는 조세피난처에 넘어갈까? 이러한 문제들을 제기하지 않은 채 단순히 장기적으로는 성장이 자연스럽게 '균형'을 이루리라고 처음부터 가정하는 것은 이치에 맞지 않는 일이 될 것이다.

어떤 면에서, 21세기가 시작되는 시점에 있는 우리는 19세기의 관찰자들과 같은 상황에 놓여 있다고 말할 수 있다. 우리는 전 세계 경제의 엄청난 변화를 목격하고 있으며, 그 변화가 얼마나 광범위하게 나타날지, 또는 지금으로부터 수십 년 뒤 국가 간이나 국가 내부의 분배가 어떤 모습이 되어 있을지 알기는 매우 어렵다. 19세기의 경제학자들은 분배의 문제를 경제 분석의 중심에 놓고 장기적인 경향들을 연구하려 한 커다란 공적을 인정받을 만하다. 그들의 답이 언제나 만족스러웠던 것은 아니지만 적어도 그들이 던진 질문들은 훌륭한 것이었다. 성장이 자동적으로 균형을 찾을 것이라고 믿어야 할 근본적인 이유는 아무것도 없다. 우리는 이미 오래전에 불평등 문제를 경제 분석의 한가운데에 되돌려놓고 19세기에 처음 제기되었던 질문들을 다시 제기했어야 했다. 너무나 오랫동안 경제학자들은 부의 분배를 소홀히 했다. 이는 한편으로는 쿠즈네츠의 낙관적인 결론 때문이며, 다른 한편으로는 경제학자들이 이른바 대표적 경제주체 모형

representative agent model에 바탕을 둔 극히 단순한 수학적 모형들에 지나치게 의존했기 때문이다.[18] 불평등이 다시 중심적인 문제가 되면 우리는 과거의 변화와 현재의 추세를 이해할 수 있게 해주는 역사적 자료를 가능한 한 광범위하게 수집하는 것에서 시작해야 한다. 왜냐하면 우리는 끈기 있게 사실과 패턴을 확인하고 서로 다른 나라들을 비교함으로써 불평등의 작동 원리를 밝히고 미래에 대한 더 명료한 견해를 얻을 것으로 기대할 수 있기 때문이다.

이 책에서 활용한 자료

이 책은 주로 두 가지 유형의 자료에 바탕을 두고 있다. 하나는 소득과 그 분배의 불평등과 관련되어 있으며, 다른 하나는 부의 분배, 부와 소득의 관계와 관련되어 있다. 이 둘은 모두 부의 분배의 역사적 동학을 연구할 수 있도록 해준다.

소득에 관한 자료부터 시작하자. 내 연구의 많은 부분은 1913~1948년 미국 소득불평등의 변화에 관한 쿠즈네츠의 혁신적이고 선구적인 연구를 공간적으로, 시간적으로 더 광범위하게 확장한 것에 불과하다. 이런 식으로 나는 쿠즈네츠가 확인한 (매우 정확한) 변화들을 더욱 잘 조망할 수 있었고, 경제발전과 부의 분배의 관계에 관한 그의 낙관적인 견해에 근본적인 의문을 제기할 수 있었다. 이상하게도 지금까지 아무도 쿠즈네츠의 연구를 체계적으로 추적하지 않았는데, 이는 틀림없이 부분적으로는 과세 기록들에 대한 역사적이고 통계적인 연구가 학문적으로 일종의 주인 없는 땅, 즉 경제학자들에게는 너무 역사적이고, 역사학자들에게는 너무 경제적인 분야였기 때문일 것이다. 애석한 일이다. 소득불평등의 동학은 장기적인 시각에서만 연구할 수 있고, 이는 조세 기록들을 활용할 때에만 가능하기 때문이다.[19]

나는 먼저 쿠즈네츠의 연구 방법들을 프랑스에 적용하는 것으로 시작

했으며, 그 연구 결과를 2001년에 책으로 출간했다.[20] 그다음 몇몇 동료와
—그들 중 맨 먼저 앤서니 앳킨슨Anthony Atkinson, 이매뉴얼 사에즈Emmanuel
Saez와—힘을 합쳤으며, 그들의 도움을 받아 훨씬 더 많은 국가로 연구 범
위를 넓힐 수 있었다. 앤서니 앳킨슨은 영국과 다른 몇몇 국가를 살펴보았
고, 우리는 함께 2007년과 2010년에 나온 두 권의 책을 편집했는데 이를
통해 전 세계에 걸쳐 약 20개국에 대한 연구 결과를 발표했다.[21] 이매뉴얼
사에즈와 함께 나는 미국에 대한 쿠즈네츠의 시계열 자료를 반세기 더 확
장했다.[22] 사에즈 자신은 캐나다와 일본을 비롯한 다른 몇몇 중요한 국가
들을 살펴보았다. 다른 많은 연구자가 이 공동의 노력에 기여했는데, 특히
파쿤도 알바레도Facundo Alvaredo는 아르헨티나, 스페인, 포르투갈을 연구했
고, 파비앵 델Fabien Dell은 독일과 스위스를 들여다보았으며, 아비지트 바네
르지Abhijit Banerjee와 나는 인도의 사례를 조사했다. 낸시 첸Nancy Qian의 도
움으로 나는 중국에 관해 연구할 수 있었다. 그 밖에도 많이 있다.[23]

국가마다 우리는 같은 유형의 자료, 같은 분석 방법, 같은 개념들을 사
용하려고 노력했다. 소득계층에서 십분위와 백분위는 신고 소득을 바탕
으로 한 조세 자료를 보고 추산했다.(이 자료는 시간적, 지리적으로 데이
터와 개념의 동질성을 확보하기 위해 다양한 방법으로 수정한 것이다.) 국
민소득과 평균 소득은 국민계정에서 뽑아낸 것으로, 경우에 따라 살을 붙
이거나 연장한 것이다. 크게 보아 우리의 시계열 자료는 각국에서 소득세
가 도입된 시기에 시작된다.(소득세는 일반적으로 1910년에서 1920년 사
이에 도입되었지만 일본과 독일에서는 1880년대에, 다른 몇몇 나라에서는
그보다 좀더 늦게 도입되었다.) 이 시계열 자료는 정기적으로 보완되었고
이 책을 쓸 때는 2010년대 초까지 연장되었다.

최종적으로 전 세계 학자 약 30명의 공동 연구에 바탕을 둔 세계 최상
위 소득 계층 데이터베이스WTID: World Top Incomes Database가 만들어졌으며
이는 소득불평등의 변화에 관한 가장 광범위한 역사적 자료가 되었다. 이
책에서 쓴 자료는 바로 여기에서 나왔다.[24]

첫 번째 자료보다 먼저 사용될, 이 책의 두 번째 중요한 자료는 부, 부의 분배, 부와 소득의 관계에 관한 것이다. 부는 또한 소득을 낳으므로 소득 측면의 연구에도 중요하다. 실제로 소득은 두 가지 요소로 구성된다. 노동에서 나오는 소득(임금, 급여, 상여금, 비임금노동에 따른 수입, 법적으로 노동과 관련된 것으로 분류되는 다른 보수)과 자본에서 나오는 소득(임대료, 배당금, 이자, 이윤, 자본이득, 로열티, 그리고 정확한 법적 분류와 상관없이 단지 토지, 부동산, 금융상품, 산업설비 형태의 자본을 소유한 것만으로 얻을 수 있는 다른 소득)이 그것이다. WTID로부터 나온 자료들은 20세기 전 기간에 걸친 자본소득의 변동에 관한 수많은 정보를 담고 있다. 그럼에도 불구하고 부와 직접적으로 연관되는 자료를 찾아 이 정보를 완성하는 것이 필수적이다. 여기에서 나는 세 가지로 구분되는 역사적 데이터와 방법론에 의지할 텐데 이들 각각은 서로 보완적이다.[25]

첫째, 소득세 신고 자료로 소득불평등의 변화를 연구할 수 있는 것과 마찬가지로 우리는 상속세 신고 자료로 부의 불평등의 변화를 알아볼 수 있다.[26] 이런 접근 방식은 1962년 로버트 램프먼Robert Lampman이 1922년부터 1956년까지 미국의 부의 불평등이 어떻게 변화했는지 연구하기 위해 도입했다. 그 후 1978년에 앤서니 앳킨슨과 앨런 해리슨Alan Harrison은 1923년부터 1972년까지 영국의 사례를 연구했다.[27] 그 결과들은 얼마 전 최신 자료로 보완되고 프랑스와 스웨덴 같은 국가들로 확장되었다. 우리는 안타깝게도 소득불평등에 대한 자료를 얻을 수 있는 국가들보다 훨씬 더 소수의 국가들에서만 부의 불평등에 관한 자료를 얻을 수 있다. 그러나 몇몇 국가의 경우에는 상속세 자료가 훨씬 더 오래전, 흔히 19세기 초까지 거슬러 올라갈 수 있는데, 이는 상속세가 소득세보다 먼저 도입되었기 때문이다. 우리는 특히 프랑스 정부가 여러 시기에 수집한 자료를 모으고, 질 포스텔비네Gilles Postel-Vinay, 장로랑 로장탈Jean-Laurent Rosenthal과 함께 문서보관소에서 엄청난 양의 개별적인 상속세 신고 자료를 수집함으로써 대혁명 이후 프랑스의 부의 집중에 관한 동질적인 시계열 자료를 만들 수 있었다.[28] 이 자료는 (안타깝게도 1910년대 무렵까지만 거슬러 올라가는) 소득불평등을 다룬 시계열 자료보다 훨씬 더 장기적인 역사적 맥락에서 제1차 세계대전에 따른 충격들을 다시 살펴볼 수 있도록 해줄 것이다. 스웨덴의 역사적 자료에 대한 예스페르 로이네Jesper Roine, 다니엘 발덴스트룀 Daniel Waldenström의 연구도 유익한 것이다.[29]

재산과 상속에 관한 데이터 역시 우리가 부의 구성 요소 중 상속받은 재산과 스스로 한 저축의 상대적인 중요성이 어떻게 달라졌는지 알아보고 부의 불평등의 동학을 연구할 수 있도록 해준다. 아주 오랜 기간에 걸쳐 상속의 경향이 어떻게 변했는지를 살펴볼, 둘도 없이 유리한 역사적 자료가 제공되는 프랑스의 경우 이 연구가 거의 완전하게 이루어졌다.[30] 나와 동료들은 범위는 서로 다르지만 이 연구를 다른 나라들, 특히 영국, 독일, 스웨덴과 미국으로 확장했다. 이 자료들은 우리 연구에 결정적인 역할을 했다. 부의 불평등이 앞선 세대들로부터의 상속재산에서 나온 것인지, 아니면 한 사람의 일생 동안의 저축에서 나온 것인지에 따라 그 의미는 달라지기 때문이다. 이 책에서 나는 불평등의 수준 그 자체뿐만 아니라 불평등의 구조, 다시 말해 사회집단 간 소득과 부의 불균형의 원인, 그리고 그 불균형을 방어하거나 비난하기 위해 동원되는 다양한 경제적, 사회적, 윤리적, 정치적 정당화의 방법들에도 더 많은 초점을 맞추었다. 불평등은 그 자체로 반드시 나쁜 것은 아니다. 핵심적인 문제는 그 불평등이 정당화될 수 있는가, 그 불평등에 합당한 이유가 있는가이다.

마지막으로 우리는 또한 아주 오랜 기간에 걸쳐 (토지와 다른 부동산, 산업자본과 금융자본을 포함한) 국부의 총량이 어떻게 변화해왔는지를 가늠하는 자료를 활용할 수 있다. 우리는 그와 같은 부를 쌓는 데 몇 해 동안의 국민소득이 필요한지를 계산하여 각국의 부를 측정할 수 있다. 이처럼 세계적으로 자본/소득 비율을 살펴보는 식의 연구는 한계가 있다. 부의 불평등을 개인 차원에서 분석하고 자본 형성과정에서 상속재산과 저축의 상대적인 중요성을 가늠하는 것이 언제나 더 낫다. 그럼에도 자본/소득 비율의 접근 방식은 사회 전체적으로 자본의 중요성을 종합적으로 살펴볼 수 있게 해준다. 더욱이 어떤 경우에는 (특히 영국과 프랑스의 경우에는) 다른 시기의 추정치를 수집하고 비교해서 분석 대상 기간을 18세기 초까지 확장할 수 있으며, 이는 산업혁명을 자본의 역사와 관련해 다시 조망할 수 있게 해줄 것이다. 이를 위해 나는 가브리엘 쥐크망Gabriel Zucman과 내가 최근에 수집한 역사적 자료에 의존할 것이다.[31] 대체적으로 이 연구는 1970년대에 나온 레이먼드 골드스미스Raymond Goldsmith의 국민대차대조표에 관한 연구를 확장하고 일반화한 것에 불과하다.[32]

이전의 연구와 비교할 때 드러나는 이 책의 특색 가운데 하나는 우리가 오랜 기간에 걸쳐 소득과 부의 동학을 연구하기 위해 가능한 한 완전하고 일관된 역사적 자료를 수집하려고 노력했다는 데 있다. 그 목적을 이루는 데 있어 나는 이전의 연구자들보다 두 가지 면에서 더 유리했다는 점을 강조해야 한다. 첫째, 이 연구는 당연히 이전의 연구에 비해 더 장기적인 역사적 관점에 설 수 있다는 면에서 혜택을 보았다.(주로 두 차례의 세계대전에 따른 충격들이 대단히 오랫동안 지속되었다는 점 때문에 어떤 장기적인 변화는 2000년대의 데이터를 이용할 수 있을 때까지 분명하게 드러나지 않았다.) 둘째, 컴퓨터 기술의 발전 덕분에 우리는 앞선 연구자들보다 훨씬 더 수월하게 광범위한 역사적 데이터를 모으고 처리할 수 있었다.

지식의 역사에서 기술이 갖는 역할을 과장하고 싶지는 않지만 순전히 기술적인 이 문제들이 무시되어서는 안 될 것 같다. 객관적으로 이야기하면, 쿠즈네츠 시대에 대량의 역사적 데이터를 다루는 것은 오늘날보다 훨씬 더 어려웠다. 대체로 1980년대까지 그랬다. 1970년대에 앨리스 핸슨 존스Alice Hanson Jones가 미국의 상속 자료를 모으고 아델린 도마르Adeline Daumard가 19세기 이후 프랑스의 상속 관련 기록을 수집하는 작업을 할 때 그들은 주로 인덱스카드를 사용해 수작업을 했다.[33] 이들의 훌륭한 연구를 오늘날 다시 읽어보거나 19세기 임금 변화에 관한 프랑수아 시미앙 François Simiand의 연구, 18세기 물가와 소득의 역사에 관한 에르네스트 라

브루스Ernest Labrousse의 연구, 또는 19세기 이윤 변동에 관한 장 부비에Jean Bouvier와 프랑수아 퓌레François Furet의 연구를 보면 이 학자들이 데이터를 수집하고 처리하기 위해 실질적으로 커다란 어려움을 극복해야 했다는 점을 분명히 알 수 있다.[34] 많은 경우에 기술적인 어려움들이 분석과 해석보다 우선해 그들의 정력을 많이 빼앗아갔는데, 이는 특히 기술적인 문제가 국제 비교와 시대별 비교를 할 수 있는 능력을 제약했기 때문이다. 오늘날 부의 분배의 역사를 연구하는 것은 과거에 비해 훨씬 더 쉽다. 이 책은 최근의 연구조사 기술 향상에 엄청난 빚을 지고 있다.[35]

연구의 **주요 결과**

이 새로운 역사적 자료들을 통해 내가 얻게 된 중요한 결론들은 무엇인가? 첫 번째 결론은 부와 소득의 불평등에 관한 어떤 경제적 결정론도 경계해야 한다는 것이다. 부의 분배의 역사는 언제나 매우 정치적인 것이었으며, 순전히 경제적인 메커니즘으로 환원될 수는 없다. 특히 대부분의 선진국에서 1910년과 1950년 사이에 불평등이 줄어든 것은 무엇보다 전쟁의 충격을 극복하기 위해 채택한 정책들이 불러온 결과다. 이와 비슷하게 1980년 이후 불평등이 다시 커진 것은 대체로 지난 수십 년간 나타난 정치적 변화, 특히 조세 및 금융과 관련한 변화에 따른 것이다. 불평등의 역사는 경제적, 사회적, 정치적 행위자들이 무엇이 정당하고 무엇이 부당한지에 대해 형성한 표상들, 이 행위자들 사이의 역학관계, 그리고 이로부터 도출되는 집합적 선택들에 의존한다. 불평등의 역사는 관련되는 모든 행위자가 함께 만든 합작품이다.

이 책의 핵심인 두 번째 결론은, 부의 분배의 동학이 수렴과 양극화가 번갈아 나타나도록 하는 강력한 메커니즘을 가동시킨다는 것, 그리고 불안정하고 불평등한 힘이 지속적으로 승리하는 것을 막는 자연적이고 자생적인 과정은 없다는 것이다.

먼저 수렴을 향해 가도록 하는, 즉 불평등이 줄어드는 방향으로 나아가도록 하는 메커니즘을 생각해보자. 수렴을 위한 주된 동력은 지식의 확산, 기술과 훈련에 대한 투자다. (수요와 공급 법칙의 한 변형인) 자본과 노동의 이동성뿐만 아니라 수요-공급 법칙도 언제나 수렴을 향해 가는 경향이 있을지도 모른다. 하지만 지식과 기술의 확산에 비해 이 경제 법칙의 영향은 덜 강력하며 종종 모호하고 모순적인 방식으로 나타난다. 지식과 기술의 확산은 국가 내, 국가 간 불평등을 줄일 뿐만 아니라 전반적인 생산성을 제고시킬 수 있는 중심적인 메커니즘이다. 이를 잘 보여주는 것이 바로 지금 중국을 비롯해 예전에 가난했던 신흥국들이 선진국을 따라잡는 것이라 할 수 있다. 저개발 국가들은 부유한 국가들의 생산 방식을 채택하고 다른 국가들과 견줄 수 있는 기술을 습득함으로써 생산성 면에서 약진하고 국민소득을 늘려왔다. 기술적인 수렴과정은 무역을 위해 국경을 개방하는 방식으로 촉진할 수도 있지만 이는 기본적으로 시장 메커니즘이 아니라—탁월한 공공재인—지식의 확산과 공유의 과정이다.

엄밀한 이론적 관점에서는 더 큰 평등을 향해 밀고 나가는 다른 힘이 존재할 수도 있다. 예컨대 생산기술은 시간이 지나면서 인간의 노동과 능력에 더 큰 중요성을 부여하며, 그래서 전체 소득 가운데 노동으로 가는 몫은 늘어나고 자본으로 가는 몫은 줄어드는 경향이 나타날 것으로 추측할 수 있다. 이를 '인적자본 증가 가설'이라고 부를 수도 있을 것이다. 다시 말해 기술적 합리성의 진보는 금융자본과 부동산자본에 대한 인적자본의 승리, 살진 고양이 같은 주주들에 대한 유능한 경영자의 승리, 그리고 연고주의에 대한 능력의 승리를 가져오리라는 것이다. 그래서 시간이 흐르면서 불평등은 (반드시 줄어든다고 할 수는 없어도) 능력주의적 원리를 더 따르게 되며 덜 고착된 방향으로 나아갈 수 있다. 그러면 경제적 합리성은 어떤 의미에서는 자동적으로 민주적 합리성으로 나아갈 것이다.

현재 널리 퍼져 있는 다른 낙관적인 믿음은 '계급전쟁'이 최근의 기대수명의 연장으로 인해 자동적으로 '세대전쟁'에 자리를 내줄 것이라는 생각이다.(사람들은 누구나 처음에는 젊지만 나중에는 늙어가기 때문에 세대전쟁은 계급전쟁만큼 사회를 분열시키지는 않는다.) 달리 말하면, 이 엄연한 생물학적 사실은 부의 축적과 분배가 더 이상 자본소득자들의 진영과 노동력 외에는 아무것도 가지지 못한 진영 사이의 필연적인 충돌을 예고하는 것은 아니라는 점을 시사한다. 부의 축적과 분배에 대한 지배적인 논리는 생애주기에 걸친 저축, 다시 말해 사람들은 노년에 쓰려고 젊을 때 부를 쌓는다는 것이다. 의학적 진보와 생활 조건의 향상은 이처럼 자본의 본성을 완전히 변화시켰다고 주장된다.

불행하게도 이 두 낙관적인 믿음(인적자본 가설과 계급전쟁을 대체하는 세대 갈등)은 대체로 환상이라고 할 수 있다. 자본의 본성이 이와 같이 바뀌는 것은 논리적으로 개연성이 있고 어느 정도는 실제로 나타나는 것이지만 그 변화는 흔히 상상하는 것보다는 훨씬 더 미미하다. 국민소득 중 노동의 몫이 장기적으로 크게 늘어났는지는 확실하지 않다. '비인적자본'은 18세기나 19세기에 그랬던 것과 마찬가지로 21세기에도 거의 필수적인 것으로 보이며, 앞으로 더 그럴 것이라고 보지 않을 이유가 없다. 더욱이 과거에 그랬듯이 오늘날에도 부의 불평등은 주로 동일한 연령집단 내에서 여전히 존재하며, 상속재산은 21세기 초에도 발자크 소설의 고리오 영감이 살던 시대와 마찬가지로 결정적인 것이 되어가고 있다. 장기적으로 지식과 기술의 확산이 평등을 향한 실제적이고도 중요한 추동력이 되어왔다.

수렴의 힘, 양극화의 힘

지식과 기술 확산의 힘이, 특히 국가 사이의 수렴을 촉진하는 힘이 아무리 강력하다손 치더라도, 어쨌거나 그 힘은 반대 방향으로 작용하는, 즉 더 큰 불평등을 초래하는 엄청난 힘에 의해 압도당하고 좌절될 수 있다.

바로 이것이 결정적인 사실이다. 훈련에 대한 적절한 투자가 없으면 일부 사회집단은 경제성장의 혜택에서 완전히 소외될 수 있다는 사실은 명백하다. 성장은 어떤 집단에는 득이 되지만 어떤 집단에는 해가 될 수 있다.(최근 중국 노동자들 때문에 선진국 노동자들이 일자리를 잃는 것을 보라.) 요컨대 수렴으로 가는 주된 힘, 즉 지식의 확산이 언제나 당연하고 자동적인 것은 아니다. 이는 또한 교육 정책, 적합한 기술 습득과 교육 기회에 대한 접근성, 관련 제도에 크게 좌우된다.

나는 이 연구에서 어떤 염려스러운 양극화 요인들에 특히 주의를 기울일 것이다. 심지어 기술 훈련에 대한 적절한 투자가 이루어지고 (경제학자들이 이해하는 것과 같은 개념으로서) '시장 효율성'의 모든 조건이 충족된 것으로 보이는 세계에서도 그런 요인들이 존재한다는 점에서 특히 염려스럽다는 말이다. 이 양극화의 요인들은 무엇인가? 첫째, (지금까지는 비교적 일부 지역에 국한된 문제이지만) 가장 많은 돈을 버는 이들은 나머지 사람들과 격차를 빠르게 벌려갈 수 있다. 더 중요한 것은 성장이 미약하고 자본수익률이 높을 때 부의 축적 및 집중화 과정과 관련된 일련의 양극화 요인들이 있다는 점이다. 이 두 번째 과정은 첫 번째 것보다 잠재적으로 더 큰 불안정을 초래하는 것이며, 이는 틀림없이 장기적으로 부의 평등한 분배에 대해 주된 위협이 되는 것이다.

바로 문제의 핵심으로 들어가보자. 도표 I.1과 I.2는 나중에 설명할 두 가지 기본적인 패턴을 보여주는데, 각각 이러한 양극화 과정의 중요성을 담고 있다. 둘 다 'U자 곡선'을 그린다. 즉 한동안 불평등이 줄어들다가 나중에 다시 늘어난다. 두 그래프가 나타내는 현실은 비슷하다고 생각할 수도 있다. 하지만 사실은 그렇지 않다. 다양한 곡선들이 보여주는 현상은 상당히 다른 것이며, 서로 다른 경제적, 사회적, 정치적 메커니즘과 관련된다. 게다가 도표 I.1의 곡선은 미국의 소득불평등을 나타내는 데 비해 도표 I.2는 몇몇 유럽 국가의 자본/소득 비율을 표시한다.(일본은 그래프에 표시하지 않았지만 그 추이는 비슷하다.) 21세기에 결국 동일한 국가

서장

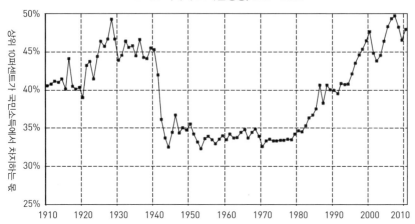

도표 I.1. 미국의 소득불평등, 1910~2010

미국 국민소득 중 상위 10퍼센트의 몫은 1910년대와 1920년대에 45~50퍼센트에서 1950년대에 35퍼센트 미만으로 줄었다.(이는 쿠즈네츠가 기록한 것이다.) 그 후 1970년대에 35퍼센트 미만에서 2000년대와 2010년대에 45~50퍼센트로 늘어났다.

출처 및 통계: piketty.pse.ens.fr/capital21c

에서 이 두 가지 양극화 요인이 한꺼번에 나타날 가능성은 확실히 배제할 수 없는 것이다. 사실 우리는 이미 이것이 부분적으로 현실화된 것을 목도하고 있다. 만약 이러한 현상이 세계적인 수준에서 실현된다면, 불평등 구조가 근본적으로 바뀔 뿐만 아니라 전에 볼 수 없었던 수준으로 불평등이 증가하게 될 것이다. 그러나 지금까지는, 이 놀라운 패턴들은 본질적으로 별개인 두 가지 현상을 반영하는 것이다.

도표 I.1의 패턴은 1910~2010년 미국 국민소득의 계층 구조에서 상위 10퍼센트의 몫이 어떻게 달라졌는지를 표시하고 있다. 이는 쿠즈네츠가 1913~1948년 기간에 대해 만들어낸 역사적 통계 시리즈를 확장한 것에 지나지 않는다. 상위 10퍼센트 계층은 1910년대와 1920년대에 국민소득의 45~50퍼센트나 차지하고 있었다. 하지만 이들의 몫은 1940년대 말까지 30~35퍼센트로 줄어들었고, 1950~1970년 바로 그 수준에서 안정을 찾았다. 그 후 1980년대에는 불평등이 크게 증가해 2010년까지 상위 10퍼센트의

서장

몫은 국민소득의 45~50퍼센트 수준으로 되돌아갔다. 그 변화의 크기는 인상적인 것이다. 얼마나 오랫동안 그 추세가 계속될지를 묻는 것은 당연하다.

나는 이처럼 극적인 불평등의 증가가 고액 연봉자들의 노동소득이 전례 없이 폭발적으로 늘어나고 대기업 최고위 경영자들과 나머지 인구의 격차가 참으로 크게 벌어진 사실을 반영한다는 점을 보여줄 것이다. 이에 대한 하나의 가능한 설명은 이들 최고위 경영자의 능력과 생산성이 다른 노동자들에 비해 갑자기 높아졌다는 것이다. 내가 보기에 더 그럴듯하고 결국 여러 증거와 훨씬 더 잘 맞는 것으로 밝혀진 또 하나의 설명은 이들 경영자가 대개 그들 자신의 보수를 결정할 힘을 갖고 있다는 것이다. 어떤 경우에는 그 보수에 아예 제한이 없으며, 많은 경우 보수가 개인적인 생산성과 뚜렷한 관련이 없다. 어쨌든 큰 조직에서는 생산성을 산정하는 것도 매우 어려운 일이다. 이러한 현상은 주로 미국에서 볼 수 있고 그 정도는 덜하지만 영국에서도 나타나는 것이다. 이 현상은 지난 세기에 두 나라에서 형성된 사회적, 조세적 규범의 역사를 가지고 설명할 수 있을 것이다. 이러한 경향은 (일본, 독일, 프랑스와 유럽 대륙의 여러 국가를 비롯해) 다른 부유한 국가들에서는 훨씬 더 제한적이지만 그 추세는 같은 방향으로 가고 있다. 그 현상을 철저하게 분석하기 전에는 다른 나라에서도 미국과 같은 정도의 불평등이 나타날 것이라 예상하는 것은 위험한 일이 될 터이다. 하지만 그 분석도 이용할 수 있는 데이터의 제약을 감안하면 안타깝게도 그다지 용이한 작업은 아니다.

양극화의 근본 요인: $r > g$

도표 I.2에서 보여주는 두 번째 패턴은 어떤 면에서는 더 단순하고 더 투명하며 틀림없이 부의 분배의 장기적인 변화에 더 큰 영향력을 발휘하는 양극화 메커니즘을 반영한다. 도표 I.2는 1870~2010년 기간 중 영국, 프랑스, 독일의 민간부문 자산(부동산, 금융자산, 사업자본, 부채를 뺀 금액)의 총가치가 한 해 국민소득의 몇 배인지를 보여준다. 무엇보다 먼저 19세기 후반 유럽에서 민간부문 자산이 대단히 높은 수준이라는 것에 주목하자. 민간자산의 총액은 국민소득의 약 6~7배나 되는 높은 수준에서 움직였다. 그다음에는 1914~1945년의 충격에 따라 급속히 떨어졌다. 자본/소득 비율은 고작 2~3배로 감소했다. 그 후 1950년부터는 줄곧 늘어났는데, 그 속도가 얼마나 빨랐던지 21세기 초에 영국과 프랑스에서는 국민소득의 5~6배 수준으로 되돌아가려는 것으로 보인다.(낮게 출발한 독일의 민간자산은 아직 비교적 낮은 수준이지만 증가 추세가 뚜렷한 것은 마찬가지다.)

이 커다란 U자 곡선은 이 연구에서 광범위하게 보여줄 절대적으로 중요한 변화를 나타낸다. 나는 특히 지난 수십 년간 자본/소득 비율이 높은 수준으로 회복된 것은 대부분 경제가 상대적인 저성장 체제로 되돌아

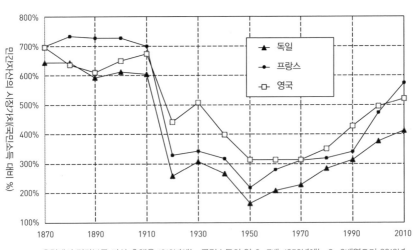

도표 I.2. 유럽의 자본/소득 비율, 1870~2010

유럽에서 민간부문 자산 총액은 1910년에는 국민소득의 약 6~7배, 1950년에는 2~3배였으며 2010년에는 4~6배 수준이다.

출처 및 통계: piketty.pse.ens.fr/capital21c

간 사실로 설명할 수 있음을 보여줄 것이다. 느리게 성장하는 경제에서는 당연히 과거의 부가 지나치게 큰 중요성을 갖게 된다. 새로운 저축을 조금만 투입해도 새로운 부의 총량을 꾸준히 그리고 크게 늘릴 수 있기 때문이다.

더욱이 자본수익률이 오랜 기간 성장률을 크게 웃돌면(반드시 그런 것은 아니겠지만 성장률이 낮을 때는 그럴 가능성이 커진다) 부의 분배에서 양극화 위험은 매우 커진다.

내가 r>g라는 부등식으로 표현할 이 근본적인 불평등은 이 책에서 결정적인 역할을 할 것이다.(여기서 r은 연평균 자본수익률을 뜻하며, 자본에서 얻는 이윤, 배당금, 이자, 임대료, 기타 소득을 자본총액에 대한 비율로 나타낸 것이다. 그리고 g는 경제성장률, 즉 소득이나 생산의 연간 증가율을 의미한다.) 어떤 면에서는 이것이 이 책의 논리를 전체적으로 요약하는 것이다.

19세기 이전의 역사에서 대부분 그랬고 21세기에 다시 그렇게 될 가능성이 크듯이 자본수익률이 경제성장률을 크게 웃돌 때는, 논리적으로 상속재산이 생산이나 소득보다 더 빠르게 늘어난다고 할 수 있다. 물려받은 재산을 가진 사람들은 자본에서 얻는 소득의 일부만 저축해도 전체 경제보다 더 빠른 속도로 자본을 늘릴 수 있다. 이런 상황에서는 거의 필연적으로 상속재산이 노동으로 평생 동안 쌓은 부를 압도할 것이고 자본의 집중도는 극히 높은 수준에 이를 것이다. 그런데 이런 수준의 집중도는 능력주의의 가치, 그리고 현대 민주사회의 근본이 되는 사회정의의 원칙과 맞지 않을 수도 있다.

더욱이 이 같은 양극화의 근본적인 요인은 다른 메커니즘에 따라 강화될 수 있다. 예를 들어 저축률은 부와 함께 급속히 증가할 수 있다.[36] 혹은 (갈수록 일반적으로 그렇게 될 것으로 보이지만) 개인이 애초에 물려받은 재산이 많으면 자본의 평균 실효수익률이 더 높을 수도 있다. 이는 훨씬 더 중요한 문제다. 자본수익률은 예측할 수 없고 자의적이며, 그에 따른 여러 방식의 치부는 또한 능력주의 모델을 위협하는 것이다. 마지막으로, 이 모든 요소는 리카도의 희소성 원리에 따라 더 악화될 수도 있다. 부동산이나 석유 가격 상승은 구조적인 양극화를 촉진할 수 있는 것이다.

지금까지 이야기한 것을 요약하면 이렇다. 부가 축적되고 분배되는 과정에는 양극화나 높은 수준의 불평등을 불러오는 강력한 요인들이 있다. 또한 수렴을 촉진하는 요인들도 존재하는데, 특정 국가에서나 특정 기간에는 이 요인들이 우세할지 모르지만 양극화의 힘이 언제라도 우위를 되찾을 수 있다. 그것이 바로 21세기가 시작되는 지금 우리가 마주하고 있는 현실이며, 향후 수십 년간 인구증가율과 경제성장률이 예상대로 낮아지면 더욱 염려스러운 상황이 올 수 있다.

내 결론은 마르크스의 무한 축적과 영속적인 양극화의 법칙이 시사하는 것보다는 덜 종말론적이다.(마르크스의 이론은 암묵적으로 장기적인 생산성 증가율이 제로(0)라는 엄격한 가정에 기초해 있기 때문이다.) 내가 제시하는 모형에서는 양극화가 영속적인 것이 아니라 미래에 부의 분배의 변화 방향과 관련된 몇 가지 가능성 중 하나일 뿐이다. 그러나 그 가능성들이 그다지 용기를 불어넣어주는 것들은 아니다. 구체적으로, 내 이론에서 양극화의 주된 요인인 $r>g$라는 기본적인 부등식은 시장의 불완전성과는 아무런 관련이 없다는 점에 유의해야 한다. 사실 그 반대다. (경제학자들의 개념상) 자본시장이 더 완전할수록 r이 g보다 커질 가능성도 높아진다. 이 확고한 논리의 효과를 상쇄시킬 수 있는 공공정책이나 제도를 상정해볼 수도 있다. 예를 들어 누진적인 글로벌 자본세를 물릴 수 있다. 그러나 이런 제도나 정책들을 확립하는 것은 상당한 수준의 국제 협력을 요구한다. 안타깝게도 이 문제에 대한—개별 국가 차원의 다양한 대응을 포함한—실제 대응은 현실적으로 훨씬 더 미온적이고 효과가 적을 가능성이 크다.

연구의 **지리적, 역사적 범위**

/

이 연구의 지리적, 역사적 범위는 어디까지인가? 나는 가능한 한 폭넓게 18세기 이후 세계 여러 국가 사이에, 그리고 그 국가들 안에 숨어 있는 부의 분배의 동학을 탐사할 것이다. 그러나 이용할 수 있는 데이터의 한계 때문에 자주 조사의 범위를 많이 좁혀야 할 것이다. 책의 제1부 주제인 각국가 간의 생산과 소득분배에 관해서는 (특히 앵거스 매디슨Angus Maddison 이 축적한 국민계정 덕분에) 1700년 이후 세계적인 비교 분석이 가능하다. 제2부에 나오는 자본/소득 비율과 자본-노동 소득분배율을 연구할 때는 적합한 역사적 데이터가 없어서 어쩔 수 없이 주로 부유한 국가들에 초점을 맞추고 그로부터 빈곤국과 신흥국들의 경우를 추정하는 식으로 진행할 것이다. 제3부의 주제인 소득과 부의 불평등의 변화에 대한 검토 역시 이용할 수 있는 자료의 한계 때문에 좁은 범위로 한정될 것이다. 나는 WTID 자료를 활용해 되도록 많은 빈곤국과 신흥국을 포함시키려 했으며, 이는 5개 대륙을 가능한 한 철저히 다루기 위한 것이다. 그럼에도 장기적인 추세는 선진국들에서 훨씬 더 잘 기록되어 있다. 있는 그대로 말하자면 이 책은 주로 미국, 일본, 독일, 프랑스, 영국 같은 주요 선진국들의 역사적 경험에 의존했다.

영국과 프랑스의 경우는 가장 완전하게 장기적인 역사적 자료들이 있기 때문에 특히 중요한 사례다. 우리는 영국과 프랑스의 국부 규모와 구조에 관해 18세기 초까지 거슬러 올라가는 다방면의 추정치를 갖고 있다. 이 두 국가는 또한 19세기와 20세기 초에 가장 중요한 식민지 지배국이자 금융 강국이었다. 그러므로 분명히 산업혁명 이후 세계적인 부의 분배의 동학을 이해하려면 이 국가들을 상세하게 연구하는 것이 중요하다. 특히 이들 국가의 역사는 금융과 무역의 '제1차 세계화'로 불려온 시대(1870~1914)를 연구하는 데 있어 피해갈 수 없는 관문이다. 이 시대는 1970년대 이후 진행되어온 '제2차 세계화'와 여러모로 닮았다. 제1차 세계화 시대는 매혹적인 동시에 터무니없이 불평등한 시대였다. 이때는 원양 여객선의 전성기였고(타이태닉호는 1912년에 항해했다), 영화와 라디오가 출현했고, 자동차와 국제 투자가 부상했을 뿐만 아니라 전구가 발명된 시대였다. 예를 들어 21세기가 다가올 때까지 선진국들이 GDP 대비 주식시장 시가총액에서 1900년대 초 파리와 런던 시장이 도달했던 수준을 회복하지 못했다는 점을 기억하자. 이 비교는 오늘날의 세계를 이해하는 데 상당히 유익하다.

틀림없이 어떤 독자들은 내가 프랑스 사례를 연구하는 일에 특별한 중요성을 부여하는 것에 놀랄 터이고, 내가 국수주의자가 아닐까 하고 의심할지도 모른다. 그래서 나는 이 결정이 옳다는 것을 보여줘야 한다. 내가 그런 선택을 한 하나의 이유는 자료와 관련이 있다. 프랑스혁명은 정의롭거나 이상적인 사회를 만들어내지 못했지만, 적어도 부의 구조를 전례 없이 상세하게 살펴볼 수 있도록 해주었다. 1790년대에 토지, 건물, 금융자산을 기록하기 위해 확립한 체계는 당시로서는 깜짝 놀랄 만큼 현대적이고 포괄적인 것이었다. 혁명 때문에 프랑스는 오랫동안 아마도 세계에서 가장 풍부한 재산 기록을 갖게 되었다.

내가 프랑스 사례를 중시하는 두 번째 이유는 프랑스가 처음으로 인구변천을 경험한 나라이기 때문에 어떤 면에서는 지구촌의 다른 나라들에 어떤 변화가 찾아올지를 지켜보기에 알맞은 사례라는 점에 있다. 이 나라의 인구는 지난 2세기 동안 늘어났지만 증가율은 비교적 낮은 수준이었다. 프랑스 인구는 대혁명 당시 대략 3000만 명이었고 지금은 6000만 명이 조금 넘는다. 인구의 자릿수가 달라지지 않았으므로 프랑스는 예전과 같은 국가다. 이와 대조적으로, 미국의 인구는 독립선언 당시 겨우 300만명이었다. 이는 1900년이 되자 1억 명이 되었고 지금은 3억 명이 넘는다. 한 국가의 인구가 300만 명에서 3억 명으로 바뀐다면 (19세기 서부 개척 덕분에 영토가 급격히 늘어난 사실에 대해서는 아무 언급을 하지 않더라도) 이 국가는 더 이상 예전과 같은 국가가 아니다.

인구가 100배나 늘어난 국가는 겨우 두 배로 늘어난 국가와 비교할 때 불평등의 구조와 동학이 크게 달라 보인다. 특히 상속이라는 요소는 후자보다 전자에게 훨씬 덜 중요하다. 유럽에 비해 미국에서 언제나 상속재산이 더 작은 역할만 하도록 보장한 것은 이 신대륙의 인구 증가였다. 이 요소는 또한 미국의 불평등 구조와 사회계급의 불평등에 대한 미국인들의 표현이 늘 그토록 독특했던 까닭을 설명해준다. 그러나 이는 또한 미국의 경우를 어떤 의미에서는 일반화할 수 없는 것이며(이후 두 세기 동안 세계 인구가 100배나 늘어날 것 같지는 않기 때문에) 프랑스의 사례가 더 전형적이고 미래를 이해하는 데 더 적합하다는 점을 시사한다. 나는 프랑스의 사례에 대한 상세한 분석, 더 일반적으로는 유럽의 다른 선진국들과 일본, 북미, 오세아니아의 다양한 역사적 궤적에 대한 자세한 분석을 통해 (이미 그렇게 되고 있듯이) 앞으로 인구증가율과 경제성장률이 틀림없이 둔화될 중국, 브라질, 인도 같은 신흥국들을 포함한 전 세계 부의 미래의 동학에 관해 많은 것을 이야기할 수 있다고 확신한다.

마지막으로 프랑스 사례는 프랑스혁명—전형적인 '부르주아 혁명'—이 시장과 관련해 법적 평등의 이상을 신속하게 확립했다는 점에서도 흥미롭다. 이런 이상이 어떻게 부의 분배의 동학에 영향을 미쳤는지를 살펴보는 것은 흥미로운 일이다. 1688년 영국의 명예혁명은 현대적인 의회 제도를 도입했지만 왕정, (1920년대에 가서야 없어진) 토지자산에 대한 장자상속, 세습귀족의 정치적 특권을 그냥 두었다.(상원 개혁은 아직도 논의 중인데 이는 객관적으로 말해서 조금 뒤늦은 것이다.) 미국 독립혁명은 공화주의 원칙을 도입했지만 노예제도가 거의 한 세기 동안 계속되고 법적인 인종 차별이 거의 두 세기 동안 남아 있도록 허용했다. 인종 문제는 오늘날의 미국에서 사회적으로 여전히 커다란 영향을 미친다. 어떤 면에서는 1789년 프랑스혁명이 더욱 야심찬 것이었다. 혁명은 모든 법적 특권을 폐지했으며, 전적으로 권리와 기회의 평등에 바탕을 둔 정치, 사회질서를 만들어내려 했다. 민법은 (적어도 남성에게는) 계약의 자유뿐만 아니라 재산

서장

에 관한 법률 앞에서 절대적인 평등을 보장했다. 19세기 후반 피에르 폴 르루아볼리외Pierre Paul Leroy-Beaulieu 같은 프랑스의 보수적인 경제학자들은 흔히 이런 논리를 들어 대혁명으로 평등해진 '소액 자산 보유자'의 국가인 프랑스는 귀족과 군주의 국가인 영국과 달리 누진적이거나 몰수와 다름없는 소득세 혹은 상속세를 시행할 필요가 없다고 주장했다. 그러나 자료를 보면 당시 프랑스의 부의 집중도는 영국만큼 극단적이었음을 알 수 있다. 이는 시장에서의 권리의 평등이 진정한 권리의 평등을 보장해줄 수 없다는 점을 분명히 보여준다. 이 대목에서 다시 프랑스의 경험은 오늘날의 세계에 대단히 큰 의미를 가져다준다고 할 수 있다. 오늘날에도 100여 년 전 르루아볼리외처럼 많은 논평가가 그 어느 때보다 더 완벽하게 보장된 재산권, 더 자유로운 시장, '더 순수하고 더 완전한' 경쟁을 통해 공정하고 번영하며 조화로운 사회를 충분히 만들어갈 수 있다고 계속해서 믿기 때문이다. 그러나 애석하게도 이 문제는 그처럼 단순하지 않다.

이론적, 개념적 틀

/

논의를 더 진행하기에 앞서 이 책을 쓰기까지 내가 걸어온 지적 여정뿐만 아니라 이 연구의 이론적, 개념적 틀에 관해 조금 더 이야기하는 것이 유용할 것이다.

나는 프랑스혁명 200주년일 뿐만 아니라 베를린장벽이 무너진 해이기도 한 1989년에 열여덟 살이 된 세대에 속한다. 나는 또한 공산주의 독재의 붕괴에 관한 뉴스를 들으면서 성년이 되었고 그런 체제나 소련에 대해 애정이나 향수를 털끝만큼도 느낀 적이 없는 세대에 속한다. 나는 반反자본주의의 관례적인 그러나 게으른 수사에 속아 넘어가지 않을 만큼의 예방접종은 받았다. 그런 수사들 중 일부는 한마디로 공산주의의 역사적 실패를 무시하는 것이었고, 많은 부분은 그 실패를 넘어서는 데 필요한 지적 수단들에 등을 돌렸다. 나는 불평등이나 자본주의 자체를 비난하는 데에는 관심이 없다. 더구나 사회적 불평등은, 그것이 정당화되기만 한다면, 다시 말해 1789년 프랑스혁명 당시의 인간과 시민의 권리에 관한 선언 제1조에서 주장하는 것처럼 사회적 차별이 '오직 공익에 바탕을 두는' 한, 그 자체로서 문제가 되지 않기 때문에 더욱 그러하다.(사회정의에 대한 이러한 개념 정의는 부정확하고 사람을 유혹하는 것이지만 이는 역사에 뿌리를 두고 있다. 지금은 이것을 그냥 받아들이자. 나중에 이 문제로 다시 돌아갈 것이다.) 그 반대로 나는 아무리 대단치 않은 것일지라도 사회를 조직하는 최선의 방법에 관한, 그리고 공정한 사회질서를 이루기 위한 가장 적절한 제도와 정책들에 관한 토론에 기여하는 데 관심이 있다. 더욱이 나는 모든 사람에게 평등하게 적용되고 민주적 토론을 통해 보편적으로 받아들여지는 법의 지배 아래 정의가 실질적으로 실현되는 것을 보고 싶다.

박사학위 과정을 끝낸 직후 보스턴 근처의 한 대학에 채용되었던 스물두 살 무렵 내가 아메리칸드림을 경험했다는 것을 덧붙여야겠다. 이 경험은 여러모로 결정적인 것이었다. 나는 그때 처음 미국에 발을 들여놓았는데, 내 연구가 그토록 빨리 인정을 받은 것은 기분 좋은 일이었다. 미국은 자신들이 원할 경우 어떻게 이민자를 끌어들여야 할지를 아는 나라였다! 그러나 또한 내가 곧 프랑스와 유럽으로 돌아가기를 원한다는 것을 깨달았고 스물다섯 살에 그렇게 했다. 그때부터 나는 몇 차례 짧은 여행을 한 것 외에는 파리를 떠나지 않았다. 그런 선택을 한 한 가지 중요한 이유는 이 책에 직접적인 영향을 미쳤다. 나는 미국 경제학자들의 연구 방법에 전적으로 확신을 갖지 못했다. 확실히 그들은 모두 대단히 총명하고 나에게는 아직도 그때 사귄 친구가 많다. 하지만 뭔가 이상한 일이 벌어졌다. 나는 세계 경제 문제들에 관해 아는 것이 전혀 없다는 사실을 너무나 잘 알고 있었다. 내 논문은 몇 가지 비교적 추상적인 수학적 정리들로 구성된 것이었다. 그러나 학계는 이 연구를 좋아했다. 그곳에서는 쿠즈네츠 이후 불평등의 동학에 관한 역사적 데이터를 모으는 의미 있는 노력이 전혀 없었으며, 그런데도 학계는 어떤 사실들이 설명되어야 하는지 알지도 못한 채 순전히 이론적인 결과들을 계속 쏟아내고 있다는 것을 나는 금세 깨달았다. 그들은 나에게도 똑같은 일을 기대하고 있었다. 프랑스로 돌아오자마자 나는 부족한 데이터를 모으기 시작했다.

직설적으로 이야기하면, 경제학 분야는 아직도 역사적 연구 및 다른 사회과학과의 협력을 등한시하면서 수학에 대한, 그리고 순전히 이론적이고 흔히 이념적인 고찰에 대한 유치한 열정을 극복하지 못하고 있다. 경제학자들은 너무나 자주 자기들만 관심을 갖는 사소한 수학적 문제들에 매달리고 있다. 이처럼 수학에 집착하는 것은 우리가 살고 있는 세계가 던지는 훨씬 더 복잡한 문제들에 대한 해답을 내놓을 필요가 없이 과학성의 겉치레를 손쉽게 입힐 수 있는 방법이다. 프랑스에서 경제학자로 살면 한 가지 커다란 이점이 있다. 프랑스에서 경제학자들은 학계와 지식인의 세계에서 또는 정계와 금융계의 엘리트 사이에서 대단한 존경을 받지 못한다. 그래서 그들은 다른 학문 분야를 무시하거나 어떤 문제에 대해서도 거의 아무것도 알지 못하면서 더 높은 과학적 타당성을 어리석게 주장하는 일은 제쳐두어야 한다. 어쨌든 이런 것이 이 분야와 일반적인 사회과학의 매력이다. 아주 낮은 곳에서부터 시작하면 중요한 진전을 이룰 희망이 있는 것이다. 프랑스에서는 경제학자들이 학계 바깥에 있는 사람들에게뿐만 아니라 역사학자와 사회학자들에 대해서도 자기들이 하고 있는 일이 흥미롭다는 점을 설득하는 일에 (늘 성공하는 것은 아니지만) 조금 더 관심을 갖고 있다고 나는 믿는다. 보스턴에서 강의하고 있을 때 내 꿈은 프랑스 사회과학고등연구원에서 가르치는 것이었다. 이곳의 교수진 중 몇 사람만 꼽자면 뤼시앵 페브르, 페르낭 브로델, 클로드 레비스트로스, 피에르 부르디외, 프랑수아즈 에리티에, 모리스 고들리에 같은 주요 인물들이 포함되어 있다. 사회과학을 보는 내 견해가 국수주의적으로 비칠 위험을 감수하면서까지, 나는 왜 이와 같은 고백을 하는 것일까? 1970년대 이후 여러 사회과학이 대체로 부의 분배와 사회계층 문제에 대한 흥미를 잃어버렸다는 사실은 참으로 유감이지만, 나는 아마도 로버트 솔로나 심지어 사이먼 쿠즈네츠보다 위에서 언급한 학자들을 더 존경한다는 고백 말이다. 그전까지는 소득, 임금, 물가, 부에 관한 통계들이 역사와 사회에 대한 연구에서 중요한 역할을 했다. 어쨌든 나는 전문적인 사회과학자들, 그리고 "경제학에 관해서는 아무것도 모른다"고 주장하지만 그럼에도 불구하고 소득과 부의 불평등에 관해 매우 뚜렷한 견해를 가진(그것은 당연한 일이다) 사람들을 비롯해 모든 분야의 아마추어들이 이 책에서 어떤 흥미로운 것을 찾기를 바란다.

사실 경제학은 결코 다른 사회과학들로부터 스스로 떨어져 나오려 하지 말았어야 했다. 그리고 그들과 함께할 때에만 앞으로 나아갈 수 있다. 사회과학은 전체적으로 볼 때 학문 분야에 관한 어리석은 언쟁으로 시간을 낭비하기에는 아는 것이 너무 없다. 부의 분배의 역사적 동학과 사회계층 구조를 이해하는 데 진전을 이루려면 우리는 분명히 실용적인 접근 방식을 취하고 경제학자들뿐만 아니라 역사학자, 사회학자, 정치학자들의 연구 방법을 동원해야 한다. 우리는 근본적인 질문으로 시작해 그에 답하려고 노력해야 한다. 학문 분야에 관한 논쟁과 영역 다툼은 거의 또는 전혀 중요하지 않다. 내 생각으로는, 이 책은 경제학 못지않게 역사에 관한 책이다.

앞서 설명한 것처럼 나는 소득과 부의 분배에 관한 자료를 모으고 역사적 시계열 자료를 만드는 것으로 이 연구를 시작했다. 이야기를 진행하면서 가끔 이론에 호소하고 추상적인 모형과 개념들에 도움을 청하겠지만, 그 이론이 우리가 관찰한 변화에 대한 이해를 향상시킬 때에만 드물게 그런 방법을 쓰도록 노력할 것이다. 예를 들어 소득, 자본, 경제성장률, 자본수익률은 추상적인 개념들이다. 수학적 확실성이라기보다는 이론적 구조물인 것이다. 그러나 우리가 (본질적으로 근사치인) 이것들을 측정할 때 정확성의 한계에 대한 비판적이고 명철한 시각을 유지하는 한, 이 개념들은 역사적 사실을 흥미로운 방식으로 분석할 수 있도록 해준다는 점을 보여줄 것이다. 나는 또한 몇 가지 등식을 이용할 것이다. $\alpha = r \times \beta$(국민소득에서 자본이 차지하는 몫은 자본수익률과 자본/소득 비율을 곱한 값과 같다는 뜻이다) 또는 $\beta = s/g$(자본/소득 비율은 장기적으로 저축률을 경제성장률로 나눈 값과 같다는 뜻이다) 같은 것들이다. 나는 수학에 별로 정통하지 않은 독자들이 참을성을 갖기를, 그리고 즉각 책을 덮어버리지 않기를 바란다. 이 초보적인 등식들은 단순하고 직관적인 방식으로 설명할 수 있으며 전문화된 기술적 지식이 없어도 이해할 수 있다. 무엇보다도 나는 이 최소한의 이론적 틀이 모든 사람이 중요한 역사적 변화라고 인정할 것들을 명료하게 설명하는 데 충분하다는 것을 보여주려 노력할 것이다.

이 책의 개요

이 책의 나머지 부분은 4부 16장으로 이루어져 있다. '소득과 자본'이라는 제목을 붙인 제1부는 두 개의 장을 포함하며, 나중에 되풀이해 사용할 기본적인 개념들을 소개한다. 구체적으로, 제1장은 국민소득, 자본, 자본/소득 비율의 개념을 제시하고 세계적으로 소득과 생산의 분배가 어떻게 변화해왔는지를 폭넓은 필치로 묘사할 것이다. 제2장은 산업혁명 이후 인구와 생산 성장률이 어떻게 바뀌어왔는지 더 상세한 분석을 제시한다. 이 책의 제1부에는 진정으로 새로운 것은 아무것도 없으며, 이런 개념들과 18세기 이후 글로벌 성장의 역사에 친숙한 독자들은 곧바로 제2부로 건너뛰려 할 수도 있다.

'자본/소득 비율의 동학'이라는 제목을 붙인 제2부는 네 개의 장으로 구성되어 있으며, 자본/소득 비율의 장기적인 변화에 대한 전망을 검토하고, 21세기에 세계적으로 국민소득이 노동과 자본 사이에서 어떻게 분배될지를 살펴보기 위한 것이다. 제3장은 우리가 장기간에 걸친 자료를 가장 많이 갖고 있는 영국과 프랑스의 사례부터 시작해 18세기 이후 자본의 변신을 살펴본다. 제4장은 독일과 미국의 사례를 소개한다. 제5장과 제6장은 분석의 지리적 범위를 자료가 허용하는 한 전 세계로 확장하고, 이 모든 역사적 경험에서 교훈을 이끌어내려 한다. 이는 우리가 앞으로 수십 년간 자본/소득 비율, 자본과 노동의 상대적인 몫이 어떻게 바뀔지 예상할 수 있게 해준다.

'불평등의 구조'라는 제목을 단 제3부는 여섯 개 장으로 구성된다. 제7장은 독자들이 한편으로는 노동소득의 분배에 따라, 다른 한편으로는 자본의 소유와 자본소득에 따라 실제로 나타난 불평등의 수준을 익히 알 수 있도록 해준다. 이어서 제8장은 프랑스와 미국을 비교하는 것으로 시작해 이런 불평등의 역사적 동학을 분석한다. 제9장과 제10장은 우리가 (WTID에서) 역사적 데이터를 확보한 모든 나라로 분석 대상을 확장해 노동과 자본에 관련된 불평등을 각각 나누어 살펴본다. 제11장은 오랜 기간에 걸쳐 상속재산의 중요성이 어떻게 바뀌어왔는지를 연구한다. 제12장은 21세기 초 수십 년간 세계적인 부의 분배의 변화에 대한 전망을 생각해본다.

마지막으로 '21세기의 자본 규제'라고 제목을 단 제4부는 네 개의 징으로 이루어져 있다. 이 장들의 목적은 주로 사실들을 확립하고 관찰된 변화의 원인들을 이해하는 데 목적이 있었던 전술한 장들에서 규범적이고 정치적인 교훈을 이끌어내는 것이다. 제13장은 지금의 상황에 적합한 '사회적 국가social state'는 어떤 모습일지를 검토한다. 제14장은 과거의 경험과 현재의 추세에 바탕을 두고 누진적 소득세를 다시 생각해보기를 제안한다. 제15장은 21세기의 상황에 맞는 누진적 자본세는 어떤 형태일지 설명한다. 그리고 이 이상적인 수단을 정치적 과정에서 부상할 수 있는 다른 유형의 규제들, 즉 유럽의 부유세부터 중국의 자본통제, 미국의 이민제도 개혁, 각국의 보호주의 부활에 이르기까지 다양한 규제와 비교한다. 제16장은 공공부채라는 절박한 문제를 다룬다. 그리고 이와 관련된 문제로서

서장

자연자본의 질이 떨어지고 있는 시기에 공공자본 축적의 최적 수준에 관해 생각해본다.

마지막으로 한마디만 덧붙이자. 1913년에 '20세기 자본'이라는 책을 펴내는 것은 대단히 무모한 일이었을 것이다. 나는 2013년에 출간된 이 책에 '21세기 자본'이라는 제목을 붙인 것에 대해 독자들의 관용을 바란다. 나는 2063년이나 2113년에 어떤 형태의 자본이 지배할지 예측하는 데 전혀 능력이 없다는 것을 너무나 잘 안다. 이미 지적했고 앞으로도 여러 차례 보여주겠지만 소득과 부의 역사는 언제나 대단히 정치적이고, 혼란스러우며, 예측할 수 없는 것이다. 그 역사가 어떻게 펼쳐질지는 사회가 불평등을 어떻게 보느냐에, 그리고 그것들을 측정하고 변화시키기 위해 어떤 정책과 제도를 채택하느냐에 달려 있다. 누구도 이런 것들이 앞으로 수십 년간 어떻게 달라질지 미리 알 수는 없다. 그러나 역사의 교훈은 유용하다. 그것들은 21세기에 우리가 어떤 선택에 직면할지, 어떤 동학이 작동할지를 조금 더 명확하게 볼 수 있도록 도와주기 때문이다. 논리적으로 말하자면 '21세기 여명기의 자본'이라는 제목을 붙였어야 할 이 책의 단 하나의 목적은 과거로부터 미래를 여는 몇 가지 그리 대단치 않은 열쇠를 찾아내는 것이다. 역사는 언제나 스스로의 길을 찾아내므로, 과거에서 얻은 이 교훈들이 얼마나 실제적인 유용성을 가질지는 더 지켜봐야 한다. 나는 그 중요성을 완전히 이해하는 것처럼 굴지 않고 그것들을 독자들에게 제시한다.

제 1 장

소득과
생산

2012년 8월 16일, 남아프리카공화국 요하네스버그 근방 마리카나 백금 광산 광부들이 광산 소유주들을 상대로 벌인 파업에 경찰이 투입되었다. 광산 소유주들은 세계 최대 백금 생산업체인 영국 론민 사의 주주들이었다. 경찰은 파업 광부들에게 실탄을 발사했고, 34명의 광부가 목숨을 잃었다.[1] 이 같은 파업이 으레 그렇듯, 당시 파업이 일어난 주원인은 임금이었다. 광부들은 500유로의 월급을 두 배로 인상해 1000유로로 해줄 것을 요구했다. 비극적인 인명 손실 이후 론민은 마침내 매달 75유로의 인상안을 제시했다.[2]

이와 같은 사건은 우리에게 생산 중 임금과 이윤으로 가야 할 몫이 각각 얼마인지, 다시 말해서 생산을 통해 얻은 소득이 자본과 노동 사이에서 어떻게 나뉘어야 하는지가 늘 분배과정에서 일어나는 핵심적인 갈등임을 상기시켜준다. 적어도 우리가 이런 문제를 굳이 떠올릴 필요가 있다면 말이다. 전통사회에서는 사회적 불평등의 기초와 반란의 가장 흔한 원인이 지주와 소작인, 즉 토지를 소유한 자와 자신의 노동력으로 토지를 경작한 자들 혹은 지대를 받는 자와 지대를 지불하는 자들 사이의 갈등이었다. 산업혁명은 자본-노동 간의 갈등을 악화시켰다. 그 이유는 아마도 과거에 비해 생산 방식이 훨씬 더 자본집약적으로 변했고(과거 어느 때보다 기계의 이용과 천연자원의 개발을 더 많이 함으로써), 좀더 공정한 소득 분배와 민주적인 사회질서에 대한 기대감이 꺾여버렸기 때문일 수도 있다. 이 점에 대해서는 나중에 다시 언급할 것이다.

마리카나 광산의 비극은 그 이전에 일어났던 다른 폭력사태들을 연상시킨다. 1886년 5월 1일 미국 시카고의 헤이마켓 광장에서나 1891년 5월 1일 프랑스 북부 푸르미에서 일어난 파업에서도 경찰은 임금 인상을 요구하는 파업 노동자들을 향해 발포를 했다. 노동과 자본 사이에 발생하는 이런 유의 폭력적인 충돌은 단지 과거의 일에 불과할까, 아니면 21세기 역사의 중요한 부분이 될까?

이 책 제1부와 제2부에서는 전 세계의 소득이 노동과 자본에 각각 얼마나 돌아가는지 그리고 그 몫이 18세기 이후로 어떻게 변화했는지를 중점적으로 다룬다. 노동자들 사이(일반 노동자, 기술자, 관리자들 사이)와 자본소유자들 사이(소주주, 중간 규모의 주주, 대주주, 지주들 사이)의 소득불평등 문제는 제3부에서 다룰 때까지 잠시 논의를 보류해둔다. 단언컨대, 부의 분배에는 두 차원이 존재한다. 첫 번째는 '요소 간' 분배로, 여기서 노동과 자본은 추상적으로 동질적 존재인 '생산요소'로 취급된다. 두 번째는 '개인 간' 분배인데, 여기서는 노동과 자본으로 얻은 소득의 불평등을 개인적 수준에서 고려한다. 이 둘은 분명 실제로 근본적으로 중요하며, 이 둘 모두를 분석하지 않고서 분배 문제를 만족스럽게 이해한다는 것은 불가능하다.[3]

어쨌든 마리카나 광산 광부들은 론민이 챙긴 과도한 이윤뿐만 아니라 광산 경영자의 호주머니로 들어간 엄청난 고액의 급여 및 그들과 자신들이 받는 보상의 차이에 반발해 파업을 일으킨 것이었다.[4] 사실 자본의 소유가 균등하게 분배되어 각각의 노동자가 임금뿐 아니라 이윤도 균등하게 받는다면, 누구도 이윤과 임금 사이의 소득 분배에 관심을 갖지 않을 것이다. 자본–노동 간의 소득 분배가 그토록 많은 갈등을 일으킨다면 그것은 무엇보다 자본의 소유가 지나치게 편중되어 있기 때문이다. 부의 불평등(그리고 그로 인한 자본소득의 불평등)은 사실상 언제나 노동소득의 불평등보다 훨씬 더 크다. 이 현상과 원인에 대해서는 제3부에서 다루도록 하고, 여기서는 노동과 자본의 소득불평등을 기정사실화한 채 전 세계적으로 국민소득National Income이 자본-노동 간에 어떻게 나누어지는가 하는 문제에 집중하기로 하겠다.

분명히 말하지만 이 책의 집필 목적은 자본소유자들과 대비해 노동자들이 처한 처지를 옹호하기 위한 것이 아니라, 독자들이 가능한 한 현실을 직시하도록 하는 것이다. 자본과 노동의 불평등은 강한 상징성을 지니며, 격정적인 감정을 불러일으키는 이슈다. 이 불평등은 무엇이 옳고 그른가 하는 보편적인 개념과 충돌하며, 이것이 종종 물리적 폭력으로 이어진다고 해도 사실상 놀라운 일은 아니다. 가진 것이라곤 노동력밖에 없고 초라한 환경(18세기의 농부나 마리카나 광산의 광부만큼 열악한 환경은 아니더라도)에 처해 있는 사람들에게는 자신의 노동으로 생산된 부 가운데 그토록 많은 양을 자본소유자들(이들은 종종 상속을 통해 자본을 소유한다. 최소한 부분적으로라도 말이다)이 독차지한다는 사실이 받아들여지기 어렵다. 자본이 차지하는 몫은 아주 클 수 있다. 많은 경우 종종 총생산의 4분의 1에서 절반까지를, 이따금 광산업 같은 자본집약적 분야에서는 최대 절반 이상을 차지하기도 한다. 혹은 지역적 독점으로 인해 자본소유자들이 더 큰 몫을 요구할 수 있는 곳에서는 심지어 이보다 더 많이 차지한다.

물론 기업이 생산활동을 통해 얻은 수익을 전부 임금 지불에 쓰는 바람에 이윤을 내지 못한다면 적어도 현재의 경제체제(물론 다른 형태의 체제를 상상할 수도 있다)에서는 신규 투자에 필요한 자본 조달이 어려워질 수 있다. 게다가 저축의 차이가 부의 불평등을 야기하는 중요한 원인이라고 전제하고 다른 사람들보다 더 많이 저축하려는 사람들에게 아무런 보상조차 하지 않는 것도 반드시 정당하다고 볼 수는 없다. 이른바 '자본소

1부
소득과 자본

득'의 일정 부분은 '기업가'의 노동에 대한 보상에 해당되며, 이런 노동 역시 우리는 분명 다른 형태의 노동과 같은 방식으로 취급해야 한다는 사실을 명심하자. 이러한 고전적 논쟁 또한 곧 다루게 될 것이다. 이런 모든 점을 감안했을 때 자본-노동 간의 '공정한' 분배란 무엇일까? '자유시장'과 사유재산에 기반한 경제가 언제 어디서나 마술을 부리듯 최적의 분배로 이어지리라고 확신할 수 있을까? 이상적인 사회에서는 자본-노동 간 분배가 어떤 식으로 이루어질까? 그리고 이 문제에 대해 어떻게 생각해야 할까?

장기적으로 본 자본-노동 간 **분배의 불안정성**

이 연구를 통해 위에 언급된 질문들에 대한 논의를 조금이라도 진전시키고 적어도 끝날 것 같지 않은 논쟁의 기준을 명확히 밝히고자 한다면, 몇 가지 사실을 최대한 정확하고 신중하게 정립해놓고 시작할 필요가 있다. 우리가 18세기 이후 나타난 자본-노동 간 분배의 변화에 대해 정확히 알고 있는 것은 무엇인가? 지난 오랜 세월 동안 대다수의 경제학자가 수용했고 별다른 비판 없이 교과서에 되풀이되어 실렸던 생각은, 국민소득에서 노동과 자본이 차지하는 상대적인 몫이 장기간 상당히 안정적이었다는 것이다. 즉 노동과 자본이 각각 3분의 2와 3분의 1을 나눠 가졌다는 것이 일반적인 생각이었다.[5] 하지만 오늘날 더 광범위한 역사적 관점과 새롭게 확보한 자료를 통해 봤을 때, 현실은 분명 이보다 훨씬 더 복잡했다.

우선 자본-노동 간 분배는 20세기를 거치면서 광범위한 변화를 겪었다. 서장에서 소개했던 19세기에 관찰된 변화(전반기에 자본이 가져가는 몫이 늘었다가 다소 줄어든 이후 안정기로 접어든)는 이에 비해 상대적으로 완만해 보인다. 간단히 말해서 제1차 세계대전(1914~1918), 볼셰비키 혁명(1917), 대공황(1929~1939), 제2차 세계대전(1939~1945) 그리고 이후 자본통제와 더불어 시행된 새로운 규제와 세금 정책 등, 1914~1945년 세계 경제를 뒤흔들었던 충격적인 사건들은 1950년대에 소득에서 자본이 가져가는 몫을 역사적인 최저 수준으로 낮춰놓았다. 하지만 자본은 곧바로 스스로 재건하기 시작했다. 보수혁명의 서막을 알린 1979년 영국의 마거릿 대처 총리 집권 및 1980년 미국의 로널드 레이건 대통령 집권과 함께 자본이 차지하는 몫의 증가 속도는 가속화되었다. 이어 1989년 구소련이 붕괴하고 1990년대 금융의 세계화와 탈규제가 진행되었는데, 이 모든 사건은 20세기 전반에 목격됐던 것과 정반대의 정치적 변화가 일어나고 있음을 의미했다. 2010년이 되자 2007~2008년에 시작된 금융위기에도 불구하고 자본은 1913년 이후 경험해보지 못했던 수준으로 번창했다. 자본의 새로운 번영이 초래한 결과가 모두 부정적인 것만은 아니었다. 어떤 면에서 그것은 자연스럽고도 바람직한 발전이었다. 하지만 그로 인해서 21세기 초의 자본—노동 간 분배를 바라보는 방식뿐만 아니라 향후 수십 년 내에 일어날 수 있는 변화에 대한 우리의 관점도 함께 바뀌었다.

더구나 20세기를 넘어서 매우 장기적인 시각에서 바라볼 때에는 자본—노동 간의 분배가 안정적이라는 생각에 더해 자본 자체의 성격이 근본적으로 변화했다는 사실(18세기의 토지와 기타 부동산에서 21세기에는 산업과 금융자본으로)을 고려해야 한다. 또한 경제학자 사이에 확산되어 있는, 현대 경제의 성장은 주로 '인적자본human capital'의 성장에 의존하고 있다는 생각도 존재한다. 언뜻 보기에 이것은 국민소득에서 노동이 차지하는 몫이 늘어나야 한다는 의미로 여겨진다. 그런데 실제로 우리가 노동이 차지하는 몫이 장기간에 걸쳐 늘어나는 경향을 발견한다 해도, 늘어난 몫은 비교적 미미하다. 반면 21세기의 처음 10여 년간 자본(인적자본 제외)이 가져가는 몫은 19세기 초와 비교해서 약간 줄어드는 데 그쳤다. 오늘날 부유한 국가들에서 자본이 중요해진 이유는, 주로 인구와 생산성의 증가세는 둔화되는 가운데 객관적으로 민간자본private capital에 유리한 정치제도가 결합되었기 때문이다.

이런 변화를 이해하는 가장 효과적인 방법은 자본-노동 간 분배(즉 소득 중 자본과 노동에 각각 분배되는 몫)에만 전적으로 집중하기보다 자본/소득 비율(즉 연간 소득에 대한 자본총량total stock of capital의 비율)의 변화를 분석하는 것이다. 과거에 학자들은 다른 적절한 분석 자료가 부족했기 때문에 주로 전자를 연구하는 데 치중했다.

연구 결과를 구체적으로 소개하기 전에 단계별로 설명을 진행하는 편이 좋겠다. 이 책 제1부에서는 몇 가지 기본 개념을 소개하는 것이 주목적이므로 제1장의 나머지 부분에서는 국내생산, 국민소득, 자본과 노동, 자본/소득 비율에 대한 개념을 설명한다. 이어 산업혁명 이후로 전 세계 소득 분배가 어떻게 바뀌었는지를 살펴보겠다. 제2장에서는 시간에 따른 성장률의 일반적인 변화 추세를 분석한다. 이것은 이후 분석에서 중요한 역할을 할 것이다.

이런 예비 작업을 한 뒤 제2부에서는 자본/소득 비율의 동학 및 자본-노동 간 분배 문제를 다시 단계별로 다룰 것이다. 제3장에서는 장기간에 걸쳐 좋은 자료를 축적해온 영국과 프랑스에서 시작해 18세기 이후 자본의 구성과 자본/소득 비율의 변화를 다룰 것이다. 제4장에서는 독일의 사례를 소개하고, 무엇보다 유럽 중심의 시각을 유용하게 보완해주는 역할을 하는 미국의 상황을 살펴보겠다. 끝으로 제5장과 제6장에서는 세계의 모든 부유한 국가를 넘어 가능하다면 전 세계로 분석 범위를 확대해보고자 한다. 또한 21세기 자본/소득 비율 및 자본-노동 간 소득 분배의 전 세계적 동학과 관련하여 잠정적인 결론을 내리려 한다.

국민소득이란 무엇인가

'국민소득'이란 용어는 이 책에서 자주 언급할 예정이므로 이 용어의 개념부터 정리하고 넘어갈 필요가 있다. 국민소득은 소득의 종류에 상관없이

한 나라의 국민이 1년 동안 벌어들이는 모든 소득의 총합이다.

국민소득은 사람들이 자주 쓰는 용어인 국내총생산GDP: Gross Domestic Product과 밀접하게 관련되어 있다. 그러나 GDP와 국민소득 사이에는 두 가지 중요한 차이가 있다. GDP는 특정 해에 한 나라의 국경 안에서 생산되는 상품과 서비스를 금액으로 환산한 합계를 의미한다.

국민소득을 계산하려면, 먼저 GDP에서 이 생산을 가능하게 해주는 자본의 소모분depreciation을 빼야 한다. 다시 말해 해당 연도에 소모되는 건물, 사회기반시설, 기계, 운송수단, 컴퓨터 및 기타 품목을 빼야 한다. 이 소모분은 현재 대부분의 나라에서 GDP의 약 10퍼센트에 이를 정도로 큰 비중을 차지하며 소득과는 관련이 없다. 노동자와 주주에게 각각 임금이나 배당금이 지불되기 전에 그리고 순수하게 새로운 투자가 이뤄지기 전에 소모된 자본은 대체되거나 보수되어야 하기 때문이다. 이렇게 안 될 경우 부는 사라지고, 부의 소유자들은 마이너스 소득을 올리게 된다. GDP에서 자본 소모를 뺀 것이 '국내순생산Net Domestic Product'이다. 나는 이것을 좀더 간단히 '국내산출domestic output' 또는 '국내생산domestic production'(이 책에서는 '국내생산'으로 통일해서 사용한다—옮긴이)이라고 부르는데, 일반적으로 GDP의 90퍼센트를 차지한다.

GDP에서 자본 소모를 뺀 다음에는 해외에서 벌어들인 순소득net income을 더해야 한다.(혹은 국가별 사정에 따라 외국인들에게 지불된 순소득을 제하기도 한다.) 예를 들어 외국인들이 국내 기업들과 기타 자본자산capital assets을 소유한 국가의 국내생산은 높겠지만, 해외로 유출된 이윤과 임대료를 국내생산 총액에서 뺄 경우 국민소득은 훨씬 더 낮아질 수 있다. 반대로 다른 국가들의 자본을 상당 규모 소유한 국가의 경우 국민소득은 국내생산보다 훨씬 더 클 수 있다.

뒤에서 자본주의의 역사와 오늘날의 세계로부터 찾아낸 이 두 가지 상황에 대한 사례들을 제시하려 한다. 이와 같은 유형의 국제적 불평등은 심각한 정치적 긴장을 촉발한다고 단언할 수 있다. 한 나라가 다른 나라를 위해 일하고, 외국인들에게 생산의 상당한 몫을 배당금과 임대료 형태로 장기간 지급한다는 것은 사소한 일이 아니다. 많은 경우 그런 시스템은 주로 유럽이 세계 대부분의 지역을 효과적으로 소유했던 식민지 시대처럼 정치적 지배관계가 지속될 때에 한하여 (어느 정도까지) 살아남을 수 있다. 이 연구가 던지는 핵심 질문은 이것이다. 지리적 배치가 약간씩 달라질 21세기에는, 어떤 조건에서 이런 식의 상황이 재현될 수 있을까? 예를 들어, 이제 유럽은 스스로를 소유자라기보다 피소유자로 인식하고 있는지 모른다. 그런 두려움은 현재 구대륙(유럽·아시아·아프리카—옮긴이)에서 지나치다고 할 만큼 확산되어 있는데, 앞으로 상황이 어떻게 전개될지 지켜보기로 하자.

현 단계에서는 부유한 국가든 신흥 국가든 대부분의 국가가 이따금 상상할 수 있는 것보다 훨씬 더 균형잡힌 상황에 있다고 말하는 것으로 충분할 터이다. 프랑스와 미국, 독일과 영국, 중국과 브라질, 일본과 이탈리아에서 국민소득은 국내생산과 단 1~2퍼센트의 차이를 보인다. 다시 말해 이들 국가에서 이윤, 이자, 배당금, 임대료 등의 유입과 유출은 대체로 균형이 잡혀 있다. 부유한 국가들에서는 해외에서 벌어들이는 순소득이 약간 플러스를 나타낸다. 언뜻 계산해봤을 때, 이들 국가의 국민은 외국인들이 그들 국가의 부동산과 금융기관들을 소유한 만큼 많은 해외 부동산과 금융기관을 소유하고 있다. 끈질기게 살아남았던 근거 없는 믿음과 달리 프랑스는 캘리포니아 연금기금이나 중국런민은행의 소유가 되지 않았고, 미국도 일본과 독일 투자자들 손에 넘어가지 않았다. 오늘날 그런 곤경에 처할지 모른다는 막연한 두려움이 지나치게 크다보니, 사람들은 환상에 빠져 현실을 보지 못한다. 현실적으로 자본 소유의 불평등은 국제적이라기보다는 훨씬 더 국내적 사안의 성격을 띤다. 이러한 불평등은 국가 사이보다 각 국가 내부의 부자와 빈자 사이에 훨씬 더 심각한 갈등을 야기한다. 하지만 늘 그래왔던 것은 아니다. 특히 일본과 독일 그리고 산유국들 혹은 이들보다 정도는 덜하더라도 중국을 비롯한 몇몇 국가가 최근 몇 년 동안 나머지 세계에 대해 상당한 권리를 축적해온 상황에서(식민지 시대만큼 기록적인 영향력을 미치지는 못하지만), 우리의 미래가 과거와 좀더 유사해 보이지는 않을지를 묻는 것은 매우 합리적인 일이다. 아울러 다양한 국가가 서로 다른 국가들의 몫을 상당히 소유하고 있는 교차소유cross-ownership가 엄청나게 증가함으로써 순자산 포지션이 제로에 가까운 국가라도 박탈감을 느낄 수 있으며 이 또한 정당한 일이다.

정리하자면, 한 국가의 국민소득은 해외에서 올린 순소득이 플러스냐 마이너스냐에 따라 국내생산보다 크거나 작을 수 있다.

국민소득 = 국내생산 + 해외순소득[6]

전 세계적으로 소득이 그 자체로 생산과 일치하려면 해외에서 수취한 소득과 해외에 지급한 소득이 균형을 이뤄야 한다.

전 세계 소득 = 전 세계 생산[7]

이러한 소득과 생산 두 가지의 연간 유량flow이 같다는 것은 회계적 항등식이지만, 이는 중요한 현실을 반영한다. 즉 어떤 특정 연도의 총소득은 그해에 생산되는 새로운 부의 가치를 능가하는 것이 불가능하다.(세계적으로 말하면 그렇다는 이야기다. 물론 개별 국가는 해외에서 차입을 할 수 있다.) 역으로 모든 생산은 어떤 형태로건 노동 또는 자본의 소득으로 분배되어야 한다. 그 형태는 임금, 급여, 사례금, 성과급 등(생산과정에 기여한 노동자 등에게 지급되는 돈)이나 혹은 이윤, 배당금, 이자, 임대료, 로열티 등(생산과정에서 사용된 자본의 소유자들에게 지급되는 돈)이다.

자본이란 무엇인가

요약하자면 우리가 기업과 국가 또는 전 세계 경제의 계정 그 어느 것을 살펴보더라도 이와 연관된 생산과 소득은 자본소득과 노동소득의 총액으로 나눠질 수 있다.

국민소득 = 자본소득 + 노동소득

그런데 자본이란 무엇인가? 그것의 범위는 어디까지인가? 자본의 성격은 어떻게 변화했는가? 그것의 구성은 시간이 지나면서 어떻게 바뀌었는가? 이 연구의 핵심인 이런 질문들은 이후 장들에서 더 자세히 살펴보겠다. 여기서는 다음과 같은 점들만 거론하고 넘어가도 충분할 것이다.

우선 이 책 전반에 걸쳐 별도의 설명 없이 '자본'이라고 할 때, 그것은 경제학자들이 종종 말하는 개인의 노동력과 기술 및 능력으로 구성된 '인적자본'(내 생각에는 부적절한 명명이지만)을 제외한 의미다. 즉 이 책에서 자본은 시장에서 소유와 교환이 가능한 비인적자산nonhuman assets의 총계로 정의된다. 자본에는 온갖 종류의 부동산(거주용 부동산 포함)과 금융자본 그리고 기업과 정부 기관들이 사용하는 사업 자본professional capital(공장, 사회기반시설, 기계류, 특허권 등)이 포함된다.

자본을 정의할 때 인적자본을 제외하는 이유는 여러 가지다. 그중 가장 분명한 이유는, 인적자본은 다른 사람이 소유하거나 시장에서 거래될 수 없다는 사실이다.(적어도 영구적인 소유권을 사고팔 수는 없다.) 이것이 인적자본이 다른 형태의 자본들과 대별되는 점이다. 물론 우리는 일종의 노동계약을 통해 사람의 노동력을 돈 주고 쓸 수 있다. 하지만 현대의 모든 법률 제도에서 그러한 계약은 시간과 범위에 제한을 둔다. 물론 노예사회에서라면 분명 그렇게 하지 않아도 된다. 노예사회에서 노예소유주는 다른 사람(노예)에 대해, 심지어는 그 사람의 자식이라는 인적자본에 대해서도 완전한 소유권을 주장할 수 있다. 그런 사회에서 노예는 시장에서 매매되고, 상속 가능하며, 노예소유주의 재산을 계산할 때 포함되는 것이 일반적이다. 나는 1865년 이전 미국 남부의 민간자본 구성 요소들을 검토할 때, 이 점이 어떤 효과를 냈는지를 살펴볼 것이다. 그런 특별한(그리고 현재로서는 과거의) 사례들을 제외하면 인적자본과 비인적자본을 합치려는 시도는 이치에 별로 맞지 않는다. 역사적으로 이 두 가지 형태의 부는 경제성장과 발전에서 근본적이고 상호 보완적인 역할을 했으며, 21세기에도 마찬가지로 그럴 것이다. 그러나 성장과정과 그로 인해 생겨나는 불평등을 이해하려면, 인적자본과 비인적자본을 신중하게 구분해 따로 다뤄야 한다.

이 책에서 내가 단순히 '자본'이라고 부르는 비인적자본은 개인 혹은 개인들로 이루어진 집단이 소유하고, 시장에서 영구적으로 양도와 거래가 가능한 모든 형태의 부wealth를 포함한다. 현실에서 자본은 개인들이 소유하거나(민간자본) 정부 및 정부 기관들이 소유할(공공자본public capital) 수 있다. 재단이나 교회처럼 특수한 목적을 추구하는 '법인들'이 소유한 중간적 형태의 공동 재산도 있다. 이 부분에 대해서는 뒤에서 다시 다루겠다. 개인이 소유할 수 있는 것과 없는 것 사이의 경계는 시간이 흐르면서 전 세계적으로 상당한 변화를 겪었다. 그 극단적인 사례가 노예제도다. 대기, 바다, 산, 역사적 유물, 지식과 관련된 재산도 마찬가지다. 몇몇 개인은 개인적인 이해로 이러한 것들을 소유하고 싶어하고, 단순한 개인적 이익이 목적이 아니라 효율성을 높일 수 있다면서 자신의 그런 욕구를 정당화한다. 하지만 이러한 욕구가 공공의 이익과 일치된다는 보장은 없다. 자본은 불변의 개념이 아니며, 각 사회의 발전 단계와 지배적인 사회관계를 반영한다.

자본과 부

설명을 단순화하기 위해 나는 '자본'과 '부'라는 단어를 마치 완전한 동의어처럼 서로 번갈아 사용하고 있다. 그러나 몇몇 정의에 따르면 '자본'이라는 단어는 인간이 축적해온 여러 형태의 부(건물, 기계, 사회기반시설 등)를 지칭하는 용도로 쓰는 것이 더 적합할 것이다. 이때 인간이 축적해야 할 필요 없이 그저 소유하고 있는 토지와 천연자원은 제외된다. 따라서 토지는 부의 구성 요소가 되기는 해도 자본이 되지는 못한다. 다만 문제는 건물의 가치와 그 건물이 지어져 있는 토지의 가치를 구분하기가 항상 쉽지만은 않다는 데 있다. 더욱이 하수와 배수시설, 토양 개량처럼 인간의 개입에 의해 개선된 부분을 제외하고 처녀지(인간들이 수 세기 내지는 수백만 년 전에 찾아냈던)의 가치를 평가하기는 훨씬 더 어렵다. 석유, 가스, 희토류 등 천연자원의 경우도 이와 같은 문제가 발생한다. 이런 천연자원의 순수 가치와 새로운 자원을 발견하고 개발을 준비하기 위해 투자한 결과 생겨난 부가가치를 구분하기는 어렵다. 나는 따라서 이런 모든 형태의 부를 자본에 포함시켰다. 물론 이런 선택을 했다고 해서 부의 기원, 특히 축적과 전용 사이의 경계선을 면밀히 검토할 필요성이 없어지는 것은 아니다.

또 다른 자본의 정의들은 이 용어가 생산과정에 직접 사용된 부의 요소들에만 적용되어야 한다고 주장한다. 예를 들어 금은 가치저장 수단으로서만 유용하다고 하므로 자본의 일부가 아닌 부의 일부로 간주해야 한다는 것이다. 이 경우에도 마찬가지로 나는 이런 식의 제한은 바람직하지도, 실용적이지도 않다고 판단한다. 금은 보석 제작뿐만 아니라 전자공학과 나노기술 분야에서도 생산요소가 될 수 있기 때문이다. 자본은 어떤 형태를 띠더라도 항상 가치저장 수단과 생산요소라는 두 가지 역할을 수행해왔다. 따라서 나는 부와 자본 사이에 엄격한 구분을 짓지 않는 편이 더 이해하기 쉬우리라고 판단했다.

마찬가지로 거주용 부동산이 기업과 정부가 사용하는 산업용 공장, 사무실 건물, 기계류, 사회기반시설 등의 '생산적 자본'과 달리 '비생산적'이라는 이유로 그것을 자본에서 제외해야 한다는 의견도 배제했다. 이 모든 형태의 부는 유용하고 생산적이며, 자본의 두 가지 주요 경제적 기능을 수행한다. 거주용 부동산은 '주거 서비스'를 제공하고, 임대료로 그 가치가 평가되는 자본자산으로도 간주될 수 있다. 그 외의 다른 자본자산들은 상품과 서비스를 생산하는(그리고 생산을 위해서 공장, 사무실, 기계류, 사회기반시설 등이 필요한) 기업과 정부 기관들의 생산요소 역할을 할 수 있다. 이 두 종류의 자본이 각각 현재 선진국 자본총량의 거의 절반씩을 차지한다.

정리하자면, 나는 '국부national wealth' 내지 '국민총자본national capital'을 특정 시점에 특정 국가 거주자들과 정부가 소유하고, 시장에서 거래가 가능한 모든 것의 총시장가치total market value라고 정의한다.[8] 이것은 비금융자산(토지, 주택, 상업용 재고, 기타 건물들, 기계류, 사회기반시설, 특허권 그리고 직접 보유한 사업 자산)과 금융자산(은행 계좌, 뮤추얼펀드, 채권, 주식, 각종 금융투자상품, 보험증권, 연금기금 등)의 합에서 부채(채무)를 제한 것이다.[9] 우리가 개인들의 자산과 부채만 한정해서 본다면, 민간의 부 내지 민간자본을 살펴본다고 할 수 있다. 정부와 기타 정부 기관들(지방자치단체와 사회보험 기관 등)이 소유하는 자산과 부채를 고려한다면, 공공의 부 내지 공공자본을 살펴보는 것이 된다. 그 정의상 '국부'는 이 두 용어의 합이다.

국부 = 민간부문의 부 + 공공부문의 부

대부분의 선진국에서 공공의 부는 현재 미미한 수준이다.(게다가 공공부채public debt가 공공자산public assets을 초과하는 국가에서는 마이너스가 되기도 한다.) 앞으로 설명하겠지만 거의 모든 나라에서 민간의 부가 국부의 대부분을 차지한다. 하지만 항상 그랬던 것은 아니므로 이 두 개념을 명확히 구분할 필요가 있다.

내가 말하는 자본의 개념은 분명 인적자본(노예사회가 아닌 사회라면 어떤 시장에서도 교환이 불가능한)을 배제하지만, 이것이 '물적'자본(토지, 건물, 사회기반시설, 기타 상품)만을 한정해서 말하는 것은 아니다. 여기에는 비금융자산(개인이 특허권을 직접 소유했을 때)이나 금융자산(개인이 특허권을 갖고 있는 기업의 주식을 보유했을 때. 이것이 좀더 흔한 사례다) 중 하나로 간주되는 특허권과 기타 지식재산권 같은 '무형'자본이 포함된다. 좀더 광범위하게는 기업 주식의 가치 평가를 통해 많은 형태의 무형자본이 자본으로서 고려된다. 예를 들어 한 기업의 주식시장 가치는 종종 그 평판과 브랜드, 정보 시스템과 조직 형태, 상품과 서비스를 눈에 더 잘 띄고 매력적으로 만들기 위한 유·무형의 투자에 따라 달라진다. 이 모든 요소가 기업의 주가와 다른 금융자산의 가격에 반영되고, 그리하여 국부에도 반영된다.

분명 금융시장이 특정 시점에 기업이나 그 기업부문의 무형자본에 매기는 가격은 대체로 임의적이고 불확실하다. 우리는 이 같은 사실을 2000년의 인터넷 거품 붕괴, 2007~2008년에 시작된 금융위기, 더 일반적으로는 주식시장의 엄청난 변동성을 통해 확인할 수 있다. 지금 중요하게 지적해두려는 것은, 이것이 무형자본뿐만 아니라 모든 형태의 자본이 갖고 있는 공통된 특성이라는 사실이다. 건물이나 회사에 대해 말할 때, 그 회사가 제조업을 하든 서비스업을 하든, 해당 자본에 가격을 매기는 것은 언제나 매우 어려운 일이다. 하지만 앞으로 설명할 텐데, 국부 총액 즉 특정 유형의 자산이 아닌 국가 전체의 부는 특정한 법칙을 따르며, 몇몇 규칙적인 패턴을 보인다.

한 가지 더 지적하자면, 국부 총액total national wealth은 항상 국내자본domestic capital과 해외자본foreign capital으로 나눌 수 있다.

국부 = 국민총자본 = 국내자본 + 순해외자본

국내자본은 해당 국가의 국경 내에 있는 건물과 기업 같은 자본총량의 가치다. 순해외자본 내지 순해외자산net foreign assets은 전 세계 다른 국가들에 대해 그 국가가 보유한 포지션을 측정한다. 더 구체적으로 말해서 순해외자본은 그 나라의 국민이 해외에 보유한 자산에서 다른 나라 국민이 보유한 그 나라의 자산을 뺀 것이다. 제1차 세계대전 발발 전에 영국과 프랑스는 다른 나라들에 비해 상당히 많은 순해외자본을 보유하고 있었다. 1980년대 이후로 진행된 금융세계화의 특징 가운데 하나는 많은 국가의 순해외자본 포지션이 대부분 균형을 이루게 됐지만, 절대적 기준에서 이러한 포지션이 상당히 커졌다는 점이다. 다시 말해, 많은 국가가 다른 국가들의 자본을 상당히 보유하고 있지만, 다른 국가들 역시 그 국가들의 자본을 상당히 보유하고 있고, 서로가 보유한 포지션이 엇비슷하기 때문에 순해외자본은 제로에 가까워진다. 물론 전 세계적으로 보면 순포지션들의 총계는 제로가 되어야 하므로 전 세계 부의 총액은 전 세계 '국내'자본을 합친 것과 일치한다.

자본 / 소득 비율

소득과 자본의 개념을 정의했으니, 이제 이 두 개념을 함께 묶는 첫 번째 기본 법칙부터 살펴보겠다. 먼저 자본 / 소득 비율의 정의부터 시작해보자.

소득은 유량 변수로, 특정 기간(주로 1년) 중에 생산되고 분배되는 상품과 서비스의 총액을 말한다.

자본은 저량stock 변수로, 특정 시점에 소유되는 부의 총액을 말하며, 여기에서는 지금까지 사유화하거나 축적한 기존의 모든 부가 포함된다.

특정 국가의 자본저량, 즉 자본총량을 측정하는 가장 자연스럽고 유용한 방법은 그 총량을 연간 소득으로 나누는 것이다. 이렇게 하면 자본 / 소득 비율이 나오며, 나는 이 비율을 그리스 문자 베타$_\beta$로 표시했다.

예를 들어 한 나라의 자본총량이 6년 동안의 국민소득과 맞먹는다면 $\beta = 6$(혹은 $\beta = 600$퍼센트)이다.

오늘날 선진국들에서는 일반적으로 자본 / 소득 비율이 5와 6 사이를 오간다. 여기서 자본총량은 거의 전적으로 민간자본으로 이루어져 있다. 2010년 프랑스와 영국, 독일과 이탈리아, 미국과 일본의 1인당 국민소득은 약 3만 유로에서 3만5000유로였던 반면, 민간 부의 총액(채무를 제외한)은 1인당 약 15~20만 유로였다. 이는 연간 국민소득의 5~6배에 해당되는 금액이다. 유럽 내에서나 전 세계 곳곳에서 모두 흥미로운 차이가 나타난다. 예를 들어 일본과 이탈리아에서는 β가 6보다 크고, 미국과 독일에서는 5보다 작다. 어떤 나라들에서는 공공부문의 부가 아슬아슬하게 플러스이고, 다른 나라들에서는 약간 마이너스다. 이에 관한 상세한 내용은 앞으로 몇 장에 걸쳐 살펴보기로 하고, 여기서는 이에 관한 개념을 최대한 구체적으로 하기 위해 방금 말한 대략의 배수들 정도만 머릿속에 분명히 기억해두면 충분하다.[10]

2010년 기준으로 부유한 국가들의 1인당 국민소득이 연간 약 3만 유로(월 2500유로)였다고 해도 분명 모든 사람이 그만큼을 벌었다는 뜻은 아니다. 다른 모든 평균이 그러하듯, 이런 평균 소득 수치에는 엄청난 차이가 감춰져 있다. 실제로 많은 사람이 매월 2500유로에 훨씬 못 미치는 돈을 버는 반면, 어떤 사람들은 그보다 수십 배 더 많은 돈을 번다. 이렇게 소득 격차가 생기는 원인은 불평등한 임금 때문이기도 하고, 이보다 훨씬 더 불평등한 자본소득 때문이기도 하다. 특히 후자의 문제는 극단적인 부의 집중 현상이 빚어낸 결과다. 1인당 평균 국민소득은 단지 총생산, 즉 국민소득을 그대로 두고 소득을 균등하게 분배할 수 있을 때, 각 개인에게 분배가 가능한 액수를 의미할 뿐이다.[11]

마찬가지로 1인당 개인의 부가 위에서 2010년 사례로 들었던 소득 3만 유로의 6년 치에 해당되는 연간 약 18만 유로라고 해도, 모든 사람이 이만큼의 자본을 소유하고 있다는 뜻은 아니다. 많은 사람이 그보다 훨씬 더 적게 소유하는 반면 일부는 수백만 내지 수천만 유로의 자본자산을 소유한다. 대부분의 국민이 축적한 부는 1년 치 소득보다도 훨씬 더 적으며, 은행 계좌에 겨우 몇 주나 몇 달 치 임금에 해당되는 몇천 유로만 넣어두고 있을 뿐이다. 어떤 사람들은 심지어 소유한 자산보다 갚아야 할 부채가 더 많아 부가 마이너스인 경우도 있다. 반대로 연소득보다 10~20배나 많은 혹은 그 이상에 달하는 상당한 재산을 가진 사람들도 있다. 한 국가 전체의 자본/소득 비율은 그 국가의 불평등에 대해 아무것도 말해주지 못한다. 그러나 β는 사회 안에서 자본이 차지하는 전체적인 중요성을 측정하기 때문에 이것의 분석은 불평등 연구를 위해 필요한 첫 단계다. 제2부에서는 주로 자본/소득 비율이 국가별로 어떻게 그리고 왜 다른지를 이해하고 그 비율이 시기에 따라 어떻게 변해왔는지를 다룰 것이다.

오늘날 세계 곳곳에서 부가 구체적으로 어떤 형태로 존재하는지를 이해하려면 현재 선진국들의 자본총량이 거주용 자본과 기업 및 정부가 사용하는 사업용 자본으로 균등하게 나눠져 있다는 사실을 지적할 필요가 있다. 요약하자면 2010년 기준으로 선진국 국민은 1인당 한 해 동안 평균 3만 유로를 벌었고 약 18만 유로의 자본을 소유하고 있는데, 소유 자본 중 9만 유로는 거주용 부동산 형태로, 나머지 9만 유로는 주식이나 채권 및 저축과 기타 투자 형태로 보유하고 있다.[12] 이와 관련해 국가별로 흥미로운 편차가 나타나는데, 제2장에서 이를 자세히 분석했다. 여기서는 자본이 대략적으로 두 가지의 균등한 부분으로 나눌 수 있다는 사실만 기억해도 유용할 것이다.

자본주의의 제1기본법칙: α = r × β

이제 자본총량과 자본에서 얻는 소득을 연결시키는 자본주의의 첫 번째 기본 법칙을 제시할 차례다. 자본 / 소득 비율 β는 국민소득에서 자본소득이 차지하는 몫을 지칭하는 α, 즉 자본소득 분배율과 간단한 방식으로 관련되어 있다. 공식은 다음과 같다.

$$\alpha = r \times \beta$$

여기서 r은 자본수익률rate of return on capital을 말한다.

예를 들어 β = 600퍼센트이고 r = 5퍼센트이면 α = r × β = 30퍼센트다.[13]

다시 말해서 국부가 6년 동안 벌어들인 국민소득에 해당되고 연간 자본수익률이 5퍼센트라면 국민소득에서 자본이 차지하는 몫은 30퍼센트다.

공식 α = r × β는 순수한 회계적 항등식이다. 이것은 정의상 시대 구분 없이 모든 사회에 적용 가능하다. 비록 동어반복일 수도 있지만 자본 / 소득 비율, 자본소득 분배율 그리고 자본수익률이라는 자본주의 시스템 분석에 가장 중요한 세 가지 개념 사이의 관계를 단순하고 투명하게 보여준다는 점에서 이것을 자본주의의 제1기본법칙으로 간주한다.

자본수익률은 많은 경제 이론에서 핵심 개념이다. 특히 이중에서 마르크스주의자들의 분석은 이윤율 저하 문제를 강조하는데, 이 분석에는 흥미로운 통찰이 담겨 있긴 하지만 크게 잘못된 역사적 예측으로 드러났다. 자본수익률 개념은 다른 많은 이론에서도 핵심적인 역할을 한다. 어쨌든 자본수익률은 법적 형태(이윤, 임대료, 배당금, 이자, 로열티, 자본이득 등)와 상관없이 해당 연도에 자본이 거둬들인 수익을 측정하며, 투자된 자본가치에 대비한 백분율로 나타낸다. 따라서 자본수익률은 '이윤율'[14]과 '이자율'[15]을 통합한 개념이지만, 전자보다 더 포괄적이며 후자에 비해서는 훨씬 더 포괄적인 개념이다.

자본수익률은 분명 투자 유형에 따라 크게 다르다. 1년에 10퍼센트가 넘는 수익률을 올리는 회사가 있는가 하면 수익률이 마이너스인 회사도 있다. 많은 국가에서 장기적 주식투자 수익률은 평균 7~8퍼센트 정도다. 부동산과 채권투자 수익률은 보통 3~4퍼센트 정도이고, 국공채國公債에 투자해서 벌 수 있는 실질이자율은 가끔 이보다도 훨씬 더 낮다. $\alpha = r \times \beta$라는 공식으로는 이렇게 세부적인 부분까지 알 수 없지만, 이것은 공식에 포함된 세 가지 변수(α, r, β)가 서로 어떻게 연관되어 있는지를 설명해주므로 향후 논의의 기틀을 잡는 데 유용할 것이다.

예를 들어 2010년경 부유한 국가들에서 자본소득(이윤, 이자, 배당금, 임대료 등)은 일반적으로 국민소득의 약 30퍼센트 정도였다. 자본/소득 비율이 600퍼센트 정도였으므로, 자본수익률은 약 5퍼센트였다.

구체적으로 말하면, 현재 부유한 국가들의 연간 1인당 국민소득 3만 유로 가운데 노동소득이 2만1000유로(70퍼센트)이고 자본소득이 9000유로(30퍼센트)다. 국민 1인당 평균 18만 유로의 자본을 소유하므로, 9000유로의 자본소득은 연평균 5퍼센트의 자본수익률에 해당된다.

여기서도 마찬가지로 나는 평균값에 대해 말하고 있다. 어떤 사람들의 자본소득은 연간 9000유로를 훨씬 넘지만 집주인과 채권자들에게 각각 임대료와 이자를 주고 나면 자본소득이 전혀 없는 사람들도 있다. 이 역시 국가마다 상당한 차이가 있다. 아울러 자본소득의 몫을 측정하는 것은 종종 개념적으로나 현실적으로나 어려운 일이다. 비임금 자영업자 소득과 비임금 기업가 소득처럼 자본소득과 노동소득으로 분리하기 힘든 소득 범주들이 있기 때문이다. 어떤 경우 이로 인해 잘못된 비교를 할 수도 있다. 그런 문제가 발생할 때 소득에서 자본이 차지하는 몫을 측정하면서 불완전성을 최소화할 수 있는 방법은 자본/소득 비율에 그럴듯한 평균 수익률을 적용해보는 것이다. 이 단계에서 앞서 제시했던 수치들(β = 600퍼센트, α = 30퍼센트, r = 5퍼센트)이 전형적인 것으로 간주될 수도 있다.

더 구체적인 설명을 위해 농촌사회의 평균 토지수익률이 일반적으로 약 4~5퍼센트라는 점 또한 주목할 필요가 있다. 19세기에 활동했던 영국과 프랑스 작가인 제인 오스틴과 오노레 드 발자크의 소설들을 읽어보면, 국채와 마찬가지로 토지에 대한 자본투자 수익률이 5퍼센트 정도라는 사실 (혹은 토지의 가치가 약 20년 동안의 임대소득과 같다는 사실)이 아주 당연하게 여겨진 나머지 이런 사실은 종종 언급조차 되지 않는다. 당시 독자들은 연간 5만 프랑의 임대소득을 얻기 위해 약 100만 프랑의 자본이 필요하다는 것을 잘 알고 있었다. 19세기의 소설가와 독자들에게는 자본과 연간 임대료 사이의 관계가 자명했고, 임대료와 자본이 유의어이거나 서로 다른 두 용어가 완전히 같은 뜻으로 쓰인 듯하며, 이 두 가지 척도가 함께 사용됐다.

21세기 초반인 현재 부동산 투자 수익률은 19세기와 비슷한 4~5퍼센트 정도이거나, 특히 부동산 가격이 급등하는 동안 임대료가 동반 상승하지 않은 지역에서는 이따금 이보다 약간 낮다. 예를 들어 2010년에 파리에 있는 시가 100만 유로의 대형 아파트에 살면서 지불해야 할 임대료는 매달 2500유로, 연간으로는 3만 유로를 약간 웃돌았다. 집주인의 관점에서 볼 때 이는 연간 3퍼센트의 자본수익률에 불과하다. 하지만 그 정도 임대료도 집주인에게는 상당한 소득을 의미하고, 전적으로 노동소득에만 의존해서 살고 있는 세입자(그가 고소득을 올리면 좋겠지만)에게는 이 정도면 매우 큰 금액이다. 나쁜 소식(관점에 따라서 누군가에게는 좋은 소식이겠지만)은 상황이 항상 이와 비슷했다는 사실이다. 이런 종류의 임대료는 자본수익이 약 4퍼센트(이 사례에서는 월 3000~3500유로 내지 연 4만 유로에 달하는 임대료)가 될 때까지 오르는 경향을 보인다. 따라서 세입자의 임대료는 장차 오를 가능성이 높다. 집주인의 연간 투자수익률은 결국에는 아파트 가치의 장기적 자본이득capital gain(자산 가격 상승으로 발생한 차익—옮긴이)에 의해 상승할 수 있다. 소규모 아파트들은 이와 비슷하거나 약간 더 높은 수익률을 낸다. 시가 10만 유로 상당의 아파트 임대

71

료 수입은 매달 400유로, 연간 대략 5000유로(수익률 5퍼센트)에 이를 수 있다. 그런 아파트를 소유해 거기서 살기로 결정한 사람은 그만큼에 해당되는 집세를 아껴서 비슷한 투자수익률을 올려주는 다른 곳에 투자할 수 있다.

물론 사업에 투자된 자본은 위험성이 훨씬 더 크므로 평균 수익률이 종종 더 높다. 다양한 국가에서 상장기업들의 주식 시가총액은 보통 12~15년 치 연간 이윤에 해당되며, 세전稅前 기준 이들 기업 주식에 대한 연간 투자수익률은 6~8퍼센트 정도다.

우리는 공식 $\alpha = r \times \beta$를 써서 전체 국가, 심지어 전 세계 자본의 중요성을 분석할 수 있다. 이 공식은 또한 특정 기업의 회계 연구에도 활용 가능하다. 예를 들어 500만 유로의 자본(사무실, 사회기반시설, 기계류 등을 포함해서)을 사용해서 매년 100만 유로 상당의 상품을 생산하고, 이중 60만 유로는 노동자들에게 임금으로 지불하며, 40만 유로는 이윤으로 가져가는 기업이 있다고 가정해보자.[16] 이 회사의 자본 / 소득 비율 $\beta = 5$(회사 자본이 5년 동안의 생산과 같다고 했으므로)이고, 자본의 몫인 α는 40퍼센트이므로 자본수익률 r은 8퍼센트다.

이번에는 같은 가치의 상품(100만 유로어치)을 생산하기 위해서 자본은 덜 쓰지만(300만 유로) 더 많은 노동력(임금으로 70만 유로를 지불하고 30만 유로의 이윤을 가져가는)을 활용하는 또 다른 기업이 있다고 가정해보자. 이 기업의 경우 $\beta = 3$, $\alpha = 30$퍼센트, $r = 10$퍼센트다. 두 번째 기업이 첫 번째 기업보다 덜 자본집약적이지만 수익성은 더 높다.(자본수익률이 훨씬 더 높다.)

어느 나라에서나 β, α, r의 크기는 회사마다 큰 차이를 보인다. 어떤 산업들은 다른 산업들에 비해 더 자본집약적이다. 예를 들어 금속과 에너지 분야는 섬유나 식품가공 분야보다 더 자본집약적이고, 제조업 분야는 서비스 분야보다 더 자본집약적이다. 같은 분야에서 활동하는 기업 사이에서도 선택한 생산 기술과 시장에서의 지위에 따라 상당한 차이를 보인다.

특정 국가의 β, α, r의 수준도 전체 자본에서 거주용 부동산과 천연자원이 차지하는 상대적인 몫에 따라서 달라진다.

$\alpha = r \times \beta$는 이 세 변수가 각각 어떻게 결정되는지, 특히 국가의 자본／소득 비율(β)이 어떻게 결정되는지를 말해주지 않는다는 점을 강조할 필요가 있다. β는 어떤 면에서 논의 대상이 되는 사회가 얼마나 자본집약적인지를 측정하는 수단이다. 이런 문제에 대한 답을 찾기 위해 우리는 추가적인 개념과 관계들, 특히 저축률과 투자율 및 성장률을 도입해야 한다. 이로써 자본주의의 제2기본법칙이 도출되는데, 그것은 저축률이 높고 성장률이 낮을수록 자본／소득 비율은 높다는 법칙이다. 이 법칙에 대해서는 다음 장들에서 소개할 것이다. 여기에서 $\alpha = r \times \beta$ 법칙은 어떤 경제적, 사회적, 정치적 힘이 자본／소득 비율(β), 소득에서 차지하는 자본의 몫(α), 자본수익률(r)의 수준을 결정하는지 여부와 상관없이 단순히 이 세 변수가 서로 독립적이지 않다는 것을 의미한다. 개념상으로 자유도degree of freedom(주어진 조건 하에서 자유롭게 변화할 수 있는 변인의 수—옮긴이)는 3이 아니라 2다.

국민계정: 진화하는 사회적 개념

/

지금까지 생산과 소득, 자본과 부, 자본／소득 비율, 자본수익률 등의 핵심 개념을 설명했으니 이제 이 추상적인 수량들을 어떤 방법으로 측정할 수 있으며, 그런 측정이 다양한 국가에서 나타난 부의 분배의 역사적인 변화에 관해 무엇을 말해주는지 구체적으로 살펴볼 것이다. 먼저 국민계정(국민경제의 모든 구성원이 이룬 국민경제 전체의 성과를 보여주는 회계—옮긴이) 역사의 주요 단계들을 간략히 정리한 뒤, 18세기 이후 전 세계적으로 생산과 소득의 분배가 어떻게 변화했는지를 개략적으로 보여줄 것이다. 이와 함께 같은 기간에 인구증가율과 경제성장률이 어떻게 변화했는지에 관해서도 논의할 텐데, 이런 성장률은 앞으로의 분석에서 중요한 역할을 할 것이다.

앞서 지적한 대로 국민소득과 자본을 측정해보려는 최초의 시도는 17세기 말과 18세기 초로 거슬러 올라간다. 1700년경에 영국과 프랑스에서 겉으로는 서로 무관해 보이는 몇몇 희귀한 추정치가 세상에 등장했다. 주로 영국의 윌리엄 페티William Petty(1664)와 그레고리 킹Gregory King(1696), 프랑스의 피에르 르 프장 드 부아기유베르Pierre le Pesant de Boisguillebert(1695)와 세바스티앵 르 프르스트르 드 보방Sébastien Le Prestre de Vauban(1707) 등의 연구를 말한다. 이들의 연구는 국가의 자본총량과 연간 국민소득에 초점을 맞추었다. 그들의 주요 연구 목적 가운데 하나는 당시 농경사회에서 단연코 가장 중요한 부의 원천이었던 토지의 총가치를 계산한 다음, 토지로 이루어진 부의 양을 농업 생산 및 지대의 수준과 관련짓는 것이었다.

이러한 측정 방법의 창시자들이 일반적으로 세제를 근대화하려는 정치적 목표를 추구했다는 점은 주목할 만하다. 그들은 국가의 소득과 부를 계산함으로써 모든 재산과 상품에 세금을 부과하고 귀족 가문과 일반 가문의 지주들을 포함해 모두에게 과세를 한다면, 세율을 비교적 낮게 유지하면서도 세수稅收를 크게 늘리는 것이 가능함을 왕에게 보여줄 수 있기를 기대했다. 이런 목적은 보방이 쓴『왕국의 십일조 과세 계획Projet de dîme royale』에서 분명히 드러나지만, 부아기유베르와 킹의 저술들에서도 그에 못지않게 확실히 나타난다.(하지만 윌리엄 페티의 저술은 그에 못 미친다.)

18세기 말, 특히 프랑스혁명 시기에 소득과 부를 측정하기 위한 또 다른 시도들이 나타났다. 앙투안 라부아지에Antoine Lavoisier는 1791년 출간한 저서『프랑스 왕국 영토의 부La Richesse territoriale du Royaume de France』에서 1789년도에 대한 추정치를 발표했다. 이 연구는 귀족의 특권에 종지부를 찍고 토지 내 모든 재산에 과세하기로 한, 혁명 이후 확립된 새로운 세제에 커다란 영감을 주었고, 이와 같은 새로운 세금 제도를 통해 기대할 수 있는 수입을 추정하는 데 폭넓게 사용됐다.

그러나 국가의 부에 대한 추정치가 본격적으로 쏟아져나온 것은 19세기가 되어서였다. 1870~1900년에 경제학자이자 통계학자인 로버트 기펜Robert Giffen은 영국의 국민총자본의 총량 추정치를 정기적으로 갱신하여, 1800년대 초에 활동하던 다른 저자들(특히 패트릭 커훈Patrick Colquhoun)이 내놓은 추정치들과 비교했다. 기펜은 나폴레옹 전쟁 이후로 영국이 획득한 해외자산과 산업자본 총량의 규모에 깜짝 놀랐다. 나폴레옹 전쟁으로 인해 생겨난 전체 공공부채보다 훨씬 더 컸기 때문이다.[17] 그 무렵 프랑스에서는 알프레드 드 포빌Alfred de Foville과 클레망 콜송Clément Colson이 '국부'와 '민간 부'의 추정치를 발표했고, 기펜과 마찬가지로 두 사람은 19세기 동안 축적된 엄청난 민간자본의 규모에 놀라움을 금치 못했다. 1870~1914년에 사유재산이 급증하고 있다는 사실은 모든 사람의 눈에 뚜렷했다. 당시 경제학자들의 과제는 그러한 부를 측정해서 다른 국가들(그들은 당시 프랑스와 영국 사이의 경쟁을 끝내 의식할 수밖에 없었다)의 부와 비교해보는 것이었다. 제1차 세계대전 때까지 영국과 프랑스뿐 아니라 독일과 미국 및 다른 산업 강대국들에서 부의 추정치는 소득과 생산의 추정치보다 훨씬 더 큰 관심을 끌었고, 그래서인지 자산의 추정치들이 상대적으로 더 많이 등장했다. 당시에 경제학자라면 무엇보다도 자국의 자본을 추정할 수 있는 능력을 지녀야 했고, 이것은 사실상 경제학자가 되기 위한 통과의례나 마찬가지였다.

국민계정이 연간 기준으로 확립되기 시작한 것은 두 차례 세계대전 사이의 시기였다. 이전의 추정치들은 19세기 영국의 국민총자본에 대해 기펜이 내놓은 추정치들의 사례처럼 항상 띄엄띄엄 떨어진 연도들에 집중되었고 연속적인 추정치들은 10년 이상의 간격을 두고 분리되어 있었다. 1930년대에 주요 통계자료가 개선되면서 국민소득 데이터의 연간 자료 구축이 처음으로 가능해졌다. 이 자료들은 일반적으로 20세기 초나 19세기 말까지 거슬러 올라갔다. 미국에서는 쿠즈네츠와 켄드릭, 영국에서는 볼리와 클라크, 프랑스에서는 뒤제 드 베르농빌이 이 작업을 수행했다. 제

2차 세계대전 이후 각국 통계청은 경제학자들을 새로 충원하고, 매년 국내총생산과 국민소득에 대한 공식 통계를 작성해 발표하기 시작했다. 이런 공식 통계 발표는 지금까지 지속되고 있다.

그러나 제1차 세계대전 이전의 기간과 비교해봤을 때 통계 작성의 초점은 완전히 바뀌었다. 1940년대 이래 통계 작성의 주요한 목적은 대공황이라는 충격적인 경험에 대응하는 것이었다. 당시 각국 정부는 신뢰할 만한 경제적 생산의 연간 추정치를 갖고 있지 못했다. 따라서 경제를 적절히 운용하고 대공황과 같은 재난 재발을 막기 위한 통계와 정책적 도구들이 필요했다. 이들 정부는 생산과 소득의 연간 자료, 심지어 분기별 자료를 강력히 요구했다. 1914년 이전에 그토록 대단한 것처럼 여겨졌던 국부에 대한 추정치의 중요성은 이제 뒷전으로 밀려났다. 특히 1914~1945년 기간에 일어난 경제적, 정치적 혼란으로 인해 국부에 대한 의미 파악이 어렵게 된 이후에 더욱더 그랬다. 무엇보다 부동산과 금융자산의 가격은 민간자본이 완전히 사라져버리기라도 한 것처럼 극히 낮은 수준으로 떨어졌다. 재건의 시기인 1950년대와 1960년대에 통계 작성의 주요 목적은 다양한 산업 분야에서 일어난 경이로운 생산의 성장을 측정하는 것이었다.

1990년대와 2000년대에는 부의 회계wealth accounting가 다시 주목을 받았다. 경제학자와 정치 지도자들은 21세기 금융자본주의를 1950년대와 1960년대에 썼던 도구들로는 적절하게 분석할 수 없다는 사실을 잘 알고 있었다. 여러 선진국의 통계 기관은 중앙은행과의 협력 아래 일반적인 소득과 생산에 관한 자료 외에도 다양한 집단의 자산과 부채에 대한 연간 자료를 모아 발표했다. 이러한 국부 통계는 완벽함과는 여전히 거리가 멀다. 예를 들어 천연자원과 환경이 입은 피해는 제대로 계상되기 어렵다. 그럼에도 불구하고 그것은 오로지 끝없는 생산의 성장에만 관심이 있었던 전후 시기 초기부터 만들어진 국민계정과 비교하면 실질적인 발전을 의미한다.[18] 이것들은 내가 이 책에서 부유한 국가들의 부의 총계와 현재 자본/소득 비율을 분석하기 위해 사용하는 공식 자료다.

국민계정의 짧은 역사를 살펴보면 국민계정이 끊임없이 진화하는 사회적 구성물이라는 한 가지 결론을 내릴 수 있다. 국민계정은 언제나 그것이 만들어진 시대의 선입견을 반영한다.[19] 따라서 우리는 공표된 숫자들을 맹신하지 않도록 주의해야 한다. 한 국가의 1인당 국민소득이 3만 유로라고 할 때, 이 숫자는 다른 모든 경제 및 사회 통계가 그렇듯이 확실한 것이 아니라 하나의 추정치이자 구성물로 간주되어야 한다. 그저 우리가 구할 수 있는 최선의 추정치에 불과하다. 국민계정은 한 국가의 경제활동을 분석하기 위한 일관되고 체계적인 시도일 뿐이다. 이것은 전혀 다른 출처들로부터 자료를 수집하고 정리해놓은, 제한적이면서 불완전한 조사 도구로 간주되어야 마땅하다. 현재 모든 선진국에서 국민계정은 정부 통계 기관과 중앙은행이 금융과 비금융 기업들의 대차대조표를 비롯한 회계장부 및 다른 많은 통계자료와 조사 결과를 토대로 집계한다. 이런 활동에 참여하는 공무원들이 가능한 최선의 추정치를 뽑기 위해 자료 안에서 맞지 않는 점들을 찾아내려는 데 최선의 노력을 다하지 않을 것이라고는 예단할 필요가 없다. 우리가 신중하고 비판적인 정신에 입각해 이런 자료를 이용하고, 오류나 차이가 있는 자료(예를 들어 조세피난처 자료)를 다른 자료로 보충한다면 국민계정은 소득과 부의 총계를 추정하는 데 없어서는 안 될 도구다.

특히 제2부에서 설명하겠지만 우리는 18세기부터 20세기 초반까지 여러 저자가 내놓은 국부 추정치를 면밀하게 집계하고 비교한 다음, 20세기 후반과 21세기 초반의 공식 자본계정capital accounts과 연결해서 자본 / 소득 비율의 역사적 변화에 대한 일관된 분석 결과를 통합할 수 있다. 공식적인 국민계정이 갖는 다른 주요 한계로는, 역사적 시각이 결여되어 있다는 사실 외에도 의도적으로 분배와 불평등이 아니라 총계와 평균에만 치중하고 있다는 점을 들 수 있다. 따라서 소득과 부의 분배를 측정하고 불평등을 연구하기 위해서는 다른 자료들에 의존해야 한다. 이런 점에서 국민계정은 추가적인 역사적 자료와 분배에 관한 자료가 완벽히 준비됐을 때에만 우리 분석에서 중요한 역할을 할 수 있다.

글로벌 생산의 분배

/

먼저 비교적 잘 알려져 있는 19세기 초 이후 전 세계 생산의 분배 변화 추이에 대해 살펴보자. 이전 시기의 추정치는 근사치에 더 가깝지만, 전체적인 패턴이 비교적 간단하고 또한 무엇보다 앵거스 매디슨의 역사적인 연구 덕분에, 우리는 당시 추정치에 대한 개괄적인 윤곽을 파악할 수 있다.[20]

1900년부터 1980년까지는 전 세계 상품과 서비스 생산의 70~80퍼센트가 유럽과 미 대륙에 집중되어 있었다. 재론의 여지 없이 두 대륙이 나머지 세계를 지배했던 것이다. 1970~1980년대 이후 이러한 경향은 점차 약화되기 시작했다. 2010년이 되자 유럽과 미 대륙이 생산에서 차지하는 비중은 1860년과 비슷한 수준인 약 50퍼센트까지 떨어졌다. 이 비중은 앞으로도 계속 떨어져 21세기 어느 시점에 이르러서는 20~30퍼센트에 이를 가능성이 크다. 이는 19세기에 들어서기 전까지 유지되었던 수준으로, 전 세계 인구에서 유럽 및 미 대륙이 차지하는 비중과 일치한다(도표 1.1과 1.2 참조).

다시 말해 산업혁명 당시 유럽과 미 대륙이 경제적 패권을 거머쥐게 됨에 따라 두 지역의 1인당 생산이 전 세계 평균에 비해 2~3배 더 커졌기 때문에 그들은 전 세계 인구에서 차지하는 비중보다 2~3배 더 큰 생산 비중을 차지했다.[21] 모든 자료를 종합해봤을 때 이와 같은 1인당 생산의 차이가 벌어지는 단계는 끝나고, 이제 우리는 이 차이가 좁혀지는 수렴 시기로 접어들었다. 하지만 그로 인한 (가난한 국가들의 부유한 국가) '따라잡기catch-up' 현상은 결코 끝나지 않았다(도표 1.3 참조). 이 현상의 종료 시점을 예측하기는 아직 이르다. 특히 중국 등지에서 경제적인 혹은 정치적인 급격한 변화가 일어날 가능성을 배제할 수 없기 때문이다.

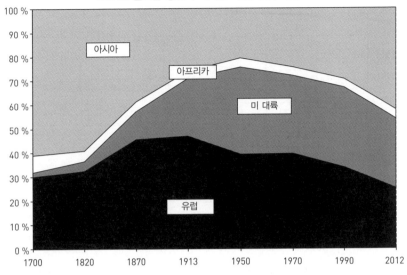

도표 1.1. 글로벌 생산의 지역별 비중, 1700~2012

1913년 전 세계 GDP에서 유럽의 GDP가 차지하는 비중은 47퍼센트였으나, 2012년에는 25퍼센트로 떨어졌다.

출처 및 통계: piketty.pse.ens.fr/capital21c

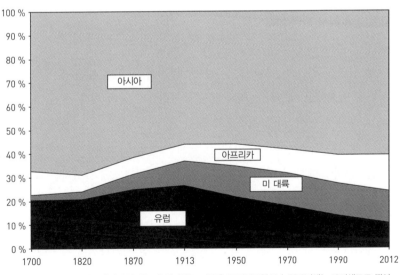

도표 1.2. 세계 인구의 분포, 1700~2012

1913년 전 세계 인구에서 유럽 인구가 차지하는 비중은 26퍼센트였으나, 2012년에는 10퍼센트로 떨어졌다.

출처 및 통계: piketty.pse.ens.fr/capital21c

1장
소득과 생산

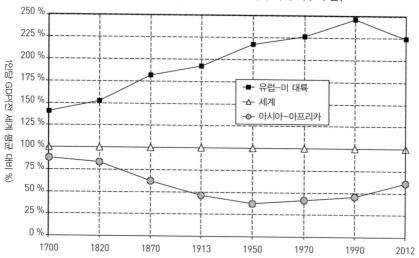

도표 1.3. 글로벌 불평등, 1700~2012: 격차 확대 이후 수렴?

아시아–아프리카의 1인당 GDP는 1950년 세계 평균의 37퍼센트에서 2012년에는 61퍼센트로 상승했다.

출처 및 통계: piketty.pse.ens.fr/capital21c

대륙 블록에서 **지역 블록**으로

방금 설명한 일반적인 패턴은 이미 잘 알려져 있지만, 많은 것이 여전히 명확히 밝혀지고 세밀히 논의되어야 할 사항으로 남아 있다. 첫째, 유럽과 미 대륙을 단일한 '서방 지역'으로 묶을 경우 설명하기는 쉬울지 몰라도, 이는 대체로 작위적이다. 유럽은 전 세계 생산의 50퍼센트 가까이를 차지했던 제1차 세계대전 이전에 경제적 영향력이 최고조에 달했지만 그 뒤로 영향력이 점차 감소한 반면, 미 대륙은 전 세계 생산의 40퍼센트 가까이를 담당했던 1950년대에 최고의 경제적 영향력을 과시했다.

게다가 유럽과 미 대륙은 최고로 개발된 핵심 지역과 낙후된 주변 지역이라는 매우 불평등한 두 하위 지역들로 나눌 수 있다. 대체로 전 세계적 불평등은 대륙보다는 지역별로 나누었을 때 가장 잘 분석할 수 있다. 이

표 1.1. 세계 GDP 분포, 2012

지역	인구 (단위: 100만 명)		GDP (단위: 10억 유로, 2012년)		1인당 GDP (단위: 유로, 2012년)	1인당 월소득 (단위: 유로, 2012년)
세계	7,050	100%	71,200	100%	10,100	760
유럽	740	10%	17,800	25%	24,000	1,800
유럽연합	540	8%	14,700	21%	27,300	2,040
러시아 우크라이나	200	3%	3,100	4%	15,400	1,150
미 대륙	950	13%	20,600	29%	21,500	1,620
미국과 캐나다	350	5%	14,300	20%	40,700	3,050
중남미	600	9%	6,300	9%	10,400	780
아프리카	1,070	15%	2,800	4%	2,600	200
북아프리카	170	2%	1,000	1%	5,700	430
사하라 사막 이남 아프리카	900	13%	1,800	3%	2,000	150
아시아	4,290	61%	30,000	42%	7,000	520
중국	1,350	19%	10,400	15%	7,700	580
인도	1,260	18%	4,000	6%	3,200	240
일본	130	2%	3,800	5%	30,000	2,250
기타 아시아 국가	1,550	22%	11,800	17%	7,600	570

2012년 구매력평가로 추정한 세계 GDP는 71조2000억 유로였다. 세계 인구가 70억5000만 명이었으므로, 1인당 GDP는 1만100유로였고, 월소득으로 환산하면 760유로였다. 모든 숫자는 반올림했다.

출처: piketty.pse.ens.fr/capital21c

같은 사실은 2012년 세계 생산의 분포 현황을 보여주는 표 1.1을 통해 분명히 확인할 수 있다. 표에 제시된 모든 수치가 그 자체로 관심사는 아니지만, 이 표는 일련의 주요한 수치에 익숙해지는 데 유용하다.

2012년 현재 전 세계 인구는 70억 명에 이르렀고, 전 세계 생산은 70조 유로를 약간 웃돈다. 따라서 1인당 전 세계 생산은 거의 1만 유로다. 여기서 자본 감가상각분으로 10퍼센트를 뺀 뒤 12(개월)로 나누면 1인당 월평균 소득은 760유로가 되는데, 이는 핵심을 말하는 더 분명한 방법일 수도 있다. 다시 말해 전 세계 생산과 그로부터 발생하는 소득을 균등하게 나눌 경우 이 세계에서 각 개인은 매달 약 760유로의 소득을 올리는 것이다.

유럽 인구는 7억4000만 명 정도이고, 그중 5억4000만 명 정도가 유럽연합 회원국에 거주하며, 1인당 연간 생산은 2만7000유로를 넘는다. 나머지 2억 명은 1인당 연간 생산이 전 세계 평균보다 불과 50퍼센트 높은 약 1만5000유로인 러시아나 우크라이나에 살고 있다.[22] 유럽연합 안에서도 상대적인 이질성이 나타난다. 즉 유럽연합 인구 중 4억1000만 명은 과거 서유럽 지역에 살고 있고, 그들 중 4분의 3은 인구가 가장 많은 5개국, 즉 독일, 프랑스, 영국, 이탈리아, 스페인에 살고 있다. 이들 국가의 1인당 평균 GDP는 3만1000유로다. 반면 나머지 1억3000만 명은 과거 동유럽 지역에 살고 있으며, 이들의 1인당 평균 생산은 약 1만6000유로로 러시아와 우크라이나 지역과 별반 다르지 않다.[23]

미 대륙은 유럽의 중심부와 주변부보다 불평등이 훨씬 더 뚜렷한 지역들로 나눌 수 있다. 다시 말해 미국-캐나다 블록은 인구 3억5000만 명에 1인당 생산이 4만 유로인 반면, 중남미는 인구 6억 명에 1인당 생산이 세계 평균과 똑같은 1만 유로다.

인구 9억 명에 연간 생산이 1조8000억 유로로 프랑스의 GDP인 2조 유로에도 못 미치는 사하라 사막 이남 아프리카 지역은 1인당 생산이 2000유로에 불과한, 경제적으로 세계 최빈국 지역이다. 인도는 1인당 생산이 이보다 약간 높고, 북아프리카는 이보다 훨씬 더 높으며, 중국은 그보다도 높다. 2012년 현재 중국의 1인당 연간 생산은 8000유로 수준으로 세계 평균보다 크게 낮지 않다. 일본의 1인당 연간 생산은 유럽에서 가장 부유한 국가들의 그것과 맞먹지만(대략 3만 유로), 일본의 인구는 거대한 아시아 인구에서 소수에 불과하기 때문에 중국의 1인당 연간 생산과 비슷한 아시아 대륙의 평균치에 거의 영향을 미치지 못한다.[24]

글로벌 불평등: 월소득 150유로부터 3000유로까지

요약하자면 전 세계의 불평등은 1인당 월소득이 150~250유로 정도(사하라 사막 이남 아프리카와 인도)인 지역에서부터 1인당 월소득이 이보다 10~20배 더 높은 2500~3000유로(서유럽, 북미, 일본)에 이르는 지역까지 다양하게 나타난다. 전 세계적으로 1인당 월소득 평균은 중국의 평균과 비슷한 600~800유로 정도다.

이러한 대략의 수치는 중요하고 기억할 만한 가치가 있다. 하지만 이런 수치들의 오차가 상당하다는 사실도 유념해야 한다. 따라서 국가 사이의 불평등(혹은 서로 다른 시기 사이의 불평등)을 측정하는 것은 항상 한 국가 안의 불평등을 측정하는 것보다 훨씬 더 어렵다.

예를 들어 이 책에서 지금까지 해왔듯이, 구매력평가가 아니라 시장환율을 적용하면 글로벌 불평등은 현저하게 더 커질 것이다. 지금 말한 용어들의 의미를 이해하기 위해서 먼저 유로/달러 환율부터 살펴보자. 2012년 외환시장에서 유로는 약 1.30달러에 거래됐다. 따라서 매달 1000유로의 소득이 있는 유럽인은 거래 은행에 가서 1300달러로 교환할 수 있었다. 이 사람이 미국으로 건너가면 그의 구매력은 1300달러다. 하지만 공식 국제비교프로그램ICPInternational Comparison Program에 따르면 유럽의 물가는 미국의 물가보다 약 10퍼센트 더 비싸다. 그러므로 이 유럽인이 미국에서 쓴 것과 같은 금액을 유럽에서 쓸 경우 그의 구매력은 미국인의 1200달러 소득과 비슷할 것이다. 따라서 우리는 1.20달러의 '구매력평가환율'은 1유로라고 말한다. 나는 표 1.1에 나와 있는 미국과 다른 국가들의 GDP를 유로로 전환하면서 시장환율 방식 대신 구매력평가 방식을 적용했다. 다시 말해 우리는 해외보다 일반적으로 자국에서 소득을 지출하는 국민의 실제 구매력에 기초하여 각 국가의 GDP를 비교하고 있다.[25]

구매력평가환율 방식의 또 다른 장점은 시장환율보다 훨씬 더 안정적이라는 데 있다. 실제로 시장환율은 각 국가의 상품과 서비스의 수요 및 공급뿐만 아니라 예측 불가능한 통화정책은 물론이고, 국제 투자자들의 갑작스런 투자 전략 변화 그리고 국가의 정치적, 경제적 안정성에 대한 급변하는 평가를 반영한다. 지난 수십 년 동안 달러가 큰 폭으로 출렁거린 사실을 봐도 알 수 있듯이 시장환율은 변동성이 극도로 심하다. 달러로 표시한 유로의 가치는 1990년대에는 유로당 1.30달러였지만 2001년에 90센트로 하락했다가 2008년에 약 1.50달러로 오른 뒤 2012년에는 1.30달러로 다시 하락했다. 이 기간 구매력으로 따진 유로의 가치는 1990년대 초 유로당 약 1달러에서 2010년에는 약 1.20달러로 완만하게 상승하는 데 그쳤다(도표 1.4 참조).[26]

단, ICP에 관련된 국제기구들이 아무리 애를 써도 이 구매력평가 추정치가 다소 불확실하다는 사실만큼은 피할 수 없다. 그 오차는 발전 단계가 비슷한 국가 사이에서도 약 10퍼센트(보통 그보다 크지는 않다)에 이른다. 예를 들어 가장 최근에 실시된 설문조사 결과들을 보면 에너지, 주택, 호텔, 식당 등 유럽의 일부 물가가 사실상 미국보다 비싸지만, 이를테면 의료나 교육과 관련된 다른 물가는 유럽이 미국보다 훨씬 더 싸다.[27] 이론적으로 공식 추정치는 국가별로 전형적인 살림살이에서 다양한 상품과 서비스의 가중치에 따라 모든 물가의 가중치를 계산하지만, 이런 식의 계산은 분명히 상당한 오류를 일으킬 여지가 있다. 특히 이 방법으로는 다양한 서비스의 질적 차이를 측정하기가 매우 어렵기 때문이다. 어쨌든 이런 각각의 물가지수가 사회 현실의 각기 다른 측면을 측정한다는 점을 강조하는 것이 중요하다. 에너지 물가는 에너지에 대한 구매력을 평가(미국에서 구매력이 더 크다)하고, 의료 서비스 물가는 그 분야의 구매력을 평가(유럽에서 구매력이 더 크다)한다. 현실에서 국가 사이의 불평등은 다차원적 성격을 띠므로 이런 불평등을, 특히 평균 소득이 꽤 비슷한 국가 사이에서 확실한 분류 기준이 될 만한 단 하나의 지표로 삼아 전부 설명할 수 있다고 말하는 것은 어불성설이다.

가난한 국가들의 경우, 구매력평가 방식에 따른 수정 폭이 훨씬 더 크

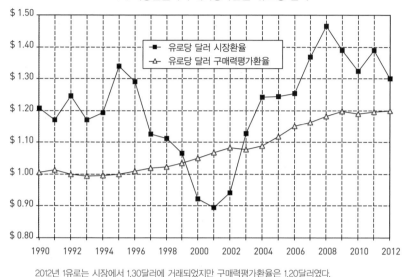

도표 1.4. 시장환율과 구매력평가환율: 유로당 달러

2012년 1유로는 시장에서 1.30달러에 거래되었지만 구매력평가환율은 1.20달러였다.

출처 및 통계: piketty.pse.ens.fr/capital21c

다. 아프리카와 아시아 지역의 물가는 부유한 국가들 물가의 절반 수준이라서, 시장환율이 아니라 구매력평가를 기준으로 비교했을 때 이들의 GDP는 약 2배가 된다. 이는 주로 국제적으로 교역이 불가능한 상품이 많고 서비스의 가격이 낮기 때문인데, 그 이유는 이들 상품과 서비스가 일반적으로 (후진국들에서는 비교적 구하기 힘든) 숙련노동과 자본이 아닌, 비교적 노동집약적인 방식과 비숙련노동(후진국들에서 비교적 풍부한 생산요소)에 의해 생산되기 때문이다.[28] 가난한 국가일수록 대체로 수정 폭이 더 크다. 2012년에 시장환율과 구매력평가 사이의 조정계수correction coefficient는 중국이 1.6, 인도가 2.5였다.[29] 위안화는 현재 외환시장에서 1유로당 8위안에 거래되고 있지만 구매력평가를 기준으로 하면 1유로의 가치는 5위안에 불과하다. 중국 경제가 발전하고 위안화가 재평가되면서 이 격차는 줄어들고 있다(도표 1.5 참조). 앵거스 매디슨을 비롯한 몇몇 전문가는 이 격차가 보기만큼 작지 않으며, 공식적인 국제통계는 중국의 GDP를 과소평가하고 있다고 주장한다.[30]

시장환율과 구매력평가환율을 둘러싼 불확실성 때문에 앞서 언급한 1인당 월평균 소득(가장 가난한 국가들이 150~250유로로, 중간 수준 국가들이 600~800유로로, 가장 부유한 국가들이 2500~3000유로)은 수학적으로 확실한 수치라기보다는 근사치로 취급되어야 한다. 예를 들어 구매력평가를 적용한다면 전 세계 소득에서 부유한 국가들(유럽연합, 미국, 캐나다, 일본)의 소득이 차지하는 비중은 2012년 46퍼센트이지만 현재의 시장환율을 적용하면 57퍼센트로 높아진다.[31] '진실'은 아마도 이 두 수치 사이의 어딘가에 있을 텐데, 구매력평가 쪽에 더 가까울 것이다. 하지만 1970년대 이후로 부유한 국가들에 돌아가는 소득 비중이 꾸준히 떨어져온 것은 변함이 없다. 어떤 방식을 사용하든, 세계는 분명 부유한 국가들의 소득과

도표 1.5. 시장환율과 구매력평가환율: 유로당 위안

2012년 환율로 1유로는 8위안이지만, 구매력평가 기준으로는 5위안이다.

출처 및 통계: pikketty.pse.ens.fr/capital21c

가난한 국가들의 소득이 수렴되는 단계로 접어든 것으로 보인다.

글로벌 **소득 분배가** 생산 분배보다 **더 불평등하다**

/

설명을 단순화하기 위해 지금까지의 논의에서 각 대륙이나 지역 그룹의 국민소득이 해당 그룹의 국내생산과 일치한다고 가정했다. 표 1.1에 나와 있는 월소득은 단순히 자본의 소모분을 고려하여 GDP에서 10퍼센트를 차감한 후 12(개월)로 나눠서 구한 것이다.

사실 소득과 생산은 전 세계적 차원에서만 동일하고 국가나 대륙 차원에서는 동일하지 않다고 보는 편이 타당하다. 일반적으로 전 세계 소득 분배는 생산 분배보다 더 불공평하다. 그 이유는 1인당 생산이 가장 높은 국가들은 다른 국가들의 자본 일부를 소유함으로써 1인당 생산이 낮은 국가들에서 생기는 자본소득을 취할 수 있기 때문이다. 다시 말해 부유한 국가들은 자국 내에서 더 많이 생산하고, 해외로 더 많이 투자함으로써 2배로 부유해지기 때문에 그들의 1인당 국민소득은 1인당 생산보다 더 크다. 가난한 국가들은 이와 반대다.

더 구체적으로 말해서, 미국, 일본, 독일, 프랑스, 영국 같은 주요 선진국의 국민소득은 국내생산보다 약간 더 크다. 하지만 앞서 말했듯이 해외순소득은 아주 약간 플러스일 뿐이며, 이런 국가들의 생활수준을 크게 바꿔놓지는 못한다. 해외순소득은 미국, 프랑스, 영국의 경우 GDP의 1~2퍼센트 정도이고, 일본과 독일 역시 2~3퍼센트 정도에 불과하다. 그럼에도 불구하고 이는 특히 일본과 독일의 국민소득을 높이는 데 상당히 기여했다. 두 나라는 무역흑자를 통해 지난 수십 년간 상당한 수익률을 자랑하는 대규모 해외자본을 축적할 수 있었다.

이제 부유한 국가들을 개별적으로 살피기보다는 전체 대륙 차원에서 생각해보자. 유럽, 미 대륙, 아시아는 거의 균형 상태를 보여준다. 즉 (일반적으로 북쪽에 있는) 각 대륙 부유한 국가들의 자본소득은 플러스인데, 이 가운데 일부는 (일반적으로 남쪽과 동쪽에 있는) 다른 국가들에서 유출되는 자본소득으로 상쇄된다. 따라서 대륙적 차원에서 총소득은 보통 0.5퍼센트의 범위 내에서 총생산과 거의 정확히 일치한다.[32]

이런 균형 상태를 이루지 못하는 유일한 대륙이 아프리카인데, 이곳에서는 자본의 상당 부분을 외국인이 소유하고 있다. 유엔UN, 세계은행World Bank, 국제통화기금IMF 같은 국제기구들이 발표한 국제수지 자료에 따르면 아프리카는 소득이 생산보다 약 5퍼센트 적다.(몇몇 국가에서는 최대 10퍼센트까지 적다.)[33] 소득에서 자본이 차지하는 몫이 약 30퍼센트에 이르는 상황에서, 이는 아프리카 자본의 거의 20퍼센트를 외국인이 소유한다는 것을 뜻한다. 이 장 서두에서 소개했던 마리카나 백금 광산을 소유한 런던의 주주들에 대해 생각해보라.

이런 숫자가 실제로 무엇을 의미하는지를 확실히 이해하는 것이 중요하다. 특정한 종류의 부(거주용 부동산과 농업자본 등)는 외국인 투자자들이 소유하는 경우가 드물기 때문에, 이는 아프리카 제조업에서 외국인들의 자본 소유 비중이 40~50퍼센트를 넘을 수 있고, 다른 분야에서는 그보다 더 높을 수 있음을 가리킨다. 국제수지 자료에 많은 오류가 있지만, 현재 아프리카에서 외국인들의 자본 소유는 분명 간과할 수 없는 현실이다.

좀더 과거로 돌아가보면 더 뚜렷한 국제적 불균형을 찾아볼 수 있다. 제1차 세계대전 발발 직전에 세계 1위 투자국이었던 영국의 국민소득은 국내생산보다 약 10퍼센트 더 높았다. 영국에 이어 세계 2위의 식민 강대국이자 글로벌 투자국이었던 프랑스에서 이 격차는 5퍼센트 이상이었다. 독일은 식민 제국의 규모가 매우 작았지만, 고도로 개발된 산업 분야에 힘입어 이 세계의 나머지 국가들에 많은 자산을 축적했기 때문에 프랑스에 아슬아슬하게 뒤진 세계 3위의 투자국이었다. 영국, 프랑스, 독일은 다른 유럽 국가들과 미국에 일부 투자했고, 아시아와 아프리카에도 일부 투자

했다. 전반적으로 봤을 때 1913년 유럽 강대국들은 아시아와 아프리카 국내자본의 3분의 1에서 절반을, 산업자본의 4분의 3 이상을 소유했던 것으로 추정된다.[34]

어떤 힘들이 **수렴을 유발하는가**

이론적으로는 부유한 국가들이 가난한 국가들의 자본 일부를 소유한다는 사실은 수렴을 촉진하여 선순환 효과를 낼 수 있다. 부유한 국가들의 저축과 자본이 넘쳐나서 신규 주택을 짓거나 새 기계류를 구입할 이유가 별로 없다면(이런 경우 경제학자들은 '자본의 한계생산성marginal productivity of capital', 즉 새로운 자본 한 단위의 증가가 가져오는 추가적인 생산의 증가가 매우 낮다고 말한다) 국내 저축을 해외의 가난한 국가들에 일부 투자할 경우 양측 모두에게 효율적일 수 있다. 따라서 부유한 국가들, 다시 말하면 잉여자본을 소유한 부유한 국가의 국민은 해외로 투자해 더 높은 투자수익률을 올리고, 가난한 국가들은 생산성 제고를 통해 그들과 부유한 국가 사이의 격차를 줄일 수 있을 것이다. 고전파 경제학 이론에 따르면 자본의 자유로운 흐름과 자본의 한계생산성 균등화에 기초한 이러한 메커니즘은 부유한 국가와 가난한 국가를 서로 수렴시키며, 궁극적으로 시장의 힘과 경쟁을 통해 불평등을 감소시켜야 한다.

하지만 이런 낙관적인 이론에는 두 가지 중대한 오류가 있다. 첫째, 엄격하게 논리적인 관점에서 봤을 때 균등화 메커니즘이 1인당 소득의 전 세계적인 수렴을 보장하지는 않는다. 그것은 기껏해야 1인당 생산의 수렴을 가져올 수 있을 뿐이다. 다만 이때 자본이 완전하게 이동해야 하고, 더 중요하게는 국가 사이에 기술 수준과 인적자본이 완전히 동일해야 한다는 전제가 뒤따르는데, 이는 결코 사소한 가정일 수 없다. 어쨌든 1인당 생산이 수렴될 가능성이 있다고 해서 1인당 소득도 수렴된다는 뜻은 아니다. 부유한 국가들이 가난한 이웃 국가들에 투자한 뒤 그것들을 무한정 계속 소유해, 실제로 그들이 소유한 비중이 상당한 수준까지 늘어날 수도 있다. 그 결과 부유한 국가들의 1인당 국민소득은 가난한 국가들의 그것에 비해 영구히 높은 상태로 남게 된다. 가난한 국가들 입장에서는 (지난 수십 년간 아프리카 국가들이 그래왔던 것처럼) 외국인에게 자국민이 생산한 것의 상당한 몫을 계속해서 지불해야 한다. 이러한 상황이 발생할 가능성이 얼마나 되는지를 판단하기 위해 우리는 가난한 국가들이 부유한 국가들에 지불해야 하는 자본수익률과 부유한 국가와 가난한 국가의 경제성장률을 비교해봐야 한다. 이 작업에 착수하기 전에 우리는 특정 국가 내에서 자본/소득 비율의 동학을 제대로 이해해야 할 것이다.

게다가 역사적 기록을 살펴보면 자본의 이동성capital mobility이 부유한 국가들과 가난한 국가들의 수렴을 촉진하는 주요 요인이었던 것 같지는 않다. 일본이건 한국이건 타이완이건 그리고 더 최근 들어서는 중국을 막론하고 최근 몇 년 동안 선진국 코앞까지 쫓아온 아시아 국가들 중 그 어느 곳도 대규모 외국인 투자로 수혜를 입지는 않았다. 본래 이들 국가는 모두 물적자본과 그리고 더 중요한 인적자본의 투자에 필요한 재원을 스스로 조달했는데, 최근 나온 연구들은 특히 인적자본이 이들 국가의 장기 성장에서 핵심적이라고 주장한다.[35] 이와 반대로 식민지 통치 시대건 오늘날의 아프리카에서건 다른 국가들의 지배를 받았던 국가들은 큰 성공을 거두지 못했다. 그 이유로 무엇보다 주목할 만한 점은, 그들은 미래의 발전 가능성이 크지 않은 분야에 집중하는 경향을 보였고, 만성적으로 정치적 불안에 시달렸다는 사실이다.

이런 정치적 불안은 부분적으로 다음과 같은 이유 때문에 나타났을 수 있다. 한 국가를 주로 외국인들이 소유할 경우 그들의 재산을 몰수하라는 사회적 요구가 어쩔 수 없이 반복해서 등장한다. 하지만 다른 편에 위치한 정치 세력은 기존의 재산권이 무조건 보호될 경우에만 투자와 발전

이 이뤄질 수 있다고 대응한다. 따라서 이런 국가는 (자국민의 실제 생활 여건을 성공적으로 향상시킬 수 있는 길이 종종 제한된) 혁명적 정부와 기존의 재산 소유자들을 보호하는 일에 몰두함으로써 다음에 닥칠 혁명이나 쿠데타의 빌미를 마련해주는 정부 사이에서 벌어지는 끊임없는 정권 교체의 혼란에 시달리게 된다. 이런 국가공동체 안에서 자본 소유의 불평등이 수용되고 평화롭게 유지되기는 이미 어렵다. 국제적으로 봤을 때 식민지 형태의 정치적 지배가 아니라면 사실상 이런 상태가 유지되기란 불가능하다.

그렇지만 오해는 말자. 세계 경제에 참여한다는 것 자체가 부정적이라는 뜻은 아니다. '자급자족 경제'가 번영을 촉진한 적은 결코 없었다. 최근 들어 세계 다른 나라들을 따라잡고 있는 아시아 국가들 역시 분명 외국인 투자를 받아들임으로써 혜택을 입었다. 그러나 그들은 그로 인한 자유로운 해외자본의 흐름보다 상품과 서비스 시장의 개방 및 유리한 교역 조건으로 인해 훨씬 더 큰 혜택을 입었다. 예를 들어 중국은 아직도 자본통제를 가하고 있다. 외국인이 중국에 자유롭게 투자할 수는 없으나 중국은 국내 저축이 대체로 충분했기 때문에 자본통제가 자본축적을 가로막지 않았다. 한국, 일본, 타이완 모두 저축을 통해 투자 재원을 마련했다. 많은 연구 결과는 또한 자유무역을 통해 얻는 이득은, 분업화와 관련된 매우 미약해 보이는 정태적인 이득으로부터가 아니라, 주로 지식의 확산 및 국경 개방으로 인해 필연적으로 형성된 생산성의 향상으로부터 나온다는 사실을 보여준다.[36]

요컨대 역사적 경험에 비추어볼 때 국내뿐만 아니라 국제적 차원에서 수렴의 주요한 메커니즘은 지식의 확산이다. 다시 말해서 가난한 국가들은 부유한 국가들의 소유가 되는 것이 아니라 부유한 국가들과 똑같은 수준의 전문적인 노하우, 기술, 교육 수준을 확보하는 만큼 부유한 국가들을 따라잡을 수 있다. 지식의 확산은 하늘에서 내려준 만나manna가 아니다. 그것은 종종 국제적 개방과 무역에 의해 가속화된다.(자급 경제는 기술

이전을 장려하지 않는다.) 무엇보다도 지식의 확산은 다양한 경제 주체가 믿고 의지할 수 있는 안정된 법적 '틀'을 보장하면서 자국민의 교육과 훈련에 대한 대규모 투자를 촉진하는 국가의 자금 조달 능력과 제도에 달려 있다. 따라서 지식의 확산은 적합하고 효율적인 정부를 만들어내는 문제와 밀접한 관련이 있다. 요약하자면 이것들이 글로벌 성장과 국제적 불평등에 대해 역사가 가르쳐주는 주요 교훈이다.

성장:
환상과 현실

오늘날 비록 부유한 국가들과 가난한 국가들 사이의 불평등이 상당히 남아 있기는 해도 세계적으로 신흥국들이 선진국들을 따라잡아 격차를 좁혀가는 수렴과정은 잘 진행되고 있는 것으로 보인다. 이런 따라잡기가 주로 부유한 국가들이 가난한 국가들에 투자한 결과라는 증거는 없다. 사실은 그 반대라고 해야 맞다. 과거 경험은 가난한 국가들이 스스로 투자할 능력이 있을 때 좋은 성과를 낼 가능성이 더 크다는 것을 보여준다. 그러나 부유한 국가들과 가난한 국가들의 수렴이라는 핵심적인 주제를 넘어서 내가 여기서 강조하고 싶은 것은 21세기 세계가 저성장 체제로 되돌아가는 것을 보게 되리라는 점이다. 더 정확히 말하면, 우리가 알게 될 사실은 예외적인 시기나 따라잡기가 이뤄지는 시기를 제외하면 성장은 늘 비교적 느리게 진행되어왔다는 것이다. 게다가 모든 징후가—적어도 인구통계학적 요소들이—앞으로 성장이 더 둔화될 것임을 보여주고 있다.

여기서 무엇이 문제인지, 그 문제가 부유한 국가들과 가난한 국가들의 수렴과정, 그리고 불평등의 동학과 어떤 관련을 맺고 있는지 이해하려면 경제성장을 두 가지 요인으로 나누어 보는 것이 중요하다. 인구 증가와 1인당 생산 증가가 그것이다. 다시 말해 성장은 항상 순수한 인구적 요인과 순수한 경제적 요인을 포함하는데, 후자만이 생활수준의 개선을 가능케 해준다. 이런 구분은 공론의 장에서 굉장히 자주 잊히곤 하는데, 많은 사람이 인구 증가가 완전히 멈췄다고 가정하기 때문이다. 비록 모든 징후는 우리가 그런 방향으로 서서히 나아가고 있다는 것을 나타내고 있지만 인구 증가가 멈췄다는 추정은 사실과 거리가 멀다. 예를 들어 2013~2014년에는 신흥경제국의 약진에 힘입어 세계 경제성장률이 3퍼센트를 넘을 것이다. 그러나 세계 인구는 여전히 연간 1퍼센트 가까이 늘어나고 있으므로 전 세계의 1인당 생산 성장이 (전 세계의 1인당 소득 증가와 마찬가지로) 사실은 연간 2퍼센트를 조금 웃도는 수준이다.

아주 오랜 기간에 걸친 성장

/

지금의 추세를 살펴보기에 앞서 나는 시간을 거슬러 올라가 산업혁명 이후 글로벌 성장의 단계 및 속도를 제시할 것이다.

먼저 아주 오랜 기간에 걸쳐 성장률 추이를 나타내는 표 2.1을 살펴보자. 몇 가지 중요한 사실이 드러난다. 첫째, 18세기에 시작된 성장 초기 단계는 비교적 완만한 연간 성장률을 나타냈다. 둘째, 성장에 대한 인구 요인과 경제적 요인의 기여도는 대체로 비슷했다. 가능한 최선의 추정치에 따르면 세계 GDP 성장률은 1700년부터 2012년까지 연평균 1.6퍼센트였다. 그중 0.8퍼센트는 인구 증가를 반영하는 것이고 나머지 0.8퍼센트는 1인당 생산 증가에 따른 것이었다.

이 같은 성장률은 오늘날 성장에 관한 논의에서 종종 듣는 수치들에 비하면 낮다고 생각될 수 있다. 요즘 논의에서는 연 1퍼센트에 못 미치는 성장은 흔히 별것 아닌 듯 무시되며, 연 3~4퍼센트나 그 이상으로 성장하기 전에는 실질적인 성장이 시작되지 않은 것으로 치부되곤 한다. 오늘날 중국이 이러한 성장세를 보이고 있으며, 유럽은 제2차 세계대전 이후

표 2.1. 산업혁명 이후 세계의 성장(연평균 성장률)

연도	세계 생산 (%)	세계 인구 (%)	1인당 생산 (%)
0∼1700	0.1	0.1	0.0
1700∼2012	1.6	0.8	0.8
1700∼1820	0.5	0.4	0.1
1820∼1913	1.5	0.6	0.9
1913∼2012	3.0	1.4	1.6

1913∼2012년 세계 GDP 성장률은 연평균 약 3.0퍼센트였다. 이 성장률은 세계 인구증가율 1.4퍼센트와 1인당 GDP 성장률 1.6퍼센트로 나뉜다.

출처: piketty.pse.ens.fr/capital2c

1940년대 말부터 1970년대 말까지 30년 동안 이 수치를 기록했다.

하지만 실제로는 인구와 1인당 생산 모두 한 해 1퍼센트씩 성장하는 것은, 1700년 이후 그래왔던 것처럼 아주 오랜 기간 지속된다면 굉장히 빠른 성장이다. 특히 산업혁명 이전 수백 년 동안은 성장률이 사실상 제로 수준이나 다름없었다는 사실과 비교하면 더욱 그렇다.

실제로 매디슨의 계산에 따르면, 0년(서기 원년)과 1700년 사이의 인구 증가율과 경제성장률은 0.1퍼센트 이하였다.(더 정확히 말하면 인구 증가는 0.06퍼센트, 1인당 생산 증가는 0.02퍼센트다.)[1]

이런 추정의 정확성에 대해서는 확실히 미덥지 못한 점이 있다. 0∼1700년의 세계 인구 변화에 관한 자료가 매우 적고, 1인당 생산에 관한 자료는 더 적기 때문이다. 그 수치의 불확실성이 어느 정도이든 간에(이러한 사실이 어떤 경우에나 아주 중요한 의미를 지니는 것은 아니다), 고대부터 산업혁명기에 이르기까지 성장 속도가 연 0.1∼0.2퍼센트 이하로 매우 느렸다는 것은 의심할 여지가 없다. 이유는 매우 간단하다. 성장률이 그보다 높았다면 이는 서력기원이 시작되는 시대의 인구가 극소수에 불과했거나, 아니면 당시 생활수준이 일반적으로 받아들여지는 생존 수준에도 한참 못 미쳤다는 있을 수 없는 사실을 의미하는 것이기 때문이다. 같은 이유로, 적어도 인구 요인을 보면 다가오는 여러 세기에도 성장률이 매우 낮은

2장
성장:
환상과 현실

수준으로 되돌아갈 가능성이 높다.

누적 성장의 법칙

/

이 주장을 더 잘 이해하려면 아주 오랜 기간에 걸친 낮은 연간 성장률이 상당한 발전을 가져올 수 있다는 의미에서 '누적 성장의 법칙'이라고 부르는 것을 잠시 생각해보면 도움이 될 것이다.

구체적으로 말해 세계 인구는 1700~2012년 불과 연평균 0.8퍼센트 증가하는 데 그쳤다. 하지만 이 같은 증가가 3세기에 걸쳐 이뤄졌다는 것은 세계 인구가 10배 이상으로 늘어났음을 의미한다. 다시 말해 1700년 6억 정도였던 인구가 2012년에 70억이 된 것이다(도표 2.1 참조). 만약 이 속도가 다음에도 계속된다면 세계 인구는 2300년에 700억을 넘어설 것이다.

누적 성장 법칙의 폭발적인 효과를 선명하게 보여주기 위해 표 2.2에서 연간 성장률(일반적으로 이용하는 숫자)과 기간별 장기 성장률 승수를 나란히 기록했다. 예를 들어 연간 성장률이 1퍼센트이면 30년 뒤에는 1.35배, 한 세기 뒤에는 약 3배, 3세기 뒤에는 20배, 1000년 뒤에는 2만 배 이상으로 인구가 늘어난다. 이 표를 통해 높은 인구증가율은 인구의 폭발적 증가를 가져오므로 연 1~1.5퍼센트를 초과하는 인구증가율은 무한히 지속될 수 없다는 극히 단순한 결론을 얻어낼 수 있다.

우리는 어떤 기간을 선택하는가에 따라 성장과정에 대해 상반된 인식이 가능하다는 사실을 분명히 알 수 있다. 1년이라는 기간에 1퍼센트 성장하는 것은 거의 인식할 수 없을 만큼 매우 낮은 성장률이다. 그런 시대에 사는 사람들은 아무런 변화도 알아채지 못할 수 있다. 그들에게 그런 성장은 매년 제자리걸음을 하는 것처럼 느껴질 수 있다. 성장은 그래서 아주 추상적인 개념, 순전히 수학적이고 통계적인 수치로 보일 것이다. 그러나 만약 기간을 한 세대, 즉 사회 변화를 평가하는 데 가장 적당한 기

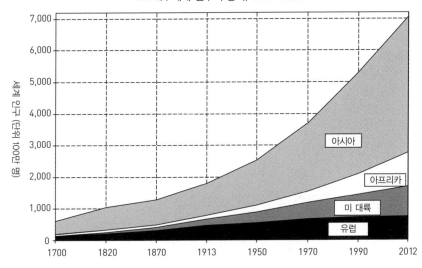

도표 2.1. 세계 인구의 증가, 1700~2012

세계 인구는 1700년 6억 명에서 2012년 70억 명으로 증가했다.

출처 및 통계: piketty.pse.ens.fr/capital2lc

표 2.2. 누적 성장의 법칙

연간 성장률	한 세대(30년간) 성장률	한 세대 후 인구 배수	100년 후 인구 배수	1000년 후 인구 배수
0.1%	3%	1.03	1.11	2.72
0.2%	6%	1.06	1.22	7.37
0.5%	16%	1.16	1.65	147
1.0%	35%	1.35	2.70	20,959
1.5%	56%	1.56	4.43	2,924,437
2.0%	81%	1.81	7.24	398,264,652
2.5%	110%	2.10	11.8	52,949,930,179
3.5%	181%	2.81	31.2	......
5.0%	332%	4.32	131.5	......

연간 성장률이 1퍼센트일 경우 한 세대(30년)의 누적 성장률이 35퍼센트가 되고, 100년마다 2.7배, 1000년마다 2만 배로 성장한다.

2장
성장:
환상과 현실

간인 30년 정도로만 확장해도 바로 그 같은 성장률이 경제 규모를 3분의 1이나 키우는 결과를 낳으며, 이는 굉장히 커다란 변화다. 이것은 각 세대의 인구가 이전 세대와 비교해서 2배로 증가하는 연 2~2.5퍼센트의 성장률에 비하면 덜 인상적인 수치이지만 사회를 주기적으로 또 심층적으로 바꿔놓고, 아주 오랜 기간에 걸쳐서는 사회를 근본적으로 변화시키기에 충분하다.

'누적 성장'의 법칙은 근본적으로 '누적 수익'의 법칙과 동일하다. 이 누적 수익의 법칙에 따르면 수십 년에 걸쳐 누적된 연 수익률은 자동적으로 최초 자본액의 상당한 증가로 이어진다. 물론 여기에는 조건이 따르는데, 그것은 수익이 끊임없이 재투자되거나 자본소유자가 그 수익의 작은 부분(그 사회의 성장률에 견줬을 때)만을 소비해야 한다는 것이다.

이 책의 핵심 주장은 자본수익률과 성장률의 미세한 차이가 장기적으로 사회 불평등 구조와 동학에 강력하고도 불안정한 영향을 미칠 수 있다는 것이다. 어떤 의미에서는 모든 것이 누적 성장과 누적 수익의 법칙에 따르므로 독자들은 지금부터 이 개념에 익숙해지는 것이 도움이 될 것이다.

인구 증가의 단계

／

이제 전 세계 인구 증가에 대해 살펴보자.

만약 1700~2012년의 인구 증가 추세(연평균 0.8퍼센트)가 고대부터 지속되어왔다면 0~1700년에 세계 인구는 약 10만 배로 늘어났을 것이다. 이렇게 가정한다면 1700년의 인구가 약 6억으로 추정된다는 것을 감안할 때, 예수 탄생 시점의 세계 인구는 터무니없이 적었을 것이라고(지구상의 인구를 다 합쳐도 1만 명이 되지 않는) 볼 수밖에 없다. 만약 1700년 동안 인구가 0.2퍼센트의 증가율을 보였다고 가정해도, 서기 원년의 세계 인구는 고작 2000만 명 정도였을 것이라는 계산이 나온다. 그러나 이용할 수 있는 최적의 정보는 당시 세계 인구가 2억을 넘었으며, 그 가운데 로마 제국에만 5000만 명 정도가 살았음을 보여준다. 이 두 기간에 대한 역사적 자료와 세계 인구 추정치에 어떤 결함이 있더라도 0~1700년의 평균 인구 증가율은 0.2퍼센트보다는 분명히 낮았고, 거의 확실히 0.1퍼센트보다도 낮았을 것이다.

널리 퍼져 있는 믿음과 달리, 이 맬서스 이론상 매우 낮은 인구 증가 체제가 완전한 인구 정체는 아니었다. 확실히 인구증가율은 매우 낮았고, 몇 세대에 걸쳐 누적된 증가 인구가 유행병이나 기근으로 불과 몇 년 사이 한꺼번에 깨끗이 사라지기도 했다.[2] 그래도 세계 인구는 0~1000년 사이에 4분의 1, 1000~1500년 사이에 절반이 늘어났고, 1500~1700년 사이에 또다시 절반이 증가한 것으로 보이며, 이 기간 인구증가율은 연평균 0.2퍼센트에 가까웠다. 인구 증가의 가속화는 의학 지식이 늘어나고 위생 조건이 개선되는 것에 발맞춰 진행되는 매우 점진적인 과정이었을 가능성이 높다. 다시 말해 극히 느리게 진행된 것이다.

인구 증가는 1700년 이후 가속화되어, 18세기에 연평균 약 0.4퍼센트, 19세기에 연평균 0.6퍼센트의 증가율을 기록했다. 1700~1913년 가장 급격한 인구 증가 추세를 보였던 유럽(그 분파인 미 대륙 포함)은 20세기에 상황이 반전되었다. 유럽의 인구증가율은 1820~1913년의 0.8퍼센트에서 1913~2012년의 0.4퍼센트로 감소했던 것이다. 이것은 인구 변천demographic transition이라고 알려진 현상인데, 즉 기대수명이 계속 늘어나더라도 출산율 저하를 상쇄하기에는 더 이상 충분치 않아서 인구 증가 속도가 점점 더 낮은 수준으로 하락하는 것을 뜻한다.

하지만 아시아와 아프리카는 유럽보다 더 오랫동안 높은 출산율을 유지했다. 그 결과 20세기의 인구 증가는 아찔할 정도로 치솟았다. 이 지역의 인구는 한 해에 1.5~2퍼센트씩 증가했는데, 이는 다시 말해 한 세기 동안 인구가 5배 또는 그 이상으로 늘어났다는 이야기다. 이집트의 인구

2장
성장:
환상과 현실

는 20세기 초에 1000만 명을 조금 웃도는 정도였지만 현재는 8000만 명
에 이르렀다. 나이지리아와 파키스탄의 인구는 각각 2000만 명에 지나지
않았지만 현재는 각각 1억6000만 명이 넘는다.

흥미로운 것은 20세기에 아시아와 아프리카에서 나타난 연 1.5~2퍼센
트의 인구증가율은 19세기와 20세기에 미 대륙에서 나타난 증가율(표 2.3
참조)과 거의 같았다는 점이다. 이에 따라 미국의 인구는 1780년 300만
이하에서 1910년 1억, 2010년에는 3억으로 늘어 앞서 이야기한 것처럼 불
과 두 세기가 조금 넘는 기간 동안 100배 이상의 증가세를 보였다. 여기서
중요한 차이는 신대륙의 인구 증가가 다른 대륙, 특히 유럽 대륙에서 온
많은 이민자 때문이라면, 아시아와 아프리카의 1.5~2퍼센트 증가는 오로
지 자연적 증가(사망보다 많은 출산)에 기인한 것이라는 점이다.

이러한 인구 증가 가속화의 결과, 18~19세기에는 0.4~0.6퍼센트였던 세
계 인구증가율이 20세기에는 1.4퍼센트라는 기록적인 수준에 이르렀다(표
2.3 참조).

표 2.3. 산업혁명 이후의 인구 증가(연평균 증가율)

연도	세계 인구 (%)	유럽 (%)	미 대륙 (%)	아프리카 (%)	아시아 (%)
0~1700	0.1	0.1	0.0	0.1	0.1
1700~2012	0.8	0.6	1.4	0.9	0.8
1700~1820	0.4	0.5	0.7	0.2	0.5
1820~1913	0.6	0.8	1.9	0.6	0.4
1913~2012	1.4	0.4	1.7	2.2	1.5
예상 2012~2050	0.7	−0.1	0.6	1.9	0.5
예상 2050~2100	0.2	−0.1	0.0	1.0	−0.2

1913~2012년 세계 인구증가율은 연 1.4퍼센트였다. 유럽이 0.4퍼센트, 미 대륙이 1.7퍼센트를 기록했다.

출처: piketty.pse.ens.fr/capital2lc
2012~2100년에 대한 예측은 유엔의 중심 시나리오와 일치함.

중요한 것은 이처럼 인구 증가가 무한정 가속화되는 시기가 막 끝나가고 있다는 점을 이해하는 것이다. 1970~1990년 세계 인구는 여전히 연 1.8퍼센트씩 늘어났는데 이 같은 증가율은 1950~1970년의 역사상 최고 기록(1.9퍼센트)과 거의 맞먹는 수치다. 1990~2012년의 연평균 인구증가율은 1.3퍼센트로 여전히 극히 높은 수준이다.[3]

공식적인 예측에 따르면 현재 전 세계적으로 인구 변천이 더 빨리 진행되고 있으며, 이는 결국 지구촌 인구의 안정화로 이어질 것이다. 유엔의 예측에 따르면 인구증가율은 2030년대까지 0.4퍼센트로 떨어지고 2070년대에는 약 0.1퍼센트를 기록할 것이다. 이 예측이 맞아떨어진다면 세계는 1700년 이전의 매우 낮은 인구 증가 체제로 돌아갈 것이다. 그렇게 되면 1700~2100년의 세계 인구증가율은, 2퍼센트 가까운 증가율을 기록한 1950~1990년에서 정점을 이루는 커다란 벨 커브의 형태를 띠게 될 것이다(도표 2.2 참조).

도표 2.2. 고대부터 2100년까지 세계 인구증가율

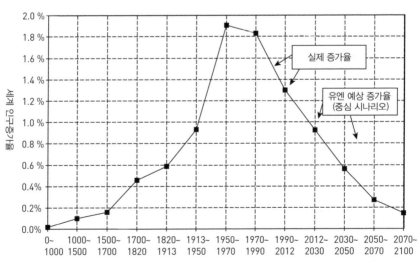

1950~2012년의 세계 인구증가율은 1퍼센트를 넘었으나 21세기 말에 이르면 0퍼센트에 근접할 것이다.

출처 및 통계: piketty.pse.ens.fr/capital2lc

2장:
성장:
환상과 현실

게다가 21세기 후반에 인구가 그나마 다소 증가할 것(2050~2100년에 0.2퍼센트)으로 예상되는 이유는 전적으로 아프리카 대륙의 인구증가율 (연 1퍼센트) 때문이라는 점에 유의하자. 그 밖의 세 대륙에서 인구는 아마도 정체되거나(미 대륙 0.0퍼센트) 혹은 감소할 것이다(유럽 -0.1퍼센트, 아시아 -0.2퍼센트). 평화로운 시기에 마이너스 인구 증가가 이렇게 오랫동안 지속되는 것은 역사상 유례가 없는 일이다(표 2.3 참조).

마이너스 인구 증가?

이런 예측들은 분명히 불확실한 것이다. 이 예측들은 첫째, 기대수명의 변화에 따라(그러므로 부분적으로는 의학의 발전에 따라) 달라지며, 둘째, 미래 세대가 자녀의 출산과 관련해 어떤 결정을 내리느냐에 따라서도 달라진다. 만약 기대수명이 주어진 것이라면 출산율이 인구증가율을 결정한다. 부부가 가지려 하는 자녀의 수에 아주 작은 변화만 와도 사회 전체에 굉장한 영향을 미친다는 것을 기억해야 한다.[4]

인구 변화의 역사가 우리에게 가르쳐주는 것은 이 같은 출산에 관한 결정이 대체로 예측 불가능하다는 점이다. 출산을 결정하는 것은 개인이 스스로 정한 인생의 목적과 관련된 문화적, 경제적, 심리적, 개인적인 요인에 달려 있다. 이런 결정은 또한 가사와 직장 일을 병행할 수 있도록 각 국가에서 어떤 시설 및 조건(학교, 육아 시설, 남녀평등 등)을 제공하느냐 제공하지 않느냐에 좌우될 수 있다. 이런 문제들은 의심할 여지 없이 21세기의 정치적 논의와 공공정책에서 점점 더 큰 부분을 차지할 것이다. 이외에도 방금 설명한 일반적인 개요를 넘어서 살펴보면 우리는 인구 패턴과 관련된 온갖 지역적 차이와 놀라운 변화를 발견하게 되는데, 그것들 중 많은 부분이 각 국가의 역사적 특수성과 관련이 있다.[5]

가장 극적인 반전을 보인 곳은 분명 유럽과 미 대륙이었다. 서유럽의 인구가 이미 1억을 넘었고, 북미의 인구는 겨우 300만 정도였던 1780년에는 누구도 앞으로 다가올 변화의 규모를 상상하지 못했다. 그런데 2010년 서유럽의 인구는 4억1000만 명을 약간 웃돈 것에 비해 북미 대륙의 인구는 3억5000만 명으로 증가했다. 유엔의 예측에 따르면 이러한 따라잡기는 2050년에 끝나며, 이때 서유럽의 인구는 약 4억3000만 명, 북미의 인구는 4억5000만 명이 될 것이다. 이 반전을 어떻게 설명할 수 있을까? 단지 신대륙으로의 인구 이동뿐만 아니라 구유럽에 비해 뚜렷이 높은 북미의 출산율이 그 답이 될 것이다. 이 차이는 오늘날까지 지속되고 있는데, 심지어 유럽에서 온 이민 집단 사이에서도 이러한 차이가 보이며, 그 이유는 인구학자들에게도 수수께끼로 남아 있다. 한 가지 확실한 사실은 북미의 높은 출산율이 특별히 후한 가족정책 때문은 아니라는 것이다. 왜냐하면 북미에는 그런 정책이 사실상 존재하지 않기 때문이다.

이런 차이는 북미인들이 미래에 대해 더 큰 믿음, 즉 새로운 세계에 대한 낙관주의를 지니고 있고 또한 경제가 끊임없이 성장할 것이라는 관점에서 자신과 자녀들의 미래를 생각하는 성향이 더 강하다는 점을 반영하는 것일까? 출산율같이 복잡한 문제를 결정할 때 심리적 혹은 문화적 설명을 처음부터 배제할 수는 없다. 뭐든 다 고려해야 한다. 사실 미국의 인구증가율은 꾸준히 떨어지는 추세를 보이고 있다. 만약 유럽연합으로의 이민이 계속 증가하거나, 유럽의 출산율이 늘거나 혹은 유럽인과 미국인 간 기대수명의 격차가 더 벌어진다면 흐름은 얼마든지 역전될 수 있다. 유엔의 예측이 꼭 확실한 것은 아니다.

각 대륙 내에서도 인구 변화에서 극적인 반전이 나타난다. 프랑스는 18세기에 유럽에서 인구가 가장 많은 나라였다.(사회학자 아서 영과 맬서스는 이것이 프랑스 농촌을 빈곤으로 몰아갔고, 심지어 프랑스혁명이 일어나게 된 원인이라고 보았다.) 그러나 프랑스에서는 인구 변천이 이례적으로 일찍 일어났다. 출산율 저하 현상으로 19세기 초에 이미 실질적인 인구 정체가 나타났던 것이다. 이것은 일찌감치 시작된 탈기독교화가 원인이었다

2장
성장:
환상과 현실

고 볼 수 있다. 그러나 20세기에는 또다시 이례적으로 출산율이 급격히 증가했다.(흔히 두 차례 세계대전 이후 채택된 출산 촉진 정책과 1940년의 패전에 따른 트라우마에서 그 원인을 찾는다.) 유엔은 2050년쯤 프랑스의 인구가 독일의 인구를 넘어설 것이라고 예측한다. 그러나 이러한 역전에는 경제적, 정치적, 문화적, 심리적인 요인이 모두 영향을 미치기 때문에 그 원인들을 구분하기란 어려운 일이다.[6]

더 큰 규모의 나라들을 살펴보자. 누구나 중국의 1가구 1자녀 정책의 결과를 알고 있다.(중국은 1970년대에 계속해서 저개발 국가로 남게 될까 봐 두려워 이 같은 '계획생육計劃生育' 정책 결정을 내렸는데, 지금은 이러한 정책이 완화되고 있다.) 이런 극단적인 정책을 택할 당시에만 해도 중국은 인도보다 약 50퍼센트 더 많은 인구수를 기록했다. 지금은 중국이 인구 면에서 이웃 인도에 추월당하기 직전이다. 유엔에 따르면 인도는 2020년에는 세계에서 인구가 가장 많은 나라가 될 것이다. 그러나 여기서도 확실히 정해진 것은 아무것도 없다. 인구 변화의 역사는 언제나 개별적인 선택, 개발 전략 그리고 국민의 심리(사적 동기와 권력자의 동기)가 어우러진 것이다. 이 시점에서 21세기의 인구에 어떤 반전이 일어날지는 누구도 정확히 알 수 없다.

그러므로 유엔의 공식 예측을 그저 하나의 '중심 시나리오'로만 여기지 않고 그 이상의 어떤 것으로 간주한다면 주제넘는 일이 될 것이다. 어쨌든 유엔은 서로 다른 두 가지 예측을 발표했는데, 2100년까지를 예측하는 이들 시나리오에 따른 예측치의 차이는 짐작한 대로 매우 크다.[7]

그럼에도 불구하고 현재 우리의 지식으로 판단하건대, 유엔의 중심 시나리오가 가능성이 가장 높다고 할 수 있다. 1990~2012년 유럽의 인구는 사실상 정체 상태였고, 그중 몇몇 나라에서는 실제로 감소했다. 독일, 이탈리아, 스페인, 폴란드의 출산율은 2000년대 여성 1인당 1.5명 이하로 떨어졌는데, 기대수명 연장과 높은 이민 덕분에 인구의 급감을 막을 수 있었다. 이런 사실로 미루어볼 때 유엔이 2030년까지 유럽의 인구증가율은 제로이고 그 이후에 소폭의 마이너스를 기록할 것이라고 한 예측은 결코 과장이 아니며, 사실 가장 합리적인 예상으로 보인다. 아시아와 다른 지역에 대한 유엔의 예측 역시 마찬가지다. 일본과 중국에서 현세대의 신생아 수는 1990년대에 비해 대략 3분의 1이 적다. 인구 변천은 대체로 끝났다. 개인적인 결정과 정부 정책의 변화가 이런 추세를 약간 바꿀 수는 있을 것이다. 예를 들어 일본과 독일처럼 소폭의 마이너스 증가율을 보이는 나라들이 프랑스와 스칸디나비아의 사례처럼 소폭의 플러스 증가율로 변할 수는 있겠지만—그것조차 매우 커다란 변화다—앞으로 수십 년 안에는 그 이상의 변화가 일어나지 않을 것으로 전망된다.

초장기적 전망은 훨씬 더 불확실하다. 그러나 1700~2012년에 집계된 인구증가율(연 0.8퍼센트)이 다가올 3세기 동안 계속된다면, 세계 인구는 2300년에 700억 명에 이를 것이다. 분명히 그렇게 될 가능성도 배제할 수 없다. 출산 관련 행태는 변할 수 있다. 또는 기술 발전으로 지금 상상할 수 있는 것보다 오염을 훨씬 더 많이 줄여서, 아주 미미한 탄소발자국만 남기는 재생 가능한 에너지로 물질 소모를 거의 완전히 없앤 새로운 상품과 서비스를 생산하면서 성장할 수 있게 될지도 모른다. 그러나 현 시점에서 세계 인구 700억의 상황은 있음 직하지도 않을뿐더러 바람직하지 않다는 것이 아주 틀린 소리는 아니다. 가장 타당성 있는 가설은 수 세기 뒤의 세계 인구증가율이 0.8퍼센트보다는 훨씬 더 적은 수치가 될 것이라는 예상이다. 장기적으로 볼 때 인구증가율이 0.1~0.2퍼센트가 될 것이라는 공식 전망은 그럴듯한 추론이다.

평등화 요인으로서의 **'성장'**

/

어쨌든 이 책의 목적은 인구 변화를 예측하려는 것이 아니라 이러한 변화의 여러 가능성을 인식하고 그것이 부의 분배 변화에 어떤 시사점을 지니

2장:
성장:
환상과 현실

는지를 분석하는 것이다. 인구 증가는 각국의 발전과 상대적 국력을 좌우하기도 하지만 불평등 구조에도 중요한 시사점을 준다. 다른 조건이 같다면 견조한 인구 증가는 상속받는 부의 중요성을 감소시키기 때문에 일종의 평등화 역할을 하는 경향이 있다. 이 경우 모든 세대는 어떤 의미에서는 스스로 부를 쌓아야 한다.

극단적인 예로 세상의 모든 부부가 똑같이 각각 10명의 자녀를 두고 있다고 가정해보자. 그렇게 되면 각자의 자녀에게 유산을 10분의 1씩 나누어주면 되기 때문에 일반적으로 상속재산에 지나치게 신경 쓰지 않는 편이 분명히 더 낫다. 이러한 사회에서는 상속재산의 영향력이 전반적으로 크게 줄어들고, 대부분의 사람은 스스로의 노동과 저축에 의존하는 것이 더 현실적일 터이다.

과거의 미국처럼 이민자가 끊임없이 인구를 보충하는 사회도 마찬가지다. 대부분의 이민자가 큰 재산 없이 들어온다고 볼 때, 이전 세대로부터 물려받을 수 있는 재산은 저축을 통해 새롭게 축적된 재산에 비해 상대적으로 적을 것이다. 그렇지만 이민을 통한 인구 증가는 다른 결과들, 특히 각 집단 내에서뿐만 아니라 이민자와 원주민 간의 불평등을 초래할 수 있다. 따라서 이민자가 인구 증가의 원천이 되는 사회를 자연적 증가(즉 출산을 통한 증가)로 인구가 늘어나는 사회와 비교하는 것은 적절치 않다.

나는 견조한 인구 증가의 효과에 대한 통찰을 인구 증가뿐만 아니라 매우 급속한 경제성장을 이룬 사회에도 어느 정도는 일반화할 수 있음을 보여줄 것이다. 예를 들어 1인당 생산이 한 세대에 10배씩 증가하는 사회에서는 한 사람이 스스로의 노동으로 얼마나 돈을 벌고 저축할 수 있는지 따져보는 것이 더 낫다. 이전 세대의 소득은 현재 소득에 비해 매우 적어서 부모와 조부모가 쌓은 재산은 가치가 크지 않을 것이기 때문이다.

반대로 인구가 정체되거나 감소하면 이전 세대에 축적된 자본의 영향력이 늘어난다. 경제가 정체될 때도 마찬가지다. 더욱이 저성장 체제에서는 자본수익률이 경제성장률을 크게 웃돌 가능성이 상당히 높다. 서장에서 지적했듯이 이런 상황은 장기적으로 부의 분배를 심각한 불평등으로 몰고 가는 중요한 요인이다. 대체로 상속된 부에 따라 결정되는 계층 구조를 지닌, 자본이 지배하는 과거와 같은 사회(전통적인 농촌사회와 19세기 유럽 국가들을 포함한다)는 낮은 성장 체제에서만 생겨나고 존속될 수 있다. 나는 만약 우리가 앞으로 저성장 체제로 돌아간다면 그것이 자본축적과 불평등 구조의 변화에 얼마나 영향을 미칠지 살펴볼 것이다. 특히 세습된 부의 시대가 귀환할 것이라는 점을 살펴야 한다. 이는 장기적인 현상으로 유럽에서는 이미 그 영향이 감지되고 있으며 세계의 다른 지역으로 확산될 수 있다. 바로 그 때문에 인구와 경제성장의 역사를 제대로 이해하는 것이 중요하다.

성장이 불평등의 감소나 적어도 엘리트 집단의 빠른 교체에 기여할 수 있는 또 다른 메커니즘이 있는데, 이 역시 반드시 논의해야 할 주제다. 이 메커니즘은 첫 번째 메커니즘보다 중요성이 덜하고 애매한 면이 많지만 첫 번째 것을 보완해줄 수 있다. 성장이 제로이거나 매우 낮을 때는 직업의 유형뿐만 아니라 여러 경제적, 사회적 기능이 한 세대에서 다음 세대로 거의 아무런 변화 없이 재생산된다. 반면 끊임없는 성장은 그것이 연 0.5퍼센트, 1퍼센트 혹은 1.5퍼센트에 지나지 않을지라도 모든 세대에서 새로운 역할이 계속 창조되고 새로운 기술을 필요로 한다는 것을 의미한다. 한 세대의 판단력과 재능이 부분적으로만 다음 세대로 이전되는 한 (또는 토지, 부동산, 금융자산 같은 자본이 상속에 의해 이전되는 것보다 훨씬 덜 자동적이고 기계적으로 이전되는 한) 경제성장은 이전 세대에서 엘리트층에 속하지 않은 부모를 둔 개인들의 사회적 이동성을 늘릴 수 있다. 이러한 사회적 신분 상승의 가능성이 반드시 소득불평등을 감소시키는 것은 아니지만 이론적으로는 부의 불평등의 재생산과 확대를 제한하므로, 장기적인 안목으로 볼 때 이는 소득불평등도 어느 정도 제한하게 된다.

그러나 현대의 경제성장이 개인의 능력과 재능을 발현시켜주는 경이로운 수단이라는 통념은 경계해야 한다. 이런 관점은 어느 정도는 옳지만,

바로 그런 생각이 19세기 초 이후의 온갖 불평등—그 불평등이 얼마나 심각하든 그리고 불평등의 진정한 원인이 무엇이든 상관없이—을 정당화하는 데 상당히 자주 이용되었으며, 동시에 상상 가능한 온갖 미덕을 들어 새로운 산업경제의 승자들을 미화하는 데 이용되었다. 예를 들어 7월 왕정에서 도지사를 지낸 자유주의 경제학자 샤를 뒤누아예Charles Dunoyer도 1845년 그의 저서 『노동의 자유에 대하여De la liberté du travail』(물론 이 책에서 그는 모든 노동법과 사회적 입법에 반대했다)에서 말한다. "산업 체제가 가져온 결과 중 하나는 인위적 불평등을 파괴한다는 것이다. 그러나 이것은 자연적 불평등을 더욱 선명하게 부각시킬 뿐이다." 뒤누아예에게 자연적 불평등은 신체적, 지적, 도덕적 차이를 포함하는 것이며, 이러한 차이는 그가 어느 곳에서나 맞닥뜨리는 새로운 성장과 혁신의 신경제에 핵심적인 요건이었다. 그에게는 이러한 논리가 어떤 유형의 정부 개입도 부정하는 근거였다. "우월한 능력이 모든 것을 위대하고 유용하게 하는 원천이다. 모든 것을 평등하게 만들면 결국 모든 것은 정체되고 만다."[8] 오늘날 우리는 때로 이와 같은 생각이 담긴 말을 듣게 되는데, 즉 새로운 정보기술 덕분에 가장 재능 있는 이들이 생산성을 몇 배로 높일 수 있게 되었다는 것이다. 이런 주장이 흔히 극심한 불평등을 정당화하고 승자들의 특권을 지키는 데 이용된다는 것은 명백한 사실이다. 패자에 대한 별다른 고려 없이, 사실에 대한 생각은 더더욱 하지 않은 채, 그처럼 대단히 편리한 논리가 우리가 목격하는 변화를 실제로 설명할 수 있는지 검증하려는 진정한 노력도 없이 말이다. 뒤에서 이 문제를 다시 다룰 것이다.

경제성장의 단계

이제 1인당 생산 증가에 대해 논의해보자. 앞서 살펴본 대로 1700년에서 2012년 사이에 1인당 생산 증가는 인구 증가와 속도가 같았다. 연평균 0.8

퍼센트로 3세기 동안 생산이 10배로 늘어난 셈이다. 현재 세계의 1인당 평균 소득은 월 760유로이지만 1700년에는 월 70유로 미만이었으며, 이는 2012년 아프리카 사하라 사막 이남 지역의 가장 가난한 국가의 소득과 거의 동일하다.[9]

이런 비교는 시사적이지만 그 중요성을 과장해서는 안 된다. 다른 사회와 시대를 비교할 때 모든 것을 하나의 숫자로 요약하는 것, 예를 들어 "사회 A의 생활수준은 사회 B보다 10배 높다"라는 식은 피해야 한다. 성장이 이 수준에 이르면 1인당 생산 개념은 적어도 손에 잡히는 실제와 연관되는 인구 개념보다 훨씬 더 추상적이 된다.(상품이나 서비스보다 사람을 세는 것이 훨씬 더 쉽다.) 경제발전은 생활양식 그리고 생산되고 소비되는 상품과 서비스가 다양해지면서 시작된다. 따라서 이것은 본질적으로 하나의 금전적인 지표로는 제대로 요약할 수 없는 다차원적 과정이다.

부유한 국가들을 예로 들어보자. 서유럽, 북미 대륙, 일본은 1인당 월 소득이 1700년에 불과 100유로에 지나지 않았지만 2012년에는 2500유로쯤으로 올랐다. 20배 이상 증가한 것이다.[10] 생산성, 즉 노동시간당 생산은 더 큰 폭으로 늘어났는데, 이는 각 개인의 평균 노동시간이 극적으로 줄어들었기 때문이다. 선진국들은 더 부유해질수록 더 많은 자유시간을 얻기 위해 더 적게 일하기로 결정했다. 근로 일수는 갈수록 줄고, 휴가는 더 늘어난 것이다.[11]

이 같은 놀라운 성장은 대부분 20세기에 일어났다. 세계적으로 1700∼2012년 1인당 생산이 연평균 0.8퍼센트 성장했는데, 이는 불과 0.1퍼센트 성장한 18세기, 0.9퍼센트 성장한 19세기, 1.6퍼센트 성장한 20세기로 나눠볼 수 있다(표 2.1 참조). 같은 기간 서유럽은 1인당 생산이 연평균 1.0퍼센트 성장했는데, 이는 0.2퍼센트 성장한 18세기, 1.1퍼센트 성장한 19세기, 1.9퍼센트 성장한 20세기로 나뉜다.[12] 유럽의 평균 구매력은 1700∼1820년에 거의 증가하지 않았고, 1820∼1913년에 2배 이상 증가했으며, 1913∼2012년에는 6배 이상 높아졌다. 기본적으로 18세기는 그 이

전 세기만큼이나 경제적 침체를 겪었다. 적어도 19세기의 마지막 30년까지는 인구의 대부분이 이득을 보지 못했지만 19세기에는 처음으로 1인당 생산이 지속적으로 증가했다. 경제성장이 모든 사람에게 분명한 현실이 된 것은 20세기에 들어와서였다. 20세기에 접어들 때 유럽의 1인당 월평균 소득이 400유로에 조금 못 미쳤는데, 2010년에는 약 2500유로가 되었다.

그런데 구매력이 20배, 10배, 6배가 된다는 것은 무엇을 의미할까? 이는 2012년의 유럽인들이 1913년에 생산되고 소비된 것보다 6배 많은 상품과 서비스를 생산하고 소비했다는 뜻은 분명 아니다. 예를 들어 평균 식품 소비는 분명 6배 증가하지 않았다. 만약 소비가 그만큼 늘었다면 기본 식품의 수요는 오래전에 충족되었을 것이다. 유럽뿐만 아니라 다른 곳에서도 장기간의 구매력과 생활수준의 향상은 무엇보다도 소비 구조의 변화에 좌우된다. 주로 식품류로 가득 찼던 소비자 장바구니가 점차 공산품과 서비스 품목이 골고루 섞인 훨씬 더 다양한 내용의 장바구니로 바뀌었다.

더욱이 2012년의 유럽인들이 1913년에 그들이 소비하던 상품과 서비스를 6배 소비하려고 해도 그럴 수 없다. 어떤 가격은 '평균'보다 더 빠르게 올랐고 다른 것들은 조금 더 천천히 올랐기 때문에 모든 종류의 상품과 서비스에 대한 구매력이 6배로 증가한 것은 아니다. 단기적으로 볼 때, '상대가격'의 문제는 무시될 수 있는 것이고 정부 기관이 발표하는 '평균' 가격지수들이 구매력 변화를 정확하게 측정할 수 있게 해준다고 보는 게 타당하다. 하지만 장기적인 관점에서는, 전형적인 소비자 장바구니에 담기는 제품의 구성과 상대가격들이 급격히 변하기 때문에—주로 새로운 상품과 서비스가 나타남으로 인해—평균 가격지수는 변화의 정확한 그림을 그려주지 못한다. 통계 전문가들이 수천 가지 가격을 모니터링하고 제품의 품질 향상에 대해 보정 작업을 하는 과정에서 아무리 발전된 기법을 활용한다 해도 상황은 마찬가지다.

구매력 10배 성장은 무엇을 의미하는가

사실 산업혁명 이후 생활수준의 놀라운 성장을 정확하게 측정하는 유일한 길은 현재의 화폐가치로 소득 수준을 환산하고, 이를 여러 다른 시기의 다양한 상품 및 서비스의 가격 수준과 비교하는 것이다. 이제 이런 작업을 통해 얻은 교훈들을 간단히 요약할 것이다.[13]

상품과 서비스는 다음 세 가지 유형으로 구분하는 것이 표준화된 방법이다. 공산품의 경우 생산성 증가가 전체적인 경제성장보다 빨랐다. 그러므로 이 부문의 가격은 모든 가격의 평균보다 상대적으로 더 많이 떨어졌다. 식품류의 생산성은 장기간에 걸쳐 꾸준하게 상당한 폭으로 증가했다. 그러므로 그 어느 때보다 소수의 사람이 크게 증가한 인구를 먹일 수 있게 되고 많은 일손이 여유시간을 갖게 되어 다른 일에 종사하는 것이 가능해졌다. 비록 농업 분야의 생산성 증가는 산업 분야에 비해 더디게 진행되어서, 농산품 가격 또한 모든 제품의 평균 가격과 거의 같은 속도로 움직였지만 말이다. 마지막으로 서비스 부문의 생산성 향상은 일반적으로 낮아서(경우에 따라서는 생산성 향상이 제자리걸음을 했는데, 이는 서비스 부문이 점차 더 많은 일손을 고용하게 되는 이유이기도 하다) 서비스 부문의 가격은 모든 가격의 평균보다 더 빠르게 상승했다.

이 일반적인 패턴은 잘 알려져 있다. 넓게는 이런 분류가 맞지만 좀더 정확히 세분화할 필요가 있다. 사실 앞서 언급한 이들 세 부문 안에도 엄청난 다양성이 존재한다. 식품류 중 많은 품목의 가격이 실제로 모든 제품의 평균 가격과 함께 변화했다. 예를 들어 프랑스에서는 홍당무 1킬로그램의 가격이 1900~2010년 일반 물가지수와 같은 비율로 변화했다. 그러므로 (화폐 대신) 홍당무로 표시한 구매력은 평균 구매력과 같은 패턴으로 변화했다.(대략 6배 증가했다.) 평균적인 노동자는 20세기에 접어들 무렵에는 하루에 10킬로그램에 약간 못 미치는 홍당무를 살 수 있었지만, 21세기에 접어들었을 때는 하루에 거의 60킬로그램의 홍당무를 살 수 있었

2장
성장:
환상과 현실

다.[14] 그러나 우유, 버터, 달걀, 여러 유제품 같은 식품류는 일반적으로 가공, 생산, 보존과정의 기술 발전으로 인해 상대적으로 가격이 하락했고 그래서 그것들로 표시한 구매력은 6배 이상이 되었다. 20세기에 걸쳐 운송 비용이 크게 줄어 이득을 본 다른 제품들도 마찬가지다. 예를 들어 프랑스에서 오렌지로 표시한 구매력은 10배, 바나나로 표시한 구매력은 20배 증가했다. 반대로 빵이나 육류로 표시한 구매력은 급속한 품질 향상과 다양한 제품 개발에도 불구하고 4배가 채 안 되는 증가세를 보였다.

공산품은 근본적으로 새로운 제품의 도입과 놀라운 성능 향상으로 더 복합적인 양상을 보인다. 최근에 자주 언급되는 예는 전자제품과 컴퓨터 기술이다. 1990년대의 컴퓨터와 휴대전화, 2000년대의 태블릿과 스마트폰, 그 밖에 다른 제품들의 발전은 아주 짧은 기간에 구매력을 10배나 향상시켰다. 기능은 5배 향상됐지만 가격은 절반으로 떨어진 것이다.

오랜 산업 발전의 역사를 통해 이와 같은 인상적인 사례들을 찾아볼 수 있다. 자전거의 예를 보자. 1880년대 프랑스에서는 카탈로그와 판매 책자에 소개된 가장 저렴한 자전거 한 대 값이 평균적인 노동자의 6개월 치 임금과 맞먹었다. 더구나 제품의 질도 비교적 조악했다. "단지 튼튼한 고무 한 꺼풀에 둘러싸인 바퀴 그리고 앞바퀴 테를 직접 압박하는 단 하나의 브레이크가 전부였다." 기술이 발전함에 따라 1910년에 이르자 한 달 치 월급으로 자전거를 살 수 있었다. 그리고 1960년대에는 "탈착 가능한 바퀴, 두 개의 브레이크, 체인, 흙받이, 안장주머니, 전조등, 반사등"을 갖춘 고급 자전거를 일주일 치 임금도 안 되는 가격에 살 수 있게 되었다. 전반적으로 공산품의 품질과 안전성이 엄청나게 개선된 점은 차치하고라도, 자전거로 표시한 구매력은 1890년에서 1970년 사이에 40배 증가했다.[15]

전구, 가정용 기기, 식탁 용품, 의류, 자동차 등의 가격 변화를 선진국과 개발도상국의 현행 임금과 비교하면 많은 예를 쉽게 얻어낼 수 있다.

이 모든 예는 "한 시대의 생활수준이 다른 시대보다 10배 더 향상되었다"는 식의 한 가지 지표로 모든 변화를 요약하려는 시도가 얼마나 헛되고 지나친 단순화인지를 보여준다. 가계의 살림과 생활양식이 그토록 급격히 변하고 여러 상품 사이에 구매력이 그토록 다양하다면 평균을 낸다는 것은 별 의미가 없다. 어떤 가중치와 품질 측정 방식을 선택하느냐에 따라 평균은 크게 달라지기 때문이다. 그리고 특히 여러 세기에 걸쳐 비교를 시도할 때에는 이런 것들이 매우 불확실하다.

어쨌든 그 어느 것도 오늘날의 실제적인 성장에 이의를 제기하지는 않는다. 오히려 그 반대다. 산업혁명 이래 세계는 전 세계 사람들이 더 잘 먹고 입고 여행하고 의료 서비스를 받을 수 있도록 삶의 물질적 조건이 놀랄 만큼 개선된 것이 사실이다. 한두 세대 정도의 좀더 짧은 기간의 성장률을 측정하는 것도 여전히 흥미로운 작업이다. 30~60년의 기간을 보면 연 0.1퍼센트 성장률(한 세대에 3퍼센트)과 연 1퍼센트 성장률(한 세대에 35퍼센트) 혹은 연 3퍼센트 성장률(한 세대에 143퍼센트) 사이에는 커다란 차이가 있다. 성장률 통계가 매우 장기적으로 작성되어 소득 증가 배수가 아주 높아질 때, 성장률 수치는 그 의미를 부분적으로 상실하고 비교적 추상적이며 자의적인 숫자가 되어버린다.

성장: 다양해지는 생활양식

이 논의에 대한 결론을 내리기 위해 아마도 가장 극단적인 다양성을 보이는 서비스 부문의 경우를 생각해보자. 이론적으로는 모든 것이 매우 분명하다. 서비스 부문의 생산성 증가는 다른 부문보다 빠르지 않아 이 부문에서 본 구매력은 증가 폭이 훨씬 낮았다. 전형적인 예로 수 세기 동안 기술 혁신의 덕을 별로 보지 못한 '순수한' 서비스인 이발이 자주 언급된다. 머리를 깎는 데는 지금도 한 세기 전과 같은 시간이 걸리므로 이발 요금은 이발사의 임금과 같은 속도로 높아졌고, 이발사의 임금은 (어림잡아) 평균 임금 그리고 평균 소득과 같은 속도로 높아졌다. 다시 말해 21세기의 전형적인 임금노동자가 한 시간 일해서 구매할 수 있는 이발 서비스는 100년 전에 한 시간 일해서 구매할 수 있는 서비스와 같으므로 이발 서비스로 표시한 구매력은 커지지 않았다.(아마 실제로는 약간 줄어들었을 것이다.)[16]

사실 서비스의 종류는 무척 다양해 서비스 부문이라는 개념은 별 의미가 없다. 경제를 1차 산업, 2차 산업, 3차 산업의 세 부문으로 구분하는 것은 20세기 중반에 등장한 개념인데, 당시 사회에서는 이들 각 부문이 동질적이거나 적어도 비슷한 경제활동과 인력을 포함하고 있었다(표 2.4 참조). 그러나 선진국에서 70~80퍼센트의 노동인구가 서비스 부문에 종사하게 되면서 이 범주는 더 이상 과거와 동일한 의미를 갖지 않게 되었고, 어떤 사회의 상거래와 서비스의 속성에 대해 거의 아무것도 알려주지 못하게 되었다.

서비스 부문의 성장은 19세기 이후 생활 조건 개선에 큰 몫을 담당했는데, 이 거대한 경제활동의 집합체를 제대로 파악하려면 몇 가지 작은 부문으로 세분하는 것이 유용할 듯하다. 첫째, 대부분 선진국의 총고용에서 20퍼센트 이상을 차지하는(또는 고용 비중 면에서 모든 제조업 부문을 합한 것과 맞먹는) 의료와 교육 분야를 생각해보자. 의학의 진보와 고등교육의 꾸준한 확대를 고려할 때 이 부문의 비중이 계속 커질 것이라는 예상에는 충분한 근거가 있다. 다음으로 호텔, 카페, 식당과 같은 소매업과 문화, 레저활동 분야 일자리도 급속히 늘어나 일반적으로 전체 고용의 20퍼센트를 차지한다(몇몇 국가에선 25퍼센트). 기업에 대한 서비스(컨설팅, 회계, 디자인, 데이터 처리 등), 부동산과 금융 서비스업(부동산중개업, 은행, 보험 등), 운송업이 또한 전체 고용의 20퍼센트를 차지한다. 여기에 더해 정부와 치안 서비스(일반 행정, 사법, 경찰, 군대 등)가 대부분의 나라에서 거의 10퍼센트의 고용을 차지한다. 이를 모두 합하면 공식 통계에서 서비스 부문은 전체 고용의 70~80퍼센트에 이른다.[17]

이들 서비스의 중요한 부문, 특히 의료와 교육 서비스는 일반적으로 세

표 2.4. 프랑스와 미국의 부문별 고용(총고용에서 차지하는 비중 %), 1800~2012

연도	프랑스			미국		
	농업	제조업	서비스업	농업	제조업	서비스업
1800	64	22	14	68	18	13
1900	43	29	28	41	28	31
1950	32	33	35	15	34	50
2012	3	21	76	2	18	80

2012년에 농업은 프랑스 총고용의 3퍼센트, 제조업은 21퍼센트, 서비스업은 76퍼센트를 차지했다. 2012년에 프랑스와 미국에서 고용의 7퍼센트를 차지한 건축업은 제조업에 포함되었다.

출처: piketty.pse.ens.fr/capital2lc

금으로 재원을 조달하고 무상으로 제공된다는 점에 주목하자. 재원 조달의 구체적인 방법이 국가마다 다른 것처럼, 세금이 재원 조달에서 차지하는 비중 또한 국가마다 다르다. 예를 들어 유럽은 자금 조달에서 세금이 차지하는 비중이 미국이나 일본보다 높다. 그럼에도 어쨌든 모든 선진국에서는 세금이 차지하는 비중이 높다. 크게 보아 의료와 교육 서비스에 드는 총비용의 적어도 절반이 세금으로 지불되며, 또한 유럽의 많은 국가는 그 수치가 4분의 3을 넘는다. 이러한 현실은 장기간 여러 나라의 생활수준의 향상을 측정·비교하는 데 또 다른 어려움과 불확실성을 초래할 가능성이 있다. 이것은 사소한 문제가 아니다. 의료와 교육 서비스 두 부문은 대부분의 선진국에서 GDP와 고용의 20퍼센트 이상을 차지할 뿐만 아니라(앞으로 틀림없이 더 증가할 것이다) 지난 두 세기에 걸쳐 가장 실질적이고 인상적인 생활수준의 개선을 이끌었다. 우리는 이제 기대수명이 기껏해야 40세이고 인구 대부분이 문맹인 사회가 아니라, 80세까지 사는 것이 흔한 일이 되었고 모든 사람이 적어도 최소한의 문화에 접할 수 있는 사회에 살게 된 것이다.

국민계정에서 대중에게 무료로 제공되는 공공서비스의 가치는 언제나 정부가 지불—결국에는 납세자가 지불하는 것이지만—하는 생산비용을 기초로 추산된다. 이런 비용은 병원, 학교, 공공대학에 고용된 의료 종사자와 교사에게 지불된 임금을 포함한다. 이 같은 서비스 가치 산정 방식에는 문제가 있긴 하지만 GDP 계산에서 단순히 무상 공공서비스를 제외하고 오로지 상업적 생산만 포함시키는 것에 비하면 논리적으로 일관성이 있고 분명히 더 만족스러운 방식이다. GDP에서 공공서비스를 완전히 제외한다면 경제적으로 터무니없는 일이 될 것이다. 비록 이용할 수 있는 서비스가 전적으로 같은 것일지라도 민간부문에서 의료와 교육 서비스를 제공하는 대신 공공부문에서 이들 서비스를 제공하는 시스템을 채택한 나라의 GDP와 국민소득을 완전히 자의적으로 과소평가하게 될 것이기 때문이다.

국민계정을 계산하는 데 쓰이는 방식은 이런 편향을 바로잡을 수 있다는 장점이 있다. 그러나 이 방식도 완벽한 것은 아니다.(여러 대안이 검토되고 있긴 하지만 말이다.) 특히 제공된 서비스의 질을 측정할 수 있는 객관적인 방식이 없다. 예를 들어, 만약 민간 의료보험 체계가 공공 의료보험 체계보다 비용이 더 많이 드는데도 서비스의 질적인 면에서 진정으로 우월한 성과를 낳지 못한다면, (미국과 유럽의 비교가 시사하듯이) 민간 의료보험에 주로 의존하는 나라의 GDP는 자의적으로 과대평가될 것이다. 또한 국민계정에서는 전통적으로 병원 건물과 장비 혹은 학교나 대학 같은 공공자본 사용에 대한 보상을 계산에 넣지 않는다.[18] 때문에 어떤 의료와 건강과 교육 서비스를 민영화할 경우 생산된 서비스와 고용자에게 지불된 임금은 이전과 똑같지만 GDP는 자의적으로 증가하게 된다.[19] 이처럼 비용에 따라 가치를 평가하는 방법은 교육과 의료의 근본적인 '가치'를 과소평가하게 되고 이에 따라 교육과 의료 서비스 부문이 급격히 팽창했던 시기에 이룬 성장 역시 과소평가하게 된다.[20]

그러므로 경제성장이 장기간에 걸쳐 생활수준의 엄청난 향상을 가져왔다는 사실은 의심할 여지가 없다. 최선의 추정치에 따르면 전 세계 1인당 소득은 1700년에서 2012년 사이 10배 이상 증가했고(월 70유로에서 월

760유로로), 가장 부유한 나라에서는 20배 이상 증가했다(월 100유로에서 2500유로로). 그런 급격한 변화를 측정하는 데 따르는 어려움, 특히 그것을 단 하나의 지표로 요약하는 어려움을 고려하면, 숫자를 맹목적으로 신뢰해서도, 또 그것을 대략적인 크기를 나타내는 지표 이상으로 생각해서도 안 된다.

성장의 **종말**?

/

이제 미래를 생각해보자. 지금까지 설명한 1인당 생산의 놀라운 성장이 21세기에는 불가피하게 둔화될 것인가? 기술적인 이유나 생태학적인 이유, 아니면 이 두 가지 모두로 인해 우리는 과연 성장의 종말을 맞게 될 것인가?

이 질문에 답하기에 앞서 과거의 성장—당시로서는 대단했던—이 거의 언제나 연 1~1.5퍼센트를 넘지 않는 비교적 느린 속도로 이루어졌다는 사실을 기억해야 한다. 역사적으로 이보다 더 뚜렷이 빠른 성장(3~4퍼센트 혹은 그 이상)을 보인 사례는 다른 나라를 급속하게 따라잡고 있던 나라들에서만 나타났다. 이 같은 급성장은 본질적으로 따라잡기가 이뤄지고 나면 끝나는 것이고, 따라서 제한된 기간 동안 나타나는 과도기적인 것일 수밖에 없다. 더욱이 그런 따라잡기 과정이 전 세계적으로 일어날 수는 없다.

세계적으로 1인당 생산 증가율은 1700~2012년에 연평균 0.8퍼센트를 기록했는데, 이를 기간별로 나누어보면 1700~1820년에 0.1퍼센트, 1820~1913년에 0.9퍼센트, 1913~2012년에 1.6퍼센트를 기록했다. 표 2.1에서 볼 수 있듯이 1700~2012년에 세계 인구증가율도 똑같이 0.8퍼센트를 기록했다.

표 2.5는 시기별, 대륙별 경제성장률을 보여준다. 유럽에서 1인당 생산

증가율은 1820~1913년에 1퍼센트, 1913~2012년에 1.9퍼센트였다. 미 대륙에서는 1820~1913년에 1.5퍼센트의 증가율을 기록했고, 1913~2012년에 또다시 1.5퍼센트의 증가율을 보였다.

여기서 세부적인 숫자는 그리 중요하지 않다. 핵심은 역사적으로 볼 때 세계적인 첨단기술을 보유한 국가라 하더라도 오랜 기간에 걸쳐 연평균 1.5퍼센트를 넘는 1인당 생산 증가율을 기록한 사례는 없다는 점이다. 최근 수십 년을 보면 가장 부유한 국가들은 그보다 더 낮은 증가율을 보였다. 1990~2012년 1인당 생산은 서유럽에서 1.6퍼센트, 북미에서 1.4퍼센트, 일본에서는 0.7퍼센트 증가했다.[21] 앞으로 논의를 진행할 때 이러한 현실을 기억할 필요가 있다. 아직도 성장률이 3~4퍼센트는 되어야 한다고 생각하는 이가 많기 때문이다. 앞에서도 지적했지만 역사와 논리 모두 이것이 환상임을 보여준다.

표 2.5. 산업혁명 이후 1인당 생산 증가율(연평균 성장률)

연도	전 세계 1인당 생산 (%)	유럽 (%)	미 대륙 (%)	아프리카 (%)	아시아 (%)
0~1700	0.0	0.0	0.0	0.0	0.0
1700~2012	0.8	1.0	1.1	0.5	0.7
1700~1820	0.1	0.1	0.4	0.0	0.0
1820~1913	0.9	1.0	1.5	0.4	0.2
1913~2012	1.6	1.9	1.5	1.1	2.0
1913~1950	0.9	0.9	1.4	0.9	0.2
1950~1970	2.8	3.8	1.9	2.1	3.5
1970~1990	1.3	1.9	1.6	0.3	2.1
1990~2012	2.1	1.9	1.5	1.4	3.8
1950~1980	2.5	3.4	2.0	1.8	3.2
1980~2012	1.7	1.8	1.3	0.8	3.1

1910~2012년 전 세계 1인당 생산 증가율은 1.7퍼센트를 기록했으며, 유럽이 1.9퍼센트, 미 대륙이 1.6퍼센트 등으로 나타났다.

출처: piketty.pse.ens.fr/capital2lc

이러한 기초적인 사실들을 잠시 접어두고, 미래의 성장률에 대해 우리는 어떤 이야기를 할 수 있을까? 로버트 고든Robert Gordon과 같은 경제학자들은 1인당 생산 증가율이 미국을 비롯한 대부분의 선진국에서 둔화될 수밖에 없으며 2050~2100년에는 연 0.5퍼센트 이하로 떨어질 수 있다고 본다.[22] 고든의 분석은, 증기기관과 전기의 발명 이후 계속된 여러 혁신의 물결을 비교하고 가장 최근의 혁신의 물결―특히 정보기술 혁명을 포함한―이 이전에 비해 성장 잠재력이 훨씬 더 낮다는 연구 결과에 기초한 것이다. 최근의 혁신은 기존의 생산 방식을 크게 뒤바꾸지도 못할뿐더러 경제 전반의 생산성을 크게 향상시키지도 못하기 때문이다.

나는 앞서 인구 증가에 대해 예측을 삼갔던 것과 마찬가지로 21세기의 경제성장을 섣불리 예측하지는 않을 것이다. 그보다 부의 분배의 동학에 대한 여러 가능한 시나리오와 그에 따른 결과들을 도출하고자 한다. 내가 보기에는 미래에 얼마나 빠른 속도의 혁신이 이루어질지를 예측하는 것은 미래의 출산율을 예측하는 것만큼이나 어려운 문제다. 지난 두 세기의 역사는 선진국의 1인당 생산이 연 1.5퍼센트 이상 성장할 가능성이 매우 낮다는 것을 말해주지만, 내가 실제 성장률이 0.5퍼센트, 1퍼센트 혹은 1.5퍼센트가 될 거라고 예측할 수는 없다. 여기서 제시할 중간값 시나리오는 장기적으로 부유한 나라들의 1인당 생산 증가율이 연 1.2퍼센트라는 가정에 기초한 것으로, 이는 고든의 예측(내가 생각하기에 조금 지나치게 비관적인)과 비교하면 상대적으로 낙관적인 것이다. 그러나 이와 같은 수준의 성장률은 급속히 고갈되고 있는 탄화수소를 대체할 새로운 에너지원이 개발되지 않으면 달성될 수 없다.[23] 이 또한 여러 시나리오 중 하나일 뿐이다.

중대한 사회적 변화를 내포한 연 1퍼센트 성장

내가 보기에 가장 중요한 점은 1인당 생산 증가율이 1퍼센트라는 것은 사실 대단히 빠른 것이며, 많은 사람이 생각하는 것보다 훨씬 더 빠른 성장이라는 것이다. 이는 구체적인 성장률 예측보다 더 중요하다. 앞서 설명한 것처럼 장기 성장률을 하나의 숫자로 표시하려는 어떤 시도도 대개는 헛된 일이기 때문이다.

따라서 다시 한번 한 세대에 걸쳐 이루어진 성장률을 검토하는 것이 올바른 접근이 될 것이다. 30년이라는 한 세대가 지나면 연 1퍼센트의 성장률은 35퍼센트 이상의 누적 성장을 가져오며, 연 1.5퍼센트의 성장률일 경우 누적 성장은 50퍼센트 이상이 된다. 실제로 이는 생활양식과 고용에 중요한 변화가 생긴다는 것을 의미한다. 구체적으로 지난 30년 동안 유럽, 북미, 일본은 1인당 연간 생산 증가율이 1~1.5퍼센트대에서 오르내렸으며, 사람들의 삶에도 주요한 변화가 있었다. 1980년대에는 인터넷이나 휴대전화가 등장하지도 않았고, 비행기 여행도 지금처럼 활성화되지 않았으며, 요즘과 같이 첨단 의학기술이 발달한 것도 아니었고, 소수의 사람만이 대학에 다녔다. 그동안 통신, 교통, 의료, 교육 부문에서 일어난 변화는 심층적이었다. 이런 변화는 고용 구조에 강력한 영향을 미쳤다. 30년 동안 1인당 생산이 35~50퍼센트 늘어났을때, 그것은 오늘날 이뤄지고 있는 생산의 많은 부문(4분의 1에서 3분의 1)이 30년 전에는 존재하지 않았으며, 따라서 오늘날의 직업과 직장의 4분의 1에서 3분의 1이 30년 전에는 없었다는 것을 의미한다.

이는 오늘날의 사회가 18세기와 같이 연간 성장률이 제로에 가깝거나 겨우 0.1퍼센트에 그쳤던 과거 사회와 매우 다르다는 것을 뜻한다. 연간 성장률이 0.1~0.2퍼센트에 그치는 사회는 변화가 거의 없거나 전혀 없이 한 세대에서 다음 세대로 넘어가는 과정을 되풀이한다. 19세기 초 이후의 선진국에서처럼 연 1퍼센트의 성장률을 기록하는 곳은 심층적이고 지속적인 변화를 거듭하는 사회다. 이는 사회적 불평등 구조와 부의 분배의 동학에 중요한 영향을 미친다. 성장은 새로운 형태의 불평등을 낳을 수 있다. 예를 들어 재산은 새로운 경제활동 영역에서 매우 빠르게 축적될 수 있다. 하지만 이와 동시에 성장은 이전 세대로부터 물려받은 부의 불평등을 퇴색시킴으로써 상속된 부가 결정적인 요인이 될 가능성을 줄여준다. 확실히 연간 1퍼센트의 성장률이 만들어내는 변화는 연간 3~4퍼센트의 성장률이 이끌어내는 변화에 비해 극히 미미하다. 따라서 사람들이 환멸을 느낄 위험성이 상당히 큰데, 이는 특히 계몽주의 시대 이후 나타난 더욱 공정한 사회질서에 대한 희망을 감안할 때 그렇다. 한마디로 민주주의와 능력주의를 바라는 희망은 경제성장으로 결코 충족시킬 수 없다. 이를 실현하기 위해 우리는 특별한 제도를 고안해내야 하고 시장의 힘이나 기술 진보에만 의존해서는 안 된다.

전후 시대의 후손: 대서양 연안 국가들의 뒤엉킨 운명

유럽 대륙, 특히 프랑스는 이례적으로 빠른 경제성장을 이룩한 영광의 30년에 대해 짙은 향수를 품고 있다. 사람들은 아직도 어떤 악령이 저주를 내려 1970년대 후반에 성장률이 그렇게 낮아지기 시작했는지 납득하지 못한다. 심지어 오늘날에도 많은 사람이 최근 30년(곧 35년이나 40년이 된다)의 '비참한 시대'가 마치 악몽을 꾸었던 것처럼 곧 끝나고 모든 게 다시 한번 지난날로 돌아가리라고 믿는다.

사실 역사적 관점에서 보면 전후 30년은 예외적인 시기였는데, 이는 한마디로 유럽이 1914~1945년 시기 미국에 크게 뒤졌지만 영광의 30년 기간에 빠르게 따라잡았기 때문이다. 일단 이 따라잡기가 끝나자 유럽과 미국은 둘 다 세계적인 기술 선도국이 되었고, 선도국 경제의 속성상 두 곳 모두 비교적 느린 속도로 성장하기 시작했다.

이는 유럽과 북미 성장률의 추이를 비교하여 제시한 도표 2.3을 대강만 살펴봐도 명백히 드러난다. 북미 대륙에서는 한마디로 영광의 30년이 결코 존재하지 않았기 때문에 종전 이후 시기에 대한 향수가 없다. 미국의 1인당 생산은 1820~2012년 내내 연간 약 1.5~2퍼센트로 거의 같은 성장세를 보였다. 확실히 성장세는 1930~1950년에 연간 1.5퍼센트를 약간 웃도는 수준으로 둔화되었고, 1950~1970년에는 2퍼센트를 약간 넘어섰으며, 1990~2012년에는 1.5퍼센트에 조금 못 미치는 수치를 기록했다. 두 차례 세계대전으로 큰 고통을 겪은 서유럽에서는 변동 폭이 훨씬 더 컸다. 1인당 생산이 1913~1950년에 정체 현상(연간 성장률이 0.5퍼센트를 조금 웃도는)을 보이다가 1950~1970년에는 연간 성장률이 4퍼센트로 치솟았다. 이후 성장률은 급속히 떨어져 1970~1990년에는 미국보다 조금 높은 (2퍼센트를 약간 넘는) 수준을 보였고 1990~2012년에는 1.5퍼센트에 그쳤다.

서유럽은 1950~1970년에 성장의 황금기를 경험했지만, 이후 수십 년간 성장률은 정점에서 2분의 1 혹은 3분의 1로 낮아졌다. 도표 2.3에서는 (당연한 것이지만) 영국을 서유럽에 포함시켰기 때문에 서유럽의 성장 감소 폭이 작아 보인다는 데 유의하자. 20세기에 영국의 경제성장은 비교적 안정된 북미의 패턴을 상당히 밀접하게 따라갔다. 유럽 대륙만 보자면 1950~1970년의 1인당 생산 증가율이 연평균 5퍼센트—다른 선진국들이 지난 2세기 동안 성취한 것을 훨씬 웃도는—라는 것을 알 수 있다.

20세기의 성장과 관련된 이처럼 매우 상이한 집단적 경험은 상업과 금융의 세계화 그리고 특히 자본주의 일반에 관한 각국의 여론이 왜 그토록 다양한지를 설명해준다. 유럽 대륙, 특히 프랑스에서는 사람들이 아주 당연하게도 종전 직후 30년(정부가 경제에 강력하게 개입한 시기)을 고속 성장의 축복을 받은 시기라고 계속해서 생각하며, 많은 이가 1980년경에 시작된 경제자유화를 성장 둔화의 원인이라고 여긴다.

영국과 미국에서는 종전 이후의 역사에 대해 상당히 다르게 해석한다.

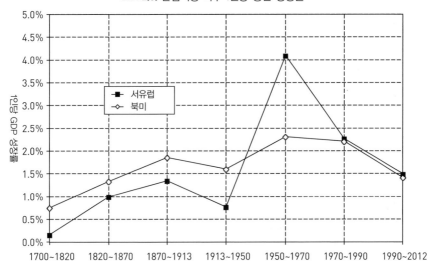

도표 2.3. '산업혁명' 이후 1인당 생산 성장률

유럽의 1인당 생산 성장률은 1950~1970년 시기 4퍼센트를 넘어섰지만 이후 다시 미국 수준으로 하락했다.

출처 및 통계: piketty.pse.ens.fr/capital2lc

1950~1980년에는 영미권 국가들과 패전국들의 격차가 빠르게 줄어들었다. 1970년대 말 미국 잡지들에서는 종종 미국의 퇴보 및 독일과 일본 산업의 성공을 보도하는 기사가 표지를 장식했다. 영국에서는 1인당 GDP가 독일, 프랑스, 일본, 심지어 이탈리아보다도 낮은 수준으로 떨어졌다. 이처럼 경쟁자에게 쫓긴다는(영국의 경우 심지어 추월당하고 있다는) 의식이 '보수혁명'에 중요한 역할을 했다는 말이 맞을 수도 있다. 영국의 마거릿 대처와 미국의 로널드 레이건은 영미권 특유의 원기 왕성한 기업가 정신을 약화시켰다고 하는 '복지국가 체제'를 접고, 미국과 영국이 다시 주도권을 쥘 수 있도록 해줄 19세기의 순수 자본주의 체제로 돌아갈 것을 천명했다. 이후 성장률이 다시 한번 유럽 대륙과 일본 수준에 이르렀기 때문에 심지어 오늘날까지도 이 두 나라에서는 이 보수혁명이 놀랄 만큼 성공적이었다고 믿는 사람이 많다.

2장
성장:
환상과 현실

사실 1980년경에 시작된 경제자유화나 1945년에 시작된 정부개입주의는 모두 그런 칭찬이나 비난을 받을 만하지 않다. 프랑스, 독일, 일본은 1914~1945년의 전쟁으로 몰락한 이후 각각 어떤 정책을 택했건 이와는 상관없이 영국과 미국을 따라잡았을 가능성이 높다.(여기에는 아주 약간의 과장밖에 없다.) 기껏해야 정부 개입이 아무런 해를 끼치지 않았다고 말할 수 있을 뿐이다. 마찬가지로 이들 국가가 일단 세계적인 첨단기술 국가가 된 이후 영국이나 미국보다 빨랐던 성장을 멈춘 것, 혹은 도표 2.3에서 보듯이 이 모든 부유한 국가의 성장률이 대체로 같아지는 것은 전혀 놀라운 일이 아니다.(이 점은 뒤에서 다시 논의할 것이다.) 미국과 영국의 경제자유화 정책은 대체로 성장을 높이지도 떨어뜨리지도 않았기에 이 단순한 현실에 거의 아무런 영향도 미치지 못한 것으로 보인다.

글로벌 성장의 **이중 벨 커브**

요약하자면, 지난 3세기에 걸친 글로벌 성장은 매우 높은 정점을 보여주는 벨 커브로 나타낼 수 있다. 인구 증가와 1인당 생산 증가는 18세기와 19세기에, 특히 20세기에 점차 가속화되었고, 이제 21세기의 남은 기간에는 다시 훨씬 더 낮은 수준으로 내려갈 가능성이 높다.

그러나 인구 증가와 생산 증가를 나타내는 두 벨 커브에는 뚜렷한 차이가 있다. 인구 증가 곡선을 보면 증가율의 상승이 훨씬 더 이른 시기인 18세기에 나타났고 감소도 훨씬 더 빨리 시작되었다. 이것은 인구 변천이 이미 대체로 완료되었음을 보여준다. 세계 인구증가율은 1950~1970년에 연간 약 2퍼센트로 정점을 찍었고 이후 지속적으로 줄어들었다. 누구도 확신할 수는 없지만 이런 과정은 계속되어 세계 인구증가율이 21세기 후반에는 거의 제로로 떨어질 가능성이 높다. 세계 인구의 변화는 확실히 벨 커브 모양을 띤다(도표 2.2).

1인당 생산 성장률을 놓고 보면 문제는 더 복잡해진다. '경제적으로' 성장이 시작되기까지는 더 오랜 시간이 걸렸다. 성장률은 18세기 내내 제로에 가까웠으며 19세기에 이르러서야 약간 올라가기 시작했고 20세기가 되기 전까지는 사람들이 인식할 만한 현실이 되지 못했다. 세계의 1인당 생산 성장률은 1950~1990년 유럽의 따라잡기 과정 덕분에, 그리고 1990~2012년에는 아시아, 특히 중국(공식 통계에 따르면 중국은 이 기간 중 9퍼센트가 넘는 성장률을 보였는데, 이는 역사상 유례없는 기록이다)의 따라잡기 과정 덕분에 2퍼센트를 넘어섰다.[24]

2012년 이후에는 경제성장이 어떻게 될까? 도표 2.4는 성장 예측치 '중간값median'을 보여주는데, 사실 이는 비교적 낙관적인 예상이다. 왜냐하면 서유럽, 북미 대륙, 일본 등 가장 부유한 국가들은 2012~2100년 연간 성장률 1.2퍼센트(이는 많은 경제학자가 예상하는 것보다 훨씬 더 높은 수치

도표 2.4. 고대부터 2100년까지 세계 1인당 생산 성장률

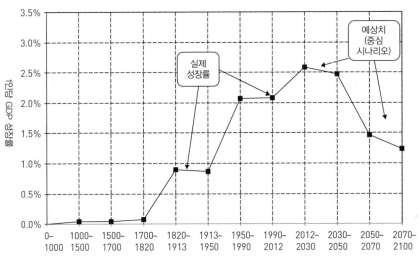

1인당 생산 성장률은 1950~2012년 사이 2퍼센트를 넘었다. 만약 국가 간 성장의 수렴 현상이 계속된다면 2012~2050년 사이 1인당 생산 성장률은 2.5퍼센트를 넘어설 것이고 그 이후 1.5퍼센트 이하로 떨어질 것이다.

출처 및 통계: piketty.pse.ens.fr/capital2lc

2장
성장:
환상과 현실

다)를 기록하고, 가난한 국가나 신흥 국가는 2012~2030년 연간 성장률 5퍼센트를, 2030~2050년 연간 성장률 4퍼센트를 기록하면서 휘청거리지 않고 꾸준히 성장의 수렴과정을 이어나간다는 것을 가정하기 때문이다. 만약 이 예측들이 맞아떨어진다면 2050년에 중국, 동유럽, 중남미, 북아프리카, 중동 국가들의 1인당 생산은 가장 부유한 국가들과 같은 수준에 이를 것이다.[25] 그때부터는 제1장에서 설명한 대로 세계 생산량 분포가 인구 분포와 비슷한 양상을 띠게 될 것이다.[26]

이 낙관적인 중간값 시나리오에 따르면 세계의 1인당 생산 성장률은 2012~2030년과 2030~2050년에 연 2.5퍼센트를 약간 웃돌 것이고, 그 이후에는 1.5퍼센트 이하로 떨어졌다가 2070년 이후에는 다시 약 1.2퍼센트로 떨어질 것이다. 세계의 1인당 생산 성장률을 보여주는 이 벨 커브를 인구증가율을 나타내는 도표 2.2의 벨 커브와 비교해보면, 다음 두 가지 특징이 나타난다. 첫째, 인구증가율 벨 커브보다 훨씬 더 늦게(약 1세기 늦게, 즉 20세기 중반이 아닌 21세기 중반에) 정점에 다다른다. 둘째, 이 벨 커브에 나타난 성장률은 제로나 제로 가까이 하락하는 것이 아니라 1퍼센트가 약간 넘는 연간 성장률을 보이는데, 이는 전통사회의 성장률보다 훨씬 더 높은 수치다(도표 2.4 참조).

위에 언급한 두 곡선을 합하면 세계 총생산 성장률을 나타내는 세 번째 곡선을 얻게 된다(도표 2.5). 세계 총생산 성장률은 1950년 이전까지 항상 연 2퍼센트 미만이었다가 1950~1990년에 4퍼센트로 치솟았는데, 이는 역사상 유례없이 높았던 인구증가율과 1인당 생산 성장률이 합쳐져서 나타난 결과였다. 그리고는 다시 떨어지기 시작해 1990~2012년 신흥국들, 특히 중국의 극히 높은 성장률에도 불구하고 3.5퍼센트 이하로 떨어졌다. 중간값 시나리오를 따를 경우, 이러한 추세는 2030년까지 계속되다가 2030~2050년에 3퍼센트, 21세기 후반에 이르면 약 1.5퍼센트로 떨어질 전망이다.

나는 이런 '중간값' 예측치들이 극히 가설적이라는 점을 이미 인정했다.

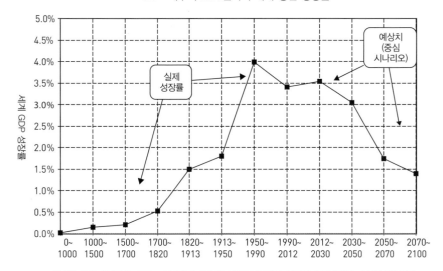

도표 2.5. 고대부터 2100년까지 세계 생산 성장률

세계의 생산 성장률은 1950~1990년 4퍼센트를 넘어섰다. 만약 성장의 수렴과정이 계속된다면 성장률은 2050년까지 2퍼센트 이하로 떨어질 것이다.

출처 및 통계: piketty.pse.ens.fr/capital2lc

여기서 중요한 점은 정확한 시기와 성장률(분명히 중요한 세부 사항이긴 하지만)에 상관없이 글로벌 성장을 보여주는 두 개의 벨 커브가 이미 대부분 결정되었다는 것이다. 도표 2.2~2.5에 나타난 중간값 예측은 두 가지 면에서 낙관적이다. 첫째, 부유한 국가의 생산성이 연 1퍼센트 이상의 성장률을 유지하리라고 가정하고 있고(대단한 기술 진보, 특히 청정에너지 분야에서의 진보를 가정한다), 둘째, 이것이 아마 첫 번째 것보다 더 중요할 텐데, 신흥국들이 주요한 정치적 혹은 군사적 장애에 부딪히지 않고 부유한 나라들과의 격차를 계속해서 좁혀가 2050년경까지—이는 매우 빠른 속도다—이 과정을 완료한다는 가정이다. 하지만 글로벌 성장의 벨 커브가 이 그래프에 나타난 것보다 더 낮은 수준으로 더 빨리 하강하는, 덜 낙관적인 시나리오도 쉽게 상상할 수 있다.

2장
성장:
환상과 현실

인플레이션 문제

／

인플레이션 문제를 논의하지 않는다면 지금까지 산업혁명 이후의 성장을 개관한 내용은 매우 불완전한 것이 될 터이다. 어떤 이들은 인플레이션이 순전히 화폐에 관한 현상이므로 신경 쓸 필요가 없다고 말할 것이다. 사실 지금까지 논의한 모든 성장률은 이른바 실질성장률을 가리키는 것으로, 명목성장률(소비자물가를 기준으로 측정)에서 인플레이션율(소비자물가지수에서 도출)을 뺀 것이다.

실제로 인플레이션은 이 연구에서 핵심적인 역할을 한다. 이미 지적한 대로 '평균' 가격에 기초한 물가지수를 활용하는 것은 문제를 야기한다. 성장은 언제나 새로운 상품과 서비스를 낳고 상대가격에 엄청난 변화를 일으키며, 이는 하나의 지수로 요약하기 어렵기 때문이다. 따라서 인플레이션과 성장 개념은 언제나 잘 정의되는 것은 아니다. 명목성장(유일하게 맨눈으로 있는 그대로 확인할 수 있는 성장)을 실질적인 요소와 인플레이션 요소로 나누는 것은 어느 정도 인위적이어서 수많은 논쟁을 불러왔다.

만약 명목성장률이 연간 3퍼센트이고 물가가 매년 2퍼센트 상승한다면 실질성장률은 1퍼센트라고 말할 수 있다. 그러나 예를 들어 스마트폰과 태블릿의 실제 가격이 이전에 생각했던 가격(통계학자들이 매우 주의 깊게 측정하려고 하지만 쉽지만은 않은, 품질과 성능의 상당한 개선을 고려한)보다 많이 하락해서 인플레이션 추정치를 하향 조정한다면, 그래서 이제 우리가 물가는 1.5퍼센트밖에 오르지 않았다고 생각한다면 실질성장률이 1.5퍼센트라는 결론에 다다를 수 있다. 사실 이처럼 차이가 미미할 경우에는 어느 쪽이 더 정확한 수치인지 확신하기 힘들며, 각각의 추정치가 부분적인 진실을 담고 있을 수 있다. 즉, 스마트폰과 태블릿 마니아들이 볼 때는 성장률이 의심의 여지 없이 1.5퍼센트에 가깝고 다른 이들에게는 1퍼센트에 가까울 것이다.

희소성의 원칙에 바탕을 둔 리카도의 이론에서 상대가격 변동은 더 결정적인 역할을 할 수 있다. 만약 어떤 가격, 예를 들어 토지, 건물 혹은 석유의 가격이 장기간에 걸쳐 아주 많이 오른다면, 이는 우연히 이들 희소자원의 최초 소유자가 된 이들에게 유리하도록 부의 분배를 영원히 바꿔놓을 수 있다.

상대가격의 문제 외에 인플레이션—즉 모든 가격의 일반적인 상승—그 자체도 부의 분배의 동학에 중요한 역할을 할 수 있다. 실제로 제2차 세계대전 직후 선진국들이 지고 있던 공공부채를 없애는 데 인플레이션이 큰 역할을 했다. 인플레이션은 또한 20세기 내내 종종 혼란스럽고 무질서한 방식으로 사회집단 간에 다양한 재분배의 결과를 낳았다. 반면 18세기와 19세기에 번성했던 부에 기초한 사회는 장기간 통화가치가 매우 안정적으로 지속되었다는 것과 불가분의 관계를 맺고 있었다.

18~19세기의 **통화가치 안정**

/

좀더 보충 설명을 해보자. 무엇보다도 먼저 기억해야 할 중요한 사실은 인플레이션이 대체로 20세기 특유의 현상이라는 것이다. 그 이전, 제1차 세계대전 때까지 인플레이션은 제로이거나 혹은 제로에 가까웠다. 물가는 수년간 혹은 길면 수십 년간 이따금 급상승하거나 급락한 적은 있어도 일반적으로 이 같은 간헐적 물가 변동은 결국 안정을 되찾았다. 이런 현상은 우리가 장기간의 물가 자료를 보유하고 있는 모든 나라에서 공통적으로 발견된다.

더 정확히 말해 1700~1820년 그리고 1820~1913년의 평균 물가상승률을 살펴보면 프랑스, 영국, 미국, 독일의 인플레이션은 기껏해야 연 0.2~0.3퍼센트로 무시해도 좋을 정도였다. 심지어 가끔은 물가상승률이 소폭의 마이너스를 기록한 적도 있는데, 19세기의 영국과 미국(1820~1913년 두 나라 물가상승률의 평균을 내면 -0.2퍼센트)이 그 예다.

이 시기의 통화가치 안정이라고 하는 일반적인 법칙에도 확실히 약간의
예외는 있었다. 그러나 이 예외들은 오랫동안 지속되지 않았고, 필연적이
기라도 한 듯 다시 빠르게 제자리를 찾았다. 프랑스혁명이 특별히 상징적
인 예다. 1789년 후반에 혁명 정부는 그 유명한 아시냐Assignats 지폐를 발
행했고, 그것은 1790년이나 1791년부터 이미 실제 화폐로 유통되어 교환
수단이 되었다. 역사상 초기의 지폐 중 하나였던 아시냐는 1794~1795년
에 높은 인플레이션(아시냐로 측정된)을 야기했다. 하지만 중요한 것은 '제
르미날 프랑franc germinal'이 만들어진 뒤 금속화폐 체제로 되돌아갔을 때
새 통화는 앙시앵레짐Ancien Régime의 통화와 동일한 교환가치를 가졌다는
점이다. 프랑스혁명력 3년(1795년 4월 7일)의 제르미날 법령 18조는 왕정
체제에 대한 기억을 불러일으키는 이전의 리브르화를 없애고 국가 공식
화폐 단위를 프랑화로 대체했다. 프랑화는 금속 함량이 그전의 동전과 동
일했다. 1프랑 은화에는 (1726년 이래로 리브르화가 그러했듯이) 순은이
정확히 4.5그램씩 들어갔다. 이것은 금은 복본위제를 영구적으로 채택한
1796년과 1803년의 법령에 의해 공식적으로 승인되었다.[27]

궁극적으로 1800~1810년 프랑으로 측정한 물가는 1770~1780년 리브
르화로 나타낸 물가와 거의 같아서, 혁명 기간에 일어난 화폐 단위 변경
이 화폐의 구매력 자체에 영향을 미치지 않았다는 사실을 알 수 있다. 발
자크를 비롯한 19세기 초반의 소설가들은 소득과 재산을 묘사하는 과정
에서 화폐 단위를 자주 바꿀 수밖에 없었다. 그 당시 독자들에게 제르미
날 프랑(혹은 '금프랑')과 리브르화는 사실상 똑같은 것이었다. 고리오 영
감에게 '1200리브르'의 집세는 '1200프랑'과 똑같았고, 더 이상 다른 설명
이 필요 없었다.

1803년에 결정된 프랑화의 금 가치는 새로운 화폐 법령이 채택되었던
1928년 6월 25일까지 공식적으로 변하지 않았다. 사실 프랑스은행은 1914
년 8월 이후 지폐를 금이나 은으로 바꿔줘야 할 의무에서 벗어났으며, 이
에 '금프랑'은 이미 '종이 프랑'이 되어버렸고, 이런 상황은 1926~1928년

통화 안정이 이뤄질 때까지 지속되었다. 그럼에도 불구하고 금속화폐는 1726년에서 1914년까지(이는 무시할 만한 기간이 아니다) 동일한 교환가치를 지녔다.

영국 파운드화에서도 같은 수준의 통화가치 안정성을 발견할 수 있다. 약간의 조정은 있었지만 프랑스와 영국 통화의 교환 비율은 2세기 동안 상당히 안정된 상태로 유지되었다. 1파운드는 18세기 이래 1914년까지 계속해서 20~25리브르(혹은 20~25제르미날 프랑)의 가치를 지녔다.[28] 프랑스 소설가들에게 리브르와 금프랑이 그랬던 것처럼 당시 영국 소설가들에게는 파운드화 그리고 실링이나 기니 같은 파운드화의 이상한 자손들의 가치는 대리석처럼 단단한 것으로 보였다.[29] 이들 화폐 단위는 각자 시간이 흘러도 변하지 않는 가치를 나타내는 것처럼 보였으며, 그래서 화폐가 표시하는 금액에 영원성의 아우라를 부여하고 사회적 구분에 일종의 불변성을 불어넣는 표시를 만들어내는 것으로 보였다.

그 밖의 나라들에서도 사정은 마찬가지였다. 새로운 화폐를 발행하거나 새로운 화폐 단위를 규정하는 것과 관련된 중요한 변화는 1775년의 미국 달러와 1873년의 금마르크 정도뿐이었다. 그러나 일단 금속과의 비교 평가parity가 정해지면 그 이후 아무것도 변하지 않았다. 19세기나 20세기 초에는 1파운드가 약 5달러, 20마르크, 25프랑의 가치를 지닌다는 것을 누구나 알았다. 돈의 가치는 수십 년 동안 변하지 않았고 미래에 그 가치가 변할 것이라고 생각할 만한 이유도 전혀 없었다.

고전 문학에 나타난 **돈의 의미**

18세기와 19세기 소설에는 추상적인 힘으로서의 돈뿐만 아니라 무엇보다 손에 잡히고 구체적인 금액으로서의 돈 이야기가 곳곳에 나온다. 작가들은 흔히 등장인물의 소득과 부를 프랑이나 파운드화 금액으로 이야기하는데, 이는 숫자로 독자들을 압도하려는 것이 아니라 독자들이 이런 숫자를 통해 등장인물의 사회적 지위를 가늠할 수 있도록 하기 위함이었다. 당시의 독자들은 모두 이런 숫자들이 어느 정도의 생활수준을 나타내는지 알고 있었다.

게다가 이런 화폐 지표들은 안정적이었다. 경제가 비교적 느리게 성장함에 따라 언급된 금액들은 수십 년에 걸쳐 매우 점진적으로 변했기 때문이다. 18세기에 1인당 생산과 소득의 성장세는 매우 더뎠다. 제인 오스틴의 소설이 집필됐을 당시인 1800년대 초 영국의 1인당 평균 소득은 30파운드 정도였다.[30] 1720년 또는 1770년에도 똑같은 평균 소득을 관찰할수 있었을 것이다. 따라서 이 숫자는 오스틴이 성장했던 시기에 매우 안정적인 기준점이었다고 할 수 있다. 오스틴은 안락하고 우아한 생활을 누리며, 알맞은 교통수단과 의복을 확보하고, 잘 먹고, 오락을 즐기면서 생활에 필요한 최소한의 하인을 두려면 그녀가 보기에 적어도 그 20~30배의 액수가 필요하다는 것을 알고 있었다. 그녀의 소설에 나오는 인물들은한 해 500~1000파운드는 써야만 부족함으로부터 자유로울 수 있다고 생각했다.

이러한 현실과 인식의 바탕에 깔려 있는 불평등 구조 및 생활수준에관해, 특히 그에 따른 소득과 부의 분배에 관해서는 나중에 더 풍부하게논의할 것이다. 지금 단계에서 중요한 것은 인플레이션이 없고 성장이 매우 느렸던 까닭에 이러한 금액들이 아주 구체적이고 안정적인 현실을 반영한다는 점이다. 실제로 반세기 후인 1850년대의 1인당 평균 소득은 고작 40~50파운드 정도였다. 당시 독자들은 아마도 제인 오스틴이 이야기한 액수가 편안하게 사는 데 필요한 금액으로서는 매우 적다는 것을 알았겠지만 큰 혼란을 느끼지는 않았을 것이다. 20세기에 접어들 때 영국의 1인당 평균 소득은 80~90파운드로 늘어났다. 이러한 소득 증가는 현저한것이었지만, 제인 오스틴이 이야기한 연소득 1000파운드나 그 이상은 여전히 의미 있는 선이었다.

프랑스 소설에서도 이와 비슷한 기준 금액의 안정성을 똑같이 찾아볼 수 있다. 1810~1820년, 발자크의 『고리오 영감』이 나올 당시 프랑스의 1인당 연평균 소득은 약 400~500프랑이었다. 이 평균 소득을 리브르로 환산해보면 앙시앵레짐 시대의 소득 수준이 약간 떨어진다. 오스틴과 마찬가지로 발자크도 좀더 품위 있는 생활을 하기 위해 그 20~30배의 비용이 드는 세계를 묘사했다. 즉 발자크 소설의 주인공도 연소득이 1~2만 프랑에 못 미치면 자신이 비참하게 산다고 느꼈을 것이다. 또한 이 액수는 19세기를 거쳐 벨 에포크 시대에 이르기까지 매우 느리게 바뀌었기 때문에 독자들에게는 오랫동안 익숙한 수치였을 것이다.[31] 이들 금액은 작가로 하여금 경제적인 측면에서 배경을 설정하고, 생활양식을 일러주며, 경쟁을 자극하고, 한마디로 문명을 묘사할 수 있도록 해주었다.

미국, 독일, 이탈리아 그리고 이 오랜 기간 화폐가치 안정을 경험했던 모든 나라의 소설에서 이 같은 예를 쉽게 찾아볼 수 있다. 제1차 세계대전 때까지 돈은 변치 않는 의미를 지녔고 소설가들은 이를 놓치지 않고 탐구했으며, 그것을 문학적인 주제로 바꾸어놓았다.

20세기 화폐의 **지위 약화**

/

통화가치가 안정된 세계는 제1차 세계대전의 발발과 함께 영원히 무너졌다. 엄청나게 폭력적이고 강도 높은 전쟁의 비용을 대느라 그리고 군인들과 그들이 사용하는 갈수록 더 비싸고 복잡해지는 무기의 비용을 조달하느라 정부는 빚의 수렁에 빠지고 말았다. 1914년 8월에 이미 주요 참전국들은 자국 통화의 금태환을 끝냈다. 전쟁 후 각국은 정도의 차이는 있지만 하나같이 엄청난 공공부채를 처리하기 위해 지폐를 찍어내는 인쇄기에 의존하게 되었다. 1920년대에 금본위제를 부활시키려는 시도가 있었지만 1930년대의 경제위기로 무산되었다. 영국은 1931년, 미국은 1933년, 프랑

2장
성장:
환상과 현실

스는 1936년에 금본위제를 포기했다. 제2차 세계대전 이후의 금본위제 역시 조금도 더 강건하지 않은 것으로 드러났다. 이 체제는 1946년에 시작되어 달러의 금태환이 중지된 1971년에 끝났다.

1913~1950년 프랑스의 인플레이션은 연 13퍼센트를 초과했고(그래서 이 기간 전체를 보면 물가는 100배 상승했다), 독일의 인플레이션은 연 17퍼센트였다.(그래서 물가는 300배 이상 올랐다.) 두 차례의 전쟁이 가져온 충격과 정치적 불안정이 비교적 덜했던 영국과 미국에서는 1913~1950년 물가상승률이 고작 연 3퍼센트 정도로, 다른 나라에 비해 훨씬 더 낮았다. 그러나 이것조차 한편으로는 두 세기 동안 거의 변동이 없었던 물가가 3배로 뛰었음을 의미한다.

특히 전쟁이 촉발한 인플레이션 과정이 결코 진정으로 끝나지 않은 것을 보면, 모든 국가에서 1914~1945년의 충격이 전쟁 전에 누렸던 세계의 화폐가치에 대한 확신을 크게 뒤흔들어놓았음은 분명하다.

1700~2012년을 세부적으로 나누어 네 국가의 인플레이션을 보여주는 도표 2.6은 이러한 인플레이션의 변화를 잘 드러낸다. 인플레이션은 1950~1970년 연평균 2~6퍼센트 사이를 오르내리다가 1970년대에 갑자기 치솟기 시작해 1970~1990년 영국에서 연평균 10퍼센트, 프랑스에서 8퍼센트를 기록했다. 1980년 이후 거의 모든 곳에서 인플레이션이 상당히 누그러졌음에도 그러했다. 이 기간의 인플레이션 움직임을 그 이전 수십 년 동안 일어난 인플레이션과 비교해보면, 1990~2012년 기간을 제1차 세계대전 이전의 제로 인플레이션으로 돌아간 것이라 생각할 수도 있다. 이 기간에 네 국가의 평균 인플레이션은 2퍼센트(독일과 프랑스에서는 이보다 약간 낮고 영국과 미국에서는 이보다 약간 높다)를 기록했다.

그러나 이런 추론은 연 2퍼센트의 인플레이션이 제로 인플레이션과는 확연히 다르다는 것을 망각한 결과다. 만약 연 2퍼센트의 인플레이션을 실질성장률 1~2퍼센트에 더하면 생산, 소득, 임금 모두 연평균 증가율이 3~4퍼센트에 육박해 10년이나 20년 후에 그 합계는 현재와 현격한

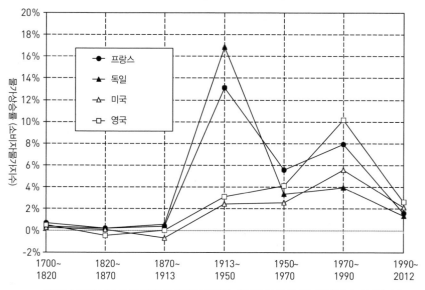

도표 2.6. 산업혁명 이후의 인플레이션

부유한 국가들에서 인플레이션은 18세기와 19세기에 제로였으나 20세기에 상승했다가, 1990년 이래 연간 약 2퍼센트에 머물고 있다.

출처 및 통계: piketty.pse.ens.fr/capital2lc

차이를 보일 것이다. 누가 1980년대 후반에서 1990년대 초반에 일반적이었던 급여 수준을 기억하겠는가? 게다가 이 연 2퍼센트의 인플레이션은 2007~2008년 이후에 일어난 통화정책의 변화를 고려할 때 향후 몇 년간, 특히 영국과 미국에서 좀더 오를 가능성이 높다. 현재의 통화체제는 1세기 전의 체제와는 굉장히 다르다. 20세기, 특히 1913~1950년 인플레이션에 가장 많이 의존했던 두 국가인 독일과 프랑스가 오늘날에는 인플레이션 정책의 활용을 가장 꺼리는 듯 보인다는 사실은 흥미롭다. 더욱이 이 두 나라는 순전히 인플레이션과 싸운다는 원칙에 기초해 유로존이라는 통화지역을 확립했다.

여러 시기에 걸쳐 나타나는 부의 분배의 동학, 특히 재산의 축적과 분배에서 인플레이션이 담당하는 역할에 대해서는 나중에 다시 살펴볼 것이다.

여기서는 20세기의 안정적인 통화가치의 상실이 경제와 정치 영역에서 뿐만 아니라 사회, 문화, 문학 분야에서도 과거 세기와 뚜렷한 단절을 보여준다는 사실만 강조하고자 한다. 돈, 적어도 특정 금액으로 표시된 돈 이야기가 1914~1945년의 충격 이후 문학 속에서 사실상 사라진 것은 결코 우연이 아니다. 부와 소득을 특정 금액을 기준으로 이야기하는 경향은 1914년까지 거의 모든 나라의 문학작품에 등장했다가 1914~1945년에 점차 사라졌고 이내 자취를 감추고 말았다. 이는 유럽과 미국의 소설에서뿐만 아니라 다른 대륙의 문학작품에서도 마찬가지다. 나기브 마푸즈(이집트 작가로 1988년 노벨문학상 수상—옮긴이)의 소설들, 적어도 인플레이션 때문에 물가가 왜곡되기 이전인 두 차례 세계대전 사이에 카이로에서 발표된 작품들은 등장인물이 처한 상황과 근심을 묘사하기 위해 소득과 재산에 많은 관심을 기울인다. 우리가 현재 살고 있는 사회는 발자크와 오스틴의 작품에서 보여준 세계와 크게 다르지 않다. 확실히 두 사회의 구조는 매우 다르지만 화폐라는 기준으로 인식과 기대 및 계층 구조를 설정하는 것은 여전히 가능하다. 반면 인플레이션이 오래전부터 돈의 의미를 모호하게 만들었던 1970년대의 이스탄불을 배경으로 집필된 오르한 파묵(터키 작가로 2006년 노벨문학상 수상—옮긴이)의 소설에서는 특정 금액에 대한 어떤 언급도 찾아볼 수 없다. 『눈Snow』이라는 소설에서 파묵은 자신과 마찬가지로 소설가인 주인공의 입을 빌려 돈에 대해 이야기하거나 이전 해의 물가와 소득에 대해 논한다는 것은 그저 피곤한 일일 따름이라고 말한다. 19세기 이후 세상은 분명 엄청나게 변했다.

자본/소득 비율의 동학

자본의
변신

제1부에서 나는 소득과 자본의 기본 개념을 소개하고 산업혁명 이래 소득과 생산 성장의 주요 단계들에 대해 재검토했다.

제2부에서는 자본총량의 변화에 관해 집중적으로 설명할 것이다. 자본/소득 비율로 가늠하는 자본의 전체 규모를 살펴보고, 자본을 여러 유형의 자산으로 나누어 18세기 이후 근본적으로 변한 이것들의 속성을 살펴볼 것이다. 가장 풍부한 장기 자료를 보유하고 있는 영국과 프랑스의 예를 시작으로 토지, 건물, 기계, 기업, 주식, 채권, 특허, 가축, 금, 천연자원 등과 같은 다양한 형태의 부를 고찰하고 그것들이 시대에 따라 어떻게 발전했는가를 검토하고자 한다. 우선은 부,라는 주제에 접근하는 데 매우 훌륭한 도입부 역할을 해줄 영국과 프랑스의 문학작품들을 간단히 살펴보겠다.

부의 속성: 문학에서 현실까지

오노레 드 발자크와 제인 오스틴이 그들의 소설을 쓰던 19세기 초에 부의 속성은 당시 모든 독자에게 비교적 명백했다. 당시 재산은 지대, 즉 자산 소유주의 확실하고도 정기적인 소득을 얻기 위한 것으로 여겨졌는데, 보통 토지나 국채 형태를 띠었다. 고리오 영감은 국채를 소유했고, 라스티냐크는 작은 영지, 즉 토지를 보유하고 있었다. 『이성과 감성』(제인 오스틴, 1811)이라는 소설에서 존 대시우드가 상속받은 놀랜드 역시 드넓은 농경지였다. 그는 얼마 지나지 않아 이복동생인 엘리너와 메리앤 자매를 그의 영지에서 쫓아내는데, 두 자매는 아버지가 남겨준 적은 금액의 국채 이자에만 전적으로 의지해 생활해야 하는 처지였다. 19세기 고전 작품들에서 재산은 어디서나 빠짐없이 등장하는데, 자본의 크기나 소유주에 관계없이 주로 이 두 가지, 즉 토지나 국채 형태로 존재했다.

21세기의 관점에서 보면 이런 유형의 자산은 구식으로 여겨질 수 있다. 그리고 이것들은 자본을 더 '역동적'인 것이라 여기는 현대 경제 및 사회 실상과 맞지 않는, 사라져버린 먼 과거의 것으로 치부되기 쉽다. 실제로 19세기 소설에 등장하는 인물들은 종종 자본소득자의 전형처럼 보이는데, 이들은 민주주의와 능력주의에 기초한 현대의 시각에서 볼 때 흔히 손가락질의 대상이 되기 쉽다. 그러나 자본을 가지고 있으면서 거기서 믿을 만하고 지속적인 소득을 바라는 것은 당연한 일이 아닐까? 이는 경제학자들이 정의하는 '완벽한' 자본시장의 목표다. 19세기 자본에 대한 연구를 통해 배울 점은 아무것도 없다고 여기는 것은 사실 매우 잘못된 생각이다.

좀더 자세히 들여다보면 19세기와 21세기의 차이는 얼핏 보았을 때보다 그리 뚜렷하지 않다. 무엇보다도 토지와 국채라는 이 두 형태의 자본자산은 매우 다른 논점들을 제기하므로, 19세기 소설가들이 편하게 이야기를 이끌어나가려고 그랬던 것처럼 되는대로 두 자산을 함께 취급해서는 안 될 것이다. 국채는 결국 한 국가의 국민 가운데 일부, 즉 이자를 받는 사람들이 또 다른 집단인 세금을 내는 이들에 대해 갖는 청구권에 불과하다. 그러므로 이것은 어디까지나 개인의 재산에만 포함되고 국가의 부에서는 제외되어야 한다. 정부 부채나 그와 관련된 부의 성격은 1800년과 마찬가지로 현재에도 중요하며, 과거를 연구함으로써 우리는 현대의 중요한 문제에 대해 많은 것을 배울 수 있다. 왜냐하면 오늘날의 공공부채가 19세기 초의 천문학적인 숫자에는 훨씬 못 미친다 해도—적어도 영국에서는 그렇다—프랑스와 다른 많은 국가에서는 사상 최대이거나 그에 근접한 수준이며, 이는 오늘날 나폴레옹 시대만큼 심각한 혼란을 야기할 수 있기 때문이다. 개인이 은행에 돈을 예금하고, 은행이 그것을 다시 다른 곳에 투자하는 금융 중개과정이 매우 복잡해지면서 사람들은 종종 누가 무엇을 소유하고 있는지를 잘 의식하지 못한다. 물론 사람들은 분명히 빚을 지고 있다. 언론이 날마다 상기시켜주고 있는데 우리가 어떻게 그것을 잊을 수 있겠는가? 그런데 우리는 정확히 누구에게 빚을 지고 있는가? 19세기에 공공부채에서 나오는 이자로 생활하던 자본소득자들은 신분상으로도 확실히 일반인들과 구별되었다. 그러나 과연 오늘날에도 그러한가? 이는 반드시 풀어야 할 수수께끼이며 과거에 대한 연구가 이에 많은 보탬이 될 것이다.

여기에 또 하나 더 복잡한 문제가 있다. 자본은 다양한 형태—그 가운데 몇몇은 아주 '역동적'이다—로 고전소설에서뿐만 아니라 그 당시 사회에서도 실제로 중요한 역할을 했다. 고리오 영감은 면을 만드는 일로 시작해 파스타 제조와 곡물 거래로 큰돈을 벌었다. 혁명전쟁과 나폴레옹 시대에 그는 가장 좋은 곡물을 고르는 탁월한 안목과 완벽한 파스타 생산 기술이라는 재주를 갖고 있었고 유통망을 구축하며 창고를 짓고 적절한 제품을 적시에 적소로 공급할 수 있었다. 그는 기업가로서 큰돈을 번 뒤에야 자신의 지분을 파는데, 이는 21세기의 창업자가 스톡옵션을 행사하고 자본이득을 챙기는 것과 같은 식이었다. 고리오는 그 수익금을 더 안전한 자산, 영구히 이자를 지급해주는 국채에 투자했다. 이 자본 덕분에 그의 딸들은 훌륭한 집안에 시집가 파리 상류사회에서 두각을 나타내는 자리에 오를 수 있었다. 늙은 고리오는 딸 델핀과 아나스타지에게 버림받고

1821년 죽는 순간까지도, 오데사에서 수지맞는 파스타 사업에 투자하는 것을 꿈꾸었다.

발자크의 또 다른 작품의 등장인물인 세자르 비로토는 향수 제조업으로 큰 재산을 모았다. 그는 술탄의 크림, 카르미나티브 정제수 등 온갖 미용 용품을 제조한 뛰어난 발명가였고, 발자크에 따르면 이것들은 절대왕정 말기와 왕정복고 시대에 굉장히 유행했던 상품이다. 그러나 그는 이것만으로는 만족하지 못했다. 은퇴할 나이가 되자 그는 1820년대 들어 개발붐이 일어난 라마들렌 근방에 있는 부동산에 대담하게 투자해 자본을 세 배로 늘리고자 했다. 시농 근방의 좋은 농지와 국채에 투자하라는 부인의 현명한 조언을 거절한 끝에 그는 결국 파산하고 만다.

제인 오스틴의 주인공들은 발자크의 주인공들보다 더 전원적이었다. 모두 부유한 지주였던 그들은 그러나 겉보기에만 발자크 소설의 등장인물들보다 더 현명했다. 『맨스필드 파크』(제인 오스틴, 1814)에 나오는 패니의 삼촌인 토머스 경은 그의 사업과 투자를 관리하기 위해 장남과 함께 1년 동안 서인도제도를 여행해야 했다. 맨스필드로 돌아온 뒤에도 그는 또다시 그 섬들로 떠나 수개월 동안 그곳에서 머물러야만 했다. 1800년대 초에 수천 킬로미터나 떨어진 곳에서 농장을 운영하는 것은 결코 쉬운 일이 아니었다. 자기 재산을 관리하는 일은 지대나 국채 이자를 받는 것처럼 한가로운 일이 아니었던 것이다.

그렇다면 평온한 자본과 위험한 투자 가운데 자본의 실제 모습은 어느쪽이었을까? 1800년 이후 사실상 아무것도 달라지지 않았다고 결론지어도 좋을까? 18세기 이후 자본의 구조에는 어떤 실제적인 변화가 일어났을까? 고리오 영감의 파스타는 스티브 잡스의 태블릿으로 바뀌고 1800년의 서인도제도 투자는 2010년 중국이나 남아프리카에 대한 투자로 바뀌었을지 모르지만, 과연 자본의 심층적인 구조가 실질적으로 변화했다고 할 수 있을까? 자본은 결코 조용한 법이 없다. 자본은 적어도 형성기에는 언제나 위험추구적이고 기업가적이다. 그러나 충분히 축적되면 자본은 늘 지대로 바뀌는 경향이 있다. 이는 자본의 사명이자 논리적 귀결이다. 그러면 우리는 무엇 때문에 오늘날의 사회적 불평등과 발자크 및 오스틴 시대의 사회적 불평등이 아주 다르다는 막연한 느낌을 갖게 될까? 이는 단지 현실을 파악하지 못한 공허한 이야기에 불과할까? 아니면 우리는, 현대의 자본이 더 '역동적'이며 '지대 추구'의 속성은 약해졌다고 여기는 사람들의 생각을 설명할 만한 객관적인 요인들을 찾아낼 수 있을까?

영국과 프랑스에서 **자본의 변신**

/

이제 18세기 이후 영국과 프랑스의 자본 구조에 어떤 변화가 일어났는지부터 살펴보자. 이 두 나라는 특히 역사적 자료가 풍부해 이를 토대로 장기간에 걸친 가장 완벽하고 동질적인 추정치를 뽑아낼 수 있다. 이 작업의 중요한 결과들을 나타낸 것이 도표 3.1과 3.2인데, 이 도표들은 3세기에 걸친 자본주의 역사에서 나타난 몇 가지 주요 특징을 보여준다. 두 가지 분명한 결론이 나온다.

우선, 위쪽 도표에서 이 두 국가의 자본/소득 비율이 비슷한 궤적을 따랐다는 사실을 확인할 수 있다. 18~19세기에 비교적 안정적으로 머물다가, 20세기에 엄청난 충격을 경험한 이후 다시 제1차 세계대전 직전과 비슷한 수준으로 되돌아갔다. 18~19세기를 거쳐 1914년에 이르기까지 영국과 프랑스의 국민총자본의 가치는 한 해 국민소득의 6~7배 사이를 오르내렸다. 제1차 세계대전 이후 자본/소득 비율은 갑자기 추락했고, 대공황과 제2차 세계대전 때 계속해서 떨어지다가 1950년대에는 국민총자본이 국민소득의 2~3배로까지 추락했다. 이후 자본/소득 비율은 상승하기 시작해 계속해서 높아지고 있다. 2010년에는 두 국가 모두 자본의 총가치가 국민소득의 대략 5~6배다. 프랑스에서는 확실히 6배를 조금 넘는데, 이는 1980년대에 4배 이하였고 1950년대에 2배에 불과했던 것과 대비된

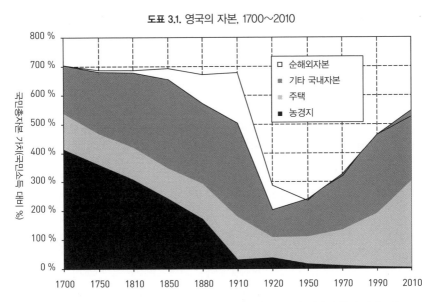

도표 3.1. 영국의 자본, 1700~2010

- □ 순해외자본
- ■ 기타 국내자본
- ■ 주택
- ■ 농경지

1700년 영국의 총자본은 국민소득의 약 7배에 해당된다(국민소득의 4배에 달하는 농경지 포함).

출처 및 통계: piketty.pse.ens.fr/capital21c

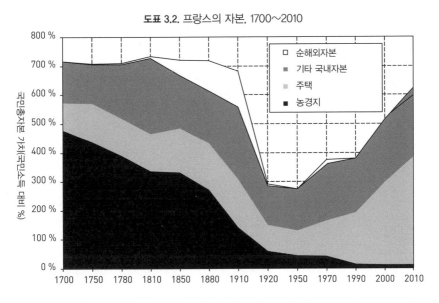

도표 3.2. 프랑스의 자본, 1700~2010

- □ 순해외자본
- ■ 기타 국내자본
- ■ 주택
- ■ 농경지

1910년 프랑스의 총자본은 국민소득의 거의 7배에 해당된다(한 해 국민소득과 맞먹는 해외투자 포함).

출처 및 통계: piketty.pse.ens.fr/capital21c

3장
자본의 변신

다. 이 숫자가 물론 완벽하게 정확한 것은 아니지만 그래프의 대체적인 모양은 명확하다.

간단히 말하면 자본/소득 비율은 우리가 막 지나온 세기에 걸쳐 인상적인 'U자 곡선'을 그리고 있다. 자본/소득 비율은 1914~1945년 거의 3분의 2나 떨어졌다가 1945~2012년 다시 2배 이상 상승했다.

이는 20세기를 특징짓는 폭력적인 군사적, 정치적, 경제적 갈등에 따른 엄청난 변동이다. 이런 갈등에서 핵심적인 이슈는 자본, 사유재산, 부의 세계적 분배였다. 18세기와 19세기는 이와 비교하면 상대적으로 평온해 보인다.

결국 2010년이 되자 자본/소득 비율은 제1차 세계대전 이전 수준으로 되돌아갔다. 자본총량을 국민소득이 아닌 가계가처분소득으로 나눌 경우 (추후 논의하겠지만 국민소득을 이용한 방법론에는 명쾌하지 않은 부분이 있다) 심지어 제1차 세계대전 이전의 수준을 넘어섰다. 어쨌든 이용할 수 있는 추정치가 얼마나 불완전하고 불확실한지와 상관없이 1950년대에 시작된 과정이 완결된 1990년대와 2000년대에 영국과 프랑스가 20세기 초 이후 볼 수 없었던 수준의 높은 부를 다시 쌓았다는 데에는 의심의 여지가 없다. 20세기 중반에 자본은 상당 부분 사라졌다. 그리고 반세기가 조금 더 지난 지금, 자본은 다시 18, 19세기와 같은 수준으로 되돌아가려는 듯 보인다. 부는 다시 한번 번창하고 있다. 대략적으로 말하면 과거를 일소하고 자본주의가 구조적으로 변했다는 환상을 만들어낸 것은 20세기의 전쟁들이었다.

자본/소득 비율의 전체적인 변화는 중요한 것이지만 그렇다고 해서 전체적인 변화가 1700년 이후 자본의 구성 요소들에 나타난 엄청난 변화를 가리도록 해서는 안 된다. 이것이 도표 3.1과 3.2에서 분명히 나타나는 두 번째 결론이다. 자산 구성 면에서 21세기 자본은 18세기 자본과 공통점이 거의 없다. 우리가 보는 변화는 역시 영국과 프랑스에서 발견한 변화와 매우 비슷하다. 간단히 말해서 아주 오랜 기간에 걸쳐 농경지는 점차 건물, 기업과 정부 기관이 투자한 사업자본 및 금융자본으로 대체되었음을 알 수 있다. 그러나 연간 국민소득 대비 자본총량의 규모는 실질적으로 변하지 않았다.

좀더 정확히 말해 도표 3.1과 3.2에 나타난 자본은 민간자본과 공공자본의 합으로 정의된다. 그래서 각국의 국민이 자국 정부 발행 채권만 갖고 있다면, 민간부문의 자산인 동시에 공공부문의 부채인 정부 부채는 합쳤을 때 순가치가 제로가 된다. 제1장에서 설명한 대로, 국민총자본은 정의상 국내자본과 순해외자본으로 나뉠 수 있다. 국내자본은 한 국가의 영토 내에 있는 자본총량(건물, 회사 등)의 가치로 측정한다. 순해외자본(혹은 순해외자산)은 한 나라의 부를 다른 국가들과 관련지어 측정한다. 다시 말하면 어떤 국가의 거주자가 소유한 다른 국가의 자산에서 다른 국가 사람들이 소유한 이 국가의 자산(국채 형태의 자산 포함)을 뺀 값이다.

국내자본은 다시 농경지, 주택(건물이 세워져 있는 토지의 가치 포함), 기타 국내자본 이렇게 세 범주로 나눌 수 있다. 기타 국내자본은 기업과 정부 기관의 자본(사업용 건물들과 그에 연관된 토지, 사회기반시설, 기계류, 컴퓨터, 특허 등)을 포함한다. 이런 자산들은 다른 자산과 마찬가지로 시장가치에 따라 평가된다. 예를 들어 주식을 발행하는 기업이라면 그 가치는 주가에 따라 달라진다. 따라서 도표 3.1과 3.2에서처럼 한 국가의 총자본은 다음과 같이 분해할 수 있다.

국민총자본 = 농경지 + 주택 + 기타 국내자본 + 순해외자본

이 도표들은 18세기 초 농경지의 총가치가 국민소득의 4~5배, 혹은 국민총자본의 거의 3분의 2를 차지했다는 것을 보여준다. 그로부터 3세기가 지난 뒤, 프랑스와 영국의 농경지는 국민소득의 10퍼센트가 채 안 되는 가치를 지녔으며 국부 총액의 2퍼센트에 못 미쳤다. 이는 굉장한 변화이긴 하지만 별로 놀랍지는 않다. 18세기에는 농업이 모든 경제활동과 고용

의 거의 4분의 3을 차지했지만 현재는 겨우 몇 퍼센트에 불과하다. 그러므로 농업 관련 자본의 비중도 비슷한 방향으로 변화한 것은 자연스러운 일이다.

국민소득과 국민총자본에 비해 급락한 농경지의 가치를 상쇄한 것은 먼저 주택 가격의 상승이다. 18세기, 겨우 한 해 국민소득에 해당되는 수준이었던 주택 가격은 오늘날 국민소득의 3배 이상으로 올랐다. 다른 한편으로 주택에는 약간 못 미치지만 18세기 국민소득의 1.5배 수준에서 현재 3배에 약간 못 미치는 수준으로 오른 다른 국내자본의 가치 상승이 남은 자리를 메웠다.[1] 이 장기간에 걸친 구조적 변화는 다음 두 가지 사실을 반영한다. 그중 하나는 경제와 산업이 발전함에 따라 갈수록 주택이 규모뿐만 아니라 질과 가치 면에서도[2] 중요해졌다는 것이다. 다른 하나는 산업혁명 이후 기업과 정부 기관이 비농업 분야의 온갖 상품과 서비스를 생산하기 위해 사용하는 기업용 건물, 설비, 기계, 창고, 사무실, 장비 그리고 물질적, 비물질적 자본이 대규모로 축적되었다는 사실이다.[3] 자본의 성격은 변했다. 과거에 주로 토지였던 자본은 이제 부동산, 산업 및 금융자산으로 바뀌었다. 그러나 그 중요성은 전혀 잃지 않았다.

해외자본의 부침

해외자본은 어떤가? 영국과 프랑스를 보면 해외자본은 지난 300년 동안 식민지 시대를 주도한 이 두 강대국의 격동의 역사에 따라 매우 특이한 방식으로 변화했다. 이 두 나라가 세계의 다른 지역에서 소유한 순자산은 도표 3.1과 3.2에 나타나듯이 18세기와 19세기에 점차 증가했고, 제1차 세계대전 직전에 극히 높은 수준에 이르렀다. 그리고 1914~1945년 완전히 격감했으며 그 이후에는 비교적 낮은 수준의 안정세를 보이고 있다.

제인 오스틴의 소설 『맨스필드 파크』에서 토머스 경이 서인도제도에 투자한 이야기에서 알 수 있듯이, 해외자산은 1750~1800년에 처음으로 중요한 의미를 갖기 시작했다. 그러나 해외자산이 차지하는 비중은 크지 않았다. 이용 가능한 자료에 따르면, 제인 오스틴이 이 소설을 쓸 당시인 1812년 영국의 해외자산은 국민소득의 10퍼센트밖에 되지 않았는데, 이는 당시 국민소득의 3배를 웃돌았던 농경지 가치의 30분의 1에 해당되는 수치였다. 그러므로 오스틴 소설의 등장인물들이 주로 시골의 부동산에서 임대료를 받아 살았다는 사실은 놀랄 만한 일이 아니다.

영국 국민이 전 세계에 상당한 자산을 축적하기 시작한 것은 19세기 동안이었는데, 그 자산 규모는 일찍이 유례가 없었으며 오늘날까지도 기록이 깨지지 않을 정도다. 제1차 세계대전 직전까지 영국은 세계 최고의 식민제국을 건설했으며, 국민소득의 2배에 가까운 해외자산을 보유하고 있었다.[4] 이는 당시 영국 농경지 총가치의 6배에 해당된다.(이때에는 농경지 총가치가 국민소득의 약 30퍼센트밖에 되지 않았다.) 확실히 『맨스필드 파크』 시대 이후 부의 구성은 완전히 바뀌었고 오스틴 소설의 주인공들과 그 자손들은 시대 변화에 적응해 토지 임대료 일부를 해외에 투자하는 토머스 경의 선례를 따라야 했다. 20세기로 접어들 무렵 해외에 투자한 자본은 배당금, 이자, 임대료로 연간 약 5퍼센트의 수익을 낳았으며, 따라서 영국의 국민소득은 국내 생산액보다 10퍼센트가량 많았다. 이런 투자 수익으로 꽤 많은 사회집단이 생활할 수 있었다.

세계 두 번째의 주요 식민제국이었던 프랑스도 부러운 상황이기는 영국 못지않았다. 프랑스는 1년 치 국민소득보다 더 많은 해외자산을 보유한 덕분에 1900~1910년의 모든 해에 국민소득이 국내생산보다 약 5~6퍼센트 높았다. 해외자산으로부터 얻는 소득은 북부 및 동부 지역départements(프랑스의 대행정구—옮긴이)의 총산업생산량과 맞먹었고, 이는 프랑스 시민들의 해외 소유 자산에서 나오는 배당금, 이자, 로열티, 임대료, 기타 수입의 형태로 프랑스에 유입되었다.[5]

여기서 반드시 알아두어야 할 것은 이 대규모 순해외자산 덕분에 19세기 후반과 20세기 초반에 영국과 프랑스가 구조적인 무역적자를 기록해도 괜찮았다는 사실이다. 1880~1914년에 이 두 나라는 해외로 수출하는 것보다 훨씬 더 많은 상품과 서비스를 다른 나라에서 수입했고 이 기간 내내 두 나라의 무역적자는 평균적으로 국민소득의 1~2퍼센트에 이르렀다. 하지만 영국과 프랑스가 해외자산으로부터 얻는 소득이 국민소득의 5퍼센트를 웃돌았기 때문에 이것은 아무런 문제가 되지 않았다. 따라서 이 두 국가의 국제수지는 큰 폭의 흑자를 기록했고, 이로 인해 매년 해외자산을 더 많이 보유할 수 있었다.[6] 다시 말해 다른 국가들은 이 두 식민제국의 소비를 더 늘리기 위해 일을 하면서 동시에 이 두 나라에 점점 더 큰 빚을 지게 된 것이다. 이는 충격적으로 느껴질 수 있다. 하지만 상업적 이윤과 식민지 착취를 통해 해외자산을 축적하려는 목표는 훗날 무역적자를 내게 되는 처지로 이어진다는 사실을 깨닫는 게 중요하다. 아마 이들은 무역흑자를 내는 데는 영원히 관심이 없었을 것이다. 어떤 것들을 소유함으로써 얻는 이점은 일할 필요 없이 계속 소비하고 축적할 수 있다는 것, 아니면 적어도 스스로 생산할 수 있는 것보다 더 많이 소비하고 축적할 수 있다는 것이다. 이것은 식민지 시대의 국제관계에서도 마찬가지였다.

두 차례의 세계대전, 대공황, 탈식민지화의 누적된 충격으로 인해 이 거대한 해외자산은 결국 사라져버릴 것이었다. 1950년대 프랑스와 영국은 둘 다 순해외자산이 제로에 가까워졌는데, 이는 옛 식민지 시대 열강이었던 두 나라의 해외자산과 세계의 다른 나라들이 이 두 나라 안에 보유한 자산이 같아졌음을 의미한다. 대체로 이런 상황은 그 뒤 반세기 동안 거의 변하지 않았다. 1950년에서 2010년 사이에 프랑스와 영국의 순해외자산은 적어도 이전에 관찰된 수준과 비교할 때 제로 근처에서 플러스와 마이너스를 소폭으로 오르내렸다.[7]

마지막으로 18세기와 현재의 국민총자본의 구조를 비교해보면, 두 시기모두 순해외자산의 역할은 미미했으며, 장기간에 걸친 구조적 변화 속에서 국민소득과 비교한 자본총량은 대체로 변하지 않았지만 농지가 장기간에 걸쳐 부동산과 영업자본working capital으로 점차 대체되는 실질적인 구조 변화가 나타났음을 알 수 있다.

소득과 부: 대략의 규모

이런 변화를 요약하기 위해서는 오늘날의 세계를 기준으로 삼는 것이 유용하다. 현재 영국과 프랑스의 1인당 연간 국민소득은 3만 유로 정도이고, 국민총자본은 국민소득의 약 6배 정도이므로 한 사람당 약 18만 유로다. 현재 이 두 국가의 농경지는 가치가 거의 없고(기껏해야 1인당 수천 유로 정도), 국민총자본은 비중이 비슷한 두 부분으로 나뉜다. 즉 국민 한 사람당 평균 약 9만 유로의 주택(직접 거주하거나 임대하는)과, 약 9만 유로의 기타 국내자본(주로 금융기관을 통해 기업에 투자된)이다.

여기서 하나의 간단한 사고실험으로 300년 전으로 거슬러 올라가 1700년경 당시의 국민총자본 구조에 현재의 평균 소득과 자본─즉 1인당 3만 유로의 연소득과 18만 유로의 자본─을 적용해보자. 그렇게 할 경우 당시 평균적인 프랑스 시민이나 영국 시민은 약 12만 유로 상당의 토지와 3만 유로의 주택, 그리고 3만 유로의 기타 국내자산을 소유한 것이 된다.[8] 물론 분명히 일부 사람(예를 들어 제인 오스틴 소설의 등장인물 중 놀랜드 영지를 소유한 존 대시우드와 펨벌리를 가진 찰스 다르시)은 오늘날 수천만에서 수억 유로 가치에 달하는 수백만 제곱미터의 토지를 소유했던 반면 그들을 제외한 많은 사람은 가진 게 아무것도 없었다. 이런 평균치들은 연간 소득 대비 자본의 총량이 대략 같은 수준이지만 18세기 이후 국민총자본의 구조가 얼마나 크게 바뀌었는지에 대해 더 구체적으로 생각할 수 있게 해준다.

이제 시대가 20세기로 바뀌고 영국인과 프랑스인들은 여전히 연평균 3만 유로의 소득을 올리며 평균 18만 유로의 자본을 보유하고 있다고 상상해보자. 당시 영국의 농경지는 이미 부의 극히 일부분에 불과했다. 영국 국민 1인당 5만 유로 상당의 주택, 6만 유로의 기타 국내자본, 6만 유로에 달하는 해외투자를 보유했던 데 비해 농경지는 겨우 1만 유로밖에 되지 않았다. 프랑스의 사정도 이와 비슷했다. 다만 국민 한 사람당 평균 3~4만 유로의 농경지를 보유하고 또 이와 비슷한 액수의 평균 해외자산을 보유하고 있었다.[9] 이 두 나라의 해외자산은 굉장히 중요했다. 다시 한번 말하지만 모든 국민이 누구나 수에즈 운하의 주식이나 러시아 국채를 소유했다는 이야기는 아니다. 그러나 모든 인구—그 가운데 해외자산을 갖고 있지 않은 사람이 대부분이고, 소수만이 상당히 많은 자산을 소유하고 있었다—의 평균을 구해보면 프랑스와 영국이 가진 해외자산이 세계 곳곳에 얼마나 거대한 양의 부를 축적했는지 가늠해볼 수 있다.

공공부문과 민간부문의 부

20세기에 자본이 겪은 충격의 속성과 제2차 세계대전 이후 자본이 부활한 까닭을 더 정확히 알아보기에 앞서 공공부채의 문제, 더 일반적으로는 국민총자본을 공공부문 자산과 민간부문 자산으로 구분하는 문제를 살펴보면 유용할 것이다. 선진국들이 대규모 공공부채를 쌓아두는 경향이 있는 지금 시대에 공공부문 대차대조표에 부채뿐만 아니라 자산도 포함된다는 사실을 떠올리기는 어렵지만 우리는 유념하여 이 사실을 기억할 필요가 있다.

공공자본과 민간자본을 구분하더라도 확실히 자본의 총액이 달라지는 것은 아니며 앞서 살펴본 국민총자본의 구성이 바뀌는 것도 아니다. 그럼에도 불구하고 정부와 개인의 재산권을 구분하는 것은 정치적, 경제적, 사회적으로 상당히 중요하다.

그러면 이제 제1장에서 소개한 정의를 떠올려보자. 국민총자본(혹은 국부)은 공공자본과 민간자본의 합이다. 공공자본은 (모든 공공기관을 포함하는) 국가의 자산에서 부채를 뺀 값이고 민간자본은 물론 개인들의 자산에서 부채를 뺀 값이다. 공공이든 민간이든 간에 자본은 언제나 순純부, 즉 누군가가 소유한 것의 시장가치(자산)에서 그가 빚진 것의 가치(부채 또는 채무)를 뺀 값으로 정의된다.

구체적으로 공공부문 자산은 두 가지 형태로 나뉜다. 비금융자산(기본적으로 정부의 사무실로 쓰이거나 주로 의료와 교육 분야의 공공서비스에 이용되는 공공건물로 학교, 대학, 병원 등)과 금융자산이 그것이다. 정부는 지배적인 지분 또는 소수 지분을 갖고 기업을 소유할 수 있다. 이들 기업은 국경 안에 있을 수도 있고 그 바깥에 있을 수도 있다. 최근에는 예컨대 국가가 취득한 대규모 해외 금융자산 포트폴리오를 관리하기 위한 이른바 국부펀드들이 부상했다.

실제로 금융자산과 비금융자산의 경계는 유동적일 수 있다. 예를 들어 프랑스 정부가 프랑스텔레콤과 프랑스 우체국을 주식회사로 전환했을 때 이 두 회사가 쓰던 정부 소유 건물들이 예전에는 비금융자산으로 분류되었지만 이후 금융자산으로 분류되기 시작했다.

현재 영국에서는 공공부문 자산(금융과 비금융자산 모두)의 총가치가 한 해 국민소득과 거의 맞먹고 프랑스에서는 국민소득의 1.5배에 약간 못 미치는 것으로 추산된다. 이 두 국가 모두 공공부채가 한 해 국민소득과 비슷한 규모이므로 공공부문의 부(또는 자본)는 제로에 가깝다. 두 국가의 통계 기관과 중앙은행이 최근에 내놓은 공식 추정치에 따르면, 공공부문의 순자본은 영국의 경우 거의 정확히 제로이고 프랑스에서는 국민소득의 30퍼센트 또는 국민총자본의 20분의 1에 약간 못 미친다(표 3.1 참조).[10]

다시 말해 만약 두 나라 정부가 그들의 빚을 즉시 갚기 위해 그들이 소유한 모든 재산을 팔아버리고자 결정한다면, 영국에는 아무것도 남지 않고 프랑스에는 미미한 금액만 남을 것이다.

다시 한번 이야기하지만 이 같은 추정치는 완벽히 정확하다고 할 수 없다. 세계 각국은 유엔과 다른 국제기구들이 확립한 표준 개념 및 방법을 적용하려고 최선을 다하지만 국민계정은 결코 정확한 과학이 아니며 앞으로도 그럴 것이다. 공공부채와 금융자산을 추정하는 것은 그리 큰 문제가 아니다. 이와 대조적으로 정기적인 매매가 이루어지지 않는 학교나 병원 같은 공공건물 혹은 운송에 필요한 사회기반시설(특히 철도와 도로)에 정확한 시장가격을 매기기란 쉬운 일이 아니다. 이론적으로 그런 시설물은 최근에 매각된 비슷한 시설물을 참조하여 가격을 매기지만 시장가격은 변동이 (때로는 아주) 심해서 가격 산정을 항상 신뢰하기에는 어려움이 있다. 그러므로 이런 숫자들은 수학적인 확실성을 가진 것이라기보다 대략의 추정치로 받아들여야 한다.

어쨌든 두 나라는 공공부문 순자산이 아주 적고 민간부문 총자산에 비하면 확실히 미미하다는 데에는 의심의 여지가 없다. 공공부문 순자산

표 3.1. 2012년 프랑스의 공공부문과 민간부문의 부(자산)

	자본의 가치 (국민소득 대비 %)*		자본의 가치 (국민총자본 대비 %)	
국민총자본 (공공자본 + 민간자본)	605		100	
공공자본 (공공부문 순자산: 정부와 다른 공공기관이 보유한 자산과 부채의 차)	31		5	
	자산 145%	부채 114%	자산 24%	부채 19%
민간자본 (민간부문 순자산: 민간부문 개인[가계]이 보유한 자산과 부채의 차)	574		95	
	자산 646%	부채 72%	자산 107%	부채 12%

2012년 프랑스 국민총자본의 총가치는 국민소득의 605퍼센트(즉 연간 국민소득의 6.05배)에 달했는데, 그 가운데 공공자본은 31퍼센트(총자본의 5퍼센트), 민간자본은 574퍼센트(총자본의 95퍼센트)를 차지했다.

출처: piketty.pse.ens.fr/capital21c

*국민소득은 GDP에서 자본의 소모분을 빼고 거기에 순해외소득을 합한 것과 동일하다. 실제로 2012년 프랑스의 국민소득은 GDP의 약 90퍼센트에 해당된다. 제1장과 인터넷 부록 참조.

이 영국에서처럼 국부의 1퍼센트 이하를 차지하느냐, 아니면 프랑스에서처럼 약 5퍼센트 혹은 10퍼센트—만약 공공부문 자산의 가치가 심각하게 과소평가되었다고 가정한다면—를 차지하느냐 하는 것은 이 책의 연구 목적에서는 그다지 중요하지 않다. 측정의 불완전성과 상관없이 여기서 가장 중요한 것은 두 나라의 2010년 전체 국부에서 민간부문의 부가 거의 전부를 차지한다는 사실이다. 최근 자료에 따르면 영국에서는 민간부문의 부가 전체 국부의 99퍼센트를 차지했고 프랑스에서는 95퍼센트를 차지했다. 두 경우 모두 정확한 수치가 90퍼센트를 넘는 것은 분명하다.

역사적 관점에서 본 공공부문의 부

18세기 이후 영국과 프랑스의 국민총자본 중 공공부문과 민간부문의 비중 추이와 함께 공공부문 부의 역사적 변화를 살펴보면 앞서 논의한 내용들이 거의 항상 정확했다는 것을 알게 된다(도표 3.3~3.6 참조). 일단 개략적으로 계산해보면 공공부문 자산과 부채는 보통 민간부문 부의 엄청난 규모와 비교할 때 매우 미미한 금액이었으며, 공공부문 자산과 부채의 차액을 보면 더더욱 그렇다. 지난 3세기 동안 이 두 나라의 공공부문 순자산은 플러스일 때도 있고 마이너스일 때도 있었다. 그러나 순자산의 변동 폭은 국민소득의 +100퍼센트와 −100퍼센트 사이(일반적으로는 +50퍼센트와 −50퍼센트 사이)였는데, 이 같은 변동 폭은 민간부문 부의 높은 수준(국민소득의 700~800퍼센트까지 이른 적도 있다)과 비교하면 그 변동 폭이 대체로 제한적이다.

다시 말해 앞서 요약한 대로 18세기 이래 국민소득 대비 국민총자본 비율의 역사는 대체로 국민소득과 민간자본 간 관계의 역사였다(도표 3.5와 3.6 참조).

여기서 결정적인 사실은 물론 잘 알려져 있다. 프랑스와 영국은 사유재

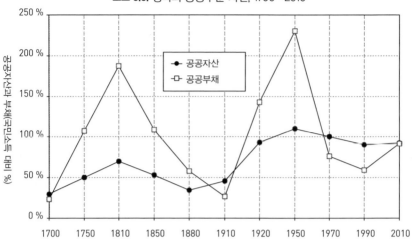

도표 3.3. 영국의 공공부문 자산, 1700~2010

1950년 영국의 공공부채는 그해 국민소득의 2배를 넘어섰다(공공부문 자산은 국민소득의 1배).

출처 및 통계: piketty.pse.ens.fr/capital21c

도표 3.4. 프랑스의 공공부문 자산, 1700~2010

1780년 프랑스의 공공부채는 그해 국민소득과 비슷했는데 이런 현상은 1880년과 2000~2010년에 도 똑같이 나타났다.

출처 및 통계: piketty.pse.ens.fr/capital21c

2부
자본/소득 비율의 동학

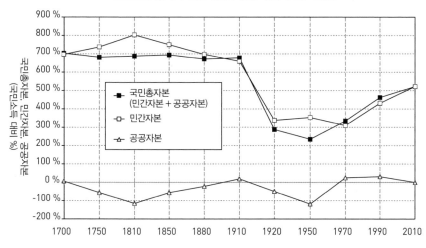

도표 3.5. 영국의 민간자본과 공공자본, 1700~2010

1810년 영국의 민간자본은 국민소득의 8배에 달했다(국민총자본은 국민소득의 7배).

출처 및 통계: piketty.pse.ens.fr/capital21c

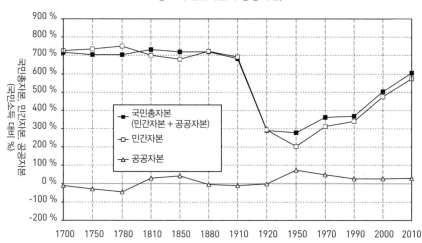

도표 3.6. 프랑스의 민간자본과 공공자본, 1700~2010

1950년 프랑스의 공공자본은 그해 국민소득과 비슷했다(민간자본은 국민소득의 2배).

출처 및 통계: piketty.pse.ens.fr/capital21c

3장
자본의 변신

산에 기반을 둔 국가로서, 국가가 대부분의 자본을 통제하는 소련식 공산주의를 한 번도 실험해본 적이 없다. 그러므로 민간의 부가 항상 공공부문의 부를 압도했다는 사실은 놀랍지 않다. 역으로 이 두 나라 모두 민간부문 부의 규모를 근본적으로 바꿀 만큼 많은 공공부채를 쌓아둔 적이 없다.

이 중요한 사실을 기억하면서 더 깊이 있게 분석해보자. 비록 이 둘 중 어느 나라에서도 공공정책이 극단으로 치달은 적은 없지만, 그 정책이 민간부문 부의 축적에 무시할 수 없는 영향을 미친 적이 분명히 몇 차례 있었으며 정책 방향에도 차이가 있었다.

18세기와 19세기 영국에서는 정부가 때로 대규모 공공부채를 짐으로써 민간의 부를 증대시키는 경향이 있었다. 앙시앵레짐과 벨 에포크 시대 당시 프랑스 정부도 똑같은 일을 했다. 그러나 다른 시기에는 정부가 민간의 부를 감소시키려고 노력했다. 제2차 세계대전 이후 프랑스에서는 공공부채가 무효화되고 거대한 공공부문이 만들어졌다. 정도는 덜했지만 같은 시기 영국에서도 마찬가지였다. 지금은 두 나라 모두 다른 대부분의 선진국과 마찬가지로 대규모 공공부채를 지고 있다. 그러나 역사적 경험은 이런 상황이 매우 빠르게 바뀔 수 있음을 보여준다. 따라서 역사적으로 영국과 프랑스가 보여준 정책 전환의 사례를 살펴봄으로써 논의의 기초를 놓는 것이 유용할 것이다. 두 나라 모두 이와 관련해 풍부하고 다양한 역사적 경험을 지니고 있다.

영국: 공공부채와 민간자본의 강화

먼저 영국의 경우부터 살펴보자. 나폴레옹 전쟁이 끝난 후와 제2차 세계대전 종전 이후, 이 두 시기에 영국의 공공부채는 극히 높은 수준에 이르렀는데, GDP의 200퍼센트 혹은 그보다 약간 더 높은 수준이었다. 영국은 그 어떤 국가보다 높은 수준의 공공부채를 가장 오랜 기간 떠안고 있었지만 한 번도 디폴트(채무상환불능—옮긴이) 상태에 빠지지 않았다. 사실 영국이 디폴트 상태가 된 적이 없었다는 사실은 많은 공공부채를 오랫동안 지고 있었던 이유를 설명해준다. 어떤 국가가 단순히 부채 상환을 거절하는 직접적인 방식으로든 인플레이션을 통한 간접적인 방식으로든 이런저런 방식으로 디폴트에 이르지 않으면, 엄청난 규모의 공공부채를 갚는 데는 굉장히 오랜 시간이 걸릴 수 있다.

이와 관련하여 19세기 영국이 안고 있던 공공부채는 교과서적인 사례다. 혹은 좀더 거슬러 올라가 미국 독립전쟁 이전으로 되돌아가보면, 영국은 프랑스와 마찬가지로 18세기에 막대한 공공부채를 쌓아두고 있었다. 두 나라는 양국 간에 그리고 유럽의 다른 나라들과 자주 전쟁을 치렀는데, 그 비용을 감당할 만한 충분한 세금을 거두지 못해 공공부채가 가파르게 증가했다. 결국 두 나라는 1700~1720년에 국민소득의 50퍼센트, 1760~1770년에는 국민소득의 100퍼센트에 해당되는 공공부채를 떠안게 되었다.

조세제도의 근대화와 귀족들의 세제 특권 폐지에 실패한 프랑스 왕정의 무능함은 이미 잘 알려진 사실이며, 1789년 소집한 삼부회에서 매우 혁명적인 해결책(이는 결국 1790~1791년의 새로운 조세제도의 근간이 되었다)을 제시했다는 것 역시 잘 알려져 있다. 이 새로운 조세제도는 모든 토지 소유자에게 토지세를 물리고 모든 상속재산에는 상속세를 물렸다. 1797년에는 '3분의 2 파산banqueroute des deux tiers'으로 불리는 사태가 닥쳤는데, 실제로 기존 공공부채의 3분의 2에 대한 대규모 디폴트가 발생했다. 당시 아시냐 지폐(국유화된 토지를 담보로 한 지폐) 발행으로 촉발된 높은 인플레이션은 사태를 더 악화시켰다. 결국 앙시앵레짐의 빚은 이렇게 청산되었다.[11] 이로써 프랑스의 공공부채는 19세기의 첫 10년 동안 (1815년에는 국민소득의 20퍼센트에 못 미치는) 매우 낮은 수준으로 빠르게 줄어들었다.

영국은 프랑스와는 완전히 다른 길을 걸었다. 영국 왕정은 혁명기와 나폴레옹 시대에 프랑스와 벌인 여러 전쟁뿐만 아니라 미국 혁명가들과의 전쟁에 자금을 대기 위해 한도를 두지 않고 돈을 빌리기로 했다. 결과적으로 공공부채는 1770년대 초에 국민소득의 100퍼센트, 1810년대에는 거의 200퍼센트로 증가했는데, 이는 같은 기간 프랑스 공공부채의 10배였다. 영국이 부채를 점차 줄여 1910년에 국민소득의 30퍼센트 이하로 만들기까지 1세기 동안 흑자예산을 짜야 했다(도표 3.3 참조).

이런 역사적 경험에서 어떤 교훈을 얻을 수 있을까? 먼저 영국의 높은 공공부채가 영국 사회에서 민간부문 부의 영향력을 확대했다는 데에는 의심의 여지가 없다. 재산을 가진 영국인들은 민간투자를 눈에 띄게 줄이지는 않으면서 정부에 필요한 돈을 빌려주었다. 1770~1810년 크게 늘어난 공공부채는 주로 그에 상응하는 민간저축으로 충당되었다. 이는 당시 영국의 유산계급이 정말로 번창하고 있었고 국채 수익률이 매력적이었음을 보여준다. 이에 따라 이 기간 내내 국민총자본은 국민소득의 대략 7배 수준에서 안정된 상태로 머물러 있었고, 민간의 부는 1810년대에 국민소득의 8배가 넘게 늘어났다. 이때 공공부문의 순자본은 점점 더 큰 폭으로 마이너스가 되었다(도표 3.5 참조).

그러므로 제인 오스틴의 소설 어디에서나 부에 관한 이야기가 나오는 것은 놀라운 일이 아니다. 전통적인 지주들이 있고 여기에 전에 없이 많은 국채 투자자가 가세했다.(문학작품의 내용이 믿을 수 있는 역사적 자료라면 이들은 대체로 같은 사람들이다.) 그 결과 민간의 부는 전반적으로 유례없이 높은 수준에 이르렀다. 민간자본이 일찍이 볼 수 없었던 규모로 커지면서 토지 임대료에 영국 국채 이자 수입이 더해졌다.

둘째, 모든 면을 고려했을 때 이토록 높은 수준의 공공부채가 채권자들과 그 자손들의 이해관계에 아주 잘 맞아떨어졌음은 분명하다. 적어도 영국 왕정이 그들의 비용을 국민의 세금을 통해 조달했을 때 일어났을 일과 비교하면 그렇다. 정부에 돈을 빌려줄 여유가 있는 사람들 입장에서 봤을 때 보상도 없는 세금을 내는 것보다는 정부에 돈을 빌려주고 수십 년간 그 이자를 받는 편이 분명히 훨씬 더 유리했다. 더욱이 정부 적자는 민간 자본에 대한 전반적인 수요를 증대시켜 불가피하게 그 자본에 따른 수익률을 높여주었으며, 이는 국채 투자수익률에 따라 소득 수준이 달라지는 사람들의 이해에도 부합했다.

여기서 가장 중요한 사실이자 20세기와 본질적으로 다른 점은, 19세기에는 정부에 돈을 빌려준 사람들이 받은 보상이 상당히 컸다는 것이다. 1815년에서 1914년까지 인플레이션은 사실상 제로였고 국채 이자율은 보통 4~5퍼센트 선이었다. 특히 이는 당시 성장률보다 훨씬 더 높은 수준이었다. 이 같은 여건에서 공공부채에 투자하는 것은 부자와 그 상속인들에게 수지맞는 장사가 될 수 있었다.

구체적으로, 예컨대 1795년에서 1815년까지 수많은 군인에게 봉급을 주기 위해 해마다 GDP 대비 5퍼센트의 적자를 20년 동안 내면서 그만큼 세금을 늘리지는 않는 정부를 상상해보자. 20년 후에는 GDP 대비 100퍼센트의 공공부채가 더 쌓일 것이다. 정부가 원금을 갚으려 하지 않고 단순히 해마다 발생하는 이자만 지급하는 경우, 이자율이 5퍼센트라면 정부는 늘어난 공공부채의 소유자들에게 해마다 GDP의 5퍼센트를 영구적으로 지급해야 할 것이다.

대체로 이것이 바로 19세기 영국에서 일어났던 일이다. 1815년에서 1914년까지 한 세기 전반에 걸쳐 영국의 예산은 항상 상당한 흑자를 기록하고 있었다. 다시 말해 조세 수입이 늘 지출을 초과해 흑자 폭은 GDP의 몇 퍼센트에 이르렀고 이는 이 기간의 교육비 지출보다 많은 것이었다. 결국 영국이 한 세기의 고행 끝에 국민소득 대비 공공부채 비율을 크게 줄일 수 있었던 것은 오로지 국내생산과 국민소득이 1815년부터 1914년까지 한 해에 2.5퍼센트 가까이 늘어난 덕분이었다.[12]

공공부채는 누구에게 이득이 되는가?

/

공공부채에 관한 이 역사적인 기록은 몇 가지 이유에서 기본적으로 중요하다. 첫째, 이는 마르크스를 비롯한 19세기 사회주의자들이 어떤 통찰력을 발휘해 공공부채를 민간자본의 도구로 보면서 왜 그토록 경계했는지를 이해할 수 있도록 해준다.

당시 영국에서뿐만 아니라 프랑스를 비롯한 여러 나라에서도 공공부채 투자자들은 두둑한 보상을 받았기 때문에 사회주의자들의 염려는 더욱 컸다. 1797년 혁명 시기의 파산은 되풀이되지 않았고, 발자크의 소설 속 자본소득자들은 그들이 보유한 국채에 대한 걱정을 오스틴의 작품 속 인물들보다 더 많이 한 것 같지는 않다. 실제로 1815~1914년에 인플레이션은 영국과 마찬가지로 프랑스에서도 낮았고, 국채 이자는 항상 제때 지불되었다. 프랑스 국채는 19세기 내내 좋은 투자 대상이었고, 영국에서처럼 프랑스에서도 민간 투자자들은 이자소득으로 번창했다. 1815년 프랑스의 공공부채 총액은 매우 제한적이었지만, 그 뒤 수십 년 동안, 특히 재산을 고려한 자격 조건에 따라 투표권이 부여된 왕정복고와 7월 왕정 시대(1815~1848)에 부채가 늘어났다.

프랑스 정부는 1815~1816년 점령군에 전쟁배상금을 지불하고, 1825년에는 프랑스혁명 시기에 해외로 달아난 귀족들에게 그 악명 높은 '망명 귀족의 10억émigrés' billion 프랑'을 지급하면서 커다란 빚을 떠안게 되었다. 이는 귀족들의 부재 중 일어났던 일부 제한적인 토지의 재분배를 보상하기 위한 것이었다. 공공부채는 국민소득의 30퍼센트 이상으로 불어났다. 제2제정은 금융가의 이익을 위해 충실히 봉사했다. 마르크스는 1849~1850년 『프랑스의 계급투쟁The Class Struggles in France』이란 책에 실린 격렬한 글에서 루이 나폴레옹 보나파르트의 신임 재무장관으로 은행가와 자본가들을 대변한 아실 풀드가 자본소득자들을 위해 단호하게 주류세 인상을 결정한 것을 비난했다. 이후 프랑스 정부는 1870~1871년의 보불전쟁에서 패하면서 국민소득의 약 30퍼센트에 해당되는 전쟁배상금을 독일에 지불하기 위해 국민에게 빚을 져야 했다.[13] 결국 1880~1914년 프랑스의 공공부채는 영국보다 그 규모가 더 커졌다. 즉 영국의 공공부채는 국민소득의 50퍼센트가 안 되었던 데 비해 프랑스의 공공부채는 국민소득의 70~80퍼센트에 달했다. 벨 에포크 시대 프랑스 소설을 보면 국채 금리가 상당히 높았음을 알 수 있다. 정부는 당시 국가 교육 예산보다 더 많은, 국민소득의 약 2~3퍼센트를 매년 이자로 지불했고 상당수의 사람이 그 이자로 생활했다.[14]

20세기에는 공공부채에 대한 전적으로 다른 견해가 부상했다. 이런 견해는 부채가 공공지출을 늘리고 가장 가난한 사회 구성원들에게 이득이 되도록 부를 재분배하는 정책 수단으로서의 역할을 할 수 있다는 확신에 바탕을 둔 것이었다. 이 두 가지 견해의 차이는 매우 단순하다. 즉 19세기에는 채권자가 부채에 대한 두둑한 이자를 받아 사적인 부를 늘릴 수 있었던 반면, 20세기에 들어서 부채는 인플레이션으로 인해 가치가 하락했고 가치가 줄어든 화폐로 지불되었다. 이런 상황은 실제로 그만한 세금 인상 없이 국가에 돈을 빌려준 사람들이 재정적자를 메우도록 해주었다. 공공부채에 대한 이러한 '진보적'인 관점은, 인플레이션이 오래전부터 19세기보다 그리 높지 않은 수준으로 떨어지고 재분배 효과가 비교적 불분명한데도 오늘날까지 많은 사람에게 영향을 끼치고 있다.

인플레이션을 통한 이런 재분배가 영국보다는 프랑스에서 더 두드러졌다는 사실은 흥미롭다. 제2장에서 지적했듯이 1913~1950년 프랑스의 인플레이션은 연평균 13퍼센트 이상이었는데, 이는 이 기간 전체로 보면 물가가 100배 상승했음을 의미했다. 마르셀 프루스트가 1913년에 『스완네 집 쪽으로』를 출판했을 때, 국채는 저자가 그해 여름을 보낸 카부르의 그랑 호텔만큼이나 탄탄한 듯 보였다. 1950년에 이르러 그 국채의 구매력은 과거의 100분의 1이 되었고, 그 결과 1913년의 자본소득자와 그 후손들은 사실상 가진 게 아무것도 없게 되었다.

이는 정부에게 무엇을 의미했을까? 초기의 대규모 공공부채(1913년에는 국민소득의 80퍼센트에 가까웠다)와 1913~1950년, 특히 전쟁 기간의 대단히 큰 적자에도 불구하고, 1950년에 가서는 프랑스의 공공부채가 다시 한번 1815년과 같이 비교적 낮은 수준(국민소득의 약 30퍼센트)에 머물게 되었다. 특히 독일 점령에서 해방될 당시의 거대한 적자는 1945년부터 1948년까지의 4년 동안 긴장된 정치적 분위기 속에서 발생한 연 50퍼센트 이상의 인플레이션 덕분에 금세 사라져버렸다. 어떤 의미에서 이것은 1797년의 '3분의 2 파산'과 동일한 것이었다. 공공부채의 짐을 덜고 나라를 재건할 수 있도록 과거의 빚을 지워버린 것이다(도표 3.4 참조).

영국에서는 상황이 전혀 다르게 전개되었는데, 훨씬 더 느리고 소극적이었다. 1913년과 1950년 사이에 연평균 인플레이션은 3퍼센트를 약간 웃돌았는데, 이는 이 기간 중 물가가 3배(프랑스의 30분의 1에도 못 미치는) 상승했음을 의미했다. 그러나 영국의 자본소득자들에게 이는 19세기와 제1차 세계대전 전까지는 상상도 할 수 없었던 일종의 약탈이었다. 그렇더라도 이 역시 두 차례 세계대전 기간 중 공공부채가 엄청나게 쌓이는 것을 막기에는 충분치 않았다. 영국은 돈을 찍어내는 인쇄기에 크게 의존하지 않고 전쟁비용을 대기 위해 모든 것을 동원했으며, 그 결과 1950년 GDP의 200퍼센트가 넘는, 심지어 1815년 당시보다 더 많은 엄청난 빚을 지게 되었다. 1950년대 연간 4퍼센트가 넘는 인플레이션과 무엇보다 1970년대 연 15퍼센트에 가까운 인플레이션을 겪은 다음에야 영국의 공공부채는 GDP의 약 50퍼센트 수준으로 떨어졌다(도표 3.3 참조).

인플레이션을 통한 재분배 메커니즘은 매우 강력했고, 20세기를 거치는 동안 영국과 프랑스 양국에서 역사적으로 중요한 역할을 했다. 그럼에도 불구하고 이는 두 가지 중요한 문제를 야기한다. 첫째, 인플레이션 메커니즘은 목표를 선택하는 데 그다지 정밀하지 않다. 어느 정도 재산을 보유한 사람들 가운데 국채를 가진 이들(직접적으로든 은행예금을 통해 간접적으로든)이 반드시 가장 부유한 사람은 아니다. 실상은 전혀 그렇지 않다. 둘째, 인플레이션 메커니즘은 무기한 작동할 수 없다. 왜냐하면 일단 인플레이션이 지속되면 채권자들은 좀더 높은 명목이자율을 요구하고, 따라서 물가 상승이 기대만큼의 효과를 내지 못하기 때문이다. 더욱이 높은 인플레이션은 끊임없이 가속화되는 경향이 있고, 일단 그런 과정이 진행되면 그 결과를 통제하기가 어렵다. 어떤 사회집단은 소득이 크게 늘어난 반면 다른 집단은 그렇지 않았다. 낮은 인플레이션이라는 생각에 대해 합의가 이뤄진 것은 인플레이션과 실업 증가, 상대적인 경기침체(스태그플레이션)가 겹쳐져 발생한 1970년대 후반에 가서였다. 이후에 이 문제에 대해 다시 논의할 것이다.

리카도 등가의 부침

18세기와 19세기 편안한 자본소득자의 시대부터 20세기 인플레이션이 재산을 몰수한 시대에 이르기까지, 길고 격동적인 공공부채의 역사는 그 시대의 집단적인 기억과 논의에 지울 수 없는 흔적을 남겼다. 이 같은 역사적 경험은 경제학자들에게도 마찬가지로 흔적을 남겼다. 예를 들어 1817년에 리카도가 오늘날 '리카도의 등가Ricardian equivalence', 즉 특정한 조건에서는 공공부채가 국민총자본의 축적에 아무런 영향을 미치지 못한다는 내용의 가설을 공식화했을 때, 이미 그는 주위에서 목격한 현실로부터 많은 영향을 받았던 것이 분명하다. 그가 책을 쓸 당시에도 영국의 공공부채는 GDP의 200퍼센트에 가까웠지만 이런 공공부채가 민간투자나 자본축적의 흐름을 고갈시키지는 않았던 것으로 보인다. 크게 염려했던 '구축효과crowding out effect'(정부가 지출을 늘리면 민간투자가 위축되는 효과—옮긴이)는 일어나지 않았고, 늘어난 공공부채는 민간저축 증대로 충당되었던 것으로 보인다. 물론 이것이 리카도 등가가 언제 어디서나 적용될 수 있는 보편적 법칙임을 의미하지는 않는다. 왜냐하면 모든 것은 관련 사회집단의 번영(리카도의 시대에 추가로 필요한 저축을 할 수 있을 정도로 부유한 영국인은 소수였다), 제시된 이자율, 당연한 것이지만 정부에 대한 신뢰에 달려 있기 때문이다. 리카도는 역사적인 시계열 자료나 도표 3.3에 표시한 것과 같은 자본 유형의 통계도 갖고 있지 않았지만, 당시 영국 자본주의에 대한 깊은 지식을 지녔었다. 리카도가 영국의 거대한 공공부채는 국부에 뚜렷한 영향을 미치지 않으며 단순히 그 나라 국민의 일부가 다른 사람들에게 갖는 청구권을 구성할 뿐이라는 것을 명백히 인식했다는 사실은 주목할 만하다.[15]

마찬가지로 1936년에 케인스John Maynard Keynes가 '자본소득자의 안락사'에 대해 저술할 당시, 그 역시 주위에서 관찰되는 일들로부터 깊은 영향을 받았다. 그 무렵 제1차 세계대전 이전의 자본소득자들은 몰락하는 중이었고, 당시의 경제적 위기나 예산상의 어려움을 극복할 만한 어떠한 정치적 해결책도 마련되지 않았다. 특히 케인스는 인플레이션이 공공부채의 짐을 덜고 축적된 부의 영향을 줄이는 데 반드시 가장 공정한 방법은 아닐지라도 가장 단순한 방법이라는 것은 분명히 알았다. 당시 영국인들은 1914년 이전의 금본위제에 대해 강력한 믿음을 갖는 보수적 태도 때문에 여전히 인플레이션을 받아들이기를 꺼렸다.

1970년대 이후 공공부채에 대한 분석은 이른바 대표적 경제주체 모형에 경제학자들이 아마도 지나치게 의존했었다는 사실로 인해 어려움을 겪었다. 이 모형에서는 각 경제 주체가 같은 소득을 얻고 같은 금액의 재산을 물려받는다.(따라서 같은 양의 국채를 소유한다.) 이처럼 현실을 단순화시키면 좀더 복잡한 모형에서는 분석하기 어려운 논리적 관계를 끌어내는 데 유용할 수 있다. 그러나 이런 모형들은 부와 소득분배의 불평등 문제를 완전히 도외시함으로써 종종 극단적이고 비현실적인 결론에 이르며, 따라서 명확성보다는 혼란을 낳기도 한다. 공공부채 문제에 대해 대표적 경제주체 모형을 사용할 경우 정부의 빚이 국민총자본뿐만 아니라 재정적 부담의 배분에 있어서도 완전히 중립적이라는 결론에 이를 수 있다. 리카도 등가에 관한 이처럼 극단적인 재해석은 미국 경제학자 배로Robert Barro

가 처음 제시한 것이다.[16] 이런 해석은 실제로는 (19세기 영국뿐만 아니라 다른 나라에서도) 전체 국민 가운데 소수가 공공부채의 대부분을 소유하며, 따라서 그 부채가 상환되지 않을 때는 물론이고 제대로 상환될 때에도 내부적으로 중요한 재분배의 수단이 된다는 점을 고려하지 못한다. 항상 부의 분배의 특징이었던 부의 심각한 집중이라는 관점에서 보면, 사회집단 사이의 불평등을 살펴보지 않고 이런 문제들을 연구하는 것은 사실상 그 주제의 중요한 측면에 대해 그리고 무엇이 중요한 쟁점인지에 대해 아무것도 말하지 않는 것과 같다.

프랑스: 전후 시대의 **자본가 없는 자본주의**

이제 공공부문의 부와 정부가 가진 자산의 역사 이야기로 돌아가자. 정부부채의 역사와 비교할 때 공공자산의 역사는 덜 격동적이었던 것 같다.

간단히 말해 프랑스와 영국의 공공자산의 총가치는 장기간에 걸쳐 늘어나, 18세기와 19세기 국민소득의 약 50퍼센트에서 20세기 말에는 대략 100퍼센트로 증가했다(도표 3.3과 3.4 참조).

대체로 이 같은 공공자산의 증가는 역사적으로 정부의 경제적 역할이 꾸준히 확대되었음을 반영하는 것이다. 이는 특히 갈수록 늘어나는 공공서비스의 발전에 따른 것이며, 여기에는 (건물과 장비에 대규모 투자가 필요한) 의료와 교육 분야 서비스 및 운송과 통신 분야 사회기반시설에 대한 공공 또는 준공공 투자가 포함된다. 이런 공공서비스와 사회기반시설 투자는 영국보다는 프랑스에서 더 광범위하게 이뤄지고 있다. 2010년 프랑스의 공공자산의 총가치가 국민소득의 150퍼센트에 가까웠던 것에 비해 영국은 100퍼센트에 불과했다.

그럼에도 불구하고 장기간에 걸친 공공자산 축적에 대한 이 단순하고도 차분한 분석은 지난 세기의 역사에서 한 가지 중요한 부분을 빠뜨리고

3장
자본의 변신

있다. 1950~1980년에 산업과 금융부문에서 상당한 규모의 공공자산 축적이 이뤄진 다음, 1980년 이후 나타난 그 자산들에 대한 대대적인 민영화 물결이 그것이다. 이 두 현상 모두 여러 신흥국에서뿐만 아니라 대부분의 선진국, 특히 유럽에서 다양하게 나타났다.

프랑스의 예는 상징적이다. 과거로 돌아가 살펴보자. 프랑스에서뿐만 아니라 전 세계 여러 나라에서 1930년대 경제위기와 그에 따른 파급 효과로 민간 주도 자본주의에 대한 신념이 크게 흔들렸다. 1929년 10월 월가의 추락으로 촉발된 '대공황'이 선진국을 강타했는데, 그 엄청난 충격은 역사상 최대였다. 미국, 독일, 영국, 프랑스에서 인구의 4분의 1에 해당되는 노동인구가 일자리를 잃었다. 모든 나라가 19세기에 그리고 대체로 1930년대 초까지 정부가 경제에 간섭하지 않는 '자유방임주의'를 고수했는데, 이 전통적인 교리는 영구적으로 신뢰를 잃었다. 많은 나라가 더 높은 수준의 국가 개입주의를 선택했다. 당연하게도 정부와 일반 대중은 세계를 재앙으로 이끌면서도 스스로는 더 부유해진 금융 및 재계 엘리트들의 지혜에 의문을 제기했고, 다른 유형의 '혼합'경제에 관해 고려하기 시작했다. 그것은 전통적인 형태의 사유재산과 더불어 기업에 대한 다양한 수준의 공공소유를 허용하거나, 아니면 적어도 금융시스템과 더 전반적으로 민간 주도 자본주의 시스템에 대해 강력한 규제와 감독을 실시하는 것이었다.

게다가 소련이 제2차 세계대전에서 승리한 연합국으로 참전했다는 사실은 볼셰비키가 확립한 국가주의 경제 시스템의 위상을 강화했다. 1917년에 겨우 농노제를 벗어난 형편없는 후진국이었던 소련으로 하여금 공업화에의 길로 강제적 행진을 가능케 했던 게 바로 이 체제가 아니었던가? 1942년 슘페터Joseph Schumpeter는 사회주의가 필연적으로 자본주의에 승리할 것이라고 믿었다. 1970년 새뮤얼슨Paul Samuelson은 그의 유명한 경제학 교과서 제8판에서 여전히 소련의 GDP가 1990~2000년 어느 시점에 미국을 능가할 것이라고 예측했다.[17]

1945년 프랑스에서는 많은 재계 엘리트가 독일 점령군에 협력해 추한 방법으로 부를 축적했다는 의심을 받았기 때문에, 민간 주도 자본주의를 불신하는 일반적인 분위기가 더 짙어졌다. 특히 은행부문과 석탄 광산, 자동차 산업을 비롯한 경제의 주요 부문이 국유화된 것은 독일 점령에서 해방된 이후 이처럼 긴장된 분위기 속에서 일어났다. 르노 공장은 소유주인 루이 르노가 1944년 독일 점령군에 협력한 혐의로 체포된 뒤 국가에 몰수되었고, 1945년 1월 임시정부는 이 회사를 국유화했다.[18]

이용 가능한 통계에 따르면, 1950년 프랑스 공공자산의 총가치는 국민소득을 초과했다. 인플레이션으로 공공부채의 가치가 급격히 감소함으로써 공공부문의 순자산은 국민소득과 비슷한 수준이 되었고, 당시에 민간의 자산 총액은 국민소득의 겨우 2배 수준이었다(도표 3.6 참조). 늘 그렇지만 이들 추정치가 정확한 것은 아니다. 자산 가격이 기록적으로 낮았던 이 시기의 자본가치를 측정하는 것은 쉬운 일이 아니다. 그리고 공공자산이 민간자산에 비해 약간 저평가되었을 수도 있다. 그럼에도 그 크기는 상당했다고 할 수 있다. 1950년 당시 프랑스 정부는 전체 국부의 25~30퍼센트 혹은 그보다 조금 더 많이 소유했다.

이는 상당한 비율인데, 국유화 과정에서 농업과 중소기업들은 건드리지 않았고 주거용 부동산에 대해서는 정부가 소수 지분(20퍼센트 미만) 이상을 가진 적이 없다는 사실을 고려하면 더욱 그렇다. 전후 국유화의 가장 직접적인 영향을 받은 산업과 금융부문에서는 1950~1980년 정부 지분이 전체 자산의 50퍼센트를 초과했다.

이 같은 역사적 경험은 비교적 짧게 끝났지만, 프랑스 국민이 심지어 오늘날까지 보이고 있는 민간 주도 자본주의에 대한 복잡한 태도를 이해하는 데 있어 중요하다. 나라가 재건되고 이 나라의 역사에서 경제성장이 어느 시기보다 더 강력했던 영광의 30년 동안 프랑스는 혼합경제 체제를, 어떤 면에서는 자본가 없는 자본주의 혹은 적어도 개인 소유주가 더 이상 대기업을 통제할 수 없는 국가자본주의를 보유하고 있었다.

확실히 국유화의 물결은 1950년에 공공자산의 가치가 국민소득을 능가한 영국(프랑스와 동일한 수준)을 비롯해 같은 시기에 다른 많은 나라에서도 나타났다. 차이점이라면, 당시 영국의 공공부채는 국민소득의 2배를 초과했기 때문에 공공부문 순자산이 1950년대에 상당한 폭으로 마이너스를 기록했고, 민간의 부는 그만큼 더 커졌다. 영국의 공공부문의 순자산은 1960~1970년대에 들어서야 플러스로 돌아섰는데, 그때에도 국민소득의 20퍼센트를 넘지 않는 상태를 유지했다. 이는 이미 상당한 크기다.[19]

프랑스가 걸어온 길 가운데 특징적인 대목은 공공소유가 1950년부터 1980년까지 크게 늘어났다가 1980년 이후 매우 낮은 수준으로 떨어진 부분이다. 금융과 부동산 같은 민간부문의 부는 심지어 영국보다 더 높은 수준으로 늘어나 2010년 국민소득의 6배 가까이 혹은 공공부문 부의 20배가 되었다. 1950년 이후 국가자본주의 시기가 끝나고, 프랑스는 21세기의 새로운 사적 소유 자본주의를 약속하는 땅이 되었다.

이런 변화에서 더욱 놀라운 것은, 그 변화가 결코 있는 그대로 명백히 인정되지 않았다는 점이다. 1980년대 전 세계 국가들에 영향을 미친 경제의 민영화는 상품과 서비스 시장의 자유화, 금융시장과 자본 흐름에 대한 규제완화를 포함하는데, 그 기원은 복잡하고 다양했다. 이미 대공황과 그에 따른 재앙들은 기억에서 희미해졌다. 1970년대의 '스태그플레이션'은 전후 시대 케인스식 정책의 한계를 드러냈다. 따라서 전후의 재건과 영광의 30년 동안 높은 성장률을 구가하던 시기가 끝나면서, 정부의 역할 그리고 국가 전체 생산에서 정부가 차지하는 비중이 무한정 확장되는 데 의문을 품는 것은 지극히 당연한 일이었다. 규제완화 움직임은 1979~1980년 미국과 영국에서 일어난 '보수혁명'과 함께 시작되었는데, 제2장에서 지적했듯이 신흥국의 선진국 따라잡기는 대체로 필연적인 과정인데도 불구하고, 당시 두 나라는 다른 나라들에게 추월당할까봐 신경을 쓰고 있었다. 한편 1970년대 소련과 중국의 국가주의 모델의 실패가 점점 더 분명해지자, 공산권의 두 거인은 1980년대에 기업에 대한 새로운 형태의 사유재산을 도입해 경제 시스템의 점진적인 자유화를 추구하기 시작했다.

이처럼 수렴하는 국제적인 조류에도 불구하고 프랑스 유권자들은 1981년 시류를 거스르는 요구를 보여주었다. 물론 모든 국가에는 당연히 자국 고유의 역사와 정치적 시간표가 있다. 프랑스에서 사회주의자와 공산주의자 연합은 1945년에 시작된 산업과 은행부문의 국유화를 계속해나가기로 한 공약을 내세워 압도적으로 승리했다. 그러나 1986년 이후 자유주의 다수당이 모든 부문에서 매우 중요한 민영화 계획을 추진함으로써, 이 승리는 짧은 간주곡에 불과한 것이 되고 말았다. 이 계획은 1988~1993년 새로운 사회주의 다수당에 의해 지속되고 확장되었다. 프랑스 국영 전신전화국이 프랑스텔레콤으로 전환되면서 1997~1998년 민간투자를 받아들였고, 르노 사는 1990년에 주식회사가 되었다. 저성장과 고실업, 대규모 재정적자가 계속되는 가운데 프랑스 정부는 1990년 이후 공공부문이 보유한 주식을 점진적으로 팔아치웠다. 이것이 비록 공공부채의 꾸준한 증가를 막을 수는 없었으나 정부의 금고에 추가적인 자금을 가져다주었다. 공공부문 순자산은 매우 낮은 수준으로 떨어졌다. 반면 민간의 부는 20세기의 충격 이래 유례없이 높은 수준을 서서히 회복했다. 이런 식으로 프랑스는 그 까닭을 진정으로 이해하지는 못한 채 역사의 다른 두 시점에서 국가의 자본 구조를 완전히 바꿔놓았다.

3장
자본의 변신

제 4 장

구유럽에서
신대륙으로

제3장에서는 18세기 이래 영국과 프랑스의 자본이 어떤 식으로 변형되었는지에 대해 고찰했다. 우리는 영국과 프랑스의 자료로부터 일관성 있고 상호 보완적인 교훈을 얻었다. 자본의 속성은 완전히 변했으나 소득과 비교한 자본의 총량은 결국 거의 변하지 않았다. 자본의 변형과 관련 있는 서로 다른 역사적 과정과 메커니즘을 더 잘 이해하기 위해 다른 국가들로 분석을 확장해야 한다. 먼저 유럽에 대해 전반적으로 잘 아우를 수 있는 독일의 경우를 살펴본 다음 북미(미국과 캐나다)의 자본에 대해 살펴볼 것이다. 신대륙의 자본은 다음 세 가지 이유로 인해 매우 색다르고 독특한 형태를 띠었다. 첫째, 토지가 광활해 별로 비싸지 않았다는 점, 둘째, 노예 제도가 존재했다는 점, 마지막으로 끊임없는 인구 증가로 인해 이 지역은 연간 소득과 연간 생산에 비해 구조적으로 유럽보다 더 적은 자본을 축적하는 경향이 있었다는 점이다. 이는 결국 무엇이 자본/소득 비율을 근본적으로 결정하는가에 대한 질문으로 이어질 텐데, 바로 제5장에서 다룰 주제다. 나는 모든 자료를 동원해 먼저 모든 부유한 국가로 그리고 전 세계로 분석을 확장함으로써 이 질문에 접근할 것이다.

독일: 라인 자본주의와 사회적 소유

먼저 독일부터 살펴보자. 앞서 보았듯이 특히 제2차 세계대전 이후 중요해진 혼합경제의 문제와 관련하여, 영국과 프랑스의 궤적을 독일과 비교하는 것은 흥미로운 일이다. 불행히도 독일은 통일이 늦어진 데다 국경이 자주 변경되어 국가의 역사적 자료가 저마다 다양하기 때문에, 1870년 이전의 역사를 추적해볼 방법은 없다. 그러나 우리가 가지고 있는 1870년 이후의 독일 자본에 대한 통계치는 영국 및 프랑스와 많은 차이점뿐만 아니라 분명한 유사성도 보여준다.

가장 먼저 눈에 띄는 점은 전체적인 변화가 비슷하다는 것이다. 먼저 농경지는 장기적으로 주거용 및 상업적 부동산과 산업 및 금융자본에 자리를 내주었고, 둘째, 자본 / 소득 비율은 제2차 세계대전 이후 1914~1945

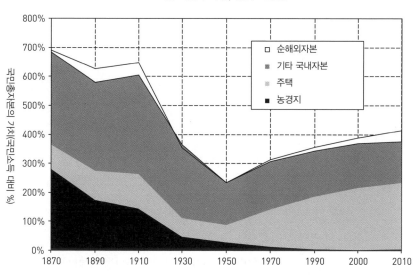

도표 4.1. 독일의 자본, 1870~2010

1910년 독일의 국민총자본은 국민소득의 6.5배에 해당된다.(그 가운데 약 반년 치 국민소득에 해당되는 자본이 해외에 투자되었다.)

출처 및 통계: piketty.pse.ens.fr/capital21c

년의 충격 이전에 달성했던 수준으로 꾸준히 회복 중인 것으로 보인다(도표 4.1 참조).

독일에서는 19세기 후반 농경지의 중요성이 영국보다 프랑스의 경우와 더 유사했고(라인 강 동쪽에서 농업은 아직 사라지지 않았다), 산업자본의 가치는 프랑스나 영국보다도 더 높았다는 점에 유의하자. 이와는 대조적으로 제1차 세계대전 직전 독일의 해외자산은 프랑스의 절반, 영국의 4분의 1 수준에 지나지 않았다.(독일은 연간 소득의 약 50퍼센트대였던 데 비해 프랑스는 1년 치 소득이었고, 영국은 2년 치 소득이었다.) 그 주요 원인은 말할 것도 없이 독일이 강대한 식민제국이 아니었기 때문이다. 이는 몇몇 매우 강력한 정치적, 군사적 긴장의 원천이 되었다. 예를 들어 카이저(빌헬름 2세)가 프랑스의 패권에 도전하려고 했던 1905년과 1911년의 모로코 위기를 생각해보라. 식민지 자산을 둘러싼 유럽 열강 사이의 열띤 경쟁은 결국 1914년 여름의 선전포고로 이어졌다. 이 결론을 공유하기 위해 굳이 『제국주의, 자본주의 최상의 단계Imperialism, the Highest Stage of Capitalism』(1916)에서 레닌이 제시한 명제에 모두 동의할 필요는 없을 것이다.

또한 독일은 지난 수십 년간 무역흑자 덕분에 상당한 해외자산을 모을 수 있었다는 것을 잊지 말아야 한다. 2010년 독일의 순해외자산은 국민소득의 50퍼센트에 근접했다.(그중 절반 이상이 2000년 이후 축적되었다.) 이는 1913년과 거의 같은 수준이다. 이것은 19세기 후반의 영국과 프랑스의 해외자산에 비하면 적은 양이지만 두 과거 식민 열강의 순해외자산이 현재 제로에 가까운 것에 비하면 상당한 것이다. 도표 4.1과 도표 3.1 및 3.2의 비교는 19세기 이래 독일, 프랑스, 영국의 궤적이 매우 다르다는 것—그리고 어떤 면에서는 이들의 상대적인 지위가 뒤바뀌었다는 것—을 보여준다. 현재 독일의 무역흑자가 상당하다는 점을 고려할 때 앞으로 이런 차이는 더 커질 수도 있는 일이다. 이 점에 대해서는 나중에 다시 논의할 것이다.

독일의 공공부채 그리고 공공자본과 민간자본의 비중은 프랑스의 경우

172

2부
자본/소득 비율의 동학

와 아주 비슷하다. 1930년에서 1950년 사이 연평균 17퍼센트에 달하는, 즉 이 기간 중 거의 300배에 달하는(프랑스는 고작 100배였다) 인플레이션으로 독일은 20세기에 다른 어떤 국가보다 공공부채를 더 많이 줄였다. 두 차례의 전쟁 기간 중 막대한 적자를 보았음에도 불구하고(독일의 공공부채는 1918~1920년에 GDP의 100퍼센트, 1943~1944년에는 GDP의 150퍼센트를 일시적으로 초과했다) 인플레이션 덕분에 이 두 기간 모두 부채를 매우 낮은 수준—1930년 그리고 다시 1950년에 GDP의 겨우 20퍼센트(도표 4.2 참조)[1]—으로 줄일 수 있었다. 그러나 인플레이션에 대한 의존은 극단적이었고, 특히 1920년대의 초인플레이션은 독일 사회와 경제를 극심한 불안정으로 몰고 갔다. 독일 국민은 이런 경험을 통해 인플레이션에 대해 강한 반감을 품게 되었다.[2] 오늘날 다음과 같은 역설적 상황이 벌어지는 이유도 다 거기에 있다. 즉 20세기에 공공부채 청산을 위해 인플레이션을 가장 극적으로 활용했던 독일이 이제는 연평균 물가상승률이 2퍼

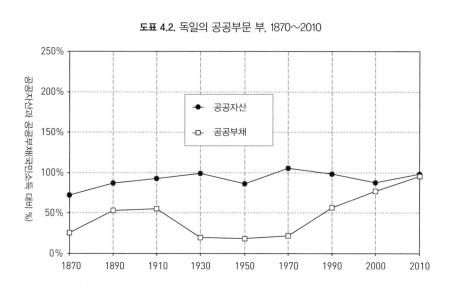

도표 4.2. 독일의 공공부문 부, 1870~2010

2010년 독일의 공공부채는 1년 치 국민소득과 거의 동일했다.(공공자산과도 거의 같았다.)

출처 및 통계: piketty.pse.ens.fr/capital21c

4장
구유럽에서
신대륙으로

센트만 넘어도 감내하기 힘들어한다는 것이다. 반면 20세기에 정부가 지나칠 만큼 꼬박꼬박 부채를 갚아왔던 영국은 인플레이션에 대해 좀더 유연한 태도를 보이며, 중앙은행에서 상당한 공공부채를 매수하는 것이 약간 높은 인플레이션을 의미한다 해도 잘못된 것이라 여기지 않는다.

독일의 공공자산 축적 또한 프랑스의 경우와 유사하다. 독일 정부는 1950~1980년에 은행과 산업부문에 많은 공공자산을 보유하고 있었다. 그리고 이 자산들을 1980~2000년에 부분적으로 처분했지만, 상당 부분은 그대로 남아 있다. 예를 들어 니더작센 주는 현재 유럽과 전 세계를 선도하는 자동차 제조업체인 폴크스바겐 주식을 15퍼센트 넘게 소유하고 있고, 유럽연합의 반대에도 불구하고 법에 의해 보장되는 20퍼센트의 의결권도 갖고 있다.[3] 1950~1980년 공공부채가 제로에 가까웠던 독일에서는, 연간 국민소득의 겨우 2배로 매우 낮았던 민간자본에 비해 공공부문 순자본은 국민소득과 비슷했다(도표 4.3 참조). 프랑스 정부와 마찬가지로 독일 정부는 수십 년에 걸친 전후 재건과 경제 기적의 기간에 독일 국민총자본의 25~30퍼센트를 소유했다. 프랑스와 마찬가지로 독일에서도 1970년 이후 경제성장의 둔화와, 통일 훨씬 이전에 시작되었을 뿐 아니라 통일 이후에도 계속되었던 공공부채의 누적이 지난 수십 년간의 상황을 180도 바꾸어놓았다. 2010년 공공부문 순자산은 제로에 가까웠고, 1950년 이래로 꾸준히 증가해온 민간의 부가 국부의 대부분을 차지하게 되었다.

그러나 독일 민간자본의 가치는 프랑스와 영국의 민간자본과 비교할 때 상당한 차이를 보인다. 독일 민간부문의 부는 제2차 세계대전 이후 놀랄 만큼 증가했는데, 1950년에는 현저하게 낮은 수준이었지만(국민소득의 1.5배를 간신히 넘었다) 현재는 국민소득의 4배가 넘는다. 도표 4.4는 이 세 국가의 민간부문 부의 복원과정을 분명히 보여준다. 그럼에도 불구하고 2010년 독일의 민간부문 부는 영국과 프랑스에 비해 두드러지게 낮은 수준이다. 독일의 민간부문 부는 국민소득의 4배인 데 비해 프랑스와 영국에서는 5~6배이며, 이탈리아와 스페인에서는 6배 이상이다.(이들 국가에

도표 4.3. 독일의 민간자본과 공공자본, 1870~2010

1970년 공공자본은 국민소득과 거의 같은 데 비해 민간자본은 국민소득의 2배가 약간 넘는다.

출처 및 통계: piketty,pse,ens,fr/capital21c

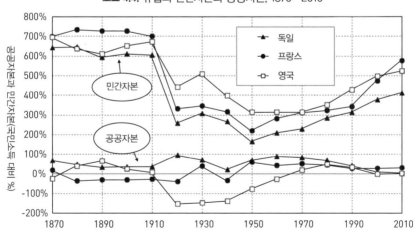

도표 4.4. 유럽의 민간자본과 공공자본, 1870~2010

장기간에 걸친 유럽 국민총자본의 변동은 대부분 민간자본의 변동 때문이다.

출처 및 통계: piketty,pse,ens,fr/capital21c

4장
구유럽에서
신대륙으로

대해서는 제5장에서 살펴볼 것이다.) 독일의 높은 저축률을 고려할 때, 다른 유럽 국가들에 비해 부의 수준이 이렇게 낮은 것은 어느 정도 역설적이다. 이는 일시적인 현상일 수도 있고 또한 다음과 같이 설명될 수도 있다.[4]

우선 고려할 사항은 유럽의 다른 국가들에 비해 독일의 부동산 가격이 비교적 낮다는 것이다. 이는 1990년 이후 유럽의 다른 모든 지역에서 나타난 부동산 가격의 급격한 상승이 독일에서는 통일의 효과 때문에 억제되었다는 것으로 어느 정도는 설명될 수 있다. 통일로 인해 많은 값싼 주택이 시장에 나왔던 것이다. 그러나 장기간에 걸쳐 지속된 이 차이를 설명하기 위해서는 엄격한 임대료 통제와 같은 더 지속적인 요인들을 고려해야 한다.

어쨌든 독일이 프랑스 및 영국과 큰 차이를 보이는 것은 대부분 주택자본의 가치 때문이 아니라 오히려 기업의 자본과 같은 다른 종류의 국내자본의 가치 때문이다(도표 4.1 참조). 다시 말하면 그들의 차이는 독일 부동산의 저평가에서 비롯된 것이 아니라 오히려 독일 기업들의 저평가된 주식 시장가치에서 기인한 것이다. 만약 총민간자산을 측정하는 데 주식의 시장가치가 아니고 장부가치(투자의 누적된 가치에서 기업의 부채를 뺀 것)를 사용하면, 저축률에 비해 민간자산의 가치가 낮은 독일의 역설은 사라질 것이다. 즉 독일 민간의 부는 당장 프랑스와 영국의 수준(국민소득의 4배가 아닌 5~6배 수준)으로 치솟을 것이다. 이런 복잡성은 순전히 회계적인 문제로 보이지만 실제로는 매우 정치적인 문제다.

이 단계에서 독일 기업의 낮은 시장가치는 종종 '라인 자본주의Rhenish capitalism'나 '이해관계자stakeholder 모델'이라 불리는 경제모델의 특징을 반영한다는 것만 알아두자. 이는 기업들이 주주뿐만 아니라 노동자들의 대표(주주가 아니라도 독일 기업의 이사회 구성원으로서 단순한 협의 기능이 아니라 적극적인 심의 기능을 수행한다)부터 지방정부, 소비자 단체, 환경보호 단체 등의 대표까지 포함하는 이해관계자라고 알려진 집단들에 의해 소유되는 경제모델을 일컫는다. 여기서 요점은 나름의 한계를 지니고 있는 이 사회적 공동소유 모델을 이상적으로 그리는 것이 아니고, 그것이 적어도 영미 방식의 시장자본주의나 '주주 모델'(비록 현실은 언제나 더더욱 복잡하지만 이론적으로 모든 권력이 주주에게 있다는 모델)만큼 경제적으로 효율적일 수 있음을 주목하는 것이다. 그리고 특히 이해관계자 모델이 필연적으로 낮은 시장가치를 의미하는 것은 사실이지만 반드시 낮은 사회적 가치를 의미하지는 않는다는 데 유의해야 한다. 자본주의의 다양한 모델에 관한 논쟁은 1990년대 초 소련의 붕괴 이후 시작되었다.[5] 이후 논쟁의 열기가 점차 수그러들었는데, 그 부분적인 이유는 분명히 독일의 경제모델이 통일 후 수년 동안(1998~2002년 독일은 유럽의 병자 취급을 받았다) 활력을 잃은 듯 보였기 때문이다. 글로벌 금융위기(2007~2012) 기간에 독일 경제가 비교적 양호한 상태를 보였던 것을 생각하면, 미래에 이 논쟁은 되살아날 가능성이 있다.[6]

20세기 **자본이 받은 충격**

/

지금까지 장기간에 걸친 자본/소득 비율의 일반적인 변화 양상과 공공-민간자본의 비중에 대해 살펴보았다. 이제 연대기적인 이야기로 돌아가, 먼저 왜 20세기에 자본/소득 비율이 급락했는지 그리고 이후 어떻게 극적으로 회복되었는지 그 이유를 알아보고자 한다.

우선 이 현상이 유럽의 모든 국가에서 발생했다는 점에 주목할 필요가 있다. 이용 가능한 모든 자료를 살펴보면 영국, 프랑스, 독일(이 국가들의 GDP 총합은 1910년 그리고 또다시 2010년에 전 서유럽 GDP의 3분의 2, 전 유럽 GDP의 2분의 1 이상을 차지했다)에서 일어난 변화가 유럽 대륙 전체를 대표하는 현상임을 알 수 있다. 비록 국가 간에 여러 흥미로운 차이가 있긴 하지만 전반적인 패턴은 동일하다. 특히 이탈리아와 스페인의 자본/소득 비율은 1970년 이래 매우 급속하게, 영국과 프랑스에서보다 더 급속히 상승했고, 이용 가능한 모든 역사적 자료는 벨 에포크 시대에 자본이 국민소득의 6~7배에 해당된다는 것을 보여준다. 벨기에, 네덜란드, 오스트리아의 자료도 이와 비슷한 패턴을 보인다.[7]

다음으로 두 차례 세계대전으로 인한 자본(건물, 공장, 사회기반시설 등)의 물리적 파괴는 1914년에서 1945년까지의 자본/소득 비율 하락을 오직 제한적으로만 설명한다는 사실을 짚고 넘어가야 한다. 영국, 프랑스, 독일에서 국민총자본의 가치는 1913년에 국민소득의 6.5~7배였으나 1950년에 국민소득의 약 2.5배로 감소했는데, 그 감소 폭은 국민소득의 4년 치 이상이었다(도표 4.4와 4.5 참조). 물론 제1차 세계대전 중 특히 프랑스에서(이 기간 동안 최전방이었던 프랑스의 동북부 지역이 심각한 폭격을 당했다), 그리고 제2차 세계대전 중인 1944~1945년 프랑스와 독일에서 엄청난 폭격(전쟁 기간은 제1차 세계대전보다 짧았지만 기술은 훨씬 더 파괴적

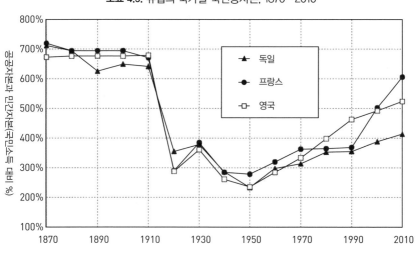

도표 4.5. 유럽의 국가별 국민총자본, 1870~2010

1950년 유럽에서 국민총자본(공공자본과 민간자본의 합)의 가치는 국민소득의 2~3배에 그쳤다.

출처 및 통계: piketty.pse.ens.fr/capital21c

2부
자본/소득 비율의 동학

이었다)으로 인해 어마어마한 양의 자본이 물리적으로 파괴되었다. 프랑스에서는 거의 한 해 국민소득에 맞먹는 자본이 파괴되었고(자본/소득 비율 감소의 20~25퍼센트를 차지했다), 독일에서는 국민소득의 1.5배에 해당되는 자본이 파괴되었다(자본/소득 비율 감소의 약 3분의 1). 이런 손실은 매우 심각한 것이었지만, 이 전쟁으로 직접적인 피해를 입은 두 나라에서도 그것은 분명히 자본/소득 비율 감소의 일부분만 설명할 수 있을 뿐이다. 영국에서는 물리적인 파괴가 덜했지만—제1차 세계대전 중에는 거의 없었고 제2차 세계대전 중에는 독일의 폭격으로 인해 국민소득의 10퍼센트 이하의 자본이 파괴되었다—국민총자본은 프랑스나 독일과 마찬가지로 4년간의 국민소득 크기(혹은 물리적 파괴로 인한 손실의 40배 이상)만큼이나 감소했다.

사실 두 차례 세계대전으로 인한 재정적, 정치적 충격은 전쟁이 가져온 파괴보다도 자본에 훨씬 더 파괴적인 영향을 미쳤다. 물리적 파괴와 더불어 1913년부터 1950년까지 자본/소득 비율의 급격한 하락을 설명할 수 있는 주요한 요인은 두 가지다. 그중 하나는 해외자산 가치의 급락과 그 당시의 특징인 매우 낮은 저축률이고(이 두 가지가 물리적 파괴와 합쳐져서 비율 하락의 3분의 2에서 4분의 3을 설명한다), 다른 하나는 소유권 변화와 규제 등 전후의 새로운 정치적 상황으로 인한 낮은 자산 가격이었다.(이는 비율 하락의 4분의 1에서 3분의 1을 차지한다.)

해외자산 손실의 중요성에 대해서는 앞에서 이미 설명한 바 있다. 특히 제1차 세계대전 직전 국민소득의 2배에 달하던 영국의 순해외자본은 1950년대에 약간의 마이너스 수준으로 떨어졌다. 그런 까닭에 영국의 해외자산 손실은 프랑스나 독일에서 일어난 국내자본의 물리적 파괴를 통한 손실보다 훨씬 더 컸고, 이는 영국이 입은 비교적 낮은 수준의 물리적 파괴를 덮어버리고도 남을 만했다.

해외자본의 감소는 부분적으로 혁명과 탈식민지화 과정에서 나타난 강제수용(벨 에포크 시대 프랑스인들이 저축한 돈을 투자했으나 1917년에 볼셰비키들이 무효화한 대對 러시아 대출이나 1956년에 나세르가 국유화한 수에즈 운하를 생각해보라. 이로 인해 1869년부터 이 운하를 소유해 배당금과 운하 이용료를 챙기던 영국과 프랑스의 주주들은 커다란 손해를 입었다). 그리고 더 많은 부분은 1914년부터 1945년까지 유럽 여러 나라에서 나타난 매우 낮은 저축률—이로 인해 영국과 프랑스의 저축인들(일부 독일 저축인도 포함)은 자신들의 해외자산을 점차 처분해야 했다—로 설명될 수 있다. 저성장과 반복되는 불황으로 인해 1914~1945년은 모든 유럽인에게 어두운 시대였다. 특히 벨 에포크 시대와 비교하여 소득이 크게 감소한 부유층에게는 어둠이 더 짙었다. 그런 까닭에 개인 저축률은 비교적 낮았고(특히 전쟁으로 피해를 본 재산의 복구와 대체에 든 비용을 뺀다고 가정하면), 몇몇 사람은 결국 가지고 있던 자본의 일부를 처분해 생활수준을 유지하는 방법을 택할 수밖에 없었다. 게다가 1930년대에는 대공황이 밀어닥쳐 기업들이 하나둘 계속해서 파산하자 수많은 주주와 채권자가 함께 몰락했다.

더욱이 제한된 액수의 민간저축은 특히 전쟁 기간 중 대부분 거대한 공공적자에 의해 상쇄되어버렸다. 1914년에서 1945년까지 영국, 프랑스, 독일에서는 민간저축과 공공저축의 합인 국민저축 수준이 매우 낮았다. 예금자들은 더러 가지고 있던 해외자산까지 처분해 정부에 엄청난 액수를 빌려주었지만, 인플레이션에 의해 결국 수탈당하는 꼴이 되고 말았다. 이런 현상은 프랑스와 독일에서는 매우 빠르게 일어났고, 영국에서는 이보다 느린 속도로 일어났기 때문에 1950년 당시 영국의 민간부문 부가 유럽 대륙에서보다 투자 성과가 더 좋았다는 환상까지 생겨났다. 그러나 사실은 이 두 지역 모두에서 국민총자본은 똑같이 영향을 받았다(도표 4.4와 4.5 참조). 각국 정부는 때로 해외에서 직접 돈을 빌리기도 했다. 미국의 순해외자산은 제1차 세계대전 직전에는 마이너스 포지션이었지만 이렇게 다른 국가들이 돈을 빌려가는 바람에 1950년대에는 플러스 포지션으로 전환할 수 있었다. 그러나 영국과 프랑스의 국부는 변하지 않았다.[8]

결국 1913년에서 1950년 기간 자본/소득 비율의 하락은 유럽의 자살과도 같은 역사였으며, 특히 유럽 자본가들에게는 안락사나 다름없었다.

그러나 제2차 세계대전 이후 자본/소득 비율의 하락이 어떤 면에서는 긍정적이었다는 사실을 주장하지 않는다면 정치, 군사, 재정적인 면에서의 역사 해석은 형편없이 불완전해질 것이다. 낮은 자본/소득 비율은 부분적으로 자산의 시장가치와 그 소유주의 경제력을—어느 정도 의식적으로 그리고 어느 정도 효과적으로—줄이려는 계획적인 정책 선택을 반영했기 때문이다. 구체적으로 말하면 부동산 가격과 주식은 1950년대와 1960년대에 상품과 서비스의 가격에 비해 기록적으로 낮은 수준으로 떨어졌는데, 어떤 면에서는 이것이 낮은 자본/소득 비율에 대한 설명이 될 수 있다. 모든 형태의 부는 어느 한 시점의 시장가격에 따라 평가된다는 것을 기억하자. 물론 자의적인 요소도 있긴 하지만(시장은 종종 변덕스럽다), 어쨌든 그것이 국가의 자본총량을 계산하는 우리가 가진 유일한 방법이다. 그 밖에 다른 어떤 방법으로 농경지와 부동산, 용광로의 가치를 다 합산할 수 있겠는가?

전후 시기에는 주로 1920년대 초반 그리고 특히 1940년대의 높은 인플레이션 기간에 거의 모든 곳에서 채택되었던 임대료 통제 정책 때문에 주택 가격이 역사적으로 최저치를 기록했다. 임대료는 다른 물가보다 상승폭이 덜했다. 세입자의 주거비용이 덜 비싸진 반면 주택 임대인의 임대료 수입이 줄어들었으며, 이에 따라 부동산 가격이 하락했다. 이와 마찬가지로 기업의 가치, 즉 상장기업의 주식과 합자회사의 지분 가치가 1950년대와 1960년대에 비교적 낮은 수준으로 떨어졌다. 1930년대의 대공황과 전후 시기의 국유화로 인해 주식시장에 대한 신뢰가 심하게 흔들렸을 뿐만 아니라 금융 규제, 그리고 배당과 이윤에 대한 과세 등 새로운 정책들이 도입되어 주식 소유주들의 힘을 약화시키고 그들의 주식 가치를 떨어뜨렸다.

영국, 프랑스, 독일의 상세한 추정치들은 제2차 세계대전 이후 하락한 부동산과 주식 가격이 1913년과 1950년 사이에 자본/소득 비율이 하락하는 데 무시할 순 없지만 여전히 적은 영향만 미쳤음을 보여준다. 이 가격효과는 국가에 따라 다르지만 자본/소득 비율 하락의 4분의 1에서 3분의 1을 설명해주고, 반면에 물량효과(낮은 국민저축률, 해외자산의 손실, 물리적 파괴 등)는 그 비율 하락의 3분의 2에서 4분의 3을 설명한다.[9] 다음 장에서 살펴보겠지만 이와 비슷하게 1970년대와 1980년대, 특히 1990년대와 2000년대의 부동산 및 주식시장 가격의 강력한 반등이, 비록 불량효과보다는 덜하지만 자본/소득 비율이 큰 폭으로 반등한 것을 상당 부분 설명해주는데, 이것은 성장률의 구조적 하락과 관련이 있었다.

미 대륙의 자본: 유럽보다 더 안정된 추세

20세기 후반의 자본/소득 비율의 반등을 더 상세하게 연구하고 21세기의 전망을 분석하기에 앞서 이제 유럽의 틀에서 벗어나 미 대륙 자본의 역사적 형태와 수준에 대해 살펴보자.

몇 가지 사실이 분명하게 눈에 띈다. 첫째, 신대륙인 미 대륙은 구세계, 즉 구유럽보다는 자본의 중요성이 덜했던 곳이다. 좀더 정확히 말하면 다른 나라의 경우와 마찬가지 방법으로 수집, 비교한 당시의 많은 추정치에 따르면 미국이 독립을 쟁취했던 1770년대부터 1810년까지 미국의 자본 총량은 국민소득의 3배를 간신히 넘는 수준이었다. 농경지는 국민소득의 1~1.5배의 가치를 지니고 있었다(도표 4.6 참조). 자료의 불확실성을 감안하더라도 이 신대륙 식민지의 자본/소득 비율이 영국이나 프랑스보다 훨씬 더 낮았다는 점은 확실하다. 영국과 프랑스에서는 국민총자본이 연간 국민소득의 약 7배였고 그중 농경지가 차지하는 부분이 국민소득의 거의 4배에 달했다(도표 3.1과 3.2 참조).

여기서 중요한 사실은 북미의 1인당 농경지 면적이 구유럽보다 훨씬 더

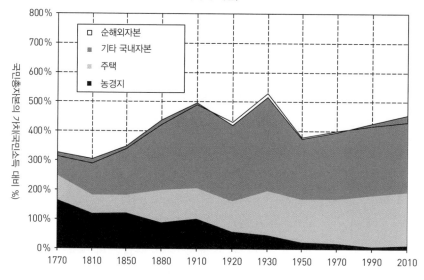

1770년 미국의 국민총자본은 국민소득의 3배에 그쳤다.(1.5배를 차지하는 농경지를 포함한다.)

출처 및 통계: piketty.pse.ens.fr/capital21c

넓었다는 것이다. 따라서 물량으로 볼 때 1인당 자본량은 미국이 더 많았다. 사실 당시 미국은 땅이 무척 넓었기 때문에 토지의 시장가격이 매우 낮았다. 누구나 넓은 면적의 땅을 소유할 수 있었으므로 큰 가치가 없었던 것이다. 다시 말해 가격효과가 물량효과를 상쇄하고도 남았다. 자본의 물량이 어떤 한도를 초과하면, 그 가격이 필연적으로 매우 낮은 수준으로 떨어져 이 둘(가격과 물량)을 곱한 값인 자본의 가치는 물량이 적었을 때보다 오히려 더 줄어들 것이다. 18세기 말과 19세기 초 신대륙과 유럽의 토지 가격의 현격한 차이는 토지 매입과 상속에 관련된 모든 수집 가능한 자료들(공증 기록과 유서 등)에 의해 확인된다.

게다가 식민지 시대와 미 공화국 초기에는 (유럽과 비교해) 다른 형태의 자본—주택과 기타 국내자본—이 상대적으로 중요하지 않았다. 그 이유로는 여러 가지가 있지만 그 사실 자체는 놀랍지 않다. 왜냐하면 미국

인구의 커다란 부분을 차지했던 새 이주민들이 대서양을 건너올 때 주택, 도구 혹은 기계류 등의 자본을 가져오지 않았을뿐더러 국민소득의 몇 배에 해당되는 부동산이나 사업자본을 보유하는 것은 시간이 걸리는 일이었기 때문이다.

그렇지만 오해하면 안 된다. 미국의 낮은 자본/소득 비율은 유럽과 비교해 사회적 불평등 구조가 근본적으로 다르다는 것을 반영하고 있다. 총자본이 미국에서는 국민소득의 겨우 3배를 웃돈 데 비해 유럽에서는 7배 이상이었다는 사실은 신대륙에서 지주와 그들이 축적한 부의 영향력이 크게 중요하지 않았다는 점을 매우 구체적으로 시사한다. 새로운 이주민들이 단 몇 년만 일하면 먼저 정착해 있던 부유한 사람들과의 최초의 격차를 줄일 수 있었다. 아니면 적어도 유럽에서보다 훨씬 더 빠르게 부의 격차를 줄이는 것이 가능했다.

1840년, 토크빌은 "[미합중국에] 거대 자산가의 수가 아주 적고, 자본은 여전히 부족하다"고 매우 정확하게 지적하며, 이러한 사실이 바로 민주주의 정신이 미국에 뿌리내리게 된 명백한 이유라고 생각했다. 그는 자기 관찰에 기초해서 이 모든 것이 낮은 농경지 가격 때문이라고 덧붙였다. "미국에서는 토지가 싸고, 누구나 쉽게 토지 소유자가 될 수 있다."[10] 우리는 여기서 토머스 제퍼슨이 이상적이라고 여겼던 자유롭고 평등한 소규모 토지 소유자들의 사회가 작동하고 있음을 볼 수 있다.

19세기를 지나며 상황은 변했다. 미국에서도 유럽에서와 마찬가지로 생산에서 농업이 차지하는 비중이 꾸준히 감소했고, 농경지의 가치 역시 줄어들었다. 그러나 미국은 상당한 부동산과 산업자본을 축적했던 까닭에 1810년 국민소득의 3배였던 국민총자본이 1910년에는 5배 가까이 되었다. 구유럽과 여전히 차이는 있었지만 유럽과 미국의 격차가 불과 한 세기만에 절반으로 줄어든 것이다(도표 4.6 참조). 미국은 자본주의 국가가 되었지만 적어도 전체적으로 방대한 영토를 고려할 때, 부의 영향력은 유럽의 벨 에포크 시대에 비하면 여전히 낮은 수준이었다. 미 동부 연안만 놓고 본다면 더 낮았다. 영화감독 제임스 캐머런은 「타이태닉」에서 1912년의 사회 구조를 묘사했다. 그는 부유한 미국인이 부유한 유럽인만큼이나 번영하고 또한 거만하게 보이도록 연출했다. 젊은 로즈와 결혼하기 위해 그녀를 필라델피아로 데려오고 싶어하는 밉살스러운 호클리가 그 예다.(용감하게도 그녀는 소유물로 다뤄지는 것을 거부하고 대신 로즈 도슨이 된다.) 1880년에서 1910년 보스턴과 뉴욕을 배경으로 한 헨리 제임스의 소설 또한 유럽 소설들에서 그랬던 것만큼 부동산, 산업자산과 금융자산이 중요한 사회집단들을 보여준다. 독립전쟁 시기에는 자본이 여전히 부족했지만 미국은 그 이후 확실히 달라졌다.

20세기에 미국은 유럽보다는 전쟁의 충격을 훨씬 덜 받았기 때문에 미국의 자본/소득 비율은 훨씬 더 안정된 수준을 유지했다. 1910년에서 2010년까지 유럽의 총자본은 국민소득의 7배 이상에서 3배 이하로 떨어졌다가 다시 5~6배로 올라간 반면, 미국의 경우는 국민소득의 4~5배 사이에서 오르내렸다(도표 3.1과 3.2 참조).

물론 미국의 자산도 1914~1945년의 위기로 분명 타격을 받았다. 특히 제2차 세계대전 중 전쟁비용 때문에 미국의 공공부채는 급격히 증가했고 경제적으로 불안정한 시기의 국민저축에 영향을 미쳤다. 1920년대의 호황에 대한 도취는 1930년대의 대공황에 자리를 내주었다.(캐머런은 가증스러운 호클리가 1929년 10월에 자살한다고 전한다.) 더욱이 프랭클린 D. 루스벨트 대통령 집권 당시 미국은 유럽과 마찬가지로 민간자본의 영향력을 줄이기 위해 임대료 통제와 같은 정책들을 도입했다. 제2차 세계대전 이후 미국의 부동산과 주식 가격은 역사상 최저치를 기록했다. 누진세 도입에 관해서는 미국이 유럽보다도 한발 더 나아갔는데, 아마도 그 목표는 사유재산을 없애버리는 것이 아니라 불평등을 줄이기 위함이었던 것으로 보인다. 미국은 1930년대와 1940년대에 특히 사회기반시설과 관련된 주요 공공투자에 착수했지만, 광범위한 국유화 정책은 시도하지 않았다. 인플레이션과 성장이 공공부채를 1950년대와 1960년대의 그리 높지 않은 수

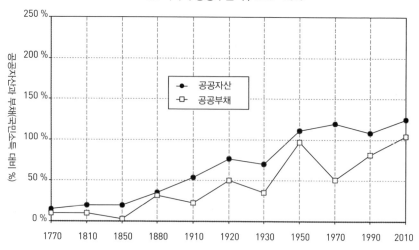

도표 4.7. 미국의 공공부문 부, 1770~2010

1950년 미국의 공공부채는 그해의 국민소득과 같았다.(공공자산과도 거의 같았다.)

출처 및 통계: piketty.pse.ens.fr/capital21c

준으로 돌려놓았기 때문에 1970년 공공부문의 부는 확실히 플러스였다
(도표 4.7 참조). 결국 미국 민간부문의 부는 1930년 국민소득의 거의 5배
에서 적지 않은 폭으로 줄어들어 1970년에는 3.5배 이하를 기록했다(도표
4.8 참조).

　그럼에도 20세기의 자본/소득 비율의 'U자 곡선'은 유럽에서보다 미국
에서 그 폭이 작다. 연간 소득 또는 생산과 비교한 미국의 자본은 20세기
가 시작되는 시기부터 사실상 줄곧 안정 상태에 이른 것으로 보인다. 자
본/소득 비율 혹은 자본/생산 비율의 안정성이 미국 교과서, 예를 들면
새뮤얼슨의 교과서에서 보편적 법칙으로 다루어질 정도였다. 이에 비해 유
럽의 경우는 자본, 특히 민간자본의 추이가 막 지난 세기만 해도 확실히
눈에 띄게 혼란스러운 상태였다. 벨 에포크 시대에는 자본이 왕이었다. 제
2차 세계대전 이후에는 많은 사람이 자본주의는 이미 거의 사라졌다고 생
각했다. 그러나 21세기 초 유럽은 민간 재산이 다시 한번 미국의 수준을

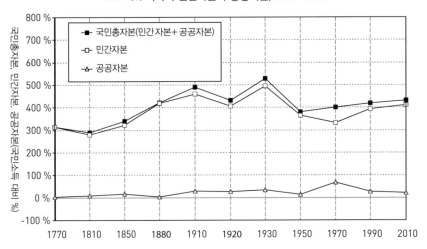

도표 4.8. 미국의 민간자본과 공공자본, 1770~2010

2010년 공공자본은 국민소득의 20퍼센트에 그쳤던 반면 민간자본은 400퍼센트 이상이나 되었다.

출처 및 통계: piketty.pse.ens.fr/capital21c

능가하는 새로운 세습자본주의의 첨단에 서 있는 것으로 보인다. 이러한 현실은 미국에 비해 낮은 유럽의 경제성장률, 특히 낮은 인구증가율로 잘 설명되는데, 제5장에서 살펴보겠지만 이로 인해 과거에 축적된 부의 중요 성이 더욱 커진다. 어쨌든 중요한 사실은 20세기에 미국이 유럽보다 훨씬 더 안정된 자본/소득 비율을 보이고 있다는 것이다. 어쩌면 이것이 미국 인들이 자본주의에 대해 유럽인들보다 더 긍정적인 시각을 보이는 이유일 지도 모른다.

신대륙과 **해외자본**

미국과 유럽의 자본의 역사에서 또 한 가지 중요한 차이는, 미국에서는 해 외자본이 상대적으로 중요한 적이 한 번도 없었다는 점이다. 이것은 식민지 중 최초로 독립을 쟁취했던 미국이 결코 스스로 식민 열강 세력이 되지 않았기 때문이다.

19세기 내내 미국의 순해외자본은 약간 마이너스 상태였다. 미국 시민들이 해외에 소유하고 있던 것은 외국인, 주로 영국인들이 미국 내에서 소유한 것보다 적었다. 그러나 그 차이는 미미해서 기껏해야 미국 국민소득의 10~20퍼센트 정도였고, 1770년에서 1920년 사이에는 대체로 10퍼센트 이하였다.

예를 들어 제1차 세계대전 직전에 미국의 국내자본(농경지, 주택, 기타 국내자본)은 국민소득의 500퍼센트에 달했다. 국내자본 총액 중 외국 투자자들이 소유했던 자산은(미국 투자자가 소유했던 해외자산을 빼면) 국민소득의 10퍼센트에 상당했다. 그러므로 미국의 국민총자본 혹은 순국부는 국민소득의 490퍼센트 정도였다. 다시 말하면 미국은 98퍼센트가 미국인 소유이고 2퍼센트는 외국인 소유라는 뜻이다. 순해외자산 포지션은 거의 균형을 유지했다. 특히 유럽인이 보유한 해외자산, 예를 들어 프랑스와 영국인이 국민소득의 각각 1~2배, 독일인이 국민소득의 0.5배에 해당되는 엄청난 해외자산을 보유한 것과 비교했을 때 훨씬 더 균형잡혀 있었다. 1913년 미국의 GDP는 서유럽 GDP의 절반을 간신히 넘는 정도였다. 이는 또한 1913년 유럽인들이 미국에 그들의 해외자산 포트폴리오의 아주 작은 부분(유가증권의 5퍼센트 이하)만 소유했음을 의미한다. 요약하면 1913년의 세계는 유럽이 아프리카, 아시아, 중남미의 거대한 부분을 소유했던 반면, 미국은 자국만 소유하고 있었다.

두 차례 세계대전으로 미국의 순해외자산 포지션은 반전되었다. 1913년의 마이너스 상태에서 1920년대에 약간 플러스로 돌아섰고, 1970년대와 1980년대까지 유지되었다. 미국은 전쟁하는 나라들에 돈을 대주었기 때문에 더 이상 유럽의 채무자가 아니었고 오히려 채권자가 되었다. 그러나 미국의 순해외자산 총량은 국민소득의 겨우 10퍼센트 정도로 그리 크지 않았다(도표 4.6 참조).

특히 1950년대와 1960년대에 미국이 소유하던 순해외자본은 여전히 상당히 제한적이었다.(국민소득의 겨우 5퍼센트로 국민소득의 400퍼센트인 국내자본과 비교하여 80배의 차이가 난다.) 당시 미국의 다국적 기업이 유럽과 나머지 세계에 투자한 금액은 상당한 수준에 이르렀다. 특히 유럽에 많이 투자했는데, 한때 세상을 손에 쥐었던 유럽은 자신의 전후 복구의 일정 부분을 엉클 샘(미국)과 마셜플랜(미국의 국무장관 마셜의 제안에 따른 유럽 부흥 계획—옮긴이)에 의존해야 한다는 사실을 못 견뎌했다. 사실 이런 국가적 트라우마에도 불구하고, 유럽에 대한 미국의 투자는 과거의 식민지 세력들이 수십 년 전에 전 세계에 투자했던 것에 비해 언제나 상당히 제한적이었다. 더욱이 유럽과 그 밖의 나라들에 대한 미국의 투자는 미국에 대한 외국의 활발한 투자, 특히 영국의 지속적이고 강력한 투자로 인해 균형을 이루었다. 1960년대 초반을 배경으로 삼은 「매드 멘Mad Men」(1950년대 후반부터 뉴욕 매디슨 가의 광고업계에 종사하는 사람들을 지칭했던 단어—옮긴이)이라는 드라마에서 뉴욕의 광고회사 스털링 쿠퍼는 영국의 저명한 주식 소유주들에게 팔렸는데, 이는 좁은 매디슨 가의 광고업계에 문화적 충격을 안겨주었다. 왜냐하면 광고업계를 외국인이 소유한다는 것은 결코 쉬운 일이 아니었기 때문이다.

미국의 순해외자본 포지션은 1980년대에 약간 마이너스로 돌아섰고 1990년대에서 2000년대까지는 무역적자의 누적으로 점점 더 마이너스가 되었다. 그럼에도 미국의 해외투자는 미국이 외국인 투자자들에게 진 부채에 지불하는 것보다 계속해서 더 나은 수익률을 기록했다. 이는 달러화에 대한 신뢰가 가져다준 특권이었다. 이것은 1990년대에 국민소득의 약 −10퍼센트에 달했고 2010년대에는 −20퍼센트를 약간 상회하는 미국의 순해외자본 포지션이 더 이상 악화되는 것을 막아주었다. 따라서 모든 것을 고려할 때 현재 상황은 제1차 세계대전 직전의 상황과 상당히 비슷하다. 미국의 국내자본은 국민소득의 약 450퍼센트에 이른다. 이 가운데 외국인 투자자가 보유한 자산(미국인 투자자가 소유한 해외자산을 뺀)은 국민소득의 20퍼센트에 해당된다. 그러므로 미국의 순국부는 국민소득의 약 430퍼센트다. 다시 말해 미국인이 미국의 95퍼센트 이상을 소유하고, 외국인은 미국의 5퍼센트 미만을 소유하고 있는 것이다.

요약하면 미국의 순해외자산 포지션은 때로 약간 마이너스였거나 약간 플러스였지만, 이 포지션은 미국 시민이 소유한 자본총량과 비교했을 때 언제나 상대적으로 그리 중요하지 않았다.(항상 5퍼센트 이하였고 보통은 2퍼센트보다 적은 수준이었다.)

오랫동안 **왕**이 소유했던 **캐나다**

캐나다가 앞서 언급했던 여느 국가들과 매우 다른 경로를 걸어왔다는 점을 관찰하는 것은 흥미롭다. 캐나다 국내자본의 많은 부분—19세기 말과 20세기 초에 4분의 1만큼—은 외국인 투자자들, 특히 천연자원(구리, 아연 그리고 알루미늄 및 석탄 광산) 부문은 영국인들이 주로 소유하고 있었다. 1910년 캐나다의 국내자본은 국민소득의 530퍼센트에 이르는 것으로 평가되었다. 이 가운데 외국인 투자자들이 소유하고 있는 자산(캐나다인 투자자들이 소유한 해외자산을 뺀 후)은 국민소득의 120퍼센트에 달했다. 즉 전체 국내자본의 5분의 1에서 4분의 1 수준이었다. 그러므로 캐나다의 순국부는 국민소득의 약 410퍼센트 정도였다(도표 4.9 참조).[11]

두 차례 세계대전은 이 상황을 상당히 바꿔놓았는데, 그것은 유럽인들이 많은 해외자산을 처분해야 했기 때문이다. 물론 그렇게 되기까지는 시간이 걸렸다. 왜냐하면 1950년에서 1990년 사이에 캐나다의 순해외부채가 국내자본의 약 10퍼센트에 달했기 때문이다. 공공부채는 이 기간의 끝으로 가면서 늘어나다가 1990년 이후 정리되었다.[12] 오늘날 캐나다의 상황은 미국의 사정과 아주 흡사하다. 캐나다의 국내자본은 국민소득의 약 410퍼센트에 달한다. 이 가운데 외국인 투자자들이 소유한 자산(캐나다

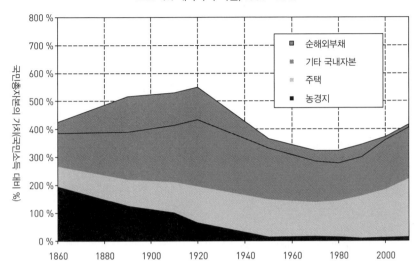

캐나다에서는 항상 국내자본의 상당 부분을 해외 국가들이 보유해 국민총자본이 언제나 국내자본보다 적었다.

출처 및 통계: piketty.pse.ens.fr/capital21c

투자자들이 소유한 해외자산을 뺀 후)은 국민소득의 10퍼센트 이하를 차지한다. 그러므로 캐나다는 98퍼센트 이상을 캐나다인들이 소유하고 2퍼센트 이하를 외국인들이 소유한다.(그러나 순해외자본에 대한 이러한 시각은 국가 간의 교차소유의 중요성을 잘 드러나지 않게 한다는 것을 기억하자. 이에 대해서는 다음 장에서 더 설명할 것이다.)

이 같은 비교는 흥미롭다. 이 두 북미 국가의 발전과정이 왜 이렇게 근본적인 차이를 보이는가에 대해 순수하게 경제적인 이유들을 찾는 것이 어렵기 때문이다. 정치적 요인이 핵심적인 역할을 한 것만은 분명하다. 미국은 항상 외국인 투자에 개방적이었지만 19세기 미국 시민들이 국부의 4분의 1을 옛 식민지 지배자들이 소유하는 상황을 용인했을 거라고 상상하기란 힘든 일이다.[13] 그러나 이것은 영국의 식민지로 남아 있던 캐나다에서는 별 문제가 되지 않았다. 캐나다의 많은 부분을 영국이 소유하고 있었

4장
구유럽에서
신대륙으로

다는 사실은 런던 시민들이 스코틀랜드나 서식스 주 대부분의 토지와 많은 공장을 소유했다는 사실과 크게 다르지 않았기 때문이다. 마찬가지로 캐나다의 순해외자산이 오랫동안 마이너스에 머물러 있었다는 것은 어떤 격렬한 정치적 불화가 없었다는 사실과 관련이 있다.(캐나다는 영국으로부터 점진적으로 독립해나갔지만 여전히 영국 왕실이 국가 원수를 맡고 있다.) 그래서 다른 나라들이 일반적으로 독립을 향해 가면서 일종의 몰수 조치를, 특히 천연자원에 대한 몰수 조치를 취했던 것과 달리 캐나다는 그렇게 하지 않았다는 사실과도 관련이 있다.

구대륙과 신대륙: 노예제의 중요성

/

유럽과 미국 자본의 변형이라는 주제는 노예제 문제와 미국 자산에서 노예가 차지한 지위를 논하지 않고는 결론지을 수 없다.

토머스 제퍼슨이 소유한 것은 토지뿐만이 아니었다. 그는 대부분 그의 아버지와 장인에게서 상속받은 노예를 600명 넘게 소유했는데, 노예제 문제에 대한 그의 정치적 태도는 항상 극히 애매했다. 그가 꿈꿨던, 동등한 권리를 누리는 소지주들로 구성된 이상적인 공화국에서 유색 인종은 제외되었다. 그가 태어난 버지니아의 경제는 노예들의 강제노동에 크게 의존했다. 1801년 남부 주들에서 얻은 표 덕분에 미국의 대통령이 되었음에도 불구하고, 그는 1808년 이후 미국 땅으로 노예를 수입하는 것을 중단하는 법률에 서명했다. 이것이 노예 수가 급격히 증가하는 것, 즉 1770년대의 약 40만 명에서 1800년의 인구조사 결과 100만 명으로 증가하는 것을 막지는 못했다. 노예의 자연적 증가가 새로운 노예 수입보다 비용이 적게 들었다. 노예의 수는 1800년과 1860년의 인구조사 사이에 다시 4배로 불어나 400만 명을 넘어섰다. 즉 한 세기도 채 안 돼 노예 수가 10배로 증가했던 것이다. 노예경제는 남북전쟁이 발발한 1861년 당시에는 급속히 성장했으나 1865년에 결국 노예제도의 폐지로 종지부를 찍게 되었다.

1800년에 노예들은 미국 인구의 거의 20퍼센트를 차지했다. 대략 총인구 500만 명 중에서 약 100만 명이 노예였다. 거의 모든 노예가 살았던 남부[14]에서는 인구의 40퍼센트가 노예였다. 즉 전체 250만 인구 중에 100만 명이 노예이고 나머지 150만 명이 백인이었다. 모든 백인이 노예를 소유하지는 못했고 극소수만이 제퍼슨과 비슷한 수의 노예를 소유했다. 그만큼 노예제에 기초한 재산은 집중이 가장 심했다.

1860년까지 북부와 서부에서 인구가 급격히 증가하자 미국 전체 인구 가운데 노예의 비율은 15퍼센트 정도, 즉 전체 인구 3000만 명 중 약 400만 명으로 떨어졌다. 그러나 남부에서는 그 비율이 40퍼센트를 유지했다. 남부 인구 1000만 명 가운데 400만이 노예이고 600만이 백인이었다.

1770년에서 1865년 사이 미국의 노예 가격에 대해 알아보는 데는 많은 역사적 자료를 이용할 수 있다. 여기에는 앨리스 핸슨 존스가 수집한 공증 기록, 레이먼드 골드스미스가 이용한 세금과 인구조사 자료 그리고 주로 로버트 포겔Robert Fogel이 수집한 노예시장 계약에 대한 자료 등이 포함된다. 약간의 차이는 있지만 상당히 일관성을 지닌 이 다양한 자료를 비교해 나는 도표 4.10과 4.11에 나타난 추정치를 얻었다.

이들 도표를 보면 18세기 말과 19세기 초 노예의 총시장가치는 미국 국민소득의 거의 1.5배 수준이었으며, 이는 대략 농경지의 총가치와 비슷했음을 알 수 있다. 다른 구성 요소들과 더불어 부의 요소에 노예를 포함시킬 경우, 미국의 총자본은 식민지 시대부터 현재까지 국민소득의 약 4.5배에 달하는 비교적 안정된 수준을 유지했다(도표 4.10 참조). 이런 식으로 노예의 가치를 자본에 더하는 것은 분명히 여러 면에서 좋다고 할 수 없는 일이다. 이는 일부 인간이 권리, 특히 재산소유권을 가진 인격체가 아니라 가재도구로 취급된 어떤 문명의 징표다.[15] 그러나 이것은 노예 소유주에게 노예자본이 얼마나 중요한 가치를 지니는가를 측정해준다.

이것은 1770~1810년 남부의 주와 북부의 주를 따로 구분해 이 두 지역

도표 4.10. 미국의 자본과 노예제

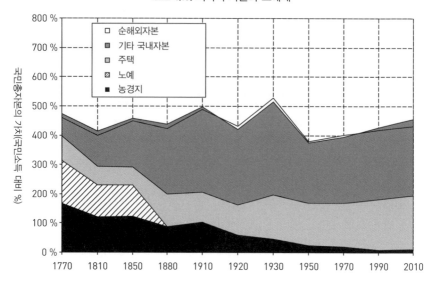

국민총자본의 가치(국민소득 대비 %)

- □ 순해외자본
- ▨ 기타 국내자본
- ▨ 주택
- ▨ 노예
- ■ 농경지

1770년경 노예의 시장가치는 국민소득의 1.5배와 거의 같았다.(토지와도 같다.)

출처 및 통계: piketty.pse.ens.fr/capital21c

도표 4.11. 1770〜1810년경의 자본: 구대륙과 신대륙

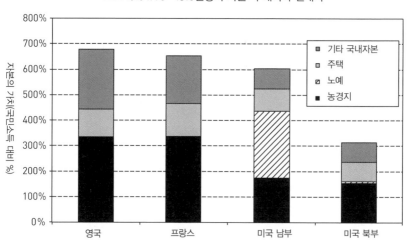

자본의 가치(국민소득 대비 %)

- ▨ 기타 국내자본
- ▨ 주택
- ▨ 노예
- ■ 농경지

영국　프랑스　미국 남부　미국 북부

1770〜1810년경 미국 남부 주의 농경지와 노예의 가치를 합하면 국민소득의 4배를 넘었다.

출처 및 통계: piketty.pse.ens.fr/capital21c

의 자본 구조를(노예 포함) 같은 기간의 영국 및 프랑스의 자본 구조와 비교하면 더 뚜렷하게 드러난다(도표 4.11 참조). 미국 남부에서는 노예의 총가치가 국민소득의 2.5~3배로 나타났고, 농경지와 노예들을 합한 가치는 국민소득의 4배를 넘었다. 이 모든 것을 고려하면 미국 남부의 노예 소유주들은 구유럽의 지주들보다 더 큰 부를 장악했음을 알 수 있다. 그들이 소유한 농경지는 그 자체로서는 별 가치가 없었지만 그들은 토지뿐만 아니라 그 토지에서 일하는 데 필요한 노동력까지 소유한다는 기발한 생각을 한 덕분에 그들이 가진 총자본은 훨씬 더 많았다.

노예의 시장가치를 재산의 다른 요소들에 더할 경우 남부의 자본가치는 남부 소득의 6배를 초과하는데, 이는 영국과 프랑스의 총자본가치와 맞먹는 수준이다. 반면 노예가 거의 없던 북부에서는 총자본이 매우 적었다. 즉 국민소득의 3배 정도밖에 되지 않았는데, 이는 미국 남부와 유럽의 절반 수준에 지나지 않는다.

분명한 사실은 남북전쟁 전의 미국은 이전에 논의했던 자본이 없던 나라와는 거리가 멀었다는 것이다. 사실 신대륙에는 두 가지 극단적인 현실이 함께 나타났다. 즉 미국의 북부는 토지가 무척 방대해 누구라도 비교적 손쉽게 지주가 될 수 있었고, 최근의 이민자들이 많은 자본을 축적할 시간이 충분히 지나지 않았던 까닭에 자본의 가치가 크지 않은 비교적 평등한 사회였다. 반면 미국 남부는 인구의 절반이 인구의 다른 절반을 소유해 소유권의 불평등이 가장 극단적이고 폭력적인 형태를 띠고 있었다. 남부에서는 노예자본이 대체로 토지자본의 가치와 거의 같거나 이를 능가하는 수준이었다.

이 복잡하고 모순적인 불평등의 관계는 미국에서 오늘날까지 대체로 지속되고 있다. 미국은 한편으로는 적당한 배경을 지닌 수백만의 이민자에게 기회의 땅이자 평등을 약속하는 국가이지만, 다른 한편으로는, 특히 인종 문제와 관련하여 그 영향이 아직도 상당히 남아 있는 극단적으로 끔찍한 불평등의 땅이기도 하다. 남부의 흑인들은 1960년대까지 시민권을 박탈당했고, 1980년대까지 계속된 남아프리카의 아파르트헤이트 체제와 유사한 합법적인 인종차별 체제에 시달려야만 했다. 이런 사실은 분명 미국 복지국가의 발전(혹은 비발전nondevelopment)의 많은 특징을 설명해준다.

노예자본과 인적자본

나는 다른 노예사회들에서는 노예자본의 가치를 평가하려고 시도하지 않았다. 영국의 노예제도는 1833~1838년에 폐지되었다. 프랑스의 노예제도는 두 단계를 거쳐 폐지되었는데 1792년에 처음 없어졌다가 1803년에 나폴레옹에 의해 부활되고 1848년에 완전히 폐지되었다. 18세기와 19세기 초 이 두 제국에서는 해외자본의 일부가 서인도제도의 농장(『맨스필드 파크』에 등장하는 토머스 경을 떠올려보라) 혹은 인도양 섬들의 노예 영지(프랑스혁명 후 레위니옹과 모리셔스가 된 일부르봉과 일드 프랑스)에 투자되었다. 이 농장들의 자산은 노예였는데 이 책에서는 그 가치를 따로 계산에 넣지 않았다. 19세기 초 이 두 나라에서 총해외자산이 국민소득의 10퍼센트를 초과하지 않았기 때문에 총자본에서 노예의 비중은 미국에서보다 명백히 적었을 것이다.[16]

반대로 노예들이 인구의 큰 부분을 차지하던 사회에서는 그들의 시장가치가 1770~1810년 미국에서 그랬던 것보다 어쩌면 더 높은 수준에 쉽게이를 수 있었고, 또 어떤 형태의 자산보다도 더 큰 가치를 지닐 수 있었다. 극소수의 사람이 사실상 전체 인구를 소유하는 극단적인 경우를 생각해보자. 논의를 위해 노동소득(즉 노예들의 노동으로 노예 소유주가 얻는 수익)이 국민소득의 60퍼센트를 차지하고, 자본소득(토지와 그 외의 자본을 통해 자본소유자가 얻는 임대료, 이윤 등)은 국민소득의 40퍼센트, 모든형태의 비인적자본의 수익률이 연 5퍼센트라고 가정해보자.

정의상 국민총자본(노예는 제외)은 국민소득의 8배와 같다. 제1장에서 설명한 대로 이것이 자본주의의 제1기본법칙이다($\beta = \alpha / r$).

노예사회에서는 이 같은 법칙을 노예자본에 적용할 수 있다. 만약 노예들이 국민소득의 60퍼센트를 산출하고 모든 형태의 자본에 대한 수익률이 연 5퍼센트라면, 모든 노예자본의 총시장가치는 국민소득의 12배와 같다. 혹은 노예들이 비인적자본보다 50퍼센트 더 많은 양을 산출하므로 비인적 국민총자본보다 50퍼센트 더 가치가 있다. 만약 노예의 가치를 자본의 가치에 추가한다면, 연간 총소득과 총생산이 5퍼센트의 비율로 자본화되므로 당연히 국민소득의 20배가 된다.

1770~1810년 미국의 경우, 노예자본의 가치가 대략 국민소득의 (12배가 아닌) 1.5배 정도였는데, 그 이유는 한편으로는 총인구에서 노예가 차지하는 비율이 (100퍼센트가 아닌) 20퍼센트였고, 다른 한편으로는 노예의 평균 생산성이 자유민 노동의 평균 생산성보다 약간 낮았으며, 노예자본의 수익률은 5퍼센트가 아니라 7~8퍼센트에 가깝거나 그보다도 높아 자본화의 정도가 낮았기 때문이다. 실제로 남북전쟁 직전의 미국에서는 노예의 시장가격이 보통 자유민 노동자 임금의 10~12배와 같았다.(노예와 자유민 노동자가 동일한 생산성과 수익률을 보인다면 20배에 달해야 하는데 그렇지 못했다.) 1860년 자유민 농장노동자의 평균 임금은 200달러인 데 반해 최적 노동 연령인 남자 노예의 평균 가격은 2000달러였다.[17] 그러나 노예의 가격은 노예의 갖가지 특징과 노예 소유주의 평가에 따라 크게 달라진다는 점에 주의하라. 예를 들어 영화 「장고: 분노의 추적자Django Unchained」에서 쿠엔틴 타란티노 감독은 부유한 농장주가 아름다운 여인 브룸힐다를 단 700달러에 팔려고 하지만, 자신이 아끼는 최고의 전사 노예들은 무려 1만2000달러를 받고 싶어한다고 묘사했다.

어쨌든 이런 유의 계산은 인적자본이 시장에서 영구적이고 되돌릴 수 없게 팔리는 노예사회에서만 통하는 일이다. 최근 '국가의 부'에 관한 일련의 세계은행 보고서들을 쓴 이들을 비롯한 몇몇 경제학자는, 다소 자의

4장
구유럽에서
신대륙으로

적인 연간 수익률(보통 4~5퍼센트)에 기초해 노동에서 나오는 소득의 가치를 자본화하여 '인적자본'의 총가치를 계산하는 방법을 택한다. 이 보고서들은 21세기라는 매혹적인 세계에서 인적자본이 주도적 형태의 자본이라는 놀라운 결론을 내렸다. 실제로 이 결론은 완벽하게 명백한 사실이며 18세기에도 똑같았을 것이다. 국민소득의 절반 이상이 노동소득이 되고, 노동소득을 자본소득과 아주 같은 혹은 거의 같은 비율로 자본화하면 당연히 인적자본의 가치가 다른 모든 형태의 자본 가치보다 더 커진다. 이는 놀라운 사실이 아니며 이 결론에 이르기 위해 가설적인 자본화에 의존할 필요도 없다. 소득의 금액을 비교하는 것만으로 충분하다.[18] 인적자본 총량에 화폐적인 가치를 부여하는 것은 다른 개인들을 완전히 전적으로 소유하는 일이 실제로 가능한 사회에서만 이치에 맞을 터이다. 언뜻 보기에도 그런 사회는 분명히 사라졌다.

제 5 장

자본 / 소득 비율의
장기적 추이

제4장에서는 18세기 이래 유럽과 북미에서의 자본의 변화에 대해 논의했다. 장기적으로 살펴봤을 때, 부의 성격은 완전히 변했다. 농경지 형태의 자본이 점진적으로 산업 및 금융자본, 도시의 부동산으로 대체되었다. 그러나 가장 두드러진 사실은 이러한 변화에도 불구하고 국민소득의 배수로 측정되는 자본총량—경제와 사회에서 자본의 전반적인 중요성을 측정하는 비율—에는 아주 오랜 기간 그리 큰 변화가 나타나지 않은 것 같다는 점이다. 가장 완전한 역사적 데이터를 보유하고 있는 영국과 프랑스의 경우 현재 국민총자본이 국민소득의 5~6배 수준에 달하는데, 이는 18세기와 19세기, 제1차 세계대전 바로 직전까지 집계된 부의 수준(국민총자본이 국민소득의 약 6~7배)보다 약간 낮다. 더욱이 1950년대 이후 자본 / 소득 비율이 꾸준히 크게 증가해왔음을 감안하면 향후 수십 년 동안 이러한 증가세가 계속 이어질지, 그리하여 21세기가 끝나기 전에 자본 / 소득 비율이 과거 수준을 되찾거나 심지어 능가할 수 있을지 궁금해지는 것은 당연한 일이다.

두 번째로 눈에 띄는 사실은 유럽과 미국 간의 비교에 관한 것이다. 1914~1945년에 발생한 충격은 당연히 미국보다는 유럽에 훨씬 더 큰 영향을 미쳤기 때문에, 유럽에서는 1920년대부터 1980년대까지 자본/소득 비율이 미국보다 낮았다. 그러나 전쟁과 그 여파로 인해 영향을 받은 긴 기간을 제외하면, 자본/소득 비율은 항상 유럽에서 더 높은 경향을 보여왔다는 점이 발견된다. 19세기와 20세기 초에도(미국에서는 자본/소득 비율이 4~5배였던 데 반해 유럽에서는 6~7배였다) 그리고 20세기 후반과 21세기 초에도 마찬가지다. 1990년대 초에 유럽의 민간자산 규모가 다시 미국을 넘어섰고, 현재 유럽의 자본/소득 비율은 6배에 가깝다. 이에 비해 미국은 4배를 약간 넘는다(도표 5.1과 5.2 참조).[1]

이제 다음 사실을 설명해야 한다. 왜 유럽에서 자본/소득 비율이 사상 최고치를 회복했는가? 그리고 왜 유럽의 자본/소득 비율이 미국보다 구조적으로 더 높아야 하는가? 어떤 불가사의한 힘이 한 사회의 자본을 국민소득의 3~4배가 아니라 6~7배가 되도록 만드는 것일까? 자본/소득 비율의 균형 수준이 존재하기는 하는가? 만약 그렇다면 균형 수준은 어떻

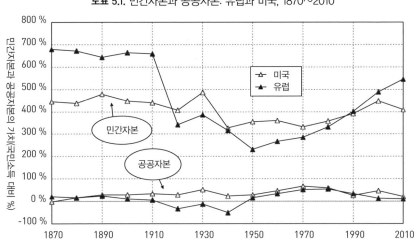

도표 5.1. 민간자본과 공공자본: 유럽과 미국, 1870~2010

장기적인 국민총자본의 변동은 유럽과 미국 모두에서 민간자본의 변동과 대부분 일치한다.

출처 및 통계: piketty.pse.ens.fr/capital21c

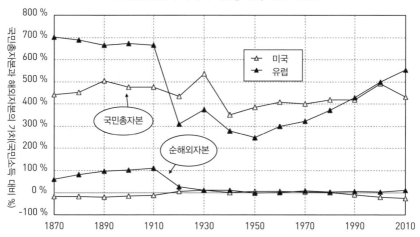

도표 5.2. 유럽과 미국의 국민총자본, 1870~2010

1910년에 국민총자본(민간 + 공공)의 가치는 유럽에서 국민소득의 6.5배, 미국에서는 국민소득의 4.5 배에 상당했다.

출처 및 통계: piketty.pse.ens.fr/capital21c

게 결정되고 자본수익률에 어떤 영향을 미치는가? 그리고 자본 / 소득 비율의 균형은, 국민소득에서 노동과 자본이 차지하는 비율과 어떤 관계를 맺는가? 이러한 질문에 답하기 위해, 나는 먼저 한 경제의 자본 / 소득 비율과 저축률 및 성장률을 연결시킬 수 있게 해주는 동태적 법칙을 제시하며 논의를 시작하겠다.

자본주의의 제2기본법칙: $\beta = s / g$

다음 공식에 따르면, 장기적으로 자본 / 소득 비율 β와 저축률 s, 성장률 g의 관계는 단순하고 명백하다.

$$\beta = s / g$$

예를 들어 $s = 12$퍼센트이고 $g = 2$퍼센트이면, $\beta = s/g = 600$퍼센트다.[2]

즉, 한 국가가 매년 소득의 12퍼센트를 저축하고 국민소득 성장률이 연간 2퍼센트라면, 장기적으로 자본/소득 비율은 600퍼센트가 될 것이다. 따라서 그 국가는 국민소득의 6배에 해당되는 자본을 축적하게 될 것이다.

자본주의의 제2기본법칙으로 간주될 수 있는 이 공식은 분명하면서도 중요한 점을 반영하고 있다. 즉 저축을 많이 하고 느리게 성장하는 국가는 장기적으로 (소득에 비해 상대적으로) 거대한 자본총량을 축적할 것이고, 이는 사회 구조와 부의 분배에 중요한 영향을 미칠 수 있다.

다시 말해 거의 정체되어 있는 사회에서는 과거에 축적된 부가 필연적으로 엄청난 중요성을 띠게 될 것이다.

따라서 18세기와 19세기에 관찰된 수준에 근접할 정도로, 21세기에 자본/소득 비율이 구조적으로 높은 수준으로 회귀한 것은 저성장 체제로의 회귀로 설명될 수 있다. 이처럼 성장 둔화, 특히 인구 성장의 둔화는 자본이 귀환하는 원인이다.

기본적인 요점은 성장률에 작은 변화가 생겨도 장기적으로 자본/소득 비율에 아주 큰 영향을 미칠 수 있다는 것이다.

예를 들어 저축률이 똑같이 12퍼센트라면 성장률이 연간 1.5퍼센트(2퍼센트가 아니라)로 하락할 경우, 장기적으로 자본/소득 비율 $\beta = s/g$는 국민소득의 8배(6배가 아니라)로 상승할 것이다. 성장률이 연간 1퍼센트로 하락할 경우에는 $\beta = s/g$가 국민소득의 12배로 상승해 자본집약도가 성장률이 2퍼센트일 때의 2배에 이르는 사회가 될 것이다. 어떤 면에서 이것은 반가운 소식이다. 자본은 모든 사람에게 잠재적으로 유용하며, 모든 것이 적절하게 조직된다면 모두가 그 혜택을 얻을 수 있기 때문이다. 그러나 다른 측면에서 보면 자본소유자가—주어진 부의 분배 구조에서—전체 경제적 자원 가운데 더 큰 몫을 장악할 수 있다는 뜻이기도 하다. 어쨌든 그러한 변화는 경제적, 사회적, 정치적으로 상당한 반향을 일으킨다.

반면 성장률이 3퍼센트로 상승하면 $\beta = s/g$는 국민소득의 겨우 4배로 떨어질 것이다. 동시에 저축률이 9퍼센트로 약간 하락하면 장기적으로 자본/소득 비율은 3으로 떨어질 것이다.

$\beta = s/g$ 법칙에서 사용하는 성장률은 전체 국민소득 증가율, 즉 1인당 국민소득 증가율과 인구증가율의 합이기 때문에 이러한 효과가 더욱더 중요하다.[3] 다시 말해 저축률이 대략 10~12퍼센트이고 1인당 국민소득 증가율이 연간 1.5~2퍼센트 정도라면, 유럽처럼 인구증가율이 제로에 가깝고 따라서 전체 성장률이 1.5~2퍼센트에 가까운 국가는 국민소득의 6~8배에 달하는 자본총량을 축적할 것이라고 예상할 수 있다. 반면 미국처럼 인구증가율이 연간 대략 1퍼센트이고 따라서 전체 성장률이 2.5~3퍼센트인 국가는 국민소득의 겨우 3~4배에 달하는 자본총량을 축적할 것이다. 아마도 후자와 같은 국가의 인구가 전자만큼 빠른 속도로 노령화되고 있지 않기 때문에 후자의 저축률이 전자보다 약간 낮다면, 결과적으로 이 메커니즘은 더 강화될 것이다. 즉 1인당 소득의 성장률이 비슷한 국가들도 인구증가율이 매우 다르다면 자본/소득 비율은 큰 차이를 보일 수 있다.

이 법칙은 자본/소득 비율의 역사적 추이를 설명하는 데도 유용하다. 특히 1914~1945년의 충격과 20세기 후반의 이례적인 급성장을 겪은 뒤 현재 자본/소득 비율이 매우 높은 수준으로 되돌아가고 있는 이유를 설명할 수 있다. 또한 유럽이 구조적으로 미국보다 더 많은 자본을 축적하는 경향을 보이는 원인(혹은 아마도 영원하지는 않겠지만 미국의 인구증가율이 유럽보다 높은 한 이런 경향이 계속되는 원인)을 이해하는 데 도움이 된다. 그러나 이 현상을 설명하기 전에 몇 가지 개념적이고 이론적인 요점들을 좀더 정확히 짚고 넘어가야 한다.

장기적 법칙

/

먼저 자본주의의 제2기본법칙인 $\beta = s/g$는 특정한 주요 가정들이 충족되어야 적용될 수 있다는 점을 분명히 하는 것이 중요하다. 첫째, $\beta = s/g$는 장기적으로만 유효하다는 의미에서 점근적asymptotic 법칙이다. 한 국가가 언제까지나 계속해서 소득의 일정 비율 s를 저축하고 국민소득 성장률이 언제까지나 g라면 자본/소득 비율 $\beta = s/g$에 점점 더 가까워질 것이고, 그 수준에서 안정화되는 경향을 나타낼 것이다. 그러나 하루아침에 이렇게 되지는 않는다. 한 국가가 소득의 일정 비율 s를 단 몇 년간만 저축할 경우, 자본/소득 비율 $\beta = s/g$가 성립하기에 충분치 않기 때문이다.

예를 들어 한 국가가 자본이 제로인 상태에서 출발해 국민소득의 12퍼센트를 1년간 저축하면, 당연히 연간 소득의 6배에 해당되는 자본총량을 축적하지 못할 것이다. 자본이 제로에서 출발하고 연간 저축률이 12퍼센트일 경우, 연간 소득의 6배에 상당하는 액수를 저축하려면 50년이 걸릴 것이고, 그때가 되어도 자본/소득 비율은 6이 아닐 것이다. 반세기 뒤면 (성장률이 실제로 제로라고 가정하지 않는 한) 국민소득 자체가 상당히 증가할 것이기 때문이다.

따라서 염두에 두어야 할 첫 번째 원칙은, 부의 축적에는 시간이 걸린다는 점이다. 즉 $\beta = s/g$ 법칙이 실현되려면 수십 년이 걸릴 것이다. 이제 우리는 1914~1945년의 충격이 사라지는 데 왜 그렇게 오랜 시간이 걸렸는지, 그리고 이러한 문제들을 연구할 때 아주 장기적인 역사적 관점을 취하는 것이 중요한 이유를 이해할 수 있다. 개인 수준에서 보면 때로 재산이 매우 빠르게 모이기도 하지만 국가 수준에서 보면 $\beta = s/g$ 법칙으로 설명되는 자본/소득 비율의 변화는 장기적인 현상이다.

따라서 제1장에서 자본주의의 제1기본법칙이라고 부른 $\alpha = r \times \beta$ 법칙과 $\beta = s/g$ 법칙 간에는 결정적인 차이가 있다. $\alpha = r \times \beta$ 법칙에 따르면, 국민소득에서 자본소득이 차지하는 몫 α는 평균 자본수익률 r과 자본/소득 비율 β를 곱한 값과 같다. 사실 α = r × β 법칙은 구조상 모든 장소와 모든 시기에 유효한, 순수한 회계 항등식이라는 점을 인식하는 것이 중요하다. 실제로 α = r × β는 법칙이라기보다 국민소득에서 자본이 차지하는 몫(혹은 어떤 변수가 측정하기 쉬운가에 따라 평균 자본수익률)의 정의로 볼 수 있다. 반면 β = s/g 법칙은 동태적인 과정의 결과다. 왜냐하면 이 법칙은 저축률이 s, 성장률이 g라고 할 때 경제가 도달하려는 경향이 있는 균형 상태를 나타내지만, 실제로 이러한 균형 상태는 결코 완벽하게 실현되지 않기 때문이다.

둘째, β = s/g 법칙은 인간이 축적할 수 있는 형태의 자본에 초점을 맞출 때에만 유효하다. 국민총자본의 상당 부분이 순수한 천연자원, 즉 그 가치가 인간이 개발하거나 과거에 투자한 것과 관련이 없는 천연자원으로 구성되어 있다면 β는 저축의 기여 없이도 매우 높을 수 있다. 축적되지 않은 자본의 실제적인 중요성에 대해서는 나중에 더 논의할 것이다.

마지막으로 β = s/g 법칙은 자산 가격이 평균적으로 소비자물가와 같은 수준으로 변화하는 경우에만 유효하다. 부동산이나 주식의 가격이 다른 가격들보다 빨리 오르면 국민총자본의 시장가치와 연간 국민소득의 비율 β는 추가적인 새로운 저축 없이도 다시 매우 높게 유지될 수 있다. 단기적으로는 상대적 자산 가격(즉 소비자물가와 비교한 자산 가격)의 변동(자본이득 혹은 손실)이 종종 물량효과(즉 새로운 저축과 관련된 효과)보다 상당히 더 크다. 하지만 장기적으로 그러한 가격 변동이 소비자물가 상승률과 균형을 이루게 된다고 가정하면 해당 국가가 국민소득의 일정 부분 s를 저축하기로 결정한 이유에 상관없이 β = s/g 법칙은 반드시 성립한다.

β = s/g 법칙은 특정 국가의 국민 또는 정부가 부를 축적하는 이유와는 전혀 관계없다는 점이 강조되어야 한다. 실제로 사람들은 갖은 이유로 자본을 축적한다. 예를 들어 미래의 소비를 늘리기 위해, 은퇴 후 소비를 줄여야 하는 상황을 피하기 위해, 다음 세대를 위한 재산을 모으거나

보존하기 위해 혹은 종종 부에 수반되는 권력, 안전, 명예를 누리기 위해 자본을 축적한다. 일반적으로 이 모든 동기는 동시에 나타나며 그 각각의 중요성은 개인, 국가, 시대에 따라 달라진다. 한 개인에게 이 모든 동기가 결합되어 있는 경우가 많으며, 개인들이 항상 이를 분명히 설명할 수 있는 것은 아니다. 이러한 다양한 동기와 축적 메커니즘이 불평등과 자산의 분배, 불평등 구조에서 상속의 역할, 좀더 일반적으로 말하자면 부의 격차에 대한 사회적, 윤리적, 정치적 정당화에 미치는 중요한 영향에 대해서는 제3부에서 상세하게 논의할 것이다. 여기서는 자본/소득 비율의 동학 (이는 적어도 처음에는 부의 분배 문제와 독립적으로 연구할 수 있는 문제다)만 설명한다. 내가 강조하고 싶은 요점은 $\beta = s/g$ 법칙이 한 국가의 저축률이 정확히 왜 그 수준에 이르렀는지와 관계없이 모든 경우에 적용된다는 점이다.

이렇게 주장하는 것은 $\beta = s/g$가 소득의 일정 비율 s를 저축하고 성장률이 g인 국가에서 유일하게 안정적인 자본/소득 비율이라는 단순한 사실 때문이다.

그 논증은 기초적이다. 한 가지 예를 들어 살펴보자. 구체적으로 한 국가가 매년 소득의 12퍼센트를 저축하고 초기 자본총량이 소득의 6배와 같다면, 자본총량은 연간 2퍼센트 성장해 국민소득 증가율과 정확히 같아질 것이고[4] 따라서 자본/소득 비율이 안정적으로 유지될 것이다.

이와 달리 자본총량이 소득의 6배에 미치지 못할 경우, 소득의 12퍼센트에 해당되는 저축으로 인해 자본총량은 연 2퍼센트 이상 증가해 소득의 증가보다 빠를 것이고, 따라서 자본/소득 비율은 균형 수준에 도달할 때까지 상승할 것이다.

반대로 자본총량이 소득의 6배보다 많을 경우, 저축률이 12퍼센트라면 자본이 연간 2퍼센트보다 낮은 속도로 증가할 것이다. 따라서 자본/소득 비율은 그 수준을 유지하지 못하고 균형 상태에 이를 때까지 낮아질 것이다.

각각의 경우 자산의 평균 가격이 장기적으로 소비자물가와 동일한 비율로 변하면 자본/소득 비율은 장기적으로 β = s/g의 균형 수준을 향해 가는 경향을 보인다.(아마 순수한 천연자원에 의해 더 커질 수도 있다.)[5]

요약하자면 β = s/g 법칙은 이것이 세계대전이나 1929년의 주가 대폭락과 같은 극단적인 충격의 사례로 여겨지는 사건들을 설명하지 못하는 것처럼 자본/소득 비율의 단기적인 충격은 설명하지 못하지만, 충격과 위기의 효과가 사라졌을 때 자본/소득 비율이 장기적으로 향해 가는 잠재적인 균형 수준을 이해할 수 있도록 해준다.

1970년대 이후 부유한 국가들에서 나타난 **자본의 귀환**

자본/소득 비율의 단기적, 장기적 변화의 차이를 보여주기 위해서는 많은 국가에 대해 신뢰성 있고 동질적인 데이터가 확보된 기간인 1970년과 2010년 사이에 가장 부유한 국가들에서 관찰된 연간 변동 추이를 검토하는 것이 유용하다. 우선 가장 부유한 8개 국가, GDP 순서대로 나열하자면 미국, 일본, 독일, 프랑스, 영국, 이탈리아, 캐나다, 호주의 국민소득 가운데 민간자본이 차지하는 비중의 변화를 도표 5.3에서 살펴보자.

도표 5.1과 5.2 그리고 앞의 장들에서는 장기적인 동향에 집중하기 위해 10년 단위를 평균으로 한 수치들을 제시했지만, 도표 5.3은 연간 자료를 보여준다. 도표 5.3을 보면 모든 국가에서 자본/소득 비율이 아주 단기적으로는 끊임없이 변화한다는 것을 알 수 있다. 이런 불규칙한 변화가 나타나는 이유는 부동산(주택과 사업용 부동산)과 금융자산(특히 주식) 가격이 악명 높을 정도로 불안정하기 때문이다. 자본의 가격을 정하는 것은 항상 매우 어렵다. 그 이유는 부분적으로 기업이나 부동산에 의해 창출되는 상품과 서비스에 대한 미래 수요를 객관적으로 예측하기가 매우 복잡해 미래에 해당 자산에서 나올 이윤, 배당금, 로열티, 임대료 등의

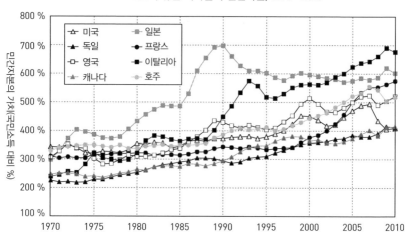

1970년 부유한 국가들의 민간자본의 가치는 국민소득의 2배에서 3.5배였는데, 2010년에는 4배에서 7배로 상승했다.

출처 및 통계: piketty.pse.ens.fr/capital21c

흐름이 어떻지 짐작하기 어렵기 때문이다. 그리고 건물이나 기업의 현재 가치는 이러한 기본적인 요소들뿐만 아니라 소유자가 이 자산들을 팔 때 원하는 가격(즉 예상된 자본이득이나 자본손실)에 의해 결정되기 때문이기도 하다.

실제로 미래의 예상 가격은 주어진 자산 유형에 대한 전반적인 열광에 의해 좌우되는데, 이것이 이른바 자기실현적 믿음을 불러일으킬 수 있다. 누군가가 어떤 자산을 자신이 지불했었던 것보다 더 높은 가격으로 팔 것으로 기대할 수 있는 한, 그 자산의 근본적인 가치보다 훨씬 더 많은 금액을 지불하는 것이 개별적으로는 합리적일 수 있다.(특히 근본적인 가치 자체가 불확실하기 때문에 더욱 그렇다.) 그리하여 그 유형의 자산에 대해 비록 과도할 수 있지만 전반적인 열광이 나타나게 된다. 부동산과 주식에 대한 투기적 거품 현상이 자본 자체만큼 오랜 역사를 지닌 것도 이런 이유 때문이다. 투기적 거품의 역사는 자본의 역사와 본질적으로 동일하다.

1970년에서 2010년 사이의 가장 극적인 거품은 분명 1990년 일본의 경우다(도표 5.3 참조). 일본에서 민간 부의 가치는 1980년대 초 국민소득의 4배를 약간 넘는 수준에서 1980년대 말에는 7배 가깝게 치솟았다. 분명 이런 거대하고 극단적인 급등은 어느 정도는 부자연스러운 것이었다. 이는 1990년대 초에는 민간자본의 가치가 급락하다가 1990년대 중반부터 국민소득의 6배 정도로 안정화되었다는 사실을 봐도 알 수 있다.

여기서는 1970년 이후 부유한 국가들에서 팽창하다가 붕괴된 부동산과 주식시장의 무수한 거품의 역사에 대해 자세히 설명하거나 미래의 거품을 예측하려고 하지는 않을 것이다. 그러한 논의는 내 능력 밖의 일이다. 하지만 1994~1995년에 이탈리아 부동산 시장이 급격히 조정되고, 2000~2001년의 인터넷 거품이 붕괴된 현상에 주목해야 한다. 후자의 경우 비록 10년 전 일본의 자본 / 소득 비율 하락에 비할 정도는 아니지만, 미국과 영국의 자본 / 소득 비율을 특히나 급격하게 떨어뜨렸다. 또한 이후 미국의 부동산 및 주식시장 호황이 2007년까지 계속되다가 2008~2009년의 불황 때 극심하게 하락한 점에도 주목해야 한다. 2년 뒤 미국의 민간자본은 국민소득의 5배에서 4배로 줄어들었는데, 이는 1991~1992년에 발생한 일본의 조정과 거의 동일한 규모의 감소였다. 다른 국가들, 특히 유럽에서는 조정의 정도가 덜했고 심지어 조정이 일어나지 않기도 했다. 영국, 프랑스, 이탈리아에서 자산, 특히 부동산 가격은 2008년에 잠깐 안정을 되찾았다가 2009~2010년에 다시 상승하기 시작해, 2010년대 초에는 민간의 부가 2007년 수준을 회복했으며 게다가 약간 높기까지 했다.

단기적인 자산 가격의 이러한 불규칙적이고 예측 불가능한 변동(최근 수십 년간 변동 폭이 더 커진 것처럼 보인다. 이런 현상이 잠재적인 자본 / 소득 비율의 증가와 관련될 수 있다는 것은 나중에 살펴볼 것이다) 이외에 1970~2010년에 모든 부유한 국가에서 장기적인 추세가 존재한다는 점을 강조하고 싶다(도표 5.3 참조). 1970년대 초에 모든 대륙의 모든 부유한 국가에서 부채를 뺀 민간 부의 총액은 국민소득의 2~3.5배였다.[6] 40년 뒤인

2010년에는 모든 조사 대상 국가에서 민간의 부가 국민소득의 4~7배에 달했다.[7] 전반적인 변화 양상은 분명하다. 거품은 차치하고, 1970년 이후 부유한 국가들에서 민간자본이 강력하게 회복되고 있다. 바꿔 말하면 새로운 세습자본주의가 출현한 것이다.

이러한 구조적인 변화는 세 가지 요인으로 설명되며, 이 요인들은 상호보완적으로 이 현상을 매우 현저한 규모로 강화한다. 장기적으로 가장 중요한 요인은 성장률 둔화, 특히 인구증가율의 둔화다. $\beta = s/g$ 법칙에 따라 성장률 둔화는 높은 저축률과 결합되어 자동적으로 장기적인 자본/소득 비율을 구조적으로 상승시킨다. 아주 오랜 기간을 놓고 보면 이 메커니즘이 주도적인 동력이지만 지난 수십 년간 영향력이 상당히 높아진 다른 두 요인도 가려져서는 안 된다. 첫 번째는 1970년대와 1980년대에 공공부문의 자산이 점차 민영화되고 민간에 이전된 현상이다. 두 번째는 부동산과 주식 시세의 장기적인 반등 현상이다. 이 현상은 정치적 상황이 전쟁 직후의 수십 년 동안보다 민간자산에 전체적으로 더 우호적이던 1980년대와 1990년대에 가속화되었다.

거품을 넘어: 낮은 성장률과 높은 저축률

먼저 성장률 둔화와 지속적으로 높은 저축률의 결합 그리고 $\beta = s/g$라는 동태적인 법칙에 기초한 첫 번째 메커니즘에 관해 논의를 시작해보자. 표 5.1은 부유한 8개 국가의 1970~2010년 평균 성장률과 민간저축률을 보여준다. 제2장에서 언급한 것처럼 1인당 국민소득 성장률(혹은 이와 거의 동일한 1인당 국내생산 성장률)은 지난 수십 년간 모든 선진국에서 아주 비슷하게 나타났다. 몇 년간을 단기적으로 비교해보면 차이가 상당할 수 있고, 이는 종종 국가적 긍지나 경쟁의식을 불러일으킨다. 하지만 장기적인 평균을 살펴보면 모든 부유한 국가가 비슷한 속도로 성장하고 있다. 1970

년과 2010년 사이에 1인당 국민소득의 연평균 성장률은 8개 선진국에서 1.6~2.0퍼센트였고 보통은 1.7~1.9퍼센트였다. 현재 이용할 수 있는 통계치의 불완전성(특히 물가지수)을 감안하면 이런 작은 차이는 통계적으로 중요하지 않다.[8]

어찌됐든 이러한 차이는 인구증가율의 차이에 비하면 미미하다. 1970~2010년에 유럽과 일본의 연간 인구증가율은 0.5퍼센트 이하였다.(1990~2010년에는 0퍼센트에 가까웠고, 일본은 심지어 마이너스 성장을 보였다.) 반면 미국, 캐나다, 호주의 인구증가율은 1.0~1.5퍼센트였다. 따라서 1970~2010년에 전반적인 성장률은 미국과 다른 새로운 국가들이 유럽과 일본보다 상당히 더 높았다. 전자는 연간 약 3퍼센트였던(혹은 그보다 약간 더 높았던) 데 반해, 후자는 겨우 2퍼센트(혹은 최근의 기간에는 대부분 겨우 1.5퍼센트)였다. 이러한 차이는 크지 않은 듯 보일 수 있지만 제2장에서 확인했듯이 장기간 누적되면 실제로 상당한 차이다. 여기서 강조하고 싶은 핵심은 그러한 성장률 차이가 장기적인 자본의 축적에 엄

표 5.1. 부유한 국가들의 성장률과 저축률, 1970~2010

국가	국민소득 성장률 (%)	인구증가율 (%)	1인당 국민소득 성장률(%)	민간저축률 (자본 소모 차감 후) (국민소득 대비 %)
미국	2.8	1.0	1.8	7.7
일본	2.5	0.5	2.0	14.6
독일	2.0	0.2	1.8	12.2
프랑스	2.2	0.5	1.7	11.1
영국	2.2	0.3	1.9	7.3
이탈리아	1.9	0.3	1.6	15.0
캐나다	2.8	1.1	1.7	12.1
호주	3.2	1.4	1.7	9.9

부유한 국가 간에 저축률과 인구증가율은 많은 차이를 보인다. 1인당 국민소득 성장률의 차이는 이보다 훨씬 더 적다.

출처: piketty.pse.ens.fr/capital21c

5장
자본/소득 비율의
장기적 추이

청난 영향을 미치고, 미국보다 유럽과 일본에서 자본/소득 비율이 구조적으로 더 높은 이유를 대체로 설명해준다는 것이다.

이제 1970~2010년의 평균 저축률을 보면, 이번에도 국가 간에 큰 차이를 볼 수 있다. 민간저축률은 일반적으로 국민소득의 10~12퍼센트 사이였지만, 미국과 영국에서는 7~8퍼센트로 낮았고, 일본과 이탈리아에서는 14~15퍼센트에 이르렀다(표 5.1 참조). 이러한 차이가 40년 이상 누적되면서 상당한 격차가 생겼다. 또한 저축률이 높은 국가들은 종종 인구가 정체되고 노령화되었지만(은퇴와 상속 목적의 저축이 늘 수 있다), 이런 관계가 체계적인 연관성을 지니고 있지는 않는다는 점에 유의하자. 앞서 말했듯이 사람들이 저축을 늘리거나 줄이는 이유는 다양하기 때문에 많은 요인(무엇보다도 문화, 미래에 대한 인식, 국가의 고유한 역사와 관련된)이 작용한다는 것은 놀라운 일이 아니다. 궁극적으로 인구증가율에 영향을 미치는 출산이나 이민에 관한 결정도 마찬가지다.

이제 성장률과 저축률의 차이를 결합시키면 국가들이 축적한 자본량이 서로 매우 다르고 1970년 이후 자본/소득 비율이 급격하게 상승한 이유를 설명하기가 쉬워진다. 특히 명확한 사례가 일본이다. 저축률이 연간 15퍼센트에 육박하는 반면 성장률은 겨우 2퍼센트를 넘긴 일본이 장기적으로 국민소득의 6~7배에 달하는 자본총량을 축적한 것은 놀라운 일이 아니다. 이것은 동태적 축적의 법칙인 $\beta = s/g$의 자명한 결과다. 마찬가지로 일본보다 저축률이 훨씬 더 낮고 성장률은 높은 미국의 자본/소득 비율이 낮은 것도 놀라운 일이 아니다.

좀더 일반적으로 말하면 1970~2010년에 집계된 저축으로(1970년에 집계된 초기의 부와 함께) 예측한 2010년 민간자산의 수준을 2010년에 실제로 집계된 결과와 비교하면 두 수치가 대부분의 국가에서 매우 비슷하다는 것을 알 수 있다.[9] 둘 사이의 연관성이 완벽하지는 않는데, 이는 다른 요인들 역시 중요한 역할을 한다는 뜻이다. 예를 들어 이 시기 영국 민간부문의 부가 급격히 상승한 것을 저축 유량으로 설명하는 것은 적절하지 않은 것 같다.

그러나 이런저런 국가들의 특수한 상황을 넘어서 살펴보면 전반적으로 매우 일관된 결과가 나타난다. 1970년과 2010년 사이에 부유한 국가들의 민간자본 축적과 관련된 주요 특징들은 자산의 상대가격의 상당한 구조적 상승을 가정하지 않고 1970년과 2010년 이 두 시점 사이의 저축의 양이라는 측면에서 (초기 자본의 부존賦存과 함께) 설명할 수 있다. 즉 부동산 및 주식시장의 가격 변동이 항상 단기적으로 그리고 중기적으로도 두드러지지만 장기적으로는 상쇄되어 균형을 찾아가는 경향을 보이며, 균형 시에는 일반적으로 물량효과가 결정적인 것으로 나타난다.

이번에도 일본의 경우가 상징적이다. 1980년대의 자본／소득 비율의 엄청난 상승과 1990년대 초의 급격한 하락을 이해하려면, 부동산 및 주식시장의 거품 형성과 붕괴가 그에 대한 가장 유력한 설명임에 분명하다. 하지만 1970~2010년 전체 기간에 걸쳐 관찰된 변화 양상을 이해하고자 한다면, 물량효과가 가격효과보다 크다는 것을 분명히 알 수 있다. 일본에서 민간부문의 부가 1970년 국민소득의 3배에서 2010년에는 6배로 증가한 사실은 저축 유량으로 거의 완벽하게 예측된다.[10]

민간저축의 두 가지 구성 요소

/

완벽을 기하기 위해, 민간저축은 두 가지 요소로 이루어진다는 점을 명확히 해야 한다. 바로 개인이 직접 하는 저축(이는 가계가처분소득 중 즉시 소비되지 않는 부분이다)과 기업들이 그 기업을 소유한 개인들을 대신하여 하는 저축이 그것이다. 후자는 개별 기업들이 직접적으로 하는 저축과 금융투자를 통한 간접저축으로 이루어진다. 이 두 번째 요소는 기업들이 재투자한 이윤('유보이익'이라고도 불린다)으로 이루어지며 어떤 국가에서는 전체 민간저축의 절반 정도를 차지한다(표 5.2 참조).

저축의 이 두 번째 요소를 무시하고 엄밀한 의미의 가계저축만 고려할 경우, 모든 국가에서 저축 유량으로 민간부문 부의 증가를 설명하기에는 매우 부족하며, 민간부문 부의 증가는 대부분 자산의 상대가격, 특히 주식 가격의 구조적 상승으로 설명될 수 있다는 결론에 이를 것이다. 이러한 결론은 회계적 측면에서는 맞지만 경제적 측면에서는 자의적이다. 주가가 장기적으로 소비자물가보다 빠른 속도로 상승하는 경향이 있는 것은 사실이지만, 그 이유는 본질적으로 유보이익이 기업들로 하여금 기업의 규모와 자본을 늘릴 수 있도록 해주기 때문이다.(이것은 가격효과가 아니라 물량효과다.) 그러나 민간저축에 유보이익을 포함시키면 가격효과가 대개 사라진다.

실제로 주주 입장에서 보면 배당금으로 직접 지불된 이윤에는 흔히 유보이익보다 더 많은 세금이 부과된다. 따라서 자본소유자는 즉각적인 소비 욕구를 충족시키기 위해 이익의 제한된 몫만 배당금으로 지불하고 나머지는 모아서 기업과 자회사에 재투자하는 편이 이로울 수 있다. 그리고

표 5.2. 부유한 국가들의 민간저축, 1970~2010

국가	민간저축 (자본 소모 차감 후) (국민소득 대비 %)	가계 순저축 (%)	기업 순저축 (순유보이익) (%)
미국	7.7	4.6	3.1
일본	14.6	6.8	7.8
독일	12.2	9.4	2.8
프랑스	11.1	9.0	2.1
영국	7.4	2.8	4.6
이탈리아	15.0	14.6	0.4
캐나다	12.1	7.2	4.9
호주	9.9	5.9	3.9

민간저축의 많은 부분(국가별로 변동이 심하다)이 기업의 유보이익(배당되지 않은 이윤)에 기인한다.

출처: piketty.pse.ens.fr/capital21c

2부
자본/소득 비율의 동학

나중에 자본이득을 실현하기 위해 주식의 일부를 팔 수 있다.(이 경우 일반적으로 배당금보다 세금이 적게 부과된다.)[11] 더구나 전체 민간저축에서 유보이익이 차지하는 비율과 관련된 국가들 간의 차이는 법과 조세 체계의 차이로 대체로 설명된다. 이것은 실제적인 경제적 차이라기보다 회계적인 차이다. 이런 상황에서는 유보이익을 기업 소유주들을 대신하여 실현된 저축, 따라서 민간저축의 한 구성 요소로 보는 것이 더 낫다.

동태적인 법칙 $\beta = s/g$와 관련된 저축 개념은 자본의 소모분을 차감한 저축이라는 것도 명확히 해야 한다. 다시 말해 여기서 저축 개념은 진정한 신규 저축, 즉 총저축에서 건물과 장비의 소모를 보상하는(지붕이나 파이프에 난 구멍을 수리하거나 낡은 자동차, 컴퓨터, 기계 등의 소유물을 교체하는) 데 필요한 액수를 제한 뒤 남은 부분을 말한다. 선진국들에서 연간 자본 소모는 대략 국민소득의 10~15퍼센트이고 총저축의 거의 절반을 차지하기 때문에 이 차이는 중요하다. 총저축이 일반적으로 국민소득의 약 25~30퍼센트이기 때문에 순저축은 국민소득의 10~15퍼센트가 된다

표 5.3. 부유한 국가들의 총저축과 순저축, 1970~2010

국가	민간총저축 (국민소득 대비 %)	(−): 자본 소모 (%)	(=): 민간순저축 (%)
미국	18.8	11.1	7.7
일본	33.4	18.9	14.6
독일	28.5	16.2	12.2
프랑스	22.0	10.9	11.1
영국	19.7	12.3	7.3
이탈리아	30.1	15.1	15.0
캐나다	24.5	12.4	12.1
호주	25.1	15.2	9.9

총저축의 많은 부분(일반적으로 절반)이 자본 소모분에 해당된다. 즉 사용된 자본을 수리하거나 교체하는 데만 사용된다.

출처: piketty.pse.ens.fr/capital21c

5장
자본 / 소득 비율의
장기적 추이

(표 5.3 참조). 특히 유보이익의 대부분이 건물과 설비를 유지 보수하는 데 사용되고 순투자를 위해 남겨두는 액수는 기껏해야 국민소득의 몇 퍼센트로 종종 아주 적거나, 유보이익이 자본의 소모분을 충당하기에 불충분할 때에는 심지어 마이너스가 되기도 한다. 정의상 오직 순저축만이 자본총량을 증가시킬 수 있다. 자본 소모를 충당하는 데 사용되는 저축은 단지 자본총량이 줄어들지 않도록 해주기 때문이다.[12]

내구재 및 귀중품

/

마지막으로, 여기서 정의하는 민간저축과 민간자산에는 가계에서 구매하는 가구, 기기, 자동차 등의 내구재는 포함되지 않는다는 점을 분명히 해두고 싶다. 이 점에서 나는 내구재를 즉각적인 소비 품목으로 취급하는 국민계정에 관한 국제 기준을 따른다.(같은 제품이라도 기업이 구매한다면 감가상각률이 높은 투자로 계산된다.) 그러나 내구재는 항상 전체 자산의 비교적 적은 부분을 차지하고 시간에 따른 변화가 크지 않기 때문에 이 점은 논의에서 크게 중요하지 않다. 현재 이용할 수 있는 추정치들을 살펴보면 1970~2010년에 모든 부유한 국가에서 가계의 내구재가 갖는 총가치는 대체로 이렇다 할 변화 없이 국민소득의 30~50퍼센트를 차지한다.

다시 말해 2010년대 초에 모든 사람이 평균적으로 연간 소득의 3분의 1에서 2분의 1의 가치, 즉 1인당 3만 유로 정도의 국민소득에 대해 1인당 1만~1만5000유로에 해당되는 가구, 냉장고, 자동차 등을 소유하고 있다. 이것은 무시해도 좋을 만큼의 액수가 아니며, 인구의 대다수를 차지하는 사람들에게는 이 정도가 소유한 부의 대부분을 차지한다. 그러나 국민소득의 5~6배에 상당하는 전체 민간자산, 즉 1인당 15~20만 유로(내구재 제외)—그중 약 절반이 부동산 형태이고 나머지 절반이 순금융자산

(은행예금, 주식, 채권, 여러 형태의 투자 등등. 단 부채를 뺀 후)과 사업자본 형태다—와 비교하면 이것은 단지 적은 보충 액수다. 구체적으로 말하면, 민간자산에 내구재를 포함시킬 경우 도표 5.3의 곡선에 국민소득의 30~50퍼센트가 추가되는 효과만 가져올 뿐 전체적인 추이는 크게 변하지 않을 것이다.[13]

좀더 언급하자면, 부동산과 사업자본을 제외하면 국제 기준(민간과 국가 전체의 부를 국제적으로 비교할 때 일관성을 위해 필자가 엄격하게 따른 기준)에 따라 국민계정에 포함되는 유일한 비금융자산은 가계에서 순수하게 가치를 보존하기 위해(혹은 미적 가치를 위해) 획득하고 원칙적으로 가치가 하락하지 않는(혹은 거의 하락하지 않는) 예술작품, 보석류, 금, 은 같은 귀금속을 포함한 '귀중품'이다. 그러나 대부분의 추정치로 볼 때, 이 귀중품들은 내구재보다 가치가 훨씬 더 적다.(국가에 따라 국민소득의 5~10퍼센트, 즉 1인당 국민소득 3만 유로에 대해 1인당 1500~3000유로에 해당된다.) 따라서 귀중품이 전체 민간의 총자산에서 차지하는 비중은 낮고, 최근 금값 상승 이후에도 낮다.[14]

현재 이용할 수 있는 역사적 추정치를 살펴보면, 이들 변수의 값이 장기간에 걸쳐 크게 바뀐 것 같지 않다는 점이 흥미롭다. 내구재의 가치는 19세기와 20세기에 일반적으로 국민소득의 약 30~50퍼센트를 차지한 것으로 추정된다. 그레고리 킹이 1700년경 영국 국부에 대해 추정한 수치도 같은 비율을 보여주는데, 가구, 도자기 등의 총가치가 국민소득의 약 30퍼센트를 차지했다. 그러나 귀중품과 값비싼 물건 등의 부의 총액은 19세기 말에 국민소득의 10~15퍼센트를 차지하다가 오늘날에는 5~10퍼센트로 감소했다. 킹에 따르면 1700년경 그런 물건들(금속 주화 포함)의 총가치는 국민소득의 25~30퍼센트였다. 모두 합친 경우에도 이것들은 주로 기본적으로 농경지, 주택 그리고 기타 자본재(상점, 공장, 창고, 가축, 선박 등) 형태로 존재하면서 국민소득의 약 7배에 이르는 영국의 축적된 부의 총액과 비교해 상대적으로 제한적이었다. 킹은 이런 사실에 어김없이 환호하고

경이로워했다.[15]

가처분소득에 대비한 민간자본

게다가 민간부문의 부 전체를 지금까지처럼 국민소득이 아니라 가처분소
득과 비교해 나타내면 2000년대와 2010년대에 부유한 국가들의 자본 / 소
득 비율이 더 높아질—분명히 사상 최고치에 이른—것이라는 점에 주목
해야 한다. 이것은 언뜻 보기에 기술적인 문제이지만 자세한 논의가 필요
하다.

　이름에서 암시하듯이 가계가처분소득(혹은 간단히 '가처분소득')은 해
당 국가에서 가계가 직접 처분할 수 있는 화폐소득을 나타낸다. 국민소
득에서 가처분소득을 얻으려면 모든 세금, 수수료, 기타 의무적 납부금
을 빼고, 모든 화폐적 이전소득(연금, 실업보험급여, 가족 수당, 복지 급여
등)을 더하면 된다. 20세기에 접어들 때까지 정부는 사회경제적 삶에서 제
한적인 역할만 했는데(총세액이 국민소득의 약 10퍼센트를 차지했는데, 이
는 주로 전통적 국가 기능인 경찰 및 군대, 사법제도, 주요 도로 건설 등
에 쓰였다. 그 결과 가처분소득이 보통 국민소득의 약 90퍼센트를 차지했
다), 20세기에 국가의 역할이 상당히 커져서 오늘날 부유한 국가들의 가처
분소득은 국민소득의 약 70~80퍼센트를 차지한다. 그 결과 민간부문의
총부를 국민소득 대신 가처분소득으로 나타내면 훨씬 더 높은 수치를 얻
을 수 있다. 예를 들어 2000년대 부유한 국가들의 민간자본은 국민소득
의 4~7배에 해당됐는데, 이는 가처분소득의 5~9배에 달하는 수치다(도
표 5.4 참조).

　자본 / 소득 비율을 측정하는 이 두 가지 방법은 우리가 문제에 어떻게
접근하는지에 따라 모두 정당화될 수 있다. 가처분소득으로 나타낸 비율
은 금전적 현실을 엄격하게 강조하고 가계에서 실제로 쓸 수 있는(예를 들

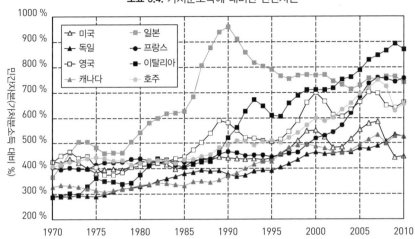

도표 5.4. 가처분소득에 대비한 민간자본

가계가처분소득(국민소득의 약 70~80퍼센트)으로 나타낸 자본 / 소득 비율은 국민소득으로 나타
냈을 때의 비율보다 더 크게 나타난다.

출처 및 통계: piketty.pse.ens.fr/capital21c

어 저축할 수 있는) 현재의 소득과 관련된 부의 크기를 보여준다. 어떤 면
에서 이것은 가족의 은행 계좌의 구체적인 현실을 반영하며, 이와 관련된
규모를 고려하는 것은 중요하다. 그러나 가처분소득과 국민소득 간의 차
이는 당연히 가계가 혜택을 입는 공공서비스, 특히 국고에서 직접 자금
을 충당하는 의료 및 교육 서비스의 가치를 측정한다는 데에 주목해야 한
다. 그러한 '현물 이전'은 가처분소득에 포함된 이전소득과 같은 값어치를
지닌다. 당사자들이 민간의 의료 및 교육 서비스 제공자들에게 비슷한(혹
은 심지어 더 큰) 액수를 지불하지 않도록 해주기 때문이다. 그러한 현물
이전을 무시하면 당연히 특정한 추이나 국제적인 비교가 왜곡될 수 있다.
부를 국민소득으로 나타내는 방법을 선호하는 것은 이 때문이다. 이 방법
은 소득 개념에 대해 경제학적인 관점(순전히 금전적인 관점이 아니라)을
취한다. 이 책에서 특별한 단서 없이 자본 / 소득 비율을 언급할 때는 항상
자본총량과 국민소득의 비율을 가리킨다.[16]

5장
자본 / 소득 비율의
장기적 추이

재단 및 자본의 **기타 소유자** 문제

/

완벽을 기하기 위해 민간의 부에 개인(국민계정 용어로는 '가계')의 자산과 부채뿐 아니라 재단과 그 외의 비영리 조직들의 자산 및 부채도 포함시켰다. 분명히 하자면 여기에는 주로 개인의 기부나 조직의 재산에서 얻는 수익으로 자금을 충당하는 재단과 기타 조직들만 포함된다. 주로 공적인 보조금에 의존하는 조직들은 정부 조직으로, 주로 상품 판매에 의존하는 조직들은 기업으로 분류된다.

실제로 이런 구분들은 바뀌기 쉽고 허점이 있다. 예를 들어 재단의 부를 공공부문의 부가 아닌 민간부문의 부로 포함시킨다거나 독자적인 범주로 따로 떼어놓는 것은 다소 자의적이다. 사실 그것은 순수한 민간소유와 엄밀한 공공소유 중간에 놓인 독특한 소유 형태이기 때문이다. 실제로 수세기 동안 교회가 소유한 재산이나 오늘날 국경없는 의사회Doctors without Borders 혹은 빌앤드멜린다 게이츠 재단Bill and Melinda Gates Foundation 같은 조직들이 소유한 재산을 생각하면, 우리가 갖가지 특정한 목적을 추구하는 매우 다양한 '법인들'을 다루고 있다는 사실은 분명하다.

그러나 이런 법인들이 소유한 부는 자연인들이 스스로를 위해 보유한 자산에 비하면 일반적으로 규모가 작다는 점에 주목할 필요가 있다. 1970~2010년 여러 부유한 국가의 추정치들을 살펴보면 재단과 기타 비영리 조직들은 언제나 민간부문의 부 전체의 10퍼센트 이하, 일반적으로 5퍼센트 이하를 소유했다. 국가 간에 흥미로운 차이가 있긴 한데, 프랑스에서는 이 비율이 겨우 1퍼센트, 일본에서는 3~4퍼센트, 미국에서는 6~7퍼센트를 보였다.(뚜렷한 변화의 추세는 나타나지 않는다.) 현재 이용 가능한 역사적 자료들을 보면 18세기 프랑스에서 교회가 소유한 재산의 총가치는 전체 민간자산의 약 7~8퍼센트, 국민소득의 약 50~60퍼센트에 이르렀다는 사실을 알 수 있다.(이중 일부는 프랑스혁명 때 몰수, 매각되어 앙시앵 레짐 정부가 진 부채 청산에 쓰였다.)[17] 다시 말해 앙시앵레짐 시대에 프랑

스의 가톨릭교회는 오늘날 미국에서 번영하는 재단들보다 더 많은 재산
(당시의 전체 민간의 부와 비교해)을 소유했다. 그렇지만 두 수준이 꽤 비
슷하다는 점이 흥미롭다.

이는 상당한 규모의 부다. 특히 다양한 시점에 정부의 순부가 아주 적
었다는(그리고 때로는 마이너스였다는) 사실과 비교하면 더욱 그렇다. 그
러나 민간자산 전체와 비교하면 재단의 자산은 그리 크지 않다. 특히 민간
자산과 국민소득 비율의 장기적인 변화 추이를 고려할 때 재단을 가계에
포함시킬지 말지는 별로 중요하지 않다. 게다가 재단, 신탁 기금 등과 같
이 기타 부유한 개인들이 자산을 관리하고 사익을 늘리기 위해 이용하는
다양한 합법적 조직(국민계정에서는 원칙적으로 개인 보유 재산으로 계산
된다)과 공익을 위한다는 재단 및 비영리 조직들 간의 경계선을 긋는 것은
쉽지 않기 때문에 민간자산에 재단을 포함시키는 것이 타당하다. 이 민감
한 문제에 대해서는 부의 글로벌 불평등의 동학, 특히 21세기의 거대한 부
를 논의할 제3부에서 다시 다루겠다.

부유한 국가들의 **자산 민영화**

/

따라서 1970년과 2010년 사이에 부유한 국가들, 특히 유럽과 일본에서 나
타난 민간자산의 급격한 증가는 $\beta = s/g$ 법칙을 적용하여 성장률 둔화와
지속적으로 높은 저축률이 결합되어 나타난 현상으로 설명할 수 있다. 이
제 앞서 언급했듯이 이러한 메커니즘을 강화시킨 서로 다른 두 가지 보완
적 현상에 대해 논의하고자 한다. 바로 공공자산이 민간으로 서서히 이전
된 민영화 현상과 장기간에 걸친 자산 가격의 '따라잡기' 현상이다.

먼저 민영화부터 살펴보자. 앞서 말했듯이, 국민총자본에서 공공자본
이 차지하는 비율은 최근 수십 년 동안 급격하게 감소했는데, 특히 프랑스
와 독일에서 더욱 그랬다. 이 두 나라에서 1950~1970년 기간에는 공공부

문의 순자산이 국민총자본의 4분의 1, 심지어 3분의 1까지 올라갔지만 지금은 겨우 몇 퍼센트에 불과하다.(공공자산은 공공부채를 겨우 상쇄할 정도다.) 이러한 변화 양상은 주요 선진국 8개국 모두에 영향을 미친 매우 일반적인 현상을 반영하는 것이다. 바로 1970~2010년에 국민소득 대비 공공자본의 비율이 서서히 감소했고 동시에 국민소득 대비 민간자본의 비율이 증가한 현상이다(도표 5.5 참조). 즉 민간부문 부의 부활은 어느 정도 국가 자산의 민영화 현상을 반영한다. 분명 모든 국가에서 민간자본의 증가가 공공자본의 감소보다 컸고, 따라서 국민소득의 배수로 측정되는 국민총자본이 실제로 증가했다. 그러나 민영화로 인한 민간자본의 증가보다 속도가 빠르지는 않았다.

특히 이탈리아가 이런 양상을 분명하게 보여준다. 이탈리아에서는 1970년대에 공공부문의 순자산이 약간 플러스였으나 정부 적자가 크게 누적되면서 1980년대에 소폭 마이너스로 감소했다. 종합하면 1970~2010년에

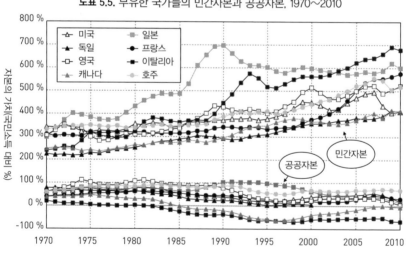

도표 5.5. 부유한 국가들의 민간자본과 공공자본, 1970~2010

이탈리아에서 민간자본은 1970~2010년에 국민소득의 240퍼센트에서 680퍼센트로 증가한 반면, 공공자본은 20퍼센트에서 마이너스 70퍼센트로 감소했다.

출처 및 통계: piketty.pse.ens.fr/capital21c

공공자산은 거의 1년 치 국민소득 크기만큼 줄어들었다. 동시에 민간부문의 부는 1970년에는 국민소득의 2.5배를 간신히 넘는 정도였는데 2010년에는 거의 7배로 증가해서 국민소득 4.5년 치만큼 증가한 셈이다. 바꿔 말하면 공공부문 부의 감소는 민간부문 부 증가의 5분의 1 내지 4분의 1에 해당되는데, 이는 무시할 수 없는 크기다. 이탈리아의 국부는 실제로 1970년에 국민소득의 약 2.5배에서 2010년에는 약 6배로 상당히 증가했지만, 민간부문 부에 비하면 증가 규모가 작다. 이탈리아 민간부문 부의 이례적인 증가에는 어느 정도 오해의 소지가 있다. 그중 거의 4분의 1이 이탈리아 인구의 일부가 나머지 인구에게 진 부채 증가를 나타내기 때문이다. 이탈리아인들 혹은 적어도 재산을 갖고 있는 이탈리아인들은 정부의 재정 균형을 위해 세금을 납부하는 대신 국채나 공공자산을 매수하여 정부에게 돈을 빌려주었다. 그리하여 국민총자본은 증가하지 않고 민간부문의 부가 증가했다.

　실제로 매우 높은 민간저축률(국민소득의 약 15퍼센트)에도 불구하고 1970~2010년에 이탈리아의 국민저축은 국민소득의 10퍼센트에 못 미쳤다. 달리 말하면 민간저축의 3분의 1 이상이 정부 적자에 흡수되었다. 모든 부유한 국가에서 비슷한 패턴이 나타났지만 일반적으로 이탈리아보다는 심하지 않았다. 대부분의 국가에서 정부 저축률은 마이너스를 나타냈다.(이는 공공투자가 공공적자보다 적었음을 의미한다. 즉 정부가 빌린 돈보다 적게 투자했거나, 빌린 돈을 경상지출에 사용했다는 것을 의미한다.) 1970~2010년에 프랑스, 영국, 독일, 미국에서는 평균적으로 정부 적자가 공공투자보다 국민소득의 2~3퍼센트 정도 많았는데, 이탈리아에서는 6퍼센트를 초과했다(표 5.4 참조).[18]

　모든 부유한 국가에서 공공부문의 초과지출과 그로 인한 공공부문 부의 감소가 민간부문 부 증가의 상당 부분(국가에 따라 10분의 1에서 4분의 1)을 차지한다. 이는 민간부문 부 증가에서 주된 요인은 아니지만 무시되어서는 안 된다.

5장
자본 / 소득 비율의
장기적 추이

표 5.4. 부유한 국가들의 민간저축과 공공저축, 1970~2010

국가	총저축(민간＋공공) (자본 소모 차감 후) (국민소득 대비 %)	민간저축(%)	공공저축(%)
미국	5.2	7.6	−2.4
일본	14.6	14.5	0.1
독일	10.2	12.2	−2.0
프랑스	9.2	11.1	−1.9
영국	5.3	7.3	−2.0
이탈리아	8.5	15.0	−6.5
캐나다	10.1	12.1	−2.0
호주	8.9	9.8	−0.9

민간저축의 많은 부분(국가별로 변동이 심하다)이 공공적자에 흡수되어 총저축(민간＋공공)이 민간저축보다 적다.

출처: piketty.pse.ens.fr/capital21c

게다가 현재 이용 가능한 추정치들이 1970년대의 공공자산, 특히 영국의(그리고 아마 이탈리아와 프랑스의) 공공자산을 다소 과소평가했고, 따라서 민간의 부로 이전된 공공부문 부의 규모를 너무 작게 평가했을 수도 있다.[19] 그렇다면 영국에서 분명 민간저축률이 불충분한데도 불구하고 1970년에서 2010년 사이에, 특히 공기업의 민영화가 급증했던 1980년대와 1990년대에 민간자산이 그렇게 크게 증가한 이유를 설명할 수 있을 것이다. 민영화는 종종 헐값 매각으로 악명이 높았고 당연히 매수자들에게 인기를 끌었다.

이처럼 공공부문의 부가 민간부문으로 이전되는 현상이 1970년 이후 부유한 국가들에만 국한되어 나타난 것은 아니었다는 점이 중요하다. 오히려 그 반대였다. 모든 대륙에서 동일한 일반적인 패턴이 나타난다. 전 세계적인 측면에서 보면 최근 수십 년간 그리고 자본의 전체 역사에서, 가장 광범위한 민영화가 이루어진 것은 분명 이전 소비에트연방의 국가들에서였다.

현재 이용할 수 있는 매우 불완전한 추정치들은 러시아와 동유럽권 국가들에서 2000년대 말과 2010년대 초에 민간의 부가 국민소득의 4배에 달했고, 공공부문의 순자산은 부유한 국가들에서와 마찬가지로 극히 낮았음을 보여준다. 베를린장벽이 무너지고 공산주의 체제가 붕괴되기 전인 1970년대와 1980년대의 추정치들은 더 불완전하지만, 모든 징표는 분배가 완전히 반대였다는 사실을 나타내고 있다. 민간부문의 부는 사소한 규모로서, 공산주의 국가들 중 사유재산에 대한 반감이 가장 큰 국가들에서는 개인의 작은 토지와 약간의 주택 정도로 제한되어 있었다. 그것은 모든 경우에 1년 치 국민소득에 미치지 못했다. 공공자본이 산업자본 전체를 대표했고 국민총자본에서 가장 큰 몫을 차지했는데, 어림잡아 국민소득의 3~4배에 상당했다. 다시 말해, 언뜻 보기에 국민총자본은 변하지 않았지만 공공자본과 민간자본의 몫이 완전히 뒤바뀌었다.

요약하면 다음과 같다. 1980년대 말에서 현재까지 러시아와 동유럽에서 민간의 부가 상당히 증가하여 일부에서는 특정 개인들이 놀랄 만큼 빠른 속도로 부자가 된 현상(주로 러시아의 '올리가르치oligarchs'[소비에트 연방 해체 이후 러시아 국영기업의 민영화 과정에서 막대한 부를 축적한 신흥 재벌—옮긴이]를 염두에 두고 말한다)은 분명 저축이나 동태적인 $\beta = s/g$ 법칙과 아무 관련이 없다. 이 현상은 단순히, 순수하게 자본 소유가 정부에서 개인들에게 이전되어 나타난 결과다. 1970년 이후 선진국들에서 나타난 국가자산의 민영화는 이런 극단적인 경우의 아주 약화된 형태로 볼 수 있다.

자산 가격의 **역사적 반등**

/

지난 수십 년간 자본/소득 비율의 증가를 설명하는 마지막 요인은 자산 가격의 역사적 반등이다. 다시 말해 1970~2010년을 1910~2010년이라는 좀더 긴 역사적 맥락 속에 놓고 보지 않으면 정확한 분석이 불가능하다. 모든 선진국에 대해 장기간의 완전한 기록을 구할 수는 없지만 내가 확보한 영국, 프랑스, 독일, 미국 관련 자료들은 일관된 결과를 보여준다. 그 내용을 요약하면 다음과 같다.

1910~2010년 혹은 1870~2010년 전체를 살펴보면 세계적인 자본/소득 비율의 변화 추이는 $\beta = s/g$ 법칙으로 아주 잘 설명된다. 특히 자본/소득 비율이 장기적으로 미국보다 유럽에서 더 높았던 사실은 지난 1세기 동안의 저축률의 차이 그리고 특히 성장률의 차이와 완벽하게 일치한다.[20] 1910~1950년에 볼 수 있는 자본/소득 비율의 하락은 낮은 총저축 및 전쟁 기간의 파괴와 일치하고, 1980년에서 2010년 사이에 자본/소득 비율이 1950년과 1980년 사이보다 더 빠른 속도로 증가한 사실은 두 기간 사이의 성장률 감소로 잘 설명된다.

그럼에도 불구하고 1950년대의 최저 상태는 $\beta = s/g$ 법칙으로 요약되는 간단한 축적 논리로 예측할 수 있는 수준보다 더 낮았다. 20세기 중반에 자본/소득 비율이 얼마나 낮았는지 이해하려면 제2차 세계대전 여파로 나타난 꽤 많은 수의 요인(임대료 규제법, 금융 규제, 민간 주도 자본주의에 비우호적인 정치 풍토)으로 인해 부동산 및 주식 자산의 가격이 역사적으로 낮은 수준으로 떨어진 사실을 함께 고려해야 한다. 이때의 자산 가격들은 1950년 이후 서서히 회복되었고 1980년 이후에는 회복이 가속화되었다.

내 추정치에 따르면, 이러한 역사적인 자산 가격 따라잡기 과정은 이제 완료되었다. 불규칙적이고 단기적인 가격 변동을 고려하지 않는다면, 1950년에서 2010년 사이의 자산 가격 상승은 대체로 1910년에서 1950년 사이의 하락을 상쇄하는 것처럼 보인다. 그러나 자산 가격의 구조적 상승 국면은 확실히 끝났으며, 앞으로 자산 가격 변동은 소비자물가와 정확히 같은 속도로 진행되리라는 결론을 내리는 것은 위험할 터이다. 첫째 이유로는, 역사적 자료들이 불충분하고 불완전하며, 그러한 장기간의 가격 비교는 기껏해야 대략적인 것이기 때문이다. 또 하나, 자산 가격이 장기간에 걸쳐 여느 가격들과는 다르게 변화하는 이유를 설명해주는 이론적 근거가 많이 있다. 예를 들어 건물이나 사회기반시설 같은 몇몇 자산 유형은 기술 진보에 영향을 받는 속도가 경제의 여타 부분들과는 다르다. 게다가 어떤 천연자원들은 재생이 불가능하다는 사실 역시 중요할 수 있다.

마지막으로 말하지만 역시나 중요하게 강조해야 할 점은, 계속 반복되는 중·단기적 거품과 장기적이고 구조적인 추세 이탈의 가능성을 차치하면 자본 가격은 언제나 어느 정도는 사회정치적 결과라는 사실이다. 자본 가격은 한 사회의 재산 개념을 반영하고 다양한 관련 사회집단—특히 자본을 소유하고 있는 집단과 그렇지 못한 집단—간의 관계를 조정하는 정책과 제도에 좌우된다. 예를 들어 건물주와 임차인 사이의 관계를 조정하고 임대료를 규제하는 법에 좌우되는 부동산 가격의 경우 이러한 점이 분명하다. 독일의 주가가 비교적 낮은 이유를 논의하면서 지적한 바와 같이, 법은 주식시장의 가격에도 영향을 미친다.

이와 관련하여, 자료를 구할 수 있는 국가들에서 나타나는 1970~2010년 기업의 주식시장 가치와 회계적 가치의 비율을 분석해보면 흥미롭다.(도표 5.6 참조, 이 문제가 너무 전문적이라고 생각하는 독자들은 건너뛰고 다음으로 넘어가도 된다.)

증권거래소에 상장된 기업의 시장가치는 그 주식의 시가총액이다. 기업의 규모가 너무 작거나 주식시장을 통해 자금을 조달하지 않기로 해(이는 아마도 가족 소유 형태를 유지하기 위해서일 것이며, 심지어 아주 큰 기업도 이런 선택을 할 수 있다) 상장하지 않은 기업들의 시장가치는 국민계정에서는 기업 규모와 활동 부문이 가장 유사한 상장기업들의 주가를 참조하는 한편 관련 시장의 '유동성'을 고려해 계산된다.[21] 나는 지금까지 민간 부문의 부와 국부의 총량을 측정하기 위해 시장가치를 사용했다. '장부가치' '순자산' 혹은 '자기자본'이라고도 불리는 기업의 회계적 가치는 기업의 대차대조표에 포함된 모든 자산—건물, 사회기반시설, 기계, 특허, 자회사

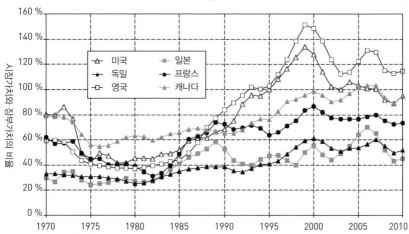

도표 5.6. 기업의 시장가치와 회계적 가치

범례:
- ─△─ 미국
- ─▲─ 독일
- ─□─ 영국
- ─■─ 일본
- ─●─ 프랑스
- ─▲─ 캐나다

세로축: 시장가치와 장부가치의 비율

'토빈의 Q'(기업의 시장가치와 회계적 가치의 비율)는 부유한 국가들에서 1970~1980년대 이후 평균적으로 상승하는 경향을 보였다.

출처 및 통계: piketty.pse.ens.fr/capital21c

및 기타 회사에 대해 보유하고 있는 주요 지분과 소액 지분, 현금성 자산 등—의 합에서 모든 미상환 부채를 뺀 것과 같다.

이론적으로, 불확실성이 전혀 없는 상태에서 기업의 시장가치와 회계가치는 같아야 하고 따라서 둘의 비율은 1 혹은 100퍼센트가 되어야 한다. 일반적으로 기업이 창립될 때가 이런 경우다. 주주들이 사무실과 장비를 구입하는 데 필요한 1억 유로의 주식을 청약하면 시장가치와 장부가치는 1억 유로로 동일하다. 기업이 5000만 유로 상당의 새 기계를 구입하기 위해 5000만 유로를 빌렸을 때도 마찬가지다. 왜냐하면 회계적인 순자산은 여전히 1억 유로(자산 1억5000만 유로에서 부채 5000만 유로를 뺀)일 것이고 주식의 시가총액도 1억 유로일 것이기 때문이다. 기업이 5000만 유로의 이익을 얻고 5000만 유로 가치의 새로운 투자를 하기 위해 이 이윤을 유보하기로 결정할 때도 마찬가지다. (그 기업이 새로운 자산을 보유했다는 것을 모든 사람이 알기 때문에) 주가가 같은 크기로 상승해 시장가치와 회계적 가치가 1억5000만 유로로 상승할 것이기 때문이다.

그러나 기업의 미래를 예측하기란 갈수록 더 복잡하고 불확실해진다는 사실로 인해 어려움이 발생한다. 예를 들어 일정 시간이 지나면 그 누구도 몇 년 전에 5000만 유로를 투자한 일이 기업에 정말로 경제적으로 유용했는지를 확신할 수 없다. 그러면 장부가치와 시장가치가 달라질 수 있다. 기업은 계속해서 새로운 사무실, 기계, 설비, 특허 등에 투자하는 것을 시장가치로 대차대조표에 기재할 것이고 따라서 기업의 장부가치에는 변화가 없다.[22] 기업의 시장가치, 즉 주식시가 총액은 그 기업이 새로운 투자를 이용해 새로운 사업과 이익을 창출할 수 있는 능력에 관해 금융시장이 갑자기 더 낙관적이 되느냐, 비관적이 되느냐에 따라 상당히 낮아지거나 높아질 수 있다. 실제로 개별 기업들의 시장가치와 회계적 가치의 비율에 항상 커다란 변화가 나타나는 것은 이 때문이다. 이 비율은 '토빈의 Q'(이 개념을 처음 정의한 경제학자 제임스 토빈James Tobin의 이름을 땄다)라고도 불리는데, 2012년 CAC 40(프랑스 주가지수—옮긴이)에 포함되어 있는 프랑스 상장기업들의 경우 이 비율이 낮게는 20퍼센트에서 높게는 340퍼센트 이상까지 다양했다.[23]

한 국가에서 모든 기업의 토빈의 Q를 함께 측정해 종합한 값이 체계적으로 1보다 크거나 작아야 하는 이유를 이해하기는 더욱 어렵다. 고전적으로는 두 가지 설명이 제시되어왔다.

특정한 무형투자(브랜드 가치를 높이거나 연구개발에 사용되는 지출)가 대차대조표에 계상되지 않으면 논리상 필연적으로 시장가치가 회계적 가치보다 구조적으로 높다. 이것은 1990년대 말과 2000년대에 미국(100~120퍼센트)과 특히 영국(120~140퍼센트)에서 이 비율이 1보다 약간 높았던 이유를 설명해줄 수 있다. 그러나 이 비율이 1보다 높은 데에는 양국의 주식시장 거품도 반영되어 있다. 2001~2002년에 인터넷 거품이 붕괴되고 2008~2009년에 금융위기가 닥쳤을 때 토빈의 Q는 1을 향해 급속도로 떨어졌다(도표 5.6 참조).

이와 반대로 가령 앞에서 '라인 자본주의'에 관해 살펴본 것처럼 한 기업의 주주들이 다른 '이해관계자들(노동자 대표, 지방 혹은 중앙정부, 소비자 단체 등)과의 장기적인 관계에서 타협을 해야 하기 때문에 전권을 장악하지 못할 경우 시장가치가 장부가치보다 구조적으로 낮다. 이것은 1990년대와 2000년대 프랑스(약 80퍼센트) 그리고 특히 독일과 일본(약 50~70퍼센트)에서 이 비율이 1보다 약간 낮았던 이유를 설명해줄 수 있다. 이 시기 영국과 미국의 기업들에서는 이 비율이 100퍼센트이거나 그보다 높았다(도표 5.6 참조). 또한 주식의 시가총액은 현재의 주식거래에서 나타난 가격을 기초로 계산되는데, 이는 일반적으로 기업을 통제하고자 하는 주식 매수자가 아니라 소액 지분을 보유하려는 매수자들에게 해당된다. 기업 통제가 목적인 주식 매수자들은 흔히 현재의 시장가격보다 상당히 더 높은 가격, 일반적으로 20퍼센트 정도 높은 가격을 지불한다. 이러한 차이는 소액주주들 외에 다른 이해관계자가 없는 경우에도 토빈의 Q가 약 80퍼센트라는 것을 설명하기에 충분할 터이다.

자본 가격이 항상 국가의 규칙과 제도에 좌우된다는 사실을 반영하는 이러한 흥미로운 국제적 차이를 차치하면 1970년 이후 부유한 국가들에서 토빈의 Q가 전반적으로 증가하는 경향을 엿볼 수 있다. 이는 자산 가격의 역사적 반등 현상으로 인한 결과다. 전체적으로 보면, 높아진 주가와 높아진 부동산 가격을 모두 고려할 경우 자산 가격의 반등이 1970~2010년 부유한 국가에서 나타난 국민소득 대비 국민총자본 비율 증가분의 4분의 1에서 3분의 1을(국가마다 차이가 크다) 차지한다고 할 수 있다.[24]

부유한 국가들의 국민총자본과 순해외자산
/
앞서 언급했듯이 부유한 국가들, 특히 제1차 세계대전 직전에 영국과 프랑스가 보유했던 거대한 규모의 해외자산은 1914~1945년의 충격 이후 완전히 사라졌고 순해외자산 포지션은 이전의 높은 수준을 결코 회복하지 못했다. 실제로 1970년에서 2010년 사이에 부유한 국가들의 국민총자본과 순해외자본의 수준을 살펴보면 해외자산의 중요성이 크지 않다는 결론을 내리고 싶어진다. 순해외자산 포지션은 국가와 연도에 따라 때로는 약간 플러스이고 때로는 약간 마이너스다. 하지만 국민총자본과 비교하면 그 순규모는 일반적으로 매우 작다. 즉 부유한 국가들에서 국민총자본의 급격한 증가는 주로 국내자본의 증가를 반영하며, 일차적인 추산으로 보았을 때 순해외자산이 미치는 영향은 비교적 적다(도표 5.7 참조).

그러나 이런 결론이 아주 정확한 것은 아니다. 예를 들어 일본과 독일은 지난 수십 년 동안, 특히 2000년대에 (주로 무역흑자에 따른 자동적인 결과로) 순해외자산을 상당히 많이 축적했다. 2010년대 초에 일본의 순해외자산은 국민소득의 약 70퍼센트에 이르렀고 독일은 50퍼센트에 육박했다. 분명 이러한 규모는 여전히 제1차 세계대전 직전의 영국과 프랑스

도표 5.7. 부유한 국가들의 국민총자본, 1970~2010

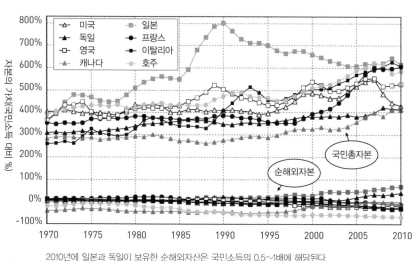

2010년에 일본과 독일이 보유한 순해외자산은 국민소득의 0.5~1배에 해당된다.

출처 및 통계: piketty.pse.ens.fr/capital21c

5장
자본 / 소득 비율의
장기적 추이

의 순해외자산 규모보다 상당히 낮다.(영국은 국민소득의 거의 2배에 달했고, 프랑스 역시 한 해 국민소득보다 많았다.) 그러나 빠른 축적 속도를 감안하면 당연히 이런 현상이 지속될 것인지 궁금해진다.[25] 21세기에는 어떤 국가들이 어느 정도까지 다른 국가의 소유가 될까? 선진국의 순해외자산 포지션은 식민지 시대에 나타났던 수준으로 돌아갈 것인가, 아니면 그 수준을 뛰어넘을 것인가?

이 문제를 정확하게 다루려면 석유 수출국들과 중국을 위시한 신흥경제국들을 분석에 포함시켜야 한다. 이 국가들과 관련된 역사적 데이터는 제한적(이것이 이 책에서 이 국가들을 많이 다루지 않은 이유다)인 반면 이들 국가의 현재 자료들은 훨씬 더 만족스러운 수준이다. 또한 국가 간 불평등뿐만 아니라 국가 내부의 불평등도 고려해야 한다. 자본의 전 세계적 분배의 동학과 관련된 이 문제는 제3부에서 다룰 것이다.

이 단계에서는 일본의 사례가 명확하게 보여주듯이 $\beta = s/g$ 법칙의 논리가 자동적으로 매우 심각한 국제적 자본 불균형을 야기할 수 있다는 점만 간단히 언급하겠다. 같은 경제발전 수준에서 성장률(특히 인구증가율)이나 저축률이 약간만 차이 나도 일부 국가의 자본/소득 비율이 다른 국가들보다 훨씬 더 커질 수 있다. 이 경우 자본/소득 비율이 훨씬 더 큰 국가들은 다른 국가들에 대규모 투자를 할 것이다. 이는 심각한 정치적 긴장을 야기할 수 있다. 일본의 사례는 또한 두 번째 유형의 위험을 보여주는데, 균형 상태의 자본/소득 비율 $\beta = s/g$가 매우 높은 수준에 이를 때 이런 위험이 발생할 가능성이 있다. 해당 국가의 주민들이 국내자산—가령 일본의 부동산—에 대한 선호도가 강하면 선호하는 자산의 가격이 전례 없이 높은 수준으로 올라갈 수 있다. 이런 점에서 최근 스페인이 일본의 1990년도 기록을 깨뜨린 것은 흥미롭다. 스페인에서는 2007~2008년의 위기 직전에 순민간자본의 총액이 국민소득의 8배에 이르렀다. 이는 1990년의 일본보다 국민소득의 1년 치만큼 더 높은 수준이다. 1990년대 초에 일본의 거품이 그랬던 것처럼 스페인의 거품은 2010~2011년에 매우 빠른 속도로 꺼지기 시작했다.[26] 미래에는 잠재적인 자본/소득 비율 $\beta = s/g$가 새로운 최고치에 이르면서 훨씬 더 극적인 거품이 형성될 가능성이 크다. 관련 국가들에서 이런 식으로 자본/소득 비율의 역사적 전개과정을 나타내고, 그리하여 국민계정에서 저량과 유량을 잘 활용하면 유용하다는 점에도 주목하자. 그렇게 하면 시장의 분명한 과대평가를 적시에 추적하여 금융기관의 투기 열풍을 완화시키기 위해 고안된 신중한 정책과 금융 규제들을 적용할 수 있다.[27]

또한 소규모의 순포지션이 거대한 총포지션을 숨길 수 있다는 점에도 주의해야 한다. 실제로 오늘날 금융세계화의 한 가지 특징이라면 모든 국가가 상당 부분 다른 국가에 의해 소유된다는 점이다. 이런 현상은 부의 전 세계적 분배에 대한 인식을 왜곡할 뿐만 아니라 작은 나라들이 안고 있는 심각한 취약성과 순포지션의 글로벌 분포를 불안정하게 하는 요인을 나타내는 것이다. 대체적으로 말하면, 1970년대와 1980년대에 세계 경제는 광범위하게 '금융화'되었는데, 이 현상은 다양한 부문(가계, 기업, 정부 기관)이 소유한 금융자산과 부채의 총액이 순자산보다 빠른 속도로 증가했다는 의미에서 부의 구조를 변화시켰다. 대부분의 국가에서 1970년대 초에 금융자산과 부채의 총액은 국민소득의 4~5배를 넘지 않았다. 2010년대 초에는 이 금액이 (특히 미국, 일본, 독일, 프랑스에서) 국민소득의 10~15배로 증가했고 영국에서는 국민소득의 20배로 늘어나 단연 사상 최고를 기록했다.[28] 이런 현상은 같은 국가 내에서 금융회사들과 비금융회사들의 상호 투자가 전례 없이 진행되었을 뿐 아니라(특히 은행의 경우 자기자본 성장률과 전혀 균형이 맞지 않을 정도로 대차대조표가 엄청나게 부풀었다) 국가 간에도 상호 투자가 많이 이루어졌음을 반영한다.

이와 관련하여 국가 간 상호 투자는 영국, 독일, 프랑스(이들 국가에서는 다른 국가가 보유한 금융자산이 국내 총금융자산의 25퍼센트에서 50퍼센트를 차지하는데, 이는 상당한 규모다)를 위시한 유럽 국가들에서, 경제 규모가 더 큰 미국이나 일본(다른 국가가 보유한 자산 비율이 10퍼센트를 거의 넘지 않는다)에서보다 훨씬 더 성행하고 있다는 점에 주의해야 한다.[29] 따라서 유럽에서는 사람들이 자산을 빼앗긴다는 느낌을 받는 경우가 많아졌는데, 어느 정도는 그럴 만했지만 대개는 그 정도가 과장되었다. 국내 기업들과 정부가 발행한 채권을 세계의 나머지 국가들이 많이 소유하고 있긴 하지만 자국 국민도 연금과 다른 금융상품을 통해 해외에 그에 상당하는 자산을 보유하고 있다는 것을 사람들은 금세 잊어버린다. 사실 이런 식으로 짜인 대차대조표에서는, 금융자산과 부채에 작은 '오차'만 나타나도 순해외자산 포지션이 엄청나게 달라지므로 특히 유럽의 작은 국가들은 매우 취약해질 수 있다.[30] 게다가 한 국가의 순해외자산 포지션의 추이는 무역흑자나 적자의 누적뿐 아니라 국가의 금융자산과 부채에 따른 수익의 커다란 차이에 의해서도 결정된다.[31] 나는 또한 이런 국제적인 포지션들이 상당 부분은 현실 경제의 필요성보다는 세금 부담 최적화 전략 및 규제차익(특별히 매력적인 조세 구조 혹은 규제 환경을 제공하는 국가들 내에 설립된 유령회사를 활용하는 것)과 관련된 허구적 금융 흐름의 결과라는 점을 지적할 것이다.[32] 이 문제에 대해서는 자산 분배의 전 세계적 동학에서 조세피난처의 중요성을 검토하는 제3부에서 다시 논의할 것이다.

21세기의 자본/소득 비율은 어떻게 될 것인가?

동태적인 $\beta = s/g$ 법칙은 또한 21세기의 자본/소득 비율이 어떤 수준이 될 것인지를 예측할 수 있게 해준다.

먼저 과거를 돌아보자. 우리는 유럽(혹은 적어도 서유럽의 경제대국들)과 북미에 대해 1870~2010년의 전 기간에 걸쳐 신뢰성 있는 추정치를 보유하고 있다. 일본에 대해서는 1960년 이전의 전체 민간자산이나 국민총자산에 대한 포괄적인 추정치를 보유하고 있지 못하지만 부분적인 데이터, 특히 1905년까지 거슬러 올라가는 공중 기록들을 가지고 있다. 이 자료들은 일본의 자산이 유럽과 같은 형태의 'U자 곡선'으로 설명될 수 있고, 1910~1930년에 자본 / 소득 비율이 600~700퍼센트로 치솟았다가 1950년대에 200~300퍼센트로 떨어진 뒤 1990년대와 2000년대에 다시 600~700퍼센트에 가까운 수준으로 극적으로 반등했음을 분명하게 보여준다.

아시아(일본 제외), 아프리카, 중남미를 포함한 다른 국가와 대륙들에 대해서는 1990년부터 비교적 완전한 추정치가 존재한다. 이 추정치들은 이들 국가의 자본 / 소득 비율이 평균적으로 국민소득의 약 4배임을 보여준다. 1870~1990년에 대해서는 신뢰성 있는 추정치가 없어서 단순히 전체적인 수준이 비슷하다고 가정했다. 같은 시기에 이 국가들이 전 세계 생산에서 차지하는 비율은 20퍼센트가 조금 넘는 수준이기 때문에 세계의 자본 / 소득 비율에 미치는 영향력은 어쨌든 상당히 제한적일 수밖에

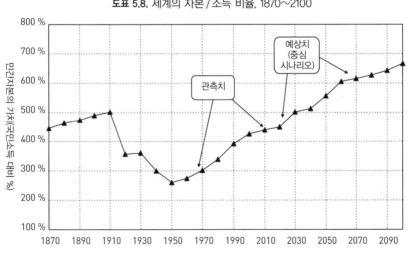

도표 5.8. 세계의 자본 / 소득 비율, 1870~2100

중심 시나리오의 시뮬레이션에 따르면 21세기 말에는 세계의 자본 / 소득 비율이 700퍼센트에 가까워질 수 있다.

출처 및 통계: piketty.pse.ens.fr/capital21c

없다.

도표 5.8은 이런 과정을 거쳐 집계된 결과를 보여준다. 이 총계에서 부유한 국가들이 차지하는 비중을 고려한다면 세계의 자본/소득 비율이 이들과 동일한 유형의 'U자 곡선'을 따른다는 사실은 놀랍지 않다. 오늘날 세계의 자본/소득 비율은 500퍼센트에 가까운 것으로 보이며 이는 제1차 세계대전 직전의 수치와 비슷하다.

가장 흥미로운 점은 이 곡선이 미래에 어떤 모양으로 바뀔지 추정하는 것이다. 여기서는 제2장에서 제시했던 인구증가율 및 경제성장률 예측을 사용했다. 이 예측에 따르면 세계의 생산 증가율은 현재의 연간 3퍼센트에서 21세기 후반에는 1.5퍼센트로 떨어질 것이다. 나는 또한 저축률이 장기적으로 약 10퍼센트로 안정화될 것이라고 가정한다. 이러한 가정들에 기초하면, 동태적인 β = s/g 법칙은 세계의 자본/소득 비율이 계속 상승해 21세기가 끝나기 전에 700퍼센트에 도달함으로써 대략적으로 18세기부터 벨 에포크 시대까지 유럽에서 관찰되던 수준에 접근할 것이라는 대단히 논리적인 예측을 제시한다. 다시 말해 2100년에 전 세계가 적어도 자본집약도 면에서는 20세기가 시작될 무렵의 유럽처럼 될 수 있다는 것이다. 이것은 분명 여러 가능성 중 하나일 뿐이다. 앞서 말한 것처럼 이러한 성장률에 대한 예측들은 저축률에 대한 예측과 마찬가지로 극히 불확실하다. 그렇기는 하지만 이 시뮬레이션은 저성장이 자본축적 과정에 미치는 중요한 영향을 보여주는 방법으로서 그럴듯하며 가치가 있다.

토지 가치의 수수께끼

정의상 β = s/g 법칙은 축적될 수 있는 형태의 자본에만 적용된다. '순수 토지', 즉 인간이 개량하기 전의 토지를 포함한 순수 천연자원의 가치는 고려하지 않는다. 2010년에 집계된 자본총량의 거의 전부(국가에 따라

80~100퍼센트)를 $\beta = s/g$ 법칙으로 설명할 수 있다는 사실은 순수 토지가 국민총자본의 아주 적은 부분만 차지한다는 것을 시사한다. 그런데 정확하게는 얼마나 차지할까? 이 질문에 정확히 대답하기에는 현재 이용 가능한 데이터가 부족하다.

먼저 전통적인 시골사회의 농경지를 생각해보자. 농경지의 가치에서 인간이 개발하기 이전의 '순수 토지 가치'가 얼마이고, 수백 년 동안 이 토지에 이루어진 많은 투자와 개량(개간, 배수시설, 울타리 치기 등)에 의한 것이 얼마인지를 정확하게 규정하는 것은 매우 어려운 일이다. 그래도 투자와 개량이 농경지 가치의 대부분을 차지한다는 점은 확실해 보인다. 18세기에 프랑스와 영국에서 농경지 가치는 국민소득의 4배에 달했다.[33] 당시의 추정치에 따르면 투자와 개량은 농경지 가치에서 적어도 75퍼센트, 아마도 그 이상의 비중을 차지했을 것이다. 순수 토지의 가치는 기껏해야 1년 치 국민소득과 같은 수치를 나타냈고 어쩌면 국민소득의 절반에도 미치지 못했다. 이러한 결론은 토지를 개간하고 배수하며 개량하기 위해 필요한 노동의 연간 가치가 국민소득의 3~4퍼센트에 상당했다는 사실에 기초해 내려진 것이다. 성장률이 연간 1퍼센트 이하로 비교적 느린 상태에서, 토지 개량 투자들의 누적된 가치가 (더 크지는 않더라도) 분명 토지의 총가치에 가까워졌던 것이다.[34]

흥미롭게도 1795년 토머스 페인Thomas Paine이 프랑스의 입법자들에게 제안한 유명한 『토지분배의 정의Agrarian Justice』에서도 '미개발 토지'가 국가자산의 약 10퍼센트를 차지하고 국민소득의 절반을 약간 상회한다는 결론을 내린 바 있다.

그러나 이런 추정치는 아주 대략적인 것일 수밖에 없다. 성장률이 낮으면 투자율에 작은 변화만 있어도 장기적인 자본/소득 비율 $\beta = s/g$에 커다란 차이를 불러온다. 요점은 전통사회도 국민총자본의 대부분은 이미 기존에 축적된 자본과 투자에 기초하고 있음을 기억하는 것이다. 아마도 (훨씬 더 자주 수선되고 대체되어야만 하는) 현대의 부동산이나 사업자본

237

5장
자본/소득 비율의
장기적 추이

과 비교해 토지의 감가상각이 아주 적다는 사실만 제외하면, 실제로는 아무것도 바뀌지 않았다. 이런 점은 현대의 자본이 더욱 '역동적'이라는 인상을 줄 수 있다. 그러나 전통적인 농촌사회의 투자와 관련하여 우리가 보유한 데이터가 제한적이고 부정확하기 때문에 더 이상은 말하기 어렵다.

특히 순수 토지가 갖는 오래전의 가치와 현재의 가치를 정확하게 비교하는 것은 불가능해 보인다. 오늘날에 중요한 문제는 도시의 토지이며, 농지의 가치는 프랑스와 영국 모두에서 국민소득의 10퍼센트 이하에 머물러 있다. 하지만 18세기의 순수 농지의 가치를 측정하는 것이 쉽지 않듯이 오늘날 건물과 구조물뿐만 아니라 사회기반시설과 그 외 도시의 토지를 매력적으로 만드는 개발과 관계없는 도시의 순수한 토지 가치를 측정하는 것도 쉽지 않다. 나의 추정치에 따르면 지난 수십 년 동안의 연간 투자액은 부동산 자산을 포함해 2010년 자산 가치의 거의 전부를 설명할 수 있다. 다시 말해 자본/소득 비율의 증가는 순수 도시 토지의 가치 증가 측면으로는 설명될 수 없다. 도시 토지 자체의 가치는 대략적으로 국민소득의 0.5~1배로서 18세기 순수 농경지의 가치와 꽤 비슷해 보인다. 물론 이 추정치 또한 상당히 불확실하다.

여기서 두 가지를 더 언급해두고자 한다. 첫째, 부유한 국가들에서 총자본, 특히 부동산자본이 저축과 투자의 축적이라는 관점에서 아주 잘 설명될 수 있다고 해서 수도와 같은 특정 지역들의 인구 집중과 관계된 대규모의 지역적 자본이득의 존재가 분명 배제되지는 않는다는 점이다. 샹젤리제 혹은 파리 어느 지역이 됐든 건물들의 가치 상승을 오로지 투자 흐름의 관점에서 설명하는 것은 맞지 않을 것이다. 그러나 추정치들은 특정 지역의 부동산에서 나온 대규모의 자본이득이 대체로 작은 도시나 쇠락하는 주변 지역 등 인기가 떨어지는 다른 지역의 자본손실로 상쇄된다는 사실을 보여준다.

둘째, 순수 토지의 가치 상승이 부유한 국가들의 자본/소득 비율의 역사적 반등에 대해 많은 부분을 설명하지 못한다고 해서 이것이 앞으로도 계속 그러하리라는 의미는 결코 아니다. 이론적 관점에서 보면 토지 가치의 장기적인 안정성을 보장하는 것은 아무것도 없다. 하물며 모든 천연자원의 가치는 더 말할 것도 없다. 이 문제는 석유 수출국들의 자산과 해외자산 보유의 동학을 분석할 때 다시 논의할 것이다.[35]

21세기 자본–노동의 소득분배

우리는 이제 $\beta = s/g$ 법칙으로 설명되는 자본/소득 비율의 동학에 대해 잘 이해하게 되었다. 특히 장기간의 자본/소득 비율은 저축률 s와 성장률 g에 따라 달라진다. 이런 두 가지 거시사회적 변수는 수많은 사회적, 경제적, 문화적, 심리적, 인구적인 요인으로부터 영향을 받는 수백만 개인의 결정에 좌우되며, 시대마다 국가마다 다양한 차이를 보인다. 게다가 이들은 대체로 서로 독립적인 변수들이다. 이러한 변수들 때문에 자본/소득 비율에서 역사적, 지리적 편차가 매우 크다는 것을 알 수 있는데, 이는 천연자원의 상대가격처럼 자본의 상대가격도 단기 또는 장기적으로 크게 변동될 수 있다는 사실과는 별개의 문제다.

자본/소득 비율에서 자본–노동 소득분배율까지

이제부터 자본/소득 비율에 대한 분석에서 더 나아가 자본–노동 소득분배에 대해 알아볼 것이다. 제1장에서 자본주의의 제1기본법칙이라 부른 $\alpha = r \times \beta$ 공식은 이 둘 사이를 분명히 이해할 수 있게 해준다. 예를 들어 자본총량이 국민소득의 6배에 해당되고(β = 6), 평균 자본수익률이 연 5퍼센트라면(r = 5퍼센트), 국민소득 가운데 자본소득이 차지하는 몫 α 는 30퍼센트다.(그러므로 노동소득이 차지하는 몫은 70퍼센트가 된다.) 여 기서 중요한 질문이 도출되는데, 그렇다면 자본수익률은 어떻게 결정되는 가? 지금부터는 장기간에 걸쳐 관찰된 자본수익률의 변화를 간단히 살펴 보고, 그것과 관련된 이론적 메커니즘 그리고 경제적, 사회적 힘들을 분석 하고자 한다.

여기서도 18세기부터 줄곧 가장 완벽한 자료를 보유하고 있는 영국과 프랑스의 경우를 활용했다.

비록 U자 곡선의 깊이가 확연히 나타나지는 않지만 국민소득 중 자본 소득의 몫 α의 일반적인 변화 추이는 β와 같은 U자 곡선으로 설명될 수 있다. 다시 말해 자본수익률 r은 자본량 β의 변화를 약화시켰던 것으로 보인다. 즉 r은 β가 낮은 기간에는 높고 β가 높은 기간에는 낮게 나타나 는데, 이는 당연한 것으로 보인다.

좀더 정확히 말하면 18세기 후반부터 19세기에 영국과 프랑스에서 국민 소득 중 자본소득의 몫이 35~40퍼센트였는데, 20세기 중반에는 20~25 퍼센트로 줄어들었고 20세기 말과 21세기 초반에는 25~30퍼센트로 늘어 났다(도표 6.1과 6.2 참조). 이것은 18세기와 19세기의 5~6퍼센트 정도의 평균 자본수익률과 상응하는데, 이 수익률은 20세기 중반에는 7~8퍼센 트로 높아졌고 20세기 후반과 21세기 초반에는 4~5퍼센트로 떨어졌다(도 표 6.3과 6.4 참조).

여기에 나타난 전체 곡선과 크기는 적어도 대략적으로 신뢰할 만하고 통계적으로 유의미한 것으로 볼 수 있다. 물론 그렇다 해도 무엇보다 자료 의 한계와 취약성은 지적되어야 한다. 이미 지적한 대로, 우선 '평균' 자본 수익률이란 개념 자체는 상당히 추상적인 개념이다. 실제로 수익률은 자 산 형태와 개인 재산의 규모에 따라 크게 달라지며(일반적으로 자본이 많 으면 높은 수익을 올리기가 쉽다) 불평등을 증대시키는 경향이 있다. 구체

6장
21세기 자본-노동의
소득분배

도표 6.1. 영국의 자본-노동 소득분배율, 1770~2010

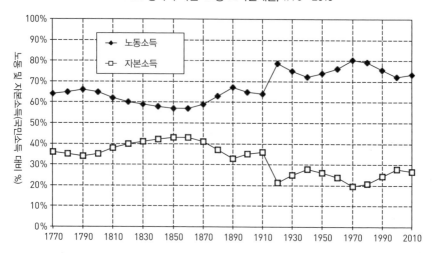

19세기에 노동소득(임금과 비임금 소득 포함)은 국민소득의 60퍼센트를 차지한 반면, 자본소득(임대료, 이윤, 배당금, 이자 등)은 국민소득의 40퍼센트를 차지했다.

출처 및 통계: piketty.pse.ens.fr/capital21c

도표 6.2. 프랑스의 자본-노동 소득분배율, 1820~2010

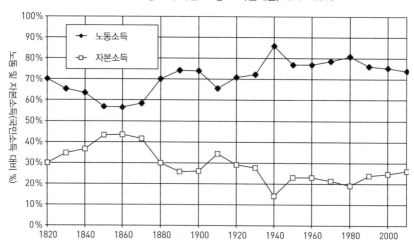

21세기에 노동소득(임금과 비임금 소득 포함)은 국민소득의 70퍼센트를 차지한 반면, 자본소득(임대료, 이윤, 배당금, 이자 등)은 국민소득의 30퍼센트를 차지했다.

출처 및 통계: piketty.pse.ens.fr/capital21c

2부
자본/소득 비율의 동학

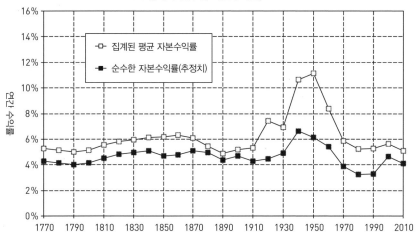

도표 6.3. 영국의 순수한 자본수익률, 1770~2010

순수한 자본수익률은 장기적으로 4~5퍼센트 정도로 거의 안정되었다.

출처 및 통계: piketty.pse.ens.fr/capital21c

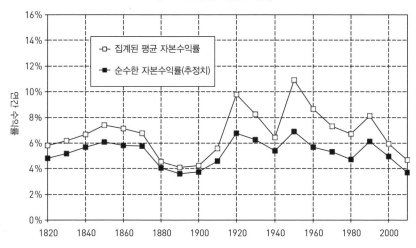

도표 6.4. 프랑스의 순수한 자본수익률, 1820~2010

집계된 평균 수익률은 20세기 동안 순수한 수익률보다 변동 폭이 더 크게 나타났다.

출처 및 통계: piketty.pse.ens.fr/capital21c

6장
21세기 자본—노동의
소득분배

적으로 산업자본(19세기 가족 기업의 공동 경영 형태나 20세기 상장회사의 주식)을 포함해 위험부담이 가장 큰 자산의 수익률은 흔히 7~8퍼센트이상인 반면, 위험부담이 적은 자산의 수익률은 상당히 낮다. 18세기와 19세기의 농경지는 4~5퍼센트 정도였고, 21세기 초반의 부동산은 3~4퍼센트로 낮다. 당좌예금이나 저축예금 등 소규모 자산의 실질수익률은 겨우 1~2퍼센트 정도밖에 안 되거나 심지어 더 적고, 물가상승률이 은행의 낮은 명목이자율을 초과할 경우에는 마이너스가 되기도 한다. 이는 중대한 사안이므로 뒤에서 더 자세히 다룰 것이다.

이쯤에서 도표 6.1~6.4에 나타난 자본의 몫과 평균 수익률은 어떻게 산출되는지를 살펴보는 것이 중요하다. 즉, 그것들은 법적인 분류(임대료, 이윤, 배당금, 이자, 로열티 등, 국채 이자는 제외, 세전 기준)에 상관없이 국민계정에 포함된 다양한 자본소득을 합산해 그 합계를 국민소득으로 나누거나(α로 표시되는, 국민소득 중 자본소득의 비율) 국민총자본의 양으로 나눈 것(r로 표시되는 평균 자본수익률)이다.[1] 그 구성을 볼 때, 이런 평균 수익률은 매우 상이한 형태의 자산과 투자에 대한 수익을 합한 것이다. 목적은 특정 사회에서 전체적으로 취득한 평균 자본수익률을 측정하는 것이므로, 개개인의 상황에 따른 차이점은 무시했다. 분명 몇몇 사람은 평균 수익보다 더 벌고 나머지는 그렇지 못하다. 평균을 둘러싼 개별적인 수익의 분포를 알아보기 전에, 먼저 이 평균 수익률의 수준을 분석하는 일부터 시작하는 것이 자연스럽다.

소득이라는 유량: 한 시점의 총량보다 평가하기 더 어려운 것

/

자본에 대한 보상이 포함되어 있을 비임금노동자들의 소득과 관계된 또다른 중요한 주의 사항은 이러한 소득을 다른 소득과 구분하기 어렵다는 것이다.

물론 이 문제는 과거에 비해 지금은 덜 중요하다. 왜냐하면 오늘날 대부분의 민간 경제활동은 회사, 더 일반적으로는 주식회사에 의해 조직되고 있어서, 기업의 계좌가 자본을 공급하는 개인의 계좌와 확실히 분리되어 있기 때문이다. 이들은 개인 재산이 아닌 그들이 투자한 자본에 대해서만 위험을 감수하는데, 이는 19세기 말 대부분의 국가에서 도입했던 혁신적 개념인 '유한책임회사' 덕분이다. 그런 회사의 회계장부에서, 노동에 대한 보상(임금, 급여, 상여금, 회사에 노동력을 제공한 경영자를 포함한 직원들에 대한 다른 보수)과 자본에 대한 보상(배당금, 이자, 기업의 자본가치를 증식시키기 위해 재투자된 이윤 등) 사이에는 분명한 차이가 있다.

합자회사 및 개인 기업은 이와 다르다. 개인 기업의 경우 회사 계좌는 종종 소유주이자 경영자인 회사 사장의 개인 계좌와 섞이게 된다. 오늘날 부유한 국가의 국내생산에서 10퍼센트가량은 개인 소유 사업체에서 일하는 비임금노동자(주로 자영업자—옮긴이)에게서 나오는데, 이는 경제활동인구 가운데 비임금노동자가 차지하는 비율과 비슷하다. 비임금노동자는 대개 소규모 사업자(상인, 기능공, 외식업 종사자 등)나 전문직 종사자(의사, 변호사 등)들이다. 이 범주에는 오랫동안 다수의 자작농도 포함되었지만, 오늘날 이들은 대부분 사라졌다. 개인 소유 사업체의 회계장부에서 자본에 대한 보상을 구별해내는 것은 대체로 불가능하다. 예를 들어 방사선 전문의의 이윤은 그의 노동뿐 아니라 값비싼 장비 사용을 통해 얻은 소득이다. 호텔 소유주나 소농도 마찬가지다. 따라서 비임금노동자의 소득은 '혼합소득'이라고 부르는데, 이는 노동소득도 될 수 있고 자본소득도 될 수 있기 때문이다. 그것은 또한 '기업가적 소득'이라 불리기도 한다.

혼합소득을 자본소득과 노동소득으로 나누기 위해 나는 경제의 다른 부문에서와 동일한 평균적 자본–노동 소득분배율을 적용했다. 이것은 가장 덜 자의적인 선택이며, 흔히 활용되는 다른 두 가지 방법을 사용한 결과와 비슷했다.[2] 그러나 구조적으로 혼합소득에서 자본소득과 노동소득의 경계가 모호하기 때문에 이런 구분은 근사치에 불과하며 오늘날에는 사실상 큰 의미가 없다. 국민소득에서 혼합소득이 차지하는 비율이 미미하고, 혼합소득에서 차지하는 불확실한 자본의 몫은 국민소득에서 1~2퍼센트도 영향을 미치지 않기 때문이다. 반면 이전 시기, 특히 혼합소득이 국민소득의 절반 이상을 차지했던 18세기와 19세기의 경우 이러한 불확실성이 잠재적으로는 훨씬 더 크다.[3] 바로 이 때문에 18~19세기 자본이 차지하는 몫의 추정치는 근사치로 간주해야 한다.[4]

이런 결함에도 불구하고 이 기간 중 국민소득에서 차지하는 자본의 몫의 추정치(적어도 40퍼센트)는 어느 정도 타당하다고 볼 수 있다. 영국과 프랑스의 경우 18세기와 19세기 초반까지 지주에게 지불하는 토지 임대료만 해도 국민소득의 20퍼센트를 차지했기 때문이다. 국민총자본의 약 절반을 차지하는 농경지의 수익률은 평균적인 자본수익률보다 약간 낮았고, 특히 19세기 전반에 산업 이윤이 매우 높았다는 점을 감안했을 때 산업자본의 수익률보다는 상당히 낮은 수준이었다. 그러나 자료가 불완전하므로, 유일한 추정치를 제시하기보다는 35퍼센트와 40퍼센트 사이로 여지를 두는 편이 낫다.

18세기와 19세기 자본총량의 추정치는 노동소득 및 자본소득 유량의 추정치보다는 더 정확할 것이다. 이는 오늘날도 대체로 마찬가지다. 과거 대부분의 경제학자와는 달리 자본-노동 소득분배율보다 자본/소득 비율의 변화를 강조한 이유도 여기에 있다.

순수한 자본수익률이라는 개념

이런 불확실성의 또 다른 중요한 원인은, 국민계정은 투자를 하고자 하는 사람들이 수행해야 하는 노동 또는 적어도 그들이 기울여야 하는 주의를 감안하지 않는다는 사실이다. 도표 6.3~6.4에 표시된 평균 수익률이 어느 정도 과대평가되어 있다고 생각하는 것은 이 때문이다. 따라서 나는 여기서 '순수한pure' 자본수익률이라고 부를 수 있는 수익률을 표시한다. 여기서 제시된 대로 이 평균 수익률을 계산하기 위해서는 물론 자본을 관리하는 비용과 '공식적'인 금융 중개에(즉 금융기관, 부동산중개소, 자산관리자 등이 제공하는 서비스나 자문에) 드는 비용을 분명히 고려하고, 자본소득에서 이 비용을 뺀다. 하지만 '비공식적'인 금융 중개의 경우는 그렇지 않다. 모든 투자자는 자신의 자산과 사업을 관리하고 어떤 투자가 가장 많은 수익을 낼 수 있는지를 판단하는 데 시간을 쓴다.(어떤 경우에는 엄청나게 많은 시간을 쏟는다.) 경우에 따라서는 이러한 활동이 진정한 기업가의 노동이라고 할 수 있으며 사업가의 활동 형태와도 비슷하다.

물론 이런 비공식적인 노동을 정확하게 계산하기는 매우 어렵고 어느 정도는 자의적이다. 이것이 국민계정에 비공식적인 노동의 가치가 포함되지 않는 이유다. 이론적으로는 투자 관련 활동에 소요되는 시간을 측정하고 여기에 금융과 부동산부문의 동일한 노동에서 얻는 보수에 기초해 계산한 시간당 가치를 적용해야 한다. 또한 경제성장이나 인플레이션 상승이 급속도로 진행되는 경우에는 비공식적인 비용이 더 늘어날 것이다. 경제성장 시기에는 투자 자산 배분의 재편이 빈번하게 요구되고, 인플레이션이 높을 때는 경제가 사실상 정체되어 있을 때보다 최고의 투자 기회를 찾기 위해 더 많은 시간을 들여야 하기 때문이다. 가령 전후 재건 기간 프랑스에서 관찰된 10퍼센트(영국은 좀더 낮은 수준)에 이르는 평균 자본수익률이 순수한 자본수익률이라고 믿기는 어렵다. 그런 높은 수익률에는 역시 무시할 수 없는 비공식적인 기업가적 노동에 대한 보상이 제외되지 않고 포함되었을 가능성이 높다. 오늘날 중국과 같이 성장 속도가 매우 빠른 신흥경제권에서도 비슷한 정도의 수익률이 관찰된다.

이를 확연히 나타내기 위해 나는 다양한 시기에 걸친 영국과 프랑스의 순수한 자본수익률 추정치를 도표 6.3과 6.4에 표시했다. 이는 평균 수익에서 비공식적인 자산 관리 비용의 납득할 만한 추정치(다소 높을 수

6장
21세기 자본–노동의
소득분배

도 있지만), 즉 재산 관리에 소요된 시간의 가치를 차감함으로써 얻은 것
이다. 이 방법으로 얻은 순수한 수익률은 일반적으로 집계된 수익률보다
1~2퍼센트 정도 낮으며, 아마도 최솟값으로 간주되어야 할 것이다.[5] 특히
서로 다른 규모의 재산으로부터 벌어들인 수익률에 대한 이용 가능한 자
료는 재산 관리에 상당한 규모의 경제가 존재하며, 최대 규모의 재산으로
부터 벌어들인 순수한 수익률은 여기에 예시된 수준보다 현저하게 더 높
다는 것을 시사한다.[6]

역사적 관점에서 본 자본수익률

/

추정치를 바탕으로 얻어낸 중요한 결론은 다음과 같다. 18세기부터 20세
기 초까지 프랑스와 영국의 순자본수익률은 연 4~5퍼센트 안팎을 오르
내렸으며, 더 일반적으로는 3~6퍼센트 사이를 오갔다. 장기적으로 뚜렷
한 상향 추세나 하향 추세는 나타나지 않았다. 두 차례 세계대전으로 인
한 대규모의 재산 붕괴와 막대한 자본손실이 나타난 이후 순수한 수익률
은 6퍼센트를 넘어섰지만, 이후 과거의 낮은 수준으로 매우 빠르게 회귀
했다. 그러나 아주 장기적으로 본다면, 순수한 자본수익률은 약간 하락했
을 가능성이 있다. 왜냐하면 18세기와 19세기에는 순수한 자본수익률이
종종 4~5퍼센트를 웃돌았던 데 반해, 21세기 초에는 자본/소득 비율이
과거의 높은 수준을 회복함에 따라 3~4퍼센트에 가까워진 것으로 보이기
때문이다.

하지만 아직 확실한 결론을 내리기는 이르다. 순수한 자본수익률이 향
후 수십 년 안에 더 높은 수준으로 상승할 가능성을 배제할 수 없는데,
이는 특히 자본을 유치하기 위한 국제적 경쟁이 심화되고, 복잡하며 다각
화된 자산으로부터 높은 수익을 창출해내는 과정에서 금융시장과 금융기
관이 점점 더 정교해지고 있다는 점을 고려할 때 더욱 그러하다.

어쨌든 아주 장기간에 걸쳐 순수한 자본수익률이 사실상 안정적이라는 것은 이 연구에서 가장 중요한 사실이다.(18세기와 19세기의 4~5퍼센트에서 오늘날의 3~4퍼센트로, 5분의 1에서 4분의 1 정도 경미하게 감소했을 가능성이 더 높다.)

이 수치들을 좀더 합리적인 관점에서 보기 위해 무엇보다도 다음의 사실을 상기할 필요가 있다. 18세기와 19세기에 자본이 소득으로 전환될 때 그 비율은, 가장 흔하고 가장 위험이 적은 형태의 자본(일반적으로 토지와 국채)의 경우 보통 연 5퍼센트 정도였다. 즉 자본 자산의 가치는 그 자산에 의해 창출된 연간 소득의 20배에 해당되는 것으로 평가되었다. 때로 이것은 25배(연 4퍼센트의 수익률과 같은 수준)로 증가하기도 했다.[7]

발자크와 제인 오스틴 등의 소설을 보면 19세기 초에 자본은 5퍼센트(드물게 4퍼센트)의 소득을 창출한다는 것을 당연하게 받아들였다. 게다가 소설가들은 종종 자본, 보통 토지와 국채라는 서로 다른 두 자본의 성격을 언급하지 않고 이 둘을 거의 완벽한 대체재로 취급해 단지 그 임대수익만을 언급했다. 예를 들어 소설 속 주요 인물이 5만 프랑이나 2000파운드의 자본소득을 얻는다는 사실만을 서술했을 뿐 그것이 토지에서 나왔는지 국채에서 나왔는지는 정확하게 밝히지 않았다. 어느 쪽이든 차이가 없었다. 두 경우 모두 확실하고 안정적인 소득, 그리고 대단히 뚜렷한 생활양식에 필요한 돈을 마련하고 여러 세대에 걸쳐 익숙하고 잘 이해되는 사회적 지위를 재생산하는 데 충분한 소득을 창출하기 때문이다.

마찬가지로 오스틴과 발자크는 특정한 자본의 총량을 연간 자본소득으로 환산하기 위해 요구되는 수익률을 구체적으로 쓸 필요성을 느끼지 않았다. 왜냐하면 5만 프랑의 연간 자본소득을 얻기 위해서는 국채든 토지든, 아니면 다른 형태의 투자처든 상관없이 100만 프랑 정도의 자본이 필요하다는, 혹은 연 2000파운드의 소득을 얻으려면 4만 파운드의 자본이 필요하다는 사실을 모든 독자가 잘 알고 있었기 때문이다. 19세기 소설가와 그 독자들에게 재산과 연간 자본소득이 결국 같은 것이었다는 점은 기정사실이었으며, 이 두 단어가 완전한 동의어인 것처럼 재산에 기초한 측정이든 자본소득에 기초한 측정이든 문제될 것이 없었다.

고리오 영감의 파스타 공장이나 토머스 경의 『맨스필드 파크』에 나오는 서인도제도 농장을 보더라도 작가와 독자는 좀더 많은 개인의 노력이 관련되어 있는 투자 부문이 있다는 사실을 분명히 인식하고 있었다. 더 중요한 것은, 그러한 투자가 당연히 더 높은 수익을 가져오며, 그 수익률이 통상 7~8퍼센트 정도에 이르렀다는 점이다. 더욱이 젊은 나이에 향수사업으로 성공한 세자르 비로토가 파리의 마들렌 지역에서 부동산 투자를 하려고 했던 것처럼, 좋은 투자처만 찾아낸다면 더 많은 수익을 얻는 것도 가능했다. 하지만 그런 일들을 조직하는 데 쏟아부은 시간과 에너지(토머스 경이 서인도제도에서 보낸 긴 시간들을 생각하라)를 수익에서 뺀다면, 결국 얻어진 순수익이 토지나 국채에 투자해서 얻는 4~5퍼센트보다 반드시 훨씬 더 높다고만 할 수 없다는 것 또한 모두가 분명히 알고 있었다. 바꿔 말하면, 추가적인 수익은 많은 부분이 사업에 바친 노동에 대한 대가였고, 위험 프리미엄을 포함한 순수한 자본수익률은 대개 4~5퍼센트보다 그리 높지 않았다.(어쨌든 나쁜 수익률은 아니지만.)

21세기 초의 **자본수익률**

순수한 자본수익률은 어떻게 결정되는가? 즉, 자산 관리에 들인 시간의 가치를 포함한 모든 관리 비용을 뺀 뒤 얻게 되는 연간 자본수익률이란 무엇인가? 장기간을 두고 볼 때, 발자크와 오스틴 시대에 대략 4~5퍼센트였던 자본수익률이 오늘날 3~4퍼센트로 하락한 이유는 무엇일까?

이런 질문들에 대한 답을 구하기 전에 다른 중요한 문제를 명백히 해둘 필요가 있다. 오늘날 얼마 되지 않는 저축에서 얻는 하찮은 수익을 생각하면 일부 독자는 자본으로부터 얻는 평균 수익률 3~4퍼센트는 꽤 낙관적일 수도 있다고 생각할 것이다. 그렇지만 몇 가지 점에 대해 지적해야한다.

우선 도표 6.3과 6.4에 표시된 수익률은 세금을 내기 전의 수치다. 즉, 자본이나 소득에 세금이 부과되지 않을 경우에 자본소유자가 얻게 되는 수익률이다. 이어지는 제4부에서는 과거에 세금이 해온 역할과 미래에 국가 간 조세경쟁이 고조됨에 따라 세금이 수행하게 될 역할들에 대해 고찰할 것이다. 여기서는 18세기와 19세기에는 국가재정 압박이 거의 없었다는 점만 간단히 짚고 넘어가자. 20세기와 21세기 초에 국가재정 압박이 급격히 높아졌고, 그 결과 장기간에 걸쳐 세후 평균 수익률이 세전보다 훨씬 더 낮아졌다. 오늘날 만약 올바른 세금 부담 최적화 전략을 채택한다면 자본과 자본소득에 부과되는 세금 수준이 매우 낮을 수도 있겠지만(특히 일부 설득력 있는 투자자들은 심지어 보조금을 타내기도 한다), 대부분의 경우는 세금이 상당히 많다. 특히 소득세 외에도 다른 세금이 많이 있다는 것을 명심하자. 예를 들면 부동산세는 부동산 투자의 소득을 현격하게 감소시키며, 법인세 또한 기업에 투자된 금융자본의 소득을 감소시킨다. 이런 모든 세금이 사라져야만(언젠가 그렇게 될 수도 있겠지만 아직 가능성은 희박하다) 자본소유자가 실제로 얻는 자본수익률이 도표 6.3과 6.4에서 나타낸 수준에 이를 것이다. 모든 세금을 감안했을 때, 대부분의 부유한 국가에서는 자본 소득에 대한 평균 세율이 보통 30퍼센트 정도다. 이것이 자본에서 얻는 순수하게 경제적인 수익률과 개인 소유자가 실제로 얻는 수익률 사이에 커다란 차이가 발생하는 첫 번째 이유다.

두 번째로 염두에 두어야 할 것은, 대략 3~4퍼센트의 순수한 수익률이라는 것이 실은 엄청난 격차를 숨기고 있는 평균치라는 점이다. 당좌예금계좌의 쥐꼬리만 한 잔고가 유일한 자본인 개인들의 수익은 마이너스다. 왜냐하면 이런 적은 잔고로는 이자를 받을 수 없을 뿐만 아니라 인플레이션으로 인해 예금의 가치가 잠식되기 때문이다. 저축예금의 이자율도 보통 물가상승률보다 조금 더 높을 뿐이다.[8] 하지만 중요한 점은 비록 이런 개인의 숫자가 많다 해도 그들의 총재산은 상대적으로 적다는 것이다. 현재 부유한 국가의 자산은 두 부분으로 거의 똑같이(혹은 비슷하게) 나뉜다. 바로 부동산과 금융자산이다. 금융자산은 대부분 주식, 채권, 뮤추얼 펀드 및 각종 연금과 같은 장기 금융계약 등으로 구성된다. 무이자 당좌예금은 현재 국민소득의 겨우 10~20퍼센트를 차지할 뿐이며, 기껏해야 (국민소득의 500~600퍼센트에 해당되는) 국민총자본의 3~4퍼센트에 불과하다. 여기에 저축예금을 더한다고 해도 국민소득의 30퍼센트를 조금 웃돌 뿐이며, 국민총자본의 5퍼센트를 간신히 넘는 수준이다.[9] 당좌예금과 저축예금의 이자가 매우 변변찮은 수준이라는 것은 예금자들 입장에서는 분명히 우려되는 부분이지만 평균 자본수익률의 관점에서 보면 이러한 사실은 별로 중요하지 않다.

평균 수익률 측면에서는, 자산의 절반을 차지하는 주거용 부동산의 연간 임대료 가치가 일반적으로 부동산 가치의 3~4퍼센트에 해당된다는 사실에 주목해야 한다. 예컨대 시가 50만 유로의 아파트에서는 연간 1만 5000유로에서 2만 유로(즉 한 달에 약 1500유로)의 임대 소득이 발생한다. 주택을 소유하고 있는 사람들은 주택 임대료만큼의 금액을 아끼는 셈이다. 이는 좀더 저렴한 주택의 경우도 마찬가지다. 시가 10만 유로의 아파트에서는 연간 3000유로에서 4000유로의 임대료 수입이 생기며, 주택 소유자는 그만큼의 비용을 절감할 수 있다. 앞서 지적한 대로 소규모 아파트의 임대수익률은 5퍼센트 정도다. 대규모 자산의 지배적 형태인 금융투자의 수익률은 더 높다. 전체적으로 개인 자산의 가장 큰 부분을 차지하는 것은 부동산과 금융자산에 대한 투자이며, 이는 평균 수익률을 높인다.

실질자산과 명목자산

/

세 번째로 분명히 해둘 것은 도표 6.3과 6.4가 보여주는 수익률이 실질수익률이라는 점이다. 다시 말해 이러한 수익률로부터 (오늘날 부유한 국가에서 통상 1~2퍼센트인) 물가상승률을 빼려는 것은 심각한 오류를 범하는 일일 것이다.

이미 언급한 대로 그 이유는 단순하다. 가계자산의 가장 큰 비중을 차지하는 것은 '명목자산'(은행예금 및 국채 등과 같이 물가상승에 연동되지 않고 최초의 명목상의 가치로 고정되는 자산)이라기보다는 '실질자산'(주택이나 기업의 주식 등과 같이 관련 경제활동의 변화에 따라 그 가치도 함께 변하는, 실제 경제활동과 직접적인 관련이 있는 자산)이기 때문이다.

명목자산은 물가상승의 위험에 상당히 노출되어 있다. 만약 1만 유로를 은행에 예치하거나 인플레이션에 연동되지 않는 국채 또는 회사채에 투자하면 10년이 지나도 그 가치는 여전히 1만 유로일 뿐이다. 그 사이 소비자물가가 2배로 뛴다 해도 말이다. 이 경우 우리는 투자의 실질가치가 절반으로 떨어졌다고 말한다. 다시 말해 이는 최초의 투자 금액으로 구매할 수 있었던 상품이나 서비스를 50퍼센트밖에 구매할 수 없게 되었다는 의미다. 이 경우 수익률은 −50퍼센트가 될 것이고, 그 기간에 발생한 이자는 그만큼의 손해를 보상할 수도 있고 못 할 수도 있다. 물가가 급상승하는 시기에는 '명목'이자율, 즉 물가상승률을 빼기 전의 이자율도 대개 물가상승률보다는 높은 수준으로 상승할 것이다. 하지만 투자의 결과는 투자가 이뤄진 시점과 그 시점에서 거래 당사자들이 미래의 물가상승률을 어떻게 예측했느냐에 따라 달라진다. 다시 말해 물가상승률을 빼고 난 다음 실제로 얻어지는 수익인 '실질'이자율은 경우에 따라 상당한 손해가 나거나 반대로 상당한 이익이 될 수도 있는 것이다.[10] 어쨌든 명목자산의 실질수익률을 알기 위해서는 수익률에서 물가상승률을 빼야 한다.

반면 실질자산의 경우는 이와 전혀 다르다. 부동산, 회사의 주식이나 지분 또는 뮤추얼펀드와 같은 실질자산의 가격은 일반적으로 적어도 소비자물가지수만큼 빠르게 상승한다. 다시 말해 실질자산에서 발생하는 연간 임대료나 배당금에서 물가상승률을 차감해서는 안 될 뿐만 아니라 실질자산을 처분할 때 발생하는 자본이득을 연간 수익에 합산(손실이 발생할 경우에는 차감)할 필요가 종종 있다. 중요한 점은 실질자산이 명목자산보다 가계자산에서 더 큰 비중을 차지한다는 것이다. 일반적으로 실질자산은 전체 가계자산의 4분의 3을, 경우에 따라 10분의 9를 차지하고 있다.[11]

제5장에서 자본의 축적에 관해 살펴보면서 이러한 여러 효과가 장기적으로는 상쇄되어 균형을 이루는 경향이 있다고 결론 내렸다. 구체적으로 살펴보면, 1910~2010년 자산의 평균 가격은 적어도 소비자물가지수와 같은 비율로 상승해온 것으로 보인다. 분명 자산의 종류에 따라(특히 명목자산은 자본손실을 발생시켰는데, 이는 실질자산에서 발생한 자본이득으로 보상되었다) 기간마다 자본이득 또는 자본손실이 매우 크게 발생했을 수 있다. 이는 자본의 상대가격이 1910~1950년 급격히 하락했다가 1950~2010년 상승 추세로 돌아섰기 때문이다. 이러한 상황에서 가장 합리적인 접근법은 자본소득(임대료, 배당금, 이자, 이윤 등)의 연간 유량을 자본이득이나 자본손실은 고려하지 않고 자본총량으로 나누어, 거기서 얻은 평균 자본수익률(도표 6.3~6.4에 나타난)을 장기적인 평균 자본수익률의 가장 좋은 추정치로 생각하는 것이다.[12] 그렇다고 해서 어떤 특정 자산의 수익률을 연구할 때에도 자본이득을 더하지 않거나 자본손실을 빼지(특히 명목자산의 경우 물가상승률을 빼지) 않아도 된다는 의미는 아니다. 하지만 인플레이션의 효과를 평균적으로 충분하게 보상해주는 자본이득을 더하지 않고서, 모든 종류의 자본수익률에서 물가상승률을 뺀다는 것은 이치에 맞지 않는다.

그렇지만 오해하지는 말자. 인플레이션이 어떤 경우에는 자산 및 자산수익률 그리고 자산의 분배에 실질적인 영향을 미칠 수 있다는 사실을 결코 부인하는 것은 아니다. 그러나 인플레이션의 효과는 장기간의 구조적 효과라기보다는 대체로 자산의 범주 사이에서 부를 재분배하는 효과다. 예컨대 앞서 인플레이션이 두 차례 세계대전 이후에 부유한 국가의 공공부채를 청산하는 데 사실상 중심적인 역할을 했음을 설명했다. 하지만 높은 인플레이션이 상당 기간 지속되는 동안 투자자들은 실질자산에 투자함으로써 자신들의 자산을 지키려고 노력했다. 당좌예금과 저축예금 같은 소규모 자산은 인플레이션에 심각하게 영향을 받는 데 반해, 대규모 자산은 보통 장기적으로 물가와 가장 잘 연동되며 가장 다각화되어 있다고 믿을 만한 충분한 이유가 있다.

물론 인플레이션이 19세기에 거의 제로였다가 20세기 말부터 21세기 초반에 들어설 때까지 2퍼센트로 상승해 순수한 자본수익률을 조금 하락시켰다고 주장할 수도 있을 것이다. 오늘날의 투자자가 최상의 투자 전략을 구사하기 위해 여러 유형의 자산 가운데 재산을 다시 배분하느라 더 많은 시간을 들여야 하는 것에 비하면 물가상승으로 자산이 침식될 위험 없이 축적되었던 인플레이션 제로 시대에 자본소득자로 지내는 것이 더 편한 것은 사실이다. 하지만 대규모 자산이 인플레이션의 악영향을 가장 많이 받았는지, 혹은 과거에 축적된 자산의 영향력을 줄이기 위해 인플레이션에 의존하는 것이 그 목표를 달성하는 최상의 방법인지는 확실치 않다. 이 핵심적인 사안에 관해서는 투자자별로 실효적인 수익을 얻는 방법이 자산의 규모에 따라 다양하다는 내용을 다루는 제3부와, 주로 세금과 물가상승 같은 부의 분배에 영향을 미치는 다양한 제도 및 정책을 비교하게 될 제4부에서 다시 거론할 것이다. 여기서는 단지 자산을 소유하고 있는 사람들 간의 부의 재분배에 있어서 바람직하든 그렇지 않든 간에 물가상승이 중요한 역할을 하고 있음을 지적하고자 한다. 어찌되었든 인플레이션이 평균 자본수익률에 미치는 영향은 상당히 제한적이며, 드러난 명목상의 영향보다 훨씬 더 적다.[13]

자본은 **무엇을 위해 사용되는가?**

지금까지 이용 가능한 최선의 자료를 통해 자본수익률이 역사적으로 어떻

6장
21세기 자본–노동의
소득분배

게 변화했는지를 살펴보았다. 이제부터는 관찰된 변화에 대해 설명할 것이다. 특정 시점의 특정 사회에서 자본수익률은 어떻게 결정되는가? 여기에 작용하는 주요한 사회경제적 힘은 무엇이며, 이러한 힘은 왜 시간이 지남에 따라 변하는가? 그리고 21세기에는 자본수익률이 어떻게 변화될 것인가?

자본시장과 노동시장을 모두 '순수하고 완전한' 경쟁 시장이라고 가정하는 가장 단순한 경제모형을 따를 경우 자본수익률은 자본의 '한계생산성', 즉 자본을 한 단위 추가적으로 투입할 때 나오는 추가적인 생산과 정확히 일치해야 한다. 하지만 좀더 복잡하고 현실적인 모형 속에서 자본수익률은 다양한 관련 집단의 상대적인 협상력에 달려 있다. 상황에 따라 자본수익률은 자본의 한계생산성보다(이것의 양을 항상 정확하게 측정할 수는 없기 때문에) 더 높을 수도 있고 낮을 수도 있다.

어쨌든 자본수익률은 두 가지 힘에 의해 결정된다. 첫째는 기술(자본이 무엇을 위해 사용되는가?)이고 둘째는 자본총량의 규모다.(너무 많은 자본은 자본수익률을 떨어뜨린다.)

기술은 당연히 핵심적인 역할을 한다. 만약 자본이 생산요소로서 전혀 유용하지 않다면 정의상 자본의 한계생산성은 제로가 된다. 추상적으로는 자본이 생산과정에서 전혀 유용하지 않은 사회를 쉽게 상상해볼 수 있다. 즉 어떤 투자도 농경지의 생산성을 높이지 못한다거나, 도구나 기계가 생산량을 증대시키지 못하고, 지붕 아래에서 자는 것이 야외에서 자는 것보다 특별히 더 안락한 삶이 되지 않는 상황 말이다. 하지만 이런 사회에서조차 자본은 여전히 순수한 가치저장 수단으로서 중요한 역할을 할 것이다. 예를 들면 사람들은 장차 기근의 가능성에 대비해 혹은 순전히 미적 추구를 위해 음식물을(또는 보석이나 장신구를) 수북이 쌓아두려고 할 것이다. 그렇게 저장하는 것이 가능하다는 전제가 성립된다면 말이다. 또한 자본/소득 비율 β는 꽤 높지만 자본수익률 r은 완전히 제로인 사회를 상상하는 것도 불가능하지 않다. 이 경우 $\alpha = r \times \beta$ 공식에 따라 자본소득이 국민소득에서 차지하는 몫 또한 제로가 될 것이다. 이런 사회에서는 모든 국민소득과 국민생산은 노동의 몫이 될 것이다.

이러한 사회를 충분히 상상할 수는 있지만, 가장 원시적인 형태를 포함한 모든 인간사회에서 상황은 이와 다르게 전개되었다. 모든 문명사회에서 자본은 두 가지 경제적 기능을 수행한다. 첫째, 자본은 주택을 제공한다. 좀더 엄밀히 말해서 자본은 '주거 서비스'를 창출한다. 이것의 가치는 동등한 주택의 임대가치에 의해 측정되며, 밖에서 자는 것에 비해 집 안에서 잠자고 생활함으로써 발생하는 안락함의 증가분이라고 정의될 수 있다. 둘째, 자본은 다른 상품과 서비스를 만들어내는 과정에서 생산요소(생산과정에 필요한 토지, 도구, 건물, 사무실, 기계, 사회기반시설, 특허 등)의 역할을 한다. 역사적으로 초기 자본축적의 형태는 도구(부싯돌 등)와 토지의 개선(울타리, 관개시설, 배수시설 등) 그리고 초보적 형태의 주거시설(동굴, 천막, 오두막 등)과 관련이 있었다. 이후 주거 형태가 꾸준히 발달해왔듯이 산업과 사업자본의 형태도 점점 더 복잡한 형태로 진화해 왔다.

자본의 **한계생산성** 개념

구체적으로 자본의 한계생산성이란 자본 한 단위를 추가적으로 투입할 때 이뤄지는 추가적인 생산의 가치로 정의할 수 있다. 예를 들어 어떤 농업사회에서 한 사람이 100유로에 상당하는 토지 혹은 도구(여기서 토지와 도구의 가격은 일정하다고 가정한다)를 추가해 연간 5유로에 상당하는 식량생산을 증가시킬 수 있다고 가정해보자.(다른 모든 조건, 특히 투입 노동량은 일정하다.) 이때 100유로의 투자에 대한 자본의 한계생산성은 연간 5유로 또는 5퍼센트라고 말할 수 있다. 이처럼 순수하게 완전경쟁 조건일 때 한계생산성은 자본가(토지 또는 도구의 소유자)가 농업노동자로부터 얻는 연간 수익률이다. 만약 자본가가 5퍼센트 이상의 수익을 얻으려고 한다면 노동자는 다른 자본가에게서 토지와 도구를 빌릴 것이다. 그리고 만약 노동자가 5퍼센트 미만의 수익을 지불하려 한다면 토지와 농기구는 다른 노동자에게 가게 될 것이다. 분명 자본가가 토지나 도구를 임대한다든가 노동력을 구매하는 데 있어서 독점적인 지위를 점하는 상황이 있을 수 있다. 후자의 경우, 공급 독점이 아니라 '수요 독점'에 해당된다. 이럴 경우 자본가는 노동자에게 자기 자본의 한계생산성보다 더 큰 수익률을 요구할 수 있다.

자본이 다양한 형태로 활용되고 있는 더 복잡한 경제—사람들은 100유로를 농업뿐만 아니라 주택, 산업 또는 서비스 회사 등에 투자할 수 있다—에서 자본의 한계생산성을 결정하기란 쉽지 않다. 이론상 이것은 금융중개 시스템의(특히 은행과 금융시장의) 기능이다. 즉 그 기능은 자본을 가장 효과적으로 활용하는 방법, 다시 말해 각각의 사용 가능한 자본 한 단위를 생산성이 가장 높은 곳(필요하다면 지구 반대편이라도)에 투자해 투자자에게 가장 높은 수익을 안겨줄 수 있는 방법을 찾는 것이다. 만약 자본시장이 각각의 자본 한 단위를 최대한 생산적인 방식에 투자해 그 경제가 허락하는 최대치의 한계생산을 얻을 수 있고, 금융중개 비용을 최소화하는 동시에 위험으로부터 자유로운 평균 수익률을 얻기 위한, 완벽하게 다각화된 투자 포트폴리오를 구성할 수 있다면, 그 자본시장은 '완전하다'고 할 수 있다.

현실에서 금융기관과 주식시장은 일반적으로 이런 완전한 이상과는 거리가 멀다. 자본시장은 종종 만성적인 경제 불안, 투기 조장 및 거품의 원인을 제공한다. 분명히 한 단위의 자본 각각을 전 세계 혹은 한 나라 안에서 가장 효과적으로 이용할 수 있는 방법을 찾는 일은 그리 간단하지 않다. 더구나 때로는 '단기주의'와 '분식회계'가 즉각적으로 개인의 자본수익률을 극대화하는 지름길이기도 하다. 하지만 제도적으로 어떤 결함을 지녔든 간에 금융중개 시스템이 경제발전의 역사에서 중추적이고 대체 불가능한 역할을 해온 것은 분명하다. 그 과정에는 은행과 공식적인 금융시장뿐만 아니라 아주 많은 행위자가 관련되어 있었다. 예컨대 18세기와 19세기에는 공증인들도 투자자를 모아 자금 투자가 필요한 사업가들, 가령 파스타 공장을 운영했던 고리오 영감이나 부동산에 투자하려는 열망을 품은 세자르 비로토 같은 이들과 연결해주는 역할을 했다.[14]

자본의 한계생산성이라는 개념은 해당 사회의 자본-노동 소득분배를 결정짓는 제도 및 규칙과 (혹은 규칙의 결여와) 관계없이 정의된다는 점을 명백히 밝힐 필요가 있다. 예를 들어 토지와 도구의 소유주가 자신의 자본을 스스로 활용한다면 그 자신에게 투자한 자본의 수익을 별도로 따지지는 않을 것이다. 그럼에도 불구하고 그 자본은 여전히 유용하며, 한계생산성은 그에 따른 수익이 외부 투자자에게 지불되는 경우와 똑같을 것이다. 이것은 자본의 전부 혹은 일부를 집산화하기로 결정한 경제체제에서나 혹은 구소련의 예처럼 개인의 자본 수익을 모두 없앤 극단적인 곳에서나 마찬가지로 적용된다. 이런 경우 자본의 개인적인 수익은 '사회적' 수익보다 적을 것이다. 하지만 이 사회적 수익도 여전히 추가적인 자본 한 단위의 한계생산성이라고 정의된다. 이때 자본가가 비록 그들이 추가적인 노동은 전혀 하지 않았더라도 이 한계생산물을 재산(과거 자신이 저축한 것이든 조상으로부터 물려받은 유산이든) 소유의 대가로 지급받는 것은 유익하고도 정당한 것일까? 이것은 분명 매우 중대한 질문이긴 하지만 지금 여기서 논하고자 하는 내용은 아니다.

너무 많은 자본은 자본수익률을 떨어뜨린다

너무 많은 자본은 자본수익률을 하락시킨다. 자본-노동 소득분배의 구조를 결정하는 규칙이나 제도와는 상관없이, 자본총량이 증가할수록 자본의 한계생산성이 감소하리라고 예상하는 것은 당연하다. 이미 각 농업노동자가 수천 헥타르의 농지에서 농사를 짓고 있다면 1헥타르의 농지가 추가됨으로써 발생하는 추가적인 산출은 제한적일 것이다. 마찬가지로 어느 한 지역에 대규모의 새 거주지가 이미 건설되어 있어 모든 주민이 수백 제곱미터의 주거공간을 누리고 있다면 여기에 건물 한 채가 추가로 세워져 발생하는 행복의 증가분—사람들이 그 주택에서 살기 위해 지불할 용의가 있는 임대료로 책정된 비용—은 의심할 여지 없이 매우 적을 것이다. 이는 기계나 설비가 추가되는 경우도 마찬가지다. 한계생산성은 어느 한도를 넘어서면 감소하기 때문이다. 비록 제품 생산을 시작하는 데 필요한 최소한의 도구 개수가 있게 마련이지만 이것들도 결국에는 포화 상태에 이른다. 반대로, 거대한 인구가 한정된 토지에 부족한 주택 그리고 도구의 공급 부족을 겪으며 살고 있는 나라에서는 추가로 투입되는 자본 한 단위의 한계생산성이 당연히 매우 높을 것이며, 이때 운 좋은 자본가는 이 상황으로부터 틀림없이 이득을 얻을 것이다.

흥미로운 질문은 자본총량이 증가할 때 자본의 한계생산성이 감소하느냐 안 하느냐가 아니라(감소는 명백한 사실이다) 얼마나 빨리 감소하느냐 하는 것이다. 특히 자본/소득 비율 β가 증가할 때, 자본수익률 r(이는 자본의 한계생산성과 동일하다고 가정한다)이 얼마나 많이 하락하느냐가 핵심이다. 여기서는 두 가지 경우를 생각해볼 수 있다. 첫째, 자본수익률 r이 자본/소득 비율 β가 증가하는 비율보다 더 큰 폭으로 하락한다면(예를 들어 β가 2배가 될 때 r이 절반 이하로 하락한다면), 이는 β가 증가할 때 국민소득에서 자본소득이 차지하는 몫 $\alpha = r \times \beta$가 하락한다는 것을 의미한다. 다시 말해 자본수익률 r의 하락이 자본/소득 비율 β의 증가를 상쇄하고도 남는 것이다. 둘째, 자본수익률 r이 자본/소득 비율 β가 증가하는 비율보다 덜 하락한다면(예를 들어 β가 2배가 될 때 r이 절반까지는 하락하지 않는다면) 국민소득에서 자본소득이 차지하는 몫 $\alpha = r \times \beta$는 증가한다. 이 경우 자본수익률 하락의 효과는 자본/소득 비율의 증가에 따라 자본의 몫이 증가하는 것을 막지는 못하고 다만 약간 완충 또는 완화할 뿐이다.

영국과 프랑스에서 관찰된 역사적 추이에 근거해서 살펴보면 장기적으로 두 번째 경우가 더 적절해 보인다. 소득에서 자본이 차지하는 몫 α는 자본/소득 비율 β와 마찬가지로 U자 곡선을 따라간다.(18세기와 19세기에 높았다가 20세기 중반에는 감소하고 20세기 후반과 21세기 초반에 다시 반등했다.) 그러나 자본수익률의 역사적 변화는 α의 U자 곡선의 깊이를 상당히 축소시킨다. 이는 제2차 세계대전 이후 자본 부족 현상이 나타나면서 한계생산성 체감의 원리에 맞게 자본수익률이 크게 높아졌기 때문이다. 그러나 그 영향이 자본/소득 비율을 나타내는 β의 U자 곡선의 영향을 압도할 만큼 그리고 자본의 몫을 나타내는 α를 역U자 곡선으로 바꾸어놓을 만큼 강력하지는 않았다.

그럼에도 불구하고 중요한 것은 두 경우 모두 이론적으로는 가능하다는 사실이다. 모든 것은 기술의 변화무쌍함에 달려 있다. 더 정확히 말하면, 모든 것은 한 사회가 소비하고자 하는 다양한 상품과 서비스를 생산하기 위해 자본과 노동을 결합시킬 수 있는 이용 가능한 다양한 기술의 종류에 달려 있다. 이 문제에 관해 생각할 때, 경제학자들은 흔히 '생산함수'의 개념을 사용한다. 이는 해당 사회에 존재하는 기술적 가능성들을 반영한 수학 공식이다. 생산함수의 특징 중 하나는 자본과 노동 사이의 대체탄력성을 정의하는 것이다. 즉 필요한 상품과 서비스를 생산하기 위해 노동을 자본으로, 자본을 노동으로 대체하는 것이 얼마나 수월한지, 그 정도를 측정하는 것이다.

예를 들어 만약 생산함수의 계수가 완전히 고정되어 있다면 대체탄력성은 제로다. 즉 농부에게는 더도 덜도 아닌 1헥타르의 농지와 하나의 도구만이(혹은 산업노동자에게는 하나의 기계만이) 필요한 것이다. 각 노동자가 100분의 1헥타르의 추가적인 농지 혹은 하나의 도구를 더 가진다고 해도 추가적인 자본의 한계생산성은 제로가 될 것이다. 유사한 예로 이용 가능한 자본총량에 비해 노동자가 한 명이라도 더 남아돈다면, 그는 생산적인 방식으로 노동에 투입될 수 없다.

반대로 대체탄력성이 무한대라면 자본(그리고 노동)의 한계생산성은 이용 가능한 자본과 노동의 양으로부터 완전히 독립적이다. 특히 자본수익률이 고정되어 있고 그것이 자본의 양에 영향을 받지 않을 때는 더욱 그렇다. 왜냐하면 이 경우 더 많은 자본을 축적하면 언제나 고정된 비율로, 예를 들어 추가적인 자본 한 단위당 연 5퍼센트 혹은 10퍼센트라는 식으로 생산이 증가할 수 있기 때문이다. 자본을 더 추가하는 것만으로 마음대로 생산을 증가시킬 수 있는 완전히 자동화된 경제를 생각하면 된다.

이 두 극단적인 경우 모두 현실에서는 적절치 않다. 첫 번째는 상상력이 결여되어 있고 두 번째는 과도한 기술낙관주의(혹은 관점의 차이에 따라 인류에 대한 비관론)의 오류를 범하고 있다. 중요한 문제는 노동과 자본 사이의 대체탄력성이 1보다 큰가, 아니면 작은가 하는 것이다. 대체탄력성이 0과 1 사이라면 자본/소득 비율 β의 증가는 자본의 한계생산성을 충분히 많이 감소시켜 자본의 몫 $\alpha = r \times \beta$를 감소시키는 결과(자본수익률이 자본의 한계생산성에 의해 결정된다고 가정할 때)를 초래한다.[15]

반면 대체탄력성이 1보다 크면 자본/소득 비율 β의 증가는 자본의 한계생산성을 제한적으로 감소시켜 자본의 몫 $\alpha = r \times \beta$를 증가시키는 결과(이 또한 자본수익률과 한계생산성이 같다고 가정할 때)를 초래한다.[16] 탄력성이 정확히 1이라면 이 두 효과가 상쇄된다. 자본수익률 r은 자본/소득 비율 β의 증가와 같은 비율로 감소해 자본의 몫 $\alpha = r \times \beta$는 변하지 않는다.

코브–더글러스를 넘어서: 자본-노동 소득분배율의 안정성에 관한 문제

대체탄력성이 정확하게 1인 경우는 1928년 경제학자 찰스 코브Charles Cobb 와 폴 더글러스Paul Douglas가 처음 제안한 소위 '코브–더글러스 생산함수'

와 일치한다. 코브-더글러스 생산함수에 따르면 어떤 상황이 일어나더라도, 특히 이용 가능한 자본량과 노동량이 어떻게 달라지는가와 상관없이 소득에서 차지하는 자본의 몫은 순수한 기술적 매개변수로 생각되는 고정된 계수 α와 항상 동일하다.[17]

예를 들어 α = 30퍼센트라면 자본／소득 비율에 상관없이 자본소득은 국민소득의 30퍼센트(그리고 노동소득은 70퍼센트)를 차지할 것이다. 저축률과 성장률이 장기적인 자본／소득 비율 $\beta = s/g$가 국민소득의 6배가 되도록 한다면, 국민소득에서 자본의 몫이 30퍼센트이므로 자본수익률은 5퍼센트가 된다. 장기적인 자본총량이 국민소득의 3배밖에 되지 않는다면 자본수익률은 10퍼센트로 상승할 것이다. 장기적인 자본／소득 비율 $\beta = s/g$가 국민소득 10배에 해당될 정도의 저축률과 성장률을 기록한다면 자본수익률은 3퍼센트로 하락할 것이다. 어떤 경우라도 자본의 몫은 항상 30퍼센트가 될 것이다.

코브-더글러스의 생산함수는 제2차 세계대전 이후 일부는 긍정적이고 일부는 부정적인 이유로, 그리고 단순하다는 이유로(경제학자들은 이야기가 대략만 맞더라도 단순한 이야기를 좋아한다) 경제학 교과서들에서 (특히 새뮤얼슨이 이 이론을 대중화한 이후에) 큰 인기를 끌었다. 하지만 무엇보다도 그 인기의 원인은 자본-노동 소득분배율의 안정성이 사회질서에 대한 상당히 평화롭고 조화로운 견해를 제시했기 때문이었다. 사실 소득에서 자본이 차지하는 몫의 안정성은 비록 그것이 사실로 밝혀진다 해도 결코 조화로움을 보장하지 않는다. 왜냐하면 그 안정이 자본 소유와 소득분배의 극단적이고도 옹호할 수 없는 불평등과 함께 나타날 수 있기 때문이다. 게다가 통념과는 달리 국민소득 중 자본의 몫의 안정성은 결코 자본／소득 비율의 안정성을 의미하지 않는다. 자본／소득 비율은 시기나 국가에 따라 매우 다양한 수치를 보일 수 있고, 따라서 특히 자본 소유의 엄청난 국제적 불균형이 나타날 수도 있다.

하지만 여기서 강조하고 싶은 점은, 역사적 현실은 완벽하게 안정적인 자본-노동 소득분배율이 시사하는 관념보다 훨씬 더 복잡하다는 것이다. 코브-더글러스 가설은 때로는 특정한 시기나 부문들에 대한 훌륭한 추정이며, 어쨌든 더 깊이 있는 생각을 발전시키기 위한 유용한 출발점이다. 그러나 이 가설은 수집된 자료가 보여주는 바와 같이 장기적으로, 단기적으로 또는 중기적으로 관찰된 역사적 패턴의 다양성을 만족스럽게 설명하지 못한다.

더욱이 코브와 디글러스가 그들의 가설을 처음 제시할 당시 이 경세학자들에게 역사적 자료가 거의 없었다는 점을 감안하면 이는 전혀 놀라운 일이 아니다. 1928년에 출판된 논문에서 미국의 이 두 사람은 1899~1922년 미국 제조업에 관한 자료를 사용했는데, 이 자료는 소득에서 이윤이 차지하는 몫의 안정성을 확실하게 보여주었다.[18] 영국 경제학자 아서 볼리Arthur Bowley가 이 개념을 처음 도입했는데, 그는 1920년에 출간한 1880~1913년 영국의 국민소득 분배에 관한 중요한 저서에서, 이 시기에 자본-노동 소득분배율이 상대적으로 안정되어 있었다는 결론을 내렸다.[19] 그러나 분명한 사실은 이 저자들이 분석한 기간이 상대적으로 짧았다는 것이다. 특히 그들은 19세기 초의 추정치를(18세기의 추정치는 말할 것도 없고) 그들의 연구 결과와 비교하려 하지 않았다.

게다가 앞서 언급했듯이, 이런 질문들은 냉전 시대뿐만 아니라 19세기 말과 20세기 초반에도 매우 첨예한 정치적 긴장을 불러일으켰고, 이러한 긴장은 사실에 대한 차분한 분석을 어렵게 했다. 대부분의 보수주의와 자유주의 진영의 경제학자들은 성장이 모두에게 유익하다는 것을 보여주기를 갈망해 자본-노동 소득분배율이 완벽하게 안정적이라는 생각에 강하게 집착했다. 이러한 믿음은 자료를 무시하거나 국민소득 가운데 자본소득이 차지하는 비중이 증가한 시기를 무시하는 것이었는데도 말이다. 반면 마르크스주의 경제학자들은 임금이 정체되는 동안에도 자본의 몫은 항상 증가하고 있음을 증명하고 싶어했다. 이러한 믿음은 때로 자료를 왜곡한다. 1899년, 임금이 증가하고 있으며, 노동 계층이 현 체제와의 협력

264

2부
자본/소득 비율의 동학

을 통해 훨씬 더 많은 것을 얻을 수 있다는 무모한 주장을 펼치기도 했던 (그는 심지어 독일 의회인 제국의회의 부의장이 되기 위한 준비를 하기도 했다) 에두아르트 베른슈타인Eduard Bernstein은 결국 독일 사회민주당의 하노버 대회에서 가차 없이 참패했다. 1937년, 훗날 동베를린 훔볼트대에서 경제사 교수로 유명해진 독일의 젊은 역사학자이자 경제학자인 위르겐 쿠친스키Jürgen Kuczynski는 세계 임금의 역사를 다룬 38권의 기념비적인 저서를 1960년에서 1972년에 걸쳐 출간했다. 여기서 그는 볼리와 부르주아 경제학자들을 맹비난했다. 쿠친스키는 산업자본주의의 도래 이후 1930년대까지 국민소득 가운데 노동소득이 차지하는 몫이 끊임없이 감소해왔다고 주장했다. 이는 19세기 전반, 실제로는 19세기 초중반 60여 년 동안은 사실이지만, 전체적인 시기를 놓고 보면 맞지 않는 주장이다.[20] 그 뒤 몇 년간 학술지에서 논쟁이 거세게 일었다. 1939년, 차분한 논쟁으로 유명했던 『이코노믹 히스토리 리뷰Economic History Review』에서 프레더릭 브라운Frederick Brown은 볼리가 "위대한 학자"이자 "진지한 통계학자"라며 그의 이론을 확실하게 지지한 반면, 자신의 관점에서 쿠친스키는 한낱 "자료 조작자"에 지나지 않는다고 했는데, 이것 역시 과장된 면이 있다.[21] 또한 1939년 케인스는 자본-노동 소득분배의 안정성을 "경제학에서 가장 잘 확립된 규칙성"이라 부르며 부르주아 경제학자들의 편을 들었다. 그러나 기본적으로 1920년대 영국 제조업 자료에만 의존했던 그의 주장은 성급한 것이었으며, 보편적인 규칙성을 정립하기에는 불충분했다.[22]

1950~1970년에(그리고 1990년까지도) 출판된 경제학 교과서들은 일반적으로 자본-노동의 안정적인 소득분배가 논쟁의 여지가 없는 사실이라고 기록하고 있지만, 불행히도 이렇게 주장되는 법칙을 적용한 시기가 항상 명확하게 서술되지는 않았다. 대부분의 저자는 두 차례 세계대전 시기 혹은 20세기 초(18세기와 19세기는 더 말할 것도 없이)와의 비교를 피하기 위해 1950년 이후의 자료를 사용하는 것에 만족한다. 그러나 1990년대 이후의 수많은 연구는 부유한 국가에서 1970~1980년 이후로 국민소

득 중 이윤과 자본이 차지하는 몫이 상당히 증가한 반면, 상대적으로 임금과 노동이 차지하는 몫은 크게 줄어들었다고 보고한다. 그리하여 보편적 안정성 이론에 의문이 제기되기 시작했고, 2000년대에는 경제협력개발기구OECD와 국제통화기금에서 출간한 몇몇 공식 보고서에서도 이러한 현상에 주목했다.(이 문제가 심각하게 다뤄졌다는 증거다.)[23]

본 연구의 독창성은 18세기부터 21세기까지 자본/소득 비율의 변화에 초점을 맞춰, 자본-노동 소득분배율과 최근의 국민소득에서 자본이 차지하는 몫의 증가라는 문제를 좀더 광범위한 역사적 맥락에서 최초로 다루었다는 데 있다. 본 연구는 이용 가능한 역사적 자료가 불완전하다는 점에서는 분명히 한계가 있지만, 나는 주요한 쟁점에 관해 더 나은 시각을 제시하고 그 질문을 완전히 새로운 관점에서 조명할 수 있을 것이라 믿는다.

21세기 자본-노동의 대체: 1보다 큰 대체탄력성

/

장기적인 변화 추이를 연구하기 위해 코브-더글러스 모델의 불완전함을 검토하는 것에서부터 시작하자. 아주 장기적으로 볼 때, 자본과 노동 간의 대체탄력성은 1보다 컸던 것으로 보인다. 따라서 자본/소득 비율 β의 증가는 국민소득 가운데 자본소득이 차지하는 몫인 α를 약간 증가시켰던 것으로 보이며 그 반대의 경우도 마찬가지다. 직관적으로도 대체탄력성이 1보다 크다는 것은 장기적으로 자본에 다양한 용도가 있다는 현실의 상황과 맞아떨어진다. 게다가 관찰된 역사적 변화들은—적어도 어느 선까지는—자본으로 할 수 있는 새롭고 유용한 것들을 찾아내는 일이 언제든 가능하다는 것을 시사한다. 예를 들면 새로운 방식으로 지어진 건물과 시설이 완비된 주택(지붕 위에 설치된 태양전지판, 디지털 조명장치 등), 훨씬 더 정교해진 로봇과 다른 전자장비들 그리고 점차 더 큰 규모의 자본투자를 요하는 의학기술을 떠올려보라. 대체탄력성이 1보다 큰 다각화된 선진 경제에서 자본의 많은 용도를 이해하기 위해 자본이 그 자체로 재생산되는 완전히 자동화된 경제(대체탄력성이 무한대가 되는)를 상상할 필요는 없다.

21세기에 노동에 대한 자본의 대체탄력성이 1을 넘어 얼마나 더 커질지를 예측하는 것은 분명 매우 어려운 일이다. 역사적 자료에 따르면, 1.3~1.6으로 추정할 수 있다.[24] 하지만 이 추정치는 불분명하고 부정확하다. 뿐만 아니라 미래의 기술이 과거와 같은 탄력성을 보여주리라 장담할 수도 없다. 그나마 상대적으로 잘 정립된 단 하나의 이론은 부유한 국가들에서 최근 수십 년간 관찰된 자본/소득의 비율 β가 상승세를 보이고 있다는 점이다. 만약 21세기의 성장이(특히 인구 성장이) 둔화된다면, β의 상승세는 세계 곳곳으로 확산될 수 있다. 또한 이런 추세는 아마도 국민소득에서 자본이 차지하는 몫인 α를 지속적으로 증가시킬 것이다. 분명히 자본수익률 r은 β가 증가함에 따라 하락할 가능성이 크다. 하지만 역사적 경험에 따르면, 결국 물량효과가 가격효과를 능가할 가능성이 훨씬 더 높다. 이는 자본축적의 효과가 자본수익률 하락의 효과를 능가할 것임을 의미한다.

사실 이용 가능한 자료들은 1970~2010년에 가장 부유한 국가들에서 자본/소득 비율이 증가한 만큼 국민소득 중 자본소득이 차지하는 몫이 증가했다는 것을 보여준다(도표 6.5 참조). 그러나 이러한 상승은 대체탄력성이 1보다 크다는 사실뿐만 아니라, 자본의 이동성이 높아지고 투자를 유치하기 위해 국가 간 경쟁이 격화된 과거 수십 년 사이 노동에 대한 자본의 협상력이 강화된 사실과도 일치한다는 점에 주목해야 한다. 이 두 가지 효과는 최근 수십 년간 서로를 강화했고, 이런 현상은 미래에도 지속될 가능성이 있다. 어쨌든 α의 지속적인 상승과 함께 꾸준히 증가하는 β의 상승을 막을 자기 조정 메커니즘이 없다는 점을 지적하는 것이 중요하다.

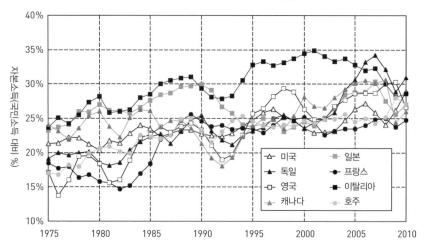

도표 6.5. 부유한 국가들에서의 자본소득 분배율, 1975~2010

부유한 국가들의 국민소득에서 자본소득은 1975년에는 15~25퍼센트를, 2000~2010년에는 25~35퍼센트를 차지했다.

출처 및 통계: piketty.pse.ens.fr/capital21c

전통적 농경사회: 1보다 작은 대체탄력성

앞서 노동을 자본으로 대체할 수많은 기회가 존재한다는 것이 현대 경제의 중요한 특징이라는 사실을 지적했다. 그러나 자본이 주로 토지 형태를 취했던 농경사회의 전통 경제에서는 이런 특징이 없었다는 점이 흥미롭다. 이용 가능한 역사적 자료들은 전통적 농경사회에서 대체탄력성이 1보다 현저하게 낮았다는 점을 매우 분명하게 시사한다. 특히 이는 미국이 유럽보다 토지가 훨씬 더 풍부했음에도 불구하고, 18세기와 19세기에 자본/소득 비율과 지대로 측정된 토지의 가치가 유럽보다 상당히 낮았던 이유를 설명할 수 있는 유일한 방법이다.

게다가 이러한 사실은 매우 논리적이다. 만약 자본이 노동에 대한 준비된 대체물로 기능하려면 자본은 다양한 형태로 존재해야만 한다. 어떤 한 가지 유형(이 경우는 농경지)의 자본을 예로 들어보면, 일단 어느 한계점

2부
자본/소득 비율의 동학

을 넘으면 필연적으로 가격효과가 물량효과보다 더 커질 것이다. 겨우 수백 명이 거대한 대륙을 전부 차지하는 상황에서는 토지 가격과 지대가 거의 제로 수준으로 하락하는 것이 당연한 이치다. "너무 많은 자본은 자본 수익률을 떨어뜨린다"는 논리를 신대륙과 구대륙의 상대적인 토지 가격 및 지대의 차이보다 더 잘 보여주는 예는 없다.

인적자본은 환상에 불과한가?

이제 매우 중요한 질문에 관심을 돌릴 때다. 역사적 과정을 통해 인적자본의 중요성이 점점 더 증대되고 있다는 믿음은 환상에 불과한가? 이 질문을 좀더 정확한 용어로 바꿔 말해보자. 많은 사람이 경제성장과 경제발전 과정의 특징으로 생산과정에서 인간의 노동력과 기술 수준, 노하우 등의 중요성이 커지는 것을 꼽고 있다. 비록 이러한 가설을 명시적인 용어로 공식화할 수는 없지만, 노동 요소가 점점 더 큰 역할을 수행하는 방식으로 기술이 발달해왔다고 말하는 것은 이제는 분명 합리적인 해석일 것이다.[25] 사실 이러한 해석은 그럴듯해 보인다. 장기적으로 볼 때 국민소득에서 자본이 차지하는 몫은 1800~1810년 35~40퍼센트에서 2000~2010년 25~30퍼센트로 하락했고, 같은 기간에 국민소득에서 노동이 차지하는 몫은 60~65퍼센트에서 70~75퍼센트로 증가했다. 노동의 몫이 늘어난 것은 단지 생산과정에서 노동이 더 중요해졌기 때문이다. 따라서 토지, 부동산 및 금융자본에 돌아갈 수익을 줄어들게 한 것은 바로 증대되고 있는 인적자본의 힘이다.

만약 이 해석이 옳다면, 그것이 가리키는 변화는 실로 대단히 중요하다. 하지만 주의해야 할 점이 있다. 첫째, 앞서 지적한 바와 같이 현 시점에서는 자본/소득의 비율이 보이는 장기적인 변화를 완벽하게 판단하기가 매우 어렵다는 점이다. 자본의 몫이 앞으로 수십 년 동안 19세기 초반 수준으로 늘어날 가능성도 충분히 있다. 비록 기술의 구조적 형태 그리고 자본과 노동의 상대적 중요성이 변하지 않거나(비록 노동과 자본의 상대적 협상력은 바뀔지도 모르지만) 또는 기술의 변화가 조금 더디다고(이것이 좀더 그럴듯한 변화인 듯하다) 해도, 여전히 현재 자본/소득의 비율이 증가하는 현상은 국민소득에서 자본소득이 차지하는 몫을 역사적인 최고점까지, 어쩌면 그 이상의 수준으로까지 끌어올릴 것이다. 왜냐하면 노동에 대한 자본의 장기적 대체탄력성이 1보다 명백히 크기 때문이다. 이것이 지금까지 이 연구의 가장 중요한 교훈이다. 현대의 기술은 여전히 엄청난 양의 자본을 사용하며, 더 중요한 것은 자본이 여러 용도로 활용된다는 점이다. 따라서 자본가는 자본수익률을 제로로 만들지 않으면서 어마어마한 자본을 축적할 수 있다. 이 같은 상황에서는 비록 기술이 상대적으로 노동에 유리한 방식으로 변한다 할지라도 장기적으로 자본소득이 감소할 이유는 없는 것이다.

두 번째로 주의할 점은 다음과 같다. 국민소득에서 자본소득이 차지하는 몫의 추정치가 35~40퍼센트에서 25~30퍼센트로 장기적인 감소를 보인 것은 꽤 그럴듯하고 의미 있는 변화이지만, 인류 문명을 변화시킬 만큼은 아니다. 분명 인간의 기술 수준은 지난 두 세기 동안 현저하게 발달해왔다. 하지만 그만큼 산업, 금융 그리고 부동산의 자본총량 또한 엄청나게 증가했다. 어떤 사람들은 자본이 그 중요성을 상실했으며, 문명의 기반이 자본, 상속 및 친족관계에서 인적자본과 재능으로 마술처럼 바뀌었다고 생각한다. 또한 오직 기술의 변화 덕분에 살진 고양이 같은 자본가 주주들의 자리를 능력 있는 경영자들이 대신하게 되었다고 생각한다. 이 문제에 관해서는 소득과 부의 분배에서 개인의 불평등을 논하게 될 제3부에서 다룰 것이다. 왜냐하면 여기서는 이 질문에 대해 정답을 제시하는 것이 불가능하기 때문이다. 하지만 앞서 그러한 부주의한 낙관론을 경계해야 할 충분한 근거를 제시한 바 있다. 자본은 그것이 여전히 유용하다는 단순한 이유 때문에—발자크, 오스틴 시대와 거의 마찬가지로 유용하다

—사라지지 않았으며, 미래에도 사라지지 않을 것이다.

자본-노동 소득분배율의 중기적 변화

/

지금까지 자본-노동 소득분배율이 매우 안정적이라고 한 코브-더글러스 가설이 자본-노동 소득분배율의 장기적인 변화에 관해 완전히 만족스러운 설명을 제공하지 못한다는 사실을 살펴보았다. 특히 현대에 이와 관련된 변화들을 관찰한 바에 따르면, 이들의 가설은 자본-노동 소득분배율의 중·단기적 변화에 관해서도 장기적인 변화의 경우와 마찬가지로 혹은 그보다 더 만족스러운 설명을 해주지 못한다고 할 수 있다.

이 책의 서장에서 간단히 논한 바와 같이, 역사적으로 관찰된 가장 중요한 점은 의심의 여지 없이 1800년에서 1860년에 걸친 산업혁명 초기에 소득에서 자본이 차지하는 몫이 증가했다는 사실이다. 가장 완전하고 이용 가능한 영국의 역사적 연구 자료, 특히 로버트 앨런(장기간의 임금 정체를 '엥겔스의 정체Engels' pause'라고 이름 붙였던)이 제시한 자료에 따르면, 국민소득에서 자본이 차지하는 몫은 18세기 후반에서 19세기 초반에 걸쳐 35~40퍼센트에서 마르크스가 「공산당선언」을 완성하고 『자본』을 쓰기 시작할 때인 19세기 중반에는 약 45~50퍼센트로 10퍼센트가량 증가했다. 또한 이 자료는 이러한 상승이 1870~1900년에 자본의 몫이 비슷한 정도로 하락해 거의 상쇄되었고, 1900~1910년에 다시 약간 높아진 결과 벨에포크 시대에 자본이 차지하는 몫은 프랑스혁명기나 나폴레옹 시대와 크게 다를 바 없다는 사실을 보여준다(도표 6.1 참조). 그러므로 우리는 장기간에 걸친 지속적인 경향보다는 오히려 '중기적'인 변동에 관해 말할 수 있다. 그러나 19세기 전반에 국민소득의 10퍼센트가 자본으로 옮겨갔다는 사실은 결코 사소한 문제가 아니었다. 좀더 구체적으로 말하면, 이 기간에 경제성장의 가장 많은 몫이 자본가의 이윤으로 돌아간 반면, (객관적으로 형편없었던) 임금은 정체되었기 때문이다. 앨런은 그 원인을 주로 기술 변화로 인한 (생산함수의 구조적 변화를 반영하는) 자본생산성의 증가와 농촌에서 도시로의 노동력 대이동 때문이라고 설명했다.[26]

이용 가능한 역사적 자료를 보면, 프랑스도 이와 비슷한 흐름을 따랐음을 알 수 있다. 특히 모든 자료가 1810~1850년의 활발한 산업성장에도 불구하고 노동자의 임금은 심각하게 정체되어 있었음을 보여준다. 19세기 프랑스 산업을 선도했던 회사들을 다룬 책에 나오는 장 부비에Jean Bouvier와 프랑수아 퓌레의 자료는 이 연대기를 입증한다. 자본가의 몫은 1860년까지 증가하다가 1870~1900년에 감소했으며, 1900~1910년에 다시 높아졌다.[27]

우리가 가진 18세기와 프랑스혁명기의 자료도 혁명 이전 수십 년 동안 전체 소득에서 지대가 차지하는 비율이 증가했고(이는 작가 아서 영이 목격한 프랑스 소작농의 비참한 모습과 일치하는 듯 보인다),[28] 1789~1815년에는 임금이 상당히 증가했음을 보여준다.(이는 아마 토지 재분배와 군사적 충돌에 따른 수요에 맞추기 위한 노동력 동원으로 설명할 수 있을 것이다.)[29] 그래서 왕정복고 시대와 7월 왕정 당시 하층민들이 프랑스혁명기와 나폴레옹 시대를 되돌아보며 그때가 좋은 시절이었다고 회상했던 것이다.

이러한 자본-노동 소득분배율의 중·단기적 변화가 시대에 따라 다르게 나타났다는 점을 상기시키기 위해, 1900년에서 2010년에 걸쳐 프랑스에서 매년 나타난 변화를 도표 6.6~6.8을 통해 제시했다. 이들 도표에서는 기업이 창출한 부가가치에 포함된 임금-이윤의 변화와 국민소득에서 주택임대료가 차지하는 몫의 변화를 구분했다.[30]

특히 임금과 이윤이 차지하는 몫의 이 같은 변화는 제2차 세계대전 이후 세 가지 서로 다른 국면을 거쳤음을 주목해야 한다. 즉 이윤은 1945년에서 1968년까지 가파르게 증가했고, 이어 1968년에서 1983년까지는 현격히 감소했다가, 1983년 이후 매우 급격하게 증가했으며 1990년대 초

도표 6.6. 프랑스 기업의 부가가치에서 이윤이 차지하는 몫, 1900~2010

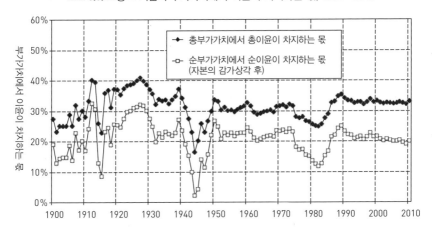

기업의 총부가가치에서 총이윤이 차지하는 몫은 1982년 25퍼센트에서, 2010년 33퍼센트로 증가했다. 같은 기간 순부가가치에서 순이윤이 차지하는 몫은 12퍼센트에서 20퍼센트로 증가했다.

출처 및 통계: piketty.pse.ens.fr/capital21c

도표 6.7. 프랑스의 국민소득에서 주택 임대료가 차지하는 몫, 1900~2010

주택 임대료가 차지하는 몫(주택의 임대가치)은 1948년 국민소득의 2퍼센트에서 2010년에는 10퍼센트로 증가했다.

출처 및 통계: piketty.pse.ens.fr/capital21c

6장
21세기 자본─노동의
소득분배

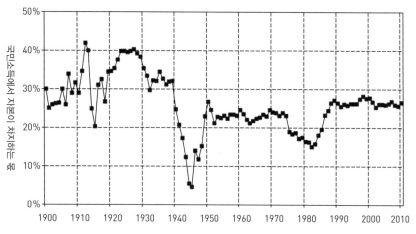

도표 6.8. 프랑스의 국민소득에서 자본이 차지하는 몫, 1900~2010

자본소득이 차지하는 몫(순이윤과 임대료)은 1982년 국민소득의 15퍼센트에서 2010년에는 27퍼센트로 증가했다.

출처 및 통계: piketty.pse.ens.fr/capital21c

에 안정되었다. 소득불평등의 동학에 대해 논의할 다음 장들에서 이 매우 정치적인 연대기에 대해 자세히 언급할 것이다. 1945년부터 임대료가 국민소득에서 차지하는 몫이 꾸준히 증가하고 있음을 상기하라. 이는 1990~2010년에 이윤이 차지하는 몫이 안정적임에도 불구하고 자본의 몫이 전체적으로 상승했음을 의미한다.

마르크스와 이윤율 하락의 재검토

자본/소득 비율 및 자본-노동 소득분배율의 역사적 동학에 대한 고찰을 마치면서, 내 결론과 마르크스의 테제들 사이의 관계를 고찰하는 작업은 매우 가치 있을 것이다.

마르크스에게 "부르주아는 제 스스로 무덤을 판다"라는 핵심적인 메커니즘은 서장에서 언급한 '무한 축적의 원리'였다. 다시 말해 자본가들은

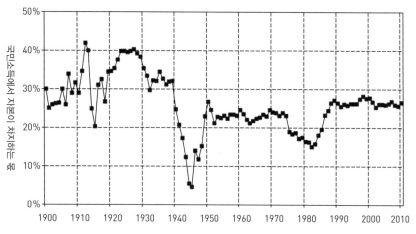

274

2부
자본/소득 비율의 동학

끊임없이 증가하는 자본을 축적하는데, 이는 결국 참담한 이윤율, 즉 자본수익률의 하락으로 이어져 마침내 그들 스스로 몰락한다는 것이다. 마르크스는 수학적 모형을 사용하지 않았고 그의 산문이 반드시 명쾌한 것은 아니었기 때문에, 그가 무슨 생각을 하고 있었는지를 확실히 알기는 어려운 일이다. 그러나 그의 생각을 이해하기 위한 논리적이고 일관된 한 가지 방법은 동태적인 법칙 $\beta = s/g$를, 성장률 g가 제로 혹은 제로에 근접하는 특별한 경우에서 검토하는 것이다.

g는 생산성 증가율과 인구증가율의 합인 장기적인 구조적 성장률을 측정한 것임을 기억하라. 그러나 1950년대에 로버트 솔로Robert Solow가 성장에 대한 전반적인 연구를 수행하기 전, 19세기와 20세기 초 모든 경제학자와 마찬가지로 마르크스의 머릿속에는 생산성의 영구적이고 지속적인 향상에 의해 추동되는 구조적 성장이라는 개념이 명백히 정립되거나 공식화되어 있지 않았다.[31] 그 당시 암묵적인 가설은 생산의 증가, 특히 제조업 생산의 증가는 무엇보다도 주로 산업자본의 축적으로 설명될 수 있다는 것이었다. 다시 말해 더 많은 생산은 각각의 노동자가 더 많은 기계와 설비를 이용했기 때문이지, 노동과 자본의 생산성 자체가 증가했기 때문은 아니라는 것이다. 오늘날의 사람들은 생산성 증가만이 장기적인 구조적 성장을 가능케 한다는 것을 알고 있다. 그러나 마르크스 시대에는 역사적인 관점과 좋은 자료가 부족했기 때문에 이런 개념이 분명하지 않았다.

구조적 성장이 없고 생산성과 인구증가율의 합인 g가 제로일 경우, 마르크스가 묘사했던 것과 아주 유사한 논리적 모순에 처하게 된다. 저축률 s가 플러스가 되는 순간부터, 즉 자본가가 권력을 키우고 이익을 보존하기 위해 혹은 자신의 삶의 수준이 이미 풍족한 상태에 이르렀다는 이유로 매년 더 많은 자본을 축적하는 순간부터, 자본/소득 비율은 무한대로 상승한다. 일반적으로 g가 제로에 가까우면 장기적으로 자본/소득 비율 $\beta = s/g$는 무한대에 접근하게 된다. 그리고 β가 극도로 커지면 자본수익률 r은 점점 더 낮아져 제로에 근접해야만 한다. 그렇지 않다면 소득에서 자본이

6장
21세기 자본–노동의
소득분배

차지하는 몫 $\alpha = r \times \beta$는 결국 전체 국민소득을 잠식해버릴 것이다.[32]

마르크스가 지적한 동태적 모순은 따라서 현실적인 어려움에 직면하게 되는데, 이 문제를 해결할 유일한 논리적 탈출구는 자본축적 과정을 (어느 정도) 균형잡히게 할 수 있는 구조적 성장뿐이다. 법칙 $\beta = s/g$가 명확히 보여주듯이, 새로운 자본의 단위들이 영원히 추가되는 것을 상쇄할 수 있는 요소는 생산성과 인구의 영원한 증가뿐이다. 그렇지 않은 경우, 자본가들은 정말로 자기 무덤을 판다. 그들은 이윤율 하락에 대응하기 위해 (예를 들어 1905년과 1911년 모로코 사태에서 독일과 프랑스가 최상의 식민지 투자를 놓고 전쟁을 벌였던 것처럼), 필사적으로 서로를 물어뜯거나 아니면 국민소득에서 노동이 점점 더 작은 몫을 가져가도록 강요해 결국 프롤레타리아 혁명과 전면 몰수로 이어지도록 하는 것이다. 어쨌든 자본주의는 이와 같은 내적 모순으로 그 토대가 약화된다.

마르크스가 실제로 이런 종류의 모형(즉 무한한 자본축적에 근거한 모형)을 염두에 두고 있었다는 것은 그가 높은 자본집약도를 보이는 몇몇 산업체의 회계장부를 예로 들었다는 사실을 통해 확인된다. 예를 들어 『자본』 제1권에서 그는 특히 직물공장의 회계장부를 사용했는데, 그는 이 장부를 "공장 소유주가 직접" 자신에게 전달했다고 밝혔다. 이 장부는 생산과정에 사용된 고정자본과 가변자본 총액이 연간 생산액과 비교해 명백히 10배 이상 되는 매우 높은 비율을 나타낸 것으로 보인다. 이런 수준의 자본/소득 비율은 실로 깜짝 놀랄 만한 것이다. 자본수익률이 5퍼센트만 되어도 이윤의 몫이 기업 생산액의 절반을 넘어서기 때문이다. 마르크스와 동시대를 염려했던 많은 연구자가 (특히 19세기 초부터 임금은 정체되었기 때문에) 이러한 상황이 어디로 흘러갈지, 그리고 그와 같은 고도의 자본집약적 산업 발전이 어떤 종류의 장기적, 사회경제적 균형을 만들어낼지에 대해 의문을 품는 것은 당연한 일이었다.

마르크스는 또한 1820~1860년 시기에 나온 영국 의회 보고서의 성실한 독자이기도 했다. 그는 임금노동자의 비참함, 산업재해, 끔찍한 건강

상태 그리고 더 일반적인 산업자본 소유주의 탐욕에 관한 자료를 얻기 위해 이 보고서들을 이용했다. 또한 그는 다양한 자료에 기초해 1840년대 영국에서 산업 이윤이 아주 급속도로 증가했음을 보여주는, 이윤에 부과된 세금에 관한 통계를 이용했다. 마르크스는 영국의 최대 규모 자산이 나폴레옹 전쟁 이후 극적으로 증가했음을 보여주기 위해—물론 매우 인상적인 방식이긴 하지만—공증 통계까지 활용하려고도 했다.[33]

　　문제는 이렇게 중요한 직관적 통찰력을 지녔음에도 불구하고 마르크스가 통계를 사용하는 데 있어 상당히 지엽적이고 체계적이지 못한 접근 방법을 택했다는 점이다. 특히 그는 한 공장의 회계장부에서 관찰된 아주 높은 자본집약도가 영국 경제 전체를 대표하는지 아니면 몇몇 특정한 경제 부문에만 해당되는지를 밝히려 하지 않았다. 그는 수십 개의 유사한 회계장부만을 수집해 작업을 했던 것인지도 모른다. 자본축적의 문제점에 상당 부분을 할애한『자본』에서 가장 놀라운 점은, 1800년과 1810년 사이 패트릭 커훈이 시작해 1870년대 기펜이 계속한 연구에 의해 18세기 초에서 19세기로 확장된, 영국의 자본총량을 추정하려는 수많은 시도에 대해 언급하지 않았다는 점이다.[34] 또한 마르크스는 주위에서 진행되고 있던 국민계정에 대한 연구 작업을 전혀 몰랐던 것 같다. 이는 더욱 불행한 일인데, 그 연구는 그가 이 시기의 방대한 민간자본 축적과 관련된 자신의 직관을 어느 정도 확증하고, 무엇보다 그의 이론을 설명하기 위한 모형을 명확히 할 수 있도록 도와주었을 것이기 때문이다.

'두 케임브리지 논쟁'을 넘어서

그러나 19세기 후반과 20세기 초에 이용 가능했던 국민계정 및 다양한 통계자료는 자본/소득 비율의 동학을 정확히 이해하기에는 매우 부족했다는 점을 인식하는 것이 중요하다. 왜냐하면 국민소득이나 국내생산보다 특히 국민총자본에 대한 추정이 더 많이 이뤄졌기 때문이다. 1914~1945년의 충격 이후 20세기 중반에는 상황이 반대가 되었다. 이것이 분명 왜 이 시기에 자본축적과 동태적 균형의 가능성에 관한 문제가 계속 논란을 일으켰으며 오랫동안 숱한 혼란을 야기했는지를 설명해준다. 1950년대와 1960년대에 있었던 유명한 '케임브리지 자본 논쟁'이 좋은 사례다.(영국의 케임브리지와 미국 매사추세츠의 케임브리지 사이의 대결이므로 소위 '두 케임브리지 논쟁'이라 불린다.)

이 논쟁의 요점을 상기해보자. 경제학자 로이 해러드Roy Harrod와 에브세이 도마Evsey Domar가 1930년대 후반에 처음 $\beta = s/g$ 공식을 명확하게 소개했을 때, 이 공식은 흔히 $g = s/\beta$로 변환되었다. 특히 해러드는 1939년, β는 이용 가능한 기술에 의해 고정되므로(계수가 고정되어 있고 노동과 자본의 대체가 불가능한 생산함수의 경우처럼), 성장률은 전적으로 저축률에 의해 결정된다고 주장했다. 만일 저축률이 10퍼센트이고 기술 여건상 자본/소득 비율이 5라면(즉 1단위 생산을 얻기 위해 정확히 5단위 자본이 필요하다면), 생산 능력은 연 2퍼센트 성장하게 된다. 그러나 성장률은 인구증가율(그리고 당시에는 정확히 규정되지 않았던 개념인 생산성 증가율)과 반드시 일치해야 하므로, 성장은 '면도날 위'에서 균형을 잡고 있는 본질적으로 불안정한 과정이라는 결론에 이르게 된다. 이 이론에서는 자본이 항상 너무 많거나 너무 적어서, 과잉 설비와 투기적 거품을 초래하거나 실업을 유발한다. 그렇지 않으면 아마도 업종 부문과 시기에 따라 이 둘 모두를 유발할 것이다.

해러드의 직관이 완전히 틀린 것은 아니었다. 그는 거시경제의 엄청난 불안정성을 명백히 보여주는 징표였던 1930년대 대공황의 한복판에서 논문을 썼던 것이다. 사실 그가 기술한 메커니즘은 왜 항상 성장과정이 대단히 불안정한지를 분명하게 설명해준다. 일반적으로 저축과 투자의 결정이 서로 다른 개인들에 의해 서로 다른 이유로 이뤄질 때, 국가적인 수준에서 저축과 투자가 조화를 이루도록 하는 것은 구조적으로 복잡하고 혼

2부
자본/소득 비율의 동학

란스런 과정이기 때문이다. 특히 일반적으로 자본집약도와 생산 조직을 단기적으로 변화시키기는 어렵기 때문에 더욱 그렇다.[35] 그럼에도 불구하고 자료에 나타난 아주 광범위한 역사적 변화 추이가 명백히 보여주듯이, 이와 더불어 노동에 대한 자본의 대체탄력성이 장기간에 걸쳐 1보다 컸다는 사실이 보여주듯이, 자본/소득 비율은 장기적으로 상대적인 신축성을 보인다.

1948년 도마는 해러드보다 $g = s/\beta$ 법칙을 좀더 낙관적이고 융통성 있는 방식으로 발전시켰다. 도마는 저축률과 자본/소득 비율이 어느 정도로는 서로 조정 가능하다는 사실을 강조했다. 더 중요한 것은 1956년 솔로가 처음 제시한 대체 가능한 생산요소들을 가진 생산함수인데, 이로써 해러드의 공식을 뒤집어 $\beta = s/g$라고 쓰게 되었다. 이 공식은 장기적으로 자본/소득 비율이 저축률과 경제의 구조적 성장률에 의해 조정되며, 그 반대가 아니라고 주장한다. 그러나 1950년대와 1960년대에도 매사추세츠 주 케임브리지에 기반을 둔 경제학자(솔로와 새뮤얼슨을 포함하며, 대체 가능한 생산요소들을 가진 생산함수를 옹호했다)와 영국 케임브리지에서 근무하는 경제학자(조앤 로빈슨Joan Robinson, 니컬러스 칼도Nicholas Kaldor, 루이지 파시네티Luigi Pasinetti를 포함한다) 사이에서 논쟁은 계속되었다. 영국 케임브리지 학자들은 (때로 일부 혼란이 없지는 않았지만) 성장이 항상 완벽한 균형을 이룬다고 주장하는 솔로의 모형이 케인스가 주장한 단기적인 변동이 지닌 중요성을 부정한다고 생각했다. 솔로가 주장한 소위 신고전파 성장 모형이 승리를 거둔 것은 1970년대 이후였다.

지금에 와서 이 논쟁을 돌아보면, 때로 식민지 독립 이후 갈등이 뚜렷했던(미국 경제학자들은 애덤 스미스 시대 이후로 학계에서 주도권을 쥐고 있던 영국 학자들의 역사적 가르침에서 벗어나려 했던 반면, 영국 학자들은 케인스의 명성을 지키려 했고 미국 경제학자들이 그것을 배신했다고 생각했다) 이 논쟁이 경제학적 사고를 밝게 해주기보다는 오히려 더 흐릿하게 만들었다는 사실을 확실히 알 수 있다. 영국 학자들이 제기한 이 의

혹에 실제로 타당한 근거는 없었다. 솔로와 새뮤얼슨은 성장과정이 단기적으로 불안정하므로 거시경제의 안정화를 위해 케인스의 정책이 필요하다고 확신했고, $\beta = s/g$를 오로지 장기적인 법칙으로만 생각했다. 그렇지만 미국 경제학자들—이 가운데 프랑코 모딜리아니Franco Modigliani와 같은 유럽 출신 경제학자들도 섞여 있었다—은 이따금 그들이 발견한 '균형 성장 경로'의 의미를 과장하는 경향이 있었다.[36] 확실히 $\beta = s/g$ 법칙은 거시경제의 모든 변수, 즉 자본총량과 소득 및 생산이 장기적으로 동일한 속도로 증가하는 균형 성장 경로에 관해 설명한다. 그러나 단기적인 변동성의 문제는 차치하고, 그런 균형 성장이 부의 조화로운 분배를 보장하지는 못하며 나아가 자본 소유의 불평등을 해소하기는커녕 약간의 감소조차 시사하지 않는다. 더욱이 최근까지 널리 퍼져 있던 견해와는 반대로, $\beta = s/g$ 법칙은 결코 시점에 따라, 그리고 국가 사이에 다르게 나타나는 자본/소득 비율의 아주 큰 변동을 막지 못한다. 오히려 그와 정반대다. 내가 생각하기에 이러한 케임브리지 자본 논쟁이 신랄하면서도 때로는 무익했던 것은, 아마 양쪽 참가자들이 논쟁의 조건을 분명히 하는 데 필요한 역사적 자료가 부족했던 데에도 원인이 있을 것이다. 양쪽 다 제1차 세계대전 이전에 이뤄진 국민총자본의 추정치를 거의 사용하지 않은 것은 놀라울 따름이다. 그들은 아마도 예전의 역사적 자료가 1950년대와 1960년대의 현실과는 양립할 수 없다고 믿었을 것이다. 이처럼 두 차례 세계대전은 개념적 분석과 통계적 분석 양 측면에서 심각한 단절을 유발했으며, 이로 인해 잠시 동안 장기적인 관점에서, 특히 유럽인의 시각에서 그 문제를 연구하는 것은 불가능해 보이기도 했다.

저성장 체제 속에서의 **자본의 귀환**

장기간에 걸친 자본/소득 비율과 자본-노동 소득분배율의 동학을 정확

280

2부
자본/소득 비율의 동학

히 분석할 수 있는 통계자료 및 분석에 무엇보다도 필수적인 충분한 역사적 시간을 확보할 수 있었던 것은 20세기 말과 21세기 초에 이르러서였다. 특히 이 책을 위해 수집한 자료와 다행스럽게도 우리가 확보한 충분한 역사적 시간(분명히 아직 충분하지는 않지만 이전의 학자들보다는 훨씬 더 긴 시간)에 기초하여 다음과 같은 결론을 내릴 수 있다.

우선 역사적 저성장기로 돌아가보자. 특히 인구 증가가 제로이거나 혹은 오히려 감소할 때, 자본의 몫은 필연적으로 증가한다. 저성장 사회에서 대규모 자본총량이 재건되는 경향은 $\beta = s/g$ 법칙으로 나타낼 수 있으며, 다음과 같이 요약할 수 있다. 정체된 사회에서는 과거에 축적된 부가 자연히 매우 중요한 위치를 차지하게 된다.

오늘날 유럽에서 자본/소득 비율은 이미 국민소득의 5~6배 정도로 증가했는데, 이는 18세기와 19세기 그리고 제1차 세계대전 직전에 관찰된 수준과 비교하면 약간 낮은 수치다.

세계적인 수준에서 볼 때, 21세기에 자본/소득 비율이 이 수준을 유지하거나 더 높아지는 것은 전적으로 가능하다. 저축률이 약 10퍼센트를 유지하고 장기간의 성장률이 약 1.5퍼센트에서 안정화된다면—인구가 정체되고 기술 진보가 느려진다는 것을 고려할 때—글로벌 자본총량은 이론적으로 연소득의 6~7배까지 높아질 것이다. 그리고 성장률이 1퍼센트로 떨어지면, 자본총량은 소득의 10배로 늘어날 가능성이 있다.

$\alpha = r \times \beta$ 법칙에 따라 국민소득 및 전 세계 소득에서 자본소득이 차지하는 몫에 대해 언급하자면, 경험적으로 볼 때 예측 가능한 자본/소득의 비율 상승이 반드시 자본수익률의 상당한 하락을 초래하지는 않을 것이다. 자본에는 아주 장기적으로 다양한 용도가 있는데, 노동에 대한 자본의 장기적 대체탄력성이 아마 1보다 클 것이라는 관찰은 이 사실을 잘 보여준다. 그러므로 가장 가능성이 높은 결과는 수익률의 감소 폭이 자본/소득 비율의 증가 폭보다 작을 것이고, 따라서 자본의 몫이 상승하리라는 것이다. 자본/소득 비율이 국민소득의 약 7~8배이고 자본수익률이 4~5

퍼센트인 경우 전 세계 소득에서 자본이 차지하는 몫은 30~40퍼센트가 될 수 있는데, 이는 18세기와 19세기에 관찰된 것과 비슷한 수치이며 심지어는 그보다 더 높게 상승할지도 모른다.

앞서 언급했듯이, 장기적인 기술 변화가 자본보다는 인간의 노동을 좀 더 선호할 가능성도 있으므로 자본수익률과 자본이 차지하는 몫을 감소시킬 수 있다. 그러나 이러한 장기적인 효과의 크기는 제한적일 것으로 보이며, 그 효과가 점점 더 정교해지는 금융중개 시스템의 탄생 및 자본 유치를 위한 국제적인 경쟁과 같이 정반대의 힘들에 의해 더 많이 상쇄될 가능성도 있다.

변덕스러운 기술

확실히 제2부의 주된 교훈은, 역사적 과정에서 자본과 자본 소유로부터 나오는 소득의 중요성을 필연적으로 감소시킬 수 있는 자연발생적인 힘은 결코 존재하지 않는다는 것이다. 제2차 세계대전 이후 수십 년 동안 사람들은 전통적인 의미의 자본(즉 토지자본, 부동산자본, 금융자본)에 대한 인적자본의 승리가 아마도 기술과 순수한 경제적 힘에 의한 자연스럽고 당연한 과정이라고 생각하기 시작했었다. 그러나 사실 일부 사람은 이미 정치적인 힘이 중요하다고 주장해왔다. 내 분석 결과는 이러한 결론을 지지한다. 경제적, 기술적 합리성을 향한 진보가 반드시 민주적이고 능력주의적인 합리성을 향한 진보를 뜻하는 것은 아니다. 그 주된 이유는 간단하다. 시장과 마찬가지로 기술에는 제한이 없고 도덕성도 없다. 물론 기술의 발달은 또한 인간의 능력과 지식을 점점 더 많이 필요로 했다. 동시에 건물, 집, 사무실, 모든 형태의 설비, 특허권 등도 더 많이 필요하도록 만들었다. 따라서 결국 이와 같은 모든 비非인적자본(부동산, 사업자본, 산업자본, 금융자본)의 총가치도 대부분 노동을 통한 총소득만큼 빠르게 증가했다. 만약 진정으로 공익에 기초한 더욱 정의롭고 합리적인 사회질서를 구축하고자 한다면, 이렇게 변덕스러운 기술에 의존하는 것으로는 충분하지 않다.

요약하자면, 생산성의 향상과 지식의 확산에 기초한 현대의 성장은 마르크스가 예견한 대재앙을 피해 자본축적 과정이 균형을 이루도록 만들었다. 그러나 뿌리 깊은 자본의 구조를 변화시키지는 못했다. 혹은 적어도 노동에 비해 자본의 거시경제적 중요성을 진정으로 축소시키지는 못했다. 그러므로 이제는 소득과 부의 분배에서 나타나는 불평등도 이와 마찬가지인지를 고찰해야만 할 때다. 노동과 자본 모두와 관련된 불평등 구조가 19세기 이후 실제로 얼마나 변화했을까?

\제3부\

불평등의
구조

불평등과 집중:
기본적 지표

제2부에서 국가 차원의 자본/소득 비율과 국민소득 중 자본과 노동의 전반적인 분배에 대해 검토했지만, 개인적인 수준에서의 소득이나 부의 불평등에 관해서는 직접적으로 다루지 않았다. 다만 20세기에 일어난 자본/소득 비율의 변화와 자본과 노동 사이의 분배를 이해하기 위해 1914~1945년에 일어난 충격들이 지닌 중요성을 중점적으로 분석했다. 유럽 그리고 어느 정도는 전 세계가 이런 충격들을 이제 막 극복했다는 사실은 21세기 초에 번성하고 있는 세습자본주의가 새로운 현상인 듯한 인상을 준다. 하지만 세습자본주의는 여러 측면에서 과거의 반복이며, 19세기와 같은 저성장 환경에서 나타나는 특징이다.

여기서는 개인 수준에서의 불평등과 분배에 대해 검토할 것이다. 다음 몇 장에서는 두 차례의 세계대전과 그 이후 나타난 공공정책들이 20세기에 불평등을 완화하는 데 중심적인 역할을 했음을 설명할 것이다. 쿠즈네츠의 이론이 제시한 긍정적인 예측과는 대조적으로, 이 과정은 전혀 자연스럽거나 저절로 진행된 것이 아니었다. 또한 국가마다 상당한 차이를 보이긴 하지만 1970년대와 1980년대 이후 불평등이 다시 급격히 늘어나기 시작했다는 점도 다룰 것이다. 여기서 국가에 따라 불평등 수준에 차이가 난다는 사실은 제도와 정치적 차이가 중요한 역할을 한다는 점을 확인시켜준다. 또한 상속받은 부와 노동소득의 상대적인 중요성이 장기간에 걸쳐 어떤 변화 양상을 보였는지를 역사적, 이론적 관점에서 분석하려 한다. 많은 사람이 현대의 성장은 당연히 유산이나 타고난 능력보다는 노력의 편을 들어준다고 믿는다. 이런 믿음이 널리 퍼진 이유는 무엇일까? 그리고 이것이 옳다고 어떻게 확신할 수 있을까? 마지막으로 제12장에서는 향후 수십 년간 부의 분배가 세계적으로 어떤 양상으로 전개될지를 검토할 것이다. 비록 아직은 아닐지라도 앞으로 21세기는 19세기보다 더 평등한 사회로 나아갈 것인가? 오늘날 세계의 구조적 불평등은 산업혁명이나 전통적 농경사회에 존재했던 불평등과 어떤 점에서 다를까? 이미 제2부에서 이 문제에 대한 흥미로운 단서들을 제시했지만, 이 중요한 질문들에 답하기 위해서는 반드시 개인적 수준에서의 불평등 구조를 분석해야만 한다.

논의를 더 깊이 진행하기 전에 이 장에서는 어떤 기본 개념과 그 중요성을 이야기하려 한다. 모든 사회의 소득불평등은 다음 세 가지 측면으로 나뉠 수 있다. 바로 노동소득의 불평등, 자본 소유와 이 자본이 벌어다주는 소득의 불평등 그리고 이 두 가지 조건의 상호 작용이다. 발자크의 『고리오 영감』에서 보트랭이 라스티냐크에게 했던 유명한 설교는 이 문제를 가장 명확하게 소개해줄 수 있을 것이다.

보트랭의 설교

1835년에 출판된 『고리오 영감』의 내용은 아주 명확하다. 스파게티 면 제조업자였던 고리오 영감은 프랑스혁명과 나폴레옹 시대에 파스타와 곡물을 다뤄 큰돈을 벌었다. 홀아비인 그는 두 딸 델핀과 아나스타지를 1810년대 파리의 상류사회에 시집보내기 위해 자신이 가진 모든 것을 희생하고,

수중에 방값을 지불할 돈만 남긴 채 허름한 하숙집에서 생활한다. 하숙집에서 그는 법학을 공부하려고 파리에 온 가난한 시골 귀족 청년인 외젠 드 라스티냐크를 만난다. 야망에 차 있지만 가난에 굴욕감을 느끼던 라스티냐크는 먼 사촌의 도움으로 귀족과 상류층 부르주아 그리고 왕정복고에 편승해 거액의 돈을 주무르는 금융가들이 모여드는 사치스러운 사교계를 뚫고 들어간다. 그는 곧 델핀과 사랑에 빠지는데, 델핀의 남편이자 은행가인 뉘싱겐 남작은 아내의 결혼지참금을 여러 사업에 투자하다가 탕진하고 아내를 버린다. 머지않아 라스티냐크는 돈 때문에 완전히 타락한 이 사회의 냉담한 현실을 겪고, 그에 대한 환상을 버리게 된다. 라스티냐크는 고리오 영감의 두 딸이 오로지 신분 상승에만 집착해 아버지의 재산을 써버린 뒤 그를 창피하게 여겨 무시하고 외면한 사실을 알고 경악을 금치 못한다. 노인은 지독한 궁핍과 고독 속에서 눈을 감는다. 노인의 장례식에 참석한 사람은 라스티냐크뿐이었다. 그러나 페르 라셰즈 공동묘지를 떠나자마자 라스티냐크는 센 강변에 펼쳐진 파리 시민들의 부에 압도당해 수도를 정복하기로 결심한다. 그리고 도시를 향해 외친다. "이제부터는 오직 너와 나의 대결이다!" 그의 감상주의와 사회 학습은 끝났다. 이제 그도 무자비해질 차례가 된 것이다.

라스티냐크가 직면한 사회적, 도덕적 딜레마가 가장 노골적이고 분명하게 드러난 이 소설에서 가장 음울한 부분은 정체불명의 사내 보트랭이 라스티냐크에게 그의 장래에 관해 설교를 늘어놓는 장면이다.[1] 라스티냐크, 고리오 영감과 한 하숙집에 살던 보트랭은 『몽테크리스토 백작』의 에드몽 당테스나 『레미제라블』의 장 발장처럼 범법자라는 어두운 과거를 숨기고 사는 달변가이자 유혹에 능한 사람이었다. 선량한 두 사람과 달리 보트랭은 몹시 사악하고 냉소적이다. 그는 막대한 유산을 손에 넣기 위해 살인을 저지르라고 라스티냐크를 꾀는데, 그에 앞서 보트랭은 라스티냐크에게 당시 프랑스 사회에서 젊은 남성이 처할 수 있는 여러 운명에 관해 극도로 충격적이고 세세한 설교를 늘어놓는다.

보트랭은 라스티냐크에게 공부, 재능, 노력을 통해 성공을 얻을 수 있다는 생각은 본질적으로 환상이라고 설명한다. 그러고는 라스티냐크가 유산보다 직업적 전문성이 더 중요한 법률이나 의학 분야의 공부를 계속할 경우 어떤 직업들이 기다리고 있는지 상세히 일러주고, 특히 그 각각의 직업에서 기대할 수 있는 연봉에 대해 정확하게 말해준다. 결론은 분명했다. 라스티냐크가 인생의 많은 것을 포기해가며 학과 수석을 차지하고 승승장구한 끝에 성공한 법률가가 된다 하더라도, 그는 보통 수준밖에 안 되는 소득으로 그럭저럭 살아가면서 진짜 부자가 되겠다는 희망은 아예 포기해야 할 것이다.

서른 살에는 연봉 1200프랑을 받는 법관이 되겠지. 그때까지 법복을 벗어던지지 않는다면 말일세. 마흔 살이 되면 지참금을 6000리브르 정도 들고 오는 방앗간 집 딸과 결혼할 테고. 감지덕지할 일이지. 만약 운 좋게도 후원자를 만난다면 서른 살에 연봉이 1000에퀴(5000프랑)인 검사가 되어 시장의 딸과 결혼할 수도 있겠지. 자네가 원한다면 약간의 더러운 정치적 수단으로 마흔이 되기 전에 검사장이 될 수도 있을 거야. (…) 하지만 프랑스에 검사장은 고작 스무 명뿐인데, 그 자리를 노리는 자가 2만 명이나 된다는 사실을 명심해야 하네. 그들 중에는 출세를 위해서라면 기꺼이 자기 가족도 팔아넘길 우매한 자들도 있지. 이 직업이 혐오스럽다면 다른 직업을 골라보게. 라스티냐크 남작이 변호사가 되고 싶어한다고? 굳이 그렇다면야 뭐 어쩌겠나! 자네는 매달 1000프랑씩 써가며 10년을 고생한 끝에 서재와 사무실을 얻고, 여러 모임에 바쁘게 뛰어다니고, 소송을 얻기 위해 서기에게 아부하고 법정 마루를 혀로 핥기까지 해야 될 거야. 이런데도 자네가 기어이 변호사가 될 작정이라면 나도 굳이 말리진 않겠네. 그런데 자네, 파리에서 나이 쉰 살에 연 5만 프랑 이상 버는 변호사 다섯 명의 이름을 댈 수 있겠나?[2]

이에 비해 보트랭이 라스티냐크에게 사회적 성공을 위해 제안한 전략은 훨씬 더 효과적이다. 만약 라스티냐크가 같은 하숙집에 살고 있으며 수줍음 많고 오로지 그만 바라보는 빅토린 양과 결혼한다면 당장 100만 프랑의 재산을 손에 쥘 것이다. 그러면 그는 고작 스무 살에 매년 5만 프랑의 이자소득(자본의 5퍼센트)을 얻게 된다. 수년 뒤에나 검사의 월급에서 기대할 수 있는 안락한 생활수준의 10배(그리고 당시 파리에서 가장 잘나가는 변호사들이 수년간 고생하고 온갖 수완을 발휘해 쉰 살이나 되어서야 얻을 수 있는 소득)를 곧바로 얻는 것이다.

결론은 분명했다. 빅토린 양이 특별히 예쁘거나 매력적이지는 않지만, 라스티냐크는 그녀와 서둘러 결혼해야 한다. 그의 설교에 열심히 귀를 기울이고 있는 라스티냐크에게 보트랭은 결정타를 가한다. 사생아인 빅토린 양이 부자인 아버지로부터 인정을 받아 100만 프랑의 유산을 물려받을 수 있으려면 그녀의 오빠가 죽어야 한다는 것이다. 이 전과자는 커미션을 받고 청부살인을 할 준비가 되어 있었다. 하지만 라스티냐크로서는 감당키 어려운 일이었다. 그는 공부보다 유산을 상속받는 쪽이 훨씬 더 유리하다는 보트랭의 설교를 아주 기꺼이 따를 참이었지만, 살인을 저지를 각오는 되어 있지 않았다.

핵심 질문: **노동이냐, 유산이냐?**

보트랭의 설교에서 가장 섬뜩한 부분은 이것이 왕정복고 사회의 정확한 특징들을 생생하게 묘사한 점이다. 곧 설명하겠지만, 19세기 프랑스의 소득 및 부의 계층 구조에서 최고 부유층이 누릴 수 있는 생활수준은 노동에 기초한 소득만으로 기대할 수 있는 정도를 크게 넘어섰다. 상황이 이런데 왜 일을 하겠는가? 왜 도덕적으로 행동하겠는가? 사회적 불평등 자체가 비도덕적이고 부당한데, 철저히 비도덕적으로 가능한 모든 수단을 써서 자본을 착복하는 게 무엇이 어떻단 말인가.

보트랭이 제시한 세세한 소득 수치는 매우 현실적이긴 하지만 그리 중요하지 않다. 중요한 사실은 19세기 프랑스에서, 이 문제에 있어서는 20세기 초까지도, 노동과 학업만으로는 상속받은 부와 그로부터 벌어들이는 소득으로 누릴 수 있는 안락함을 얻기 힘들었다는 것이다. 이 점은 누가 봐도 명백해서 발자크는 이를 증명할 통계나 소득계층 구조의 상위 10퍼센트와 1퍼센트에 대한 상세한 수치를 제시할 필요도 없었다. 18세기와 19세기의 영국에서도 상황은 비슷했다. 제인 오스틴 소설의 남자 주인공들에게 일은 관심 밖이었고, 중요한 것은 유산이나 결혼으로 얻는 재산의 크기뿐이었다. 과거의 세습사회가 자멸한 제1차 세계대전 발발 전까지 거의 모든 곳에서 상황은 같았다. 이 규칙의 얼마 안 되는 예외 가운데 하나가 미국이었는데, 적어도 18세기와 19세기에는 상속받은 자본이 거의 영향력을 발휘하지 못했던 미국 북부와 서부 주들의 다양한 '개척자' 사회가 그러했다. 그러나 이런 상황이 오래 지속되지는 않았다. 노예와 토지 형태의 자본이 영향력을 발휘했던 남부의 주들에서는 상속받은 부가 구유럽에서만큼이나 중요했다. 『바람과 함께 사라지다』에서 스칼릿 오하라에게 구혼하는 남성들은 라스티냐크와 마찬가지로 공부를 하거나 재능에 기대어 미래의 안락함을 보장받을 수 없었다. 그보다 훨씬 더 중요한 것은 아버지(혹은 장인)의 농장 규모였다. 보트랭은 자신이 도덕성이나 가치, 사회정의 따위를 얼마나 하찮게 여기는지 보여주기 위해 젊은 라스티냐크에게 자신은 검둥이들이 생산한 것들로 풍족하게 사는 미국 남부의 노예 주인으로 생을 마감했으면 좋겠다고 말한다.[3] 프랑스의 전과자에게 매력적으로 비친 미국의 모습은 토크빌의 관심을 끌었던 미국의 모습과는 분명 달랐다.

노동으로 얻는 소득이 항상 공평하게 분배되는 것은 아니다. 또한 상속받은 재산에서 얻는 소득에 비해 노동소득이 얼마나 중요한가의 문제로 사회정의에 관한 논의를 축소시키는 것도 불공평한 일이다. 그럼에도 민주적 근대성은 개인의 재능과 노력에 따른 불평등이 다른 불평등보다는

7장
불평등과 집중:
기본적 지표

정당하다는 믿음을 토대로 하고 있다. 혹은, 어쨌든 우리는 그런 방향으로 나아가길 희망한다. 실제로 보트랭의 설교는 20세기 유럽에서 적어도 한동안은 유효하지 않았다. 제2차 세계대전 이후 수십 년 동안 상속받은 재산의 중요성은 많이 줄어들었고 아마도 역사상 처음으로 노동과 학업이 계층 구조의 꼭대기로 오르는 가장 확실한 사다리가 되었을 것이다. 오늘날에는 갖가지 불평등이 재등장하고 사회적, 민주적 진보에 대한 믿음이 많이 흔들리고 있지만, 여전히 대부분의 사람은 보트랭이 라스티냐크에게 설교하던 시절 이후로 세계가 급속히 바뀌었다고 생각한다. 오늘날 어느 누가 젊은 법학도에게 공부를 때려치우고 출세를 위해 전과자의 전략을 따르라고 충고하겠는가? 막대한 재산을 상속받는 것을 목표로 삼으라는 말이 현명한 충고가 되는 경우도 드물긴 하지만 있을 수 있다.[4] 그러나 대부분의 경우는 학업, 일, 직업에서의 성공이 더 도덕적일 뿐만 아니라 유익하다.

보트랭의 설교에서 우리는 다음 두 가지 문제에 주목하게 되는데, 이용할 수 있는 불완전한 데이터를 가지고 다음 몇 장에 걸쳐 이 문제에 대한 답을 찾아볼 것이다. 첫째, 노동으로 얻는 소득과 상속받은 재산에서 얻는 소득의 상대적인 중요성이 보트랭의 시대 이후 바뀌었다고 단언할 수 있는가? 그리고 더 중요한 두 번째 문제로, 이러한 변화가 어느 정도 일어났다고 가정한다면 그 정확한 이유는 무엇이며, 이런 현상이 반전될 수는 있는 것인가?

노동 그리고 자본과 관련된 불평등

이 질문들에 답하기 위해 나는 먼저 기본적인 개념들과, 서로 다른 시대 및 사회에서 나타나는 소득과 부의 불평등이 관찰되는 기본적인 패턴을 소개할 것이다. 제1부에서 소득은 언제나 노동소득과 자본소득의 합으로 나타낼 수 있다고 설명했다. 임금은 노동소득의 한 형태다. 그리고 설명을 단순하게 하고자 더 일반적인 노동소득의 불평등을 의미할 때도 때로 임금불평등이라는 용어를 사용할 것이다. 분명 노동소득에는 임금을 받지 않는 노동에서 얻는 소득도 포함된다. 이러한 소득은 오랜 기간 중요한 역할을 해왔고, 오늘날에도 그 역할을 무시할 수 없다. 자본소득 역시 여러 형태를 취할 수 있다. 임대료, 배당금, 이자, 특허권료, 이윤, 자본이득 등 법적으로 어떻게 분류되든, 여기에는 노동과 관계 없이 자본의 소유로부터 얻어지는 모든 소득이 포함된다.

정의상 모든 사회에서 소득불평등은 이 두 가지 구성 요소, 즉 노동소득의 불평등과 자본소득의 불평등이 더해진 결과다. 이 두 구성 요소 각각이 더 불평등하게 분배될수록 전체적인 불평등도 커진다. 관념적으로는 노동소득 불평등이 심하고 자본소득 불평등은 낮은 사회, 혹은 그 반대의 사회를 상상할 수 있고, 마찬가지로 두 구성 요소 모두가 매우 불평등하거나 혹은 매우 평등한 사회를 상상할 수 있다.

세 번째 결정적인 요소는 이 두 차원의 불평등 사이의 관계다. 높은 노동소득을 얻는 개인은 또한 어느 정도로 높은 자본소득을 얻을까? 전문적으로 말하면 이 관계는 통계적 상관관계이며, 다른 모든 조건이 동일하다면 상관관계가 클수록 전체적인 불평등도 커진다. 실제로는 자본소득이 극도로 높아서 자본소유자가 일할 필요가 없는 불평등한 사회(예를 들어 제인 오스틴의 소설에 등장하는 주인공들은 대개 어떤 직업도 가지지 않으려 한다)에서는 이 상관관계가 종종 낮거나 마이너스 값이 된다. 그렇다면 오늘날의 상황은 어떻고 앞으로는 어떻게 전개될 것인가?

재산이 많은 개인이 중간 정도의 재산을 보유한 사람보다 더 높은 수익률을 얻을 경우, 자본소득의 불평등이 자본의 불평등 자체보다 클 수 있다는 점에 주의해야 한다. 이것은 불평등을 배가시키는 강력한 메커니즘이 될 수 있으며, 특히 이제 막 시작된 21세기에는 더욱 그러하다. 부의 계층 구조의 모든 단계에서 평균 수익률이 같다면 정의상 두 불평등은 일치한다.

소득의 불평등한 분배를 분석할 때는 불평등의 이런 다양한 측면과 구성 요소를 신중히 구분해야 한다. 이는 규범적이고 도덕적인 이유(불평등을 정당화하는 명분은 그것이 노동소득, 상속된 부에서 얻는 소득, 차등적인 자본수익률로 얻는 소득 가운데 무엇으로 인한 것이냐에 따라 매우 다르다) 때문이기도 하고, 관찰된 불평등의 변화 양상을 설명해줄 수 있는 경제적, 사회적, 정치적 메커니즘이 완전히 다르기 때문이기도 하다. 노동소득 불평등의 경우, 이 메커니즘에는 다양한 기술의 공급과 수요, 교육제도의 상태, 노동시장과 임금 결정에 영향을 미치는 다양한 규칙과 제도가 포함된다. 자본소득 불평등의 경우 가장 중요한 과정은 저축 및 투자 행위, 증여와 상속 관련 법률, 부동산과 금융시장의 작용이다. 경제학자들의 저술과 대중적인 토론에서 제시하는 소득불평등을 측정하는 통계 수치들은 흔히 노동 및 자본의 불평등과 관련된 상이한 요소들을 혼합시킨 지니계수처럼 종합적인 지수들이다. 이런 지수들은 불평등의 여러 차원과 불평등에 영향을 미치는 다양한 메커니즘을 명확히 구분할 수 없다. 이 책에서는 이러한 요소들을 가능한 한 정확히 구별할 것이다.

언제나 노동보다 **불평등하게 분배되는 자본**

실제로 소득불평등을 측정하려 할 때 관찰되는 첫 번째 규칙적인 패턴은 자본과 관련된 불평등이 항상 노동과 관련된 불평등보다 크다는 것이다. 자본 소유와 자본소득의 분배는 항상 노동소득의 분배보다 더 집중되어 있다.

먼저 두 가지를 명확히 해두고자 한다. 첫째, 데이터를 구할 수 있는 모든 국가, 모든 시기에서 이런 규칙적인 패턴이 발견되며, 그 정도는 언제나 매우 놀랍다는 것이다. 이 현상이 어느 정도인지 대략 살펴보면, 노동소득 상위 10퍼센트가 일반적으로 전체 노동소득의 25~30퍼센트를 받는 반면, 자본소득 상위 10퍼센트는 항상 전체 부의 50퍼센트 이상을 소유한다.(90 퍼센트를 소유하는 사회도 있다.) 더 놀라운 점은, 임금 분포에서 하위 50 퍼센트에 속하는 사람들이 전체 노동소득에서 상당한 몫을 받는 반면(일반적으로 4분의 1이나 3분의 1, 즉 상위 10퍼센트가 차지하는 몫과 비슷하다), 부의 분포에서 하위 50퍼센트에 속하는 사람들은 자본을 전혀 혹은 거의 소유하지 않는다는 것이다.(이들은 항상 전체 부의 10퍼센트 이하를, 일반적으로는 5퍼센트 이하를 소유한다. 이는 가장 부유한 10퍼센트가 차지하는 몫의 10분의 1 수준이다.) 노동과 관련된 불평등은 일반적으로 그리 심하지 않으며 거의 합리적으로 보인다.(불평등이 합당할 수 있는 경우에 한해 그렇다. 이 점이 과장되어서는 안 된다.) 반면 자본과 관련된 불평등은 항상 극심하다.

둘째, 이 규칙적인 패턴은 결코 미리 정해진 것이 아니다. 그리고 이런 규칙성이 존재한다는 사실은 자본축적과 부의 분배의 동학을 결정하는 경제적, 사회적 과정들의 특징에 대해 시사하는 바가 크다.

실제로 부의 분배가 노동소득의 분배보다 더 평등해지는 결과를 낳는 메커니즘을 생각하는 일은 어렵지 않다. 예를 들어 주어진 한 시점에서의 노동소득이 노동자 집단 간의 기술 수준과 임금계층 구조 내 위치에 따른 항구적인 임금불평등뿐만 아니라 단기적인 충격(예를 들어 서로 다른 부문의 임금과 노동시간은 해마다 혹은 개인의 경력이 쌓임에 따라 상당한 변동을 보일 수 있다)도 반영한다고 가정해보자. 그러면 노동소득은 단기적으로 매우 불평등하지만 장기적으로 측정하면(가령 1년이 아니라 10년 혹은 개인의 평생을 측정할 경우. 그러나 이런 장기적인 데이터는 부족하기 때문에 측정되는 경우가 매우 드물다) 이런 불평등은 줄어들 것이다. 즉 보트랭의 설교 주제였던 기회와 신분의 진정한 불평등을 연구하는 데는 장기적인 접근 방식이 이상적이다. 하지만 유감스럽게도 이것은 측정하기가 매우 어렵다.

단기적인 임금 변동이 심한 곳에서 부를 축적하는 주된 이유는 소득에 발생할 수 있는 부정적인 충격에 대비해 자금을 저축하는 것과 같은 예비적인 목적일 수 있다. 이 경우에는 부의 불평등이 임금불평등보다 낮을 것이다. 예를 들면 부의 불평등은 개인의 전체 경력 기간에 걸쳐 측정된 임금소득의 항구적인 불평등과 동일하고, 따라서 주어진 한 시점에 측정된 어느 순간의 임금불평등보다 상당히 낮을 수 있다. 그런데 이 모든 상황은 논리적으로는 가능하지만 분명 현실과는 거리가 멀다. 부의 불평등은 언제 어디서나 노동임금의 불평등보다 훨씬 더 크기 때문이다. 단기적인 충격에 대비한 예비적인 저축이 현실에 실제로 존재하긴 하지만, 분명 관찰된 부의 축적과 분배에 대한 주된 설명은 되지 못한다.

우리는 부의 불평등이 노동소득의 불평등과 비슷해지는 메커니즘도 상상할 수 있다. 구체적으로 말하면, 모딜리아니가 추론했던 것처럼 사람들이 주로 생애주기를 염두에 두고 부를 축적할 경우(가령 은퇴에 대비한 저축), 은퇴 후에도 거의 동일한 생활수준 혹은 그것의 일정한 비율을 유지하기 위해 모든 사람이 자신의 임금 수준에 어느 정도 비례하는 자본을 축적할 것으로 예상된다. 이 경우 부의 불평등은 노동소득의 불평등을 시간적으로 옮겨놓은 데 지나지 않을 것이고, 따라서 중요성이 그리 크지 않을 것이다. 여기서 사회적 불평등을 일으키는 유일한 현실 요인은 노동과 관련된 불평등뿐일 것이기 때문이다.

다시 한번 말하지만, 그러한 메커니즘은 이론적으로 타당해 보이며 현실에서, 특히 노령화 사회에서 어느 정도 중요성을 띤다. 그러나 계량적인 측면에서 보면, 이는 불평등에 영향을 미치는 주된 메커니즘은 아니다. 예비적 저축과 마찬가지로 생활수준을 염두에 둔 저축은 자본 소유가 고도로 집중되는, 실제로 관찰되는 현상을 설명하지 못한다. 분명 나이 든 사람이 젊은 사람보다 평균적으로 더 부유하다. 하지만 실제로 각 연령집단 내 부의 집중은 전체 인구의 부의 집중과 비슷할 정도로 크다. 즉 통념과 달리 세대 간 전쟁은 계층 간 전쟁을 대체하지 않았다. 고도의 자본 집중은 주로 상속받은 재산과 이 재산이 일으키는 누적효과로 설명된다. 예를 들어 아파트 한 채를 상속받으면 집세를 낼 필요가 없어서 저축하기가 더 쉬워진다. 자본수익률이 종종 극단적인 값을 나타낸다는 사실 역시 이러한 동적인 과정에서 중요한 역할을 한다. 제3부의 나머지 부분에서 이러한 다양한 메커니즘을 더 자세히 살펴보고, 각 메커니즘이 시간과 공간에 따라 어떻게 전개되었는지를 검토할 것이다. 여기서는 절대적 규모로 보든 노동소득의 불평등과 비교한 상대적 규모로 보든, 부의 불평등 정도와 관련해 특정 메커니즘들이 다른 것들보다 더 중요하다는 점만 언급하겠다.

불평등과 집중의 정도

여러 국가에서 관찰되는 역사적 전개과정을 분석하기에 앞서 노동 및 자본과 관련된 불평등 정도의 특징에 대해 더 정확히 설명하는 것이 도움이 될 터이다. 이렇게 하는 목적은 독자들이 십분위, 백분위 등의 수치와 개념에 익숙해지도록 하기 위해서다. 이런 수치들은 다소 전문적으로 보여 일부 독자에게는 달갑지 않게 느껴지겠지만, 제대로 사용한다면 여러 다른 사회의 불평등 구조 변화를 분석하고 이해하는 데 실제로 아주 유용하다.

이를 위해 다양한 시기에 다양한 국가에서 실제로 관찰된 분배 상황을 표 7.1~7.3에 정리했다. 이 수치들은 근사치이고 의도적으로 반올림을 했지만, 적어도 노동소득과 자본소득 그리고 둘을 합한 총소득과 관련해, '낮은' 불평등, '중간 정도의' 불평등, 그리고 '높은' 불평등이라는 용어가 오늘날 어떤 의미를 띠며 과거에는 어떤 의미를 지녔는지를 대략 이해할 수 있도록 도와준다.

예를 들어 노동소득 불평등과 관련해 우리는 1970~1980년대의 스칸디나비아 국가들처럼 가장 평등한 사회(그 이후 북유럽에서 불평등이 늘어나긴 했지만 이 국가들은 여전히 가장 덜 불평등하다)에서의 분배가 대략 다음과 같다는 것을 발견했다. 성인 인구 전체를 살펴보면 노동소득이 가장 높은 10퍼센트가 총노동소득의 20퍼센트(현실에서 이 소득은 본질적으로 임금이다)를 가져가고, 노동소득이 가장 낮은 50퍼센트가 총노동소득의 약 35퍼센트를 차지한다. 따라서 중간의 40퍼센트는 총노동소득의 45퍼센트를 얻는다(표 7.1 참조).[5] 이는 완전한 평등은 아니다. 완전히 평등하려면 각 집단이 인구에서 차지하는 비율과 동일한 비율의 소득을 얻어야 할 것이다.(최상위 10퍼센트가 정확히 총소득의 10퍼센트를, 하위 50퍼센트가 총소득의 50퍼센트를 받아야 한다.) 그러나 적어도 다른 국가나 다른 시대에 관찰되는 불평등과 비교하면 그리고 심지어 스칸디나비아 국가들을 포함해 거의 모든 곳에서 관찰되는 자본 소유의 불평등과 비교하

표 7.1. 시대별, 지역별 노동소득의 불평등

서로 다른 집단들이 총노동소득에서 차지하는 비율	낮은 불평등 (≈스칸디나비아 1970~1980년대)	중간 정도의 불평등 (≈유럽 2010년)	높은 불평등 (≈미국 2010년)	매우 높은 불평등 (≈미국 2030년?)
상위 10퍼센트 ('상류층')	20%	25%	35%	45%
상위 1퍼센트 ('지배층')	5%	7%	12%	17%
다음 9퍼센트 ('부유층')	15%	18%	23%	28%
중간 40퍼센트 ('중산층')	45%	45%	40%	35%
하위 50퍼센트 ('하류층')	35%	30%	25%	20%
해당되는 지니계수 (종합적 불평등 지수)	0.19	0.26	0.36	0.46

노동소득 불평등이 비교적 낮은 사회(1970~1980년대의 스칸디나비아 국가들)에서는 최상위 10퍼센트가 총노동소득의 약 20퍼센트를 받는다.(노동소득 하위 50퍼센트는 약 35퍼센트, 중간 40퍼센트는 약 45퍼센트를 받는다.) 이에 해당되는 지니계수(0에서 1까지의 값을 취하는 종합적인 불평등 지수)는 0.19다. 인터넷 부록 참조.

면, 우리가 여기서 본 이 정도의 불평등은 그렇게 극단적이지는 않다.

이 수치들의 실제 의미를 명확히 이해하려면 총소득에서 차지하는 비율로 표현된 분배 상황을 현실의 노동자들이 실제로 받는 임금뿐만 아니라 부의 계층 구조를 구성하는 사람들이 소유하고 있는 부동산 및 금융자산과 연결시켜야 한다.

구체적으로 말해 최상위 10퍼센트가 총임금의 20퍼센트를 가져간다면, 이 집단에 속하는 각각의 사람은 평균적으로 해당 국가에서 평균 임금의 2배를 번다는 계산이 나온다. 마찬가지로 최하위 50퍼센트가 총임금의 35퍼센트를 가져간다면, 이 집단의 개개인은 평균 임금의 70퍼센트를 번다고 할 수 있다. 그리고 중간 계층인 40퍼센트가 총임금의 45퍼센트를 받는다면, 이 집단의 평균 임금은 사회 전체의 평균 임금보다 약간 더 높다는

표 7.2. 시대별, 지역별 자본 소유의 불평등

서로 다른 집단들이 총자본에서 차지하는 비율	낮은 불평등 (관찰되지 않음. 이상적인 사회?)	중간 정도의 불평등 (≈스칸디나비아 1970~1980년대)	중간 정도보다 높은 불평등 (≈유럽 2010년)	높은 불평등 (≈미국 2010년)	매우 높은 불평등 (≈유럽 1910년)
상위 10퍼센트 ('상류층')	30%	50%	60%	70%	90%
상위 1퍼센트 ('지배층')	10%	20%	25%	35%	50%
다음 9퍼센트 ('부유층')	20%	30%	35%	35%	40%
중간 40퍼센트 ('중산층')	45%	40%	35%	25%	5%
하위 50퍼센트 ('하류층')	25%	10%	5%	5%	5%
해당되는 지니계수 (종합적 불평등 지수)	0.33	0.58	0.67	0.73	0.85

자본 소유의 불평등이 '중간 정도'인 사회(1970~1980년대의 스칸디나비아 국가들)에서는 가장 많은 부를 소유한 상위 10퍼센트가 전체 부의 약 50퍼센트를 소유한다.(하위 50퍼센트는 약 10퍼센트, 중간 40퍼센트는 약 40퍼센트를 소유한다.) 이에 해당되는 지니계수는 0.580이다. 인터넷 부록 참조.

7장
불평등과 집중:
기본적 지표

표 7.3. 시대별, 지역별 총소득(노동소득과 자본소득)의 불평등

서로 다른 집단들이 총소득(노동 + 자본)에서 차지하는 비율	낮은 불평등 (≈스칸디나비아 1970~1980년대)	중간 정도의 불평등 (≈유럽 2010년)	높은 불평등 (≈미국 2010년, 유럽 1910년)	매우 높은 불평등 (≈미국 2030년?)
상위 10퍼센트 ('상류층')	25%	35%	50%	60%
상위 1퍼센트 ('지배층')	7%	10%	20%	25%
다음 9퍼센트 ('부유층')	18%	25%	30%	35%
중간 40퍼센트 ('중산층')	45%	40%	30%	25%
하위 50퍼센트 ('하류층')	30%	25%	20%	15%
해당되는 지니계수 (종합적 불평등 지수)	0.26	0.36	0.49	0.58

총소득의 불평등이 비교적 낮은 사회(1970~1980년대의 스칸디나비아 국가들)에서는 소득이 가장 많은 상위 10퍼센트가 총소득의 약 25퍼센트를 가져간다.(소득 하위 50퍼센트는 약 30퍼센트를 가져간다.) 이에 해당되는 지니계수는 0.260이다. 인터넷 부록 참조.

뜻이 된다.(정확히 말하면 평균의 40분의 45다.)

이 분배에 따르면, 예를 들어 한 국가의 평균 임금이 한 달에 2000유로일 때, 상위 10퍼센트가 한 달 평균 4000유로, 하위 50퍼센트가 한 달 평균 1400유로, 중간 40퍼센트가 한 달 평균 2250유로를 번다.[6] 이 중간 집단은 생활수준이 해당 사회의 평균 임금으로 정해지는 거대한 '중산층'으로 간주될 수 있다.

하류층, 중산층, 상류층

분명히 해두자면, 표 7.1~7.3에서 사용한 '하류층'(하위 50퍼센트), '중산층'

(중간 40퍼센트), '상류층'(상위 10퍼센트)의 명칭은 매우 임의적이어서 이의가 제기될 수 있다. 이 용어들을 쓴 것은 순전히 전달하고자 하는 개념을 정확히 표현해 설명을 돕기 위해서다. 이 용어들은 분석과정에서는 거의 아무런 영향을 미치지 않으며, 이 세 계층을 'A계층' 'B계층' 'C계층'이라 불러도 무방하다. 그러나 정치적인 논쟁에서는 이러한 용어 문제에 대개 의도가 담기게 마련이다. 인구를 나누는 방식은 보통 정의justice와 특정 집단이 차지하는 소득이나 부의 총액의 정당성과 관련된 암시적 혹은 명시적 입장을 반영한다.

예를 들어 어떤 사람들은 '중산층'이란 말을 매우 광범위하게 써서 분명히 사회계층 구조의 최상위 십분위(즉 최상위 10퍼센트)에 속하는 개인과 심지어 최상위 백분위(최상위 1퍼센트)에 가까운 개인까지 포함시킨다. 일반적으로 중산층을 그렇게 광범위하게 정의하는 목적은 비록 그러한 개인들이 해당 사회의 평균보다 상당히 많은 자원을 차지하지만, 그럼에도 불구하고 어느 정도 평균치를 보유한다고 주장하기 위해서다. 다시 말해 그러한 개인들이 특권을 누리고 있지 않으며 정부의 관용, 특히 세금 면에서 관대한 대우를 받을 자격이 충분하다고 말하는 것이다.

어떤 논평자들은 '중산층'이라는 개념을 거부하고, 사회가 인구 대다수를 차지하는 '대중'과 극소수의 '엘리트' 혹은 '상류층'의 두 집단만으로 구성되어 있다고 설명하는 것을 선호한다. 그러한 설명은 어떤 사회에서는 정확히 맞아떨어질 수도 있고, 정치적, 역사적으로 특정한 상황에 적용할 수도 있을 것이다. 예를 들어 1789년 프랑스에서는 귀족이 인구의 1~2퍼센트, 성직자가 1퍼센트 미만을 차지했고 농민부터 부르주아까지 나머지 인구를 모두 포함하는 '제3신분'이 97퍼센트 이상을 점했다.

사전이나 언어의 사용을 점검하는 것이 우리의 목적은 아니다. 사회집단을 명명하는 문제에 있어서는 모든 사람이 맞기도 하고 동시에 틀리기도 하다. 특정 용어를 사용하는 데는 누구나 타당한 이유가 있겠지만, 다른 사람들이 쓰는 용어를 폄하하는 것은 옳지 않다. 이 책에서 내린 '중산층의 정의('중간' 40퍼센트)에는 논쟁의 소지가 있다. 그 집단에 속한 모든 사람의 소득(혹은 부)이 구조적으로 해당 사회의 중간값을 넘어서기 때문이다.[7] 사회를 딱 삼등분하고 중간의 3분의 1을 '중산층'이라고 부를 수도 있을 것이다. 하지만 이 책에서 내린 정의가 일반적인 용법에 더 부합하는 것으로 보인다. 일반적으로 '중산층'이라는 표현은 인구의 대다수보다는 더 잘살지만 그래도 진정한 '엘리트'와는 거리가 먼 사람들을 가리키는 데 쓰인다. 그러나 이런 명칭에도 이의가 제기될 수 있으며, 단지 언어적인 문제가 아니라 정치적이기도 한 이 민감한 사안에 대해 내가 어떤 입장을 취할 필요는 없을 것이다.

불평등을 소수의 범주에 기초해 나타내는 것은 불완전하고 도식적일 수밖에 없다. 그 바탕에 놓인 사회적 현실은 항상 연속적인 분포 양상을 보이기 때문이다. 어떤 부나 소득 수준에는 항상 특정한 수의 실존하는 개인들이 존재하고, 그런 개인의 수는 그 사회의 분배의 모습에 따라 점진적으로 변화한다. 사회계층 사이, 혹은 '대중'과 '엘리트' 사이에 결코 불연속적인 단절은 존재하지 않는다. 따라서 이 책의 분석은 전적으로 십분위(상위 10퍼센트, 중간 40퍼센트, 하위 50퍼센트) 같은 통계적인 개념에 기초해 있으며, 이 개념들은 다른 사회에서도 정확히 같은 식으로 정의된다. 이러한 방식을 쓰면 특정 사회가 지닌 고유의 복잡성이나 근본적으로 연속적인 사회적 불평등의 구조를 부인하지 않고 시대별, 지역별로 엄격하며 객관적인 비교를 할 수 있다.

계급투쟁 혹은 1퍼센트의 투쟁?

이 책의 근본적인 목표는 시공간상으로 멀리 떨어져 있는 사회들, 선험적으로 아주 다른 사회들, 특히 사회를 구성하는 집단을 일컫기 위해 쓰는 단어와 개념들이 완전히 다른 사회들의 불평등 구조를 분석하는 것이다. 십분위와 백분위라는 개념은 다소 추상적이고 분명히 우아하지 못하다. 대부분의 사람에게는 농부나 귀족, 프롤레타리아나 부르주아, 사무원이나 최고 관리자, 웨이터나 상인 같은 익숙한 집단으로 구분하는 방법이 편할 것이다. 그러나 십분위와 백분위의 매력은 한 사람도 빠짐없이 원칙적으로 받아들일 수 있는 공통 언어를 사용해, 그렇지 않았으면 비교가 불가능했을 불평등을 비교할 수 있도록 해준다는 것이다.

필요한 경우 사회적 불평등의 연속적인 특성을 좀더 정확히 나타내기 위해 백분위, 심지어 천분위를 사용해 이 집단들을 더 세부적으로 나눌 것이다. 모든 사회, 심지어 가장 평등한 사회에서도 확실히 상위 10퍼센트는 그 자체로 하나의 세계다. 이 집단에는 소득이 평균의 겨우 2~3배인 사람들과 10배 혹은 20배(이보다 더 많지는 않더라도)의 자산을 보유한 사람들이 포함된다. 우선 이 상위 10퍼센트를 상위 1퍼센트(좀더 구체적으로는 '지배층'이라고 부를 수 있다. 이 용어가 다른 용어들보다 더 적절하다는 주장은 아니다)와 나머지 9퍼센트('부유층' 혹은 '부자들'이라고 부를 수 있다)의 두 집단으로 나눠 보면 이해하기가 편하다.

예를 들어 표 7.1에 나타나듯이 상위 10퍼센트의 노동자가 임금의 20퍼센트를 가져가서 노동소득의 불평등이 낮은 경우(스칸디나비아처럼)를 살펴보면, 최상위 1퍼센트는 일반적으로 총임금의 대략 5퍼센트를 가져간다는 것을 알 수 있다. 이는 평균 임금이 월 2000유로인 사회에서 최상위 1퍼센트의 노동소득자가 대체로 평균 임금의 5배, 즉 월 1만 유로를 번다는 뜻이다. 다시 말해 상위 10퍼센트는 한 달에 평균 4000유로를 벌지만, 그 집단 내에서 최상위 1퍼센트는 한 달에 평균 1만 유로(다음 9퍼센트는 한 달 평균 3330유로)를 번다. 이 집단을 더 상세히 나눠 상위 1퍼센트 내의 최상위 0.1퍼센트(벌이가 가장 좋은 0.1퍼센트)를 살펴보면, 심지어 1970~1980년대의 스칸디나비아 국가에서도 한 달에 수만 유로를 버는 개인들과 수십만 유로를 버는 소수의 사람이 발견된다. 물론 그런 사람은 많지 않을 것이기 때문에 임금의 총액에서 이들이 차지하는 비율은 비교적 낮을 터이다.

따라서 한 사회의 불평등을 판단하는 데 있어 일부 개인이 매우 높은 소득을 얻는다는 점만 관찰해서는 불충분하다. 예를 들어 "소득의 등급이 1에서 10으로 구분된다"거나 심지어 "1에서 100으로 구분된다"고 말하는 것은 실제로 큰 의미가 없다. 각 등급 내에서 얼마나 많은 사람이 해당 소득을 올리는지도 알아야 한다. 최상위 10퍼센트 혹은 1퍼센트가 차지하는 소득(혹은 부)의 비율은 극도로 높은 소득 혹은 극도로 많은 재산의 존재뿐만 아니라 그러한 수입을 향유하는 개인의 수도 반영하기 때문에 한 사회가 얼마나 불평등한지를 판단하는 데 유용한 지수다.

상위 1퍼센트는 이 책이 제시하는 역사적 연구의 맥락에서 특히 흥미로운 집단이다. 이 집단은 정의상 인구의 극소수로 구성되어 있지만 때로 집중적인 관심을 받는 수십 명 혹은 수백 명의(두 차례 세계대전 사이에 프랑스 은행의 최대 주주 200명을 가리키던 명칭인 '200가족200 familles'이나 『포브스Forbes』 같은 잡지가 집계하는 '미국의 400대 부자'와 같은) 슈퍼 엘리트에 비하면 규모가 훨씬 더 크다. 2013년의 프랑스처럼 인구가 대략 6500만 명이고 그중 성인이 약 5000만 명인 국가에서 상위 1퍼센트는 약 50만 명이며, 미국처럼 인구가 3억2000만 명에 성인이 2억6000만 명인 국가에서는 상위 1퍼센트가 260만 명이다. 이들은 숫자가 꽤 많고 우리 사회에서 불가피하게 눈에 띄는 집단이다. 특히 이 집단에 속한 개인들이 같은 도시, 같은 동네에 모여 사는 경향이 있을 때는 더욱 그렇다. 모든 나라에서 상위 1퍼센트는 소득분배뿐만 아니라 사회적 지형에서도 중요한 위치를 차지한다.

따라서 인구의 1~2퍼센트가 귀족이었던 1789년의 프랑스이든 인구 가운데 가장 부유한 1퍼센트를 비판한 월가 시위가 일어났던 2011년의 미국이든, 모든 사회에서 상위 1퍼센트는 사회적 지형과 정치적, 경제적 질서에 중요한 영향력을 행사하기에 충분히 큰 집단이다.

상위 10퍼센트와 1퍼센트 집단이 매우 흥미로운 연구 대상인 것은 이 때문이다. 상위 10퍼센트와 1퍼센트를 주의 깊게 검토해 각 집단이 국부와 소득에서 차지하는 몫을 평가하는 방법 외에 다른 어떤 방법으로 1789년의 프랑스와 2011년의 미국이라는 매우 다른 사회의 불평등을 비교할 수 있겠는가? 이 방법이 분명 모든 문제를 해결하고 모든 질문에 답을 주지는 않겠지만 적어도 우리가 무언가를 말할 수 있게 해주며, 이는 아무것도 말할 수 없는 것보다는 훨씬 더 낫다. 이런 방법으로 우리는 루이 14세가 다스리던 사회와 조지 부시 혹은 버락 오바마가 집권하는 사회 중 어느 곳에서 '상위 1퍼센트'가 더 큰 권력을 지녔는지를 판단하고자 시도할 수 있다.

잠시 월가 시위를 다시 살펴보면 공통의 용어, 특히 '상위 1퍼센트'라는 개념을 쓰는 것이 첫눈에는 다소 추상적으로 보일지 몰라도 불평등의 극적인 증가를 보여주는 데 도움이 되고, 따라서 사회적 해석과 비판에 유용한 도구가 됨을 알 수 있다. 심지어 대중적인 사회운동은 이런 도구를 활용해 "우리는 99퍼센트다!"처럼 사람들을 동원하는 특별한 구호를 개발하는 것도 가능하다. 이 문구가 처음에는 놀랍게 들릴 수도 있지만, 1789년 1월에 시에예스 신부Abbé Sieyès가 출판한 유명한 소책자인 『제3신분이란 무엇인가』의 제목도 이와 비슷하다는 것을 기억한다면 그리 놀랄 일도 아니다.[8]

또한 소득계층(1퍼센트와 10퍼센트)이 부의 계층과 같지 않다는 것을 분명히 해두어야 한다. 노동소득 분배의 상위 10퍼센트 혹은 하위 50퍼센트는 부의 분배의 상위 10퍼센트 혹은 하위 50퍼센트를 구성하는 사람들과 같지 않다. 노동소득이 가장 많은 '1퍼센트'가 부를 가장 많이 소유한 '1퍼센트'와 같은 것도 아니다. 10퍼센트와 1퍼센트는 노동소득, 자본 소유로 얻는 소득, 총소득(노동소득 + 자본소득)에 따라 각각 정의되며, 총소득의 계층은 노동소득 계층과 자본소득 계층을 종합한 것으로서 복합적인 사회계층을 정의한다. 계층을 말할 때는 항상 어떤 계층을 가리키는지를 명확히 해야 한다. 전통적인 사회에서 노동소득 계층과 자본소득 계층은 종종 음의 상관관계를 가졌다.(많은 재산을 보유한 사람들이 일을 하지 않아서 노동소득 계층에서는 하위에 위치했기 때문이다.) 현대사회에서 이 둘은 일반적으로 양의 상관관계를 가지지만 결코 완전한 상관관계를 보이지는 않는다.(상관계수는 언제나 1보다 작다.) 예를 들어 많은 사람이 노동소득 측면에서는 상류층에 속하지만 부의 측면에서는 하류층이다. 그리고 그 역도 성립한다. 사회적 불평등은 정치적 갈등과 마찬가지로 다차원적이다.

마지막으로 표 7.1~7.3과 7장 그리고 다음 몇몇 장에서 설명하고 분석하는 소득과 부의 분배는 모두 세금 납부 이전의 '1차적' 분배라는 데 주의해야 한다. 세제(그리고 세금으로 재원을 충당하는 공공서비스와 이전지출)가 '누진적'인지 '역진적'인지에 따라(소득계층이나 부의 계층에서 높은 위치에 있는지 낮은 위치에 있는지에 따라 차등적으로 세율을 적용한다는 의미) 세후 분배가 세전 분배보다 더 평등할 수도 덜 평등할 수도 있다. 이 문제에 대해서는 재분배와 관련된 다른 많은 문제와 함께 제4부에서 다시 논의할 것이다. 이 단계에서는 세전 분배만 검토할 것이다.[9]

노동과 관련된 불평등: 온건한 불평등?

이제 불평등 정도의 문제로 돌아가보자. 오늘날 노동소득의 불평등이 어느 정도까지여야 적당하고 합리적일 뿐만 아니라 심지어 더 이상 문제도 되지 않을 수준이라고 할 수 있을까? 노동과 관련된 불평등이 항상 자본과 관련된 불평등보다 훨씬 더 낮았던 것은 사실이다. 그러나 노동과 관련된 불평등을 무시하는 것도 옳지 않을 것이다. 첫째, 노동소득이 보통 국민소득의 3분의 2에서 4분의 3을 차지하기 때문이고, 둘째, 노동소득의 분배가 국가들 사이에서 상당한 차이를 보이기 때문이다. 이는 공공정책과 국가 간의 차이가 이러한 불평등과 수많은 사람의 생활수준에 중요한 영향을 미친다는 것을 의미한다.

1970년에서 1990년 사이의 스칸디나비아 국가들처럼 노동소득이 가장 공평하게 분배된 국가에서 노동소득 상위 10퍼센트는 총임금의 약 20퍼센트를, 하위 50퍼센트는 약 35퍼센트를 가져간다. (프랑스나 독일 등) 유럽 대부분의 국가를 포함해 오늘날 임금불평등이 평균 수준인 국가들에서는 상위 10퍼센트가 총임금의 25~30퍼센트, 하위 50퍼센트가 약 30퍼센트를 받는다. 그리고 2010년대 초의 미국(나중에 다시 살펴보겠지만 지금까지 관찰된 어느 지역 못지않게 노동소득이 불평등하게 분배된다)처럼 가장 불평등한 국가들에서는 상위 10퍼센트가 총임금의 35퍼센트를 버는 반면, 하위 50퍼센트에게는 겨우 25퍼센트만 돌아간다. 다시 말하면, 두 집단 간의 균형이 거의 완전히 뒤바뀌어 있는 셈이다. 가장 평등한 사회에서는 하위 50퍼센트의 총노동소득이 상위 10퍼센트의 거의 2배다.(어떤 사람들은 이 비율이 그럼에도 무척 낮다고 생각한다. 하위 50퍼센트에 속하는 인구가 상위 10퍼센트의 5배이기 때문이다.) 반면 가장 불평등한 사회에서는 하위 50퍼센트의 총노동소득이 상위 10퍼센트의 3분의 2다. 지난 수십 년간 미국에서 진행된 노동소득의 편중이 계속해서 심화된다면, 2030년에는 하위 50퍼센트가 받는 보수 총액이 상위 10퍼센트의 절반에 불과하게 될 수도 있다(표 7.1 참조). 이런 추세가 실제로 계속될지는 확실하지 않지만, 이 점은 최근 소득분배에 일어난 변화들이 괴로운 일이었다는 사실을 보여준다.

구체적으로 말하자면, 평균 임금이 월 2000유로일 경우 평등한 분배 구조(스칸디나비아)에서는 상위 10퍼센트가 월 4000유로(상위 1퍼센트는 1만 유로), 중간 40퍼센트가 월 2250유로, 하위 50퍼센트가 월 1400유로를 번다. 반면 불평등한 분배 구조(미국)에서는 계층 간에 뚜렷한 차이가 나타난다. 상위 10퍼센트가 월 7000유로(상위 1퍼센트는 2만4000유로), 중간 40퍼센트가 월 2000유로를 벌고, 하위 50퍼센트는 한 달에 고작 1000유로를 가져간다.

307

7장
불평등과 집중:
기본적 지표

따라서 혜택을 가장 적게 받는 인구 절반에 대해서는 이 두 소득분배 구조 사이에서 발생하는 차이를 결코 무시할 수 없다. 세금과 이전지출은 차치하더라도, 한 사람이 한 달에 1000유로가 아니라 1400유로를 번다면 소득이 40퍼센트 늘어나는 것인데, 그렇게 되면 생활 방식의 선택, 집, 휴가 기회, 사업에 쓸 돈, 양육비 등에 미치는 영향은 상당하다. 게다가 대부분의 국가에서 하위 50퍼센트의 소득자 가운데는 사실 여성의 비중이 매우 높다. 따라서 국가 간의 이 같은 커다란 차이는 남성과 여성 간의 임금 차이도 부분적으로 반영하는 것이다. 성별 간 임금 차이는 북유럽이 다른 어느 곳보다 적다.

두 분배 구조 간의 차이는 최상위층 소득 집단에서도 뚜렷이 나타난다. 한 달에 4000유로가 아니라 7000유로(혹은 심지어 1만 유로가 아니라 2만4000유로)를 번다면, 돈을 쓰는 물건이 달라질 것이고 상품에 대한 구매력뿐 아니라 다른 사람에게 미치는 영향력도 더 커질 것이다. 예를 들어 이런 사람들은 임금이 낮은 이들을 고용해 필요한 일을 시킬 수 있다. 미국에서 관찰되는 이런 경향이 계속된다면, 2030년에는 상위 10퍼센트의 소득자가 한 달에 9000유로(상위 1퍼센트는 3만4000유로), 중간 40퍼센트가 월 1750유로를 벌 것이고, 하위 50퍼센트는 고작 월 800유로를 가져갈 것이다. 따라서 상위 10퍼센트는 소득의 아주 적은 부분을 들여 하위 50퍼센트에 속하는 많은 사람을 고용해 집안일을 시킬 수 있다.[10]

평균 임금이 같아도 노동소득의 분배는 분명 매우 다를 수 있고, 이는 서로 다른 사회집단에게 굉장히 이질적인 사회적, 경제적 현실을 야기할 수 있다. 어떤 경우에는 이러한 불평등이 갈등을 일으킬 수도 있다. 따라서 다른 여러 사회에서 노동소득의 불평등을 결정짓는 경제적, 사회적, 정치적 힘을 이해하는 것이 중요하다.

자본과 관련된 불평등: **극심한 불평등**

때로 노동소득에 관한 불평등은 적당한 수준이며, 더 이상 갈등을 일으킬 여지가 없다고 잘못 생각되곤 한다. 이는 주로 노동소득의 분배를 어디에서나 극도로 불평등한 자본 소유의 분배와 비교하기 때문이다(표 7.2 참조).

부가 가장 평등하게 배분되는 사회(이번에도 1970~1980년대의 스칸디나비아 국가들)에서는 재산이 가장 많은 사람들의 부를 제대로 고려한다면, 가장 부유한 10퍼센트가 국부의 절반가량 혹은 50~60퍼센트를 소유한다. 2010년대 초인 현재 대부분의 부유한 유럽 국가, 특히 프랑스, 독일, 영국, 이탈리아에서는 가장 부유한 10퍼센트가 국부의 약 60퍼센트를 소유하고 있다.

가장 놀라운 사실은 이 사회들 모두에서 인구의 절반이 거의 아무것도 소유하지 않고 있다는 점이다. 가장 가난한 50퍼센트는 예외 없이 국부의 10퍼센트 이하를 소유하며, 일반적으로는 5퍼센트 이하를 소유한다. 이용 가능한 최근(2010~2011)의 데이터에 따르면, 프랑스에서는 가장 부유한 10퍼센트가 전체 부의 62퍼센트를 장악한 반면 가장 가난한 50퍼센트는 고작 4퍼센트를 소유한다. 같은 시기를 다룬 연방준비은행의 최근 조사에 따르면, 미국에서는 상위 10퍼센트가 국부의 72퍼센트를, 하위 50퍼센트는 고작 2퍼센트를 소유한다. 그러나 이런 자료들은 재산 소유자가 스스로의 재산을 보고하는 대부분의 조사와 마찬가지로, 대규모의 재산을 과소평가한다.[11] 게다가 앞서 말한 것처럼, 각 연령집단 내에서도 부의 집중 현상이 동일하게 발견된다는 점 역시 잊지 말아야 한다.[12]

결과적으로 부의 측면에서 가장 평등한 국가들(1970~1980년대의 스칸디나비아 국가들처럼)에서 나타나는 부의 불평등은 임금과 관련된 불평등이 가장 심한 국가들(2010년대 초의 미국, 표 7.1과 7.2 참조)에서의 임금 불평등보다 상당히 높은 것으로 보인다. 내가 아는 한 자본 소유의 불평등이 '완만하다'고 표현될 수 있는 사회는 존재한 적이 없다. 완만하다는 것은 사회의 가장 가난한 50퍼센트가 전체 부에서 상당한 몫(가령 5분의 1에서 4분의 1)을 차지하는 분배 구조를 의미한다.[13] 그러나 낙관적인 관점을 갖지 못할 까닭은 없으며 그래서 나는 표 7.2에 적어도 (불평등 정도가 '중간' 정도인) 스칸디나비아, (중상' 정도인) 유럽 또는 ('높은') 미국보다 불평등의 정도가 '낮은' 부의 분배 구조를 보이는 가상의 예를 나타냈다. 물론 그러한 '이상적인 사회'를 어떻게 만들 수 있을지는 지켜봐야 할 문제다. 부의 불평등을 완화하는 것이 진정 바람직한 목표라고 한다면 말이다.(나는 이 중요한 문제를 제4부에서 다시 살펴볼 것이다.)[14]

임금불평등의 경우처럼, 부의 불평등을 나타내는 이 수치들이 정확히 무엇을 의미하는지를 이해하는 것이 중요하다. 성인 1인당 평균 순자산이 20만 유로인 사회를 상상해보자.[15] 오늘날 유럽에서 가장 부유한 국가들이 대략 이 경우에 해당된다.[16] 제2부에서 언급한 것처럼, 이러한 사적 부는 비슷한 비중의 두 부분, 즉 한편으로 부동산과 다른 한편으로 금융자산 및 사업자산(은행예금, 적금, 주식과 채권 포트폴리오, 생명보험, 연금기금 등을 포함하며 부채를 차감한 자산을 말한다)으로 나뉠 수 있다. 물론 이것은 평균치이며 국가별로 큰 차이가 나고 개인 사이에서도 엄청난 차이를 보인다.

가장 가난한 50퍼센트가 전체 부의 5퍼센트를 소유한다면, 이 집단의 각 구성원이 평균적으로 소유하는 부는 사회 전체의 개인별 평균 부의 10퍼센트에 상당한다. 앞서 말한 예에 대입하면 가장 가난한 50퍼센트에 속하는 각 개인은 평균적으로 2만 유로의 순자산을 소유하는 것이다. 비록 아무것도 갖지 못한 것은 아니지만, 사회의 나머지 사람들이 소유한 부에 비하면 매우 적다.

구체적으로 말하면, 이런 사회에서 인구의 가난한 절반은 일반적으로 부를 전혀 소유하지 않거나 기껏해야 수천 유로를 소유한 많은 사람(일반적으로 인구의 4분의 1)으로 구성될 것이다. 실제로 무시할 수 없는 수의 사람들(아마도 인구의 12분의 1에서 10분의 1)의 순자산이 약간 마이너스일 것이고(빚이 자산보다 많다), 그 외의 사람들이 소유한 부는 대략 6만~7만 유로나 그보다 약간 더 많은 수준일 것이다. 가진 부가 절대적으로 제로에 가까운 수많은 사람이 존재하는 이런 상황에서 인구의 가장 가난한 절반이 소유한 부는 평균적으로 2만 유로 정도가 된다. 이들 중에는 많은 빚을 지고 부동산을 소유하거나 소액의 비상금을 보유한 사람도 있을 수 있다. 그러나 대부분은 당좌예금이나 저축예금 계좌에 들어 있는 수천 유로가 가진 것의 전부인 세입자들이다. 자동차, 가구, 기기 같은 내구재 등을 부에 포함시켜도 가장 가난한 50퍼센트의 평균 부는 고작 3만~4만 유로일 것이다.[17]

이러한 인구 절반에게 있어 부와 자본의 개념은 상대적으로 추상적이다. 수백만 명의 사람에게 '부'란 당좌예금 계좌나 저금리 보통예금에 들어 있는 몇 주 분의 임금, 자동차, 약간의 가구에 지나지 않는다. 이는 피할 수 없는 현실이다. 부는 많은 사회 구성원이 그 존재조차 거의 인식하지 못할 정도로 매우 집중되어 있어서, 어떤 사람들은 부를 초현실적이고 이해하기 힘든 존재라고 생각한다. 때문에 자본과 그 분배에 관한 조직적이고 체계적인 연구가 필수적이다.

사회계층의 다른 한쪽 끝에 위치한 가장 부유한 10퍼센트는 전체 부의 60퍼센트를 소유한다. 따라서 이 집단에 속한 각 개인은 평균적으로 해당 사회의 평균 부의 6배를 소유한다. 예를 들어 성인 1인당 소유한 평균 부가 20만 유로라면 가장 부유한 10퍼센트에 속하는 각 개인은 평균적으로 120만 유로에 상당하는 부를 소유한다.

부의 분배에서 상위 10퍼센트에 속하는 계층 내에서도 극도로 불평등한 양상이 나타나는데, 그 불평등 정도가 임금 분포에서의 상위 10퍼센트보다 훨씬 더 심하다. 오늘날 유럽 국가 대부분이 그러하듯, 상위 10퍼센트가 전체 부의 약 60퍼센트를 차지할 때 일반적으로 상위 1퍼센트가 약 25퍼센트, 다음 9퍼센트가 약 35퍼센트를 차지한다. 따라서 상위 1퍼센트

7장
불평등과 집중:
기본적 지표

에 속하는 사람들은 사회의 평균적인 사람들보다 대체로 25배나 부유한 반면, 그다음 9퍼센트에 속하는 사람들은 겨우 4배 더 부유하다. 구체적인 수치로 환산하자면, 위의 예에서 상위 10퍼센트에 속하는 개인들의 평균적인 부는 1인당 120만 유로인데, 여기서 상위 1퍼센트는 500만 유로에 이르고, 그다음 9퍼센트는 80만 유로에 약간 못 미친다.[18]

더구나 부의 구성 요소도 집단마다 크게 차이가 난다. 상위 10퍼센트에 속하는 거의 모든 사람이 자택을 소유하고 있지만 부의 계층 구조에서 위로 올라갈수록 부동산의 중요성은 급격히 줄어든다. 약 100만 유로의 부를 가진 '9퍼센트' 집단에서는 부동산이 전체 부의 절반을 차지하고 일부 개인에게서는 4분의 3 이상을 차지한다. 반면 상위 1퍼센트 집단에서는 금융자산 및 사업자산이 부동산보다 분명하게 두드러진다. 특히 가장 많은 재산을 가진 사람들이 소유한 부는 거의 전부가 주식이나 합자회사 지분이다. 부동산은 200만~500만 유로의 부를 소유한 사람에게서는 전체 부의 3분의 1, 500만 유로 이상의 부를 소유한 사람에게서는 전체 부의 20퍼센트를 차지한다. 1000만 유로 이상의 부를 소유한 사람의 경우 전체 재산에서 부동산이 차지하는 비율은 10퍼센트가 안 되며 그들의 재산을 구성하는 것은 주로 주식이다. 주택은 중산층과 적당히 잘사는 사람들이 가장 선호하는 투자 대상이지만, 진정한 부를 주로 구성하는 것은 언제나 금융자산 및 사업자산이다.

가장 가난한 50퍼센트(전체 부의 5퍼센트, 즉 위의 예에서는 각 구성원이 평균 2만 유로의 부를 소유하는 계층)와 가장 부유한 10퍼센트(전체 부의 60퍼센트, 즉 각 구성원이 평균 120만 유로의 부를 소유하는 계층) 사이에는 중간 40퍼센트가 존재한다. 이 '부의 중산층'은 국부 총액의 35퍼센트를 소유한다. 이는 이들의 평균 순자산이 사회 전체의 평균과 꽤 가깝다는 뜻이다. 위의 예에서는 성인 1인당 17만5000유로가 된다. 개인의 부가 겨우 10만 유로에서 40만 유로가 넘는 수준까지 다양한 이 거대한 집단의 부에서 가장 핵심적인 역할을 하는 것은 주로 거주하는 주택의 소유와 그 주택을 구입하고 대금을 지불한 방식이다. 때로 주택에 더해 상당한 양의 저축을 보유한 경우도 있다. 예를 들어 20만 유로의 순자본은 대출 잔금 10만 유로를 포함한 25만 유로 가치의 주택과, 생명보험 증서나 퇴직저축 계좌에 투자한 5만 유로의 저축으로 구성될 수 있다. 이 경우 대출을 다 갚으면 순자산이 30만 유로로 늘어날 것이고 그 사이에 저축이 늘었다면 순자산은 더 많아질 수 있다. 이것이 부의 계층 구조에서 가장 가난한 (실제로 소유한 부가 없는) 50퍼센트보다는 부유하고 가장 부자인 (훨씬 더 많은 부를 소유한) 10퍼센트보다는 가난한 중산층이 그리는 전형적인 궤적이다.

중요한 혁신: 세습중산층

명확히 해두고 싶은 것은, 진정한 '세습(혹은 유산有産)중산층'의 성장은 분명 20세기 선진국들에서 부의 분배를 두고 일어난 주요한 구조적 변화였다는 사실이다.

한 세기를 거슬러 1900~1910년으로 가보자. 당시 유럽의 모든 국가에서 자본의 집중은 오늘날보다 훨씬 더 극단적이었다. 표 7.2에 나타난 불평등의 정도를 기억하는 것이 중요하다. 이 시기에 프랑스, 영국, 스웨덴뿐만 아니라 우리가 데이터를 보유한 다른 모든 국가에서 가장 부유한 10퍼센트가 국부의 거의 전부를 소유했다. 상위 10퍼센트가 소유한 부는 전체 부의 90퍼센트에 이르렀다. 가장 부유한 1퍼센트가 홀로 소유한 부는 전체 부의 50퍼센트 이상이었다. 영국처럼 특히나 불평등이 심한 일부 국가에서는 상위 1퍼센트가 전체 부의 60퍼센트 이상을 소유하기도 했다. 반면 중간의 40퍼센트는 국부의 겨우 5퍼센트(국가에 따라 5퍼센트에서 10퍼센트 사이)를 조금 넘게 소유했는데, 이는 가장 가난한 50퍼센트가 소유한 부와 비슷한 수준이었다. 가장 가난한 50퍼센트는 당시에도 지금처럼 전체 부의 5퍼센트 미만을 소유했다.

다시 말해 부의 분포에서 중간의 40퍼센트가 거의 하위 50퍼센트만큼이나 가난했다는 의미에서, 당시에는 중산층이 없었다고 할 수 있다. 대다수의 사람이 사실상 아무것도 소유하지 않은 반면 소수의 사람이 사회자산의 가장 큰 몫을 차지했다. 이런 사람들이 분명 극소수는 아니었다. 상위 10퍼센트는 상위 1퍼센트보다 훨씬 더 많은 엘리트로 구성되었고, 상위 1퍼센트에도 상당수의 사람이 포함되었다. 그럼에도 불구하고 이들은 소수였다. 물론 부의 분배를 나타내는 곡선은 모든 사회에서와 마찬가지로 연속적이지만, 상위 10퍼센트와 1퍼센트 부근에서 급격하게 가팔라졌다. 즉 오늘날의 통화로 환산하면 기껏해야 수만 유로의 부를 소유했던 가장 가난한 90퍼센트의 세계와, 수백만 유로 심지어 수천만 유로 상당의 부를 소유한 가장 부유한 10퍼센트의 세계 사이에 갑작스런 전환이 있었다.[19]

취약하다고는 하나 세습중산층의 등장은 중요한 역사적 혁신이었으며, 이 현상을 과소평가한다면 심각한 오류를 일으킬 것이다. 확실히, 오늘날에도 부는 여전히 극단적으로 집중되어 있다는 사실을 강조하는 것은 솔깃하게 들린다. 상위 10퍼센트가 유럽에서는 부의 60퍼센트, 미국에서는 70퍼센트 이상을 소유한다.[20] 그리고 인구의 가난한 절반은 2010년에도 1910년과 마찬가지로 전체 부의 겨우 5퍼센트를 소유하며, 그들은 과거에 그러했듯이 오늘날에도 가난하다. 기본적으로 중산층이 가까스로 손에 넣었던 것은 약간의 부스러기들에 불과했다. 그들의 몫은 유럽에서는 전체 부의 3분의 1을 겨우 넘고 미국에서는 4분의 1에 지나지 않는다. 이 중간 집단의 구성원 수는 상위 10퍼센트의 4배이지만 소유한 부는 고작 상위 10퍼센트가 소유한 부의 절반에서 3분의 1이다. 따라서 실제로 바뀐 것은 아무것도 없다는 결론이 솔깃하게 들린다. 자본 소유의 불평등은 여전히 극단적인 것이다(표 7.2 참조).

이는 모두 맞는 말이며, 다음 사항들을 인식하는 것이 필수적이다. 역사적으로 부의 불평등 감소는 많은 사람이 생각하는 것처럼 크지 않았다. 게다가 우리가 봐온 불평등의 제한적인 축소가 역전되지 않는다는 보장도 없다. 그럼에도 불구하고 중산층이 모은 부스러기들은 중요하며 그러한 변화의 역사적 중요성을 과소평가하는 것은 잘못이다. 재산이 20만~30만 유로인 사람은 부자가 아닐지 모르지만 궁핍과도 거리가 멀며, 이들 대부분은 가난한 사람으로 취급받는 것을 좋아하지 않는다. 부유한 사람들과 가난한 사람들의 중간에 위치한 이 40퍼센트의 인구는 대규모 집단이다. 수천만 명이 개인적으로 수십만 유로 가치의 재산을 소유하고, 집단적으로는 국부의 4분의 1에서 3분의 1을 차지하고 있다. 이는 중요한 변화다. 역사적인 측면에서 보면 사회적 지형과 정치적 구조를 심대하게 변화시키고 분배 갈등의 조건들을 재정의하는 데 기여한 주요한 변화였다. 따라서 왜 이런 현상이 일어났는지를 반드시 이해해야 한다.

재산을 소유한 즉 유산 중산층의 부상과 함께 상위 1퍼센트가 전체 부에서 차지하는 몫은 급격하게 감소했다. 유럽에서 상위 1퍼센트가 전체 부에서 차지하는 몫은 20세기에 접어들 무렵에는 50퍼센트 이상이었으나 20세기가 저물고 21세기가 시작될 무렵에는 약 20~25퍼센트로 절반이 넘게 감소했다. 앞으로 살펴보겠지만, 이런 현상은 연간 임대 수익으로 안락하게 살 만큼 많은 재산을 보유한 사람의 수가 급격히 줄어들었다는 점에서 보트랭의 설교가 어느 정도 틀렸다는 것을 보여준다. 야심에 찬 젊은 라스티냐크가 법 공부를 포기하고 빅토린 양과 결혼한다고 해서 더 잘살 수는 없게 된 것이다. 이는 역사적으로 중요한 의미를 지닌다. 1900년경 유럽에서 관찰된 부가 극도로 집중된 현상은 실제로 19세기 전체의 특징이었기 때문이다. 현재 이용할 수 있는 모든 자료에 따르면 상위 10퍼센트가 전체 부의 90퍼센트를, 상위 1퍼센트가 적어도 전체 부의 50퍼센트를 소유하는 수준의 불평등은—앙시앵레짐 시대의 프랑스이든 18세기의 영국이든—전통적인 농경사회의 특징이기도 하다. 실제로 그러한 자본 집중 현상은 오스틴이나 발자크 소설에서 묘사된 것과 같은 축적된 부와 상속받은 부를 기반으로 한 사회가 유지되고 번영하기 위한 필요조건이었다. 따라서 이 책의 주요 목표 중 하나는 어떤 조건 하에서 이러한 부의 집중이 나타날 수 있고, 사라질 수 있으며 또한 어쩌면 다시 등장할 수 있는지를 이해하는 것이다.

총소득의 불평등: 두 개의 세계

/

마지막으로 노동소득과 자본소득을 합한 총소득의 불평등을 살펴보자(표 7.3 참조). 아니나 다를까, 총소득의 불평등 수준은 노동소득 불평등과 자본 소유 불평등 사이에서 감소했다. 또한 총소득의 불평등이 자본소득의 불평등보다 노동소득의 불평등에 더 가깝다는 점도 주목해야 한다. 노동소득이 총국민소득의 3분의 2에서 4분의 3을 차지하므로, 이것이 놀라운 일은 아니다. 구체적으로 말하면, 1970년대와 1980년대에 스칸디나비아의 평등한 국가들에서 소득이 상위 10퍼센트인 계층은 국민소득의 약 25퍼센트를 차지했다.(당시 독일과 프랑스에서는 이 비율이 30퍼센트였고 현재는 35퍼센트를 넘는다.) 더 불평등한 사회에서는 상위 10퍼센트가 국민소득의 50퍼센트를 차지했다.(상위 1퍼센트는 약 20퍼센트를 차지했다.) 앙시앵레짐 시대뿐만 아니라 벨 에포크 시대의 프랑스와 영국도 그랬고 오늘날의 미국도 마찬가지다.

소득의 집중이 훨씬 더 심한 사회도 상상할 수 있을까? 아마 그러지 못할 것이다. 예를 들어 상위 10퍼센트가 매년 생산의 90퍼센트를 차지한다면(그리고 부의 분배에서 보듯이 상위 1퍼센트가 단독으로 국민소득의 50퍼센트를 차지한다면) 그것을 막을 수 있는 특별히 효과적인 억제 수단이 존재하지 않는 한 혁명이 일어날 가능성이 높다. 자본 소유에 관한 한 그처럼 심한 수준의 집중은 이미 심각한 정치적 긴장을 일으키는 요인이고 대개 보통선거권과 양립하기 힘들다. 그러나 자본소득이 총소득의 4분의

1이나 3분의 1, 때로는 그보다 약간 더 많은 정도로 국민소득의 작은 부분만을 차지할 경우, 이러한 자본 집중은 지속될 수도 있을 것이다. 앙시앵레짐 시대가 그랬는데, 이 체제는 당시에 이미 극심했던 부의 집중을 특히나 더 심하게 만들었다. 그러나 국민소득 전체에 같은 수준의 불평등이 나타난다면 하위계층에 속한 사람들이 이 상황을 영원히 받아들일 것이라고 상상하기는 어렵다.

그렇긴 하지만, 상위 10퍼센트가 국민소득의 50퍼센트 이상을 결코 차지할 수 없다거나 이 상징적인 한도를 넘어서면 국가 경제가 무너질 것이라고 주장할 만한 근거는 없다. 사실 이용 가능한 역사적 데이터들은 전혀 완벽하지 않으며, 이 상징적인 한도를 이미 넘어섰던 적이 있을 수도 있기 때문이다. 특히 프랑스혁명 직전까지 앙시앵레짐 하에서 상위 10퍼센트가 국민소득의 50퍼센트 이상, 심지어 60퍼센트나 그보다 약간 더 많은 몫을 차지했을 가능성도 있다. 더 일반적으로 다른 전통적인 농경사회들에서도 이러한 경우가 존재했을 수 있다. 실제로 그런 극단적인 불평등이 지속 가능한지 아닌지는 이를 억제하는 장치가 얼마나 효과적인지뿐만 아니라 이를 정당화하는 수단이 얼마나 효과적인지에도 달려 있다. 아마도 후자가 주된 영향을 미칠 것이다. 가령 불평등이 부자들이 가난한 사람들보다 더 열심히 혹은 효율적으로 일하기로 한 선택의 결과인 것처럼 보인다거나, 혹은 부자들이 더 많이 벌지 못하도록 막으면 사회의 가장 궁핍한 구성원들에게 불가피하게 해를 끼칠 수도 있다는 이유로 불평등이 정당화될 경우, 소득의 집중이 역사상 최고치를 기록할 수도 있다. 표 7.3에서 노동소득의 불평등과, 그리고 정도가 덜하긴 하지만 자본 소유의 불평등이 최근 몇십 년처럼 계속 높아진다면 미국이 2030년경에 신기록을 세울 수도 있다고 지적한 이유는 이 때문이다. 이렇게 되면 상위 10퍼센트가 국민소득의 약 60퍼센트를 차지하는 반면 하위 50퍼센트에게는 겨우 15퍼센트만 돌아갈 것이다.

나는 이 점을 강조하고자 한다. 핵심적인 문제는 불평등의 크기 자체라기보다는 불평등을 정당화할 수 있는가 하는 것이다. 따라서 불평등의 구조를 분석하는 일이 필수적이다. 이런 점에서 표 7.1~7.3이 전하는 주된 메시지는 분명 한 사회의 총소득이 대단히 불평등하게 분배되는(상위 10퍼센트가 총소득의 약 50퍼센트, 상위 1퍼센트가 20퍼센트를 차지하게 되는) 데에는 서로 다른 두 가지 방식이 있다는 것이다.

그중 하나는 '초세습사회'(혹은 '자본소득자의 사회'), 즉 물려받은 부가 매우 중요하고 부의 집중이 극심한 사회다. 이런 사회에서는 상위 10퍼센트가 일반적으로 전체 부의 90퍼센트를, 상위 1퍼센트가 전체 부의 50퍼센트를 소유한다. 이때 총소득의 계층 구조를 지배하는 최상위층은 자본소득, 특히 상속받은 자본에서 얻는 소득이 매우 높은 사람들이다. 전체적으로 약간의 차이는 있지만 앙시앵레짐 하의 프랑스와 벨 에포크 시대의 유럽에서 볼 수 있는 유형이다. 우리는 이러한 소유 구조와 불평등 구조가 어떻게 등장하고 유지되었는지, 그리고 이런 구조가 미래에는 틀림없이 나타나지 않는다고 한다면 어느 정도까지가 과거의 일인지 이해해야 한다.

높은 수준의 불평등이 생겨나는 두 번째 방식은 비교적 새로운 것으로, 주로 지난 수십 년 동안 미국에서 나타났다. 이 경우 매우 높은 수준의 총소득 불평등은 '초超능력주의 사회hypermeritocratic society'(어쨌든 최상위층 사람들이 초능력주의라고 표현하기 좋아하는 사회)의 결과일 수 있다. 이런 사회를 '슈퍼스타의 사회'(혹은 다소 다른 성격이긴 하지만 '슈퍼경영자super manager'의 사회)라고 부를 수도 있을 것이다. 다시 말해 이 사회는 매우 불평등하긴 하지만 물려받은 부보다는 노동소득이 가장 높은 사람들이 소득계층의 정상을 지배한다. 나는 지금 단계에서는 이런 유형의 사회가 실제로 '초능력주의'로 특징지어질 자격이 있는지를 판단하고 있는 것이 아니라는 점을 분명히 해두고 싶다. 이런 사회의 승자들이 사회의 계층 구조를 이런 식으로 표현하고 싶어하는 것은 놀랍지 않고 때로 이들은 이런 논리로 일부 패자들을 설득하는 데 성공하기도 한다. 그러나 현재의 목적에서 초능력주의는 가설이 아니라 하나의 가능한 결론일 뿐이다. 이와 반대되는 결론이 내려질 가능성도 똑같이 존재한다는 사실을 명심해야 한다. 미국에서 노동소득 불평등의 증가가 '능력주의' 논리를 어느 정도까지 따랐는지를 다음 장들에서 분석할 것이다. 그토록 복잡한 규범적 질문에 답하는 것이 가능하다면 말이다.

지금은 위에서 도출한 두 유형(자본소득자의 사회와 슈퍼경영자의 사회)의 초불평등 사회 사이의 뚜렷한 대비가 순진하고 과장된 것임을 언급하는 것으로 충분할 터이다. 두 유형의 불평등은 공존할 수 있다. 어떤 한 사람이 슈퍼경영자인 동시에 자본소득자가 되지 못할 이유는 없는 것이다. 그리고 현재 부의 집중이 유럽에서보다 미국에서 훨씬 더 심하다는 사실은 오늘날 미국이 이러한 경우일 수 있음을 시사한다. 또한 슈퍼경영자의 자녀가 자본소득자가 되는 것을 제지할 어떤 수단도 물론 존재하지 않는다. 실제로 우리는 모든 사회에서 두 논리가 함께 작동하는 것을 볼 수 있다. 그럼에도 불구하고 동일한 수준의 불평등에 이르는 데에는 한 가지 이상의 방식이 존재하며, 현재 미국의 주요 특징은 기록적인 수준의 노동소득 불평등(기술 격차가 극도로 큰 사회를 포함해 아마 과거의 어느 시기, 세계의 어떤 곳보다도 높을 것이다)과 전통사회나 1900~1910년의 유럽에서 관찰되는 것보다는 정도가 덜 극심한 부의 불평등이 결합되어 있다는 것이다. 따라서 21세기에 이 두 논리가 서로를 보완하며 복합적인 파장을 낳을 수 있다는 것을 염두에 두면서, 이 두 논리 각각이 어떤 조건에서 전개될 수 있는지를 이해하는 것이 필수적이다. 이 두 가지 논리가 복합적인 영향력을 끼친다면, 미래에 우리를 기다리는 것은 과거 어느 때보다 더 극심한 불평등의 신세계일 수도 있다.[21]

7장
불평등과 집중:
기본적 지표

종합적인 지수들의 문제점

위에서 제기된 문제들에 답하기 위해 국가별로 불평등의 역사적 변화를 살펴보기 전에, 먼저 몇 가지 방법론적인 문제에 대해 논의해보자. 특히 표 7.1~7.3에는 여러 분배 상황에 해당되는 지니계수가 나와 있다. 이탈리아의 통계학자인 코라도 지니의 이름을 딴 지니계수는 불평등도를 나타내기 위해 흔히 사용하는 종합적인 지수 가운데 하나로, 공식 보고서나 공개 토론에서 쉽게 볼 수 있다. 지니계수는 0에서 1의 값을 갖는다. 완벽히 평등한 경우 지니계수는 0이고, 완전히 불평등할 때, 즉 극소수의 집단이 이용 가능한 모든 자원을 소유할 때 1이 된다.

지니계수는 실제 사회에서 관찰되는 노동소득의 분배에 대해서는 약 0.2에서 0.4까지, 자본 소유의 분배에 대해서는 0.6~0.9, 총소득의 불평등에 대해서는 0.3~0.5의 값을 나타낸다. 1970년대와 1980년대의 스칸디나비아에서 노동소득 분배의 지니계수는 0.19로 완전한 평등과 그렇게 멀지 않았다. 역으로, 벨 에포크 시대 부의 분포의 지니계수는 절대적 불평등에서 그리 멀지 않은 0.85였다.[22]

이런 계수들—타일 지수Theil index(네덜란드 계량경제학자 헨리(한스) 타일이 제안한 경제적 불평등 지수—옮긴이)와 같은 다른 지수들도 있다—은 때로는 유용하지만 여러 문제를 불러일으키기도 한다. 이들은 하위층과 중간층 사이뿐만 아니라 중간층과 상위층 혹은 상위층과 최상위층 사이의 불평등에 관한 분포가 말해줄 수 있는 모든 것을 숫자로 된 하나의 지수로 요약했다고 주장한다. 이런 지수는 매우 간단하고 언뜻 보기에는 매력적이지만 오해의 소지를 피할 수 없다. 실제로 문제를 지나치게 단순화하거나 함께 다뤄져서는 안 되는 요소들을 한데 섞지 않고서는 다차원적인 현실을 일차원적인 지수로 요약하기란 불가능하다. 불평등의 사회적 현실과 경제적, 정치적 중요성은 분배 구조상의 계층에 따라 매우 다르기 때문에 개별적으로 분석하는 것이 중요하다. 게다가 노동과 관련된 불평등과 자본과 관련된 불평등은 그것이 작동하는 경제적 메커니즘뿐만 아니라 그것을 정당화하는 규범도 매우 다른데, 지니계수와 다른 종합적인 지수들은 이 둘을 혼동하는 경향이 있다. 이 모든 이유를 감안하면 불평등을 분석하는 데는 지니계수 같은 종합적인 지수보다는, 총소득과 전체 부에서 차지하는 다양한 십분위들과 백분위들의 몫을 보여주는 분포표 distribution table를 이용하는 편이 훨씬 더 나아 보인다.

분포표는 기존의 계층 구조를 구성하는 다양한 사회집단의 소득과 부의 수준에 주목하도록 한다는 점에서도 가치가 있다. 이 수준들은 해석하기 어려운 자의적인 통계치가 아니라 화폐가액으로(혹은 해당 국가의 평균 소득과 평균 부에 대비한 비율로) 표현된다. 분포표는 이런 문제를 연구하는 데 이용할 수 있는 데이터의 가치와 한계를 평가하도록 해줄 뿐 아니라, 사회적 불평등을 더 구체적이고 직관적으로 이해할 수 있도록 해준다. 반면 지니계수와 같은 통계 지수들은 불평등을 추상적이고 단조롭게 보여주며 사람들이 동시대의 계층 구조에서 자신의 위치를 파악하기 어렵게 만든다.(계층 구조에서 자신의 위치를 파악하는 것은 항상 유용한 작업인데, 특히 경제학자들에게 흔히 있는 일이지만, 분배 계층의 상위 1퍼센트에 속하는데 그 사실을 잊는 경향이 있는 사람들에게 더욱 그러하다.) 지수들은 종종 기반이 되는 데이터에 이상이나 모순이 존재한다는 사실, 혹은 서로 다른 국가들 또는 다른 시기들의 데이터를(예를 들어 분포의 최상위층이 포함되지 않는다거나 일부 국가에서는 자본소득이 생략된 반면 다른 국가들에서는 포함되기 때문에) 직접적으로 비교할 수 없다는 사실을 감춰버린다. 분포표로 작업하면 더 일관성 있고 투명한 분석을 할 수 있다.

공식 발표 자료들의 순결한 베일

/

비슷한 이유로 경제협력개발기구나 국가 통계 기관들의 공식 보고서에서 종종 인용되는 십분위 배율 같은 지수를 사용할 때도 주의를 기울여야 한다. 가장 빈번하게 사용되는 십분위 배율은 소득분포의 90번째 백분위(상위 10퍼센트)와 10번째 백분위(하위 10퍼센트)의 소득을 비교하는 P90/P10 배율이다.[23] 예를 들어 소득분배의 상위 10퍼센트에 속하려면 한 달에 5000유로 이상을 벌어야 하고 이때 하위 10퍼센트에 속하는 사람이 한 달에 1000유로 이하를 번다면, P90/P10 비율은 5가 된다.

이런 지수들은 유용할 수 있다. 논의의 대상이 되는 분포의 완전한 모습에 관한 정보는 많을수록 좋다. 그러나 이 비율들이 구조상 90번째 백분위 이상의 분포 추이는 전적으로 무시한다는 점을 명심해야 한다. 구체적으로 말하면, P90/P10 비율이 어떠하든 간에 소득이나 부의 분포에서 상위 10퍼센트는 (1970년대와 1980년대 스칸디나비아 국가들의 소득에서처럼) 전체의 20퍼센트나 (2010년대 미국의 소득에서처럼) 50퍼센트 혹은 (벨 에포크 시대 유럽의 부의 경우처럼) 90퍼센트를 소유할 수 있다. 그러나 이런 통계들을 발표하는 국제기구나 국가 통계 기관들이 발행하는 자료들로는 이런 점을 알 수 없을 것이다. 이 자료들은 분배의 최상위층을 의도적으로 무시하고 90번째 백분위 이상의 소득이나 부는 나타내지 않는 지수들에 주로 초점을 맞추기 때문이다.

일반적으로 이런 관행은 이용할 수 있는 데이터가 '불완전'하다는 이유로 정당화된다. 맞는 말이긴 하나 제한된 수단을 가지고 WTID에서 수집한 역사적 데이터들이 보여주는 것처럼 적절한 데이터를 활용하면 난점을 극복할 수 있으며, 이런 작업이 연구 방식을 서서히 바꾸기 시작했다. 사실 최상위층을 무시하겠다는 방법론적 결정은 중립적이지 못하다. 국가 기관과 국제기구들의 공식 보고서는 공개적인 토론에 소득과 부의 분배에 관한 정보를 제공해야 하지만, 실제로 이들은 불평등을 종종 일부러 낙관적으로 표현한다. 1789년에 프랑스에서 발표된 불평등에 대한 공식적인 정부 보고서가 '이 집단에 대해서는 말하기가 지나치게 복잡하다'는 이유로 90번째 백분위 이상—이는 당시 귀족 전체보다 5~10배 큰 집단이었다—에 대한 것을 의도적으로 완전히 무시했던 것과 비슷하다. 그러한 순결한 접근 방식은 필연적으로 과격한 공상을 하게 만들고, 사회적 긴장을 잠재우기보다 통계와 통계학자들에 대한 신뢰를 떨어뜨리기 때문에 더욱더 유감스럽다.

역으로 십분위 배율은 때로 꽤 높게 나타나는데, 여기에는 인위적인 이유가 크다. 예를 들어 자본 소유의 분배를 살펴보자. 분배 구조에서 하위 50퍼센트는 일반적으로 소유한 자본이 없는 것이나 다름없다. 재산을 측정하는 방법에 따라(예를 들어 내구재와 부채를 포함하는지 아닌지에 따라) 부의 계층에서 하위 10퍼센트의 경계가 정확히 어디인지는 전혀 다르게 평가될 수 있다. 바탕이 되는 사회적 현실이 동일해도 경곗값을 100유로, 1000유로, 심지어 1만 유로로 잡을 수도 있다. 이는 궁극적으로는 그다지 큰 차이가 아니지만 국가와 시기에 따라 십분위 배율을 매우 다르게 만들 수 있다. 부의 분포에서 하위 50퍼센트가 전체 부의 5퍼센트 이하를 소유한다고 해도 말이다. 정도만 약간 덜할 뿐 노동소득 분배도 마찬가지다. 노동소득 분배에서 하위 50퍼센트가 실제로 총노동소득에서 꽤 안정적인 몫을 차지한다 해도 대체임금과 단기간의 노동에 대한 보상을 어떻게 다루는지에 따라(예를 들어 주별, 월별, 연간 혹은 10년간의 평균 소득 중 무엇을 사용하는지에 따라) P10 경곗값(따라서 십분위 간의 배율도)은 아주 다르게 나올 수 있다.[24]

이것이 표 7.1~7.3에서 제시한 대로 분배를 연구하는 방식, 즉 주어진 백분위를 정의하는 경곗값의 수준들이 아니라 각 사회의 서로 다른 집단들, 특히 하위 50퍼센트와 상위 10퍼센트가 소득과 부에서 차지하는 몫을 강조하는 방식이 더 낫다고 할 수 있는 주요한 이유 가운데 하나다. 각 집단의 몫은 십분위 배율보다 현실을 훨씬 더 충실하게 보여준다.

'사회표'와 정치산술로의 복귀

이상의 이유로 나는 이번 장에서 검토한 분포표들이 부의 분배를 연구하는 데 있어 최상의 도구이며, 종합지표나 십분위 배율보다 훨씬 더 낫다고 생각한다.

뿐만 아니라 나는 이런 접근 방식이 국민계정 방식과도 더 일치한다고 믿는다. 대부분의 국가에서 국민계정을 통해 매년 국민소득과 부를 측정할 수 있기 때문에(인구통계자료들로 인구 수치를 쉽게 이용할 수 있기에 평균 소득과 부도 측정할 수 있다), 자연히 그다음 단계는 이러한 총소득 및 부와 관련된 수치들을 십분위와 백분위로 분석하는 일이다. 많은 보고서에서 국민계정이 이런 식으로 개선되고 '인간화되어야' 한다고 권고했지만, 지금까지는 거의 나아진 바가 없다.[25] 이런 방향으로 나아가는 데 유용한 한 가지 방법은 가장 가난한 50퍼센트와 중간 40퍼센트 그리고 가장 부유한 10퍼센트를 나누어서 나타내는 것이다. 특히 이렇게 접근하면 누가 보더라도 서로 다른 사회집단들이 실제로 얻은 소득에 국내생산과 국민소득의 증가가 얼마나 반영되었는지 혹은 반영되지 않았는지를 알 수 있다. 예를 들어 상위 10퍼센트에게 가는 몫만 알아도 분배의 최상위층이 생산과 소득의 증가분에서 가져가는 몫이 얼마나 불균형적인지를 판단할 수 있다. 지니계수나 십분위 배율은 이런 질문에 명확하고 정밀한 답을 줄 수 없다.

마지막으로 내가 선호하는 이 분포표가 18세기와 19세기 초에 유행했던 '사회표social tables'와 어떤 면에서 아주 비슷하다는 것을 지적하고자 한다. 17세기 말 영국과 프랑스에서 처음 개발된 이 사회표는 계몽주의 시대에 프랑스에서 널리 사용됐고, 개선되었으며, 논의되었다. 예를 들어 디드로의 『백과전서』에 나오는 '정치산술'에 대한 유명한 항목에서도 사회표에 대한 언급을 찾아볼 수 있다. 1688년에 그레고리 킹이 작성한 최초의 버전부터 프랑스혁명 직전에 엑스피Expilly와 이스나르Isnard가 만든 표나 나폴레옹 시대에 푀셰Peuchet, 커훈, 블로제Blodget가 만든 표처럼 좀더 정교한 버전에 이르기까지, 사회표는 항상 사회 구조에 대한 포괄적인 시각을 제시하는 것을 목표로 했다. 사회표는 귀족, 부르주아, 신사, 장인, 농민 등의 수와 함께 이들의 소득 추정치(때로는 부의 추정치)를 보여주었고, 이런 표를 만드는 사람들은 국민소득과 부의 최초 추정치도 함께 정리했다. 그러나 이러한 표와 이 책에서 작성한 표 사이에는 한 가지 본질적인 차이가 있다. 옛날의 사회표는 당시의 사회적 범주를 이용했으며 부나 소득의 분배를 십분위나 백분위로 확인하려 하지 않았다는 점이다.[26]

그럼에도 불구하고 사회표는 서로 다른 사회집단들, 특히 다양한 엘리트층이 국부에서 차지하는 몫을 강조해 불평등의 실질적인 양상을 보여주려 했고, 이런 면에서 이 책에서 사용한 접근 방식과 분명한 유사성이 있다. 또한 사회표는 지니나 파레토가 채택한 것과 같은 단조롭고 무시간적인 불평등 지표와는 그 정신에서 거리가 멀다. 지니계수와 파레토 계수는 20세기에 아주 흔하게 사용되었고, 부의 분배를 수용하게 만드는 경향을 지닌다. 불평등을 측정하기 위해 사용하는 방법은 결코 중립적일 수 없다.

제 8 장

두 개의
세계

/

지금까지 이후의 설명에 필요한 개념들을 정확하게 정의했고 다양한 사회에서 실제로 나타난 노동 및 자본과 관련된 불평등의 규모에 관해서도 소개했다. 지금부터는 전 세계적으로 불평등이 역사적으로 어떻게 전개되어 왔는지를 살펴볼 것이다. 19세기 이래 불평등의 구조가 어떻게 변화했으며, 그 원인은 무엇일까? 1914~1945년에 일어난 충격들이 불평등을 축소시키는 데 핵심적인 역할을 했는데 이러한 축소 현상은 결코 조화롭거나 자연스럽게 일어난 것은 아니었다. 1970~1980년 이후에도 모든 곳에서 불평등이 증가한 것은 아니었는데, 이는 다시 한번 제도적, 정치적 요인들이 중요한 역할을 했음을 시사한다.

간단한 사례: 20세기 프랑스에서의 불평등 감소

/

먼저 관련 자료들이 잘 구비되어 있는(이는 바로 이용할 수 있는 역사적 자료들이 풍부한 덕분이다) 프랑스를 자세히 검토하며 논의를 시작해보자. 프랑스의 경우는 비교적 간단명료하며(불평등의 역사가 간단명료할 수 있다면) 무엇보다 유럽의 여러 국가에서 관찰되는 변화를 대체로 대표할 수 있다. 여기서 '유럽'은 '대륙의 유럽 국가'들을 의미하는데, 어떤 면에서 영국은 유럽과 미국의 중간에 위치하기 때문이다. 대륙의 유럽 국가들에서 나타난 패턴은 상당한 정도로 일본에서 나타난 변화를 대변하기도 한다. 나는 프랑스에 이어 미국을 살펴본 뒤 마지막으로 적절한 역사적 데이터를 보유하고 있는 선진국과 신흥경제국 전체를 분석할 것이다.

도표 8.1은 국민소득과 임금에서 상위 10퍼센트가 차지하는 비율을 역사적 시기별로 보여준다. 여기서는 세 가지 사실이 눈에 띈다.

첫째, 벨 에포크 시대 이후 프랑스에서는 소득불평등이 크게 줄었다. 소득 상위 10퍼센트가 국민소득에서 차지하는 비율은 제1차 세계대전 직전 45~50퍼센트에서 오늘날에는 30~35퍼센트로 감소했다.

국민소득에서 차지하는 비율이 15퍼센트포인트나 떨어진 것은 상당한 하락이라고 할 수 있다. 이는 매년 생산량에서 인구의 가장 부유한 10퍼

도표 8.1. 프랑스의 소득불평등, 1910~2010

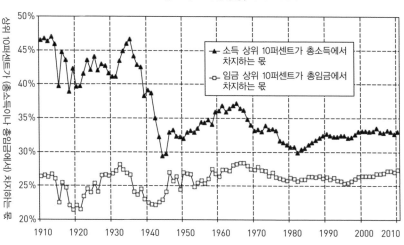

20세기 프랑스에서는 총소득(노동소득과 자본소득)의 불평등은 감소한 반면 임금불평등은 동일하게 유지되었다.

출처 및 통계: piketty.pse.ens.fr/capital21c

센트에게 가는 비율이 3분의 1 정도 줄고 나머지 90퍼센트에게 가는 비율이 3분의 1 정도 늘어났음을 나타낸다. 또한 이 수치는 인구의 하위 50퍼센트가 벨 에포크 시대에 받았던 몫의 거의 4분의 3에 해당되며 오늘날 받는 몫의 절반을 웃돈다는 점에 주목하자.[1] 더욱이 제3부에서는 1차 소득(다시 말해 세금이나 이전소득을 고려하기 전의 소득)의 불평등을 다루고 있다는 점을 기억해야 한다. 제4부에서 나는 세금과 이전소득이 불평등을 어떻게 더욱 감소시켰는지를 살펴볼 것이다. 명확히 말하자면, 불평등이 감소했다는 사실이 오늘날 우리가 평등한 사회에 살고 있다는 뜻은 아니다. 그것은 주로 벨 에포크 시대의 사회가 극단적으로 불평등했다는 사실을 반영하는 것이다. 사실 벨 에포크 시대는 역사적으로 가장 불평등한 사회 중 하나였다. 내가 생각하기에 당시의 불평등의 형태와 발생 방식은 오늘날에는 쉽사리 용인되지 않을 것이다.

둘째, 20세기에 소득불평등이 상당히 축소된 것은 전적으로 자본소득에서 최상위 소득이 줄어든 데 기인한 것이다. 자본소득을 무시하고 임금불평등에만 집중해서 보면 분배가 장기간에 걸쳐 상당히 안정적으로 유지되었음을 알 수 있다. 20세기의 첫 10년 동안은 2010년대와 마찬가지로 임금계층의 상위 10퍼센트가 총임금의 약 25퍼센트를 차지했다. 또한 분배의 최하위층에서도 임금불평등이 장기적으로 안정적인 양상을 보였음을 자료를 통해 알 수 있다. 예를 들어 보수가 가장 적은 50퍼센트는 언제나 총임금의 25~30퍼센트를 받았고, 이 수치는 뚜렷한 장기적인 추세를 보이지 않는다.(따라서 이 집단 구성원들의 평균 임금은 전체 평균 임금의 50~60퍼센트였다.)[2] 지난 세기에 분명 임금 수준이 크게 변했고 노동력의 구성과 기술도 완전히 바뀌었지만 임금의 계층 구조는 비슷하게 유지되었다. 자본소득에서 최상위 소득이 줄어들지 않았다면 20세기에 소득불평등은 줄어들지 않았을 것이다.

사회계층의 위쪽으로 올라갈수록 이런 사실이 더 뚜렷하게 나타난다. 특히 상위 1퍼센트의 소득이 차지하는 몫의 변화 추이를 살펴보자(도

표 8.2).[3] 불평등이 최고조에 이르렀던 벨 에포크 시대와 비교하면 프랑스에서 상위 1퍼센트가 차지하는 소득의 몫은 20세기 동안 완전히 격감해 1900~1910년 국민소득의 20퍼센트 이상에서 2000~2010년에는 8~9퍼센트로 감소했다. 이는 한 세기 동안 절반 이상이 감소한 것인데, 국민소득에서 상위 1퍼센트가 차지하는 비율이 겨우 7퍼센트로 바닥에 이른 1980년대 초에는 사실 거의 3분의 2가 감소한 셈이다.

다시 말하지만 이러한 격감의 주된 요인은 매우 높은 자본소득이 감소했기 때문이다.(노골적으로 말하면 자본소득자들의 몰락이다.) 임금만 살펴보면 상위 1퍼센트가 차지하는 몫이 총임금의 약 6~7퍼센트로 장기간에 걸쳐 거의 완벽히 안정적이다. 제1차 세계대전 직전의 (상위 1퍼센트가 차지하는 비율로 측정되는) 소득불평등은 임금불평등의 3배를 넘었다. 오늘날 소득불평등은 임금불평등의 약 3분의 1만큼만 높을 뿐, 크게 보면 임금불평등과 거의 같다. 그래서 최고소득층에서 자본소득이 사라졌나

도표 8.2. 프랑스 자본소득자들의 몰락, 1910~2010

1914년에서 1945년 사이에 프랑스에서 상위 1퍼센트(소득이 가장 높은 1퍼센트)가 총소득에서 차지하는 몫이 감소한 것은 최상위 계층의 자본소득이 감소했기 때문이다.

출처 및 통계: piketty.pse.ens.fr/capital21c

8장
두 개의 세계

하는 생각이 들 수도 있는데, 이는 물론 착각이다(도표 8.2 참조).

요약하자면 20세기 프랑스에서 불평등의 감소는 주로 자본소득자의 몰락과 최상위 자본소득의 급감으로 설명된다. 쿠즈네츠의 이론이 제시한 낙관적인 예측과 달리 장기간에 걸친 불평등 축소(특히 임금불평등의 축소)의 구조적 과정이 일반적으로 작동하지는 않은 것으로 보인다.

이것이 바로 부의 분배의 역사적 동학이 주는 근본적인 교훈인데, 이는 의심할 여지 없이 20세기가 주는 가장 중요한 교훈일 것이다. 약간의 차이는 있지만 실제 상황이 모든 선진국에서 거의 동일하다는 점을 인식하면 더욱 그러하다.

불평등의 역사: 혼돈의 정치사

도표 8.1과 8.2에서 나타나는 세 번째 중요한 사실은 불평등의 역사가 길고 평온한 강처럼 흘러오지 않았다는 점이다. 그 역사에는 많은 우여곡절이 있었으며 '자연적' 균형 상태를 향해 가는 거스를 수 없는 규칙적인 경향은 확실히 존재하지 않았다. 프랑스에서든 다른 국가에서든 불평등의 역사는 항상 혼란스럽고 정치적이었으며, 급격한 사회 변동의 영향을 받았고 경제적 요인들뿐만 아니라 무수한 사회적, 정치적, 군사적, 문화적 요인들에 의해 추동되어왔다. 사회경제적 불평등은—사회집단 간의 소득과 부의 격차는—언제나 다른 영역들에서 전개되는 다른 발전들의 원인이자 결과다. 이런 분석의 모든 차원은 서로 복잡하게 뒤얽혀 있다. 따라서 부의 분배의 역사는 한 국가의 역사를 더욱 전체적으로 해석하는 하나의 방법이다.

프랑스의 경우 소득불평등의 축소가 매우 뚜렷한 한 시기, 즉 1914~1945년에 집중되었다는 것은 놀라운 일이다. 제2차 세계대전의 여파 속에 상위 10퍼센트와 상위 1퍼센트의 소득이 총소득에서 차지하는 몫은 모두 최하점에 이른 뒤 결국 전쟁 시기의 극심한 충격으로부터 결코 회복되지 못한 것으로 보인다(도표 8.1과 8.2 참조). 20세기에 불평등을 감소시킨 요인은 상당 부분 전쟁의 혼란과 그에 뒤따른 경제적, 정치적 충격이었다. 이때 갈등 없이 합의에 따라 평등의 제고를 향해 점진적으로 나아간 것은 아니었다. 20세기에 과거를 지우고 사회가 새로 출발할 수 있도록 해준 것은 조화로운 민주적 혹은 경제적 합리성이 아니라 바로 전쟁이었다.

이 충격은 무엇이었을까? 나는 제2부에서 그것을 다루었는데, 바로 두 차례 세계대전으로 인한 파괴, 대공황이 불러온 파산, 그리고 무엇보다도 이 시기에 시행된 모든 새로운 공공정책(임대료 규제 정책부터 국유화, 국채에 기초하여 생활하던 자본소득자 계층의 인플레이션으로 인한 안락사에 이르기까지)이다. 이 모든 것이 1914년에서 1945년 사이에 자본/소득 비율을 급격하게 떨어뜨렸고 국민소득에서 자본소득이 차지하는 비중을 크게 감소시켰다. 그러나 노동보다 자본의 집중도가 훨씬 더 높기 때문에 소득계층의 상위 10퍼센트에서는 자본소득의 비중이 아주 높다.(상위 1퍼센트에서는 더 심하다.) 따라서 1914~1945년에 자본, 특히 민간자본이 받은 충격들로 상위 10퍼센트(그리고 상위 1퍼센트)가 차지하는 몫이 줄었고 궁극적으로는 소득불평등이 상당히 축소되었다는 사실은 놀라운 일이 아니다.

프랑스는 1914년에 처음 소득세를 부과했다.(1890년대 이래 상원이 이러한 개혁을 막는 바람에 전쟁이 선포되기 몇 주 전인 1914년 7월 15일이 되어서야 극도로 긴장된 분위기 속에서 마침내 소득세가 도입되었다.) 그래서 유감스럽게도 그 이전까지의 소득 구조에 대해서는 상세한 연간 데이터가 존재하지 않는다. 20세기 첫 10년 동안, 소득세로 얻을 수 있는 세수 규모를 예측하기 위해 종합소득세를 부과했을 때의 소득분배에 관한 수많은 추정이 이루어졌다. 따라서 우리는 벨 에포크 시대에 소득이 얼마나 집중되어 있었는지 개략적으로 알 수 있다. 하지만 이러한 추정치들은 제1차 세계대전의 충격이 가져다준 영향을 역사적으로 분석하기에

8장
두 개의 세계

는 불충분하다.(이를 위해서는 소득세가 수십 년 더 일찍 도입되었어야 했다.)[4] 다행히 1791년 이후 부과된 상속세에 관한 자료가 19세기와 20세기에 걸쳐 전개된 부의 분배 추이를 연구할 수 있도록 해주며, 따라서 우리는 1914~1945년의 충격이 수행했던 중요한 역할을 확인할 수 있다. 그와는 반대로 이 자료들은 제1차 세계대전 직전에는 자본 소유의 집중이 자연적으로 감소될 징조가 없었다는 것을 보여준다. 또한 같은 자료들로부터 1900~1910년에 상위 1퍼센트의 소득에서 자본소득이 가장 큰 몫을 차지했다는 것도 알 수 있다.

'자본소득자 사회'에서 '경영자 사회'로

1932년에는 경제위기에도 불구하고 소득분배에서 최상위 0.5퍼센트에게는 여전히 자본소득이 주된 소득원이었다(도표 8.3 참조).[5] 그러나 오늘날 최상위 소득집단의 소득 구성을 살펴보면 심대한 변화가 일어났음을 알 수 있다. 분명 과거와 마찬가지로 오늘날에도 소득계층 구조의 위쪽으로 갈수록 노동소득이 점점 더 사라지고 상위 1퍼센트와 0.1퍼센트에서는 자본소득이 더욱 지배적이 된다. 이런 구조적 특징은 변하지 않았다. 그러나 한 가지 중요한 차이가 있는데, 오늘날에는 사회계층의 훨씬 더 위쪽으로 올라가야 자본소득이 노동소득보다 커진다는 점이다. 지금은 소득분배의 상위 0.1퍼센트에서만 자본소득이 노동소득을 초과한다(도표 8.4 참조). 1932년에는 자본소득이 노동소득을 초과하는 사회집단이 5배 더 컸고 벨에포크 시대에는 10배나 더 컸다.

　이것은 틀림없이 중요한 변화다. 상위 1퍼센트는 어느 사회에서나 매우 중요한 위치를 차지하며, 경제적, 사회적 지형을 만들어내는 집단이다. 그러나 이는 상위 0.1퍼센트에게는 그다지 해당되지 않는다.[6] 이는 정도의 문제이긴 하지만 그럼에도 중요한데, 왜냐하면 양적인 문제가 질적인 문제

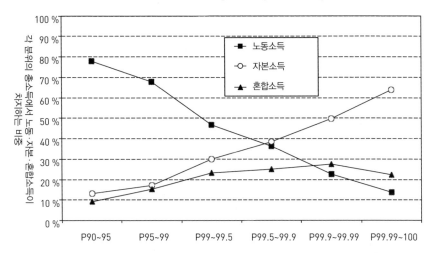

도표 8.3. 1932년 프랑스의 최상위 소득 구성

총소득의 상위 10퍼센트 집단 내에서 위쪽으로 갈수록 노동소득의 중요성이 점점 더 낮아진다.

주 1) 'P90〜95'에는 90〜95번째 백분위에 속하는 개인들, 'P95〜99'에는 그 위의 4퍼센트에 속하는
개인들, 'P99〜99.5'에는 그 위의 0.5퍼센트에 속하는 개인들이 포함된다.

2) 노동소득: 임금, 상여금, 연금. 자본소득: 배당금, 이자, 임대료. 혼합소득: 자영업자의 소득.

출처 및 통계: piketty.pse.ens.fr/capital21c

도표 8.4. 2005년 프랑스의 최상위 소득 구성

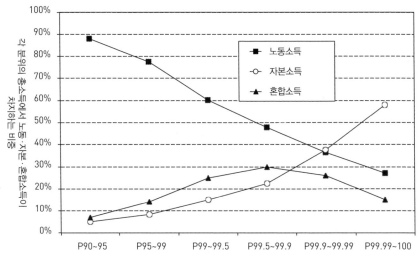

1932년 프랑스에서는 자본소득이 상위 0.5퍼센트 집단의 소득에서 지배적인 비중을 차지한 반면
2005년에는 상위 0.1퍼센트의 소득에서 우위를 차지한다.

출처 및 통계: piketty.pse.ens.fr/capital21c

8장
두 개의 세계

로 변하는 순간이 존재하기 때문이다. 또한 이러한 변화는 오늘날 상위 1퍼센트가 소득에서 차지하는 몫이 총임금에서 차지하는 몫보다 가까스로 높은 이유도 설명해준다. 자본소득은 상위 0.1퍼센트 혹은 0.01퍼센트에서만 결정적인 중요성을 지닐 뿐, 상위 1퍼센트 전체에 미치는 영향력은 비교적 미미하다.

상당한 정도로 우리는 자본소득자의 사회에서 경영자의 사회로, 즉 상위 1퍼센트가 대부분 자본소득자들(매년 자산에서 얻는 연간 소득으로 생활할 수 있을 만큼 충분한 자본을 소유한 사람들)이었던 사회에서 상위 1퍼센트에 해당되는 소득계층의 최상위층이 주로 높은 보수의 노동소득으로 생활하는 개인들로 구성되는 사회로 바뀌었다. 좀더 정확히 말하면 (덜 명백한 표현이긴 하지만) 초자본소득자 사회에서 일에 의한 성공과 자본에 의한 성공이 좀더 균형잡힌 덜 극단적인 형태의 자본소득자 사회로 이행했다고도 할 수 있다. 그러나 이런 중요한 격변이 적어도 프랑스에서는 임금계층 구조의 큰 변동 없이 이루어졌다는 점을 분명히 해두어야 한다.(임금계층 구조는 세계적으로 오랜 시간 동안 안정적이었다. 많은 사람의 생각과 달리 노동으로 보수를 받는 개인들의 세계는 동질적인 적이 없었다.) 이러한 변화는 전적으로 높은 자본소득의 감소로 인해 일어났다.

요약하자면 프랑스에서 일어난 현상은 다음과 같다. 자본소득자들(혹은 적어도 그중 10분의 9는)이 경영자들에게 뒤처졌다. 그런데 경영자들이 자본소득자들을 앞지른 것은 아니다. 언뜻 봐서는 명백하지 않은 이런 장기적인 변화의 원인들을 이해할 필요가 있다. 이를 위해 제2부에서 나는 최근에 자본/소득 비율이 벨 에포크 시대 수준으로 회복되었다는 것을 보여주었다. 1914년에서 1945년 사이에 자본소득자가 붕괴한 현상도 변화의 명백한 일부분이다. 자본소득자들이 재기하지 못한 정확한 요인은 좀더 복잡하고 어떤 면에서는 더 중요하며 흥미로운 부분이다. 제2차 세계대전 이후 부의 집중을 제한하고 제1차 세계대전 직전에 존재했던 초자본소득자 사회의 부활을 지금까지 막아온 구조적 요인의 하나로서 분명하게 말할 수 있는 것은 매우 누진적인 소득세와 상속세의 도입이다.(이 세금들은 1920년 전에는 대개 존재하지 않았다.) 그러나 다른 요인들 역시 마찬가지로 중요하고 큰 역할을 했을 수 있다.

상위 10퍼센트의 서로 다른 세계들

하지만 먼저 소득계층의 상위 10퍼센트를 구성하는 매우 다양한 사회집단에 관해 잠깐 생각해보자. 시간이 지나면서 그 내부의 다양한 하위 집단 사이의 경계가 변했다. 자본소득은 상위 1퍼센트에서 지배적인 역할을 했지만 오늘날에는 상위 0.1퍼센트에서만 큰 비중을 차지한다. 그보다도, 상위 10퍼센트에 여러 세계가 공존한다는 점은 자료에서 발견되는 종종 혼란스러운 중·단기적 변화를 이해하는 데 도움이 될 것이다. 새로운 세법에 따른 소득 신고 자료는 불완전한 부분이 많긴 하지만 귀중한 역사적 자료다. 이 자료들의 도움으로 소득분배상 최상위층의 다양한 구성과 시간에 따른 그 변화 양상을 정확하게 설명하고 분석할 수 있다. 이런 유형의 자료를 확보한 모든 국가에서 모든 시기에 소득 최상위층의 소득 구성이 도표 8.3과 8.4에 나타난 1932년과 2005년의 프랑스처럼 교차 곡선의 특징을 띤다는 점은 특히 주목할 만하다. 상위 10퍼센트 내에서 점점 더 위쪽으로 올라갈수록 노동소득이 차지하는 비율은 언제나 빠르게 감소하고 자본소득의 비율은 언제나 급격하게 상승한다.

상위 10퍼센트 중 하위 5퍼센트는 소득의 80~90퍼센트를 노동에 대한 보상으로 얻는 진정한 경영자들의 세계다.[7] 그 위의 4퍼센트로 올라가면 노동소득의 비율이 약간 줄어들지만 오늘날뿐만 아니라 두 차례 세계대전 사이의 기간에도 노동소득이 총소득의 70~80퍼센트에 이를 정도로 뚜렷이 지배적인 비중을 차지한다(도표 8.3과 8.4 참조). 이 다수의 '9퍼센트' 집단(즉 상위 10퍼센트에서 상위 1퍼센트를 제외한 집단)에서는 민간부문의 경영자와 기술자 그리고 공공부문의 고위공무원이나 교사 등을 모두 포함해 주로 노동소득으로 생활하는 개인들을 발견할 수 있다. 이 집단이 받는 보수는 일반적으로 사회 전체 평균 임금의 2~3배. 즉 평균 임금이 월 2000유로라면 이 집단에 속한 사람들은 월 4000~6000유로를 번다.

이 수준에 요구되는 직업의 유형과 능력 수준은 시간이 지나면서 분명 상당히 바뀌었다. 두 차례 세계대전 사이의 기간에는 고등학교 교사, 심지어 경력이 많은 초등학교 교사도 '9퍼센트'에 속했던 반면 오늘날에는 이 집단에 속하려면 대학교수나 연구원은 되어야 하고 정부의 고위공무원이면 더 나을 것이다.[8] 과거에는 현장감독이나 숙련기술자도 이 집단에 들어갈 수준에 거의 근접했다. 하지만 오늘날 이 집단에 들어가려면 적어도 중간급 경영자는 되어야 하고 명문대나 경영대학원 학위를 소지한 고위경영자들이 더 늘어나고 있다. 급여 체계의 아래쪽으로 가도 마찬가지다. 옛날에는 보수를 가장 적게 받는 노동자(일반적으로 평균 임금의 약 절반, 즉 평균 임금이 2000유로라면 1000유로를 받는 노동자)들이 농장 일꾼과 하인들이었다. 시간이 좀더 흐른 뒤에는 기술력이 낮은 산업 노동자들이 그 자리를 차지했고 그중 많은 사람이 직물과 식품가공 산업에서 일하는 여성들이었다. 이 집단은 오늘날에도 존재하지만, 현재 가장 적은 보수를 받는 노동자들은 식당의 웨이터나 웨이트리스 혹은 상점 점원 등 서비스 부문에 고용된 사람들이다.(역시 이중 많은 사람이 여성이다.) 따라서 지난 세기에 노동시장은 완전히 변화했지만 시장에서 임금불평등의 구조는 오랫동안 거의 변하지 않았다. 즉 최상위층 바로 아래의 '9퍼센트'와 하위 50퍼센트가 노동소득에서 차지하는 몫은 상당히 오랜 기간 거의 변함이 없었다.

'9퍼센트' 내에서는 의사, 변호사, 상인, 식당 주인과 그 외의 자영업자들도 발견할 수 있다. '혼합소득'(비임금노동자의 소득을 말하며 노동에 대한 보상과 사업자본으로부터 얻는 소득이 모두 포함된다. 도표 8.3과 8.4에 따로 표시했다)을 나타내는 곡선이 보여주듯이 '1퍼센트'에 가까이 갈수록 이들의 숫자가 늘어난다. 혼합소득은 상위 1퍼센트의 경계 부근에서는 총소득의 약 20~30퍼센트를 차지하지만 상위 1퍼센트로 올라갈수록 그 비중은 줄어들고 순수한 자본소득(임대료, 이자, 배당금)이 분명하게 지배적이다. '9퍼센트'에 들어가거나 심지어 '1퍼센트'의 하위층으로 올라가려면, 다시 말해 평균보다 4~5배 높은 소득을 올리려면(평균 임금이 월 2000유로인 사회에서 월 8000~1만 유로를 받으려면) 의사, 법률가 혹은 성공한 식당 주인이 되는 것이 좋은 전략일 수 있다. 그것은 대기업의 고위경영자가 되기로 하는 것만큼이나 일반적인(실제로는 절반쯤 일반적인) 선택이다.[9] 그러나 '1퍼센트'의 최고 단계에 들어가 평균의 수십 배에 이르는 소득을 즐기려면(매년 수백만 유로는 아니더라도 수십만 유로를 받으려면) 그런 전략으로는 충분치 않을 것이다. 상당한 자산을 소유한 사람이 소득계층 구조의 최상위층에 이를 가능성이 더 크다.[10]

이런 계층 구조가 역전되었던 때가 전쟁 직후(프랑스에서는 1919~1920년과 1945~1946년)뿐이었다는 점은 흥미롭다. 당시 상위 1퍼센트 내의 상위층에서 혼합소득이 자본소득을 아주 잠깐 넘어섰다. 이는 분명히 전후의 재건과 맞물려 새로운 재산이 빠르게 축적된 현상을 반영하는 것이다.[11]

요약하자면, 상위 10퍼센트에는 언제나 두 개의 매우 다른 세계가 존재한다. 노동소득이 분명히 우위를 차지하는 '9퍼센트'와 자본소득이 점점 더 중요해지는(그 속도와 정도는 시기에 따라 차이가 있다) '1퍼센트'가 그것이다. 두 집단 간의 전환은 언제나 서서히 이루어지며, 물론 서로가 경계를 오갈 수 있지만 두 집단 간에는 분명하고 체계적인 차이가 존재한다.

예를 들어 '9퍼센트'의 소득에 자본소득이 전혀 없는 것은 아니지만 자본소득은 주요한 소득의 원천이 아니라 단지 부수적인 역할만 한다. 한 달에 4000유로를 버는 경영자도 아파트 한 채를 소유하고 있고 그 집을 임대하여 월 1000유로의 집세를 받을 수 있다.(혹은 그 집에 살고 있어서 다른 집을 빌려서 살 때 내야 하는 월 1000유로의 집세를 내지 않을 수 있다. 어떤 경우든 재무적으로는 같은 결과를 낳는다.) 그러면 이 경영자의 총소득은 월 5000유로가 되고 그중 80퍼센트가 노동소득, 20퍼센트가 자본소득이다. 실제로 노동소득과 자본소득이 80 대 20으로 나뉘는 것은 '9퍼센트'들의 전형적인 소득 구조라 할 수 있다. 두 차례 세계대전 사이에도 그랬고 오늘날에도 마찬가지다. 또한 이 집단의 자본소득 일부는 예금계좌, 생명보험 계약, 금융투자에서 나올 수도 있지만 일반적으로는 부동산 소득이 지배적이다.[12]

반대로 '1퍼센트'에서는 노동소득이 조금씩 부수적이 되는 한편 자본소득이 점점 더 주요한 소득 원천이 된다. 또 다른 흥미로운 패턴은 다음과 같다. 자본소득을 토지 및 건물의 임대료와 유동자본에서 나오는 배당금 및 이자로 나누어 살펴보면 상위 10퍼센트의 자본소득의 매우 큰 부분은 주로 후자(특히 배당금)에서 나온다는 것을 알 수 있다. 예를 들어 프랑스에서는 1932년뿐만 아니라 2005년에도 자본소득이 차지하는 비중이 상위 '9퍼센트' 계층에서는 20퍼센트였지만 상위 0.01퍼센트 계층에서는 60퍼센트로 증가한다. 두 경우 모두 이 같은 급격한 증가는 금융자산으로부터의 소득으로 완전히 설명된다.(이중 거의 모두가 배당금 형태다.) 임대료의 비율은 총소득의 10퍼센트 정도에 머물러 있고 상위 1퍼센트에서는 더 줄어드는 경향이 있다. 이러한 패턴은 대규모 재산이 주로 금융자산(대부분 주식과 동업 지분)으로 구성된다는 사실을 반영하는 것이다.

소득세 신고의 한계

모두가 이렇게 흥미로운 패턴임에도 불구하고, 이 장에서 사용된 세금 자료의 한계는 강조되어야 한다. 도표 8.3과 8.4는 오로지 소득세 신고에 보고된 자본소득에 기초해 있다. 따라서 탈세(투자소득은 임금보다 숨기기 쉽다. 예를 들어 납세자가 거주하는 국가와 협력하지 않는 국가에 해외 은행계좌를 만들어 이용할 수 있다)와 모든 종류의 자본소득에 대해 소득세를 합법적으로 피할 수 있게 해주는 다양한 세금감면제도(프랑스와 다른 국가들은 원래 소득세에 모든 유형의 소득을 포함시키려 했다)로 인해 실제 자본소득은 과소평가된다. 상위 10퍼센트에서는 자본소득의 비중이 높기 때문에 이러한 자본소득의 과소 신고는 소득세 신고에만 근거하여 표시한 도표 8.1과 8.2의 상위 10퍼센트 및 1퍼센트의 비중이 과소평가되었음을(프랑스 그리고 다른 국가들의 경우) 의미한다. 어쨌든 이 비율들은 어림잡은 수치일 뿐이다. 이 비율들은 (다른 모든 경제적, 사회적 통계와 마찬가지로) 주로 대략의 크기를 보여주는 지표로서 불평등의 실제 수준보다는 낮은 추정치로 받아들여져야 한다.

프랑스의 경우는 소득세 신고 시 자진신고한 소득과 그 외 자료들(국민계정 그리고 부의 분배에 관한 더 직접적인 숫자를 제공하는 자료들)을 비교해 자본소득의 과소 신고를 보충하기 위해 우리의 결과를 얼마나 보정해야 할지를 추정할 수 있다. 그 결과 국민소득에서 자본소득이 차지하는 비중에 몇 퍼센트포인트를 추가해야 하는 것으로 나타났다.(탈세 추정치를 높게 잡는다면 아마도 5퍼센트포인트, 그러나 좀더 현실적으로는 2~3퍼센트포인트다.) 이것은 무시할 만한 수치가 아니다. 달리 말하면 국민소득에서 상위 10퍼센트가 차지하는 몫이 도표 8.1에서는 1900~1910년의 45~50퍼센트에서 2000~2010년에는 30~35퍼센트로 떨어졌지만 이 보정치를 적용하면 벨 에포크 시대에는 50퍼센트에 가까웠고(심지어 이보다 약간 더 높았고) 현재는 35퍼센트보다 약간 더 높아진다.[13] 하지만 이러한 보정이 소득불평등의 전체적인 변화에 중요한 영향을 미치지는 않는다. 최근 들어 (나중에 더 자세히 설명할 조세피난처의 등장 덕분에) 합법적인 절세와 불법적인 탈세 기회가 늘어나긴 했지만 20세기 초와 두 차례 세계대전 사이에도 이미 유동자본에서 얻는 소득이 상당히 적게 신고되었다는 점을 기억해야 한다. 어느 모로 보든 당시 정부가 배당금 내역 사본이나 이표interest coupon(채권의 이자를 받을 때 제시하는 표—옮긴이)를 제출하도록 요구하던 방식이 오늘날 상호 합의를 바탕으로 세법을 확실히 준수하도록 하는 방식보다 더 효과적인 것은 아니었다.

따라서 대략적으로 살펴보면 절세와 탈세를 고려할 경우 소득세 신고 자료로부터 도출된 불평등 수준이 다른 여러 시기에 같은 비율로 높아질 것이므로 앞서 확인한 시간에 따른 추세와 변화가 크게 달라지지는 않으리라고 가정할 수 있다.

그러나 우리가 아직 다른 여러 국가에 대해 체계적이고 일관성 있는 방식으로 그러한 보정 작업을 하지 않았다는 점에 주의해야 한다. 이것이 WTID의 중대한 한계다. 그로 인한 하나의 결과는 우리 자료가 1970년 이후 대부분의 국가에서 관찰될 수 있는 불평등의 증가, 특히 자본소득의 역할을 아마도 약간 과소평가했다는 점일 것이다. 실제로 소득세 신고는 자본소득을 연구하기 위한 자료로 정확성이 점점 더 떨어지고 있으며 다른 보완 자료들을 이용하는 것이 필수적이다. 거시경제적 자료(제2부에서 자본/소득 비율과 자본-노동 소득분배의 동학을 연구하기 위해 사용한 것과 같은 유의 자료)를 이용할 수도 있고 미시경제적 자료(부의 분배를 직접적으로 연구할 수 있는 자료들로 이후의 장들에서 설명할 것이다)를 이용할 수도 있다.

게다가 서로 다른 자본 관련 세제들도 국가 간의 비교를 왜곡시킬 수 있다. 대체로 임대료, 이자, 배당금은 여러 국가에서 꽤 비슷하게 취급된다.[14] 이와 대조적으로 자본이득은 각 국가에서 상당히 다르게 취급된다. 예를 들어 프랑스의 세금 자료에서는 자본이득이 완전히 혹은 일관성 있게 보고되지 않는 반면(그래서 여기서는 이들을 전부 제외시켰다) 미국의 자료에서는 언제나 꽤 자세하게 보고된다. 이는 중요한 차이를 낳을 수 있는데 자본이득, 특히 주식 매도로 실현된 이익은 최상위층 소득집단에 매우 집중되어 있는 자본소득의 형태이기 때문이다.(일부의 경우 배당금보다 더 집중도가 높다.) 예를 들어 도표 8.3과 8.4에 자본이득을 포함시키면 상위 0.01퍼센트에서 자본소득이 차지하는 비중은 연도에 따라 60퍼센트가 아니라 70퍼센트나 80퍼센트에 육박할 것이다.[15] 따라서 왜곡된 비교를 하지 않기 위해 미국의 결과는 자본이득을 포함한 경우와 제외한 경우를 모두 제시할 것이다.

소득세 신고의 또 다른 중요한 한계가 있다. 그것을 통해서는 보고된 자본이 원래 어떻게 얻어진 것인지를 알 수 없다는 점이다. 우리는 특정 시기에 납세자가 소유한 자본으로 얻은 소득은 확인할 수 있지만 그 자본이 납세자가 상속받은 것인지 아니면 자신의 일생 동안 노동으로부터(혹은 자본으로부터) 얻은 소득으로 축적된 것인지를 알 수 없다. 다시 말해 자본소득과 관련된 불평등 수준이 동일하더라도 그것이 실제로는 아주 다른 상황을 반영할 수 있으며 소득세 신고 자료만 살펴본다면 이러한 차이에 관해 아무것도 알 수 없을 것이다. 대체적으로 말하자면, 매우 높은 자본소득은 보통은 아주 많은 재산에서 나오기 때문에 노동소득의 저축만으로 이러한 재산을 모을 수 있다고 상상하기는 어렵다. 이는 최고위급 경영자나 임원의 경우도 마찬가지다. 따라서 상속이 중요한 역할을 한다고 믿을 만한 이유가 충분하다. 그러나 다음 장들에서 살펴보겠지만 상속과 저축의 상대적인 중요성은 시간이 지나면서 상당히 바뀌었고, 이 주제는 더 자세히 연구할 만한 가치가 있다. 이러한 연구를 위해서는 다시 한 번 상속 문제와 직접적으로 관련이 있는 자료를 사용해야 할 것이다.

전간기의 혼란

지난 세기에 프랑스에서 소득불평등이 어떻게 변화되었는지를 살펴보자. 1914년에서 1945년 사이에 소득계층의 상위 1퍼센트가 차지하는 몫이 서서히 줄어들어 1914년의 20퍼센트에서 1945년에는 겨우 7퍼센트로 떨어졌다(도표 8.2). 이런 꾸준한 감소는 이 시기 자본소득에 가해진 연이은 장기적 충격을 반영한다. 반면 소득계층의 상위 10퍼센트가 차지하는 몫의 하락세는 지속성이 훨씬 덜했다. 상위 10퍼센트가 차지하는 몫은 제1

차 세계대전 동안 분명히 감소했지만 1920년대에 불규칙하게 회복되었다가 1929년에서 1935년 사이에는 언뜻 보기에 놀라울 정도로 매우 급격하게 상승했다. 그것은 이후 1936~1938년에 가파르게 줄어들었고 제2차 세계대전 때는 격감했다.[16] 결국 상위 10퍼센트가 국민소득에서 차지하는 몫은 1914년에는 45퍼센트를 넘었지만 1944~1945년에는 30퍼센트 이하로 떨어졌다.

1914~1945년, 이 기간 전체를 검토하면 이 두 계층이 차지하는 몫의 감소 양상은 매우 일관성을 보인다. 내 추정치에 따르면 상위 10퍼센트가 차지하는 몫은 거의 18퍼센트포인트, 상위 1퍼센트가 차지하는 몫은 거의 14퍼센트포인트 감소했다.[17] 다시 말해 '1퍼센트' 계층이 1914년에서 1945년 사이의 불평등 감소의 거의 4분의 3을 차지하는 반면 나머지 '9퍼센트'는 약 4분의 1을 차지한다. '1퍼센트'의 손에 자본이 고도로 집중되어 있는 점을 고려하면 이는 그리 놀라운 일이 아니다. 게다가 1퍼센트는 종종 위험성이 더 높은 자산을 소유한다.

이와는 대조적으로 이 시기에 관찰된 두 집단 간의 차이점은 언뜻 보기에 놀랍다. 1929년의 증시 대폭락 이후 상위 10퍼센트의 몫은 급격히 증가해 적어도 1935년까지 이런 양상이 계속된 반면, 상위 1퍼센트의 몫은 특히 1929년과 1932년 사이에 크게 감소한 이유가 무엇일까?

사실 자료를 연도별로 더 자세히 살펴보면 이러한 차이 각각에는 합당한 이유가 있음을 알 수 있다. 사회적 긴장이 매우 높고 혼란스럽던 두 차례 세계대전 사이의 기간을 다시 살펴보면 이해하는 데 도움이 될 것이다. 그 기간에 일어난 현상을 이해하려면 '9퍼센트'와 '1퍼센트'가 매우 다른 소득 흐름에 의지해 생활했다는 것을 알아야 한다. '1퍼센트'의 소득 대부분은 자본소득 형태, 특히 이 집단의 자산을 주로 구성하는 주식과 채권을 발행한 기업들이 지급한 이자와 배당금에서 나왔다. 대공황 시기 경제가 붕괴하면서 수익이 하락하고 기업들이 차례로 도산함에 따라 상위 1퍼센트의 몫이 급락한 것은 이 때문이다.

반면 '9퍼센트'에는 적어도 다른 사회집단들에 비해서는 대공황의 큰 수혜자였던 많은 경영자가 포함되어 있었다. 이 경영자들은 그 아래에서 일하는 직원들보다 실업의 고통이 덜했다. 특히 산업 노동자들이 겪은 극도로 높은 부분실업 혹은 완전실업을 겪지 않았다. 또한 이들은 임금계층에서 더 위쪽에 있는 사람들보다 기업 이윤 감소의 영향을 훨씬 덜 받았다. '9퍼센트' 내에서도 특히 중간급 공무원과 교사들의 사정이 더 나았다. 이들은 1927~1931년에 주어진 공무원 급여 인상의 수혜자가 되었다.(공무원들, 특히 급여 체계에서 최상위층에 있는 공무원들이 제1차 세계대전 동안 큰 피해를 보았고 1920년대 초의 인플레이션으로 심한 타격을 입었던 것을 기억하라.) 이 중간급 직원들에게는 일자리를 잃을 위험도 없었고 따라서 공공부문의 임금 총액은 1933년까지 명목상으로 볼 때 일정하게 유지되었다.(피에르 라발 총리가 공무원 임금을 삭감하려 했던 1934~1935년에 약간 감소했다.) 반면 민간부문의 임금은 1929년에서 1935년 사이에 50퍼센트 넘게 감소했다. 프랑스가 이 기간에 겪었던 심각한 디플레이션(교역과 생산이 붕괴하면서 1929년에서 1935년 사이에 물가가 25퍼센트 떨어졌다)이 이 과정에서 중요한 역할을 했다. 운 좋게 일자리를 지키고 명목임금을 계속 유지했던 사람들—전형적으로 공무원들—은 물가 하락으로 실질임금이 상승해 대공황이 한창일 때 구매력이 높아졌다. 게다가 디플레이션으로 '9퍼센트'가 누리는(일반적으로 명목가격으로는 극도로 경직적이었던 임대료 형태의) 자본소득 역시 증가해 그 소득 흐름의 실제 가치가 상당히 상승한 반면 '1퍼센트'에게 지급되는 배당금은 사라졌다.

이 모든 이유로 인해 1929년과 1935년 사이에 프랑스에서는 국민소득 중 '9퍼센트'에게 돌아가는 몫이 꽤 크게 증가했고 이 증가 폭이 상위 '1퍼센트'가 가져가는 몫의 감소 폭보다 훨씬 더 커서 전체적으로 상위 10퍼센트의 몫이 국민소득의 5퍼센트 넘게 증가했다(도표 8.1과 8.2 참조). 그러나 인민전선Popular Front이 권력을 쥐자 이 과정은 완전히 역전되었다. 마티

농 협정(대공황 시기 프랑화의 과대평가로 이미 생산비가 높았던 때에 또다시 임금을 높인 협정—옮긴이)이 이행된 결과 임금이 급격히 상승했고, 1936년 9월에 프랑화가 평가절하되어 인플레이션이 나타나면서 1936~1938년에 '9퍼센트'와 상위 10퍼센트의 몫이 모두 감소했다.[18]

앞의 논의는 소득을 백분위와 소득원에 따라 나누어 살펴보는 접근의 유용성을 잘 보여준다. 지니계수 같은 종합지표를 사용해 두 차례 세계대전 사이에 일어난 변동을 분석하려고 하면 실제로 어떤 상황이 벌어졌는지를 이해하기가 불가능했을 것이다. 또한 노동소득과 자본소득 혹은 단기적 변화와 장기적 변화를 구분하지 못했을 것이다. 프랑스의 경우 1914~1945년의 기간을 매우 복잡하게 만든 것은, 전반적인 추세는 꽤 분명하지만(국민소득에서 상위 1퍼센트가 차지하는 몫이 격감해 상위 10퍼센트의 몫이 급격하게 줄어들었다) 1920년대와 1930년대에 이러한 전체적인 패턴에 소규모의 반작용이 추가적으로 나타났다는 사실이다. 각 국가의 역사에 따라 저마다 특징은 있지만 두 차례 세계대전 사이의 기간 동안 다른 국가들에서도 이와 비슷한 복잡성을 발견할 수 있다. 예를 들어 미국에서는 1933년에 루스벨트 대통령이 집권하면서 디플레이션이 끝났다. 그리하여 1936년 프랑스에서 일어났던 역전 현상이 미국에서는 더 이른 1933년에 나타났다. 모든 국가에서 불평등의 역사는 정치적이며 또한 혼란스럽다.

장기와 단기의 충돌

/

대체적으로 말해 소득 및 부의 분배 동학을 연구할 때는 여러 다른 시간 척도를 구분하는 것이 중요하다. 이 책에서는 많은 경우 30~40년이나 심지어 그보다 더 긴 기간보다 짧은 시간 척도로는 이해할 수 없는 장기적 전개과정, 즉 근본적인 추세에 관심을 두었다. 예를 들어 제2차 세계대전 이후 유럽의 자본/소득 비율의 구조적 상승은 지금까지 거의 70년에 걸쳐 진행되어온 과정으로 다양한 새로운 발전들이 중첩되어 나타났기 때문에(그리고 이용 가능한 자료가 없었기 때문에) 불과 10~20년 전에는 추적하기 어려웠을 것이다. 하지만 이렇게 장기간에 초점을 맞춘다고 해서 단기적인 추세도 존재한다는 사실이 가려져서는 안 된다. 분명 단기적 추세들은 대개 결국에 가서는 상쇄되지만 그 추세를 겪으며 살고 있는 사람들에게는 당연하게도 그 시대의 가장 중요한 현실처럼 생각되곤 한다. 사람의 일생이라는 척도로 측정했을 때 사실 이러한 '단기적' 변동이 10년, 15년, 혹은 그 이상 연장될 수 있고, 이것은 인생에서 꽤 긴 시간이므로 당연히 중요할 수밖에 없다.

프랑스와 다른 여러 국가의 불평등의 역사는 이런 중·단기적인 변동으로 가득하다. 단지 두 차례 세계대전 사이의 특히 혼란스러운 기간뿐만이 아니다. 가령 프랑스에서 중요한 사건들을 간단하게 살펴보자. 두 차례 세계대전 도중에는 임금불평등이 축소되었지만 두 전쟁이 끝난 뒤에는 모두 임금불평등이 다시 커졌다.(1920년대에 커지고 1940년대 말에 다시 커져 1950년대와 1960년대로 이어졌다.) 이러한 변동의 규모는 상당했다. 총임금에서 상위 10퍼센트에 돌아가는 몫이 두 차례 전쟁 기간마다 약 5퍼센트포인트 줄었지만 이후에 같은 정도로 회복되었다(도표 8.1 참조).[19] 민간부문뿐 아니라 공공부문에서도 임금불평등은 축소되었다. 각각의 전쟁에서 동일한 변화가 나타났다. 전시에는 경제활동이 침체되고 물가가 상승했으며 실질임금과 구매력이 떨어지기 시작했다. 그러나 임금 수준에서 최하위층의 임금이 서서히 상승했고 최상위층 사람들보다 물가 상승에 덜 심각한 영향을 받았다. 물가상승률이 높을 경우 이러한 현상은 임금의 분배에 상당한 변화를 일으킬 수 있다. 저임금과 중간 수준의 임금이 더 높은 임금보다 물가 상승에 더 잘 연동되는 이유는 무엇일까? 이는 노동자들이 특정한 사회정의와 공정한 규범이라는 개념을 공유하기 때문에 가장 가난한 사람들의 구매력이 지나치게 급격하게 떨어지는 것을 막기 위한 노

8장
두 개의 세계

력이 이뤄지는 반면 부유한 노동자들에게는 전쟁이 끝날 때까지 그들의 요구를 유보하도록 요구되기 때문이다. 이런 현상이 분명 공공부문의 임금 수준을 결정하는 데 한몫했고 민간부문에서도 최소한 어느 정도까지는 그러한 역할을 했을 것이다. 젊고 상대적으로 숙련도가 낮은 노동자들이 군대에 많이 동원되었다는(혹은 전쟁포로수용소에 갇혀 있었다는) 사실 역시 노동시장에서 저임금과 중간 수준의 임금을 받는 노동자들의 상대적 지위를 향상시켰을 것이다.

어쨌든 임금불평등의 축소는 두 차례 세계대전이 끝난 후에 모두 역전되었고 따라서 이전에 그런 현상이 일어났었다는 것을 잊어버리기 쉽다. 그럼에도 이런 시기들을 살았던 노동자들에게 임금 분배의 변화는 깊은 인상을 남겼다. 특히 공공부문과 민간부문 모두에서 임금불평등의 복귀는 전후의 가장 중요한 정치적, 사회적, 경제적 문제 중 하나였다.

프랑스에서 1945~2010년의 불평등 역사를 살펴보면 세 가지 뚜렷한 국면으로 나뉜다는 것을 알 수 있다. 1945년부터 1967년 사이에는 소득불평등이 급격히 증가했다.(상위 10퍼센트가 차지하는 몫이 30퍼센트 이하에서 36~37퍼센트로 증가했다.) 그리고 나서 그것은 1968년에서 1983년 사이에 상당히 떨어졌다.(상위 10퍼센트의 몫이 30퍼센트로 다시 떨어졌다.) 마지막으로 1983년 이후에 불평등이 꾸준히 증가하기 시작해 2000~2010년에는 상위 10퍼센트의 몫이 약 33퍼센트까지 올라갔다(도표 8.1 참조). 상위 1퍼센트의 임금불평등도 비슷한 변화를 보였다(도표 8.2와 8.3 참조). 다시 한번 이러한 증가와 감소가 결국 어느 정도 상쇄되었기 때문에 이를 무시하고 1945~2010년이라는 장기간에 임금불평등이 비교적 안정적이었다는 점에 집중하기 쉽다. 사실 매우 장기적인 추이에만 관심을 둔다면 20세기 프랑스에서 나타난 두드러진 변화는 1914년에서 1945년 사이에 임금불평등이 상당히 축소되었고 이후에는 비교적 안정화되었다는 사실일 것이다. 어떤 시각도 타당하고 그 자체로 중요하다. 그리고 이렇게 서로 다른 시간 척도들을 염두에 두는 것은 필수적이라고 생각된다. 장기도 중요하지만 단기와 중기 역시 중요하다. 이 점에 대해서는 제2부에서 자본/소득 비율의 추이와 자본-노동 소득분배율을 검토하면서 다루었다(특히 제6장 참조).

자본-노동 소득분배가 노동소득의 불평등과 같은 방향으로 변화해 중·단기적으로는 서로를 강화하지만 장기적으로는 꼭 그렇지 않다는 점이 흥미롭다. 예를 들어 두 차례 세계대전 동안 모두 국민소득에서 자본이 차지하는 몫(그리고 자본/소득 비율)이 감소했을 뿐 아니라 임금불평등도 축소되었다. 일반적으로 말해, 불평등은 '경기순행적procyclical'으로(즉 경기순환과 같은 방향으로 움직인다. '경기역행적countercyclical' 변화와 대조적이다) 전개되는 경향을 보인다. 경제가 호황일 때는 국민소득에서 기업이윤이 차지하는 몫은 증가하는 경향이 있고 임금 체계의 최상위층이 받는 (성과급과 상여금을 포함한) 보수가 흔히 하위층과 중간층의 임금보다 더 많이 증가한다. 거꾸로 말하면 경기가 후퇴하거나 불황일 때(전쟁은 불황의 극단적인 형태라 할 수 있다)는 다양한 비경제적 요인, 특히 정치적인 요인으로 인해 이러한 움직임들은 오로지 경기 변동에만 좌우되지 않는다.

1945년에서 1967년 사이에 프랑스에서 불평등이 상당히 증가한 것은 급속한 경제성장의 상황에서 국민소득 가운데 자본이 차지하는 몫과 임금불평등이 모두 급격하게 증가한 결과다. 여기에는 정치적 환경이 분명히 한몫했다. 프랑스는 전적으로 재건에 초점을 맞췄고, 특히 전쟁 중에 불평등이 엄청나게 감소했다는 것이 주지의 사실이었기 때문에 불평등의 축소는 우선순위가 아니었다. 1950년대와 1960년대에 경영자, 기술자, 그 외에 숙련 인력의 급여가 임금계층의 하위층과 중간층의 노동자들보다 더 빠른 속도로 인상되었는데, 처음에는 아무도 여기에 신경을 쓰지 않았던 것으로 보인다. 1950년에 전국적으로 최저임금제가 도입되었지만 최저임금은 이후 거의 인상되지 않았고 평균 임금에 비해 점점 더 낮아졌다.

1968년에 갑자기 상황이 바뀌었다. 1968년 5월에 일어난 사건들은 임금 문제와 거의 관련이 없는 학생들의 불만과 문화적, 사회적 문제들에 뿌리를 두고 있었다.(많은 사람이 1950년대와 1960년대의 불평등한 생산주의 성장모델에 진력이 나 있었고 이것이 분명 위기에 한몫하긴 했지만.) 그러나 1968년의 학생운동이 낳은 가장 직접적인 정치적 결과는 임금에 미친 영향이었다. 샤를 드골 정부는 위기 상황을 끝내기 위해 그르넬 협정에 합의했는데 협정 내용 중에는 무엇보다도 최저임금의 20퍼센트 인상이 포함되어 있었다. 1970년에 최저임금은 공식적으로(불완전하긴 하지만) 평균 임금과 연동되었고, 1968년에서 1983년까지 정부는 동요하는 사회적, 정치적 기류 속에서 거의 매년 최저임금을 상당히 '끌어올려야' 할 의무감을 느꼈다. 그리하여 최저임금을 받는 사람들의 구매력이 1968년에서 1983년 사이에 130퍼센트 이상 높아진 반면 평균 임금은 겨우 50퍼센트 정도만 인상되어 임금불평등이 크게 축소되었다. 이전 시기와는 급격하고도 커다란 단절이었다. 1950년에서 1968년 사이에는 최저임금을 받는 사람들의 구매력이 겨우 25퍼센트 높아진 반면 평균 임금은 두 배 이상 높아졌던 것이다.[20] 저임금이 급격하게 인상되면서 1968년에서 1983년 사이에 총임금이 생산량보다 현저하게 더 빠른 속도로 증가했다. 이것이 제2부에서 지적했던, 국민소득에서 자본이 차지하는 몫의 급격한 감소뿐만 아니라 임금불평등의 큰 폭의 축소를 설명해준다.

이러한 변화는 1982~1983년에 역전되었다. 1981년 5월에 선출된 새로운 사회당 정부는 분명 이전의 추세를 이어나가는 쪽을 선호했지만 최저임금을 평균 임금보다 두 배나 빠르게 인상하는 것은 간단한 문제가 아니었다.(특히 평균 임금 자체가 생산량보다 빠르게 높아지고 있을 때는 더욱 그러했다.) 따라서 1982~1983년에 정부는 '긴축으로의 전환'을 결정했다. 임금이 동결되었고 최저임금을 매년 인상하는 정책은 명백하게 폐기되었다. 곧 그 결과가 분명하게 나타났다. 1980년대의 나머지 기간에 국민소득에서 기업 이윤이 차지하는 몫은 치솟은 반면 임금불평등이 다시 증가했고 소득불평등은 더 심화되었다(도표 8.1과 8.2 참조). 1968년의 경우만큼 급격한 변동이었지만 방향은 그 반대였다.

1980년대 이후 프랑스에서의 **불평등 증가**

/

1982~1983년에 프랑스에서 시작된 불평등의 심화 국면을 어떻게 특징지어야 할까? 이는 장기적인 시각으로 봤을 때 아주 작은 규모의 현상이고 단순히 이전의 추세가 역전된 것으로 생각하기 쉽다. 특히 1990년경에 국민소득에서 기업 이윤이 차지하는 비중이 1968년 5월 직전 수준으로 되돌아갔기 때문에 더욱 그러하다.[21] 그러나 이러한 판단은 몇 가지 이유에서 잘못일 것이다. 먼저 제2부에서 살펴보았듯이 제2차 세계대전이 끝날 무렵 자본이 차지하는 몫이 회복되기 시작했고 그 결과 1966~1967년에 기업 이윤이 차지하는 비중이 역사적으로 높아졌다. 자본소득에 기업 이윤뿐만 아니라 임대료까지 포함시키면 1990년대와 2000년대에 국민소득에서 자본이 차지하는 몫이 계속 증가한 것을 알 수 있다. 이러한 장기적인 현상을 올바로 이해하려면 2010년에 제1차 세계대전 직전의 프랑스와 거의 같은 수준으로 회복된 자본/소득 비율의 장기적 추이의 맥락에서 이 현상을 검토해야 한다. 상위 10퍼센트가 소득에서 차지하는 몫의 변화 추이만 살펴봐서는 이처럼 자본의 번창이 회복된 의미를 완전히 이해할 수는 없다. 이는 부분적으로 자본소득이 과소 신고되어 상위 소득의 증가가 약간 과소평가되었기 때문이기도 하고, 진짜 문제는 상속받은 부의 중요성이 회복되었기 때문이기도 하다. 후자는 이제 막 진정한 영향력이 드러나기 시작한 장기적인 과정이며 상속재산 자체의 변화하는 역할과 중요성을 직접 연구해야만 올바르게 분석될 수 있다.

하지만 이것이 전부는 아니다. 1990년대에 프랑스에서는 놀랍고도 새로운 현상이 나타났는데, 그것은 특히 대기업과 금융기관의 최고위 경영자들의 보수가 믿기 힘들 정도로 높아졌다는 것이다. 프랑스의 경우 아직은 미국보다 덜 놀라운 수준이었지만 그래도 이 새로운 전개를 무시하는 것은 옳지 않을 것이다. 상위 1퍼센트에게 가는 임금의 비율은 1980년대와 1990년대에는 6퍼센트에 못 미쳤지만 1990년대 말 증가하기 시작해 2010년대 초에는 총임금의 7.5~8퍼센트에 이르렀다. 그리하여 10년 조금 더 넘는 기간에 거의 30퍼센트가 증가했는데 이는 무시할 수 없는 수준이다. 급여와 상여금 체계의 더 위쪽으로 올라가서 상위 0.1퍼센트 혹은 0.01퍼센트를 살펴보면 더 큰 증가세가 발견되며 10년 동안 이들의 구매력은 50퍼센트 넘게 증가했다.[22] 대다수 노동자의 구매력이 아주 낮은 증가세를 보이고 거의 정체되어 있던 상황에서 상위 소득자들의 구매력이 이렇게 증가한 현상은 주목을 끌 수밖에 없었다. 게다가 이것은 근본적으로 새로운 현상이었는데, 이를 올바르게 해석하려면 국제적인 시각에서 분석해야 한다.

더 복잡한 경우: 미국의 불평등 변화

이제 미국의 경우를 살펴보자. 미국이 눈에 띄는 이유는 지난 수십 년 동안 '슈퍼경영자'라는 계급이 처음 등장한 곳이기 때문이다. 이 책에서는 미국의 데이터를 프랑스의 데이터와 가능한 한 정확하게 비교하기 위해 최선을 다했다. 특히 도표 8.5와 8.6은 도표 8.1과 8.2에 나타난 프랑스의 자료에 상응하는 미국의 자료를 보여준다. 다시 말해 한편으로는 소득계층 상위 10퍼센트와 1퍼센트가 차지하는 몫의 변화를 비교하고 다른 한편으로는 임금계층의 변화를 비교했다. 여기서 미국이 1913년에 대법원과의 긴 싸움 끝에 연방소득세를 도입했다는 사실도 언급해야 할 것이다.[23] 미국의 소득세 신고에서 도출된 자료는 전체적으로 프랑스의 자료에 필적하지만 조금 덜 상세하다. 특히 미국의 소득 신고 자료에서는 1913년부터의 총소득을 구할 수 있지만, 1927년까지는 노동소득에 대한 개별적인 정보

가 없어서 1927년 이전의 미국의 임금 분배를 다룬 자료는 신뢰성이 다소 떨어진다.[24]

프랑스와 미국의 궤적을 비교해보면 많은 유사점이 눈에 띄지만 몇몇 중요한 차이점도 나타난다. 먼저 상위 10퍼센트가 차지하는 소득의 몫이 전체적으로 어떤 변화 추이를 보였는지부터 살펴보자(도표 8.5). 가장 두드러지는 사실은 20세기가 시작될 무렵에는 미국이 더 평등했지만, 20세기에 접어든 이래 미국이 프랑스보다(그리고 전체적으로 유럽보다) 현저히 더 불평등해졌다는 것이다. 미국의 사례를 복잡하게 만드는 것은 이 과정의 끝이 시작 당시 상황으로의 회귀가 아니었다는 점이다. 2010년에 미국의 불평등은 그 규모로 보면 20세기의 첫 10년 동안의 유럽만큼 심각하지만 불평등의 구조는 분명히 다르다.

체계적으로 설명해보자. 20세기가 시작될 무렵에는 유럽의 소득불평등이 미국보다 훨씬 더 높았다. 우리 데이터에 따르면 1900~1910년에 소득

도표 8.5. 미국의 소득불평등, 1910~2010

상위 10퍼센트가 국민소득에서 차지하는 몫은 1970년대에 총소득의 35퍼센트 이하에서 2000년대와 2010년대에는 거의 50퍼센트로 상승했다.

출처 및 통계: piketty.pse.ens.fr/capital21c

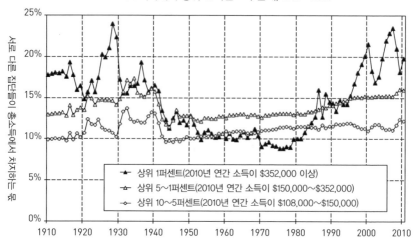

서로 다른 집단들이 총소득에서 차지하는 몫

25%

20%

15%

10%

5%

0%

- ▲ 상위 1퍼센트(2010년 연간 소득이 $352,000 이상)
- △ 상위 5~1퍼센트(2010년 연간 소득이 $150,000~$352,000)
- ◇ 상위 10~5퍼센트(2010년 연간 소득이 $108,000~$150,000)

1910 1920 1930 1940 1950 1960 1970 1980 1990 2000 2010

1970년 이후 상위 10퍼센트가 총소득에서 차지하는 몫이 상승한 것은 주로 상위 1퍼센트 때문이다.

출처 및 통계: piketty.pse.ens.fr/capital21c

계층 구조에서 상위 10퍼센트가 미국에서는 국민소득의 40퍼센트 정도를 차지한 반면 프랑스에서는 45~50퍼센트를 차지했다.(영국에서는 약간 더 높았을 가능성이 크다.) 이것은 두 가지 차이를 반영한다. 자본/소득 비율이 유럽에서 더 높았고 국민소득에서 자본이 차지하는 몫 역시 마찬가지였다. 둘째, 자본 소유의 불평등이 신대륙에서 조금 덜 극심했다. 그렇다고 해서 1900~1910년의 미국 사회가 개척자들의 평등한 사회라는 신화속의 이상을 구현했다는 뜻은 분명 아니다. 실제로 미국 사회는 이미 매우 불평등했다. 예를 들면 오늘날의 유럽보다 훨씬 더 불평등했다. 자본소득자의 사회가 파리와 런던뿐만 아니라 세기가 바뀔 무렵의 보스턴, 뉴욕, 필라델피아에서도 존재했다는 것을 확인하려면 헨리 제임스의 소설을 다시 읽어보거나 1912년에 타이태닉 호를 타고 사치스러운 항해를 했던 혐오스러운 호클리가 제임스 캐머런 감독의 상상에서뿐만 아니라 현실에도 존재했다는 점에 주목하기만 하면 된다. 그럼에도 불구하고 자본(그리고 자본에서 벌어들이는 소득)은 프랑스나 영국보다 미국에서 다소 덜 불평등하게 분배되었다. 구체적으로 말하면, 미국에서는 자본소득자가 수적으로 더 적었고 이들은 미국의 평균 생활수준과 비교했을 때 유럽의 자본소득자들만큼 부유하지 않았다. 그 이유에 관해서는 앞으로 설명해야 할 것이다.

그러나 1920년대에 미국에서는 유럽 국가들이 1914년 이후 이미 겪었던 커다란 충격의 결과로 소득불평등이 매우 급격하게 증가했다. 소득불평등은 1929년의 대공황 직전에 절정에 달해 상위 10퍼센트가 국민소득에서 차지하는 몫이 거의 50퍼센트에 이르렀다. 이는 같은 시기의 유럽보다 조금 더 높은 수준이었다. 그럼에도 미국의 불평등은 유럽의 불평등과 똑같지는 않았다. 미국 증시가 급등했던 1920년대에 이미 미국의 상위 소득에서 자본이득이 매우 중요했다는 사실에 주목해야 한다(도표 8.5 참조).

미국에 특히 큰 타격을 주었던 대공황 시기에, 그리고 국민이 전쟁 수행에(그리고 경제위기를 극복하기 위한 노력에) 전적으로 동원된 제2차 세계대전 기간에 임금불평등은 상당히 축소되었다. 어떤 면에서는 같은 시기 유럽에서 관찰된 것과 비슷한 정도의 축소였다. 실제로 제2부에서 살펴보았듯이 당시 미국 자본에 닥친 충격은 결코 무시할 만한 수준이 아니었다. 전쟁으로 인한 물리적 파괴는 없었지만 대공황은 심각한 충격이었고 그 뒤를 이어 1930년대와 1940년대에 단행된 연방정부의 대폭적인 세율 인상도 커다란 충격이었다. 그러나 1910~1950년 전체를 살펴보면 미국의 불평등 축소 정도는 프랑스(더 전반적으로는 유럽)보다 눈에 띄게 작았다는 것을 알 수 있다. 요약하면 미국의 불평등은 제1차 세계대전 직전에는 유럽보다 좀더 낮은 정점에서 출발했지만 제2차 세계대전 이후의 시점에서는 유럽의 불평등보다 높았다. 1914~1945년 유럽에서는 자본소득자 사회가 자멸했지만 미국에서는 그런 현상이 전혀 나타나지 않았다.

1980년 이후 폭발한 미국의 **불평등**

/

미국에서는 1950년과 1980년 사이에 불평등이 최저 수준으로 떨어져 소득계층의 상위 10퍼센트가 미국 국민소득의 30~35퍼센트를 차지했다. 이는 오늘날의 프랑스와 거의 같은 수준이다. 폴 크루그먼이 향수에 젖어 "우리가 사랑하는 미국"(그가 어렸을 때의 미국)이라고 부른 때가 바로 이 시기다.[25] 텔레비전 드라마 「매드 맨」의 배경이자 드골 장군의 시대이던 1960년대의 미국은 실제로 프랑스(프랑스에서는 상위 10퍼센트가 차지하는 몫이 극적으로 증가해 35퍼센트를 훨씬 웃돌았다)보다 더 평등한 사회였다. 적어도 백인 미국 시민에게는 그랬다.

그러나 1980년 이후에는 미국에서 소득불평등이 폭발적으로 증가했다. 상위 10퍼센트의 몫이 1970년대에는 국민소득의 30~35퍼센트에서 2000년대에는 45~50퍼센트로 증가했다. 이들이 국민소득에서 차지하는 비중이 15퍼센트포인트나 증가한 것이다(도표 8.5 참조). 도표를 보면 곡선의 모양이 대단히 가팔라서 자연히 그런 급격한 증가가 얼마나 오래 지속될 수 있을지 궁금해진다. 예를 들어 지금과 같은 속도로 변화가 계속된다면 2030년에는 상위 10퍼센트가 국민소득의 60퍼센트를 끌어모을 것이다.

이러한 변화 양상에 대해 몇 가지를 분명히 해둘 필요가 있다. 먼저 도표 8.5에 표시된 자료는 WTID의 모든 자료와 마찬가지로 소득세 신고에 포함된 소득만 고려했고 특히 합법적 혹은 비합법적 이유로 자본소득이 과소평가되었을 가능성에 따른 보정 작업은 하지 않았다. 미국 국민계정에 포함된 총자본소득(특히 배당금과 이자)과 소득세 신고에서 포함된 액수 간의 차이가 커지고 있다는 점 및 조세피난처의 급속한 발전(조세피난처로의 유출액은 십중팔구 국민계정에 포함되지 않을 것이다)을 감안할 때 도표 8.5는 상위 10퍼센트 몫의 실제로 늘어난 정도를 과소평가했을 수 있다. 이용할 수 있는 다양한 자료를 비교해보면 2008년의 금융위기 직전과 2010년대 초에 상위 10퍼센트의 몫이 미국 국민소득의 50퍼센트를 약간 넘었다고 추정할 수 있다.[26]

게다가 증시 호황과 자본이득은 지난 30~40년간 나타난 상위 10퍼센트가 차지하는 몫의 구조적 증가 중 일부분만 설명할 수 있다는 점에 주의해야 한다. 2000년의 인터넷 거품 기간 그리고 2007년에 다시, 미국에서 자본이득이 전례 없이 높은 수준에 이른 것은 분명하다. 두 경우 모두에서 자본이득만으로 상위 10퍼센트가 국민소득에서 차지하는 몫이 약 5퍼센트포인트 늘어났는데 이는 엄청난 규모다. 이전의 기록은 국민소득의 약 3퍼센트포인트로, 1929년의 증시 대폭락 직전에 이른 것이다. 그러나 도표 8.5에 나타난 큰 연간 변동에서 알 수 있듯이 이러한 수준이 아주 장기적으로 유지될 수는 없다. 주식시장의 끊임없는 단기적 변동이 상위 10퍼센트가 차지하는 몫의 변동성을 상당히 높였지만(분명 미국 경제의 전체적인 불안정성에도 한몫했다) 불평등의 구조적인 증가에는 크게 영향을 미치지 않았다. 자본이득을 무시해도(미국에서 이런 유형의 소득이 중요하다는 점을 감안하면 만족스러운 방법은 아니다) 상위 10퍼센트가 차지하는 몫이 상당히 증가해 1970년대에 국민소득의 약 32퍼센트에서 2010년에는 46퍼센트 이상으로 14퍼센트포인트 증가했다는 것을 알 수 있다(도표 8.5 참조). 자본이득은 (예외적으로 높거나 낮은 해는 제외하고) 1970년대에 상위 10퍼센트가 국민소득에서 차지하는 몫을 약 1~2퍼센트포인트 늘렸고 2000~2010년에는 약 2~3퍼센트포인트 늘렸다. 따라서 그로 인한 구조적 증가분은 1퍼센트포인트 정도다. 이것은 의미 없는 수준은 아니지만 자본이득을 제외했을 때 상위 10퍼센트가 차지하는 몫이 14퍼센트포인트 증가한 데 비하면 그리 크지 않다.[27]

자본이득을 제외한 추이를 살펴보면 미국의 불평등 증가의 구조적 특징을 더욱 명확하게 알 수 있다. 실제로 1970년대에서 2010년까지 상위 10퍼센트가 차지하는 (자본이득을 제외한) 몫의 증가는 비교적 꾸준하고 연속적이었던 것으로 보인다. 그것은 1980년대에 35퍼센트를 넘어서고

1990년대에 40퍼센트, 2000년대에 마침내 45퍼센트에 이르렀다(도표 8.5 참조).[28] 훨씬 더 눈에 띄는 점은 (자본이득을 제외했을 때 상위 10퍼센트가 차지하는 몫이 국민소득의 46퍼센트 이상이었던) 2010년도의 불평등의 수준이 금융위기 직전인 2007년 수준보다 상당히 더 높다는 사실이다. 2011~2012년에 대한 초기 자료는 증가세가 계속되고 있음을 시사한다.

중요한 점은 이러한 사실들이 금융위기 자체로 미국 내 불평등의 구조적 증가가 끝난 것이 아님을 분명하게 보여준다는 것이다. 주식시장의 활황기에 불평등이 더 빨리 증가하듯 증시 대폭락 직후에는 불평등의 증가가 둔화되는 것이 분명하다. 리먼브러더스가 파산한 뒤인 2008~2009년은 첫 번째 인터넷 거품이 꺼진 뒤인 2000~2001년과 마찬가지로 증시에서 수익을 얻기에는 좋은 시기가 아니었다. 하지만 이러한 단기적 변동이 다른 힘들의 지배를 받는 장기적인 추세를 바꾸지는 않았다. 바로 이 힘들이 작동하는 논리에 관해 명확한 설명이 필요할 것이다.

논의를 더 진행하기 위해 소득계층의 상위 10퍼센트를 가장 부유한 1퍼센트, 그다음의 4퍼센트 그리고 하위 5퍼센트의 세 집단으로 나누어 살펴보면 유용할 것이다(도표 8.6 참조). 불평등 증가의 대부분은 '1퍼센트'에서 나왔다. 상위 1퍼센트가 국민소득에서 차지하는 몫은 1970년대의 9퍼센트에서 2000~2010년에는 약 20퍼센트(자본이득 때문에 연도별 차이가 상당하다)로 11퍼센트포인트 상승했다. 분명히 (2010년 연간 소득이 가구당 10만8000달러에서 15만 달러 사이인) '5퍼센트'뿐 아니라 (소득이 15만 달러에서 35만2000달러 사이인) '4퍼센트'가 차지하는 몫 역시 상당히 증가했다. '5퍼센트'가 미국 국민소득에서 차지하는 몫은 11퍼센트에서 12퍼센트로 증가했고 '4퍼센트'가 차지하는 몫은 12퍼센트에서 16퍼센트로 증가했다.[29] 이러한 결과는 1980년 이후 이 사회집단들의 소득증가율이 미국 경제의 무시할 수 없는 평균 성장률보다 상당히 더 높았다는 것을 의미한다.

이 상위 소득집단들에는 미국의 경제학자들도 포함되어 있고, 그들 중 많은 사람이 미국 경제가 꽤 잘 돌아가고 있으며 특히 능력과 공로에 대해 정확하게 보상한다고 믿는다. 충분히 이해가 되는 인간적인 반응이다.[30] 그런데 사실 이들보다 더 상위의 사회집단은 더 잘살고 있다. 상위 10퍼센트가 추가로 차지한 국민소득의 15퍼센트포인트 중에서 약 11퍼센트포인트, 즉 전체의 4분의 3이 (2010년에 연간 35만2000달러 이상을 번) '1퍼센트'에게 돌아갔고 그중에서 약 절반이 (연간 150만 달러 이상을 번) '0.1퍼센트'의 손에 쥐여졌다.[31]

불평등의 증가가 **금융위기**를 불러왔을까?

지금까지 설명한 대로 금융위기 자체는 불평등의 구조적 증가에 크게 영향을 미치지 않았던 것으로 보인다. 그렇다면 그 역은 성립할까? 미국에서의 불평등 증가가 2008년 금융위기를 촉발하는 데 기여했을까? 미국 국민소득에서 상위 10퍼센트가 차지하는 몫이 지난 세기에 두 번, 즉 1928년(1929년의 증시 대폭락 직전)에 한 번, 2007년(2008년의 증시 대폭락 직전)에 다시 한번 정점에 이르렀다는 사실을 감안하면 이런 의문이 들기 마련이다.

미국에서 불평등의 증가가 미국의 금융 불안정에 한몫했다는 사실에는 의심의 여지가 없어 보인다. 이유는 간단하다. 불평등 증가의 한 결과로 미국의 하류층과 중산층의 구매력이 거의 정체되었고 그리하여 평범한 가구가 빚을 질 가능성이 더 높아졌다. 특히 규제에서 자유로워진, 그리고 부유층이 금융시스템에 투입한 거대한 저축으로부터 높은 수익률을 얻고자 갈망했던 비양심적인 은행과 금융기관들이 점점 더 관대한 조건으로 신용을 제공했기 때문에 더욱 그러했다.[32]

이 주장을 뒷받침하는 근거로 1970년대 이후 국민소득에서 상당 부분이(대략 15퍼센트포인트가) 하위 90퍼센트에서 상위 10퍼센트에게로 이전되었다는 점에 주목해야 한다. 구체적으로 말하면 금융위기 전의 30년 동안, 즉 1977년에서 2007년까지 미국의 경제성장을 검토해보면 가장 부유한 10퍼센트가 전체 성장의 4분의 3을 차지했다는 것을 알 수 있다. 이 기간에 가장 부유한 1퍼센트가 미국 국민소득 증가분의 거의 60퍼센트를 흡수했다. 따라서 하위 90퍼센트의 소득증가율은 연 0.5퍼센트 이하였다.[33] 이 수치들은 반박의 여지가 없으며 놀라운 수준이다. 소득불평등의 근본적인 정당성에 관해서 어떻게 생각하든 간에 이 수치들은 자세히 검토할 가치가 있다.[34] 사회집단 사이에 이렇게 극심한 격차가 존재하는 채로 기능을 무한정 계속해서 수행할 수 있는 경제와 사회를 상상하기는 힘든 일이다.

불평등의 증가가 미국 경제의 예외적으로 강한 성장과 동반되었더라면 상황은 꽤 달라졌을 것이 분명하다. 하지만 유감스럽게도 그렇지 않았다. 미국 경제는 이전의 10년보다 더 느리게 성장했고 그리하여 불평등의 증가는 저소득층과 중산층의 소득이 거의 정체되는 결과로 이어졌다.

이렇게 사회집단 간에 내부적으로 이전된 규모(미국 국민소득의 약 15퍼센트포인트)가 2000년대에 미국이 겪은 놀라운 무역적자(국민소득의 약 4퍼센트)의 거의 4배에 이른다는 점에도 주목해야 한다. 미국의 거대한 무역적자와 무역 상대국인 중국, 일본, 독일의 무역흑자가 2008년 금융위기가 터지기 전의 몇 년 동안 미국과 글로벌 금융시스템을 불안정하게 만든 '글로벌 불균형'을 일으킨 핵심 요인들 중 하나로 설명되곤 했기 때문에 이러한 비교는 흥미를 자아낸다. 이것도 경제위기에 대한 가능한 설명이긴 하지만, 미국의 내부적 불균형이 글로벌 불균형보다 4배 더 크다는 사실을 인식하는 것이 중요하다. 이는 위기와 관련된 문제의 해결책을 찾아야 할 곳은 중국이나 다른 국가들이 아니라 미국 내부일 수 있음을 시사한다.

그렇긴 하지만 미국에서 불평등의 증가가 2008년의 금융위기나 더 일반적으로 세계 금융시스템의 만성적 불안정의 유일한, 심지어 주된 유인이라고 주장하는 것은 지나칠 터이다. 내가 보기에 불안정을 일으킨 잠재적으로 더 중요한 요인은 (특히 유럽에서) 자본/소득 비율의 구조적 증가가 국제적 자산 포지션의 엄청난 총증가와 결합된 것이다.[35]

슈퍼 연봉의 부상

/

이제 미국에서의 불평등 증가 원인이라는 문제로 돌아가보자. 미국의 불평등 증가는 주로 전례 없는 임금불평등의 증가와 특히 임금계층의 꼭대기층, 그중에서도 대기업 최고위 경영진의 보수가 극도로 높아진 결과다(도표 8.7과 8.8 참조).

대체적으로 말해 미국의 임금불평등은 지난 세기에 중대한 변화를 겪었다. 임금불평등은 1920년대에 확대되었다가 1930년대에 비교적 안정화되었고, 제2차 세계대전 동안 극심하게 축소되었다. 이 '대압축'의 국면에 대해서는 많은 연구가 이뤄져왔다. 이 과정에서는 1941년부터 1945년 사이에 미국의 모든 임금 인상안을 심사하고 일반적으로 가장 낮은 보수를 받는 노동자들의 임금 인상만을 승인했던 국가전시노동위원회가 중요한 역할을 했다. 특히 경영자들의 급여는 물가 상승과 관계없이 체계적으로 동결되었고 전쟁이 끝날 무렵에도 완만하게 인상되었다.[36] 1950년대에 미국의 임금불평등은 비교적 낮은 수준으로 안정화되었는데, 그 수준은 예를 들어 프랑스보다 더 낮았다. 소득에서 상위 10퍼센트에게 가는 비율이 약 25퍼센트였고 상위 1퍼센트에게 가는 비율은 5~6퍼센트였다. 그러다가 1970년대 중반부터 상위 10퍼센트, 더 나아가 상위 1퍼센트가 노동소득에서 차지하는 몫이 평균 임금보다 더 빠른 속도로 증가하기 시작했다. 결국 지금까지 통틀어 상위 10퍼센트가 차지하는 몫이 25퍼센트에서 35퍼센트로 증가했고 이러한 10퍼센트포인트의 증가는 국민소득에서 상위 10퍼센트가 차지하는 몫의 증가분에서 약 3분의 2를 설명한다(도표 8.7과

8장
두 개의 세계

도표 8.7. 미국에서의 고소득과 고임금, 1910~2010

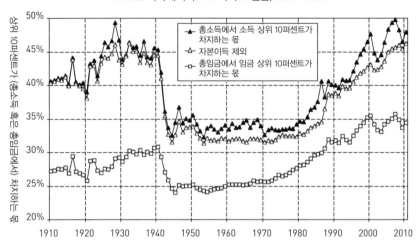

상위 10퍼센트가 (총소득 혹은 총임금에서) 차지하는 몫

1970년대 이래 소득불평등의 증가는 주로 임금불평등의 증가 때문이다.

출처 및 통계: piketty.pse.ens.fr/capital21c

도표 8.8. 미국에서 상위 1퍼센트 몫의 변화

상위 1퍼센트가 (총소득 혹은 총임금에서) 차지하는 몫

1970년대 이래 상위 1퍼센트의 가장 높은 소득 증가는 주로 상위 1퍼센트의 가장 높은 임금 증가 때문이다.

출처 및 통계: piketty.pse.ens.fr/capital21c

8.8 참조).

몇 가지 사항을 더 언급할 필요가 있다. 첫째, 임금불평등의 이러한 유례없는 증가는 개인의 직업 경로에 따른 임금 이동성의 증가로 보충되어온 것으로는 보이지 않는다.[37] 불평등 증가가 중요하지 않다는 주장의 근거로 임금 이동성의 증가가 종종 언급된다는 면에서 이것은 중요하다. 실제로 각 개인이 인생의 일부 시기에 아주 높은 소득을 누리도록 되어 있다면(예를 들어 각 개인이 소득계층 구조의 상위 1퍼센트에서 1년을 보낸다면) '매우 높은 보수'를 받는 계층에서 임금 인상이 있다고 해서 이것이 꼭 노동과 관련된—평생에 걸쳐 측정된—불평등이 정말로 증가했음을 의미하지는 않을 것이다. 잘 알려진 이 이동성 주장은 커다란 설득력을 지녀 종종 입증이 불가능할 정도다. 그러나 미국의 경우 정부 자료를 이용하면 임금 이동성을 고려하면서 불평등의 추이를 측정할 수 있다. 우리는 장기간(10년, 20년, 30년)에 걸친 개인 수준에서의 평균 임금을 계산할 수 있는데, 어떤 기간을 택하더라도 임금불평등의 증가가 모든 경우에 동일하다는 것을 발견했다.[38] 즉 맥도널드나 디트로이트의 자동차 공장 노동자들은 시카고대 교수나 캘리포니아 주의 중간급 관리자들과 마찬가지로 대기업의 최고위 경영자로 1년을 살지 않는다. 이는 직관적으로도 느낄 수 있는 것이지만 가능한 경우에는 체계적으로 측정하는 편이 언제나 더 낫다.

소득 상위 10퍼센트 내의 **동거체제**

/

또한 임금불평등의 전례 없는 증가가 미국의 소득불평등 증가의 대부분을 설명한다고 해서 자본소득이 아무 역할도 하지 않았다는 뜻은 아니다. 미국 사회계층 구조의 최상위층에서 자본소득이 사라졌다는 생각을 떨쳐버리는 것이 중요하다.

사실상 1980년 이후 자본소득 불평등의 상당한 증가가 미국 소득불평등 증가의 약 3분의 1을 차지하며, 이는 결코 무시할 만한 규모가 아니다. 실제로 미국에서는 프랑스, 유럽과 마찬가지로 과거뿐 아니라 현재에도 소득계층의 위로 올라갈수록 자본소득의 중요성이 언제나 더 커진다. 시간과 공간에 따른 차이는 정도를 나타낼 뿐이며 그 차이가 크다 해도 일반적인 원칙은 그대로다. 에드워드 울프Edward Wolff와 아지트 재커라이어스Ajit Zacharias가 지적했듯이, 상위 1퍼센트는 언제나 다른 여러 사회집단으로 구성되며 그중에는 자본소득이 매우 높은 사람도 있고 노동소득이 매우 높은 사람도 있다. 후자가 전자를 대체하지는 않는다.[39]

미국에서 오늘날 볼 수 있는 차이점은 소득계층의 훨씬 더 위쪽으로 올라가야 소득에서 자본소득이 우위를 차지한다는 것이다. 프랑스도 마찬가지이지만 미국은 정도가 훨씬 더하다. 1929년에는 자본소득(특히 배당금과 자본이득)이 소득계층 상위 1퍼센트의 주요한 소득원이었다(도표 8.9 참조). 2007년에는 상위 0.1퍼센트까지 올라가야 이런 양상이 나타난다(도표 8.10 참조). 다시 한번, 이는 자본소득에 자본이득을 포함시킨 경우라는 것을 분명히 해두어야 한다. 자본이득을 제외하면 소득계층의 0.01퍼센트 수준까지도 급여가 주요한 소득원일 것이다.[40]

마지막으로 분명히 밝혀야 할, 아마도 가장 중요한 요점은 매우 높은 소득의 증가와 매우 높은 급여의 증가는 주로 '슈퍼경영자', 즉 노동의 대가로 역사상 전례가 없을 정도의 극히 높은 보수를 받는 최고위 경영자들의 등장을 반영한다는 것이다. 각 상장기업에서 가장 많은 연봉을 받는 경영자들 다섯 명의 연봉(이는 일반적으로 연간 기업 보고서로 공개되어야 하는 유일한 보수 체계다)만 살펴보면, 미국에서 매우 높은 소득의 증가를 설명할 정도로 최고위 경영자들이 충분히 많지 않다는 역설적인 결론을 얻게 된다. 따라서 연방소득세 신고에 명시된 소득에서 관찰된 추이를 설명하기 어려워진다.[41] 그러나 사실 미국의 대기업들은 기업당 상위 1퍼센트(2010년에 35만2000달러 이상), 심지어 상위 0.1퍼센트(150만 달러 이상)에 속하는 보수를 받는 경영자가 다섯 명을 훨씬 웃돈다.

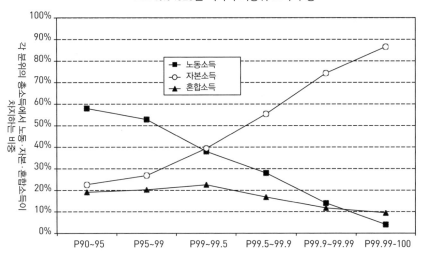

도표 8.9. 1929년 미국의 최상위 소득 구성

소득 상위 10퍼센트 이내에서 위쪽으로 올라갈수록 노동소득의 중요성이 점점 더 낮아진다.

출처 및 통계: piketty.pse.ens.fr/capital21c

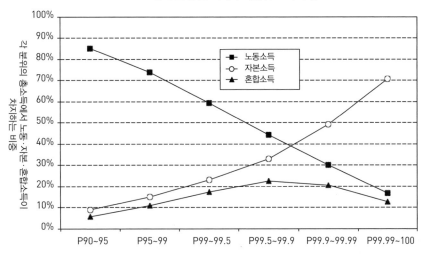

도표 8.10. 2007년 미국의 최상위 소득 구성

2007년에는 상위 0.1퍼센트 수준에서 자본소득이 지배적이었는데, 이는 1929년에 상위 1퍼센트 수준에서 그랬던 것과 대조적이다.

출처 및 통계: piketty.pse.ens.fr/capital21c

8장
두 개의 세계

소득세 신고에 나타난 소득과 기업의 보수 기록을 연결시킨 최근 연구에 따르면 2000~2010년에 소득계층 상위 0.1퍼센트의 대다수(어떤 정의를 선택하는지에 따라 60~70퍼센트)가 최고위 경영자들로 구성된다고 말할 수 있다. 그에 비해 온갖 운동선수, 배우, 예술가들은 이 집단의 5퍼센트도 되지 않는다.[42] 이런 의미에서 미국의 새로운 불평등은 '슈퍼스타'보다 '슈퍼경영자'의 등장과 훨씬 더 관련이 높았다.[43]

소득이 매우 높은 집단의 구성원들 중 (은행 및 기타 금융기관들의 경영자들과 금융시장에서 일하는 트레이더들을 포함한) 금융 전문가들의 비중이 전체 경제에서 금융산업이 차지하는 비중의 약 두 배라는 점도 흥미롭다.(이들은 소득 상위 0.1퍼센트의 약 20퍼센트를 차지하는 반면 금융업이 GDP에서 차지하는 비중은 10퍼센트가 되지 않는다.) 그럼에도 최상위 소득집단의 80퍼센트는 금융업 종사자가 아니며 소득이 높은 미국인들의 몫의 증가는 금융 부문뿐 아니라 비금융부문에 속한 대기업 최고위 경영자들이 받는 보수의 급상승으로 주로 설명된다.

마지막으로 미국의 세법과 경제 논리에 맞춰 최고위 경영자들에게 지급된 모든 상여금과 다른 성과급뿐 아니라 모든 스톡옵션의 가치(도표 8.9와 8.10에 나타난 임금불평등에서 중요한 역할을 했던 보수의 한 형태)도 임금에 포함시켰다는 것에 유의해야 한다.[44] 성과급, 상여금, 옵션 가치의 변동성이 매우 높다는 사실은 2000~2010년에 최상위 소득의 변동이 왜 그렇게 심했는지를 설명해준다.

제 9 장

노동소득의
불평등

지금까지 20세기 초 이후 프랑스와 미국에서의 소득 및 임금불평등의 전개과정을 소개했다. 이제 내가 관찰한 변화들을 분석하고 이러한 변화들이 다른 선진국과 신흥경제국에서 나타난 장기적인 변화를 얼마나 대표하는지를 검토할 것이다.

이번 장에서는 먼저 노동소득 불평등의 동학을 살펴볼 것이다. 1980년 이후 미국에서 임금불평등이 폭발하고 슈퍼경영자가 등장한 원인은 무엇일까? 좀더 전반적으로 보자면, 여러 국가에서 불평등이 역사적으로 다양한 양상을 보이며 전개된 것을 어떻게 설명할 수 있을까?

그다음 장들에서는 자본 소유 분배의 변천과정을 살펴볼 것이다. 20세기에 들어선 이후 모든 지역, 특히 유럽에서 부의 집중이 어떻게 완화되었고 그 원인은 무엇인가? '세습중산층'의 등장은 이 연구에서 중요한 문제다. 왜냐하면 그것은 20세기 전반에 소득불평등이 줄어든 이유와 선진국들이 자본소득자의 사회에서 경영자들의 사회로 옮겨간 (혹은 좀 덜 낙관적으로 보자면 극도의 자본소득자 사회에서 약간 덜 극단적인 자본소득자 사회로 이행한) 이유를 대체적으로 설명해주기 때문이다.

임금불평등: 교육과 기술 간의 경주?

노동소득의 불평등, 특히 임금불평등은 왜 사회와 시기에 따라 차이가 날까? 가장 널리 인정되는 이론은 교육과 기술 간의 경주 때문이라는 주장이다. 솔직히 말하면 이 이론이 모든 것을 설명하진 못한다. 특히 슈퍼경영자의 등장이나 1980년 이후 미국의 임금불평등에 대해서는 만족스러운 설명을 내놓지 못한다. 그러나 이 이론은 특정한 역사적 전개과정을 설명하는 데 흥미롭고도 중요한 단서를 제공한다. 따라서 먼저 이 이론을 살펴보며 논의를 시작하겠다.

이 이론은 다음 두 가지 가설을 바탕으로 하고 있다. 첫째, 한 노동자의 임금은 그의 한계생산성, 즉 그가 일하는 기업이나 사무실의 생산에 기여한 가치와 동일하다. 둘째, 노동자의 생산성은 무엇보다도 그가 보유한 기능 그리고 주어진 사회에서 그 기능의 수급에 따라 좌우된다. 예를 들어 자격을 갖춘 기술자가 매우 드물고(즉 기술자의 '공급'이 적고) 그 시기에 기술이 널리 쓰여 사회가 많은 기술자를 필요로 하는(즉 '수요'가 많은) 경우, 적은 공급과 많은 수요가 결합하여 기술자들이 다른 노동자들에 비해 더 높은 임금을 받게 되고, 따라서 높은 임금을 받는 기술자들과 다른 노동자들 사이에 상당한 임금불평등이 나타난다.

이 이론은 어떤 점에서는 제한적이고 고지식하다고 할 수 있다. 실제로 한 노동자의 생산성은 그의 이마에 새겨져 결코 변할 수 없는 객관적인 수치가 아니며, 각 노동자의 급여를 결정하는 데는 종종 서로 다른 사회집단들의 상대적인 힘이 중요한 역할을 한다. 그러나 지나치게 단순화된 면이 있긴 하지만 이 이론은 좀더 정교한 이론들에서도 실제로 임금불평등을 결정짓는 데 근본적인 영향을 미치는 두 가지 사회적, 경제적 요인인 기능의 '수요'와 '공급'을 강조한다는 장점이 있다. 실제로 기능의 공급은 다른 무엇보다도 교육제도의 상태에 좌우된다. 얼마나 많은 사람이 이런저런 교육과정을 밟았는지, 교육의 질은 어떠한지, 교실에서의 이론 수업이 적절한 전문적 경험으로 얼마나 보완되는지 등이 영향을 미친다. 그리고 기능에 대한 수요는 무엇보다도 사회가 소비하는 상품과 서비스를 생산하기 위해 이용 가능한 기술의 상태에 좌우된다. 다른 어떤 요인들이 관련되든 간에 교육제도의 상태와 기술의 상태 이 두 요인은 중요한 역할을 한다. 최소한 이 요인들은 서로 다른 사회집단들의 상대적인 힘에 영향을 미친다.

이 두 요인 자체도 다른 많은 힘에 좌우된다. 교육제도는 공공정책, 다양한 교육과정에 대한 선택 기준, 재원 확보 방식, 학생과 가족들이 부담하는 학비, 평생교육의 이용 가능성에 의해 형성된다. 기술의 진보는 혁신이 얼마나 빠른 속도로 이루어지고 실행되는지에 달려 있다. 기술의 진보는 새로운 기능에 대한 수요를 증대시키고 새로운 직업을 창출한다. 여기서 교육과 기술 간의 경주라는 개념이 도출된다. 기능의 공급이 그 수요와 같은 속도로 증가하지 않으면 충분한 고등교육을 받지 못한 집단들은 소득이 낮아질 것이고 저평가되는 직업으로 밀려나며 그리하여 노동과 관련된 불평등이 심화될 것이다. 이런 문제를 피하려면 교육제도가 새로운 유형의 교육과 그 교육 결과로서의 새로운 기능들을 충분히 빠른 속도로 공급해야 한다. 더 나아가 불평등을 줄이려면 새로운 기능의 공급이 훨씬 더 빠른 속도로 늘어나야 하는데, 특히 교육을 가장 덜 받은 사람들의 경우 더욱 그러하다.

가령 프랑스에서의 임금불평등을 생각해보자. 앞에서 설명한 것처럼, 임금불평등은 오랜 시간 꽤 안정적이었다. 20세기가 흘러가면서 평균 임금은 엄청나게 상승했지만 최고 10퍼센트와 최저 10퍼센트 사이의 격차는 그대로였다. 같은 시기 교육제도의 민주화가 대규모로 이뤄졌음에도, 왜 그랬을까? 가장 자연스러운 설명은 모든 기능의 수준이 거의 같은 속도로 발전함으로써 불평등한 급여 체계가 그저 위쪽으로 이동했을 뿐이라는 것이다. 한때 초등학교만 마쳤던 최하위 집단이 교육 사다리의 위 단계인 중학교를 마친 뒤 고등학교 졸업장을 향해 올라간다. 한편 이전에 고등학교 졸업장으로 만족했던 집단은 이제 대학에 가거나 더 나아가 대학원에 진학한다. 다시 말해 교육제도의 민주화는 교육불평등을 제거하지 못했고 따라서 임금불평등을 줄이지도 못했다. 그러나 교육 민주화가 이루어지지 않고 한 세기 전에 초등학교만 마쳤던 아이들(당시에는 각 세대의 4분의 3을 차지했다)이 계속 그 수준에 머물렀다면 노동과 관련된 불평등, 특히 임금불평등은 상당 수준 더 심화되었을 것이 분명하다.

이제 미국의 경우를 살펴보자. 경세학자 클라우디아 골딘Claudia Goldin과 로런스 카츠Lawrence Katz는 1890년에서 2005년 사이에 일어난 다음의 두 변화를 체계적으로 비교했다. 한쪽에는 대학 졸업자와 고등학교 졸업자 사이의 임금 격차를 놓고, 다른 한쪽에는 학사학위를 받은 사람 수의 증가율을 놓은 뒤 비교했는데, 골딘과 카츠가 보기에 결론은 분명했다. 두 곡선이 반대 방향으로 움직인다는 것이다. 특히 1970년대까지 꽤 규칙적으로 감소했던 임금 격차는 대학 졸업생 수의 증가가 처음으로 멈춘, 혹은 어쨌든 예전보다 증가 속도가 훨씬 더 느려진 1980년대에 다시 벌어지기 시작했다.[1] 골딘과 카츠는 미국에서 임금불평등이 증가한 것은 고등교육에 충분히 투자하는 데 실패했기 때문이라고 믿었다. 더 정확히 말하면 필요한 교육을 받지 못한 사람이 무척 많았는데, 여기에는 가족이 높은 학비를 감당할 수 없었던 이유도 한몫했다. 두 학자는 이런 경향을 뒤집기 위해서는 가능한 한 많은 사람이 대학에 다닐 수 있도록 미국이 교육에 많은 투자를 해야 한다는 결론을 내렸다.

이렇듯 프랑스와 미국의 경험에서 얻은 교훈은 같은 방향을 가리킨다. 궁극적으로 노동과 관련된 불평등을 줄일 뿐 아니라 노동력의 평균 생산성과 전체적인 경제성장률을 높이려면, 교육에 투자해야 한다는 것이다. 한 세기에 임금의 구매력이 다섯 배 증가했다면, 이는 노동력의 기능 향상이 기술 발전과 결합하여 1인당 생산을 5배 증가시켰기 때문이다. 장기적으로 봤을 때 교육과 기술은 임금 수준을 결정하는 결정적인 요인이다.

마찬가지로 미국이나 프랑스가 질적으로 높은 전문교육과 고등교육 기

368

3부
불평등의 구조

회에 대한 투자를 늘려서 더 많은 인구가 이런 교육을 받을 수 있도록 한다면, 이것은 분명히 급여 체계의 최저에서부터 중간 단계의 끝에까지 위치한 임금을 상승시키고 임금과 총소득에서 상위 10퍼센트가 차지하는 몫을 줄이는 가장 효과적인 방법이 될 것이다. 모든 징후는 스칸디나비아 국가들의 임금불평등이 다른 지역보다 심하지 않은 데에는 교육제도가 비교적 평등하고 포용적이라는 사실이 큰 몫을 했음을 알려준다.[2] 학비, 특히 고등교육 비용을 어떻게 지불할 것인가 하는 문제는 21세기의 어느 곳에서나 중요한 문제 중 하나다. 유감스럽게도 미국과 프랑스에서 학비와 교육 기회 문제를 해결하기 위해 이용할 수 있는 데이터는 극도로 제한되어 있다. 두 국가는 사회적 이동성을 촉진하기 위해 학교와 직업 훈련의 역할을 매우 중시하지만, 교육 문제와 능력주의에 관한 이론적 논의는 종종 현실과 동떨어져 있다. 특히 최고 명문 학교들은 사회 특권층 출신의 학생들을 선호하는 경향이 있다. 이 점은 13장에서 다시 논의할 것이다.

이론 모형의 한계: 제도의 역할

교육과 기술은 분명 장기적으로 결정적인 역할을 한다. 그러나 한 노동자의 임금이 그의 한계생산성에 의해, 따라서 주로 그가 보유한 기능에 의해 항상 완전하게 결정된다는 개념을 바탕으로 한 이 이론 모형theoretical model은 여러 측면에서 한계를 지니고 있다. 훈련에 투자하는 것만으로 언제나 충분하지 않다는 사실은 제쳐두자. 공급 가능한 기능들이 있다 하더라도 기존 기술로는 이를 활용할 수 없는 때가 있기 때문이다. 또한 이 이론 모형은 적어도 가장 단순화된 형태로 보면 훈련에 대해 지나치게 도구적이며 공리주의적인 관점을 보이고 있다는 것도 제쳐두자. 의료 부문의 주된 목적이 건강한 노동자들을 다른 부문에 공급하는 것이 아닌 것과 마찬가지로 교육 부문의 주목적은 경제의 다른 분야의 직업을 얻을 수 있

9장
노동소득의
불평등

도록 학생들을 준비시키는 것이 아니다. 모든 인류사회에서 건강과 교육에는 본질적인 가치가 내재되어 있다. 건강한 생활을 즐기는 것은 지식과 문화를 습득하는 것과 마찬가지로 문명사회의 근본적인 목적 중 하나다.[3] 우리는 다른 모든 일이 거의 모두 자동화되고 각 개인은 가능한 한 많은 자유를 얻어 자신과 다른 사람들을 위해 교육, 문화, 건강을 추구하는 이상적인 사회를 상상한다. 그 사회에서는 모든 사람이 번갈아가며 교사나 학생, 작가나 독자, 배우나 관객, 의사나 환자가 될 것이다. 제2장에서 언급했듯이 우리는 이미 어느 정도는 이런 과정에 있다. 현대적 발전의 한 특징은 교육, 문화, 의료에 바쳐지는 생산량과 고용이 상당한 몫을 차지한다는 것이다.

미래의 이상적인 사회를 기다리는 동안 현재의 임금불평등을 좀더 이해해보도록 하자. 임금불평등이라는 좁은 맥락에서 한계생산성 이론의 주된 문제는 이 이론이 단순히 우리가 서로 다른 시기의 서로 다른 국가들에서 관찰한 다양한 임금 분포 양상을 설명하지 못한다는 것이다. 임금불평등의 동학을 이해하려면 각 사회 노동시장의 작동을 지배하는 제도와 규칙 같은 다른 요인들을 끌어들여야 한다. 노동시장은 자연적이고 불변적인 메커니즘과 확고한 기술적 요인들에 의해 전적으로 결정되는 수학적이고 추상적인 관념이 아니라 특정한 규칙과 타협에 근거한 하나의 사회적 구조이며, 이러한 특징이 다른 시장들보다 훨씬 더 강하다.

앞 장에서 나는 다양한 기능의 수요와 공급 측면만으로는 설명하기 어려운 임금불평등의 축소 및 확장을 보여주는 중요한 사건 몇 가지를 언급했다. 예를 들어 제1차 세계대전과 제2차 세계대전 기간 중 프랑스와 미국에서 임금불평등이 축소된 것은 공공부문과 민간부문 모두에서 급여체계에 대한 협상이 이루어진 결과이며, 여기에는 이런 목적을 위해 특별히 설립된 국가전시노동위원회 같은 구체적인 제도들이 중요한 역할을 했다. 또한 나는 1950년 이후 프랑스에서 나타난 임금불평등의 전개과정을 설명하기 위해 최저임금의 변화가 중요하다는 데 주목했다. 이 기간은 명확하게 세 시기로 구분되는데, 최저임금이 거의 조절되지 않고 임금의 계층 구조는 확장된 1950년부터 1968년까지, 최저임금이 매우 급속하게 상승하고 임금불평등은 급격하게 줄어든 1968년에서 1983년까지, 그리고 최저임금이 비교적 서서히 상승하고 임금불평등이 확장되는 경향을 나타낸 1983년부터 2012년까지다.[4] 2013년 초 프랑스의 최저임금은 시간당 9.43 유로였다.

미국에서는 프랑스보다 거의 20년이나 앞선 1933년에 연방 최저임금제가 도입되었다.[5] 프랑스에서와 마찬가지로 미국에서 최저임금의 변동은 임금불평등이 전개되는 데 중요한 역할을 했다. 놀랍게도 구매력으로 환산한 최저임금은 거의 반세기 전인 1969년에 최고 수준인 시간당 1.60달러(1968년에서 2013년 사이의 물가상승률을 감안하면 2013년도 화폐가치로는 10달러)에 이르렀는데 당시 실업률은 4퍼센트 이하였다. 로널드 레이건과 조지 H. W. 부시 대통령이 집권한 1980년에서 1990년까지는 연방 최저임금이 3.35달러에서 꼼짝도 하지 않았다. 그리하여 인플레이션을 감안하면 구매력이 상당히 낮아졌다. 이후 연방 최저임금은 1990년대에 빌 클린턴 정부 하에서 5.25달러로 올랐다가, 조지 W. 부시 대통령 시기에는 그 수준에서 동결되었다. 그리고 2008년 이후 버락 오바마 정부에서 몇 차례 인상되었다. 2013년 초 미국의 연방 최저임금은 시간당 7.25달러, 즉 겨우 6유로 정도로 프랑스 최저임금의 3분의 2 수준이다. 이는 1980년대 초와는 반대되는 상황이다(도표 9.1 참조).[6] 오바마 대통령은 2013년 2월 신년 국정연설에서 2016년까지 최저임금을 시간당 약 9달러로 올릴 생각이라고 발표했다.[7]

미국의 임금 분포에서 최하위층의 불평등은 최저임금의 변화에 긴밀하게 반응하며 움직여왔다. 임금 분포에서 하위 10퍼센트와 전체 평균 임금 간의 격차는 1980년대에 상당히 벌어지다가 1990년대에 좁아졌으나, 2000년대 들어 다시 확대되었다. 그러나 임금 분포에서 최상위층의 불평등, 예를 들어 총임금에서 상위 10퍼센트에게 돌아가는 몫은 이 시기에

9장
노동소득의
불평등

도표 9.1. 프랑스와 미국의 최저임금, 1950~2013

프랑스(2013년도 유로, 왼쪽 눈금)
미국(2013년도 달러, 오른쪽 눈금)

2013년 구매력으로 환산한 시간당 최저임금은 1950년과 2013년 사이에 미국에서는 3.80달러에서 7.30달러로, 프랑스에서는 2.10유로에서 9.40유로로 올랐다.

출처 및 통계: piketty.pse.ens.fr/capital21c

꾸준히 증가했다. 분명 최저임금이 임금 분포의 최하위층에는 영향을 미치지만 다른 요인들이 작용하는 최상위층에 미치는 영향은 그보다 훨씬 덜하다.

임금 체계와 **최저임금**

프랑스와 미국이 경험한 사례에서 알 수 있듯이 최저임금제가 임금불평등의 형성과 전개에 중요한 역할을 한다는 데에는 의심의 여지가 없다. 각국가에는 이 문제에 관한 저마다의 고유한 역사와 사건이 있다. 그도 그럴 것이, 노동시장의 규칙들은 사회정의에 대한 각 사회의 인식과 규범에 따라 결정되며 각 국가의 사회적, 정치적, 문화적 역사와 밀접한 관련을 맺기 때문이다. 미국은 1950년대와 1960년대에 저임금 노동자들의 임금을 인상하는 데 최저임금제를 이용했지만 1970년대에 이 제도를 포기했다. 프랑스에서는 정확히 반대 상황이 벌어졌다. 1950년대와 1960년대에 최저임금이 동결되었다가 1970년대에 훨씬 더 자주 이 수단을 쓰게 된 것이다. 도표 9.1은 이 같은 뚜렷한 대비를 보여준다.

다른 여러 국가의 사례도 쉽게 찾아볼 수 있다. 영국은 1999년에 미국보다는 높고 프랑스보다는 낮은 수준으로 최저임금제를 도입했다. 2013년 영국의 최저임금은 6.19파운드(약 8.05유로)다.[8] 독일과 스웨덴은 국가 차원의 최저임금제를 도입하지 않기로 결정하고 각 산별노조가 고용주들과 최저임금뿐 아니라 임금 체계 전체를 협상하도록 했다. 실제로 2013년에 이 두 국가의 최저임금은 시간당 약 10유로로, 국가 차원에서 최저임금제를 도입한 국가들보다 높았다. 하지만 상대적으로 규제가 없거나 노동조합이 결성되어 있지 않은 부문에서는 최저임금이 현저히 낮을 수 있다. 독일은 임금의 공통된 최저 수준을 설정하기 위해 2013~2014년 최저임금제를 도입하는 문제를 검토하고 있다. 나는 여기서 세계의 최저임금제와 임금 체계의 역사를 상세하게 기술하거나 최저임금제가 임금불평등에 미치는 영향을 논의하려는 것이 아니다. 내가 이 문제를 언급한 것은 좀더 단순한 이유로, 모든 곳에서 임금 결정을 규제하는 제도들을 분석하는 데 어떤 일반 원칙들이 적용될 수 있는지를 간단히 지적하기 위함이다.

실제로 최저임금제와 고정된 임금 체계는 왜 필요할까? 먼저, 특정 노동자의 한계생산성을 측정하기가 항상 쉬운 것은 아니기 때문이다. 공공부문에서도 분명 그렇지만 민간부문도 마찬가지다. 수십 명, 심지어는 수천 명의 노동자를 고용하고 있는 조직에서 전체 생산량에 대한 각 개인의 기여도를 판단하는 것은 간단한 작업이 아니다. 분명 최소한 반복이 가능한 작업, 다시 말해 여러 종업원이 같은 방식으로 수행할 수 있는 직무에 대해서는 한계생산성을 측정할 수 있다. 경영진은 조립라인의 노동자나 맥도널드에서 서빙하는 직원에 대해서는 직원 한 명을 추가할 때마다 추가 수입이 얼마나 발생할지 계산할 수 있다. 그러나 그러한 추정치는 대략적

9장
노동소득의
불평등

이며, 절대적인 수치가 아니라 생산성의 범위를 제시하는 정도일 것이다. 한계생산성의 측정이 이렇게 불확실하다면 임금은 어떻게 설정되어야 할까? 경영진에게 한 달 혹은 하루 단위(왜 안 되겠는가?)로 각 직원의 임금을 정하는 절대적인 권력을 부여한다면 독단적이고 불공정한 요소가 끼어들 뿐 아니라 기업에도 비효율적일 것이다. 그렇게 생각할 만한 여러 이유가 있다.

특히 기업으로서는 임금이 비교적 안정적으로 유지되어 매출 변동에 따라 계속해서 변하지 않도록 하는 것이 효율적일 수 있다. 기업의 소유주와 경영자들은 일반적으로 노동자들보다 소득이 훨씬 더 높고 부유하다. 따라서 소득에 단기적인 변화가 발생하더라도 그 충격을 더 쉽게 흡수할 수 있다. 이러한 상황에서 상여금이나 다른 성과급의 활용을 배제하지 않으면서 고용계약의 일부분으로서 노동자의 월급을 보장하는 일종의 '임금보험'을 제공하는 것은 모든 사람의 이해관계에 맞을 수 있다. 일당 대신 월급을 지급하는 것은 20세기 모든 선진국에서 서서히 자리를 잡은 혁명적이고 혁신적인 방법이었다. 이러한 혁신은 법으로 명시되어 노동자와 고용주 사이 임금협상의 한 특징이 되었다. 19세기에 일반적이었던 일당은 점차 사라졌다. 이런 변화는 노동자 계급의 형성에 있어 결정적인 단계였다. 노동자들은 이제 법적 지위를 누리고 자신의 노동에 대해 안정되며 예측 가능한 보수를 받게 되었다. 그리하여 이들은 18세기와 19세기의 전형적인 피용자였던 일용직 노동자, 개수급 노동자piece workers와 명확하게 구분되었다.[9]

정액 임금제의 타당함을 보여주기 위한 이 설명에는 분명히 한계가 있다. 최저임금제와 정액 임금제를 지지하는 또 다른 고전적인 논거는 '기업특수적 투자specific investment' 문제다. 구체적으로 말하면, 한 기업이 수행해야 하는 특정한 기능과 과제들은 종종 노동자들에게 다른 기업들에서는 소용이 없는(혹은 제한적으로 사용되는), 그 기업만을 위한 투자를 할 것을 요구한다. 예를 들어 노동자들은 그 기업의 생산 절차와 관련된 특정한 업무나 조직의 방식 혹은 기능을 익혀야 한다. 임금이 기업에 의해 일방적으로 결정되고 언제든 바뀔 수 있어서 노동자들이 급여를 얼마나 받을지 사전에 알지 못한다면, 이들은 그 기업에 필요한 만큼의 투자를 하지 않을 것이다. 따라서 사전에 급여 체계를 정해놓는 방식은 모든 사람의 이해관계에 맞을 수 있다. 이와 같은 '기업특수적 투자' 논거는 기업의 다른 결정들에도 적용될 수 있으며, 때로 지나치게 단기적인 전망을 하는 듯 보이는 주주들의 권력을 제한하고, 제2장에서 논의한 '라인 자본주의 모델'과 같이 (기업 노동자들을 포함한) 더 광범위한 '이해관계자' 집단과 권력을 공유하는 방식을 지지하는 주된 근거이기도 하다. '기업특수적 투자'는 아마도 고정 급여 체계를 옹호하기 위한 가장 중요한 논거일 것이다.

좀더 일반적으로 본다면, 고용주들이 노동자들보다 협상력이 더 크고, 가장 단순한 경제모델에서 발견되는 '순수하고 완전한' 경쟁이라는 조건이 충족되지 않는 상황에서는 임금에 규칙을 부과해 고용주들의 권력을 제한하는 것이 합리적일 수도 있다. 예를 들어 한 지역 노동시장에서 소규모 고용주 집단이 수요를 독점하고 있다면, 즉 지역 노동력의 이동성이 제한되어 있는 등의 이유로 이 집단이 사실상 유일한 고용 창구일 경우, 이들은 가능한 한 임금을 낮춰 자신들의 우위를 악용하려 할 것이다. 그들은 어쩌면 노동자의 한계생산성보다 임금을 더 낮출 수도 있다. 그러한 상황에서 최저임금 기준을 부과하면 경제는 경쟁적인 균형에 더 가까워질 수 있고 고용 수준을 높인다는 점에서 공정할 뿐 아니라 효율적이기도 하다. 불완전한 경쟁을 바탕으로 한 이 이론 모형은 최저임금제를 정당화하는 가장 명확한 근거다. 즉 최저임금의 목적은 어떤 고용주도 자신의 경쟁우위를 특정 한도를 넘어서까지 악용할 수 없게 하는 것이다.

다시 말하면 모든 것은 분명 최저임금의 수준에 달려 있다. 임금의 최저한도는 국가의 전반적인 기술 수준이나 평균적인 생산성을 떠나서 추상적으로 설정될 수 없다. 1980년에서 2000년 사이에 미국에서 수행된 다양한 연구, 특히 경제학자 데이비드 카드David Card와 앨런 크루거Alan Krueger 의 연구는 이 시기에 미국의 최저임금이 지나치게 낮은 수준으로 떨어져 있어서, 수요독점 모형에서처럼 최저임금이 올라가도 고용률은 낮아지지 않으며 때로는 실제로 고용이 늘어날 수도 있음을 보여주었다.[10] 현재 오바마 정부는 거의 25퍼센트의 최저임금 인상(시간당 7.25달러에서 9달러로)을 구상하고 있는데, 이러한 연구들을 바탕으로 보면 이렇게 최저임금이 올라도 일자리에는 거의 혹은 전혀 영향을 미치지 않을 것이다. 최저임금이 언제까지나 계속해서 인상될 수 없다는 것은 분명하다. 최저임금이 높아지면서 고용 수준에 미치는 부정적인 영향들이 결국 더 커지기 때문이다. 최저임금이 2배나 3배로 높아져도 부정적인 영향이 우세하지 않다면 놀라운 일일 것이다. 평균 임금과 한계생산성에 비해 최저임금이 상대적으로 높은 프랑스와 같은 국가에서 상당 수준의 최저임금 인상을 정당화하는 것은 미국에서보다 더 어렵다. 프랑스에서 저임금 노동자의 구매력을 높이려면 기술 향상을 위한 훈련이나 세제 개혁 같은 다른 수단을 사용하는 것이 더 낫다. 게다가 이 두 처방은 상호 보완적이기도 하다. 하지만 최저임금이 동결되어서는 안 된다. 임금 인상이 생산성 상승을 무한정 초과해서는 안 되지만 대부분의 임금 인상을 생산성 상승률 아래로 제한하는 것도 마찬가지로 건전하지 못하다. 노동시장의 여러 제도와 정책은 서로 다른 역할을 하기 때문에 저마다 적절한 방식으로 활용되어야 한다.

요약하자면 임금을 인상하고 궁극적으로 임금불평등을 줄이는 가장 좋은 방법은 교육과 기술에 투자하는 것이다. 장기적으로 보면 최저임금과 임금제도가 임금을 5배나 10배로 높이진 못한다. 그러한 수준의 진전을 이루기 위해서는 교육과 기술의 역할이 결정적이다. 그러나 교육과 기술의 상대적인 발전이 정해주는 기간 내에서는 노동시장의 규칙들이 임금 결정에 중요한 역할을 한다. 실제로 그러한 기간은 꽤 길 수 있는데, 이는 개인별 한계생산성을 확실히 측정하기 어렵기 때문이기도 하고 기업특수적 투자와 불완전경쟁 문제 때문이기도 하다.

미국에서의 불평등 폭발을 어떻게 설명할 것인가?

/

한계생산성 이론과 교육과 기술 간의 경주 이론에서 가장 뚜렷하게 눈에 띄는 한계는 역시 1980년 이후 미국 최상위 노동소득이 폭발적으로 증가한 현상을 적절하게 설명할 수 없다는 점일 것이다. 이 이론에 따르면, 이러한 변화는 숙련자에게 유리한 기술 발전의 결과로 설명할 수 있어야 한다. 미국의 일부 경제학자는 이 주장을 받아들여 최상위 노동소득이 평균 임금보다 훨씬 더 빠른 속도로 상승한 이유는 특별한 기능들과 신기술로 인해 이 노동자들의 생산성이 훨씬 더 높아졌기 때문이라고 생각한다. 어쨌든 임금계층 구조의 어떠한 변형도 상당한 기술 변화가 일어난 결과로 '설명'할 수는 있다. 하지만 이 설명은 불필요한 동어반복으로 보이는데, 그 외에도 중요한 단점이 있어서 내가 생각하기에는 설득력이 다소 떨어진다.

첫째, 앞 장에서 설명했듯이 미국에서 임금불평등이 심화된 것은 주로 임금 분포의 최상위층, 즉 상위 1퍼센트와 더 나아가 상위 0.1퍼센트의 임금이 높아졌기 때문이다. 상위 10퍼센트 전체를 살펴보면 '9퍼센트'의 임금은 평균적인 노동자들보다는 더 빠른 속도로 인상되었지만 '1퍼센트'의 인상 속도에는 훨씬 못 미쳤다. 구체적으로 말하면, 연간 10만 달러에서 20만 달러를 버는 사람들의 임금 인상 속도가 평균적인 노동자들에 비해 약간 더 빠른 정도였다면 연봉이 50만 달러 이상인 사람들의 보수는 말 그대로 폭발적으로 증가했다. 연봉이 100만 달러 이상인 사람들의 임금 인상 속도는 훨씬 더 빨랐다.[11] 최고소득층에서 나타나는 이 같은 뚜렷한 불연속성은 한계생산성 이론에 이의를 제기한다. 소득 분포 내 여러 집단의 기술 수준 변화를 살펴보면 교육 기간이나 교육 기관의 선택성, 전문적인 경험 등 어떤 기준을 적용해도 '9퍼센트'와 '1퍼센트' 사이의 불연속성을 찾아보기 힘들다. 기술과 생산성에 대한 '객관적'인 척도에 기초한 이론이 옳다면 소득 상위 10퍼센트 내에서 임금 인상이 비교적 균일하게 이루어

9장
노동소득의
불평등

겼거나 혹은 그 안의 소집단은 비슷한 정도로 임금 인상이 이뤄졌어야 할 텐데 실제 관찰에 의하면 임금 인상 정도는 서로 큰 차이가 있다.

분명히 말하지만, 나는 카츠와 골딘이 밝힌 고등교육과 훈련에 대한 투자의 결정적인 중요성을 부인하는 게 아니다. 더 많은 사람이 대학에 다닐 수 있도록 장려하는 정책은 미국이나 다른 지역에서나 장기적으로 꼭 필요하고 매우 중요하다. 그러나 그런 정책들이 바람직하긴 하지만 1980년 이후 미국에서 관찰된 최고소득층의 폭발적인 소득 증가에 미친 영향은 제한적이었던 것으로 보인다.

요컨대 최근 수십 년 동안 뚜렷하게 다른 두 가지 현상이 나타났다. 먼저, 골딘과 카츠가 설명했듯이 대학 졸업생과 고등학교 이하의 학력 소유자 사이의 임금 격차가 커졌다. 또한 소득 상위 1퍼센트의 보수는 치솟았고 상위 0.1퍼센트의 경우 더욱더 치솟았다. 이것은 대학 졸업자 집단 내에서 일어난 현상이며 많은 경우 수년간 명문 대학에서 공부한 개인들을 구분지은 매우 특수한 현상이다. 양적인 면에서는 두 번째 현상이 첫 번째보다 더 중요하다. 특히 앞 장에서 살펴본 것처럼 소득 상위 1퍼센트의 과도한 소득 증가가 1970년 이후 미국의 국민소득에서 상위 10퍼센트가 차지한 몫의 증가 중 대부분을(거의 4분의 3을) 설명한다.[12] 따라서 이 현상에 대한 적절한 해석을 찾는 게 중요한데, 언뜻 보기에도 교육 요인에 초점을 맞추는 것은 적절하지 않다.

슈퍼경영자의 부상: 영미권 국가들의 현상

/

두 번째 문제―그리고 분명 한계생산성 이론이 부딪힌 심각한 문제―는 일부 선진국에서 고액 연봉의 폭등이 일어났으나 다른 국가들에서는 그렇지 않았다는 점이다. 이런 현상은 기술 변화 같은 전반적인 선험적 요인보다 국가 간의 제도적 차이가 이 문제에서 중심 역할을 한다는 것을 시사한다.

먼저 영어를 사용하는 국가들부터 살펴보자. 개략적으로 말하면 슈퍼경영자의 등장은 영미권 국가들에서 나타나는 현상이다. 1980년 이후로 미국, 영국, 캐나다, 호주의 국민소득에서 상위 1퍼센트가 차지하는 비율이 상당히 높아졌다(도표 9.2 참조). 유감스럽게도 우리는 모든 국가의 임금불평등과 총소득 불평등에 대해 프랑스나 미국과 같은 수준의 별도의 통계자료를 갖고 있지 못하다. 그러나 대부분의 경우 우리는 총소득과 비교한 소득의 구성과 관련된 데이터를 보유하고 있으며, 이로부터 이 국가들 모두 최상위 소득의 폭발적인 증가가 국민소득에서 상위 10퍼센트 몫의 증가 중 대부분(일반적으로 최소 3분의 2)을 차지한다는 사실을 추론할 수 있다. 나머지는 견조한 자본소득으로 설명된다. 모든 영미권 국가에서 최근 수십 년간 나타난 소득불평등의 주된 이유는 금융 부문과 비금융 부문 모두에서 슈퍼경영자가 등장했기 때문이다.

그러나 이렇게 나타난 현상이 유사하다 해도 그 규모는 국가마다 크게 차이가 난다는 사실을 간과해서는 안 된다. 도표 9.2가 이 점을 명확하게 보여준다. 1970년대에 국민소득에서 상위 1퍼센트가 차지하는 몫은 국가들 간에 매우 비슷했다. 도표의 영미권 국가 네 곳에서 이 비중은 6~8퍼센트였다. 미국이 예외적으로 두드러지지 않았고, 캐나다가 9퍼센트로 약간 높은 반면 호주는 1970년대 말과 1980년대 초 국민소득에서 상위 1퍼센트의 몫이 5퍼센트에 불과했다. 그런데 30년 뒤인 2010년대 초에는 상황이 완전히 달라졌다. 국민소득에서 상위 1퍼센트가 차지하는 몫이 미국에서는 거의 20퍼센트에 이른 반면 영국과 캐나다는 14~15퍼센트, 호주는 겨우 9~10퍼센트였다(도표 9.2 참조).[13] 어림잡아 계산해보면 미국에서 소득 상위 1퍼센트가 국민소득에서 차지하는 몫은 영국과 캐나다보다 거의 2배, 호주와 뉴질랜드보다 약 3배 높아졌다고 할 수 있다.[14] 슈퍼경영자의 등장이 순전히 기술과 관련된 현상이라면 매우 비슷한 국가 간에 왜 이렇게 큰 차이가 생겼는지 이해하기 힘들 것이다.

이제 나머지 부유한 국가들, 즉 유럽 대륙의 국가들과 일본을 살펴보

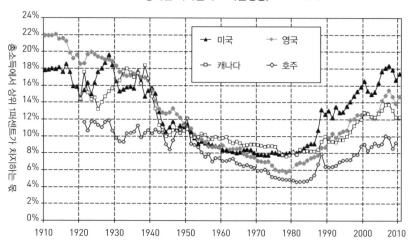

도표 9.2. 영미권 국가들의 소득불평등, 1910~2010

모든 영미권 국가에서 1970년대 이후 총소득 가운데 상위 1퍼센트가 차지하는 몫이 증가했다. 하지만
증가 폭은 서로 다르게 나타났다.

출처 및 통계: piketty.pse.ens.fr/capital21c

자. 중요한 사실은 1980년 이후 이 국가들의 국민소득에서 상위 1퍼센트가 차지하는 몫이 영미권 국가들보다 훨씬 더 적은 폭으로 증가했다는 것이다. 도표 9.2와 9.3을 비교해보면 이러한 사실이 특히 두드러진다. 분명어느 곳에서나 국민소득에서 상위 1퍼센트가 차지하는 비율은 상당히 증가했다. 일본은 변화 양상이 프랑스와 비슷하다. 1980년대에는 국민소득에서 상위 1퍼센트의 몫이 불과 7퍼센트였지만 오늘날에는 9퍼센트 혹은그보다 조금 더 높다. 스웨덴에서는 국민소득에서 상위 1퍼센트가 차지하는 몫이 1980년대 초에는 4퍼센트에 지나지 않았다. 이는 세계 최상위 소득 계층 데이터베이스에 기록된 모든 국가 중에서 그리고 모든 시기 가운데 최저 수준이다. 그런데 2010년대 초에는 7퍼센트에 이르렀고,[15] 독일은 1980년대와 2010년대 초 사이에 약 9퍼센트에서 거의 11퍼센트로 높아졌다(도표 9.3 참조).

다른 유럽 국가들을 살펴보면 지난 20년 동안 북유럽과 남유럽 모두에

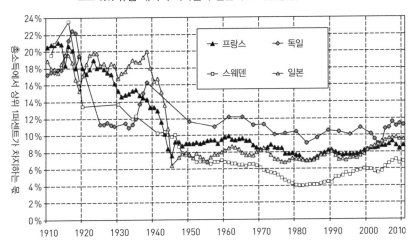

도표 9.3. 유럽 대륙의 국가들과 일본의 소득불평등, 1910~2010

영미권 국가들에 비하면 유럽 대륙의 국가들과 일본에서는 총소득 가운데 상위 1퍼센트가 차지하는 몫이 1970년대 이후 거의 증가하지 않았다.

출처 및 통계: piketty.pse.ens.fr/capital21c

서 국민소득 중 상위 1퍼센트가 차지하는 몫이 2~3퍼센트포인트 높아지는 비슷한 변화 양상을 볼 수 있다. 덴마크와 다른 북유럽 국가들에서 최상위층 소득자들은 총소득에서 차지하는 몫이 약간 적지만, 증가한 정도는 비슷하다. 덴마크에서는 1980년대에 소득 상위 1퍼센트가 국민소득의 4퍼센트를 차지했던 반면 2000년에서 2010년에는 7퍼센트에 가까워졌다. 이탈리아와 스페인은 같은 기간에 국민소득에서 상위 1퍼센트가 차지하는 몫이 7퍼센트에서 9퍼센트로 2퍼센트포인트 증가해, 프랑스와 매우 유사한 수치를 나타냈다(도표 9.4 참조). 이 점에서 유럽 대륙은 실제로 거의 완벽한 '연합union'이다. 물론 영국은 유럽보다 미국 쪽 패턴에 훨씬 더 가깝다.[16]

오해하지는 말자. 일본과 유럽 대륙 국가들에서 상위 1퍼센트의 소득이 국민소득에서 차지하는 몫이 2~3퍼센트포인트 증가했다는 것은 임금불평등이 매우 크게 증대했음을 의미한다. 소득 상위 1퍼센트의 임금은 평

9장
노동소득의
불평등

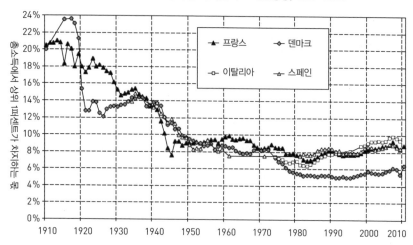

도표 9.4. 북유럽과 남유럽 국가들의 소득불평등, 1910~2010

영미권 국가들에 비하면 북유럽과 남유럽 국가들에서는 총소득 가운데 상위 1퍼센트가 차지하는 몫이 1970년대 이후 거의 증가하지 않았다.

출처 및 통계: piketty.pse.ens.fr/capital21c

균보다 현저히 빠른 속도로 증가했다. 국민소득에서 상위 1퍼센트의 몫은 약 30퍼센트 증가했고 그 몫이 더 낮은 수준에서 시작한 국가에서는 증가 폭이 더 컸다. '슈퍼경영자'들의 엄청난 임금 인상에 대해 일간 신문에서 읽거나 라디오에서 듣는 동시대 사람들에게 이러한 결과는 매우 놀라운 것이었다. 고소득자들의 임금 인상은 평균 임금이 정체되어 있거나 적어도 과거보다는 훨씬 더 느린 속도로 상승했던 1999년에서 2010년 사이에 특히 두드러졌다.

최상위 0.1퍼센트의 세계

게다가 소득계층의 위쪽으로 올라갈수록 소득은 더 극적으로 상승했다. 이러한 소득 상승의 혜택을 보는 개인의 수는 극히 제한되어 있지만 그럼

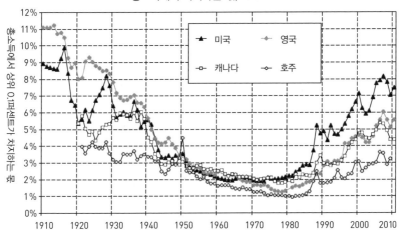

도표 9.5. 영미권 국가들에서 소득 상위 0.1퍼센트가
총소득에서 차지하는 몫, 1910~2010

영미권 국가들에서는 총소득 가운데 상위 0.1퍼센트가 차지하는 몫이 1970년대 이후 급격하게 증가했지만 증가 규모는 국가별로 다양하게 나타난다.

출처 및 통계: piketty.pse.ens.fr/capital21c

에도 그들이 누구인지 뚜렷이 알 수 있다. 따라서 그들이 왜 그렇게 높은 수준의 보수를 받는가라는 의문이 자연스럽게 제기된다. 영미권 국가들(도표 9.5)과 유럽 대륙의 국가들 그리고 일본(도표 9.6)에서 국민소득의 상위 천분위에 속하는 사람들, 즉 가장 많은 보수를 받는 0.1퍼센트가 차지하는 비율을 비교해보자. 차이는 뚜렷하다. 미국의 국민소득에서 상위 0.1퍼센트의 몫은 지난 수십 년간 2퍼센트에서 거의 10퍼센트로 증가했는데, 이는 전례를 찾아볼 수 없는 증가율이다.[17] 그러나 모든 지역에서 최상위층 소득자들의 소득이 놀라울 정도로 증가했다. 국민소득에서 상위 0.1퍼센트의 몫은 프랑스와 일본의 경우 1980년대 초의 1.5퍼센트에서 2010년대에는 2배에 가까운 약 2.5퍼센트로 증가했고, 스웨덴에서는 같은 기간 1퍼센트 미만에서 2퍼센트가 넘는 수치로 증가했다.

이러한 현상이 의미하는 바를 구체적으로 밝혀보자. 인구의 0.1퍼센트가 국민소득의 2퍼센트를 차지한다는 것은 이 집단에 속한 개인이 평균적

9장
노동소득의
불평등

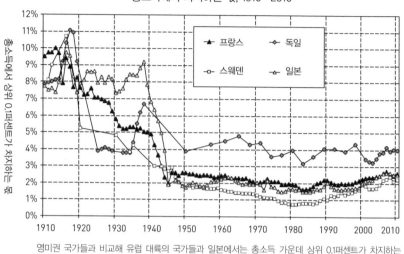

영미권 국가들과 비교해 유럽 대륙의 국가들과 일본에서는 총소득 가운데 상위 0.1퍼센트가 차지하는
몫이 거의 증가하지 않았다.

출처 및 통계: piketty.pse.ens.fr/capital21c

으로 국민 평균 소득의 20배를 더 누린다는 뜻이다. 즉 성인 1명당 평균
소득이 3만 유로라면 이들의 평균 소득은 1년에 60만 유로다. 따라서 인
구의 0.1퍼센트가 국민소득의 10퍼센트를 차지한다는 것은 이 집단에 속
한 개인이 국민의 평균보다 100배 높은 소득을 누린다는 뜻이다. 즉 평균
소득이 3만 유로라면 이들의 평균 소득은 1년에 300만 유로다.[18] 또한 의
미상 상위 0.1퍼센트는 (2010년대 초의 프랑스처럼) 성인 인구가 5000만
명인 국가에서는 5만 명이다. 따라서 이 집단은 아주 소수이지만('1퍼센트'
집단은 물론 10배 더 크다) 사회적, 정치적으로 중요한 지위를 차지한다.[19]
중심적인 사실은 유럽 대륙의 국가들과 일본을 포함한 모든 부유한 국가
에서 1990년과 2010년 사이에 소득 상위 1퍼센트의 구매력이 극적으로
증가한 반면 일반인의 구매력은 정체되었다는 것이다.

　그러나 거시경제적 관점에서 보면 유럽 대륙의 국가들과 일본에서는 최
고소득의 폭발적인 증가가 미친 영향이 지금까지는 제한적이었다. 인상적

인 증가세를 보인 것은 분명하지만 미국에서처럼 강한 영향을 미치기에는 영향을 받은 사람이 매우 적었다. 유럽 대륙의 국가들과 일본에서 상위 '1퍼센트'로 옮겨간 소득은 국민소득의 2~3퍼센트포인트에 불과했던 반면, 미국에서는 그보다 5~7배 높은 10~15퍼센트포인트였다.[20]

이러한 지역별 차이를 가장 간단히 표현하면 다음과 같다. 미국에서는 2000~2010년에 소득불평등이 1910~1920년에 관찰되었던 기록적인 수준으로 되돌아갔다. 하지만 소득의 구성은 이제 달라져, 노동으로 버는 고소득의 역할이 커지고 자본으로 얻는 고소득의 역할은 줄어들었다. 영국과 캐나다에서도 같은 방향으로의 변화가 일어났다. 유럽 대륙의 국가들과 일본의 임금불평등은 장기적인 관점에서 보면 오늘날이 20세기 초보다 훨씬 더 낮은 수준에 머물러 있고 실제로 1945년 이후로 크게 변하지 않았다. 도표 9.2와 9.3을 비교해보면 이 점은 특히 명확하다.

하지만 분명 이것이 지난 수십 년간 나타난 유럽과 일본의 변화 양상을 무시해도 된다는 의미는 아니다. 오히려 그 반대로, 이 국가들이 그려온 궤적은 10년이나 20년 정도 늦을 뿐 어떤 점에서는 미국의 궤적과 비슷하다. 따라서 불평등 현상에서 현재 미국에서 관찰되는 것과 같은 거시경제적 심각성이 나타날 때까지 걱정 없이 마냥 기다려서는 안 될 것이다.

그럼에도 불구하고 유럽 대륙의 국가들과 일본의 변화 양상은 지금까지는 미국(그리고 정도는 덜하지만 다른 영미권 국가들)보다 심각성이 훨씬 덜하다. 이런 점은 불평등에 영향을 미치는 힘들에 관해 시사하는 바가 있다. 세계의 부유한 지역들 간에 나타나는 차이가 놀라운 것은 모든 곳에서 기술 변화가 어느 정도 비슷했기 때문이다. 특히 정보기술의 혁명은 미국, 영국, 캐나다 못지않게 일본, 독일, 프랑스, 스웨덴, 덴마크에도 영향을 미쳤다. 이와 비슷하게, 경제성장—더 정확히 말하면 생산성 증가를 뜻하는 1인당 생산량 증가—도 부유한 국가들 전체에서 소수점 단위의 퍼센트포인트 차이만을 보이며 아주 비슷하게 나타났다.[21] 이런 사실들을 볼 때, 부유한 국가들의 소득분배 변화과정에서 나타난 이 커다란 차이에 대

9장
노동소득의
불평등

해서 설명이 필요하다. 한계생산성 이론, 교육과 기술 간의 경주 이론으로는 이것을 설명하기 어렵다.

1900~1910년에는 **신대륙보다 불평등했던 유럽**
/

게다가 현재 많은 사람의 생각과 달리 미국이 유럽보다 항상 더 불평등했던 것은 아니라는 점에 주의해야 한다. 20세기 초 유럽은 소득불평등이 사실 매우 높았다. 모든 지표와 역사적 자료에서 이 점이 확인된다. 특히 1900년과 1910년 사이 국민소득 가운데 상위 1퍼센트가 차지하는 몫은 유럽의 모든 국가에서 대략 20퍼센트를 넘었다(도표 9.2~9.4 참조). 영국, 프랑스, 독일뿐 아니라 스웨덴, 덴마크도 마찬가지였고(이는 북유럽 국가들이 항상 평등의 본보기는 아니었으며 오히려 그 반대였음을 보여주는 증거다), 나아가 우리가 이 시기의 추정치를 보유하고 있는 모든 유럽 국가가 전반적으로 그런 모습을 보였다.[22]

벨 에포크 시대에는 모든 유럽 국가에서 비슷한 수준으로 소득의 집중이 나타났다는 점도 분명히 설명할 필요가 있다. 이 시기 최상위 소득은 거의 전적으로 자본소득으로 이루어졌기 때문에[23] 주로 자본의 집중이라는 부문에서 설명의 근거를 찾아야 한다. 1900년부터 1910년까지 유럽에서 왜 그러한 자본의 집중 현상이 나타났을까?

유럽과 비교하면 미국과 캐나다(20세기 초에는 국민소득에서 상위 1퍼센트가 차지하는 몫이 약 16~18퍼센트였다)뿐 아니라 특히 호주와 뉴질랜드(11~12퍼센트)에서도 불평등의 정도가 낮았다는 점은 흥미롭다. 따라서 벨 에포크 시대에는 신대륙, 그중에서도 특히 가장 최근에 정착이 이뤄진 지역이 구유럽보다 더 평등했다.

유럽과 사회적, 문화적으로 다르지만 일본도 20세기 초에 이와 같은 높은 수준의 불평등이 나타났던 것으로 보인다는 점은 흥미롭다. 당시 일본에서는 상위 1퍼센트가 국민소득의 약 20퍼센트를 차지했다. 현재 이용 가능한 데이터로는 내가 원하는 비교를 할 수 없지만 모든 자료는 소득 구조와 임금불평등에서 일본이 실제로 유럽과 같은 '구세계'에 속했다는 것을 보여준다. 또한 20세기가 흘러가는 동안 일본과 유럽이 비슷한 변화를 보였다는 점도 눈에 띈다(도표 9.3).

벨 에포크 시대에 높은 자본 집중 현상이 나타났던 원인들과 20세기가 흘러가면서 여러 국가에서 발생했던 커다란 변화, 즉 자본 집중의 감소에 대해서는 나중에 다시 살펴볼 것이다. 특히 유럽과 일본에서 나타난 훨씬 더 높은 부의 불평등은 구세계에서 관찰되는 낮은 인구성장률로써 꽤 자연스럽게 설명된다는 점을 보일 것이다. 인구성장률이 낮으면 거의 자동으로 자본축적과 집중이 심화된다.

지금 단계에서는 그저 국가와 대륙 간의 상대적 지위를 바꿔놓은 변화의 크기를 강조하고 싶다. 국민소득에서 상위 10퍼센트가 차지하는 비율의 변화 양상을 살펴보면 이 점을 가장 명확히 알 수 있을 것이다. 도표 9.7은 20세기에 들어선 이후 미국과 유럽 4개국(영국, 프랑스, 독일, 스웨덴)의 국민소득에서 상위 10퍼센트가 차지하는 몫의 변화 양상을 보여준다. 장기적인 추세에 주목하기 위해 10년 동안의 평균을 표시했다.[24]

제1차 세계대전 직전에는 모든 유럽 국가에서 소득 상위 10퍼센트가 국민소득의 40~50퍼센트를 차지한 반면 미국에서는 그 수치가 40퍼센트를 조금 웃돌았다. 두 차례 세계대전을 지나면서 미국의 불평등은 유럽보다 약간 더 심해졌다. 1914~1945년의 충격들로 인해 소득 상위 10퍼센트의 몫은 두 대륙에서 모두 줄었지만 유럽에서(그리고 일본에서) 훨씬 더 가파른 하락세를 보였다. 1950년에서 1970년 사이에는 소득 상위 10퍼센트가 국민소득의 30~35퍼센트를 차지하며 꽤 안정적이었고, 미국과 유럽이 상당히 비슷한 모습을 보인다. 그러나 1970~1980년에 뚜렷한 격차가 나타나기 시작해 2000~2010년에는 다음과 같은 상황으로 이어졌다. 미국은 국민소득에서 상위 10퍼센트의 몫이 1900~1910년의 유럽과 비슷한 수준

9장
노동소득의
불평등

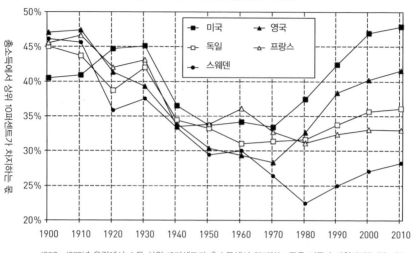

도표 9.7. 유럽과 미국에서 소득 상위 10퍼센트가
총소득에서 차지하는 몫, 1900~2010

1950~1970년 유럽에서 소득 상위 10퍼센트가 총소득에서 차지하는 몫은 미국과 마찬가지로 30~35
퍼센트였다.

출처 및 통계: piketty.pse.ens.fr/capital21c

인 45~50퍼센트에 달했고, 유럽 국가들은 가장 불평등한 사례(상위 10퍼
센트의 몫이 40퍼센트인 영국)부터 가장 평등한 사례(상위 10퍼센트의 몫
이 30퍼센트 미만인 스웨덴) 그리고 중간 수준인 프랑스와 독일(약 35퍼센
트)까지 다양한 양상을 보였다.

이 네 국가에 근거해 유럽의 평균을 (다소 자의적으로) 계산하면 대륙
간에 더 명확한 비교를 할 수 있다. 1900~1910년에 미국의 불평등 수준
은 유럽보다 덜했고, 1950~1960년에는 약간 더 높았으며, 2000~2010년
에는 훨씬 더 높았다(도표 9.8 참조).[25]

제8장에서 프랑스와 미국의 경우를 들어 상세히 분석했듯이, 이 장기적
인 그림과는 별개로 국가마다 다양한 역사적인 변화 양상과 각 국가의 사
회적, 정치적 발전이 얽혀 중·단기적으로 끊임없는 변동이 있었다. 이 책
에서는 지면 관계상 모든 나라에 대해 프랑스, 미국과 똑같은 정도로 분
석하지는 못할 것이다.[26]

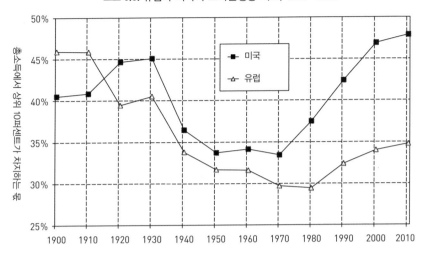

도표 9.8. 유럽과 미국의 소득불평등 비교, 1900~2010

소득 상위 10퍼센트가 총소득에서 차지하는 몫은 1900~1910년에는 유럽이 미국보다 높았고 2000~2010년에는 미국이 훨씬 더 높았다.

출처 및 통계: piketty.pse.ens.fr/capital21c

하지만 말이 나온 김에 두 차례 세계대전 사이는 거의 모든 곳에서 특히 격동의 시대였고 혼란스러웠던 것으로 보인다는 점은 언급해둘 만하다. 그러나 사건들이 일어난 순서는 나라마다 달랐다. 독일에서는 패전 직후인 1920년대에 극심한 인플레이션이 발생했다. 그 사건이 있고 얼마 후에 나치가 권력을 잡았는데, 전 세계적인 불황으로 독일이 다시 위기에 빠진 때였다. 흥미롭게도 이때 독일 국민소득에서 상위 10퍼센트가 차지하는 몫은 1933년과 1938년 사이에 급속도로 증가하여 여느 국가들과 완전히 다른 양상을 보였다. 이러한 현상은 군비 수요 증가로 산업 이윤이 회복되었을 뿐만 아니라 나치 시대에 소득불평등이 다시 높아졌음을 반영한다. 또한 1950년 이후 독일에서 소득 상위 1퍼센트, 나아가 상위 0.1퍼센트의 몫은 특히 프랑스를 포함한 유럽 대륙의 대부분 국가들뿐만 아니라 일본보다도 눈에 띄게 높아졌지만 독일의 전체적 불평등 수준은 다른 나라와 크게 차이가 없었다. 이런 현상은 다양하게 설명될 수 있는데 그중에

9장
노동소득의
불평등

서 어떤 설명이 더 설득력을 지니는지는 판단하기 어렵다. 이 점에 대해서는 나중에 다시 설명할 것이다.

또한 독일의 경우 20세기에 격동의 역사를 겪은 탓에 세금 기록에 심각한 공백이 있다. 따라서 어떤 변화가 나타났다고 확신하거나 다른 국가들과 명확한 비교를 하기가 어렵다. 프로이센 주, 작센 주 그리고 대부분의 다른 주가 비교적 이른 1880년과 1890년 사이에 소득세를 부과했지만 제1차 세계대전이 끝날 때까지 국가 차원의 법이나 세금 기록이 존재하지 않았다. 1920년대에도 통계 기록에 종종 단절이 나타나며, 1938년에서 1950년까지의 기록은 통째로 빠져 있다. 따라서 제2차 세계대전 동안과 그 직후에 소득분배가 어떻게 변화되었는지를 연구하기란 불가능하다.

이런 점에서 독일은 전쟁에 깊이 관여한 다른 국가들, 특히 일본이나 프랑스와 구분된다. 이 국가들의 세무당국은 전쟁 중에도 아무 일이 없었던 것처럼 계속해서 통계를 작성했다. 독일이 이 두 국가와 비슷한 점이 있다면, 독일의 자본과 자본소득이 거의 제로에 가깝게 낮아진 해인 1945년에 국민소득에서 상위 1퍼센트가 차지하는 몫이 바닥으로 떨어졌다가 1946~1947년에 다시 급격하게 상승하기 시작했을 가능성이 있다는 것이다. 그러나 1950년에 다시 작성된 독일의 세금 기록은 임금계층 구조가 이미 1938년의 상황과 비슷해지기 시작했음을 보여준다. 완전한 자료가 없기 때문에 이 이상은 말하기 어렵다. 독일은 20세기에 국경이 여러 번 바뀌었고, 가장 최근에는 1990~1991년 재통일이 있었으며, 게다가 완전한 세금 자료가 3년에 한 번씩만 출간되기 때문에(다른 나라에서는 매년 출간된다) 문제는 더 복잡하다.

신흥경제국에서의 불평등: 미국보다 더 낮을까?

이제 가난한 국가들과 신흥경제국들을 살펴보자. 유감스럽게도 이 국가들에서는 부의 분배의 장기적인 동학을 연구하는 데 필요한 역사적 자료들을 얻기가 부유한 국가들에 비해 더 어렵다. 그러나 가난한 국가들과 신흥경제국 중에서도 우리가 선진국에서 얻은 연구 결과와 대략적으로 비교하는 데 도움이 되는 장기적인 세금 자료를 찾을 수 있는 곳도 많다. 영국은 본국에서 누진적 소득세를 도입한 직후 이를 여러 식민지에도 도입하기로 결정했다. 따라서 1909년 영국에 도입된 것과 매우 비슷한 소득세가 1913년 남아프리카공화국에, 1922년에는 (현재의 파키스탄을 포함한) 인도에 도입되었다. 이와 비슷하게 네덜란드는 1920년에 식민지인 인도네시아에 소득세를 부과했다. 중남미의 몇몇 국가는 두 차례 세계대전 사이에 소득세를 도입했다. 예를 들어 아르헨티나가 소득세를 도입한 것은 1932년이다. 이 네 국가(남아프리카공화국, 인도, 인도네시아, 아르헨티나)는 각각 1913년, 1922년, 1920년, 1932년부터 현재까지(중간에 공백은 있다)의 세금 자료가 나와 있는데, 이 데이터들은 부유한 국가들의 데이터와 유사하기 때문에 비슷한 방법으로 이용할 수 있다. 특히 각 국가의 국민소득을 20세기 초까지 거슬러 올라가 추정할 수 있다.

내 추정치는 도표 9.9에 제시했다. 몇 가지 사항을 강조해두고 싶다. 첫째, 가장 놀라운 결과는 가난한 신흥경제국들에서 상위 1퍼센트의 소득이 국민소득에서 차지하는 비율이 부유한 국가들과 비슷하다는 점이다. 가장 불평등했던 시기, 특히 1910년에서 1940년 사이에 이들 나라에서는 상위 1퍼센트가 국민소득의 대략 20퍼센트를 차지했다. 인도는 15~18퍼센트, 남아프리카공화국, 인도네시아, 아르헨티나는 22~25퍼센트였다. 좀더 평등한 시기, 주로 1950~1980년에 소득 상위 1퍼센트가 국민소득에서 차지하는 몫은 6~12퍼센트(인도는 겨우 5~6퍼센트, 인도네시아와 아르헨티나는 8~9퍼센트, 남아프리카공화국은 11~12퍼센트)로 떨어졌다. 이후 1980년대에는 이 몫이 다시 늘어났고 현재는 국민소득의 약 15퍼센트 수준이다. 인도와 인도네시아가 12~13퍼센트, 남아프리카공화국과 아르헨티나가 16~18퍼센트다.

9장
노동소득의
불평등

또한 도표 9.9에 표시된 국가들 중 두 나라는 현재 이용 가능한 세금 기록으로는 1980년대 중반 이후의 상황 변화밖에 알 수 없다. 바로 중국과 콜롬비아다.[27] 중국에서는 소득 상위 1퍼센트가 국민소득에서 차지하는 몫이 지난 수십 년간 급속도로 증가했지만 1980년대 중반에는 매우 낮은 수준(스칸디나비아 국가들과 비슷한 수준)이었다. 이용 가능한 자료들에 따르면 당시에는 국민소득에서 상위 1퍼센트가 차지하는 몫이 5퍼센트 이하였다. 이는 임금 체계가 매우 단순하고 개인 자본이 없는 것이나 다름없는 공산주의 국가에서는 그리 놀라운 일이 아니다. 중국의 불평등은 1980년대 경제 자유화 이후에 급격하게 높아졌고 1990~2000년에 가속화되었다. 하지만 내 추정치에 따르면 2000~2010년에 중국에서 소득 상위 1퍼센트가 차지하는 몫은 10~11퍼센트로, 인도나 인도네시아(대략 영국이나 캐나다와 비슷한 12~14퍼센트)보다 낮고 남아프리카공화국이나 아

도표 9.9. 신흥경제국의 소득불평등, 1910~2010

소득 상위 1퍼센트의 몫으로 측정해보면 1980년대 이후부터 신흥경제국들의 소득불평등이 높아졌지만 2000년에서 2010년 사이의 미국보다는 낮은 수준이다.

출처 및 통계: piketty.pse.ens.fr/capital21c

3부
불평등의 구조

르헨티나(미국과 비슷한 16~18퍼센트)보다는 훨씬 더 낮다.

반면 콜롬비아는 WTID에서 가장 불평등한 사회 중 하나다. 콜롬비아에서는 1990~2010년에 상위 1퍼센트가 국민소득의 약 20퍼센트를 차지했으며 뚜렷한 변동 추세도 나타나지 않았다(도표 9.9 참조). 자본이득을 제외하고 따진다면 이 불평등 수준은 2000~2010년 미국의 불평등 수준보다 높다. 자본이득을 포함한다면 지난 10년간 미국의 불평등 수준이 콜롬비아보다 약간 더 높다.

그러나 가난한 국가들과 신흥경제국들은 소득분배의 동학을 측정하고 부유한 국가들과 비교하기 위해 이용할 수 있는 데이터가 상당히 제한되어 있다는 점에 주의해야 한다. 여기서 제시한 정도의 수치들은 이용 가능한 자료에 기초하여 내가 내놓을 수 있는 최선이지만, 우리가 알고 있는 내용은 여전히 불충분한 것이 사실이다. 신흥경제국들 가운데 20세기 전체의 세금 데이터를 알 수 있는 것은 몇 개국뿐이다. 게다가 그 데이터에도 공백과 단절이 있는데, 예를 들어 인도네시아처럼 이들 국가가 독립을 하던 시기인 1950년에서 1970년 사이가 특히 그렇다. 다른 많은 국가, 특히 영국과 프랑스의 식민지였던 인도차이나와 아프리카 국가들의 역사적 데이터로 WTID를 갱신하는 작업이 진행 중이지만 식민지 시대의 데이터는 대개 현대의 세무 기록과 연결시키기가 매우 어렵다.[28]

또한 세금 기록이 있다 해도 저개발국에서 소득세는 보통 인구 중 소수에게만 적용되기 때문에 종종 데이터의 신뢰도가 떨어진다. 따라서 총소득에서 상위 1퍼센트가 차지하는 몫은 추정할 수 있지만 상위 10퍼센트의 몫은 추정하기 어렵다. 남아프리카공화국처럼 특정 기간의 데이터를 이용할 수 있는 국가들에서는 소득 상위 10퍼센트의 몫이 가장 높은 경우 대략 국민소득의 50~55퍼센트임을 관찰할 수 있다. 이는 부유한 국가들에서 관찰된 최고 수준의 불평등, 즉 1900~1910년의 유럽과 2000~2010년 미국의 불평등 수준과 맞먹거나 약간 더 높은 수준이다.

나는 또한 1990년 이후의 세금 자료가 어느 정도 질적으로 떨어진다는 점을 발견했다. 그 원인 중 하나는 기록의 전산화인데, 전산화로 인해 많은 경우 이전에는 세무당국이 스스로의 필요로 인해 발행했던 상세한 통계 발표를 중단했기 때문이다. 이러한 현상은 때로 정보화 시대가 도래한 이후 자료의 질적 저하가 일어나기도 한다는 역설적인 사실(부유한 국가들에서도 같은 현상이 발견된다)을 의미한다.[29] 무엇보다도 자료의 질적 저하는 전반적으로 누진적 소득세에 대한 특정 정부나 국제기구들의 불만과도 관련이 있는 것으로 보인다.[30] 인도가 좋은 예다. 인도는 1922년부터 중단 없이 발표해오던 상세한 소득세 자료 공개를 2000년대 초에 그만두었다. 그리하여 2000년 이후의 인도의 상위 소득자의 소득 변화 양상을 연구하기란 20세기 때보다 더 어려운 일이 되었다.[31]

가난한 국가들과 신흥경제국들에서 성장의 결실과 부의 분배에 관한 문제는 부유한 국가들 이상으로 긴급한 사안이기에, 이러한 정보 부족 및 민주적 투명성의 저하는 더욱 유감스럽다. 지난 수십 년간 신흥경제국, 특히 인도와 중국에서 공식적으로 발표했던 매우 높은 성장률은 거의 전적으로 생산 통계를 바탕으로 하고 있다. 가구조사 자료를 이용해 소득 증가를 측정하면 발표된 거시경제의 성장률은 확인하기 어려운 경우가 많다. 인도와 중국의 소득은 분명 빠른 속도로 늘어나고 있지만 공식적인 성장 통계에서 추론되는 것만큼은 아니다. 때로 성장의 '블랙홀'이라 불리는 이러한 역설적인 현상에는 분명 문제가 있다. 이런 현상이 나타난 것은 생산량의 성장을 과대평가했기 때문일 수도 있고(이렇게 과대평가를 하는 데는 여러 관료주의적 동기가 있다) 소득 증가를 과소평가했기 때문일 수도 있으며(가구조사에는 자체적 결함이 있다) 혹은 두 가지 이유 모두일 가능성이 가장 높다. 특히 실종된 소득 부분은 증가한 생산량 가운데 커다란 부분이 보수를 가장 많이 받는 개인들에게 돌아갔을 가능성으로 설명될 수 있다. 이런 개인들의 소득이 항상 세금 자료에 담기는 것은 아니기 때문이다.

인도의 경우 국민소득에서 상위 1퍼센트의 몫의 증가가 1990년과 2000

년 사이에 나타난 성장의 '블랙홀' 가운데 4분의 1에서 3분의 1을 차지한다는 것을 소득세 신고 데이터로부터 추정할 수 있다.[32] 2000년 이후 세무자료의 질적 저하를 감안하면 최근의 성장을 사회집단별로 적절히 분해하기란 불가능하다. 중국에는 인도보다 더 기초적인 수준의 공식적인 세금 기록만 존재한다. 현재의 연구 상태로는 도표 9.9의 추정치가 우리가 보유한 가장 신뢰성 있는 자료다.[33] 그러나 두 국가 모두 좀더 완전한 데이터를 발표하는 일이 시급하고 다른 국가들 역시 마찬가지다. 더 나은 데이터를 이용할 수 있게 되면 인도와 중국의 불평등이 우리의 상상보다 더 빠른 속도로 커졌다는 사실을 발견하게 될지도 모른다.

어쨌든 요점은 가난한 신흥경제국들의 세무당국이 드러낸 결함이 어떤 것이든 간에, 세금 자료에 나타난 최상위 소득 수준이 가구조사 데이터보다 훨씬 더 높고 더 사실적이라는 것이다. 예를 들어 소득세 신고 데이터를 살펴보면 2000~2010년 콜롬비아에서는 소득 상위 1퍼센트가 국민소득에서 차지하는 몫이 20퍼센트를 웃돌았다.(아르헨티나에서는 거의 20퍼센트를 나타냈다.) 실질적인 불평등은 더 컸을 수도 있다. 그런데 이 국가들의 가구조사에서는 최상위 소득이 일반적으로 평균 소득보다 겨우 4~5배 높은 것으로 나타났다.(이는 대단히 부유한 사람이 없다는 것을 의미한다.) 따라서 가구조사를 신뢰한다면 소득 상위 1퍼센트가 전체 국민소득에서 차지하는 몫은 5퍼센트 이하가 되어야 한다. 이는 가구조사에서 나온 데이터가 그리 믿을 만하지 않다는 것을 의미한다. 흔히 세계은행과 같은 국제기구와 정부들이 불평등도를 측정하기 위해 사용하는 유일한 자료인 가구조사는 분명히 부의 분배에 대해 편향되고 오해를 불러일으키는 자기만족적인 시각을 제공한다. 불평등에 대한 공식적인 추정치들이 가구조사 데이터를 세금 기록 및 그 외의 정부 자료들에서 체계적으로 수집한 다른 데이터들과 결합시키지 못하면, 다양한 사회집단이나 소득계층 구조의 상위 1퍼센트 및 10퍼센트 간에 거시경제의 성장을 정확하게 배분하기란 불가능할 것이다. 이는 신흥경제국들뿐만 아니라 부유한 국가들에서도 마찬가지다.

한계생산성이라는 환상

/

이제 1970년 이후 미국에서, 그리고 정도는 덜하지만 영국과 캐나다에서 임금불평등이 심화된 문제로 돌아가보자. 앞서 언급했듯이 한계생산성 이론이나 기술과 교육 간의 경주 이론은 그다지 설득력이 없다. 폭발적으로 늘어난 보수는 임금 분포상 상위 1퍼센트 혹은 상위 0.1퍼센트에 고도로 집중되어 있는데, 이는 어떤 나라들의 불평등에는 큰 영향을 미친 반면, 다른 나라들에는 그다지 영향을 미치지 않았다.(일본과 유럽 대륙의 국가들은 아직은 미국보다 영향을 덜 받았다.) 기술 변화는 가장 높은 기술력을 가진 계층 전체에 연속적으로 영향을 미쳤고 비슷한 발전 수준에 있는 모든 나라에 영향을 주었을 것으로 예상할 수 있는데도 말이다. 2000~2010년에 미국의 소득불평등이 과거 여러 시기에 가난한 국가와 신흥경제국에서 관찰된 수준—예를 들면 1920~1930년, 1960~1970년, 2000~2010년의 인도나 남아프리카공화국—보다 높아졌다는 사실은 생산성의 객관적인 불평등에만 근거한 설명에도 의문을 제기한다. 오늘날 미국에서 개인 숙련 및 생산성의 불평등이 국민의 절반이 문맹이던 가까운 과거(혹은 오늘날)의 인도나 인종차별 정책 시기의(혹은 탈인종차별 정책 시기의) 남아프리카공화국보다 정말 더 심할까? 만약 그렇다면 미국의 교육 기관들로서는 반갑지 않은 소식일 것이다. 미국의 교육 기관들은 분명 개선되어야 하고 접근성이 더 높아져야 하지만, 아마 이처럼 과한 비난을 받아야 할 정도는 아닐 것이다.

내가 생각하기에 미국의 최상위 소득의 폭발적인 증가에 대한 가장 설득력 있는 설명은 다음과 같다. 앞서 언급했듯이, 최고소득자 중 대다수는 대기업의 고위경영자다. 이들이 받는 높은 급여에 대한 객관적인 기준을 개인적인 '생산성'에서 찾는 것은 상당히 순진한 생각이다. 조립라인의 노동자나 패스트푸드점에서 일하는 직원처럼 반복 가능한 직무에 대해서는 노동자나 직원 한 명을 더 투입했을 때 실현된 '한계생산량'을 (상당한 오차가 있다 하더라도) 대략적으로 추정할 수 있다. 그러나 한 개인이 맡은 직무의 기능이 그 사람밖에 할 수 없는 일이거나 그와 비슷할 경우 오차는 커질 것이다. 사실 불완전한 정보의 가설을 표준 경제모델에 도입하면(지금 상황에서 매우 적절할 것이다) '개인의 한계생산성'이라는 개념 자체를 정의하기가 어려워진다. 실제로 이것은 순전히 관념적으로 구성한 것에 가까운 개념이 되며, 이런 개념을 바탕으로 상위층을 교묘하게 옹호할 수 있다.

좀더 구체적으로 논의하기 위해 10만 명을 고용하고 있고 연간 총매출액이 100억 유로, 즉 직원 한 명당 10만 유로인 큰 다국적 기업을 생각해보자. 총매출액 중 절반이 상품 및 서비스 구매액이라고 가정하면(이는 경제 전반의 일반적인 수치다) 이 기업이 창출한 부가가치—직접 이용하는 노동력과 자본에 지불할 수 있는 가치—는 50억 유로, 즉 직원 한 명당 5만 유로다. 이 기업의 최고재무책임자CFO(혹은 부책임자나 마케팅 담당 임원과 그의 직원 등)의 임금을 정할 때에 원칙적으로는 그의 한계생산성, 즉 50억 유로라는 기업의 부가가치에 대한 기여도를 추정해보려 할 수 있다. 그의 한계생산성은 1년에 10만 유로일까, 50만 유로일까, 아니면 500만 유로일까? 이 질문에 대해 정확하고 객관적인 대답을 내놓기란 분명 불가능하다. 물론 이론적으로는 여러 명의 CFO를 각각 여러 해 동안 테스트하여 각자의 업무 선택이 100억 유로라는 기업의 총수입에 어떤 영향을 미치는지를 측정하는 실험을 할 수 있다. 그러나 그렇게 하여 나온 추정치는 아주 대략적으로 어림잡은 것이어서 전적으로 안정된 경제 환경에서라도 우리가 지불하려고 생각할 최대 급여와는 큰 오차가 있을 것이다.[34] 게다가 기업의 상황과 각 직무의 정확한 정의는 계속해서 바뀌기 마련인데, 이렇게 환경이 실제로 끊임없이 변화한다는 점을 감안하면 이러한 실험에

397

대한 아이디어는 실행 가능성이 더 희박해 보인다.

이처럼 불확실한 정보와 인지적 어려움을 감안할 때 실제로 보수는 어떻게 결정되는 것일까? 일반적으로 보수는 계층 구조의 상급자들이 정하고 최고위층의 급여는 임원들 자신 혹은 대개 비슷한 급여를 받는 기업(다른 대기업의 고위경영진과 같은) 보수위원회의 위원들이 정한다. 어떤 기업에서는 연차주주총회에서 주주들에게 고위경영진이 받을 보수에 대한 의결을 요청한다. 하지만 그러한 승인을 받는 직책은 소수로서, 모든 고위경영자가 포함되지는 않는다. 기업의 생산량에 대한 각 경영자의 기여도를 정확하게 추정하는 것이 불가능하기 때문에 계층 구조적인 관계와 관련자들의 상대적인 협상력에 좌우된 매우 자의적인 결정이 내려질 수밖에 없다. 자신의 급여를 정할 수 있는 지위에 있는 사람은 당연히 자신에게 관대하거나, 적어도 자신의 한계생산성을 다소 낙관적으로 평가할 자연적인 유인을 갖고 있다고 가정할 수 있다. 이런 행동은 인간적이며, 특히 필요한 객관적인 정보가 굉장히 불완전하기 때문에 더욱 그러하다. 이런 고위경영진에게 "기업의 돈을 훔친다"고 하는 것은 과도한 비난일 수 있지만 아마도 애덤 스미스가 말한 시장의 '보이지 않는 손'의 비유보다는 더 적절할 것이다. 실제로 '순수하고 완전한' 경쟁이 존재하지 않는 것과 마찬가지로 보이지 않는 손도 존재하지 않는다. 시장은 항상 기업의 위계 구조와 보수위원회 같은 제도 내에서 구체화된다.

그렇다고 고위경영진과 보수위원회가 자신들이 원하는 대로 얼마든지 급여를 정할 수 있고 항상 가능한 한 높은 액수를 책정한다는 것은 아니다. '기업지배구조'는 국가별로 특정한 제도와 규칙에 따르게 되어 있다. 이 규칙들은 일반적으로 애매모호하고 결함을 지녔지만 어느 정도 견제 기능과 균형을 잡는 역할을 해준다. 또한 각 사회는 특정한 사회적 규범을 부과하는데, 이는 더 광범위한 사회 전체의 견해뿐 아니라 상급 경영자와 주주들(혹은 흔히 금융사나 연기금 같은 기관투자자들인 주주들의 대리인)의 견해에도 영향을 미친다. 이런 사회 규범들에는 서로 다른 개인들이 기업의 생산과 전반적인 경제성장에 기여한다는 믿음이 반영되어 있다. 이런 문제들은 불확실성이 크기 때문에 나라마다, 시기마다 이에 대한 인식이 다르며 자연스럽게 각 나라의 특정한 역사로부터 영향을 받는다. 요점은 어느 개별적인 기업이 영업국의 지배적인 사회 규범을 어기기란 매우 어렵다는 것이다.

이런 유형의 이론 없이는 우리가 관찰한 미국, 그리고 정도는 덜하지만 다른 영미권 국가의 경영진과 유럽 대륙의 국가들 및 일본 경영진의 엄청난 급여 차이를 설명하기가 아주 어려울 것이다. 간단히 말하면, 미국과 영국에서 임금불평등이 급속도로 증대된 것은 1970~1980년 이후 양국 기업들이 극도로 후한 급여 패키지에 훨씬 더 관대해졌기 때문이다. 유럽과 일본 기업에서도 사회 규범들이 비슷한 방향으로 진화했지만 이 경향이 더 늦게, 1980년대 혹은 1990년대에 나타났고 지금까지는 미국처럼 큰 변화가 일어나지 않았다. 스웨덴, 독일, 프랑스, 일본, 이탈리아에서 경영진에게 1년에 수백만 유로의 보수를 주는 일은 오늘날에도 미국이나 영국에서보다 더 충격적인 일로 받아들여진다. 상황이 항상 이와 같았던 것은 아니다. 오히려 그 반대다. 1950년대와 1960년대에는 미국이 프랑스보다 더 평등했다는 것을 떠올려보자. 특히 임금계층 구조 면에서는 더욱 그러했다. 그러나 1970~1980년 이후 경영진에 대한 보상이 이런 식으로 이루어져왔고, 어떤 자료를 보더라도 고위경영진에 대한 이러한 보수의 변화가 각국의 임금불평등의 변화에 핵심적인 역할을 했음을 알 수 있다.

슈퍼경영자들의 도약: 강력한 양극화 요인

경영진의 보수에 대해 사회적 규범과 수용성 측면에서 접근하는 이러한 방식은 그럴듯한 선험적 방법처럼 보이지만 사실은 어려운 문제를 또 다른 수준으로 옮겨놓은 것일 뿐이다. 이제 문제는 이러한 사회적 규범이 어

9장
노동소득의
불평등

디에서 만들어지고 어떻게 진화하는지를 설명하는 것이다. 여기서는 분명 경제학 자체만큼이나 사회학, 심리학, 문화사 및 정치사 그리고 신념과 인식에 대한 연구가 중요해진다. 불평등 문제는 사회과학의 어느 한 분야가 아니라 사회과학 전반에 관련된 사안이다. 한 예로, 앞서 나는 1970년대와 1980년대에 미국과 영국을 지배하고 특히 경영진에 대해 높은 보수를 더욱 용인하는 결과를 낳은 '보수혁명'에는 아마도 이 국가들이 다른 국가들에게 추월당하고 있다는 느낌이 한몫했을 것이라고 언급했다(비록 전후 유럽과 일본의 고성장은 사실 1914~1945년에 받은 충격으로 인한 거의 기계적인 결과였지만). 그러나 여기에는 다른 요인들도 틀림없이 중요한 역할을 했다.

분명히 말하지만 나는 지금 모든 임금불평등이 공정한 보수와 관련된 사회 규범에 의해 결정된다고 주장하는 것이 아니다. 앞서 말했듯이 한계 생산성 이론, 기술과 교육 간의 경주 이론은 임금 분포의 장기적인 변화 양상에 대해 적어도 어떤 수준의 급여까지는, 그리고 어느 정도의 정확성 내에서는 그럴듯한 설명을 제시한다. 기술과 기능은 대부분의 임금 결정에 한계를 설정해준다. 그러나 특정 직무, 특히 대기업 고위경영진의 직무는 대체하기가 더 어렵기 때문에 주어진 직무의 생산성 측정에 오차가 더 커진다. 그러면 기능-기술 논리의 설득력이 약해지고 사회 규범 논리의 설득력이 커진다. 이러한 영향을 받는 사람은 직원들 중 소수에 불과하며 국가와 시기에 따라 기껏해야 몇 퍼센트, 아마도 1퍼센트 미만일 것이다.

하지만 선험적으로는 결코 분명하게 나타나지 않는 핵심적인 사실은, 1970~1980년 이후 부유한 국가들이 보여준 서로 다른 변화 양상에서 알수 있듯이 총임금에서 상위 1퍼센트가 차지하는 몫은 국가나 시기마다 상당히 다를 수 있다는 점이다. 슈퍼경영자가 받는 급여의 폭발적 증가 현상은 당연히 기업의 규모 및 기업 내 직무들이 점점 더 다양해진다는 점과 관련지어서 봐야 한다. 그러나 객관적으로 복잡한 대기업의 관리 문제가 유일한 쟁점은 아니다. 최상위 소득의 폭발적인 증가는 '극단적 능력주의'의

3부
불평등의 구조

한 형태로 설명될 수 있다. 극단적 능력주의는 현대사회, 특히 미국에서 특정 개인들이 출생이나 배경이 아닌 자신의 고유한 능력을 기반으로 선택된 것처럼 보인다면 이들을 '승자'로 지정하고 더욱더 후하게 보상할 필요성이 분명히 있다는 것을 뜻한다. 이 점에 대해서는 나중에 다시 설명할 것이다.

어쨌든 최고위 경영자들에게 주어진 극도로 후한 보수는 부의 분배를 불평등하게 만든 강력한 요인이다. 가장 많은 보수를 받는 개인들이 자신의 급여를 스스로 정한다면 불평등은 (적어도 어느 한도까지는) 계속 커져만 갈 것이다. 이런 상황이 어디서 끝날지를 미리 판단하기란 매우 어렵다. 연간 총매출액이 100억 유로인 대기업의 CFO를 다시 생각해보자. 기업의 보수위원회가 갑자기 이 CFO의 한계생산성은 10억 유로라고 판단할 것이라고 상상하긴 힘들다. 심지어 1억 유로라고 판단하지도 않을 것이다. 그렇게 되면 나머지 경영진에게 지급할 충분한 돈이 남지 않기 때문에라도 그렇다. 반면 어떤 사람들은 연봉 100만 유로, 1000만 유로, 심지어 5000만 유로라도 정당화될 수 있다고 여길지도 모른다. 한계생산성이 매우 불확실하기 때문에 명확한 한도가 정해지기는 어렵다. 미국에서 상위 1퍼센트가 총임금에서 차지하는 몫은 15~20퍼센트나 25~30퍼센트에 이를 수 있고, 그보다 더 높아지는 것도 충분히 상상할 수 있는 일이다.

기업지배구조가 효과를 발휘하지 못하고 경영진이 받는 극도로 높은 급여를 생산성이라는 측면에서 합리적인 것으로 정당화할 수 없음을 가장 설득력 있게 보여주는 증거는 개별 기업의 데이터를 수집했을 때(모든 부유한 국가의 상장기업에 대해 이런 자료를 수집할 수 있다) 관찰되는 급여의 변화를 기업 성과의 변화로 설명하기가 매우 어렵다는 점이다. 매출액 증가, 이익 등 다양한 성과 지표들을 살펴보았을 때 관찰되는 변화는 다른 변화들을 합한 것이다. 즉 이는 기업 외부적 요인(전반적인 경제 상태, 원자재 가격 쇼크, 환율 변동, 같은 부문 내 다른 기업들의 평균적인 성과 등)으로 인한 변화에 '비외부적' 요인으로 인한 변화로 나누어질 수 있다. 기업 경영자들의 결정으로 중대하게 영향을 받는 것은 후자뿐이다.

경영진의 급여가 한계생산성으로 결정된다면, 기업 성과의 변화는 외부적 요인과 거의 관련이 없어야 하고 오로지 혹은 주로 비외부적 요인에 좌우되어야 한다. 그러나 실제로는 정반대의 상황이 나타나고 있다. 경영진의 급여가 가장 빠른 속도로 상승하는 것은 외부적인 요인들로 매출과 이익이 증가할 때다. 미국 기업들에서 특히 이런 현상이 뚜렷하다. 베르트랑Marianne Bertrand과 멀레이너선Sendhil Mullainathan은 이런 현상을 '행운의 보수 pay for luck'라고 부른다.[35]

나는 제4부에서 이 문제를 다시 다루면서 이러한 접근 방식을 일반화할 것이다(제14장 참조). '행운의 보수'를 지급하는 경향은 국가와 시기별로 크게 차이를 보이며 세법의 변화, 특히 소득세 최고한계세율과 적어도 어느 정도까지는 명백하게 함수관계에 있다. 소득세 최고한계세율은 (세율이 높을 경우) 그것에 대한 보호벽 역할을 혹은 (낮을 경우) 나쁜 행동의 유인 역할을 하는 것으로 보인다. 물론 세율의 변화는 그 자체로 불평등과 관련된 사회 규범의 변화와 연결되어 있지만, 이러한 변화는 일단 시행된 뒤에는 자체 논리에 따라 진행된다. 구체적으로 말하면 1980년 이후 영미권 국가들이 (영국과 미국은 과거 수십 년 동안 부적절하다고 여겨지던, 소득에 대해 몰수에 가까운 세금을 부과하는 데 앞장섰던 나라들이었지만) 소득세 최고한계세율을 대폭 인하한 것이 최고위 경영진의 급여 결정 방식을 완전히 바꿔놓은 듯 보인다. 세금 인하로 인해 분명 현재의 최고위 경영진들은 높은 급여 인상을 추구하려는 유인이 과거보다 훨씬 더 강해졌기 때문이다. 또한 나는 이러한 증폭 메커니즘이 어떻게 다른 변화 요인, 좀더 정치적인 성격을 띠는 변화 요인을 낳을 수 있는지를 분석할 것이다. 소득세 최고한계세율의 인하는 최상위 소득의 폭발적인 소득 증가로 이어졌고, 그 결과 세제의 변화로부터 혜택을 받는 이들의 정치적 영향력을 높였다. 이들은 최고세율을 낮게 유지하고 심지어 더 내리는 데 관심이 있으며, 그렇게 얻은 횡재로 정당, 압력단체, 싱크탱크에 자금을 댈 수 있었다.

자본 소유의
불평등

이제 부의 불평등 문제와 그 역사적 변천과정을 살펴보자. 부의 불평등 문제가 더욱 중요성을 띠는 이유는 이런 유형의 불평등, 그리고 여기서 비롯된 소득의 불평등이 완화된 것이 20세기 전반에 총소득의 불평등을 완화시킨 유일한 원인이었기 때문이다. 앞서 말한 것처럼 노동소득의 불평등은 1900~1910년과 1950~1960년 사이에 프랑스에서도, 또 미국에서도 구조적인 의미에서는 감소하지 않았다. 노동력이 보수가 낮은 직업에서 높은 직업으로 점진적이고 기계적으로 이동한다는 생각을 바탕으로 한 쿠즈네츠의 이론에서 낙관적으로 예상했던 것과는 반대였다. 총소득 불평등이 급격히 완화된 것은 본질적으로 자본으로 인한 고소득의 급속한 감소 때문이었다. 우리가 이용할 수 있는 정보들은 이와 같은 상황이 다른 모든 선진국에서도 마찬가지라는 것을 보여준다.[1] 따라서 부의 불평등이 이처럼 역사적으로 축소된 과정과 원인을 반드시 이해해야 한다.

자본／소득 비율이 상승하고 성장이 둔화되면서 오늘날 자본의 소유가 또다시 점점 더 집중되고 있기 때문에 부의 불평등 문제는 더욱더 중요하다. 부의 격차가 커질 가능성은 이 문제가 장기적으로 어떤 결과를 불러올지에 대해 많은 의문을 제기한다. 어떤 면에서 이 문제는 지금까지는 지역적으로 한정되어 있는 현상인 슈퍼경영자와 다른 사람들의 소득 격차 확대보다 훨씬 더 걱정스러운 문제다.

극심한 부의 집중: 유럽과 미국

제7장에서 살펴본 것처럼 부의 분배, 그리고 자본소득의 분배는 항상 노동소득의 분배보다 훨씬 더 집중되어 있다. 알려진 모든 사회에서 어느 시기든, 인구의 가난한 절반은 거의 아무것도 소유하지 않으며 일반적으로 전체 부의 5퍼센트 조금 넘게 소유한다. 그리고 상위 10퍼센트의 부유층이 소유할 수 있는 것의 대다수를 소유하는데, 일반적으로 전체 부의 60 퍼센트, 때로는 90퍼센트까지 소유한다. 그리고 구조상 중간 계층인 나머지 인구 40퍼센트가 전체 부의 5~35퍼센트를 소유한다.[2] 또한 나는 '세습 중산층', 즉 인구의 절반을 차지하는 가난한 사람들보다는 분명 더 부유하며 국부의 4분의 1에서 3분의 1을 소유하는 중간 집단의 등장을 살펴보았다. 이러한 중산층의 출현은 분명 부의 분배에 장기적으로 영향을 미치는 가장 중요한 구조적 변화다.

그렇다면 왜 이런 변화가 일어났을까? 이 질문에 답하려면 역사를 연대 순으로 자세히 살펴봐야 한다. 부의 불평등이 언제, 어떻게 축소되기 시작했을까? 솔직히 말하면, 유감스럽게도 필요한 자료(주로 공증 기록)를 항상 이용할 수 있는 것은 아니어서 지금까지 부의 불평등이 거쳐온 역사적 추이에 대해서는 소득불평등만큼 많은 국가의 사례를 연구하지 못했다. 우리는 프랑스, 영국, 미국, 스웨덴 이 네 국가에 대해서는 거의 완전한 역사적 추정치를 보유하고 있다. 이 네 국가의 역사에서 얻은 교훈이 매우 확실하고 일관성 있기 때문에 우리는 유럽과 미국이 그린 궤적 간의 유사성과 차이에 대해 몇 가지를 이야기할 수 있다.[3] 게다가 부에 관한 데이터는 소득 데이터에 비해 한 가지 커다란 장점이 있다. 몇몇 국가의 경우 시간적으로 훨씬 더 먼 과거를 살펴볼 수 있다는 점이다. 이제 내가 자세히 연구한 네 국가를 하나씩 검토해보자.

프랑스: 민간 부의 관측소

프랑스는 우리가 18세기 말부터 현재까지 부의 분배를 공백 없이 연구할 수 있는 아주 동질적인 역사적 자료를 보유한 유일한 국가이기 때문에 특히 흥미로운 사례. 프랑스에서는 귀족들에 대한 세제 특혜가 폐지된 직후인 1791년에 상속세와 증여세가 도입되고 재산 등기소가 설립되었다. 당시로서는 놀랍고 혁신적인 조치였으며, 특히 그 대상이 보편적이었다는 점에서 주목할 만하다. 새로운 상속세는 세 가지 면에서 보편적이라 할 수 있었다. 첫째, 농지, 기타 도시와 시골의 부동산, 현금, 공채와 사채 그리고 주식이나 합자회사의 지분 같은 기타 금융자산, 가구, 귀중품 등을 포함한 모든 유형의 재산에 적용되었다. 둘째, 귀족이든 평민이든 모든 재산 소유자에게 적용되었다. 셋째, 크든 작든 모든 규모의 재산에 적용되었다. 게다가 이 근본적인 개혁의 목적은 새로운 정권의 금고를 채우는 것뿐만 아니라 정부가 재산권의 집행을 완전히 보장하기 위해 유산(소유자가 사망했을 때)이든 증여(소유자가 살아 있을 때)든 모든 부의 양도를 기록하는 것이었다. 공식적으로 상속세와 증여세는 항상—1791년부터 현재까지—수많은 등기 수수료 가운데 하나, 좀더 구체적으로는 소유권 이전에 따른 등기 수수료로 분류되어왔고, '자유의지에 따른 이전', 즉 재무적 고려 없이 유산이나 증여로 재산 소유권을 이전하는 경우와 '재무적 고려에 의한 이전'(즉 현금이나 그 외의 가치 있는 증서와 교환하는 소유권 이전)에 부과되는 세금을 모두 포함한다. 따라서 이 법의 목적은 규모가 크든 작든 모든 재산 소유자가 소유권을 등록함으로써, 문제가 발생했을 때 당국에 호소할 수 있는 권리를 포함해 재산권을 안전하게 향유할 수 있도록 하는 것이었다. 그리하여 지금까지도 존재하는 부동산 대장을 포함해 1790년대 말과 1800년대 초에 거의 완전한 재산 기록 체계가 구축되었다.

국가별 상속세의 역사에 관해서는 제4부에서 논의하도록 하고, 여기서는 주로 역사적 자료로서의 세금에 주목한다. 다른 대부분의 국가에서 프랑스에 필적할 만한 상속세와 증여세가 확립된 것은 19세기 말이나 20세기 초가 되어서였다. 영국에서는 1894년의 개혁으로 이전에 부동산, 금융자산, 동산의 양도에 부과되던 세금을 통합했지만, 모든 유형의 재산을 다룬 동질적인 공증 통계는 1919~1920년부터 나와 있다. 미국에서는 1916년에 비로소 연방 상속세와 증여세가 도입되었는데, 이 세금은 인구의 극히 소수만을 대상으로 했다.(일부 주에 더 광범위한 인구를 대상으로 한 세금이 있었지만 성격은 매우 달랐다.) 그리하여 제1차 세계대전 이전에 이 두 국가에서 부의 불평등이 어떻게 전개되었는지를 연구하는 것은 굉장히 어려운 일이다. 분명 특정한 인구 소집단들과 재산의 유형을 다룬, 주로 민간에서 나온 공증 문서와 유산 목록이 많이 있지만 이 기록들을 이용해 일반적인 결론을 도출할 확실한 방법은 없다.

이는 매우 유감스러운데, 제1차 세계대전이 부와 부의 분배에 중요한 충격을 준 사건이기 때문이다. 프랑스의 사례를 연구하는 주된 이유 가운데 하나는 바로 이 결정적인 전환점을 장기적인 역사적 관점에서 살펴볼 수 있도록 해주기 때문이다. 1791년에서 1901년까지 상속세와 증여세는 엄격한 비례세였다. 촌수에 따라 달라지긴 했지만 양도되는 대상의 크기에 상관없이 동일한 세율이 부과되었고, 일반적으로 세율이 1~2퍼센트로 아주 낮았다. 그러다가 의회에서 오랜 싸움이 벌어진 뒤 이 세금들은 1901년에 약간 누진적인 성격을 띠게 되었다. 1820년대부터 상속과 기부의 연간 총액에 관해 상세한 통계자료를 발표하기 시작한 정부는 1901년 부동산 규모에 따라 다양한 통계를 정리하기 시작했고, 이때부터 1950년대까지 이 자료는 연령, 부동산의 규모, 재산 유형 등에 기초한 교차 분석과 함께 점점 더 정교해졌다. 1970~1980년 이후에는 특정 연도의 상속세와 증여세 기록의 대표적인 표본을 포함하고 있는 디지털 파일을 이용할 수 있게 되어서 데이터를 2000~2010년까지 확장할 수 있다. 나는 세무당국이 지난 두 세기 동안 직접 만든 풍부한 자료에 더해 포스텔비네, 로장탈과 함께 수만 건의 개인 신고서를 수집했다. 이것들은 19세기 초부터 국가와 각 부서의 문서보관소에 아주 신중하게 보관되어왔다. 이는 1800~1810년부터 2000~2010년까지 10년 단위로 대표본을 만들기 위해서였다. 대체로 프랑스의 공중 기록들은 지난 두 세기 동안의 부의 축적과 분배를 이례적일 정도로 풍부하고 상세히 보여준다.[4]

세습사회의 변형

/

도표 10.1은 1810년부터 2010년까지 부의 분배의 변화에 관해 내가 얻은 주요 결론들을 보여준다.[5] 첫 번째 결론은 1914~1945년의 충격 이전에는 자본 소유의 불평등이 축소되는 추세가 가시적으로 나타나지 않았다는 점이다. 사실 19세기 내내 (이미 매우 높은 수준에서 시작된) 자본의 집중이 심화되는 추세는 약하게 나타났고, 1880~1913년에는 심지어 불평등의 악순환이 가속화되는 경향까지 보였다. 19세기 초에 상위 10퍼센트의 부유층이 이미 모든 부의 80~85퍼센트를 소유했고, 20세기에 접어들면서는 거의 90퍼센트를 차지했다. 한편 상위 1퍼센트는 1800~1810년 국부의 45~50퍼센트를 소유했다. 이들이 차지한 몫은 1850~1860년에는 50퍼센트를 넘었고, 1900~1910년에는 60퍼센트에 이르렀다.[6]

역사적 거리를 둔 오늘날 이 데이터를 살펴보면, 제3공화정의 경제계 및 정계 엘리트층의 미사여구에도 불구하고 벨 에포크 시대에 엄청난 부의 집중 현상이 나타난 것에 놀라지 않을 수 없다. 1900~1910년 파리에는 프랑스 인구의 20분의 1 정도가 살았지만 이들이 부의 4분의 1을 차지해 부의 집중이 한층 더 심했고, 제1차 세계대전에 이르기까지 수십 년 동

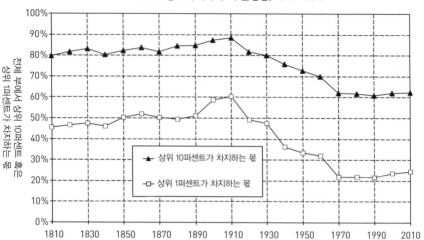

도표 10.1. 프랑스에서의 부의 불평등, 1810~2010

세로축: 전체 부에서 상위 10퍼센트 혹은 상위 1퍼센트가 차지하는 몫

범례:
- 상위 10퍼센트가 차지하는 몫
- 상위 1퍼센트가 차지하는 몫

상위 10퍼센트의 부유층(가장 많은 부를 보유한 상위 10퍼센트)이 1810~1910년에는 전체 부의 80~90퍼센트를 소유했고, 오늘날에는 60~65퍼센트를 소유한다.

출처 및 통계: piketty.pse.ens.fr/capital21c

안 부의 집중도는 한도 없이 높아졌던 것으로 보인다. 19세기에 프랑스의 수도에서는 인구의 3분의 2가 다음 세대에 재산을 남기지 않고 죽었지만 (나머지 지역에서는 이런 인구가 절반 정도다) 이곳은 또한 가장 많은 재산이 집중된 곳이기도 했다. 파리에서 상위 1퍼센트가 전체 부에서 차지하는 몫은 19세기 초에 약 55퍼센트였지만, 1880~1890년에는 60퍼센트로, 제1차 세계대전 직전에는 70퍼센트로 높아졌다(도표 10.2 참조). 이 곡선을 살펴보면 전쟁이 일어나지 않았을 경우 부의 집중도가 얼마나 높아졌을지 궁금하지 않을 수 없다.

공중 기록들을 살펴봐도 19세기 내내 국가 전체 못지않게 각 연령집단 내에서도 부가 불평등하게 분배되었음을 알 수 있다. 도표 10.1과 10.2에 표시된 (그리고 다음에 나오는) 추정치들은 시기별로 (살아 있는) 성인 인구 내에서의 부의 불평등을 반영하고 있다는 것에 주의하자. 우리는 사망 시에 소유한 부로 추정 작업을 시작하지만, 해당 시점에 각 연령집단 내

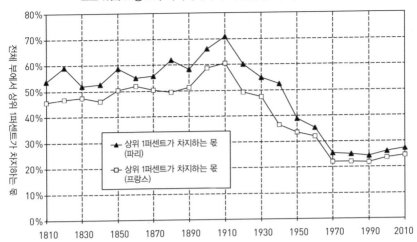

상위 1퍼센트의 부유층(가장 많은 부를 보유한 상위 1퍼센트)이 제1차 세계대전 직전 파리에서 전체 부의 70퍼센트를 소유했다.

출처 및 통계: piketty.pse.ens.fr/capital21c

생존해 있는 개인의 수의 함수로 각 관측치의 가중치를 조정했다. 실제로 이것이 큰 차이를 만들어내지는 않는다. 살아 있는 사람들 사이의 부의 집중은 사망 시의 부의 불평등보다 겨우 몇 퍼센트포인트 더 높고, 시간에 따른 변화는 각각의 경우 거의 동일하기 때문이다.[7]

18세기 프랑스혁명 직전까지 프랑스에서 부는 얼마나 집중되어 있었을까? 이 시기에 대해서는 혁명의회가 작성한 공증 기록들에 필적할 만한 자료가 없기 때문에(앙시앵레짐 시대에 대해서는 19세기까지의 영국이나 미국처럼 이질적이고 불완전한 민간 데이터만 보유하고 있다) 유감스럽게도 정확히 비교하는 것은 불가능하다. 하지만 모든 자료는 혁명 기간 동안 농지 재분배와 공공부채 말소 그리고 귀족들의 재산에 가해진 그 외의 충격들 덕분에 1780년에서 1810년 사이에 민간 부의 불평등이 약간 감소했음을 보여준다. 1789년 직전에는 상위 10퍼센트의 부유층이 전체 부에서 차지하는 몫이 90퍼센트에 이르렀거나 심지어 약간 웃돌았고, 상위 1

퍼센트의 몫은 60퍼센트에 달했거나 더 높았을 수 있다. 역으로 '망명 귀족의 10억 프랑'(혁명 기간에 몰수된 토지에 대한 보상으로 귀족들에게 지급된 비용)과 귀족들의 정계 요직으로의 복귀는 참정권을 제한한 군주제 기간(1815~1848)에 이들이 옛 재산을 일부 회복하는 데 기여했다. 실제로 우리가 보유한 공증 데이터를 살펴보면, 파리의 상위 1퍼센트 부유층에서 귀족이 차지하는 비중이 1800~1810년 15퍼센트에서 1840~1850년에는 거의 30퍼센트로 점점 더 증가하다가 1850~1860년에 거침없이 하락하기 시작해, 1890~1900년에는 10퍼센트 이하로 떨어졌음을 알 수 있다.[8]

그러나 프랑스혁명으로 시작된 변화의 정도를 과대평가해서는 안 된다. 부의 불평등이 1780년과 1810년 사이에 감소했을 가능성과 이후 1810년에서 1910년 사이에 서서히 증가했다는 점을 넘어 가장 중요한 사실은, 자본 소유의 불평등이 18세기와 19세기 내내 극히 높은 수준으로 비교적 꾸준히 유지되었다는 점이다. 이 기간에 상위 10퍼센트의 부유층이 전체 부의 80~90퍼센트를, 상위 1퍼센트의 부유층이 전체 부의 50~60퍼센트를 지속적으로 소유했다. 제2부에서 설명한 것처럼, 18세기부터 20세기 초 사이에 자본의 구조가 완전히 바뀌었지만(토지자본이 산업자본 및 금융자본과 부동산으로 거의 완전히 대체되었다) 국민소득의 배수로 측정되는 전체 부는 비교적 안정적이었다. 특히 프랑스혁명은 자본/소득 비율에는 상대적으로 거의 영향을 미치지 않았다. 바로 앞에서 설명한 것처럼, 프랑스혁명은 부의 분배에도 상대적으로 거의 영향을 미치지 않았다. 고리오 영감, 라스티냐크, 빅토린 양이 살던 시대인 1810~1820년에는 아마도 앙시앵레짐 시대보다 부가 조금 더 평등하게 분배되었겠지만 실제로 그 차이는 미미했다. 혁명 전이나 후나 프랑스는 과도한 자본의 집중이라는 특징을 지닌 세습사회였고, 유산과 결혼이 중요한 역할을 했다. 큰 재산을 물려받거나 부자와 결혼하면 일이나 학업으로는 얻을 수 없는 수준의 안락함을 누리는 것이 가능했기 때문이다. 벨 에포크 시대에는 보트랭이 라스티냐크에게 설교를 늘어놓던 무렵보다 부가 더 집중되어 있었다. 그러나 앙시앵레짐 시대부터 제3공화정까지 거대한 경제적, 정치적 변화가 일어났음에도 불구하고, 근본적으로 프랑스는 내내 기본적으로 동일한 불평등 구조를 가진 동일한 사회였다.

공중 기록들을 살펴봐도, 국부에서 상위 10퍼센트가 차지하는 몫의 감소는 중간층 40퍼센트에만 혜택을 주었고, 반면에 가장 가난한 50퍼센트의 몫은 거의 증가하지 않았음(전체 부의 5퍼센트 미만에 머물렀음)을 알 수 있다. 19세기와 20세기에 하위 50퍼센트의 순자산은 제로에 가까웠다. 특히 우리는 부의 분배에서 하위 50퍼센트에 해당되는 개인들은 사망 시에 상속인에게 물려줄 수 있는 부동산이나 금융자산이 전혀 없고, 약간의 재산은 장례 비용과 빚을 갚는 데(이 경우 상속인은 일반적으로 상속을 포기한다) 전부 지출되었다는 사실을 발견했다. 사망 시에 이런 상황에 처한 개인의 비율은 19세기 내내 그리고 제1차 세계대전 직전까지 파리 인구의 3분의 2를 넘었고 하향 추세는 보이지 않았다. 고리오 영감은 이 넓은 집단에 속했고, 딸들에게 버림받은 채 극도로 비참한 가난 속에서 죽었다. 하숙집 주인인 보케르 부인은 라스티냐크에게 노인의 빚을 갚으라고 독촉했다. 라스티냐크는 노인이 남긴 보잘것없는 소지품의 값보다 더 많은 장례 비용까지 치러야 했다. 19세기에 전체 프랑스인 가운데 약 절반이 고리오 영감과 비슷하게 상속인에게 어떤 재산도 남기지 못하거나 순자산이 마이너스인 상황에서 죽었고, 이 비율은 20세기에도 거의 바뀌지 않았다.[9]

벨 에포크 시대 유럽의 자본 불평등

불완전하긴 하지만, 다른 유럽 국가들에 관해 이용할 수 있는 데이터는 18세기와 19세기 그리고 제1차 세계대전 직전까지 나타난 부의 극단적인 집중이 단지 프랑스뿐 아니라 유럽 전반의 현상임을 보여준다.

우리는 영국의 상황에 대해서는 1910~1920년부터의 상세한 공중 데이터를 보유하고 있는데, 이 기록들은 많은 연구자가(특히 앳킨슨과 해리슨이) 철저하게 연구해왔다. 최근 연도에 대한 추정치와 피터 린더트 Peter Lindert가 도출한 1810~1870년에 대한 좀더 확실하지만 동질성은 낮은 추정치를 가지고 이 통계의 완성도를 높여보면, 전체적인 변화의 양상이 프랑스의 경우와 비슷하다는 것을 알 수 있다. 비록 불평등의 정도는 언제나 영국이 프랑스보다 약간 더 높았지만 말이다. 영국의 전체 부에서 상위 10퍼센트가 차지하는 몫은 1810~1870년에 대략 85퍼센트였고, 1900~1910년에는 90퍼센트를 넘었다. 또한 전체 부에서 상위 1퍼센트가 차지하는 몫은 1810~1870년의 55~60퍼센트에서 1910년에는 거의 70퍼센트까지 상승했다(도표 10.3 참조). 영국의 자료는 불완전하며, 특히 19세기의 자료는 더 불충분하지만 부의 집중도는 상당히 명확히 드러난다. 19세기 영국에서는 부가 극도로 집중되어 있었고, 1914년 전까지 부의 집중이 완화되는 추세는 보이지 않았다. 제3공화정의 지도층은 프랑스가 영

도표 10.3. 영국에서의 부의 불평등, 1810~2010

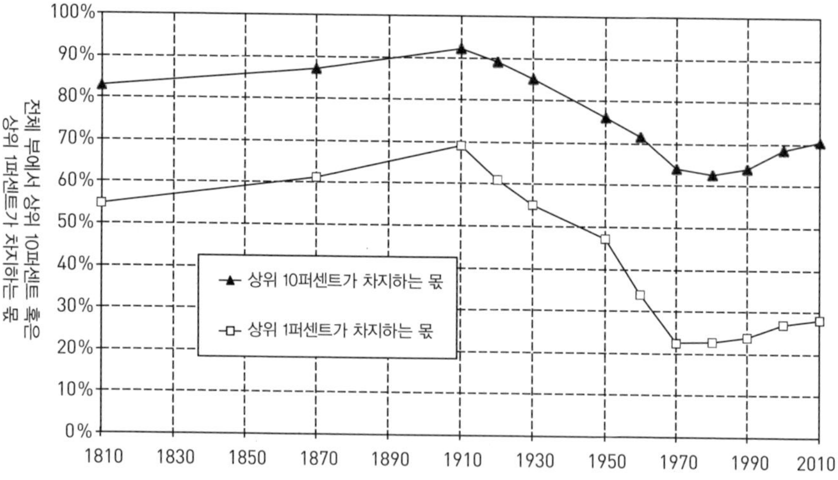

소득 상위 10퍼센트가 1810~1910년에는 전체 부의 80~90퍼센트, 오늘날에는 70퍼센트를 차지한다.

출처 및 통계: piketty.pse.ens.fr/capital21c

국해협 너머의 군주국에 비해 평등한 나라라고 말하길 좋아했지만, 실제로 벨 에포크 시대에 영국의 자본 소유의 불평등은 프랑스보다 약간 더 높았을 뿐이다. 이는 프랑스의 관점에서 가장 놀랄 만한 진상이다. 사실 정치체제의 형식적인 성격은 두 국가에서 부의 분배에 거의 영향을 미치지 않은 것이 분명하다.

스웨덴의 경우, 1910년부터 매우 풍부한 데이터를 이용할 수 있다. 올손, 로이네, 발덴스트룀이 최근 이 데이터를 이용했고, 우리(특히 리 솔토) 역시 이 데이터를 바탕으로 1810~1870년까지의 추정치를 도출했다. 우리는 스웨덴의 데이터로부터 프랑스와 영국에서 관찰했던 것과 비슷한 궤적을 발견했다(도표 10.4 참조). 실제로 스웨덴의 부는 우리가 이미 소득 신고 자료로부터 알고 있던 내용을 확인시켜준다. 때로 상상하는 것과 달리 스웨덴은 구조적으로 평등한 국가는 아니었다. 분명 1970~1980년의 스웨덴에서 부의 집중도는 우리가 보유한 장기적인 자료들에서 관찰되는 가장

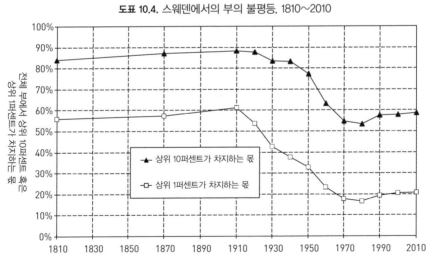

도표 10.4. 스웨덴에서의 부의 불평등, 1810~2010

소득 상위 10퍼센트가 1810~1910년에는 전체 부의 80~90퍼센트, 오늘날에는 55~60퍼센트를 차지한다.

출처 및 통계: piketty.pse.ens.fr/capital21c

낮은 불평등 수준을 보여준다. 전체 부에서 상위 10퍼센트가 차지하는 비율이 50퍼센트에 불과하고, 상위 1퍼센트가 차지하는 몫은 15퍼센트를 약간 넘었다. 그러나 이 수치도 여전히 꽤 높은 수준이다. 게다가 스웨덴의 불평등은 1980~1990년 이후 상당히 높아졌다.(2010년에는 프랑스보다 단지 조금만 낮을 뿐이다.) 1900~1910년에는 스웨덴에서도 프랑스와 영국 못지않게 부가 집중되어 있었다는 점 또한 강조할 필요가 있다. 벨 에포크 시대에는 모든 유럽 국가에서 부가 크게 집중되어 있었다. 왜 이런 현상이 벌어졌는지 그리고 20세기가 지나면서 왜 상황이 크게 바뀌었는지를 이해하는 것이 필요하다.

뿐만 아니라 19세기 이전 대부분의 사회, 특히 중세와 고대뿐 아니라 근대의 전통적인 농경사회에서도 마찬가지로 극도로 높은 부의 집중 현상—상위 10퍼센트가 자본의 80~90퍼센트를, 상위 1퍼센트가 자본의 50~60퍼센트를 차지했다—이 발견된다는 데 주의하자. 현재 이용할 수 있는 자료는 정확한 비교를 하거나 시간에 따른 변화를 연구하기에 매우 불충분하지만, 전체 부(특히 전체 농지)에서 상위 10퍼센트와 1퍼센트가 차지하는 몫은 19세기와 벨 에포크 시대에 프랑스, 영국, 스웨덴에서 관찰된 수준과 대체로 비슷하다.[10]

세습중산층의 등장

/

이 장의 나머지 부분에서는 세 가지 질문을 다룰 것이다. 첫째, 제1차 세계대전 이전에 부의 불평등은 왜 그토록 극심했고 더더욱 심각해졌을까? 둘째, 부가 21세기 초에 20세기 초와 마찬가지로(자본 / 소득 비율의 추이가 보여주듯이) 다시 한번 번창하고 있는데도 불구하고 오늘날 부의 집중은 왜 역사적인 최고 기록보다 훨씬 더 낮을까? 마지막으로, 이러한 상황은 역전될 수 없는 것일까?

실제로 도표 10.1에서 제시된 프랑스의 데이터에서 분명히 드러나는 두 번째 결론은 자본소득의 집중뿐만 아니라 부의 집중이 1914~1945년의 충격에서 아직 완전히 회복되지 않았다는 것이다. 전체 부에서 상위 10퍼센트가 차지하는 몫은 1910~1920년의 90퍼센트에서 1950~1970년에는 60~70퍼센트로 떨어졌다. 전체 부에서 상위 1퍼센트가 차지하는 몫은 더 가파르게 떨어져서, 1910~1920년의 60퍼센트에서 1950~1970년에는 20~30퍼센트까지 낮아졌다. 제1차 세계대전 이전의 추세와 비교해보면 뚜렷하고 압도적인 변화다. 분명 1980~1990년에 부의 불평등 정도는 다시 높아지기 시작했다. 그리고 금융의 세계화로 국가라는 틀 내에서 부와 부의 분배를 측정하기가 점점 더 어려워졌다. 21세기의 부의 불평등은 점점 더 전 세계적인 차원에서 측정되어야만 할 것이다. 그러나 이런 불확실성에도 불구하고 오늘날 부의 불평등은 1세기 전보다 상당히 낮은 수준이다. 전체 부에서 상위 10퍼센트가 차지하는 몫은 현재 약 60~65퍼센트로, 여전히 높기는 하지만 벨 에포크 시대보다는 현저히 낮은 수준이다. 본질적인 차이로, 지금은 국부의 3분의 1가량을 소유한 '세습중산층'(부의 계층 구조에서 중간층 40퍼센트로 정의된다)이 존재한다. 국부의 3분의 1이면 그리 적은 비중이 아니다.

다른 유럽 국가들에서 이용할 수 있는 데이터도 이것이 일반적인 현상임을 확인해준다. 영국에서 전체 부 가운데 상위 10퍼센트가 차지하는 몫은 제1차 세계대전 직전에 90퍼센트 이상이었다가 1970년대에는 60~65퍼센트로 낮아졌고, 현재는 약 70퍼센트다. 20세기에 일어난 충격의 결과로 전체 부에서 상위 1퍼센트가 차지하는 몫은 1910~1920년에는 거의 70퍼센트였다가 1970~1980년에는 20퍼센트를 겨우 넘는 수준으로 떨어졌고, 현재는 약 25~30퍼센트로 높아졌다(도표 10.3 참조). 스웨덴은 영국보다 자본의 소유가 항상 덜 집중되어 있었지만 전체적인 궤적은 상당히 유사하다(도표 10.4 참조). 모든 경우에서 우리는 가장 부유한 10퍼센트가 자신의 몫 일부를 잃으면서 주로 '세습중산층'이 혜택을 입었고, 인구의 가난한 50퍼센트에게는 혜택이 돌아가지 않았다는 것을 발견했다. 하위 50 퍼센트가 전체 부에서 차지하는 비율은 일반적으로 5퍼센트 정도로 항상 아주 낮았고, 심지어 스웨덴에서도 10퍼센트를 넘은 적이 없었다. 영국과 같은 일부의 경우 가장 부유한 상위 1퍼센트가 잃은 부분이 그다음으로 부유한 9퍼센트에게 상당 부분 돌아간 것으로 나타났다. 그러나 이러한 국가별 특수성을 제외한다면 다양한 유럽 국가가 그린 궤적은 전반적으로 놀라울 정도로 비슷하다. 가장 구조적인 변화는 인구의 거의 절반을 차지 하는 중간 집단의 등장이다. 이 집단은 자기 소유의 자산을 약간 획득한 개인들로 이루어져 있으며, 전체적으로 국부의 4분의 1에서 3분의 1을 소 유하게 되었다.

미국의 자본 불평등

/

이제 미국의 경우를 살펴보자. 우리는 미국의 상황에 대해서도 1919~1920 년부터 공증 데이터를 가지고 있는데, 많은 연구자, 특히 램프먼, 코프추크 Wojciech Kopczuk, 사에즈가 이 데이터를 많이 활용했다. 연방 상속세는 인구 의 소수만을 대상으로 하기 때문에 이 데이터를 활용할 때에는 주의를 요 한다. 그러나 공증 데이터를 바탕으로 한 추정치는 연방준비은행이 1960년 대 이후 시행해온 상세한 재산 조사에서 나온 정보(특히 아서 케니켈Arthur Kennickell과 에드워드 울프가 이 정보를 활용했다) 및 앨리스 핸슨 존스와 리 솔토가 각각 활용한 상속재산과 자산보유 총조사 자료를 바탕으로 산 출한 1810~1870년의 좀 덜 확실한 추정치를 이용해 보완할 수 있다.[11]

유럽과 미국이 그린 궤적에는 몇 가지 중요한 차이점이 두드러진다. 첫 째, 1800년경 미국에서 부의 불평등은 1970~1980년의 스웨덴보다 그리 높지 않았다. 미국은 주로 재산이 거의 없거나 아예 없이 신대륙으로 건너 온 이민자들로 인구가 구성된 새로운 국가였기 때문에 이런 현상이 그리 놀랍지는 않다. 부가 축적되거나 집중될 만큼 충분한 시간이 흐르지 않았던 것이다. 그러나 데이터에는 미흡한 점이 많다. 또한 북부의 주들(추정치에 따르면 불평등 수준이 1970~1980년의 스웨덴보다 낮았다)과 남부주들(남부의 불평등은 현대의 유럽 수준에 가까웠다) 간에 약간의 차이가 존재한다.[12]

19세기가 흘러가면서 미국에서 부가 점차 집중되었다는 것은 확고한 사실이다. 1910년에 미국의 자본 소유 불평등은 매우 높았지만, 유럽보다는 여전히 현저하게 낮았다. 상위 10퍼센트의 부유층이 전체 부의 약 80퍼센트를, 상위 1퍼센트가 약 45퍼센트를 소유했다(도표 10.5 참조). 흥미롭게도 당시 미국의 경제학자들은 신대륙의 불평등이 구유럽의 불평등을 따라잡고 있는 것처럼 보인다는 사실에 대해 크게 우려했다. 윌퍼드 킹Willford King이 1915년에 발간한 미국의 부의 분배에 관한 저서—이 문제

도표 10.5. 미국에서의 부의 불평등, 1810~2010

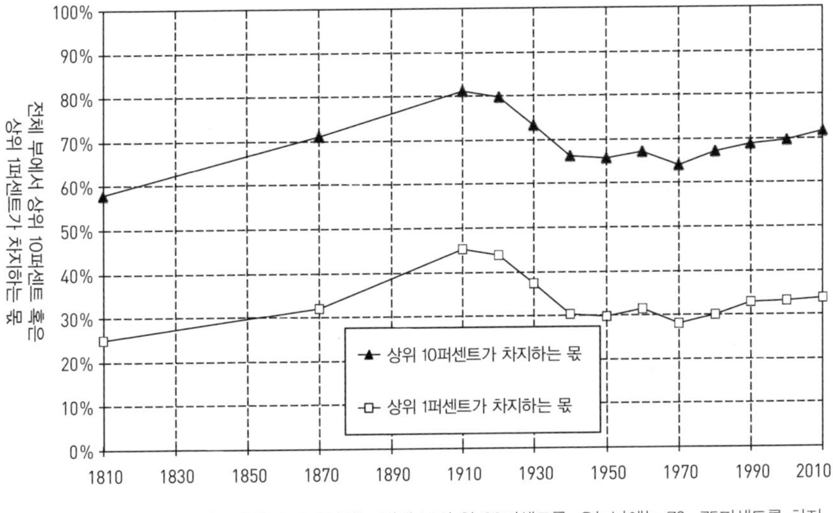

상위 10퍼센트의 부유층이 1910년에는 전체 부의 약 80퍼센트를, 오늘날에는 70~75퍼센트를 차지한다.

출처 및 통계: piketty.pse.ens.fr/capital21c

에 관한 최초의 광범위한 연구였다―는 이런 면에서 특히 흥미롭다.[13] 오늘날의 관점에서 보면 이런 우려가 놀랍게 보일지도 모른다. 우리는 지난 수십 년 동안 미국이 유럽보다 불평등하고 심지어 많은 미국인이 그런 점을 자랑스러워하고 있다는 사실에 익숙해져 있기 때문이다.(미국인들은 종종 불평등이 기업가들에게 활력을 주는 필요조건이라고 주장하고, 유럽을 소련 스타일 평등주의의 안식처라며 공공연히 비난한다.) 그러나 한 세기 전에는 이러한 인식과 현실이 정반대였다. 신대륙이 태생적으로 구유럽보다 불평등하지 않다는 점이 모든 사람에게 명백했고, 이러한 차이는 자랑거리였다. 도금시대Gilded Age라고 불리는 시기인 19세기 말에 미국의 일부 기업가와 금융가들, 예를 들어 존 D. 록펠러, 앤드루 카네기, J. P. 모건이 전례 없이 어마어마한 재산을 축적하자 많은 이는 미국이 선구적인 평등주의 정신을 잃고 있다는 생각에 두려움을 느꼈다. 물론 그러한 평등주의 정신은 어느 정도는 근거 없는 믿음이었지만 유럽의 부의 집중과 비교하면 부분적으로는 정당화되기도 했다. 제4부에서 우리는 미국이 1910~1920년대에 미국의 가치와는 배치된다고 여겼던 엄청난 재산 축적에 대해 매우 누진적인 상속세, 그리고 과도하다고 생각될 정도의 누진적 소득세를 선구적으로 도입한 까닭은 유럽을 닮아간다는 이러한 두려움이 한몫했기 때문이라는 것을 살펴볼 터이다. 완곡하게 표현하자면 20세기가 흘러가면서 불평등, 재분배, 국가적 정체성에 대한 인식은 상당히 변했다.

미국에서는 1910~1950년에 부의 불평등이 소득불평등과 마찬가지로 완화되었지만, 유럽보다는 그 정도가 훨씬 덜했다. 물론 불평등이 더 낮은 수준에서 시작되었고, 전쟁이 준 충격도 유럽보다 심하지 않았기 때문이다. 미국은 2010년에 전체 부에서 상위 10퍼센트가 차지하는 몫이 70퍼센트를 넘었고 상위 1퍼센트의 몫은 35퍼센트에 가까웠다.[14]

결국 20세기 동안 미국에서 나타난 부의 불평등 감소는 상당히 제한적이었다. 전체 부에서 상위 10퍼센트가 차지하는 몫이 미국에서는 80퍼센트에서 70퍼센트로 떨어진 반면, 유럽에서는 90퍼센트에서 60퍼센트로 떨

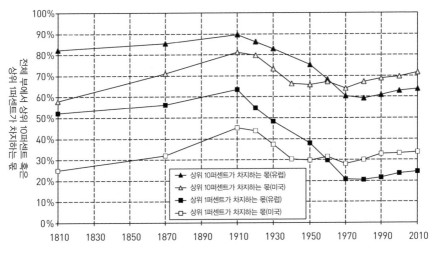

도표 10.6. 유럽과 미국의 부의 불평등 비교, 1810~2010

상위 10퍼센트가 차지하는 몫(유럽)
상위 10퍼센트가 차지하는 몫(미국)
상위 1퍼센트가 차지하는 몫(유럽)
상위 1퍼센트가 차지하는 몫(미국)

20세기 중반까지는 유럽이 미국보다 부의 불평등이 더 높았다.

출처 및 통계: piketty.pse.ens.fr/capital21c

어졌다(도표 10.6 참조).[15]

유럽과 미국의 차이는 분명하다. 유럽 사회는 20세기에 완전히 변화했다. 제1차 세계대전 직전에는 앙시앵레짐 시대만큼 높았던 부의 불평등이 전례 없이 낮은 수준으로 떨어졌다. 인구의 거의 절반이 어느 정도의 부를 획득할 수 있었고, 처음으로 국가의 전체 부에서 상당한 몫을 차지할 정도로 불평등 정도가 낮아졌다. 이 현상은 1945~1975년에 유럽을 휩쓸었던 엄청난 낙관주의를 부분적으로 설명해준다. 사람들은 자본주의가 맥을 못 추고 있으며, 불평등과 계급사회가 과거의 일이 되었다고 느꼈다. 또한 유럽인들은 불가피해 보이던 이러한 사회적 진보가 1980년대 이후부터 서서히 중단되어왔음을 인정하는 데 어려움을 겪었고, 여전히 자본주의라는 악의 요정이 언제 병 속으로 도로 들어갈지 궁금해하는데, 그 이유도 이 현상으로 설명된다.

미국에서의 인식은 딴판이었다. 어떤 면에서 (백인) 세습중산층은 19세

10장
자본 소유의
불평등

기에 이미 존재했다. 이들은 도금시대에는 타격을 받았지만 20세기 중반에 양호한 수준을 되찾았다. 그러다가 1980년 이후 다시 기세가 꺾였다. 이처럼 '오르락내리락'하는 패턴은 미국의 조세 역사에 반영되어 있다. 미국에서 20세기는 사회정의를 향한 대약진과 동의어가 아니었다. 실제로 오늘날 미국의 부의 불평등은 19세기 초보다 훨씬 더 높다. 따라서 미국판 실낙원은 건국 시기와 관련이 있다. 미국에는 영광의 30년과 과도한 자본주의를 억제하기 위해 정부가 한창 개입했던 시절이 아니라 보스턴 차사건이 일어난 시대에 대한 향수가 존재하기 때문이다.

부의 양극화 메커니즘: 역사 속 자본수익률 대 성장률

이제 관찰된 사실들을 설명해보자. 19세기를 거쳐 제1차 세계대전까지 유럽에서는 부가 과도하게 집중되었으나 1914~1945년의 충격에 뒤이어 부의 불평등이 상당히 완화되었다. 그리고 유럽에서 부의 집중은 지금까지 과거 수준으로 회귀하지 않았다.

　여기에는 몇 가지 메커니즘이 작용했을 수 있다. 그리고 내가 알기로 전체적인 변동에서 각 메커니즘이 정확히 얼마의 비중을 차지했는지를 판단하도록 도와주는 증거는 없다. 그러나 우리는 이용할 수 있는 데이터와 그것의 분석을 통해 서로 다른 메커니즘들을 체계화하려고 시도할 수는 있다. 다음은 우리가 알고 있는 자료에서 도출 가능하다고 생각되는 주요 결론이다.

　전통적인 농경사회에서 그리고 제1차 세계대전 이전의 모든 사회(신대륙의 개척사회는 예외다. 이 사회는 명백한 이유로 매우 특수하며, 나머지 세계나 장기적인 경향을 대표하지 않기 때문이다)에서 대체로 부가 과도하게 집중된 주된 원인은 이 사회들이, 자본수익률이 성장률보다 지속적으로 현저하게 높은 저성장 사회였기 때문이다.

서장에서 간단하게 논의한 것처럼, 격차를 확대하는 이러한 근본적인 힘은 다음과 같이 작용한다. 가령 연간 성장률이 0.5~1퍼센트 정도로 낮은 세계를 생각해보자. 18세기와 19세기 이전에는 모든 곳이 그랬다. 따라서 일반적으로 연간 4~5퍼센트 정도인 자본수익률이 성장률보다 높았다. 구체적으로 이야기하면, 과거에 축적된 부가 경제성장보다 훨씬 더 빠른 속도로 다시 자본으로 축적된다는 뜻이다. 심지어 노동소득이 전혀 없는 경우에도 그렇다.

예를 들어 g가 1퍼센트이고 r이 5퍼센트일 경우, 자본소득의 (5분의 4는 소비하면서) 5분의 1을 저축하면 이전 세대에서 물려받은 자본이 경제성장과 같은 비율로 증가하도록 하는 데는 충분하다. 해마다 들어오는 임대 수입보다 조금 적은 소비를 하면서도 잘살 수 있기 때문에 저축을 더 하게 되면 재산이 경제성장률보다 더 빠른 속도로 증가할 것이고, 노동소득이 없어도 부의 불평등은 증가하는 경향이 나타날 것이다. 정확히 수학적인 이유로 이는 '상속사회inheritance society'가 번창하기에 이상적인 조건이다. 여기서 '상속사회'란 부의 집중도가 매우 높고 많은 재산이 대대로 상당히 꾸준하게 유지되는 사회를 의미한다.

공교롭게도 역사적으로 많은 나라에서, 특히 19세기의 유럽 사회에서 이런 조건이 성립했다. 도표 10.7에서 알 수 있듯이, 1820년에서 1913년까지 프랑스에서는 자본수익률이 성장률보다 현저히 높았다. 자본수익률은 평균 약 5퍼센트였지만 성장률은 약 1퍼센트였다. 자본소득이 국민소득의 거의 40퍼센트를 차지했고(도표 10.8 참조), 그중 4분의 1을 저축하면 저축률이 약 10퍼센트에 이르도록 하는 데 충분했다. 이는 부가 소득보다 약간 더 빠른 속도로 성장해 부의 집중이 심화되기에 충분한 정도였다. 다음 장에서 나는 이 시기에 대부분의 부가 상속에서 나왔으며, 경제적 활력이 대단했고, 금융이 놀랄 만큼 발전했음에도 불구하고 상속받은 자본이 이렇게 우세를 보인 것은 $r>g$라는 기본적인 부등식이 미치는 동태적인 영향으로 설명된다는 사실을 보여줄 참이다. 프랑스의 공증 데이

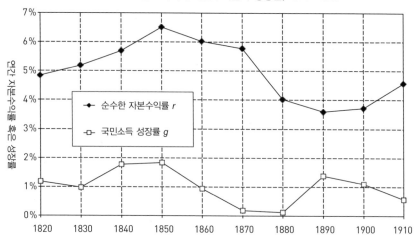

도표 10.7. 프랑스에서의 자본수익률과 성장률, 1820~1913

- ◆ 순수한 자본수익률 r
- ☐ 국민소득 성장률 g

1820년에서 1913년 사이에 프랑스에서는 자본수익률이 성장률보다 훨씬 더 높았다.

출처 및 통계: piketty.pse.ens.fr/capital21c

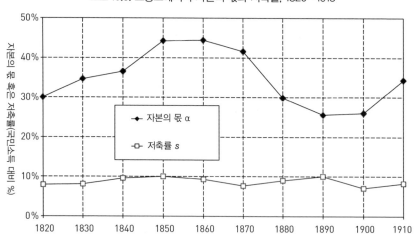

도표 10.8. 프랑스에서의 자본의 몫과 저축률, 1820~1913

- ◆ 자본의 몫 α
- ☐ 저축률 s

1820년에서 1913년 사이에 프랑스에서는 국민소득 가운데 자본의 몫이 차지하는 비중은 저축률보다 훨씬 더 높았다.

출처 및 통계: piketty.pse.ens.fr/capital21c

터가 매우 풍부한 덕분에 이 점에 대해 꽤 정확하게 말할 수 있다.

자본수익률은 왜 성장률보다 높은가

이제 논리적으로 주장을 전개해보자. 자본수익률이 성장률보다 체계적으로 더 높아야 할 근본적인 이유가 있을까? 명확히 하자면, 나는 이 문제를 논리적 필연성이 아니라 역사적 사실로 이해한다.

오랜 기간 r이 g보다 실제로 더 높았다는 것은 반박의 여지가 없는 역사적 사실이다. 이 주장을 처음 접한 많은 사람은 놀라움을 드러내며 왜 이 주장이 성립하는지를 궁금해한다. $r>g$가 실제로 역사적 사실임을 납득시키는 가장 확실한 방법은 다음과 같은 설명일 것이다.

제1부에서 설명했듯이, 인류 역사의 오랜 기간 동안 경제성장률은 사실상 제로였다. 인구 증가와 경제성장을 결합시켜보면, 고대에서 17세기까지 연간 성장률은 오랫동안 0.1~0.2퍼센트를 넘지 않았다. 역사적으로 불확실한 부분이 많이 있지만, 자본수익률이 항상 이보다는 상당히 더 높았다는 데는 의심의 여지가 없다. 장기적으로 관찰되는 대푯값은 1년에 4~5퍼센트다. 특히 매우 전통적인 농경사회에서 토지수익률이 이 정도였다. 자본에 대한 순수한 수익률의 훨씬 더 낮은 추정치를 받아들이더라도—예를 들어 대규모 토지 관리는 간단한 일이 아니기 때문에 이 수익률은 실제로 소유주의 고도로 숙련된 노동에 대한 정당한 보상을 포함한다는 지주들의 주장을 받아들이더라도—최소한의(그리고 내가 생각하기에는 비현실적이고 지나치게 낮은) 자본수익률은 적어도 연간 2~3퍼센트가 될 것이다. 따라서 인류 역사 대부분의 기간에 자본수익률이 항상 생산(그리고 소득) 성장률보다 적어도 10~20배 높았다는 것은 피할 수 없는 사실이다. 실제로 이 사실은 상당 부분 사회 그 자체의 토대를 이룬다. 이는 자본소유자 계급이 자신의 생계 외의 다른 무언가에 몰두할 수 있도록 해주기

때문이다.

　이러한 점을 가능한 한 명확히 보여주기 위해 도표 10.9에 고대부터 21
세기까지 글로벌 자본수익률과 성장률의 추이를 나타냈다.

　이 수치들은 분명 근사치이며 불확실한 추정치이긴 하지만, 규모와 전
체적인 추이는 유효할지도 모른다. 세계의 성장률에 대해서는 제1부에서
논의한 장기간의 역사적 추정치와 예상치를 사용했고, 글로벌 자본수익
률에는 제2부에서 분석했던 1700~2010년 영국과 프랑스의 추정치를 사
용했다. 초기 역사의 순수한 수익률은 4.5퍼센트를 적용했는데, 이 수치
는 최솟값으로 생각해야 한다.(현재 이용할 수 있는 역사적 데이터는 평균
수익률을 5~6퍼센트 정도로 제시한다.)[16] 21세기에 대해서는 1990년에서
2010년 사이에 관찰되는 값(약 4퍼센트)이 계속 이어질 것이라고 가정했
는데, 이는 물론 가정이다. 수익률을 더 높이거나 낮추는 요인들이 존재하

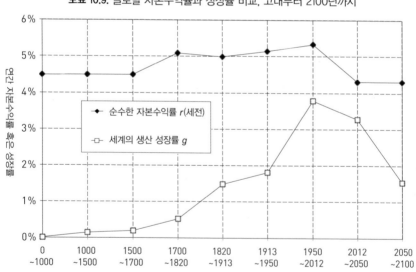

도표 10.9. 글로벌 자본수익률과 성장률 비교, 고대부터 2100년까지

자본수익률(세전)은 항상 세계의 성장률보다 높았지만 20세기에 그 격차가 줄어들었고 21세기에 다시
차이가 벌어질 수 있다.

출처 및 통계: piketty.pse.ens.fr/capital21c

기 때문이다. 그리고 도표 10.9의 자본수익률은 세전 수익률임에 주의하라.(또한 20세기에 전쟁으로 인해 특히 컸던 자본손실이나 자산 가격 변동으로 인한 자본이득 또는 자본손실도 고려하지 않았다.)

도표 10.9에서 알 수 있는 것처럼, 일반적으로 4~5퍼센트인 순수한 자본수익률은 역사를 통틀어 항상 글로벌 성장률보다 뚜렷하게 높았다. 하지만 20세기, 특히 세계 경제가 연간 3.5~4퍼센트의 성장률을 보인 20세기 후반에 이 둘의 격차는 크게 줄어들었다. 21세기에는 성장(특히 인구 성장)이 둔화되면서 십중팔구 차이가 다시 벌어질 것이다. 제1부에서 논의한 중심 시나리오에 따르면, 세계의 성장률은 2050년에서 2100년 사이에 매년 약 1.5퍼센트일 것으로 추정된다. 이는 19세기와 거의 같은 성장률이다. 그렇다면 r과 g 사이의 격차는 산업혁명 당시와 맞먹는 수준으로 되돌아갈 것이다.

그러한 상황에서는 자본에 대한 과세와 다양한 종류의 충격이 중요한 역할을 할 수 있다는 것을 쉽게 알 수 있다. 제1차 세계대전 이전에는 자본에 대한 세금이 매우 낮았다.(대부분의 국가는 개인 소득이나 기업 이윤에 대해 세금을 부과하지 않았고, 상속세는 일반적으로 몇 퍼센트에 불과했다.) 간단하게 생각하면, 자본수익률이 세전과 세후에 비슷했다고 가정할 수 있다. 제1차 세계대전 이후 최상위층 소득, 이윤 그리고 부에 대한 세율이 빠른 속도로 상승해 높은 수준이 되었다. 그러나 1980년대 이후 금융세계화와 국가들 간의 자본 유치 경쟁 격화에 따라 이념적 분위기가 극적으로 변해 이러한 세율은 떨어지기 시작했고, 어떤 경우에는 완전히 사라지다시피 했다.

도표 10.10은 세금을 빼고 1913~1950년의 재산 파괴로 인한 자본손실 추정치를 반영한 뒤 평균 자본수익률을 추정한 것이다. 아울러 논의를 위해 21세기에는 조세경쟁으로 자본에 대한 세금이 점차 완전히 사라질 것이라고 가정했다. 평균 자본세율은 1913~2012년에는 30퍼센트, 2012~2050년에는 10퍼센트, 2050~2100년에는 0퍼센트로 가정했다. 물

10장
자본 소유의
불평등

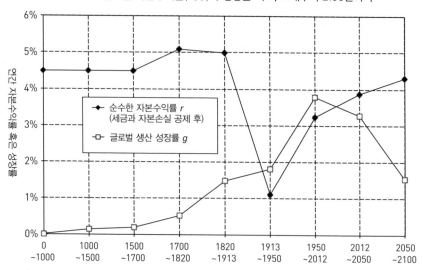

도표 10.10. 글로벌 자본수익률(세후)과 성장률 비교, 고대부터 2100년까지

20세기 동안 자본수익률(세금과 자본손실 공제 후)이 성장률보다 낮아졌으며, 21세기에 다시 더 높아
질 수 있다.

출처 및 통계: piketty.pse.ens.fr/capital21c

론 실제로는 상황이 더 복잡하다. 세금은 국가와 재산 유형에 따라 엄청
나게 다양하다. 때로는 누진적으로 부과되며(적어도 이론적으로는 세율이
소득이나 재산 수준에 따라 높아지는 것을 의미한다), 조세경쟁이 꼭 자
본세를 제로로 낮추는 결말로 이어지리라고 볼 수도 없다.

이런 가정 아래 우리는 1913~1950년에 세금(그리고 손실) 공제 뒤의
자본수익률이 1~1.5퍼센트로 떨어져 성장률보다 낮았다는 것을 발견했
다. 이런 새로운 상황은 이례적일 정도로 높은 성장률 덕분에 1950~2012
년에도 계속되었다. 결과적으로 우리는 20세기에 조세적, 비조세적 충격
들로 인해 역사상 최초로 자본의 순수한 수익률이 성장률보다 낮은 상황
이 나타났다는 것을 발견했다. 여러 사건(전쟁으로 인한 파괴, 1914~1945
년의 충격으로 가능해진 누진세 정책, 제2차 세계대전 이후 30년 동안의
이례적인 성장)이 한꺼번에 일어나면서 역사적으로 전례 없는 상황이 나

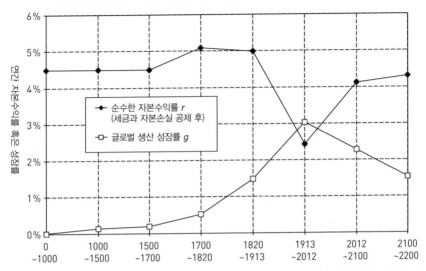

연간 자본수익률 혹은 성장률

- ◆ 순수한 자본수익률 r
  (세금과 자본손실 공제 후)
- □ 글로벌 생산 성장률 g

| 0
~1000 | 1000
~1500 | 1500
~1700 | 1700
~1820 | 1820
~1913 | 1913
~2012 | 2012
~2100 | 2100
~2200 |

20세기 동안 자본수익률(세금과 자본손실 공제 후)이 성장률보다 낮아졌으며, 21세기에 다시 더 높아 질 수 있다.

출처 및 통계: piketty.pse.ens.fr/capital21c

타났고, 이는 거의 한 세기 동안 지속되었다. 그러나 모든 징후는 이런 상황이 끝나려 한다는 것을 보여준다. 조세경쟁이 그 논리적인 결말을 향해 나아가면—이런 결말이 나타날 수도 있다—21세기의 어느 시점에 r과 g의 차이가 19세기와 비슷한 수준으로 돌아갈 것이다(도표 10.10 참조). 적어도 중심 시나리오가 들어맞는다면, 결코 확실하진 않지만 자본에 대한 세율이 평균 30퍼센트 정도에 머물 경우 자본의 순수한 수익률이 성장률보다 상당히 높은 수준으로 상승할 가능성이 높다.

가능한 전개과정을 좀더 명확히 보여주기 위해 1913~1950년과 1950~2012년의 두 개의 하위 시기를 통합해 자본의 순수한 수익률이 성장률보다 낮은 이례적인 시기였던 1913~2012년에 대한 한 세기의 단일 평균을 낸 도표 10.11에 나타냈다. 또한 2012~2050년과 2050~2100년의 두 시기를 통합해 2012~2100년의 평균을 냈고, 21세기 후반의 비율이 22세기까지 지속될 것이라고 가정했다. 물론 보장할 수는 없다. 어쨌든 적어도 도표 10.11은 20세기에 나타난 유례없고 또 아마도 유일할 r과 g의 관계를 보여준다. 글로벌 성장률이 장기적으로 연간 1.5퍼센트로 유지될 것이라는 가설이 지나치게 낙관적이라고 보는 논평자가 많다는 점에 주의하라. 또한 세계적으로 1인당 생산의 평균 성장률이 1700년에서 2012년 사이에 연간 0.8퍼센트였고, 대부분의 예측에 따르면 인구성장률(지난 3세기 동안 연평균 0.8퍼센트였다)은 지금부터 21세기 말까지 급격하게 떨어질 것으로 예상된다는 점도 기억하라. 그러나 도표 10.11의 주요한 단점은 향후 두 세기 동안 어떤 중요한 정치적 반발도 자본주의와 금융세계화의 방향을 변화시키지 않는다는 가정에 의존한다는 점이다. 지난 세기 동안 거쳐온 격동의 역사를 감안하면 이런 가설은 미심쩍으며 내가 생각하기에 그럴듯하지 않다. 이 가설대로라면 상당히 불평등한 결과가 나타날 것이며, 아마도 그런 상황이 무한정 용인되지는 않을 것이기 때문이다.

요약하자면, 제1차 세계대전 직전까지 인류 역사상 대부분의 기간 동안 분명 $r>g$라는 부등식이 성립했고, 아마 21세기에도 다시 그렇게 될 것이다. 그러나 이러한 예측이 사실이 될지의 여부는 자본이 받을 충격뿐만 아니라 자본과 노동 간의 관계를 규제하기 위해 어떤 공공정책과 제도가 시행될 것인가에 달려 있다.

시간선호 문제

요약하자면 부등식 $r>g$는 특정한 시기와 정치 환경에서는 성립되지만, 다른 시기와 정치 환경에서는 성립되지 않는 불확정적인 역사적 명제다. 엄격히 논리적인 관점에서 보면 정부의 개입이 없어도 성장률이 자본수익률보다 높은 사회를 상상하는 것은 가능하다. 모든 것은 한편으로는 기술(자본은 무엇을 위한 것인가), 다른 한편으로는 저축과 번영을 추구하는 태도(사람들이 왜 자본을 소유하려고 하는가)에 달려 있다. 앞서 말한 것처럼, 자본이 아무런 소용은 없지만(자본이 순수하게 가치를 저장하는 역할만 하고 자본수익률이 정확히 제로인 경우) 미래의 재난에 대비하거나 성대한 행사를 열기 위해 혹은 그저 사람들이 특별히 참을성이 많고 미래 세대에 관대해서 많은 자본을 소유하기로 선택하는 사회도 얼마든지 상상할 수 있다. 더구나 이런 사회에서 지속적인 혁신이 이루어지거나 기술적으로 더 앞선 국가들을 급속히 추격해 생산성이 빠르게 상승한다면 당연히 성장률은 자본수익률보다 현저히 높아질 것이다.

그러나 실제로는 자본수익률이 자연적이고 지속적으로 2~3퍼센트 이하로 떨어진 적은 없으며, 우리가 볼 수 있는 (모든 유형의 투자에 대한) 평균 수익률은 일반적으로 (세전) 4~5퍼센트에 가깝다. 특히 전통사회에서 농지에 대한 수익률은 오늘날의 부동산 수익률과 마찬가지로—이 두 경우는 가장 일반적이고 위험성이 낮은 투자다—보통 약 4~5퍼센트이며, 아주 장기적으로는 아마도 약간 하락하는 추세(4~5퍼센트가 아니라 3~4 퍼센트로)를 보일 것이다.

이렇게 자본수익률이 약 4~5퍼센트로 비교적 고정되는 현상, 그리고 2~3퍼센트 아래로 결코 떨어지지 않는다는 사실을 설명하기 위해 일반적으로 사용되는 경제모형은 현재를 선호하는 '시간선호time preference' 개념에 바탕을 두고 있다. 달리 말하면, 경제 주체들은 얼마나 인내심이 있는지와 얼마나 미래를 고려하는지를 측정하는 시간선호율(보통 세타θ로 표시된다)에 따라 특징지어진다. 예를 들어 θ = 5퍼센트라면 해당 주체는 오늘 100유로를 더 쓰기 위해 미래에 쓸 수 있는 105유로를 희생할 의사가 있는 것이다. 이 '이론'은 경제학의 다른 여러 이론 모형과 마찬가지로 다소 동어반복적이다. 어떤 행동을 관찰할 때든 관련 주체들에게 항상 그러한 행동을 하도록 이끈 선호 혹은 전문적인 용어로는 '효용함수'가 있다고 가정해 설명할 수 있기 때문이다. 또한 이 이론에 따른 예측은 과격하고 무자비하다. 좋은 예로, 성장률이 제로인 경제라면 자본수익률이 시간선호율 θ와 동일해야 한다는 것은 놀랍지 않은 일이다.[17] 이 이론에 따르면 자본수익률이 역사적으로 4~5퍼센트로 고정적이었던 것은 궁극적으로 심리적인 이유 때문이다. 이 수익률은 평균적인 사람들의 인내심과 미래에 대한 태도를 반영하는 까닭에 이 수준에서 크게 변할 수 없다.

이 이론은 동어반복적일 뿐 아니라 그 외에도 많은 문제를 불러일으킨다. 이 모형 뒤에 숨겨진 직관이 (한계생산성 이론에 숨겨진 직관과 마찬가지로) 전적으로 틀릴 수는 없다. 다른 상황이 모두 같다면, 인내심이 좀더 강한 사회, 즉 미래의 충격을 예측하는 사회가 당연히 더 많은 예비 자금을 모으고 더 많은 자본을 축적할 것이다. 마찬가지로 한 사회가 너무 많은 자본을 축적해서 자본수익률이 지속적으로 낮다면, 가령 1년에 1퍼센트 정도라면(혹은 중산층과 하류층의 재산을 포함한 모든 형태의 부에 세금이 부과되어 순수익률이 매우 낮다면), 재산을 소유한 개인들 가운데 상당수가 집이나 금융자산을 팔 것이고, 그리하여 수익률이 상승할 때까지 자본총량이 줄어들 것이다.

이 이론의 문제점은 지나치게 단순하고 체계적이라는 것이다. 모든 저축 행위나 미래에 대한 태도를 하나의 변치 않는 심리적 매개변수로 요약할 수는 없다. 우리가 가장 극단적인 형태의 모형을 택한다면(이 모형에서 행위자들은 세상이 끝날 때까지 모든 후손을 자기 자신처럼 생각하며 자신의 시간선호율에 맞춰 저축 전략의 결과를 계산하기 때문에 '무한계획모형infinite horizon model'이라고 불린다), 자본의 순수익률은 단 0.1퍼센트라도 변화해서는 안 된다. 순수익률을 변화시키려는 어떤 시도(예를 들어 세금정책 변경)라도 나타난다면, 순수익률을 고유의 균형 수준으로 되돌리기 위해 이런저런 측면(저축이나 저축 해지)에서 무한대로 강력한 반작용이 일어날 것이다. 이런 예측은 거의 현실성이 없다. 역사적으로 보면 저축탄력성은 0보다는 크지만 무한하지는 않기 때문이다. 특히 적당하고 합리적인 한계 내에서 수익률이 변화할 때 더욱 그렇다.[18]

이 이론 모형의 또 다른 문제는 (아주 엄격하게 해석했을 때) 경제를 균형 상태로 유지시키기 위해 자본수익률 r이 성장률 g와 함께 빠른 속도로 상승해야 하며, 따라서 전혀 성장하지 않는 경제보다 급속히 성장하고 있는 경제에서 r과 g의 차이가 더 커야 함을 시사한다는 점이다. 다시 한 번, 이러한 예측은 그리 현실적이지 않고 역사적 경험과도 맞지 않는다.(역사적 경험에 따라 판단하자면, 급속히 성장하고 있는 경제에서는 자본수익률이 상승하겠지만 아마도 r과 g의 차이를 크게 벌릴 정도는 아닐 것이다.) 이 또한 무한계획 가설에서 나온 결과다. 그러나 이러한 직관도 어느 정도는 타당하며, 엄격한 논리적 관점에서 보면 어쨌거나 흥미롭다. '완전' 자본시장(각 자본소유자가 경제 내에서 실현 가능한 최고의 한계생산성과 동일한 수익률을 얻고, 모든 사람이 그와 같은 이자율로 원하는 만큼 돈을 빌릴 수 있는 시장)의 존재에 기초한 표준 경제모형에서 자본수익률 r이 구조적, 필연적으로 성장률 g보다 높은 이유는 다음과 같다. r이 g보다 낮으면 경제 주체들은 자신(그리고 후손들)의 미래 소득이 이자율보다 빠른 속도로 증가할 것임을 알아차려서 자신이 무한히 부유한 것처럼 느낄 것이고, 따라서 (r이 g보다 높아질 때까지) 즉각적인 소비를 위해 무한정 돈을 빌리려고 할 것이다. 이런 극단적인 형태에서는 이 메커니즘이 전적으로 타당하지는 않지만, 대부분의 표준 경제모형에서 $r>g$가 성립되고 자본시장의 효율성이 높아질수록 $r>g$의 성립 가능성은 더 높아진다.[19]

정리하면, 저축 행위와 미래를 향한 태도를 하나의 매개변수로 요약할 수는 없다. 이런 선택은 시간선호율뿐만 아니라 예비 저축, 생애주기 효과, 부 자체를 중시하는 정도와 그 외 많은 요인이 포함된 더욱더 복잡한 모형으로 분석해야 한다. 이 선택은 개인의 심리적, 문화적 요인뿐만 아니라 사회적, 제도적 환경(공적연금 제도의 존재 등), 가족의 전략과 압력, 사회집단들이 가하는 제약(예를 들어 일부 귀족사회에서는 상속인들이 가족의 재산을 마음대로 팔 수 없었던 사실 등)에도 영향을 받는다.

내가 생각하기에 $r>g$ 부등식은 절대적인 논리적 필연성으로서가 아니라 다양한 메커니즘에 의존하는 역사적 사실로서 분석되어야 한다. $r>g$

는 각각 상당히 독립적인 요인이 함께 작용한 결과다. 우선 성장률 g는 구조적으로 낮은 경향이 있다. 인구 변천이 완료되고 국가 기술력이 세계적인 첨단기술 수준에 이르러 혁신의 속도가 상당히 둔화되면, 일반적으로 1퍼센트를 크게 웃돌지 않는다. 다음으로 자본수익률 r은 무수한 기술적, 심리적, 사회적, 문화적 요인에 의존하며, 이 요인들이 함께 작용해약 4~5퍼센트의 수익률을 낳는 것으로 보인다.(어쨌든 1퍼센트보다는 분명히 높다.)

균형 분배는 존재할까?

이제 부의 분배의 동학에 $r>g$가 미치는 영향을 살펴보자. 자본수익률이 성장률보다 지속적이고 명백하게 높다는 사실은 부의 분배를 더 불평등하게 만드는 강력한 동인이다. 예를 들어 g = 1퍼센트, r = 5퍼센트라면, 자신이 소유한 자본을 평균 소득보다 빠른 속도로 증가시키기 위해 부유한 개인은 연간 자본소득의 5분의 1 이상만 재투자하면 된다. 이런 상황에서 불평등의 무한한 악순환을 막고 부의 불평등을 제한된 수준으로 안정시킬 수 있는 유일한 힘은 다음과 같다. 첫째, 부유한 개인의 재산이 평균 소득보다 빠른 속도로 증가하면 자본/소득 비율은 무한히 높아질 것이고 결국 자본수익률 감소로 이어질 것이다. 그러나 이 메커니즘이 작동하려면 수십 년이 걸릴 수 있다. 특히 19세기와 제1차 세계대전 직전까지의 영국과 프랑스처럼 부유한 개인이 해외자산을 축적할 수 있는 개방경제에서는 더욱 그렇다. 원칙적으로 이 과정에는 항상 끝이 찾아오지만(해외자산을 소유한 사람들이 지구 전체를 소유할 때) 분명 시간이 걸릴 것이다. 이러한 과정은 벨 에포크 시대에 영국과 프랑스에서 상위 1퍼센트가 차지하는 부의 몫이 아찔하게 높아진 주요한 원인이다.

게다가 개인 재산의 궤적과 관련해서 살펴보면 불평등을 확대시키는 이러한 과정은 인구 면에서(상속인이 없거나 상속인이 지나치게 많아서 가족의 재산이 분산되는 경우, 혹은 조기 사망이나 장수 등의 경우) 혹은 경제학적인 다양한 종류의 충격(잘못된 투자, 농민 반란, 금융위기 혹은 평범한 시기 등)에 의해 역전될 수 있다. 이런 유의 충격은 항상 가족의 재산에 영향을 미쳐서 매우 안정된 사회에서도 부의 분배에 변화를 가져온다. 더욱이 인구 측면의 선택(부유층이 아이를 덜 낳기로 결정하면 부가 더 집중된다)과 상속법도 중요하다는 점에 주의하라.

많은 전통적인 귀족사회는 장자상속 원칙에 기초해 있었다. 가산이 쪼개지는 대신 유지되거나 늘어나게 하기 위해 장남이 가족의 모든 재산을 물려받았다. 장남의 특권은 특히 가족의 가장 중요한 상속재산과 관련되어 있었고, 물려받은 재산에는 종종 심한 제약이 가해졌다. 상속인은 재산의 가치를 떨어뜨려서는 안 되고 자본소득으로 생활해야 했으며, 재산은 다시 승계 서열의 다음 상속인, 보통은 장손에게 전달되었다. 영국의 법에서 이런 원칙이 반영된 부분이 '상속권자 지정entails' 제도였다.(이와 상응하는 프랑스 법은 앙시앵레짐 시대의 '대리 상속인 지정substitution héréditaire' 제도다.) 이는 소설 『이성과 감성』의 엘리너와 메리앤이 겪은 불운의 원인이었다. 놀랜드의 땅은 이들 자매의 아버지에게서 배다른 오빠 존 대시우드에게 직접 상속되었다. 존은 아내 패니와 이 문제를 상의한 뒤 자매에게 아무것도 주지 않기로 결정했다. 두 자매의 운명은 이 악의적인 대화로부터 직접적인 영향을 받았다. 『설득Persuasion』에서 월터 경의 재산은 세 딸을 건너뛰어 조카에게 상속된다. 제인 오스틴 자신도 상속에서 소외되었고, 언니와 함께 평생 독신으로 살았기 때문에 자신이 쓴 소설 속 내용을 잘 알고 있었다.

프랑스혁명의 결과로 나온 상속법과 이후의 민법은 두 가지 특징을 근간으로 했다. 바로 대리 상속인 지정 제도의 폐지와 형제자매 사이에 재산이 공평하게 분배되도록 하는 원칙(균등 분배)의 도입이었다. 1804년 이후부터 이 원칙이 엄격하고 지속적으로 적용되었다. 프랑스에서 자유 처분

433

이 가능한 몫quotité disponible(상속재산에서 부모가 원하는 대로 처분할 수 있는 재산의 비율)은 세 명 이상의 자녀를 둔 부모에게 전 재산의 4분의 1에 불과했고[20] 극단적인 상황(예를 들어 자녀들이 계모를 살해했을 경우)에만 예외를 두었다. 이러한 새로운 법은 평등의 원칙(나이가 어린 자녀들도 장자와 같은 대우를 받았고, 부모의 변덕으로부터 보호받았다)뿐 아니라 자유와 경제적 효율성의 원칙에도 기초해 있었음을 이해하는 것이 중요하다. 특히 애덤 스미스가 싫어했고 볼테르, 루소, 몽테스키외가 혐오했던 상속권자 지정 제도의 폐지는 간단한 착상에 기초해 있었다. 이 제도의 폐지로 상품이 자유롭게 유통될 수 있었고 죽은 조상의 의사와 상관없이 살아 있는 세대의 판단에 따라 재산을 가능한 한 최대로 활용하도록 재배분할 수 있게 되었던 것이다. 흥미롭게도, 미국 역시 상당한 논쟁을 거친 뒤 독립혁명 이후 프랑스와 동일한 결론에 이르렀다. 심지어 남부에서도 상속권자 지정 상속이 금지되었다. 토머스 제퍼슨이 했던 유명한 말처럼 "지구는 살아 있는 사람들의 몫이다." 형제자매 간의 균등한 재산 분배가 법적인 기본 사항, 즉 명시적인 유언이 없는 경우에 적용되는 규칙이 되었다.(아직 미국과 영국 모두에서 유언장을 원하는 대로 작성할 자유가 일반화되어 있지만, 실제로는 대부분의 재산이 형제자매 간에 균등하게 분배된다.) 이 점에서 미국은 19세기부터 균등 분배가 적용되었던 프랑스와도, 1925년에도 부모의 재산 가운데 일부분, 즉 토지자본과 농업자본에 대해 장자상속 제도가 기본 규칙으로 남아 있던 영국과도 중요한 차이를 보인다.[21] 독일에서는 1919년이 되어서야 바이마르공화국에서 '상속권자 지정'에 해당되는 제도가 폐지되었다.[22]

프랑스혁명 동안 이 평등하고 반권위주의적이며 진보적인 법률(이 법은 부모의 권위에 도전하는 한편 새로운 가장의 권위를 지지했고, 어떤 경우에는 그의 배우자에게 손해를 끼쳤다)은 당시로서는 매우 급진적이었음에도 불구하고 적어도 남성들에게는 상당히 낙관적으로 받아들여졌다.[23] 이 혁명적인 법률의 지지자들은 그들이 평등한 미래로 가는 열쇠를 발견했다고 확신했다. 게다가 민법이 모든 사람에게 시장과 재산에 대해 동일한 권리를 부여하고 길드제가 폐지되었기 때문에, 최종적으로 나타날 결과는 자명해 보였다. 즉 그러한 체계는 필연적으로 과거의 불평등을 제거할 것이다. 콩도르세는 『인간 정신의 진보에 관한 역사적 개관 초고』(1794)에서 이런 낙관적인 견해를 강력히 피력했다. "재산은 자연적으로 평등을 향해 나아가는 경향을 지니며, 또한 민법이 그러한 재산을 영구화하고 축적하는 인위적인 방법을 확립하지 않고 상업과 산업의 자유가 어떤 금지법이나 세제상 특권이 재산에 부여하는 우위를 제거한다면, 부의 과도한 차이는 존재할 수 없거나 즉각 사라질 것이 분명하다는 사실을 쉽게 증명할 수 있다."[24]

민법과 프랑스혁명에 대한 환상

/

그렇다면 19세기 프랑스에서 부의 집중은 점점 더 심화되어 결국 벨 에포크 시대에 최고조에 달해 민법이 도입되었던 시기보다 더 극단적인 수준에 이르렀고, 그 정도가 군주제와 귀족사회인 영국과 비슷해진 사실은 어떻게 설명할 수 있을까? 분명한 것은, 권리와 기회의 평등이 부의 평등한 분배를 보장하기에 충분하지 않다는 사실이다.

실제로 일단 자본수익률이 성장률보다 지속적으로 훨씬 더 높으면 부의 축적과 상속의 동학이 자동적으로 매우 심각한 부의 집중을 낳고, 이때 형제자매 간의 평등한 분배는 별로 영향을 미치지 않게 된다. 조금 전에 언급한 것처럼, 개별 가족이 소유한 재산의 궤적에 영향을 미치는 경제적, 인구적 충격들은 항상 존재한다. 아주 간단한 수학적 모형을 활용하면, 이런 유형의 충격들이 발생하는 일정한 틀 안에서 부의 분배는 장기적으로 균형을 향해 나아가는 경향이 있으며, 불평등의 균형 수준은 자본수익률과 성장률의 차이, 즉 $r - g$의 증가함수라는 사실을 입증할 수 있다.

직관적으로 봤을 때, $r-g$는 자본소득을 전혀 소비하지 않고 모두 자본에 재투자했을 경우 자본소득과 평균 소득 간 격차의 정도를 나타낸다. $r-g$ 차이가 클수록 격차가 확대되는 힘이 강해진다. 인구적, 경제적 충격이 곱셈적 형태(외부의 충격을 방정식으로 모형화하는 데는 더하기로 표현되는 덧셈적 방법과 곱하기로 표현되는 곱셈적 방법이 있다—옮긴이)를 띤다면(즉 초기 자본이 클수록 좋든 나쁘든 투자의 효과가 커질 경우), 장기적인 균형 분포는 파레토 법칙에서 예상한 형태(멱법칙power law을 바탕으로 하는 수학적인 형태로, 현실에서 관찰되는 분배 상황을 상당히 정확하게 나타낸다)가 된다. 또한 파레토 분포의 계수(이것이 불평등의 정도를 나타낸다)는 $r-g$의 가파른 증가함수라는 것을 쉽게 보일 수 있다.[25]

이것이 의미하는 바를 구체적으로 살펴보자. 연간 5퍼센트의 평균 수익률과 약 1퍼센트의 성장률을 기록한 19세기 프랑스의 수준만큼 자본수익률과 성장률이 차이날 경우, 이 모델은 부가 축적되는 누적적 동학으로 인해 자동적으로 상위 10퍼센트가 약 90퍼센트, 상위 1퍼센트가 약 50퍼센트 이상의 자본을 소유할 정도로 부가 극도로 집중되리라고 예측한다는 것이다.[26]

다시 말해 $r>g$라는 기본적인 부등식은 19세기에 관찰되는 매우 높은 수준의 자본의 불평등을 설명해주고, 따라서 어떤 의미에서는 프랑스혁명의 실패까지 설명할 수 있다. 혁명의회가 보편적인 세금을 확립했지만(그리하여 부의 분배를 측정할 수 있는 독보적인 도구를 제공했지만), 세율이 지나치게 낮아서(19세기에는 직접 물려주는 재산에 대해서는 아무리 많은 재산이라도 세율이 겨우 1~2퍼센트였다) 자본수익률과 성장률 간의 차이에 눈에 띌 만큼의 영향을 미치지는 못했다. 이런 상황에서 19세기의 프랑스와 공화제였던 벨 에포크 시대의 부의 불평등이 군주제인 영국만큼 높았던 것은 놀라운 일이 아니다. 정치체제의 공식적인 성격은 $r>g$라는 불평등에 비하면 별로 중요하지 않았다.

형제자매 간의 균등한 재산 분배는 약간의 영향을 미쳤지만 $r-g$ 차이

만큼은 아니었다. 구체적으로 말하면 장자상속제는(좀더 정확히는 19세기가 지나면서 영국의 국민총자본에서 몫이 줄어들었던 농지에 대한 장자상속은) 인구적, 경제적 충격을 강화했고(형제자매의 서열에 따라 추가적인 불평등을 만들어냈다), 그리하여 파레토 계수를 높이고 부의 분배를 더욱 집중시켰다. 이는 1900~1910년 영국에서 상위 10퍼센트가 전체 부에서 차지하는 몫이 프랑스보다 높고(영국에서는 90퍼센트를 조금 넘었고, 프랑스에서는 90퍼센트에 조금 못 미쳤다), 특히 상위 1퍼센트가 차지하는 몫은 훨씬 더 높았던(70퍼센트 대 60퍼센트) 이유를 설명하는 데 도움이 될 것이다. 이 같은 현상은 수적으로는 소수이지만 매우 큰 규모의 토지 상속 재산을 소유했던 결과로 보이기 때문이다. 하지만 이러한 효과는 프랑스의 낮은 인구성장률(인구가 정체되면 r과 g 사이의 차이 때문에 부의 누적적 불평등이 구조적으로 더 커진다)로 부분적으로 상쇄되어 결과적으로 전체적인 분배에는 적은 영향만을 미쳤기 때문에 두 국가에서의 전체적인 분배는 상당히 비슷했다.[27]

1804년에 나폴레옹이 제정한 민법이 시행된 데다 영국처럼 불평등의 탓을 귀족과 여왕에게 돌릴 수 없었던 파리에서는 1913년에 상위 1퍼센트가 전체 부의 70퍼센트를 차지해 불평등의 정도는 영국보다 더 높았다. 이런 현실이 어찌나 두드러졌던지, 1910년의 파리를 배경으로 한 만화영화 「아리스토캣The Aristocats」에서 표현되었을 정도다. 만화영화에 나오는 노부인의 재산 규모가 언급되지는 않았지만, 화려한 저택과 집사인 에드거가 엄마 고양이 더치스와 새끼 고양이 세 마리를 없애버리려는 것으로 봐서(노부인이 모든 재산을 더치스 가족에게 상속한다는 내용의 유언장을 작성했기 때문이다—옮긴이) 재산이 상당했음은 틀림없다.

$r > g$라는 논리를 고려할 때, 성장률이 17세기 이전의 0.2퍼센트에서 18세기에 0.5퍼센트, 19세기에 1퍼센트로 높아졌다는 사실이 그리 큰 차이를 야기한 것 같지는 않다. 5퍼센트 정도인 자본수익률에 비하면 성장률은 여전히 낮았고, 특히 산업혁명으로 자본수익률이 약간 높아졌던 것으

로 보이기 때문에 더욱 그랬다.[28] 이론 모형에 따르면, 자본수익률이 연간 5퍼센트 정도라면 성장률이 1.5~2퍼센트를 넘거나 자본에 대한 과세로 순수익률이 3~3.5퍼센트 이하로 떨어지거나 아니면 두 경우가 모두 일어나지 않는 한 균형 상태의 자본 집중도가 크게 감소하지는 않을 것이다.

마지막으로, $r - g$ 차이가 일정한 한도를 넘으면 균형 분배가 나타나지 않는다는 데 주의하자. 이때 부의 불평등은 한없이 심화되고, 부의 분포에서 최대치와 평균 사이의 차이가 무한정 증가할 것이다. 물론 이런 한도의 정확한 수준은 저축 행위에 달려 있다. 매우 부유한 계층이 돈을 쓸데가 없어서 저축으로 자본을 늘리는 수밖에 없다면 격차 확대가 나타날 가능성은 더 높다. 「아리스토캣」은 이 문제를 잘 보여준다. 아델라이드 드 본파미유 부인은 분명 상당한 소득을 누린다. 그녀는 더치스, 마리, 툴루즈, 베를리오즈의 피아노 레슨과 그림 수업에까지 아낌없이 돈을 쓰는데, 이 고양이들은 이 모든 것에 다소 따분해한다.[29] 아델라이드 부인의 이런 행동은 벨 에포크 시대에 프랑스, 특히 파리에서 부의 집중이 심화된 현상을 잘 보여준다. 아주 큰 재산이 점점 더 노년층의 소유가 되었고, 이들은 자본소득의 상당 부분을 저축했다. 그리하여 이들의 자본은 경제성장률보다 상당히 더 빠른 속도로 증가했다. 앞서 말한 것처럼, 이러한 불평등의 악순환이 무한히 계속될 수는 없다. 마침내 저축을 투자할 곳이 없어질 것이고, 글로벌 자본수익률은 균형 분배가 나타날 때까지 떨어질 것이다. 그러나 이렇게 되려면 아주 오랜 시간이 걸릴 것이다. 그리고 1913년 파리의 전체 부에서 상위 1퍼센트가 차지하는 몫이 이미 70퍼센트를 넘어섰다는 점에서, 제1차 세계대전으로 인한 충격이 없었더라면 균형 수준이 얼마나 높아졌을지에 대한 질문을 던져볼 만하다.

파레토와 안정적인 불평등에 대한 환상

이제 잠시 논의를 멈추고 불평등에 대한 통계적 측정과 관련된 방법론적, 역사적 문제들을 짚어보자. 제7장에서 나는 이탈리아의 통계학자 코라도 지니와 그가 개발한 유명한 계수에 대해 설명했다. 지니계수는 불평등 정도를 하나의 수치로 나타내기 위해 고안되었지만 실제로는 상황을 단순하고 지나치게 낙관적이며 해석하기 어렵게 묘사한다. 더 흥미로운 경우는 지니와 같은 이탈리아인인 빌프레도 파레토Vilfredo Pareto인데, 1890년에서 1910년 사이에 유명한 '파레토 법칙'에 대한 논의를 포함한 그의 주요 저작들이 발간되었다. 두 차례 세계대전 사이의 기간에 이탈리아의 파시스트들은 파레토의 엘리트 이론을 채택해 널리 알렸다. 분명 파시스트들은 파레토의 명성을 이용하려고 했겠지만, 파레토가 1923년 죽기 직전에 무솔리니의 집권을 지지한 것도 사실이다. 물론 파시스트들이 안정적 불평등과 이를 바꾸려는 시도가 무의미하다는 파레토의 이론에 끌린 것은 자연스러운 일이었다.

지난 역사를 고려하며 파레토의 저작을 읽을 때 더욱 놀라운 점은, 그가 자신의 안정성 이론을 지지할 증거를 제시하지 않았다는 사실이다. 파레토는 당시에 구할 수 있었던 프로이센 주, 작센 주뿐만 아니라 스위스와 이탈리아 몇몇 도시의 자료에 기초한 1880~1890년의 세금 자료를 사용했다. 파레토가 활용한 정보는 빈약했고 기껏해야 10년의 기간을 다루었을 뿐이다. 게다가 그 정보는 불평등이 더 높아지는 경향을 경미하게 보여주었는데, 파레토는 이를 의도적으로 숨기려 했다.[30] 어쨌든 그러한 데이터는 분명 전 세계의 장기적인 불평등 추이에 관한 어떤 결론에 대해서도 근거를 제시하지 못한다.

파레토의 판단은 분명 정치적인 선입견의 영향을 받았다. 파레토는 무엇보다도 사회주의자들을 경계했고, 자신의 이론이 이들에게 재분배에 대한 환상을 심어줄까봐 염려했다. 이런 면에서 파레토는 그가 존경했던 프랑스의 피에르 르루아볼리와 같은 동시대의 동료들과 크게 다르지 않았다. 파레토의 사례는 사회과학에서 수학을 무비판적으로 사용한 결과 때때로 나타나는 영원한 안정성에 대한 강한 환상을 보여준다는 점에서 흥미롭다. 파레토는 소득계층의 위쪽으로 올라갈수록 납세자의 수가 얼마나 빠른 속도로 줄어드는지 파악하기 위해 노력했다. 그는 이후에 '파레토 법칙'으로 불리게 된, 혹은 일반적인 함수의 한 예로 '멱법칙'이라고 알려진 수학 법칙을 통해 이러한 감소의 속도를 대강 추정할 수 있다는 것을 발견했다.[31] 실제로 오늘날에도 이런 함수들이 부와 소득의 분배를 연구하는 데 사용된다. 그러나 멱법칙은 이러한 분포의 상위 꼬리 부분에만 적용되며, 그 관계는 대략적이고 국지적으로만 유효하다는 점에 유의해야 한다. 그렇더라도 그것은 앞에서 설명한 것 같은 곱셈적인 충격들로 일어나는 과정들을 모형화하는 데는 사용할 수 있다.

게다가 우리는 하나의 함수나 곡선이 아니라 여러 함수에 대해 이야기하고 있다는 것에 주의하라. 모든 결과는 각각의 개별적인 곡선을 결정짓는 계수와 매개변수에 달려 있다. WTID에서 수집된 데이터뿐만 아니라 이 책에서 제시된 부에 대한 데이터는 이 파레토 계수가 시간이 지나면서 크게 변화했다는 것을 보여준다. 부의 분포가 파레토 분포라고 말한다면 사실은 아무것도 말하지 않은 것이나 다름없다. 상위 10퍼센트가 (1970~1980년의 스칸디나비아에서처럼) 총소득의 20퍼센트를 조금 넘게 가져가는 경우나 (2000~2010년의 미국에서처럼) 50퍼센트를 가져가는 경우, 혹은 상위 10퍼센트가 (1900~1910년의 프랑스와 영국에서처럼) 전체 부의 90퍼센트 이상을 소유하는 경우도 파레토 분포로 표현될 수 있다. 그 각각에 대해 우리는 파레토 분포를 다루지만 계수들은 상당히 다르다. 그리고 각각의 경우에 해당되는 사회적, 경제적, 정치적 현실들은 완전히 다르다.[32]

심지어 오늘날에도 어떤 사람들은 파레토가 그랬던 것처럼 부의 분포가 마치 자연법칙처럼 견고하게 안정적이라고 생각한다. 실제로 이러한 견해는 사실과 전혀 맞지 않는다. 역사적 관점에서 불평등을 연구할 때 설명해야 할 중요한 사항은 분포의 안정성이 아니라 때때로 발생하는 커다란 변화다. 부의 분배의 경우, (파레토 계수로 표현되든 혹은 상위 10퍼센트와 상위 1퍼센트가 차지하는 몫으로 표현되든) 자본수익률과 경제성장률 간의 차이, 즉 $r - g$에 기초해 역사적으로 발생했던 분배의 아주 큰 변화를 설명할 수 있는 방법이 있다.

부의 불평등이 **과거 수준으로 돌아가지 않는 이유**

이제 본질적인 의문에 이르렀다. 왜 부의 불평등은 벨 에포크 시대의 수준으로 돌아가지 않았을까? 그리고 이런 상황이 영구적이고 역전되지 않는다고 확신할 수 있을까?

이 의문에 대해 내가 완벽히 만족스러운 확정적인 답을 가지고 있는 것은 아님을 미리 말해둔다. 몇몇 요인이 과거에 중요한 영향을 미쳤고 미래에도 그러할 것이지만, 이 점에 관해 수학적 확실성을 얻기란 한마디로 불가능하다.

1914~1945년에 일어난 충격들 이후 부의 불평등이 크게 감소한 것은 설명하기 매우 쉬운 부분이다. 자본은 전쟁과 그 전쟁들로 인해 도입된 정책들의 결과로 극도로 심각한 일련의 타격을 받았고, 그리하여 자본/소득 비율이 큰 폭으로 떨어졌다. 우리는 물론 부의 감소가 계층 내의 지위와 상관없이 모든 재산 소유자에게 균형 있게 영향을 미쳐 부의 분배가 바뀌지 않았을 것이라 생각할 수도 있다. 하지만 이러한 믿음은 각각의 부가 서로 다른 기원을 지니며 서로 다른 기능을 수행한다는 점을 간과한 것이다. 계층의 최상위에 속하는 부는 대부분 오래전부터 축적되어왔고, 그런 많은 재산을 복원하는 데는 중간 계층 정도의 재산을 모으는 것보다 훨씬 더 오랜 시간이 걸린다.

게다가 대규모 재산은 어떤 생활양식을 유지하는 데 필요한 돈줄 구실을 한다. 문서보관소에서 수집한 상세한 공증 기록은 두 차례 세계대전 사이에 많은 자본소득자가 전시와 이후 10년간 재산 및 소득에 가해진 충격을 상쇄하기 위해 서둘러서 지출을 줄이지 않았으며, 따라서 결과적으로 당시의 지출을 충당하기 위해 자본을 축내야 했다는 것을 보여준다. 그리하여 이들은 자신이 물려받은 것보다 상당히 줄어든 재산을 다음 세대에 물려주었고, 그 결과 이전의 사회적 균형은 더 이상 유지될 수 없었다. 파리 시민들이 남긴 데이터는 이 점을 특히 잘 보여준다. 예를 들어 벨 에포크 시대에 파리에서 가장 부유한 1퍼센트에 속했던 상속인들은 당시의 평균 임금을 받는 사람들보다 약 80~100배 높은 수준의 삶을 꾸려나갈 만한 자산을 가지고 있었던 것으로 추정할 수 있다. 그런데 그들이 이렇게 호화로운 생활을 할 수 있었던 것은, 자본수익의 일부분만 재투자해도 물려받은 자산을 증식시키는 데 충분했기 때문이다.[33] 1872년부터 1912년까지 이 체제는 완벽하게 안정된 것처럼 보였다. 가장 부유한 개인이 다음 세대에게 평균 임금의 80~100배 혹은 그보다 좀더 많은 돈이 드는 생활 수준을 충당할 만큼의 재산을 물려주었고, 그리하여 부가 더욱 집중되었다. 이런 균형 상태는 두 차례 세계대전 사이에 깨진 것이 분명하다. 파리에서 가장 부유한 1퍼센트는 평소와 비슷한 생활을 계속했지만, 다음 세대에 평균 임금의 30~40배의 자본소득을 얻을 만한 재산을 물려주었다. 1930년대 말에는 이 수치가 평균 임금의 20배 정도로 떨어졌다. 자본소득자들에게는 이것이 종말의 시작이었다. 이 현상은 아마도 1914~1945년의 충격에 뒤이어 유럽의 모든 국가에서(약간 덜한 정도로 미국에서도) 관찰된 부의 탈집중화를 초래한 가장 중요한 원인이었을 것이다.

또한 큰 부자들이 두 차례 세계대전으로 인한 손실에 (평균적으로) 더 노출된 데에는 재산의 구성도 한몫했다. 특히 프랑스의 상속에 관한 기록들은 제1차 세계대전 직전 큰 부자들의 재산 가운데 해외자산이 4분의 1을 차지했고, 그중 거의 절반이 외국 정부(특히 채무불이행 직전에 있었던 러시아)의 정부 부채로 이루어져 있었음을 보여준다. 유감스럽게도 영국에 대해서는 이에 상응하는 데이터를 구하지 못했지만, 영국의 최고 부자들이 소유한 재산에서 해외자산이 최소한 그만큼 중요한 역할을 했다는 데에는 의심의 여지가 없다. 두 차례의 세계대전 뒤 프랑스와 영국 모두에서 해외자산은 거의 사라졌다.

그러나 이 요인의 중요성을 과대평가해서는 안 된다. 가장 부유한 개인들은 종종 수익성이 가장 높은 시기에 포트폴리오를 재구성하는 데 유리한 위치에 있었기 때문이다. 또한 놀랍게도 제1차 세계대전 직전에 가장 부유한 사람들뿐만 아니라 많은 개인이 상당한 해외자산을 소유하고 있었다는 사실이 발견되었다. 19세기와 벨 에포크 시대 파리 시민들의 포트폴리오를 살펴보니, 매우 분산되고 '현대적'으로 구성되어 있었다. 전쟁 직

표 10.1. 파리 시민들의 포트폴리오 구성, 1872~1912

연도	부동산 자산 (건물, 주택, 땅)	부동산 (파리)	부동산 (파리 외부)	금융자산	주식	사채	공채	기타 금융 자산 (현금, 보증금 등)	가구, 보석류 등
전체 부의 구성(%)									
1872	42	29	13	56	15	19	13	9	2
1912	36	25	11	62	20	19	14	9	3
상위 1퍼센트 부유층의 포트폴리오 구성(%)									
1872	43	30	13	55	16	16	13	10	2
1912	32	22	10	65	24	19	14	8	2
그다음 9퍼센트의 포트폴리오 구성(%)									
1872	42	27	15	56	14	22	13	7	2
1912	41	30	12	55	14	18	15	9	3
그다음 40퍼센트의 포트폴리오 구성(%)									
1872	27	1	26	62	13	25	16	9	11
1912	31	7	24	58	12	14	14	18	10

1912년 파리에서는 부동산 자산이 전체 부의 36퍼센트, 금융자산이 62퍼센트, 가구와 보석류 등이 3퍼센트를 차지했다.

출처: piketty.pse.ens.fr/capital21c

10장
자본 소유의
불평등

전에 자산의 약 3분의 1이 부동산(그중 약 3분의 2는 파리에 있었고, 3분의 1은 지방에 있었으며 소액의 농지가 포함되어 있었다)인 반면 금융자산이 거의 3분의 2를 차지했다. 금융자산은 프랑스와 외국의 주식 및 공채, 사채로 이루어져 있었는데, 모든 자산의 구성에 균형이 꽤나 잘 잡혀 있었다(표 10.1 참조).[34] 벨 에포크 시대에 번창했던 자본소득자 사회는 고정된 토지자본을 바탕으로 한 과거 사회가 아니었고, 부와 투자에 대해 현대적인 태도를 보여주었다. 하지만 $r>g$라는 누적된 불평등의 논리가 이 사회를 지속적으로 엄청나게 불평등하게 만들었다. 이런 사회에서는 이미 시장이 매우 경쟁적이고 재산권이 확고하게 보장되어 있었기 때문에, 시장이 더 자유롭고 경쟁적으로 되거나 재산권이 더 확실해져도 불평등이 줄어들 가능성은 그리 크지 않다. 사실 이러한 균형 상태를 약화시킨 유일한 요인은 제1차 세계대전과 함께 시작된, 자본과 재산 소득에 가해진 일련의 충격이었다.

마침내 많은 유럽 국가, 특히 프랑스에서 1914~1945년 시기는 부의 재분배로 귀결되었고, 이러한 부의 재분배는 큰 부자들, 그중에서도 주로 대기업의 주식으로 재산이 구성되었던 부자들에게 불균등하게 영향을 미쳤다. 특히 해방 이후 부역에 대한 처벌로 특정 기업들이 국유화되었고(르노 자동차 회사가 전형적인 예다), 1945년에 국가 연대세가 부과되었다는 점을 떠올려보라. 이 누진세는 강점기 동안의 자본과 자본의 취득에 대해 한 번 부과되었지만 세율이 극도로 높았고 해당 개인들에게 추가적인 부담을 주었다.[35]

부분적인 설명: 시간, 세금, 성장

결국 1910년과 1950년 사이에 모든 곳에서 부의 집중이 급격하게 완화되었다는 것은 그리 놀랄 만한 일이 아니다. 다시 말해, 도표 10.1~10.5의 곡선에서 나타난 하락은 설명하기가 아주 어려운 부분은 아니다. 첫눈에 보기에도 더 놀라운 부분, 그리고 어떤 면에서 더 흥미로운 부분은 부의 불평등이 앞서 논의했던 충격들로부터 회복되지 않았다는 점이다.

자본축적이 몇 세대에 걸친 장기적인 과정임을 인식하는 것은 분명 중요하다. 벨 에포크 시대 유럽에서 진행된 부의 집중은 수십 년 혹은 심지어 수백 년에 걸쳐 누적된 과정의 결과였다. 국민소득의 배수로 표시되는 민간의 총부(부동산과 금융자산 모두)는 2000~2010년이 되어서야 제1차 세계대전 직전의 수준을 거의 회복했다. 이러한 자본 / 소득 비율의 회복은 부유한 국가들에서 십중팔구 여전히 진행 중일 것이다.

1914~1945년의 극심한 충격들이 10년이나 20년이 지나면 사라질 수 있을 것이며 그래서 1950~1960년이면 1900~1919년에 관찰된 것과 같은 부의 집중이 회복될 수 있으리라는 생각은 매우 비현실적이다. 또한 1970~1980년에 부의 불평등이 다시 높아지기 시작했다는 점에 주의하자. 따라서 지금도 자본 / 소득 비율의 회복보다도 더 느린 속도로 부의 집중이 이전 수준을 따라잡으며 회복되는 과정이 진행 중일 수 있고, 머지않아 부의 집중이 과거의 최고 수준을 회복할 가능성도 있다.

달리 말하면, 오늘날 부가 과거만큼 불평등하게 분배되지 않은 이유는 단순히 1945년 이후 충분한 시간이 흐르지 않았기 때문이다. 이것도 분명 하나의 설명이 되겠지만, 이것만으로는 충분하지 않다. 상위 10퍼센트, 더 나아가 상위 1퍼센트가 전체 부에서 차지하는 몫(유럽에서 1910년에는 60~70퍼센트, 2010년에는 겨우 20~30퍼센트였다)을 살펴봤을 때, 1914~1945년에 일어난 충격들이 과거처럼 심한 부의 집중을 방지하는 구조적 변화를 일으켰다는 것은 분명해 보인다. 중요한 점은 단순히 정량적인 변화가 아니라는 것이다. 오히려 그 반대다. 다음 장에서 우리는 상속과 노동으로 얻을 수 있는 각기 다른 삶의 수준에 관한 보트랭의 설교에서 제기되는 의문을 살펴볼 것이다. 그러면 상위 1퍼센트가 60~70퍼센트를 차지할 때와 20~30퍼센트를 차지할 때의 차이가 비교적 단순하다는 것을 알게 될 터이다. 전자의 경우, 소득계층의 상위 1퍼센트는 자본소득이 가장 높은 사람들이 주를 이룬다. 19세기의 소설가들에게 친숙한 자본소득자의 사회가 이러했다. 후자의 경우는 노동소득(주어진 분배에서)이 가장 높은 사람들과 자본소득이 가장 높은 사람들이 거의 균형을 이룬다.(우리는 현재 경영자들의 사회, 혹은 어쨌든 좀더 균형잡힌 사회에서 살고 있다.) 이와 비슷하게, 국부의 10분의 1이나 20분의 1(사회의 가장 가난한 절반이 소유한 몫과 거의 같은 비율)이 아닌 4분의 1이나 3분의 1을 소유한 '세습중산층'의 등장은 중요한 사회적 변화를 나타낸다.

1914년에서 1945년 사이, 더 전반적으로 말하자면 20세기에 과연 어떤 구조적인 변화가 일어났을까? 이 변화들은 오늘날 민간의 부가 전반적으로 과거만큼 거의 성공적으로 번창하고 있는데도 부의 집중이 예전의 최고 수준을 회복하지 못하게 가로막고 있다. 가장 자연스럽고 중요한 설명은 20세기의 정부들이 자본과 자본소득에 상당한 세율로 세금을 부과하기 시작했다는 사실이다. 1900~1910년에 관찰된 매우 높은 부의 집중은 (적어도 20세기에 일어난 극도로 폭력적인 충돌과 비교하면) 장기간 큰 전쟁이나 재난이 일어나지 않았을 뿐 아니라 세금이 없었거나 거의 없었던 결과다. 제1차 세계대전 때까지는 자본소득이나 기업 이윤에 세금이 부과되지 않았다. 드물게 세금이 부과된 경우라도 세율이 아주 낮았다. 따라서 상당한 재산을 축적해 물려주고, 그런 재산에서 얻은 소득으로 생활하기에 이상적인 환경이었다. 20세기에는 지대, 이자, 이윤, 임대료에 다양한 세금이 부과되었고, 그리하여 상황은 근본적으로 바뀌었다.

문제를 단순화시켜보자. 먼저 자본소득에 대한 세율이 1900~1910년 이전에는 0퍼센트에 가까웠고(또한 어떤 경우에도 5퍼센트보다 낮았고), 1950~1980년에는 부유한 국가들에서 약 30퍼센트였다고(또한 소규모 국가들이 주도하는 조세경쟁에 참여하면서 최근에는 세율이 하락하는 추세이지만 2000~2010년까지는 어느 정도 이 수준이었다고) 가정해보자. 평균 세율이 30퍼센트라면, 5퍼센트의 세전 수익률이 세후에는 순수익률

3.5퍼센트로 줄어든다. 자본의 축적과 집중의 곱셈적이고 누적적인 논리를 감안하면, 이는 그 자체로 중대하고 장기적인 영향을 미치기에 충분하다. 위에서 설명한 이론 모형을 사용하면 30퍼센트의 실효세율을 모든 형태의 자본에 적용할 경우, 그것만으로 부의 집중의 아주 현저한 감소가 설명된다(장기적인 역사적 데이터에서 관찰한 바로는, 상위 1퍼센트의 몫이 감소한 것과 거의 동일하다)는 것을 보여줄 수 있다.[36]

이런 맥락에서 볼 때, 자본소득에 부과된 세금의 효과는 부의 전체적인 축적을 줄이는 것이 아니라 장기적인 부의 분배 구조를 변화시키는 것임에 주의해야 한다. 역사적 데이터뿐만 아니라 이론 모형에서 보면, 자본소득에 대한 세금이 0퍼센트에서 30퍼센트로 올라도(자본에 대한 순수익률이 5퍼센트에서 3.5퍼센트로 줄어도) 장기적으로 자본총량은 변하지 않을 것이다. 이유는 간단하다. 상위 1퍼센트가 전체 부에서 차지하는 몫의 감소가 중산층의 부상으로 상쇄되기 때문이다. 이것이 바로 20세기에 일어난 일이다. 하지만 이 교훈은 오늘날 때때로 잊힌다.

또한 20세기에 최대 규모의 상속재산에 대한 상속세와 함께 누진세, 즉 최상위 소득과 특히 최상위 자본소득에 더 높은 세율을 적용하는 세금이 강화되었다는 점에 주목해야 한다. 19세기에는 상속세의 세율이 극히 낮아서 부모가 자녀에게 물려주는 유산에 대해 겨우 1~2퍼센트의 세금이 부과되었다. 이 정도의 세금은 분명 자본축적 과정에 눈에 띄는 영향을 미치지 않는다. 그것은 세금이라기보다 재산권을 보호하기 위한 등기 수수료에 가까웠다. 1901년 프랑스에서 상속세는 누진세가 되었지만 직계 상속분에 대한 최고 세율은 고작 5퍼센트였다.(그리고 1년에 기껏해야 수십 건의 상속에 적용되었다.) 한 세대에 한 번 부과되는 이런 정도의 세율은 당시의 부자들이 어떻게 생각하든 부의 집중에 큰 영향을 미치지 못한다. 그러나 1914~1945년 군사적, 경제적, 정치적 충격에 뒤이어 대부분의 부유한 국가에서 부과된 20~30퍼센트 혹은 그 이상의 세율은 완전히 다른 영향을 미쳤다. 이러한 세금의 결과로 인해, 만약 가족의 재산이 평균 소득만큼 빠르게 증가하기를 원한다면 이후 세대가 지출을 줄이고 저축을 많이 해야만 했다.(그렇지 않으면 특히 수익이 높은 투자를 해야 했다.) 그리하여 부자들은 부의 계층 구조에서 원래의 지위를 유지하기가 점점 더 어려워졌다. 거꾸로, 바닥에서 출발한 사람들은 위쪽으로 올라가기가 더 쉬워졌다. 예를 들어 상속이 이뤄진 후 재산 공중을 받을 때 매각된 기업이나 주식을 사들이는 방법이 있다. 간단한 시뮬레이션을 해보면 누진적 상속세는 장기적으로 상위 1퍼센트가 부에서 차지하는 몫을 상당히 줄일 수 있음을 알 수 있다.[37] 다른 여러 국가의 상속세 제도 간의 차이를 살펴보면 세계적인 차이를 설명하는 데 도움이 된다. 예를 들어 독일은 제2차 세계대전 이후 최상위 자본소득이 프랑스보다 더 집중되어 부의 집중이 심각했음을 알 수 있는데, 그 이유는 무엇일까? 아마도 프랑스의 최고 상속세율이 30~40퍼센트인 데 반해, 독일에서는 15~20퍼센트에 불과했기 때문일 것이다.[38]

이론적 논의와 수치 시뮬레이션은 모두 굳이 다른 구조적 변화를 들먹이지 않더라도 세금만으로 지금까지 관찰된 변화의 추이를 대부분 설명하기에 충분하다는 것을 보여준다. 오늘날 부의 집중도는 1900~1910년보다 현저히 낮아지긴 했지만 여전히 극히 높다는 점은 다시 한번 언급해둘 만하다. 이러한 결과를 얻기 위해 혹은 결코 규모가 과장되어서는 안 되는 변화들을 설명하기 위해 완벽하고 이상적인 세금 제도가 필요한 것은 아니다.

21세기는 19세기보다 훨씬 더 불평등할까?

/

현재 작동 중인 많은 메커니즘이나 세금 시뮬레이션과 관련된 여러 불확실성을 감안하면, 중요한 역할을 하는 다른 요인들은 없다고 결론내리는 것은 지나칠 터이다. 지금까지의 분석은 세금 제도의 변화와 관계없이 아마도 두 요인이 중요한 역할을 했으며, 미래에도 그럴 것임을 보여주었다. 첫 번째는 소득에서 자본이 차지하는 비중과 자본수익률이 장기적으로 약간 낮아질 가능성이고, 두 번째는 성장률이 21세기에 약간 둔화될 것으로 보이지만 18세기까지 인류 역사 대부분의 기간에 관찰된 극도로 낮은 수준보다는 높으리라는 점이다.(여기서 내가 이야기하는 것은 성장의 순수하게 경제적인 요소, 즉 지식과 기술 혁신의 성장을 반영하는 생산성 증가다.) 구체적으로 말하자면 도표 10.11에 나타난 것처럼 미래에는 $r>g$라는 차이가 18세기 이전보다는 작을 것이다. 자본수익률이 (가령 4.5~5퍼센트가 아니라 4~4.5퍼센트로) 낮아질 것이고 성장률이 (0.1~0.2퍼센트가 아니라 1~1.5퍼센트로) 높아질 것이기 때문이다. 국가 간의 경쟁으로 자본에 대한 모든 세금이 폐지된다 해도 그렇다. 이론적 시뮬레이션을 믿는다면 자본에 대한 세금이 폐지되더라도 부의 집중이 꼭 1900~1910년의 극심한 수준으로 되돌아가지는 않을 것이다.

그러나 기뻐할 이유는 없다. 여전히 부의 불평등은 상당히 높아질 것이기 때문이기도 하고(예를 들어 국부에서 중산층이 차지하는 몫이 절반으로 줄어들 수도 있는데, 그럴 경우 유권자들은 이를 용납하지 못할 것이다), 시뮬레이션에 상당한 불확실성이 존재하는 데다 상황을 반대 방향, 즉 1900~1910년보다 부가 더 집중되는 쪽으로 몰고 갈 수 있는 요인들도 있기 때문이다. 특히 인구가 감소해 부정적인 영향을 미칠 수 있다. 인구의 감소는 특히 부유한 국가들의 성장률을 19세기 수준 이하로 떨어뜨릴 수 있고, 이렇게 되면 상속받은 재산이 전례 없을 정도로 중요해질 것이다. 게다가 자본시장이 점점 더 정교해지고 경제학자들이 사용하는 의미로는 점점 더 '완전'해질 수 있다.(이는 자본수익률이 소유자의 개인적 특성과 점차 무관해져서 능력주의 가치들과 충돌하고, $r>g$ 논리를 강화할 것이라는 뜻이다.) 뿐만 아니라 나중에 설명하겠지만 금융세계화는 자본수익률과 투자 포트폴리오의 초기 규모 사이의 상관관계를 높임으로써 수익률의 불평등을 낳고 있는 것으로 보인다. 수익률의 불평등은 세계적인 부의 분배에서 격차를 심화시키는 추가적이고도 매우 걱정스러운 요인으로 작용한다.

요약하면 다음과 같다. 오늘날 유럽에서 부의 집중이 벨 에포크 시대보다 두드러지게 낮은 현실은 주로 우연적인 사건들(1914~1945년에 일어난 충격들)과 자본 및 자본소득에 부과된 세금 같은 특정한 제도의 결과다. 그러한 제도들이 결국 무너진다면 부의 불평등이 과거 수준과 비슷해지고, 어떤 상황에서는 더 높아질 위험이 있다. 확실한 것은 아무것도 없다. 불평등은 어느 방향으로든 움직일 수 있다. 따라서 이제 나는 상속의 동학을 살펴본 뒤 부의 세계적인 동학에 대해 더 자세히 검토해야만 할 것이다. 그러나 이미 한 가지 결론은 꽤 분명하다. 현대적 성장의 특징이나 시장경제 법칙과 같은 어떤 것이 부의 불평등을 줄이고 조화로운 안정을 달성할 거라는 생각은 착각이라는 것이다.

장기적으로 본
능력과 상속

앞서 살펴보았듯이, 오늘날 자본의 전반적인 중요성은 18세기와 크게 다르지 않다. 단지 그 형태만이 변화했다. 자본은 이전에는 주로 토지였지만 이제 산업자본, 금융자본, 부동산이다. 우리는 또한 100년 전보다는 극심함이 훨씬 덜하지만 부의 집중이 여전하다는 것을 살펴보았다. 인구의 가난한 절반은 여전히 어떤 자본도 소유하고 있지 않다. 그러나 전체 부의 4분의 1에서 3분의 1을 소유하는 세습적 중산층이 존재하고, 최상위 10퍼센트는 이제 소유할 수 있는 자본의 3분의 2를 점하고 있다.(100년 전 이 수치는 10분의 9였다.) 우리는 또한 자본수익률과 경제성장률의 상대적인 변화, 즉 둘의 차이인 $r - g$가 지금까지 관찰된 변화의 많은 부분을 설명할 수 있음을 살펴보았다. 여기에는 인류의 전체 역사에서 관찰되었던 매우 높은 부의 집중을 설명하는 축적의 논리가 포함된다.

이 축적의 논리를 더 잘 이해하기 위해서는 자본 형성에서 상속과 저축의 상대적인 역할이 장기적으로 변화해온 과정에 관해 더 자세히 살펴봐야 한다. 일정 수준의 자본 집중이 매우 다른 방식으로 발생할 수 있기 때문에 이것은 중요한 쟁점이다. 전 세계적으로 자본의 규모는 똑같이 유지되었다. 그러나 자본이 과거에는 주로 상속되었지만 이제는 스스로 벌어들인 소득 가운데 일부가 저축되어 평생 동안 누적된다는 의미에서 그 심층적인 구조는 극적으로 변화한 듯하다. 그러한 변화를 설명해주는 것 중 하나는 기대수명의 연장인데, 이는 사람들이 퇴직 이후를 대비하여 구조적으로 자본축적을 늘리게 했을 수 있다. 그러나 자본의 속성상 일어났다고 추정되는 이런 거대한 전환은 실제로는 생각만큼 극적이지 않았다. 사실 몇몇 국가에서는 이러한 변화가 전혀 나타나지 않았다. 21세기 들어 상속은 과거에 그것이 했던 역할에 필적할 만큼 다시금 중요한 역할을 하게 될 가능성이 높다.

더 정확히 말해 나는 다음과 같은 결론을 제시할 것이다. 자본수익률이 현저하게 그리고 지속적으로 경제성장률보다 높은 경우, 거의 필연적으로 (과거에 축적된 자산의) 상속이 (현재 축적되는 자산인) 저축을 압도한다. 논리적으로만 생각하면 그 반대가 될 수도 있지만, 이 방향으로 향한 힘들은 극도로 강력하다. 어떤 의미에서 부등식 $r>g$는 과거가 미래를 잡아먹어버리는 경향이 있다는 것을 뜻한다. 노동을 하지 않고도 과거에 만들어진 자산이 노동을 통한 저축으로 만들어진 자산에 비해 자동적으로 더욱 빠르게 성장한다. 거의 필연적으로 이는 과거에 만들어진 불평등, 즉 상속을 더 지속적이고 과도하게 중요한 것으로 만드는 경향이 있다.

만약 21세기가 인구 감소와 경제의 저성장 및 자본에 대한 국제적 경쟁의 격화를 배경으로 한 높은 자본수익률의 시대가 된다면 혹은 어쨌든 이러한 조건들이 성립되는 국가들에서는, 아마도 상속이 19세기만큼이나 다시 중요해질 것이다. 이러한 방향으로의 변화는 최근 수십 년간 성장이 상당히 정체된 프랑스와 다른 많은 유럽 국가에서 이미 뚜렷하게 나타난다. 미국에서는 현재로서는 기본적으로 유럽보다 높은 인구증가율 덕분에 이러한 경향이 덜 뚜렷하다. 그러나 유엔의 인구 예측 중간값 시나리오가 보여주듯이(이는 다른 경제적 예측에 의해 확인된다) 21세기 들어 모든 지역에서 인구 증가가 어느 정도 정체된다면, 결국 상속이 전 세계 곳곳에서 더 중요해질 것이다.

그러나 이것이 21세기 불평등의 구조가 19세기와 같다는 것을 의미하지는 않는다. 21세기에는 부분적으로 부의 집중이 덜 극심하고(적어도 단기적으로는 중소 규모의 자본소득자들이 더 많고 극도로 부유한 자본소득자들은 적을 가능성이 높다) 또한 노동소득의 계층 구조가 확대되고 있으며(슈퍼경영자의 등장과 함께), 마지막으로 부와 소득이 과거에 비해 더 강하게 연관되어 있기 때문이다. 21세기에는 슈퍼경영자와 '중간 규모 자본소득자'가 같은 사람일 가능성이 높다. 새로운 능력주의 질서는 이런 계층의 등장을 촉진할 것이고, 아마도 저임금과 중간 임금 노동자들, 특히 재산이 있다 해도 쥐꼬리만큼밖에 없는 이들에게는 손해를 입힐 것이다.

상속액의 장기적인 추이

출발점에서 시작해보자. 모든 사회에는 부를 축적하는 두 가지 주요한 방법이 있다. 바로 노동과 상속이다.[1] 부의 계층 구조에서 상위 1퍼센트와 10퍼센트에게 이 각각의 방법이 얼마나 흔하게 나타날까? 이것이 핵심적인 질문이다.

제7장에서 논의했던, 보트랭이 라스티냐크에게 한 설교에 그 해답이 명백히 나와 있다. 공부와 노동은 결코 안락하고 우아한 삶을 가져다주지 못하며, 유일한 현실적인 전략은 빅토린 양 그리고 그녀의 상속자산과 결혼하는 것이다. 이 연구의 중요한 목표 가운데 하나는 보트랭이 묘사한 사회가 19세기 프랑스 사회와 얼마나 비슷하며, 무엇보다도 어떻게 그리고 왜 오랜 시간에 걸쳐 이런 종류의 사회가 변화되어왔는지를 밝히는 것이다.

장기간에 걸친 연간 상속액의 변화를 살펴보는 것에서부터 시작하면 도움이 될 것이다. 그것은 국민소득에 대비한 비율로 표시되는 1년 동안의 유산(그리고 살아 있는 개인 간의 증여)의 총가치를 의미한다. 이 수치는 해당 연도에 벌어들인 총소득과 비교한, 과거 자산의 연간 상속액을 보여준다.(노동소득은 매년 국민소득의 대략 3분의 2를 차지하며, 자본소득의 일부는 상속인에게 물려준 자본에 대한 보상임을 기억하라.)

나는 먼저 가장 잘 알려진 프랑스의 장기간에 걸친 사례를 검토할 텐데, 여기에 나오는 프랑스의 패턴은 또한 어느 정도 다른 유럽 국가들에도 해당된다. 마지막으로 전 세계적 수준에서는 어떻게 말할 수 있을지를 살펴볼 것이다.

도표 11.1은 1820년에서 2010년까지 프랑스의 연간 상속액의 변화 추이를 보여준다.[2] 두 가지 사실이 뚜렷하게 드러난다. 첫째, 19세기에는 상속액이 매년 소득의 20~25퍼센트에 이르렀고, 19세기 말이 되면서 약간 상승 추세를 보였다. 뒤에서 논의하겠지만 이는 극도로 높은 수준이며 거의 모든 자본총량이 상속으로부터 나왔다는 사실을 반영한다. 19세기의 소설에는 상속자산 이야기가 심심찮게 등장하는데, 이는 특히 부채에 시

도표 11.1. 프랑스에서 국민소득 대비 연간 상속액의 비율, 1820~2010

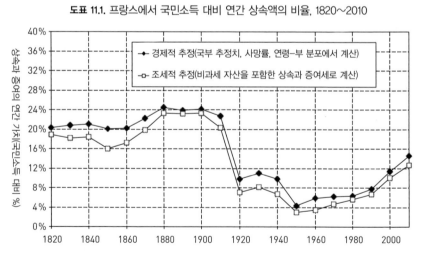

19세기 전체 그리고 1914년까지, 연간 상속액은 국민소득의 약 20~25퍼센트에 이르렀다. 이 비율은 그 이후 1950년대에는 5퍼센트 미만으로 하락했고, 2010년에는 약 15퍼센트로 회복되었다.

출처 및 통계: piketty.pse.ens.fr/capital21c

달렸던 발자크와 같은 작가들이 그런 생각에 사로잡혀 있었기 때문만은 아니다. 무엇보다도 상속이 19세기 사회에서 경제적 흐름과 사회적 권력 모두에서 구조적으로 중심적인 지위를 차지하고 있었기 때문이다. 게다가 시간이 지나도 상속의 중요성은 약화되지 않았다. 그 반대로 1900~1910년에는 상속액이 보트랭, 라스티냐크, 보케르 하숙집의 시대인 1820년대보다도 (국민소득의 20퍼센트를 겨우 넘는 정도에서 25퍼센트 수준으로) 조금 더 높아졌다.

그 이후 1910~1950년에 상속액은 극적으로 하락했고 이후에는 꾸준히 회복되었는데, 1980년대에는 회복이 가속화되었다. 20세기에는 매우 큰 상승과 하락의 변화가 나타났다. 대략 추정하면 연간 상속액과 증여액은 제1차 세계대전의 충격 이후와 비교하여 그전까지는 상대적으로 안정적이었지만, 1910~1950년에 그 비율이 5~6분의 1로 하락했고(1950년 상속액은 국민소득의 고작 4~5퍼센트였다), 그 이후 1950~2010년에는 3~4배 상승했다.(2010년 상속액은 국민소득의 15퍼센트를 차지했다.)

도표 11.1에서 나타난 변화는 상속의 현실뿐만 아니라 그에 관한 인식의 심대한 변화를 반영하며, 불평등 구조의 변화 또한 상당 부분 반영한다. 곧 살펴보겠지만 1914~1945년의 충격으로 인해 상속액은 민간자산의 감소에 비해 거의 2배나 더 감소했다. 따라서 상속의 급감은 단순히 부가 급감한 결과가 아니었다(비록 두 변화는 분명히 밀접한 관련이 있었지만). 사람들에게는 상속의 시대가 끝났다는 생각이 확실히 자본주의의 종말이라는 생각보다 영향력이 더 컸다. 1950~1960년에는 유산과 증여가 국민소득의 몇 퍼센트에 지나지 않았다. 따라서 상속은 거의 사라졌고 비록 과거에 비해 전반적으로 덜 중요했지만 자본은 이제 개인이 일생의 수고로움과 저축을 통해 축적했던 부에 기초한 것이라고 생각하는 편이 타당했다. 비록 인식이 현실보다 약간 과장되었지만 몇몇 세대가 이런 상황에서 자랐다. 특히 지금도 생존해 있는 경우가 많은 1940년대 후반과 1950년대 초반에 태어난 베이비붐 세대가 그렇다. 그리고 그들이 이런 현실을 새롭

게 부상한 표준이라고 생각한 것은 당연한 일이었다.

반대로 더욱 젊은 사람들, 특히 1970년대와 1980년대에 태어난 이들은 상속이 그들의 삶과 친척 및 친구들의 삶에 중요한 역할을 한다는 사실을 이미 어느 정도 경험했다. 예를 들어 이 집단에게는 자녀가 부모로부터 증여를 받느냐 아니냐가 몇 살에 누가 재산을 소유할 것인지 아닌지 그리고 그 재산이 얼마나 많을지를 결정하는 데 중요한 영향을—적어도 이전 세대보다는 훨씬 더 큰 정도로—미칠 수 있다. 베이비붐 세대에 비해 이들의 삶과 성공, 개인이나 가족의 선택에는 상속이 훨씬 더 큰 역할을 하는 것이다. 그러나 상속의 반동은 아직 불완전하며 이러한 변화는 여전히 진행 중이다.(2000~2010년에 상속액은 1950년대의 저점과 1900~1910년의 고점 사이의 대략 중간 정도를 기록했다.) 지금까지 그 반등이 사람들의 인식에 미친 영향은 이전의 급락에 비해 덜 심대하며, 여전히 이전의 급락이 사람들의 생각을 지배한다. 앞으로 수십 년이 지나면 아마도 상황이 달라질 것이다.

조세적 추정과 경제적 추정

도표 11.1에서 몇몇 사항은 더 명확히 설명할 필요가 있다. 첫째, 사망 직전의 사람이든 그보다 더 젊은 사람이든 살아 있는 개인들 사이의 증여를 상속액에 포함하는 것이 중요하다. 왜냐하면 이런 형태의 이전이 프랑스 등의 국가에서 언제나 매우 중요한 역할을 했기 때문이다. 증여와 유산의 상대적인 크기는 시간이 지남에 따라 크게 변화했다. 따라서 증여를 제외하면 분석은 심각하게 편향되고 공간적이며 시간적인 비교는 왜곡될 것이다. 다행히도 프랑스의 증여는 꼼꼼히 기록되었다.(틀림없이 약간 과소평가되긴 했지만 말이다.) 물론 모든 국가가 다 그런 것은 아니다.

둘째가 더 중요한데, 프랑스는 역사적 자료가 매우 풍부해 상속액을 데이터와 방식이 완전히 독립적인 서로 다른 두 가지 방법으로 계산할 수 있다. 도표 11.1에 나타난 ('조세적 추정'과 '경제적 추정'이라 각각 이름 붙인) 서로 다른 두 가지 추정치의 변화는 매우 잘 일치한다는 것을 알 수 있으며, 이는 역사적 데이터가 견고하다는 사실을 재확인해준다. 이러한 일치 덕분에 그 변화에 영향을 미친 다양한 힘을 분해하고 분석할 수 있다.[3]

대체로 특정 국가의 상속액을 추정하는 데에는 두 가지 방법이 있다. 먼저 관찰된 상속액과 증여액을 직접적으로 사용할 수 있다.(예를 들어 세금 데이터를 사용하는 것으로, 내가 '조세적 추정'이라 이름 붙인 것이다.) 또는 민간자본 총량을 분석하여 특정 연도에 발생했을 상속액을 이론적으로 계산할 수 있다.(이것이 내가 '경제적 추정'이라 이름 붙인 것이다.) 각 방법에는 장단점이 있다. 첫 번째 방법은 직접적이지만 많은 국가의 세금 데이터가 매우 불완전하기 때문에 그 결과가 언제나 만족스럽지만은 않다. 앞서 지적했듯이 프랑스에서는 유산과 증여를 기록하는 체계가 예외적으로 이른 프랑스혁명 시기에 확립되었고, 그 기록이 대단히 포괄적이다.(비록 몇몇 예외도 있지만 이론적으로 이 기록은 세금이 아주 조금 혹은 아예 매겨지지 않은 시기를 포함해 이전의 모든 시기를 포괄한다.) 따라서 조세적 방법이 적용될 수 있다. 그러나 세금 데이터는 관련된 금액이 적어 신고할 필요가 없는 소규모의 유산도 모두 고려하도록 수정되어야 한다. 그리고 무엇보다도 생명보험 계약과 같이 상속세 면제 대상인 특정 자산도 고려해야 하는데, 이러한 자산은 1970년 이후 점점 더 보편적이 되었다.(그리고 오늘날에는 프랑스의 민간부문 총자산의 거의 6분의 1을 차지한다.)

두 번째 방법인 '경제적 추정'은 세금 데이터에 의존하지 않는 장점이 있으며, 따라서 서로 다른 국가 간 세금 체계의 차이와 상관없이 부가 이전되는 양상을 좀더 완전하게 보여준다. 한 국가에 두 방법을 모두 사용할 수 있다면 이상적이다. 게다가 도표 11.1에서 보듯 이 두 방법에 기초한 곡선들 사이의 차이(경제적 추정이 조세적 추정보다 언제나 약간 더 크다)는 탈세나 공중 기록 보존 체계의 결함으로 해석될 수 있다. 이용 가능한 데이터와 방법들의 여러 불완전성 등 다른 원인들도 이 차이를 만들어낼 수 있다. 몇몇 세부 기간에서는 이 차이가 결코 사소하지 않다. 하지만 우리의 주된 관심인 장기적인 변화는 어떤 방법을 쓰더라도 상당히 일치한다.

세 가지 힘: 상속의 종말이라는 환상

/

사실 경제적 추정이라는 접근 방식이 갖는 주된 장점은 모든 곳에서 상속액과 그 역사적 변화를 결정하는 세 가지 힘에 관해 포괄적인 이해를 할 수 있도록 해준다는 것이다.

일반적으로, b_y로 표시되는, 국민소득 대비 연간 상속액과 증여액의 비율은 세 가지 힘을 곱한 값과 같다.

$$b_y = \mu \times m \times \beta$$

여기서 β는 자본 / 소득 비율(혹은 더 정확하게는 공공자산과는 달리 상속으로 이전될 수 있는 총민간자산의 국민소득 대비 비율), m은 사망률, μ는 사망자의 평균 자산과 살아 있는 개인들의 평균 자산의 비율이다.

이 분해식은 순수한 회계적 항등식이다. 이 수식은 정의상 언제 어디서나 성립한다. 특히 이것은 내가 도표 11.1에 나타난 경제적 추정액을 전망하기 위해 사용한 공식이다. 비록 경제적 추정액을 이 세 가지 힘으로 분해하는 것이 동어반복이라 하더라도, 그것은 과거 상당한 혼란—비록 그 혼란의 기초가 되는 논리가 엄청나게 복잡한 것은 아니지만—의 원인이었던 쟁점을 명확히 해준다는 점에서 쓸모가 있다.

이 세 가지 힘을 하나씩 살펴보자. 첫째는 자본 / 소득 비율 β다. 이 힘은 자명하다. 만약 어떤 사회에서 상속되는 부의 금액이 크면 상속될 수 있는 민간자산의 총량도 당연히 커야 할 것이다.

두 번째 힘, 사망률 m도 이와 똑같이 자명한 메커니즘을 보여준다. 다른 모든 조건이 동일하다면, 사망률이 높을수록 상속액이 커진다. 모두가 영원히 사는 사회, 즉 사망률이 정확히 제로인 사회에서 상속은 당연히 사라질 것이다. 따라서 자본/소득 비율 β가 얼마나 큰지와 상관없이 상속액 b_y도 제로가 될 것이다.

세 번째 힘, 사망자의 평균 자산과 살아 있는 개인들의 평균 자산의 비율 μ도 마찬가지로 자명하다.[4]

사망자의 평균 자산이 인구 전체의 평균 자산과 같다고 가정해보자. 그러면 $\mu = 1$이고 상속액 b_y는 단순하게 사망률 m과 자본/소득 비율 β를 곱한 값이 될 것이다. 예를 들어 만약 자본/소득 비율이 600퍼센트이고 (민간자산이 국민소득의 6배이고) 성인 인구의 사망률이 2퍼센트[5]라면 연간 상속액은 자동적으로 국민소득의 12퍼센트가 될 것이다.

만약 사망자의 평균 자산이 살아 있는 이들의 평균 자산의 2배여서 $\mu = 2$라면 상속액은 국민소득의 24퍼센트가 될 텐데($\beta = 6$, $m = 2$퍼센트로 가정하면), 이것이 대략 19세기와 20세기 초에 관찰된 수준이다.

분명히 μ는 부의 연령별 분포표에 달려 있다. 연령과 함께 부가 증가할수록 μ가 더욱 높아질 것이고 따라서 상속액도 커질 것이다.

반대로 이탈리아 출신의 미국 경제학자 프랑코 모딜리아니가 1950년대에 개발한 '부의 생애주기 이론'에 따라 부를 축적하는 주된 목표가 퇴직을 준비하는 것이고 노동을 통해 축적한 자본을 퇴직 이후에 노인들이 (연금기금의 저축을 인출하여) 소비하는 사회를 생각해보자. 이런 사회에서는 모두가 사망 당시에 자본이 거의 없거나 제로일 것이므로 μ도 거의 제로일 것이다. $\mu = 0$인 극단적인 경우에는 β와 m에 상관없이 상속은 사라질 것이다. 엄밀하게 논리적 차원에서는, 상당한 민간자본이 존재하지만 (따라서 β가 매우 높고) 대부분의 자산이 연금기금 형태이거나 사망 당시 사라지는 ('연금화된 자산') 형태를 띠면, 상속액은 제로이거나 그와 비슷할 것이다. 모딜리아니의 이론은 사회적 불평등에 관해 평온하고 1차원적인 관점을 제시한다. 이에 따르면 부의 불평등은 노동과 관련된 불평등이 시간이 지나 다르게 나타나는 것에 불과하다.(경영자는 노동자보다 퇴직 이후를 위해 더 많이 저축하지만 그들이 죽을 때는 모두 자본을 전부 소비한다.) 이 이론은 제2차 세계대전 이후 수십 년간 매우 인기가 있었다. 당시에는 탤컷 파슨스Talcott Parsons의 연구로 대표되는 미국의 기능주의 사회학도 상속자산이 거의 아무런 역할을 하지 않는 중산층 경영자 사회를 묘사했다.[6] 이는 오늘날에도 여전히 베이비붐 세대 사이에서 매우 인기가 있다.

세 가지 힘의 곱으로 상속액을 분해하는 것($b_y = \mu \times m \times \beta$)은 상속과 그 변화를 역사적으로 생각하는 데 있어 중요하다. 왜냐하면 각 힘이 (선험적으로는 완벽하게 그럴듯한) 중요한 믿음과 주장을 나타내기 때문이다. 이것들은 특히 제2차 세계대전 이후 수십 년 동안의 낙관적인 시기에 사람들로 하여금 상속자산의 종말이(혹은 적어도 점진적인 감소가) 어떻게든 논리적이고 자연스런 역사의 성취라고 생각하도록 만들었다. 그러나 프랑스가 뚜렷하게 보여주듯 상속의 점진적인 종말은 결코 필연적인 것이 아니다. 사실 프랑스에서 나타난 U자 곡선은 세 가지 힘 μ, m, β 각각의 U자 곡선을 합한 결과다. 게다가 이 세 힘이 부분적으로는 우연한 이유들로 동시에 작용했는데, 그것이 전체적인 변화의 크기를 설명해준다. 특히 사람들에게 상속자산이 거의 사라졌다고 믿도록 만든 1950~1960년의 예외적으로 낮은 상속액도 마찬가지다.

제2부에서 나는 자본/소득 비율 β가 실제로 U자 곡선으로 나타났음을 살펴보았다. 이 첫 번째 힘과 관련된 낙관적인 믿음은 매우 분명하고 언뜻 보기에 충분히 그럴듯하다. 단순히 부의 중요성이 약화되었기 때문에(더 정확히 말하면 소유가 가능하고 시장에서 교환될 수 있으며 일반적인 재산권 법률 아래 상속인에게 완전히 이전될 수 있는 비인적자본 형태의 부의 중요성이 약화되었기 때문에) 상속자산은 시간이 지남에 따라 그 중요성이 감소했다는 것이다. 이 같은 낙관적인 믿음이 틀렸다고 할 논리

적인 이유는 없으며, 이러한 믿음은 비록 언제나 명확하게 공식화되지는 않는다 해도 (게리 베커의 연구를 포함한) 모든 현대적인 인적자본 이론에 널리 퍼져 있다.[7] 그러나 상황은 이런 식으로 흘러가지 않았다. 혹은 적어도 사람들이 이따금 상상하는 정도까지는 아니다. 토지자본이 금융자본, 산업자본, 부동산이 되었지만 그 전반적인 중요성은 그대로 유지되었던 것이다. 이는 자본/소득 비율이 벨 에포크 시대와 그 이전 시기에 달성했던 수준을 머지않아 회복할 것처럼 보인다는 사실에서 잘 나타난다.

부분적으로는 기술적인 이유로 인해 자본은 오늘날의 생산과 사회적 삶에서 여전히 핵심적인 역할을 수행한다. 생산을 하려면 물론 설비와 사무 공간, 주택 등을 구매하기 위한 자금이 필요하다. 시간이 지남에 따라 인간의 기술과 능력 수준은 분명 높아졌다. 그러나 비인적자본의 중요성도 그에 비례하여 높아졌다. 따라서 이런 생각에 기초하여 상속자산이 점진적으로 사라질 것이라고 기대할 뚜렷한 선험적인 이유는 없다.

사망률의 장기적 변화 추이

상속의 자연적인 종말을 설명할 수 있는 두 번째 힘은 기대수명의 상승인데, 이는 사망률 m을 하락시키고 상속받을 때까지 기다리는 시간을 길게 만든다.(이는 유산의 크기를 축소시킨다.) 사실 장기적으로 사망률이 하락했다는 사실에는 의심의 여지가 없다. 기대수명이 80세라면, 기대수명이 60세인 경우에 비해 매년 사망하는 인구의 비율이 낮아진다. 다른 조건들이 동일하고 β와 μ 값이 주어진 상황에서, 사망률이 낮으면 국민소득에서 상속액이 차지하는 비율도 낮아진다. 프랑스에서는 역사적으로 시간이 지남에 따라 사망률이 필연적으로 하락했고, 이는 다른 나라에서도 마찬가지다. 19세기 프랑스의 사망률은 성인 인구 대비 약 2.2퍼센트였는데, 20세기 내내 꾸준히 하락하여[8] 2000~2010년에는 1.1~1.2퍼센트로 한 세기

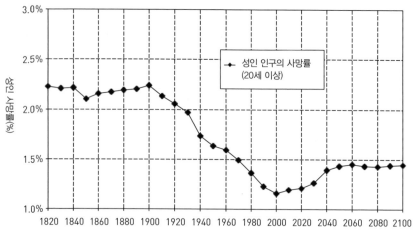

도표 11.2. 프랑스의 사망률, 1820~2100

성인 인구의 사망률
(20세 이상)

프랑스의 사망률은 20세기 내내 하락했고(기대수명의 상승), 21세기에는 약간 상승할 것이다(베이비붐 효과).

출처 및 통계: piketty.pse.ens.fr/capital21c

만에 거의 절반이나 하락했다(도표 11.2 참조).

그러나 사망률의 변화로 인해 경제의 중요한 요소인 상속자산이 필연적으로 사라지리라는 생각은 심각한 잘못일 것이다. 우선 프랑스에서 사망률은 2000~2010년에 상승하기 시작했고, 공식적 인구 예측에 따르면 이러한 상승이 2040~2050년까지 계속될 가능성이 높다. 그 이후에는 성인 사망률이 1.4~1.5퍼센트에서 안정화될 것이다. 이는 이전 시기의 인구 집단들보다 인구가 많은 (뒤이은 집단들과 거의 동일한 규모의) 베이비붐 세대가 이 시기에 사망할 나이가 된다는 사실로 설명할 수 있다.[9] 바꿔 말하면 출생 집단의 규모를 구조적으로 증가시킨 베이비붐으로 인구가 많아지고 그 구성이 더 젊어졌으며, 단지 이로 인해 일시적으로 사망률이 하락했던 것이다. 다행히도 프랑스의 인구 구조는 매우 간단해서, 인구 변화의 주된 영향을 명확하게 보여준다. 19세기에는 인구가 거의 정체되었고 기대수명이 약 60세였기 때문에 평균적으로 생애에서 성인으로 사는 기간이

40년을 조금 넘었다. 따라서 사망률은 약 40분의 1로 2.2퍼센트 정도였다. 공식적인 예측에 따르면 21세기에 인구는 다시 안정화될 터인데, 기대수명이 약 85세이므로 성인의 기간은 약 65년이며 정체된 인구와 함께 사망률은 약 65분의 1, 즉 1.4~1.5퍼센트 수준이 될 것이다. 장기적으로 볼 때 (주로 고령화 때문에 인구가 늘어나는) 프랑스와 같이 인구가 거의 정체되는 선진국에서는 사망률이 약 3분의 1 정도 하락하는 경향이 나타난다.

베이비붐 세대의 고령화로 인해 2000~2010년과 2040~2050년 사이에 사망률이 상승하리라는 예상은 명백히 순수한 수학적 효과로 인한 것이지만, 그럼에도 불구하고 중요하다. 이는 부분적으로 20세기 후반의 적은 상속액을 설명해줄 뿐만 아니라 향후 수십 년 동안 상속액이 가파르게 증가하리라는 점을 예상할 수 있게 해준다. 다른 나라에서는 이런 영향이 더욱 클 것이다. 인구가 급속히 감소하기 시작했거나 곧 감소할 국가들, 특히 독일, 이탈리아, 스페인, 일본은 21세기 전반에 걸쳐 성인 사망률이 더 높이 상승할 것이고 자동적으로 상속액의 상당한 증가를 가져올 것이다. 사람들은 아마도 더 오래 살겠지만 결국에는 죽을 수밖에 없다. 인구 집단 규모의 상당하고 꾸준한 증가만이 사망률과 상속액을 감소시킬 수 있다. 그러나 고령화가 프랑스에서처럼 인구 집단 규모의 안정화와 함께 나타나거나 심지어 많은 부유한 국가에서처럼 인구 집단의 규모 감소와 함께 나타난다면 상속액이 매우 커질 수 있다. 극단적인 경우 인구 집단 규모가 절반으로 축소되는(각 부부가 자녀를 한 명만 갖겠다고 결심하기 때문에) 나라에서는, 사망률 그리고 상속액이 전례 없는 수준까지 높아질 수도 있다. 이와 반대로 20세기에 많은 국가에서 그랬고 현재도 아프리카에서 그렇듯이 연령별 인구 집단이 세대마다 2배로 증가한다면, 사망률이 매우 낮은 수준으로 감소할 것이고 (다른 조건이 동일하다면) 상속자산도 별로 중요하지 않게 될 것이다.

부도 인구와 함께 늙는다: μ×m 효과

이제 인구 집단의 변동이 가져오는 영향에 대해서는 잊자. 비록 중요하긴 하지만 장기적으로 지구상 인구의 영원한 증가나 감소를 상상하지 않는다면, 그것은 본질적으로 일시적이다. 대신 나는 매우 장기적인 관점을 택해 인구 집단의 규모는 안정적이라고 가정할 것이다. 그러면 기대수명의 상승은 상속자산의 중요성에 실제로 어떤 영향을 미칠까? 분명히 기대수명의 증가는 사망률의 구조적인 감소를 가져온다. 프랑스에서는 21세기에 기대수명이 80세에서 85세가 될 것이고, 성인 사망률은 연간 1.5퍼센트보다 낮은 수준에서 안정화될 것이다. 기대수명이 60세보다 약간 높았던 19세기에는 그 수치가 2.2퍼센트였다. 사망자의 평균 연령이 높으면 필연적으로 상속 당시 상속인의 연령도 비슷하게 높아진다. 19세기에는 상속인의 평균 연령이 고작 30세였다. 21세기에는 아마도 50세 이상이 될 것이다.

도표 11.3. 프랑스에서 사망자와 상속인의 평균 연령, 1820~2100

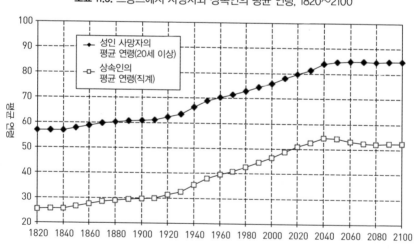

20세기에 사망자(성인)의 평균 연령은 60세 미만에서 거의 80세로 높아졌고, 상속을 받는 평균 연령은 30세에서 50세로 높아졌다.

출처 및 통계: piketty.pse.ens.fr/capital21c

도표 11.3이 보여주듯 사망자의 평균 연령과 상속인의 평균 연령 사이에는 30년 정도의 차이가 있었다. 이는 자녀를 출산하는 평균 연령(흔히 '세대 지속 기간generational duration'이라 불린다)이 장기간에 걸쳐 약 30년으로 상대적으로 안정적이었기 때문이다(21세기 초 약간의 상승이 나타나기는 했지만).

그러나 사람들이 더 늦게 사망하고 더 늦게 상속받는다는 사실이 상속 자산의 중요성이 약화되었다는 것을 의미할까? 꼭 그렇지는 않다. 부분적으로는 살아 있는 개인들 사이의 증여가 더 중요해져서 이 고령화 효과를 상쇄하기 때문이고, 또 부분적으로는 고령화 사회에서 부도 나이가 들어서 나중에 상속받는 이들이 더 많은 액수를 상속받기 때문이다. 달리 말하면, 장기적으로 불가피한 사망률의 하락 경향은 고령자들의 상대적인 부가 그와 비슷한 구조적 증가를 보임으로써 상쇄될 수 있다. 따라서 μ와 m의 곱은 변하지 않고 어떻든 몇몇 사람이 생각하는 것보다 훨씬 더 느리게 하락한다. 이것이 정확하게 프랑스에서 일어났던 일이다. 사망 당시 평균 자산과 살아 있는 이들의 평균 자산의 비율 μ는 1950~1960년 이후 급속히 상승했는데, 이 점진적인 부의 노화가 최근 수십 년 동안 상속자산의 중요성이 증가한 현실을 상당 부분 설명해준다.

구체적으로 말하면, 사망률의 지속적인 하락에도 불구하고 정의상 상속에 의한 연간 이전율(혹은 민간부문 전체 부에 대비한 상속액의 비율)을 나타내는 μ와 m의 곱은 도표 11.4가 보여주듯이 지난 수십 년 동안 확실히 상승하기 시작했다. 19세기의 경제학자들이 '재산상속률rate of estate devolution'이라 불렀던 상속에 의한 연간 이전율은 내가 가진 자료에 따르면 1820년대에서 1910년대까지 약 3.3~3.5퍼센트, 즉 대략 30분의 1 수준에서 상대적으로 안정적이었다. 당시에는 재산이 평균 30년에 한 번씩, 즉 한 세대에 한 번씩 상속되었다고 회자되었는데, 이는 약간은 정태적인 시각이지만 당시 현실에 의해 부분적으로 입증된다.[10] 이전율은 1910~1950년 기간에 급속히 하락했고, 1950년대에는 약 2퍼센트에 머물렀다. 그 이

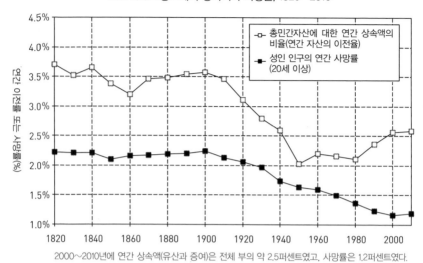

2000~2010년에 연간 상속액(유산과 증여)은 전체 부의 약 2.5퍼센트였고, 사망률은 1.2퍼센트였다.

출처 및 통계: piketty.pse.ens.fr/capital21c

후 꾸준히 상승해 2000~2010년에는 2.5퍼센트 이상이 되었다.

요약하면 고령화 사회에서는 상속이 더 나중에 이루어지지만, 부도 함께 늘어가기 때문에 이 효과가 고령화 효과를 상쇄한다. 이런 의미에서 사람들이 더 늦게 사망하는 사회는 사람들이 사망하지 않아 상속이 실제로 사라지는 사회와는 매우 다르다. 기대수명의 상승은 인생의 중요한 사건들을 뒤로 연기시킨다. 사람들은 더 오래 공부하고 일을 더 늦게 시작한다. 상속도, 퇴직도, 죽는 것도 늦어지는 것이다. 그러나 노동소득에 비해 상속자산의 상대적인 중요성이 꼭 변화하는 것은 아니며, 적어도 사람들이 생각하는 것보다는 훨씬 덜 변한다. 물론 상속 시기가 인생에서 더 늦어지면 과거에 비해 사람들은 퇴직을 연기해야 할 수도 있다. 그러나 이는 더 많은 금액의 상속 혹은 더 많은 증여에 의해 상쇄된다. 어찌되었든, 고령화 사회라 해도 상속의 중요성의 차이는 간혹 상상해보는 극적인 문명 변화보다는 정도의 차이에 관련된 것이다.

사망자의 자산과 **살아 있는 사람의 자산**

/

사망자의 평균 자산과 살아 있는 사람의 평균 자산의 비율 μ의 변화 추이를 더 자세히 살펴보면 흥미롭다. 도표 11.5가 그 역사적 변화를 보여준다. 먼저 프랑스에서는 1820년부터 현재까지 과거 200년간 (평균적으로) 사망자가 언제나 더 부유했다. μ는 늘 100퍼센트보다 높았다. 그 비율(사망 이전의 증여를 교정하기 전)이 100퍼센트보다 약간 낮게 하락했던 제2차 세계대전 시기(1940~1950)만이 예외였다. 모딜리아니의 생애주기 이론에 따르면, 특히 고령화 사회에서 부를 집적하는 주된 이유는 퇴직에 대비하기 위해서이기 때문에 나이가 많은 개인들이 고령의 시기에 그들의 저축을 대부분 소비할 것이고, 따라서 아주 적은 부를 남기거나 아예 남기지 않고 죽을 것이다. 이것이 경제학에서 가르치는 유명한 '모딜리아니 삼

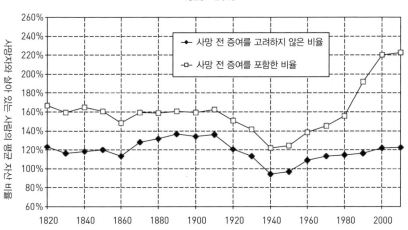

도표 11.5. 프랑스에서 사망자의 평균 자산과 살아 있는 사람의 평균 자산의 비율,
1820~2010

2000~2010년, 사망 전 이뤄진 증여를 제외하면 사망자의 평균 자산은 살아 있는 자의 평균 자산에 비해 20퍼센트 더 높았지만, 증여를 포함하면 2배 이상 높아진다.

출처 및 통계: piketty.pse.ens.fr/capital21c

11장
장기적으로 본
능력과 상속

각형Modigliani Triangle'인데, 이에 따르면 개인이 미래의 은퇴를 예상해 저축을 함에 따라 부는 연령과 함께 먼저 증가하고 나중에 감소한다. 따라서 μ는 제로이거나 제로에 가까울 것이고, 어찌되었건 100퍼센트보다는 훨씬 더 적어야 한다. 그러나 이와 같은 자본에 관한 이론과 선진국에서의 변화는 선험적으로는 완벽히 그럴듯하지만, 대체로 관찰된 사실을 설명하지 못한다. 분명 퇴직을 대비한 저축은 사람들이 부를 축적하는 많은 이유 가운데 하나이지만 가장 중요한 이유는 아니다. 가족의 재산을 계속 남기려는 바람이 부의 축적에서 언제나 핵심적인 역할을 했다. 사실 후손에게 물려줄 수 없는 다양한 형태의 연금화된 부는 프랑스의 민간 부의 5퍼센트 미만을 차지하고 연금기금이 더욱 발전된 영미권 국가들에서도 고작해야 15~20퍼센트를 차지할 뿐이다. 이는 사소한 금액이 아니지만(특히 생애주기 저축은 상속 가능한 부의 대체물이 아니라 보완물일 수 있기 때문에) 부를 축적하는 동기로서 상속이 근본적으로 중요하다는 사실을 뒤엎을 정도는 아니다.[11] 확실히 부과식(퇴직연금에서 말하는 부과식[페이고pay-as-you-go 방식]은 현재의 근로 세대가 납부하는 기여금으로 현재의 은퇴 세대에게 급여를 주는 제도. 반면 적립 방식funded system은 자신들이 낸 사회보장세 또는 보험료를 적립하여 기금을 조성하고, 이 기금을 재원으로 하여 자신들이 은퇴한 후에 급여로 받는 제도다—옮긴이)의 공적 연금기금 제도가 없었다면 20세기의 부의 축적이 어떻게 달라졌을지는 말하기가 매우 어려울 것이다. 이 제도는 수많은 퇴직자에게 전후 가치가 급락한 금융자산에 대한 투자에 비해 적절한 생활수준을 좀더 신뢰할 만하고 평등한 방식으로 보장했다. 그런 공적연금제도가 없었다면 (자본 / 소득 비율로 측정되는) 전반적인 부의 축적 수준은 현재의 수준보다 훨씬 더 높았을 것이다.[12] 어쨌든 자본 / 소득 비율은 (짧은 기대수명으로 인해 퇴직에 대비한 저축의 필요가 훨씬 더 낮았던) 벨 에포크 시대와 거의 똑같은 수준이며 연금화된 부가 전체 부에서 차지하는 비율은 한 세기 전에 비해 약간 더 높을 뿐이다.

또한 지난 200년간 살아 있는 이들 사이의 증여가 중요했다는 사실뿐만 아니라 지난 수십 년간 그 비율이 극적으로 높아졌다는 사실에 주목해야 한다. 1820년부터 1870년까지 증여의 연간 총가치는 연간 상속 가치의 30~40퍼센트였다.(이 기간에는 증여가 주로 결혼지참금, 즉 흔히 결혼 당시 혼인 계약에 명시된 제약 조건을 두면서 신랑에게 주는 선물의 형태로 이뤄졌다.) 1870년에서 1970년 사이에 증여의 가치가 약간 하락해 안정적으로 상속의 20~30퍼센트에 이르렀고, 그 이후 꺾이지 않고 꾸준히 상승해 1980년대에는 40퍼센트, 1990년대에는 60퍼센트, 2000~2010년에는 80퍼센트까지 높아졌다. 오늘날 증여에 의한 자본의 이전은 거의 유산 상속에 따른 이전만큼 중요하다. 증여는 현재 상속액의 거의 절반을 차지하므로 이를 고려하는 것이 중요하다. 구체적으로 말해 사망 전의 증여가 포함되지 않는다면, 2000~2010년 사망자의 평균 자산은 살아 있는 사람들의 평균 자산에 비해 겨우 20퍼센트 더 많을 것이다. 그러나 이는 단순히 사망자들이 죽기 전에 자산의 거의 절반을 이미 양도했다는 사실을 반영하는 것이다. 만약 죽기 전에 이뤄진 증여를 포함하면, (교정된) μ의 수치는 실제로 220퍼센트를 웃돌 것이다. 따라서 교정된 사망자의 자산은 살아 있는 자들의 자산에 비해 거의 2배가 더 많다. 결국 우리는 다시 한번 19세기보다 더한 증여의 황금시대에 살고 있는 것이다.

19세기와 마찬가지로 오늘날 증여의 대부분이 흔히 부동산 투자의 형태로 자녀들에게 돌아간다는 사실은 흥미롭다. 또한 증여는 평균적으로 증여자가 죽기 약 10년 전에 이뤄진다.(역사적으로 이 시간 차이는 상대적으로 안정된 가운데 유지되었다.) 1970년대 이후로는 증여의 중요성이 높아져서 수증자의 평균 연령이 낮아졌다. 2000~2010년에는 상속인의 평균 연령이 45~50세인데, 증여 수증자의 평균 연령은 35~40세였다. 따라서 오늘날과 19~20세기 초반의 차이는 도표 11.3이 보여주는 것만큼 크지는 않다.[13] 증여는 1990~2000년 세제 유인이 제공되기 전인 1970년대에 점진적이고 지속적으로 증가하기 시작했다. 이에 대한 가장 설득력 있는 설명은 기대수명의 상승으로 인해 재산이 있는 부모들이 그들의 부를 자녀들이 45~50세나 더 늦은 나이가 아니라 35~40세에 물려줄 이유가 충분하다고 점점 더 인식하게 되었다는 것이다. 여러 가능한 설명이 있지만 어쨌든 독일을 포함한 다른 유럽 국가들에서도 볼 수 있는 증여의 급증은 현대 사회에서 상속자산의 중요성이 다시 높아진 핵심적인 요인이다.

50대와 80대: 벨 에포크 시대의 연령과 재산

부의 축적 동학과 μ를 계산하기 위해 사용된 상세한 데이터를 더 잘 이해하는 데는 평균적인 부의 분포를 연령 함수로 검토하는 게 유용할 것이다. 표 11.1은 1820년과 2010년 사이 특정한 몇몇 해의 자산–연령 분포를 나타낸다.[14] 가장 눈에 띄는 사실은 틀림없이 자본이 점점 더 집중되었던 19세기 전체에 걸쳐 나타난 부의 놀랄 만한 고령화다. 1820년 노인층은 50대 인구(내가 비교의 기준 집단으로 삼는)에 비해 평균적으로 조금 더 부유했다. 60대는 34퍼센트 더 부유했고 80대는 53퍼센트 더 부유했다. 1900~1910년에는 60대와 70대의 평균 자산이 50대 기준 집단에 비해 대략 60~80퍼센트 더 높았고, 80대는 2.5배 더 부유했다. 이는 프랑스 전체의 평균이라는 점을 잊지 말아야 한다. 만약 거액의 자산이 집중되어 있던 파리의 인구만 살펴보면 상황은 훨씬 더 극단적이다. 제1차 세계대전 직전, 파리 시민들의 재산은 연령과 함께 크게 증가했는데, 60대와 80대가 평균적으로 50대 인구에 비해 3배 혹은 무려 4배 더 부유했다.[15] 분명 대부분의 사람은 아무런 재산을 남기지 못한 채 죽었고 연금제도도 없었기 때문에 '노인 빈곤' 문제는 악화 일로를 걸었다. 그러나 소수의 자산가 사이에서 매우 인상적인 부의 고령화가 나타났다. 80대 노인의 어마어마한 재산은 분명 노동이나 기업가적 활동으로 얻은 소득의 관점에서는 설명할 방법이 없다. 매일 아침 80대 노인들이 새로운 벤처기업을 만들어내

표 11.1. 프랑스의 자산-연령 분포, 1820~2010: 각 연령집단의 평균 자산
(50~59세 연령집단의 평균 자산 대비 %)

연도	20~29세	30~39세	40~49세	50~59세	60~69세	70~79세	80세 이상
1820년	29	37	47	100	134	148	153
1850년	28	37	52	100	128	144	142
1880년	30	39	61	100	148	166	220
1902년	26	57	65	100	172	176	238
1912년	23	54	72	100	158	178	257
1931년	22	59	77	100	123	137	143
1947년	23	52	77	100	99	76	62
1960년	28	52	74	100	110	101	87
1984년	19	55	83	100	118	113	105
2000년	19	46	66	100	122	121	118
2010년	25	42	74	100	111	106	134

1820년 60~69세 개인의 평균 자산은 50~59세 개인보다 34퍼센트 더 높았고, 80세 이상의 평균 자산은 50~59세 개인보다 53퍼센트 더 높았다.

출처: piketty.pse.ens.fr/capital21c 표2 참조.

는 것은 상상하기 어려운 일이다.

노인들의 부유함이 눈에 띄는데, 이는 부분적으로 벨 에포크 시대에 사망자들의 평균 자산과 살아 있는 사람의 평균 자산의 비율인 μ가 높은 이유를 설명해주고(따라서 높은 상속액을 설명해주고) 또한 그 기초가 되는 경제적 과정의 매우 특별한 특징을 보여준다. 우리가 보유한 개인들의 데이터에서 명확한 것은 다음 사실이다. 19세기 후반과 20세기 초반 노인층의 자산이 급속히 증가한 것은 $r>g$ 부등식의 직접적인 결과였으며, 그것이 의미하는 누적적이고 곱셈적인(승법적인) 논리의 결과였다. 구체적으로 말하면 거액의 자산을 보유한 노인들은 흔히 그들이 살아가는 데 필요했던 것보다 훨씬 더 많은 자본소득을 향유했다. 예를 들어 그들이 5퍼센트의 수익을 얻으며 자본소득의 5분의 2를 소비하고 나머지 5분의 3을 재

11장
장기적으로 본
능력과 상속

투자한다고 가정해보자. 그러면 그들의 자산은 연간 3퍼센트씩 늘어날 것이고 85세가 되면 60세 때에 비해 2배 이상 부자가 될 것이다. 이 메커니즘은 간단하지만 설득력이 매우 강하고 관찰된 사실을 매우 잘 설명해준다. 거액의 재산을 가진 부자들이 종종 그들의 자본소득 5분의 3 이상을 저축할 수 있을 때와(이는 양극화 과정을 더 가속화시킬 것이다) 평균 소득과 부의 전반적인 성장이 확실히 제로는 아닐 때(연간 1퍼센트라면 양극화 과정을 약간 둔화시킬 것이다)를 제외하면 말이다.

1870~1914년 프랑스, 특히 파리의 부의 축적과 집중의 동학에 관한 연구는 오늘날과 미래에 대하여 많은 교훈을 전해준다. 이 시기는 데이터가 예외적으로 상세하고 신뢰성이 높을 뿐만 아니라, 무역과 금융의 제1차 세계화를 대표하는 시기다. 앞서 지적했듯 이 시기에는 현대적이고 다각화된 자본시장이 발전되었고 개인들은 고정적인 수익과 변동적인 수익을 내주는 국내자산과 해외자산, 공공자산과 민간자산으로 구성된 복잡한 포트폴리오를 보유했다. 확실히 경제성장률은 연간 겨우 1~1.5퍼센트에 불과했지만, 앞서 본 바와 같이 그 정도의 성장률도 세대적인 관점이나 매우 장기적인 역사에서 보면 꽤 상당한 것이다. 이는 결코 정체된 농업사회의 특징이 아니다. 당시는 기술과 산업 혁신의 시대였다. 자동차, 전기, 영화 등의 새로운 산업들이 중요해졌고 그중 많은 산업이 적어도 부분적으로는 프랑스에서 처음 등장했다. 1870~1914년에 50~60세 인구의 모든 자산이 상속자산인 것은 아니었다. 아니 전혀 그렇지 않았으며 산업과 금융 부문에서 비즈니스를 통해 돈을 벌어들인 부자가 많았다.

그럼에도 부의 집중 현상을 대부분 설명해주는 지배적인 동학은 $r>g$라는 부등식의 필연적인 결과다. 개인이 50세나 60세에 보유한 자산이 상속된 것이든 노동으로 얻은 것이든, 어떤 한도를 넘어서면 자본은 스스로 재생산하고 기하급수적으로 증가하는 경향이 있다. $r>g$의 논리는 기업가가 언제나 자본소득자로 변하는 경향이 있음을 의미한다. 그런 일이 인생의 뒤늦은 시기에 일어난다 해도, 기대수명이 늘어나면서 그러한 현상은 더욱 중요해진다. 개인이 30세나 40세에 좋은 아이디어를 가졌다는 사실은 그가 70세나 80세에도 여전히 그럴 것임을 의미하지 않지만, 그의 자산은 저절로 계속 증가할 것이다. 그리고 그것은 다음 세대로 이전되어서도 계속 증가한다. 19세기 프랑스의 경제 엘리트들은 역동적인 기업가였지만 $r>g$의 논리로 인해 그들의 노력이 결국—그리고 대부분 자기도 모르게—자본소득자의 사회를 강화하고 영속화시켰다는 핵심적인 사실은 그대로다.

전쟁으로 젊음을 되찾은 부

이러한 자립적인 메커니즘은 1914~1945년에 자본과 그 소유자들이 겪었던 반복된 충격들로 인해 붕괴되고 말았다. 두 차례 세계대전이 가져온 하나의 결과는 상당한 수준에서 일어난 부의 회춘이었다. 도표 11.5가 이를 뚜렷이 보여준다. 역사에서 처음으로 그리고 오늘날까지 유일하게 1940~1950년에 사망한 사람들의 평균 재산이 살아 있는 사람들의 평균 재산보다 낮아졌다. 이러한 사실은 표 11.1의 연령집단에 따른 상세한 분포에 더욱 명확하게 나타난다. 제1차 세계대전 직전이었던 1912년에 80대는 50대에 비해 2.5배나 더 부유했다. 1931년이 되자 그들은 겨우 50퍼센트 더 부유했다. 그리고 1947년에는 50대가 80대보다 40퍼센트 더 부유했다. 설상가상으로 80대는 그해에 40대보다도 약간 더 가난했다. 이 시기는 이전의 모든 확실성에 의문이 제기되던 때였다. 제2차 세계대전 이후에는 자산과 연령의 관계를 나타내는 곡선이 갑자기 50~59세 구간에서 정점에 이르며 벨 커브를 형성했다. 이는 최고령의 시점에 자산이 제로로 떨어지지 않았다는 것을 제외하면 '모딜리아니 삼각형'에 가까운 형태였다. 이는 자산-연령 곡선이 연령이 높아짐에 따라 단조롭게 증가했던 19세기와는 현격한 대조를 보인다.

11장
장기적으로 본
능력과 상속

이러한 놀랄 만한 부의 회춘은 간단히 설명할 수 있다. 제2부에서 지적했듯이 1914~1945년에는 재산의 파괴, 인플레이션, 파산, 몰수 등 모든 자산이 복합적인 충격을 겪었고 따라서 자본/소득 비율이 급격히 하락했다. 대략적으로 생각하면 모든 자산이 똑같은 정도의 충격을 받았다고 여길지도 모른다. 그러나 사실은 어쨌든 잃을 것이 많지 않았던 젊은 세대가 노년층에 비해 전시의 충격들로부터 빨리 회복되었다. 1940년에 60세였고 폭격, 몰수, 파산으로 소유한 모든 것을 잃은 사람은 재기할 희망이 별로 없었다. 아마도 그 사람은 1950년에서 1960년 사이에 70세나 80세로 자녀들에게 물려줄 재산도 없이 죽었을 것이다. 이와는 반대로 1940년에 30세의 나이로 모든 것(아마도 별로 많지 않은)을 잃은 사람은 전쟁 이후 부를 축적하기에 충분히 많은 시간이 있었고 1950년대에 40대가 되자 당시 80대에 비해 더 부유해졌을 것이다. 전쟁은 모든 바늘을 제로나 거의 제로로 돌려놓았고 필연적으로 부의 회춘을 불러왔다. 이렇게 볼 때 20세기에 과거를 백지 상태로 청산하고 자본주의가 극복되었다는 환상을 만들어낸 것은 역시 두 차례의 세계대전이었다.

이것이 제2차 세계대전 이후 수십 년간 상속액이 예외적으로 감소했던 현실에 대한 주된 설명이다. 1950~1960년에 재산을 상속받았어야 할 개인들은 그리 많이 상속받지 못했다. 그들의 부모가 이전 수십 년 동안의 충격으로부터 회복할 만한 충분한 시간이 없었고 그들의 이름으로 지닌 재산이 많지 않은 상태에서 죽었기 때문이다.

특히 이러한 주장은 왜 상속액이 부 그 자체보다 거의 두 배나 더 많이 급감했는지를 이해할 수 있게 해준다. 제2부에서 보여준 바와 같이 총민간자산은 1910~1920년에서 1950~1960년 사이에 3분의 2 이상 감소했다. 민간자산 총량이 국민소득의 7배에서 겨우 2~2.5배 수준으로 격감했던 것이다(도표 3.6 참조). 연간 상속액은 제1차 세계대전 직전 국민소득의 25퍼센트에서 1950년대의 4~5퍼센트로 감소해서 6분의 1 수준으로 하락한 셈이다(도표 11.1 참조).

그러나 중요한 사실은 이러한 상황이 오래 지속되지 않았다는 점이다. '전후 부흥 자본주의'는 그 본질상 이행 국면이었고 많은 사람이 상상했던 구조적 전환이 아니었다. 1950~1960년에 자본이 다시 한번 축적되고 자본/소득 비율 β가 상승함에 따라 재산은 다시 늙어가기 시작했고, 따라서 사망자의 평균 자산과 살아 있는 사람의 평균 자산 사이의 비율인 μ도 상승했다. 부가 증가함과 동시에 늙어간 이러한 현상은 상속자산이 더욱 강력하게 귀환할 수 있는 기초를 마련했다. 1960년이 되자 1947년에 나타났던 자산-연령 분포는 이미 기억 속으로 사라지고, 60~70대가 50대 인구보다 조금 더 부유해졌다(표 11.1 참조). 1980년대는 80대가 부유해진 시기였다. 1990~2000년에는 자산-연령 그래프가 더욱 가파르게 상승했다. 2010년에는 80대 인구의 평균 자산이 50대 인구보다 30퍼센트 더 높았다. 표 11.1에는 포함되지 않은, 서로 다른 연령집단의 자산에 사망 전에 증여된 부를 포함하면 2000~2010년의 그래프는 더욱 가팔라질 것이다. 2000년대에 70~80대 인구의 평균 부는 50대 인구보다 대략 두 배가 많아 μ가 크게 높아졌는데, 이는 사망 연령이 대체로 크게 높아진 것을 빼면 1900~1910년과 비슷한 상황이다(도표 11.5 참조).

21세기에는 상속액이 어떻게 변화될 것인가

최근 수십 년간 나타난 상속액의 급속한 증가를 고려하면, 이러한 증가가 계속될 것인지를 묻는 게 당연하다. 도표 11.6은 21세기에 가능한 두 가지 변화를 보여준다. 중심 시나리오는 2010~2100년의 연간 성장률을 1.7퍼센트 그리고 자본의 순수익률을 3퍼센트로 가정한다.[16] 다른 대안적 시나리오는 2010~2100년에 자본수익률이 5퍼센트로 상승하는 반면 연간 성장률은 1퍼센트 하락한다고 추정한다. 예를 들어 법인세를 포함한 자본과 자본소득에 대한 모든 세금이 폐지되거나, 소득에서 자본의 몫이 상승할 때 해당 세금들이 인하되면 그러한 상황이 가능할 것이다.

중심 시나리오에서 (1820~2010년의 변화를 성공적으로 설명하는) 이론 모형에 기초한 시뮬레이션에 따르면 연간 상속액은 2030~2040년까지 계속 증가한 뒤 국민소득의 16~17퍼센트 수준에서 안정을 이룬다. 대안 시나리오를 따르면 상속액은 2060~2070년까지 더욱 많이 증가한 뒤 국민소득의 24~25퍼센트 수준에서 안정을 찾는다. 첫 번째의 경우 상속자산은 부분적으로만 귀환하지만 두 번째 경우는 모조리 귀환할 것이다(상속과 증여의 총액을 고려하는 한). 두 경우 모두 21세기의 상속액과 증여액은 매우 높아질 것으로 예상되고, 특히 예외적으로 낮은 시기였던 20세기에 관찰된 수준보다는 훨씬 더 높을 것이다.

그러한 예측은 매우 불확실하며 주로 설명에 도움이 된다는 가치 덕분에 흥미로운 것이다. 21세기에 나타날 상속액의 변화는 수많은 경제적, 인구적, 정치적 요인에 달려 있으며, 역사는 이런 요인들이 매우 불확실하고

도표 11.6. 프랑스에서 상속액의 관측치와 예측치, 1820~2100

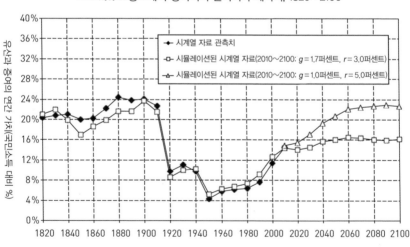

이론 모형에 기초한 시뮬레이션은 21세기의 상속 수준이 성장률과 자본의 순수익률에 달려 있다는 것을 보여준다.

출처 및 통계: piketty.pse.ens.fr/capital21c

큰 변화를 겪는다는 점을 보여준다. 다른 시나리오의 다른 결과 또한 쉽게 상상할 수 있다. 예를 들어 (다소 비현실적으로 보이지만) 인구 증가나 경제성장의 극적인 가속화라든가 민간자본이나 상속에 관한 공공정책의 급진적인 변화(이것이 더 현실적이다) 등을 생각해볼 수 있다.[17]

또한 자산—연령 분포의 변화는 주로 저축 행위, 즉 다양한 집단에 속한 사람들이 부를 축적하는 이유에 달려 있다는 점에 주목해야 한다. 이미 어느 정도 자세히 논의했듯이, 저축에는 많은 이유가 있고 각각의 중요성은 개인에 따라 매우 다르다. 어떤 사람은 퇴직이나 실업에 대비해 저축할 수 있다(생애주기 저축 혹은 예비적 저축). 다른 사람은 가족의 재산을 축적하고 계속 물려주기 위해 저축할 수 있다. 또는 사실 사람들은 단순히 부와 때때로 그에 수반되는 위신을 선호할 수도 있다(왕조적 저축 혹은 순수한 축적). 이론적으로는 모든 사람이 그들의 모든 부를 연금으로 전환하며 아무런 유산도 남기지 않고 죽는 세계를 상상해볼 수 있다. 만약 21세기에 그런 행위가 갑자기 지배적이 되면 성장률이나 자본수익률에 상관없이 상속액은 분명 거의 제로로 줄어들 것이다.

그럼에도 도표 11.6에 제시된 두 가지 시나리오는 현재 이용 가능한 정보를 고려할 때 가장 그럴듯하다. 특히 2010~2100년의 저축 행위가 과거와 유사할 것이라 가정했는데, 거기에는 다음과 같은 특징이 있다. 개인적인 저축 행위 간에는 큰 차이가 있지만 전반적으로 소득과 원래 주어진 부가 클수록 저축률은 높아진다는 것을 알 수 있다. 그러나 저축에서 연령집단 사이의 차이는 훨씬 더 적다. 대략적으로 보면 사람들은 연령과 관계없이 평균적으로 비슷한 비율로 저축을 한다.[18] 특히 아무리 기대수명이 높아져도 저축 생애주기 이론의 예측과는 달리 노인층이 거액의 예금을 인출하는 일은 없을 것으로 보인다. 그 이유는 틀림없이 가족에 대한 상속 동기에 있다.(고령화 사회에서도 재산을 하나도 남기지 않고 죽고 싶어하는 사람은 없다.) 또한 부가 가져다주는—단지 위신이나 권력만이 아니라—안전하다는 느낌과 순수한 축적의 논리도 이와 관계가 있

11장
장기적으로 본
능력과 상속

다.[19] 각각의 연령집단 내에서도 상위 10퍼센트가 언제나 총자산의 최소 50~60퍼센트를 소유하는 부의 매우 높은 집중은 이 모든 사실에 대한 설명에서 빠져 있는 고리인데, 이는 모딜리아니의 이론이 완전히 간과한 것이다. 1950~1960년 이후 왕조적 형태의 부의 불평등이 서서히 다시 나타나는 것은 노년층이 예금을 거의 인출하지 않는 현실을 설명해주며(대부분의 부는 자산을 매각하지 않고도 충분히 생활을 누릴 수 있는 이들이 소유하고 있다) 따라서 높은 상속액이 지속되고 새로운 균형이 영속화되는 것을 설명해준다. 이런 균형 아래에서는 이동성이 나타난다 해도 긍정적이지만 제한적이다.

여기서 본질적인 요점은 주어진 저축 행위의 구조에서 자본수익률이 상승하고 성장률이 하락하면 누적적 과정이 더욱 빨라지고 불평등해진다는 것이다. 전후 30년 동안의 매우 높은 성장은 1950~1970년 기간에 μ(사망한 사람의 평균 재산과 살아 있는 사람의 평균 재산의 비율)가 비교적 느리게 상승했고 이에 따라 상속액도 그러했던 현실을 설명해준다. 이와는 반대로, 저성장은 1980년대 이후 나타난 부의 가속화된 고령화와 상속자산의 회복을 설명해준다. 직관적으로 볼 때 성장률이 높으면, 예를 들어 임금이 연 5퍼센트씩 상승하는 경우 젊은 세대가 부를 축적하기 쉬워지고 노년층과 공정하게 경쟁할 수 있다. 임금 상승률이 연 1~2퍼센트로 하락하면 필연적으로 노년층이 대부분의 이용 가능한 자산을 취득할 것이고 그들의 부는 자본수익률에 의해 결정되는 속도로 증가할 것이다.[20] 간단하지만 중요한 이 과정이 비율과 연간 상속액의 변화를 아주 잘 설명해준다. 또한 1820~2010년에 관찰된 수치와 시뮬레이션된 수치가 왜 그렇게 잘 들어맞는지도 알 수 있다.[21]

그러므로 여전히 불확실하긴 하지만, 이러한 시뮬레이션이 미래에 대한 유용한 가이드를 제공한다고 생각하는 것은 당연한 일이다. 이론적으로 대규모의 저축 행위에 있어 성장률이 자본수익률에 비해 낮으면 μ의 상승이 사망률 m의 하락을 정확하게 상쇄하여, $\mu \times m$은 기대수명에 대해 사

478

3부
불평등의 구조

실상 독립적이 되고, 거의 전적으로 세대의 지속 기간에 따라 결정된다. 그 주요한 결과는 이런 관점에서 볼 때 약 1퍼센트의 성장률은 제로 성장과 크게 다르지 않다는 것이다. 두 경우 모두에서, 늙어가는 인구가 저축한 돈을 모두 써버리고 따라서 상속자산이 사라진다는 생각은 결국 틀린 것이 된다. 고령화 사회에서는 상속인들이 더 늦은 나이에 상속을 받지만 더 많은 금액을 상속받기 때문에(적어도 뭔가 상속을 받는 이들은) 상속자산의 전반적인 중요성은 변함없이 유지된다.[22]

연간 상속액에서 **상속자산 총액**으로

연간 상속액을 바탕으로 상속자산 총액을 어떻게 추산할까? 상속액, 사망자 연령, 상속인, 증여자와 수증자에 관해 수집한 상세한 데이터를 이용하면 1820~2010년 해마다 그해에 살아 있는 개인들의 자산 총액에서 상속된 자산이 차지하는 비율을 추정할 수 있고(기본적으로 이전 30년 동안의 유산과 증여를 합계하는 방식을 사용하는데, 특히 상속을 일찍 받거나 예외적으로 장수한 경우에 상속자산 비율이 더 높고 그 반대의 경우에는 더 낮다), 이렇게 하여 민간자산 총액에서 상속자산의 비율을 판단할 수 있다. 주요 결과가 도표 11.7에 나와 있다. 또한 이 도표는 앞에서 논의한 두 시나리오에 근거해 2010~2100년에 대해 시뮬레이션한 결과도 보여준다.

기억해야 할 수치는 다음과 같다. 연간 상속액이 국민소득의 20~25퍼센트였던 19세기와 20세기 초에는 상속자산이 민간자산의 거의 전부를 차지했다. 이때 상속자산은 민간자산의 80~90퍼센트를 차지했을 뿐만 아니라 증가 추세였다. 그러나 모든 사회, 모든 계층에서 10~20퍼센트에 이르는 상당수의 부유한 개인이 무일푼으로 시작해 일생 동안 재산을 모았다는 점에 주의하자. 그럼에도 상속받은 자산으로 부유해진 경우가 대다수를 차지했다. 이것은 놀랄 만한 일이 아니다. 국민소득의 20퍼센트에 해당되는

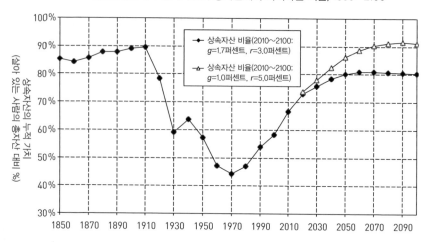

도표 11.7. 프랑스에서 상속자산이 총자산에서 차지하는 비율, 1850~2100

19세기 프랑스에서는 상속자산이 총자산의 80~90퍼센트를 차지하다가 20세기에 40~50퍼센트로 줄었다. 21세기에는 80~90퍼센트로 귀환할지도 모른다.

출처 및 통계: piketty.pse.ens.fr/capital21c

연간 상속액을 약 30년 동안 더하면 국민소득의 약 6배에 상당하는 거액의 유산과 증여 재산이 축적되는데, 이는 민간자산의 거의 전부를 차지한다.[23]

20세기에 상속액이 격감하면서 이 균형 상태는 극적으로 변화했다. 1970년대에는 상속액이 최저 수준으로 떨어졌다. 수십 년간 상속과 새로운 자산축적이 소규모로 이뤄진 뒤, 총민간자본에서 상속받은 자본이 차지하는 몫은 40퍼센트를 약간 넘는 수준으로 감소했다. 신생국을 제외하면 역사상 처음으로, 개인이 살면서 축적한 재산이 전체 부의 거의 60퍼센트에 육박하며 대부분을 차지한 것이다. 여기서 두 가지를 인식해야 한다. 첫째, 전후 시기에 자본의 성격이 실질적으로 바뀌었다. 둘째, 이 예외적인 시기가 도래한 지 얼마 안 되었다는 것이다. 그럼에도 불구하고 지금은 이 예외적인 시기에서 벗어난 것이 분명하다. 왜냐하면 총자산에서 상속받은 자산이 차지하는 비중은 1970년대 이후 꾸준히 증가했기 때문이다. 1980년대에는 상속자산이 다시 자산의 대부분을 차지했다. 최신 자료들에 따르면 2010년에 프랑스에서는 상속자산이 민간자본의 약 3분의 2를 차지한 반면 저축으로 축적한 자본은 3분의 1에 불과했다. 오늘날의 매우 큰 상속액을 감안하면 현재의 추세가 계속될 경우 향후 수십 년간 상속자산의 비율이 계속 증가해 2020년에는 70퍼센트를 넘어서고 2030년에는 80퍼센트에 육박할 가능성이 높다. 성장률이 1퍼센트, 자본수익률이 5퍼센트라는 시나리오가 정확하다면 상속자산의 비율은 계속 상승해 2050년대에는 벨 에포크 시대와 거의 같은 수준인 90퍼센트에 이를 수 있다.

따라서 20세기에 국민소득에 대비한 연간 상속액의 비율을 나타낸 U자 곡선이 국민총자산에서 누적된 상속자산이 차지하는 비율을 나타낸 똑같이 인상적인 U자 곡선과 맞물려 움직였다는 것을 알 수 있다. 두 곡선 간의 관계를 이해하려면 상속액의 수준과 저축률을 비교하는 것이 도움이 된다. 제2부에서 언급했듯이 저축률은 일반적으로 국민소득의 약 10퍼센트다. 19세기의 경우처럼 상속액이 국민소득의 20~25퍼센트라면 해마다 유산과 증여로 받는 액수는 신규 저축의 두 배가 넘는다. 신규 저축의 일부가 상속받은 자본에서 얻은 소득(실제로 19세기에는 이것이 저축의 주된 부분을 차지했다)이라는 점까지 더하면 상속자산이 저축한 자산을 크게 능가한다. 역으로 1950년대처럼 상속액이 국민소득의 5퍼센트, 즉 신규 저축의 절반으로 떨어지면(이번에도 저축률이 10퍼센트라고 가정한다) 당연히 저축된 자본이 상속받은 자본보다 우세할 것이다. 핵심은 1980년대에 연간 상속액이 저축액을 다시 넘어섰고 2000~2010년에는 저축액을 훨씬 웃돌았다는 사실이다. 그리고 오늘날에는 (상속과 증여 모두 집계하면) 국민소득의 거의 15퍼센트를 차지한다.

이를 더 잘 이해하려면 오늘날 프랑스 같은 국가에서는 가계의 가처분(화폐)소득이 국민소득의 70~75퍼센트를 차지한다는 점(가처분소득에 포함되지 않는 의료, 교육, 치안, 공공서비스 같은 일종의 이전소득을 조정한 후에 그렇다)을 떠올리는 게 도움이 될 것이다. 상속액을 지금까지처럼 국민소득 대비 비율이 아니라 가처분소득에 대비한 비율로 나타내면 해마

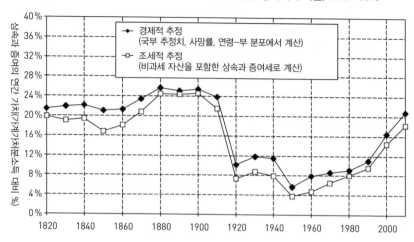

도표 11.8. 프랑스에서 가계가처분소득 대비 연간 상속액의 비율, 1820~2010

2010년에 (국민소득이 아닌) 가계가처분소득 대비 연간 상속액의 비율은 약 20퍼센트로, 19세기의 수준과 비슷했다.

출처 및 통계: piketty.pse.ens.fr/capital21c

다 프랑스 가계가 받는 상속과 증여는 2010년대 초에는 가처분소득의 약 20퍼센트에 이른다. 이런 의미에서 오늘날 이미 상속은 1820~1910년만큼 중요한 위치를 차지하고 있다(도표 11.8 참조). 제5장에서 언급했듯이 공간적, 시간적 비교를 위해서는 (가처분소득이 아니라) 국민소득을 참고하는 편이 더 나을 것이다. 그렇기는 하지만 가처분소득과 비교해보면 오늘의 현실이 좀더 구체적으로 나타난다. 그리고 상속받은 자산이 이미 가계의 금전적 자원(예를 들어 저축할 수 있는 자산)의 5분의 1을 차지하며 곧 4분의 1 이상이 될 것임을 알 수 있다.

보트랭의 설교로 돌아가기

여러 사람의 삶에서 상속이 어떻게 나타나는지를 좀더 구체적으로 이해하고 특히 보트랭의 설교가 제기했던 실존적인 문제(상속받은 자산으로 꾸리는 생활에 비해 노동소득만으로 생활할 때, 어떤 종류의 삶을 기대할 수 있는가?)에 더욱 정확하게 대답하기 위한 가장 좋은 방법은 19세기 초이후, 프랑스의 역대 세대들의 관점에서 상황을 검토하고 이들이 평생 어떤 다양한 자원을 이용했는지를 비교하는 것이다. 이것은 유산이 해마다 받는 자원이 아니라는 사실을 올바로 반영하는 유일한 방법이다.[24]

먼저 1790~2030년에 프랑스에서 태어난 세대들이 이용할 수 있는 총자원에서 상속이 차지하는 몫의 변화 추이를 검토해보자(도표 11.9 참조). 일단 시기별로 연간 상속액 자료와 사망자, 상속인, 증여자, 수증자의 연령과 관련된 상세한 데이터를 사용해 출생 연도에 따라 이용할 수 있었던 총자원에서 상속자산이 차지하는 비율이 어떻게 달라지는지 계산했다. 가용 자원에는 상속자산(유산과 증여)과 개인의 평생에 걸쳐 각 연도

도표 11.9. 1790~2030년에 태어난 집단의 총자원(상속과 노동)에서 상속이 차지하는 비율

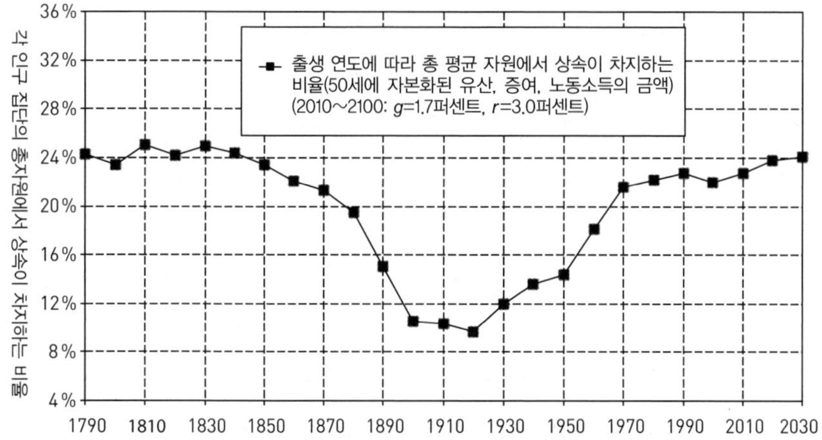

상속이 총자원에서 차지하는 비율은 19세기에 태어난 집단들에서는 약 25퍼센트였다가 1910~1920년에 태어난(1950~1960년에 상속을 받을 것이다) 집단에서는 10퍼센트 이하로 감소했다.

출처 및 통계: piketty.pse.ens.fr/capital21c

483

의 평균 순자본수익률을 적용해 자본화한 세후 노동소득[25]이 모두 포함된다. 이런 작업은 문제에 처음으로 접근하는 가장 합리적인 방식이긴 하지만 아마도 상속의 비율이 약간 과소평가될 것이라는 데 주의하자. 일반적으로 상속인들(그리고 더 전반적으로 말하면 많은 재산을 보유한 사람들)은 노동소득을 이용한 저축에 지불되는 이자율보다 더 높은 자본수익률을 얻을 수 있기 때문이다.[26]

이 작업으로 얻은 결과는 다음과 같다. 1790년대에 프랑스에서 태어난 모든 사람을 살펴보면 평생 이용할 수 있었던 총자원에서 상속이 약 24퍼센트를 차지했다. 따라서 노동소득의 비율은 약 76퍼센트였다. 1810년대에 태어난 사람들은 상속이 차지하는 비율이 약 25퍼센트, 노동소득의 비율이 75퍼센트였다. 19세기의 모든 세대, 적어도 제1차 세계대전이 발발하기 전에 상속을 받은 세대에게는 대략적으로 같은 양상이 나타났다. 총자원에서 상속이 차지하는 비율(19세기에 약 25퍼센트)이 국민소득 대비 상속액의 비율(19세기에 약 20~25퍼센트)보다 약간 더 높다는 것에 주의하라. 이런 현상이 나타난 것은 보통 국민소득의 약 3분의 1을 차지하는 자본소득이 사실상 일부는 상속에, 일부는 노동소득에 재할당되었기 때문이다.[27]

1870년대와 그 이후에 태어난 집단에서는 총자원에서 상속이 차지하는 비율이 서서히 감소하기 시작한다. 이 집단에서는 제1차 세계대전 이후에 상속을 받은 사람의 비율이 늘어났고 따라서 전쟁이 부모들의 자산에 가한 충격으로 인해 예상보다 유산을 적게 받았기 때문이다. 1910~1920년에 태어난 집단이 최저점을 기록했다. 이 집단에 속한 개인들은 상속액이 최저 수준으로 떨어졌던 제2차 세계대전 말과 1960년 사이에 상속을 받아서 상속이 총자원의 고작 8~10퍼센트를 차지했다. 그러다가 1930~1950년에 태어난 집단에서 반등이 시작되었다. 1970~1990년에 상속을 받은 이 집단에서는 상속이 총자원의 12~14퍼센트를 차지했다. 그러나 19세기 이후 미약하던 상속의 중요성이 회복된 것은 1970~1980년에 태어나서 2000~2010년에 상속과 증여를 받기 시작한 집단에서다. 이

집단에서는 상속이 총자원의 22~24퍼센트를 차지했다. 이 수치들은 우리가 '상속의 종말' 시대에서 이제 막 벗어났다는 것을 분명하게 보여준다. 또한 20세기에 태어난 여러 집단 간에 저축과 상속의 상대적 중요성이 얼마나 다른지도 알려준다. 베이비붐 시기에 태어난 집단은 전쟁으로 큰 타격을 받았던 두 차례 세계대전 사이의 기간과 세기가 바뀔 무렵에 태어난 세대들과 거의 마찬가지로 스스로의 힘으로 살아야 했다. 반면 20세기의 마지막 30년 동안 태어난 집단들은 상속받은 부의 막강한 영향력을 19세기와 21세기에 태어난 집단들과 거의 같은 수준으로 경험했다.

라스티냐크의 딜레마

지금까지는 평균만을 검토했다. 그러나 상속자산의 주요 특징 중 하나는 그것이 매우 불평등하게 분배되어 있다는 것이다. 이전에 추정한 상속 불평등과 노동소득 불평등을 살펴보면 보트랭의 암울한 교훈이 여러 다른 시기에서 어느 정도 성립되는지를 분석할 수 있다. 도표 11.10은 외젠 드 라스티냐크가 속한 집단을 포함해(발자크는 라스티냐크가 1798년에 태어났다고 말한다) 18세기 말과 19세기에 태어난 집단들이 실제로 보트랭이 설명한 끔찍한 딜레마에 직면했다는 것을 보여준다. 어떻게든 상속받은 자산을 손에 넣은 사람들은 공부와 일을 해서 생활해야 하는 사람들보다 훨씬 더 잘살았다.

여러 다른 수준의 자원들을 가능한 한 구체적이고 직관적으로 해석할 수 있도록 이 도표에서는 자원들을 각 시대에서 노동소득이 가장 낮은 노동자 50퍼센트의 평균 소득의 몇 배인지로 표시했다. 우리는 이 기준을 '하류층'의 생활수준으로 간주할 수 있는데, 그것은 이 시기에 일반적으로 1인당 평균 소득의 절반 수준이었다. 이 기준은 한 사회의 불평등을 판단하는 데 유용한 준거점이다.[28]

주요 분석 결과는 다음과 같다. 19세기에 가장 부유한 1퍼센트의 상속인들(즉 물려받은 유산이 해당 세대에서 상위 1퍼센트인 개인들)이 평생 이용할 수 있었던 자원은 하류층이 이용할 수 있었던 자원의 25~30배였다. 다시 말해 부모나 배우자를 통해 그 정도의 상속을 받을 수 있는 사람은 평생 25~30명의 하인을 부리며 임금을 지불할 수 있었다. 동시에 상위 1퍼센트의 노동소득자(보트랭의 설교에 나오는 판사, 검사, 변호사 같은 직업)가 이용할 수 있는 자원은 하류층의 약 10배였다. 이 수치는 무시할 정도는 아니지만 상위 1퍼센트의 상속인들에 비하면 분명 생활수준이 훨씬 낮았다. 특히 보트랭의 말처럼 이런 직업들을 얻기가 쉽지 않기 때문에 더욱 그랬다. 법대에서 빼어난 성적을 거두는 것만으로는 충분하지 않고, 종종 장기적인 계획을 세우고 책략을 꾸며야 했다. 그렇다고 꼭 성공이 보장되는 것은 아니었다. 이런 상황에서는 상위 1퍼센트의 유산을 손에 넣을 기회가 나타나면 놓치지 않는 편이 분명 더 나았을 것이다. 적어도 잠

도표 11.10. 1790~2030년에 태어난 집단들이 직면한 라스티냐크의 딜레마

19세기에는 상위 1퍼센트 상속인들이 상위 1퍼센트 노동소득자들보다 훨씬 더 높은 생활수준을 얻을 수 있었다.

출처 및 통계: piketty.pse.ens.fr/capital21c

깐 심사숙고해볼 가치는 있었다.

1910~1920년에 태어난 세대에 대해 같은 계산을 해보면 이들은 삶에서 전혀 다른 선택에 직면했다는 것을 알 수 있다. 상위 1퍼센트의 상속인들이 가질 수 있는 자원은 하류층 생활수준의 겨우 5배였던 반면 노동소득이 가장 높은 1퍼센트는 여전히 그 생활수준의 10~12배의 자원을 가질 수 있었다.(임금계층의 상위 1퍼센트가 총임금에서 차지하는 몫이 장기간에 걸쳐 약 6~7퍼센트로 비교적 안정되었기 때문이다.)[29] 분명 역사상 처음으로, 상위 1퍼센트의 상속을 받는 것보다 상위 1퍼센트의 직업을 얻는 편이 더 잘살 수 있었다. 상속보다 공부, 노동, 재능이 벌이에 더 도움이 되었던 것이다.

베이비붐 집단에게도 선택은 거의 분명했다. 라스티냐크가 1940~1950년에 태어났다면 (하류층 생활수준의 10~12배의 자원을 가질 수 있는) 상위 1퍼센트의 직업을 목표로 삼고 보트랭의 말을 무시할 만한 이유가 충분했다.(상위 1퍼센트의 상속인은 하류층 생활 수준의 6~7배의 자원만을 얻었기 때문이다.) 이 모든 세대에게는 노동을 통한 성공이 더 도덕적일 뿐만 아니라 더 이득이었다.

구체적으로 말하자면 이 결과들은 또한 이 시기 전체, 그리고 1910년에서 1960년 사이에 태어난 모든 집단에서 소득계층의 상위 1퍼센트가 주로 노동이 주소득원인 사람들로 구성되었다는 것을 보여준다. 이것은 중대한 변화였다. 프랑스와 아마도 다른 모든 유럽 국가에서 역사상 처음으로 나타난 현상이었을 뿐만 아니라 상위 1퍼센트는 모든 사회에서 극히 중요한 집단이기 때문이다.[30] 제7장에서 언급한 것처럼 상위 1퍼센트는 사회의 경제적, 정치적, 상징적 구조를 형성하는 데 중요한 역할을 하는 비교적 광범위한 엘리트층이다.[31] 모든 전통적인 사회에서(1789년에 귀족이 인구의 1~2퍼센트였다는 점을 기억하라) 그리고 프랑스혁명으로 불붙은 희망에도 불구하고 실제로 벨 에포크 시대까지, 이 집단에서는 항상 상속받은 자본이 우세했다. 따라서 20세기 초에 태어난 집단에게는 상속자본이 우

487

세하지 않다는 사실은 중대한 사건이었고 사회적 진보와 낡은 사회질서의 종말을 되돌릴 수 없다는 전례 없는 믿음을 불러일으켰다. 제2차 세계대전이 끝나고 30년이 지나는 동안에도 분명 불평등은 근절되지 않았지만, 이 문제는 주로 임금불평등에 따른 것이라는 낙관적인 시각에서 조망되었다. 육체노동자, 사무직 노동자, 경영자의 임금은 분명 상당한 차이가 났고 1950년대에 프랑스에서는 이러한 차이가 점점 더 벌어졌다. 그러나 이 사회에는 근본적인 공감이 존재했는데, 모든 사람이 노동의 중요성을 공유하고 능력주의의 이상을 존중했다. 사람들은 상속자산으로 인한 임의적인 불평등이 과거의 일이라고 믿었다.

1970년대에 태어난 집단에게는 상황이 많이 달라졌고 그 이후에 태어난 집단들의 경우는 더욱 그랬다. 특히 삶의 선택이 더 복잡해졌다. 상위 1퍼센트의 상속인이 누리는 자원이 상위 1퍼센트의 노동소득자와 비슷해졌다.(혹은 약간 더 높다. 상속은 하류층 생활수준의 12~13배, 노동소득은 10~11배다.) 그러나 오늘날에는 불평등과 상위 1퍼센트의 구조 역시 19세기와 크게 달라졌다는 점에 주의해야 한다. 지금은 상속자산이 과거에 비해 훨씬 덜 집중되어 있기 때문이다.[32] 오늘날의 연령 인구 집단은 독특한 불평등과 사회 구조에 직면해 있다. 어떤 의미에서 우리는 보트랭이 냉소적으로 설명했던 상속이 노동보다 우세한 세계와, 노동이 상속보다 우세한 전후 수십 년간의 매혹적인 세계 사이의 어느 지점에 있다고 할 수 있다. 우리의 연구 결과에 따르면, 오늘날 프랑스에서 사회계층의 상위 1퍼센트는 상속자산에서 얻는 소득과 노동에서 얻는 소득이 거의 같을 것이라 여겨진다.

자본소득자와 경영자에 대한 **기초적 계산**

요약하자면 사회계층 구조의 최상위층이 상속자본에서 얻는 소득이 노동

소득보다 우세한 사회(즉 발자크와 오스틴이 묘사한 것과 같은 사회)에서
는 두 가지 조건이 충족되어야 한다. 먼저 자본총량이 많아야 하고 그중
상속받은 자본의 비율이 높아야 한다. 일반적으로 자본/소득 비율이 대
략 6이나 7은 되어야 하고 자본총량 대부분이 상속받은 자본으로 구성되
어야 한다. 그런 사회에서 상속자산은 각 집단이 이용할 수 있는 평균 자
원의 약 4분의 1을 차지할 수 있다.(혹은 자본수익률의 불균등이 심하다
고 가정하면 3분의 1에 이를 수도 있다.) 18세기와 19세기 그리고 1914년
까지가 이런 경우였다. 상속자산 총액과 관련된 이 첫 번째 조건은 오늘날
다시 거의 충족되고 있다.

　두 번째 조건은 상속자산이 극도로 집중되어야 한다는 것이다. 상속자
산이 노동소득과 같은 방식으로 분배되면(상속계층과 노동소득 계층의 상
위 10퍼센트, 1퍼센트 등의 수준이 동일하면), 보트랭이 말한 세계는 결코
존재할 수 없을 것이다. 노동소득이 상속자산에서 얻는 소득보다 항상 훨
씬 더 많을 것이고(적어도 3배),[33] 노동소득 상위 1퍼센트의 소득이 상속자
산 소득 상위 1퍼센트의 소득을 체계적이고도 자동적으로 넘어설 것이기
때문이다.[34]

　집중효과가 물량효과를 누르려면 상속계층의 상위 1퍼센트가 상속받은
부에서 대단히 큰 몫을 차지해야 한다. 상속계층의 상위 1퍼센트가 총자
산의 50~60퍼센트를 소유해(혹은 영국이나 벨 에포크 시대의 파리처럼
70퍼센트에 이르러) 노동소득 상위 1퍼센트가 노동소득에서 차지하는 몫
(약 6~7퍼센트, 이 수치는 아주 오랜 기간 고정적이었다)보다 거의 10배가
높았던 18세기와 19세기가 이런 경우였다. 자산 집중도와 급여 집중도의
비율이 10 대 1이면 물량 비율 3 대 1을 상쇄하기에 충분하며, 이는 19세
기 세습사회에서 상속받은 재산이 상위 1퍼센트에 속하는 사람이 노동소
득 상위 1퍼센트의 사람보다 실제로 3배 더 잘살 수 있었던 이유를 설명해
준다(도표 11.10 참조).

　자본소득자와 경영자에 대해 이런 기초적인 계산을 해보면 오늘날 상속

자산 상위 1퍼센트와 노동소득 상위 1퍼센트가 거의 균형이 맞는 이유를 이해하는 데도 도움이 된다. 자산 집중도가 노동소득 집중도의 약 3배이기 때문에(자산 상위 1퍼센트가 총자산의 20퍼센트를 소유하는 반면 노동소득 상위 1퍼센트는 총임금의 6~7퍼센트를 차지한다) 집중효과가 물량효과를 거의 상쇄한다. 또한 우리는 영광의 30년 동안 경영자들이 상속인들보다 분명하게 우위에 섰던 이유도 알 수 있다.(3 대 1의 집중효과는 10 대 1의 물량효과를 상쇄하기에는 너무 작다.) 그러나 극도의 충격들과 특정 공공정책들(특히 조세정책)의 결과로 나타난 이런 상황을 제외하면 불평등의 '자연적' 구조에서는 자본소득자가 경영자보다 우세해질 가능성이 상당히 높다. 특히 성장률이 낮고 자본수익률이 성장률보다 뚜렷하게 높으면 (적어도 가장 타당해 보이는 동태적 모형들에서는) 자산이 매우 집중되어 자본소득의 최상위층이 노동소득의 최상위층보다 큰 우위를 차지하는 것은 거의 필연적이다.[35]

고전적 세습사회: 발자크와 오스틴의 세계

/

분명 19세기의 소설가들은 우리와 같은 범주를 사용해 당시의 사회 구조를 설명하지는 않았지만 동일하게 심층적인 구조, 즉 많은 재산이 있어야 정말로 편안한 생활을 할 수 있었던 사회 구조를 묘사했다. 영국해협을 사이에 두고 떨어져 있던 발자크와 오스틴이 상세하게 서술한 불평등의 구조 및 규모가 통화, 문체, 줄거리의 차이에도 불구하고 매우 비슷하다는 점은 놀랍다. 제2장에서 언급한 것처럼, 두 소설가가 묘사했던 사회는 인플레이션으로부터 자유로워서 재정적 지표가 극히 안정적이었기 때문에 이들은 평범한 생활을 넘어 최소한의 품위 있는 생활을 누리기 위해 필요한 소득(혹은 재산)이 얼마인지 정확히 기술할 수 있었다. 두 작가에게 물질적, 심리적 한도는 당시 평균 소득의 약 30배였다. 발자크나 오스틴의 주인공들은 그 수준 이하로 내려가면 품위 있는 삶을 꾸리기 힘들다고 생각했다. 19세기에 프랑스나 영국 사회에서 가장 부유한 1퍼센트 안에 들면 그 한도를 넘을 가능성이 높았다.(상위 0.5퍼센트, 더 나아가 0.1퍼센트에 가까우면 더 유리했다.) 상위 1퍼센트는 정의가 명확하고 구성원 수가 꽤 많은 사회집단이었다. 분명 소수이긴 하지만 사회 구조를 결정하고 소설과 같은 세계를 유지할 만큼 충분히 큰 소수 집단이었다.[36] 하지만 아무리 많은 임금을 받더라도 직업을 가지고 일을 하는 데 만족하는 사람은 결코 이를 수 없는 집단이었다. 급여가 상위 1퍼센트에 속하는 직업을 가진 사람이라도 이 생활수준에 근접하지 못했다.(급여 상위 0.1퍼센트도 마찬가지였다.)[37]

이런 소설들은 대부분 처음 몇 페이지에서 재정적, 사회적, 심리적 배경이 설정되고 그 뒤로도 종종 암시되기 때문에 독자들은 주인공들을 사회의 나머지 사람들과 구별짓는 모든 특징, 즉 주인공들의 삶을 결정짓는 재정적 지표, 경쟁자들, 전략, 희망 등을 잊지 않게 된다.『고리오 영감』에서 노인의 몰락은 연간 지출을 500프랑(당시의 연평균 소득과 비슷한데, 발자크에게는 비참하게 가난한 수준이었다)으로 줄이기 위해 보케르 하숙집의 가장 지저분한 방에서 살고 초라하기 그지없는 식사를 해야 한다는 사실에서 바로 드러난다.[38] 노인은 딸들을 위해 모든 것을 희생했다. 딸들은 각각 50만 프랑의 지참금을 받았는데(이로부터 연간 2만5000프랑의 수익이 나온다) 이는 평균 소득의 약 50배였다. 발자크의 소설에서 이것은 기본적인 재산의 단위, 진정 부유하고 품위 있는 생활의 상징이었다. 이렇게 두 가지 극단적인 사회가 처음부터 뚜렷하게 대비되어 있다. 그럼에도 불구하고 발자크는 비참한 빈곤층과 진짜 부자들 사이에 갖가지 중간적인 상황들, 좀더 평범한 수준의 생활을 하는 사람들이 존재한다는 것을 잊지 않았다. 라스티냐크가 앙굴렘 근방에 소유한 작은 토지에서는 매년 3000프랑(평균 소득의 6배)의 수익이 나온다. 발자크에게 이것은 가난한 지방 귀족의 전형적인 수준이었다. 라스티냐크의 가족은 자본에서 매년 1200프랑만을 그의 법학 대학의 학비로 내놓을 수 있었다. 보트랭의 설교에서 젊은 라스티냐크가 엄청난 불확실성을 떠안은 채 각고의 노력을 기울인 끝에 검사가 되어 벌 수 있는 연봉 5000프랑(평균 소득의 10배)은 평범한 생활의 상징이었고 공부가 성공을 가져다주지 못한다는 증거(증거가 필요하다면)였다. 발자크는 당시 평균 소득의 20~30배, 심지어 50배를 얻는 것이 최소 목표이고(델핀과 아나스타지는 지참금 덕분에 이 목표를 이룰 수 있었다) 아니면 그것보다 더 낮게, 평균 소득의 100배를 얻을 수 있으면 살기 편한 사회(빅토린 양의 100만 프랑이 벌어들일 연간 수익인 5만 프랑이면 가능했다)에 관해 묘사했다.

『세자르 비로토의 흥망』에 나오는 대담한 향수 상인은 100만 프랑의 재산을 갈망한다. 그는 그중 절반은 자신과 아내를 위해 간직하고 나머지 절반을 딸들의 지참금으로 쓰면 딸들을 좋은 곳에 시집보낼 수 있고 미래의 사위가 공증인 로갱의 사업을 사들일 수 있을 것이라고 생각한다. 비로토의 아내는 땅에 투자하는 편을 선호했고 연간 2000프랑의 임대료를 받는다면 은퇴할 수 있으며 8000프랑의 임대료만 있으면 딸들을 결혼시킬 수 있을 거라고 남편을 설득했다. 그러나 비로토는 그 말을 들으려 하지 않았다. 그는 겨우 5000프랑의 임대료를 확보한 채 은퇴한 동료 필로처럼 되고 싶지 않았다. 잘살기 위해서는 평균 소득의 20~30배가 필요했다. 평균의 5~10배로는 가까스로 살아가는 수준이라고 생각했다.

영국에서도 정확히 같은 자산의 규모가 발견된다. 오스틴의 『이성과 감성』에서는 첫 10페이지에 나오는 존 대시우드와 아내 패니 사이의 말도 안 되는 대화에서 줄거리의 핵심(재정적일 뿐만 아니라 심리적인)이 분명하게 드러난다. 존은 1년에 4000파운드, 즉 당시 평균 소득(1800~1810년에 연간 30파운드를 간신히 넘었다)의 100배가 넘는 수익을 얻을 수 있는 놀랜드의 광대한 토지를 이제 막 물려받았다.[39] 놀랜드는 제인 오스틴의 소설에서 묘사되는 부의 정점인 거대한 토지 관련 상속재산의 전형적인 예다. 해마다 2000파운드(즉 평균 소득의 60배 이상)의 수익을 얻는 브랜던 대령과 델라퍼드에 있는 그의 땅도 대지주의 요건 안에 충분히 들어간다. 다른 소설들을 살펴보면 1년에 1000파운드의 수익이면 오스틴의 주인공이 되기에 충분하다. 반면 1년에 600파운드(평균 소득의 20배)인 존 월러비의 수익은 안락한 생활의 하한선 정도다. 그래서 사람들은 이 잘생기고 성미 급한 젊은이가 그렇게 적은 수익으로 호화로운 생활을 할 수 있는 이유를 궁금해한다. 이것은 월러비가 그레이 양의 지참금 5만 파운드(연간 자본소득 2500파운드, 즉 평균 소득의 80배)를 노리고 메리앤을 버리는 이유가 된다. 메리앤은 상심해 깊은 슬픔에 빠진다. 5만 파운드는 당시 환율로 따지면 빅토린 양의 지참금 100만 프랑과 거의 같다. 발자크의 소설에서처럼 델핀과 아나스타지가 가져간 그 절반 정도의 지참금만으로도 충분했다. 예를 들어 3만 파운드(1500파운드의 임대료, 즉 평균 소득의 50배)를 소유한 노턴 경의 외동딸 모턴 양은 이상적인 상속녀였고 모든 예비 시어머니들의 표적이 되었다. 그중 대표적인 인물인 페라스 부인은 모턴 양과 자신의 아들 에드워드의 결혼을 꿈꾼다.[40]

책의 첫머리부터 존 대시우드의 부유한 생활은 이복 여동생들인 엘리너, 메리앤, 마거릿의 상대적인 가난과 대조를 이룬다. 세 딸은 어머니와 함께 1년에 500파운드(각자 125파운드, 1인당 평균 소득의 겨우 4배)로 살아야 하는데, 적당한 남편감을 찾기에는 어림없는 재산이었다. 데번셔 시골 지역의 사교계 소문에 관심이 지대한 제닝스 부인은 많은 무도회, 방문, 저녁 음악회에서 세 딸에게 이 사실을 상기시키길 좋아하며 이들이 젊고 매력적인 구혼자들과 자주 만나도록 해준다. 그러나 유감스럽게도 이 남성들은 항상 그곳에 오래 머물지는 않는다. "너희의 재산이 적어서 남자가 꺼릴 수도 있어." 오스틴의 소설에서도 발자크의 소설에서와 마찬가지였다. 평균 소득의 5~10배만으로는 아주 평범한 생활만이 가능했다. 1년에 30파운드라는 평균 소득에 가깝거나 그 아래인 소득은 언급조차 되지 않았다. 그 정도는 하인의 소득 수준보다 그리 나을 게 없어서 이야기할 의미가 없었던 것으로 추측된다. 에드워드 페라스가 목사가 되겠다고 생각하고 1년에 200파운드를 받는(평균 소득의 6~7배) 델라퍼드의 목사직을 수락하자 그는 거의 성자로 여겨진다. 어울리지 않는 결혼을 한 것에 대한 벌로 에드워드의 가족이 준 소액의 돈과 엘리너의 적은 소득으로 생활비를 보충하더라도, 부부는 풍족한 생활을 하지 못할 것이다. 그리고 "두 사람 모두 1년에 350파운드면 안락하게 생활할 수 있을 거라고 생각할 만큼은 사랑에 빠지지 않았다."[41] 이 행복하고 고결한 결과가 문제의 본질을 숨기지는 못한다. 존 대시우드가 아버지의 임종 때에 한 약속을 저버리고 밉살스런 패니의 조언을 받아들여 이복 여동생들을 도와주지도 않고 막대한 재산을 조금도 나눠주지 않아, 엘리너와 메리앤은 평범하고 굴욕적인 생활을 하게 된다. 두 사람의 운명은 책의 서두에 나오는 말도 안 되는 대화에 의해 전적으로 확정되어버린 것이다.

19세기 말 즈음의 미국에서도 같은 유형의 불평등한 재정적 구조를 발견할 수 있다. 헨리 제임스가 1881년에 발표하고 윌리엄 와일러가 「상속녀 The Heiress」(1949)로 화려하게 영화화한 소설 『워싱턴 스퀘어』는 지참금의 액수를 둘러싼 오해를 중심으로 이야기가 진행된다. 그러나 계산은 냉정한 것이므로 실수를 하지 않는 게 최선이다. 캐서린 슬로퍼의 약혼자는 그녀의 지참금으로 1년에 3만 달러의 자본소득을 얻을 것이라 계산했지만 1만 달러밖에 얻지 못한다는 것을 알자(즉 당시 미국 평균 소득의 60배가 아니라 20배밖에 얻지 못한다) 달아나버린다. 엄청난 부자에 포악한 홀아비인 캐서린의 아버지는 딸에게 "넌 너무 못생겼어"라고 윽박지르는데, 이런 모습은 『전쟁과 평화』에서 볼콘스키 공작이 딸 마리야를 대하던 태도를 상기시킨다. 또한 사람들의 입지는 매우 취약했다. 가령 「위대한 앰버슨가」The Magnificent Ambersons」에서 오슨 웰스는 한때 연간 소득이 6만 달러(평균의 120배)에 달하던 오만한 상속인 조지가 1900년대 초에 자동차 혁명으로 몰락해 1년에 350달러라는 평균 이하의 급여를 받으며 일하는 모습을 보여준다.

부의 극심한 불평등: 가난한 사회에서 문명의 한 조건인가?

흥미롭게도 19세기의 소설가들은 단순히 당시의 소득과 부의 계층을 정확하게 묘사하는 데만 만족하지는 않았다. 이들은 사람들이 어떻게 생활하는지, 다른 소득 수준이 현실의 일상에서 어떤 의미를 지니는지를 매우 구체적이고도 상세하게 설명했다. 때때로 부의 극심한 불평등을 어느 정도 정당화하는 것에 동의하기도 했다. 그러한 불평등이 없다면 아주 소수의 엘리트층이 생계유지 이외의 다른 일에 관심을 기울일 수 없을 것이라는 주장이 행간에서 읽히기 때문이다. 극도의 불평등은 거의 문명의 한 조건으로 여겨지다시피 했다.

특히 제인 오스틴은 19세기 초의 일상생활을 상세하게 묘사한다. 오스틴은 당시의 식비, 가구를 장만하고 옷을 사는 비용, 여행 경비가 얼마인지를 알려준다. 현대식 기술이 없었던 당시에는 사실 모든 일에 많은 돈이 들었고 시간뿐만 아니라 무엇보다도 일손이 필요했다. 농작물을 거둬들이고 식사를 마련하는 데 하인이 필요했다.(당시에는 식품을 저장하기가 쉽지 않았다.) 가장무도회 때 입을 가장 간소한 의상을 장만하는 데도 몇 달, 심지어 1년 치의 소득이 필요할 수 있었다. 여행하는 데도 돈이 많이 들었다. 말, 마차, 자신들을 돌볼 하인, 동물들의 먹이 등이 필요했다. 독자들은 평균 소득의 겨우 3~5배로는 이런 생활을 하기가 아주 힘들다는 것을 알게 된다. 그럴 경우 일상생활에 필요한 일을 직접 하느라 시간을 다 써야 할 것이기 때문이다. 책이나 악기 혹은 보석이나 야회복을 갖고 싶으면 당시 평균 소득의 20~30배의 소득을 얻는 수밖에 다른 도리가 없었다.

제1부에서 소비 패턴과 물가는 다양한 차원으로 급격하게 변화하기 때문에 장기적인 구매력을 비교하는 일은 어렵고 문제를 지나치게 단순화한다고 언급했다. 그래서 이러한 변화를 단일 지표로 요약한다는 것은 불가능하다. 그렇기는 하지만 공식적인 지수들에 따르면 1800년에 영국과 프

랑스에서 1인당 평균 구매력은 2010년의 약 10분의 1이었다. 다시 말해 1800년에 소득이 평균 소득의 20~30배였던 사람은 오늘날 소득이 평균 소득의 2~3배인 사람 정도의 생활을 했을 것이다. 또한 1800년에 소득이 평균 소득의 5~10배였다면 오늘날 최저임금과 평균 임금의 중간 정도에 속하는 생활을 했을 것이다.

어쨌든 발자크나 오스틴의 소설에 나오는 주인공은 하인 수십 명의 서비스를 어려움 없이 이용했을 것이다. 대개의 경우 우리는 이 하인들의 이름조차 모른다. 때때로 두 소설가는 주인공들의 허세와 낭비 욕구를 조롱하기도 한다. 가령 메리앤은 윌러비와의 우아한 결혼식을 상상하면서 계산해보니 1년에 2000파운드(당시 평균 소득의 60배 이상) 이하로는 살기 힘들겠다고 설명하며 얼굴을 붉힌다. "분명 내가 사치스러운 요구를 하는 건 아니야. 하인들, 마차 두 대쯤, 사냥개들을 갖추려면 그 이하로는 안돼."[42] 엘리너는 참지 못하고 동생에게 사치스럽다고 지적한다. 마찬가지로 보트랭은 최소한의 품위 있는 생활을 하려면 2만5000프랑의 소득(평균의 50배 이상)이 필요하다고 말한다. 특히 그는 옷을 사고 하인을 부리며 여행하는 데 드는 돈을 아주 자세하게 설명한다. 아무도 그에게 과장하고 있다고 말하지 않고, 보트랭이 굉장히 냉소적이어서 독자들은 그의 말을 의심하지 않는다.[43] 아서 영의 여행기도 안락한 생활을 하는 데 얼마가 드는지에 대한 비슷한 생각과 함께, 생활에 필요한 요구를 자연스럽게 늘어놓는다.[44]

일부 주인공의 낭비벽에도 불구하고 19세기의 소설가들은 불평등이 어느 정도 필요한 세계를 묘사한다. 충분히 부유한 소수 집단이 없었다면 생존 이외의 문제를 걱정할 수 있을 만큼 여유가 있는 사람도 없었을 것이다. 불평등에 대한 이러한 관점이 적어도 능력주의를 표방하지는 않는다는 것은 당연하다. 어떤 면에서는 소수 집단이 다른 모든 사람을 대표해 안락한 생활을 하도록 선택되었지만 이 소수가 나머지보다 더 가치 있거나 고결하다고 가정하는 사람은 없었다. 게다가 이 세계에서는 재산이 없으면

496

품위 있는 삶을 살기란 불가능하다는 점이 아주 명백하다. 학위나 기술이 있으면 생산을 할 수 있기 때문에 평균보다 5배나 10배의 소득을 얻을지도 모르지만 그보다 훨씬 더 많이 얻지는 못한다. 현대의 능력주의 사회, 특히 미국에서는 패자들에게 훨씬 더 매정하다. 최하위층의 미흡한 생산성은 물론이고 정의, 미덕, 능력을 근거로 우위를 정당화하려 하기 때문이다.[45]

부유한 사회에서의 **극단적인 능력주의**

또한 매우 심한 임금불평등을 정당화하기 위해 종종 능력을 중시하는 가장 열렬한 신념을 동원한다는 점은 흥미롭다. 임금불평등은 상속에 따른 불평등보다 더 많이 정당화된다는 생각들이 있다. 나폴레옹 시대부터 제1차 세계대전 때까지 프랑스에는 장관들을 비롯해 (당시 평균 소득의 50~100배를 받는) 임금이 매우 높은 소수의 고위급 공무원이 있었다. 이렇게 높은 임금을 지급하는 것은 임금을 받아 생활하는 가장 유능하고 재능 있는 개인들이 가장 부유한 상속인들만큼 품위 있고 고상한 생활을 할 수 있어야 한다는 생각(코르시카 섬의 소수 귀족의 자손이었던 나폴레옹 역시 이렇게 생각했다)에 의해 언제나 정당화되었다.(이런 생각은 말하자면 보트랭이 던진 질문에 대한 포괄적인 대답이라고 할 수 있다.) 아돌프 티에르가 1831년 국민회의에서 "도지사들은 그들이 살고 있는 도의 유명한 시민들과 동등한 지위를 차지할 수 있어야 한다"고 말한 것도 같은 맥락이다.[46] 1881년에 폴 르루아볼리외는 국가가 최저임금만 인상하는 것은 지나치다고 설명했다. 그는 당시의 고위공무원들을 열렬히 옹호했는데, 이들 중 대부분이 매년 '1만5000~2만 프랑'가량을 벌었다. "보통 사람들에게는 거액일 수 있지만" 실제로 "품위 있게 살거나 어떤 규모로 저축을 하기에는 불가능한 금액"이었다.[47]

능력주의에 대한 이러한 옹호에서 가장 우려되는 점은 가장 부유한 사회에서 같은 유형의 주장이 발견된다는 것인데, 이런 사회에서는 필요와 품위에 대한 제인 오스틴의 의견이 별 의미가 없다. 최근 미국에서는 슈퍼경영자들이 받는 높은 임금(평균 소득의 최대 50~100배)을 종종 이런 식으로 정당화한다. 이런 고임금의 지지자들은 이렇게 하지 않으면 많은 재산을 상속받는 사람들만 진정한 부를 얻을 수 있으므로 불공정하다고 주장한다. 따라서 결국 슈퍼경영자들에게 지급되는 수백만 혹은 수천만 달러가 사회정의를 높이는 데 기여한다는 것이다.[48] 이런 유의 주장은 미래에 더 극심한 불평등을 낳는 토대를 닦을 수 있다. 앞으로의 세계는 과거의 가장 나쁜 두 세계가 결합된 모습일 것이다. 즉 상속자산의 불평등이 극심할뿐더러, 매우 심한 임금의 불평등은 능력과 생산성 측면에서 정당화되는(앞서 언급한 것처럼 거의 사실에 근거하지 않은 주장이다) 세계다. 이처럼 극단적인 능력주의는 슈퍼경영자들과 자본소득자들 간의 경주로 이어질 수 있고, 이는 양쪽 어디에도 속하지 않는 사람들에게 피해를 준다.

현대사회의 불평등을 능력주의로 정당화하는 모습은 최상위층뿐만 아니라 하류층과 중산층 사이의 더 낮은 계층에서도 뚜렷이 나타난다는 점 역시 강조해야 한다. 1980년대 말에 미셸 라몽은 미국과 프랑스의 전형적인 '상위 중산층'과 수백 건의 심도 있는 인터뷰를 했다. 인터뷰 대상에는 뉴욕, 파리 같은 대도시뿐만 아니라 인디애나폴리스와 클레르몽페랑과 같은 작은 도시의 주민들도 포함되었다. 라몽은 인터뷰 대상자들의 경력을 물어보았고 자신의 사회적 정체성과 위치를 어떻게 생각하는지, 다른 사회집단이나 범주와 어떻게 차별화된다고 생각하는지를 물었다. 라몽의 연구에서 나온 주요 결론 중 하나는 양국 모두에서 '교육받은 엘리트층'은 주로 개인적인 능력과 도덕적 자질을 강조했고 이런 자질을 엄격함, 끈기, 일, 노력 등의 용어로 설명했다.(관용과 친절 등의 용어도 나왔다.)[49] 오스틴과 발자크의 소설에 나오는 남녀 주인공들은 자신의 개인적인 자질을 하인들의 자질(소설 속에서 하인들은 언급되지 않는다)과 비교할 필요를 느끼지 못했을 것이다.

소자본소득자들의 사회

/

이제 오늘날의 세계, 더 정확히 말하면 2010년대의 프랑스에 대한 논의로 돌아올 시간이다. 이 연구에서 도출한 추정치에 따르면 1970년대 이후에 태어난 집단에게 상속은 평생의 총자원(상속과 노동으로 얻은 자원)에서 약 4분의 1을 차지한다. 총액의 관점에서 보면, 상속은 이렇게 하여 19세기에 태어난 인구집단에서만큼의 중요성을 거의 회복했다(도표 11.9 참조). 이 예측은 중심 시나리오에 근거했다는 점에 유의해야 한다. 대안 시나리오가 더 적중할 경우(낮은 성장률, 높은 자본수익률), 21세기에 태어난 집단들에게는 상속이 자원의 3분의 1 혹은 심지어 10분의 4를 차지할 수도 있다.[50]

그러나 상속 총액이 과거와 같은 수준을 회복했다고 해서 상속이 동일한 사회적 역할을 수행한다는 의미는 아니다. 앞서 언급한 것처럼 부의 현저한 분산(상위 1퍼센트가 차지하는 몫이 1910~1920년에는 60퍼센트였다가 오늘날에는 20퍼센트를 약간 넘을 정도로 한 세기 만에 거의 3분의 2가 줄었다)과 세습중산층의 등장은 오늘날에는 19세기에 비해 아주 많은 재산을 소유한 사람이 훨씬 더 드물다는 것을 암시한다. 구체적으로 말하자면, 고리오 영감과 세자르 비로토가 딸들에게 주려고 했던 50만 프랑의 지참금(이로부터 연간 2만5000프랑의 자본소득, 즉 당시의 연간 1인당 평균 소득인 500프랑의 50배를 얻을 수 있다)은 오늘날에는 어림잡아 3000만 유로에 상당할 것이다. 이 금액이면 이자, 배당금, 임대료로 매년 약 150만 유로를 얻는다(즉 3만 유로인 1인당 평균 소득의 50배).[51] 이런 거액의 상속은 물론 존재하고 상당히 더 큰 규모의 상속도 이뤄지긴 하지만 19세기보다는 훨씬 더 드물다. 그러나 부와 상속의 총액은 실제로 예전의 높은 수준을 회복했다.

게다가 현대의 소설가들은 발자크, 오스틴, 헨리 제임스처럼 3000만 유로 가치의 재산으로 소설의 줄거리를 채우지 않는다. 인플레이션으로 기존 수치의 의미가 모호해진 이후, 문학에서 돈에 관한 노골적인 언급은 사라졌다. 그보다 더 중요한 점은 자본소득자들 자체도 문학에서 사라졌고 그 결과 불평등에 대한 사회적인 표현이 달라졌다는 것이다. 현대 소설에서 사회집단 간의 불평등은 거의 배타적으로 일, 임금, 기술과 관련된 격차의 형태로만 나타난다. 부의 계층에 따라 구조가 짜였던 사회가 거의 전적으로 노동과 인적자본의 계층에 따라 구조화된 사회로 대체되었다. 예를 들어 최근의 많은 미국 텔레비전 드라마에 학위와 높은 수준의 기술로 무장한 남녀 주인공들이 등장한다는 점이 눈에 띈다. 심각한 병을 치료하건(「하우스House」), 수수께끼에 싸인 범죄를 해결하건(「본스Bones」), 심지어 미국을 통치하건(「웨스트 윙West Wing」) 마찬가지다. 작가들은 주인공이 몇 개의 박사학위를 소지하거나 심지어 노벨상까지 받으면 최상이라고 믿는 게 분명하다. 그런 드라마들은 능력, 교육, 엘리트층의 사회적 유용성에 근거한 공정한 불평등에 바치는 찬가라고 해석해도 지나치지 않다. 그러나 더 최근의 특정 작품들은 막대한 부에 더 명확하게 기초한, 더욱 걱정스러운 불평등에 관해 묘사한다. 「대미지Damages」는 노동자들에게서 수억 달러를 가로챈 냉혹한 사업가들과 현금이나 수영장을 포기하지 않은 채 남편과 이혼하려는 더 이기적인 아내들을 묘사한다. 메이도프 사건에서 영감을 얻은 시즌 3에서는 부정직한 금융가의 자녀들이 높은 생활수준을 유지하기 위해 온갖 수단으로 안티과에 숨겨둔 아버지의 재산을 지킨다.[52] 「더티 섹시 머니Dirty Sexy Money」에서는 아무런 능력이나 미덕도 없으면서 가족의 재산으로 뻔뻔스럽게 살아가는 젊은 상속자와 상속녀들이 나온다. 그러나 이런 드라마들은 일반적인 실정을 알려주는 예외적인 작품들이고, 과거에 축적한 자산으로 사는 인물들에 대해 노골적으로 비난은 하지 않더라도 대개는 부정적인 시각에서 묘사한다. 반면에 오스틴, 발자크의 소설에서는 그러한 삶이 완벽하게 자연스럽게 그려지고 인물들 간에 진정한 감정이 생기려면 꼭 필요한 것처럼 묘사된다.

불평등에 대한 사회적 표현의 이런 커다란 변화는 어느 정도는 당연하지만 많은 오해에 근거하고 있다. 첫째, 오늘날에는 18세기보다 교육이 분명 더 중요한 역할을 한다.(거의 모든 사람이 어떤 종류의 학위와 특정한 기술을 소유한 세계에서 그런 것들 없이 살겠다는 생각은 그리 좋은 것이 아니다. 누구나 일정한 기술을 습득하는 것에 관심이 있다. 상당한 재산을 물려받을 사람도 마찬가지다. 특히 상속인 입장에서는 유산을 받는 시기가 종종 아주 늦기 때문이다.) 그러나 그렇다고 해서 사회가 더 능력 본위로 바뀌었다고 말할 수는 없다. 특히 국민소득에서 노동소득이 차지하는 비율이 실제로 증가했다고 할 수 없으며, 앞서 언급했듯이 이런 현상이 대단한 규모로 나타나지는 않았다. 그리고 분명 모든 사람에게 갖가지 기술을 습득할 기회가 동일하게 주어진다고도 말할 수 없다. 사실 교육 불평등은 상당 부분 그저 상향 이동했을 뿐이며 교육으로 세대 간의 이동성이 높아졌다는 증거도 없다.[53] 그렇긴 하지만 계승자가 얼마간의 노력을 해야 한다는 점에서 인적자본의 이전은 항상 금융자본이나 부동산의 이전보다 더 복잡하다. 이런 점 때문에 상속자산이 사라져 더 공정한 사회로 나아왔다는 믿음이 널리 퍼지고 부분적으로 정당화되었다.

그러나 여기에는 중대한 오해가 있다. 첫째, 상속은 사라지지 않았다. 상속자본의 분배가 변화했을 뿐으로, 이것은 전적으로 다른 문제다. 분명 오늘날 프랑스에는 막대한 상속자산이 19세기보다 줄어들었다. 3000만 유로, 심지어 500~1000만 유로의 상속자산도 예전에 비해 적다. 그러나 상속자산의 총규모는 이전의 수준을 거의 되찾았는데, 즉 20만, 50만, 100만 심지어 200만 유로와 더 큰 규모의 상속이 예전보다 많이 이뤄지고 있다는 말이 된다. 그 정도의 유산은 상속인이 직업 없이 이자만으로 살 수 있기에는 적지만, 그럼에도 불구하고 많은 인구가 평생 일해서 버는 돈과 비교하면 상당한 액수다. 다시 말해 우리는 소수로 이루어진 아주 부유한 자본소득자의 사회에서 훨씬 더 많은 수의 덜 부유한 자본소득자의 사회로 옮겨왔다. 말하자면 소자본소득자들petits rentiers의 사회인 셈이다.

이러한 변화를 보여주는 데 가장 적절한 것으로 생각되는 지수가 도표 11.11에 나와 있다. 이는 유산이나 증여로 노동소득이 가장 적은 50퍼센트가 평생 버는 액수보다 더 많은 상속을 받은 개인들이 각각의 연령 인구 집단에서 차지하는 비율을 나타낸 도표다. 이 상속 액수는 시간이 지나면서 변화한다. 현재는 소득 분포에서 하위 50퍼센트의 연평균 임금이 약 1만5000유로이며, 따라서 50년 동안 (은퇴기 포함) 총 75만 유로다. 이는 대략 최저임금으로 꾸리는 생활수준이다. 도표에서 알 수 있듯이 19세기에는 약 10퍼센트가 이보다 많은 액수를 상속받았다. 이 비율은 1910~1920년에 태어난 집단에서는 2퍼센트, 1930~1950년에 태어난 집단에서는 4~5퍼센트를 겨우 넘는 수준으로 떨어졌다. 이 연구의 추정

도표 11.11. 각 연령집단에서 평생의 노동소득과 같은 액수를 상속받는 사람의 비율은 얼마인가?

1970~1980년경에 태어난 집단에서 임금이 가장 적은 하위 50퍼센트의 노동자들이 평생 버는 노동소득과 같거나 더 많은 액수를 상속받는 개인의 비율은 12~14퍼센트다.

출처 및 통계: piketty.pse.ens.fr/capital21c

치에 따르면 1970~1980년에 태어난 집단에서는 이미 이 비율이 약 12퍼센트로 높아졌고 2010~2020년에 태어난 집단에서는 14퍼센트에 이르거나 이를 넘을 수도 있다. 다시 말해 각 집단의 거의 6분의 1이 인구의 하위 50퍼센트(이 집단은 상속받을 것이 거의 없는 인구의 절반과 대체로 일치한다)가 평생 노동으로 버는 액수보다 더 많은 상속을 받을 것이다.[54] 물론 이 상속받은 6분의 1의 인구가 학위를 따거나 노동을 하는 것을 막을 수는 없고, 또한 소득 분포의 하위 50퍼센트보다 노동을 통해 더 많은 돈을 벌 것임에 틀림없다. 그럼에도 이것은 꽤 우려할 만한 형태의 불평등이며, 이러한 불평등이 역사적으로 전례 없이 높은 수준에 이르고 있는 중이다. 또한 이러한 불평등은 예술로 표현하거나 정치적으로 바로잡기가 더욱 어렵다. 사회의 나머지와 맞서는 소수의 엘리트층과 싸운다기보다는 전체 인구의 광대한 부분과 겨루게 되는 아주 흔한 불평등이기 때문이다.

자본소득자, 민주주의의 적

둘째, 21세기에 상속자본의 분배가 궁극적으로 19세기만큼 불평등해지지 않으리라는 보장은 없다. 앞 장에서 설명한 대로, 벨 에포크 시대만큼 부가 다시 극심하게 집중되지 않도록 막는 불가항력적인 힘은 없다. 특히 성장률이 둔화되고, 가령 국가 간 조세경쟁이 치열해지면 나타날 수 있는 현상으로서 자본수익률이 높아지면 부가 더욱 집중될 수 있다. 이렇게 되면 중요한 정치적 격변이 나타날 것이다. 우리의 민주주의 사회는 능력 중심의 세계관, 혹은 적어도 능력주의에 대한 희망에 의지하고 있다. 혈연이나 임대료보다 능력과 노력에 따라 불평등이 나타나는 사회에 대한 믿음이 있다는 뜻이다. 이러한 믿음과 희망은 현대사회에서 아주 중요한 역할을 한다. 민주주의에서는 모든 시민에게 평등한 권리가 있다고 공언하지만 이와 대조적으로 현실의 생활 상태는 매우 불평등한데, 이런 모순을 극복하

11장
장기적으로 본
능력과 상속

기 위해서는 임의적인 우연성이 아니라 합리적이고 보편적인 원칙에서 사회적 불평등이 발생하도록 하는 것이 중요하다. 따라서 적어도 담론의 영역에서 그리고 현실에서도 가능한 한 불평등은 모두에게 공정하고 유익해야 한다.(1789년에 선포된 인간과 시민의 권리에 관한 선언 제1조에 따르면 "사회적 차별은 오직 공익에 바탕을 둘 때만 가능하다.") 1893년에 에밀 뒤르켐은 현대 민주주의 사회가 상속받은 부의 존재를 오래 용인하지 못할 것이고 결국 죽음과 동시에 재산 소유가 끝나도록 만들 것이라고 예상했다.[55]

20세기에는 '지대'와 '자본소득자'라는 단어에 아주 경멸하는 의미가 많이 내포되어 있었다는 점도 중요하다. 이 책에서는 이 단어들을 자본 자산에서 나오는 연간 수익과 그러한 수익으로 살아가는 개인을 나타내는 원래의 기술적인 의미로 사용했다. 오늘날에는 자산에서 나오는 수익이 임대료, 이자, 배당금, 이윤, 특허권료이거나 혹은 그 외의 다른 범주에 속하는 수익이거나 간에, 그러한 수익이 노동과 상관없는 자산의 소유에 대한 보상이라면 자본소득에 지나지 않는다. 부의 지배와 소득계층의 최상위층이 얻는 소득이 적어도 엘리트층 사이에서는 인정되고 받아들여졌던 18세기와 19세기, 예를 들어 발자크와 오스틴의 소설에서는 '지대'와 '자본소득자'가 그 본연의 의미로 쓰였다. 민주주의적 가치와 능력주의의 가치가 확립되면서 이런 본래의 의미가 대체로 사라진 것이 눈에 띈다. 20세기에 '지대'라는 단어는 무례하고 다소 모욕적인 말이 되었다. 이런 언어적인 변화는 모든 곳에서 발견된다.

오늘날 '지대rent'라는 단어가 종종 매우 다른 의미로 사용되는 점은 특히 흥미롭다. 이 단어는 시장의 불완전성('독점 지대'에서처럼)을 나타내거나, 좀더 일반적으로는 과도하거나 정당하지 않은 소득을 지칭하는 데 사용된다. 때로는 '지대'라는 단어가 '경제적 병폐'와 동의어가 되었다는 인상을 받기도 한다. 지대는 현대적 합리성의 적이기 때문에 더 순수하고 완전한 경쟁을 이루도록 노력하여 철저히 제거해야 한다. 최근 유럽중앙은행의 총재가 취임 후 몇 달 동안 유럽의 몇몇 유력지와 했던 인터뷰에서 이 단어를 이러한 의미로 쓴 전형적인 예를 볼 수 있다. 기자들이 유럽의 문제들을 해결하기 위한 전략에 대해 질문하자 그는 이런 정교한 대답을 내놓았다. "우리는 지대와 싸워야 합니다."[56] 더 세부적으로 제시한 것은 없었다. 유럽중앙은행 총재가 염두에 둔 것은 서비스 분야의 경쟁 부재였던 것으로 보인다. 택시운전사, 미용사 등이 아마도 돈을 너무 많이 벌고 있다고 생각한 것 같다.[57]

'지대'라는 말을 이렇게 사용할 때의 문제는 매우 단순하다. 자본이 소득을 낳는다는 사실(이는 우리가 이 책에서 '자본에서 나오는 연간 수익'이라고 표현하는 단어의 원래 의미에 부합하는 사실이다)은 불완전한 경쟁이나 독점 문제와는 전혀 관계가 없다. 자본이 생산과정에서 유용한 역할을 한다면 그에 대한 보상을 받는 것은 당연하다. 성장이 둔화되면 거의 필연적으로 자본수익률은 성장률보다 훨씬 더 높아지고, 그러면 과거에 축적된 부의 불평등의 중요성이 자연히 커진다. 이러한 논리적 모순은 경쟁을 약간 더 강화한다고 해서 해결되지 않는다. 지대는 시장의 불완전성이 아니라, 경제학자들이 이해하는 대로 '순수하고 완전한' 자본시장, 즉 가장 무능한 상속인을 포함해 각 자본소유자가 국가 경제 혹은 세계 경제에서 구성할 수 있는 가장 다각화된 포트폴리오에서 가능한 한 최고의 수익을 얻을 수 있는 자본시장의 결과다. 자본이 자본소득을 낳는다는, 즉 자본소유자의 노동 없는 소득을 낳는다는 개념에는 분명 믿기 어려운 면이 있다. 이 개념은 상식을 모욕하고 실제로 많은 문명을 불편하게 만들었던 무언가를 내포한다. 문명은 항상 이 문제에 자비롭지는 않았으며 고리대금 금지부터 소련식 공산주의에 이르기까지 다양한 방식으로 그것에 대응해왔다. 그럼에도 지대는 자본이 사적으로 소유되는 어떤 시장경제에나 실제로 존재한다. 토지자본이 산업자본 및 금융자본, 부동산이 되었다는 사실로 이러한 더욱 뿌리 깊은 현실이 바뀌지는 않았다. 어떤 사람들은 경제개발 논리가 노동과 자본 간의 구분을 약화시켰다고 생각한다. 실제로는 정반대다. 자본시장과 금융중개가 점점 더 복잡해지면서 소유자들과 경영자들은 더욱더 분리되고 그리하여 순수 자본소득과 노동소득 간의 구분이 분명해지는 경향이 있다. 경제적, 기술적 합리성은 때로는 민주주의적 합리성과는 아무런 관계가 없다. 경제적, 기술적 합리성은 계몽주의에서 유래했고, 사람들은 흔히 민주주의적 합리성이 경제적, 기술적 합리성에서 마치 마술처럼 저절로 파생될 것이라고 가정한다. 그러나 진정한 민주주의와 사회적 정의를 이루려면 시장의 제도, 단지 의회나 그 외의 형식적인 민주주의적 제도뿐만 아니라 민주주의와 사회정의 스스로의 특정한 제도들이 필요하다.

정리하면 다음과 같다. 이 책에서 계속 강조했던, 격차를 확대하는 근본적인 힘은 $r>g$라는 부등식으로 요약될 수 있는데, 이것은 시장의 불완전성과는 아무 관계가 없으며 시장이 더 자유로워지고 경쟁이 강화되어도 사라지지 않을 것이다. 무제한적인 경쟁이 상속을 없애고 능력이 더욱 중시되는 사회를 향해 움직일 것이라는 생각은 위험한 착각이다. 보통선거권이 생기고 투표 시 재산에 대한 자격이 없어지면서(19세기에는 투표권이 최소한의 자산 요건을 충족시키는 사람에게 제한되었다. 일반적으로 1820~1840년에 프랑스와 영국에서 가장 부유한 1~2퍼센트였으며, 이는 2000~2010년에 프랑스에서 부유세 과세 대상인 인구 비율과 거의 동일하다) 부자들의 합법적인 정치적 지배는 끝났다.[58] 그러나 이것이 자본소득자 사회를 낳을 수 있는 경제적 힘을 없애지는 않았다.

상속자산의 귀환: 유럽의 현상인가 아니면 세계적인 현상인가?

프랑스에서 상속자산이 다시 중요해진 현상과 관련하여 우리가 얻은 결론을 다른 국가들에까지 확장할 수 있을까? 이용할 수 있는 데이터의 한계를 감안하면 유감스럽게도 이 질문에 정확한 답을 하기란 불가능하다. 프랑스만큼 풍부하고 포괄적인 상속 기록을 갖춘 국가는 없는 것 같다. 그렇기는 하지만 몇 가지 점은 확고해 보인다. 첫째, 유럽의 다른 국가들, 특히 독일과 영국에 대해 지금까지 수집한 불완전한 데이터들에 따르면 20세기에 프랑스의 상속액을 나타낸 U자 곡선은 실제로 유럽 모든 곳의 현실을 반영한다(도표 11.12 참조).

이용 가능한 추정치들—유감스럽게도 제한적인 햇수에 근거한 것이다—을 살펴보면 특히 독일에서는 1914~1945년의 충격 이후 상속액이 프랑스보다 더 급감해 1910년에는 국민소득의 약 16퍼센트였지만 1960년에는 겨우 2퍼센트로 낮아졌다. 그 이후 이 비율은 급속하고도 꾸준하게 상승했고 1980~1990년에 가속화되어 2000~2010년에는 국민소득의 10~11퍼센트에 이르렀다. 프랑스(2010년에 국민소득의 약 15퍼센트)보다는 낮은 수준이지만 독일은 1950~1960년에 더 낮은 지점에서 출발했기 때문에 실제로 상속액의 반등세는 더욱 강했다. 게다가 현재 프랑스와 독일의 액수

도표 11.12. 유럽의 상속액, 1900~2010

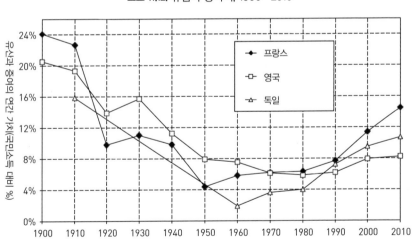

영국과 독일뿐만 아니라 프랑스에서도 상속액은 U자 곡선을 그린다. 마지막 기간에 영국에서의 증여가 과소평가되었을 수 있다.

출처 및 통계: piketty.pse.ens.fr/capital21c

11장
장기적으로 본
능력과 상속

에 차이가 나는 것은 거의 전적으로 자본/소득 비율(제2부에서 설명한 β)의 차이 때문이다. 독일의 총민간자산이 프랑스와 같은 수준으로 증가했다면(다른 모든 조건이 같다면) 상속액 역시 동등해졌을 것이다. 또한 독일의 상속액이 강하게 반등한 것은 프랑스와 마찬가지로 주로 증여의 매우 급격한 증가 때문이었다는 점이 흥미롭다. 독일 당국이 기록한 연간 증여액은 1970~1980년 이전에는 총상속액의 10~20퍼센트를 차지했다. 그 이후 이 비율은 서서히 상승해 2000~2010년에 약 60퍼센트가 되었다. 마지막으로, 1910년 독일에서 상속액이 적었던 것은 주로 당시 독일의 인구가 급속하게 증가한 결과였다(이른바 'm 효과'). 같은 이유에서 오늘날 독일의 인구 증가가 정체되어 있기 때문에 향후 수십 년 내에 상속액은 프랑스의 수준을 넘을 가능성도 있다.[59] 인구 감소와 출산율 저하의 영향을 받은 이탈리아, 스페인 같은 그 외의 유럽 국가들도 같은 논리를 따를 것이다. 그러나 유감스럽게도 우리에게는 이 두 국가의 상속액에 대해서 신뢰성 있는 역사적 데이터가 없다.

영국은 20세기로 넘어갈 무렵 상속액이 국민소득의 20~25퍼센트로 프랑스와 거의 같았다.[60] 영국에서 상속액은 두 차례 세계대전 이후에도 프랑스나 독일만큼 떨어지지 않았는데, 이런 현상은 영국의 경우 민간자산 총량이 전쟁의 충격으로부터 받은 영향이 덜했고(β 효과) 자산축적이 두 국가만큼 정체되지 않았다는 사실과 일치하는 것으로 보인다(μ 효과). 연간 상속액 및 증여액은 1950~1960년에 국민소득의 약 8퍼센트로 떨어졌고 1970~1980년에는 6퍼센트로 더 하락했다. 1980년대 이후 상당한 반등이 나타났지만 프랑스나 독일만큼은 아니었다. 이용할 수 있는 데이터에 따르면 2000~2010년에 영국의 상속액은 국민소득의 8퍼센트를 조금 넘는다.

이론적으로 몇 가지 설명이 가능하다. 영국의 상속액이 더 적은 것은 민간자산 중 더 높은 비율이 연금기금으로 묶여 있어서 후손에게 양도될 수 없기 때문일지도 모른다. 그러나 이것은 부분적인 설명일 뿐이다. 영국의 민간자산 총량에서 연금기금이 차지하는 비율은 15~20퍼센트에 불과하기 때문이다. 게다가 일생 동안 모은 생애주기 자산life-cycle wealth이 양도 가능한 자산을 대체하고 있는지도 불확실하다. 논리적으로 말하자면 이 두 유형의 자산이 합산되어야 하며, 그래야만 퇴직연금의 재원을 연금기금에 많이 의존하는 국가는 민간자산 총량을 더 많이 축적할 수 있고 그 중 일부를 다른 국가에 투자할 수 있을 것이다.[61]

또한 영국의 낮은 상속액은 저축과 가족의 유산 및 증여에 대한 심리적 태도 차이에서 나온 결과일 수도 있다. 그러나 이 결론에 이르기 전에 2000~2010년에 관찰되는 차이는 영국의 낮은 증여 수준으로 완전히 설명된다는 점에 주의해야 한다. 영국에서는 1970~1980년 이후 증여가 총상속액의 약 10퍼센트로 안정적이었던 반면 프랑스와 독일에서는 60~80퍼센트로 증가했다. 증여를 기록하는 어려움을 감안하고 국가 간의 관행차이를 보정하면 이 차이는 다소 의심스러워 보이며, 영국에서의 증여가 적어도 부분적으로라도 과소평가되었기 때문에 나타난 현상이라는 생각을 배제할 수 없다. 유감스럽게도 현재의 자료로는 영국에서 상속액의 반등이 더 소규모로 나타난 것이 실제의 행동 차이 때문인지(재산이 있는 영국인들이 프랑스인이나 독일인보다 자산을 더 많이 소비해 자녀에게 더 적은 자산을 물려주기 때문인지) 아니면 순전히 통계적 편의bias 때문인지는 분명하게 말할 수 없다.(프랑스와 독일에서 관찰된 증여/상속 비율을 적용하면 2000~2010년에 영국의 상속액은 프랑스와 마찬가지로 국민소득의 약 15퍼센트가 될 것이다.)

상속과 관련하여 이용할 수 있는 미국의 자료들은 더 어려운 문제를 제기한다. 1916년에 제정된 연방 상속세는 재산이 있는 극소수(보통 2퍼센트 이하)에게만 적용되었고, 증여 신고를 해야 하는 경우도 매우 제한적이어서 이 세금으로부터 도출된 통계 데이터에는 미흡한 점이 많다. 유감스럽게도 다른 자료들을 이용해 이런 미비점을 보충하는 것도 불가능하다. 특히 국가 통계 기관에서 실시하는 조사들에서 유산과 증여는 과소평가

되기로 악명 높다. 그리하여 우리의 지식에 중요한 공백이 생기는데, 이런 조사에 근거한 많은 연구가 이 점을 망각한다. 예를 들어 프랑스에서 이뤄진 설문조사에서 보고된 증여와 유산은 세금 자료에서 관찰된 금액의 절반밖에 되지 않는다.(세금 자료의 금액에서도 생명보험 계약 같은 면세 자산은 제외되기 때문에 이 수준은 실제 금액의 하한선일 뿐이다.) 조사 대상자들은 자신이 실제로 받은 상속자산을 보고하는 것을 잊어버리고 자신에게 가장 유리한 관점에서 재산 내역을 제시하는 경향이 있는 게 분명하다.(이런 경향 자체가 현대사회에서 상속을 보는 시각을 말해주는 흥미로운 사실이다.)[62] 유감스럽게도 미국을 포함해 많은 국가에서 조사 데이터를 세금 기록과 비교하는 것은 불가능하다. 하지만 미국의 조사 참여자들이 프랑스의 참여자들보다 유산과 증여를 과소평가하지 않았을 것이라고 믿을 만한 이유는 없다. 특히 상속받은 자산에 대한 미국인들의 인식이 적어도 프랑스인들만큼 부정적이란 점을 감안하면 더욱 그렇다.

어쨌든 자료의 신뢰성 부족으로 미국의 상속액의 역사적 변화 추이를 정확하게 연구하기는 매우 어렵다. 1980년대에 두 가지 완전히 반대되는 경제 이론을 둘러싸고 치열한 논쟁이 벌어진 데에도 이런 점이 한몫했다. 하나는 모딜리아니의 생애주기 이론으로, 상속받은 자산이 미국 총자본의 20~30퍼센트만 차지한다는 주장이다. 다른 하나는 상속받은 부가 총자본의 70~80퍼센트를 차지한다는 코틀리코프-서머스Kotlikoff-Summers의 주장이다. 1990년대에 이 연구를 알게 되었을 때 어린 학생이었던 나는 이 논쟁에 크게 놀랐다. 어떻게 진지한 경제학자들 사이에 이렇게 극적인 의견 차가 나타날 수 있을까? 일단 논쟁의 양측 모두 1960년대 말과 1970년대 초의 다소 부실한 데이터에 의존했다는 점에 주의하자. 이들의 추정치를 오늘날 이용할 수 있는 데이터로 재검토해보면 진실은 두 진영 사이의 어느 지점에 있지만, 모딜리아니보다 코틀리코프-서머스 쪽에 훨씬 더 가까운 듯 보인다. 1970~1980년에 미국에서 상속받은 자산은 아마 총민간 자산의 적어도 50~60퍼센트를 차지했을 것이다.[63] 더 전반적으로 말하자면, 도표 11.7에 프랑스의 경우를 나타냈던 것처럼 20세기에 걸쳐 미국의 상속자산 비율의 변화 추이를 추정하면 U자 곡선이 덜 뚜렷하게 나타나고 20세기와 21세기로의 전환기 모두에서 상속자산의 비율은 프랑스보다 다소 낮았던 것으로 보인다.(1950~1970년에는 약간 더 높았던 것으로 보인다.) 그 주된 이유는 미국의 인구증가율이 더 높았기 때문인데, 이는 자본/소득 비율이 더 낮고(β 효과) 부의 고령화가 덜 뚜렷하다(m, μ 효과)는 것을 암시한다. 그러나 이 차이가 과장돼서는 안 된다. 상속은 미국에서도 중요한 역할을 하기 때문이다. 무엇보다 유럽과 미국 사이의 이러한 차이는 늘 존재하는 문화적 차이와는 선험적으로 별로 관련이 없다는 것을 다시 강조할 필요가 있다. 이 차이는 주로 인구 구조와 인구증가율의 차이로 설명될 듯하다. 장기적인 예측이 제시하는 대로 언젠가 미국의 인구증가율이 감소하면, 상속자산은 아마도 유럽만큼 강하게 반등할 것이다.

가난한 국가들과 신흥국들의 경우 상속자산과 그 변화 추이에 관한 신뢰성 있는 역사적 자료가 부족하다. 아마 이번 세기에 그렇게 될 것으로 보이는데, 인구증가율과 경제성장률이 하락하면 대부분의 국가에서 상속자산은 역사적으로 저성장 국가들에서 나타났던 만큼의 중요성을 갖게 될 것이다. 마이너스 인구성장률을 겪은 국가들에서 상속자산은 지금까지 전례가 없을 정도의 중요성을 띨 수도 있다. 그러나 이렇게 되는 데는 시간이 걸린다는 점을 지적해야 한다. 중국 같은 신흥국들에서 현재 관찰되는 성장률 아래에서는 상속액이 당분간은 꽤 제한적일 것이다. 현재 소득이 1년에 5~10퍼센트 증가하고 있는 중국의 노동 연령 인구는 대다수의 경우, 소득이 자신들보다 몇 배 더 적었던 조부모가 아니라 저축에서 자산을 얻는다. 상속자산의 중요성이 세계적으로 회복되는 현상은 분명 21세기의 중요한 특징이 되겠지만, 앞으로 수십 년 동안은 주로 유럽에 영향을 미칠 것이고 그보다 약한 정도로 미국에도 영향을 줄 것이다.

제 1 2 장

21세기 글로벌
부의 불평등

/

지금까지는 부의 불평등의 동학을 매우 좁은 시각인 국가적인 관점에서 살펴봤다. 물론 19세기와 20세기 초, 영국과 프랑스 국민이 소유한 해외 자산의 결정적인 역할에 대해서는 여러 번 언급했지만, 국제적인 부의 불평등이 미래에 영향을 미치기 때문에 이에 관해 좀더 언급할 필요가 있다. 그런 이유로 이제 세계적 수준에서 부의 불평등의 동학과 오늘날 작용하는 주된 힘들에 관심을 두려 한다. 금융의 세계화로 인해 지금까지 보지 못했던 수준의 자본의 집중 현상이 미래에 나타날 위험이 있는가? 이미 그런 현상이 일어나고 있지는 않은가?

이를 연구하기 위해 나는 우선 개인들의 재산을 살펴볼 것이다. 여러 잡지의 '세계의 부자' 명단에 오른 이들의 재산이 전 세계 부에서 차지하는 비중은 21세기에 들어와서 증가했을까? 다음으로는 국가 간의 불평등에 대해 질문을 던질 것이다. 결국 석유수출국이나 중국, 아니면 부유한 나라 안의 억만장자들이 오늘날의 부유한 국가들을 소유하게 될 것인가? 그러나 이 두 가지 연구에 앞서 지금까지 등한시했던 힘에 대해 논의해야만 할 것이다. 이는 이번 장의 분석에서 필수적인 역할을 할 것인데, 다름 아닌 자본수익률의 불평등이다.

자본수익률의 **불평등**

많은 경제 모형이 재산의 많고 적음에 상관없이 모든 사람의 자본수익률을 동일한 것으로 가정한다. 그러나 이것은 결코 확실하지 않다. 부유한 사람의 평균 수익률이 그렇지 않은 사람의 평균 수익률보다 높은 것은 완벽하게 가능한 일이다. 이는 몇 가지 이유 때문이다. 가장 분명한 것은 10만 유로보다는 1000만 유로, 1000만 유로보다는 10억 유로를 가진 사람이 자산관리자와 금융자문을 고용해 더 많은 수익률을 올릴 수 있다는 점이다. 그러한 중개인이 평균적으로 더 나은 투자 대상을 식별할 수 있다면 자산 관리에 있어서도 포트폴리오가 거액일수록 평균 수익률이 높아지는 '규모의 경제'가 나타날 수 있다. 두 번째로, 투자자가 무일푼인 것보다는 상당한 예비 자금을 가지고 있는 경우 위험을 감수하고 인내하기가 더 쉽기 때문이다. 이 두 가지 이유—그리고 모든 징후로 볼 때 두 번째보다 첫 번째 이유가 실제로 더 중요하다—로 인해, 평균 자본수익률이 4퍼센트일 때 부유한 사람의 수익률은 6~7퍼센트를 기록할 것이고 덜 부유한 사람은 겨우 2~3퍼센트 정도를 기록할 것이라는 예상은 매우 타당하다. 또한 나는 전 세계적으로 규모가 가장 큰 재산(상속재산도 포함)이 최근 수십 년간 아주 빠른 속도(대략 연간 6~7퍼센트인데, 이는 세계 평균 자산성장률과 비교해 상당히 높은 수치다)로 성장해온 것도 보여줄 참이다.

이런 메커니즘이 자본의 분배에 있어 자동적으로 근본적인 격차를 만들어낸다는 것은 쉽게 알 수 있다. 글로벌 부의 계층 구조에서 최상위 십분위 혹은 백분위의 재산이 더 낮은 십분위의 재산보다 구조적인 이유로 더 빠르게 성장한다면, 당연히 부의 불평등은 무한히 증가하게 된다. 이 불평등한 과정은 새로운 세계 경제에서 전례 없이 심화될 것이다. 제1장에서 논의된 복리이자의 법칙을 고려하면, 이 메커니즘이 매우 빠른 속도로 진행되는 양극화 현상을 명백하게 설명할 수 있다. 따라서 이런 현상을 막을 방법이 없다면 초고액의 재산은 수십 년 내에 극도로 높은 수준에

도달할 것이다. 그러므로 불평등한 자본수익률은 $r>g$라는 부등식의 효과를 크게 증폭시키고 악화시키는 양극화의 힘이다. 사실 경제 전체에서 자본수익률과 성장률의 차이 $r-g$가 꼭 크지 않더라도 거액의 재산의 경우에는 클 수 있다.

엄밀한 논리를 적용하면, 유일하게 '자연적'인(여기서 '자연적'이라 함은 정부가 개입하지 않는 것이다) 대항력은 역시 성장이다. 세계의 경제성장률이 높으면, 대규모 자산의 상대적 성장률은 그리 높지 않게 유지될 것이다.(소득 및 부의 평균 성장률보다 크게 높지 않을 것이다.) 구체적으로 1990~2012년처럼 세계의 경제성장률이 연 3.5퍼센트이고 2030년까지 3.5퍼센트 성장률이 지속된다면, 최대 규모의 재산은 여전히 나머지 재산보다 더 급속하게 성장하겠지만 세계의 경제성장률이 겨우 1~2퍼센트일 때에 비해서는 그다지 극적으로 성장하지 않을 것이다. 게다가 오늘날 세계의 경제성장률은 인구적인 요소가 크며, 신흥경제국의 부유한 사람들이 세계의 부자 대열에 빠르게 합류하고 있다. 이러한 변화는 부유한 국가들의 많은 사람이 압박감과 함께 점점 더 뒤처지고 있다는 느낌에 휩싸이는 동안, 최고 부유층의 순위가 급속하게 변하고 있다는 인상을 준다. 그 결과로 초래된 불안은 때로 다른 모든 관심사를 압도해버린다. 그렇지만 장기적으로 가난한 국가가 부유한 국가를 따라잡고 세계의 성장 속도가 느려진다면, 자본수익률의 불평등은 훨씬 더 큰 관심사가 되어야 한다. 장기적으로 국가 내부의 불평등은 국가 간 불평등보다 확실히 더 우려스럽다.

따라서 나는 국제적인 부의 순위를 살펴봄으로써 자본수익률의 불평등 문제를 다루려고 한다. 그런 다음 미국의 주요 대학들이 대학 기금으로 얻는 수익률을 살펴보겠다. 이것은 일화에 불과한 증거로 보일 수 있지만, 우리가 포트폴리오 규모에 따른 불평등한 수익률을 분명하고 냉철한 방식으로 분석하도록 해줄 것이다. 그런 뒤 국부펀드 수익을 검토해보려 한다. 특히 석유수출국과 중국의 경우를 살펴보고, 국가 간 부의 불평등에 대한 논의를 계속 이어갈 것이다.

세계적인 부자들의 순위 변화

/

경제학자들은 대개 미국의『포브스』를 비롯한 세계 여러 잡지에서 발표하는 자산 순위를 그다지 인정하지 않는다. (조심스럽게 말하면) 그런 순위에는 상당한 편향과 심각한 방법론적인 문제가 내재해 있다. 그러나 적어도 자산 순위는 존재할 뿐만 아니라 그 나름의 방식으로 주요 사안에 대해 알기를 원하는 정당하고 긴급한 사회적 요구에 부응한다. 즉 부의 세계적 분배와 시간에 따른 변화 말이다. 경제학자들은 이것에 주목해야 한다. 게다가 세계적 부의 동학에 대한 신뢰할 만한 정보가 매우 부족하다는 것을 인식하는 일이 중요하다. 각국 정부와 통계 기관은 자본의 세계화를 쫓아갈 수 없는데, 한 국가에서만 사용할 수 있는 가계조사 같은 방법은 21세기에 부의 순위가 어떻게 변화했는지를 분석하기에는 불충분하기 때문이다. 잡지들에 나오는 자산 순위는 정부 통계, 세금 기록, 은행 자료와 비교해 개선될 수 있으며 또 개선되어야 하지만, 특히 현재의 세계적 수준에서 이들 보충 자료가 아주 어설프게 조정되었다는 이유로 이들 잡지의 순위를 완전히 무시한다는 것은 불합리하고 비생산적이다. 그러므로 아래에서는 이 부의 순위표에서 어떤 유용한 정보를 도출할 수 있는지 살펴볼 것이다.

거액의 재산에 대한 가장 전통 있고 체계적인 순위는『포브스』가 1987년부터 발표해온 세계 억만장자 명단이다. 매년 이 잡지의 기자들은 온갖 종류의 자료를 모아 순자산이 10억 달러가 넘는 전 세계인에 대한 완벽한 목록을 만들기 위해 노력한다. 그 목록에 오른 억만장자의 선두는 1987~1995년에는 일본인, 1995~2009년에는 미국인, 2010년부터는 멕시코인이었다.『포브스』에 따르면 지구촌의 억만장자는 1987년에 겨우 140명을 넘겼지만 2013년에는 1400명 이상으로 10배나 증가했다(도표 12.1 참조). 그러나 1987년 이후의 인플레이션과 경제성장을 고려하면 세계적으로 매년 언론 매체를 통해 발표되고 있는 이런 극적인 수치들이 어떤 의

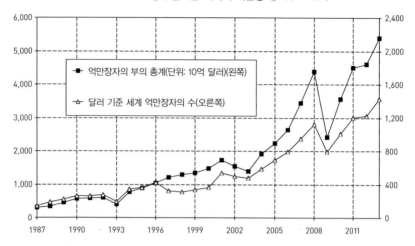

도표 12.1. 『포브스』가 발표한 세계의 억만장자, 1987~2013

『포브스』에 따르면 1987~2013년에 달러 기준 억만장자의 수는 140명에서 1400명으로 증가했으며, 그들의 총자산은 3000억 달러에서 5조4000억 달러로 증가했다.

출처 및 통계: piketty.pse.ens.fr/capital21c

미를 담고 있는지 이해하기는 어렵다. 세계 인구 및 총민간자산과 관련된 수치들을 살펴본다면, 다음과 같이 어느 정도 합리적인 결론을 얻을 수 있다. 전 세계적으로 1987년에 억만장자는 성인 1억 명당 겨우 5명이었는데, 2013년 현재는 30명이다. 그들은 1987년에 전 세계 민간자산의 0.4퍼센트를 소유했지만, 2013년 현재는 1.5퍼센트 이상을 소유한다. 이는 2008년에 달성한 기록보다도 높은데, 이때는 리먼브러더스가 파산해서 글로벌 금융위기가 닥치기 직전이었다(도표 12.2 참조).[1] 그러나 이는 자료를 모호한 방식으로 제시하는 것이다. 이들 억만장자 그룹의 숫자는 전체 인구 대비 비율로 따져 6배로 늘어났는데 그들의 부는 전 세계 부와 대비해 4배로 늘어났으므로 그리 놀라운 일은 아니다.

　이러한 부의 순위를 이해하기 위한 유일한 방법은 세계 인구에서 일정 비율에 해당되는 이들이 소유한 부의 양적 변화를 연구하는 것이다. 즉 전 세계 성인 인구 가운데 가장 부유한 2000만분위에 속하는 사람들을

1987~2013년 성인 1억 명당 억만장자 수는 5명에서 30명으로 증가했고, 총민간자산에서 그들의 자산이 차지하는 비율도 0.4퍼센트에서 1.5퍼센트로 증가했다.

출처 및 통계: piketty.pse.ens.fr/capital21c

생각해보자. 이 자산 분위에 속하는 이들은 1980년대 후반에는 성인 30억 명 가운데 대략 150명이었고, 2010년대에는 45억 명 가운데 225명이었다. 이 집단의 평균 자산은 1987년 15억 달러 정도에서 2013년에는 거의 150억 달러로 증가했는데, 이때 자산의 평균 증가율은 물가상승률보다 연 6.4퍼센트 더 높았다.[2] 세계 인구에서 가장 부유한 1억분위를 검토해보면, 1980년대 30억 명 가운데 30명, 2010년대 초 45억 명 가운데 45명인데, 이때 그들의 평균 자산은 30억 달러에서 거의 350억 달러로 증가했으며 자산의 증가율은 물가상승률보다 6.8퍼센트 더 높았다. 비교를 위해 살펴보면, 표 12.1에서 보여주듯이 전 세계의 1인당 평균 자산은 연 2.1퍼센트, 전 세계의 평균 소득은 연 1.4퍼센트 증가했다.[3]

요약하자면 1980년대부터 세계의 부는 평균적으로 소득보다 약간 빠르게 증가했고(제2부에서 검토한 대로 자본 / 소득 비율은 상승 추세에 있다), 거액의 자산들은 평균치 자산보다 훨씬 더 급속하게 증가했다. 이것

표 12.1. 세계 최상위 부의 증가율, 1987~2013

	연평균 실질증가율 (물가상승률을 뺀 후 %)
세계 최상위 1억분위 부자[a]	6.8
세계 최상위 2000만분위 부자[b]	6.4
세계 성인 1인당 평균 자산	2.1
세계 성인 1인당 평균 소득	1.4
세계 성인 인구	1.9
세계 GDP	3.3

1987~2013년 세계 최상위 부자들의 자산은 연평균 6~7퍼센트 성장했고, 그에 비해 전 세계 평균 자산은 2.1퍼센트, 전 세계 평균 소득은 1.4퍼센트 성장했다. 모든 성장률은 물가상승률(1987~2013년 연 2.3퍼센트)을 뺀 실질성장률이다.

a. 1980년대 성인 30억 명 중 약 30명, 2010년대 성인 45억 명 중 45명
b. 1980년대 성인 30억 명 중 약 150명, 2010년대 성인 45억 명 중 225명

출처: piketty.pse.ens.fr/capital21c

이 『포브스』가 발표한 순위에 조사의 신뢰성이 있다는 가정 아래 밝혀낼 수 있는 사실이다.

하지만 연구를 위해 선택한 기간에 따라 정확한 결론이 크게 달라질 수 있다는 것에 주의해야 한다. 예를 들어 1987~2013년 대신 1990~2010년 시기를 살펴보면, 거액 자산의 실질성장률은 6~7퍼센트가 아니라 연 4퍼센트로 하락한다.[4] 이는 1990년에 전 세계 주식, 부동산 가격이 최고점을 기록한 반면, 2010년에는 둘 다 꽤 낮게 떨어졌기 때문이다(도표 12.2 참조). 그럼에도 우리가 선택한 기간과 상관없이 거액 자산의 구조적 성장률은 항상 평균적인 자산의 성장률보다 높은 듯 보인다.(적어도 대략 2배 정도다.) 전체 인구의 몇백만분의 1에 속하는 사람들의 대규모 자산이 전 세계 부에서 차지하는 비율은 30년도 안 되는 기간에 3배 이상으로 증가했다(도표 12.3 참조). 물론 그 금액은 세계 전체의 부에서 차지하는 비율로 표현하면 상대적으로 적었지만, 격차가 벌어지는 속도는 극적이었다. 그런 변화가 무한정 계속된다면, 이들 극소수 집단의 몫은 21세기 말에는

도표 12.3. 전 세계 부에서 최상위 부자들이 차지하는 비율, 1987~2013

1987~2013년에 2000만분위의 몫은 세계 총자산의 0.3퍼센트에서 0.9퍼센트로 증가했고 1억분위의
몫은 0.1퍼센트에서 0.4퍼센트로 증가했다.

출처 및 통계: piketty.pse.ens.fr/capital21c

아주 상당한 수준에 이를 수 있다.[5]

　이런 결론을 전 세계 부의 분배에서 격차가 좀더 급속하게 벌어지는 약
간 더 넓은 영역으로 확장시켜 적용할 수 있을까? 『포브스』와 다른 매체가
발표한 순위의 첫 번째 문제는, 거론된 사람이 아주 적어서 거시경제적 측
면에서 사실상 의미가 없다는 것이다. 급속한 격차 확대의 속도나 특정 개
인들의 지나친 자산 규모와 관계없이 자료는 겨우 수백 명에서 많아야 수
천 명 정도만 다루고 있는데, 이들은 현재 전 세계 부의 겨우 1퍼센트를
약간 넘게 소유하고 있을 뿐이다.[6] 이것은 유감스럽게도 전 세계 자본의
거의 99퍼센트를 배제한 것이다.[7]

억만장자 순위부터 '글로벌 자산보고서'까지

전 세계 부의 계층 구조를 십분위, 백분위, 천분위 비율로 좀더 심도 있게 평가하려면, 제10장에서와 같은 유형의 세금 및 통계자료를 이용할 필요가 있다. 제10장에서 부의 불평등은 1980~1990년 이후 모든 부유한 국가에서 늘어나는 추세임을 보여주었는데, 따라서 세계적 수준에서도 마찬가지라는 점을 발견한다고 해서 놀랄 일은 아니다. 유감스럽게도 유용한 자료들은 수많은 근사치로 인해 유용성이 감소된다.(우리는 부유한 국가에서의 상향 추세를 과소평가할 수도 있으며 또한 대다수 신흥경제국의 통계는 매우 불충분하다. 이는 부분적으로는 누진세라고 부를 수 있는 어떠한 제도도 없기 때문이며, 그래서 이 자료들을 이용하기를 주저하게 된다.) 그런 이유로 지금으로서는 글로벌 부의 상위 십분위, 백분위, 천분위의 변화에 대한 정확한 추정치에 이르는 것이 아주 어렵다.

수년 동안 여러 국제 금융기관이 잡지의 자산 순위를 확장시켜 억만장자들뿐만 아니라 그 이상을 포함하는 '글로벌 자산보고서'를 발간함으로써 이런 문제에 관한, 점점 더 늘어나는 사회적 요구에 부응해왔다. 특히 선도적인 스위스 은행인 크레디 스위스는 2010년부터 전 세계의 인구를 포괄하는 글로벌 부의 분배에 대한 의욕적인 연례 보고서를 발행했다.[8] 또 다른 은행과 증권사, 보험사(메릴린치, 알리안츠) 등은 백만장자(그 유명한 초고액자산가HNWI: high net worth individuals)에 대한 연구를 전문적으로 해왔다. 모든 기관은 되도록이면 윤기 나는 종이 위에 쓰인 자체적인 보고서를 원한다. 물론 재산을 운용해주며 돈을 벌어들이는 기관들이 세계적인 부의 분배에 대한 객관적인 정보를 찾아냄으로써 정부 통계 기관의 역할을 대신한다는 사실은 역설적이다. 또한 이 보고서들이 '세계적' 관점 비슷한 것을 얻기 위해 흔히 대담한 가설과 근사치에 의존하고 있다는 점을 아는 것 또한 중요한데, 그것들이 모두 설득력을 지니지는 않는다. 어쨌든 이 보고서들은 과거 몇 년간, 기껏해야 10년간의 자료만 포함했으며, 사용된 자료가 아주 단편적이기 때문에 유감스럽게도 장기간의 변화를 연구하거나 글로벌 불평등의 추세를 확실히 감지하는 데에는 쓸모가 없다.[9]

그러나 『포브스』 등의 순위와 마찬가지로 이 보고서들은 다른 대안이 없는 만큼 존재 가치가 있으며, 더 나은 자료가 없다는 것은 국내외 관련 기관들—그리고 대부분의 경제학자—이 마땅히 해야 할 역할을 하지 못한다는 점을 말해준다. 따라서 민주주의적 투명성은 바로 그런 노력을 요구한다. 세계의 부의 분배에 대한 신뢰성 있는 정보가 없는 상황에서는 누구나 어떤 말이든 할 수 있고 온갖 종류의 환상을 심어줄 수 있다. 비록 불완전하지만 더 좋은 정보가 생길 때까지 이런 보고서들은 적어도 대중적인 토론에 어떤 기준을 제공할 수 있다.[10]

만약 우리가 세계적인 문제에 대해 이들 보고서와 같은 접근법을 택하고 이용 가능한 다양한 추정치를 비교해본다면 대략 다음과 같은 결론에 이르게 된다. 2010년대 초 부의 글로벌 불평등은 1900~1910년에 유럽에서 관찰된 수준에 필적한 것으로 보인다. 최상위 천분위에 속하는 사람들은 오늘날 세계 총자산의 거의 20퍼센트, 상위 백분위는 50퍼센트, 상위 십분위는 80~90퍼센트 정도를 소유하고 있는 것으로 보인다. 하위 50퍼센트가 소유하는 것은 의심할 여지 없이 세계 총자산의 5퍼센트에도 못 미친다.

구체적으로 지구상에서 가장 부유한 사람들에 속하는 0.1퍼센트는 45억 성인 인구 가운데 450만 명인데, 분명히 평균 1000만 유로 정도의 자산을 소유한다. 이는 1인당 6만 유로인 세계 평균 자산의 거의 200배이며, 모두 합쳐 전 세계 부의 거의 20퍼센트를 차지한다. 가장 부유한 1퍼센트인 4500만 명은 평균 1인당 약 300만 유로를 소유한다.(대체로 이 집단은 개인 재산이 100만 유로 이상인 사람들이다.) 이는 세계 평균 자산의 약 50배 규모이며 모두 합해 전 세계 부의 50퍼센트를 차지한다.

하지만 (세계 총자산과 평균 자산에서 얻어진 수치를 포함한) 이런 추정치들은 매우 불확실하다는 것을 유념해야 한다. 이 수치들은 이 책에 나오는 그 어떤 수치보다 더 불확실하므로, 생각을 집중하는 데만 유용한 대략적인 규모로 받아들여져야 할 것이다.[11]

또한 국가 내부에서 관찰할 수 있는 것보다 더 높은 이러한 부의 집중은 국가 간 불평등 때문에 아주 크게 발생한다는 것에 유의할 필요가 있다. 세계 평균 자산은 성인 1인당 겨우 6만 유로가 되기 힘들며, '세습중산층' 구성원을 포함해 선진국의 많은 사람이 글로벌 부의 계층 구조에서 아주 부유한 편에 속하는 것으로 보인다. 같은 이유로, 부의 불평등이 전 세계적인 수준에서 실제로 증가하고 있는지는 결코 확신할 수 없다. 가장 가난한 국가가 부유한 국가를 따라잡을 때는 추격효과가 격차를 확대하는 힘을 잠시 능가할 수도 있다. 이용 가능한 자료는 이런 점에서 분명한 답변을 주지 못한다.[12]

그러나 우리가 사용할 수 있는 정보는 글로벌 부의 상위계층에서 격차를 확대하는 힘이 이미 아주 강력함을 시사한다. 이것은 『포브스』 순위에서의 억만장자뿐만 아니라 그보다 작은 1000만~1억 유로의 재산에서도 그렇다. 이것은 구성원이 훨씬 더 다수인 큰 집단이다. 상위 천분위(평균 1000만 유로의 재산을 가진 450만 명의 집단)는 전 세계 부의 20퍼센트가량을 소유하는데, 이는 『포브스』에서 억만장자가 소유한다고 발표한 1.5퍼센트보다 훨씬 더 많은 양이다.[13] 그러므로 이 집단에 작용하는 격차 확대 메커니즘의 중요성을 이해하는 것이 필수적인데, 이러한 격차는 특히 이런 규모의 포트폴리오에서는 불평등한 자본수익률에 좌우된다. 이것이 상위층의 격차를 확대하는 힘이 국제적인 따라잡기의 힘을 능가할 만큼 충분히 강력한지를 결정할 것이다. 이 같은 격차 확대 과정은 억만장자 사이에서만 일어나는가, 아니면 바로 아래의 상위 집단에도 영향을 주는가?

예를 들어 지금 세계의 평균 부가 연 2퍼센트 성장할 때 최상위 천분위 부의 자산 수익률이 6퍼센트라면, 30년 뒤에는 최상위 천분위가 글로벌 자본에서 차지하는 몫은 3배 이상으로 늘어날 것이다. 그러면 최상위 천분위는 세계 부의 60퍼센트를 소유하게 된다. 만약 우리가 특별히 효과적인 억제 수단이나 이들을 설득할 수 있는 매우 강력한 장치(혹은 둘 모두)를 가지고 있지 못하다면 현존하는 정치 제도의 틀에서 이를 수용한다는 것은 상상하기 힘들다. 최상위 천분위의 자본이 1년에 단 4퍼센트의 수익을 낸다 해도 여전히 그들의 몫은 30년 동안 실제로 2배로 늘어나 거의 40퍼센트가 될 것이다. 또다시 부의 계층 구조에서 최상위층의 격차를 확대하는 힘이 따라잡기와 수렴의 세계적인 힘을 능가할 것이다. 따라서 최상위 십분위와 백분위가 차지하는 비율이 크게 늘어나고, 중산층 및 중상위층으로부터 부유층으로의 대규모 상향 재분배가 이뤄질 것이다. 이런 중산층의 빈곤화는 격렬한 정치적 반발을 촉발할 가능성이 매우 크다. 물론 이 단계에서 그런 시나리오가 펼쳐질지 확신할 수는 없다. 그러나 초기 포트폴리오 규모에 따른 자본수익률의 불평등에 의해 증폭된 부등식 $r>g$ 가 폭발적인 궤적과 통제 불가능한 불평등의 악순환으로 특징지어지는 글로벌 축적의 동학 및 부의 분배를 일으킬 수 있다는 점을 인식하는 것은 중요하다. 앞으로 논의하게 되겠지만, 누진적 자본세만이 그러한 동학을 효과적으로 저지할 수 있다.

부자 순위에 오른 상속자와 기업가

『포브스』 순위에서 가장 충격적인 교훈 가운데 하나는 특정한 한도를 넘으면, 거액의 재산은 그것이 상속된 것이든 기업가의 것이든 재산의 소유주가 일을 하든 하지 않든 상관없이 모두 극단적으로 높은 성장률을 보인다는 것이다. 물론 이런 자료에서 유추할 수 있는 결론의 정확성을 과대평가하지 않도록 주의해야 하는데, 이는 적은 표본의 관찰과 다소 부주의하고 단편적인 방식으로 수집된 자료에 근거한 것이기 때문이다. 그럼에도 불구하고 이런 사실은 흥미롭다.

전 세계 부의 계층 구조의 최상위층에서 특히 분명한 실례를 들어보자.

마이크로소프트 사의 설립자이자 컴퓨터 운영체제의 세계적 선두 주자이며 기업가의 부를 대표하는 진정한 화신인 동시에 『포브스』 순위에서 10년 이상 1위를 차지한 빌 게이츠의 재산은 1990년부터 2010년의 기간에 40억 달러에서 500억 달러로 증가했다.[14] 『포브스』에 따르면 동시에 릴리안 베탕쿠르의 재산도 20억 달러에서 250억 달러로 증가했다.[15] 그는 화장품 업계에서 세계 선두에 있는 로레알의 상속녀인데, 이 회사는 그녀의 아버지 외젠 슈엘레가 창립했다. 그는 1907년 모발염색 세트를 발명했는데, 100년 전 향수로 성공한 세자르 비로토를 연상시키는 방식으로 성공했다. 어쨌든 두 사람의 재산 모두 1990~2010년에 연간 성장률이 13퍼센트 이상이었는데, 이는 물가상승률을 감안하면 10~11퍼센트의 실질수익률에 해당된다.

달리 말하면, 살아오면서 하루도 일하지 않은 릴리안 베탕쿠르의 재산도 정확히 빌 게이츠의 재산만큼이나 빠르게 늘어난 것이다. 한편 첨단기술 개척자인 빌 게이츠의 재산은 그가 일을 그만둔 뒤에도 계속 늘어났다. 재산이 일단 형성되면 자본은 그 자체의 동학에 따라 자라나며, 단순히 그 규모 때문에 수십 년 동안 빠르게 성장을 계속할 수 있다. 일단 재산이 어느 정도 수준을 넘으면, 이 자본에서 나오는 거의 모든 소득이 재투자된다는 사실로 인해 포트폴리오 관리에서 나타나는 규모의 경제 효과와 위험을 감수하는 데 따른 기회로 인한 규모효과가 더욱 증폭된다는 점에 주목하라. 이런 수준의 부를 소유한 사람은 매년 자산의 10퍼센트 남짓을 가지고도 손쉽게 최고의 인생을 살 수 있으며, 따라서 자신의 소득 거의 전부를 재투자할 수 있다.[16] 이는 기본적이지만 중요한 경제적 메커니즘으로, 부의 축적 및 분배의 장기적인 동학에서 극적인 결과를 초래한다. 돈은 스스로 재생산하는 경향이 있다. 발자크는 이런 냉혹한 현실에 주목했는데, 그는 주인공의 파스타 제조회사가 압도적으로 성공한 것을 다음과 같은 말로 묘사했다. "시민 고리오는 나중에 자본을 축적해 엄청난 돈이 그것을 소유한 사람에게 부여하는 온갖 우월감을 가지고 사업을 하게 되었다."**[17]**

또한 눈길을 끄는 것이 있다. 스티브 잡스는 빌 게이츠보다 충분히 더 그 재산에 걸맞은 존경을 받고 재능도 있는 사업가의 전형이었는데, 최고 전성기이자 애플의 주가가 최고에 이른 2011년에 80억 달러 정도의 재산이 있었을 뿐이다. (많은 사람은 게이츠가 잡스보다 혁신적이지 못하다고 보지만) 잡스의 재산은 마이크로소프트 사 창립자가 가진 부의 6분의 1, 릴리안 베탕쿠르가 가진 부의 3분의 1이다. 『포브스』 순위 명단은 상속받은 재산이 잡스의 재산보다 더 많은 수십 명의 사람을 보여준다. 분명 재산은 능력만의 문제는 아닌 것이다. 그 이유는 간단한데, 오로지 애초에 물려받은 재산의 규모가 크기 때문에 상속재산의 수익이 아주 높아지는 경우가 흔하기 때문이다.

유감스럽게도 체계적이고 강건한 분석을 하기에는 『포브스』의 자료가 아주 제한적이어서, 이런 유형의 조사로는 깊이 있는 연구를 더 진척시킬 수 없다.(다음에 다룰 대학 기부금에 대한 자료와 대조된다.) 특히 『포브스』 등의 잡지들이 사용하는 방법은 상속받은 재산의 규모를 상당히 작게 평가한다. 기자들은 좀더 정확한 수치를 보도하기 위해 포괄적인 세금 납부 자료나 정부의 보고서를 이용하지 않는다. 그들은 광범위하고 다양한 출처에서 그들이 수집할 수 있는 정보만을 이용했다. 그들은 전화와 이메일로 다른 곳에서는 이용할 수 없는 자료를 모으지만 이들 자료가 항상 신뢰할 만한 것은 아니다. 또한 이런 실용적인 접근법이 본질적으로 잘못되었다고 할 수도 없는데, 정부가 이런 유의 정보를 적절히 수집하지 못할 때는 이런 접근이 불가피하기 때문이다. 예를 들어 정부는 매년 재산 신고를 의무화해 이런 정보를 수집할 수 있는데, 그것은 진정으로 유용한 공적인 목적으로 쓰일 것이며 현대적인 기술의 도움을 받아 대규모로 자동화될 수도 있다. 그러나 잡지사의 마구잡이식 조사 방법의 효과를 인식하는 것은 중요하다. 실제로 기자들은 주식이 공개적으로 거래되는 기업의 광범위한 자료에서 시작해 그 주주들의 명단을 작성한다. 그런 접근법은 본질적으로 기업가적이거나 새롭게 형성되려는 다른 재산(이는 보통 단일 회사에 집중되어 있다)에 비해 상속받은 재산의 규모(이는 종종 다각화된 포트폴리오에 투자된다)를 평가하기 더 어렵게 만든다.

대규모 상속재산은 수백억 달러 혹은 수백억 유로 정도로, 혹자는 아마 대부분의 돈이 가족 회사에 재투자된다고 생각할 것이다.(로레알의 베탕쿠르 가족이나 미국 월마트의 월턴 가족이 그런 경우다.) 그렇다면 이들 재산의 규모는 빌 게이츠나 스티브 잡스의 재산만큼 평가하기가 쉬워진다. 하지만 아마 모든 계층에서 그렇지는 않을 것이다. 부자 명단에서 10억~100억 달러 구간으로 내려가보면(『포브스』에 따르면, 수백 명의 새로운 자산가가 거의 매년 세계 어딘가에서 이 범주에 등장한다) 혹은 좀더 많은 100억~1000억 달러 구간을 보면 많은 상속재산이 다각화된 포트폴리오에 투자되고 있는 것 같은데, 이런 경우는 기자가 재산의 규모를 알아내기가 어렵다.(특히 이런 개인들은 보통 기업가들보다는 공개적으로 알려지는 것을 더 꺼리기 때문에 그렇다.) 이런 자명한 통계적 편의로 인해, 재산 순위에서는 상속재산의 중요성이 필연적으로 과소평가되는 경향이 있다.

프랑스의 『샬랑주Challenges』 같은 몇몇 잡지는 그들의 목적이 이른바 사업 관련 재산, 즉 주로 특정 회사의 주식으로 구성된 재산 목록을 작성하는 것이라고 공공연히 말한다. 다각화된 포트폴리오는 그들의 관심사가 아니다. 문제는 '사업 관련 재산'이라는 그들의 정의가 무엇을 의미하는지 알기 어렵다는 것이다. 지분 소유의 기준을 어떻게 정의할 것인가, 즉 지분을 어느 정도 소유하면 분산된 포트폴리오가 아니라 기업을 통제할 수 있는 지분으로 볼 수 있는가? 회사의 규모에 달려 있을까? 그렇다면 그것은 어떻게 결정될까? 사실 분류 기준은 완전히 실용적인 것 같다. 먼저 기자는 재산에 대해 알고 있어야 한다. 그다음은 그 재산이 특정한 기준을 충족시켜야 한다. 『포브스』에서는 기준을 재산이 10억 달러 이상일 때로 잡았다. 『샬랑주』와 다른 여러 나라의 잡지는 그 나라에서 가장 부유한 500명을 기준으로 삼았다. 그런 실용주의는 이해할 수 있지만 그렇듯

마구잡이식의 표본 추출 방식은 국가 간 혹은 시기별로 비교할 때 분명히 심각한 문제를 야기하게 된다. 게다가 잡지의 부자 순위는 관찰 단위가 그다지 분명하지 못하다. 원칙적으로는 개인이어야 하지만 때때로 전 가족이 단일한 재산 소유 주체로 인정되기도 하는데, 이는 다른 방향의 편의를 만들어낸다. 왜냐하면 그것이 큰 재산의 규모를 과장하는 경향이 있기 때문이다. 분명히 이는 자본 형성 시 상속의 역할이나 부의 불평등의 변화에 대한 민감한 문제를 연구하는 데 그리 확고한 기준이 될 수 없다.[18]

더군다나 잡지는 오히려 기업가들에게 우호적인 명백한 이데올로기적 편향을 흔히 보여주며, 심지어 그것이 기업가들의 중요성을 과장한다 해도 이를 치켜세우려는 의도를 숨기려 하지 않는다. 『포브스』가 종종 기업가, 그리고 능력에 기초한 부의 유용성에 대한 찬가처럼 읽히거나 스스로 그것을 주장하기까지 한다고 말하는 것은 이 잡지에 대한 모욕이 아니다. 잡지사 소유주인 스티브 포브스는 그 자신이 억만장자이고 공화당의 대통령 후보 지명선거에 두 번이나 낙선했지만, 그럼에도 불구하고 유산 상속인이다. 1917년에 잡지사를 설립해 포브스가의 재산을 일구고 나중에 더 늘린 이는 바로 그의 할아버지였다. 『포브스』의 순위는 때때로 억만장자를 순수 기업가, 순수 상속인, 여기에 더해 '자신의 부를 늘린' 상속인의 3개 집단으로 나눈다. 『포브스』의 자료에 따르면 이 세 집단은 각각 전체의 3분의 1 정도인데, 순수 상속인은 감소하고 있는 반면 부분적 상속인은 증가하고 있다고 말한다. 문제는 『포브스』가 이들 집단을 (특히 '순수'와 '부분'의 정확한 경계를) 명확히 정의하지 않았으며, 상속된 재산의 양은 결코 명시하지 않는다는 점이다.[19] 이런 조건에서는 나타날 수 있는 추세에 대한 어떤 명확한 결론도 내리기 힘들다.

이런 모든 어려움을 고려해볼 때, 최고의 부자들 사이에서 상속자와 기업가는 각각 어느 정도일까? 순수 상속인과 부분 상속인을 모두 『포브스』 순위에 포함시키고(부분 상속인의 부의 절반을 상속된 것으로 가정하면), 상속받은 재산을 과소평가하도록 하는 방법론적인 편의를 감안하면, 상

527

속받은 부가 전 세계 거액의 자산 가운데 절반 이상을 차지하는 것은 꽤 분명해 보인다. 60~70퍼센트의 추정치가 논리적으로 상당히 현실적인 것으로 보이는데, 이는 벨 에포크 시대 프랑스에서 관찰된 것(80~90퍼센트)보다 훨씬 더 낮은 수준이다. 이러한 상황은 현재의 높은 세계 성장률로 설명될 수도 있는데, 이는 신흥 국가의 새로운 부자들이 빠르게 순위 안에 진입하고 있음을 의미한다. 그러나 이것은 가설이며 확실치는 않다.

부의 **도덕적 위계**

/

어쨌든 능력과 부에 관한 쓸데없는 그리고 잘못된 논쟁에서 빨리 벗어나는 것이 좋다. 누구도 사회에서 기업가, 발명, 혁신이 중요하다는 것을 부인하지 않는다. 벨 에포크 시대에도 오늘날과 마찬가지로 자동차, 영화, 전기 같은 혁신이 많이 등장했다. 문제는 단순하다. 부의 불평등이 기업가적인 노력 때문이라는 주장은 부의 모든 불평등을, 그것이 얼마나 극단적인지와 상관없이 정당화할 수는 없다는 사실이다. 부등식 $r > g$는 초기의 부에 따라 달라지는 자본수익률의 불평등과 결합되어 과도하고 지속적인 자본의 집중을 낳을 수 있다. 처음에 부의 불평등이 어떻게 정당화되었건 재산은 모든 이성적인 한계를 넘어 그리고 사회적 유용성에 관한 모든 합리적 정당성을 넘어 스스로 성장하고 영속할 수 있다.

이렇게 기업가는 세대를 거치면서뿐만 아니라 자신의 일생 동안 자본소득자로 변모해가는 경향이 있다. 특히 인간의 기대수명이 늘어나면서 이런 현상은 더 심해지고 있다. 40세에 좋은 아이디어를 가졌던 사람이라도 90세까지 여전히 그럴 수는 없을 것이고, 그 자녀가 반드시 좋은 아이디어를 가질 수도 없다. 그러나 재산은 항상 그대로 남아 있으며, 빌 게이츠와 릴리안 베탕쿠르처럼 20년 만에 재산이 10배가 넘게 늘어나는 경우도 간혹 있다.

이것이 세계적으로 대규모 재산에 대해 매년 부과하는 누진세가 필요한 중요하고 타당한 이유다. 그런 세금은 이와 같이 자산이 잠재적으로 폭발적으로 성장하는 과정을 기업의 역동성과 국제적인 개방경제를 보호하면서 민주적으로 통제하는 유일한 방법이다. 제4부에서 이러한 방법과 그 한계에 대해 좀더 연구할 것이다.

조세적 접근은 또한 부의 도덕적 위계에 대한 헛된 논쟁에서 벗어나는 방법이다. 모든 재산은 부분적으로는 정당하지만 잠재적으로는 과도하다. 그 부가 완전히 도둑질의 결과인 경우는 드물며 절대적으로 능력에 의한 경우도 마찬가지로 드물다. 자본에 대한 누진세의 이점은 다양한 상황에 유연하고 일관되며 예측 가능한 방식으로 대처하는 방법인 동시에 대규모 재산을 민주적으로 규제할 수 있는 방법이라는 점이다. 이런 경우가 이미 꽤 많이 있다.

대규모 부에 대한 세계적인 논쟁은 너무나도 자주 이런저런 개인의 상대적인 능력에 대해 다소 독단적이고 상당히 자의적인 주장으로 빠지고 만다. 이를테면 서구 언론에서 흔히 보도하듯이 (드러나지 않게 부패한) 정부 지원으로 독점적인 지대를 얻어 세계 제1위 부자가 된 멕시코의 부동산 및 통신업계 거물인 레바논 출신의 카를로스 슬림과, 칭찬할 만한 기업가의 본보기로 생각되는 이전의 세계 제1위 부자인 빌 게이츠가 보통 비교된다. 때때로 우리는 빌 게이츠 자신이 컴퓨터 공학과 마이크로프로세서를 발명했으며, 그가 그의 한계생산성만큼 그리고 전 세계의 행복에 미친 그의 기여만큼 보상을 받는다면 10배는 더 부자가 될 것이라는 생각이 들기도 한다.(그가 은퇴하고 나서는 다행스럽게도 세계의 선량한 사람들이 그가 주는 '플러스의 외부효과'의 수혜자가 되었다.) 분명 빌 게이츠에 대한 진실한 예찬은 엄청난 불평등을 이해하고자 하는 현대 민주주의 사회의 명백하게 억누를 수 없는 요구의 부산물이다. 솔직히 카를로스 슬림이나 빌 게이츠가 어떻게 부자가 되었는지에 대해 정확하게 알려진 바는 거의 없을 뿐만 아니라 그들의 상대적 능력을 분석할 수도 없다. 그렇기는 하지만 빌 게이츠 또한 (독점 지대에 기초하여 부를 축적한, 통신에서 페이스북에 이르는 산업의 다른 많은 첨단기술 기업가처럼) 운영체제를 거의 독점하다시피 해 이익을 낸 것으로 보인다. 게다가 게이츠의 공헌은 전자공학과 컴퓨터 공학에서 기초연구를 한 수천 명의 기술자와 과학자의 작업에 의존한 것으로, 그들이 없었다면 게이츠의 성공은 가능하지 않았을 것이다. 이 사람들은 자신의 과학 논문에 대해 특허를 내지 않았다. 요컨대 사실을 보지도 않고 게이츠와 슬림을 극단적으로 비교하는 것은 불합리한 것으로 보인다.[20]

일본인 억만장자(쓰쓰미 요시아키堤義明와 모리 다이키치로森泰吉郎)에 대해 말하자면, 이들은 1987~1994년에 『포브스』가 발표한 순위에서 빌 게이츠보다 앞섰는데, 서구에서는 전혀 기억하지 못한다. 아마도 어떤 이들은 이 일본인 억만장자의 재산이 전적으로 해가 뜨는 나라(일본)에 당시 나타났던 부동산 시장과 주식시장의 거품이나 혹은 석연치 않은 아시아적인 권모술수로 얻어진 것이라 느낄 것이다. 하지만 1950~1990년에 일본은 역사상 가장 높은 성장률을 기록했다. 1990~2010년 미국의 성장률보다 훨씬 더 높았다. 이것이 바로 기업가가 여기에 어떤 역할을 했다고 믿게 되는 이유다.

현실에서 흔히 서구의 민족중심주의를 발휘하는 것으로 이어지는, 부의 도덕적 위계를 구성하는 데 관심을 쏟기보다는 부의 동학을 지배하는 일반적인 법칙을 이해하려는 것이 더 유용할 터이다. 즉 개인은 차치하고 대신 규제 방식, 특히 국적과 관계없이 모두에게 적용되는 세제에 관해 생각하는 것이다. 2006년, 철강왕 락슈미 미탈이 프랑스의 아르셀로(당시 세계에서 두 번째로 큰 철강 회사였다)를 매수했을 때 프랑스 언론들은 이 인도인 백만장자의 행동이 특히 가당찮다고 여겼다. 2012년 가을에 미탈이 플로랑주에 있는 회사 공장에 충분히 투자하지 않아 비난을 받게 되자 프랑스인들은 또다시 분노했다. 인도에서는 모든 사람이 미탈에 대한 적대감을 갖는 것이 어느 정도는 피부 색깔 때문이라고 생각했다. 누가 전혀 그렇지 않다고 확신할 수 있겠는가? 확실히 미탈의 방법은 야비했고 그의 호화로운 생활 방식도 꼴불견으로 보인다. 전 프랑스 언론은 "플로랑주에 투자한 금액보다 3배나 더 값이 나간다"고 보도하며 런던에 있는 그의 호화로운 저택에 불쾌감을 표시했다.[21] 그런데 프랑스인들은 파리 근교 상류층이 주로 사는 뇌이쉬르센의 저택에 대해서는 그렇게 분노하지 않는다. 또한 아르노 라가르데르와 같은 자국의 억만장자에게도 마찬가지다. 그는 능력이나 미덕 혹은 사회적 유용성이 특별히 잘 알려지지 않은 젊은 상속자인데, 프랑스 정부는 거의 같은 시기에 항공업계의 세계적 선두 주자인 유럽항공방위산업EADS에 대한 그의 지분을 받는 대가로 총 10억 유로를 주기로 결정했다.

마지막 사례는 좀더 극단적이다. 2012년 2월, 프랑스 법정은 적도 기니 공화국의 독재자의 아들인 테오도린 오비앙이 소유한 포슈 가의 집에서 발견한 자산(고급 차, 옛 거장의 그림 등)에 압류를 명령했는데, 한데 모아 놓으면 200세제곱미터 이상 되는 규모였다. 그는 기니의 산림개발권을 가진 회사의(그의 소득 대부분이 여기서 나온다) 지분을 의심스런 방식으로 획득했고, 이 산림자원이 대부분 적도기니 사람들에게서 약탈한 것이었음은 확실한 사실이다. 이 사례는 교훈적인데, 사적 재산은 때때로 사람들이 생각하는 만큼 그리 신성하지 않으며, 테오도린 오비앙이 자신의 자산을 관리한 것처럼 누군가가 정말로 원한다면 미로 같은 유령 회사를 통하는 방법을 찾을 수 있다는 것을 보여주기 때문이다. 그러나 천연자원을 개인적으로 전용해 재산을 축적한 개인들을 파리나 런던에서 쉽게 찾을 수 있다는 데에는 의심의 여지가 없을 것이다. 예를 들어 러시아의 올리가르치나 카타르의 억만장자들 말이다. 석유, 가스, 알루미늄에 대한 이런 전용은 오비앙이 산림자원을 약탈한 것처럼 명백한 도둑질은 아닐지도 모른다. 그리고 아마도 덜 가난한 나라의 경우에 비해, 이러한 도둑질이 아주 가난한 나라를 대상으로 행해졌다면 사법 처리가 더 정당화될 수도 있다.[22] 독자들은 적어도 이런 다양한 사례가 근본적으로 다르지 않고 연속

선상에 있으며, 흔히 재산 소유주가 흑인이라면 더 의심을 산다는 점을 인정할 것이다. 어쨌든 부정한 이득이나 부당한 재산에 대한 모든 경우를 법정에서 다 해결할 수는 없다. 자본세는 이런 문제를 다루는 데 예리하면서도 좀더 체계적인 수단이 될 것이다.

대체적으로 말해, 중요한 사실은 자본의 수익에는 흔히 진정한 기업가적 활동(경제발전에 절대적으로 필수적인 힘), 순수한 행운(유망한 자산을 좋은 가격으로 적기에 사는 순간 찾아오는), 노골적인 도둑질 등의 요소가 복잡하게 결합되어 있다는 것이다. 재산 축적에서의 임의성은 상속재산에서의 임의성보다 훨씬 더 광범위한 현상이다. 자본의 수익은 원래 변동성이 크고 예측 불가능하며, 수십 년간 벌어들인 소득에 달하는 자본이득(혹은 손실)을 쉽게 만들어낼 수 있다. 부의 최상위 계층에서 이런 현상은 더 극단적이다. 언제나 이런 식이었다. 소설 『이비커스Ibycus』(1925)에서, 알렉세이 톨스토이는 자본주의의 공포에 대해 묘사했다. 1917년, 상트페테르부르크에서 회계사인 시몬 노브조로프는 자신에게 일자리를 제의했던 골동품상의 머리를 후려치고 약간의 재물을 훔쳤다. 그 골동품상은 혁명을 피해 도망 나온 귀족의 재산들을 최저가로 사들여서 부자가 된 사람이었다. 노브조로프는 모스크바에서 새로운 친구인 리테체프와 함께 시작한 도박장 덕분에 초기 자본을 6개월 만에 10배로 늘렸다. 노브조로프는 능력과는 전혀 관계가 없는 부의 욕심만을 좇는 비열한 작은 기생충 같은 인간이다. 때때로 재산의 축적은 도둑질에서 시작되고, 자본의 임의적 수익은 최초의 범죄를 영속화할 수 있다.

대학 기금의 **순수한 수익률**

개개인의 특성과 관련된 문제에 주의를 빼앗기지 않고 불평등한 자본수익률에 대해 좀더 잘 이해하기 위해서는, 과거 수십 년 동안 미국 대학의 대학 기금에 벌어진 일들을 살펴보는 것이 유용하다. 사실 이는 비교적 오랜 기간에 걸쳐 이루어진 투자와, 초기 자본에 따라 달라지는 수익률에 관한 완벽한 자료가 존재하는 몇 안 되는 사례 가운데 하나다.

현재 미국에는 800개 이상의 공립 및 사립대학이 있으며, 이들은 자체적으로 기금을 관리한다. 이들 대학 기금은 수천만 달러에서(예를 들어 노스아이오와 칼리지는 1150만 달러의 기금으로 2012년 785위를 차지했다) 수백억 달러에 걸쳐 있다. 최상위에 오른 대학은 언제나 하버드대(2010년대 초에 약 300억 달러), 예일대(200억 달러), 프린스턴대와 스탠퍼드대(150억 달러 이상)다. 그다음으로 MIT와 컬럼비아대가 100억 달러에 조금 못미치고, 시카고대와 펜실베이니아대는 약 70억 달러다. 2010년 이 800개 미국 대학은 모두 합해서 거의 4000억 달러의 가치를 지닌 자산을 보유했다.(혹은 대학당 평균 5억 달러에 약간 못 미치는데, 중간값은 1억 달러보다 조금 적다.) 확실히 이 액수는 전체 미국 가구의 사적 자산의 1퍼센트보다 적지만 여전히 큰 액수인데, 해마다 미국 대학들에 상당한 수익을, 적어도 약간의 수익이라도 낳아주고 있다.[23] 여기서 무엇보다도 흥미로운 점은 미국 대학이 기부금에 대한 신뢰할 만한 상세한 보고서를 정기적으로 발행하며, 이는 각 기관이 얻는 연간 수익을 조사하는 데 이용될 수 있다는 것이다. 이러한 일은 대부분의 사적인 재산에 대해서는 가능하지 않은 것이다. 특히 이들 자료는 미국대학교육사업자연합회가 1970년대 후반부터 수집한 것으로, 이 기관은 1979년을 시작으로 해마다 방대한 양의 통계 조사를 발표해왔다.

이들 자료에서 도출할 수 있는 주요 결과가 표 12.2에 나와 있다.[24] 첫번째 결론은 미국 대학 기금의 수익률이 최근 수십 년 동안 상당히 높아졌다는 것인데, 1980~2010년의 연평균 수익률이 8.2퍼센트였다.(1990~2010년에는 7.2퍼센트다.)[25] 2008~2009년처럼 수익률이 낮거나 심지어 마이너스였던 해와 평균적으로 10퍼센트 이상 증가했던 연도들로 인해 매 10년마다 등락이 나타났다. 그러나 중요한 점은 10년, 20년 혹은 30년에 걸

표 12.2. 미국 대학 기금의 자본수익률, 1980~2010

	연간 평균 실질수익률(인플레이션과 전체 관리 비용 및 금융수수료 차감 후) (%)
전체 대학(850)	8.2
하버드대, 예일대, 프린스턴대	10.2
10억 달러 이상 기금(60)	8.8
5~10억 달러 기금(66)	7.8
1~5억 달러 기금(226)	7.1
1억 달러 이하 기금(498)	6.2

1980년과 2010년 사이 미국 대학은 기금 자본으로 연평균 8.2퍼센트의 실질수익률을 올렸고 규모가 더 큰 기금에서는 수익률이 더욱 높았다. 여기서 보고된 모든 수익률은 물가상승률(1980~2010년 연 2.4퍼센트) 및 관리 비용과 금융 수수료를 차감한 것이다.

출처: piketty.pse.ens.fr/capital21c

쳐 평균을 내보면 그 수익률이 매우 높다는 것인데, 이는『포브스』가 억만 장자의 자산을 검토한 경우와 비슷하다.

분명히 표 12.2에 예시된 수익률은 자본이득과 물가상승률 그리고 전반적인 세금(비영리 기관에게는 거의 존재하지 않는), 운용 수수료(이는 기관의 투자 전략을 기획하고 운용하는 데 관련된 대학 내부나 외부의 인원에게 지급된 급료도 포함한다)를 뺀 순실질수익률이다. 따라서 이 수치들은 이 책에서 규정한 자본에 대한 순수한 수익을 반영하는 것이다. 다시 말하면 이는 단순히 자본을 소유하는 데서 나오는 수익이며, 그것을 관리하는 데 필요한 노동에 대한 보수는 제외된다.

두 번째 결론은 표 12.2에 명확히 드러나는 바와 같이 대학 기금의 규모가 클수록 기금 수익률이 급속히 높아진다는 사실이다. 850개 대학 중 기금이 1억 달러 이하인 500개 대학의 평균 수익률은 1980~2010년에 6.2 퍼센트(1990~2010년은 5.1퍼센트)였다. 이는 그 자체로도 상당히 높은 수익률일 뿐만 아니라 민간자산의 같은 기간 평균 수익률보다도 현저히 높다.[26] 기금 총액이 큰 학교일수록 기금의 수익률도 높게 나타난다. 기금 총액이 10억 달러 이상인 60개 대학의 경우, 1980~2010년에 평균 수익률이 8.8퍼센트(1990~2010년은 7.8퍼센트)였다. 상위 3개 대학(하버드, 예일, 프린스턴)의 경우 1980년부터 수익률의 변화가 없었는데, 1980~2010년 평균 수익률이 10.2퍼센트(1990~2010년은 10.0퍼센트)였다. 이는 기금이 적은 대학들의 평균 수익률의 2배에 달한다.[27]

서로 다른 대학들의 투자 전략을 살펴보면, 전반적으로는 미국 주식, 해외 주식 및 민간부문 채권에 대한 확실한 선호가 나타나며 모든 대학에서 고도로 다각화된 포트폴리오를 구성하고 있음을 알 수 있다.(국채, 특히 미국 재무부 채권은 수익률이 낮아 모든 대학에서 포트폴리오의 10퍼센트 이하를 차지하며 기금 총액이 큰 대학의 포트폴리오에는 거의 포함되어 있지 않다.) 기금 총액 순위가 높은 대학일수록 '대체투자 전략'을 더 많이 구사한다. 이는 고수익을 낼 수 있는 사모펀드private equity fund와 (투자에 고도의 전문성을 필요로 하는) 비상장 해외주식의 지분, 헤지펀드 파생상품, 부동산, 에너지, 천연자원 및 관련 상품(이들 역시 전문 지식을 요구하며 아주 높은 수익을 낸다)을 포함한 원자재 등에 대한 투자다.[28] 이런 대체투자들의 유일한 공통점은 모든 사람이 접근 가능한 일반적인 주식이나 채권에 투자하지 않는다는 것이다. 각 대학의 포트폴리오를 구성하고 있는 다양한 '대체투자'의 중요성을 살펴보면, 5000만 유로 이하의 대학 기금의 포트폴리오에서는 대체투자가 차지하는 비율이 겨우 10퍼센트, 5000만~1억 유로의 기금을 운용하는 경우에는 25퍼센트, 1~5억 유로의 기금을 운용하는 경우에는 35퍼센트, 5~10억 유로의 기금을 운용하는 경우에는 45퍼센트, 10억 유로 이상의 기금을 운용하는 경우에는 60퍼센트 이상이었다. 상세하게 작성되어 공개된 이용 가능한 자료를 살펴보면, 기금 총액 규모가 매우 큰 대학들이 거둔 연간 10퍼센트에 육박하는 실질수익률을 가능케 한 것이 바로 이런 대체투자임이 분명하게 드러난다. 반면에 기금 총액이 비교적 적은 대학들의 실질수익률은 5퍼센트 정도다.

흥미로운 것은 기금 규모가 가장 큰 대학들이 규모가 작은 대학들보다 연간 수익률의 변동성이 더 높지는 않아 보인다는 사실이다. 즉, 하버드대나 예일대의 수익률은 평균치를 중심으로 분명히 변동을 보이기는 하지만 규모가 작은 대학의 수익률보다 변동성이 더 큰 것은 아니다. 그리고 몇 년 동안 평균을 내보면, 하버드나 예일같이 기금 규모가 최대인 대학의 평균 수익률은 규모가 작은 대학의 평균 수익률보다 체계적으로 더 높고 그 둘 사이의 차이는 장기간에 걸쳐 상당히 일정하다. 즉 최대 규모 기금이 높은 수익률을 올리는 것은 기본적으로 위험을 감수하기 때문이라기보다 일관되게 더 높은 수익률을 올리는 정교한 투자 전략을 취하기 때문에 가능한 것이다.[29]

자본과 **규모의 경제**

/

이런 사실을 어떻게 설명할 수 있을까? 이는 포트폴리오 운용에 있어서 규모의 경제가 작동하기 때문이다. 구체적으로 말하자면, 하버드대는 현재 자신의 기금을 운용하는 데 매년 거의 1억 달러를 사용한다. 이런 많은 금액이 전 세계에서 최상의 투자 기회를 찾아내는 능력을 갖춘 일류 자산운용자들에게 지불된다. 그러나 하버드대의 기금(약 300억 달러) 수준에서 보면 1억 달러의 관리 비용은 연 0.3퍼센트 정도에 불과하다. 이만큼의 비용을 지불해서 5퍼센트가 아닌 10퍼센트의 연 수익을 낼 수 있다면, 분명 매우 바람직한 거래다. 한편 기금이 10억 달러(이 역시 상당한 금액이지만)에 그치는 대학이 관리 비용으로 전체 자산의 10퍼센트에 달하는 연간 1억 달러를 지불할 수는 없다. 실제로 자산 운용에 1퍼센트 이상을 지불하는 대학은 없으며, 대부분 0.5퍼센트 이하를 지불한다. 따라서 예컨대 10억 달러의 자산을 운용하기 위해서는 500만 달러를 지불해야 할 텐데, 이는 1억 달러는 줘야 고용할 수 있는 대체투자 전문가들에게는 충분치 못한 금액이다. 기금이 1150만 달러인 노스아이오와 칼리지의 경우, 1퍼센트라 해도 11만5000달러인데 이는 현재 시장가격으로 보면 하프타임이나 쿼터타임으로 일하는 금융자문에게나 지불할 수 있을 정도의 금액이다. 물론 부의 분배에서 중간층에 속하는 미국인은 투자할 수 있는 금액이 고작 10만 달러 정도이므로, 스스로 돈을 관리하거나 기껏해야 매형의 충고에나 의지해야 한다. 물론 금융자문이나 자산운용자가 항상 (최소한으로 말해) 틀리지 않는 것은 아니지만, 수익성이 좀더 좋은 투자 기회를 볼 줄 아는 그들의 능력은 최대 규모 기금이 최고의 수익률을 내는 주된 이유다.

이런 결과가 인상적인 것은 특히 초기의 대규모 기금이 어떻게 더 나은 수익률을 올리고 결국 자본수익률의 상당한 불평등으로 이어지게 되는지를 분명하고 구체적인 방식으로 설명해주기 때문이다. 이렇게 높은 수익률은 미국 최고 일류 대학의 번영을 잘 설명해준다. 그들의 부흥은 졸업생들이 대학에 준 기부금 때문이 아니다. 졸업생의 연간 기부금은 기금 수익의 10분의 1에서 5분의 1 정도로, 기금 수익에 비해 훨씬 더 적다.[30]

그러나 이런 결론은 조심스럽게 해석되어야 한다. 특히 세계 부의 불평등이 향후 수십 년에 걸쳐 어떻게 변화할지를 예측하는 데 이 자료들을 사용하는 것은 지나칠 터이다. 우선 지난 1980~2010년에 볼 수 있었던 매우 높은 수익률은 부분적으로 세계의 자산(부동산자산과 금융자산) 가격의 장기적 상승(이에 대해서는 이미 제2부에서 살펴보았다)을 반영하는 것으로, 이런 현상이 앞으로도 지속될 것 같지는 않다. 그리고 그럴 경우 앞서 이야기한 모든 장기 수익률은 향후 다소 감소할 것이다.[31] 또한 규모의 경제는 가장 큰 규모의 포트폴리오에만 효과를 미치며 1000만~5000만 유로 정도의 좀더 '소박한' 수준의 재산에는 별 효력을 발휘하지 못할 가능성이 있다. 세계의 총자산에서 『포브스』가 선정한 억만장자들보다 훨씬 더 많은 비중을 차지하는 것은 이러한 수준의 재산이다. 마지막으로 관리 비용은 제쳐두더라도 이런 수익률은 여전히 훌륭한 자산운용자를 선택할 수 있는 대학의 능력에 달려 있다. 그러나 가족은 기관이 아니다. 예를 들어 방탕한 자녀가 가족의 재산을 낭비할 때가 늘 있는데, 이 같은 일이 하버드대 이사회에서 발생하기는 어렵다. 몇 사람이든지 이러한 사태가 일어나는 것을 막으려 나설 것이기 때문이다. 가족의 재산은 이런 유의 무작위적 '충격'에 직면하기 때문에, 개인적인 수준에서는 부의 불평등이 무한히 증가하기 어려우며 부의 분배는 어떤 균형 수준으로 수렴될 것이다. 그러나 이러한 주장으로 완전히 마음을 놓을 수는 없다. 어떤 경우든, 미래의 억만장자의 증가를 제한하는 일에 이런 끝없고 불확실한 가족의 타락이라는 힘에만 의존하는 것은 경솔한 일일 터이다. 이미 지적했듯이 아주 작은 r과 g의 차이($r - g$)만으로도 부의 극심한 불평등이 나타난다. 막대한 재산을 얻기 위해 꼭 자본수익률이 10퍼센트까지 올라갈 필요는 없다. 더 적은 차이라도 커다란 불평등의 충격을 일으키기에 충분하기 때문이다.

또 다른 중요한 점은 부유한 사람들이 자신들의 부를 유지하기 위해 새롭고 더 정교한 법적 장치를 계속해서 만들어낸다는 것이다. 신탁기금, 재단 등은 흔히 세금을 회피하는 역할을 하지만, 한편으로는 미래 세대가 관련 자산을 마음대로 사용하지 못하게 하는 역할을 하기도 한다. 다시 말해 잘못을 저지르기 쉬운 개인과 영속적인 재단 간의 경계는 때때로 생각처럼 뚜렷하지 않다. 미래 세대의 권리에 대한 제한은 이론적으로는 2세기도 훨씬 더 전에 상속권자 지정상속제가 폐지되면서 급속히 감소했다(제10장 참조). 그러나 실제로는 이러한 규정은 이권이 개입되면 종종 왜곡될 수도 있다. 특히 순전히 사적인 가족 재단과 진정한 자선 재단을 구별하기란 어렵다. 사실 여기에 관련된 가족들은 재단을 사적인 이익과 자선적인 목적 양쪽 모두에 이용하며, 자선 재단인 경우에도 그들의 자산에 대한 통제권은 주로 유지하고자 한다.[32] 종종 자녀와 친척들이 이런 복잡한 구조에서 정확히 어떤 권리를 가졌는지를 알기가 쉽지 않은데, 흔히 이런 내용은 중요한 세부 사항들이 공개되지 않는 법적 문서에 숨겨져 있기 때문이다. 경우에 따라서는 상속 수단으로서의 역할이 주된 목적인 가족신탁이 좀더 자선적인 목적의 재단과 함께 존재하기도 한다.[33] 또한 흥미로운 점은 재단의 감독이 엄격할 때, 예를 들어 그들의 공식적인 목적이 실제로 존경받을 만한 것이며 사적으로 사용되는 기금 액수가 일정한 선을 넘지 않는다는 것을 증명하기 위해 기부자에게 정확한 영수증 제출을 요청하거나 재단 측에서 좀더 상세한 재무제표를 제출해야 할 때 조세당국에 신고된 기부금 액수는 항상 급속히 떨어진다는 사실이다. 이는 이런 유의 법인과 관련하여 공적인 사용과 사적인 사용 간의 경계에 어느 정도 허점이 존재한다는 것이 사실임을 확인해준다.[34] 결국 원래 진정으로 공공의 이익을 위해 존재한다고 규정된 재단들이 그 목적을 얼마만큼의 비중으로 실행하고 있는지를 정확히 말하기란 매우 어렵다.[35]

인플레이션이 자본수익률의 불평등에 미치는 영향은 무엇인가?

대학 기금의 수익에서 나타난 결과를 살펴보건대 순수한 자본수익률의 개념과 인플레이션이 불평등에 미치는 영향에 관해 간략히 논의하는 것 또한 유용할 듯하다. 제1장에서 제시한 바와 같이, 1980년대 이래 부유한 국가들의 물가상승률은 대략 2퍼센트 정도로 안정되었다. 이러한 인플레이션의 새로운 표준은 20세기에 나타난 최고의 인플레이션에 비하면 훨씬 더 낮고, 19세기부터 제1차 세계대전까지 계속된 제로이거나 사실상 제로에 가까운 인플레이션에 비하면 훨씬 더 높은 수준이다. 현재 신흥국의 인플레이션(종종 5퍼센트 이상)은 선진국에 비해 훨씬 더 높은 수준이다. 그렇다면 다음과 같은 질문을 제기할 수 있다. 0퍼센트가 아닌 2퍼센트 혹은 심지어 5퍼센트에 이르는 인플레이션이 자본수익률에 미치는 영향은 무엇인가?

일부 사람들은 인플레이션이 평균 자본수익률을 감소시켰다는 그릇된 생각을 가지고 있다. 하지만 평균 자산 가격(부동산과 금융자산의 평균 가격)은 소비자물가와 동일한 속도로 상승하는 경향이 있기 때문에 이 생각은 옳지 않다. 국민소득 6년 치에 해당되는 총자본($\beta = 6$)을 보유하고 국민소득에서 자본소득이 차지하는 몫은 30퍼센트($\alpha = 30$퍼센트), 즉 평균 자본수익률이 5퍼센트($r = 5$퍼센트)인 나라를 예로 들어보자. 이 나라의 인플레이션이 연간 0퍼센트에서 2퍼센트로 상승했다고 가정하자. 이때 평균 자본수익률은 5퍼센트에서 3퍼센트로 하락할 것이라는 예측이 정말로 맞을까? 당연히 그렇지 않다. 대략적으로 볼 때 만약 소비자물가가 연 2퍼센트 상승한다면, 평균적으로 자산 가격 역시 연 2퍼센트 상승할 것이다. 따라서 어떤 자본이득이나 자본손실도 발생하지 않을 것이며, 자본수익률은 여전히 5퍼센트일 것이다. 반면에 인플레이션은 개별 시민 간 자본수익률의 분포를 변화시킬 가능성이 있다. 문제는 현실에서 인플레이션이 초래한 재분배의 양상은 언제나 복잡하고 다차원적이며 또한 대체로 예측할 수도 통제할 수도 없다는 것이다.

사람들은 때때로 인플레이션이 자본소득자의 적이며 이는 현대사회가 왜 인플레이션을 좋아하는지를 부분적으로 설명해준다고 믿는다. 인플레이션이 일어나면 자본을 가진 사람들이 자신의 자본에 대해 어느 정도 주의를 기울여야 한다는 측면에서 이는 부분적으로 사실이다. 인플레이션이 계속되는 상황에서 은행에 돈을 맡겨놓고 마냥 앉아 있기만 한다면, 부에 대해 세금을 물지 않더라도 눈앞에서 그 돈의 가치가 조금씩 줄어들어, 마침내 아무것도 남아 있지 않게 될 것이다. 이렇게 보면 인플레이션은 실제로 게으른 부자에 대한 세금, 혹은 더 정확하게 말해 투자되지 않은 재산에 부과되는 세금이다. 하지만 이미 여러 번 언급했듯이, 부동산이나 주식 같은 실질자산에 투자하는 것만으로도 인플레이션이라는 세금은 충분히, 완전하게 회피할 수 있다.[36] 대학 기금과 관련하여 살펴본 결과는 이 점을 매우 명료하게 확인시켜준다. 인플레이션이 0퍼센트에서 2퍼센트가 된다 해도 대규모 자산이 매우 높은 수익률을 올리는 것을 막을 수 없다는 것은 의심의 여지가 없는 사실이다.

물론 인플레이션이 금융 전문가 및 중개인의 중요성을 강화시킨다는 점에서, 간신히 부자라고 불릴 만한 사람들에 비해 매우 부자인 사람들의 지위를 상대적으로 향상시키는 경향이 있다고도 볼 수 있다. 예컨대 1000만 유로나 5000만 유로를 가진 사람은 하버드대를 위해 일하는 전문 투자가와 같은 사람을 고용할 능력이 없지만, 그럼에도 금융 전문가 및 증권업자들에게 수수료를 주고 인플레이션의 영향을 완화시킬 수는 있다. 이와는 대조적으로, 투자할 돈이 단지 1만 유로나 5만 유로인 사람에게는 중개인(혹시라도 자문할 중개인이 있다면)이 앞의 경우와 동일한 투자 전략들을 제시하지는 않을 것이다. 즉 이들과 금융자문 간의 계약은 더 짧을 것이다. 이 범주에 속하는 대부분의 사람은 이자가 거의 없거나 전혀 붙지 않는 당좌예금 또는 물가상승률에 불과한 이자율을 지급하는 저축예금에 돈을 넣어둔다. 더욱이 일부 자산은 그 자체로 규모의 효과를 보이지만, 일반적으로 소액 투자자들은 이런 상품을 이용할 수 없다. 최고의 수익을 안겨줄 투자 방법에 접근할 기회 자체의 불평등이 모두에게 주어진 현실이라는 것을 인식하는 게 중요하다.('대체투자'라는 극단적인 투자 방법보다 훨씬 더 광범위한 여러 투자 방법은 아주 부유한 개인들과 거대 규모의 기금만이 이용할 수 있다.) 예를 들어 일부 금융상품은 최소 투자액이 매우 큰 금액(수십만 유로)으로 제한되어 있기 때문에 결과적으로 소액 투자자들은 수익률이 낮은 투자 방법을 이용할 수밖에 없으며 이런 상황은 중개인들이 대형 투자자들에게 더 많은 서비스를 제공할 수 있도록 해준다.

이와 같은 규모의 효과는 부동산 투자에서 특히 중요하다. 실제로 부동산은 대다수 사람에게 가장 중요한 형태의 자산이다. 대부분의 사람에게 가장 단순한 투자 방법은 집을 사는 것이다. 이로 인해 사람들은 인플레이션으로부터 자산을 보호할 수 있으며(주택 가격은 대체로 최소한 소비자물가 상승률만큼 오르므로), 주택소유자는 사실상 연 3~4퍼센트의 실질투자수익률과 맞먹는 주택 임대료를 지불하지 않아도 된다. 그러나 1~5만 유로는 주택을 구입하기에 충분한 금액이 아니다. 이것으로는 주택을 구입할 가능성조차 없을지도 모른다. 또한 심지어 10~20만 유로를 가지고 있다 해도 대도시에 위치한 직장에 근무하며 급여가 임금계층 구조상 상위 2~3퍼센트 안에 들지 못하는 경우라면, 설사 기꺼이 장기간 부채를 안고 고율의 이자를 지불할 의향이 있다 하더라도 주택이나 아파트를 구입하기는 어려울 것이다. 결과적으로, 초기에 적은 재산을 가지고 시작하는 사람들은 흔히 세입자 상태로 지내게 되며 따라서 이들은 오랜 기간—어쩌면 평생—상당한 금액의 임대료를(집주인에게 높은 자본수익을 가져다주면서) 지불해야 한다. 그동안 이들의 은행 저축은 간신히 인플레이션으로부터 보호를 받을 뿐이다.

반대로, 상속이나 증여 덕분에 좀더 많은 재산을 기반으로 출발한 사람이나 상당한 연봉을 받는 직장인 혹은 이 둘 모두에 해당되는 사람의 경우 더 빨리 주택과 아파트를 구입할 수 있는 위치에 이른다. 그러면 주택 투자에 대한 3~4퍼센트의 실질투자수익을 얻고, 임대료를 지불하지 않기 때문에 저축을 더 많이 할 수 있을 것이다. 물론 이런 규모의 효과로 인해 생기는 부동산 소유의 불평등은 언제나 존재했다.[37] 누군가는 자신이 필요로 하는 것보다 더 작은 아파트를 임대 목적으로 구입함으로써 혹은 다른 유형의 자산에 투자함으로써 이런 장벽을 피하는 게 가능하다고 생각할 수도 있다. 하지만 현대에는 인플레이션 때문에 상황이 다소 악화되어 이런 방법도 여의치 않다. 인플레이션이 제로였던 19세기에는 소규모 저축인들이 이를테면 국채를 매수함으로써 3~4퍼센트의 실질수익률을 올리기란 상대적으로 쉬운 일이었다. 하지만 오늘날, 대다수의 소규모 저축인들은 그런 수익을 누릴 수 없다.

요약하자면 인플레이션의 주요한 영향은 평균 자본수익률을 감소시키는 것이 아니라 자본수익을 재분배하는 것이다. 또한 인플레이션의 효과가 복잡하고 다차원적이기는 해도 수많은 증거를 보건대 인플레이션이 유발하는 재분배 효과는 주로 가난한 사람들에게는 손해가, 부유한 사람들에게는 이익이 되며 따라서 일반적으로 바람직한 방향과 반대되는 결과를 가져온다. 물론 인플레이션 때문에 사람들이 자산 관리에 더 많은 시간을 들인다는 점에서 보면 인플레이션이 결과적으로 평균 자본수익률을 약간 감소시킨다고 생각할 수도 있다. 이런 역사적 변화를 장기간에 걸친 자본의 감가상각률 증가와 비교해볼 수 있다. 감가상각률이 증가하면 투자에 관한 의사결정과 낡은 자산에서 새로운 자산으로의 교체가 더욱 빈번해진다.[38] 두 경우 모두에서 오늘날에는 일정한 자본수익률을 얻기 위해 더 열심히 노력해야 한다. 자본이 더 '역동적'으로 된 것이다. 그러나 이는 지대에 대항하여 싸우는 데 있어 비교적 간접적이고 덜 효과적인 길이다. 즉 이런 원인들로 인해 순자본수익률이 약간 감소한 것은 자본수익률의 불평등이 증가한 것에 비하면 훨씬 더 작은 규모이며, 특히 대규모 자산에는 거의 아무런 위협도 되지 않는다는 증거가 여럿 있다.

인플레이션은 지대를 없애지 못한다. 아마도 그와 반대로 자본 분배의 불평등을 더 심화시킬 뿐이다.

만약의 오해를 피하기 위해, 내가 금본위제도 혹은 인플레이션이 제로인 상태로 돌아가자고 제안하는 것은 아니라는 점을 우선 분명히 밝히고 싶다. 기대에는 미치지 못하겠지만 어떤 조건에서는 인플레이션도 장점이 있을 수 있다. 이에 관해서는 통화의 증발과 관련한 중앙은행의 역할—특히 금융위기 및 대규모 정부 부채가 상존하는 시기의 역할—을 논할 때 다시 이야기할 것이다. 19세기와 같은 제로 인플레이션과 국채 외에도, 별로 재산이 많지 않은 사람들이 수지맞는 저축을 할 수 있는 또 다른 방법이 있다. 그러나 자본소득자 시대로의 회귀를 막음과 동시에 전반적인 부의 불평등을 축소시키는 것을 목표로 한다면, 오늘날 인플레이션은 극도로 날이 무딘 도구이며 종종 역효과를 낳기도 한다는 사실을 인식할 필요가 있다. 민주적 투명성과 현실적인 효과 모두에서 훨씬 더 적절한 정책은 바로 누진적 자본세다.

국부펀드의 수익: **자본과 정치**

/

이제 최근 들어, 특히 석유수출국들에서 확대되고 있는 국부펀드에 관해 검토해보자. 유감스럽게도 대학 기금 관련 자료에 비해 국부펀드의 투자 전략 및 수익에 관해서는 공개적으로 이용 가능한 자료가 아주 적다. 이는 국부펀드의 투자 자금이 훨씬 더 크다는 점에서 보면 더욱더 안타까운 일이다. 2013년을 기준으로 7000억 유로 이상의 가치를 지닌 노르웨이 국부펀드(미국 대학의 기부금 전부를 합한 것의 2배)는 국부펀드 가운데 가장 상세한 금융 보고서를 발간하고 있다. 적어도 설립 초기에는 노르웨이 국부펀드의 투자 전략이 미국의 대학 기금보다 더 표준적이었던 것으로 보인다. 이는 분명히 부분적으로 국부펀드는 대중의 감시 대상이었기 때문이며(그리고 노르웨이 국민은 하버드대 이사회만큼 헤지펀드 및 비상장 주식에 대한 대규모 투자를 수용할 의향이 없었을 것이다), 따라서 투자 수익은 크지 않았던 것으로 보인다.[39] 하지만 최근 이 펀드의 관리자들이 대체투자(특히 해외부동산)에 더 많은 금액을 투자하기 위한 승인을 받았으므로 어쩌면 앞으로 수익률이 더 높아질 수도 있다. 또한 펀드 운용 비용은 자산의 0.1퍼센트보다 적지만(하버드대의 0.3퍼센트와 비교하면), 노르웨이 국부펀드 규모는 하버드대 기부금보다 20배나 더 크기 때문에, 철저한 투자 자문에 대한 비용을 지불하기에는 충분하다는 것에 유의해야 한다. 1970~2010년에 노르웨이가 석유로 벌어들인 돈의 60퍼센트가 이 국부펀드에 투자되었으며, 40퍼센트는 정부에 의해 지출되었다. 노르웨이 당국자들은 이 펀드의 장기적인 목표가 무엇인지 혹은 언제 노르웨이가 펀드 투자수익의 전부 또는 일부를 사용하기 시작할지를 밝히지 않는다. 아마 그들 자신도 모를 수 있다. 모든 것은 향후 수십 년 동안의 배럴당 석유 가격, 펀드 수익률, 노르웨이 석유 매장량의 변화에 따라 달라질 것이다.

다른 국부펀드, 특히 중동 지역을 살펴보면 안타깝게도 그들의 국부펀드는 노르웨이의 국부펀드보다 훨씬 더 불투명하다는 것을 알 수 있다. 이들 국부펀드의 금융 보고서는 흔히 내용이 불충분하다. 따라서 대체로 투자 전략이 무엇인지를 상세히 알기 어렵고, 수익률이 논의된다고는 하나 기껏해야 모호하게 이루어질 뿐이며, 매년 일관성이 거의 없다. 세계에서 가장 큰 규모의(노르웨이와 거의 같은 규모) 국부펀드를 운용하는 아부다비 투자청이 발표한 가장 최근의 보고서에 따르면, 1990~2010년 실질수익률이 연 7퍼센트 이상이었고 1980~2010년에는 연 8퍼센트 이상이었다고 한다. 미국 대학 기금 수익률의 관점에서는 이 수치가 전적으로 그럴듯해 보이지만, 상세한 연간 정보가 없는 상황에서 이에 관해 더 이상 언급하기는 어렵다.

흥미롭게도 서로 다른 펀드들은 분명 서로 다른 투자 전략을 따르며, 게다가 이러한 전략은 대중과의 소통 방식 그리고 국제정치에 대한 서로 다른 접근 방식과 연관되어 있다. 아부다비는 자신의 높은 펀드 수익률에 대해 거침없이 말하는 반면, 석유펀드 순위에서 쿠웨이트, 카타르, 러시아를 앞서 아부다비와 노르웨이에 이어 3위를 기록하고 있는 사우디아라비아는 신중한 태도를 유지하고 있다. 인구가 걱정스러울 정도로 적은 페르시아 만 연안의 작은 산유국들은 확실히 그들의 보고서를 주로 국제 금융계에 보내고 있다. 이와는 달리, 사우디아라비아의 보고서는 더 진지하며 석유 매장량뿐만 아니라 국민계정 및 정부 예산에 대한 정보도 제공한다. 이런 보고서들은 우선 사우디아라비아의 국민에게 분명하게 전달된다. 2010년 사우디아라비아의 인구는 2000만 정도로 그 지역의 인구가 많은 나라(이란 8000만, 이집트 8500만, 이라크 3500만)에 비하면 여전히 적지만, 걸프 지역의 소국들보다는 훨씬 더 많은 인구였다.[40] 그리고 이것만이 유일한 차이는 아니다. 사우디아라비아의 펀드는 훨씬 덜 공격적으로 투자되는 것으로 보인다. 공식 문서에 따르면 사우디아라비아 국부펀드의 수익률은 2~3퍼센트에 지나지 않았는데, 이는 대부분의 돈이 주로 미국 재무부 채권에 투자되었기 때문이다. 사우디아라비아의 금융 보고서는 어떻게 포트폴리오가 구성되고 변화하는지를 알 수 있을 만큼 충분한 정보를 거의 제공하지 않는다. 하지만 그들이 제공하는 정보는 여타 아랍 에미리트 국가들이 제공하는 것에 비해 훨씬 더 상세하며, 이런 점에서 사우디아라비아의 보고서가 좀더 정확해 보인다.

다른 곳에서 훨씬 더 나은 수익을 얻을 수도 있을 텐데 사우디아라비아는 왜 미국 재무부 채권에 투자하려고 할까? 특히 미국의 대학 기금이 수십 년 전 자국 정부 채권에 투자하기를 그만두고 최고의 수익을 찾아 세계를 돌아다니면서 헤지펀드와 비상장 주식 및 원자재 관련 파생상품에 투자하고 있다는 점에서, 이 문제는 논해볼 만한 가치가 있다. 물론 미국 재무부는 불안한 세계정세 속에서도 부러울 정도의 안정세를 유지하고 있고, 사우디아라비아가 대체투자에 별로 관심이 없을 수도 있다. 그러나 이 선택의 정치적 및 군사적 측면 또한 고려해야 한다. 비록 명시적으로 언급되지는 않는다 해도, 사우디아라비아가 자국을 군사적으로 방어해주는 국가에 저금리로 돈을 빌려주는 것이 불합리한 일은 아니기 때문이다. 지금까지 아무도 정확하게 계산하려고 시도하지 않았지만, 이러한 투자로 인한 수익률이 상당히 높은 것만은 분명한 듯하다. 미국이 다른 서방 열강의 지지를 받으며 1991년 쿠웨이트에서 이라크군을 몰아내지 않았더라면 아마도 그다음에 이라크는 사우디아라비아의 유전을 위협했을 것이며, 이란과 같은 해당 지역의 다른 나라들도 그 지역의 석유 수익을 재분배하기 위해 싸움에 합류했을 가능성이 있다. 전 세계적 자본 분배의 동학은 경제적, 정치적, 군사적 측면을 동시에 갖고 있다. 식민지 시대에도 이미 상황은 마찬가지였는데, 영국과 프랑스를 필두로 한 당시의 열강들은 자국의 투자를 보호하기 위해 재빠르게 무력을 사용했다. 그 형세를 예측하기 어려운 긴박한 전 세계적 지정학의 새로운 구도 속에서, 21세기에도 사정은 마찬가지일 것이다.

국부펀드는 세계를 소유할 것인가?

앞으로 수십 년 동안 국부펀드는 얼마나 더 재산을 늘릴 수 있을까? 이용 가능한(그리고 불완전하기로 악명이 높은) 추정치에 따르면, 2013년에 국부펀드의 총투자가치는 5조3000억 달러를 조금 넘었으며, 이 가운데 약 3조2000억 달러는 석유수출국(앞서 언급한 국가들 외에도 두바이, 리비아, 카자흐스탄, 알제리, 이란, 아제르바이잔, 브루나이, 오만을 비롯한 많은 국가를 포함한) 펀드에 속하고, 약 2조1000억 달러가 비산유국 펀드(주로 중국, 홍콩, 싱가포르 그리고 다른 작은 펀드들)에 속한다.[41] 참고로 이것은 『포브스』에서 억만장자로 지목한 부자들의 재산 총계와 거의 정확히 동일한 금액이라는 사실에 주목할 필요가 있다(2013년에 약 5조4000억 달러). 달리 말하면, 오늘날 억만장자는 세계의 총민간자산 가운데 대략 1.5퍼센트를 소유하며 국부펀드가 또 다른 1.5퍼센트를 소유한다. 이는 어쩌면 세계 자본의 97퍼센트가 그 밖의 사람들에게 남아 있다는 안도할 만한 사실일 수도 있다.[42] 앞서 억만장자에 대해 예측한 것과 같이 국부펀드를 예측해본다면, 21세기 후반 이전에 국부펀드가 결정적으로 중요한 지위—세계 자본의 10~20퍼센트 이상을 소유하는—를 점하지는 못할 것이며, 우리는 카타르 국왕(혹은 노르웨이 납세자들)에게 매달 임대료를 내지 않아도 된다는 결론을 내릴 수 있다. 그럼에도 불구하고 이 문제를 무시해서는 안 된다. 우선 우리 아이와 손자들이 지불해야 할지도 모를 그 임대료를 우리가 염려하지 않을 이유는 전혀 없으며, 무엇을 해야 할지에 대한 생각이 머리에 떠오를 때까지 기다릴 필요도 없다. 다음으로, 전 세계 자본의 상당 부분이 비교적 비유동적인 형태(특히 금융시장에서 교환될 수 없는 부동산자본과 사업자본)를 취하고 있어서, 진정으로 유동적인 자본—예를 들어 파산한 기업을 인수하고, 축구팀을 사들이고, 혹은 재정 압박에 처한 정부가 자금이 부족할 때 쇠퇴한 지역에 투자할 수 있는 자본—중에서는 국부펀드의 몫(그리고 이보다는 적지만 억만장자들이 차지하는 몫)이 실제로 훨씬 더 높다.[43] 사실 석유수출국에서 발생하는 투자의 문제는 부유한 국가들, 특히 프랑스에서 점점 더 중요해졌다. 앞서 살펴보았듯이 프랑스는 아마 자본의 귀환을 맞이할 심리적 준비가 가장 안 되어 있는 국가들 중 하나일 것이다.

마지막으로, 그러나 역시 중요한 것은 국부펀드와 억만장자 간의 핵심적인 차이는 펀드이며, 혹은 석유수출국의 펀드 역시 그들 수익의 재투자뿐만 아니라 석유 판매 수익금의 일부를 투자함으로써 성장한다는 것이다. 석유 매장량과 석유 수요 및 배럴당 가격이 불확실하기 때문에 미래의 석유 판매 수익금에 대해 확실히 알 길은 없지만, 석유 판매에서 얻는 소득이 기존 투자에서 나오는 소득을 크게 초과하리라는 생각은 꽤 그럴듯하다. 천연자원의 개발에서 나오는 연간 지대는 천연자원의 판매 수익금과 생산비용의 차이로 정의되는데, 2000년대 중반 이후 전 세계 GDP의 약 5퍼센트였다.(이것의 절반은 석유로 인한 지대이고 그 나머지는 다른 천연자원, 즉 주로 가스, 석탄, 광물, 목재에서 나오는 지대다.) 이것은 1990년대에는 약 2퍼센트, 1970년대 초에는 1퍼센트 미만이었던 것과 비교된다.[44] 일부 예측 모형에 따르면, 현재 배럴당 약 100달러(2000년대 초 25달러와 비교)인 석유 가격은 2020~2030년에는 배럴당 200달러까지 상승할 수 있다. 만약 이렇게 얻은 지대 가운데 충분히 큰(오늘날보다는 상당히 더 커질) 비율이 매년 국부펀드에 투자된다면, 2030~2040년에는 국부펀드가 세계 자본의 10~20퍼센트 혹은 그 이상을 소유하게 되는 시나리오를 예상할 수 있다. 경제학의 어떤 법칙도 이 시나리오를 배제하지 않는다. 모든 것은 수요와 공급, 새로운 석유 매장지 혹은 에너지 자원의 발견, 그리고 인류가 얼마나 빨리 석유 없이 사는 법을 알게 되느냐에 달려 있다. 어쨌든 석유수출국의 국부펀드가 지속적으로 성장해 2030~2040년에 전 세계 자산에서 차지하는 몫이 현재보다 최소 2~3배 커지리라는 것—이는 상당한 증가다—은 거의 필연적이다.

만약 이런 일이 일어난다면, 서방 국가는 산유국의 국부펀드가 자신들의 자산을 상당량 소유하고 있다는 생각을 점점 더 받아들이기 어렵게 될 것이다. 따라서 머지않아 국부펀드가 부동산과 산업 및 금융자산을 구입하는 것에 제한을 가하거나, 심지어 부분적 혹은 전체적인 몰수와 같은 정치적 반응이 나타날 수 있다. 이러한 반응은 정치적으로 매우 현명하거나 경제적으로 크게 효과적인 것은 아니지만, 각국 정부의 능력 범위에 속하는 일이다. 작은 국가들의 경우도 마찬가지다. 한 가지 더 주목할 점은 석유수출국 스스로도 이미 해외투자를 제한하기 시작했으며, 가끔 경제적 합리성과 금융 측면의 합리성이 결여된 듯 보일 정도의 규모로 자국에 박물관, 호텔, 대학, 심지어 스키 활주로를 건설하는 등, 집중적으로 대규모 투자를 하기 시작했다. 이런 행위는, 자국에 투자된 것은 해외에 투자된 것에 비하면 몰수가 어려울 것이라는 인식의 반영일 수 있다. 그러나 이 과정이 항상 평화로우리라는 보장은 없다. 한 나라에 대한 다른 나라의 소유권에 관해서는, 넘지 말아야 할 심리적, 정치적 경계선이 정확히 어디인지 아무도 모른다.

중국은 세계를 소유할 것인가?

비석유수출국의 국부펀드는 다른 종류의 문제를 제기한다. 어째서 이렇다 할 특정한 천연자원이 없는 나라가 다른 나라를 소유하려 할까? 한 가지 가능성은 물론 유럽 식민주의 시대와 같은 신식민주의적 야심 및 권력에 대한 순수 의지다. 그러나 차이점은 그 당시 유럽 국가들은 그들의 지배를 확실하게 해주는 기술적 우위를 향유하고 있었다는 사실이다. 중국과 다른 신흥 비산유국들은 분명 매우 빠르게 성장하고 있지만, 일단 그들이 생산성 및 생활수준 면에서 선두 주자를 따라잡는다면 이런 급속한 성장은 끝난다는 것을 시사하는 증거가 많다. 지식과 생산 기술의 확산은 근본적으로 균등화 과정이다. 다시 말해 일단 덜 발전된 국가가 더 발전된 국가를 따라잡게 되면, 그들은 선진국보다 더 급속한 성장을 멈추게 된다.

제5장에서 전 세계의 자본/소득 비율 변화에 대한 중심 시나리오를 검토하면서 나는 이런 국제적인 수렴과정이 끝에 다다르면 저축률이 대략 국민소득의 10퍼센트 선에서 안정될 것이라고 가정했다. 그렇게 되면 어디에서나 비슷한 규모의 자본축적을 달성할 것이다. 물론 전 세계의 생산에서 미래의 아시아가 차지할 몫에 걸맞게 전 세계 자본총량의 매우 많은 부분이 아시아, 특히 중국에서 축적될 것이다. 하지만 중심 시나리오에 따르면 자본/소득 비율은 모든 대륙에서 같으며, 따라서 어떤 지역에서도 저축과 투자 사이에 불균형이 심각하지는 않을 것이다. 여기서 아프리카는 유일한 예외가 된다. 즉 도표 12.4와 12.5에 묘사된 중심 시나리오에 따르면 아프리카에서 자본/소득 비율은 21세기 내내 다른 대륙보다 더 낮을 것으로 예상된다. 기본적으로 아프리카는 경제적으로 훨씬 더 느리게 발전하고 있으며 인구 변천 또한 지연되고 있기 때문이다.[45] 만약 자본이 국경을 넘어 자유롭게 이동할 수 있다면 다른 나라, 특히 중국과 아시아 국가들이 아프리카에 투자할 거라고 기대할 수 있다. 하지만 앞서 설명한 이유로 이것은 심각한 긴장을 야기할 수 있으며, 이런 징후가 이미 나타나고 있다.

물론 중심 시나리오보다 훨씬 더 불균형한 시나리오도 쉽게 상상할 수 있다. 그럼에도 불구하고 격차를 확대하는 힘은 산유국 국부펀드의 경우보다 훨씬 덜 노골적이다. 산유국 국부펀드의 성장은 이로부터 이익을 얻는 국민의 필요와는 어울리지 않게 전적으로 과도한 횡재에 기대고 있다.(특히 인구가 아주 적은 국가들이 그렇다.) 이것은 끝없는 축적이라는 결과를 낳게 되며, 이는 부등식 $r>g$에 따라 전 세계 자본의 분배에서 영구적인 격차의 확대로 이어진다. 요약하면 석유 지대는 산유국들이 지구의 나머지 부분(혹은 대부분)을 사들이고 그들의 자본으로부터 나오는 지대로 삶을 영위하는 것을 가능케 할지도 모른다.[46]

도표 12.4. 세계의 자본 / 소득 비율, 1870〜2100

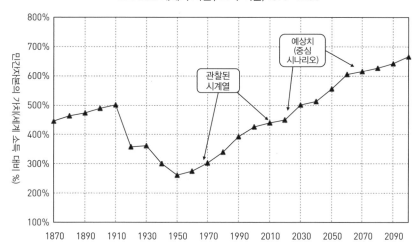

시뮬레이션(중심 시나리오)에 따르면, 전 세계의 자본 / 소득 비율은 21세기 말까지 700퍼센트 가까이까지 높아질 것이다.

출처 및 통계: piketty.pse.ens.fr/capital21c

도표 12.5. 세계 자본의 분포, 1870〜2100

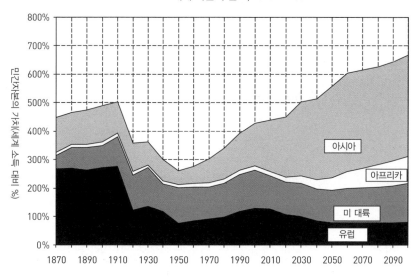

중심 시나리오에 따르면, 아시아 국가들이 21세기 말까지 세계 자본의 약 절반을 소유하게 된다.

출처 및 통계: piketty.pse.ens.fr/capital21c

12장
21세기 글로벌
부의 불평등

하지만 중국, 인도, 그 외 신흥국들은 상황이 다르다. 이들 국가는 인구가 많고 국민의 필요(소비 및 투자 둘 다에 대한)는 여전히 전혀 충족되지 못하는 상황에 놓여 있다. 물론 중국의 저축률이 지속적으로 유럽 또는 북미의 저축률 이상으로 유지되는 시나리오를 상상할 수도 있긴 하다. 즉 예를 들어 중국이 부과 방식이 아니라 투자로 기금이 적립되는 퇴직연금제도를 선택할 수도 있다. 이것은 저성장 환경에서 솔깃한 선택이다.(인구증가율이 마이너스인 경우에는 더 그렇다.)[47] 예를 들어 만약 2100년까지 유럽과 미국이 국민소득에서 단 10퍼센트를 저축하는 동안 중국이 국민소득의 20퍼센트를 저축한다면, 2100년경에는 구대륙과 신대륙의 상당 부분이 중국의 거대 연금기금의 소유가 될 것이다.[48] 하지만 이것이 논리적으로는 가능하다 할지라도 그다지 실현성이 있어 보이지는 않는다. 그 이유는 한편으로는 중국의 노동자들과 중국 사회가 전체적으로 그들이 은퇴했을 때에 틀림없이 유럽이나 미국처럼 공적연금제도에 주로 의존하기를 원할 것(그럴 만한 이유가 있다)이기 때문이며, 또 한편으로는 석유수출국과 이들의 국부펀드의 예에서 언급한 것과 같은 정치적인 고려 사항들이 중국 연금기금에도 똑같이 적용될 것이기 때문이다.

국제적 격차 확대와 **과두적 격차 확대**

어쨌든 중국(또는 석유수출국들의 국부펀드)이 부유한 국가들을 점진적으로 사들임으로써 발생하는 이 국제적 격차 확대의 위협은 한 국가 내의 과두적 형태의 격차 확대oligarchic divergence보다는 발생 가능성이나 위험성이 적어 보인다. 과두적 형태의 격차 확대는 부유한 국가들이 자국의 억만장자에 의해 소유되는 과정, 혹은 더 일반적으로 말하면 중국과 석유수출국을 포함한 모든 국가가 점점 더 지구촌 부호들의 소유가 되는 과정을 의미한다. 앞에서도 언급했듯이, 이러한 과정은 이미 상당히 진행되고 있다. 세계 경제의 성장이 둔화되고 자본 유치를 위한 국제적 경쟁이 격화됨에 따라 향후 수십 년 동안 r이 g보다 훨씬 더 클 가능성이 매우 높다. 여기에 세계 금융시장이 점점 더 복잡해지면서, 초기 자산의 규모에 따라 자본수익률이 증가하는 현상은 더욱 뚜렷해진다는 사실을 보태면 분명히 전 세계 자산 분배에서 상위 1퍼센트 또는 0.1퍼센트의 사람들이 나머지 사람들보다 앞서는 모든 중요한 요소가 갖춰진다. 물론 이런 과두적인 격차 확대가 얼마나 빨리 진행될지를 예견하는 것은 매우 어렵지만, 이러한 위험이 국제적 격차 확대의 위험보다 훨씬 더 커 보인다.[49]

특히 전 세계에서 중국의 소유가 확대되는 현상과 관련하여 현재 확산되고 있는 두려움은 순전히 환상이라는 점을 강조하는 것이 중요하다. 부유한 국가들은 그들이 때때로 생각하는 것보다 사실 훨씬 더 부유하다. 오늘날 유럽의 가계가 소유한 부동산과 금융자산의 총가치는 부채를 빼고 대략 70조 유로에 달한다. 이에 비해 중국의 다양한 국부펀드에 중국런민은행의 외환보유액을 더한 총자산은 약 3조 유로, 또는 유럽 가계 자산의 20분의 1 미만이다.[50] 부유한 국가들은 가난한 국가들에게 넘어갈 위험에 처해 있지 않다. 그와 같은 일이 있기 위해서는 가난한 국가들이 한참 더 부유해져야 할 텐데, 그러려면 수십 년 이상이 걸릴 것이다.

그렇다면 이런 두려움, 뭔가를 빼앗기는 것 같은 다소 비이성적이기도 한, 이런 느낌의 원인은 무엇인가? 자국 내 문제의 원인을 외부에서 찾는 보편적인 경향도 분명 그 원인의 하나일 것이다. 예를 들어 프랑스의 많은 사람은 해외의 부유한 매수자들이 파리의 부동산 가격 폭등에 책임이 있다고 믿는다. 그러나 누가 어떤 유형의 아파트를 구입하는지를 유심히 살펴본다면 외국인 또는 외국에 거주하는 매수자의 수적 증가로는 겨우 3퍼센트 정도의 가격 상승을 설명할 수 있을 뿐이라는 것을 알 수 있다. 달리 말하면, 오늘날 프랑스의 부동산이 매우 비싼 원인 가운데 97퍼센트는 부동산을 구입하는 데 그런 큰 금액을 지불할 여력이 있을 정도로 부유한, 프랑스에 살고 있는 프랑스인 매수자가 충분히 많다는 사실 때문

이다.[51]

생각건대, 이러한 박탈감은 무엇보다 자산이 부유한 국가에 지나치게 집중된 현실(너무 집중된 나머지 대부분의 사람에게 자본은 하나의 추상적인 개념에 불과하다) 때문이며 또한 대규모의 자산이 각국의 정치적 통제로부터 독립하는 과정이 이미 상당히 진행되고 있기 때문이다. 부유한 국가에 사는 대부분의 사람, 특히 유럽인들로서는, 유럽의 가계가 중국의 20배나 되는 자본을 소유하고 있다는 사실을 실감하기 어려울 것이다. 그 주요한 이유는 이런 자산이 민간의 소유이며, 따라서 중국이 얼마 전에 도움을 제안했던 것과 같이 그리스를 원조한다거나 하는 등의 공적인 목적을 위해 동원될 수 없기 때문이다. 하지만 이런 유럽의 민간자산은 분명히 존재하며, 만약 유럽연합의 정부들이 그것을 활용하기로 결정한다면 그렇게 할 수 있다. 그러나 단일 정부가 이를 규제하거나, 자본 및 자본에서 창출되는 소득에 세금을 부과하기는 매우 어렵다는 것 또한 사실이다. 오늘날 부유한 국가들이 사로잡혀 있는 박탈감의 주요 원인은 사실 이러한 민주적 주권의 상실에서 찾을 수 있다. 특히 유럽의 경우가 그러한데, 유럽 지역은 작은 나라들로 분할된 채 자본을 둘러싸고 서로 경쟁하고 있어서 이것이 전반적인 과정을 한층 더 악화시킨다. 제5장에서 살펴본 바와 같이 각각의 나라가 이웃 나라의 자산을 점점 더 많이 소유하며 해외 총자산 포지션이 크게 증가하고 있는 것 또한 이런 변화과정의 일부이며, 이런 상황들 때문에 결국 할 수 있는 일이 없다는 생각이 들게 되는 것이다.

제4부에서는 글로벌 자본세(혹시 필요하다면 유럽 자본세)가 이런 모순을 극복하는 데 얼마나 유용한 수단인지를 제시하고 또한 정부가 취할 수 있는 다른 조치에는 어떤 것들이 있는지에 관해서도 고찰할 것이다. 분명 과두적 격차 확대가 국제적 격차 확대보다 가능성이 더 높을 뿐만 아니라 대처하기도 훨씬 더 어려운 문제다. 왜냐하면 평소 서로 경쟁하기 바쁜 국가들이 고도의 협력을 해야 하기 때문이다. 게다가 부의 탈정치화는 국적이라는 개념 자체를 불분명하게 하는 경향이 있다. 왜냐하면 가장 부유한

사람들은 몇몇 경우 본래 소속된 공동체와의 관계를 끊고 그들의 돈을 들고 국적을 바꿔버릴 수 있기 때문이다. 이런 난제를 극복하는 방법은 비교적 광범위한 지역 수준의 협력적 대응뿐이다.

부유한 국가들은 정말로 가난한가?

강조해두고 싶은 또 다른 논점은 전 세계 금융자산의 상당 부분이 이미 여러 곳의 조세피난처에 은닉되어 있으며, 이런 사실이 전 세계 자산의 지리적 분포를 분석하는 우리의 능력을 제한한다는 점이다. 오직 공식적인 통계자료(국제통화기금과 같은 국제기구가 수집한 각국의 자료를 바탕으로 한 자료)만을 근거로 판단하건대, 부유한 국가들의 순자산 포지션 수준은 세계의 나머지 나라들과 비교해 마이너스인 것으로 보인다. 제2부에서 언급했듯이 일본과 독일은 세계의 다른 나라들에 비해 상당한 플러스를 기록하고 있는데(이는 이들 국가의 가계, 기업 및 정부가 소유한 해외 자산이 세계의 나머지 국가가 소유한 이들 국가의 자산보다 훨씬 더 많다는 의미다), 이것은 이들이 최근 수십 년간 대규모의 무역흑자를 내고 있는 사실을 반영한다. 그러나 미국의 순자산 포지션은 마이너스 수준이며, 독일을 제외한 대부분 유럽 국가의 순자산 포지션은 마이너스가 아니면 제로에 가까운 수준이다.[52] 종합해보면, 모든 부유한 국가의 순자산 포지션을 합산하면 도표 12.6에 제시된 바와 같이 약간 마이너스 값을 기록한다. 그것은 2010년에는 글로벌 GDP의 약 −4퍼센트에 해당되는 수준이었는데, 1980년대 중반에 제로에 근접했던 것과 비교된다.[53] 그렇지만 이것이 전 세계 부의 단 1퍼센트에 달하는 아주 근소한 마이너스 값이라는 사실에 주의해야 한다. 어쨌든 이미 충분히 검토한 바와 같이, 우리는 지금 적어도 부유한 국가들이 세계의 나머지 국가들에 비해 훨씬 더 큰 플러스의 순자산 포지션을 향유하던 식민지 시대에 비하면 국제적 포지션이 비

교적 균형을 이룬 시대에 살고 있다.[54]

물론 이런 공식적인 자료에서 약간의 마이너스 값을 기록한 순자산 포지션은 원칙적으로 세계 나머지 국가들에 상응하는 플러스 값으로 균형이 맞춰져야 한다. 바꿔 말하면, 가난한 국가들이 부유한 국가들에 비해 전 세계 GDP의 약 4퍼센트(또는 전 세계 자산의 1퍼센트)만큼 더 많은 자산을 소유하고 있어야 한다는 것이다. 그러나 실제로는 그렇지 않다. 즉 세계 여러 국가의 금융 통계자료를 종합하면 가난한 나라들 역시 순자산 포지션이 마이너스 수준이고, 따라서 세계 전체의 순자산 포지션이 상당한 마이너스 상태다. 다시 말해 지구는 화성이 소유한 것이 틀림없는 것 같다. 이것은 상당히 오래된 '통계적 모순'이지만, 다양한 국제기구에 따르면 이런 상황은 최근에 더 악화되었다.(전 세계 국제수지의 총합은 보통 마이너스로, 국가들에 유입되는 돈보다 유출되는 돈이 더 많다. 이는 이론적으로는 불가능한 일이다.) 하지만 이런 현상에 대해 어떤 설명도 제시

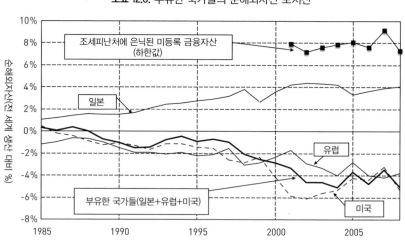

도표 12.6. 부유한 국가들의 순해외자산 포지션

조세피난처에 은닉된 미등록 금융자산은 부유한 국가들의 공식적인 순외채보다 더 많은 수준이다.

출처 및 통계: piketty.pse.ens.fr/capital21c

되지 않고 있다. 이론적으로는 이와 같은 금융 통계자료 및 국제수지 데이터가 전 세계를 대상으로 하고 있다는 사실에 주목해야 한다. 특히 조세피난처에 있는 은행들은 이론상으로는 그들의 계좌를 국제기구에 보고하도록 되어 있다. 그렇다면 이 '모순'은 다양한 통계상의 편의 및 측정 오류에 의해 설명될 수 있으리라고 추측할 수 있다.

하지만 가브리엘 쥐크망은 이용 가능한 모든 자료를 비교하고 이전까지 이용된 적이 없던 스위스 은행의 데이터를 활용해, 보고되지 않은 금융자산은 조세피난처에 은닉되어 있다는 사실이 이러한 불일치의 가장 설득력 있는 이유임을 보여줬다. 그가 신중하게 계산한 추정치에 따르면, 이 은닉 자산의 총액은 전 세계 GDP의 약 10퍼센트에 달한다.[55] 어떤 비정부 기구는 심지어 이보다 더 큰 (2배나 3배 더 큰) 추정치를 제시했다. 현재 상태에서 이용 가능한 자료를 감안하면 쥐크망의 추정치가 좀더 현실적이지만 이와 같은 수치들은 속성상 불확실할 수밖에 없으며 그가 제시한 것이 하한값일 가능성이 있다.[56] 어쨌든 중요한 사실은 이런 하한값조차도 이미 극히 높은 수치라는 점이다. 실제로 이는 부유한 국가들의 공식적인 마이너스의 순자산 포지션을 합한 수준보다 2배 이상 더 큰 것이다(도표 12.6 참조).[57] 현재의 모든 증거 자료에 따르면 조세피난처에 은닉된 대부분의 금융자산(최소한 4분의 3)은 부유한 국가에 거주하는 사람들의 것이다. 결론은 분명하다. 즉 세계의 나머지 국가들과 비교하면 부유한 국가들이 보유한 순자산은 사실상 플러스 값이라는 것이다.(부유한 국가들이 가난한 국가들보다 평균적으로 더 많이 소유하며 그 반대가 아니라는 것은 결국 별로 놀라운 일이 아니다.) 하지만 이런 사실은 부유한 국가들에 거주하는 큰 부자들이 자신의 자산 일부를 조세피난처에 숨긴 덕분에 감추어져 있다. 특히 이는 최근 수십 년간 부유한 국가들에서 나타난 (국민소득 대비) 민간 부의 급속한 증가가 공식적인 국민계정에 기초한 우리의 추정치보다 실제로는 훨씬 더 크다는 것을 의미한다. 세계의 총자산에서 대규모 자산이 차지하는 몫의 증가도 이와 마찬가지다.[58] 사실상 이러한 상황

557

12장
21세기 글로벌
부의 불평등

은 21세기 초의 세계화된 자본주의에서 자산을 추적하는 것이 얼마나 어려운 일인지를 보여주며, 따라서 부의 기본적인 지리적 분포에 관한 우리의 묘사를 모호하게 만든다.

제13장

21세기를 위한 사회적 국가

앞서 1~3부까지는 18세기 이래로 부의 분배와 불평등 구조가 어떻게 변화해왔는지를 분석했다. 이제 이런 분석을 바탕으로 미래를 위한 교훈을 이끌어내고자 한다. 한 가지 중요한 시사점은 이미 명백하다. 20세기 두 차례 세계대전이 그 이전의 불평등을 상당 부분 해소하고 불평등 구조를 변화시켰다는 사실이다. 2010년대에 접어든 오늘날, 필경 사라진 듯했던 부의 불평등이 역사적 최고치를 회복하거나 심지어 이를 넘어서는 수준에 다다랐다. 새로운 세계 경제는 (빈곤 퇴치와 같은) 엄청난 기대와 거대한 불평등(몇몇 개인은 이제 한 국가에 맞먹는 수준의 부를 축적했다)을 동시에 가져다주었다. 자본주의가 더욱더 평화적이고 지속 가능한 방식으로 그 한계를 뛰어넘는 21세기를 상상할 수 있을 것인가? 아니면 그저 다음번 위기 혹은 전쟁(이번에는 그야말로 진정으로 세계적인 대전일 것이다)을 기다려야만 하는 것인가? 혹은 이 책에서 각종 자료를 통해 밝혀낸 역사적 사실을 바탕으로 오늘날의 전 세계적 세습자본주의를 정당하고 효율적으로 통제할 만한 새로운 정치제도를 그려볼 수 있을까?

이미 언급한 바와 같이, 끝없는 불평등의 악순환을 피하고 자본축적의 동학에 대한 통제권을 되찾기 위한 이상적인 정책은 자본에 대한 글로벌 누진세다. 이러한 세금은 또 다른 장점도 지니고 있다. 부를 노출시켜 민주적인 감시가 이뤄지도록 하는 것인데, 이는 은행 시스템과 국제자본의 흐름을 효과적으로 규제하기 위한 필수 조건이다. 이 자본세는 경제적 개방성과 경쟁의 힘을 유지시키는 한편 사적 이익에 앞서 공공의 이익을 증진시킬 것이다. 국가적 차원 혹은 다른 차원으로 한발 물러선 다양한 형태의 자본세는 그와 같다고 할 수는 없지만 이상적인 정책의 대안이 될 수는 있다. 하지만 진정한 전 세계적 차원의 자본세가 유토피아적 이상이라는 데는 의심의 여지가 없다. 이상에는 못 미치지만 이러한 과세를 받아들일 의지가 있는 국가(특히 유럽)부터 지역이나 대륙적 차원에서 자본세를 시도할 수 있을 것이다. 이에 관한 심도 있는 논의에 앞서, 우선 자본세(물론 이것은 이상적인 사회 및 재정 시스템의 한 가지 구성 요소일 뿐이다) 문제를 좀더 광범위한 맥락에서 살펴봐야 한다. 즉 부의 생산과 분배, 그리고 21세기에 적합한 사회적 국가를 건설함에 있어 국가의 역할이라는 맥락에서 말이다.

2008년 금융위기와 **국가의 귀환**

/

2007~2008년에 시작된 세계 금융위기는 일반적으로 1929년 주가 대폭락 이후 자본주의의 가장 심각한 위기로 묘사된다. 이 둘을 비교하는 것은 여러 면에서 정당화될 수 있지만 근본적인 차이점이 남아 있다. 가장 분명한 차이는 최근의 위기가 1930년대 대공황만큼 파괴적일 정도의 불황을 야기하지는 않았다는 점이다. 1929년과 1935년 사이 선진국의 생산량은 4분의 1이나 감소했고 실업률도 같은 비율로 증가했으며 제2차 세계대전이 발발할 때까지도 세계 경제는 대공황으로부터 완전히 회복되지 못했다. 다행히 지금의 위기는 대공황보다는 분명 덜 충격적이다. 그래서 현재의 위기에는 위험이 덜한 '대침체Great Recession'라는 이름이 붙여졌다. 하

지만 분명한 사실은 2013년 세계 경제를 주도하는 경제 선진국들의 총생산이 2007년 수준을 전혀 회복하지 못했고 정부 재정 상태는 심각한 수준이며, 가까운 장래의 성장 전망도 밝지 않다는 것이다. 끝없는 국가채무 위기에 휩싸여 있는 유럽(역설적이게도 유럽은 자본/소득 비율이 세계에서 가장 높은 대륙이다)은 특히 더 심각하다. 그래도 불황의 바닥에 있었던 2009년 가장 부유한 국가들에서도 생산이 5퍼센트 이상 줄어들지는 않았다. 물론 이만큼의 하락도 제2차 세계대전 이후 가장 심각한 세계 경제 침체를 유발하기에 충분했다. 하지만 이는 1930년대의 급격한 생산 붕괴 및 파산의 물결과는 엄연한 차이가 있다. 게다가 신흥경제국의 성장세가 재빨리 회복되어 오늘날 세계 경제의 성장을 뒷받침해주고 있기도 하다.

2008년의 금융위기가 대공황만큼 심각한 붕괴를 초래하지 않은 중요한 이유는 부유한 국가들의 정부와 중앙은행이 금융시스템의 붕괴를 허용하지 않았고 1930년대에 전 세계를 대혼란의 나락에 빠뜨렸던 은행의 줄도산을 막기 위해 필수적인 유동성 공급에 동의했기 때문이다. 1929년 주가 대폭락 이후 거의 모든 곳에서 횡행한 "청산주의자"의 통설과는 상반된 이러한 실용주의적 통화정책과 금융정책은 최악의 상황을 피하도록 해주었다.(1929년 후버 미 대통령은 휘청거리는 기업은 청산해야만 한다고 생각했고, 1933년 루스벨트 대통령이 취임하기 전까지는 실제로 그렇게 청산이 진행되었다.) 이번 금융위기에 대응했던 실용주의적 개입 정책은 또한 중앙은행이 가만히 앉아 손가락을 까딱거리며 인플레이션만 억제하기 위해 존재하는 것은 아니라는 점을 전 세계에 상기시켜주었다. 총체적인 금융공황 상태에서는 정부와 중앙은행이 긴급 자금을 공급하는 최종대부자로서 필수적인 역할을 한다. 사실상 이 두 기관은 비상시에 경제 및 사회체제의 총체적 붕괴를 막을 수 있는 유일한 공공기관이다. 물론 이 말은 중앙은행이 전 세계의 모든 문제를 해결할 수 있다는 것을 의미하진 않는다. 2008년 금융위기 이후 채택된 실용주의적 정책으로 최악의 상황을 피한 것은 분명하다. 하지만 이 정책은 사실 극심한 금융 투명성의 부족과 불평등의 심화를 포함해, 위기를 초래할 가능성이 있는 구조적인 문제에 대한 영속성 있는 대응책을 제공해주지는 않았다. 2008년 세계 경제위기는 21세기의 세계화된 세습자본주의 최초의 위기다. 그리고 마지막 위기도 아닐 것이다.

많은 전문가는 경제를 관리하는 데 있어서 진정한 의미의 '국가의 귀환'이 부재함을 한탄하고 있다. 그들은 대공황이 실로 끔찍했지만 적어도 조세정책과 예산정책에 있어서 급진적인 변화를 가져온 공은 인정받을 만하다고 지적한다. 사실상 루스벨트 대통령은 취임 후 몇 년 내에 후버 대통령 시절 25퍼센트에 불과했던 초고소득층에 대한 연방소득세의 최고한계세율을 80퍼센트 이상으로 끌어올렸다. 이와 대조적으로 이 책을 쓰고 있는 현 시점에 워싱턴 정가는 취임 2기를 맞은 오바마 정부가 부시 정부 시절 약 35퍼센트로 낮춰놓은 최고 소득세율을 1990년대 클린턴 정부 당시의 40퍼센트 이상으로 다시 올려놓을 수 있을지에 대해 여전히 의문을 품고 있다.

제14장에서는 사실 두 차례 세계대전 사이에 미국이 단행한 인상적인 혁신이었지만 부당하다고 생각되어온(그리고 경제적으로도 무익하다고 봐온) 몰수적인 소득세율 부과 정책에 관한 문제를 고찰하고자 한다. 개인적인 생각으로 이 정책은 충분히 재고될 만하고 부활시킬 만한 가치도 있다. 특히 이 정책을 처음 구상했던 국가의 경우 더욱 그렇다.

분명 훌륭한 경제 및 사회 정책은 단순히 최고소득자에게 높은 한계세율을 부과하는 것 이상을 요구한다. 이러한 과세는 본질적으로 거의 득이 되지 않는다. 20세기를 위해 고안된 누진적인 소득세보다 자본에 대한 누진세가 21세기의 진정한 도전 과제를 해결하는 데 좀더 적절한 조치일 것이다. 미래에는 이 두 가지 방법이 상호 보완적인 역할을 하겠지만, 지금은 먼저 이 같은 주장에 대한 오해의 소지를 떨쳐버리는 것이 중요하다.

2010년대에 다시 나타난 '국가로의 귀환'이라는 현상은 1930년대와는 매우 다른 문제점들을 제기한다. 이유는 단순하다. 이제는 국가의 영향력이 1930년대 대공황 당시는 물론이고 과거 그 어느 때보다도 여러모로 더 커졌기 때문이다. 이것이 바로 현재의 위기가 시장의 실패에 대한 고발인 동시에 정부의 역량과 역할에 대한 문제제기로 해석될 수 있는 이유다. 물론 1970년대 이후 정부의 역할은 끊임없이 도전받아왔고 이 시험은 결코 끝나지 않을 것이다. 일단 정부가 제2차 세계대전 후 수십 년 동안 경제와 사회생활에서 중심적인 역할을 맡게 되자 정부의 그러한 역할에 대해 지속적으로 문제를 제기하고 논의하는 것은 정상적이고 타당한 일이 되었다. 이것은 약간 부당하게 여겨질 수도 있지만 불가피하고 당연한 일이다. 어떤 사람들은 정부의 새로운 역할에 난처해하고, 또한 분명하게 대립하는 입장들 사이에 이해하기 힘들지만 격렬한 충돌이 흔하게 발생한다. 마치 정부가 더 이상 아무런 역할을 하지 못하고 있기라도 한 듯 정부의 역할이 더 커져야 한다고 목소리를 높이는 사람들이 있는 반면, 일부는 정부의 개입 정책들을 즉각적으로 폐지할 것을 요구하기도 한다. 특히 미국처럼 정부가 최소한의 수준으로 개입하고 있는 국가에서조차 이런 요구가 나오고 있다. 티파티Tea Party(극단적으로 보수적인 미국의 조세 저항운동으로 공화당 내에서도 극우파를 지지한다—옮긴이) 관련 단체들은 연방준비제도의 폐지와 금본위제도로의 회귀를 요구하고 있다. 유럽에서는 "게으른 그리스인"과 "나치 독일인" 사이의 신랄한 설전이 더 거세질 판이다. 하지만 이 가운데 어느 것도 눈앞에 닥칠 진짜 문제를 해결하는 데 도움이 되지 않는다. 반反시장주의와 반反국가주의 모두 부분적으로는 옳다. 그러나 마구잡이로 내달리고 있는 금융자본주의에 대해 통제권을 되찾을 수 있는 새로운 제도가 필요한 동시에 현대사회의 핵심이라 할 수 있는 조세 및 소득이전제도의 지속적인 개혁과 현대화가 이뤄져야 한다. 왜냐하면 조세와 소득이전제도는 이미 이해하기 어려울 정도로 복잡한 수준에 이르러 사회적으로나 경제적으로 효율성을 약화시키는 위협 요소가 되고 있기 때문이다.

이 두 가지 작업은 넘기 힘든 산처럼 보인다. 사실상 이것은 앞으로 몇 년 동안 우리 민주주의 사회가 맞닥뜨릴 수밖에 없는 거대한 도전이다. 하지만 이는 필요한 것일 뿐만 아니라 피해갈 수도 없는 일이다. 왜냐하면 기존의 정책 수단이 제대로 작동하고 있다는 사실을 보여주지 못하면 새로운 공공정책이 필요하다는(특히 초국가적 차원에서) 사실을 국민 대다수에게 납득시키기가 불가능하기 때문이다. 이 점을 확실히 하기 위해, 우선 19세기 이후 부유한 국가들에서 조세와 정부지출이 어떻게 변해왔는지를 되짚어보고 간략히 논의하고자 한다.

20세기 사회적 국가의 성장

사회와 경제에 관한 정부의 역할 변화를 측정할 수 있는 가장 간단한 방법은 국민소득과 비교하여 여러 가지 세금 총액을 살펴보는 것이다. 도표 13.1은 부유한 국가들에서 어떤 일이 일어났는지를 대표적으로 보여주는 4개국(미국·영국·프랑스·스웨덴)의 역사적 궤적을 나타내고 있다.[1] 관찰된 변화를 살펴보면 놀랄 만한 유사점과 함께 중요한 차이점이 나타남을 알 수 있다.

첫 번째 유사점은 19세기부터 제1차 세계대전까지는 이들 4개국 모두세금 부담이 국민소득의 10퍼센트 미만이었다는 사실이다. 이것은 당시에 국가가 경제 및 사회생활 전반에 거의 개입하지 않았다는 사실을 말해준다. 국민소득의 7~8퍼센트로는 정부가 (치안, 법률, 군사, 외교, 일반 행정 등) '기본적' 기능만을 수행할 수 있을 뿐이다. 치안 유지, 재산권 집행 및 (종종 총지출의 절반 이상을 차지하는) 군대 유지를 위한 비용을 지불하고 나면 정부 금고에는 남는 것이 거의 없었다.[2] 그 당시에도 국가는 학교, 대학, 병원뿐만 아니라 일부 도로와 그 밖의 사회기반시설을 건설하는데 비용을 댔다. 하지만 대부분의 사람은 매우 기초적인 수준의 교육 및 의료 서비스만 받을 수 있었다.[3]

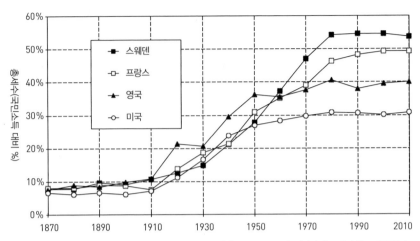

도표 13.1. 부유한 국가들의 세수, 1870~2010

부유한 국가들에서 국민소득 대비 총세수의 비율은 1900~1910년 이전까지는 10퍼센트 이하였다. 2000~2010년에는 이 비율이 30~55퍼센트를 차지한다.

출처 및 통계: piketty.pse.ens.fr/capital21c

1920년에서 1980년 사이 부유한 국가들이 국민소득 중 사회적 지출에 투입하기로 한 금액의 비중은 상당히 증가했다. 불과 반세기 만에 국민소득에서 세금이 차지하는 비중은 적어도 3~4배(북유럽 국가의 경우 5배 이상) 정도 늘어났다. 또한 국민소득에서 세금이 차지하는 비중은 1980년부터 2010년대인 오늘날까지 모든 국가에서 거의 완벽한 안정성을 유지하고 있다. 이런 안정화는 각 나라에서 다른 수치로 나타난다. 미국의 경우 국민소득의 30퍼센트를 간신히 넘는 수준이고, 영국은 대략 40퍼센트, 유럽 대륙은 45~55퍼센트 수준이다.(독일은 45퍼센트, 프랑스는 50퍼센트이며 스웨덴은 55퍼센트에 가깝다.)⁴ 사실 국가 간의 차이는 상당하다.⁵ 그럼에도 불구하고 장기간의 전체적 변화가 서로 유사하다는 점은, 특히 지난 30년간 모든 국가에서 관찰된 거의 완벽한 안정화는 놀랄 만한 일이다. (영국과 프랑스의 경우) 도표 13.1에서 보듯 정권 교체와 국가적 특성이 완전히 배제되진 않았지만 전체적인 안정화라는 점에 비추어보면 정권 교체와 국가적 특성이 그리 중요한 것은 아니다.[6] 하지만 이런 국가 간의 차이는 안정화라는 공통점에 비하면 그리 중요한 것이 아니다.[7] 다시 말해 모든 부유한 국가의 세수가 예외 없이 국민소득의 10퍼센트 이하인 균형 상태에서 국민소득의 3분의 1이나 절반으로 상승한 새로운 균형에 도달했다.[8] 이 근본적인 변화와 관련된 몇 가지 중요한 사항은 더 분명한 설명이 필요하다.

첫째, 지금의 위기에서 '국가의 귀환'이 있었느냐 아니냐 하는 물음이 왜 사실을 호도하는 것인지를 분명히 해야 한다. 왜냐하면 국가의 역할이 그 어느 때보다 커졌기 때문이다. 물론 경제 및 사회 전반과 관련된 국가의 역할을 전적으로 이해하기 위해서는 다른 지표들도 고려할 필요가 있다. 국가는 세금을 거두어 비용을 지불할 뿐만 아니라 각종 법규를 제정해 경제 및 사회 전반에 개입한다. 예를 들어 금융시장은 1980년 이후부터는 1950~1980년에 비해 규제의 엄격함이 훨씬 덜해졌다. 국가는 또한 자본을 생산하고 소유한다. 원래는 정부가 소유했던 산업·금융자산의 지난 30년에 걸친 민영화 역시 제2차 세계대전 직후 30년 동안과 비교해 현재 정부의 역할을 축소시켰다. 그렇지만 세수와 정부지출이라는 측면에서 보면 정부는 최근 몇십 년 동안 국가 경제와 관련하여 그 이전 어느 때보다도 더 중요한 역할을 담당하고 있다. 때로 사람들이 말하는 것과는 반대로, 정부의 역할이 축소되고 있다는 명확한 증거는 어디에도 없다. 물론 인구 고령화, 의료기술의 발달, 지속적으로 증가하는 교육 수요에 직면한 상황에서 단순히 국민소득 가운데 세금이 차지하는 비중을 안정화시키는 것만으로도 대단한 공적이다. 왜냐하면 정부 예산을 감축하겠다는 약속은 확실히 집권 여당보다는 야당에게 항상 더 쉬운 공약이기 때문이다. 그럼에도 오늘날 대부분의 유럽 국가에서 세금이 국민소득의 거의 절반을 차지하고 있다는 사실에는 여전히 변함이 없다. 또한 향후 수십 년 내에 1930~1980년에 비할 만큼 세수가 증가하리라고 진지하게 생각하는 사람은 없을 것이다. 대공황, 제2차 세계대전, 전후 재건 이후에는 자본주의의 문제를 해결하는 방법이 정부의 역할을 강화하고 사회적 지출을 필

567

요한 만큼 최대한 늘리는 것이라는 생각이 합당했다. 하지만 오늘날의 선택은 확실히 더 복잡해졌다. 국가의 대약진은 이미 일어났으며 두 번째 대약진은 없을 것이다. 어쨌든 첫 번째와는 다를 것이다.

사회적 국가의 형태

/

이러한 수치들 뒤에 감춰진 의미가 무엇인지 잘 이해하기 위해 이제부터 과거에 역사적인 세수 증대로 늘어난 돈이 무엇에 쓰였는지 좀더 상세하게 설명하고자 한다. 다시 말해 '사회적 국가'의 건설에 대해 이야기해보자는 것이다.[9] 19세기를 거쳐 1914년에 이르기까지 정부는 기본적 기능을 수행하는 데에만 만족했다. 오늘날 이 기능을 담당하는 데 드는 지출은 국민소득의 10분의 1 미만이다. 지금은 증대된 세수 덕분에 정부가 더 폭넓은 사회적 기능을 수행할 수 있으며 나라에 따라 국민소득의 4분의 1 또는 3분의 1이 여기에 쓰이고 있다. 이러한 지출은 일단 대략 두 분야로 동일하게 나누어진다. 절반은 의료와 교육 분야에 쓰이고 나머지는 대체소득과 이전지출을 위해 쓰인다.[10]

교육과 의료 관련 지출은 오늘날 모든 선진국에서 국민소득의 10~15퍼센트를 차지한다.[11] 하지만 이 또한 국가별로 상당한 차이를 보이는데, 모든 부유한 나라의 초등교육과 중등교육은 거의 무상이지만 고등교육은 상당히 비쌀 수 있다. 특히 미국의 경우가 그러하며, 정도는 덜하지만 영국도 비슷한 수준이다. 공적 의료보험은 영국을 포함해 유럽의 거의 모든 국가에서 보편적이다.(즉, 국민 전체가 가입되어 있다.)[12] 하지만 미국에서는 공적 의료보험이 빈곤층과 노년층에게만 국한된다.(그렇다고 비용이 적게 드는 것도 아니다.)[13] 모든 선진국에서 교육과 의료 서비스의 대부분은 공공지출이 담당하고 있다. 예컨대 유럽에서는 교육 및 의료 서비스의 4분의 3을, 미국에서는 절반을 국가가 부담하고 있다. 이러한 공공지출의 목표는 국민 모두에게 기본적인 서비스를 동등하게 제공할 수 있도록 하는 것이다. 예를 들면 모든 어린이는 부모의 수입에 관계없이 교육받을 수 있어야 하고 모든 국민은 특히 개개인이 처한 상황이 어려울 때일수록 의료 서비스를 수월하게 제공받아야 한다는 것이다.

대체소득과 이전지출은 오늘날 대부분의 선진국에서 보통 국민소득의 10~15퍼센트(또는 심지어 20퍼센트까지)를 차지한다. 본질적으로 이전지출로 간주할 수 있는 교육 및 의료에 대한 공공지출과는 다르게, 대체소득과 이전지출은 가계의 가처분소득에 해당된다. 정부는 세금과 사회보장 기여금으로 많은 돈을 거두어 이를 다시 대체소득(연금과 실업급여)과 이전지출(가족수당, 최저보장소득 등)의 형태로 가계에 분배한다. 결과적으로 모든 가계의 가처분소득의 합계는 전체적으로 변동이 없다.[14]

실제로 연금은 대체소득과 이전지출 전체에서 가장 큰 부분(3분의 2에서 4분의 3까지)을 차지한다. 이 부분 역시 국가별 차이가 상당하다. 유럽 대륙은 연금 하나만으로도 종종 국민소득의 12~13퍼센트(이탈리아와 프랑스가 가장 높고 독일과 스웨덴이 뒤를 잇는다)를 초과하기도 한다. 미국과 영국에서는 공적연금 체계상 소득의 계층 구조에서 중간 소득자와 최고소득자인 경우 연금 지급액이 훨씬 더 많은 제한을 받는다.(은퇴 이전의 소득에 비례하여 지급하는 연금액의 비율을 일컫는 소득대체율이, 평균 소득 이상을 벌었던 사람들의 경우 상당히 급격하게 낮아진다.) 따라서 이 두 국가의 연금은 국민소득의 6~7퍼센트에 그치고 있는 것이다.[15] 연금은 모든 국가에서 아주 큰 금액이다. 모든 선진국에서 공적연금은 적어도 은퇴자의 3분의 2(보통 4분의 3)에게 소득의 중요한 원천이다. 공적연금 체계의 결함과 이 체계가 현재 직면한 도전에도 불구하고, 공적연금이 없었다면 1950년대까지만 해도 고질적이었던 노인층의 빈곤 문제를 해결하는 일은 불가능했을 것이다. 교육 및 의료 서비스에 대한 접근과 함께 공적연금은 20세기의 재정혁명이 만들어낸 제3의 사회혁명으로 여겨진다.

연금 지출에 비해 실업보험급여는 훨씬 더 적은 비중(일반적으로 국민소득의 1~2퍼센트)을 차지하는데 이는 실업 기간이 은퇴 기간보다 짧기 때문이다. 어쨌든 이러한 대체소득은 필요할 때 매우 유용하다. 마지막으로, 정부의 총지출에 비하면 생계보조를 위한 지출은 비중이 훨씬 더 적고(국민소득의 1퍼센트 미만) 거의 미미한 수준이다. 그럼에도 이런 유형의 지출은 종종 가장 거센 공격을 받는다. 일반적으로 다른 정부 프로그램에 비해 이 복지급여에 의존하는 사람들의 비중이 훨씬 적은데도 수혜자들은 정부의 소득보조금 지원에만 의존해 살아가려 한다는 의심을 받기 때문이다. 복지급여 혜택을 받는 데 따르는 낙인효과 때문에 (그리고 흔히 복잡한 수급 절차 때문에) 혜택을 받을 자격이 있는 많은 사람이 급여 신청을 꺼리게 된다.[16] 복지 혜택의 유효성은 유럽뿐만 아니라 미국에서도 의문시되고 있다.(미국에서는 '복지국가' 반대자들이 종종 실업 상태의 흑인 싱글맘을 콕 집어 예로 들면서 복지제도를 비판하는 일이 일어나고 있다.)[17] 유럽이나 미국이나 소득보장 지출은 국가의 사회적 지출에서 극히 적은 비중을 차지하고 있다.

앞서 언급했듯이 의료와 교육에 대한 정부지출(국민소득의 10~15퍼센트)과 대체소득 및 이전지출(국민소득의 10~15퍼센트 또는 20퍼센트)을 전부 합하면 국가의 총 사회적 지출은 (대체로) 국민소득의 25~35퍼센트 정도로 추산된다. 이것으로 20세기에 부유한 국가들에서 나타났던 정부의 세수 증가는 거의 다 설명할 수 있다. 다시 말해 지난 세기에 이뤄진 재정국가의 성장은 기본적으로 '사회적 국가'의 건설을 반영하는 것이다.

현대적 재분배: 기본권의 논리

요약하자면 현대적 재분배는 부자로부터 빈자에게로 소득이 이전되는 것이 아니다. 적어도 그렇게 노골적인 방식으로 이루어지지는 않는다. 현대적 재분배는 그보다는 의료, 교육, 연금을 비롯해 대체로 모두에게 동등한 혜택이 돌아가는 공공서비스와 대체소득을 위한 재원을 조달하는 방식으로 이뤄진다. 대체소득의 경우, 형평성 원칙은 종종 평생 소득에 대략 비례하는 대체소득을 지급하는 형태를 띤다.[18] 교육 및 의료와 관련해서는 적어도 원칙적으로는 소득(또는 부모의 소득)과 관계 없이 모든 국민에게 실제로 동등한 혜택이 주어진다. 현대적 재분배는 기본권의 논리 그리고 기초적인 것으로 여겨지는 일정한 상품에 대한 평등한 접근이라는 원칙에 따라 이뤄진다.

비교적 추상적인 관점에서 보자면, 이런 기본권에 근거한 접근 방식은 다양한 국가의 정치 및 철학적 전통에서 그 정당성을 찾아볼 수 있다. 1776년의 미국 독립선언문 서문은 모든 국민에게 행복을 추구할 평등한 권리가 있다고 선언하고 있다.[19] 어떤 의미에서는 교육 및 의료의 기본권에 대한 근대적 신념 역시 이 선언과 연결되어 있다. 물론 교육 및 의료에 대한 우리의 기본권을 확보하는 데에도 상당한 시간이 걸렸다. 1789년 프랑스의 인간과 시민의 권리에 관한 선언 제1조 또한 "인간은 자유롭고 평등하게 태어나고 살아갈 권리를 갖고 있다"고 선언하고 있다. 하지만 그 바로 뒤에 "사회적 차별은 오직 공익에 바탕을 둘 때만 가능하다"는 선언이 따른다. 이 두 번째 문장은 중요한 부가문이다. 왜냐하면 두 번째 문장은 첫 번째 문장이 절대적인 평등의 원칙을 선언하고 있음에도 불구하고 실제로는 불평등이 존재함을 암시하기 때문이다. 사실상 이것은 인간의 권리에 기반을 둔 모든 접근법에서 핵심적인 갈등 요소다. 평등한 권리라는 것은 과연 어느 선까지를 의미하는가라는 질문이 제기될 수 있기 때문이다. 이것들은 단순히 자유로운 계약을 맺을 수 있는 권리—프랑스혁명 당시에는 사실상 대단히 혁명적인 것으로 보였던 시장의 평등—를 보장하는 것인가? 이 권리에 20세기의 사회적 국가가 제안하는 교육과 의료보장제도, 연금에 대한 동등한 권리도 포함시킨다면 한발 더 나아가 문화, 주거 및 여행에 대한 권리도 포함시켜야 하는가?

1789년 프랑스의 인간과 시민의 권리에 관한 선언 제1조 두 번째 문장은 이 질문에 대한 일종의 답을 마련해준다. 왜냐하면 어떤 면에서 이 두 번째 문장이 거증 책임을 뒤바꾸기 때문이다. 평등이 정상적인 것이며 불평등은 오직 '공익'에 바탕을 둘 때만 가능하다. 그러므로 이제 '공익'이라는 용어를 정의하는 일이 남는다. 선언문의 입안자들은 주로 앙시앵레짐의 질서와 특권 폐지를 염두에 두고 있었다. 당시 앙시앵레짐의 질서와 특권은 자의적이고 쓸데없는 불평등의 전형으로 간주되었기 때문에 당연히 '공익'에 도움이 되지 않는 것이었다. 하지만 "오직 공익에 바탕을 둘 때만"이라는 이 구절은 좀더 넓게 해석할 여지가 있다. 한 가지 합리적인 해석은 사회적 불평등이 오직 모두에게 이익이 될 때에만, 특히 가장 불리한 입장에 처한 사회적 집단의 이익에 공헌할 때에만 받아들여질 수 있다는 것이다.[20] 따라서 권리와 기회가 가장 적은 사람들의 이익에 공헌하는 한, 기본적인 권리와 물질적 혜택은 가급적 모두를 대상으로 확장되어야 한다.[21] 이런 해석은 미국의 철학자 존 롤스John Rawls가 그의 책 『정의론Theory of Justice』에서 제시한 '차등의 원칙difference principle'[22]과 그 취지가 유사하다. 그리고 만인의 최대 평등한 '역량capabilities'에 관한 인도의 경제학자 아마르티아 센Amartya Sen의 접근법 또한 기본 논리는 크게 다르지 않다.[23]

순수하게 이론적 수준에서는 실제로 사회 정의의 추상적 원칙들에 대한 (어느 정도는 어색한) 어떤 합의가 존재한다. 하지만 이 사회적 권리와 불평등에 무언가의 의미를 부여해 이를 특정한 역사 및 경제적 맥락과 결부시키려고 하면 의견의 불일치가 명백히 드러난다. 이런 갈등은 주로 경제적으로 가장 불리한 입장에 있는 사람들의 생활 조건을 실제로 개선시키는 효과를 내는 수단들과 관련이 있으며, (경제적 제약과 예산의 제약 그리고 여러 가지 불확실성을 고려할 때) 모든 국민에게 부여할 수 있는 권리의 정확한 범위와도 관련이 있다. 또한 이는 정확히 어떤 요인들이 개인의 통제 안에 혹은 바깥에 존재하는지(즉 개인에게 있어 어디까지가 행운의 영역이고 어디부터가 노력과 성취의 영역인지)의 문제이기도 하다. 이와 같은 질문들은 추상적인 원리나 수학적인 공식으로는 결코 답할 수 없을 것이다. 이 질문들에 대답하는 것은 오직 민주적 논의와 정치적 토론을 통해서만 가능하다. 따라서 이러한 민주적 토론과 결정을 가능케 하는 제도 및 규칙 그리고 서로 다른 사회집단들의 상대적 힘과 설득력이 중요한 역할을 한다. 미국의 독립선언과 프랑스혁명은 모두 권리의 평등이 절대적 원칙임을 단언했다. 당시로서는 상당히 진보적인 입장이었다. 하지만 실제로 19세기 동안 이러한 혁명들을 밑바탕으로 삼아 성장했던 정치체제는 주로 재산권 보호에만 집중하고 있었다.

사회적 국가: 해체가 아닌 현대화

20세기의 선진국들이 보여주었던 사회적 국가의 현대적 재분배는 교육, 의료 및 퇴직연금과 관련된 기본적인 사회적 권리들에 기초하고 있다. 오늘날 이런 조세제도 및 사회적 지출이 직면한 한계와 도전이 무엇이든 간에, 이것들은 역사적인 측면에서 거대한 일보를 내디뎠다고 할 수 있다. 정파적인 갈등을 제외한다면 이런 사회제도의 바탕에는 폭넓은 합의가 형성되어 있다. 특히 유럽에는 '유럽식 사회 모델'로 볼 수 있는 것들에 이런 합의가 깊이 내재되어 있다. 그래서 어떤 주류 사회운동이나 중요한 정치 세력도 정부가 기본적 기능만을 수행하는, 세수가 국민소득의 10~20퍼센트인 세계로 되돌아가는 것을 진정으로 바라지는 않는다.[24]

그렇다고 1930~1980년대와 같은 속도로(이럴 경우 2050~2060년에는 국민소득의 70~80퍼센트가 세수로 잡힌다) 사회적 국가를 지속적으로 확장시키자고 주장하는 뚜렷한 움직임도 보이지 않는다. 물론 이론상으로는 세금을 투명하고 효율적인 방식으로 걷고 이를 모두가 중요하다고 동의하는 교육, 의료, 문화, 청정에너지와 지속 가능한 발전에 우선적으로 사용하는 한, 정부가 국민소득의 3분의 2 또는 4분의 3을 세금으로 걷겠다고 결정하지 못할 이유는 없다. 왜냐하면 세금 그 자체는 좋은 것도 나쁜 것도 아니기 때문이다. 다만 중요한 것은 세금을 어떤 방식으로 걷느냐와 어디에, 그리고 무엇을 위해 쓰느냐다. 그럼에도 불구하고 적어도 가까운 미래까지는 사회적 국가의 규모를 그토록 급격히 키우는 것이 현실적이지도 바람직하지도 않다고 생각할 수밖에 없는 타당한 이유가 두 가지 있다.

첫째, 제2차 세계대전 이후 30년간 정부의 역할이 급격히 확대된 것은, 적어도 유럽 대륙에서는 당시 예외적으로 빠른 경제성장이 이를 대대적으로 촉진하고 가속화시켰기 때문에 가능한 일이었다.[25] 국민소득이 연간 5퍼센트씩 성장할 때에는 국민에게 성장으로 인해 늘어난 소득 가운데 갈수록 많은 부분을 사회적 지출에 사용하는 데 동의하도록 설득하는 것이 그렇게 어려운 일은 아니었다. 특히 그 당시는 더 나은 교육과 더 폭넓은 의료 혜택 및 더 후한 연금(1930년에서 1950년 사이에는 이러한 목적으로 쓸 수 있는 돈이 매우 제한되어 있었다)에 대한 욕구가 명백한 시기였다. 그러나 1980년대 이후 상황은 급변했다. 1인당 국민소득 증가율이 연간 1퍼센트를 조금 웃도는 상황에서는 누구도 광범위하고 지속적인 세금의 증가를 원하지 않았다. 그리고 이렇게 하면 심각한 소득 정체 현상을 불러일으키거나 소득 증가율이 마이너스를 기록할 수도 있다. 물론 조세제도를 통한 소득 재분배를 생각할 수도 있고, 아니면 어느 정도 안정된 총소득에 적용되는 더욱 누진적인 세율을 상정할 수도 있다. 하지만 평균 세율의 보편적이고 지속적인 증가는 상상하기 어렵다. 국가별 차이와 정권 교체에도 불구하고 모든 부유한 국가에서 세수가 안정되었다는 사실은 결코 우연이 아니다(도표 13.1 참조). 더군다나 사회적 필요가 세금의 계속적인 인상을 정당화하는지는 전혀 확실치 않다. 분명 교육과 의료 분야에 대한 사회적 요구는 객관적으로 커지고 있으므로 이는 앞으로 있을 약간의 세금 증가를 충분히 정당화해줄 수 있을 것이다. 그러나 부유한 국가의 시민들은 또한 민간부문에서 생산된 온갖 상품과 서비스—예컨대 여행, 의류, 주택, 새로운 문화 서비스, 최신형 컴퓨터 등—를 구매할 수 있는 충분한 소득을 얻고자 하는 정당한 요구를 가지고 있다. 약 1~1.5퍼센트(이미 살펴보았듯이 이러한 수치는 장기적으로 봤을 때 무시할 만한 것이 아니다) 로 생산성 증가율이 낮은 세계에서는 다양한 형태의 필요들 가운데 무엇을 선택할지 결정해야만 한다. 하지만 거의 모든 요구를 조세 수입으로 충당해야 할 명백한 이유가 없는 것도 사실이다.

게다가 성장의 과실이 다양한 필요 사이에 어떻게 배분되는지와 상관없이, 공공부문이 일단 일정 규모 이상으로 성장하면 심각한 조직 문제와 씨름해야 한다. 다시 한번 말하지만 아주 장기적으로 어떤 일이 발생할지를 예견하는 것은 어렵다. 혁신적인 지배구조를 갖춘, 분권화되고 참여적인 새로운 형태의 조직이 발전하고, 이에 따라 지금 있는 것보다 훨씬 더 커진 공공부문이 효율적으로 작동하리라 기대하는 것은 얼마든지 가능하다. '공공부문'이라는 개념 자체가 어쨌든 지나치게 단순한 것이다. 자금 조달이 공적으로 이뤄진 서비스가 반드시 국가나 다른 공공기관이 직접 고용한 사람들이 생산한 서비스라는 것을 의미하지는 않는다. 교육과 의료 서비스는 각종 재단이나 협회를 포함한 수많은 조직으로부터 제공된다. 사실 이러한 조직들은 국가와 민간기업 사이의 중간적인 형태를 띠고 있다. 종합해보면 선진국 경제에서 교육과 의료 부문은 GDP 및 고용의 20퍼센트 이상을 차지하며, 이는 제조업 부문 전체를 합한 것보다 더 높은 수치다. 따라서 이러한 분야를 전적으로 무시할 수는 없다. 이와 같이 생산을 조직하는 것은 지속적이고 보편적인 방식이다. 예를 들어 지금까지 아무도 미국의 사립대학들을 공공 소유의 법인으로 전환하라고 제안하지 않았다. 하지만 미래에는 그러한 중간적인 형태가 훨씬 더 보편적일 가능성이 높다. 예컨대 영리법인들이 이미 심각한 경쟁에 직면해 있고 이해관계에 얽힌 잠재적 갈등의 우려가 커지고 있는 문화와 미디어 부문에서 그럴 수 있다. 앞서 자본주의가 독일에서 어떻게 조직화되었는가 하는 논의를 통해 사적 재산의 개념이 국가마다 다를 수 있다는 것을 살펴보았다. 심지어 가장 전통적인 산업 분야인 자동차 산업에서도 그렇다. 오늘날 선진국의 자본주의 또는 생산 조직에는 한 가지 유형만 있는 것이 아니다. 우리는 혼합경제 체제에 살고 있으며, 이는 제2차 세계대전 이후 사람들이 상상하던 것과는 다르지만 매우 실제적인 것이다. 미래에는 그 어느 때보다 더 그럴 것이며, 새로운 조직과 소유 형태가 계속해서 만들어질 것이다.

그렇다 해도 우리는 앞으로 국민소득의 3분의 2나 4분의 3에 이를 공공부문의 자금 조달을 효율화하는 법을 배우기 전에 먼저 (대체소득과 이전지출을 포함해) 국민소득의 절반밖에 차지하지 않는 기존 공공부문의 조직과 운영을 개선하는 것이 좋을 듯하다. 이는 간단한 일이 아니다. 아마 독일, 프랑스, 이탈리아, 영국, 스웨덴이 향후 수십 년간 사회적 국가에 대해 논의할 때 주요 주제는 조직, 현대화 그리고 통합의 문제일 것이다. 만약 국민소득 대비 총세수와 사회적 지출이 거의 변하지 않는다면(늘어나는 수요에 따라 약간 증가할 수는 있어도), 어떻게 늘어나는 기대수명과 청년 실업에 대응해 병원과 어린이집의 운영을 개선하고, 진료비와 약제비를 조정하며, 대학과 초등학교를 개혁하고, 연금과 실업수당을 조정할 수 있겠는가? 국민소득의 거의 절반이 공공지출로 들어가는 상황에서 이러한 논의는 정당한 것이고 심지어는 필수적이기까지 하다. 우리가 사회적 서비스를 국민의 요구에 어떻게 맞춰나갈지 끊임없이 질문을 던지지 않는다면 높은 수준의 조세와 나아가 사회적 국가에 대한 지지 및 합의는 영원히 지속될 수 없을 것이다.

사회적 국가에 대한 개혁 전망을 모든 면에서 분석하는 것은 분명 이 책의 범위를 넘어서는 일이다. 그러므로 나는 연구 주제와 직접 관련되고 미래를 위해 특히 중요한 몇 가지 사안에 국한하여 분석하고자 한다. 첫째, 교육, 특히 고등교육에 대한 동등한 접근의 문제에 관해 다룰 것이다. 둘째, 저성장 시대의 부과식 퇴직연금제도의 미래에 관해 논의할 것이다.

교육 기관들은 **사회적 이동성**을 촉진하고 있는가?

모든 대륙, 모든 나라에서 교육에 공공지출을 하는 주요한 목적은 '사회적 이동성' 즉 계층 이동을 촉진하는 데 있다. 공언된 목표는 사회적 신분에 상관없이 모두에게 균등한 교육 기회를 주는 것이다. 교육 기관들은 이러한 목표를 어느 정도까지 충족시키고 있는가?

제3부에서는 20세기를 거치면서 교육의 평균 수준이 상당히 높아졌음에도 불구하고 노동소득의 불평등은 감소하지 않았다는 것을 살펴보았다. 교육 수준은 다음과 같이 높아졌다. 이제 고등학교 졸업장은 과거의 초등학교 졸업장 정도의 의미이고, 학사학위는 과거의 고등학교 졸업장처럼 취급된다. 기술과 작업 환경의 수요가 변하면서 임금 수준도 모두 유사한 비율로 상승했고, 그 결과 불평등은 개선되지 않았다. 계층 이동성은 어떠한가? 대중 교육은 주어진 숙련에 따른 계층 구조 안에서 승자와 패자를 더욱 급속히 뒤바꾸는 결과를 가져왔는가? 이용 가능한 자료에 따르면 그렇지 않은 것으로 보인다. 교육과 노동소득의 세대 간 상관관계는 시간이 지나면서 숙련에 따른 계층 구조가 어떻게 바뀌는지를 측정한 것인데, 이는 장기적으로 계층 이동이 더 많아지는 경향을 나타내지 않았다. 심지어 최근 몇 년간은 계층 이동성이 줄었을 수도 있다.[26] 그러나 주목해야 할 것은 정해진 한 시점에서 불평등을 측정하는 것보다 여러 세대에 걸친 계층 이동성을 측정하는 것이 훨씬 더 어렵다는 점이다. 그리고 계층 이동의 역사적 변화를 측정하는 데 이용 가능한 자료들은 매우 불완전하다.[27] 이 분야에서 가장 확실하게 정립된 결과는, 북유럽 국가들에서 세대 간 재생산(다음 세대가 앞선 세대 계층을 그대로 답습할 가능성을 의미한다—옮긴이)이 가장 낮고 미국에서 가장 높다는 것이다.(스웨덴보다 상관계수가 3분의 2 높다.) 프랑스, 독일, 영국은 중간 지점을 차지하고 있는데, 북유럽보다는 이동성이 적고 미국보다는 더 많은 계층 이동이 일어나고 있다.[28]

이런 결과들은 한때 미국 사회학계를 지배했던 '미국 예외주의American

Exceptionalism' 신념과 극명하게 대비된다. 미국 예외주의에 따르면 계급에 속박된 유럽 사회에 비해 미국에서의 사회적 이동성은 이례적으로 활발했다. 개척자 사회였던 19세기 초반 미국에서의 계층 이동은 좀더 활발했다는 데에도 의심의 여지가 없다. 더구나 미국에서 상속된 부는 유럽보다 그 역할이 미미했다. 그리고 적어도 제1차 세계대전 때까지, 미국에서 부의 집중은 오랫동안 유럽보다 덜했다. 그러나 20세기 전체를 놓고 보면, 이용 가능한 데이터는 미국의 사회적 계층 이동성이 유럽보다 낮았고 오늘날에도 여전히 낮다는 것을 보여준다.

이에 관한 한 가지 설명은 미국 최고 엘리트 대학들이 극히 높은 수업료를 요구하고 있다는 사실이다. 게다가 1990년에서 2000년 사이 이들 대학의 수업료는 미국 상위계층 소득 증가율을 아주 근접하게 따르며 가파르게 상승했다. 이는 과거 미국에서 관찰되었던 계층 이동의 감소 현상이 미래에는 한층 더 심해질 것임을 시사한다.[29] 고등교육 기회의 불평등 문제는 미국에서 점점 더 많이 논의되고 있는 주제다. 연구 결과 부모가 네 부분으로 나뉜 소득계층에서 하위 2개 분위(하위 25퍼센트와 하위 25~50 퍼센트 계층—옮긴이)에 속한 경우 그 자녀들 중 학사학위를 받은 자녀의 비율은 1970~2010년 10~20퍼센트로 정체되었다. 반면 부모가 상위 2개 분위에 속하는 경우 그 자녀들의 학사학위 취득률은 같은 기간에 40퍼센트에서 80퍼센트로 상승했다.[30] 다시 말해 부모의 소득이 자녀의 대학 진학에 거의 완벽한 예측 요인이 된 것이다.

대학의 능력주의와 소수 집단 지배

이러한 교육 기회 불평등의 문제는 경제적으로 최상위에 있는 계층에도 존재하는 듯하다. 이는 일류 사립대학의 비싼 학비(중상위 계층 부모의 소득과 비교해도 비싸다) 때문만이 아니라 입학 허가가 대학에 기부할 수 있는 부모의 재정적 능력에 크게 좌우되기 때문이다. 예를 들어 한 연구는 대학 졸업생들이 모교에 기부하는 사례가 이상하게도 그 자녀들의 대학 입학 시기에 집중되어 있음을 보여주었다.[31] 자료의 다양한 출처를 비교해보면 하버드대 학생 부모의 평균 소득은 현재 약 45만 달러에 이른다는 추정이 가능한데, 이는 미국 상위 2퍼센트 소득계층의 평균 소득에 해당된다.[32] 그러한 연구 결과는 오직 실력을 근거로 학생을 선발해야 한다는 관념과 전적으로 맞아떨어지지는 않는 것으로 보인다. 이 경우 공식적인 능력주의 담론과 현실의 차이가 특히나 극단적으로 나타난다. 학생 선발과정이 전혀 투명하지 않다는 사실 또한 지적되어야 할 것이다.[33]

그러나 이런 고등교육 기회의 불평등이 미국만의 문제라고 생각한다면 오산이다. 이는 21세기에 세계 도처의 사회적 국가가 직면한 가장 중요한 문제 중 하나다. 이 문제에 대해 지금까지 정말로 만족할 만한 해답을 내놓은 국가는 없다. 확실한 것은 영국을 제외한다면 대학 수업료는 유럽이 훨씬 더 낮다는 사실이다.[34] 스웨덴과 북유럽 국가들, 독일, 프랑스, 이탈리아, 스페인을 포함한 유럽 국가들의 대학 학비는 500유로 이하로 상대적으로 저렴하다. 비록 프랑스의 경영대학원 혹은 시앙스 포Sciences Po(파리의 정치대학—옮긴이) 같은 예외가 존재하고 상황도 급격하게 변하고 있지만 여전히 미국과는 많은 차이가 있다. 유럽의 대부분 사람은 초등교육과 중등교육이 그렇듯이 고등교육도 무상교육이거나 거의 그에 준해야 한다고 믿는다.[35] 퀘벡에서는 주 정부가 수업료를 2000달러에서 거의 4000달러로 점진적으로 인상하기로 결정한 것이 불평등한 미국식 제도로 바꾸려는 시도라고 해석되었다. 이는 2012년 겨울 학생들의 수업 거부를 불러일으켰고 결국 정권 교체와 인상 계획 철회로 이어졌다.

그러나 고등교육이 무상교육이 되면 모든 문제가 해결되리라는 생각은 순진한 것인지도 모른다. 1964년 피에르 부르디외와 장클로드 파스롱은 『상속인들Les héritiers』이라는 저서에서 좀더 미묘한 사회문화적인 학생 선발 메커니즘을 분석했다. 이 메커니즘은 종종 부모의 재정 상황에 따른 선발과 동일하게 작용한다. 예를 들어 프랑스의 '그랑제콜grandes écoles'(프랑스 고유의 엘리트 고등교육 기관—옮긴이) 시스템은 더 유리한 사회적 배경을 가진 학생들에게 더 많은 공적자금을 지출하는 반면, 평범한 배경의 학생들에 대한 지출은 적다. 다시 말하지만, '공화주의적 능력주의republican meritocracy'의 공식적인 담론과 현실 사이에는 커다란 차이가 있다.(현실에서는 사회적 지출이 사회적 출신에 따른 불평등을 증폭시킨다.)[36] 이용할 수 있는 자료에 따르면 시앙스 포에 재학 중인 학생의 학부모 평균 소득은 현재 9만 유로 정도다. 이는 대략 프랑스 상위 10퍼센트 소득계층에 해당된다. 따라서 시앙스 포는 하버드대보다 5배 더 광범위한 계층을 대상으로 학생을 모집하는 셈이지만 학생 선발은 여전히 비교적 제한적이다.[37] 비록 다른 그랑제콜의 경우 이와 비슷한 계산을 하기 위한 자료가 부족하지만 결과는 크게 다르지 않을 것이다.

여기서 오해하지 말아야 할 것이 있다. 고등교육의 실질적인 기회균등을 달성할 수 있는 쉬운 방법은 없다. 이는 21세기 사회적 국가에서 핵심 사안이 될 것이며, 이상적인 제도는 아직 고안되지 않았다. 또한 값비싼 수업료는 용납하기 어려운 불평등을 가져왔지만, 그것은 또한 미국 대학들이 세계의 선망 어린 시선을 받을 수 있도록 하는 독립성과 번영 그리고 에너지를 만들어내고 있기도 하다.[38] 이론상으로는 공공재정의 상당 부분을 대학에 인센티브로 제공함으로써 교육 기회의 평등성 문제와 분권화의 이점을 결합시키는 일도 가능할 것이다. 어떤 측면에서 이는 공적 의료보험제도에서 시행되고 있는 부분이다. 생산자들(의사와 병원들)에게는 일정한 독립성이 주어지지만 진료비는 공동의 책임으로 남는다. 그래서 환자는 의료보험제도를 통해 평등한 진료 기회를 보장받는다. 이와 같은 방식으로 대학과 학생들에게도 동일한 혜택이 주어질 수 있다. 북유럽 국가들은 고등교육에서 이런 유의 전략을 택하고 있다. 이런 과정은 어마어마한 공적 재원 조달을 필요로 하는데, 사회적 국가의 통폐합이라는 현 기류를 볼 때 이런 재원을 마련하기란 쉽지 않다.[39] 그럼에도 불구하고 이 같은 전략은 최근의 다른 시도들, 즉 부모의 소득[40]에 따라 달라지는 수업료 청구에서부터 수혜자의 소득세에 붙는 부가세를 통해 회수되는 학자금 대출 제공에 이르기까지 다른 어떤 시도[41]보다 훨씬 더 만족스러웠다.

이 문제에서 진전을 이루려면 지금보다 투명성을 높이는 일부터 시작하는 것이 좋다. 그런데 미국, 프랑스, 그리고 대부분의 다른 나라에서 국가적 능력주의 모델의 장점에 관해 이뤄지는 논의는 대체로 이러한 사실에 대한 정밀한 검증을 기반으로 하고 있지 않다. 이런 논의는 종종 현행 제도가 명백한 실패작이라는 사실을 무시하면서 기존의 불평등을 정당화하기 위한 것이다. 1872년, 에밀 부트미는 다음과 같은 명백한 사명감으로 시앙스 포를 설립했다. "다수의 지배에 복종할 의무가 있는, 스스로를 상류층이라 일컫는 계층은 오로지 가장 능력 있는 자의 권리를 들먹임으로써만 정치적 헤게모니를 유지할 수 있다. 전통적인 상류층의 특권이 무너지면서 민주주의의 물결은 두 번째 벽에 부딪힐 것이다. 그 벽은 대단히 유용한 재능, 명망을 가져오는 우월함, 분별 있는 사회라면 내칠 수 없는 능력에 기초하고 있다."[42] 이 훌륭한 선언문을 진지하게 생각해보면 다음과 같은 내용을 함축하고 있다는 사실을 알게 된다. 즉 상류층이 무사안일주의를 버리고 능력주의 사회를 구축하지 않으면, 보통선거를 통해 자신들의 지위를 박탈당하게 된다는 사실을 본능적으로 깨달았다는 것이다. 물론 혹자는 이것을 당시의 정치적 상황 탓으로 돌릴 수도 있다. 당시에 파리 코뮌은 막 진압되었고, 남성의 보통선거권이 재확립되었다. 그러나 부트미의 선언문에는 우리에게 본질적인 진리를 상기시켜주는 미덕이 있다. 즉, 불평등의 의미를 정의하고 승자의 지위를 정당화하는 것이 대단히 중요한 문제이며, 그 원인이 되는 사실에 대한 온갖 그릇된 설명이 나올 수 있다는 것이다.

퇴직연금의 미래: 부과식 연금제도와 저성장

/

공적연금제도는 보통 부과식 연금 시스템이다. 이는 현재 일하고 있는 노동자의 임금에서 공제한 기여금이 곧바로 퇴직자의 연금으로 지급되는 체제다. 적립식 연금제도capitalized pension plan와는 대조적으로 부과식 연금 시스템에서는 투자되는 것이 아무것도 없고 들어오는 기금은 즉시 현재의 은퇴자에게 지출된다. 부과식 연금 시스템은 세대 간 연대의 원리를 기반으로 하는데(현재의 노동자들은 미래의 후손들이 그들의 연금을 지급할 것이라고 기대하며 현재의 은퇴자에게 연금을 지급한다), 여기서 연금 수익률은 기본적으로 경제성장률과 같은 개념이다. 미래의 은퇴자들에게 지급할 수 있는 기금은 평균 임금이 상승하는 만큼 늘어날 것이다. 이론적으로 이는 또한 평균 임금이 가능한 한 빨리 오르도록 보장하는 일에는 현재의 노동자들의 이해가 걸려 있음을 의미한다. 그러므로 노동자들은 자녀를 위해 학교와 대학에 투자하고 출산율도 높여야 한다. 다시 말해 이 연금 시스템에는 원칙적으로 도덕적이고 조화로운 사회를 이루기 위한 세대 간 유대가 존재한다.[43]

　20세기 중반 부과식 연금 시스템이 도입되었을 때는 사실 선순환적인 일련의 사건이 일어나기에 적합한 상황이었다. 인구증가율은 높았고 생산성 상승률은 더 높았다. 유럽 대륙 국가들의 성장률은 5퍼센트에 가까웠고, 이 성장률이 곧 부과식 연금 시스템의 수익률이었다. 구체적으로 말하면, 제2차 세계대전 종전 시점과 1980년 사이 국가 퇴직연금기금에 기여한 노동자들은 그들이 기여금을 납부했던 때보다 훨씬 더 커진 임금노동자의 공동 기금에서 연금을 돌려받았다.(혹은 여전히 받고 있다.) 그러나 오늘날의 상황은 다르다. 성장률 하락(부유한 국가에서는 현재 1.5퍼센트 정도이며 궁극적으로는 아마 모든 국가에서 그렇게 될 것이다)이 분담된 기여금으로 만든 공동 기금의 수익을 축소시키고 있다. 모든 정황이 21세기에 경제성장률보다 자본수익률이 훨씬 더 높아질 것임을 예견한다.(자

본수익률은 4~5퍼센트인 데 비해 경제성장률은 겨우 1.5퍼센트다.)[44]

이런 상황에서는 부과식 연금 시스템을 가능한 한 빨리 적립식 연금제도로 바꿔 현역 노동자들의 기부금을 은퇴자에게 즉각 지급하기보다는 투자해야 한다는 결론을 내리려고 하기 쉽다. 이러한 투자는 1년에 4퍼센트씩 성장해, 지금으로부터 수십 년 뒤 현재의 노동자들이 은퇴했을 때 필요한 연금의 재원을 마련할 수 있다. 그러나 이러한 주장에는 몇 가지 결점이 있다. 첫째, 부과식 연금 시스템보다 적립식 연금제도가 확실히 더 바람직하다 해도 이러한 전환은 근본적인 문제를 야기한다. 한 세대의 은퇴자들이 모두 무일푼으로 남겨진다는 것이다. 자신의 기여금으로 그 앞 세대의 연금을 지불해왔으며 이제 막 은퇴하려는 세대는, 현재의 노동자들이 낸 기여금으로 자신의 여생 동안 집세를 내고 식료품을 살 수 있으리라 기대했던 바와 달리 그들의 기여금이 실은 세계 곳곳의 자산에 투자되리라는 점을 달가워하지 않을 것이다. 이러한 제도 전환 문제에 있어 간단한 해결책은 없다. 이것 하나만으로도 적어도 그런 극단적인 형태로의 개혁은 완전히 고려할 가치가 없는 것이 된다.

둘째, 두 연금제도의 이점을 비교할 때, 자본수익률이 실제로는 극도로 불안정하다는 것을 명심해야 한다. 퇴직연금 기여금을 모두 글로벌 금융시장에 투자하는 것은 상당히 위험할 터이다. 왜냐하면 평균적으로 $r>g$라는 사실이 개별적인 투자에도 해당되는 것은 아니기 때문이다. 자본수익률은 이익을 실현하기까지 10년이나 20년을 기다릴 수 있을 만큼 충분히 여유가 있는 사람에게는 실제로 아주 매력적이다. 하지만 한 세대 전체의 기본적인 생활에 필요한 돈을 지불해야 할 때라면 주사위 던지기에 모든 것을 거는 이 같은 결정은 매우 비합리적일 것이다. 부과식 연금 시스템을 정당화하는 중요한 논리는 이것이 신뢰성 있고 예측 가능한 방식으로 연금 지급을 보장하는 최상의 방법이라는 것이다. 임금 상승률이 자본수익률보다 낮을지 몰라도 자본수익률은 임금 상승률보다 변동성이 5~10배 크다.[45] 이런 상황은 21세기에도 계속될 것이고, 부과식 연금 시스템은 미래의 어느 곳에서나 이상적인 사회복지 체제의 일부로 계속 남을 것이다.

그렇다 하더라도 $r>g$라는 논리는 전적으로 무시할 수 없는 것이 사실이며 선진국의 기존 연금 시스템에서 몇 가지는 달라져야만 할지도 모른다. 명백한 하나의 난제는 인구 고령화다. 사람들이 80세에서 90세 사이에 사망하는 시대에 기대수명이 60~70세였던 과거에 정한 기준을 유지하기는 어렵다. 더욱이 은퇴 연령을 높이는 것은 단지 현재의 노동자와 은퇴자들이 이용할 수 있는 자원을 늘리는 방법일 뿐만 아니라(이는 저성장 시대에 매우 좋은 일이다) 또한 일을 통해 성취감을 느끼고자 하는 많은 사람의 요구를 반영하는 조치이기도 하다. 이런 이들에게는 60세에 은퇴를 요구받고 어떤 경우에는 일을 한 햇수보다 더 많은 시간을 은퇴한 상태에서 보내는 것이 구미가 당기는 일은 아니다. 여기서 문제는 개인마다 상황이 아주 다르다는 것이다. 주로 지식산업에 종사하는 사람들은 70세가 될 때까지 일하기를 희망할 수도 있다.(이런 사람들이 전체 고용에서 차지하는 비중은 갈수록 늘어날 가능성이 있다.) 그러나 일찍부터 일을 시작했고, 일이 고되거나 보람을 느끼지 못해 비교적 이른 시기에 정당하게 은퇴하기를 바라는 사람도 많다.(특히 그들의 기대수명이 보통 고급 직종 종사자들보다 짧기 때문이기도 하다.) 불행히도 대다수 선진국에서 최근에 시도한 개혁들은 이 같은 개인의 다양한 상황을 적절히 구분해내는 데 실패했다. 그리고 어떤 경우 조기 은퇴를 바라는 이들은 은퇴 시기를 늦출 수 있는 이들보다 더 많은 것을 강요받는데, 은퇴 연령을 높이는 연금개혁이 이따금씩 극렬한 저항을 불러일으키는 것은 이 때문이다.

연금개혁의 주된 어려움 가운데 하나는 연금제도가 공무원, 민간부문의 노동자 그리고 일하지 않는 사람들에 대해 각기 다른 원칙을 적용하는 만큼, 개혁하기에 매우 복잡한 제도라는 것이다. 요즘 젊은 세대 가운데 일생에 걸쳐 다양한 직업에 종사하는 사람들이 늘어나고 있는데, 이들의 연금에는 어떤 원칙이 적용되어야 하는지를 알기 어려울 때가 있다. 하지만 이렇게 복잡한 요소가 존재하는 것은 놀라운 일이 아니다. 오늘날의 연금제도는 많은 경우 19세기부터 기존의 제도들이 새로운 사회집단과 직업들로 확장되면서 단계별로 확립되었기 때문이다. 그러나 이런 점이 연금 개혁을 위한 노력에 모든 사람의 협력을 얻어내기 어렵게 만드는데, 왜냐하면 대다수가 다른 사람보다 더 나쁜 처우를 받고 있다고 느끼기 때문이다. 게다가 복잡한 기존 원칙과 방식은 곧잘 이런 문제들을 혼란스럽게 만든다. 또한 사람들은 이미 공적연금에 바쳐진 자원의 규모를 과소평가하고 있으며 이 금액이 무한대로 증가할 수 없다는 것을 인식하지 못하고 있다. 예를 들어 프랑스의 연금제도는 대다수 젊은 노동자가 자신이 어떤 연금을 받을 자격이 있는지에 대해 명확히 이해할 수 없을 정도로 아주 복잡하다. 어떤 사람들은 연금으로 상당한 금액(총급여의 25퍼센트 정도)을 납부하고 있으면서도 자신들이 아무것도 받지 못할 것이라고 생각하기도 한다. 21세기 사회적 국가가 이루어야 할 가장 중요한 개혁은 개인의 경력이 얼마나 복잡한지와 무관하게 모두에게 평등한 권리를 부여하는 개인 계좌를 바탕으로 통합된 퇴직연금제도를 확립하는 것이다.[46] 이런 시스템은 각 개인이 부과식 공적연금에서 얼마를 받을 수 있을지를 정확히 예상하도록 해주며, 이에 따라 개인이 저축에 관해 더 현명한 결정을 할 수 있도록 해준다. 이런 저축은 저성장 환경에서 불가피하게 더욱 중요한 보완적 역할을 할 것이다. "공적연금은 유산이 없는 사람들의 유산과 같다"는 말을 흔히 듣는다. 이는 사실이긴 하지만 이것이 서민들에게 스스로 비상금을 모아두도록 권장하는 일이 현명하지 않다는 의미는 아니다.[47]

빈곤국과 신흥국에서의 사회적 국가

20세기 선진국에서 부상한 사회적 국가는 보편적인 사명을 지니고 있는가? 빈곤국과 신흥국에서 유사한 발전을 볼 수 있을 것인가? 이보다 더 불확실한 것은 없다. 우선, 부유한 국가들 가운데서도 중요한 차이점이 있다. 서유럽 국가들의 국민소득 대비 세수는 약 45~50퍼센트에서 안정된 것으로 보이는 데 비해 미국과 일본의 경우 이 비율이 약 30~35퍼센트 수준에 고정된 것으로 보인다. 확실히 경제발전 수준이 같아도 다른 선택이 가능하다.

1970년에서 1980년까지 전 세계에서 가장 빈곤한 국가들을 보면 세수가 보통 국민소득의 10~15퍼센트에 불과하다는 것을 알 수 있다. 사하라 사막 이남의 아프리카와 남아시아(특히 인도) 국가들이 그렇다. 이어 중남미와 북아프리카 그리고 중국처럼 중간 수준의 발전 단계에 있는 나라들로 눈을 돌려보면, 정부가 국민소득의 15~20퍼센트를 가져가고 있음을 알 수 있다. 이는 선진국들이 과거 비슷한 발전 단계에 있을 때보다 낮은 수준이다. 가장 놀라운 점은 부유한 국가와 그리 부유하지 않은 국가 사이의 차이가 최근 몇 년간 지속적으로 커지고 있다는 것이다. 지금 수준으로 안정되기 전까지 부유한 국가들의 세수는 1970년대 국민소득의 30~35퍼센트에서 1980년대 35~40퍼센트로 증가했다. 반면 빈곤국과 중진국의 세수는 크게 감소했다. 사하라 사막 이남 아프리카와 남아시아에서는 국민소득 대비 세수 비중이 1970년대와 1980년대 초반에는 15퍼센트를 약간 밑돌았으나 1990년대에는 10퍼센트를 약간 웃도는 수준으로 떨어졌다.

이러한 변화는 염려스럽다. 오늘날 전 세계 모든 선진국에서 재정 확보와 사회적 국가 건설은 현대화와 경제발전 과정의 핵심적인 부분이었기 때문이다. 역사적인 증거를 보면 국민소득의 10~15퍼센트에 불과한 세수로는 국가가 전통적으로 수행했던 기본적인 책임 이상을 수행하는 것이 불가능함을 알 수 있다. 경찰과 사법 시스템에 적절한 예산을 배정하고 나면 교육과 의료 분야에 쓸 예산이 그리 많지 않기 때문이다. 여기서 또 다른 선택이 가능하다. 경찰, 판사, 교사 그리고 간호사까지 모두에게 초라한 봉급을 주는 것이다. 이럴 경우 이들 공공서비스 기관 가운데 어느 한 곳도 제대로 돌아가지 않을 것이다. 이는 다음과 같은 악순환으로 이어질 수 있다. 공공서비스 기능의 부실은 정부에 대한 신뢰를 떨어뜨리고, 이에 따라 세금 인상이 훨씬 더 어려워지는 것이다. 정부 재정의 확보와 사회적 국가의 발전은 그와 같은 국가 형성 과정과 긴밀하게 연관되어 있다. 그러므로 경제발전의 역사는 또한 정치적, 문화적 발전의 문제인 것이다. 때문에 각 국가는 그들 내부의 분열을 극복하기 위해 고유한 방법을 모색해야 할 것이다.

그러나 현재의 경우는 부유한 국가와 국제기구에 일부 책임이 있는 것으로 보인다. 가난한 국가들은 초기 상황이 별로 희망적이지 않았다. 1950~1970년 시기의 탈식민지화 과정이 갖은 혼란으로 점철되었던 것이다. 예컨대 옛 식민지 시대 열강들과의 독립전쟁, 어느 정도 자의적인 국경, 냉전과 관련된 군사적 긴장, 사회주의 실험의 무산, 때로는 이 모든 것이 조금씩 나타난 경우도 있었다. 더욱이 1980년 이후 선진국들에서 시작된 급진적인 자유주의 물결은 가난한 나라들이 공공부문을 축소시키도록 했을 뿐 아니라 경제발전을 촉진하는 데 적합한 세제를 발전시키는 일의 우선순위를 낮추도록 강요했다. 최근의 연구는 1980~1990년까지 가장 빈곤한 국가에서의 정부 세수 감소가 상당 부분 1970년대 국민소득의 약 5퍼센트에 해당되는 세수를 가져다주었던 관세의 축소 때문이었음을 보여준다. 무역자유화가 반드시 나쁜 것은 아니다. 그러나 외부로부터 독단적으로 강요받지 않을 때에만, 그리고 새로운 세금과 다른 대체 세원을 거둘 수 있는 강력한 조세당국이 잃어버린 세수를 점차 메울 수 있을 때에만 그러하다. 오늘날 선진국들은 19세기와 20세기를 거쳐오면서 그들이 합리적이라 판단한 속도로 그리고 확실한 대안을 염두에 두고 관세를 인하했다. 선진국들은 아무도 그들에게 그것이 아닌 다른 정책을 도입하라고 요구하지 않았다는 점에서 운이 좋았다.[48] 이는 더 일반적인 현상을 보여준다. 즉 부유한 국가들이 자국의 역사적 경험에서 얻은 교훈을 진정으로 활용하려 하지 않고 저개발 국가들을 실험의 장으로 이용하는 경향이 있다는 것이다.[49] 반면 오늘날 빈곤국과 신흥국에서는 매우 다른 여러 경향이 나타나고 있다. 중국과 같은 나라들은 조세 체계의 현대화에서 상당히 앞서 있다. 예를 들어 중국은 많은 인구를 대상으로 소득세를 징수해 상당한 세수를 거둔다. 중국은 유럽, 미국, 아시아에서 찾아볼 수 있는 것과 비슷한 사회적 국가를 발전시키는 과정에 있다.(비록 중국의 특수성, 그리고 물론 정치적, 민주적 뒷받침과 관련해 커다란 불확실성이 있지만 말이다.) 인도와 같은 다른 나라들은 낮은 수준의 세수에 기반을 둔 균형 상태에서 벗어나는 데 더 많은 어려움을 겪어왔다.[50] 어쨌든 개발도상국의 세계에서 어떤 종류의 재정국가와 사회적 국가가 부상할 것인가 하는 물음은 지구촌의 미래를 위해 극히 중요하다.

누진적 소득세를
다시 생각한다

앞 장에서는 (교육, 의료, 퇴직연금을 비롯한) 사회의 요구와 그에 상응하는 공공비용에 초점을 맞춰 사회적 국가의 성립과 발전을 검토했다. 거기서 나는 전반적인 조세의 수준을 주어진 것으로 다루면서 그 변화를 설명했다. 이번 장과 다음 장에서는, 그것 없이는 사회적 국가가 결코 등장할 수 없었을 세금의 구조와 그 밖의 정부 세수를 더 상세히 고찰해 미래를 위한 교훈을 도출하고자 한다. 과세제도에 있어 20세기의 가장 중요한 혁신은 누진적인 소득세의 도입과 발전이다. 이 제도는 지난 세기 불평등을 감소시키는 데 핵심적인 역할을 했으나, 오늘날에는 국제적인 조세경쟁으로 심각한 위협을 받고 있다. 동시에 이 제도는 시간이 별로 없었던 비상상황에서 만들어져, 그 기초에 대한 철저한 검토가 이루어진 적이 없기 때문에 위기에 처해 있다고도 할 수 있다. 또한 20세기에 이루어진 두 번째로 중요한 국가재정의 혁신인 상속에 대한 누진세도 같은 이유로 위기에 처해 있으며, 최근 수십 년 동안 여러 도전에 직면해왔다. 이 두 세금에 관해 자세히 고찰하기 전에, 먼저 이 세금들을 일반적인 누진과세의 맥락에서 살펴보고 누진세가 현대사회의 부의 재분배에 미치는 영향을 살펴봐야 한다.

현대적 재분배: 누진세의 문제

/

과세는 기술적인 문제가 아니다. 과세는 상당히 정치적이며 철학적인 문제이고, 아마도 모든 정치적인 문제 가운데 가장 중요할 것이다. 세금이 없다면 운명공동체를 이루지 못할 것이고 집단행동은 불가능하다. 이것은 언제나 사실이었다. 때문에 모든 주요 정치적 격변의 핵심에는 국가재정의 혁명이 자리잡고 있다. 프랑스에서 앙시앵레짐이 완전히 사라진 것은 혁명의회가 귀족 및 성직자의 세제상 특권을 폐지하고 현대적인 보편적 과세제도를 확립했을 때였다. 미국의 독립혁명은 영국의 식민 지배를 받던 이들이 자신들의 운명을 스스로 결정하고 스스로의 세금을 정하려 했을 때 시작되었다.("대표 없이 과세 없다.") 200년 뒤 상황은 달라졌지만, 문제의 본질은 변하지 않았다. 주권자인 시민들이 교육, 의료, 퇴직연금, 불평등의 축소, 고용, 지속 가능한 발전 등과 같은 공동의 목표에 얼마나 많은 재원을 투자할 것인지를 어떻게 민주적으로 결정할 것인가? 정확히 어떤 구체적인 과세 방식을 택하느냐가 모든 사회에서 정치적 갈등의 핵심이다. 이런 논의의 목적은 누가 어떤 원칙에 따라 얼마만큼의 세금을 내야 하는지에 대한 합의에 이르는 것이다. 사람들의 입장이 여러모로 다르기 때문에 합의는 결코 쉽지 않다. 특히 그들은 서로 소득이 다르고 서로 다른 규모의 자본을 소유한다. 어떤 사회든 노동을 통한 소득이 많지만 유산은 별로 없는 사람이 있고 또는 그 반대인 경우도 있다. 다행스럽게도 이러한 두 가지 부의 원천에는 완벽한 상관관계가 있는 것은 아니다. 그래서 이상적인 세금제도에 대한 견해도 다양하게 나타난다.

보통 세금은 소득세, 자본세, 소비세로 구분된다. 각각의 세금은 거의 모든 시기에 다양한 비율로 나타난다. 그러나 이런 분류는 애매모호하고 그 경계가 항상 분명한 것도 아니다. 예를 들어 소득세는 원칙적으로 노동소득뿐만 아니라 자본소득에도 적용되기 때문에 자본에 대한 세금이기도 하다. 자본세에는 일반적으로 자본총량의 가치에 대한 세금(부동산세, 상속세 또는 부유세 등)뿐 아니라 자본으로부터 나오는 소득에 부과되는 세금(법인소득세 등)도 포함된다. 현대의 소비세는 수입품, 주류, 석유, 담배, 서비스에 대한 세금들과 부가가치세를 포함한다. 이러한 세금들은 항상 존재해왔고 흔히 모두에게 가장 큰 미움을 받으며, 하류층에게는 가장 무거운 부담이 된다.(누군가는 앙시앵레짐 시대에 소금에 부과된 세금을 떠올릴 것이다.) 소비세는 개인 납세자의 소득이나 자본과 직접 관련되어 있지 않기 때문에 흔히 간접세라 부르기도 한다. 간접세는 구입된 상품의 판매 가격의 일부로서 간접적으로 지불된다. 이론적으로 각 납세자의 총소비에 세금을 부과하는 직접세가 가능하지만 이런 세금이 실현된 적은 한 번도 없었다.[1]

20세기에 네 번째 범주의 세금이 등장했는데 그것은 정부가 후원하는 사회보장제도에 대한 기여금이었다. 이는 특별한 유형의 소득세인데, 보통 노동소득(임금과 비임금노동자의 보수)에만 과세된다. 그 수입은 사회보장기금이 되고, 이는 퇴직노동자의 연금이나 실업자의 실업수당 등 대체소득의 재원을 조달한다. 이런 방식의 세금 징수는 세금이 사용되는 목적을 납세자가 알 수 있도록 해준다. 또한 프랑스와 같은 일부 국가는 이러한 사회보장기여금을 이용해 의료보험이나 가족수당과 같은 사회적 지출의 비용을 지불하며, 따라서 총사회보장기여금이 정부 총수입의 거의 절반을 차지한다. 이런 복잡한 제도는 세금 징수의 목적을 분명하게 하기보다는 오히려 모호하게 만들 수도 있다. 그에 반해 덴마크 같은 다른 국가들은 높은 소득세로 모든 사회적 지출의 비용을 충당하는데, 소득세 세수는 연금, 실업보험 및 의료보험, 기타 많은 목적을 위해 배분된다. 사실 서로 다른 과세의 범주들을 이렇게 구분하는 것은 현실성이 없어 보인다.[2]

이런 정의에는 이견이 많기 때문에 다양한 세금 유형의 특징을 표현하는 데 있어 더 적절한 기준은 각 유형이 어느 정도로 비례적인가, 아니면 누진적인가 하는 것이다. '비례세'는 세율이 모두에게 똑같이 적용되는 세

14장
누진적 소득세를
다시 생각한다

금이다.('평률세flat tax'라고도 한다.) 누진세는 소득이나 소유한 자산 또는 소비가 더 많은 사람에게 그렇지 않은 사람보다 더 높은 세율이 적용되는 세금이다. 한편 역진세는 더 부유한 사람일수록 적용되는 세율이 낮아지는 세금인데, 이들이 (합법적으로 세금 부담을 최적화하거나 불법적으로 세금을 회피하는 방식으로) 세금을 면제받았거나 법률이 역진적인 세율을 부과했기 때문에 발생한다. 1990년 마거릿 대처 총리를 실각시킨 '인두세poll tax'가 역진적인 세율을 부과한 대표적인 경우다.[3]

현대의 재정국가에서 총 납세액은 흔히 개인의 소득 수준과 거의 비례하는데, 이런 경향은 세금 총액이 많은 국가에서 더욱 두드러진다. 이는 놀라운 일이 아니다. 사회보장이라는 야심찬 제도의 재원을 충당하기 위해서는 국민소득의 절반 정도를 세금으로 걷어야 하는데, 이는 모든 국민의 상당한 기여가 없이는 불가능하다. 더욱이 현대의 재정국가 및 사회적 국가의 발전을 지배했던 보편적 권리라는 논리와 비례세 혹은 가벼운 누진세는 상당히 잘 맞아떨어진다.

누진세: 제한적이지만 중요한 역할

그러나 누진세가 현대적 재분배에서 제한된 역할만 한다는 결론은 잘못된 것이다. 첫 번째 이유는, 전반적인 과세가 대다수 인구의 소득과 상당 수준 비례한다고 해도, 가장 높은 소득과 가장 많은 재산에 훨씬 더 높은 (혹은 더 낮은) 세율로 과세하는 것은 불평등의 구조에 커다란 영향을 줄수 있기 때문이다. 특히 매우 높은 소득과 매우 큰 상속재산에 대한 누진세는 왜 1914~1945년의 충격 이후 부의 집중이 벨 에포크 시대만큼 천문학적인 수준으로 결코 회복되지 못했는지를 부분적으로 설명해준다. 반대로 제2차 세계대전 이후 누진세의 선도 국가들이었던 영국과 미국에서 나타난 매우 높은 노동소득의 증가는 아마도 소득세의 누진성이 극적으로 감소한 것으로 상당 부분 설명될 수 있다. 이와 동시에 자본이 자유롭게 이동하는 세계에서 조세경쟁이 격화됨에 따라 많은 정부가 자본소득에 대한 누진적 소득세를 면제해주었다. 이런 경향은 특히 유럽에서 나타났는데, 유럽 내의 상대적으로 규모가 작은 국가들은 지금까지 다른 국가들과 조세정책을 조율하지 못한 것으로 드러났다. 그 결과 예를 들어 법인세율을 인하하고 노동소득에 대해서는 과세하지만 이자나 배당금, 다른 금융소득 등에 대해서는 세금을 면제해주는 끝없는 바닥으로의 경주가 나타났다.

이러한 변화의 결과 중 하나는 대부분의 나라에서 세금이 고소득 계층에서 역진적이 되었다는 것이다.(혹은 곧 그렇게 될 것이다.) 예컨대 2010년 프랑스의 모든 형태의 세금을 검토한 상세한 연구에 따르면 총세율(평균적으로 국민소득의 47퍼센트)은 다음과 같이 분해된다. 소득분배에서 하위 50퍼센트 계층은 평균 40~45퍼센트의 세율을 적용받았고, 다음 40퍼센트의 소득자들은 45~50퍼센트의 세율을 적용받았다. 하지만 상위 5퍼센트와 심지어 상위 1퍼센트는 더 낮은 세율을 적용받았는데, 예를 들어 상위 0.1퍼센트는 고작 35퍼센트의 세율을 적용받았다. 이처럼 가난한 이들에 대한 세율이 높은 것은 이들 계층에서 소비세와 사회보장기여금의 비중이 크다는 것을 반영한다.(이 두 가지가 프랑스 세수의 4분의 3을 차지한다.) 중산층에서 관찰된 약간의 누진성은 이 계층에서 소득세의 비중이 커지고 있기 때문이다. 이와 반대로 소득 상위 1퍼센트에서 명백하게 나타나는 역진성은, 이 계층에서는 누진적 과세에서 대부분 면제되는 자본소득이 큰 비중을 차지하고 있음을 보여주는 것이다. 자본소득에 대한 누진세 면제 효과가 자본총량에 대한 세금(이는 가장 누진적인 세금이다) 효과보다 더 커서 상류층의 세율을 낮추는 결과를 가져왔다.[4] 모든 자료는 유럽의 다른 국가들에서도(아마도 미국에서도) 세율 구조가 이와 비슷한 벨 커브를 따른다는 것을 보여준다. 아마도 현실에서는 이런 불완전한 추정치가 보여주는 것보다 벨 커브가 더 뚜렷할 것이다.[5]

사회적 계층 구조의 상류층에 대한 과세가 미래에 더욱 역진적으로 바뀌면 그것이 부의 불평등의 역학에 미치는 영향은 더 커질 것이고, 그 결과 매우 심한 자본의 집중이 나타날 것이다. 확실히 그런 식으로 가장 부유한 시민들이 조세 체계에서 떨어져나가는 것은 조세에 대한 사회적 동의에 큰 악영향을 미칠 수 있다. 재정국가 및 사회적 국가에 대한 공감대는 저성장으로 인해 이미 약화되었는데 앞으로도 더욱 줄어들 것이다. 특히 상위계층보다 더 많은 세금을 내야 한다는 것을 당연하게 받아들이기 힘든 중산층의 지지가 감소할 것이다. 또한 개인주의와 이기주의가 만연할 것이다. 조세제도가 전체적으로 불공정한데, 왜 다른 사람을 위해 계속 세금을 내야 하는가? 따라서 현대적인 사회적 국가가 계속 유지되려면, 그 기초가 되는 세금제도가 최소한의 누진성을 지니거나 어쨌든 명백히 상류층에게 역진적이지는 않도록 하는 것이 필수적이다.

더군다나 최상위 소득에 얼마나 무거운 세금이 부과되는지를 검토하는 것으로 세제의 누진성을 살펴보는 것은 문제가 있다. 날로 더 중요해지고 있는 상속자산의 중요성을 간과하기 때문이다.[6] 실제로 유산은 소득보다 과세율이 훨씬 더 낮다.[7] 이것은 내가 '라스티냐크의 딜레마'라고 부르는 상태를 더욱 악화시킨다. (노동소득과 자본화된 유산을 포함해) 일생 동안 얻는 모든 자원을 기준으로 개인들을 백분위로 분류하면, 이는 누진적인 과세를 위해 더 만족스러운 기준이겠지만, 실제로는 노동소득만을 고려했을 때보다 상위계층에서 훨씬 더 역진적인 형태의 벨 커브가 나타날 것이다.[8]

마지막으로 강조되어야 할 점은 다음과 같다. 세계화가 부유한 국가들의 미숙련 노동자들에게 특히 악영향을 주는 만큼 기본적으로 더욱 누진적인 세금제도가 정당화될 수 있는데, 이는 전체적으로 상황을 한층 더 복잡하게 만든다. 분명 총조세를 국민소득의 50퍼센트 수준으로 유지하기를 원한다면 모든 사람이 상당한 세금을 납부하는 것은 불가피하다. 그러나 (최상위 계층을 제쳐두는) 약한 누진세 체계 대신, 더 가파른 누진세를 쉽게 생각해볼 수도 있다.[9] 이 가파른 누진세가 모든 문제를 해결하지는 못하겠지만 미숙련 노동자들의 처지를 상당히 개선할 수는 있을 것이다.[10] 만약 세금제도가 더욱 누진적으로 만들어지지 않는다면, 자유무역으로 가장 적은 이익을 얻는 사람들이 자유무역에 등을 돌릴 수도 있다. 그러므로 누진세는 모든 사람이 세계화로 이익을 얻는다는 확신을 주기 위해 필수적이다. 점점 더 눈에 띄는 누진세의 부재는 결국 세계화된 경제에 대한 지지를 약화시킬지도 모른다.

이 모든 이유로 인해 누진세는 사회적 국가의 핵심적인 요소다. 누진세는 20세기에 불평등 구조의 발전과 변화에서 중요한 역할을 했으며, 미래의 사회적 국가의 지속 가능성을 확보하기 위해서도 중요하다. 그러나 오늘날 누진세는 지적으로(그 다양한 기능이 충분히 논의되지 않았기 때문에) 그리고 정치적으로(조세경쟁으로 모든 유형의 소득이 일반적인 과세 원칙에서 면제될 수 있기 때문에) 모두 심각한 위협을 받고 있다.

20세기의 누진세: **단명한 혼돈의 산물**

잠시 과거를 되돌아보자. 우리는 어떻게 지금에 이른 것인가? 우선 누진세는 민주주의뿐만 아니라 두 차례에 걸친 세계대전의 산물임을 깨닫는 것이 중요하다. 누진세는 혼란스러운 환경에서 급조되었기 때문에 제도의 다양한 목적이 철저히 검토되지 못했고, 그 결과 오늘날 여러 문제가 계속해서 제기되고 있다.

분명 많은 국가가 제1차 세계대전 이전에 누진적 소득세를 채택했다. 프랑스의 경우 일반소득세를 입안한 법률이 수년간 상원에서 계류되다가 1914년 7월 15일, 임박한 전쟁에 필요한 비용을 마련하기 위해 통과되었다. 아마 선전포고가 닥쳐오지 않았다면 이 법은 통과되지 않았을 것이다.[11] 이 예외적인 경우를 제외하고 대부분의 국가는 의회에서 정상적인 절차에 따라 누진적 소득세를 통과시켰다. 예를 들어 영국은 1909년에, 미국은 1913년에 이런 세금을 도입했다. 덴마크 1870년, 일본 1887년, 프러시아 1891년, 스웨덴 1903년 등 북유럽의 몇몇 국가와 독일의 여러 주 그리고 일본은 이보다 더 일찍 도입했다. 1900~1910년 모든 선진국이 누진세를 도입한 것은 아니지만, 누진성의 원칙과 총소득에 대한 누진세 적용에 관한 국제적인 합의가 등장하고 있었다.(총소득은 임금 및 비임금소득을 포함하는 노동소득과 지대, 이자, 배당금, 이윤 그리고 경우에 따라 자본가치의 상승분을 합한 것이다.)[12] 많은 사람에게 이런 제도는 세금 부담을 나누는 더욱 정의롭고 효율적인 방식으로 보였다. 총소득은 각 개인의 담세 능력을 나타내며, 누진세는 사유재산권과 시장 경쟁의 힘을 존중하면서도 산업자본주의가 만들어낸 불평등을 억제하는 방안을 제시했다. 비록 대다수의 사람, 특히 프랑스인들은 여전히 누진성의 원칙 자체에 냉담했지만, 그 당시 출판된 많은 서적과 보고서는 이러한 생각을 널리 퍼뜨리고 몇몇 정치 지도자와 자유주의 경제학자들을 설득하는 데 도움을 주었다.[13]

그렇다면 누진적 소득세는 민주주의와 보통선거권의 자연적 산물일까? 실제로 현실은 더 복잡하다. 사실 제1차 세계대전 이전에 적용된 세율은 천문학적인 소득을 올리는 계층에게조차 아주 낮았다. 예외 없이 모든 곳에서 그랬다. 전쟁이 미친 정치적 충격의 강도는 미국, 영국, 프랑스에서 1900~2013년의 최고세율(즉 최고소득 구간의 세율)의 변화를 보여주는 도표 14.1에서 아주 분명하게 나타난다. 최고세율은 1914년까지는 대수롭지 않은 수준에 머물렀는데 전쟁 이후에 급등했다. 이런 곡선은 다른 부유한 국가들에서도 전형적으로 나타난다.[14]

1914년 프랑스의 소득세법은 최고세율을 2퍼센트로 규정했는데, 이는 극소수의 납세자에게만 적용되었다. 최고세율이 '현대적인' 수준으로 높아진 것은 정치적, 경제적 상황이 근본적으로 바뀐 제1차 세계대전 이후의 일이다. 최고세율은 1920년에 50퍼센트, 1924년에 60퍼센트, 1925년에 72퍼센트까지 상승했다. 특히 놀라운 사실은 최고세율을 50퍼센트까지

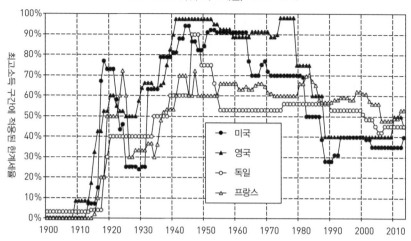

도표 14.1. 소득세 최고세율, 1900~2013

(최고소득 구간에 적용된) 미국의 소득세 최고한계세율은 1980년의 70퍼센트에서 1988년에는 28퍼센트로 떨어졌다.

출처 및 통계: piketty.pse.ens.fr/capital21c

인상해 소득세의 제2의 탄생으로 간주되는 1920년 6월 25일의 법규를 프랑스 공화국의 역사에서 가장 우익적인 의회 중 하나였던 이른바 '청회색 의회Chambre bleu horizon'가 채택했다는 것이다. 이 의회는 전쟁 이전 최고세율 2퍼센트의 소득세를 도입하는 데 가장 격렬하게 반대했던 이들로 구성된 우파연합인 '국민연합Bloc National'이 다수를 이뤘었다. 누진과세에 대한 이러한 우파의 극단적인 입장 전환은 물론 전쟁으로 인한 처참한 재정 상황 때문이었다. 전시에 정부가 지게 된 어마어마한 부채에 대해 정치인들은 "독일이 지불할 것"이라고 의례적인 연설을 반복했지만, 사람들은 새로운 재정 자원의 발굴이 절실하다는 사실을 알고 있었다. 전후 물자 부족과 계속된 화폐 발행은 끝도 없이 치솟는 인플레이션을 초래했으며, 따라서 노동자의 구매력은 1914년보다 낮았고 1919년 5~6월과 1920년 봄에 일어난 파업의 물결로 나라가 마비될 지경이었다. 그런 상황에서 정치적 입장 차이는 중요하지 않았다. 새로운 세원이 필수적이었으며 고소득자들

14장
누진적 소득세를
다시 생각한다

에 대한 세금도 더 이상 예외가 될 수 없었다. 누진세가 지금의 모습을 갖게 된 것은 이처럼 혼란스럽고 정치적으로 격렬한 변화—여기엔 1917년 발생한 볼셰비키 혁명도 포함된다—가 진행 중일 때였다.[15]

특히 독일의 경우가 흥미로운 이유는 누진적 소득세를 세계대전이 발발하기 20년도 더 전에 시행했다는 점 때문이다. 평화롭던 시기 내내 세율은 심하게 상승하지 않았다. 프러시아에서 최고세율은 1891~1914년에 3퍼센트로 안정적으로 유지되다가 1915~1918년에 4퍼센트로 높아졌는데, 1919~1920년에 정치적 상황이 급변하면서 결국 40퍼센트까지 치솟았다. 한편 미국은 지적으로나 정치적으로 다른 나라보다 매우 가파르게 누진적인 소득세를 수용할 준비가 되어 있었고, 두 차례 세계대전 사이의 기간에 이러한 변화를 주도했다. 그러나 미국에서도 1918~1919년이 되어서야 최고세율이 67퍼센트, 그리고 다시 77퍼센트까지 급격히 인상되었다. 영국의 최고세율은 1909년에 8퍼센트로 당시로서는 꽤 높은 수준이었지만, 마찬가지로 전후가 되어서야 갑자기 상승해 40퍼센트 이상이 되었다.

물론 1914~1918년에 전쟁이 일어나지 않았다면 상황이 어떻게 전개되었을지 예상하는 것은 불가능한 일이다. 분명 누진세를 위한 움직임은 이미 시작되었던 것이 사실이다. 그럼에도 불구하고 만약 전쟁이 일어나지 않았다면, 더 누진적인 세제를 향한 움직임은 매우 천천히 이뤄졌을 것이며 최고세율이 그 정도로 높이 상승하지 않았으리라는 점은 확실하다. 1914년 이전에 시행되었던 세율은 최고세율을 포함해 항상 10퍼센트 이하로(보통 5퍼센트 미만), 18세기와 19세기의 세율과 크게 다르지 않았다. 총소득에 대한 누진세는 19세기 말과 20세기 초에 고안되었지만 그보다 훨씬 더 전부터 소득세 형태의 세금들이 존재했다. 이것들은 다양한 소득의 유형마다 다양한 규칙을 적용했고 보통 단일세율 또는 그에 가까운 세율(예를 들어 일정 금액을 뺀 뒤 부과하는 단일세율)을 적용했다. 대부분의 경우 세율은 고작해야 5~10퍼센트였다. 예를 들어 유형별 세금 categorical tax/schedular tax에서는 소득의 유형(지대, 이자, 이윤, 임금 등)에 따라 각각 서로 다른 세율을 적용한다. 영국의 경우 1842년 이런 유형별 세금을 도입했으며, 이는 1909년 '슈퍼택스super tax'(총소득에 대한 누진세)가 만들어질 때까지 영국에서 일종의 소득세 역할을 했다.[16]

프랑스의 앙시앵레짐 시대에도 소득에 대한 다양한 형태의 직접적인 세금이 존재했다. 타유taille(농민에게 부과된 토지세―옮긴이), 십일조, 이십일조 같은 것이 그것인데, 전형적인 세율은 5퍼센트 혹은 10퍼센트(명칭에서 알 수 있듯이)로 소득의 모든 원천이 아닌 몇몇 소득에만 적용되었고 수많은 소득은 면제를 받았다. 1707년 보방Vauban은 '왕령 십일조'를 제안했는데, 이는 모든 소득(여기에는 귀족과 교회 지주에게 지불되는 지대도 포함되었다)에 대해 10퍼센트를 세금으로 부과하려는 것이었지만 결코 완전하게 실행되지는 못했다. 그럼에도 18세기 동안 세제에 대한 다양한 개선책이 계속해서 시도되었다.[17] 몰락한 왕정 시대의 꼬치꼬치 캐묻는 과세 방식에 적대적이었고 아마도 무거운 세금 부담에 시달리는 산업 부르주아 계급을 보호하고 싶어했을 혁명 입법자들은 '지표 세금indicial tax' 제도를 도입하기로 했다. 이 제도 하에서 세금은 실제 소득이 아니라 납세자의 담세 능력을 반영한다고 여겨지는 지표에 근거하여 산출되었는데, 이 경우 소득을 신고할 필요는 없었다. 예를 들어 '문과 창문 세금'은 납세자가 주로 거주하는 주택에 있는 문과 창문의 개수를 부의 지표로 여겨 세금의 근거로 삼았다. 납세자들은 이 제도를 좋아했는데, 조세당국이 그들의 집에 들어오거나 회계장부를 보지 않고도 세금을 얼마나 부과할지 결정하는 것이 가능했기 때문이다. 1792년 만들어진 새로운 제도에서 가장 중요한 세금이었던 재산세는 납세자가 소유한 모든 부동산의 임대가치를 기초로 했다.[18] 세금 총액은 평균 임대가치를 추정하여 결정했는데, 조세당국은 10년마다 프랑스의 모든 재산을 상세히 조사해 이 추정치를 수정했고, 납세자는 실제 소득을 신고할 필요가 없었다. 인플레이션이 천천히 나타났기 때문에 정부의 수정 작업은 별로 의미가 없었다. 사실상 이 부동산세는 임대료에 대한 평률세와 마찬가지였으며 영국의 유형별 세금과 별반 다르지 않았다.(실효세율은 시기와 지역에 따라 다양했지만 결코 10퍼센트를 초과하지는 않았다.)

이 제도를 보완하기 위해 제3공화정 초기인 1872년 금융자산으로부터 나오는 소득에 세금을 부과하기로 했다. 이것은 이자, 배당금 및 여타 금융소득에 대한 평률세였는데, 당시 프랑스에서는 그러한 금융소득이 급속히 확산되고 있었지만 과세에서는 거의 완전하게 제외되었다. 영국에서는 이와 비슷한 세금이 이미 부과되고 있었다. 그러나 적어도 1920년 이후 부과된 세율과 비교했을 때 그 세율은 1872~1890년에 3퍼센트, 1890~1914년에는 4퍼센트로 역시 매우 낮았다. 제1차 세계대전 때까지 모든 선진국에서 과세 대상 소득이 얼마인지에 상관없이 세율이 10퍼센트를 넘지 않아야 소득에 대한 세금이 '합당하다'고 여겨졌던 것으로 보인다.

제3공화정의 누진세

흥미롭게도 누진적 소득세와 함께 20세기 초 두 번째로 중요한 조세제도 혁신이었던 누진적 상속세 혹은 유산세도 마찬가지로 낮은 세율에서부터 시작했다. 상속세의 세율은 1914년까지 꽤 낮았다(도표 14.2 참조). 이에 관해서도 프랑스 제3공화정 시기가 대표적인 사례다. 프랑스는 평등이라는 이상에 진정한 열정을 품은 나라로, 남성의 보통선거권이 1871년에 재확립되었다. 하지만 프랑스는 거의 반세기 동안 누진세의 원칙을 완전히 수용하는 것에 완고하게 반대해왔다. 제1차 세계대전으로 변화가 불가피하게 될 때까지 이런 태도는 별반 달라지지 않았다. 프랑스혁명으로 도입된 상속세는 1791~1901년에는 엄격하게 비례세율로 유지되다가 1901년 2월 25일에 공표된 법에 의해 분명히 누진세가 되었다. 그러나 1901년 이후에도 큰 변화는 없는데, 최고세율은 1902~1910년에 5퍼센트, 1911~1914년에 6.5퍼센트로 정해졌지만 매년 극소수의 재산만을 대상으로 적용되었다. 부유한 납세자 입장에서는 그런 세율이 터무니없는 것으로 보였다. 많은 사람이 "아들이 아버지를 계승하여" 확실히 가문의 재산을 보존하는 것은 "신성한 의무"라고 인식했기 때문에 그토록 정직한 재산 보존에는 어떠한 세금도 부과해서는 안 된다고 생각했던 것이다.[19] 그러나 실제로는 이렇게 낮은 상속세로는 재산이 한 세대에서 다음 세대로 온전히 계승되는 것을 막을 수 없었다. 상위 1퍼센트의 상속에 대한 평균 실효세율은 1901년의 개혁 이후 3퍼센트를 넘지 않았다.(19세기에 시행되었던 비례세제에서는 1퍼센트였다.) 돌이켜보면 당시의 사람들은 어떻게 생각했든 간에 그 개혁은 이 시기 진행되고 있던 부의 축적과정과 극단적인 집중에 별다른 영향을 주지 못했음이 분명하다.

게다가 당시 누진세를 반대했던 벨 에포크 시대의 경제·금융계 엘리트 대다수가, 프랑스는 타고난 평등주의의 나라이기 때문에 누진세가 필요 없다는 위선적인 주장을 했다는 사실은 놀라울 따름이다. 그중 대표적이

도표 14.2. 상속세 최고세율, 1900~2013

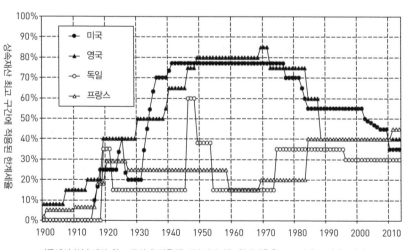

미국에서 (상속재산 최고 구간에 적용된) 상속세의 최고한계세율은 1980년에 70퍼센트에서 2013년에 35퍼센트로 하락했다.

출처 및 통계: piketty.pse.ens.fr/capital21c

14장
누진적 소득세를
다시 생각한다

고 특히 시사적인 것은 폴 르루아볼리외의 사례인데 그는 당대에 가장 영향력 있는 경제학자 중 한 명이었다. 1881년 그는 제1차 세계대전 직전까지 수차례 재출간된 유명한 저서 『부의 분배와 생활조건의 불평등이 감소하는 경향에 대한 소론』을 출간했다.[20] 르루아볼리외는 실제로 "처지의 불평등이 감소하는 경향"에 대한 그의 신념을 정당화할 수 있는 어떤 자료도 가지고 있지 않았다. 그러나 그것은 별 문제가 되지 않았다. 그는 소득불평등이 감소하고 있음을 보여주기 위해 전혀 상관없는 통계에 기초해 모호하고 별로 설득력 없는 주장을 펼쳤다.[21] 때로 그도 자신의 주장에 결함이 있음을 인식했던 것으로 보인다. 그때마다 그는 불평등이 곧 감소할 것이라거나 어찌되었든 상업과 금융의 세계화라는 기적과 같은 과정이 어떤 것으로도 방해받아서는 안 된다는 주장을 단순히 되풀이하곤 했다. 세계화 덕분에 프랑스의 저축인들은 파나마 운하와 수에즈 운하에 투자할 수 있게 되었고 곧 차르의 러시아에도 투자할 수 있을 것이었다. 분명히 르루아볼리외는 그 당시의 세계화에 매료되었으며, 갑작스런 혁명이 이 모든 것을 위기에 빠뜨릴지 모른다는 생각으로 겁에 질려 있었다.[22] 1900~1910년에 프랑스의 커다란 쟁점은 임박한 볼셰비키혁명이 아니라 (오늘날 혁명의 가능성이 없듯이 그때도 없었다) 누진과세가 이루어지는 것이었다. 특히 르루아볼리외와 그의 '중도우파'(왕정주의 우파와 달리) 동료들에게는 우파적 신념을 지닌 사람들이 전력을 다해 반대해야 하는 누진성에 관한 결정적인 한 가지 주장이 있었다. 그는, 프랑스가 프랑스혁명 덕분에 평등주의 국가가 되었으므로 누진세가 필요 없다고 주장했다. 프랑스혁명은 토지를 (어느 정도) 재분배했고, 무엇보다도 평등한 재산권과 자유로운 계약의 권리를 제도화한 민법으로 법 앞의 평등을 확립했다는 것이다. 따라서 누진세나 고율의 과세는 필요 없었다. 물론 그는 프랑스가 아니라 해협 건너편의 영국과 같이 계급이 지배하는 귀족사회에서는 그런 세금이 유용할 수 있다고 덧붙였다.[23]

공교롭게도 1901년 개혁 직후 세무당국이 공증 기록을 공표했는데, 이를 르루아볼리외가 조사했더라면 벨 에포크 시대의 프랑스 공화정에서 역시 군주제인 영국과 거의 마찬가지로 부가 집중되어 있다는 사실을 발견했을 것이다. 1907~1908년의 의회 토론에서 소득세 지지자들은 이런 통계들을 자주 언급했다.[24] 이 흥미로운 사례는 저율의 세금조차도 정보의 원천이자 민주적 투명성의 힘이 될 수 있다는 것을 보여준다.

다른 국가들에서도 상속세는 제1차 세계대전 이후 근본적인 변화를 겪었다. 19세기 말부터 20세기 초, 독일에서는 가장 큰 금액의 상속재산에 대해 소액의 세금을 부과하자는 의견이 의회에서 광범위하게 논의되었다. 아우구스트 베벨과 에두아르트 베른슈타인을 필두로 한 사회민주당의 지도자들은 상속세를 시행함으로써 노동자들의 과중한 간접세 부담을 줄여줄 수 있으며, 결과적으로 그들의 삶을 향상시킬 수 있을 것이라고 지적했다. 그러나 독일 의회는 세금을 신설하는 것에 합의를 이루지 못했다. 실제로 1906년과 1909년의 개혁은 아주 작은 규모의 상속세를 제정한 바 있지만, 배우자 또는 자녀가 받은 유산(상속재산의 대부분이었던)은 아무리 큰 규모일지라도 세금이 완전히 면제되었다. 독일에서는 1919년에 이르러서야 상속세가 가족 상속에도 확대 적용되었으며, 최대 규모의 상속재산에 대한 최고세율이 0퍼센트에서 35퍼센트로 급격히 인상되었다.[25] 이와 같은 이행과정에서 전쟁과 그에 따른 정치적 변화가 절대적으로 중요한 역할을 담당했던 것으로 보인다. 전쟁이 아니었다면 1906~1909년의 교착상태를 극복하기 어려웠을 것이다.[26]

도표 14.2는 세기가 바뀔 즈음 영국에서 소폭의 세율 인상이 있었음을 보여주는데, 소득세에 비해 상속세의 인상 폭이 약간 더 컸다. 1896년 개혁 이후 8퍼센트였던 최대 규모의 상속재산에 대한 세율은 1908년에 15퍼센트로 꽤 큰 폭으로 인상되었다. 미국의 경우 1916년이 되어서야 상속과 증여에 대한 연방세가 시행되었지만, 그 세율은 프랑스와 독일의 세율보다 더 높은 수준으로 매우 빠르게 인상되었다.

14장
누진적 소득세를
다시 생각한다

과다소득에 대한 몰수적 과세: 미국의 발명

/

20세기 누진세의 역사를 살펴보면 누진세의 적용에 있어 영국과 미국이 다른 나라보다 훨씬 더 앞서 있었다는 점에 놀라게 된다. 특히 미국은 '과도한' 소득과 자산에 대해 몰수적인 세금confiscatory tax을 고안했다. 이와 관련된 사실은 특히 도표 14.1과 14.2를 통해 명확히 확인할 수 있다. 이는 미국과 영국 안팎에 있는 사람들 대부분이 1970~1980년 이후 이 두 나라를 보아온 시각과 아주 뚜렷한 대조를 보인다는 점에서, 잠시 이 문제를 더 깊이 생각해볼 가치가 있다.

두 차례 세계대전 사이에 모든 선진국은 흔히 변덕스런 방식으로 매우 높은 최고세율의 적용을 실험하기 시작했다. 그러나 1919년부터 1922년 사이에 70퍼센트 이상의 세율을 시도한 최초의 국가는 바로 미국이었는데, 1919~1922년에는 먼저 소득에 적용했고 이후 1937~1939년에는 상속재산에 적용했다. 정부가 이처럼 특정 수준의 소득이나 상속에 대해 70 내지 80퍼센트의 세율을 부과하는 주된 목표는 부가적인 세수 확보가 아니다.(이런 높은 소득 구간에서 얻을 수 있는 세수는 많지 않기 때문이다.) 오히려 이런 세금의 목적은 지나치게 많은 소득과 대규모의 상속을 억제하려는 데 있다. 정치인들은 이런저런 이유로 이런 과다한 소득과 상속을 사회적으로 용인할 수 없거나 혹은 경제적으로 비생산적인 것으로 간주하게 되었다. 이런 세금의 목적은 또한 적어도 그것들을 유지하는 데 엄청난 비용이 들도록 만들어 그것이 영속화되는 것을 강력하게 제한하는 것이다. 그러나 전면적인 금지나 몰수는 있을 수 없다. 그러므로 누진적인 과세는 언제나 비교적 자유주의적인 방식으로 불평등을 줄이는 것이다. 자유로운 경쟁과 사적 재산을 인정하면서도 사적 유인이 잠재적으로 급진적인 방식으로 수정되지만, 그러나 언제나 민주적 토론에서 충분히 논의된 원칙에 기초한다는 의미에서 말이다. 따라서 누진세는 사회적 정의와 개인의 자유 사이에 이뤄진 이상적인 타협을 나타낸다. 역사적으로 개인의 자유를 중요시한 미국과 영국이 다른 국가들보다 더 누진적인 세제를 도입했던 것은 우연이 아니다. 반면에 유럽 대륙의 국가들, 특히 프랑스와 독일은 제2차 세계대전 이후 기업의 국유화와 경영진 보수의 직접적 제한 등과 같은 다른 길들을 모색하기도 했다. 이러한 수단들은 민주적인 토론을 통해 결정되었는데 어떤 점에서는 누진세를 대체하는 역할을 했다.[27]

이와 다른 좀더 구체적인 요인들 또한 중요했다. 도금시대에 미국의 많은 논평가는 미국이 점점 더 불평등해지고 있으며 초기의 개척정신의 이상으로부터 점점 더 멀어져가고 있다며 우려를 표했다. 윌퍼드 킹은 1915년 미국의 부의 분배 문제를 다룬 저서에서, 미국이 그가 극심한 불평등 사회로 간주하는 유럽과 점점 더 흡사해지고 있다며 걱정했다.[28] 또한 1919년 당시 미국경제학회 회장이었던 어빙 피셔Irving Fisher는 한발 더 나아갔다. 그는 학회장 연설에서 미국의 불평등 문제를 지적하면서 점점 더 심해지는 국가적인 부의 집중 현상이야말로 미국의 가장 중요한 경제적 문제라고 그의 동료들에게 분명히 이야기했다. 피셔는 킹의 추정치가 내포한 심각성을 깨닫고 있었던 것이다. "2퍼센트의 사람이 50퍼센트 이상의 부를 소유한다"는 사실과 "인구의 3분의 2는 거의 아무것도 소유하지 못한다"는 놀라운 사실을 피셔는 "비민주적인 부의 분배"로 간주했으며, 이 문제가 미국 사회의 기반을 위협하고 있다고 생각했다. 그는 이윤으로 가져가는 몫이나 자본수익률을 자의적으로 제한하기보다―이는 피셔가 반대하기 위해 거론했던 대안들이다―거액의 상속재산에 대해 무거운 세금을 부과하는 것이 최상의 해결책이라고 주장했다.(피셔는 상속재산 규모의 3분의 2에 달하는 세율을 이야기했고, 만약 그것이 3세대 이상에 걸쳐 대물림된 것이라면 100퍼센트의 세율을 적용하자고 말했다.)[29] 훨씬 더 불평등한 사회에 살았던 르루아볼리외보다 피셔가 불평등에 대해 훨씬 더 우려하고 있었다는 것은 놀라운 일이다. 구유럽과 닮아가고 있다는 우려는 틀림없이 미국이 누진세에 관심이 많았던 이유 중하나였다.

나아가 1930년대에 대공황이 엄청난 위력으로 미국을 강타했고, 많은 사람은 경제와 금융계 엘리트들이 국가를 파탄으로 이끌면서 자신들의 배만 불린다고 비난했다.(1920년대 후반 미국의 국민소득에서 최상위 소득 계층이 차지하는 몫은 최고에 달했는데 이는 주로 주식에서 얻은 엄청난 자본이득의 결과였다.) 1933년에 루스벨트가 취임했을 당시 미국은 이미 3년째 위기 상황에 놓여 있었으며, 인구의 4분의 1이 실업 상태였다. 루스벨트는 즉시 소득세 최고세율을 큰 폭으로 인상할 것을 결정했다. 소득세 최고세율은 1920년대 후반 25퍼센트까지 하락했고 후버의 처참했던 임기 동안 또다시 떨어진 상태였다. 최고세율은 1933년 63퍼센트로 인상되었고 1937년에는 다시 79퍼센트로 인상되었는데, 이는 앞선 1919년의 기록을 뛰어넘는 수준이었다. 1942년 승리세the Victory Tax 법의 발효로 최고세율은 88퍼센트로 인상되었으며 1944년에는 각종 부가세로 인해 다시 94퍼센트까지 치솟았다. 1960년대 중반까지 최고세율은 90퍼센트 정도에서 안정되었으나 1980년대 초에는 70퍼센트까지 하락했다. 1932~1980년을 통틀어, 즉 거의 반세기 동안 미국의 최고연방세율은 평균 81퍼센트였다.[30]

지금까지 유럽 대륙의 어떤 국가도 이처럼 높은 세율을 부과한 적이 없었다는 점을 강조할 필요가 있다.(예외적인 상황에서 기껏해야 몇 년 동안 그처럼 높은 세율을 부과한 예는 있지만, 반세기 동안이나 지속된 경우는 없었다.) 특히 프랑스와 독일은 1940년대 후반부터 1980년대까지 50~70퍼센트의 최고세율을 적용한 적은 있어도, 80~90퍼센트의 높은 세율까지 올라간 적은 없다. 유일한 예외는 독일이 1947년부터 1949년에 90퍼센트의 세율을 적용한 것인데, 이는 점령국(실질적으로는 미국 당국)에 의해 세율이 결정된 시기였다. 1950년 독일은 조세 주권을 회복하자마자 이전의 관례에 맞추어 세율을 인하했고 최고세율은 몇 년 만에 50퍼센트를 조금 넘는 수준까지 떨어졌다(도표 14.1 참조). 일본에서도 정확히 똑같은 현상이 나타났다.[31]

영미권 국가들이 누진세를 선호했다는 사실은 상속세를 살펴보면 더 명확해진다. 1930년대부터 1980년대까지 미국의 최고상속세율이 70~80 퍼센트였던 반면, 독일이 이례적인 세율을 책정했던 1946년부터 1949년을 제외하면 프랑스와 독일의 최고세율은 30~40퍼센트를 결코 넘지 않았다 (도표 14.2 참조).[32]

미국의 최고 수준의 상속세율에 필적할 만한 혹은 그를 초과했던 유일한 나라는 영국이었다. 1940년대 영국에서 최고소득에 적용된 세율은 98 퍼센트로 이 최고치는 1970년대에도 다시 회복되는데, 이는 역사상 전무후무한 최고 기록이다.[33] 또한 두 국가에서는 일을 해서 번 소득(임금노동자와 비임금노동자의 보수를 포함)인 '노동소득'과 자본소득(임대료, 이자소득, 배당금 등)에 해당되는 '불로소득'을 구분했다. 도표 14.1에 나타난 미국과 영국의 최고세율은 불로소득에 적용된 세율이다. 때때로 노동소득의 최고세율이 약간 낮은 경우가 있었는데, 1970년대에 특히 그랬다.[34] 이런 구분이 흥미로운 이유는, 이것이 대단히 높은 소득에 대한 사회적 의혹이 세제에 반영된 것이기 때문이다. 즉, 지나치게 높은 소득은 모두 의심의 대상이 되었지만 불로소득은 노동소득보다 더 심한 의혹을 샀다. 오늘날 많은 국가, 특히 유럽에서 노동소득보다 자본소득이 더 호의적으로 취급되는 것을 고려할 때, 당시와 지금의 차이는 놀라울 정도다. 또한 주목할 점은, 최고세율이 적용되는 구간이 시기에 따라 변화하긴 했지만 항상 극단적으로 높았다는 사실이다. 예를 들어 2000년에서 2010년까지의 평균 소득으로 보면, 최고소득으로 구분되는 구간의 최저한도는 대체로 50만~100만 유로였다. 따라서 오늘날 소득 분포로 계산해보면 최고세율은 인구의 1퍼센트보다 적은 수, 일반적으로 약 0.1퍼센트에서 0.5퍼센트 사이의 사람들에게 적용되었다고 볼 수 있다.

노동소득보다 불로소득에 더 무겁게 과세하고자 했던 것은 상속세가 매우 누진적이었다는 것과 일맥상통한다. 장기적인 관점에서 보면 영국의 경우가 특히 흥미롭다. 19세기와 20세기 초 영국은 부의 집중이 가장 심각한 나라였다. 전쟁과 전후의 정치적 충격(파괴와 몰수)이 대규모 재산에 미친 영향은 대륙에 비해 덜 심각했지만, 영국은 스스로 조세 충격을 부과하기로 결정했다. 이는 전쟁에 비해 덜 폭력적이었지만 그래도 커다란 충격이었다. 1940년에서 1980년 사이 영국의 최고세율은 내내 70~80퍼센트 혹은 그 이상이었다. 20세기에, 특히 두 차례 세계대전 사이에 상속세에 대해 영국보다 더 깊이 숙고한 나라는 없었다.[35] 1938년 11월 조사이어 웨지우드Josiah Wedgwood는 1929년 출간된 상속에 관한 고전적인 저작의 개정판 서장에서 '금권민주주의plutodemocracies'와 이들을 계승한 엘리트들은 파시즘의 출현을 막지 못했다는 동료 버트런드 러셀Bertrand Russell의 견해에 동의를 표했다. 웨지우드는 "경제민주화 없는 정치적 민주주의는 본질적으로 불안정하다"고 확신했다. 그의 관점에서는 매우 누진적인 상속세가 그가 필수적이라고 생각했던 경제민주화를 달성하기 위한 주요한 도구였다.[36]

최고위 경영진 급여의 폭발적 증가: 조세의 역할

/

1930년대부터 1970년대까지 열정적으로 평등을 추구했던 영국과 미국은 최근 10년간 열심히 정반대 방향으로 진로를 바꾸었다. 그 결과 과거 30년 동안 프랑스와 독일보다 훨씬 더 높았던 영국과 미국의 소득세 최고한계세율은 프랑스와 독일 수준보다 훨씬 더 낮게 떨어졌다. 프랑스와 독일의 최고한계세율은 1930년에서 2010년까지 50~60퍼센트 선에서 유지되었으나(이 기간 후반으로 갈수록 약간 하락하긴 했지만), 영국과 미국의 최고한계세율은 1930~1980년 80~90퍼센트에서 1980~2010년에는 30~40퍼센트로 떨어졌다. 그리고 1986년 레이건의 세제개혁 이후 최저점인 28퍼센트까지 하락했다(도표 14.1 참조).[37] 한마디로 부유층에 대한 영미권 국가들의 대우는 1930년대 이후 엄청난 변화를 보였다고 할 수 있다. 이와는 대조적으로 유럽 대륙(특히 독일과 프랑스)과 일본의 경우 고소득층을 대하는 태도에 그다지 변화가 없었다. 이런 차이점은 부분적으로 1970 년대에 미국과 영국이 다른 나라들에게 추월당하고 있다고 생각하게 되었기 때문이라고 제1장에서 이미 밝혔다. 다른 나라들이 그들을 따라잡고 있다는 생각이 대처리즘과 레이거노믹스를 부상하게 만든 한 원인이었다. 물론 1950년과 1980년 사이에 나타난 다른 국가들의 따라잡기는 대부분 유럽 대륙과 일본이 1914년에서 1945년 사이의 충격을 극복하는 과정에서 파생된 자동적인 결과였다. 그럼에도 미국과 영국은 이 사실을 쉽게 받아들이지 못했다. 개인뿐 아니라 국가에 있어서도 부의 계층 구조는 단순히 금전의 문제만이 아니라 명예와 도덕적 가치의 문제이기도 하기 때문이다. 이러한 미국과 영국의 커다란 태도의 변화는 어떤 결과를 가져왔을까?

만약 우리가 모든 선진국을 살펴본다면, 1980년대부터 현재까지 나타난 소득세 최고한계세율의 감소 규모가 같은 기간에 국민소득에서 상위 1퍼센트의 소득이 차지하는 비율이 증가한 규모와 긴밀한 관련이 있다는 사실을 발견할 수 있다. 구체적으로 보면, 이 두 가지 현상은 서로 완벽하게 관련되어 있다. 즉 최고세율이 가장 크게 인하된 국가는 국민소득에서 최고소득자가 차지하는 비율, 특히 대기업 최고위 경영진의 급여가 가장 크게 증가한 국가다. 반면 최고세율이 그리 많이 인하되지 않은 나라에서는 국민소득에서 최고소득자가 차지하는 비율이 훨씬 더 완만하게 증가했다.[38] 만약 한계생산성과 노동 공급 이론에 기초한 고전적인 경제모델을 믿는 사람이라면 최고세율 인하가 최고위 경영진을 고무시켜 그들의 노동 공급이 증가하고 노동생산성이 높아졌다고 주장하며 이 현상을 설명하려 할지도 모른다. 즉 그들의 한계생산성이 상승했기 때문에 이에 따라 그들의 급여가 상승했고 따라서 다른 국가들의 경영진 급여보다 더 높아졌다는 것이다. 그러나 이것은 그리 타당하지 않다. 제9장에서 살펴보았듯이 막상 최상위 소득계층의 급여가 어떻게 결정되는가를 설명하고자 할 때 한계생산성 이론은 개념적으로나 경제적으로 심각한 어려움—어느 정도 비현실적으로 단순하다는 문제 외에도—에 봉착하게 된다.

더 현실적인 설명은 낮아진 소득세 최고세율이, 특히 최고세율이 급락한 미국이나 영국에서 최고위 경영진의 급여가 결정되는 방식을 완전히 변화시켰다는 것이다. 최고위 경영진이 회사의 다른 구성원들(직속 부하, 낮은 직급의 노동자, 주주들, 보수위원회 위원들)을 설득해 큰 폭의 급여 인상, 예컨대 100만 달러의 인상이 정말로 정당하다고 납득시키는 것은 언제나 어려운 일이다. 뿐만 아니라 1950년대와 1960년대 미국과 영국에서 최고위 경영진들은 그런 인상 문제로 다툴 이유가 거의 없었고 다른 이해 당사자들은 그것을 수용하려고 하지 않았는데, 그 이유는 급여 증가분 가운데 80~90퍼센트는 어쨌든 전적으로 정부에 돌아갈 것이기 때문이었다. 하지만 1980년대 이후 상황은 완전히 달라졌으며, 여러 증거가 최고위 경영진들이 큰 폭의 인상을 승인받기 위해 다른 이해 당사자들을 설득하는 데 많은 노력을 기울였다는 것을 보여준다. 기업의 생산에서 개인의 기여도를 객관적으로 측정하는 것은 어렵기 때문에, 최고위 경영자들이 이사와 주주들을 설득해 그들이 그 금액만큼 가치가 있다는 것을 믿도록 하는 것은 상대적으로 쉬운 일이었다. 보수위원회 위원들은 종종 상당히 배타적인 방식으로 끼리끼리 선정되었기 때문에 특히 더 그러했다.

더욱이 이런 '협상력bargaining power'에 기초한 설명은 1970년대 이후 선진국들에서 최고한계세율의 하락과 생산성 상승률 사이에 통계적으로 유의미한 관련성이 없다는 사실과 일치한다. 구체적으로 말해 1970~1980년 이후 모든 부유한 국가에서 1인당 GDP 성장률은 비슷했다는 사실이 중요하다. 영국과 미국 사람들이 믿고 있는 것과는 대조적으로, 사실에 기초한 성장률 수치에 따르면(공식적인 국민계정 자료로부터 최선을 다해 판단컨대) 1970~1980년 이후 미국과 영국은 독일, 프랑스, 일본, 덴마크, 스웨덴보다 더 빠르게 성장하지 않았다.[39] 달리 말하면 소득세 최고한계세율의 인하와 최상위 소득의 증가는 (공급 중시 이론의 예측과는 반대로) 생산성을 촉진하지 못했으며, 어쨌든 통계적으로 거시적인 수준에서 유의미

할 정도로 생산성을 촉진하지는 못했던 것으로 보인다.[40]

이 문제를 둘러싸고 상당한 논란이 있는데, 그 이유는 종종 겨우 몇 년의 단기적인 기간을 비교하거나(이러한 방식으로는 사실상 어떤 결론도 정당화할 수 있다)[41] 인구 증가를 감안하지 않기 때문이다.(인구증가율의 차이가 미국과 유럽 사이의 GDP 성장률의 구조적 차이를 만들어내는 주요 원인이다.) 가끔 1인당 생산량 수준이 성장률과 혼동되기도 한다.(2000~2010년뿐만 아니라 1970~1980년에도 미국의 1인당 생산량은 유럽보다 항상 약 20퍼센트 더 높았지만 성장률은 과거 30년 동안 두 대륙에서 거의 동일했다.)[42] 하지만 혼란의 주된 원인은 아마도 위에서 언급한 따라잡기 현상일 것이다. 독일, 프랑스, 스칸디나비아 반도, 일본의 성장률보다 낮았던 영국과 미국의 성장률이 더 이상 그렇지 않았다는 점에서 영국과 미국의 쇠퇴가 1970년대에 끝났다는 데에는 의심의 여지가 없다. 그리고 국가 간 성장률에서 이러한 수렴이 일어난 이유 역시 명백하다. 유럽과 일본이 앞서 미국과 영국을 따라잡았기 때문이다. 적어도 대략적으로 볼 때 유럽과 일본의 따라잡기는 1980년대에 미국과 영국 두 나라에서 일어났던 보수혁명과는 거의 무관했다는 것이 분명하다.[43]

국가의 정체성과 경제적 성과

아마도 이런 문제들은 매우 감정적인 것이고 국가의 정체성이나 자부심과 아주 밀접한 관련이 있기 때문에 냉정하게 검토하기가 무척 어렵다. 대처가 영국을 구했는가? 빌 게이츠의 혁신은 레이건이 없었더라도 가능했을까? 독일의 라인 자본주의가 프랑스의 사회모델을 삼켜버릴 것인가? 이렇게 강력하고 실존적인 우려 앞에서 이성적인 추론은 길을 잃는다. 특히 소수점 아래 몇 퍼센트의 차이를 보여주는 성장률의 비교에 기초해 완전히 정확하고 절대적으로 확고한 결론을 도출하기란 객관적으로 무척 어렵기 때문이다. 자화자찬을 잘하는 빌 게이츠와 로널드 레이건(빌 게이츠는 컴퓨터를 발명했는가 아니면 마우스만 발명했는가? 레이건은 소련을 단독으로 붕괴시켰는가 아니면 로마 교황의 도움을 받았던가?)에게 다음과 같은 사실을 상기시키는 것은 쓸데없는 일일 것 같다. 즉 1950~1970년의 미국 경제가 1990~2010년에 비해 훨씬 더 혁신적이었다는—적어도 앞 시기의 생산성 상승이 뒤 시기보다 두 배 더 높았다는 사실을 고려해보면—사실과 이 두 시기에 미국이 세계 최고의 경제대국이 될 수 있었던 것은 혁신 속도와 밀접한 관계가 있었다는 사실 말이다. 그리고 미국은 이 두 시기 모두에서 세계 기술의 선두 주자였기 때문에, 이런 차이는 틀림없이 기술 혁신의 속도와 관련이 있을 것이다.[44] 최근에 새로운 주장이 제기되었다. 즉 최근 몇 년 동안 미국이 더 혁신적이 되었을 가능성은 있지만 미국의 발명에 기초해서 자라난 혁신들이 다른 부유한 국가들로 퍼져나가버렸기 때문에 생산성 수치에는 기술 혁신이 나타나지 않는다는 것이다. 그럼에도 지금까지 국제무대에서 남을 배려하는 모습을 거의 보이지 않았던 미국이(유럽은 미국의 탄소배출량에 대해 계속 불만을 표시하고 가난한 나라들은 미국인이 인색하다고 투덜댄다) 스스로를 위해서는 이런 향상된 생산성의 일부를 계속 보유하고 있지 않은 것으로 드러난 것은 놀라운 일이다. 이론적으로는 그런 이익을 보호하는 것이 바로 특허권의 목적이다. 어쨌든 이 논쟁은 결코 끝나지 않았다.[45]

이러한 문제들에 관한 논의를 진전시키기 위해, 이매뉴얼 사에즈, 스테파니 스탄체바Stefanie Stantcheva와 함께 나는 국가 간 비교를 넘어 여러 선진국 상장기업의 최고위 경영진 보수에 대한 정보를 포함한 새로운 데이터베이스를 활용하고자 했다. 우리의 연구는 급증하는 최고위 경영진의 보수가 (낮은 최고한계세율이 최고위 경영진들로 하여금 더 높은 보수를 위해 더 열심히 협상하도록 자극한다는) 협상력 이론으로 상당히 잘 설명되며, 한계생산성 상승 가설과는 그다지 관련이 없다는 사실을 보여준다.[46] 우리는 또한 '재능'(생산 부문 내의 변수로 설명되지 않는 차이들)보다는 '행운'

(예를 들어 같은 부문의 다른 기업들도 성과가 좋았음에 비추어볼 때 임원의 재능으로 얻어지지 않은 것이 분명한 보수의 차이들)과 관련된 최고위 경영진 보수의 탄력성이 더 높았다는 사실을 다시 한번 확인했다. 제9장에서 설명한 바와 같이 이러한 결과는 최고위 경영진의 높은 급여가 좋은 성과에 따른 보상이라는 견해에 심각한 문제를 제기한다. 게다가 우리는 행운과 관련된 탄력성—넓게 말하자면 경제적 성과로는 뚜렷하게 정당화되지 않는 급여 인상을 얻어내는 최고위 경영진의 능력—이 최고한계세율이 더 낮은 나라에서 더 높다는 사실을 발견했다. 마지막으로 우리의 연구는 한계세율의 차이들이 왜 최고위 경영진 급여가 어떤 국가들에서는 급속히 상승했고 다른 국가들에서는 그렇지 않았는지 설명할 수 있음을 보여준다. 특히 회사의 규모와 금융 부문 비중의 차이로는 관찰된 사실들을 결코 설명할 수 없다.[47] 마찬가지로 최고위 경영진의 급여가 급상승한 것은 경쟁이 부족한 탓이므로 더 경쟁적인 시장과 더 나은 기업지배구조 및 통제가 그것을 억제할 수 있을 것이라는 견해도 비현실적으로 보인다.[48] 우리의 연구는 1980년 이전에 미국과 영국에서 적용되었던 고율의 과세와 같은 수단만이 효과적일 수 있음을 시사한다.[49] (경제적 요인들뿐만 아니라 정치적, 사회적, 문화적 요인들도 관련된) 이처럼 복잡하고 포괄적인 문제에 대해 완벽하게 확실한 답을 구한다는 것은 분명히 불가능하다. 이것이 사회과학의 묘미다. 예를 들어 세율의 영향과 관계없이 최고위 경영진 보수에 관한 사회적 규범이 다양한 국가에서 나타나는 급여의 수준에 직접적으로 영향을 미칠 가능성도 있다. 그러나 이용 가능한 증거를 보면 우리 모델이 관찰된 현실을 가장 잘 설명한다고 할 수 있다.

다시 생각하는 **최고한계세율**

이러한 결과는 바람직한 수준의 누진세율을 결정하는 데 중요한 시사점을 갖는다. 조사 결과에 따르면, 사실상 최고소득에 매우 높은 세율을 부과하는 것은 가능할 뿐 아니라 매우 높은 급여의 증가를 억제하는 유일한 방법이기도 하다. 우리의 추정에 따르면 선진국의 최적최고세율optimal top tax rate은 아마도 80퍼센트를 넘을 것이다.[50] 여기서 80퍼센트를 제시하긴 했지만 어떤 수학 공식이나 계량경제학적 추정도 각 소득 수준에 얼마만큼의 세율이 적용되어야 하는지 정확히 말해줄 수는 없다. 단지 집단적인 논의와 민주적인 시도를 통해서만 그것을 결정할 수 있을 것이다. 그러나 확실한 점은, 우리가 제시한 수치가 상위 1퍼센트 내지 0.5퍼센트의 소득 계층에서 나타나는 극도로 높은 소득 수준에만 적용 가능하다는 것이다. 자료에 따르면 연간 50만 달러에서 100만 달러의 소득에 대해 약 80퍼센트의 세율을 부과한다면 미국의 경제성장을 둔화시키지 않을 뿐 아니라 경제적으로 무익한 (심지어 해로운) 행위를 합리적으로 억제하고 실제로 성장의 과실을 더욱 널리 분배할 수 있을 것이다. 이웃 나라들과 긴밀한 조세 협력이 부족한 유럽의 작은 국가들보다는 미국처럼 큰 규모의 국가에서 이런 정책을 적용하는 것이 분명 더 용이하다. 국제적 협력에 관해서는 다음 장에서 좀더 논의할 것이다. 여기서는 미국이 이런 유형의 조세정책을 효과적으로 적용할 수 있는 충분히 큰 규모의 국가라는 점만 간략히 지적하고자 한다. 이런 정책을 시행하면 미국의 최고위 경영진들이 즉시 캐나다나 멕시코로 달아나 경제를 이끌어갈 능력이나 열의를 가진 사람은 한 사람도 남지 않을 것이라는 견해가 있다. 그러나 이는 역사적 경험에 의해서뿐만 아니라 우리가 가진 기업 차원의 모든 자료에 의해서도 반박될 수 있으며, 또한 상식적이지도 않다. 연 50만 달러 내지 100만 달러 이상의 소득에 80퍼센트의 세율을 적용한다고 해도 정부의 세수 변화는 그리 크지 않을 것이다. 미국 경제의 생산성을 떨어뜨리지 않으면서 이 최고 수준의 보수를 급격히 줄이는 목적이 달성될 것이고, 따라서 낮은 수준의 급여는 상승할 것이기 때문이다. 미국의 빈약한 사회적 국가를 발전시키고 (연방정부의 적자를 축소시키면서) 의료와 교육에 더 많은 투자를 하기 위해 절실히 필요한 재원을 확보하기 위해서는 더 낮은 수준의 소득에 대한 세금 역시 인상되어야(예를 들어 20만 달러 이상의 소득에 50~60퍼센트의 세율을 부과해야) 할 것이다.[51] 미국에서 이러한 사회정책과 조세정책은 충분히 실현 가능한 범위 안에 있다.

그러나 이런 정책이 곧 도입될 것 같지는 않다. 미국에서 오바마의 재임 기간 내에 소득세 최고한계세율이 40퍼센트까지 인상될 것인지도 불투명하다. 미국의 정치과정은 상위 1퍼센트에 포획되었는가? 이런 생각이 미국 정치 전문가들 사이에서 점점 더 지지를 얻고 있다.[52] 직업적인 선호뿐만 아니라 천성적인 낙관주의 때문에라도 나는 아이디어와 지적 논쟁이 갖는 더 많은 영향력을 인정하고 싶다. 다양한 가설과 여러 증거를 세심하게 검토하고 더 나은 자료에 접근할 수 있다면 정치적 논쟁에 영향을 미칠 수 있고, 아마도 정치과정이 대중의 이해에 더 도움이 되는 방식으로 진전되도록 할 수 있을 것이다. 예를 들면 제3부에서도 지적했듯이, 미국의 경제학자들은 불충분한 자료(특히 가장 높은 소득을 집계하지 못하는 설문조사 자료)에 의존하기 때문에 최상위 소득의 증가를 흔히 과소평가한다. 결과적으로 그들은 서로 다른 기술 수준을 가진 노동자들 사이의 임금 격차에만 지나치게 관심을 쏟는다. 이는 장기적으로는 핵심적인 문제이지만, 거시경제적 관점에서 가장 중요한 현상으로서 왜 상위 1퍼센트가 이토록 앞서나갔는지를 이해하는 것과는 별로 관련이 없다.[53] 따라서 더 나은 자료(특히 세금 자료)를 활용한다면 결국 올바른 문제에 주의를 집중할 수 있을 것이다.

그렇긴 해도 20세기 누진세의 역사는 소수에게 부가 집중되는 과두체제oligarchy로 흘러갈 위험이 실제로 존재하며, 미국의 미래에 관해 낙관할 수 없는 이유를 보여준다. 누진세가 대두된 것은 보편적 참정권에 따른 자연스러운 결과가 아니라 전쟁 때문이었다. 벨 에포크 시대 프랑스의 경험은—만약 증거가 필요하다면—경제와 금융 엘리트들이 그들의 이해를 지키기 위해서는 어떤 위선적인 행위도 주저하지 않는다는 것을 증명해주었다. 이는 현재 미국의 소득계층 구조에서 선망받는 자리를 점하고 있는 경제학자들 또한 마찬가지다.[54] 몇몇 경제학자는 대중의 이해를 대변한다고 그럴듯하게 주장하지만 유감스럽게도 자신의 사적인 이해를 옹호하는 경향이 있다.[55] 비록 자료는 드물지만 미국의 양당 정치인들은 유럽의 정치인들에 비해 훨씬 더 부유하며, 평균적인 미국인과는 완전히 다른 부류에 속해 있는 것처럼 보인다. 아마도 이것이 왜 그들이 사적인 이해를 대중의 이해처럼 주장하는지 설명해줄 수 있을 것이다. 만약 급진적인 충격이 없다면, 현재의 균형은 상당 기간 지속될 것이다. 평등주의를 꿈꾸던 개척자의 이상은 이미 기억 속으로 사라졌고 신대륙 미국은 바야흐로 21세기 세계화된 경제의 구유럽이 되어가고 있는지도 모른다.

제15장

글로벌
자본세

21세기의 세계화된 세습자본주의를 통제하려면, 20세기의 재정국가와 사회적 국가 모델을 재고하여 오늘날의 실정에 맞게 조정하는 것만으로는 충분하지 않을 것이다. 지난 세기의 사회-민주주의적 제도와 재정적-자유주의적 프로그램을 적절히 보완하는 일은 분명 필수적이다. 이미 앞선 두 장에서 살펴봤듯이, 우리가 주목한 것은 20세기에 창안되었지만 미래에도 틀림없이 핵심적인 역할을 계속 수행해야만 할 사회적 국가와 누진적 소득세라는 두 가지 기본 제도다. 그러나 민주주의가 현 세기의 세계화된 금융자본주의를 다시 통제하려면, 오늘날의 문제를 해결할 수 있는 새로운 수단을 개발해야만 할 것이다. 여기서 이상적인 수단은 매우 높은 수준의 국제적 금융 투명성과 결부된 누진적인 글로벌 자본세가 될 것이다. 이와 같은 세금은 끝없는 불평등의 악순환을 피하고 세계적인 자본 집중의 우려스러운 동학을 통제하는 방법이 될 수 있다. 실제로 어떤 정책 수단과 규제를 도입하기로 결정하든지 간에 이러한 이상에 견주어 평가해야 할 것이다. 이번 장에서는 이런 세금의 실제적인 측면을 분석한 다음 고리대금업 금지에서부터 중국의 자본통제에 이르기까지 자본주의의 규제에 관해 더 일반적인 고찰을 할 것이다.

글로벌 자본세: 유용한 유토피아

글로벌 자본세는 유토피아적인 이상이다. 이 세계에서 가까운 시일 내에 그와 같은 세금에 합의하는 나라들이 있을 거라고 생각하기는 어렵다. 이 목적을 이루려면, 세계의 모든 자산에 적용할 수 있는 세율표를 만들고 세수를 어떻게 배분할지를 결정해야 한다. 이런 아이디어는 유토피아적이기는 해도 몇 가지 점에서 유용하다. 첫째, 가까운 장래에 이러한 이상과 닮은 어떤 제도도 시행되지 않는다 하더라도 그것은 다른 대안들을 평가할 유용한 준거점이 될 수 있다. 확실히 글로벌 자본세는 매우 높은 수준의, 분명히 비현실적인 수준의 국제 협력을 필요로 한다. 그러나 이 방향으로 나아가려는 나라들은 지역적인 차원에서(예컨대 유럽 차원에서) 점진적으로 이를 실현할 수 있다. 이와 같은 일이 일어나지 않는다면 민족주의적 색채의 방어적 반응이 나타날 가능성은 매우 높다. 예를 들어 자본 통제 조치의 부과와 더불어 여러 형태의 보호주의로 복귀하는 것을 목격하게 될 수도 있다. 그러나 그런 정책들은 그다지 효과적이지 않기 때문에 실패로 끝나거나 국제적 긴장을 심화시킬 수 있다. 보호주의와 자본통제는 실제로 이상적인 규제 형태, 즉 글로벌 자본세의 만족스러운 대안이 아니다. 글로벌 자본세는 세계 경제를 효과적으로 규제하고, 국가 간 그리고 국가 내에서 그 이득을 공정하게 분배하면서 경제의 개방성을 유지할 수 있다는 장점을 가진 해법이다. 한 세기 남짓 전에 소득세가 거부되었던 것과 똑같이 많은 사람이 글로벌 자본세를 위험한 환상이라고 거부할 것이다. 그러나 좀더 면밀히 살펴보면, 이 해법은 다른 대안들보다는 훨씬 덜 위험한 것임을 알 수 있다.

글로벌 자본세를 즉각 거부하는 것이 더욱 유감스러운 이유는, 이러한 이상적인 해법은 단계별로, 처음에는 대륙이나 지역 수준에서 그다음에는 지역 간의 긴밀한 협력을 통해 충분히 실현 가능하기 때문이다. 미국과 유럽연합 사이의 은행 자료를 자동적으로 공유하는 것에 관련된 최근의 논의에서 이런 접근 방식의 본보기를 볼 수 있다. 게다가 다양한 형태의 자본 과세가 대부분의 나라에서, 특히 북미와 유럽에서 이미 실행되고 있으며, 이는 분명히 출발점이 될 수 있다. 중국과 다른 신흥국들이 시행하는 자본통제는 모두에게 유용한 교훈을 주고 있다. 그러나 이런 현행 조치들과 이상적인 자본세 사이에는 중요한 차이점들이 있다.

우선, 현재 논의 중인 은행 자료의 자동 공유 방안은 포괄적이지 못하다. 여기에는 모든 유형의 자산이 포함되지 않고, 구상 중인 처벌 규정들은 기대하는 결과를 내기에 명백히 불충분하다.(미국의 새로운 은행 규제들은 유럽에 도입되어 있는 그 어떤 규제보다 더 야심찬 것인데도 그렇다.) 논의는 이제 시작되었을 뿐이지만, 불투명한 금융거래로 번성하는 은행들과 특히 국가들에 비교적 무거운 제재를 부과하지 않는다면 가시적인 성과를 낼 가능성은 낮다.

금융 투명성과 정보 공유 문제는 이상적인 자본세와 밀접하게 관련되어 있다. 모든 정보가 무엇을 위해 이용될 것인지에 대한 명확한 개념이 없다면, 현재의 자료 공유 제안은 소기의 성과를 얻기 어려울 것이다. 내 생각에는 개인 자산—즉 개인이 통제할 수 있는 순자산가치—에 매년 부과하는 누진세가 목표가 되어야 한다. 그래서 지구상에서 가장 부유한 사람들에 대한 세금은 개인의 순자산—『포브스』나 다른 잡지들에 발표되는 것과 같은 금액—을 바탕으로 해야 할 것이다. 이런 세금을 걷게 되면 우리는 그 잡지들에 실린 금액이 거의 정확한 것인지 아닌지를 알게 될 것이다. 그 외 사람들에게 과세 대상이 되는 부는 모든 금융자산(은행예금, 주식, 채권, 합자회사 지분 그리고 상장 혹은 비상장기업의 다른 형태의 지분을 포함한다)과 비금융자산(특히 부동산)의 시장가치에서 부채를 뺀 금액으로 결정된다. 과세 기반에 대해서는 이쯤 해두자. 그러면 세율을 얼마로 할 것인가? 순자산이 100만 유로 이하인 경우에는 0퍼센트, 100만~500만 유로는 1퍼센트, 500만 유로 이상은 2퍼센트의 세율을 생각해볼 수 있다. 또는 가장 큰 규모의 재산에 대해서는 훨씬 더 가파른 누진세를 고려할 수도 있다.(예컨대 10억 유로를 넘는 자산에 대해서는 5퍼센트나 10퍼센트를 매길 수도 있다.) 또한 그리 많지 않은 평균 수준의 부에는 최소한의 세율을 매기는 것이 유리할 수 있다.(예를 들어 20만 유로 이하는 0.1퍼센트, 20~100만 유로는 0.5퍼센트를 부과할 수 있다.)

이 문제들은 나중에 계속 논의할 것이다. 여기서 중요하게 기억해야 할 것은 내가 제안하는 자본세는 전 세계에 있는 부에 대해 매년 누진적으로 부과하는 세금이라는 점이다. 규모가 가장 큰 재산에는 더 과중하게 부과되며, 부동산, 금융자산, 사업용 자산 등 모든 자산 유형이 예외 없이 포함된다. 기존의 세금에서 중요한 측면들은 유지되더라도, 내가 제안한 자본세에는 이런저런 나라에서 현재 부과하고 있는 자본세와 분명히 다른 점이 하나 있다. 우선 거의 모든 나라가 부동산에 과세한다. 영미권 국가에는 '재산세property tax'가 있고, 프랑스에는 토지세taxe foncière가 있다. 이들 세금의 결점 가운데 하나는 부동산에만 과세한다는 것이다.(금융자산은 간과되고, 부채와 상관없이 부동산의 시장가치에 대해 과세한다. 그래서 부채가 대단히 많은 사람에게도 부채가 없는 사람과 똑같이 과세된다.) 게다가 부동산은 일반적으로 단일세율 또는 그에 가까운 세율로 과세된다. 대부분의 선진국에 여전히 이와 같은 세금이 있으며 이는 특히 영미권 국가에서는 대개 국민소득의 1~2퍼센트를 차지하는 중요한 세원이다. 더욱이 (미국을 비롯한) 일부 국가에서 재산세는 시장가치 변화에 따라 자동적으로 조정되는 상당히 복잡한 평가 절차에 의존하는데, 이 절차는 일반화되고 다른 유형의 자산에도 확대 적용되어야 한다. 또한 (프랑스, 스위스, 스페인 그리고 최근까지 독일과 스웨덴을 포함한) 일부 유럽 국가에도 총부에 대한 누진세가 존재한다(부유세를 말함—옮긴이). 표면적으로 이들 세금은 내가 제안하는 이상적인 자본세의 취지에 더 가깝다. 그러나 실제로는 온갖 면제 조항으로 구멍이 뚫려 있다. 많은 자산 품목이 과세 대상에서 제외되고 다른 자산들은 시장가치와 아무런 관련이 없는 자의적인 가치로 평가된다. 바로 그 때문에 몇몇 나라가 이러한 세금들을 폐지하려는 움직임을 보였다. 21세기에 적절한 자본세를 설계하기 위해서는 이런 다양한 경험에서 얻은 교훈에 주의를 기울이는 것이 중요하다.

민주적 투명성과 **금융의 투명성**

/

내가 제안한 자본세의 이상적인 세율 체계는 무엇이며, 그러한 세금을 통해 걷을 수 있는 세수는 얼마나 될 것이라고 기대할 수 있는가? 이 질문에 답하기 전에, 여기서 제안한 세금이 결코 기존의 모든 세금을 대체하려는 것이 아님을 명심할 필요가 있다. 자본세는 현대의 사회적 국가가 의존하는 다른 세원을 적당히 보충해주는 정도 이상은 아닐 텐데, 그 세수는 고작해야 국민소득의 3~4퍼센트 정도다.(그래도 가볍게 볼 것은 아니다.)[1] 자본세의 주된 목적은 사회적 국가의 재원을 조달하는 게 아니라 자본주의를 규제하는 것이다. 첫 번째 목적은 부의 불평등이 끝없이 증가하는 것을 막는 것이고, 두 번째 목적은 금융 및 은행 제도의 위기를 피하기 위해 금융과 은행 시스템에 효과적인 규제를 가하는 것이다. 이 두 가지 목표를 달성하기 위해, 자본세는 우선 민주적 투명성과 금융 투명성을 확보해야 한다. 즉 누가 전 세계에 어떠한 자산을 소유하고 있는지가 명확해야만 한다.

  그렇다면 투명성이라는 목표는 왜 그렇게 중요한가? 글로벌 자본세의 세율이 매우 낮다고, 예컨대 모든 자산에 한 해 0.1퍼센트의 단일세율로 부과된다고 가정해보자. 물론 제도를 이렇게 설계하면 그에 따른 세수는 제한적일 것이다. 전 세계 민간자본 총량이 소득의 약 5배라면 이 세금은 각국의 자본/소득 비율에 따라 약간의 차이는 있겠지만 전 세계 소득의 0.5퍼센트에 상당하는 세수만을 창출할 것이다.(그 자산이 소재하는 국가가 아니라 자산소유자가 거주하는 국가에서 세금을 걷는다고 가정하면 그러한데, 이 가정은 결코 당연하게 주어지는 것은 아니다.) 그렇더라도 이처럼 제한된 세금은 아주 유용한 역할을 하게 될 것이다.

우선 이러한 과세는 부의 분배에 관한 정보를 만들어낸다. 마침내 각국 정부, 국제기구, 전 세계 통계당국은 세계적 부의 변화에 대한 신뢰할 만한 자료를 제공해줄 수 있게 될 것이다. 시민들은 공식 통계의 공백을 메우기 위해 『포브스』나 세계적인 자산관리회사의 번쩍거리는 보고서, 그리고 다른 비공식적 자료들에 더 이상 의존할 필요가 없을 것이다.(제3부에서 고찰한 비공식 자료의 결점을 상기하라.) 대신에 그들은 명료하게 규정된 방식으로 수집된 공개적인 자료와 처벌 규정을 담은 법에 의거해 제공된 정보에 접근하게 될 것이다. 이것이 민주주의에 미치는 이점은 상당할 것이다. 오늘날 세계가 직면한 거대한 도전—사회적 국가의 미래, 새로운 에너지로의 전환 비용, 개발도상국의 국가 건설 등—에 대해 합리적인 토론을 하는 것은 매우 어렵다. 왜냐하면 부의 세계적 분배가 아주 불투명하기 때문이다. 어떤 사람들은 세계의 억만장자들이 너무 많은 돈을 갖고 있어 낮은 세율을 부과해도 세계의 모든 문제를 해결하기에 충분한 세금이 걷힐 것이라고 생각한다. 또 다른 사람들은 억만장자의 수가 너무 적기 때문에 세금을 더 무겁게 해도 많은 돈이 더 들어오는 것은 아니라고 믿는다. 제3부에서 보았듯이, 해답은 양극단의 중간 어딘가에 있다. 거시경제적 측면에서 의미 있는 차이를 만들어낼 만큼 폭넓은 과세 기반을 확보하려면 아마도 부의 계층 구조상 조금 더 아래 계층까지(10억 유로의 재산을 가진 계층만이 아니라 1000만~1억 유로를 가진 계층까지) 과세 대상을 넓혀야 할 것이다. 나는 또한 분명히 우려할 만한 몇 가지 추세도 발견했다. 만약 글로벌 자본세나 또는 이와 유사한 정책 수단이 없으면 세계 전체의 부 가운데 최상위 1퍼센트의 몫은 끝없이 늘어날 것이며 이는 모든 사람의 걱정거리가 될 것이다. 어쨌든 진정한 민주적 토론은 신뢰할 만한 통계 없이는 진전될 수 없다.

또한 금융 규제의 중요성도 상당히 크다. 국제통화기금을 비롯해 현재 세계적 금융시스템에 대한 감독과 규제를 책임지고 있는 국제기구들은 금융자산의 전 세계적 분배, 특히 조세피난처에 숨겨진 자산 규모에 대해 아주 대략적으로만 파악하고 있다. 앞에서 보았듯이 지구촌의 금융계정은 균형 상태에 있지 않다.(지구는 영원히 화성에 빚을 지고 있는 것 같다.) 이처럼 통계의 짙은 안개에 싸인 글로벌 금융위기를 헤치며 항해하는 것은 위험천만한 일이다. 예를 들어 2013년 키프로스 은행 위기를 보라. 유럽 당국과 국제통화기금 모두 키프로스에 예치된 금융자산이 정확히 누구의 소유인지 혹은 각자의 예금액은 얼마나 되는지에 대한 정보가 많지 않았으며, 그래서 그들이 제안한 해법은 대충 만들어 효과가 없는 것으로 드러났다. 다음 장에서 살펴보겠지만, 금융 투명성을 높이면 매년 영구적으로 자본세를 물리는 기반을 마련할 수 있다. 그뿐만 아니라 자본에 대해 신중하게 조정된 누진적인 특별세를 매기는 방식을 통해 키프로스에서 벌어진 것과 같은 은행 위기를 더 공정하고 효율적으로 관리할 길을 닦을 수 있을 것이다.

0.1퍼센트의 자본세는 실제 세금이라기보다는 의무신고제도에 더 가깝다. 사람들은 누구나 법적인 소유권을 인정받으려면 불리하든 유리하든 간에 보유하고 있는 자본자산을 세계의 금융당국들에 신고해야 할 것이다. 앞서 언급한 바와 같이, 이는 프랑스혁명 당시 의무신고제와 과세지 조사로 달성하려 했던 것이다. 이렇듯 자본세는 일종의 전 세계 금융자산 보유 실태 조사가 될 수 있는데, 현재는 이와 비슷한 것이 전혀 없다.[2] 세금은 항상 세금 이상이라는 점을 이해하는 것이 중요하다. 왜냐하면 세금은 경제활동의 규준과 범주를 정하고 그에 대한 법적인 틀을 부여하는 하나의 방식이기도 하기 때문이다. 지금까지 늘 그래왔으며, 토지 소유권과 관련해서는 특히 그렇다.[3] 제1차 세계대전 무렵 새로운 세금을 도입하면서 소득, 임금, 이윤에 대한 정확한 정의가 필요해졌다. 이 세제 혁신은 다시 이전에는 없던 회계 기준의 개발로 이어졌다. 따라서 자본세의 주요한 목적 가운데 하나는 다양한 유형의 자산에 대한 정의를 가다듬고 자산, 부채, 순자산을 평가하기 위한 규칙을 만드는 것이다. 현행 민간 회계기준에

따라 규정된 절차는 불완전하며 종종 모호하다. 이런 결함은 세계가 2000년부터 겪어왔던 많은 금융 스캔들의 원인이 되었다.[4]

마지막으로 자본세는 각국 정부가 은행 자료의 자동적인 공유에 관한 합의를 분명히 하고 이를 확대하도록 강제한다. 그 원리는 매우 간단하다. 각국의 세무당국이 시민들의 순자산을 산출하는 데 필요한 모든 정보를 제공받을 수 있도록 하는 것이다. 사실 자본세는 현재 여러 국가에서 소득세를 신고하는 방식, 즉 고용주들이 소득 자료를 (예를 들어 미국에서는 W-2와 1099 서식을 통해) 세무당국에 제공하는 방식과 같이 작동해야 한다. 자본자산에 대해서도 유사한 신고가 이뤄져야 한다.(실제로 소득과 자산을 한 가지 서식으로 신고할 수도 있을 것이다.) 모든 납세자는 세무당국에서 자신이 신고한 대로 자산과 부채를 열거해놓은 문서를 받게 된다. 미국의 많은 주에서 재산세를 관리하기 위해 이 방법을 사용한다. 예컨대 납세자들은 매년 자신이 보유한 부동산의 현재 시가를 표시한 통지서를 받는다. 이 시가는 정부가 비교 가능한 부동산의 거래에서 형성된 가격을 바탕으로 산정한 것이다. 물론 납세자는 적절한 증거를 제시하며 이러한 가치평가에 이의를 제기할 수 있다. 실제로 평가액을 수정하는 일은 드문데, 이는 부동산 거래 자료들은 곧바로 확인할 수 있고 이의를 제기하기 어렵기 때문이다. 왜냐하면 거의 모든 사람이 지역 부동산시장의 가격 변화를 알고 있으며, 당국은 광범위한 데이터베이스를 이용할 수 있기 때문이다.[5] 말이 나온 김에 이 같은 세무 신고 방식에는 두 가지 이점이 있다는 점에 주목하자. 이런 방식은 납세자의 삶을 단순하게 만들며, 자신의 자산가치를 약간이라도 적게 잡으려는 피할 수 없는 유혹에서 벗어나게 해준다.[6]

모든 유형의 금융자산(그리고 부채)에 이런 신고 체계를 확대 적용하는 것은 필수적이며 또한 완벽하게 실현 가능하다. 한 나라의 국경 내 금융기관과 관련된 자산과 부채에 대해서는 이런 신고 방식이 곧바로 이뤄질 수 있다. 대부분의 선진국에서 은행, 보험회사와 기타 금융중개 기관들은 그들이 관리하는 은행계좌와 다른 자산들을 세무당국에 통보하는 것이 이미 의무화되어 있기 때문이다. 예를 들어 프랑스에서 정부는, X씨가 40만 유로 상당의 아파트, 20만 유로 상당의 주식 포트폴리오, 10만 유로의 미상환 채무가 있다는 것을 알고 있다. 따라서 정부는 X씨에게 그의 다양한 재산의 가치를 (그의 순자산은 50만 유로라는 점과 함께) 표시한 통지서를 보내 필요할 경우 정정하고 추가하도록 요청할 수 있다. 전 국민에게 적용되는 이런 자동화된 신고 체계는 모든 사람에게 자신의 재산이 얼마나 되는지를 정직하게 신고하도록 하는 옛날의 방법보다 21세기에 훨씬 더 적합한 방법이다.[7]

간단한 해법: 은행 정보의 자동 전송

/

글로벌 자본세 과세를 위한 첫걸음은, 사전에 계산되어 개별 납세자에게 통지되는 자산 내역서에 해외 은행에 유치된 자산에 관한 정보를 포함시키고자 이러한 방식의 은행 데이터의 자동 전송을 국제적 차원으로까지 확대하는 것이다. 이를 시행하는 데 기술적인 장애는 없다는 것을 알아야 한다. 은행 데이터는 인구가 각각 6000만 명과 8000만 명인 프랑스와 독일뿐만 아니라 인구가 3억인 미국 같은 국가에서도 세무당국들 사이에 이미 자동적으로 공유되고 있다. 따라서 케이맨 제도와 스위스의 은행을 포함시킨다 하더라도 처리해야 할 데이터 양이 급격히 증가할 까닭은 분명히 없다. 물론 조세피난처는 때로 은행 비밀을 유지하기 위해 다른 구실을 둘러댄다. 그 가운데 하나는 정부가 정보를 남용할 것이라는 걱정이다. 이는 그리 설득력 있는 주장이 아니다. 왜냐하면 자신이 세금을 내는 나라에 돈을 남겨둘 정도로 부주의한 누군가의 국내 은행 계좌 정보에 대해서는 왜 정보 남용에 대한 걱정을 하지 않는지 이해하기 어렵기 때문이다. 조세 피난처가 은행 비밀을 지키려는 가장 그럴듯한 이유는 고객이 납세 의무를 피할 수 있도록 해주어, 조세피난처가 그 이익을 공유하는 데 있다. 분명히 이는 시장경제 원리와는 아무 상관이 없다. 자신의 세율을 정할 권리는 누구에게도 없다. 또한 개개인이 자유무역과 경제통합으로 더욱 부유해지고 단지 이웃을 희생시킨 대가로 이익을 챙기는 것은 옳지 못하다. 그것은 한마디로 도둑질이다.

이런 관행을 끝내기 위해 지금까지 있었던 가장 철저한 시도는 해외금융계좌신고법FATCA: Foreign Account Tax Compliance Act으로, 2010년 미국에서 채택되었고 2014년과 2015년에 단계적으로 시행될 예정이다. 이 법은 모든 외국 은행이 미국 납세자들의 해외 은행계좌와 투자 내역 그리고 다른 모든 수익원에 관한 정보를 미국 재무부에 제공하도록 요구한다. 이는 해외저축에 대한 2003년 유럽연합의 지침보다 훨씬 더 야심찬 시도다. 왜냐하면 이 유럽연합 지침은 이자가 발생하는 예금계좌만을 대상으로 하며 (거액의 재산은 주로 주식 형태로 보유되는데 FATCA는 이를 다 포괄하지만 유럽연합 지침은 주식 포트폴리오를 포함하지 않기 때문에 유감스럽다) 전 세계가 아닌 유럽 은행들에만 적용되기 때문이다.(이 역시 FATCA와는 다르다.) 이러한 유럽의 지침은 소극적이고 거의 무의미한 것인데도 아직 시행되지 않고 있다. 2008년 이후 수많은 토론과 수정 제안에도 불구하고 룩셈부르크와 오스트리아가 자동적인 정보 제공 의무를 계속 면제받고 공식 요청이 있을 때에만 정보 공유를 한다는 합의를 다른 유럽연합 회원국들로부터 이끌어냈기 때문이다. 스위스와 유럽연합 이외의 국가들에도 적용되는 이 시스템[8]은 정부가 자국민의 해외은행 계좌에 관한 정보를 얻기 위해서는 사기의 증거나 다름없는 무언가를 미리 확보하고 있어야 한다는 것을 의미한다. 이런 상황이 사기를 적발하고 통제할 수 있는 능력을 크게 제약하는 것은 틀림없다. 2013년 룩셈부르크와 스위스가 FATCA의 규정에 따르겠다는 의지를 표명한 이후, 유럽에서는 새로운 유럽연합 지침에 FATCA 규정 일부 또는 전부를 포함시키는 사안에 대한 논의가 재개되었다. 이 논의의 결론이 언제 날지 혹은 법적으로 구속력 있는 합의안이 도출될 수 있을지는 알 수 없다.

　더욱이 이런 문제에 있어서는 정치 지도자들의 의기양양한 선언과 그들이 현실적으로 이룬 업적 사이에 흔히 괴리가 있다는 점을 기억하자. 미래의 민주주의 사회의 균형을 생각할 때 이는 극히 염려스럽다. 사회정책 프로그램들의 비용을 대기 위해 대규모 조세 수입에 가장 많이 의존해야 할 나라들, 다시 말해 유럽 국가들이, 기술적인 문제는 매우 단순한 것들인데도 가장 적은 성취를 이루었다는 점은 특히 놀랍다. 이는 더 작은 나라들이 세계화에 대응할 때 직면하는 어려움을 잘 보여주는 사례다. 몇 세기에 걸쳐 세워진 국민국가들도 오늘날 세계화된 세습자본주의에 대해 규칙을 제정하고 실행하기에는 너무 작다. 유럽 국가들은 단일 통화로 통합할 수 있었다.(이는 다음 장에서 더 광범위하게 논의할 것이다.) 그러나 과세 분야에서는 거의 아무것도 이뤄내지 못했다. 유럽연합에서 가장 큰 국가의 지도자들이 이러한 실패에 대해, 그리고 그들의 말과 행동 사이의 괴리가 갈수록 커지는 데 대해 당연히 주된 책임을 져야 함에도 불구하고 다른 국가들과 유럽연합 자체의 기구들을 끊임없이 비난한다. 이런 상황이 금세 달라질 것이라고 생각할 근거는 없다.

　더욱이 이런 문제에 있어서 유럽의 그 어떤 지침보다 FATCA가 더 야심찬 것이라고 해도 이 역시 충분하지 않다. 한편으로는 그 규정이 충분히 정교하거나 포괄적이지 않아서 몇몇 투자신탁이나 재단들이 자산을 신고할 의무를 합법적으로 피해갈 수 있다고 볼 이유가 있다. 다른 한편으로는 법률에 규정된 제재, 즉 규정을 준수하지 않은 은행들이 미국 내 영업에서 얻은 이익에 대해 30퍼센트의 세금을 추가로 내도록 하는 제재만으로는 충분치 않다. 몇몇 은행(미국에서 사업을 해야 하는 스위스와 룩셈부르크의 대형 은행)에 대해서는 법을 준수하라고 설득하는 것만으로 충분할지 모른다. 하지만 미국 땅에서는 영업을 하지 않고 해외 포트폴리오를 관리하는 데 특화되어 있는 소규모 은행들이 다시 활개칠 가능성도 충분하다. 스위스, 룩셈부르크, 런던 혹은 훨씬 더 이국적인 지역에 자리잡은 이러한 은행들은 당국에 어떠한 정보도 제공하지 않으면서 전혀 제재를 받지 않고 미국(혹은 유럽) 납세자의 자산을 계속 관리할 수 있다.

가시적인 성과를 얻기 위한 유일한 방법으로 보이는 것은 은행뿐만 아니라 자국 내 금융기관들이 필요한 정보를 제공하도록 의무화하기를 거부하는 국가들에 대해서도 자동적인 제재를 가하는 것이다. 예를 들어 규정을 어긴 나라들의 수출에 30퍼센트나 그 이상의 관세를 부과하는 것을 생각해볼 수 있다. 분명히 해둘 것은 조세피난처에 일반적인 금수 조치를 내리거나 스위스, 룩셈부르크와 끝없는 무역전쟁을 벌이는 것이 목적은 아니라는 점이다. 보호무역주의는 부를 창출하지 않으며, 일부 국가가 이웃 나라의 과세 기반을 빨아들이면서 그들을 이용하지 않는다면 자유무역과 경제개방은 궁극적으로 모두에게 이익이 된다. 포괄적인 은행 자료들을 자동적으로 제공하도록 의무화하는 것은 1970~1980년 이후 협상이 이뤄진 무역과 자본 자유화 협정의 일부가 되었어야 했다. 현실은 그렇지 못했지만, 그것이 현상 유지를 영원히 고수해야 할 합당한 이유가 되지는 못한다. 불투명한 금융거래로 번창해온 국가들로서는 개혁을 수용하는 일이 어려울지도 모른다. 특히 합법적인 금융 서비스 산업은 흔히 불법적인(혹은 의심스러운) 은행 업무와 함께 발전하기 때문이다. 금융 서비스 산업은 국제적인 실물경제의 진정한 수요에 대응하며, 어떤 규제가 도입되더라도 계속 존재할 것이다. 그럼에도 불구하고 금융 투명성이 규범이 된다면 조세피난처는 의심할 여지 없이 상당한 손실을 볼 것이다.[9] 이 같은 국가는 제재가 없다면 개혁에 동의할 것 같지 않다. 왜냐하면 다른 나라들, 특히 유럽연합의 큰 국가들이 지금까지는 그 문제들을 다루는 강한 의지를 보여주지 못했기 때문이다. 더욱이 지금까지 유럽연합의 건설은 각국이 아무런 대가를(또는 큰 대가를) 치르지 않고도 단일 시장과 자유로운 자본 유출입의 이점을 누릴 수 있다는 생각에 바탕을 두었다는 점에 유의하자. 개혁은 필요하며 어쩌면 필수적이지만, 이것이 투쟁 없이 이뤄질 수 있다고 생각한다면 순진한 것이다. FATCA는 이런 논의가 추상적이고 거창한 수사의 영역에서 벗어나 특히 유럽에서 중요한 구체적인 제재를 향해 가도록 하기 때문에 유용한 것이다.

마지막으로 FATCA와 유럽연합 지침 그 어느 것도 전 세계 자산에 대한 누진세를 지지할 의도가 없었음에 유의하라. 두 제도의 주된 목적은 소득신고서에 누락된 내용을 확인하는 등의 국내적인 목적에 이용하기 위해 납세자 자산에 관한 정보를 세무당국에 제공하는 것이다. 또한 이러한 정보는 상속세나 (제도가 도입된 나라에서는) 부유세의 탈세 가능성을 규명하는 데 이용될 수 있지만, 주된 목적은 소득세를 집행하는 데 있다. 확실한 점은, 이들 다양한 문제가 밀접하게 관련되어 있으며 국제적 금융 투명성은 현대의 재정국가에 전반적으로 매우 중요한 문제라는 것이다.

자본세의 목적은 무엇인가?

다음으로 세무당국이 각 개인의 순자산 포지션에 대해 완전히 알고 있다고 가정해보자. 당국은 그 재산에 대해 매우 낮은 세율로(예컨대 의무적인 신고를 강제하는 논리에 따라 0.1퍼센트의 세율로) 과세하는 것에 만족해야만 하는가? 아니면 좀더 많은 세금을 부과해야만 하는가? 만약 그렇다면 왜 그래야만 하는가? 주요 질문은 다음과 같이 바꿔 말할 수 있다. 누진적 소득세가 현존하고, 마찬가지로 누진적 상속세도 대부분의 국가에 존재하는데, 그렇다면 누진적 자본세의 목적은 무엇인가? 사실 이 세 가지 누진세는 서로 다르면서도 상호 보완적인 역할을 한다. 각각은 이상적인 조세 체계에서 필수적인 주축이다.[10] 또한 자본세를 정당화하는 논리는 담세 능력과 유인 두 가지 측면으로 구분할 수 있다.

담세 능력의 논리는 매우 간단하다. 매우 부유한 개인들에게 있어 소득은 종종 명확하게 규정된 개념이 아니다. 단지 자본에 대한 직접세만이 부자들의 세금 부담 능력을 정확하게 측정할 수 있다. 구체적으로 100억 유로의 재산을 소유한 사람을 상상해보자. 『포브스』의 순위를 살펴보면 알 수 있듯이, 이 정도 수준의 재산은 연평균 6~7퍼센트의 실질증가율로 혹은 (릴리안 베탕쿠르와 빌 게이츠 같은) 가장 부유한 개인에게는 그보다 더 높은 증가율로 지난 30년 동안 매우 급격하게 늘어났다.[11] 이는 소비에 쓰고 자본총량을 늘릴 수 있는, 배당금, 자본이득 그리고 다른 모든 수입원을 포함한 경제적 의미의 소득이 (이중에서 소비되는 것은 거의 없다고 가정하면) 개인 자본의 6~7퍼센트에 이른다는 것을 뜻한다.[12] 문제를 단순화하기 위해 한 개인이 100억 유로 자산의 5퍼센트, 즉 5억 유로를 경제적 소득으로 얻게 된다고 가정해보자. 이 사람이 소득세 신고에서 5억 유로를 소득으로 신고할 가능성은 크지 않을 것이다. 프랑스, 미국 그리고 우리가 조사한 다른 나라들에서, 소득세 신고에서 신고가 된 최고소득은 일반적으로 단 수천만 유로나 수천만 달러에 불과했다. 로레알의 상속녀로 프랑스에서 가장 부유한 사람인 릴리안 베탕쿠르의 예를 보자. 언론에 공표되고 베탕쿠르 자신이 밝힌 정보에 따르면, 그녀가 신고한 소득은 연 500만 유로를 넘은 적이 없으며, 이는 (현재 300억 유로 이상인) 그녀의 재산의 1만 분의 1을 크게 넘지 않는다. 개인적인 사례에 관한 불확실성은 (그리 중요하지 않으므로) 제쳐두더라도, 이와 같은 사례에서 납세 목적으로 신고된 소득은 납세자의 실질적 소득의 100분의 1에도 못 미친다.[13]

여기서 중요한 점은 (우리가 알고 있는 한) 여기에 탈세나 신고되지 않은 스위스 은행 계좌는 관련이 없다는 것이다. 아무리 세련된 취향의 우아한 사람일지라도 일상적인 비용으로 한 해 5억 달러를 쉽게 쓸 수는 없다. 보통 배당금으로 (또는 다른 형태의 지불금으로) 한 해 몇백만 유로면 충분하며, 자본에서 나오는 수익금 중 나머지는 가족 신탁을 통해 쌓아두거나 대학 기금을 관리하듯이 이런 거액의 재산을 관리하는 것만을 목적으로 하는 특수 기관을 통해 축적해둘 수 있다.

이는 완벽하게 합법적이고 본질적으로 문제가 없다.[14] 그럼에도 불구하고 이는 조세 체계에 문제를 안겨준다. 만약 사람들이 자신의 경제적 소득의 단 1퍼센트 혹은 10퍼센트만 신고할 때 그것을 근거로 세금을 부과한다면, 50퍼센트 또는 심지어 98퍼센트 세율로 소득세를 물려도 아무것도 성취할 수 없다. 문제는 선진국들에서 조세 체계가 실제로 이렇게 작동하고 있다는 점이다. 최상위 부유층에서 (실질적인 소득과 비교한) 실효세율은 극히 낮다. 이는 부의 불평등의 폭발적인 동학을 강화하기 때문에 문제인데, 재산이 많을수록 수익도 많아질 때 특히 그렇다. 사실 조세 체계는 이런 동학을 가속화하는 것이 아니라 약화시켜야 한다.

이런 문제를 해결하기 위한 몇 가지 방법이 있다. 하나는 투자신탁, 지주회사 그리고 합자회사에 투자한 부분까지 포함해 개인의 모든 소득에 과세하는 방법이다. 좀더 간편한 해법은 소득보다는 자산에 근거하여 세금을 산정하는 것이다. 그렇게 할 경우 일정한(예를 들어 연간 5퍼센트의) 수익률을 가정해 자본소득을 추정하고 이를 누진적 소득세의 과세 대상 소득 액수에 포함시킬 수 있다. 네덜란드와 같은 몇몇 나라가 이를 시도하려 했지만 과세 대상에 포함시킬 자산의 범위와 자본수익률을 책정하는데 많은 어려움을 겪었다.[15] 또 다른 해법은 개인의 재산 총액에 직접 누진세를 적용하는 것이다. 이런 방식의 중요한 이점은 실제로 누구나 더 많은 재산이 더 높은 수익률을 올릴 수 있다는 것을 알고 있으므로, 재산 규모에 따라 세율을 다양하게 정할 수 있다는 것이다.

최상위 부유층의 자산이 매우 높은 수익을 낸다는 관점에서 이처럼 담세 능력에 따라 과세를 하자는 주장은 누진적 자본세를 정당화하는 가장 중요한 논리다. 이러한 논리에 따르면 대단히 부유한 개인들의 세금 부담 능력을 나타내는 지표로서는, 종종 산정하기가 어려운 소득보다 자본이 더 적합하다. 따라서 재산에 비해 과세 대상 소득이 지나치게 적은 개인들의 소득세에 더해 자본세를 부과할 필요가 있다.[16]

15장
글로벌 자본세

세금 분담의 논리와 **유인의 논리**

/

그럼에도 불구하고 자본세를 선호하는 또 다른 고전적인 주장도 간과해서는 안 된다. 그것은 유인의 논리에 바탕을 두고 있다. 기본적인 아이디어는 자본세가 한 사람의 자본총량으로 최고의 수익을 추구하게 하는 유인이 된다는 것이다. 구체적으로 재산에 대한 1~2퍼센트의 세금은 자신의 자본으로 한 해에 10퍼센트를 벌어들이는 기업가에게는 상대적으로 가벼운 것이다. 반대로 이는 자산을 기껏해야 한 해 2~3퍼센트의 수익을 내는 투자 수단에 기꺼이 맡겨두는 사람에게는 매우 무겁다. 그래서 이 논리에 따르면 자본세의 목적은 자신의 재산을 비효율적으로 활용하는 사람들이 세금을 내기 위해 자산을 팔도록 하고 그리하여 그 자산이 확실히 더 역동적인 투자자들의 손에 가도록 하는 것이다.

이러한 논의는 어느 정도 타당성을 지니지만 과장되어서는 안 된다.[17] 실제로 자본수익은 자본가가 제공하는 재능과 노력에만 달려 있는 것이 아니다. 그 한 가지 이유는, 평균 수익이 초기 재산의 규모에 따라 체계적으로 달라진다는 데 있다. 또 다른 이유는, 개인의 수익이 매우 예측 불가능하고 혼란스러우며 모든 종류의 경제적 충격에 영향을 받는다는 사실이다. 예를 들어 특정한 시점에서 회사가 손실을 보게 되는 데에는 많은 이유가 있다. (실현된 이익이 아니라) 오로지 자본총량만을 근거로 부과하는 세금은 적자 기업에 지나친 압박을 가하게 될 것이다. 왜냐하면 손실을 보는 시기에도 수익을 냈던 시기만큼 세금이 높을 것이기 때문이며, 이는 회사를 파산에 이르게 할 수 있다.[18] 그러므로 이상적인 조세 체계는 (자본총량에 대한 과세를 지지하는) 유인의 논리와 (자본에서 나오는 수익의 흐름에 대한 과세를 지지하는) 보험의 논리를 절충한 것이다.[19] 더욱이 자본수익률의 예측 불가능성은 상속인에게 상속받는 시점에 (상속세를 통해) 단 한 번만 세금을 물린 채 끝내지 않고 자본소득과 자본총량의 가치를 근거로 평생에 걸쳐 과세를 하는 게 왜 더 효율적인지를 설명해준다.[20] 바꿔 말하면 (모든 납세자가 얼마나 부유한지와 상관없이 그들의 소득을 완벽하게 관찰할 수 있다고 하더라도) 상속재산과 소득, 자본에 대한 세 가지 유형의 세금은 모두 상호 보완적이고 유용한 역할을 한다.[21]

유럽 부유세를 위한 청사진

/

이런 요소들을 모두 고려해볼 때, 자본세에 대한 이상적인 계획은 무엇인가? 그리고 그런 과세는 얼마만큼의 세수를 가져올 것인가? 분명히 해두자면, 나는 지금 여기서 영구적인 연간 자본세를 이야기하고 있다. 그러므로 그 세율은 상당히 낮아야 한다. 상속세처럼 한 세대에 한 번 징수하는 세금은 1930년부터 1980년까지 영국과 미국에서 최고액의 상속재산에 대해 3분의 1, 2분의 1 혹은 3분의 2를 세금으로 물린 것처럼 매우 높은 세율로 부과할 수 있다.[22] 특수한 상황에서 예외적으로 자본에 대해 부과하는 일회적인 세금도 마찬가지다. 1945년 프랑스에서 자본에 대해 25퍼센트의 높은 세율을 매긴 것이나 점령기(1940~1945)에 추가적인 자본에 대해 100퍼센트의 세금을 물린 경우가 그렇다. 분명히 이처럼 높은 과세는 장기간 적용될 수 없다. 왜냐하면 만약 정부가 매년 국민 재산의 4분의 1을 거두어들인다면, 수십 년 뒤에는 세금을 징수할 대상이 남아 있지 않을 것이기 때문이다. 이것이 자본에 대한 연간 세율이 대략 몇 퍼센트 정도로 훨씬 더 낮아져야 하는 이유다. 일부 사람은 놀랄지도 모르겠지만 이는 자본총량에 해마다 물리는 것이므로 사실은 상당한 수준의 세금이다. 예를 들어 재산세는 흔히 부동산 가치의 0.5~1퍼센트 혹은 (평균 임대 수익률을 연 4퍼센트로 가정했을 때) 부동산 임대 가격의 10분의 1에서 4분의 1이다.[23]

다음 논점은 중요하므로 강조하고자 한다. 오늘날 유럽에서 민간의 부가 매우 높은 수준임을 감안한다면 자산에 대한 적당한 연간 누진세로도 상당한 세수를 창출할 수 있다. 예컨대 100만 유로 이하의 부에 대해서는 0퍼센트, 100만 유로와 500만 유로 사이의 부에는 1퍼센트, 500만 유로 이상의 부에는 2퍼센트의 부유세를 매긴다고 생각해보자. 만약 유럽연합의 모든 회원국에 이를 적용한다면 인구의 약 2.5퍼센트에 영향을 미칠 것이며, 유럽 GDP의 2퍼센트와 맞먹는 세수를 가져올 것이다.[24] 그 높은 수입에 놀랄 필요는 없다. 왜냐하면 이는 오늘날 유럽에서 민간의 부가 GDP의 5배에 달하고 있다는 사실에 기인하기 때문이다. 또한 그 재산의 대부분은 최상위 계층에 집중되어 있다.[25] 자본세만으로 사회적 국가에 필요한 재원을 충분히 조달할 수는 없겠지만, 그럼에도 불구하고 그것이 창출하는 추가적인 세수는 상당히 중요하다.

원칙적으로 유럽연합의 각 회원국은 이러한 세제를 도입함으로써 비슷한 금액의 세수를 얻을 수 있다. 그러나 비회원국인 스위스를 비롯해 유럽연합 안팎에 존재하는 은행 정보를 자동적으로 공유할 수 없다면, 탈세 위험은 매우 높아질 것이다. 이런 사실은 내가 제안한 것과 비슷한 세율로 부유세를 시행 중인 프랑스와 같은 나라들이 일반적으로 수많은 공제를 허용하는 까닭을 부분적으로 설명해준다. 이들은 특히 '사업자산'에 많은 공제를 허용하고 있으며 실제로 상장회사와 비상장회사의 거의 모든 대규모 지분이 공제 대상이다. 이렇게 하는 것은 자본에 대한 누진적 세제에서 알맹이를 많이 빼버리는 것으로, 현행 세제가 위에서 설명한 것에 비해 왜 그토록 적은 세수를 창출하는지를 설명해준다.[26] 이렇듯 국가 차원에서 자본세를 부과할 때 유럽 국가들이 직면하는 어려움의 극단적인 사례를 이탈리아에서 찾아볼 수 있다. 유럽에서 최대 규모의 공공부채를 안고 있는 나라 중 하나이자 예외적으로 높은 수준에 이른 민간의 부(이탈리아는 스페인과 함께 유럽에서 민간의 부의 수준이 가장 높은 나라 중 하나다)[27]에 직면한 이탈리아 정부는 2012년 재산에 대한 새로운 세금을 도입하기로 결정했다. 그러나 금융자산이 스위스, 오스트리아, 프랑스의 은행을 피난처 삼아 빠져나갈 수 있다는 두려움 때문에, 결국 세율은 누진율

없이 부동산에 0.8퍼센트, 은행예금과 (완전히 면제되는 주식을 제외한) 다른 금융자산에 단 0.1퍼센트로 결정됐다. 왜 어떤 자산은 다른 자산의 8분의 1의 세율로 과세해야 하는지를 설명할 만한 경제 원칙을 생각하기란 어렵다. 뿐만 아니라 이 세금 체계는 부에 대해 역진적인 세금을 부과하는 유감스러운 결과를 초래했다. 왜냐하면 가장 큰 재산은 보통 금융자산, 특히 주식으로 구성되어 있기 때문이다. 이러한 구상은 2013년 이탈리아 선거에서 주요한 쟁점이었던 새로운 세금에 대한 사회적 지지를 얻는 데 거의 도움이 되지 못했다. 유럽 당국과 국제기관에 대해 찬사를 늘어놓으며 이 새로운 세금을 제안했던 후보는 선거에서 참패했다. 문제의 핵심은 이렇다. 유럽 국가들 간의 은행 정보가 자동적으로 공유되어야 납세자의 자산이 어디에 있든 간에 세무당국이 그들의 전체 자산 정보를 확실하게 파악할 수 있다. 그것이 불가능한 상황에서 개별 국가가 자체적으로 자본에 대한 누진세를 부과하기는 매우 어렵다. 이러한 과세가 현재 유럽이 맞닥뜨린 경제적인 곤경에 매우 적절한 대응 수단이 될 수 있다는 점에서 이는 특히 안타까운 일이다.

언젠가 이루어질 수도 있는 상황으로서, 은행 정보가 자동적으로 공유되고 세무당국이 누가 무엇을 소유하고 있는지에 대해 정확히 평가할 수 있다고 가정해보자. 이 경우 가장 이상적인 세율 체계는 무엇일까? 늘 그렇듯이 이는 민주적으로 논의해야 할 사안이며 이 질문에 답하는 데 적용할 수학 공식 같은 것은 없다. 아마도 20만 유로 이하의 순자산에 대해 0.1퍼센트, 20만 유로와 100만 유로 사이의 경우 0.5퍼센트의 세율이라면 적절할 것이다. 이 제도는 대부분의 나라에서 재산이 어느 정도 있는 중산층에 부과하는 부유세와 다름없는 재산세를 대체할 것이다. 또한 이 새로운 조세제도에서는 부동산뿐만 아니라 모든 자산이 과세 대상이 되며 또한 투명한 데이터와 주택담보대출을 제외한 부동산의 순시장가치에 기초하기 때문에, 더 공정하고 더 효과적인 제도가 될 것이다.[28] 이런 종류의 세금은 상당 부분 개별 국가 단독으로 쉽게 실행할 수 있다.

500만 유로 이상의 자산에 대한 세율이 2퍼센트로 제한되어야 할 이유는 전혀 없다는 점에 주목하자. 유럽과 전 세계에서 가장 큰 자산에 대한 실질수익률이 6~7퍼센트 혹은 그 이상이기 때문에, 1억 유로 또는 10억 유로 이상의 자산에 2퍼센트가 훨씬 넘는 세율을 적용하여 과세한다 해도 과도한 것은 아니다. 가장 간단하고 공정한 절차는 앞서 몇 년 동안 집계된 각 자산 구간의 수익률을 바탕으로 세율을 정하는 것이다. 그러한 방법을 통해, 누진율의 정도는 자본수익률의 변화와 바람직한 부의 집중도에 맞게 조정할 수 있을 것이다. 부의 분배에서 격차가 확대되는 것, 즉 상위 1퍼센트 혹은 0.1퍼센트가 차지하는 몫이 계속 증가하는 상황을 피하는 것은 그 자체로 바람직한 최소한의 목표로 보이는데, 이를 위해서 최대 규모의 자산에는 약 5퍼센트 세율로 과세할 필요가 있을 것이다. 좀더 야심찬 목표를 선호한다면, 예컨대 부의 불평등을 오늘날보다 더 낮은 수준으로 감소시키고자 한다면(역사가 보여주었듯이 불평등은 성장에 필요한 것이 아니다), 억만장자들에게 10퍼센트 혹은 그 이상의 세율을 생각해볼 수도 있다. 하지만 여기서 그 문제를 풀려는 것은 아니다. 확실한 것은 정치적인 토론에서 자주 언급되는 것처럼 공공부채 수익률을 기준으로 삼는 것은 적절치 않다는 점이다.[29] 대규모 자산은 분명히 국채에 투자되지 않는다.

유럽의 부유세는 현실적인가? 기술적으로 불가능할 이유는 없다. 특히 벨 에포크 시대 이후 유례가 없을 정도로 민간의 부가 번창하고 있는 유럽에서 부유세는 21세기의 경제적 도전에 맞설 수 있는 가장 적합한 수단이다. 하지만 구대륙의 국가들이 서로 더 긴밀하게 협력하려면, 유럽의 정치 제도가 바뀌어야 할 것이다. 현재 유럽에서 유일하게 강력한 기관인 유럽중앙은행은 그 중요성에도 불구하고 역량이 부족하기로 악명 높다. 다음 장에서 공공부채의 위기에 대한 문제를 논할 때 이 부분을 다시 이야기하겠다. 그전에 광범위한 역사적 관점에서 과거에 제안된 자본세를 살펴보는 것도 유용할 터이다.

역사적 관점에서 본 자본세

모든 문명에서 자본소유자들이 노동을 하지 않고도 국민소득에서 상당한 몫을 얻는다는 사실과 자본수익률이 일반적으로 연 4~5퍼센트에 이른다는 사실은 다양한 정치적 대응과 함께 종종 격렬하고 분개에 찬 반응을 일으켜왔다. 정치적 대응 중 가장 일반적인 한 가지는 고리대금업을 금지하는 것이었는데, 이는 기독교 및 이슬람교를 포함한 대부분의 종교 전통에서 다양한 형태로 발견된다. 시간은 결코 멈추는 법이 없으므로 이자는 기본적으로 부를 한없이 증대시킬 수 있는데 그리스 철학자들은 그런 이자에 대해 두 가지 견해를 갖고 있었다. 아리스토텔레스가 '이자'에 해당되는 그리스어(tocos)가 '어린아이'를 의미한다는 점을 주목하면서 지적한 것은 무한한 부가 초래하는 위험이었다. 아리스토텔레스는 돈이 더 많은 돈을 "낳도록 해서는" 안 된다고 생각했다.[30] 성장률이 낮거나 심지어 제로에 가까운 세계에서 인구 및 생산량이 대대로 거의 동일할 때에 이 '무제한성'은 특히 더 위험해 보였다.

불행하게도 이자놀이를 금지하려는 시도들은 흔히 비논리적이었다. 이자를 받고 돈을 빌려주는 것을 불법화하는 조치는 보통 특정한 유형의 투자와 특정한 상업 혹은 금융활동을 제한하는 결과를 낳았다. 정치권력이나 종교 단체는 이런 활동을 다른 것보다 덜 정당하거나 가치가 없는 것으로 여겼다. 하지만 그들은 일반적인 자본수익의 정당성에 대해서는 의문을 품지 않았다. 옛 유럽의 농촌사회에서 기독교의 권위자들은 지대의 정당성에 의문을 제기한 적이 없다. 사회질서를 유지하기 위해 그들이 의존했던 사회집단들처럼 그들 자신도 지대로 이득을 보았다. 고리대금의 금지는 당시로서는 사회 통제 형태로서 최선의 것이었다. 어떤 유형의 자본은 다른 것들보다 통제하기가 더 어려웠고, 그래서 더 염려스러운 것이었다. 그러나 자본소유자가 수익을 정당화할 만한 일을 하지 않아도 자본이 수익을 제공할 수 있다는 일반적인 원리에 대한 의문은 제기되지 않았다.

그보다 사람들은 무한한 축적을 경계했다. 자본소득은 예를 들어 선행을 위한 기부와 같은 건전한 방식으로 사용될 것으로 기대되었으며 진정한 믿음과는 분명 거리가 먼 상업 또는 금융의 모험에 나서지는 않을 것으로 생각되었다. 이런 점에서 토지자본은 대단히 안심할 만한 것이었는데 한 해 또 한 해, 한 세기 또 한 세기가 갈 때마다 스스로 재생산만 계속할 수 있기 때문이었다.[31] 따라서 전체 사회질서나 정신적인 질서 역시 불변하는 듯 보였다. 지대는 민주주의의 공공연한 적이 되기 전까지는 오랫동안 사회적 조화의 원천으로 여겨졌다. 적어도 토지를 소유해 이득이 생기는 사람들에게는 그랬다.

마르크스와 19세기의 다른 많은 사회주의자가 제시하고 20세기에 소련과 다른 곳에서 실행된 자본 문제에 대한 해결책은 훨씬 더 급진적이며 적어도 논리적으로는 더 일관성 있는 것이었다. 산업, 금융, 사업자본뿐만 아니라 토지와 건물을 포함한 생산수단의 사적 소유를 (약간의 개인 보유 토지와 작은 협동조합은 제외하고) 폐지함으로써 소련의 실험은 모든 사적 자본수익을 한꺼번에 없애버렸다. 이에 따라 고리대금업의 금지도 일반화되었다. 다시 말해 마르크스에게는 생산물 중 자본가들이 전유하는 몫을 의미했던 착취율이 사적 자본의 수익률과 함께 제로로 떨어졌다. 자본수익률이 제로가 되면서 사람들(또는 노동자들)은 마침내 축적된 부의 명에와 함께 그들의 사슬을 벗어던졌다. 현재가 과거에 비해 더 중요해졌다. 이들에게 $r>g$라는 부등식은 나쁜 기억에 지나지 않게 되었는데, 특히 공산주의가 성장 및 기술 진보에 애착을 갖기 시작한 이후로 그러했다. 불행히도 이 전체주의적 실험에 휩쓸린 사람들에게 문제는, 사유재산과 시장경제가 자신의 노동력밖에 팔 것이 없는 사람들에 대한 자본의 지배를 확고히 하는 역할에 그치지 않았다는 점이다. 사유재산과 시장경제는 또한 수백만 명의 개인의 행동을 조정하는 데 유용한 역할을 담당하며, 이는 이 두 가지 없이 쉽게 이룰 수 있는 일은 아니다. 소련식 중앙집권적 계획이 야기한 인류의 재앙이 이런 사실을 아주 명확하게 보여준다.

자본에 대한 세금은, 민간자본과 그것의 수익에서 발생하는 영원한 문제에 대해 덜 폭력적이면서도 더 효율적인 대응이 될 것이다. 개인의 부에 누진적 세금을 물리는 것은 사유재산과 경쟁의 힘에 의지하면서도 공공의 이익이라는 이름으로 자본주의에 대한 통제를 재천명하는 것이다. 여러 유형의 자본은, 일반적으로 어디에 투자할지를 결정하는 데 있어 정부보다는 투자자가 더 나은 위치에 있다는 원칙에 따라 미리 차별하는 일 없이 동일한 방식으로 과세될 것이다.[32] 필요하다면 거액의 재산에 대한 누진세가 꽤 가파르게 증가하도록 할 수 있다. 하지만 이것은 정부의 법률에 따라 민주적인 토론과정을 거쳐야 할 문제다. 자본세는 초기 자본의 규모와 함수관계가 있는 자본수익률의 불평등뿐만 아니라, $r>g$라는 부등식에 대한 가장 적절한 대응책이다.[33]

이런 형태의 자본세는 21세기의 세계화된 세습자본주의에 대응하기 위해 명료하게 설계된 새로운 발상이다. 분명히 토지 형태의 자본에는 아득한 옛날부터 세금이 부과되어왔다. 하지만 부동산에는 일반적으로 낮은 단일세율로 세금이 부과되었다. 재산세의 주된 목적은 소유권 등록을 요구함으로써 재산권을 보장하는 것이었으며 이는 분명히 부를 재분배하기 위한 것은 아니었다. 영국, 미국, 프랑스의 혁명은 모두 이런 논리를 따랐다. 따라서 그들이 시행한 세제는 결코 부의 불평등을 줄일 목적으로 시도된 것이 아니었다. 누진세라는 개념은 프랑스혁명기에 토론의 활발한 주제였지만, 결국 누진세의 원리는 받아들여지지 않았다. 더욱이 그때 제안된 세제는 당시에는 대담한 것이었지만 세율이 상당히 낮았다는 점에서 오늘날의 관점으로 보면 아주 온건한 것이었다.[34]

누진세 혁명은 20세기와 두 차례 세계대전 사이의 기간을 기다려야 했다. 혁명은 혼돈의 와중에 일어났으며 주로 소득 및 상속에 대한 누진세의 형태로 나타났다. 물론 19세기 말 또는 20세기 초에 이르러 일부 국가(가장 주목할 만한 나라로 독일과 스웨덴)는 자본에 대해 연간 누진세를 도입했다. 그러나 미국, 영국, 프랑스는 (1980년대까지) 이런 방향으로 나아가지 않았다.[35] 게다가 당시에 자본세를 매긴 나라들은 틀림없이 오늘날과는 매우 다른 맥락에서 이를 시행했기 때문에 이들 나라의 자본세 세율은 비교적 낮았다. 또한 이 세금들은 근본적으로 기술적인 결함을 안고 있었다. 즉 그들은 과세 대상 자산을 평가할 때, 매년 수정되는 시장가치가 아니라 세무당국이 어쩌다가 수정하는 평가가치를 기준으로 삼았다. 따라서 이런 식으로 평가된 가치는 결국 시장가치와의 관련성을 모두 상실했으며, 이는 이 세금을 금방 쓸모없게 만들어버렸다. 이러한 결함은 1914~1945년 기간의 인플레이션 충격에 뒤이어 프랑스와 다른 많은 국가에서 재산세의 기반을 위태롭게 만들었다.[36] 이러한 설계상의 결함은 자본에 대한 누진세에 치명적일 수 있다. 왜냐하면 과세 구간을 나누는 기준금액이 해당 도시 또는 인근에서 마지막 자산 평가가 이뤄진 날짜와 같이 다소 임의적인 요소에 따라 달라지기 때문이다. 부동산과 주식 가격이 급격하게 상승했던 1960년 이후에 이러한 자의적 과세에 대한 도전은 점점 더 흔한 일이 되었다. 형평과세 원칙 위반을 판결하기 위해 종종 법원이 개입하기도 했다. 1990~2010년 독일과 스웨덴은 자본에 대한 연간 세금을 폐지했다. 이것은 조세경쟁에 대한 어떤 대응이었다기보다는 과세가 구식으로 설계된(19세기까지 거슬러 올라가) 것과 더 관련이 있었다.[37]

프랑스에서 연대세ISF: impôt de solidarité sur la fortune(가난한 사람들과 고통을 분담해야 한다는 취지로 고소득층의 재산에 부과한 세금—옮긴이)라고 불리는 현재의 부유세는 여러 가지 면에서 훨씬 더 현대적이다. 이것은 매년 다양한 종류의 자산을 재평가한 시장가치를 근거로 과세한다. 이는 이 조세가 비교적 최근에 만들어졌기 때문인데, 부유세가 도입되었던 1980년대는 무시할 수 없는 수준의 인플레이션으로 특히 자산의 시세가 치솟던 상황이었다. 아마도 경제 정책에 관해서는, 여타 선진국들과 조화를 이루지 못하는 것에도 유리한 면이 있을 수 있다. 어떤 경우에는 그로 인해 시대보다 앞선 국가가 될 수도 있기 때문이다.[38] 프랑스의 연대세는 시장가치를 기초로 한다는 면에서 이상적인 자본세를 닮았지만, 다른 측면에서는 이상적인 형태와 매우 상이하다. 앞서 설명했듯이 이것은 공제 대상 항목이 너무 많고 자진 신고한 자산 보유 현황을 기반으로 한다. 2012년에 이탈리아는 아주 이상한 부유세를 도입했는데, 그것은 지금과 같은 환경에서 단일 국가가 자체적으로 시행할 수 있는 세금의 한계를 보여준다. 스페인의 경우도 흥미롭다. 지금은 존재하지 않는 스웨덴이나 독일의 부유세와 마찬가지로 스페인의 부유세는 부동산과 기타 자산에 대한 다소 자의적인 평가에 바탕을 둔다. 이 세금 징수는 2008~2010년에 중단되었다가 2011~2012년 심각한 예산 위기의 와중에서 구조가 바뀌지 않은 채로 다시 시행되었다.[39] 이와 유사한 긴장은 거의 어디에나 존재한다. 비록 자본세는 정부의 늘어나는 재정 수요라는 관점에서 보면 합리적인 것 같지만(민간자산이 크게 늘어나고 소득은 정체되는 가운데 어떤 정당이 집권하든 정부는 그러한 매력적인 세원을 절대로 지나쳐버리지 않을 것이다), 단일 국가 내에서 그와 같은 과세를 적절히 설계하는 것은 어려운 일이다.

요약하자면 자본세는 21세기의 세계화된 세습자본주의에 적용되어야 할 새로운 아이디어다. 이 세금의 설계자들은 어떤 세율 체계가 적절할지, 과세 대상 자산의 가치를 어떻게 평가할지 그리고 국제적으로 정보를 공유해 세무당국이 납세자 스스로 신고한 자산 보유 정보에 의존할 필요가 없도록 하기 위해 어떻게 은행이 자산 소유에 관한 정보를 자동적으로 제공하고 국제적으로 공유하도록 할지에 대해 심사숙고해야 한다.

규제의 다른 형태: 보호무역주의와 자본통제

그렇다면 자본세의 대안은 없는가? 대안은 있다. 21세기의 세습자본주의를 규제하는 다른 방법들이 있으며 이들 중 일부는 이미 세계적으로 다양한 지역에서 시도되고 있다. 그럼에도 불구하고 이러한 대안적인 규제 형태들은 자본세보다는 만족스럽지 않으며, 때때로 문제를 해결하기보다는 더 많은 문제를 낳기도 한다. 이미 지적한 대로 정부가 경제와 금융의 주권을 되찾을 수 있는 가장 단순한 방법은 보호무역주의와 자본통제에 의존하는 것이다. 보호무역주의는 때때로 어떤 나라의 경제에서 상대적으로 낙후된 부문을 국내 기업이 국제 경쟁에 직면할 준비가 될 때까지 보호하기 위한 유용한 방법이다.[40] 이것은 또한 (금융 투명성, 보건, 인권 관련 규범 등을 비롯한) 규칙을 존중하지 않는 국가를 상대할 때 소중한 무기가 되기도 한다. 따라서 한 국가가 보호무역주의의 잠재적인 활용 가능성을 배제하는 것은 어리석은 일일 터이다. 그럼에도 불구하고 보호무역주의는 아주 오랜 기간 광범위하게 실행될 때 그 자체로 번영의 원천이 되거나 부를 창조하지는 못한다. 역사적 경험에 비추어보면, 국민에게 생활수준을 크게 높여주겠다고 약속하면서 이 길을 선택하는 국가는 정말로 실망스런 결과에 직면할 가능성이 높다. 게다가 보호무역주의는 $r>g$라는 부등식 또는 점점 더 소수의 사람들 손에 부가 축적되는 경향을 막기 위한 어떤 일도 하지 못한다.

자본통제는 또 다른 문제다. 1980년대 이후 부유한 국가들의 정부는 대부분 자산의 소유권에 관한 정보의 국제적인 통제나 공유 없이, 완전하고 절대적인 자본이동의 자유화를 옹호했다. 경제협력개발기구, 세계은행, 국제통화기금과 같은 국제기구들은 최신의 경제과학이라는 이름으로 이같은 정책들을 장려했다.[41] 그러나 기본적으로 이러한 움직임은 민주적으로 선출된 정부에 의해 추진되었으며, 소련의 몰락, 자본주의와 자율적인 시장에 대한 무한한 신뢰로 특징지을 수 있는 특별한 역사적 순간의 사조를 반영하는 것이었다. 그러나 2008년의 금융위기 이후, 이런 접근 방법이 과연 현명한 것인지에 대해 심각한 의구심이 제기되기 시작했다. 따라서 향후 수십 년간, 부유한 국가들은 점점 더 자본을 통제하려 들 것이다. 신흥국들은 1998년 아시아 금융위기의 여파로 이런 길을 가기 시작했다. 이 위기는 국제사회가 인도네시아, 브라질, 러시아 같은 나라들에 처방한 '충격 요법' 정책들이 언제나 현명한 조언은 아니며 그들 스스로 진로를 결

642

4부
21세기의 자본 규제

정해야 할 때가 왔다는 확신을 주었다. 또한 그 위기는 일부 국가가 외환 보유액을 과도하게 축적하도록 부추기기도 했다. 이런 정책이 세계 경제 불안에 대한 최선의 대응은 아닐 수도 있지만, 단일 국가들이 주권을 상실하지 않으면서 경제적 충격에 대처할 수 있도록 한다는 면에서는 장점도 있다.

중국의 자본 규제 미스터리

/

일부 국가에서는 언제나 자본통제가 시행되어왔으며 이들은 금융거래와 경상수지에 대한 완전한 규제완화로 가는 질주가 계속되는 동안에도 영향을 받지 않았다는 점을 인식하는 것이 중요하다. 그런 나라들 중 주목할 만한 예가 자국 통화를 자유롭게 교환할 수 있도록 한 적이 없는 중국이다.(언젠가 인민폐에 대해 베팅하는 그 어떤 투기꾼들도 묻어버릴 수 있을 만큼 충분한 외환보유액을 쌓았다는 확신이 들 때쯤엔 그렇게 할 수도 있다.) 중국은 또한 자국으로 유입되는 자본과 국외로 나가는 자본을 엄격히 통제해왔다. 누구도 중국 정부의 허가 없이는 중국 대기업을 사들이거나 지분에 투자할 수 없으며, 중국 정부는 일반적으로 외국인 투자자가 소수 지분에 만족하는 경우에만 허가를 해준다. 또한 정부의 승인 없이는 어떤 자산도 해외로 내보낼 수 없다. 자본의 유출 문제는 중국에서 현재 꽤 민감한 사안이며 중국식 자본 규제의 핵심에 자리하고 있다. 이는 매우 단순한 질문을 제기하게 한다. 세계의 부자 순위에 오르면서 점점 더 널리 알려지고 있는 중국의 백만장자와 억만장자는 과연 그들 재산의 진정한 소유자인가? 예를 들어 만약 그들이 원한다면, 중국 바깥으로 그들의 돈을 가지고 나갈 수 있을까? 이런 질문에 대한 대답은 미스터리에 싸여 있을지라도, 재산권에 대한 중국의 개념이 유럽이나 미국과 다르다는 점에는 의심의 여지가 없다. 재산권은 복잡하게 변화하는 권리와 의무의 집합체다. 예를 들어 차이나텔레콤의 지분 20퍼센트를 매수한 중국인 억만장자가 주식을 그대로 보유하고 수백만 유로의 이익 배당금을 챙기면서 가족과 함께 스위스로 이민 가기를 희망한다고 하자. 그는 이를테면 러시아의 올리가르치에 비해 그렇게 하는 데 훨씬 더 큰 어려움을 겪을 가능성이 매우 높다. 러시아에서는 거액의 재산이 수상쩍은 곳으로 반출된다는 사실로 판단할 때 그렇다. 중국 내에 있는 사람은 적어도 지금 당장은 결코 그런 일을 생각할 수 없다. 러시아에서 올리가르치는 분명 자신을 감옥으로 보내버릴 수 있는 대통령과 마찰이 없도록 조심해야 한다. 그러나 만약 그런 곤경을 피할 수만 있다면 그는 러시아 천연자원 개발로 얻은 부를 누리며 분명히 아주 잘살 수 있을 것이다. 중국에서는 상황이 더 엄격하게 통제되는 것 같다. 이는 서방 언론에 흔히 나오듯이 중국의 부유한 정치 지도자들에 비해 미국 정치인들은 훨씬 덜 부유할 것이라는 식의 비교가 자세히 뜯어보면 사실과 다른 이유들 가운데 하나다.[42]

나는 극히 불투명하고 불안정할 수도 있는 중국의 자본 규제 체계를 옹호할 생각은 없다. 그럼에도 불구하고 자본통제는 부의 불평등의 동학을 규제하고 제한할 수 있는 하나의 방법이다. 더욱이 중국의 소득세는 아직 충분히 누진적이라고 할 수는 없지만 (구소련권 국가들 대부분이 그랬듯이 1990년대에 단일세율을 채택한) 러시아보다는 더 누진적이다. 누진세가 창출한 세수는 인도 같은 다른 신흥국들에서보다는 훨씬 더 큰 규모로 교육, 의료, 사회기반시설에 투자되는데, 이런 면에서 중국은 이들보다 분명히 훨씬 더 앞서가고 있다.[43] 만약 중국이 원한다면, 그리고 무엇보다 중국의 권력 집단이 현대적 조세 체계와 맞물린 민주적 투명성과 법의 지배에 동의한다면(그렇게 될지는 결코 확실치 않지만), 그 규모를 볼 때 중국은 앞서 논의했던 소득과 자본에 대한 일종의 누진세를 충분히 부과할 수 있을 것이다. 어떤 면에서는 중국이 유럽보다 이런 도전들에 맞설 준비가 더 잘되어 있다. 유럽은 정치적 분열, 특히 앞으로 한동안 계속될 격렬한 조세경쟁과 씨름해야 하기 때문이다.[44]

어쨌든, 만약 유럽 국가들이 자본을 효과적으로 규제하기 위해 협력하지 않는다면, 개별 국가들은 독자적인 통제를 시작하고 자국민을 특별 대우할 가능성이 매우 높다.(실제로 이런 현상이 이미 나타나고 있다. 국가대표 기업들을 키우고 흔히 외국인 주주들보다 국내 주주들이 통제하기 쉽다는 잘못된 전제에 따라 그들을 옹호하는 비합리적인 정책들이 가끔 나타나고 있다.) 이런 점에서 보면 중국은 확실한 우위를 점하고 있으며, 이런 중국을 능가하기는 어려울 것이다. 자본세는 자본통제의 자유주의적인 형태이며 유럽의 비교우위에도 더 잘 맞는다.

'석유 지대'의 재분배

글로벌 자본주의와 그것이 야기한 불평등을 통제하고자 할 때 천연자원, 특히 '석유 지대rents'의 지리적 분포는 특별한 문제를 만들어낸다. 부의 국제적 불평등—그리고 국가의 운명—은 국경이 어떻게 그어졌느냐에 따라 달라지는데, 이는 많은 경우에 상당히 자의적으로 결정되었다. 만약 지구촌이 하나의 민주적 글로벌 공동체라면, 이상적인 자본세는 석유 지대를 공평한 방식으로 재분배할 것이다. 개별 국가의 법은 때로 천연자원을 공공의 재산이라고 선언함으로써 그렇게 할 수 있다. 물론 이와 같은 법률은 국가마다 다르며, 신중한 민주적 논의가 올바른 방향을 제시할 수 있을 것이다. 예를 들어 만약 내일 누군가가 자신의 뒷마당에서 그 나라의 모든 재산을 합친 것보다 더 값비싼 보물을 발견한다면, 합리적인 방식으로 부를 공유하기 위해 법을 개정하는 방법이 모색될 것이다.(혹은 사람들이 그러길 바랄 것이다.)

그러나 세계는 하나의 민주적 공동체가 아니기 때문에 천연자원의 재분배는 흔히 평화롭지 못한 방식으로 결정된다. 1990~1991년 소련이 붕괴된 직후, 또 하나의 결정적인 사건이 일어났다. 인구 3500만 명의 이라크가 작은 이웃 나라 쿠웨이트를 침공하기로 결정한 것이다. 쿠웨이트는 인구가 100만 명에 불과한 나라이지만, 사실상 이라크와 맞먹을 정도의 석유를 보유하고 있다. 이 전쟁은 물론 지정학적으로 우연한 사고일 수도 있지만 한편으로는 탈식민지 시대에 일어난 한 번의 펜놀림의 결과이기도 했다. 서방 석유회사와 그들의 정부는 경우에 따라서는 인구가 그리 많지 않은 나라들과 사업을 하는 것이 더 쉽다는 것을 깨달았다.(장기적으로 봤을 때 그러한 선택이 현명한 것인지는 의심스럽다.) 어쨌든 서방 강대국들과 그들의 동맹국들은 쿠웨이트에 그들의 유전에 대한 유일한 합법적 소유권을 되찾아주기 위해 즉시 약 90만 명의 군대를 파병했다.(이는 각국 정부가 어떤 결정을 내리면 그것을 실행하기 위해 엄청난 자원을 동원할 수 있다는 것을 보여주는 증거다. 그런 증거가 필요하다면 말이다.) 1991년에 일어난 제1차 걸프전에 이어 서방 강대국들이 다소 약체인 다국적군으로 참여한 제2차 걸프전이 2003년 이라크에서 발발했다. 이 같은 일련의 사태의 결과들은 오늘날까지 영향을 미치고 있다.

석유자본에 대한 최적의 세율 체계, 즉 글로벌 정치공동체 또는 중동의 정치공동체에서조차 이상적으로 받아들여지고 사회정의와 효용을 바탕으로 하는 세율 체계를 생각해내는 것은 내 몫이 아니다. 나는 단순히 이 지역에서 부의 분배의 불평등이 전례 없는 수준의 불공정을 초래했다는 점을 살펴볼 뿐이다. 이는 외국 군대의 비호가 없었더라면 이미 오래전에 사라졌을 불평등이다. 인구가 8500만 명에 이르는 이집트의 모든 초·중·고등학교와 대학들을 위한 2012년 교육부 예산은 50억 달러에도 미치지 못한다.[45] 이집트 동쪽으로 수백 킬로미터 떨어진 사우디아라비아와 이 나라의 2000만 시민들은 해마다 3000억 달러의 석유 판매 수입을 얻고 있으며, 카타르의 30만 시민들은 매년 1000억 달러 이상을 벌어들인다. 이런 상황에서 국제사회는 이집트에 수십억 달러의 차관을 연장해줘야 할지 아니면 이집트 정부가 약속한 대로 탄산음료와 담배에 물리는 세금을 인상할 때까지 기다려야 할지를 고민하고 있다. 틀림없이 국제적 규범은 무력에 의한 부의 재분배를 가능한 한 막아야 한다.(1990년 쿠웨이트를 침공한 이라크의 경우처럼, 침략자의 의도가 학교를 건설하고자 하는 것이 아니라 더 많은 무기를 구입하는 데 있다면 특히 그렇다.) 그러나 이러한 규범은 또한 석유 지대의 더 공정한 분배를 위한 다른 방법들을 찾아내야 한다. 석유가 없는 나라들에게 발전할 기회를 주기 위해 각종 제재와 조세, 또는 대외원조와 같은 방법들을 쓸 수 있을 것이다.

이민을 통한 재분배

이민은 더 평화로운 방식으로 글로벌 부의 불평등에 대한 규제와 재분배를 할 수 있는 수단으로 보인다. 온갖 어려움이 따르는 자본이동보다는, 때로 노동력을 임금이 더 높은 곳으로 이동시키는 것이 더 간단하다. 이 점에서 미국은 글로벌 재분배에 크게 기여했다. 독립전쟁 당시 겨우 300만 명이었던 인구가 오늘날 3억 명 이상으로 성장한 것은 주로 지속적인 이민 행렬 덕분이었다. 내가 제14장에서 추측한 대로 미국이 새로운 '구유럽'이 되기까지는 아직도 많은 시간이 남아 있는 것은 바로 이 때문이다. 이민은 미국을 결속시키는 접착제 같은 것으로, 축적된 자본이 유럽에서처럼 중요한 위치를 차지하는 것을 막아 사회를 안정화시킬 수 있는 힘이며, 또한 미국에서 점점 더 심화되고 있는 노동소득의 불평등을 정치적으로, 사회적으로 참을 만하게 만드는 힘이기도 하다. 소득분배에서 하위 50퍼센트에 있는 미국인 중 꽤 많은 이가 자신들은 덜 부유한 국가에서 태어났으며 이제 계층의 사다리를 올라가고 있다는 매우 단순한 이유로 이러한 불평등을 부차적인 것으로 여긴다. 더욱이 이민을 통한 재분배의 메커니즘, 즉 가난한 국가에서 태어난 사람들이 부유한 국가로 이주함으로써 자신의 운명을 개척할 수 있도록 하는 것은 최근 미국뿐만 아니라 유럽에서도 중요한 요소가 되고 있다. 이런 점에서 구대륙과 신대륙의 차이는 과거에

비해 그리 크지 않을 수 있다.[46]

그러나 이민을 통한 재분배는 바람직한 것이기는 하지만 불평등 문제를 부분적으로만 해결한다는 점을 강조할 필요가 있다. 이민을 통해 각국의 1인당 생산과 소득이 균등화되고 심지어 가난한 국가들이 부유한 국가들을 생산성 면에서 따라잡고 난 다음에도 불평등의 문제는—특히 글로벌 부의 집중화라는 동학은—여전히 남아 있다. 이민을 통한 재분배는 문제를 지연시킬 수는 있지만 새로운 형태의 규제, 즉 소득과 자본에 대한 누진세를 갖춘 사회적 국가에 대한 요구를 없앨 수는 없다. 더욱이 세계화의 경제적 혜택을 모두가 나눌 수 있도록 하기 위한 이러한 제도들이 도입되면 더 부유한 사회에서 덜 유리한 위치에 있는 사람들도 이민을 더 기꺼이 받아들일 것이라고 기대할 수 있다. 무역이 자유화되고 자본과 인력의 자유로운 이동이 가능해지더라도 사회적 국가와 모든 형태의 누진적인 세제를 없애버린다면 유럽과 미국 그 어느 곳에서든 방어적 민족주의와 정체성 정치identity politics에 대한 유혹은 더욱더 커질 가능성이 높다.

마지막으로, 저개발국들은 좀더 공정하고 투명한 국제 조세 체계의 주된 수혜자가 될 것이라는 점을 주목해야 한다. 아프리카에서는 해외로 빠져나가는 자본이 언제나 외국의 원조로 유입되는 자본을 크게 앞질러왔다. 몇몇 부유한 국가가 부정 축재를 하고 달아난 옛 아프리카 지도자들을 상대로 사법 절차를 밟고 있다는 것은 의심할 여지 없이 바람직한 일이다. 하지만 아프리카를 비롯한 여러 지역에서 이러한 약탈을 좀더 체계적이고 조직적으로 뿌리 뽑을 수 있도록 국제적인 금융 협력과 정보 공유 체제를 확립하는 일이 더욱 유용할 것이다. 특히 모든 국적의 외국 기업과 주식 보유자들은 적어도 부도덕한 아프리카 엘리트들만큼 이러한 잘못에 대한 책임이 있기 때문이다. 거듭 강조하지만 금융 투명성과 누진적인 글로벌 자본세가 올바른 해답이다.

공공부채의
문제

정부가 국가재정을 마련하는 주된 방식은 세금과 부채 두 가지다. 일반적으로 공정성과 효율성 측면에서 부채보다 과세가 훨씬 더 바람직하다. 부채는 상환을 해야 하기 때문에, 채권을 통한 자금 조달은 정부에 빌려줄 자산이 있는 사람들에게만 이익이 된다는 문제가 있다. 공익적 관점에서는 부자들에게 자금을 빌리는 것보다 부자들에게 과세를 하는 것이 보통 더 바람직하다. 그럼에도 불구하고 좋고 나쁜 여러 이유로 인해 정부는 때때로 부채를 지고 (이전 정권 때 물려받은 것이 아니라면) 부채를 쌓는 수단에 의지한다. 물론 지금 세계의 부유한 국가들은 외견상 끝없는 부채 위기에 휘말려 있다. 제2부에서 살펴본 바와 같이, 역사적으로 분명히 공공부채가 지금보다 훨씬 더 많았을 때가 있었다. 특히 영국에서 공공부채는 국민소득의 2배가 넘은 적이 두 번이나 있었는데, 첫 번째는 나폴레옹 전쟁의 종전 시점이었고 다음은 제2차 세계대전 이후였다. 부유한 국가들은 아직도 평균적으로 약 1년 치 국민소득(혹은 GDP의 90퍼센트)에 해당되는 공공부채를 떠안고 있는데, 선진국의 이러한 부채 수준은 1945년 이래 전례가 없는 일이다. 신흥경제국들은 소득과 자본 측면에서 부유한 국가보다 더 빈곤하긴 하지만 공공부채는 훨씬 더 적다(평균 GDP의 30퍼센트 정도). 이는 공공부채 문제가 부의 분배, 특히 공공부문과 민간부문 사이의 문제이지 절대적인 부의 문제가 아님을 보여준다. 부유한 국가는 부유하지만, 부유한 국가의 정부는 가난하다. 유럽이 가장 극단적인 사례다. 유럽은 세계 최고 수준의 민간부문의 부를 가진 동시에 공공부채의 위기를 해결하는 데 가장 큰 어려움을 겪고 있다. 참으로 역설적이다.

나는 먼저 높은 공공부채를 처리하는 다양한 방식을 살펴보는 데서 시작하고자 한다. 이는 중앙은행이 자본을 어떻게 규제하고 재분배하는지에 대한 분석과 과세 및 부채 문제는 등한시한 채 통화 문제에 지나치게 집중한 유럽의 통합이 왜 곤경에 처하게 되었는지에 대한 분석으로 이어질 것이다. 마지막으로는 저성장과 잠재적인 자원의 감소라는 21세기의 환경에서 최적의 공공자본 축적 수준 및 이것이 민간자본과 맺는 관계도 알아보고자 한다.

공공부채의 감축: 자본세, 인플레이션, 긴축

오늘날 유럽이 안고 있는 부채와 같은 대규모의 공공부채를 크게 감소시키려면 어떻게 해야 할까? 여기에는 다양한 비중으로 서로 결합될 수 있는 세 가지 주된 방법이 있다. 바로 자본에 대한 세금, 인플레이션, 긴축재정이다. 민간자본에 대해 파격적인 세금을 부과하는 것은 가장 공정하고 효율적인 해결책이다. 하지만 그것이 실패한다면 인플레이션이 유용한 방법이 될 수 있다. 역사적으로 인플레이션은 대규모 공공부채를 처리하는 주된 방법이었다. 공정성과 효율성 측면에서 최악의 해결책은 지속적인 긴축재정인데, 이것이 바로 현재 유럽이 따르고 있는 방식이다.

여기서 오늘날 유럽이 가진 국부의 구조를 상기해보자. 제2부에서 살펴본 바와 같이 대부분 유럽 국가의 국부는 국민소득의 6배에 가까우며 국부는 대개 민간의 주체(가계)가 소유한다. 공공자산의 총가치는 공공부채 전체와 거의 같다(한 해 국민소득 정도다). 따라서 순공공자산은 제로에 가깝다.[1] (부채를 뺀) 민간자산은 대략 절반의 비율로 부동산과 금융자산, 두 가지로 나뉘어 있다. 다른 국가들에 대한 유럽의 평균 순자산 포지션은 균형 상태에 가깝다. 이는 유럽의 가계가 유럽의 기업과 정부 부채를 소유하고 있다는 의미다.(좀더 정확히 말하면 유럽인은 유럽 밖 다른 국가들의 자산을 소유함으로써 다른 국가들이 소유한 유럽의 자산을 상쇄시키고 있다.) 하지만 금융중개 시스템의 복잡성으로 인해 이런 현실은 뚜렷하게 보이지 않는다. 사람들은 자신의 예금을 은행에 맡기거나 금융상품에 투자하고 은행은 그 돈을 여러 곳에 투자한다. 또한 국가 간의 교차소유가 상황을 좀더 불투명하게 만든다. 그러나 아직도 유럽의 가계(어쨌든 뭐라도 소유한 사람들. 여전히 부는 매우 집중되어 있어 상위 10퍼센트가 전체 부의 60퍼센트를 소유한다는 사실을 기억하라)가 공공부채를 포함한 유럽 전체의 부와 같은 수준을 소유하고 있다는 사실에는 변함이 없다.[2]

이런 상황에서 어떻게 공공부채를 제로로 감소시킬 것인가? 한 가지 방법은 모든 공공자산을 민영화하는 것이다. 유럽 여러 국가의 국민계정에 따르면 모든 공공건물, 학교, 대학, 병원, 경찰서, 사회기반시설 및 기타 공공자산의 매각 대금은 갚지 못한 공공부채를 충분히 상환할 수 있을 정도다.[3] 이 경우 가장 부유한 유럽의 가계들은 금융투자를 매개로 공공부채를 보유하는 대신 학교나 병원, 경찰서 등의 직접적인 소유주가 되는 셈이다. 그러면 이들을 제외한 모든 가계는 이런 공공자산을 이용하고 연관된 공공서비스를 계속 생산하도록 하기 위해 이용료를 지불해야 한다. 그러나 일부 진지한 사람들이 사실상 지지하고 있는 이러한 해결 방안은 내 생각에는 고려할 필요도 없이 제외되어야 한다. 유럽의 사회적 국가가 특히 교육, 의료, 치안의 영역에서 그 의무를 적절하고 지속적으로 수행하려면 국가는 관련 공공자산을 계속 보유해야 한다. 그럼에도 불구하고 이 상태로 간다면 정부는 과중한 (임대료보다는) 이자를 치러야 하기 때문에, 지금 상황으로서는 같은 공공자산을 이용하기 위해 임대료를 지불하는 것과 다를 바가 없다는 사실을 이해하는 것이 중요하다. 이자를 내는 것도 임대료를 내는 것과 마찬가지로 정부 재정에는 버거운 일이기 때문이다.

공공부채를 줄이는 훨씬 더 만족스러운 방법은 민간자본에 파격적인 세금을 부과하는 것이다. 예를 들어 민간자본에 대해 일률적으로 15퍼센트를 과세하면 거의 1년 치 국민소득과 맞먹는 수입을 올릴 수 있고 이로 인해 모든 공공부채를 즉시 상환할 수 있다. 이렇게 공공자산은 계속 소유하되 부채는 제로가 될 것이고 따라서 지급해야 할 이자는 없어질 것이다.[4] 이런 해결책은 두 가지 본질적인 차이를 제외하면 공공부채를 갚기를 전면적으로 거부하는 것과 똑같다고 할 수 있다.[5]

우선 지불 거절은 그것이 부분적인 경우에도 언제나 그 궁극적인 결과를 예측하기가 어렵다. 즉 사실상 누가 그 비용을 감당할 것인지를 알기가 어렵다는 말이다. 공공부채의 전부 혹은 일부에 대한 채무 불이행은 2011~2012년 그리스처럼 극단적인 과다 부채의 상황에서 때때로 발생한다. 이 경우 채권소유자들은 전문 용어로 헤어컷haircut, 즉 은행이나 다른 신용 기관이 갖고 있는 정부 채권의 가치가 10~20퍼센트 혹은 그 이상 감소하게 되는 상황을 받아들이도록 강요받는다. 그런데 문제는 이를 대규모로—예를 들어 (유럽 GDP의 단 2퍼센트만을 차지하는) 그리스에만이 아니라 유럽 전체에—적용할 경우, 금융공황 및 연쇄적인 파산을 유발할 수 있다는 것이다. 어떤 은행이 어떤 종류의 국채를 보유했는지뿐만 아니라 대차대조표의 구조, 은행 채권자의 신원, 다양한 금융기관에 예금을 투자한 가계 주체들, 투자의 성격 그리고 기타 여러 가지 요인에 따라 사전에 정확히 예측할 수 없는 완전히 다른 결과가 발생할 수 있다. 더군다나 오히려 포트폴리오를 가장 많이 소유한 사람들이 사전에 헤어컷을 거의 완전히 회피하기 위해 자신들의 투자자산을 재구성할 수도 있다. 때로 사람들은 헤어컷을 시행하는 것이 매우 위험한 투자를 감행해온 투자자들에게 불이익을 주는 방법이라고 생각한다. 하지만 이는 실제와는 완전히 동떨어진 생각이다. 금융자산은 끊임없이 거래되기 때문에 불이익을 받아야 할 사람들이 최종적으로 불이익을 받으리라는 보장은 없다. 하지만 겉으로 헤어컷과 유사해 보이는 자본에 대한 예외적 세금 부과는 좀더 세련된 방식으로 국채로 인한 부담을 조정할 수 있다는 이점이 있다. 모든 사람이 고통을 분담하도록 요구받으며 동시에 은행의 도산도 방지된다. 왜냐하면 이때 돈을 지불해야 할 주체는 금융기관이 아니라 궁극적인 부의 소유자들(실제 개인들)이기 때문이다. 하지만 만약 자본에 대한 세금이 이와 같이 부과되려면 과세당국은 자기 관할 아래에 있는 모든 시민이 보유한 예금, 증권, 채권 및 다른 금융자산에 대한 정보를 상시적이고 자동적으로 통보받을 수 있어야 한다. 그러한 금융 정보가 없다면 모든 정책적 선택이 위험할 것이다.

이러한 재정적 해법의 핵심적인 이점은 각 개인에게 요구되는 고통 분담이 재산 규모에 따라 조정될 수 있다는 것이다. 유럽에 있는 모든 민간 재산에 대해 일률적으로 15퍼센트라는 이례적인 세율을 부과하는 것은 이치에 맞지 않을 터이다. 그것보다 소규모인 재산에 대해서는 낮고 대규모인 재산에 대해서는 높게 고안된 누진세를 적용하는 게 더 나을 것이다. 어떤 면에서 이는 은행이 도산하더라도 일반적으로 10만 유로의 예치금까지는 보장해주는 방식으로 유럽 은행법에서 이미 시행되고 있다. 자본에 대한 누진세는 이러한 논리를 일반화한 것인데, 왜냐하면 이는 구간을 좀더 세밀하게 나누어 과세할 수 있도록 해주기 때문이다. 다음과 같이 각기 다른 여러 구간을 생각해볼 수 있다. 10만 유로까지는 예금을 완전히 보장하고 50만 유로까지는 부분적으로 보장하는 등, 유용할 만한 많은 구간을 만드는 것이다. 누진세는 은행예금뿐 아니라 (상장 주식과 비상장 주식까지 포함하여) 모든 자산에 적용되어야 한다. 이는 당좌예금에 거의 돈을 넣어두지 않는 부자들에게까지 과세하기 위해 필수적이다.

어쨌든 단번에 공공부채를 제로로 만들 수는 없다. 좀더 현실적인 사례로, 우리가 유럽의 정부 부채를 GDP의 20퍼센트 정도 줄이려 한다고 생각해보자. 이는 현재 GDP의 90퍼센트 수준인 부채를 현재 유럽의 조약에서 정한 최대 60퍼센트에서 그리 멀지 않은 70퍼센트로 낮추는 것이다.[6] 앞 장들에서 살펴본 바와 같이, 누진적 자본세는 재산에 대하여 100만 유로까지는 0퍼센트, 100만~500만 유로까지는 1퍼센트, 500만 유로 이상은 2퍼센트를 과세하는데, 이 세금으로 유로존 내 GDP의 약 2퍼센트에 해당되는 세수를 얻을 수 있을 것이다. GDP의 20퍼센트를 단 한 번의 과세로 확보하려면 100만 유로에는 0퍼센트, 100만~500만 유로에는 10퍼센트, 500만 유로 이상에는 20퍼센트 하는 식으로 10배 높은 특별 세율을 적용하는 것으로 충분하다.[7] 1945년 프랑스가 공공부채를 대폭 줄이기 위해 자본에 대한 예외적인 과세를 추진했을 때 적용한 누진세율이 0~25퍼센트까지 다양했다는 사실은 흥미롭다.[8]

부채 감축을 위해서는 10년 동안 0퍼센트, 1퍼센트, 2퍼센트라는 세 가지 누진세율만 적용하고 그 수입을 떼어두는 것도 똑같은 결과를 가져올 것이다. 예를 들어 독일 정부가 임명한 경제학자 자문위원회가 2011년 제안한 것과 유사한 '상환 기금redemption fund'을 조성할 수 있다. GDP의 60퍼센트 이상인 유로존 내의 모든 공공부채(특히 독일, 프랑스, 이탈리아, 스페인의 공공부채)를 공동으로 부담하고 그리고 나서 기금을 점차 제로로 줄인다는 독일의 이 제안은 매우 불완전한 것이다. 특히 이는 민주적 거버넌스라는 개념을 결여하고 있는데, 이것 없이 유럽의 부채에 대한 공동 부담은 불가능한 일이다. 그러나 이러한 기금은 자본에 대한 일회성의, 혹은 특정 10년간의 예외적인 세금과 쉽게 결합될 수 있는 구체적인 계획이다.[9]

인플레이션은 부를 재분배하는가?

지금까지의 논의를 요약해보자. 나는 대규모 공공부채를 감소시키는 최상의 방법은 자본에 대해 예외적인 세금을 부과하는 것임을 제시했다. 이는 단연코 가장 투명하고 공정하며 효율적인 방법이다. 그러나 인플레이션이 또 다른 선택지가 될 수 있다. 분명 국채는 실질자산(그 가격이 경제적 상황에 연동되어 부동산과 주식의 경우처럼 일반적으로 인플레이션에 따라 증가하는 자산)이라기보다는 명목자산(그 가격이 인플레이션에 좌우되지 않고 사전에 정해져 있는 자산)이기 때문에, 인플레이션이 소폭 상승하는 것만으로도 공공부채의 실질 가치를 상당히 낮출 수 있다. 다른 조건이 모두 동일하다고 가정했을 때 인플레이션이 연 2퍼센트가 아닌 5퍼센트라면 5년이 지났을 때 공공부채의 실질 가치는 GDP에 대한 비율로 나타냈을 때 15퍼센트 이상 감소할 것이다. 이는 상당한 금액이다.

이와 같은 해결책은 대단히 솔깃한 것이다. 역사적으로, 특히 20세기 유럽에서는 인플레이션이야말로 대부분의 거대한 공공부채를 감소시킨 방법이었다. 예를 들어 프랑스와 독일에서는 1913년에서 1950년까지 각각 연평균 13퍼센트와 17퍼센트의 인플레이션이 발생했다. 이런 높은 인플레이션 덕분에 양국은 공공부채의 부담을 덜 느끼면서 1950년대에 국가 재건을 위한 노력에 착수할 수 있었다. 특히 역사적으로 부채를 줄이기 위해 인플레이션을 가장 거리낌 없이 (노골적인 지불 거절을 해가면서) 이용해온 국가는 단연 독일이다.[10] 이런 해결책을 몹시 꺼리는 유럽중앙은행ECB을 제외하고 미 연방준비제도, 일본은행, 영란은행 등 다른 주요 중앙은행들이 현재 다소 노골적으로 그들의 인플레이션 목표치를 인상하려 하며, 비전통적이라 할 수 있는 다양한 통화정책을 실험하고 있는 것은 우연이 아니다. 만약 주요 중앙은행의 시도가 성공한다면—즉 인플레이션이 연간 2퍼센트에서 5퍼센트로 상승한다면(이는 결코 확실한 것은 아니다)—이 국가들은 유로존 국가들보다 훨씬 더 빨리 부채 위기로부터 벗어나게 될 것이다. 유럽의 예산·조세동맹의 장기적인 미래가 불확실한 데다 뚜렷한 해결책의 부재로 인해 유럽 국가들의 경제적인 전망은 어두운 상태다.

사실상 자본에 대한 예외적인 세금 부과 없이 그리고 추가적인 인플레이션 없이 현재 유럽 사회가 대규모 공공부채의 부담에서 벗어나려면 수십 년이 걸릴지도 모른다는 점을 이해하는 것이 중요하다. 극단적인 예를 들어보자. 인플레이션이 제로이고 GDP가 연간 2퍼센트씩 성장하며(최소한 단기적으로는 경직된 예산으로 인한 명백한 긴축효과 때문에 오늘날의 유럽에서는 결코 보증할 수 없지만), 재정적자가 GDP의 1퍼센트 미만이라고 가정해보자.(이 경우 부채에 대한 이자를 생각하면 기초재정수지는 실제로는 상당한 흑자 상태다.) 이 경우 GDP에 대비한 부채의 비율을 20퍼센트 감소시키는 데에는 분명 20년이 걸릴 것이다.[11] 몇 년간 성장률이 2퍼센트 이하로 떨어지고 적자가 1퍼센트 이상으로 늘어난다면, 부채를 20퍼센트 감소시키는 데 족히 30~40년은 걸릴 것이다. 자본을 축적하는 데는 수십 년이 걸리며, 부채를 줄이는 데도 역시 아주 긴 시간이 필요하다.

지속적인 긴축재정을 통한 해결책의 가장 흥미로운 역사적 사례로는 19세기 영국을 들 수 있다. 제3장에서 언급한 바와 같이 영국이 나폴레옹 전쟁을 거친 뒤 남겨진 엄청난 공공부채를 없애는 데에는 한 세기 동안의 기초재정수지 흑자(1815년부터 1914년까지 GDP의 2~3퍼센트)가 필요했다. 이 기간 동안 영국 납세자들은 교육보다는 부채에 대한 이자에 더 많은 지출을 했다. 이러한 선택은 틀림없이 국채 소유자들의 이익에 부합했지만 영국인들의 일반적인 공익에 기여했던 것 같지는 않다. 이와 관련된 영국 교육의 퇴보가 이후 수십 년 동안 나타난 영국의 쇠퇴에 책임이 있을지도 모른다. 분명히 당시에는 부채가 GDP의 200퍼센트를 넘었다.(오늘날처럼 고작 100퍼센트가 아니었다.) 또한 19세기에 인플레이션은 제로에 근접했다.(반면 오늘날 인플레이션의 목표치는 일반적으로 2퍼센트다.) 이런 이유로 유럽의 긴축재정은 100년이 아니라 최소 10년 혹은 20년만 지속하면 될 것이라는 희망이 있다. 그렇다 하더라도 이것은 여전히 긴 시간이다. 유럽 국가들이 대학에는 연간 GDP의 1퍼센트도 안 되는 비용을 쓰면서 연간 GDP의 몇 퍼센트나 되는 이자를 부채에 지불하는 것보다는, 21세기의 경제적 도전을 준비하기 위한 더 나은 방법을 찾아야 한다는 생각이 합리적일 것이다.[12]

그렇긴 하지만 인플레이션은 누진세에 비해 매우 불완전한 대체 수단에 지나지 않으며, 바람직하지 못한 몇몇 2차적인 효과를 불러올 수 있다는 점을 간과해선 안 된다. 첫 번째 문제는, 인플레이션은 통제하기가 매우 어렵다는 것이다. 한번 시작된 인플레이션을 1년에 5퍼센트에서 멈출 수 있을지 장담할 수 없기 때문이다. 인플레이션의 악순환 속에서 모든 사람은 자신의 임금과 지불해야 할 가격들이 자신에게 맞는 방식으로 변동하기를 원하며, 이러한 악순환은 쉽게 멈출 수 없다. 예를 들어 1945~1948년 프랑스에서는 인플레이션이 4년 연속 50퍼센트를 넘었다. 이는 1945년에 징수했던 자본에 대한 예외적인 세금보다 훨씬 더 급진적인 방식으로 공공부채를 거의 제로로 만들었다. 하지만 수백만의 소액 예금들의 가치가 크게 줄어들었고, 이는 1950년대 노인층의 빈곤 문제를 지속적으로 악화시켰다.[13] 독일에서는 1923년 초에서 연말까지 물가가 1억 배나 오르기도 했다. 독일 사회와 경제는 이 사건 때문에 영구적으로 커다란 충격을 받았으며 이는 의심할 여지 없이 인플레이션에 대한 독일인들의 인식에 계속해서 영향을 끼치고 있다. 인플레이션의 두 번째 문제는, 일단 인플레이션이 고착되고 예측 가능해지면 대부분의 수많은 바람직한 효과는 사라진다는 데 있다. 특히 정부에 돈을 빌려주려는 사람들은 더 높은 이자율을 요구할 것이다.

분명 인플레이션을 지지하는 하나의 주장은 여전히 남아 있다. 다른 세금과 마찬가지로 자본세가 사람들이 유용하게 사용할(소비하거나 투자할) 재원을 빼앗아버리는 것과 비교하면, 인플레이션은(최소한 그 이상적인 형태는) 주로 돈을 어떻게 써야 할지 모르는 사람들에게 불이익을 준다는 것이다. 즉 은행계좌에 아주 많은 돈을 예치하고 있거나 침대 밑에 돈을 쌓아두고 있는 사람들이 손해를 보는 것이다. 모든 돈을 이미 소비했거나 실질자산(부동산이나 사업자본)에 투자한 사람들은 인플레이션의 영향을 받지 않는다. 심지어 부채를 안고 있는 사람에게는 인플레이션이 오히려 도움이 된다. 인플레이션으로 인해 실질부채가 줄어듦으로써 부채에서 좀

16장
공공부채의 문제

더 빨리 벗어나 새로운 투자를 할 수 있기 때문이다. 이런 이상적인 경우에 인플레이션은 어떤 면에서는 유휴자본에 세금을 물리고 역동적인 자본을 활성화시키는 방법이 되기도 한다. 이 견해는 어느 정도 사실이며 완전히 무시해서는 안 된다.[14] 그러나 초기 자본과 관련된 자본수익률의 불평등을 검토하면서 확인했듯이, 인플레이션은 적절하게 다각화된 대규모의 포트폴리오를 보유하는 사람이 단지 규모가 크다는 이유로 아무런 노력도 없이 높은 수익률을 얻는 것을 결코 막지 못한다.[15]

결국 인플레이션은 상대적으로 불완전하고 부정확한 수단이다. 그것은 때로는 올바른 방향으로 부를 재분배하지만, 때로는 그렇지 않다. 분명 약간 더 높은 인플레이션과 약간 더 높은 수준의 긴축재정을 두고 선택해야 한다면 인플레이션이 더 바람직할 것이다. 그러나 프랑스에서는 때때로 인플레이션이 ('독일 자본소득자'에게서 돈을 거둬들이고 독일 노인들에게 다른 유럽 국가에 연대감을 보이도록 강요하는 방식으로) 부의 재분배를 가능케 하는 거의 이상적인 수단이라는 표현을 가끔 듣는데, 이는 지나치게 순진하고 터무니없는 생각이다. 실제로 유럽 인플레이션의 거대한 물결은 부의 재분배에 온갖 의도치 않은 결과를 가져올 것이고 프랑스나 독일 그리고 다른 국가의 부유하지 않은 사람들에게 특히 해가 될 것이다. 반대로 부동산이나 주식으로 재산을 가진 사람들은 독일과 주변 국가 그리고 다른 어디에서도 거의 피해를 보지 않을 것이다.[16] 부의 불평등을 영원히 줄이고 이례적으로 높은 공공부채를 감소시키기 위해서는, 일반적으로 누진적 자본세가 인플레이션보다 더 나은 수단이다.

중앙은행은 어떤 일을 하는가?

인플레이션의 역할, 더 일반적으로 자본에 대한 규제와 재분배에서 중앙은행의 역할을 더 잘 이해하기 위해서는 현재의 위기에서 한 걸음 물러나 좀더 넓은 역사적 관점에서 이 문제들을 살펴보는 것이 효과적이다. 제1차 세계대전 이전, 전 세계가 금본위제를 기반으로 하던 시기로 돌아가보자. 당시의 중앙은행은 오늘날보다 훨씬 더 작은 역할을 수행했다. 특히 화폐를 만들어내는 능력은 기존의 금과 은의 보유고에 의해 크게 제한되었다. 금본위제의 분명한 문제점 하나는 전체 물가 수준의 변화가 주로 불확실한 금과 은의 채굴에 좌우된다는 것이었다. 세계 금 보유고는 정체 상태인데 세계의 생산량이 늘어난다면 물가는 떨어질 수밖에 없다. 왜냐하면 같은 양의 화폐로 더 많은 상업적 거래를 지탱해야 하기 때문이다. 이는 실제로 심각한 문제를 야기했다.[17] 만약 16, 17세기 스페인의 식민지였던 중남미 지역이나 19세기 중반 캘리포니아와 같이 대량의 금이나 은이 갑작스럽게 발견된다면, 물가는 급등하고 이는 다른 종류의 문제를 야기함과 동시에 일부 사람에게 분에 넘치는 횡재를 가져다줄 수 있었다.[18] 이러한 결점을 생각하면 세계가 다시 금본위제로 돌아가는 일은 없을 것이다.(케인스는 금을 '야만적인 유물'이라 칭하기도 했다.)

그런데 일단 통화가 귀금속으로 교환되는 것이 중단되면 화폐를 찍어내는 중앙은행의 권력이 잠재적으로 무한해지기 때문에 이는 반드시 엄격하게 규제되어야 한다. 이것이 중앙은행의 독립성에 대한 논쟁의 핵심이자 수많은 오해의 원인이다. 이제 이 논쟁을 단계적으로 거슬러 올라가보자. 대공황 초기에 선진국의 중앙은행들은 극단적으로 보수적인 정책을 채택했다. 금본위제를 뒤늦게 폐지했고 중앙은행들은 위기에 빠진 은행을 구제하기 위한 유동성을 만들어내기를 거부했다. 이로 인해 은행들의 파산이 계속되었고 위기 상황은 더욱 악화되어 세계는 벼랑 끝으로 내몰렸다. 이 비참한 역사적 경험으로 인한 트라우마를 이해하는 것은 중요하다. 이 일 이후 모두가 금융시스템의 안정성을 보장하는 것이 중앙은행의 주요 기능이며, 따라서 중앙은행이 '최종대부자'의 기능을 수행해야 한다는 데 동의한다. 절대적인 공황 상태에서 중앙은행은 금융시스템의 광범위한 붕괴를 막기 위해 유동성을 창출해내야 한다. 뉴딜정책이나 제2차 세계대전이 끝난 후 유럽과 미국에서 생겨난 다양한 형태의 사회적 국가에 대한 견해와는 관계없이, 금융시스템을 지켜보는 모든 이가 1930년대 이후 이런 견해를 공유해왔다는 점을 인식하는 것은 매우 중요하다. 사실 중앙은행의 안정화 역할에 대한 신념은 이따금 같은 시기에 성장한 사회정책 및 재정정책에 대한 신념과 반비례하는 것처럼 보인다.

이는 1963년 밀턴 프리드먼Milton Friedman과 애나 슈워츠Anna Schwartz의 기념비적인 저서 『미국 통화사Monetary History of the United States』에서 특히 극명하게 드러난다. 화폐 경제학에서 가장 유명한 학자인 프리드먼은 이 중요한 연구에서 방대한 기록들에 근거해 1857년부터 1960년까지 미국 통화정책의 변화를 상세히 관찰한다.[19] 물론 이 책의 주안점은 세계 대공황이다. 프리드먼은 다음과 같은 사실을 믿어 의심치 않았다. 주식시장 폭락으로 신용위기를 야기하고 경제를 디플레이션의 악순환에 빠뜨려 결국 역사상 유례없는 정도의 침체로 몰고 간 것은 연방준비제도의 과도한 긴축정책이었다. 대공황은 주로 화폐적인 문제였고 따라서 해결책 또한 화폐였다. 이러한 분석을 통해 프리드먼은 다음과 같은 명확한 정치적 결론을 이끌어냈다. 자본주의 경제의 일정하고 지속적인 성장을 보장하기 위해서는 안정적으로 화폐의 공급을 늘릴 수 있는 통화정책이 필요조건이자 충분조건이라는 것이다. 그런 이유로 통화주의자들은 공무원 수를 늘리고 사회적 이전지출 프로그램을 마련했던 뉴딜정책이 비용은 많이 들고 쓸모없는 정책이라고 주장했다. 자본주의를 구해내기 위해서는 복지국가나 정부의 문어발식 정책이 필요한 게 아니라, 연방준비제도만 잘 운영하면 된다는 것이다. 1960~1970년, 많은 미국 민주당원이 여전히 뉴딜정책을 완성하려는 꿈을 갖고 있었지만, 미국 국민은 당시 여전히 빠른 성장 국면을 유지하고 있던 유럽에 비해 쇠퇴해가는 자국의 상황을 걱정하기 시작했다. 이러한 정치적 분위기 속에서 프리드먼의 단순하지만 강력한 정치적 메시지는 폭탄선언이나 다름없었다. 프리드먼과 시카고학파 경제학자들은 끊임없이 확장되던 국가에 대한 의구심을 증폭시켰고 1979~1980년 보수혁명을 가능케 한 학문적 분위기를 조성했다.

그런데 이러한 사건들은 분명 다른 시각으로 재해석할 수 있다. 왜냐하면 제대로 기능하는 연방준비제도가 제대로 기능하는 사회적 국가와 잘 설계된 누진세 정책에 보완적으로 기능하지 못할 이유가 없기 때문이다. 이러한 제도들은 분명 대체적인 성격보다는 서로 보완적인 성격이 더 크다. 통화주의자들의 교리와는 반대로, 1930년대 초 다른 부유한 국가들의 중앙은행이 그랬던 것처럼 미 연방준비제도가 지나치게 긴축적인 통화정책을 추구했다는 사실은 다른 제도들의 장점이나 한계를 밝혀주지는 않는다. 하지만 이런 사실은 여기서 내 관심사가 아니다. 요점은 통화주의자, 케인스주의자, 신고전파 등 모든 경제학자가 다른 모든 전문가와 함께 정치적 노선에 상관없이 중앙은행이 최종대부자의 역할을 수행해야 하며 금융 붕괴와 디플레이션의 악순환을 막기 위해 필요한 모든 조치를 취해야 한다는 데 동의했다는 사실이다.

이러한 광범위한 합의는 왜 미국뿐만 아니라 일본과 유럽에서까지, 세계의 모든 중앙은행이 2007~2008년 금융위기 때 최종대부자 역할과 금융시스템을 안정시키는 역할을 수행하며 대응했는지를 설명해준다. 실제로 2008년 9월 리먼브러더스의 파산을 제외하면 금융위기에 따른 은행들의 파산은 제한적으로만 발생했을 뿐이다. 그러나 이와 같은 상황에서 채택되어야만 하는 '비전통적인' 통화정책의 정확한 성격에 대해서는 합의가 이뤄지지 않고 있다.

통화 창조와 국민총자본

그렇다면 실제로 중앙은행이 하는 일은 무엇인가? 지금 중요한 점은 중앙은행이 부 자체를 창출하지는 않는다는 사실을 인식하는 것이다. 즉 중앙은행은 부를 재분배할 뿐이다. 좀더 엄밀히 말해, 미 연방준비제도나 유럽

중앙은행이 10억 달러나 10억 유로의 통화량을 더 공급한다고 해서 미국이나 유럽의 자본이 그 금액만큼 증가하는 것은 아니다. 사실 국민총자본은 1달러, 1유로도 변하지 않는다. 왜냐하면 중앙은행의 업무란 항상 대출이기 때문이다. 예를 들어 연방준비제도가 10억 달러를 리먼브러더스나 제너럴모터스(혹은 미국 정부)에 빌려준다면 이 기업들은 그만큼의 빚을 지게 되는 것이다. 그리고 연방준비제도, 리먼브러더스 혹은 제너럴모터스의 순자산에는 전혀 변화가 없다. 미국이나 전 세계의 순자산은 더욱 그렇다. 사실 중앙은행이 서류상의 간단한 서명만으로 자국의 자본 혹은 세계의 자본을 증가시킬 수 있다면 그것이 오히려 놀라운 일일 것이다.

차후에 무슨 일이 발생할지는 이러한 통화정책이 실물경제에 어떤 영향을 주느냐에 달려 있다. 중앙은행의 대출을 통해 대출자들이 좋지 않은 상황에서 벗어나 최종적인 파산(이것은 국가의 부를 감소시킬 수 있다)을 피할 수 있어서 상황이 안정되고 대출금을 갚게 되면, 연방준비제도의 대출금이 국가의 부를 증가시켰다고(혹은 적어도 국가의 부가 감소하는 것을 막았다고) 생각할 수 있다. 그런데 연방준비제도로부터의 대출이 단순히 대출자들의 불가피한 도산을 지연시키고 심지어 성장할 수 있는 경쟁자의 등장을 저지하고 있는 것이라면(이것도 가능한 일이다) 누군가는 연방준비제도의 정책이 궁극적으로 국부의 감소를 가져온다고 주장할 수 있다. 여기서는 두 결과가 모두 가능하며, 모든 통화정책은 이 두 가능성을 어느 정도 높인다. 세계의 중앙은행들이 2008~2009년 불황의 피해를 제한적인 수준에 그치게 했던 만큼, 이들은 GDP와 투자를 증가시켰고 결국 전 세계 부유한 국가들의 자본을 증가시켰다고 볼 수 있다. 그러나 이런 동태적인 평가는 분명히 언제나 불확실하고 논쟁의 여지가 충분하다. 확실한 것은 중앙은행이 금융 혹은 비금융 기업 또는 정부에 대출을 통해 화폐 공급을 증가시켰을 때 국민총자본(공공자본이든 민간자본이든)에는 즉각적인 영향이 없다는 것이다.[20]

2007~2008년의 금융위기 이후 어떤 '비전통적인' 통화정책이 시도되었

을까? 안정적인 시기에 중앙은행은 1년에 1~2퍼센트의 낮은 인플레이션을 유지하기 위해 경제활동에 발맞춰 화폐 공급을 증가시키는 것으로 만족한다. 구체적으로 말하자면 은행에 때로는 며칠 이하로 단기대출을 해줌으로써 새로운 화폐를 공급하기도 한다. 이러한 대출은 전반적인 금융시스템의 지불 능력을 보장하는 것이다. 가계와 기업은 매일 거액의 돈을 입금하고 출금하며 이러한 입출금 금액의 수지는 어떤 은행이라 해도 완벽하게 맞추기는 어렵다. 2008년 이후 민간은행에 대한 대출 기간에 대대적인 혁신이 이루어졌다. 연방준비제도와 유럽중앙은행은 며칠 동안의 단기대출 대신 3~6개월 만기의 대출을 시작했던 것이다. 그래서 그런 만기를 둔 대출의 규모가 2008년 4분기와 2009년 1분기에 극적으로 증가했다. 또한 이 기관들은 비슷한 기간에 비금융 기업에도 대출해주기 시작했다. 특히 미국에서 연방준비제도는 은행 부문에 9~12개월 만기로 대출해주었고 공공연히 장기 채권을 매수했다. 2011~2012년, 중앙은행은 또다시 개입의 범위를 확장했다. 연방준비제도, 일본은행, 영란은행은 위기가 시작된 이후 국채를 사들였으며 남부 유럽의 부채위기가 악화되면서 유럽중앙은행도 미국의 선례를 따르기로 결정했다.

그런데 이러한 정책들은 몇 가지 설명을 필요로 한다. 첫째, 중앙은행은 은행이나 비금융 기업에 필요한 돈을 빌려줌으로써 노동자나 공급자들에게 돈을 지급하지 못하는 상황을 막을 힘이 있다. 그러나 그들은 기업에 투자를 또는 가계에 소비를 강요할 수 없으며 경제가 다시 성장하도록 강제할 수도 없다. 또한 중앙은행은 물가상승률을 정할 능력도 없다. 중앙은행이 창출한 유동성이 아마도 불황과 디플레이션을 막을 수는 있을 것이다. 하지만 부유한 국가들, 특히 유로화 위기로 자신감을 잃은 유럽의 경제 전망은 여전히 우울하다. 2012~2013년 가장 부유한 국가들(미국, 일본, 독일, 프랑스 그리고 영국)의 정부가 1퍼센트를 겨우 넘는 예외적인 저금리로 돈을 빌릴 수 있었다는 사실은 중앙은행의 안정화 정책의 중요성을 입증하는 것이다. 하지만 이는 통화당국이 제로에 가까운 이율로 대출해주는 자금을 가지고 민간 투자자들이 어떻게 해야 할지를 모르고 있다는 것 또한 보여준다. 그래서 민간 투자자들은 그들의 현금을 가장 확실해 보이는 정부에 터무니없이 낮은 이자로 다시 대출해주는 것을 선호한다. 이처럼 이자율이 어떤 국가에서는 아주 낮고 다른 국가에서는 훨씬 더 높다는 사실은 경제 상황이 비정상적이라는 신호다.[21]

물론 중앙은행은 강력한 힘을 지니고 있다. 왜냐하면 그들은 신속하게, 그리고 이론상으로는 그들이 원하는 대로 광범위하게 부를 재분배할 수 있기 때문이다. 필요하다면 중앙은행은 몇 초 안에 원하는 만큼 수십억 달러를 만들어낸 뒤 도움이 필요한 기업이나 정부 계좌에 그 현금을 모두 빌려줄 수도 있다. 또한 금융공황, 전쟁, 혹은 자연재해와 같은 긴급 사태 때 무제한적인 규모의 자금을 즉각 만들어낼 수 있는 능력은 중앙은행의 매우 귀중한 속성이다. 세무당국은 그렇게 신속하게 세금을 부과할 수 없다. 왜냐하면 우선 과세 기반을 확립하고 세율을 설정하며, 법안을 통과시키고, 세금을 징수하고, 조세 저항을 방지하는 등 많은 과정이 필요하기 때문이다. 만약 세금 징수가 금융위기를 해결할 유일한 방법이었다면 세계 모든 은행은 이미 파산했을 것이다. 신속한 정책 집행은 통화당국의 주요한 강점이다.

중앙은행의 약점은 분명히 통화정책의 결과로 나타난 금융 포트폴리오의 관리가 어려울 뿐 아니라 누가, 얼마나, 어느 정도의 만기로 대출을 받을 것인지 결정할 능력이 제한되어 있다는 것이다. 따라서 중앙은행의 대차대조표 규모는 일정 한도를 넘어서면 안 된다. 그럼에도 불구하고 2008년 이후 도입된 새로운 형태의 대출과 금융시장 개입으로 중앙은행 대차대조표의 규모는 거의 두 배가 되었다. 연방준비제도의 자산 규모는 GDP의 10퍼센트에서 20퍼센트 이상으로 늘어났다. 영란은행의 경우도 마찬가지이며 유럽중앙은행의 대차대조표는 GDP의 15퍼센트에서 30퍼센트로 증가했다. 이는 놀랄 만한 규모이기는 하지만, 대부분의 부유한 국가에서 GDP의 500~600퍼센트에 이르는 순민간자산의 총액에 비하면 아직 그다

지 큰 규모는 아니다.[22]

이론상 훨씬 더 큰 규모의 중앙은행 대차대조표를 고려해보는 것도 물론 가능하기는 하다. 중앙은행은 국가의 모든 기업과 부동산을 매수하고, 재생가능 에너지로의 전환에 자금을 대며, 대학에 투자하고 경제 전반을 통제하도록 결정할 수 있다. 분명 문제는 중앙은행이 그런 활동에 적합하지 않으며 그런 행동에는 민주적 정당성이 결여되어 있다는 것이다. 물론 중앙은행은 신속하게 대규모로 부를 재분배할 수 있지만 인플레이션이 불평등에 미치는 효과가 예상과 다르게 잘못 나타날 수 있는 것과 마찬가지로, 그 표적의 설정이 아주 잘못될 수도 있다. 따라서 중앙은행의 대차대조표 규모는 제한하는 것이 바람직하다. 그것이 바로 중앙은행이 전반적인 금융시스템의 안정 및 유지에 주로 초점을 맞춰 엄격한 권한 아래 운영되고 있는 이유다. 실제로 2009~2010년 미국이 제너럴모터스에 대해 그랬던 것처럼 정부가 특정 산업 분야를 지원하기로 결정했을 때, 대출과 지분 인수, 여러 조건과 성과 목표 설정 등의 책임을 졌던 것은 연방준비제도가 아니라 연방정부였다. 유럽에서도 마찬가지다. 산업정책과 교육정책은 국가가 결정할 일이지 중앙은행의 소관이 아니다. 문제는 기술적 불가능성이 아니라 민주적 거버넌스에 있다. 세금과 지출 법안의 통과에 시간이 걸린다는 사실은 우연이 아니다. 국부의 상당 부분을 움직일 때에는 실수를 하지 않는 것이 최선이기 때문이다.

중앙은행의 역할 제한에 관한 수많은 논란 중에서 두 가지 사안이 특히 흥미롭다. 하나는 최근 키프로스의 금융위기에서 아주 확실하게 나타난 것과 같은, 은행 규제와 자본에 대한 과세의 상호 보완성에 관한 것이다. 다른 하나는 유럽의 현재 금융시스템의 제도적 구조의 결함이 점점 더 심화되고 있다는 점에 관한 것이다. 유럽연합은 역사적으로 전례 없는 실험, 즉 국경 없는 통화의 대규모 창출을 시도하고 있다.

키프로스의 금융위기: 자본세와 은행 규제가 결합되었을 때

중앙은행의 기본적, 필수적인 역할은 금융시스템의 안정성을 보장하는 것이다. 중앙은행은 유일하게 시스템을 구성하는 다양한 은행의 상태를 평가할 준비가 되어 있고, 지불 시스템의 정상적인 작동을 보장하기 위해 필요하다면 이 은행들에 재융자를 해줄 수 있다. 또한 중앙은행은 때로는 은행 규제라는 특정 책임을 맡은 다른 정부 기관들의 도움을 받기도 한다. 예를 들어 은행업을 허가하고 일정한 재무 비율을 유지할 수 있도록(은행이 대출과 위험도가 높다고 생각되는 다른 자산들에 비해 충분한 현금과 '안전한' 자산을 보유하도록) 보장하기 위한 문제에 관해서 그렇다. 모든 국가에서 중앙은행과 (종종 중앙은행에 연계된) 은행 규제 기관은 함께 일한다. 작금의 유럽 은행동맹 설립 논의에서 유럽중앙은행은 중심적인 역할을 해야 한다. 또한 특히 심각한 은행위기 상황에서 중앙은행은 국제통화기금과 같은 국제기구와 협력한다. 2009~2010년 이래 유럽위원회, 유럽중앙은행, 국제통화기금의 '트로이카'가 구성되었고 이들은 특히 남유럽의 공공부채 위기, 은행위기와 연관된 유럽의 금융위기를 해결하기 위해 협력했다. 2008~2009년 불황은 위기 이전에 이미 과중한 부채를 지고 있었던 많은 국가(특히 그리스와 이탈리아)의 공공부채를 급격히 증가시켰고 은행 대차대조표를 급속히 악화시켰는데, 이는 부동산 거품 붕괴로 큰 타격을 받은 나라들(특히 스페인)에서 두드러졌다. 결국 두 위기는 밀접하게 연결되어 있는 것이다. 은행은 정확한 가치를 알 수 없는 국채를 보유하고 있다.(그리스 국채 보유자는 상당한 헤어컷을 강요당했다. 비록 감독 기관들은 이런 방법이 다른 곳에서는 반복되지 않을 것이라고 약속했지만 이 같은 상황에서 앞으로 어떤 조치가 취해질지는 알 수 없는 일이다.) 비관적인 경제 전망이 계속되는 한 국가재정은 점점 더 악화될 수밖에 없다. 금융과 신용 시스템이 제대로 작동하지 않는 한 아마도 그렇게될 것이다.

한 가지 문제점은 트로이카나 여러 회원국 정부 그 어느 곳도 효율적이고 투명한 방식으로 조정의 부담을 나눌 수 있게 해줄, 내가 '금융 등기부financial cadaster'라 부르는 국제적 은행 자료에 자동적으로 접근할 수 없다는 것이다. 앞서 자신들의 공공재정 기반을 튼튼하게 재건하기 위해 스스로 누진적 자본세를 부과하려 했던 이탈리아와 스페인이 겪었던 어려움에 대해서 논의한 바 있다. 그리스의 경우는 더 극단적이다. 모두가 그리스는 부유한 시민들에게서 더 많은 세금을 거두어야 한다고 주장하고 있다. 이 것은 의심의 여지 없이 훌륭한 생각이다. 하지만 문제는 적절한 국제 협력 없이는 그리스가 스스로 부자들이 소유한 자본에 대해 공정하고 효율적으로 세금을 부과할 방법이 없다는 것이다. 왜냐하면 그리스 부자들은 그들의 돈을 손쉽게 해외로, 때로는 다른 유럽 국가로 빼돌릴 수 있기 때문이다. 그러나 유럽 당국과 국제 감독 기관들은 필요한 법안과 규제들을 시행하는 조치를 결코 취하지 않았다.[23] 결국 그리스는 세수 부족으로 공공재산을 그리스인이나 다른 유럽 국적의 매수자들에게 종종 헐값에 매각할 수밖에 없었다. 매수자들은 분명 그리스 정부에 세금을 내기보다는 이런 기회에 이득을 보려는 사람들이었다.

2013년 3월의 키프로스 금융위기는 특히 흥미로운 연구 과제다. 키프로스는 2004년에 유럽연합에, 2008년에 유로존에 가입한 인구 100만 명의 섬나라다. 이 나라의 은행 부문은 비정상적으로 비대해졌는데, 이는 분명 아주 큰 액수의 외국인 예금—특히 러시아에서 유입된 예금—때문이었다. 이 자금은 키프로스의 낮은 세금과 관대한 지방정부로 인해 유입된 것인데, 트로이카의 발표에 따르면 러시아에서 입금된 예금들은 아주 큰 규모의 개인 계좌를 상당수 포함하고 있다. 그래서 많은 사람은 이 예금주들이 수억 유로 혹은 수십억 유로나 되는 재산을 가진 올리가르치—잡지의 부자 순위 기사에 나올 법한 부류의 사람들—라 생각한다. 문제는 유럽 감독 기관들이나 국제통화기금 어느 쪽에서도 어떤 통계나 아주 대략적인 예측치조차 발표하지 않았다는 점이다. 아마 이들에게는 상세한 정보가 없었을 가능성이 크다. 그 이유는 간단했는데, 그것이 절대적으로 중요한 문제임에도 불구하고 이들은 그 문제를 진전시킬 만한 수단을 갖추고 있지 못했기 때문이다. 이러한 불투명성은 이런 유의 갈등을 해결하기 위한 적절하고 합리적인 방법을 강구하는 데 도움이 되지 않는다. 문제는 키프로스의 은행들이 더 이상 대차대조표상에 나타나 있는 돈을 가지고 있지 않다는 점이다. 분명 이 은행들은 그 돈을 평가절하된 그리스 채권과 이제는 가치가 없는 부동산에 투자했다. 유럽 각국의 정부가 어떤 종류의 자금 회수에 대한 보장도 없이 키프로스 은행들을 구제하기 위해 유럽 납세자들의 돈을 사용하기를 주저하는 것은 당연하다. 왜냐하면 특히 이것은 결국에는 러시아 백만장자들을 구제하는 일이기 때문이다.

수개월 동안 심사숙고한 끝에 트로이카 회원들은 모든 키프로스 은행 예금에 10만 유로까지는 6.75퍼센트, 그 이상의 예금액에는 9.9퍼센트를 특별과세하자는 형편없는 방안을 제시했다. 누진적 자본세와 비슷하다는 점에서 이 제안은 흥미로워 보일지도 모른다. 하지만 중요한 유의 사항두 가지가 있다. 첫째, 이 세금이 매우 제한적이지만 누진성을 띤다는 것은 착각이다. 즉 키프로스 예금자 가운데 1만 유로를 예치한 일반 사람들에게 부과되는 세율이나 1000만 유로를 예치한 러시아의 올리가르치에게 부과되는 세율은 사실상 거의 차이가 없기 때문이다. 둘째, 이 문제를 다루는 유럽 당국이나 국제 기관이 과세 기반을 명확히 정하지 않았다는 사실이다. 이 특별과세는 오로지 은행예금 자체에만 부과되기 때문에 예금자는 자신들의 자금을 주식이나 채권을 소유하는 위탁계좌로 이동시키든가 혹은 부동산이나 다른 금융자산에 투자함으로써 세금을 회피할 수 있었다. 다시 말해 거대 자금의 포트폴리오 구성 및 투자 조정의 기회를 감안하면 이런 특별과세의 적용 효과는 오히려 극도로 역진적이었을 가능성이 높다. 2013년 3월 트로이카 회원들과 유로존 17개국 재무장관들이 만장일치로 이 특별과세안을 승인하자 키프로스 국민은 이를 격렬하게 거부했다. 결국 원안과는 다른 방안이 채택되었다. 10만 유로 미만의 예금에는 특별과세가 면제된 것이다.(10만 유로는 제안된 유럽 은행동맹의 규정에서 제시하는 예금보장한도다.) 하지만 이 새로운 과세 법안의 정확한 세부 규정은 여전히 비교적 불확실하게 남아 있다. 은행별로 다르게 접근하는 방식이 채택될 것 같기는 하지만 정확한 세율과 부과 기준은 아직 명시적으로 상세히 제시되지 않았다.

키프로스 사태는 중앙은행과 금융당국의 한계를 흥미롭게 보여준다. 중앙은행과 금융당국은 사태에 재빨리 대응할 수 있다는 강점을 지닌 반면 그들이 야기할 자산 재분배의 표적을 정확하게 조준하는 데에는 제한적이라는 약점이 있다. 결론적으로 누진적 자본세는 지속적인 세제로서 유용할 뿐 아니라 주요한 금융위기가 일어날 때에 예외적으로 (아마도 고율로) 부과되어 위기 해결의 기능을 담당할 수도 있다. 키프로스 사태에서 위기 해결을 위해 예금자들에게 도움을 청했다는 사실은 그리 충격적인 것이 아니다. 왜냐하면 정부가 선택한 발전 전략에 대한 책임은 국가 전체가 감수해야 하기 때문이다. 반면 정말로 충격적인 것은 정부당국이 공정하고 투명하며 진보적인 방식으로 조정의 부담을 할당하기 위해 필요한 수단들을 스스로 갖추려는 시도조차 하지 않았다는 점이다. 한편 키프로스 사태는 국제기구들이 위기 해결을 위해 그들이 현재 임의로 사용할 수 있는 수단들의 한계를 깨닫게 해주었다는 좋은 측면도 있다. 만약 누군가가 관계 당국자들에게 키프로스에 부과된 세금이 왜 그렇게 미미한 누진율로 책정되었는지, 왜 이처럼 제한된 과세 기반에 부과되었는지 묻는다면, 그들은 좀더 급격한 누진세 부과 계획을 수립하기 위한 금융자료가 확보되어 있지 않기 때문에 어쩔 수 없었다고 즉시 대답할 것이다.[24] 하지만 안타까운 점은 정부당국이 이런 문제와 관련하여 기술적인 해결책을 가까이 두고서도 별로 해결을 서두르지 않는다는 점이다. 누진적 자본세는 순전히 이데올로기적인 장애물에 직면해 있고 이를 극복하기까지는 시간이 걸릴 것이다.

16장
공공부채의 문제

유로화: 21세기를 위한 국경 없는 통화인가?

2009년 이래 남유럽의 은행들을 괴롭혀왔던 다양한 위기는 유럽연합의 전반적인 구조와 관련하여 좀더 일반적인 의문을 제기한다. 유럽은 어떻게 인류 역사상 최초로 그토록 방대한 규모의 국경 없는 통화를 만들어냈는가? 2013년 기준으로 유럽의 GDP는 전 세계 GDP의 거의 4분의 1을 차지하고 있기 때문에 이 질문은 유로존 거주자뿐만 아니라 전 세계인의 관심사다.

이 질문에 대한 흔한 대답은, 유로화의 탄생은 단지 통합 유럽을 향한 긴 과정 가운데 한 단계에 지나지 않는다는 것이다. 유로화는 베를린장벽이 붕괴되고 독일이 통일된 뒤 맺어진 1992년의 마스트리흐트 조약에 의해 탄생했고, 2002년 1월 1일 유로존 전역의 현금자동지급기에서 동시에 유로화를 인출할 수 있게 되면서 현실화되었다. 통화의 통합은 자연스럽게 정치, 조세, 예산의 통합, 훨씬 더 긴밀한 회원국 간의 협력으로 이어질 것이라고 예상되었다. 물론 이런 일들은 인내심을 가지고 순차적인 단계를 밟아 진행되어야 한다. 이는 어느 정도 틀림없는 사실이다. 하지만 내 생각에는 원하는 목표에 이르는 정확한 방향 제시를 꺼리는—앞으로 나타날 통합의 여정과 그에 따른 단계 또는 궁극적인 종료 지점이 어디인지에 관한 논의를 반복적으로 연기하고 있는—태도는 통합의 전 과정을 어긋나게 할 수 있다. 만약 유럽이 1992년에 국경 없는 통화를 만들었다면, 단순히 실용적이라는 이유 때문은 아니었다. 유럽은 1980년대 후반과 1990년대 초반, 대다수의 사람이 중앙은행의 유일한 역할은 물가 상승을 통제하는 것이라고 믿던 시기에 유로화에 대한 제도적 합의 사항을 정했다. 1970년대의 '스태그플레이션'은 각국 정부와 국민으로 하여금 중앙은행은 정치적 통제로부터 독립적이어야 하며 낮은 인플레이션을 유일한 목표로 삼아야 한다고 믿도록 만들었다. 이것이 바로 유럽이 국경 없는 통화와 정부 없는 중앙은행을 만든 이유다. 하지만 2008년의 경제위기는 중앙은행에 관한 이 같은 고정된 시각을 깨뜨렸다. 왜냐하면 심각한 경제위기 상황에서는 중앙은행이 결정적인 역할을 담당해야 하며, 기존 유럽의 기관들은 눈앞에 닥친 임무를 수행하기에 전적으로 부적당하다는 것이 명백해졌기 때문이다.

그렇지만 오해하면 안 된다. 무제한으로 화폐를 발행할 수 있는 중앙은행의 힘을 고려하면, 중앙은행에 엄격한 제약과 명백한 제한을 가하는 것은 완벽히 정당하다. 어느 누구도 한 국가의 우두머리가 마음대로 대학의 총장과 교수를 교체하고, 하물며 수업 내용까지 정하는 권한을 휘두르는 상황을 원하지 않을 것이다. 이와 마찬가지로 정부와 통화당국 간의 관계에 엄격한 제한을 두는 것은 전혀 놀라운 일이 아니다. 하지만 중앙은행이 갖는 독립성의 한계 또한 정확하게 규정되어야 한다. 현재와 같은 위기 상황에서 내가 알기로는 어느 누구도 중앙은행이 제1차 세계대전 이전(몇몇 나라에서는 1945년까지) 많은 나라의 중앙은행이 가졌던 민간기관의 지위로 복귀되어야 한다고 제안하지 않았다.[25] 구체적으로 말해, 중앙은행이 공공기관이라는 사실은 중앙은행의 수장을 정부(몇몇 국가에서는 의회)가 지명한다는 의미다. 대개 중앙은행의 수장은 임명 뒤 정해진 임기(통상 5~6년) 중에 해임될 수 없지만, 만일 정책이 부적절하다고 판단된다면 임기가 끝나고 교체될 수 있다. 이는 정치적 통제 및 견제의 수단을 제공한다. 실제로는 미 연방준비제도, 일본은행, 영란은행의 수장들은 합법적이고 민주적으로 선출된 정부와 협력하여 업무를 수행하도록 되어 있다. 이들 국가의 중앙은행은 지금까지 이자율을 안정시키며 공공부채를 낮고 예측 가능한 수준으로 유지하는 데 중요한 역할을 담당해왔다.

그런데 유럽중앙은행은 특별한 문제들에 직면해 있다. 첫째는, 유럽중앙은행의 법규가 다른 나라 중앙은행의 법규에 비해 제한이 더 많다는 점이다. 이는 인플레이션을 낮게 유지하는 목표가 지속적인 경제성장과 완전고용이라는 목표보다 전적으로 우선시되기 때문이다. 이것은 유럽중앙은행이 태동되었던 당시의 이데올로기적 맥락을 반영하는 것이다. 더군다나 유럽중앙은행은 각국 정부가 새로 발행하는 국채를 직접 매수할 수 없도록 되어 있다. 즉 유럽중앙은행은 우선 민간은행이 유로존 회원국에 자금을 빌려줄 수 있도록(아마 유럽중앙은행이 민간은행에 부과하는 금리보다 더 높은 금리로) 한 다음 유통시장에서 그 채권을 매수한다. 실제 유럽중앙은행은 남유럽 국가들의 부채 위기 사태에서도 한참을 머뭇거린 뒤에야 결국 이런 방식으로 대처했다.[26] 좀더 일반적으로 말하자면, 유럽중앙은행의 주된 어려움은 분명히 독립된 17개 개별 회원국의 정부와 그 각각의 부채를 취급해야 한다는 사실이다. 이런 상황에서 유럽중앙은행이 금융시스템을 안정시키는 역할을 해내는 것은 쉽지 않은 일이다. 만약 연방준비제도가 매일 아침 와이오밍, 캘리포니아, 뉴욕 주의 부채 가운데 하나를 선택해 여러 지역의 압력 속에서 각각의 특정한 시장 상황을 판단해 그 금리와 금액을 결정해야 한다면, 일관된 통화정책을 유지하기란 매우 어려울 것이다.

2002년 유로화가 도입되고, 2007~2008년 금융위기가 발생할 때까지 유럽 전역의 이자율은 대체로 동일했다. 그 누구도 특정 국가의 유로존 탈퇴 가능성을 예상하지 않았고, 따라서 모든 것이 순조로워 보였다. 하지만 글로벌 금융위기가 발생하자 국가별로 금리 차가 급속히 커지기 시작했다. 이는 정부 예산에 심각한 영향을 미쳤다. 어떤 정부의 부채가 그 국가의 연간 GDP에 육박하면 단 몇 포인트 차이의 이자가 상당히 다른 결과를 가져올 수 있다. 이와 같은 불확실성에 직면한 상황에서는 채무 조정의 분담이라든지 필수적인 사회적 국가의 개혁에 관해 차분한 자세로 민주적 토론을 하기가 불가능하다. 남유럽 국가들의 경우 정말로 선택의 여지가 없었다. 유로화에 가입하기 전이었다면 이들 국가는 자국의 통화가치를 하락시켜, 적어도 가격경쟁력을 회복하고 경제활동을 촉진시킬 수 있었을 것이다. 국가 간 이자율 차이를 이용한 투기는 어떤 점에서 과거 유럽의 국가별 환율 차이에 기초한 환투기보다 경제를 더욱 불안하게 만들었다. 이는 특히 국경을 초월한 은행 대출이 방대한 규모에 이른 상황에서 일부 소수의 시장 참여자의 공황이 대규모의 자본유출을 일으키기에 충분했기 때문에 더욱 그러했다. 이러한 자본유출은 그리스와 포르투갈, 아일랜드는 물론 스페인이나 이탈리아와 같은 좀더 큰 규모의 국가에도 심각한 타격을 줄 만큼 컸다. 논리상 이러한 통화 주권의 상실은 위기 시에 필요하다면 각국이 예측 가능한 저금리로 자금을 차입할 수 있도록 보장해주는 식으로 보완되었어야 했다.

유럽 통합의 문제

/

이러한 모순들을 극복할 유일한 방법은 유로존 국가들(또는 가입을 원하는 국가들)이 공공부채를 한데 모으는 것이다. 앞서 다루었던 '상환 기금'을 조성하자는 독일의 제안은 좋은 출발점이기는 하지만 정치적 요소가 부족하다.[27] 구체적으로 말해, 상환의 정확한 속도가 어떻게 될지, 즉 모아진 부채 총액을 목표 수준으로 감소시키기까지 얼마나 걸릴지 20년이나 앞서 예측하는 일은 불가능하다는 것이다. 왜냐하면 각국의 경제 상황에서부터 시작해 여러 변수가 결과에 영향을 미칠 것이기 때문이다. 모아진 부채 상환의 속도를 결정하기 위해 혹은 다르게 말하면 유로존이 얼마만큼의 공공부채를 수용해야 할지 결정하기 위해서는 유럽의 예산의회가 유럽 재정에 관한 결정을 내릴 수 있도록 권한을 부여할 필요가 있다. 이를 위한 가장 좋은 방법은 이 의회의 구성원들을 각국 의회에서 선출하는 것이다. 그렇게 함으로써 유럽의회의 주권은 민주적 절차에 의해 선출된 각국 의회의 합법성에 근거를 두게 된다.[28] 여타 의회와 마찬가지로 이 조직 또한 공개 토론을 거쳐 다수결에 의해 안건을 처리할 것이다. 또한 부분적으로는 정치적 제휴, 부분적으로는 국가적 제휴에 기초한 다양한 연합이 구성될 것이다. 이와 같은 예산의회가 결정한 사항들이 결코 이상적인 것은 아닐 수 있지만 적어도 무엇이 어떤 이유로 결정되었는지 알 수 있을 것이라는 점에서 중요하다. 내가 생각하기에는 이런 새로운 기구를 만드는 것이 현재의 유럽의회에 의존하는 방식보다 더 바람직할 것이다. 왜냐하면 유럽의회는 27개 국가(이들 중 다수가 유로존에 속하지 않으며 현 단계에서 더 이상의 유럽 통합을 바라지 않는다) 출신의 구성원들로 구성되기 때문이다. 또한 현존하는 유럽의회에 의존하는 것은 각국 의회의 주권과 공공연한 갈등을 일으킬 수 있는데, 이는 국가 예산의 적자에 영향을 미치는 결정과 관련하여 문제가 될 것이다. 아마 이것이 과거에 유럽의회로의 권한 양도가 항상 제한적으로 이뤄졌고, 앞으로 상당 기간 이런 상태가 유지될 것으로 보이는 이유일 터이다. 그러나 이제는 이런 사실을 받아들이고 (통화 주권 포기에 따른 결과를 충분히 고려하고 그에 대한 합의를 이룬 데서 가장 뚜렷이 나타난 것처럼) 유로존 국가들 내에 존재하는 통합의 욕구를 반영한 새로운 의회 기구를 구성해야 할 때다.

몇 가지 제도적 합의가 가능하다. 2013년 봄, 이탈리아의 새 정부는 몇 년 전 유럽연합의 의장을 보통선거로 선출하는 것에 관한 독일 정부의 제안을 지지하기로 약속했다. 논리적으로 볼 때 이와 같은 제안에는 의장의 권한 확대가 수반되어야만 한다. 만약 예산의회가 유로존의 부채에 관한 사항을 결정하게 된다면, 분명히 유로존의 예산액과 연간 재정 적자액을 제안하고 예산의회에 대해 책임을 지는 유럽 재무장관을 둘 필요가 있을 것이다. 확실한 것은 공적이고 민주적이며 독립적인 방식으로 예산 전략을 세우고 궁지에 빠진 유럽의 재정 및 금융위기를 극복할 방법을 논의할 진정한 의미의 의회가 유로존에 꼭 필요하다는 것이다. 그러나 현재 회원국의 국가 원수와 재무장관들이 포함된 유럽이사회는 이런 예산기구의 역할을 할 수 없다. 그들은 비밀리에 만나고, 공개적인 토론도 하지 않으며, 대개는 유럽의 사태가 진정되었다며 한밤중에 득의에 찬 공동성명을 발표하는 것으로 회의를 마치곤 한다. 심지어 참가자들 스스로도 자신의 결정에 관해 항상 확신하지는 못하면서 말이다. 키프로스의 세금에 관한 결정은 이런 점에서 전형적인 사례라고 할 수 있다. 왜냐하면 비록 그 결정이 만장일치로 승인되었지만 아무도 공개적으로 책임을 지려고 하지 않았기 때문이다.[29] 이런 유형의 의사결정 절차는 (1815년의) 빈 의회에서는 통할지 몰라도 21세기 유럽에서는 설 자리가 없다. 위에서 이야기했던 독일과 이탈리아의 제안은 이러한 진전이 가능하다는 것을 보여준다. 그럼에도 불구하고 프랑스의 경우 두 명의 대통령이 집권할 동안 이 논의에 참가조차 하지 않았다는 것은 매우 놀라운 일이다.[30] 유럽의 연대 및 채무 공동 분담의 필요성을 다른 국가들에 설파하는 것에는 (적어도 수사적으로는) 그렇게나 적극적이면서도 말이다.[31]

내가 제시한 방향으로 변화가 나타나지 않는다면 유로존 위기에 대한 지속적인 해결책을 떠올리기가 매우 어렵다. 부채와 재정적자를 한데 통합하는 것 외에도, 개별 국가 단독으로는 어렵지만 공동으로는 사용할 수 있는 다른 재정과 예산 관련 조치들이 있다. 첫 번째로 떠오르는 방법은 역시 자본에 대한 누진세다.

더욱 명확한 사례는 기업의 이윤에 부과하는 세금이다. 이와 관련해서 볼 때 1990년대 이래 유럽 국가 사이에서는 조세경쟁이 펼쳐졌다. 특히 아일랜드를 필두로 하고 동유럽의 작은 국가들이 뒤를 따른 조세경쟁은 법인세 인하를 경제발전 전략의 핵심 요소로 만들었다. 신뢰할 만한 은행 자료의 공유에 기초한 이상적인 조세제도 하에서는 법인세가 제한적인 역할만 수행할 것이다. 왜냐하면 법인세는 단지 개별 주주나 채권소유자들의 소득세(또는 자본세)에 대한 원천징수의 한 형태일 뿐이기 때문이다.[32] 현실적인 문제는 기업들이 이윤을 발표할 때 개별 주주의 과세 대상 소득을 계산에 넣지 않기 때문에, 이 원천징수 세금이 흔히 납부되는 유일한 세금이라는 점이다. 이는 법인세를 통해 상당한 금액의 원천징수를 하는 것이 중요한 이유다.

법인세에 대한 올바른 접근법은 각 자회사의 이윤에 개별적으로 세금을 부과하는 현재의 제도보다는 이윤 조작이 쉽지 않은 방식, 즉 기업들이 전 유럽 수준에서 한꺼번에 이윤을 신고하고 이에 따라 세금을 납부하도록 하는 방식일 것이다. 현 제도의 문제는 다국적기업들이 세율이 매우 낮은 곳에 위치한 자회사에 인위적으로 회사의 모든 이윤을 할당함으로써 종종 터무니없이 적은 액수의 세금을 납부한다는 사실이다. 이런 관행은 불법적인 것도 아닐뿐더러 많은 기업 경영자는 이를 부도덕하다고 생각하지도 않는다.[33] 그러므로 기업의 이윤이 특정 국가나 영토에 속해 꼼짝 못할 수 있다는 생각을 버리는 것이 오히려 더 합리적이다. 이런 고정관념에서 탈피해 다국적기업으로부터 발생한 법인세의 세수를 각국에서 발생한 매출액과 지불된 임금에 기초해 할당해야 한다.

이와 관련된 문제가 개인의 자본에 부과하는 세금에서도 발생한다. 대부분의 조세제도가 기초하고 있는 일반적인 원칙은 거주지 우선 원칙이다. 즉, 개인의 소득과 재산에 대한 세금은 연중 6개월 이상 거주한 국가에서 부과한다. 이 원칙은 유럽, 특히 국경에 접한 지역(예컨대 프랑스-벨기에 국경지역처럼)에서는 적용하기가 점점 더 어려워지고 있다. 게다가 자산에 대한 세금은 자산소유자보다는 오히려 부분적으로 자산이 위치한 장소에 따라 부과되어왔다. 예를 들어 파리에 아파트를 소유하고 있는 사람은 그의 국적과는 상관없이 또 그의 거주지가 지구 반대편 어디라고 해도, 파리 시에 재산세를 납부해야 한다. 하지만 부유세의 경우는 오직 부동산과 관련해서만 이 원칙이 적용된다. 금융자산에 대한 과세에 이 원칙이 적용되지 못할 이유가 없는데도 말이다. 즉, 기업활동이 실제로 이뤄지는 장소 또는 회사가 위치한 장소에 근거해서 과세할 수 있는 것이다. 국채의 경우도 마찬가지다. 단 '자본자산의 거주지(소유자의 거주지보다는) 우선 원칙'을 금융자산으로까지 확장하려면 자동적으로 금융기관 간의 자료 공유가 필요해진다. 그래야만 조세당국이 소유 구조가 복잡한 금융자산에 세금을 부과하는 것이 가능해지기 때문이다. 또 이런 세금은 자본의 다중 국적이라는 문제도 제기할 것이다.[34] 이와 같은 모든 질문에 대한 가장 적절한 대답은 분명 오직 전 유럽(또는 전 세계적) 수준에서만 찾을 수 있을 것이다. 그러므로 이런 문제들을 해결할 수 있도록 유로존 예산의회를 창설하는 것이 가장 올바른 접근법이다.

이 모든 제안이 지나치게 이상적인가? 적어도 국경 없는 통화를 만들고자 하는 시도보다는 이상적이지 않다. 국가들이 통화 주권을 포기한 때에는 공공부채의 이자율을 비롯해 누진적 자본세, 다국적기업에 대한 과세 등 더 이상 국민국가 차원의 권한으로는 해결할 수 없는 사안들에 대한 재정 주권의 회복이 반드시 필요하다. 유럽 국가들의 발전을 위해서는, 우선적으로 세습자본주의와 사적 이익에 대한 통제를 강화하고, 21세기의 유럽식 사회모델을 발전시킬 수 있는 유럽 대륙 차원의 정치적 기구를 신설해야 한다. 유럽 공통의 사회적 모델의 생존이 도전받고 있는 현 상황을 생각하면 국가 간에 서로 다른 사회적 모델로 인한 사소한 차이는 2차적인 문제다.[35]

한 가지 더 유념할 것은 그러한 유럽정치연합이 아니고서는 현재의 조세경쟁이 결국 대혼란을 야기할 가능성이 높다는 점이다. 최근에 제안된 '자본비용공제allowances for corporate equity'가 보여주듯이, 각국 정부의 법인세 인하 경쟁, 즉 바닥으로의 경주는 지금도 계속되고 있다.[36] 이 같은 국제적 조세경쟁은 누진세 부과가 불가능했던 19세기 조세제도처럼 소비세에 대한 의존을 높인다는 점을 인식하는 것이 중요하다. 사실상 소비세는 저축할 여력이 있거나 거주국을 바꿀 수 있는 혹은 이 둘 모두 가능한 사람들에게 유리한 세금이다.[37] 하지만 사람들이 언뜻 보고 생각하는 것 이상으로 몇 가지 조세 협력이 빠르게 진척되고 있음을 주목할 필요가 있다. 예를 들어 최초의 진정한 유럽세라 불릴 수 있을 만한 금융거래세가 제안되었음을 생각해보라. 비록 이런 금융거래세와 같은 세금이 자본이나 기업의 이윤에 부과하는 세금(세수와 분배의 효과라는 측면에서)에 비해 중요성이 훨씬 덜하긴 해도 조세에 관한 최근의 진보는 아무것도 예단할 수 없음을 보여준다.[38] 정치와 조세의 역사는 언제나 스스로의 길을 개척한다.

21세기의 정부와 **자본축적**

/

통합 유럽의 건설에 관련된 당면 문제에서 한 발짝 물러나 이제는 다른 질문을 던져보자. 이상적인 사회의 바람직한 공공부채 수준은 어느 정도일까? 이에 대한 확실한 정답은 없다. 이는 각 국가가 마주한 상황과 각 사회가 설정한 목표에 따라 민주적인 논의를 거쳐서만 결정할 수 있다. 분명한 점은 이러한 질문에 대한 현명한 대답은 좀더 광범위한 질문이 먼저 제기되고 나서야 가능해진다는 것이다. 즉 바람직한 공공자산의 수준은 어느 정도인가, 또한 이상적인 국민총자본의 수준은 어느 정도인가와 같은 질문들 말이다.

앞서 이 책에서는 여러 시대와 장소에서 나타난 자본/소득 비율, 즉 β의 변화를 상당히 자세히 살펴보았다. 또한 $\beta = s/g$ 공식에 근거해 각국의 저축률과 성장률에 의해 장기적으로 β가 어떻게 결정되는지를 검토했다. 하지만 아직 바람직한 β가 어느 정도인지에 관한 질문은 제기하지 않았다. 이상적인 사회에서 자본총량은 5년 치 국민소득과 같아야 할까? 아니면 10년 혹은 20년 치와 같아야 할까? 이 질문에 관해 우리는 어떻게 생각해야 하는가? 정확한 대답을 하는 것은 불가능한 일이다. 하지만 어떤 가설 아래에서 선험적으로 자본축적을 상상해 자본총량의 최고 한도를 설정해볼 수는 있다. 자본이 너무 많이 축적되어 이론상 자본의 한계생산성과 동일한 자본수익률 r이 성장률 g와 똑같아질 때 자본은 최대 수준에 도달한다. 1961년에 에드먼드 펠프스Edmund Phelps는 자본수익률과 성장률이 동일한 $r = g$ 등식을 자본축적의 황금률이라고 명명했다. 만약 그의 주장을 문자 그대로 받아들인다면, 이 황금률은 역사적으로 관찰된 것보다 훨씬 더 높은 자본/소득 비율을 의미한다. 왜냐하면 앞서 제시한 바와 같이 자본수익률이 언제나 성장률보다 상당히 높았기 때문이다. 실제로 19세기 이전에 r은 g보다 훨씬 더 높았고(자본수익률은 4~5퍼센트, 성장률은 1퍼센트 미만), 아마 21세기에도 이런(또다시 자본수익률은 4~5

퍼센트이고 장기적인 성장률은 1.5퍼센트를 넘지 못하는) 상황이 재현될 것이다.[39] 자본총량이 얼마만큼 축적되어야 수익률이 1~1.5퍼센트 수준으로 하락하는지를 알아내기란 매우 어렵다. 그래도 이때 자본총량은 매우 자본집약적인 나라들에서 현재 집계된 수치인 연간 국민소득의 6~7년 치에 해당되는 수준보다 확실히 훨씬 더 많을 것이다. 아마도 국민소득의 10년 치이거나 그 이상일 것이다. 18세기 이전의 저성장 수준(0.2퍼센트 미만)으로 자본수익률이 떨어지려면 대체 얼마만큼의 자본이 축적되어야 하는지 상상하는 것은 이보다 훨씬 더 어렵다. 그러려면 아마도 국민소득의 20~30배와 맞먹는 자본이 축적되어야 할 것이다. 다시 말해 모든 사람이 엄청난 부동산, 기계, 도구 등의 자본을 소유하고 있어서 추가적으로 투입된 한 단위의 자본이 연간 0.2퍼센트 미만의 생산 증가를 가져와야 하는 것이다.

사실 질문을 이런 식으로 제기하는 것은 이 문제에 매우 추상적으로 접근하는 것이다. 이 질문에 대해 황금률이 제시한 대답은 현실적으로 그다지 유용하지 않다. 왜냐하면 어떤 사회에서도 그렇게 많은 자본을 축적하지는 못할 것으로 보이기 때문이다. 그럼에도 불구하고 황금률에 내재된 논리는 흥미를 끈다. 그 주장을 간략히 정리해보자.[40] 만약 황금률이 충족되어 $r = g$가 된다면 당연히 장기적으로 국민소득에서 자본이 차지하는 몫은 정확히 저축률과 일치한다. 즉 $\alpha = s$다. 반대로 $r > g$ 상황이 지속되는 한 국민소득에서 자본의 몫은 저축률보다 크다. 즉 $\alpha > s$다.[41] 다시 말해 황금률이 충족되기 위해서는, 자본이 더 이상 아무것도 생산해낼 수 없을 정도로 엄청나게 축적되어야 한다는 의미다. 더 정확하게는 자본이 너무 많이 축적되어 오로지 동일한 수준의 자본총량(국민소득과 비례해)을 유지하기 위해 해마다 모든 자본수익을 자본에 재투자해야 한다. 바로 이것이 $\alpha = s$가 의미하는 바다. 즉 모든 자본수익은 저축되어 총자본에 다시 투입되어야 한다. 이와는 반대로 만약 $r > g$라면 자본/소득 비율을 동일하게 유지하기 위해서 더 이상 모든 자본수익을 재투자할 필요가 없기 때문에 자본은 장기적으로 어느 정도의 수익을 낸다.

확실히 황금률이라는 것은 '자본 포화capital saturation' 전략과 관련이 있다. 이는 너무 많은 자본을 축적해 자본소득자들에게 소비할 돈이 전혀 남지 않는 상태다. 왜냐하면 그들이 높은 사회적 지위를 계속 유지하기 위해 경제성장률과 동일하게 그들의 자본을 증가시키기를 원한다면 모든 자본수익을 재투자해야 하기 때문이다. 반대로 만약 $r>g$라면, 자본수익률 중 성장률(g)과 동일한 일부분만 자본에 재투자하고 나머지($r-g$)를 소비할 수 있다. 부등식 $r>g$는 자본소득자 사회의 기반이 된다. 그러므로 자본수익률을 성장률과 동일한 수치로 하락시킬 만큼 충분히 많은 자본이 축적되면 자본소득자의 지배는 끝날 수 있다.

하지만 자본축적이 이러한 목표를 달성하는 최상의 방법인가? 어째서 자본소유자 또는 사회 전체가 그토록 많은 자본을 축적해야 하는가? 황금률이 이끌어낸 주장은 단순히 자본축적의 상한선을 설정할 뿐 결코 거기에 도달하는 것을 정당화하지는 않는다는 점을 명심해야 한다.[42] 사실 자본소득자들을 더 단순하고 효과적으로 다루는 방법들이 있다. 즉, 세금을 부과하는 것이다. 몇 세대에 걸쳐 소비를 하지 않고 국민소득의 몇십 배에 달하는 자본을 축적할 필요가 없는 것이다.[43] 순수하게 이론적 수준에서는, 모든 것이 기본적으로 성장의 원천에 달려 있다. 만약 생산성의 증가가 없고 따라서 인구 증가가 유일한 원천이라면, 황금률이 요구하는 수준의 자본축적이 이치에 맞을 수도 있다. 예를 들어 인구가 1년에 1퍼센트씩 영원히 증가하고 사람들의 인내심과 미래 세대에 대한 이타심이 무한하다고 가정해보자. 그러면 장기적으로 1인당 소비를 최대화하는 방법은 수익률이 1퍼센트로 떨어지는 수준까지 많은 자본을 축적하는 것이다. 하지만 이 주장에는 명백한 한계가 있다. 무엇보다 인구 증가가 영원하다는 가정부터가 상당히 이상하다. 왜냐하면 이 이론은(특별히 피임기술이 낙후된 세계를 상상하지 않는 이상) 현세대로서는 장담할 수 없는 미래 세대의 출산 계획에 의존하고 있기 때문이다. 게다가 만약 인구증가율이 또한 제로라면 무한한 양의 자본을 축적해야만 할 것이다. 즉 자본수익률이 조금이라도 플러스의 값을 갖는 한, 현세대가 아무것도 소비하지 않고 최대한 많은 자본을 축적하는 것이 미래 세대에게 이익이 될 터이다. 인구 증가율 및 생산성 증가율을 암묵적으로 제로로 가정한 마르크스의 이론에 따르면, 이는 더욱더 많은 자본을 축적하고자 하는 자본주의의 무한한 욕망의 궁극적인 결과이며, 결국 자본주의의 붕괴와 생산수단의 집단적 전유專有로 이어질 것이다. 사실 소련에서는 국가가 무한하게 산업자본을 축적하고 끊임없이 기계의 수를 증가시켜 공익에 봉사한다고 주장했다. 하지만 자본축적이 어느 선에서 끝나야 한다고 생각했는지 아는 사람은 없었다.[44]

만약 생산성 증가가 조금이라도 플러스 값을 갖는다면 자본축적의 과정은 $\beta = s/g$ 법칙으로 설명된다. 그러면 사회적 최적 조건에 관한 문제를 해결하는 것은 더욱 어려워진다. 만약 생산성이 해마다 1퍼센트씩 영원히 증가한다는 것을 사람들이 미리 안다면, 당연히 미래 세대는 현세대보다 더 생산적이고 번영하게 되리라는 것을 알 수 있다. 이런 경우에는 현재의 소비를 희생해 방대한 양의 자본을 축적하는 것이 합리적인가? 한 사회가 서로 다른 세대 간의 복지를 비교하고 각 세대에 얼마만큼의 비중을 둘 것인지를 어떻게 선택하느냐에 따라, 원하는 어떤 결론에 도달할 수 있을 것이다. 다시 말해 미래 세대를 위해 (어쩌면 공해 이외에는) 아무것도 남기지 않는 것, 또는 황금률을 준수하는 것, 아니면 두 극단 사이의 어느 지점에서 현재와 미래의 소비를 분할하는 것 가운데 무엇이 더 현명할지를 선택할 수 있다. 분명한 점은 황금률의 현실적인 유용성이 그리 크지 않다는 것이다.[45]

사실 단순한 상식만으로도 미래 세대를 위해 얼마만큼의 자본을 남겨줄지를 결정하는 복잡한 문제를 수학 공식으로는 해결할 수 없다는 것을 알 수 있다. 그런데 어째서 황금률을 둘러싼 이러한 개념적 논쟁을 소개하는 것일까? 그 이유는 이러한 논쟁들이 먼저 유럽의 재정적자와 관련된

16장
공공부채의 문제

그리고 기후에 관한 최근의 논쟁들에 어떤 영향을 미쳐왔기 때문이다.

법과 정치

/

첫째, 공공적자에 관한 유럽의 논쟁에서 황금률에 관한 상당히 다른 개념이 등장했다.[46] 1992년 마스트리흐트 조약에 따라 유로화가 만들어졌을 때 회원국의 재정적자는 GDP의 3퍼센트 미만, 공공부채 총액은 GDP의 60퍼센트 미만인 상태를 유지해야 한다고 조약에 명기되었다.[47] 하지만 이런 선택의 배후에 있는 정확한 경제적 논리가 완전하게 설명된 적은 없었다.[48] 사실 공공자산과 국민총자본을 고려하지 않고서 합리적인 방법으로 공공부채의 특정한 수준을 정당화하기는 어렵다. 앞서 이미 역사상 전례가 없는 이런 엄격한 예산의 제한선을 정해둔 진정한 이유를 언급한 바 있다.(미국, 영국, 일본은 그런 규정을 스스로 시행한 적이 없다.) 이런 조건들은 회원국의 부채를 한데 모으거나 재정적자 문제에 공조하지 않은 채 국경 없는 공통 화폐를 만들기로 한 것에 따른 거의 필연적인 결과다. 짐작건대 만약 유로존이 다양한 회원국에 대해 적자 수준을 결정하고 조정할 권한을 지닌 유럽 예산의회를 설치하게 되면 마스트리흐트 조약에 제시된 기준은 쓸모없어질 것이며, 예산의회의 결정 사항은 권위 있고 민주적인 것이 된다. 재정에 관해 선험적인 제약을 두거나 더욱이 국가의 헌법 안에 부채나 재정적자의 한계를 명시해야 할 납득할 만한 이유는 없다. 물론 재정동맹의 설립에 관한 논의가 이제 막 시작되었으므로 시장의 신뢰를 얻기 위해 특별한 규칙들을 제정하는 절차가 필요할 것이다. 예를 들면 부채가 일정 수준을 넘어서는 데는 예산의회에서 압도적 지지를 얻어야 한다는 규칙을 생각해볼 수 있다. 하지만 미래의 정치적 다수의 의지를 좌절시키기 위해, 건드릴 수 없는 부채 액수나 재정적자의 한계를 못박아두는 행위는 정당화될 수 없다.

그렇지만 오해하면 안 된다. 공공부채가 늘어나는 것이 특별히 좋다는 말은 아니다. 앞서 지적한 바와 같이 부채는 종종 가난한 자에게서 부유한 자에게로, 소액의 예금을 보유한 사람에게서 정부에 돈을 빌려줄 수 있을 만한 (원칙적으로는 돈을 빌려주기보다는 세금을 내야만 할) 부자에게로 부를 재분배하는 우회적인 수단이 되기도 한다. 20세기 중반과 제2차 세계대전 이후 대규모의 채무불이행(그리고 물가 상승으로 인한 실질 부채 감소) 사태가 발생한 이래 정부의 부채 및 그것과 사회적 재분배의 관계에 관한 여러 위험한 환상이 생겨났다. 이런 환상들은 하루속히 사라져야 한다.

그렇지만 정부 예산에 관한 제한을 헌법이나 법률에 명시하는 것은 여러 가지 이유로 그다지 현명한 처사가 아니다. 그 이유 가운데 하나는 심각한 위기 상황 아래에서, 경제위기 이전까지는 생각지도 못한 막대한 규모의 긴급 예산을 편성해야 할 필요가 대두될 수 있다는 역사적 경험에서 비롯된다. 이런 결정들을 일일이 헌법재판관(또는 전문가들로 구성된 위원회)에게 맡긴다는 것은 민주주의가 한 걸음 후퇴하는 것이다. 또한 그 결정권을 법정에 넘긴다고 해서 위험이 따르지 않는 것도 아니다. 사실 역사적으로 헌법재판관들은 재정 및 예산 관련 법률을 매우 보수적으로 해석하는 유감스러운 경향이 있음을 알 수 있다.[49] 이 같은 사법부의 보수성은 유럽에서는 특히 위험하다. 왜냐하면 예나 지금이나 유럽은 필요에 따라 세금을 징수해 자국민의 일반적인 편익을 증진시키려는 회원국의 권리보다 사람과 상품 및 자본의 자유로운 이동을 근본적인 권리로 생각하는 경향이 있기 때문이다.

끝으로 국부에 영향을 미치는 수많은 다른 요인은 고려하지 않은 채 부채와 적자의 적정 수준을 판단하는 것은 불가능하다. 오늘날 이용 가능한 모든 자료를 살펴보면, 유럽의 국부가 결코 현재만큼 많았던 적은 없었다는 사실은 가장 특기할 만한 사항이다. 확실히 공공부채의 규모를 감안하면 유럽의 공공부문 순자산은 사실상 거의 제로 수준이지만 개인들의 순자산이 무척 많기 때문에 공공부문 순자산과 민간부문 순자산을 합하면 결국 지난 한 세기 동안 비슷한 수준을 유지해왔다. 그러므로 우리가 지금 후대의 자손들에게 수치스런 빚더미를 남겨줄 상황에 처했느니, 이런 죄를 참회하고 용서를 구해야 한다느니 하는 생각은 참으로 어처구니없는 것이다. 유럽의 국가들은 지금처럼 부자인 적이 없었다. 반면 이 막대한 국부가 대단히 불공평하게 분배되어 있다는 것은 수치스러운 현실이다. 민간의 부는 공공의 빈곤 위에 서 있는데, 이것이 야기한 특히 안타까운 결과는 우리가 현재 고등교육에 투자한 것보다 공공부채의 이자를 지불하는 데 더 많은 지출을 하고 있다는 사실이다. 게다가 이런 현상은 매우 오랫동안 계속되고 있다. 1970년 이후 경제성장이 상당히 느리게 진행되고 있기 때문에 우리는 부채가 국가재정을 매우 무겁게 압박하는 역사적 시대에 살고 있는 것이다.[50] 바로 이것이 민간자본에 일회성 누진세를 부과하거나 혹은 이것이 실패한다면 인플레이션이라는 수단을 통해서라도 부채를 가능한 한 서둘러 감소시켜야 하는 주요한 이유다. 어찌됐든 결정은 민주적 논의를 거쳐 의회가 내려야 할 것이다.[51]

기후변화와 공공자본

황금률과 관련된 질문이 주요한 영향을 미치는 두 번째 중요한 쟁점은 기후변화 그리고 좀더 일반적으로 말해서 앞으로 인류에게 닥칠 자연자본의 악화 가능성이다. 전 세계적 관점으로 보면 기후변화 문제는 세계의 주요한 장기적인 걱정거리임이 분명하다. 2006년에 발표된 스턴 보고서Stern Report는 금세기가 끝날 무렵이면 환경오염 때문에 발생하는 잠재적 손실액이 최악의 경우 연간 전 세계 GDP의 수십 퍼센트에 이를 것이라는 시나리오를 제시했다. 경제학자들 사이에서 스턴 보고서를 둘러싼 논란은 환경에 대한 미래의 손실이 어느 정도로 할인되어야 하는지에 집중되었다.

영국의 경제학자인 니컬러스 스턴은 연간 경제성장률과 동일한 비율(연간 1~1.5퍼센트)인 상대적으로 낮은 할인율을 주장했다. 이 할인율을 적용할 경우 현재의 세대는 미래의 손실액을 매우 높게 책정하게 된다. 반면 미국의 경제학자 노드하우스william Nordhaus는 평균 자본수익률(연간 4~4.5퍼센트)과 비슷한 할인율을 적용해야 한다고 주장했다. 이 할인율을 적용할 경우 미래의 재앙은 훨씬 덜 걱정스럽게 느껴진다. 다시 말해 이처럼 비록 모두가 미래의 재앙(물론 이 자체도 불확실하지만) 때문에 비용이 발생한다는 사실에는 동의한다 해도, 각각 다른 결론을 내릴 수 있는 것이다. 스턴에 따르면 앞으로 기후변화에 따른 전 세계적인 손실은 매우 클 것이므로 지금 당장 적어도 연간 글로벌 GDP의 5퍼센트를 기후변화를 늦추는 데 사용해야 한다는 주장이 정당화될 수 있다. 반면 노드하우스에 따르면, 그렇게 과도한 지출은 완전히 불합리한 것이다. 왜냐하면 미래 세대가 현세대보다 더 부유하고 더 생산적일 것이기 때문이다. 미래 세대는 나름의 대응책을 찾아낼 것이고, 이것이 소비의 감소를 의미한다고 하더라도 어쨌든 보편적인 행복이라는 관점에서 보면 스턴이 제시했던 노력보다는 비용이 덜 들 것이다. 이처럼 이 모든 전문가의 계산이 극명하게 다른 결론에 이르고 있다.

확실히 노드하우스의 낙관주의가 매력적이긴 하지만 내게는 스턴의 견해가 더 합리적으로 보인다. 노드하우스의 견해는 미국의 무제한적인 탄소 배출 전략과도 시의적절하게 일치하지만 궁극적으로는 그다지 설득력이 없다.[52] 어쨌든 할인율에 관한 이처럼 상대적으로 추상적인 논쟁은 핵심적인 쟁점에서 멀찍이 비켜서 있다고 할 수 있다. 중국과 미국을 비롯해 특히 유럽의 대중적 논의는 갈수록 더 실용적으로 변해가고 있다. 즉 환경오염을 유발하지 않는 기술이나 탄화수소를 배출하지 않으면서도 전 세계가 풍족하게 사용할 수 있는 재생 가능한 형태의 에너지에 대한 대대적인 투자의 필요성이 논의되고 있다. 특히 유럽에서는 많은 사람이 오늘날의 암울한 경제 환경에서 탈출구 역할을 할 것으로 여기는 '환경친화적 부양책'에 관한 토론이 널리 행해지고 있다. 현재 많은 정부가 매우 낮은 이자율로 재원을 조달하는 것이 가능하기 때문에 이 전략은 특히 시도해볼 만하다. 만일 개인 투자자들이 환경에 돈을 쓰고 투자하기를 꺼린다면 정부라도 나서서 앞으로 발생할지 모를 자연자본의 악화를 피하기 위해 투자해야 하지 않겠는가?[53]

이 질문은 다가올 수십 년을 위한 매우 중요한 논쟁거리다. 우리의 주요한 걱정은 (민간 부의 총합보다 훨씬 더 적고 어쩌면 줄이는 것이 그다지 어렵지 않은) 공공부채가 아니다. 교육에 투자할 자본을 늘리고 글로벌 자연자본의 가치 하락을 예방하는 것이 더욱 시급한 문제다. 기후변화는 한 번의 펜놀림으로(혹은 비슷한 결과를 가져올 수 있는 자본에 대한 세금으로) 해결할 수 있는 문제가 아니기 때문에 훨씬 더 심각하고 어려운 과제다. 실질적인 핵심 쟁점은 다음과 같다. 스턴의 견해가 대략 맞고, 환경 재앙을 예방하기 위해 연간 글로벌 GDP의 5퍼센트에 달하는 비용을 지출해야 할 이유가 충분하다고 가정해보자. 우리는 무엇에 투자해야 하고 어떻게 우리의 노력을 조직해야 하는지를 정말로 알고 있는가? 이 정도 규모의 공공투자에 관해 논한다면, 이것이 과거 부유한 국가들이 지출했던 그 어떤 금액보다 훨씬 더 방대한 규모의 공공지출이 되리라는 점을 인식하는 것이 중요하다.[54] 만약 민간의 투자 참여를 고려한다면, 정부 재정의 투입 방식과 그에 따른 신기술 및 특허권에 대한 소유권은 누구에게 있는지를 분명히 할 필요가 있다. 재생 가능한 에너지 자원 개발을 급속하게 진행시키기 위해 첨단기술에 대한 연구에 의존해야 할 것인가? 아니면 지금 당장 탄소 배출을 엄격하게 제한해야 하는가? 이에 대해서는 아마도 이용 가능한 모든 수단을 동원해 균형잡힌 전략을 선택하는 게 현명할 것이다.[55] 상식적인 이야기는 이쯤 해두자. 하지만 아직은 아무도 이러한 난제들에 어떻게 대처할지 또는 향후 자연자본의 가치 하락을 막기 위한 정부의 역할은 무엇인지 알지 못한다는 사실에는 변함이 없다.

경제적 투명성과 **자본의 민주적 통제**

/

좀더 일반적으로 나는 새로운 형태의 소유권의 발전과 자본에 대한 민주적 통제가 향후 가장 중요한 문제 가운데 하나라는 주장이 중요하다고 생각한다. 베를린장벽이 무너진 이후 공공자본과 민간자본의 경계는 결코 일부 사람이 믿어왔던 것만큼 명확하지 않다. 앞서 여러 번 지적한 바와 같이 이미 교육, 의료, 문화, 미디어와 같은 많은 분야에서 조직과 소유의 지배적인 형태는 (전적으로 주주들이 소유하는 주식회사와 같은) 순수 민간자본 또는 (정부 권력이 모든 투자를 결정하는 상명하달과 비슷한 논리에 기초한) 순수 공공자본이라는 극단적인 패러다임과는 거의 무관하다. 분명 각기 다른 개인의 재능과 정보를 자유자재로 동원할 수 있는 여러 중간적인 형태의 조직이 존재한다. 집단적인 결정을 조직화하는 방식 가운데 시장이나 투표제도는 단지 양극단일 뿐이다. 새로운 형태의 참여 및 지배구조가 만들어질 여지는 충분하다.[56]

핵심은 다양한 형태의 민주적 자본통제는 각각의 관련 당사자에 대한 경제 정보를 이용할 수 있는지 여부에 크게 좌우된다는 것이다. 경제 및 금융의 투명성은 확실히 세금을 부과하기 위한 목적을 위해 중요하지만, 또한 이보다 훨씬 더 일반적인 이유 때문에도 중요하다. 이러한 투명성은 민주적 통치와 참여에 필수적이다. 이런 관점에서 개인의 소득과 재산에 대한 투명성은 문제의 본질이 아니며, 그것이 (정치인의 경우나 달리 신뢰를 구축할 방법이 없는 상황은 제외하면) 그 자체로 흥미롭지는 않다.[57] 집단행동을 위해 가장 중요한 것은 (정부 기관뿐만 아니라) 민간기업의 회계장부를 상세히 공개하는 것이다. 현재 기업이 공개하도록 되어 있는 회계 자료는 기업의 의사결정에 대해 노동자나 일반 시민이 의견을 형성하기 위한 근거 자료로 활용하기에는 매우 부적절하다. 하물며 기업의 의사결정에 개입하는 데 부적절한 것은 말할 나위도 없다. 이 책의 초반부에 언급했던 구체적인 사례를 들면, 2012년 8월 총살당한 34명의 파업 참가자가 근무했던 마리카나 백금 광산의 소유주인 주식회사 론민이 공개한 회계 자료는 광산에서 만들어진 부가 이윤과 임금으로 각각 얼마만큼 나누어졌는지 정확하게 밝히지 않았다. 이것이 전 세계 기업들이 공개하는 회계장부의 일반적인 양상이다. 다시 말해 투자자들에게는 좀더 상세한 정보가 제공되는 반면, 회계 자료는 매우 포괄적인 통계적 범주로 묶어서 공개함으로써 실제로 중요한 문제는 최대한 적게 밝히는 것이다.[58] 그러므로 회사의 노동자들과 그들의 대표는 투자 결정에 참여하기에는 회사가 처한 경제적 현실에 관해 불충분한 정보를 제공받고 있다고 말할 수 있다. 회계와 금융의 실질적인 투명성 그리고 정보의 공유 없이는 경제민주주의란 불가능하다. 반대로 기업의 의사결정에 개입할 실질적인 권리(이사회에 노동자에게 자리를 내어주는 것을 포함하여)가 없는 한 투명성은 아무 소용이 없다. 정보는 민주적 제도를 뒷받침해주는 것으로서, 그 자체가 목적은 아니다. 언젠가 민주주의가 자본주의에 대한 통제권을 다시 획득하려면, 민주주의와 자본주의를 구현한 구체적인 제도들이 끊임없이 재구성되어야 한다는 사실을 깨닫는 데서부터 시작해야 할 것이다.[59]

지금까지 18세기 이후 부와 소득분배의 동학에 관한 현재 우리의 역사적 지식을 이야기했다. 그리고 이 지식에서 21세기를 위한 교훈을 이끌어내고자 했다.

이 책에서 이용한 자료는 앞서 어떤 저자들이 모은 것보다 더 광범위하지만 불완전하고 미완성인 채로 남아 있다. 내가 내린 결론들은 모두 본질적으로 튼튼하지 않으며, 질문과 토론의 대상이 되어 마땅하다. 사회과학의 목적은 온갖 색깔의 견해가 표명되는 개방적이고 민주적인 토론을 대신할 수학적 확실성을 만들어내는 것이 아니다.

자본주의의 가장 중요한 모순: $r > g$

이 연구의 종합적인 결론은 사유재산에 바탕을 둔 시장경제는 그대로 내버려두면 특히 지식과 기술의 확산을 통해 격차를 좁혀가는 강력한 수렴의 힘을 지니고 있다는 것이다. 그러나 이런 경제는 또한 민주사회와 그 사회의 기반이 되는 사회정의의 가치에 대한 잠재적 위협이 될 강력한 양극화의 힘도 지니고 있다.

불안정을 초래하는 주된 힘은, 민간자본의 수익률 r이 장기간에 걸쳐 소득과 생산의 성장률 g를 크게 웃돈다는 사실과 관련이 있다. $r>g$라는 부등식은 과거에 축적된 부가 생산과 임금보다 더 빨리 증가한다는 것을 의미한다. 이 부등식은 근본적인 논리적 모순을 드러낸다. 기업가는 필연적으로 자본소득자가 되는 경향이 있으며, 자신의 노동력밖에 가진 게 없는 이들에 대해 갈수록 더 지배적인 위치를 차지한다. 자본은 한번 형성되면 생산 증가보다 더 빠르게 스스로를 재생산한다. 과거가 미래를 먹어치우는 것이다.

이것이 부의 분배의 장기적인 동학에 미치는 영향은 어쩌면 끔찍할 수도 있다. 자본수익률이 초기의 투자 규모에 따라 달라지며 부의 분배의 양극화가 전 세계적으로 일어나고 있다는 점을 함께 생각하면 특히 그렇다.

이 문제는 거대한 것이다. 그렇지만 단순한 해법은 없다. 물론 교육, 지식, 청정에너지 기술에 투자함으로써 성장을 촉진할 수 있다. 그러나 이 가운데 어느 것도 성장률을 4~5퍼센트로 높여주지는 않을 것이다. 제2차 세계대전 이후 30년 동안 유럽이 그랬던 것처럼 선진국을 따라잡고 있는 나라들만 그와 같은 속도로 성장할 수 있음을 역사는 보여준다. 세계적인 기술 경쟁에서 가장 앞선 나라들—그리고 결국에는 지구촌 전체—의 성장률이 어떤 경제정책을 선택하더라도 장기적으로 1~1.5퍼센트를 넘지 못할 것이라고 믿을 만한 충분한 이유가 있다.[1]

평균 자본수익률이 4~5퍼센트에 이르므로 제1차 세계대전 직전까지 역사적으로 계속 그랬던 것처럼 21세기에 다시 $r>g$가 일반적인 상황이 될 가능성이 크다. 20세기에는 두 차례 세계대전이 과거를 지워버리고 자본수익률을 크게 낮췄으며, 그 때문에 자본주의의 구조적 모순($r>g$)이 극복되었다는 환상이 생겨났다.

물론 민간의 자본수익률을 성장률 이하로 낮추기 위해 자본소득에 대해 충분히 무거운 세금을 물릴 수도 있다. 그러나 무차별적이고 가혹하게 세금을 물리면 자본축적의 동력이 죽고 그에 따라 성장률도 더 낮아질 위험이 있다. 그렇게 되면 새로운 기업가들이 나오지 않을 터이므로 기존 기업가들이 더 이상 자본소득자로 바뀔 기회도 없을 것이다.

올바른 해법은 매년 부과하는 누진적인 자본세다. 이는 초기 단계에 새로운 자본축적을 촉진하기 위한 경쟁과 유인을 유지하면서도 끊임없는 불평등의 악순환을 피할 수 있게 해줄 것이다. 앞서 나는 예컨대 재산이 100만 유로 미만일 때 0.1퍼센트 또는 0.5퍼센트, 100만~500만 유로일 때 1퍼센트, 500만~1000만 유로일 때 2퍼센트, 몇억 유로일 때는 5퍼센트 또는 10퍼센트까지 자본세를 물리는 세율 체계를 논의했다. 이는 세계적인 부의 불평등이 무한히 커지지 않도록 억제할 것이다. 이 불평등은 지금 장기적으로 지속되기 힘든 속도로 확대되고 있으며, 심지어 자율적인 시장에 대한 가장 열렬한 옹호자들에게도 걱정스러운 일일 것이다. 더욱이 역사적 경험은 이 같은 부의 거대한 불평등이 기업가 정신과는 거의 관련이 없으며 성장을 촉진하는 데 쓸모가 없다는 것을 보여준다. 이 불평등은 또한 내가 이 책 첫머리에 소개한 1789년 프랑스의 인간과 시민의 권리에 관한 선언의 멋진 표현을 빌리자면 어떤 '공익'과도 관련이 없다.

문제는 이런 해법, 즉 자본에 대한 누진세는 높은 수준의 국제 협력과 지역별 정치적 통합을 요구한다는 점이다. 이 문제는 개별 국가, 즉 예전의 사회적 타협이 이뤄졌던 범위를 벗어난다. 많은 이가 예컨대 유럽연합 안에서처럼 협력 강화와 정치적 통합으로 나아가는 것을 염려한다. 어느 때보다 더 순수하고 완전한 경쟁에 바탕을 둔 거대한 시장을 만들어내는 것 말고는 어떤 새로운 것도 건설하지 않으면서 (20세기의 충격에 대응해 유럽의 여러 국가가 건설한 사회적 국가를 비롯해) 이미 이뤄놓은 성취를 잠식할 뿐이라는 염려다. $r>g$라는 부등식은 시장의 '불완전성'에 따른 것이 아니므로 순수하고 완전한 경쟁을 통해 바꿔놓을 수 없다. 오히려 그 반대로 해야 한다. 위험은 현실이지만 진정한 대안은 아직 없다. 우리가 자본주의에 대한 통제력을 되찾으려면 민주주의에 모든 것을 걸어야 한다. 유럽에서는 범유럽 차원의 민주주의에 걸어야 한다. 미국과 중국처럼 큰 정치적 공동체는 여러 가지 선택권을 갖고 있다. 하지만 머지않아 세계경제에 비해 참으로 작아 보일 유럽의 작은 나라들의 경우 유럽연합을 탈퇴하면 지금처럼 그 안에 있는 것보다 오히려 더 큰 좌절과 실망에 이르게 될 것이다. 국민국가는 여전히 수많은 사회정책과 재정정책을 현대화하는 데 적합한 수준이다. 또한 21세기의 중요한 과제 중 하나로서 민간부문과 공공부문의 중간적 형태인 공유적 소유권과 지배구조의 새로운 형태를 개발하는 것도 여전히 개별 국가 차원에서 적절히 이뤄질 수 있다. 그러나 21세기의 세계화된 세습자본주의에 대한 효과적인 규제는 오직 지역적인 정치적 통합을 통해서만 가능하다.

정치적이고 **역사적인** 경제학을 위해

경제학과 사회과학에 관해 몇 가지를 이야기하면서 결론을 맺을까 한다. 서장에서 분명히 밝혔듯이 나는 경제학을 역사학, 사회학, 인류학, 정치학과 더불어 사회과학의 한 분야라고 본다. 이 책이 그 의미를 독자들에게 전달했기를 바란다. 나는 '경제과학economic science'이라는 표현을 싫어한다. 이 표현은 경제학이 다른 사회과학 분야보다 더 높은 과학적 지위를 얻었다는 것을 내비치기 때문에 대단히 오만하다는 느낌이 든다. 나는 '정치경제학political economy'이라는 표현을 훨씬 더 좋아한다. 이 표현은 다소 낡았다는 느낌을 줄 수도 있지만 내 생각에는 경제학과 다른 사회과학 분야를 구분하는 유일한 차이가 경제학은 정치적이고 규범적이며 도덕적 목적을 지닌다는 데 있음을 말해주는 것 같다.

처음부터 정치경제학은 한 나라의 경제와 사회 조직에서 국가가 해야 할 이상적인 역할을 과학적으로 또는 적어도 합리적이고, 체계적이며, 조직적으로 연구하고자 했다. 경제학이 던졌던 질문은 어떤 공공정책과 제도가 우리를 이상적인 사회에 더 가깝게 이끄는가 하는 것이었다. 모든 시민이 전문가가 될 수 있는 선과 악의 문제를 연구하겠다는 이 겁 없는 열망은 독자들을 미소 짓게 할 수도 있겠다. 확실히 이런 열망은 이뤄지지 못하는 경우가 많다. 그러나 이는 또한 필요한 목표이며 참으로 없어서는 안 될 목표다. 왜냐하면 사회과학자들은 너무나 쉽게 공개적인 토론과 정치적 대립에서 벗어나 다른 이들의 견해와 자료를 비평하거나 파괴하는 역할을 하는 데 스스로 만족하기 때문이다. 다른 모든 지식인과 시민처럼 사회과학자들도 공개적인 논쟁에 참여해야 한다. 그들은 정의와 민주주의, 세계 평화와 같은 숭고하지만 추상적인 원칙들을 들먹이는 데 만족해서는 안 된다. 그들은 그것이 사회적 국가든, 조세 체계든, 아니면 공공부채든 간에 특정 제도와 정책들에 대해 선택하고 주장해야 한다. 모든 이는 스스로의 방식으로 정치적이다. 이 세계는 한편에 정치적 엘리트가 있고 다른 한편에 일단의 논평가와 또 책임이라고는 4~5년에 한 번씩 투표함에 투표용지를 넣는 것밖에 없는 구경꾼들이 모인 곳이 아니다. 나는 학자와 시민들이 도덕적으로 별개의 세계에 살고 있으며 전자는 수단에, 후자는 목적에 관심을 갖고 있다고 생각하는 것은 착각이라고 믿는다. 이런 관점은 이해할 수는 있지만 나에게는 위험한 것으로 보인다.

너무나 오랫동안 경제학자들은 이른바 과학적 방법이라는 것으로 스스로를 규정하려 했다. 사실 그 방법들은 수학적 모형의 과도한 이용에 의존하는데, 이런 모형들은 흔히 자기 영역을 지키고 내용의 공허함을 가리는 데 대한 변명에 지나지 않는 것이다. 학자들은 그들이 설명하려는 경제적 사실이나 해결하고자 하는 정치, 사회 문제들에 대한 명확한 기술도 없이 순수한 이론적 고찰에 지금까지 아주 많은 에너지를 허비했으며 지금도 마찬가지다. 오늘날 경제학자들은 통제된 실험에 바탕을 둔 실증적 방법에 대한 열의로 가득하다. 이런 방법들은 절제 있게 사용하면 유용할 수 있으며, (오랫동안 늦어진 일이지만) 일부 경제학자가 현실에 기초한 질문들과 그 영역의 직접적인 지식에 주목하도록 해준 공은 인정받을 만하다. 그러나 이 같은 새로운 접근 방식들 자체가 이따금 어떤 과학적 환상에 빠져들게 한다. 학자들은 예컨대 문제 자체는 그다지 큰 관심거리가 아니라는 것을 잊어버린 채 순수하고 참된 인과관계의 존재를 증명하는 데 엄청난 시간을 보낼 수 있다. 새로운 방법들은 흔히 역사를, 그리고 역사적 경험이 여전히 우리 지식의 주된 원천으로 남아 있다는 사실을 소홀히 여기도록 한다. 우리는 마치 제1차 세계대전이 일어나지 않았던 것처럼 혹은 소득세와 부과식 연금제도가 생겨나지 않았던 것처럼 20세기 역사를 재연할 수는 없다. 확실히 한 가닥의 의심도 남기지 않고 역사적인 인과관계를 증명하는 것은 언제나 어렵다. 우리는 특정 정책이 특정한 효과를 냈는지, 아니면 그 효과가 다른 어떤 원인에 따른 것인지를 진정으로 확신할 수 있을까? 그럼에도 불구하고 우리가 역사에서, 특히 지난 세기에 대한 연구에서 얻을 수 있는 교훈은 불완전한 것일지라도 그 가치를 헤아릴 수 없는 둘도 없이 귀중한 것들이다. 어떤 통제 실험도 결코 그와 같은 가치를 지닐 수 없을 것이다. 경제학자들이 쓸모 있게 되려면 무엇보다 더 실용적으로 방법론을 택하고, 이용할 수 있는 수단들은 어떤 것이든 써보고, 그래서 다른 사회과학 분야와 더 긴밀하게 협력하는 것을 배워야 한다.

반대로 다른 분야의 사회과학자들은 경제적 사실들에 대한 연구를 경제학자들에게만 맡겨두지 말아야 하며, 어떤 숫자가 튀어나올 때 무서워 도망치거나 모든 통계는 사회적 구성물일 뿐이라고, 당연히 맞는 말이지만 충분한 설명은 못 되는 이야기를 하며 자위하지 말아야 한다. 실제로는 이 두 가지 반응은 같은 것이다. 둘 다 이 영역을 포기하고 다른 이들에게 넘겨버리는 것이기 때문이다.

가장 가난한 이들의 이익

/

"현대사회에서 다양한 계층의 소득이 과학적 연구의 대상에서 벗어나 있는 한 유용한 경제사, 사회사를 쓸 희망은 없다." 장 부비에, 프랑수아 퓌레, 마르셀 기예가 1965년에 출간한 『19세기 프랑스의 소득 변화 Le mouvement du profit en France au 19e siècle』는 이처럼 훌륭한 문장으로 시작한다. 이 책은 여전히 읽어볼 만하다. 이 책이 1930년과 1980년 사이에 프랑스에서 특유의 장점과 결함을 지닌 연구 방법으로 번성한 '시계열사serial history' 연구의 좋은 사례이기 때문이기도 하지만 그보다 이 책이 우리에게 퓌레의 지적 궤적을 상기시켜주기 때문에 더욱 그렇다. 그의 경력은 왜 이런 연구 프로그램이 결국 자취를 감췄는지에 대한 타당한 이유와 그렇지 못한 이유를 함께 보여주는 훌륭한 사례이기 때문이다.

촉망받는 젊은 역사가로 경력을 시작했을 때 퓌레는 그가 당시 학계 연구의 중심에 있다고 믿었던 주제, 즉 '현대사회에서 다양한 계층의 소득'을 선택했다. 이 책은 엄밀하고, 모든 예단을 피하며, 무엇보다 데이터를 모으고 사실을 확증하려 노력한다. 그러나 이 책은 이 영역에서 나온 퓌레의 처음이자 마지막 작품이 되었다. 1977년 자크 오주프와 함께 출간한 훌륭한 책 『읽기와 쓰기Lire et écrire』는 '칼뱅부터 쥘 페리 시대까지 프랑스의 문자해독률'을 집중 연구한 것인데, 독자들은 이 책에서 시계열 자료를 모으는 그의 열정을 엿볼 수 있다. 더 이상 산업의 이윤에 관한 자료를 모으지 않고 대신 문자해독률, 교사의 수, 교육비 지출에 관한 자료를 모은 것이다. 그러나 퓌레는 주로 프랑스혁명의 정치사와 문화사에 대한 연구로 유명해졌는데, 이 연구에서 '당시 사회의 다양한 계층의 소득'에 관한 흔적을 찾으려 애쓰는 것은 헛된 수고다. 또한 1970년대에 프랑스혁명에 대해 마르크스주의 역사가들과 벌이던 논쟁에 몰두하여, 이 위대한 역사가는 이 연구에서 어떤 유의 경제적, 사회적 역사에도 등을 돌렸던 것으로 보인다.(마르크스주의 역사가들은 당시 대단히 교조적이었고 특히 소르본대에서 뚜렷한 위세를 떨치고 있었다.) 이는 안타까운 일인데, 나는 서로 다른 이 접근 방식들을 조화시킬 수 있다고 믿기 때문이다. 정치와 사상은 분명히 경제, 사회 발전과 독립적으로 존재한다. 의회제도와 법의 지배는 베를린장벽이 무너지기 전에 마르크스주의 지식인들이 비난했던 것처럼 단지 부르주아적 제도이기만 했던 것은 아니다. 그러나 물가와 임금이 오르내리고 소득과 재산이 늘었다 줄었다 하는 것은 정치적 견해와 태도를 형성하는 데 영향을 미치고, 그것들을 표현하는 것은 다시 궁극적으로 사회적, 경제적 변화를 일으킬 정치제도와 법규, 정책들을 만들어낸다는 것 또한 명백하다. 경제적인 동시에 정치적, 사회적, 문화적인 접근 방식, 그리고 임금과 재산에 관련된 접근 방식을 취하는 것은 가능하며 심지어 필수적이다. 1917~1989년의 양극화된 대치는 이제 분명히 지나갔다. 공산주의와 자본주의의 충돌은 더 이상 역사학자, 경제학자, 심지어 철학자들의 연구를 자극하는 구실을 하지 못하게 되었다.[2] 이러한 낡은 논쟁들과 그것들이 만들어낸 (내가 보기에 아직도 그런 특징을 담고 있는) 역사 연구를 넘어 앞으로 나아가야 할 시간은 이미 오래전에 찾아왔다.

서장에서 지적한 것처럼 시계열사 연구의 때 이른 몰락에는 기술적인 이유들도 있다. 그 시대에 많은 양의 데이터를 모으고 처리하는 데에는 실질적인 어려움이 있었다. 아마도 이것이 (『19세기 프랑스의 소득 변화』를 비롯해) 이 장르의 연구에 역사적 해석의 여지가 별로 없고 그래서 그것이 무미건조하게 읽히는 이유일 것이다. 특히 대부분의 경우 연구 대상 기간 중 관찰된 경제적 변화와 정치적, 사회적 역사 간의 관계에 대한 분석이 거의 없다. 그 대신 이러한 연구는 오늘날 스프레드시트나 인터넷 데이터베이스로 더 자연스럽게 보여줄 수 있는 정보의 출처와 원자료에 대한 세세한 기술만을 제시한다.

나는 또한 시계열사가 사라진 것은 이 연구 프로그램들의 주제가 20세기를 대상으로 연구를 수행하기 전에 없어져버린 사실과 관련이 있다고 본다. 18세기나 19세기를 연구할 때는 물가와 임금, 또는 소득과 재산의 변화가 정치나 문화의 논리와 거의 또는 전혀 관련이 없는 자율적인 경제 논리를 따른다고 생각할 수도 있다. 그러나 20세기를 연구할 때는 그런 환상이 곧바로 깨져버린다. 소득과 부의 불평등이나 자본/소득 비율의 곡선을 언뜻 보기만 해도 정치는 곳곳에서 모습을 드러내며, 경제적 변화와 정치적 변화는 떼려야 뗄 수 없게 얽혀 있어서 함께 연구해야 한다는 것을 충분히 알 수 있다. 우리는 경제적 하부구조와 정치적 상부구조라는 극히 단순하고 추상적인 개념을 버리고 국가, 조세, 부채를 구체적으로 연구해야 한다.

물론 전문화의 논리는 탄탄하며, 어떤 학자들이 통계 시리즈에 의존하지 않고 연구하는 것을 확실히 정당화해준다. 사회과학을 하는 방식은 천 가지도 넘고, 데이터를 축적하는 것이 언제나 필수적인 것은 아니며, 심지어 (나도 인정하지만) 특별히 상상력을 풍부하게 해주지도 않는다. 그러나 내가 보기에는 모든 사회과학자, 모든 저널리스트와 논평가, 노동조합의 모든 활동가와 온갖 부류의 정치가, 특히 모든 시민은 돈과 그에 대한 측정, 그를 둘러싼 사실들 그리고 그 역사에 진지한 관심을 기울여야 한다. 돈이 많은 사람들은 자신의 이익을 지키는 데 결코 실패하지 않는다. 숫자를 다루기를 거부하는 것이 가난한 이들의 이익에 도움이 되는 경우는 거의 없다.

이 책은 기본적으로 부와 소득의 역사적인 동학을 이해하기 위한 15년 (1998~2013) 동안의 연구를 바탕으로 하고 있다. 연구의 많은 부분이 다른 학자들과의 공동 작업으로 이루어졌다.

2001년 『20세기 프랑스의 고소득Les hauts revenus en France au 20ᵉ siècle』을 출간하고 얼마 지나지 않아 나는 앤서니 앳킨슨과 이매뉴얼 사에즈의 열성적인 지지를 받는 행운을 누렸다. 두 사람이 없었다면 주로 프랑스를 중심으로 한 나의 그리 대단치 않은 프로젝트는 아마도 지금처럼 세계적인 범위로까지 확장되지 못했을 것이다. 대학원 시절 귀감이 되었던 토니는 프랑스의 불평등을 역사적인 시각에서 다룬 내 책을 읽어준 첫 독자였다. 책을 읽은 그는 곧 영국뿐만 아니라 다른 많은 국가의 사례 연구에 착수했다. 우리는 함께 두꺼운 책 두 권을 편저해 2007년과 2010년에 내놓았다. 이 책들은 총 20개국을 넘게 다뤘으며 소득불평등의 역사적 변화와 관련하여 이용할 수 있는 가장 방대한 데이터베이스가 되었다. 이매뉴얼과 나는 미국의 사례를 다루었다. 우리는 1970년대와 1980년대 이후, 상위 1퍼센트의 소득이 아찔할 정도로 가파르게 증가했다는 점을 밝혀냈고, 우리 연구는 미국의 정치적 논의에도 어느 정도 영향을 미쳤다. 우리는 또한 소득과 자본에 대한 최적과세 이론에 대해서도 많은 연구를 함께했다.

이 책은 이러한 공동의 연구에 힘입은 바가 크다. 이매뉴얼에게 많은 빚을 지고 있는 셈이다.

또한 이 책은 질 포스텔비네와 장로랑 로장탈과 함께 수행한 프랑스혁명에서부터 현재까지 파리의 상속 기록을 역사적 시각에서 다룬 연구에서도 많은 영향을 받았다. 나는 이 연구 덕분에 부와 자본의 중요성 및 이러한 것들을 측정할 때의 문제점을 더 상세하고 생생하게 이해할 수 있었다. 무엇보다 질과 장로랑은 벨 에포크 시대와 21세기 초의 자산 소유구조의 차이점뿐만 아니라 많은 유사점을 이해할 수 있게 가르쳐주었다.

이 모든 연구는 지난 15년간 내가 함께 일하는 특권을 누린 박사과정 학생들과 젊은 연구자들에게 커다란 빚을 지고 있다. 그들이 이번 작업에 들인 직접적인 도움 외에도 그들의 열정과 에너지는 지적 흥분을 불러일으켰고 이러한 분위기 속에서 이 책은 그 깊이를 더하게 되었다. 특히 파쿤도 알바레도, 로랑 바슈, 앙투안 보지오, 클레망 카르보니에, 파비앵 델, 가브리엘 파크, 니콜라 프레모, 뤼시 가뎅, 쥘리앵 그르네, 엘리즈 윌르리, 카미유 랑데, 이오아나 마리네스쿠, 엘로디 모리발, 낸시 첸, 도로테 루제, 스테파니 스탄체바, 홀리아나 론도노 벨레스, 기욤 생자크, 크리스토프 싱케, 오렐리 소투라, 마티외 발데네르, 가브리엘 쥐크망에게 고마움을 전한다. 특히 파쿤도 알바레도의 효율적인 일처리, 엄격함, 재능이 없었다면 내가 이 책에서 자주 언급한 WTID는 존재하지 못했을 것이다. 카미유 랑데의 열정과 고집이 없었다면, 우리가 같이 작업한 '재정혁명'에 관한 프로젝트의 결과물은 나오지 못했을 것이다. 그리고 세부적인 사항들에 세심하게 주의를 기울이고 놀라운 업무 능력을 발휘해준 가브리엘 쥐크망이 없었다면 이 책에서 핵심적인 역할을 하는 부유한 국가들의 자본/소득 비율의 역사적 전개과정에 대한 연구를 완료하지 못했을 것이다.

또한 내가 2000년부터 교편을 잡아온 사회과학고등연구원뿐만 아니라 파리경제대학 설립에 기여한 고등사범학교와 그 외의 모든 기관을 포함해 이 프로젝트를 가능케 해준 기관들에 감사를 전하고 싶다. 필자는 파리경

감사의 말

제대학 설립 당시부터 교수로 일했고 2005년부터 2007년까지 설립 이사를 맡았다. 이들 기관은 사적인 이해를 초월하는 프로젝트의 작은 파트너들로서 힘을 보태 약간의 공익을 창출하는 데 기여했다. 나는 이들이 21세기의 다극화된 정치경제의 발전에 계속 기여하길 바란다.

마지막으로, 소중한 세 딸 쥘리에트, 데보라, 엘렌이 내게 준 모든 사랑과 힘에 고마움을 전한다. 그리고 함께 삶을 나누는 동반자이자 최고의 독자이기도 한 쥘리아에게도 고맙다는 말을 하고 싶다. 이 책을 쓰는 단계마다 그녀의 영향과 지원은 없어서는 안 될 힘이 되어주었다. 그녀의 도움이 없었다면 나는 이 프로젝트를 끝까지 해낼 힘을 얻지 못했을 것이다.

감사의 말

주 註

전문적인 내용을 다룬 본문과 주석이 부담스럽지 않도록 역사적 자료, 참고문헌, 통계 기법, 수학적 모형과 관련된 자세한 세부 사항을 http://piketty.pse.ens.fr/capital21c의 부록에 설명했다.

특히 인터넷 부록에는 본문의 도표들을 작성할 때 근거한 데이터들이 관련 자료와 모형에 관한 상세한 설명과 함께 나와 있다. 본문에서는 참고문헌과 주석에 대한 언급을 가능한 한 줄였고 상세한 참고문헌은 이 부록으로 분류했다. 부록에는 또한 많은 부록 도표와 표가 포함되어 있으며 그중 일부는 주석에 언급되어 있다.(예를 들어 제1장 주 21번을 보면 '인터넷의 부록 도표 S1.1, S1.2, S1.3 참조'라고 되어 있다.) 인터넷 부록과 웹사이트는 이 책을 보완하도록 구성되었기 때문에 다양한 수준에서 읽을 수 있다.

관심이 있는 독자들은 인터넷 부록에서 모든 관련 데이터 파일(주로 엑셀이나 스타타Stata 파일 형식으로 되어 있다), 프로그램, 수학 공식과 등식, 1차 자료들의 참고문헌, 이 책이 이용한 보다 기술적인 논문들에 대한 링크를 볼 수 있다.

나는 이 책을 쓸 때, 특별히 전문적인 교육을 받지 않은 사람들도 읽을 수 있게 하는 것을 목표로 했다. 게다가 책의 내용을 부록과 함께 활용한다면 이 분야 전문가들의 요구도 충족시킬 수 있을 것이다. 그뿐만 아니라 이런 방법을 사용하면 향후, 수정된 내용을 인터넷에 게시하고 표, 도표, 기술적 자료들을 업데이트할 수 있을 것이다. 나는 책이나 웹사이트를 본 독자들의 의견을 환영한다. 코멘트나 비판은 piketty@ens.fr로 보내주길 바란다.

서장

/

1_ 영국의 경제학자 토머스 맬서스(1766~1834)는 애덤 스미스(1723~1790), 데이비드 리카도(1772~1823)와 더불어 '고전학파'의 가장 영향력 있는 학자들 중 한 명으로 꼽힌다.

2_ 물론 더 낙관적인 자유주의 학파도 있었다. 애덤 스미스가 여기에 속했던 것으로 보이며, 실제로 그는 장기적으로 부의 분배가 더 불평등해질 가능성을 진정으로 고려하지 않았다. 자연적인 조화를 믿었던 장바티스트 세Jean-Baptiste Say(1767~1832)도 마찬가지다.

3_ 다른 가능성은 희소한 상품의 공급을 늘리는 것이다. 예를 들어 새로운 유전(혹은 할 수만 있다면 석유보다 깨끗한 새로운 에너지원)을 찾아냄으로써, 또는 (예컨대 더 높은 주거용 건물을 지어) 도시 환경을 더욱 밀도가 높게 만들어서 공급을 늘릴 수 있다. 하지만 이는 또 다른 어려움을 불러올 것이다. 어쨌든 이것 역시 수십 년의 세월을 필요로 한다.

4_ 자신의 연구 주제에 관한 직접적인 경험을 가진 프리드리히 엥겔스(1820~1895)는 나중에 독일 철학자이자 경제학자인 카를 마르크스(1818~1883)의 친구이자 협력자가 된다. 엥겔스는 1842년 맨체스터에 정착해 아버지 소유의 공장을 경영한다.

5_ 역사학자인 로버트 앨런은 최근 이 장기간의 임금 정체를 '엥겔스의 정체Engels' pause'라고 부르자고 제안했다. Allen, "Engels' Pause: A Pessimist's Guide to the British Industrial Revolution," Oxford University Department of Economics Working Papers 315(2007) 참조. 또한 "Engels' Pause: Technical Change, Capital Accumulation, and Inequality in the British Industrial Revolution," *Explorations in Economic History* 46, no.4(October 2009): pp.418~435 참조.

6_ 그 서두는 다음 문장으로 이어진다. "구유럽의 모든 세력이 그 유령을 몰아내기 위해 신성한 동맹을 맺었다. 교황과 차르, 메테르니히와 기조, 프랑스의 급진파와 독일의 정치경찰이 그들이다." 마르크스의 문학적 재능이 그의 엄청난 영향력에 한몫을 한 것은 틀림없다.

7_ 1847년 마르크스는 『철학의 빈곤The Misery of Philosophy』을 출간했는데, 이 책에서 그는 몇 년 전에 나온 프루동의 책 『빈곤의 철학Philosophy of Misery』을 조롱했다.

8_ 제6장에서 나는 마르크스의 통계 활용에 관한 이야기로 돌아갈 것이다. 요약하자면, 때때로 그는 입수할 수 있었던 최선의 통계를 활용하려 했지만(이는 맬서스와 리카도가 이용할 수 있었던 것보다는 낫지만 여전히 매우 초보적인 것이었다), 언제나 그의 이론적인 주장과 명료하게 연관을 짓지도 않은 채 보통 전체적인 인상만 보는 식으로 활용했을 뿐이다.

9_ Simon Kuznets, "Economic Growth and Income Inequality," *American Economic Review* 45, no.1(1955): pp.1~28.

10_ Robert Solow, "A Contribution to the Theory of Economic Growth," *Quarterly Journal of Economics* 70, no.1(February 1956): pp.65~94.

11_ Simon Kuznets, *Shares of Upper Income Groups in Income and Savings* (Cambridge, MA: National Bureau of Economic Research, 1953) 참조. 미국 경

제학자인 쿠즈네츠는 1901년 우크라이나에서 태어났고, 1922년 미국에 정착했으며, 컬럼비아대에서 수학한 후 하버드대 교수가 되었다. 그는 1985년에 사망했다. 쿠즈네츠는 최초로 미국 국민계정을 연구했고 불평등에 관한 역사적 데이터를 최초로 출간했다.

12_ 보통 전체 인구 중 일부만 소득세 신고를 하라는 요구를 받기 때문에 총소득을 측정하려면 국민계정도 필요하다.

13_ 달리 표현하면, 미국 인구 중 소득 하위 90퍼센트로 정의된 중산층과 노동자 계층이 전체 국민소득에서 차지하는 몫은 1910년대와 1920년대에 50~55퍼센트에서 1940년대 말 65~70퍼센트로 늘어났다.

14_ Kuznets, *Shares of Upper Income Groups*, pp.12~18 참조. 쿠즈네츠 곡선은 때로는 '역U자 곡선'으로 불린다. 쿠즈네츠가 묘사하는 특수한 메커니즘은 다음과 같은 아이디어에 기초하고 있다. 먼저 점점 더 많은 노동자가 가난한 농업부문에서 부유한 산업부문으로 옮겨간다. 처음에는 소수만이 그 산업부문의 부에서 혜택을 받으며, 따라서 불평등이 증가한다. 그러나 결국에는 모두가 혜택을 받게 되고 그 결과 불평등은 감소한다. 이 같은 양식의 작동 원리는 일반화될 수 있다. 예를 들어 노동자는 산업부문 간에 이동하거나 저임금 일자리와 고임금 일자리 사이를 오갈 수도 있다.

15_ 쿠즈네츠가 19세기에 불평등이 커진 것을 보여주는 데이터를 갖고 있지 않았다는 사실에 주목하는 것은 흥미로운 일이다. 하지만 (대부분 관찰자에게 그랬던 것처럼) 그에게는 그런 현상이 나타났다는 사실이 명백해 보였다.

16_ 쿠즈네츠 자신은 이렇게 말했다. "이것은 아마도 5퍼센트의 경험적 정보와 95퍼센트의 추측에 따른 것으로, 일부는 희망적 사고에 영향을 받았을 가능성이 있다." Kuznets, *Shares of Upper Income Groups*, pp.24~26 참조.

17_ 위의 책, p.28 참조.

18_ 1960년대 이래로 경제학 강의와 연구 곳곳에서 모습을 나타내는 이 대표적 경제주체 모형에서는 처음부터 각 경제 주체가 같은 임금을 받고, 같은 재산을 얻으며, 같은 소득원을 갖는 것으로 가정하기 때문에 성장은 모든 사회집단에 공평한 혜택을 가져다주는 것이 자명하다. 이처럼 현실을 단순화하는 것은 매우 특수한 문제들을 연구하기 위한 것으로 정당화될 수 있지만, 이 경우 제기할 수 있는 경제적인 질문들은 분명히 제한된다.

19_ 가계 소득과 예산에 관한 국가 통계 기관의 조사는 1970년대 이전까지 거슬러

주

올라가는 경우가 드물다. 그리고 상위계층의 소득을 심각하게 과소평가하는 경향이 있는데 이것은 문제다. 흔히 소득 상위 10퍼센트 계층이 국가 전체 자산의 절반까지 소유하기 때문이다. 조세 기록은 그 모든 한계에도 불구하고 소득 상위계층에 관해 우리에게 더 많은 사실을 말해주고 한 세기 전을 돌아볼 수 있게 해준다.

20_ Thomas Piketty, *Les hauts revenus en France au 20e siècle: Inégalités et redistributions 1901~1998*(Paris: Grasset, 2001) 참조. 요약본은 "Income Inequality in France, 1901~1998," *Journal of Political Economy* 111, no.5(2003): pp.1004~1042 참조.

21_ Anthony Atkinson and Thomas Piketty, *Top Incomes over the Twentieth Century: A Contrast between Continental-European and English-Speaking Countries*(Oxford: Oxford University Press, 2007), and *Top Incomes: A Global Perspective*(Oxford: Oxford University Press, 2010) 참조.

22_ Thomas Piketty and Emmanuel Saez, "Income Inequality in the United States, 1913~1998," *Quarterly Journal of Economics* 118, no.1(February 2003): pp.1~39 참조.

23_ 완전한 참고문헌 목록은 인터넷 부록에서 볼 수 있다. 전체를 개관하려면 Anthony Atkinson, Thomas Piketty and Emmanuel Saez, "Top Incomes in the Long-Run of History," *Journal of Economic Literature* 49, no.1(March 2011): pp.3~71 참조.

24_ 이 책은 전반적인 개관을 하는 것이므로 각국에 대한 상세한 설명을 하는 것은 확실히 불가능하다. 관심 있는 독자들은 앞에서 인용한 더 기술적인 책과 논문들뿐만 아니라 WTID 웹사이트(http://topincomes.parisschoolofeconomics.eu)에서 완전한 통계 시리즈를 찾아볼 수 있다. 또한 인터넷 부록(http://piketty.pse.ens.fr/capital21c)에서 많은 문헌과 자료들을 이용할 수 있다.

25_ WTID는 현재 세 가지 유형의 보완적인 데이터를 통합할 세계 자산·소득 데이터베이스World Wealth and Income Database(WWID)로 전환되고 있다. 이 책에서는 현재 이용할 수 있는 정보의 개략적인 내용을 소개할 것이다.

26_ 부유세가 도입된 나라에서는 부유세 신고 자료로 활용할 수 있지만 장기간의 재산세 자료를 손에 넣기가 더 쉽다.

27_ R. J. Lampman, *The Share of Top Wealth-Holders in National Wealth, 1922~1956*(Princeton: Princeton University Press, 1962); Anthony

Atkinson and A. J. Harrison, *Distribution of Personal Wealth in Britain, 1923~1972*(Cambridge: Cambridge University Press, 1978) 참조.

28_ Thomas Piketty, Gilles Postel-Vinay, and Jean-Laurent Rosenthal, "Wealth Concentration in a Developing Economy: Paris and France, 1807~1994," *American Economic Review* 96, no.1(March 2006): pp.236~256 참조.

29_ Jesper Roine and Daniel Waldenstrom, "Wealth Concentration over the Path of Development: Sweden, 1873~2006," *Scandinavian Journal of Economics* 111, no.1(March 2009): pp.151~187 참조.

30_ Thomas Piketty, "On the Long-Run Evolution of Inheritance: France 1820~2050," École d'économie de Paris, PSE Working Papers(2010) 참조. 요약본은 *Quarterly Journal of Economics* 126권 3호(2011), pp.1071~1131에 나온다.

31_ Thomas Piketty and Gabriel Zucman, "Capital Is Back: Wealth-Income Ratios in Rich Countries, 1700~2010"(École d'économie de Paris, 2013) 참조.

32_ 특히 Raymond Goldsmith, *Comparative National Balance Sheets: A Study of Twenty Countries, 1688~1978*(Chicago: University of Chicago Press, 1985) 참조. 더 완전한 참고자료는 인터넷 부록에서 찾아볼 수 있다.

33_ A. H. Jones, *American Colonial Wealth: Documents and Methods*(New York: Arno Press, 1977), and Adeline Daumard, *Les fortunes françaises au 19e siècle: Enquête sur la répartition et la composition des capitaux privés à Paris, Lyon, Lille, Bordeaux et Toulouse d'après l'enregistrement des déclarations de successions*(Paris: Mouton, 1973) 참조.

34_ 특히 François Simiand, *Le salaire, l'évolution sociale et la monnaie*(Paris: Alcan, 1932); Ernest Labrousse, *Esquisse du mouvement des prix et des revenus en France au 18e siècle*(Paris: Librairie Dalloz, 1933); Jean Bouvier, François Furet, and M. Gilet, *Le mouvement du profit en France au 19e siècle: Matériaux et études*(Paris: Mouton, 1965) 참조.

35_ 가격, 소득, 재산의 변동에 바탕을 둔 경제적, 사회적 역사(때로 '시계열사serial history'라고 불리는) 연구가 내리막길을 걸은 데는 또한 본질적으로 지적인 이유도 있다. 내가 보기에 이러한 쇠퇴는 되돌릴 수 있을 뿐만 아니라 애석한 것이다. 나는 나중에 다시 이 이야기로 돌아갈 것이다.

36_ 쿠즈네츠는 불안정을 초래하는 이 (부익부) 메커니즘을 염려했으며, 이런 염려 때

문에 1953년의 저서의 제목을 『소득과 저축에서 소득 상위계층의 비중Upper Income Groups in Income and Savings』으로 붙였다. 하지만 그는 이 문제를 완전히 분석할 수 있는 역사적 시야를 확보하지 못했다. 이런 양극화 요인은 또한 제임스 미드James Meade의 고전적인 저서 『효율, 평등, 재산의 소유권Efficiency, Equality, and the Ownership of Property』 (London: Allen and Unwin, 1964), 그리고 어떤 면에서는 미드 연구의 연장선에 있는 앳킨슨과 해리슨의 『영국의 개인별 부의 분배Distribution of Personal Wealth in Britain』에서 핵심 주제였다. 우리의 연구는 이 연구자들의 발자국을 따라가는 것이다.

1장

/

1_ "South African Police Open Fire on Striking Miners," *New York Times*, August 17, 2012.

2_ 론민의 공식 성명서 "Lonmin Seeks Sustainable Peace at Marikana"(August 25, 2012, www.lonmin.com) 참조. 성명에 따르면 파업 전 광부들의 월 기본 임금은 5405란드였고, 이후 월 750란드가 인상되었다.(1남아프리카 란드는 약 0.1유로에 해당된다.) 이 수치는 파업자들의 발표 및 언론 보도 내용과 일치한다.

3_ '요소 간' 분배는 종종 '기능적' 혹은 '거시경제적' 분배로, '개인 간' 분배는 '인적' 내지 '미시경제적' 분배로 불린다. 현실적으로 두 형태의 분배는 미시적 메커니즘(회사나 개별 행위자 차원에서 분석이 진행돼야 한다)과 거시적 메커니즘(국가나 세계 경제 차원에서만 이해 가능하다)에 따라 달라진다.

4_ 파업 노동자들에 따르면 경영자들의 연봉은 광부 200명의 연봉을 합친 금액에 달하는 100만 유로였다. 불행히도 회사 홈페이지에는 이런 정보가 나와 있지 않다.

5_ 대략적으로 임금과 다른 노동소득으로 65~70퍼센트, 이윤, 임대료, 기타 자본소득으로 30~35퍼센트.

6_ 국민소득은 '국민순생산net national product'이라고도 한다(이것은 자본의 소모분을 포함하는 국민총생산GNP: Gross National Product과는 다르다). 이 책에서는 더 단순하고 직관적인 '국민소득'이라는 용어를 쓸 것이다. 해외순소득은 해외에서 벌어들인 소득에서 외국인들에게 지불된 소득을 차감한 금액이다. 이 상반되는 유량은 주로 자본소득으로 구성되지만, 여기에는 또한 노동소득 및 이민노동자가 고국으로 송금하는 돈과 같은 이전거래도 포함된다. 자세한 내용은 인터넷 부록 참조.

7_ 전 세계 소득은 보통 여러 국가의 국민소득의 합으로, 전 세계 생산은 여러 국가의 국내생산의 합으로 정의된다.

8_ 영어로 국부와 국민총자본을 각각 national wealth와 national capital이라고 한다. 18~19세기에 프랑스 저자들은 이것을 fortune nationale이라고 불렀고, 영국의 저자들은 국가재산이란 뜻의 national estate라고 썼다.(이것은 '부동산real estate' 및 '개인 자산personal estate'과는 구분되는 재산이다.)

9_ 이 책에서는 기본적으로 국민계정에 대한 현재의 국제 기준에 따라 자산과 부채를 정의하고 분류한다. 이는 인터넷 부록 자료와 약간 다를 수 있다.

10_ 국가별 구체적인 수치는 인터넷 부록에 나와 있는 표들을 참조할 수 있다.

11_ 실제로 상위 소득자와 하위 소득자의 중간에 해당되는 중위 소득median income (인구의 절반이 중위 소득 이하를 벌고 있다)은 일반적으로 평균 소득보다 20~30퍼센트 정도 낮다. 이런 현상은 중간계층과 하위계층보다 상위계층에 편중된 분배가 이루어짐으로써 평균이 높아지기 때문에 생긴다.(소득의 중간값median은 높아지지 않는다.) 또한 '1인당 국민소득'이 세금과 이전소득transfer income(생산활동에 공헌한 대가로 지불되는 소득이 아니라 정부나 기업이 반대급부 없이 무상으로 지불하는 소득 —옮긴이) 차감 전의 평균 소득이라는 사실에 주목하라. 실제로 부유한 국가의 국민은 국민소득의 3분의 1에서 절반을 세금과 기타 비용으로 지불한다. 이 돈은 공공서비스, 사회기반시설, 사회 보호, 의료와 교육비 등에 사용된다. 세금과 공공지출 문제는 제4부에서 다룰 것이다.

12_ 금융자산을 포함한 현금 보유가 전체 자산에서 차지하는 부분은 극히 미미했다. 이는 1인당 수백 유로 혹은 금은과 다른 귀금속을 포함할 경우 수천 유로 정도로, 총자산의 1~2퍼센트에 불과하다. 인터넷 부록 참조. 게다가 현재 공공자산은 공공부채에 육박하는 수준이므로 가계에서 그것을 금융자산에 포함시킬 수 있다고 말하는 것이 불합리하지만은 않다.

13_ 공식 $\alpha = r \times \beta$는 'α는 r 곱하기 β와 같다'로 읽는다. 또한 '$\beta = 600$퍼센트'는 '$\beta = 6$', '$\alpha = 30$퍼센트'는 '$\alpha = 0.30$' 그리고 '$r = 5$퍼센트'는 '$r = 0.05$'와 각각 같다.

14_ 나는 '이윤율rate of profit'보다는 '자본수익률'이라는 용어를 선호한다. 그 이유는 첫째, '이윤'이라는 말은 자본소득이 취할 수 있는 여러 법적 형태 중 하나만을 뜻하기 때문이고, 둘째 '이윤율'이라는 표현이 어떤 경우에는 수익률을 지칭하고 또 다른 경우에는 (잘못해서) 소득이나 생산에서 차지하는 이윤의 몫을 지칭(즉 r보다 내가 말하는 α를 지칭하는데, 이 둘의 의미는 굉장히 다르다)하는 등 모호하게 쓰일 때가

더러 있기 때문이다. 가끔 이윤의 몫 α를 지칭하기 위해서는 '마진율marginal rate'이라는 용어가 쓰인다.

15_ 이자는 자본소득의 매우 특별한 형태이며 이윤과 임대료와 배당금(자본의 일반적인 구성을 고려해볼 때 이러한 요소들이 이자보다 훨씬 더 큰 비중을 차지한다)보다 자본소득을 덜 대표한다. 따라서 '이자율'(게다가 이는 차입자가 누구냐에 따라 차이가 크다)은 평균 자본수익률을 나타낸다고 말할 수 없으며, 평균 자본수익률보다 훨씬 더 낮다. 이러한 개념은 공공부채를 분석할 때 유용할 것이다.

16_ 여기서 말하는 연간 생산은 기업의 '부가가치', 즉 기업이 상품과 서비스를 판매해 번 금액('총수입')에서 구매한 상품과 서비스에 대해 다른 기업들에게 지불한 금액('중간 소비intermediate consumption')을 뺀 금액과 동일하다. 부가가치는 기업이 국내 생산에 기여하는 정도를 측정한다. 정의상 부가가치는 또한 기업이 생산에 투입된 노동과 자본에 지불할 수 있는 금액의 합이다. 내가 여기서 말하는 부가가치는 자본의 소모분을 제한 것이고(자본과 사회기반시설에서 소모된 비용을 제한 것이고) 이윤도 소모분을 제한 값이다.

17_ Robert Giffen, *The Growth of Capital*(London: George Bell and Sons, 1889). 더 자세한 자료는 인터넷 부록 참조.

18_ 국부와 국민소득 개념이 지닌 장점은 어떤 면에서 지나치게 '생산중심적'인 GDP 개념보다 국가의 부에 대해 좀더 균형잡힌 시각을 제공해준다는 데 있다. 예를 들어 자연재해가 엄청난 양의 부를 파괴하면 자본 가치의 하락은 국민소득의 감소를 가져올 것이지만 GDP는 재건축 활동 때문에 오히려 증가할 것이다.

19_ 제2차 세계대전 이후 국민계정의 공식적 체계에 대한 역사는 André Vanoli, *Une histoire de la comptabilité nationale*(Paris: La Découverte, 2002)를 참조하라. 바놀리는 유엔이 1993년 채택한 새로운 시스템('SNASystem of National Accounts 1993'이라고 불리는 이 시스템은 자본계정의 일관된 정의를 처음으로 제시했다)의 주요 입안자 가운데 한 명이다. Richard Stone이 *Journal of Applied Economics* 1(January 1986): pp.5~28에 발표한 훌륭한 논문인 "Noble Memorial Lecture, 1984: The Accounts of Society"도 참조하라. 스톤은 전후 시기 영국과 유엔 회계에 선구적인 역할을 한 사람이다. François Fourquet, *Les comptes de la puissance−Histoire de la comptabilité nationale et du plan*(Paris: Recherches, 1980)도 참조하라. 푸르케의 저서는 1945~1975년에 프랑스 국민계정 시스템 구축에 기여한 사람들의 글을 모은 선집이다.

20_ 앵거스 매디슨(1926~2010)은 전 세계적 차원에서 매우 장기간에 걸쳐 국민계정을 재구성하는 작업을 전문적으로 연구했던 영국의 경제학자다. 매디슨의 역사적 데이터는 주로 GDP, 인구 1인당 GDP 같은 생산의 유량 개념에 한정됐고, 국민소득, 자본-노동 간 분배, 혹은 자본총량에 대해서는 언급하지 않았다. 전 세계 생산과 소득의 분배의 변화 추이에 대해서는 프랑수아 부르기뇽과 브랑코 밀라노비치의 선구적인 연구도 참조하라. 인터넷 부록 참조.

21_ 여기에 소개된 통계 시리즈는 1700년도까지만 거슬러 올라가는 반면, 매디슨의 추정치는 고대까지 거슬러 올라간다. 매디슨의 연구 결과들은 유럽이 1500년경부터 이미 다른 나라들을 앞서가기 시작했음을 보여준다. 이와 대조적으로 1000년경에는 아시아와 아프리카(그리고 특히 아랍세계)가 약간의 우위를 보였다. 인터넷 부록 도표 S1.1, S1.2, S1.3 참조.

22_ 설명을 단순화하기 위해 유럽연합에 스위스, 노르웨이, 세르비아 같은 규모가 작은 나라들도 포함시켰다. 이들 나라는 유럽연합에 둘러싸여 있으나 아직 회원국은 아니다.(2012년 현재 유럽연합의 인구는 엄밀하게 따지면 5억4000만 명이 아니라 5억1000만 명이다.) 마찬가지로 벨라루스와 몰도바는 러시아-우크라이나 블록에 포함된다. 터키와 캅카스 산맥과 중앙아시아는 아시아에 속한다. 각 나라에 대한 자세한 도표는 인터넷 참조.

23_ 인터넷 부록 표 S1.1 참조.

24_ 호주와 뉴질랜드도 일본과 마찬가지로 볼 수 있다.(이들 나라의 인구는 겨우 3000만 명으로 전 세계 인구의 0.5퍼센트 미만이고, 1인당 연간 GDP는 3만 유로 정도다.) 편의상 이 두 나라를 아시아에 포함시켰다. 인터넷 부록 표 S1.1 참조.

25_ 미국의 GDP를 환산하기 위해 현재의 유로당 1.30달러 환율을 사용했다면 미국은 10퍼센트 가난해 보일 것이고, 1인당 GDP도 4만 유로에서 3만5000유로로 떨어질 것이다.(이것이 사실 유럽을 방문하는 미국 관광객의 구매력을 더 잘 측정하는 방법일 것이다.) 부록 표 S1.1 참조. 공식 ICP 추정치는 세계은행, 유럽연합 통계청 등으로 이루어진 컨소시엄이 제작한다. 각 국가는 독립적으로 취급된다. 유로존 내에서도 통계 결과는 상당히 다양하며, 유로/달러의 구매력평가환율 유로당 1.20달러는 평균치다. 인터넷 부록 표 참조.

26_ 1990년 이후 나타난 유로 대비 미국 달러의 지속적인 구매력 하락은 미국의 인플레이션이 약간 더 높았다는 사실을 반영한다(0.8퍼센트 혹은 20년간 근 20퍼센트). 도표 1.4에 나와 있는 현재의 환율은 연평균이기 때문에 엄청난 단기 변동성을 보여

주지는 않는다.

27_ *Global Purchasing Power Parities and Real Expenditures: 2005 International Comparison Programme*(Washington, DC: World Bank, 2008): pp.38~47, 표 2 참조. 이 공식 보고서에서는 무료이거나 할인된 공공서비스를 생산비용(교육부문에서 교사의 임금 등) 관점에서 측정하는데, 이 비용은 궁극적으로 세금으로 지불된다. 이것은 결국 납세자들이 지불한다는 통계 규약을 따른 것이다. 비록 다른 통계적 약정보다는 낫지만 여전히 불완전하다. 이런 국가적 통계 규약을 거부하는 통계적 관행은 더 나쁘며, 국제적 비교를 크게 왜곡시킬 수 있다.

28_ 이것이 일반적인 예상인데(발라사-새뮤얼슨 모형Balassa-Samuelson model에서), 부유한 국가들과 대비해 가난한 국가들의 구매력평가 조정계수가 1보다 큰 이유를 아주 잘 설명하고 있는 듯하다. 그러나 부유한 국가들 안에서도 상황이 그렇게 분명하지만은 않다. 다시 말해 1970년까지 세계 최고 부국인 미국의 구매력평가 조정계수는 1보다 컸지만 1980년대에는 1보다 작았다. 측정 오류를 차치하고, 이런 차이가 생기는 원인을 최근 몇 년 동안 미국에서 관찰된 높은 수준의 임금불평등에서 찾을 수 있다. 이런 불평등은 비숙련, 노동집약적, 비교역재 서비스 분야의 물가 하락(가난한 국가들에서 그런 것처럼)으로 이어졌을 수 있다.

29_ 인터넷 부록 표 S1.2 참조.

30_ 여기서는 최근 기간에 해당되는 공식 추정치를 이용했다. 그러나 다음 ICP 조사는 중국의 GDP를 재평가할 가능성이 높다. 매디슨/ICP 논쟁에 관해서는 인터넷 부록 참조.

31_ 인터넷 부록 표 S1.2 참조. 유럽연합이 차지하는 소득 비중은 21퍼센트에서 25퍼센트로, 미국-캐나다 블록의 비중은 20퍼센트에서 24퍼센트로, 일본의 비중은 5퍼센트에서 8퍼센트로 각각 높아질 것이다.

32_ 물론 이것이 각 대륙이 다른 대륙들로부터 완전히 고립되어 있다는 뜻은 아니다. 이러한 순유량은 대륙 간 대규모 상호 투자를 보여주지는 않는다.

33_ 아프리카 대륙에 해당되는 이 5퍼센트라는 수치는 1970년부터 2012년까지 상당히 안정적으로 유지되었던 것으로 보인다. 자본소득 유출이 국제적 원조 유입보다 3배나 많다는 사실이 흥미롭다.(단 이 측정치는 논쟁의 소지가 있다.) 이 추정치에 대한 세부 사항은 인터넷 부록 참조.

34_ 다시 말해 1913년에 아시아와 아프리카의 세계 생산 점유율은 30퍼센트에 가까웠으나 세계 소득 점유율은 약 25퍼센트였다. 인터넷 부록 참조.

35_ 1950년대 이래 물적자본의 축적은 장기적인 생산성 상승에 일부만 기여할 뿐이라는 것이 잘 알려져 있다. 핵심적인 요소는 인적자본과 새로운 지식의 축적이다. 특히 Robert M. Solow, "A Contribution to the Theory of Economic Growth," *Quarterly Journal of Economics* 70, no.1(February 1956): pp.65~94 참조. 최근의 Charles I. Jones and Paul M. Romer, "The New Kaldor Facts: Ideas, Institutions, Population and Human Capital," *American Economic Journal: Macroeconomics* 2, no.1(January 2010): pp.224~245, and Robert J. Gordon, "Is U.S. Economic Growth Over? Faltering Innovation Confronts the Six Headwinds," NBER Working Paper 18315(August 2012) 등과 같은 최근의 논문들은 장기적인 성장의 결정 요인에 관한 방대한 문헌들을 다루는 입문 자료로 훌륭하다.

36_ 최근 실시된 한 연구에 따르면, 전 세계적 무역에 대한 개방으로 인도와 중국이 얻은 정태적 이득은 전 세계 GDP의 단 0.4퍼센트, 중국 GDP의 3.5퍼센트, 인도 GDP의 1.6퍼센트에 불과하다. 부문 사이와 국가 사이의(실패한 국가들이 아주 많다) 엄청난 재분배 효과를 고려하면, 순전히 그러한 이득만을 토대로 무역 개방을 정당화하기는 어려울 것으로 보인다.(그럼에도 불구하고 이들 나라는 애착을 갖고 있는 것 같다.) 인터넷 부록 참조.

2장

/

1_ 좀더 짧은 하위 기간의 자세한 결과를 보려면 인터넷 부록 표 S2.1 참조.

2_ 대표적인 예가 1347년에 발생한 흑사병인데, 이 전염병으로 유럽 인구의 3분의 1이 사망했다. 따라서 이 사건은 수 세기 동안 느리게 증가한 인구를 한꺼번에 없애버렸다.

3_ 인구 고령화 현상을 고려하면 세계 성인 인구의 증가율은 더 높았다. 1990~2012년 그 증가율은 1.9퍼센트였다.(이 기간에 세계 인구에서 성인이 차지하는 비율이 57퍼센트에서 65퍼센트로 증가했다. 2012년에 그 비율은 유럽과 일본이 80퍼센트, 북미 대륙은 75퍼센트로 증가했다.) 인터넷 부록 참조.

4_ 만약 출산율이 여성 한 명당 1.8명, 즉 성인 한 명당 0.9명이라면 인구는 세대마다 자동으로 10퍼센트(혹은 연 0.3퍼센트)씩 감소할 것이다. 반대로 출산율이 여성 한 명당 2.2명, 즉 성인 한 명당 1.1명이라면 한 세대당 증가율은 10퍼센트(혹은 연

0.3퍼센트)가 된다. 여성 한 명당 1.5명의 아이를 출산한다면 증가율은 연 −1.0퍼센
트이고, 2.5명의 출산율을 보일 경우에는 증가율이 연 + 0.7퍼센트다.

5_ 각 나라와 지역의 인구 행태(넓게 말해서 출산, 결혼, 가족 구조 등의 문제를 포
함하는)의 진화 및 다양성을 분석한 역사학, 사회학, 인류학의 광범위한 작품들
을 여기서 모두 소개하는 것은 불가능하다. 하나의 사례로 다음 작품을 참조하라.
Emmanuel Todd와 Hervé Le Bras의 프랑스, 유럽, 그 밖의 전 세계 나라들의 가족
체계를 그린 *L'Invention de la France*(Paris: Livre de Poche, 1981: 재판, Paris:
Gallimard, 2012)와 *L'origine des systèmes familiaux*(Paris: Gallimard, 2011).
혹은 완전히 다른 시각에 관해서는, 복지국가의 여러 형태 및 가정생활과 직장생활
의 조화를 위한 정책—현재 이에 대한 요구가 점점 더 커지고 있다—의 중요성에 대
해 설명한 Gosta Esping Andersen, *Trois leçon de Etat Providence*(Paris: Seuil,
2008)를 참조하라. 영어판은 *The Three Worlds of Welfare Capitalism*(Princeton:
Princeton University Press, 1990).

6_ 나라별로 세부적인 참고자료를 보려면 인터넷 부록 참조.

7_ 2070~2100년의 세계 인구증가율은 중심 시나리오에 의하면 0.1퍼센트가 될 것이
지만 하위 시나리오에 의하면 −1.0퍼센트, 상위 시나리오에 의하면 1.2퍼센트가 될
것이다. 인터넷 부록 참조.

8_ Pierre Rosanvallon, *La Société des égaux*(Paris: Seuil, 2011), pp.131~132. 영
문판은 *The Society of Equals*(Cambridge, MA: Harvard University Press, 2013),
p.93

9_ 2012년 아프리카 사하라 사막 이남 지역의 1인당 평균 GDP는 약 2000유로로 월
소득이 150유로다(제1장 표 1.1 참조). 그러나 최빈국들(킨샤사 콩고, 니제르, 차드,
에티오피아)은 그 3분의 1에서 2분의 1 수준이다. 반면 가장 부유한 나라(남아프리
카공화국 같은)는 그보다 2~3배 높다.(북아프리카와 비슷한 수준이다.) 인터넷 부록
참조.

10_ 매디슨의 추정(이 시기에 취약한)에 따르면 1700년 북미와 일본은 서유럽보다 세
계 평균에 더 가까웠다. 그래서 1700~2012년 평균 소득의 전반적인 성장은 20배라
기보다 30배에 가까웠다.

11_ 장기적으로 1인당 평균 노동시간은 2분의 1로 단축되었다.(나라마다 굉장한 차
이를 보인다.) 그 결과 생산성 성장은 1인당 성장의 약 2배가 되었다.

12_ 인터넷 부록 표 S2.2 참조.

13_ 더 자세히 알고 싶으면 인터넷 부록에 나와 있는 18세기 전환기 이래 여러 국가의 평균 소득에 관한 역사적 자료를 참조. 19세기와 20세기 프랑스의 식료품, 공산품, 서비스 가격에 대한 자세한 예(장 푸라스티에Jean Fourastié가 발행한 공식 지표와 가격표를 포함하여, 다양한 역사적 출처에서 발췌된)와 그에 상응하는 구매력에 관한 분석에 대해 알려면 Thomas Piketty, *Les Hauts revenus en France au 20e siècle*, pp.80~92(Paris: Grasset, 2001) 참조.

14_ 물론 홍당무를 어디서 구입하느냐에 달려 있다.(여기서의 가격은 평균 가격이다.)

15_ Thomas Piketty, *Les Hauts revenus en France au 20e siècle*, pp.83~85

16_ 같은 책, pp.86~87

17_ 19세기 후반에서 20세기 후반에 걸친 서비스업의 다양한 계층 구조를 역사적으로 분석하기 위해서는, 프랑스와 미국의 예에서부터 시작하는 Thomas Piketty, "Le Créations d'emploi en France et aux Etats-Unis: Services de proximité contre petits boulots?," *Les Notes de la Fondation Saint-Simon* 93, 1997 참조. "L'Emploi dans les services en France et aux Etats-Unis: Une analyse structurelle sur longue période," *Economie et statistique* 318, no.1(1998): pp.73~99 참조. 정부 통계에서 자동차와 항공산업을 운송 서비스가 아니라 공업(제조업)에 포함시킨 것과 마찬가지로 제약산업은 의료 서비스가 아니라 공업(제조업)에 포함되어 있다. 경제활동을 농업/공업(제조업)/서비스로 구분하는 것이 아니라 궁극적인 목적(건강, 운송, 주택 등)에 따라 분류하는 것이 더 적절할 것이다.

18_ 단지 자본의 소모(낡은 건물과 장비의 교체)만이 생산 비용을 계산하는 데 고려된다. 그러나 자본 소모 후 공공자본 사용에 대한 보수는 관례적으로 제로로 맞춰진다.

19_ 제6장에서 국제적 비교에도 존재하는 이 편견의 거대함을 다시 고찰할 것이다. 인터넷 부록 참조.

20_ 에르베 르브라Hervé Le Bras와 에마뉘엘 토드Emmanuel Todd는 1980~2010년 프랑스에 대해 묘사할 때 "영광의 문화 30년Trente glorieuses culturelles"이라고 말했다. 이 시기는 1950~1980년의 "영광의 경제 30년Trente glorieuses économiques"과 대조적으로 급격한 교육 팽창의 시기였다. *Le mystère français*(Paris: Seuil, 2013) 참조.

21_ 좀더 정확히 말하면 2008~2009년의 불경기로 2001~2012년의 증가율은 제로에 가까웠다. 서유럽과 북미의 자세한 도표(이 책에 실린 유럽과 북미에 대한 도표와 전체적으로 비슷하지만)를 보고, 나라별 도표를 보려면 인터넷 부록 표 S2.2 참조.

22_ Robert J. Gordon, *Is U.S. Economic Growth Over?, Faltering Innovation*

Confronts the Six Headwinds, NBER Working Paper 18315(August 2012) 참조.

23_ 이 문제는 뒤에서 다시 다룰 것이다.

24_ 세계의 1인당 생산 증가율은 1990~2012년 연 2.1퍼센트로 측정되었다. 만약 성인 한 사람당 생산 증가를 따지면 이 값은 1.5퍼센트로 하락한다. 이는 총인구의 증가율은 1.3퍼센트인데 성인 인구의 증가율은 1.9퍼센트로 더 높다는 사실에 기인한다. 이 사실은 전 세계 생산 증가율(연 3.4퍼센트)을 분석할 때 인구의 문제가 중요하다는 것을 보여준다. 인터넷 부록 참조.

25_ 아프리카 사하라 사막 이남 지역 국가들과 인도만이 뒤처진 상태로 남아 있을 것이다. 인터넷 부록 참조.

26_ 제1장의 도표 1.1~1.2 참조.

27_ 프랑스혁명력 4년(1796년 4월 14일)의 제르미날 법령 25조는 프랑화의 은 평가액을 확정했고, 프랑스혁명력 11년(1803년 4월 7일)의 제르미날 법령 17조는 금과 은의 평가액을 정했다: 1프랑은 4.5그램의 순은과 0.29그램의 금(금과 은의 비율은 1대 15.5)의 가치와 동일했다. 1800년 프랑스은행이 창립되고 몇 년 뒤에 공포된 1803년의 법령은 이 화폐를 '제르미날 프랑'이라고 명명했다. 인터넷 부록 참조.

28_ 1818~1914년의 금본위 체제에서는 1파운드가 순금 7.3그램 혹은 1프랑의 금 평가에 25.2를 곱한 값과 동일했다. 금은 복본위제 및 이것의 변화과정과 관련하여 몇몇 복잡한 문제점이 있는데 여기서는 따로 다루지 않겠다.

29_ 1971년까지 1파운드는 20실링, 1실링은 12페니penny(그러므로 1파운드는 240페니)였다. 1기니는 21실링 혹은 1.05 파운드의 가치를 지녔다. 기니는 흔히 전문 직종과 고급 상품 가게에서 제시한 가격을 표시하는 데 사용되었다. 프랑스에서 1리브르는 1795년 십진법 개혁까지 20드니에denier와 240수sou와 같은 가치를 지니고 있었다. 그 후 1프랑은 100상팀centime의 가치를 지니게 됐고 19세기에는 종종 '수sou'라고 불렸다. 18세기에 1루이도르louis d'or는 20리브르 혹은 약 1파운드와 동일한 가치였다. 1에퀴écu는 1795년까지 3리브르의 가치를 지녔고, 그 이후 1795~1878년 5프랑에 해당되었다. 소설가들이 한 화폐 단위에서 다른 화폐 단위로 옮겨가는 방식으로 미루어 판단컨대, 동시대인들이 이 미묘한 차이를 완벽하게 인식하고 있었던 것으로 보인다.

30_ 여기 인용된 추정치는 1인당 국민소득보다 더 중요하다고 여겨지는 성인 1인당 국민소득과 관계된다. 인터넷 부록 참조.

31_ 연평균 소득은 프랑스에서 1850년대에 700~800프랑이었고 1900~1910년에 1300~1400프랑이었다. 인터넷 부록 참조.

3장

/

1_ 이용 가능한 추정치(특히 영국의 킹King과 페티Petty, 프랑스의 보방Vauban과 부아
기유베르Boisguillebert의 추정치)에 따르면 농장 건물과 가축류가 18세기의 '기타 국내
자본'으로 분류한 것에서 거의 절반을 차지했다. 만약 산업과 서비스에 초점을 맞추
기 위해 이 부문을 뺀다면 농업과 관련되지 않은 국내자본의 증가가 주택자본의 증
가만큼 될 것이며, 사실은 이보다 약간 더 클 것이다.

2_ 세자르 비로토가 마들렌 지역에서 했던 부동산 거래가 좋은 예다.

3_ 고리오 영감의 파스타 공장이나 세자르 비로토의 향수 사업을 생각해보라.

4_ 더 자세한 내용은 인터넷 부록 참조.

5_ 인터넷 부록 참조.

6_ 영국과 프랑스의 무역수지와 국제수지의 자세한 연간 자료는 인터넷 부록에서 볼
수 있다.

7_ 1950년 이래 이 두 국가의 순해외자산은 항상 거의 국민소득의 −10퍼센트에서
10퍼센트 사이를 오갔는데, 이는 벨 에포크 시대의 10분의 1에서 20분의 1 수준이
다. 오늘날 순해외자산을 측정하는 데에는(이에 대해서는 다음에 논의하기로 한다)
어려움이 있지만 이런 사실이 달라지지 않는다.

8_ 더 정확히 말하자면, 1700년에 3만 유로의 평균 소득을 올리려면 약 21만 유로(이
는 소득의 6배가 아닌 약 7배에 해당된다)의 평균 자산이 필요했는데, 이 가운데 농
경지로 15만 유로(농장 건물과 가축을 포함하면 소득의 약 5배), 주택으로 3만 유로
그리고 기타 국내자본으로 3만 유로였다.

9_ 다시 한번 설명하면, 1910년에 3만 유로의 평균 소득을 올리려면 약 21만 유로(소
득의 7배)의 평균 자산과 6만 유로(소득의 2배)보다 9만 유로(소득의 3배)에 가까운
기타 국내자본이 필요했을 것이다. 여기에 제시된 모든 수치는 의도적으로 간략화해
서 반올림한 것이다. 더 상세한 내용은 인터넷 부록 참조.

10_ 더 정확히 말하면, 영국의 공공부문 자산은 국민소득의 93퍼센트이고, 공공부
채는 92퍼센트에 달해, 공공부문의 순자본은 국민소득의 1퍼센트에 해당된다. 프랑
스의 공공부문 자산은 국민소득의 145퍼센트이고, 부채는 114퍼센트에 달해 공공부
문 순자본은 31퍼센트다. 두 나라에 대한 상세한 연간 데이터는 인터넷 부록 참조.

11_ François Crouzet, *La Grande Inflation: La monnaie en France de Louis
XVI à Napoléon*(Paris: Fayard, 1993) 참조.

주

12_ 1815~1914년, 영국의 기초재정수지(국채 이자 지급 전의 재정수지─옮긴이) 흑자는 GDP의 2~3퍼센트 정도였고, 이와 거의 같은 액수가 정부 부채의 이자를 지불하는 데 쓰였다. 이 기간 동안 교육비 총예산은 GDP의 2퍼센트보다 적었다. 이자 지급 전과 후의 재정수지에 대한 자세한 연간 데이터는 인터넷 부록 참조.

13_ 두 번에 걸친 전쟁배상금 지불이 19세기 프랑스 공공부채 증가의 대부분을 설명해준다. 그 액수와 출처에 대해서는 인터넷 부록 참조.

14_ 1880~1914년 프랑스는 영국보다 더 많은 금액의 국채 이자를 지불했다. 이 두 나라의 정부 적자와 공공부채의 이자율 변화에 대한 상세한 연간 데이터는 인터넷 부록 참조.

15_ 그러나 *Principle of Political Economy and Taxation*(London: George Bell and Sons, 1817)에 나와 있는 이 문제에 대한 리카도의 논거는 약간 애매모호한 점이 있다. 이 점에 관해서는 Gregory Clark의 흥미로운 분석인 "Debt, Deficits, and Crowding Out: England, 1716~1840," *European Review of Economic History* 5, no.3(December 2001): pp.403~436 참조.

16_ Robert Barro, "Are Government Bonds Net Wealth?," *Journal of Political Economy* 82, no.6(1974): pp.1095~1117과 "Government Spending, Interest Rates, Prices, and Budget Deficits in the United Kingdom, 1701~1918," *Journal of Monetary Economics* 20, no.2(1987): pp.221~248 참조.

17_ Paul Samuelson, *Ecomonics*, 8th ed.(New York: McGraw-Hill, 1970), p.831 참조.

18_ Claire Andrieu, L. Le Van, and Antoine Prost, *Les Nationalisations de la Libération: De l'utopie au compromis*(Paris: FNSP, 1987)와 Thomas Piketty, *Les hauts revenus en France au 20e siècle*(Paris: Grasset, 2001), pp.137~138 참조.

19_ 공공부문 자산과 공공부채의 형태 및 크기가 완전히 달라졌기 때문에, 20세기 동안 여러 시점에 작성된 영국의 국민총자본 추정치를 다시 살펴보는 것이 유익할 것이다. 특히 H. Campion, *Public and Private Property in Great Britain* (Oxford: Oxford University Press, 1939)과 J. Revell, *The Wealth of the Nation: The National Balance Sheet of the United Kingdom, 1957~1961*(Cambridge: Cambridge University Press, 1967) 참조. 민간자본이 공공자본을 명백히 압도했기 때문에 이러한 문제는 기펜이 살던 시대에는 거의 제기되지 않았다. 이와 똑같

은 변화 추이가 프랑스에서도 발견된다. 예를 들어 1956년 발행된 François Divisia, Jean Dupin, and René Roy의 적절한 제목이 달린 *A la recherche du franc perdu*(Paris: Société d'édition de revues et de publications, 1954) 참조. *La fortune de la France*라는 제목의 이 시리즈의 3권은 별 어려움 없이 벨 에포크 시대에 관한 Clément Colson의 추정치를 갱신한다.

4 장

/

1_ 장기간에 걸친 변화에 집중하기 위해, 이 장에 실린 도표는 수십 년 단위로 수치를 표시하므로 단 몇 년간만 지속된 극단적인 수치들을 무시한다. 좀더 완전한 시계열 자료는 인터넷 부록 참조.

2_ 1913~1950년에 연평균 17퍼센트에 달한 인플레이션을 보여주는 도표는 1년에 물가가 1억 배 증가한 1923년의 자료를 제외한다.

3_ 폴크스바겐은 2011년 각각 800만 대가량의 자동차를 판매한 제너럴모터스, 도요타, 르노-닛산과 비슷한 규모다. 프랑스 정부는 아직도 르노(폴크스바겐과 푸조의 뒤를 잇는 유럽 3위 자동차 생산 회사)의 지분 약 15퍼센트를 소유하고 있다.

4_ 이용 가능한 자료의 한계를 고려할 때, 이 차이는 여러 통계적인 편의들로 어느 정도 설명이 가능하다. 인터넷 부록 참조.

5_ 예를 들어 Michel Albert, *Capitalisme contre capitalisme*(Paris: Seuil, 1991) 참조.

6_ Guillaume Duval, *Made in Germany*(Paris: Seuil, 2013) 참조.

7_ 인터넷 부록 참조.

8_ 이 시기가 리카도의 시대와 다른 점은 1800~1810년의 영국 자본가들은, 국민총자본에 영향을 미치지 않고 재정적자를 줄이는 데 필요한 추가적인 민간저축을 할 수 있을 만큼 부유했다는 것이다. 반면 1914~1945년 유럽의 적자는 민간자산과 저축이 이미 여러 번 부정적인 충격에 타격을 받은 상황에서 발생했고 따라서 공공부채가 국민총자본의 하락을 심화시켰다.

9_ 인터넷 부록 참조.

10_ Alexis de Tocqueville, *De la démocratie en Amérique*, 2권(1840), 2부 19장, 3부 6장 참조.

11_ 도표 3.1, 3.2, 4.1, 4.6, 4.9에서 순해외자본이 플러스인 기간은 흰색으로 두었고 마이너스인 (순해외부채가 플러스인) 기간은 짙은 색으로 표시했다. 이 모든 도표에 사용된 완전한 자료들은 인터넷 부록에 나와 있다.

12_ 인터넷 부록 도표 S4.1~4.2 참조.

13_ 19세기 미국의 투자에 대한 유럽인들의 반응에 대해서는 Mira Wilkins, *The History of Foreign Investment in the United States to 1914*(Cambridge, MA: Harvard University Press, 1989), 16장 참조.

14_ 북부에서는 단지 수만 명의 노예가 거주했었다. 인터넷 부록 참조.

15_ 사람을 각각의 개별적인 존재로 본다면 노예제도(이는 한 개인의 다른 개인에 대한 부채의 극단적인 형태로 볼 수 있다)는 다른 어떤 민간부채 혹은 공공부채처럼 국가의 총자본을 증가시키지 않는다.(부채는 어떤 개인들에게는 부채이고 어떤 개인들에게는 자산이므로 그들은 전체적인 수준에서 상쇄된다.)

16_ 1848년에 프랑스의 식민지에서 해방되었던 노예의 수는 25만 명(이는 미국 노예수의 10분의 1보다 적었다)이었다. 그러나 미국에서와 마찬가지로 합법적인 형태의 차별은 공식적인 해방 이후에도 한참 동안 계속되었다. 예를 들어 1848년 이후 레위니옹 섬에서는 이전의 노예들이 하인이나 농장 노동자로서의 노동 계약을 준수하지 못할 때, 극빈자의 경우처럼 체포되고 감금될 수 있었다. 이는 도망친 노예들이 추적당해 잡히면 그들의 주인에게로 되돌려 보내졌던 이전의 법적 체제와 비교하여 차이가 있지만, 여전히 이전의 체제를 완전히 청산한 것이 아니라 단순한 정책적인 변화였음을 보여준다.

17_ 인터넷 부록 참조.

18_ 예를 들어, 만약 국민소득이 노동소득 70퍼센트와 자본소득 30퍼센트로 이루어져 있고, 5퍼센트로 소득을 자본화한다면 인적자본의 총가치는 국민소득의 14배— 비인적자본의 총가치는 국민소득의 6배—와 같아질 것이며, 그리고 전체 자본은 국민소득의 20배와 같아질 것이다. 만약 국민소득 가운데 노동소득이 60퍼센트, 자본소득이 40퍼센트라면—이는 18세기(적어도 유럽에서는) 당시 현실에 좀더 가깝다— 노동소득은 국민소득의 12배, 자본소득은 8배에 달하며 이 둘을 합치면 여전히 20배가 될 것이다.

/

1_ 도표 5.1과 5.2에 표시된 유럽의 자본/소득 비율은 각국의 국민소득에 따라 가중치를 두어 유럽의 4대 경제대국(독일, 프랑스, 영국, 이탈리아)의 평균을 계산하여 추정했다. 이 네 국가는 서유럽 GDP의 4분의 3 이상, 유럽 GDP의 거의 3분의 2를 차지한다. 다른 국가들(특히 스페인)을 포함하면 지난 수십 년 동안의 자본/소득 비율은 더 가파르게 상승할 것이다. 인터넷 부록 참조.

2_ 공식 $\beta = s/g$은 "β는 s 나누기 g와 같다"로 읽는다. 's = 12퍼센트'는 's = 0.12' 'g = 2퍼센트'는 'g = 0.02'인 것처럼 'β = 600퍼센트'는 'β = 6'과 같다는 것을 기억하라. 저축률은 진정한 신규 저축—따라서 자본의 소모분을 뺀 후—을 국민소득으로 나눈 값이다. 이 점에 대해서는 나중에 다시 논의할 것이다.

3_ 때로는 g는 1인당 국민소득 증가율을, n은 인구증가율을 나타내는 데 사용된다. 이 경우 공식은 $\beta = s/(g + n)$가 될 것이다. 표기를 단순화하기 위해 전체적인 경제성장률을 g로 나타냈고, 따라서 공식은 $\beta = s/g$가 된다.

4_ 소득의 12퍼센트면 12 나누기 6, 즉 자본의 2퍼센트가 된다. 좀더 일반적으로 말하자면, 저축률이 s, 자본/소득의 비율이 β라면 자본총량은 s/β와 같은 비율로 증가한다.

5_ 자본/소득 비율 β의 동학과 $\beta = s/g$로의 수렴을 나타내는 간단한 수학 공식은 인터넷 부록 참조.

6_ 1970년에 민간자본의 가치는 독일의 경우 국민소득의 2.2배, 미국은 3.4배에 달했다. 전체 자료는 인터넷 부록 표 S5.1 참조.

7_ 2010년에 민간자본의 가치는 독일은 국민소득의 4.1배, 일본은 6.1배, 이탈리아는 6.8배에 달했다. 각 연도에 표시된 값은 연간 평균이다.(예를 들어 2010년에 표시된 값은 2010년 1월 1일과 2011년 1월 1일의 자산 추정치의 평균을 계산한 것이다.) 2012~2013년에 대해 이용할 수 있는 첫 추정치도 그리 다르지 않다. 인터넷 부록 참조.

8_ 특히 물가지수를 다른 것으로 바꾸면(물가지수에는 여러 가지가 있고 어느 것도 완벽하지는 않다) 이 여러 국가의 순위도 변화한다.(인터넷 부록 참조.)

9_ 인터넷에서 부록 도표 S5.1을 찾아볼 수 있다.

10_ 좀더 정확히 말하자면, 실제 집계된 결과에서는 민간자본/국민소득 비율이 1970년의 299퍼센트에서 2010년에는 601퍼센트로 증가했다. 반면 축적된 저축에 기초하

주

여 계산한 값은 299퍼센트에서 616퍼센트로 상승할 것이라 예측되었다. 따라서 대략 300퍼센트의 증가 가운데 겨우 5퍼센트, 즉 국민소득의 15퍼센트의 오차가 났다. 저축이 1970년에서 2010년 사이 일본의 국민소득 대비 민간자본의 비율 증가 중 95퍼센트를 설명한다. 인터넷 부록에서 모든 국가에 대한 상세한 계산을 볼 수 있다.

11_ 기업이 자사의 주식을 매수하면 주주들이 자본이득을 실현할 수 있고 기업이 같은 금액을 배당금 지급에 사용했을 경우보다 일반적으로 세금이 덜 부과될 것이다. 한 기업이 다른 기업의 주식을 매수해, 전체적으로 기업부문이 개인으로 하여금 금융상품을 구입해 자본이득을 볼 수 있게끔 하는 것 역시 이와 마찬가지라는 점을 이해하는 것도 중요하다.

12_ 또한 s를 순저축률이 아니라 총저축률로 해서 $\beta = s/g$ 법칙을 만들 수도 있다. 그 경우 법칙은 $\beta = s/(g + \delta)$가 된다.(여기서 δ는 자본총량에 대한 비율로 표시한 자본의 소모율을 나타낸다.) 예를 들어 총저축률이 $s = 24$퍼센트이고 자본의 소모율이 $\delta = 2$퍼센트, 성장률이 $g = 2$퍼센트라면, 자본소득 비율 $\beta = s/(g + \delta) = 600$퍼센트가 된다. 인터넷 부록 참조.

13_ 성장률 $g = 2$퍼센트일 경우, 국민소득의 50퍼센트($\beta = s/g = 50$퍼센트)에 해당되는 내구재 총량을 축적하려면 매년 국민소득의 1퍼센트($s = 1$퍼센트)에 해당되는 내구재 순지출이 필요하다. 그러나 내구재는 자주 교체해야 하기 때문에 총지출은 이보다 훨씬 더 높을 것이다. 예를 들어 평균 교체 기간이 5년이라면 단순히 사용한 상품들을 교체하기 위해 매년 국민소득의 10퍼센트에 달하는 총 내구재 지출이 필요하며, 또한 순지출 1퍼센트와 국민소득의 50퍼센트에 해당되는 균형 내구재 총량을 창출하기 위해 매년 국민소득의 11퍼센트가 필요하다(성장률은 항상 $g = 2$퍼센트다). 인터넷 부록 참조.

14_ 세계 금 보유고의 총가치는 장기적으로 감소해왔다.(19세기에는 전체 민간 부의 2~3퍼센트였다가 20세기 말에는 0.5퍼센트 이하로 감소했다.) 그러나 위기 시에는 금이 피난처 역할을 하기 때문에 금 보유고는 현재 전체 민간 부의 1.5퍼센트를 차지하고 있고, 중앙은행들이 그 가운데 약 5분의 1을 보유하고 있다. 이것은 인상적인 차이지만 자본총량에 비하면 별로 크지 않다. 인터넷 부록 참조.

15_ 큰 차이가 있는 것은 아니지만 일관성을 위해 필자는 제3장과 제4장에서 논의한 장기적 데이터와 여기서 논의한 1970~2010년의 데이터에 대해 같은 관례를 적용했다. 내구재는 자산에서 제외했고 귀중품은 '기타 국내자본'에 포함시켰다.

16_ 정부가 시행하는 과세, 이전, 재분배와 관련된 문제, 특히 이들이 불평등 그리고

자본의 축적과 분배에 미치는 영향에 대해서는 제4부에서 다시 살펴볼 것이다.

17_ 인터넷 부록 참조.

18_ 순공공투자는 일반적으로 다소 낮아서(보통 국민소득의 0.5~1퍼센트 정도인데, 1.5~2퍼센트가 총공공투자이고, 0.5~1퍼센트가 공공자본의 소모분이다) 공공저축의 마이너스 값이 종종 정부의 재정적자와 아주 비슷해진다. 그러나 예외적으로 일본에서는 공공투자가 더 높다. 공공적자가 상당한데도 공공저축이 약간 플러스인 것은 이 때문이다. 인터넷 부록 참조.

19_ 이런 과소평가 가능성은 이 시기의 공공자산 거래가 소수였다는 점과 관련이 있다. 인터넷 부록 참조.

20_ 1870년에서 2010년 사이에 국민소득의 평균 성장률은 유럽에서 약 2~2.2퍼센트 (그중 0.4~0.5퍼센트가 인구 성장에서 나왔다)였던 데 반해 미국에서는 3.4퍼센트(그중 1.5퍼센트가 인구 성장에서 나왔다)였다. 인터넷 부록 참조.

21_ 비상장기업의 주식은 거래가 적기 때문에 팔기 어렵다. 따라서 관심이 있는 매수자를 발견하는 데 시간이 오래 걸리고 유사한 상장기업보다 10~20퍼센트 낮게 가치평가를 받을 수 있다. 상장기업은 항상 관심 있는 매수자나 매도자를 당일에 발견할 수 있다.

22_ 국민계정에서 사용되는(또한 이 책에서 사용되는) 일치된 국제 규범은 자산과 부채를 항상 대차대조표의 기준일에서의 시장가치(즉 기업이 자산을 매각하기로 결정했을 경우 얻을 수 있는 가치. 필요하다면 비슷한 소유물의 최근 거래 사례를 이용해 추정한다)로 기록해야 한다고 규정한다. 기업들이 대차대조표를 발표할 때 사용하는 민간회계 기준은 국민계정 기준과 정확히 같지는 않으며 나라마다 달라서, 세제뿐만 아니라 금융 규제와 건전성 규제에도 여러 문제를 불러일으킨다. 제4부에서 회계 기준의 일치라는 중요한 문제를 다시 논의할 것이다.

23_ 예를 들어 회계법인 리콜 라스테리에 앤 어소시에가 2012년 6월 26일에 발표한 "Profil financier du CAC 40" 보고서 참조. 모든 국가와 주식시장에서 토빈의 Q에 이와 같은 극심한 차이가 나타난다.

24_ 인터넷 부록 참조.

25_ 2010년대 초에 독일의 무역흑자는 GDP의 6퍼센트였다. 그리하여 독일은 다른 국가들에 대한 청구권을 빠르게 축적할 수 있었다. 반면 중국의 무역흑자는 GDP의 2퍼센트에 불과했다.(독일과 중국은 모두 무역흑자가 1년에 1700억~1800억 유로였지만 중국의 GDP는 10조 유로로서, 3조 유로인 독일의 3배 수준이다.) 또한 독일 무

역흑자 5년분이면 파리의 부동산을 모두 사들이기에 충분할 것이고 5년 더 흑자가 나면 파리 증권거래소의 40개 우량 종목을 모두 사들일 것이다(파리의 부동산과 40개 우량 종목 매수에 각각 약 8000억~9000억 유로). 독일의 대규모 무역흑자는 확실한 흑자를 축적하는 정책의 결과라기보다 독일의 경쟁력 부침에 의해 나타난 결과에 더 가까워 보인다. 따라서 수년 내에 국내 수요가 증가하고 무역흑자가 줄어들 가능성이 있다. 명백하게 해외자산을 축적하려고 하는 석유수출국들에서는 무역흑자가 GDP의 10퍼센트를 넘고(예를 들어 사우디아라비아와 러시아) 일부 소규모 석유수출국들에서는 그 몇 배에 이른다. 제12장과 인터넷 부록 참조.

26_ 인터넷에서 이용할 수 있는 부록 도표 S5.2 참조.

27_ 많은 사람이 스페인의 경우 2000년대에 부동산과 주가지수가 급속하게 상승했다는 것을 인식했다. 그러나 정확한 판단 기준점이 없다면 평가액이 언제 진정으로 과도하게 높아졌는지는 판단하기가 매우 어렵다. 자본 / 소득 비율의 장점은 시간과 장소에 따른 비교를 하는 데 유용하고 정확한 판단 기준점을 제공한다는 것이다.

28_ 인터넷에서 이용할 수 있는 부록 도표 S5.3~5.4 참조. 또한 중앙은행과 정부 통계 기관들이 확정한 잔고는 주로 원금융자산(어음, 주식, 채권, 기타 증권들)과만 관련이 있으며 금융파생상품(이러한 원금융자산들에 연동된 보험계약과 같은 상품들, 혹은 이 문제를 보는 관점에 따라서는 투기적인 상품들을 포함한다)은 포함하지 않아서 총계가 더 높은 수준(어떤 정의를 사용하는지에 따라 국민소득의 20~30배)이 될 수 있다는 점도 중요하다. 그러나 오늘날 과거의 그 어느 때보다 더 높은(19세기와 제1차 세계대전까지 금융자산과 부채의 총액은 국민소득의 4~5배를 초과하지 않았다) 이러한 금융자산과 부채의 규모는 정의상 순자산에 아무런 영향을 미치지 않는다. 이는 스포츠 경기에 건 판돈의 액수가 국부의 수준에 영향을 미치지 않는 것과 마찬가지다. 인터넷 부록 참조.

29_ 예를 들어 다른 국가들이 보유한 프랑스의 금융자산은 2010년에 국민소득의 310퍼센트이고 프랑스 거주자들이 보유한 해외 금융자산은 국민소득의 300퍼센트여서 순포지션이 −10퍼센트다. 미국의 경우는 다른 국가들이 보유한 미국의 금융자산이 국민소득의 약 120퍼센트이고 미국 거주자들이 보유한 해외 금융자산은 국민소득의 100퍼센트여서 순포지션은 −20퍼센트다. 국가별 상세 자료는 인터넷에서 이용할 수 있는 부록 도표 S5.5~5.11 참조.

30_ 여기서 일본과 스페인의 거품이 갖는 중요한 차이 한 가지에 주의해야 한다. 스페인은 현재 순해외자산 포지션이 약 1년 치 국민소득에 해당되는 마이너스를 나타

낸 반면(이는 스페인의 상황을 매우 복잡하게 만든다) 일본의 순해외자산 포지션은
같은 규모의 플러스를 나타낸다. 인터넷 부록 참조.

31_ 특히 미국의 대규모 무역적자를 고려하면 미국의 순해외자산 포지션은 실제보
다 훨씬 더 마이너스일 것이다. 이 차이는 미국 국민이 소유한 해외자산(주로 주식)
의 높은 수익과 미국의 부채(특히 미국 국채)의 낮은 수익률로 부분적으로 설명 가
능하다. 이 문제에 대해서는 인터넷 부록에서 인용한 Pierre-Olivier Gourinchas
와 Hélène Rey의 연구 참조. 역으로 독일의 순포지션은 실제보다 더 높아야 하는데,
이는 독일의 해외자산에서 생기는 낮은 수익으로 설명된다. 이는 현재 독일이 보이는
신중함을 어느 정도 설명해준다. 무역수지의 효과와 해외자산 포트폴리오 수익의 효
과를 구분하여 수행된 1970~2010년 여러 부유한 국가의 해외자산 축적의 전 세계
적인 분석은 인터넷 부록 참조(특히 부록 표 S5.13).

32_ 예를 들어 미국 무역적자의 상당 부분이 조세피난처에 소재한 미국 기업의 자
회사에 대해 가공적으로 이루어진 이전—이는 국외에서 실현된 이익이라는 형태로
다시 본국으로 송금되고, 그리하여 국제수지가 회복된다—과 상응하는 것으로 보인
다. 분명 이러한 회계 게임은 가장 기본적인 경제 현상을 분석하는 데 커다란 방해
요소가 된다.

33_ 고대 사회와의 비교는 어렵다. 그러나 드물긴 하지만 현재 이용할 수 있는 추정
치들에 따르면 토지 가치가 때로는 더 높은 수준에 이르기도 했다. R. Goldsmith,
Pre-modern Financial Systems: A Historical Comparative Study(Cambridge:
Cambridge University Press, 1987)에 따르면 고대 로마에서는 토지 가치가 국민
소득의 6배에 상당했다. 소규모 원시사회들에서 세대 간 부의 이동과 관련된 추
정치들은 이전 가능한 상속재산의 중요성이 경제활동의 성격(사냥, 목축, 농사
등)에 따라 크게 차이가 났음을 보여준다. Monique Borgerhoff Mulder et al.,
"Intergenerational Wealth Transmission and the Dynamics of Inequality in
Small-Scale Societies," *Science* 326, no.5953(October 2009): pp.682~688 참조.

34_ 인터넷 부록 참조.

35_ 제12장 참조.

주

/

1_ 국채에 대한 이자는 국민소득이 아니며(순수한 이전이므로) 국민총자본에 포함되지 않는 자본에 대한 보상이기 때문에(국채는 소유자 개인의 자산이자 정부의 부채이기 때문이다) 도표 6.1~6.4에 포함되지 않았다. 이를 포함시킬 경우 자본의 몫은 조금 더, 보통 1~2퍼센트포인트 더 높아지며 국채가 대단히 많은 시기에는 4~5퍼센트포인트 더 높아진다. 완전한 데이터는 인터넷 부록 참조.

2_ 비임금노동자가 임금노동자와 같은 수준의 평균 노동소득을 번다고 가정하여 계산할 수도 있고 비임금노동자가 사용한 사업자본이 다른 형태의 자본이 얻는 것과 같은 평균 수익률을 얻는다고 가정하여 계산할 수도 있다. 인터넷 부록 참조.

3_ 부유한 국가의 경우, 국내생산에서 개인 소유 사업체가 차지하는 몫이 1950년대 30~40퍼센트에서(그리고 19세기와 20세기 초에는 아마도 50퍼센트) 1980년대에는 약 10퍼센트까지 하락했다.(이는 주로 농업 비중의 감소를 반영한다.) 이후 이따금 재무적 유불리의 변화에 따라 약 12~15퍼센트까지 상승하기도 했으나, 10퍼센트 수준에서 안정되었다. 인터넷 부록 참조.

4_ 도표 6.1과 6.2에 표시된 데이터는 영국에 관한 로버트 앨런의 역사적 연구와 프랑스에 관한 내 연구에 기초하여 작성했다. 상세한 자료와 방법은 인터넷 부록 참조.

5_ 인터넷에서 볼 수 있는 부록 도표 S6.1과 S6.2는 영국과 프랑스의 소득에서 차지하는 자본의 몫의 상한과 하한을 보여준다.

6_ 특히 제3부 제12장 참조.

7_ 18세기와 19세기 영국과 프랑스의 국채 이자율은 보통 4~5퍼센트 정도였는데, 때로는(예를 들면 19세기 후반의 경기침체기 동안) 3퍼센트까지 하락했다. 반대로 정부 예산의 신뢰성이 문제가 되었던 정치적 갈등 시기(예를 들면 프랑스혁명 이전 수십 년간 혹은 혁명 기간)에는 5~6퍼센트로 상승했고, 심지어는 그 이상으로 높아지기도 했다. F. Velde와 D. Weir의 *Journal of Economic History* s2, no.1(March, 1992): pp.1~39 참조. 또한 K. Béguin, *Financer laguerre au 17e siècle: Latte publique et les rentiers de l'absolutisme*(Seyssel, Champ Vallon, 2012) 참조. 또한 인터넷 부록 참조.

8_ 2013년 프랑스의 'A통장' 저축예금계좌의 명목이자율은 겨우 연간 2퍼센트였는데, 실질수익률로는 제로에 가까웠다.

9_ 인터넷 부록 참조. 대부분의 국가에서는 당좌예금 이자를 지급한다.(하지만 프랑

스에서는 당좌예금의 이자 지급을 금지하고 있다.)

10_ 예를 들어 명목이자율이 5퍼센트이고 물가상승률이 10퍼센트라면 이는 실질이 자율 −5퍼센트에 해당되지만, 명목이자율이 15퍼센트이고 물가상승률이 5퍼센트라 면 실질이자율은 +10퍼센트에 해당된다.

11_ 부동산자산이 단독으로 총자산의 절반 정도를 차지하며, 금융자산 가운데 실질 자산은 보통 절반 이상이거나 때로는 4분의 3 이상을 차지한다. 인터넷 부록 참조.

12_ 그러나 제5장에서 설명한 대로, 이는 주가에 반영되어 있으며 유보이익의 자본 화에 따른 주식의 장기적인 수익률의 중요한 구성 요소다.

13_ 다시 말해, 애초의 자본수익률이 4퍼센트인 어떤 사회에서 인플레이션이 0퍼센 트에서 2퍼센트로 오른다는 것은 자본 소득에 50퍼센트의 세금을 부과하는 것과 동 일한 효과를 내지 않는다는 것이다. 이유는 간단하다. 실질자산인 부동산과 주식의 가격도 해마다 2퍼센트씩 오르기 때문이다. 그러므로 가계가 소유한 자산 가운데 단 지 적은 부분(주로 은행예금과 일부 명목자산 등)만이 인플레이션 세금을 지불하는 셈이다. 이 내용은 제12장에서 다시 다룰 것이다.

14_ P. Hoffman, Gilles Postel−Vinay, Jean−Laurent Rosenthal, *Priceless Markets: The Political Economy of Credit in Paris 1660~1870*(Chicago: University of Chicago Press, 2000) 참조.

15_ 대체탄력성이 제로인 극단적인 경우, 아주 약간의 자본 과잉만 있어도 자본수익 률과 자본의 몫이 제로로 하락한다.

16_ 대체탄력성이 무한대일 경우 자본수익률은 변하지 않는다. 따라서 자본의 몫은 자본/소득 비율과 같은 비율로 증가한다.

17_ 이는 코브−더글러스 생산함수의 수학 공식 $Y = F(K, L) = K^\alpha L^{1-\alpha}$에서 확인할 수 있다. 여기서 Y는 생산, K는 자본, L은 노동이다. 대체탄력성이 1보다 크거나 1보다 작은 경우를 보여주는 또 다른 수학 공식이 있다. 대체탄력성이 무한대일 경우는 생 산함수가 직선 형태이고, 생산은 $Y = F(K, L) = rK + vL$로 나타낼 수 있다. 따라서 자본수익률 r은 자본량에 따라 결정되거나 관련 노동량에 따라 결정되는 것이 아니 며 노동수익률 v도 마찬가지다. 노동수익률은 단지 임금률이며 이 예에서는 고정된 값이다. 인터넷 부록 참조.

18_ 찰스 코브와 폴 더글러스의 "A Theory of Production," *American Economic Review* 18, no.1(March, 1928): pp.139~165 참조.

19_ 볼리의 계산에 따르면 이 시기 내내 국민소득 가운데 자본이 차지하는 몫은 약

37퍼센트이고 노동은 그중 약 63퍼센트를 차지했다. 아서 볼리의 *The Change in the Distribution of National Income, 1880~1913*(Oxford: Clarendon Press, 1920) 참조. 이 추정치는 이 시기에 대한 나의 조사 결과와 일치했다. 인터넷 부록 참조.

20_ 위르겐 쿠친스키의 *Labour Conditions in Western Europe 1820~1935* (London: Lawrence and Wishart, 1937) 참조. 같은 해 볼리는 1920년의 연구를 더 확장시켜 다음과 같은 작품을 출판했다. 아서 볼리의 *Wages and Income in the United Kindom since 1860*(Cambridge: Cambridge University Press, 1937) 참조. 쿠친스키의 *Geschichte der Lage der Arbeiter unter dem Kapitalismus* 38(Berlin, 1960~1972)도 참조. 이 시리즈의 32권, 33권, 34권은 프랑스에 대해 다루었다. 그 한계에도 불구하고 여전히 가치 있는 역사적 자료로 남아 있는 쿠친스키 시리즈에 대한 비판적인 분석은 토마 피케티의 *Les hauts revenus en France au 20e siècle: Ingalités et redistribution 1901~1998*(Paris: Grasset, 2001), pp.677~681 참조. 추가적인 참고자료를 보려면 인터넷 부록 참조.

21_ 프레더릭 브라운의 "Labour and Wages," *Economic History Review* 9, no. 2(May, 1939): pp.215~217 참조.

22_ J. M. 케인스의 "Relative Movement of Wages and Output," *Economic Journal* 49(1939): p.48 참조. 당시 안정적인 자본-노동 소득분배율을 지지하는 이들이 이 소득분배의 안정적인 수준에 대해 여전히 확신하지 못했다는 점은 흥미로운 일이다. 케인스는 이 예시에서 '육체노동자'에게 돌아가는 소득의 몫이(장기적으로 정의하기는 어려운 범주이지만) 1920년과 1930년 사이에는 국민소득 가운데 40퍼센트로 안정적으로 보인다고 주장했다.

23_ 완전한 참고문헌은 인터넷 부록 참조.

24_ 인터넷 부록 참조.

25_ 이것은 생산함수의 식에서 코브-더글러스 생산함수의 지수 $1-\alpha$의 증가(그리고 그에 상응하는 α의 감소)라는 형태로 이론화될 수 있다. 또는 대체탄력성이 1보다 크거나 작은 좀더 일반적인 생산함수의 이와 비슷한 수정을 통해 이론화될 수 있다. 인터넷 부록 참조.

26_ 인터넷 부록 참조.

27_ Jean Bouvier, François Furet, M. Gilet, *Le Mouvement de profit en France au 19e siècle: Matériaux et études*(Paris: Mouton, 1965) 참조.

28_ François Simiand, *Le salaire, l'évolution sociale et la monnaie*(Paris: Alcan, 1932), Ernest Labrousse, *Esquisse du mouvement des prix et des revenues en France au 18e siècle*(Paris: Librairie Dolloz, 1933) 참조. Jeffrey Williamson과 그의 동료들이 연간 지대와 임금의 장기적 변화에 관해 수집한 역사적 자료는 18세기와 19세기 초반에 국민소득에서 연간 지대가 차지하는 몫이 늘어났음을 보여준다. 인터넷 부록 참조.

29_ A. Chabert, *Essai sur les mouvements des prix et des revenus en France de 1798~1820* 2vols.(Paris: Librairie de Mdicis, 1945~1949) 참조. Gilles Postel-Vinay, "A la recherche de la rvolution conomique dans les campagnes(1789~1815)," *Revue économique*, 1989 참조.

30_ 기업의 부가가치란 상품이나 서비스를 판매하여 벌어들인 금액('매출액')과 상품이나 서비스를 만들기 위해 다른 기업에 지불한 금액('중간소비')의 차이로 정의된다. 문자 그대로 이 부가가치의 총합은 생산과정에서 기업이 추가적으로 창출한 가치를 측정한다. 이 부가가치로부터 임금이 지불되며 임금을 제하고 남은 부가가치가 정의상 기업의 이윤이 된다. 자본-노동 소득분배에 관한 연구는 흔히 임금-이윤 소득분배에 한정되어 이뤄지는데, 이는 지대를 등한시한다.

31_ 영구적이고 지속적인 인구 증가라는 개념은 더욱더 분명치 않다. 그것은 그 당시처럼 오늘날에도 혼란스럽고 위협적인 것이 사실인데, 이것이 전 세계 인구의 안정화 가설이 일반적으로 받아들여지는 이유다. 제2장 참조.

32_ 자본수익률이 제로로 하락하지 않는 유일한 경우는 자본과 노동 간의 대체탄력성이 무한대가 되는 '로봇화' 경제인데 이는 결국 생산에 자본만을 사용한다. 인터넷 부록 참조.

33_ 가장 흥미로운 세금 자료는 『자본』 제1권 부록 10에 있다. 마르크스가 제시한 회계장부를 근거로 한 이윤의 몫과 착취율의 몇몇 계산에 대한 분석은 인터넷 부록 참조. *Wages, Price, and Profit*(1865)에서 마르크스는 또한 이윤이 부가가치의 50퍼센트(임금 비율과 동일)를 차지하는 고도로 자본집약적인 공장의 회계 자료를 사용했다. 명확하게 언급하지는 않았지만 그는 산업경제의 전반적인 소득분배의 유형으로서 이러한 경우를 염두에 두었던 것으로 보인다.

34_ 제1장 참조.

35_ 최근의 몇몇 이론적 모형은 이런 직관을 명확히 하려고 한다. 인터넷 부록 참조.

36_ 몇몇 미국 경제학자(모딜리아니부터 시작해서)는 자본의 속성이 완전히 변했다고

주

주장하기까지 했다.(이제 자본은 일생 동안 이루어지는 축적으로부터 나오게 됐다.) 한편 영국 학자(칼도부터 시작해)들은 상속에 따른 부를 계속 관찰했는데 그 결과는 분명 설득력이 약한 것이었다. 이 중요한 질문들은 제3부에서 다시 검토할 것이다.

7장
/

1_ Honoré de Balzac, *Le père Goriot*(Paris: Livre de Poche, 1983): pp.123~135.

2_ Balzac, *Le père Goriot*, p.131 참조. 발자크는 소득과 부를 나타내기 위해 대개 프랑이나 리브르 투르누아livres tournois('제르미날' 프랑화가 사용되자 같은 가치를 지니게 되었다)뿐 아니라 에퀴écus(19세기에 사용하던 5프랑 가치의 은화)를 사용했고 드물지만 루이도르louis d'or(20프랑 가치의 금화로, 앙시앵레짐 시대 이미 20리브르에 상당했다)도 사용했다. 당시에는 인플레이션이 없어서 이 단위들이 모두 안정적이었기 때문에 독자들은 여러 단위를 쉽게 바꿔 쓸 수 있다(제2장 참조). 발자크가 언급한 금액에 대해서는 제11장에서 더 자세히 논의할 것이다.

3_ Balzac, *Le père Goriot*, p.131 참조.

4_ 언론에 따르면, 프랑스 전 대통령의 아들이 파리에서 법학을 공부하면서 다티 전자제품 상점 체인의 상속녀와 결혼했다. 하지만 그가 그녀를 보케르 하숙집에서 만나지 않았다는 것은 분명하다.

5_ 나는 십분위를 성인 인구(미성년자는 보통 소득이 없다)를 대상으로, 그리고 가능한 한 개인 수준에서 정의했다. 표 7.1~7.3의 추정치들은 이 정의에 기반하고 있다. 프랑스, 미국과 같은 일부 국가에서는 소득과 관련된 역사적 데이터를 가계 수준에서만 구할 수 있다.(따라서 부부의 소득이 모두 합산되어 있다.) 그런 데이터를 사용하면 다양한 십분위의 몫이 약간 차이가 나겠지만 우리가 관심을 기울이는 장기적인 추이에는 거의 영향을 미치지 않는다. 임금과 관련해서는 일반적으로 개인 수준에서의 역사적 데이터를 구할 수 있다. 인터넷 부록 참조.

6_ 인터넷 부록과 인터넷에서 볼 수 있는 부록 표 S7.1 참조.

7_ 중간값은 인구의 절반이 그 아래에 위치하는 값이다. 실제로 중간값은 언제나 평균보다 작거나 평균과 같다. 현실세계의 분배는 항상 상단 꼬리 부분이 길어서 평균이 높아지지만 중간값이 높아지지는 않기 때문이다. 노동소득의 중간값은 일반적으로 평균의 약 80퍼센트다.(예컨대 평균 임금이 한 달에 2000유로라면 중간값은 1600

유로다.) 부의 중간값은 극히 낮아 종종 평균 부의 50퍼센트 이하이거나, 인구의 가난한 절반이 거의 아무것도 소유하고 있지 않을 경우 심지어 0이 된다.

8_ "제3신분이란 무엇인가? 모든 것이다. 지금까지의 정치질서 속에서 제3신분은 무엇이었던가? 아무것도 아니었다. 제3신분은 무엇을 원하는가? 무언가가 되는 것을 원한다."

9_ 관례에 따라 나는 대체소득(즉 상실된 노동소득을 대체하기 위해 임금에서 공제해 마련하는 연금과 실업보험)을 노동으로부터의 1차 소득에 포함시켰다. 이렇게 하지 않으면 (노동소득이 0인 퇴직자와 실업자의 수가 많은 것을 감안할 때) 성인의 노동소득 불평등이 표 7.1과 7.3에 표시된 수치보다 현저하게 그리고 어느 정도는 자의적으로 커질 것이다. 제4부에서 연금과 실업보험을 통한 재분배 문제를 다시 다룰 것이며, 일단은 이들을 '이연 임금deferred wage'으로 취급할 것이다.

10_ 인터넷에서 이용할 수 있는 부록 표 S7.1에 이러한 기본적인 계산이 상세히 나와 있다.

11_ 미국의 상위 10퍼센트는 아마도 전체 부의 75퍼센트에 가까운 비율을 소유할 것이다.

12_ 인터넷 부록 참조.

13_ 데이터를 구할 수 없기 때문에 이 기준이 구소련이나 그 외의 옛 공산권 국가들에서 충족되는지는 말하기 어렵다. 어쨌든 이 국가들에서는 정부가 자본의 대부분을 소유했는데, 이 사실은 문제에 대한 흥미를 상당히 떨어뜨린다.

14_ 심지어 표 7.2에 묘사된 '이상적인 사회'에서도 불평등이 높다는 데 주목하라. (가장 부유한 10퍼센트가 가장 가난한 50퍼센트보다 더 많은 자본을 소유한다. 후자의 인구가 5배나 많은데도 말이다. 가장 부유한 1퍼센트의 평균 부는 가장 가난한 50퍼센트가 소유한 부의 20배다.) 우리는 더 야심찬 목표를 세워도 된다.

15_ 혹은 부부당 평균 40만 유로.

16_ 제3~5장 참조. 인터넷 부록에 정확한 수치가 나와 있다.

17_ 내구재에 대해서는 제5장과 인터넷 부록 참조.

18_ 정확히 $35/9 \times 200{,}000$유로, 즉 77만7778유로다. 인터넷에서 이용할 수 있는 부록 표 S7.2 참조.

19_ 위에서 설명한 계산을 이용하면 이 점을 더 명확히 이해할 수 있다. 표 7.2에서 나타낸 '매우 높은' 부의 불평등은 평균적인 부가 20만 유로인 경우 가장 가난한 50퍼센트가 평균 2만 유로, 중간 40퍼센트가 2만5000유로 그리고 가장 부유한 10퍼

주

센트가 180만 유로(최상위층 1퍼센트는 1000만 유로, 그다음 9퍼센트는 89만 유로)의 부를 소유한다는 의미다. 인터넷 부록과 인터넷에서 이용할 수 있는 부록 표 S7.1~7.3 참조.

20_ 금융자본과 사업자본만 살펴보면, 즉 기업의 통제 및 노동과 관련된 수단들을 대상으로 하면 상위 10퍼센트의 몫이 70~80퍼센트 이상 될 것이다. 기업의 소유는 대다수 사람에게는 비교적 추상적인 개념이다.

21_ 이 두 차원의 불평등의 관계가 강화되는 것은, 예를 들어 대학에 다닌 사람이 늘어난 결과일 수도 있다. 이 점에 대해서는 나중에 다시 논의할 것이다.

22_ 이 계산은 진짜 지니계수를 약간 낮게 잡았다. 왜냐하면 이 계산은 사회집단들(표 7.1~7.3에서 보여주는 집단들)의 수가 한정되어 있다는 가설에 기초하고 있지만, 그 기초가 되는 현실에서는 부의 분포가 연속적이기 때문이다. 다른 수의 사회집단들로 얻은 상세한 결과는 인터넷 부록과 부록 표 7.4~7.6 참조.

23_ P90/P50, P50/P10, P75/P25 등의 다른 배율들도 사용된다.(P50은 50번째 백분위, 즉 중간값을 나타내는 반면, P25와 P75는 각각 25번째 백분위와 75번째 백분위를 가리킨다.)

24_ 이와 비슷하게, 불평등을 개인 수준에서 측정할 것인지, 가계 수준에서 측정할 것인지에 대한 결정도 하위 50퍼센트가 총소득에서 차지하는 비율보다 P90/P10 유형의 십분위 배율에 영향을, 특히 변동성을 높이는 영향을 미칠 수 있다.(많은 경우 여성이 집 바깥에서 일하지 않는다는 사실 때문에 특히 그렇다.)

25_ 특히, Joseph E. Stiglitz, Amartya Sen, Jean-Paul Fitoussi, Report by the Commission on the Measurement of Economic Performance and Social Progress, 2009(www.stiglitz-sen-fitoussi.fr) 참조.

26_ 사회표는 적어도 그 정신에서는 프랑수아 케네François Quesnay가 1758년에 발표한 유명한 『경제표Tableau économique』와 비슷하다. 케네의 경제표는 경제와 사회집단 간의 교환을 최초로 종합적으로 나타낸 도표다. 또한 여러 나라에서 훨씬 더 오래된 사회표를 발견할 수 있다. B. Milanovic, P. Lindert, J. Williamson이 "Measuring Ancient Inequality," NBER Working Paper 13550(October 2007)에서 설명된 흥미로운 표들을 참조. B. Milanovic, *The Haves and the Have-Nots: A Brief and Idiosyncratic History of Global Inequality*(New York: Basic Books, 2010)도 참조. 유감스럽게도 이 초기 표들의 데이터는 동질성이나 비교 가능성 측면에서 항상 만족스러운 것은 아니다. 인터넷 부록 참조.

8장

1_ 표 7.3 참조.

2_ 표 7.1과 인터넷 부록 참조.

3_ 다양한 백분위와 상위 0.01퍼센트까지의 완전한 자료뿐만 아니라 전체적인 추이에 대한 상세한 분석을 보려면 Thomas Piketty, *Les hauts revenus en France au 20e siècle: Inégalites et redistribution 1901~1998*(Paris: Grasset, 2001) 참조. 이 책에서는 더 최근의 연구를 참조해 상황의 대체적인 윤곽만 제시할 것이다. WTID의 사이트에서도 최신 자료를 볼 수 있다.

4_ 도표 8.1과 8.2에 표시된 추정치들은 소득 및 임금 신고(프랑스에서는 1914년에 종합소득세가, 1917년에 소위 임금에 대한 종별소득세가 도입되었다. 따라서 우리는 그 두 시기부터 시작되는 고소득 및 고임금과 관련된 연간 자료를 보유하고 있다)와 국민계정(총국민소득과 지불된 총임금에 관해 알려준다)을 근거로 했으며 쿠즈네츠가 처음 소개하고 서장에서 간략히 설명했던 방법을 사용했다. 국가재정 데이터는 1915년(새로운 세금이 징수된 첫해)의 소득에서 시작되기 때문에 나는 전쟁 전에 당국과 당시의 경제학자들이 도출한 추정치를 이용해 1910~1914년에 대한 자료를 완성했다. 인터넷 부록 참조.

5_ 도표 8.3(그리고 이후의 비슷한 유형의 도표들)에서는 소득계층의 다양한 '분위'를 가리킬 때 *Les hauts revenus en France*와 WTID에서와 같은 표기법을 사용했다. P90~95에는 90번째와 95번째 백분위 사이의 모든 사람(가장 부유한 10퍼센트 중에서 아래쪽 절반), P95~99에는 95번째와 99번째 백분위 사이의 모든 사람(그 위의 4퍼센트), P99~99.5에는 그 위의 0.5퍼센트(상위 1퍼센트 중에서 아래쪽 절반), P99.5~99.9에는 그 위의 0.4퍼센트, P99.9~99.99에는 그 위의 0.09퍼센트, P99.99~100은 가장 부유한 0.01퍼센트(최상위층 0.01퍼센트)가 포함된다.

6_ 프랑스에서 2010년의 상위 1퍼센트는 성인 인구 5000만 명 중에서 50만 명으로 구성된다.

7_ 90번째 백분위 아래의 90퍼센트 인구도 마찬가지이지만, 이 집단에서는 임금 형태의 보상(혹은 퇴직소득이나 실업보험 형태의 대체소득)이 더 낮다.

8_ 공무원의 급여 체계는 우리가 가장 장기적인 데이터를 보유한 급여의 계층 구조 중 하나다. 특히 프랑스에 대해서는 19세기 초부터 국가 예산과 의정보고서에서 상세한 정보를 얻었다. 민간부문은 1914~1917년에 소득세가 도입되기 전의 기간에 관해

서는 알려진 것이 거의 없기 때문에 세금 기록에서 추측해야 한다. 공무원의 보수에 관해 우리가 보유한 데이터에 따르면 19세기 임금계층 구조는 상위 10퍼센트와 하위 50퍼센트의 경우 1910~2010년의 양상과 거의 비슷했지만 상위 1퍼센트는 약간 더 높았을 수 있다.(민간부문에 대한 신뢰성 있는 데이터가 없기 때문에 더 자세히는 알 수 없다.) 인터넷 부록 참조.

9_ 2000~2010년에 P99~99.5와 P99.5~99.9분위(상위 1퍼센트의 90퍼센트를 구성한다)에서 임금이 차지하는 비율이 50~60퍼센트였던 데 반해 혼합소득은 20~30퍼센트를 차지했다(도표 8.4 참조). 이 분위에서는 높은 임금이 높은 혼합소득보다 전간기와 비슷한 정도로 우세했다(도표 8.3 참조).

10_ 제7장에서처럼 여기서 언급된 유로 수치는 의도적으로 반올림한 근사치여서 대략의 수치에 지나지 않는다. 각 백분위와 천분위의 정확한 구간은 인터넷 부록에서 연도별로 볼 수 있다.

11_ 하지만 이 경계선들이 기초하고 있는 자료는 불완전하다는 점에 주의하라. 제6장에서 언급한 것처럼 일부 기업가 소득이 배당금으로 위장되어 자본소득으로 분류될 수 있다. 1914년 이후 프랑스에서 상위 1퍼센트와 0.1퍼센트의 소득 구성에 관한 상세한 연도별 분석은 Piketty, *Les hauts revenus en France*, pp.93~168 참조.

12_ 도표 8.4에서는 자본소득이 '9퍼센트' 소득의 10퍼센트 이하를 차지하는 것처럼 보이지만, 이는 상위 10퍼센트와 1퍼센트가 차지하는 몫에 대한 자료와 마찬가지로 이 수치들이 오직 자진 신고한 소득 신고 자료를 근거로 했기 때문에 나온 결과다. 1960년 이후 소득 신고 자료에서 소위 귀속 임대료(주인이 사는 집의 임대가치를 말하며 이전에는 과세소득에 포함되었다)가 제외되었다. 비과세 자본소득(귀속 임대료 같은)을 포함시키면 2000~2010년에 '9퍼센트'에서 자본소득이 차지하는 비율이 20퍼센트에 이르고 심지어 약간 넘어설 것이다. 인터넷 부록 참조.

13_ 인터넷 부록 참조.

14_ 특히 나는 임대료, 이자, 배당금을 항상 소득세 신고에 포함시킨다. 이런 유형의 소득 중 일부가 동일한 소득세율을 적용받지 않고 특정한 면제를 받거나 낮은 세율을 적용받는 경우에도 마찬가지다.

15_ 인터넷 부록 참조.

16_ 제2차 세계대전 내내 프랑스 세무당국은 평화 시와 같이 소득 신고 자료를 수집하고 기록한 뒤 이를 바탕으로 통계를 내는 작업을 계속했다는 데 주의하라. 사실 당시는 기계적 데이터 처리의 황금시대였다. 펀치 카드를 자동 분류할 수 있는 신기

술로 신속한 교차분석이 가능해졌는데, 이는 수작업으로 하던 이전 방식에 비해 큰 발전이었다. 그리하여 전쟁 중에 재무부가 발간한 통계 간행물의 내용은 그 이전 어느 때보다 더 풍부했다.

17_ 상위 10퍼센트가 차지하는 몫이 국민소득의 47퍼센트에서 29퍼센트로 감소했고 상위 1퍼센트의 몫은 21퍼센트에서 7퍼센트로 줄어들었다. 인터넷 부록에서 상세한 내용을 볼 수 있다.

18_ 이 모든 추이에 대한 상세한 연도별 분석은 *Les hauts revenus en France*, esp. chaps. 2 and 3, pp.93~229 참조.

19_ 제2차 세계대전의 경우, 전쟁 전인 1936년에 마티뇽 협정이 체결되면서 임금의 계층 구조의 축소가 실제로 시작되었다.

20_ *Les hauts revenus en France*, pp.201~202 참조. 1968년에 일어난 임금 불평등의 급격한 변화는 당시에도 인식되었다. 특히 Christian Baudelot and A. Lebeaupin, *Les salaires de 1950 à 1975*(Paris: INSEE, 1979)의 주의 깊은 연구 참조.

21_ 도표 6.6 참조.

22_ 특히 Camille Landais, "Les hauts revenus en France(1998~2006): Une explosion des inégalités?"(Paris: Paris School of Economics, 2007)와 Olivier Godechot, "Is Finance Responsible for the Rise in Wage Inequality in France?" *Socio-Economic Review* 10, no.3(2012): pp.447~470 참조.

23_ 이용 가능한 다양한 출처의 자료들과 특히 미국 정부가 연방소득세 제정에 대비해 작업한 다양한 추정치를 사용하여 (프랑스의 경우에서와 같이) 1910~1912년에 대한 데이터를 작성했다. 인터넷 부록 참조.

24_ 1913~1926년에 대해서는 소득 수준과 소득 유형에 대한 데이터를 이용해 임금 불평등의 추이를 추정했다. 인터넷 부록 참조.

25_ 유명한 경제학자들이 최근에 발표한 미국의 불평등 증가에 관한 두 권의 저서는 미국 역사에서 비교적 평등했던 이 시기에 대한 강한 애착을 보여준다. Paul Krugman, *The Conscience of a Liberal*(New York: Norton, 2007), Joseph Stiglitz, *The Price of Inequality*(New York: Norton, 2012)

26_ 불완전하긴 하지만 현재 이용 가능한 데이터는 자본소득이 과소평가된 부분을 보정하면 국민소득에서 차지하는 몫이 2~3퍼센트포인트 높아질 것임을 시사한다. 보정 작업을 하지 않은 경우 상위 10퍼센트의 몫은 2007년에는 49.7퍼센트, 2010년

에는 (분명한 상승 추세를 나타내며) 47.9퍼센트였다. 인터넷 부록 참조.

27_ '자본이득을 포함시킨' 데이터는 당연히 분자(소득 상위 10퍼센트와 1퍼센트)와 분모(총소득) 모두에 자본이득을 포함시킨다. '자본이득을 제외한' 데이터는 분자, 분모 모두에서 자본이득을 제외한다. 인터넷 부록 참조.

28_ 상위 10퍼센트가 국민소득에서 차지하는 몫이 수상하게 급증한 유일한 시기는 1986년 레이건 정부가 중대한 세제개혁을 실시해 많은 주요 기업들이 이윤에 대해 기업 소득이 아닌 개인 소득으로 과세되도록 법적 형태를 변경했을 때였다. 과세 기반 사이의 이러한 이전은 순전히 단기적인 영향(좀더 나중에 자본이득으로 실현되어야 할 소득이 다소 일찍 실현되었다)을 미쳤고 장기적인 추세를 만드는 데는 부차적인 역할만 했다. 인터넷 부록 참조.

29_ 여기서 언급한 연간 세전 소득은 가구 소득(부부의 소득 혹은 독신인 개인의 소득)에 해당된다. 개인 수준에서의 소득불평등은 가구 소득에서의 불평등과 거의 같은 비율로 증가했다. 인터넷 부록 참조.

30_ 경제에 대한 이러한 본능적인 이해는 외국(일반적으로 미국보다 가난한 국가)에서 태어났지만 미국의 대학들에서 가르치는 경제학자들 사이에서 특히 두드러진다. 이런 점 역시 충분히 이해할 수 있다.

31_ 인터넷 부록에서 모든 상세한 데이터를 이용할 수 있다.

32_ 이 주장은 점점 더 널리 받아들여지고 있다. 예를 들어 Michael Kumhof and Romain Rancière의 "Inequality, Leverage, and Crises," International Monetary Fund Working Paper(November 2010)에서 이 주장을 옹호했다. Raghuram G. Rajan, *Fault Lines*(Princeton, NJ: Princeton University Press, 2010)도 참조. 하지만 라잔의 이 책은 소득계층의 최상위층이 미국의 국민소득에서 차지하는 몫이 증가했다는 사실의 중요성을 과소평가한다.

33_ Anthony B. Atkinson, Thomas Piketty, and Emmanuel Saez, "Top Incomes in the Long Run of History," *Journal of Economic Literature* 49, no.1(2011): Table 1, p.9 참조.

34_ 이 수치들은 모두 1차 소득(세금과 이전소득을 고려하기 전)의 분배와 관련된 것임을 기억하라. 제4부에서 세금과 이전소득의 효과에 대해 검토할 것이다. 간단히 설명하자면, 이 시기에 세제의 누진성이 상당히 줄어들어서 더 심각한 수치가 나온 반면 가장 가난한 개인들에게 지급된 일부 이전소득의 증가가 그것을 약간 완화했다.

35_ 일본과 스페인의 거품을 논의한 제5장 참조.

36_ Thomas Piketty and Emmanuel Saez, "Income Inequality in the United States, 1913~1998," *Quarterly Journal of Economics* 118, no.1(February 2003): pp.29~30 참조. Claudia Goldin and R. Margo, "The Great Compression: The Wage Structure in the United States at Mid-Century," *Quarterly Journal of Economics* 107, no.1(February 1992): pp.1~34도 참조.

37_ 이는 세대 간 이동성의 증가로도 상쇄되지 않았다. 그와는 정반대였다. 이 점에 대해서는 제13장에서 다시 논의할 것이다.

38_ Wojciech Kopczuk, Emmanuel Saez, and Jae Song, "Earnings Inequality and Mobility in the United States: Evidence from Social Security Data since 1937," *Quarterly Journal of Economics* 125, no.1(2010): pp.91~128 참조.

39_ Edward N. Wolff and Ajit Zacharias, "Household Wealth and the Measurement of Economic Well-Being in the U.S.," *Journal of Economic Inequality* 7, no.2(June 2009): pp.83~115 참조. 울프와 재커라이어스는 내가 2003년에 이매뉴얼 사에즈와 함께 쓴 첫 논문이 우리가 관찰한 변화 추이가 "일하는 부자들"이 "이표를 잘라내는(은행이나 중개인에게 보내기 위해 무기명 채권에 부착된 이표를 잘라내는 것—옮긴이) 자본소득자"들을 대체한 현상으로 설명될 수 있는 정도를 과대평가했다고 올바르게 논평했다. 실제로 나타난 결과는 대체가 아니라 양자가 "공존"한 쪽이었다.

40_ 인터넷에서 이용할 수 있는 부록 도표 S8.1, S8.2 참조.

41_ N. Kaplan and Joshua Rauh, "Wall Street and Main Street: What Contributes to the Rise of the Highest Incomes?" *Review of Financial Studies* 23, no.3(March 2009): pp.1004~1050 참조.

42_ Jon Bakija, Adam Cole, and Bradley T. Heim, "Jobs and Income Growth of Top Earners and the Causes of Changing Income Inequality: Evidence from U.S. Tax Return Data," Department of Economics Working Papers 2010~2024, Department of Economics, Williams College, Table 1 참조. 다른 주요 직업군은 의사와 변호사(전체의 약 10퍼센트), 부동산 사업자(약 5퍼센트)를 포함한다. 그러나 이 데이터를 이용할 때는 관련 재산이 어디로부터 온 것인지(상속받은 것인지 아닌지) 모르기 때문에 주의를 기울여야 한다. 자본이득이 포함된다면 상위 0.1퍼센트의 소득의 절반 이상이(도표 8.10 참조), 자본이득이 포함되지 않는다면 4분의 1 정도(인터넷에서 이용할 수 있는 부록 도표 S8.2 참조)가 자본소득이기 때문이다.

주

43_ 빌 게이츠 같은 유형의 '슈퍼기업가'는 수적으로 아주 소수여서 소득 분석에는 적절하지 않고 재산 분석, 특히 서로 다른 종류의 재산의 변화 추이라는 맥락에서 연구하는 것이 최선이다. 제12장 참조.

44_ 구체적으로 말하자면, 한 경영자가 옵션을 행사할 때 200달러 가치가 있는 주식을 100달러에 살 수 있는 스톡옵션을 받는다면 두 가격 간의 차익—이 경우에는 100달러—은 옵션을 행사한 연도의 그 경영자의 임금의 일부로 취급된다. 그가 나중에 주식을 더 높은 가격, 가령 250달러에 매도하면 이 50달러의 차익은 자본이득으로 기록된다.

9 장

/

1_ Claudia Dale Goldin and Lawrence F. Katz, *The Race between Education and Technology: The Evolution of U.S. Educational Wage Differentials, 1890, 2005*(Cambridge, MA: Belknap Press, 2010)

2_ 표 7.2 참조.

3_ 국민계정에서 의료와 교육에 대한 지출은 투자가 아니라 소비(본질적으로 복지의 원천)로 계산된다. 이는 '인적자본'이라는 표현에 문제가 있는 또 다른 이유다.

4_ 물론 각 단계 내에도 다양한 사건이 있었다. 예를 들어 1998년에서 2002년 사이에 주당 법정 노동시간이 39시간에서 34시간으로 단축된 것을 상쇄하여 월급을 동일하게 유지하기 위해 최저임금이 약 10퍼센트 인상되었다.

5_ 연방소득세와 마찬가지로, 최저임금 법률은 행정부와 대법원 사이에 치열한 싸움을 불러일으켰다. 대법원은 1935년에 최초의 최저임금법에 위헌 판결을 내렸다. 하지만 1938년에 루스벨트가 최저임금법을 재도입해 결과적으로 승리했다.

6_ 도표 9.1에서는 명목최저임금을 2013년도 유로와 달러로 환산했다. 명목최저임금을 보려면 인터넷에서 이용할 수 있는 부록 도표 S9.1~9.2 참조.

7_ 2013년, 몇몇 주의 최저임금은 연방 최저임금보다 높다. 캘리포니아 주와 매사추세츠 주에서는 최저임금이 시간당 8달러이고, 워싱턴 주에서는 9.19달러다.

8_ 1파운드당 1.30유로로 환산한 값이다. 실제로 영국과 프랑스의 최저임금은 더 차이가 나는데, 고용주의 사회보장기여금(총임금에 추가된다)의 차이 때문이다. 이 점에 대해서는 4부에서 다시 살펴볼 것이다.

9_ 국가 간에도 중요한 차이가 계속 남아 있다. 예를 들어 영국에서는 여러 가격과 소득(집세, 수당, 일부 임금)이 월 단위가 아니라 주 단위로 정해진다. 이 문제에 대해서는 Robert Castel, *Les Métamorphoses de la question sociale: Une chronique du salariat*(Paris: Fayard, 1995) 참조.

10_ 특히 David Card and Alan Krueger, *Myth and Measurement: The New Economics of the Minimum Wage*(Princeton: Princeton University Press, 1995)를 참조. 카드와 크루거는 인접한 주들이 최저임금을 서로 다르게 책정한 여러 사례를 활용했다. 순수한 '수요독점' 사례는 주어진 지리적 영역에서 단 한 명의 고용주만 노동력을 구매할 수 있는 경우다.(순수한 독점 상황은 구매자가 한 명이 아니라 판매자가 한 명인 경우다.) 그러면 고용주는 임금을 가능한 한 낮게 정하게 되고 최저임금을 인상해도 고용 수준이 감소하지 않는다. 고용주의 이윤이 굉장히 커서 일자리를 구하는 모든 사람을 계속 채용할 수 있기 때문이다. 임금이 더 높은 경우 사람들은 불법적인 활동보다는 일하는 편을 선호하거나(좋은 현상이다) 학교에 다니기보다 일하는 편을 선호하기(이는 좋은 현상이 아닐 수 있다) 때문에 심지어 고용이 증가할 수도 있다. 바로 이것이 카드와 크루거의 관찰 결과다.

11_ 특히 도표 8.6~8.8 참조.

12_ 이 사실은 중요하지만 미국 학계의 논쟁에서는 종종 간과된다. 골딘과 카츠의 *Race between Education and Technology*에 더해 Rebecca Blank가 최근에 발표한 *Changing Inequality*(Berkeley: University of California Press, 2011)도 참조. 이 저서는 대학 졸업장(그리고 가족 구조의 변화)과 관련된 임금 차이의 변화에 거의 전적으로 초점을 맞추었다. Raghuram Rajan의 *Fault Lines*(Princeton: Princeton University Press, 2010)도 대학과 관련된 불평등의 변화가 소득 상위 1퍼센트의 폭발적인 소득 증가보다 더 중요하다고 확신하는 것으로 보인다(그러나 이는 틀린 생각이다). 이런 경향이 나타난 원인은 아마도 노동경제학자와 교육경제학자들이 일반적으로 사용하는 데이터가 소득 상위 1퍼센트의 과잉소득을 충분히 측정하지 못하기 때문일 것이다.(이에 관한 현실 상황을 알려면 세금 자료가 필요하다.) 설문조사 자료들은 세금 기록보다 (교육에 관한 데이터를 포함한) 사회인구적 데이터를 더 많이 포함하고 있다는 장점이 있다. 하지만 그것들은 비교적 소규모의 표본에 기초하며 응답자의 자기 묘사와 관련하여 많은 문제가 나타난다. 이상적으로는 두 유형의 자료들을 함께 사용해야 한다. 이러한 방법론적 문제에 대해서는 인터넷 부록 참조.

13_ 도표 9.2와 이후의 도표들에서 나타난 곡선은 자본이득(이는 국가 간에 일관되

주

계 측정되지 않는다)을 고려하지 않는다는 점에 유의하라. 자본이득은 미국에서 특히 크기 때문에(자본이득을 계산한다면 2000년대에 미국의 국민소득에서 상위 1퍼센트가 차지하는 비율은 20퍼센트가 넘는다) 실제로 격차는 도표 9.2에 나타난 것보다 더 크다. 인터넷에서 이용할 수 있는 부록 도표 S9.3 참조.

14_ 뉴질랜드는 호주와 비슷한 궤적을 그렸다. 인터넷에서 이용할 수 있는 부록 도표 S9.4 참조. 도표를 단순화시키기 위해 몇몇 국가와 자료만을 제시했다. 전체에 관심 있는 독자는 인터넷 부록 또는 WTID 참조.

15_ 사실 1990년에서 2010년 사이에 스웨덴에서 매우 높았던 자본이득을 포함시키면 소득 상위 1퍼센트의 점유율이 9퍼센트에 이른다. 인터넷 부록 참조.

16_ WTID에 기록된 다른 모든 유럽 국가, 즉 네덜란드, 스위스, 노르웨이, 핀란드, 포르투갈은 유럽 대륙의 다른 국가들에서 관찰된 것과 비슷한 변화 양상을 보였다. 우리는 남유럽 국가들에 대해서는 꽤 완전한 데이터를 보유하고 있다. 스페인의 자료는 소득세가 만들어진 1933년까지 거슬러 올라가지만 몇 군데 공백이 있다. 이탈리아에서는 소득세가 1923년에 만들어졌지만 1974년까지는 완전한 데이터를 이용할 수 없다. 인터넷 부록 참조.

17_ 2000년에서 2010년까지 미국에서 소득 상위 0.1퍼센트가 차지하는 비율은 자본이득을 제외하면 8퍼센트, 자본이득을 포함하면 12퍼센트가 넘는다. 인터넷 부록 참조.

18_ 따라서 프랑스와 일본의 소득 상위 '0.1퍼센트'의 소득은 국민 평균 소득의 15배에서 25배로 증가했다.(즉 평균 소득이 1년에 3만 유로라면 이들의 소득은 45만 유로에서 75만 유로가 되었다는 뜻이다.) 반면 미국의 소득 상위 '0.1퍼센트'의 소득은 국민 평균 소득의 20배에서 100배로(즉 연간 60만 달러에서 300만 달러로) 상승했다. 이러한 수치들은 대략적이긴 하지만 현상을 더 잘 이해하게 해주고 이들의 몫을 언론에서 종종 언급되는 이들의 급여 수준과 상응하게 만든다.

19_ '1퍼센트'의 소득은 이들보다 현저히 낮다. 국민소득에서 상위 1퍼센트의 몫이 10퍼센트라는 것은 정의상 이들의 평균 소득이 국민 평균의 10배라는 뜻이다.(상위 1퍼센트의 몫이 20퍼센트라는 것은 이들의 평균 소득이 국민 평균의 20배라는 뜻이다.) 10장에서 이야기할 파레토 계수를 이용하면 상위 10퍼센트, 1퍼센트, 0.1퍼센트가 차지하는 비율을 비교할 수 있다. 비교적 평등한 국가들(1970년대의 스웨덴처럼)에서 소득 상위 0.1퍼센트의 소득은 상위 1퍼센트의 2배에 불과하고, 국민소득에서 상위 0.1퍼센트가 차지하는 몫은 상위 1퍼센트의 약 5분의 1이다. 불평등 정도가 높은 국가들(2000년대의 미국처럼)에서 상위 0.1퍼센트의 소득은 상위 1퍼센트의 4~5배

이고, 상위 0.1퍼센트가 국민소득에서 차지하는 몫은 상위 1퍼센트가 차지하는 몫의
약 40~50퍼센트다.

20_ 이 결과는 자본이득이 포함되느냐, 아니냐에 달려 있다. 전체 자료는 인터넷 부록 참조.

21_ 특히 표 5.1 참조.

22_ 우리는 1900년에서 1910년 사이의 몇 년 동안 스웨덴과 덴마크에서 소득 상위 1퍼센트가 국민소득의 25퍼센트를 차지했다는 것을 발견했다. 이는 같은 시기에 22퍼센트나 23퍼센트에 가까웠던 영국, 프랑스, 독일보다 높은 수치다. 그러나 이용 가능한 자료들이 제한적이라는 점을 감안하면 이러한 차이가 정말로 의미가 있는지는 분명하지 않다. 인터넷 부록 참조.

23_ 앞 장에서 제시된 프랑스와 미국의 데이터에 상응하는 여러 다른 수준의 소득 구성과 관련 데이터가 확보된 모든 국가에서 같은 사실을 발견할 수 있다.

24_ 연간 시계열을 이용한 동일한 그래프는 인터넷에서 이용할 수 있는 부록 도표 S9.6 참조. 다른 국가들의 자료도 비슷하며 인터넷에서 이용할 수 있다.

25_ 도표 9.8은 도표 9.7에 포함된 유럽 4개국의 산술평균을 보여준다. 이 네 국가는 유럽의 다양한 양상을 잘 대표한다. 이용 가능한 데이터가 존재하는 북유럽과 남유럽의 다른 국가들을 포함하거나 혹은 각 국가의 국민소득으로 가중치를 주어도 곡선이 크게 달라지지 않을 것이다. 인터넷 부록 참조.

26_ 관심 있는 독자들은 Anthony Atkinson과 저자가 2007년과 2010년에 발표한 23개국의 사례 연구 참고: *Top Incomes over the Twentieth Century: A Contrast Between Continental European and English-Speaking Countries*(Oxford: Oxford University Press, 2007), *Top Incomes: A Global Perspective*(Oxford: Oxford University Press, 2010).

27_ 엄밀하게 말하자면, 중국에는 1980년 이전에 소득세가 없었다. 따라서 20세기 전체의 소득불평등의 변화 양상을 연구할 방법이 없다.(이 책에서 제시된 자료는 1986년부터 시작된다.) 콜롬비아에 대해서는 지금까지는 1998년부터의 세금 기록만 수집할 수 있었다. 하지만 콜롬비아에는 그보다 훨씬 더 전부터 소득세가 있었기 때문에 더 이전의 데이터를 발견할 가능성이 있다.(많은 중남미 국가에서 역사적인 세금 기록이 아주 엉망으로 보관되었다.)

28_ 진행 중인 프로젝트 목록은 WTID 사이트에서 볼 수 있다.

29_ 디지털화된 세금 기록을 볼 수 있는 전산화가 이루어지면서 자연히 우리 정보의

출처들이 개선된다. 그러나 기록들이 닫혀 있거나 색인 작업이 부실하면(흔히 일어나는 일이다) 서면으로 된 통계 데이터의 부재가 소득세 데이터에 대한 우리의 '역사적 기억'을 손상시킬 수 있다.

30_ 소득세가 순수하게 비례세에 가까울수록 서로 다른 소득층에 대한 상세한 데이터의 필요성이 줄어든다. 제4부에서 조세 변화에 관해 논의할 것이다. 여기서 중요한 점은 그러한 변화가 우리의 관찰 도구에 영향을 미친다는 점이다.

31_ 도표 9.9에 나타난 2000년의 정보는 기업 경영자의 보수에 관한 매우 불완전한 데이터에 기초하고 있기 때문에 1차적인 근사치로 취급해야 한다. 인터넷 부록 참조.

32_ Abhijit Banerjee와 Thomas Piketty의 "Top Indian Incomes, 1922~2000," *World Bank Economic Review* 19, no.1(May 2005): pp.1~20 참조. 또한 Angus Deaton, Valerie Kozel이 편집한 *Data and Dogma: The Great Indian Poverty Debate*(New Delhi: Macmillan India Ltd., 2005): pp.598~611에 실린 A. Banerjee, T. Piketty의 "Are the Rich Growing Richer? Evidence from Indian Tax Data"도 참조. '블랙홀'은 1990년에서 2000년 사이 인도의 총성장의 거의 절반에 해당된다. 국민계정 데이터에 따르면 1인당 소득이 1년에 거의 4퍼센트 증가했지만 가구조사 데이터에 따르면 2퍼센트밖에 성장하지 않았다. 따라서 이것은 중요한 문제다.

33_ 인터넷 부록 참조.

34_ 사실 정보가 불확실한 상황에서 최적의 실험에 관한 경제모형의 주된—명확하기보다는 전반적인—결과는 실험에 비용이 많이 드는 한(그리고 최종 선택을 내리기 전에 많은 CFO를 시험하는 데 비용이 많이 드는 한) 완전한 정보를 찾는 것이 행위자(이 경우에는 기업)에게 이득이 되지 않는다는 점이다. 특히 그 정보의 사회적 가치가 행위자에 대한 사적인 가치보다 더 클 때는 더욱 그러하다. 인터넷 부록에 나와 있는 참고문헌들 참조.

35_ Marianne Bertrand, Sendhil Mullainathan, "Are CEOs Rewarded for Luck? The Ones without Principals Are," *Quarterly Journal of Economics* 116, no.3 (2001), pp.901~932 참조. Lucian Bebchuk, Jesse Fried, *Pay without Performance*(Cambridge, MA: Harvard University Press, 2004)도 참조.

/

1_ 특히 전체적인 소득 수준별 소득의 구성에 관한 모든 데이터도 이 연구 결과를 입증한다. 19세기 말부터 시작되는 자료들(독일, 일본, 몇몇 북유럽 국가)도 마찬가지다. 가난한 국가 및 신흥국들과 관련해 이용할 수 있는 자료들은 더 단편적이긴 하지만 역시 유사한 패턴을 보여준다. 인터넷 부록 참조.

2_ 특히 표 7.2 참조.

3_ 다른 국가들에 관해 이용할 수 있는 유사한 자료들도 일관된 결과를 보여준다. 예를 들어 19세기 이후 덴마크와 노르웨이에서 관찰되는 추이는 스웨덴의 궤적과 비슷하다. 일본과 독일의 데이터는 프랑스의 데이터와 그 변화 양상이 유사하다. 호주에 대한 최근의 한 연구는 미국의 경우와 일관된 결과를 보여준다. 인터넷 부록 참조.

4_ 사용된 다양한 자료에 대한 정확한 설명을 보려면 Thomas Piketty, "On the Long-Run Evolution of Inheritance: France 1820~2050," Paris School of Economics를 참조(*Quarterly Journal of Economics* 126, no.3(August 2011), pp.1071~1131에 요약본이 나와 있다.) 개인 신고서들은 Gilees Potel-Vinay, Jean-Laurent Rosenthal과 함께 파리 문서보관소에서 수집했다. 또한 우리는 수많은 연구자, 특히 Jérôme Bourdieu, Lionel Kesztenbaum, Akiko Suwa-Eisenman의 노력 덕분에 예전에 Enquête TRA 프로젝트의 후원으로 프랑스 전체를 대상으로 수집했던 신고서들을 사용했다. 인터넷 부록 참조.

5_ 이 결론들에 대한 상세한 분석은 Thomas Piketty, Gilles Postel-Vinay, and Jean-Laurent Rosenthal, "Wealth Concerntration in a Developing Economy: Paris and France, 1807~1994," *American Economic Review* 96, no.1(February 2006): pp.236~256 참조. 이 책에 제시된 내용은 이 자료들을 업데이트한 것이다. 도표 10.1과 이후의 도표들은 장기적인 변화에 집중하기 위해 10년간의 평균에 초점을 맞췄다. 모든 연간 자료는 인터넷에서 이용할 수 있다.

6_ 도표 10.1과 이후의 도표들에서 표시된 상위 10퍼센트, 1퍼센트의 몫은 민간의 부 전체에서 차지하는 비율을 백분율로 계산했다. 하지만 민간의 재산이 국부의 거의 전체를 구성하기 때문에 이렇게 해도 차이가 거의 나지 않는다.

7_ '사망률 승수mortality multiplier'라고 불리는 이 방법은 각 관측치에 각 연령집단의 사망률의 역수를 곱해 가중치를 재계산한다. 40세에 사망한 사람은 80세에 사망한

사람보다 더 많은 살아 있는 사람을 대표하는 것이다.(부의 수준에 따른 사망률의 차이도 고려해야 한다.) 이 방법은 1900년에서 1910년 사이에 프랑스와 영국의 경제학자와 통계학자들(특히 B. Mallet, M. J. Séaillès, H. C. Strutt, J. C. Stamp)이 개발해 이후의 모든 역사적 연구에 사용되었다. 살아 있는 사람들에 대한 재산 조사 데이터나 연간 부유세 데이터를 확보하면(20세기 초부터 그러한 세금들이 존재했던 북유럽 국가들이나 1990~2010년의 부유세 데이터가 나와 있는 프랑스처럼) 우리는 이 방법의 타당성을 확인해 사망률 차이와 관련된 우리의 가설을 다듬을 수 있다. 이러한 방법론적 문제에 대해서는 인터넷 부록을 참조하라.

8_ 인터넷 부록 참조. 이 비율은 1789년 이전에는 아마 50퍼센트를 넘었을 것이다.

9_ 이 문제에 대해서는 또한 Jérôme Bourdieu, Gilles Postel-Vinay, and Akiko Suwa-Eisenmann, "Pourquoi la richesse ne s'est-elle pas diffusée avec la croissance? Le degré zéro de l'inégalité et son évolution en France: 1800~1940," *Histoire et mesure* 18, 1/2(2003): pp.147~198 참조.

10_ 예를 들어 Roger S. Bagnall, "Landholding in Late Roman Egypt: The Distribution of Wealth," *Journal of Roman Studies* 82(November 1992): pp.128~149에 실린 토지 분배에 관한 흥미로운 데이터를 참조. 이런 유형의 다른 연구도 비슷한 결과를 얻었다. 인터넷 부록 참조.

11_ 인터넷 부록에서 참고문헌과 기술적인 세부 사항을 볼 수 있다.

12_ 일부 추정치에 따르면, 1800년경 미국에서 상위 10퍼센트의 부유층은 국부의 15퍼센트 미만을 소유했다. 하지만 이 결과는 전적으로 자유인에만 초점을 맞춘다는 기준에 기인하는 것인데, 여기에는 분명 논란의 여지가 있다. 이 책에서 전하는 추정치는 전체 인구(자유인과 비자유인)를 대상으로 한 것이다. 인터넷 부록 참조.

13_ Willford I. King, *The Wealth and Income of the People of the United States*(New York: MacMillan, 1915) 참조. 위스콘신대 통계학 및 경제학 교수였던 킹은 미국 몇 개 주의 불완전하지만 의미 있는 데이터를 이용했고, 이 데이터를 주로 프로이센의 세금 통계에 기초해 유럽의 데이터와 비교했다. 킹은 자신이 원래 생각했던 것보다 차이가 훨씬 더 적다는 것을 발견했다.

14_ 연방준비제도의 공식 조사를 바탕으로 한 수치는 다소 낮게 나온 것일 수도 있으며(대규모의 재산을 추정하는 어려움을 감안하면), 상위 10퍼센트의 부유층이 차지하는 비율이 40퍼센트에 이를 수도 있다. 인터넷 부록 참조.

15_ 도표 10.6에 표시된 유럽의 평균은 프랑스, 영국, 스웨덴(이들은 대표성 있는 국

가들로 보인다)의 수치로 계산한 것이다. 인터넷 부록 참조.

16_ 고대와 중세의 이용 가능한 최초의 데이터에 따르면, 토지 임대의 연간 수익률은 약 5퍼센트였다. 역사의 초기에 대출 이자율은 흔히 5퍼센트를 넘었고 보통 6~8퍼센트 정도였다. 심지어 부동산 담보물이 있는 경우도 그랬다. 예를 들어 H. Homer, R. Sylla, *A History of Interest Rates*(New Brunswick, NJ: Rutgers University Press, 1996)에서 수집한 데이터를 참조하라.

17_ 자본수익률이 시간선호율보다 높으면 모든 사람이 현재의 소비를 줄이고 더 많이 저축하길 원할 것이다.(따라서 자본수익률이 시간선호율 수준으로 떨어질 때까지 자본총량이 무한정 늘어날 것이다.) 반대의 경우라면 모든 사람이 현재의 소비를 늘리기 위해 자본총량의 일부를 매각할 것이다.(그리하여 자본수익률이 시간선호율과 같은 수준으로 상승할 때까지 자본총량이 줄어들 것이다.) 어떤 경우든 $r = \theta$가 된다.

18_ 무한계획모형은 장기적으로 저축탄력성, 그리하여 자본 공급의 탄력성이 무한하다는 점을 시사한다. 따라서 조세정책이 자본의 공급에 영향을 미칠 수 없다고 가정한다.

19_ 표준 무한계획모형에서 균형 수익률은 $r = \theta + \gamma \times g$($\theta$는 시간선호율이고 γ는 효용함수의 오목성을 측정한다)라는 공식으로 산출된다. 일반적으로 γ는 1.5와 2.5 사이에 있다고 추정된다. 예를 들어 θ = 5퍼센트, γ = 2일 경우, g = 0퍼센트면 r = 5퍼센트가 되고 g = 2퍼센트면 r = 9퍼센트가 된다. 따라서 성장률이 0퍼센트에서 2퍼센트로 높아지면 $r - g$가 5퍼센트에서 7퍼센트로 커진다. 인터넷 부록 참조.

20_ 자녀가 둘인 부모는 3분의 1, 자녀가 하나인 부모는 2분의 1이었다.

21_ 나폴레옹은 1807년에 제국의 귀족들에게 장자상속권을 도입했다. 그리하여 귀족과 관계된 특정 토지 가운데 장자에게 가는 몫이 늘어났다. 여기에 해당되는 개인은 수천 명에 불과했다. 샤를 10세는 1826년에 귀족들에게 대리 상속인 지정 제도를 회복시키려고 했다. 앙시앵레짐으로의 이러한 역행은 인구의 작은 부분에만 영향을 미쳤고, 어쨌든 1848년에 확실히 폐지되었다.

22_ Jens Beckert, *Inherited Wealth*(Princeton: Princeton University Press, 2008) 참조.

23_ 민법에 따르면 이론적으로는 재산을 나눌 때 여성이 남성과 동등한 권리를 누렸다. 하지만 아내는 자신의 결정에 따라 자기 재산을 마음대로 처분하지 못했다. 은행 계좌 개설과 관리, 재산 매각 등과 관련된 이러한 불평등은 1970년대까지 완전히 사라지지 않았다. 따라서 실제로 새로운 법은 가족의 (남성) 가장에 우호적이었다. 나이

주

가 어린 아들도 형들과 같은 권리를 얻었지만 딸들은 뒤처졌다. 인터넷 부록 참조.

24_ Pierre Rosanvallon, *La société des égaux*(Paris: Seuil, 2011), p.50 참조.

25_ 파레토 계수를 $r-g$와 연결시키는 방정식이 인터넷 부록에 나와 있다.

26_ 이는 분명히 $r>g$ 논리가 꼭 유일한 동력은 아니라는 점을 시사한다. 모형이나 관련된 계산들은 현실을 단순화하며, 각 메커니즘이 수행하는 정확한 역할을 밝히지 않는다.(상충하는 다양한 힘이 상쇄될 수 있다.) 그러나 이는 관찰되는 부의 집중 정도를 $r>g$ 논리만으로 충분히 설명할 수 있음을 보여준다. 인터넷 부록 참조.

27_ 스웨덴의 경우는 그 효과들이 상쇄되는 것처럼 보이는 몇 개의 상반된 요인이 결합되어 있기 때문에 흥미롭다. 먼저, 19세기와 20세기 초에 자본 / 소득 비율이 프랑스나 영국보다 낮았다.(지가가 낮았고 국내자본 일부를 외국인이 소유했다. 이런 면에서 스웨덴은 캐나다와 비슷했다.) 둘째, 장자상속제가 19세기 말까지 시행되었고 대대로 전해지는 대규모 재산에 대해 일부 상속권자 지정 상속이 오늘날까지 남아 있다. 결국 1900~1910년에 스웨덴의 부의 집중은 영국보다 낮았고 프랑스와 비슷한 수준이었다. 도표 10.1~10.4와 Henry Ohlsson, Jesper Roine, Daniel Waldenström의 저서 참조.

28_ 도표 10.10에서 제시된 자본에 대한 '순수한' 수익률 추정치는 최저치로 간주해야 한다. 평균 수익률은 19세기에 영국과 프랑스에서 6~7퍼센트까지 상승했다는 것을 기억하라.

29_ 다행히 더치스와 새끼 고양이들은 떠돌이 고양이 토마 오말리를 만났고, 오말리의 생활이 미술 수업보다 더 재미있다고 생각한다.(2년 뒤인 1912년에 타이태닉 호의 갑판에서 젊은 로즈를 만난 잭 도슨과 약간 비슷하다.)

30_ 파레토가 사용한 데이터를 분석한 것은 Thomas Piketty, *Les hauts revenus en France au 20e siècle: Inégalités et redistribution 1901~1998*(Paris: Grasset, 2001), pp.527~530 참조.

31_ 상세한 내용은 인터넷 부록 참조.

32_ 파레토 계수를 이해하는 가장 간단한 방법은 흔히 '역계수inverted coefficient'라 불리는 수치를 사용하는 것이다. 이 수치는 1.5에서 3.5까지 다양하다. 이 수치가 1.5라는 것은 어떤 기준을 넘는 소득이나 부의 평균치가 그 기준의 1.5배와 같다는 뜻인데(100만 유로 이상의 재산을 가진 개인들은 평균적으로 150만 유로의 가치를 소유하고 있다), 불평등 수준이 비교적 낮은 경우다.(아주 부유한 개인이 드물다는 뜻이다.) 반면 역계수가 3.5이면 불평등 수준이 매우 높음을 나타낸다. 멱법칙에 대해

이해하는 또 다른 방법은 다음과 같다. 이 수치가 약 1.5라는 것은 상위 0.1퍼센트가 상위 1퍼센트보다 겨우 2배 부유하다는 뜻이다.(상위 0.1퍼센트 내의 상위 0.01퍼센트에도 비슷하게 적용된다.) 반면 약 3.5라면 상위 0.1퍼센트가 상위 1퍼센트보다 5배 넘게 부유하다는 뜻이다. 이 내용은 모두 인터넷 부록에 설명되어 있다. WTID에 포함된 다양한 국가의 파레토 계수가 20세기에 어떻게 변화했는지를 나타낸 그래프는 Anthony B. Atkinson, Thomas Piketty, and Emmanuel Saez, "Top Incomes in the Long Run of History," *Journal of Economic Literature* 49, no.1(2011): pp.3~71을 참조하라.

33_ 즉 이들은 평균 임금이 1년에 2만4000유로(한 달에 2000유로)인 사회에서 연간 약 200만~250만 유로의 소득을 얻었다. 인터넷 부록 참조.

34_ 그리 대단하지 않은 부유층은 파리의 부동산(당시에는 공동주택이 아니라 주로 단독 소유 건물들이었다)을 소유하지 못했다. 이들은 농지를 포함한 지방의 부동산이 여전히 중요했던 유일한 계층이었다. 세자르 비로토는 시농 근방의 좋은 농지에 투자하라는 아내의 권유를 고리타분한 투자라고 거절하면서 자신을 대담하고 진취적인 사람이라고 생각했다. 그 자신에게는 불운한 판단이었다. 표 10.1의 좀더 자세한 버전은, 1872년에서 1912년 사이에 특히 최대 규모의 포트폴리오에 해외자산이 급속히 증가했음을 보여주는 부록 표 S10.4(인터넷에서 이용 가능)를 참조하라.

35_ 1945년 8월 1일에 법령으로 도입된 국가 연대세는 1945년 6월 4일자로 평가되는 모든 자산에 특별 징수되었고, 최대 재산에 대해 최고 20퍼센트의 세율이 적용되었다. 또한 1940년과 1945년 사이의 모든 명목자산 증가분에 대해서도 특별 징수 처분이 내려졌고, 최대 증가분에 대해 최고 100퍼센트의 세율이 적용되었다. 전쟁 중의 매우 높은 물가상승률(1940~1945년 사이에 3배 이상 올랐다)을 감안하면, 실제로 이러한 세금 징수는 전쟁 중에 충분히 손해를 보지 않은 모든 사람에게 세금을 매긴 것과 마찬가지였다. 사회당SFIO 소속으로 드골 장군 임시정부의 일원이었던 앙드레 필리프는 "더 부유해지지 않은 모든 사람, 그리고 재산이 전반적인 물가상승률과 같은 수준으로 증가하지 않았다는 의미에서 금전적으로 더 가난해졌다고 할 수 있지만 그럼에도 프랑스의 많은 사람이 모든 걸 잃어버린 시점에 전반적으로 재산을 보존할 수 있었던 모든 사람"에게 세금을 균등하게 부과하는 것이 불가피하다고 설명하면서 이를 인정했다.

36_ 인터넷 부록 참조.

37_ 특히 Thomas Piketty, *Les hauts revenus en France*, pp.396~403 참조. 또

한 Piketty, "Income Inequality in France, 1901~1998," *Journal of Political Economy* 111, no.5 (2003): pp.1004~1042 참조.

38_ Fabien Dell, "L'allemagne inégale: Inégalités de revenus et de patrimoine en Allemagne, dynamique d'accumulation du capital et taxation de Bismarck à Schröder 1870~2005," Ph.D. thesis, Paris School of Economics, 2008에 나오는 시뮬레이션 참조. 또한 F. Dell, "Top Incomes in Germany and Switzerland Over over the Twentieth Century," *Journal of the European Economic Association* 3, no.2/3(2005): pp.412~421도 참조.

11장

/

1_ 비록 역사적인 중요성이 없는 것은 아니지만 절도와 약탈은 포함되지 않는다. 천연자원에 대한 사적인 전유는 다음 장에서 논의할 것이다.

2_ 장기적인 변화 추이에 집중하기 위해 10년 평균치를 사용한다. 연간 자료는 인터넷에서 이용 가능하다. 이 추정의 기법과 방법들은 Thomas Piketty, "On the Long-Run Evolution of Inheritance: France 1820~2050," Paris School of Economics, 2010 참조. 요약본은 *Quarterly Journal of Economics* 126, no.3(August 2011): pp.1071~1131에 실려 있다. 이 논문들은 인터넷 부록에서 볼 수 있다.

3_ 다음에 나오는 논의는 이전의 논의들에 비해 좀더 기술적이므로(그러나 관찰된 변화의 이면에 있는 변화를 이해하기 위해 필요하다) 일부 독자는 몇 페이지를 건너뛰어 21세기에 나타날 변화의 함의와 그와 관련된 논의로 바로 넘어갈 수도 있다. 이는 라스티냐크의 딜레마에 관한 보트랭의 설교에 관한 절에 나온다.

4_ μ는 증여를 감안하여 보정된다(아래를 참조).

5_ 달리 말해 성인 50명 중 1명이 매년 사망한다. 미성년자들은 보통 매우 적은 자본을 소유하고 있기 때문에, 이 분해식에 성인의 사망률을 사용하는 것이 더 정확할 것이다.(그리고 μ도 성인만의 경우로 정의된다.) 이 경우 미성년자의 부를 감안하기 위해 약간의 보정이 필요하다. 인터넷 부록 참조.

6_ 이 주제에 관해서는 Jens Beckert, trans. Thomas Dunlap, *Inherited Wealth*(Princeton: Princeton University Press, 2008), p.291 참조.

7_ 베커는 결코 인적자본의 부상으로 상속자산의 중요성이 사라질 것이라고 명시적으로 주장하지 않았지만, 그의 연구는 종종 이를 암시한다. 특히 그는 흔히 교육의 중요성이 높아짐에 따라 사회가 "더욱 능력주의적으로" 되었다고(상세한 설명은 없이) 지적한다. 베커는 또한 부모가 부를 재능이 덜하고 인적자본을 덜 갖춘 자녀들에게 물려주어 불평등이 감소하는 이론적 모형을 제시했다. 상속자산의 극심한 수직적 집중을 고려하면(언제나 상위 10퍼센트가 상속 가능한 부의 50퍼센트 이상을 차지하는 반면, 하위 50퍼센트의 인구는 아무것도 물려줄 것이 없다) 이러한 부유한 자녀들 집단 내의 수평적 재분배의 가능성은(베커는 자료를 거의 사용하지 않았지만, 이는 자료에서조차 뚜렷하지 않다) 지배적인 영향을 미치지는 못할 것이다. 인터넷 부록 참조.

8_ 두 차례 세계대전으로 인한 희생은 고려되지 않는다. 이는 10년 단위 데이터를 사용하는 자료에서는 잘 보이지 않는다. 연간 자료는 인터넷 부록 참조.

9_ 1940년대 후반에서 2000년대 초반까지 프랑스에서는 매년 약 80만 명(실제로는 상승이나 하락 추세 없이 75만 명에서 85만 명 사이)의 아이가 태어났다. 공식 예측치에 따르면, 이는 21세기 내내 계속될 전망이다. 19세기에는 매년 약 100만 명의 아이가 태어났지만 유아 사망률이 매우 높아서, 18세기 이후 성인 각 연령집단의 규모는 그다지 변하지 않았다. 전쟁으로 인한 희생 및 전간기에 나타난 전쟁과 관련된 출산의 감소는 예외적이었다. 인터넷 부록 참조.

10_ '재산상속률' 이론은 1880~1910년 프랑스에서 특히 인기가 있었다. 이는 Albert de Fovile, Clément Colson, and Pierre Emile Levasseur의 연구 덕분이었는데, 이들은 자산 조사에서 얻어진 국부의 추정치가 연간 상속액의 약 30배와 같다는 것을 발견하고는 기뻐했다. 때때로 '상속 승수'라고 불린 이 방법은 영국에서도 사용했다. 상속세 통계를 얻기 힘들었던 영국의 경제학자들은 보통 유형별 소득세 자료에서 얻은 자본소득 금액을 사용했지만, 특히 기펜은 이 방법을 썼다.

11_ 현실에서 두 종류의 자산 모두가 흔히 (저축인의 다양한 저축 동기를 반영해) 동일한 금융상품에 혼합되어 있다. 프랑스에서 생명보험 계약은 때때로 자녀와 다른 이들에게 양도될 수 있는 자본 부분을 포함하는데, 이는 보통 연금으로 지불되는 부분보다 작다.(이 지분은 보험 계약자의 사망과 함께 끝난다.) 영국과 미국에서는 퇴직기금과 연금기금이 양도 가능한 요소들을 점점 더 많이 포함하고 있다.

12_ 흔한 격언을 인용하면, 공적연금은 "재산이 없는 사람들의 재산이다." 여러 연금제도를 분석하는 제13장에서 이를 다시 논의할 것이다.

13_ 이 주제에 관한 상세한 자료는 Piketty, "On the Long-Run Evolution of Inheritance" 참조.

14_ 완전한 연간 자료를 인터넷에서 이용할 수 있다.

15_ 명확히 말하면 이 추정치들은 사망률의 차이(즉 부유한 개인들이 평균적으로 더 오래 산다는 사실로 인한 차이)에 대한 상당한 보정을 포함한 것이다. 이것은 중요한 현상이지만 여기서 설명된 자산-연령 분포에 대해 설명해주지는 않는다. 인터넷 부록 참조.

16_ 연간 성장률 1.7퍼센트는 1980~2010년의 평균 성장률과 정확히 똑같다. 자본의 순수익률 3퍼센트는 국민소득에서 차지하는 자본의 몫이 1980~2010년의 평균 수준이라고 가정하고 현재의 세제가 그대로 유지될 것이라고 가정한 것이다. 인터넷 부록 참조.

17_ 다른 변수와 시나리오들은 인터넷 부록에 나와 있다.

18_ "저축률은 소득과 초기 부존에 따라 상승한다." 사람들은 소득이 증가하거나 임대료를 지불하지 않아도 될 때 또는 이 둘 모두의 경우에 저축을 더 많이 할 수 있다.

19_ 예를 들어 주어진 소득 수준에서 자녀가 없는 개인들은 다른 사람들보다 더 많이 저축한다.

20_ 국민소득에서 연금과 의료보장에 들어가는 부분이 점점 더 늘어나고 있는데, 이것을 제하면 임금상승률이 더 많이 하락할 수도 있다.

21_ 이러한 시뮬레이션들은 주로 연령집단에 따른 부의 명세의 변화 추이를 재현하기 위한 것이다. 이들에 대한 더 정확한 기술적 설명은 인터넷 부록 참조.

22_ 더 정확히 말하면, 성장률이 낮아지면 기대수명과 상관없이 $\mu \times m$이 $1/H$에 가까워지는 것을 보일 수 있다.(피케티는 H가 한 세대의 존속 기간, 즉 약 30년을 뜻한다고 설명한다.—옮긴이) 자본/소득 비율 β가 600~700퍼센트라면 상속액 b_y가 β/H, 즉 20~25퍼센트로 되돌아가게 되는 이유를 알 수 있을 것이다. 따라서 19세기의 경제학자들이 발전시킨 재산상속률 개념이 성장률이 낮은 사회에서는 대략적으로 성립한다. 인터넷 부록 참조.

23_ 일부 상속인이 유산의 일부를 소비한다는 사실을 감안하면 실제로는 상황이 더 복잡하다. 역으로 우리는 축적된 자산소득을 상속자산에 포함시킨다.(상속인이 보유한 자산의 범위 내에서 상속인이 소비하는 소득—예를 들면 아파트를 상속받은 사람이 지불할 필요가 없는 임대료 형태의 수익—을 포함한 모든 유산을 자본화하면

분명 총자산의 100퍼센트를 넘을 것이다.) 다른 정의들을 이용한 추정치는 인터넷 부록 참조.

24_ 특히 상속액이 가처분소득의 20퍼센트에 상당한다는 말이 각 개인이 정기적으로 유산과 증여를 받아 매년 20퍼센트의 추가 소득을 얻는다는 의미는 분명 아니다. 인생의 특정 시점(일반적으로 부모가 사망했을 때 그리고 일부 경우에는 증여를 받을 때)에 소득의 몇 배에 상당하는 훨씬 더 많은 액수가 이전되고 이 유산과 증여를 모두 합하면 모든 가계가처분소득의 20퍼센트에 상당한다는 의미다.

25_ 제2부에서처럼 노동소득에 대체소득(퇴직연금과 실업수당)을 포함시킨다.

26_ 모든 자원은 50세에 자본화시켰다. 하지만 서로 다른 자원들을 같은 수익률을 적용해 자본화하면, 상속과 노동소득이 전체에서 차지하는 비율을 계산할 때 기준 연령의 선택은 중요하지 않다. 서로 다른 자본수익률 문제는 다음 장에서 검토한다.

27_ 서로 다른 이 비율들 간의 관계에 대한 완전한 분석은 인터넷 부록 참조. 상속액(국민소득의 20~25퍼센트)과 자본소득(일반적으로 국민소득의 25~35퍼센트)이 때때로 비슷하다는 사실은 특정한 인구적, 기술적 매개변수로 인한 우연으로 간주되어야 한다.(균형 상속액 $b_y = \beta / H$는 자본 / 소득 비율과 한 세대의 존속 기간에 좌우되는 반면 균형 수준의 자본의 몫 α는 생산함수에 좌우된다.)

28_ 대개 소득계층의 하위 50퍼센트는 집합적으로 총노동소득의 약 30퍼센트를 차지하고(표 7.1 참조), 따라서 개별적으로는 평균 임금의 약 60퍼센트(혹은 노동소득이 일반적으로 국민소득의 65~75퍼센트를 차지한다는 사실을 감안하면 1인당 평균 국민소득의 40~50퍼센트)를 받는다. 예를 들어 오늘날 프랑스에서 노동소득 하위 50퍼센트의 소득은 최저임금과 최저임금의 1.5배 사이이고 매년 평균 1만5000유로(1달에 1250유로)를 버는 반면, 1인당 평균 국민소득은 연간 3만 유로(1달에 2500유로)다.

29_ 상위 1퍼센트가 총임금에서 차지하는 비율이 6~7퍼센트라는 것은 이 집단의 각 구성원이 대체로 평균 임금의 6~7배를 벌고 혹은 노동소득 하위 50퍼센트의 평균 임금의 10~12배를 번다는 뜻이다. 제7장과 제8장 참조.

30_ 상위 1퍼센트 대신 상위 10퍼센트나 0.1퍼센트에 관해 검토하더라도 도표 11.10에 나타난 것과 비슷한 변화 추이를 얻는다.(그럼에도 필자는 상위 1퍼센트가 연구에 가장 중요한 집단이라고 생각한다.) 인터넷 부록 도표 S11.9~11.10 참조.

31_ 오늘날의 프랑스처럼 성인 인구가 5000만 명인 사회에서는 정의상 50만 명의 성인이 여기에 속한다.

32_ 상속자산의 총가치가 19세기보다 훨씬 더 낮지는 않지만, 일하지 않고도 하류층 생활수준의 수십 배에 이르는 생활을 할 수 있을 정도의 자산을 상속받는 개인은 더 드물어졌다.

33_ 21세기(노동소득이 총자원의 약 4분의 3, 상속자산에서 얻는 소득이 약 4분의 1 차지)뿐만 아니라 18세기와 19세기에도 약 3배 더 많았고 20세기(노동소득이 자원의 10분의 9, 상속자산에서 얻은 소득이 10분의 1 차지)에는 거의 10배 더 많았다. 도표 11.9 참조.

34_ 21세기뿐만 아니라 18세기와 19세기에도 약 3배 더 많고 20세기에는 거의 10배 더 많았다. 상위 10퍼센트, 상위 0.1퍼센트 등에서도 마찬가지일 것이다.

35_ 자본소득자들이 경영자들보다 우세함을(혹은 그 역을) 시사하는 다양한 분배에 관한 수학적 조건의 분석은 인터넷 부록 참조.

36_ 19세기에 상속자산이 상위 1퍼센트에 속하는 사람들은 하위 50퍼센트보다 25~30배(도표 11.10 참조), 즉 1인당 평균 국민소득의 약 12~15배 높은 생활수준을 누렸다. 상위 0.1퍼센트는 약 5배 더 풍족한 생활수준(파레토 계수에 대해서는 10장 참조), 즉 평균 소득의 약 60~75배의 생활수준을 누렸다. 발자크와 오스틴이 선택한 한도인 평균 소득의 20~30배는 상속계층의 상위 0.5퍼센트의 평균 소득(1820~1830년 프랑스 성인 인구 2000만 명 중 약 10만 명 혹은 1800~1810년 영국 성인 인구 1000만 명 중 5만 명)에 해당된다. 따라서 발자크와 오스틴은 인물들을 선택할 수 있는 범위가 넓었다.

37_ 19세기에 임금이 가장 높은 상위 1퍼센트의 일자리들은 하류층의 약 10배, 즉 평균 소득의 5배에 이르는 생활수준을 제공했다(도표 11.10 참조). 당시 평균 소득의 20~30배를 버는 사람은 가장 많은 임금을 받는 0.01퍼센트(2000만 명 중 기껏해야 2000명)뿐이었다고 추정할 수 있다. 파리에서 1년에 5만 프랑(평균 소득의 100배) 이상 버는 변호사가 고작 5명이라는 보트랭의 말이 아주 틀린 말은 아니었을 것이다. 인터넷 부록 참조.

38_ 제2장에서와 마찬가지로 여기에서 언급된 평균 소득은 1인당 평균 국민소득이다. 1810~1820년에 프랑스의 평균 소득은 1인당 400~500프랑이었고 아마 파리의 1인당 평균 소득은 500프랑을 약간 웃돌았을 것이다. 하인의 임금은 평균 소득의 3분의 1에서 2분의 1이었다.

39_ 19세기와 1914년까지도 1파운드의 가치가 25프랑이었다는 것을 기억하자. 제2장 참조.

40_ 30년 전인 1770년대에 조지 3세의 한 측근이 배리 린던에게 3만 파운드의 자본이 있는 사람은 기사 작위를 받아야 한다고 말하지 않았던가? 레드먼드 배리는 1년에 고작 15파운드(하루에 1실링), 즉 1750~1760년의 영국 평균 소득의 절반만 받으며 군에 입대한 뒤 꽤 큰 성공을 거두었다. 몰락은 불가피했다.(스탠리 큐브릭의 1975년 영화 「배리 린던」의 이야기다.—옮긴이) 유명한 19세기 영국 소설에서 영감을 얻은 스탠리 큐브릭은 제인 오스틴만큼 금액에 대해 정확했다는 것에 주목하자.

41_ Jane Austen, *Sense and Sensibility*(Cambridge, MA: Belknap Press, 2013), p.405

42_ Jane Austen, *Sense and Sensibility*, p.138

43_ 보트랭의 냉소적인 설교는 결국 라스티냐크를 설득한다. 라스티냐크는 뉘생장 상점에서 40만 프랑의 재산을 손에 넣기 위해 델핀의 남편과 사업 거래를 한다.

44_ 1788년 10월 노르망디를 떠나기 직전에 영은 이렇게 기록했다. "유럽은 이제 아주 많이 동화되어서 1년에 소득이 1만5000 혹은 2만 리브르인 집에 가보면 젊은 여행자가 예상했던 것보다 훨씬 더 비슷한 생활의 모습을 보게 된다."(Arthur Young, Travels in 1787, 1788, 1789, pub. 1792, reprinted as *Arthur Young's Travels in France*(Cambridge: Cambridge University Press, 2012), p.145) 영이 이야기한 단위는 제르미날 프랑화에 상응하던 리브르 투르누아다. 이 액수는 700~900파운드와 같았고 당시 프랑스나 영국의 평균 소득의 30~50배에 해당되었다. 나중에 영은 좀 더 구체적으로 기술했다. 이 소득으로 "하인 6명, 하녀 5명, 말 8마리, 정원, 보통 크기의 식탁을 갖추고 살 수 있다." 반면 6000~8000리브르 투르누아로는 "하인 2명과 말 3마리만 겨우 갖출 수 있다." 가축이 자본과 지출의 중요한 부분이었음에 주의하라. 1789년 11월에 영은 툴롱에서 자신의 말을 600리브르 투르누아('평범한 하인' 1명이 받는 1년 임금의 4배)에 팔았다. 이것은 당시의 일반적인 가격이었다. 인터넷 부록 참조.

45_ Michael Young은 *The Rise of Meritocracy*(London: Thames and Hudson, 1958)에서 이러한 두려움을 표현했다.

46_ 이 시기에 공무원의 급여 체계 문제는 많은 정치적 갈등을 불러일으켰다. 1792년에 혁명가들은 8대 1 비율의 제한적인 급여 체계를 확립하려 했다.(이 체계는 1948년에 마침내 도입되었지만 오늘날에도 존재하는 최고위 공무원들의 불투명한 상여금 체계로 인해 곧 유명무실해졌다.) 나폴레옹은 임금이 높은 직책을 몇 개 만들었지만 아주 소수여서 1831년에 티에르는 이를 줄일 필요성을 느끼지 못했다.(그는 같은 연

설에서 "도지사, 장군, 치안판사, 대사들에게 300만 정도를 주거나 받는 우리는 제국의 사치 혹은 미국식의 소박함을 가지고 있다"라고 덧붙였다.) 토크빌은 당시 미국의 최고위 공무원들이 프랑스에서보다 훨씬 더 적은 임금을 받았다는 사실도 언급했다. 토크빌은 이런 현상을 미국에 민주주의적 정신이 팽배해 있다는 확실한 징후로 생각했다. 많은 우여곡절이 있었지만, 매우 높은 임금을 받는 이 소수의 직책들은 프랑스에서 제1차 세계대전까지 (따라서 자본소득자가 몰락할 때까지) 유지되었다. 이러한 전개과정에 대해서는 인터넷 부록 참조.

47_ Piketty, *Les hauts revenus en France*, p.530 참조.

48_ 이 주장은 불균형과 과시적 소비 논리를 지지하느라 필요의 논리를 무시한다. Thorstein Veblen은 *The Theory of the Leisure Class*(New York: Macmillan, 1899)에서 거의 같은 이야기를 했다. 평등이라는 아메리칸드림은 이미 아득한 추억이 되었다.

49_ Michèle Lamont, *Money, Morals and Manners: The Culture of the French and the American Upper-Middle Class*(Chicago: University of Chicago Press, 1992). 라몽이 인터뷰했던 사람들은 분명 소득계층의 60번째나 70번째 백분위보다는 90번째나 95번째 백분위(혹은 일부는 98번째나 99번째 백분위)에 더 가까웠다. J. Naudet, *Entrer dans l'élite: Parcours de réussite en France, aux États-Unis et en Inde*(Paris: Presses Universitaires de France, 2012)도 참조.

50_ 상황을 너무 암울하게 그리지 않기 위해 도표 11.9~11.11은 중심 시나리오에 따른 결과만 보여준다. 대안 시나리오에 따른 결과는 인터넷에서 이용할 수 있으며(부록 도표 S11.9~11.11 참조) 훨씬 더 걱정스럽다. 국민소득 대비 상속액의 비율은 19세기의 수준을 넘지 않는데, 총자원에서 상속이 차지하는 비율이 19세기의 수준을 초과한 이유는 조세제도가 설명해준다. 오늘날에는 노동소득에 상당한 세금이 매겨지는 반면(평균 30퍼센트, 퇴직연금과 사회보장기여금 제외) 상속에 부과되는 실질적인 평균 세율은 5퍼센트 이하다.(그러나 상속은 세금으로 충당되는 현물 이전—교육, 의료, 치안 등—의 이용과 관련해 노동소득과 동일한 권리를 부여한다.) 세금 문제는 제4부에서 검토할 것이다.

51_ 제인 오스틴이 1인당 평균 소득이 연간 30파운드 정도인 세계에서 이야기했던 3만 파운드 가치의 토지 부동산의 경우도 마찬가지다.

52_ 「위기의 주부들Desperate House wives」 시즌 4에서는 바하마에 숨겨놓은 재산이 중요한 역할을 한다.(카를로스 솔리스는 1000만 달러를 되찾아야 하고 이 때문에 아내

와의 사이에 끊임없이 복잡한 문제가 일어난다.) 하지만 이 드라마는 더할 나위 없이 달콤해. 사회적 불평등을 걱정스러운 시각으로 묘사하지 않는다. 물론 기존 질서를 위협하는 교활한 생태적 테러리스트나 모의에 가담한 지적장애가 있는 소수 집단의 문제가 아니라면 말이다.

53_ 이 점에 대해서는 제13장에서 다시 논의할 것이다.

54_ 대안 시나리오가 적중한다면 이 비율은 25퍼센트를 넘을 수도 있다. 인터넷 부록 도표 S11.11 참조.

55_ 모딜리아니, 베커, 파슨스의 사회경제학 이론과 비교할 때, 『사회노동의 분열De la division du travail social』(1893)에 제시된 뒤르켐의 이론은 상속의 종말에 관한 정치적 이론이다. 이 이론에서 내놓은 예측은 다른 이론들과 마찬가지로 정확하지 않은 것으로 드러났다. 하지만 20세기에 일어난 전쟁들로 인해 문제가 단지 21세기로 미뤄진 것일지도 모른다.

56_ 2012년 7월 22일 마리오 드라기의 『르몽드』와의 인터뷰 참조.

57_ 택시 문제의 중요성을 과소평가하려는 것은 아니다. 하지만 이것이 21세기에 유럽이나 세계 자본주의가 직면한 가장 중요한 문제라고 말하지는 못할 것 같다.

58_ 왕정복고 시대에 프랑스에서는 성인 남성 중 투표권이 있는 사람이 1퍼센트 이하(1000만 명 중 9만 명)였고 7월 왕정 때는 이 비율이 2퍼센트로 상승했다. 관직을 맡기 위한 재산 요건은 더 엄격했다. 성인 남성 중에서 이 요건을 충족시키는 사람은 0.2퍼센트가 되지 않았다. 1793년에 남성의 보통선거권이 잠깐 도입되었고 1848년 이후에 확립되었다. 영국에서는 1831년까지 투표할 수 있는 사람이 인구의 2퍼센트에 못 미쳤다. 이후 1831년, 1867년, 1884년, 1918년의 개혁으로 서서히 재산 요건이 사라졌다.

59_ 여기서 제시된 독일의 데이터는 Christoph Schinke가 "Inheritance in Germany 1911 to 2009: A Mortality Multiplier Approach," Master's thesis, Paris School of Economics, 2012에서 수집했다. 인터넷 부록 참조.

60_ 영국의 상속액은 좀더 적었던 것으로 보인다(23~24퍼센트보다는 20~21퍼센트 쪽). 그러나 이 추정치는 경제적 추정이 아니라 조세적 추정에 근거했고 따라서 약간 더 낮을 수 있다. 영국의 데이터는 Anthony Atkinson이 "Wealth and Inheritance in Britain from 1896 to the Present," London School of Economics, 2012에서 수집했다.

61_ 이런 현상이 세계적인 수준에서 일어나면 세계의 자본수익률이 낮아지고 생애주

주

기 자산이 양도 가능한 자산을 어느 정도 더 많이 대체할 것이다.(자본수익률이 낮아지면 첫 번째 유형의 자본축적보다 두 번째 유형의 자본축적이 더 저하되기 때문이다.) 이 문제는 제12장에서 다시 다룰 것이다.

62_ 이 주제에 대해서는 많은 재산을 낭비한 개인들과의 인터뷰를 근거로 한 Anne Gotman의 주목할 만한 저서인 *Dilapidation et prodigalité*(Paris: Nathan, 1995) 참조.

63_ 특히 모딜리아니는 상속자산에 자본화된 소득을 포함시키지 않는 단순한 실수를 범했다. 반면 코틀리코프와 서머스는 이를 무제한으로 고려했는데(자본화된 상속이 상속인의 부를 초과하더라도) 이 역시 정확한 방법이 아니다. 이 문제에 대한 상세한 분석은 인터넷 부록 참조.

12장

/

1_ 구매력평가를 사용한 전 세계의 GDP는 2012~2013년 대략 85조 달러였고(70조 유로) 나의 추정에 따르면 총민간자산은(부동산, 사업자산, 부채를 뺀 금융자산) 전 세계 GDP의 약 4년 치, 즉 340조 달러(280조 유로)였다. 제1장, 제6장, 인터넷 부록 참조.

2_ 이 시기의 평균 물가상승률은 연 2~2.5퍼센트였다.(달러보다 유로에서 좀더 낮았다. 제1장을 참조하라.) 모든 상세한 참고자료는 인터넷 부록 참조.

3_ 전 세계 인구에 대해 이와 같은 평균을 계산해보면(성인뿐만 아니라 아동도 포함), 성장률은 모두 증가하지만 그 차이는 변하지 않는다. 전 세계 인구는 1987~2013년에 성인 인구보다 상당히 낮은 성장을 기록했다(연 1.9퍼센트에 비해 연 1.3퍼센트였다). 제1장과 인터넷 부록 참조.

4_ 인터넷 부록과 인터넷에서 이용 가능한 부록 표 S12.1을 참조.

5_ 예를 들어 상위 2000만분위 수준에서 1987~2013년에 관찰된 격차 확대의 비율이 2013년 순위에 포함되었던 1400명의 억만장자를 구성하는 분위(대략 상위 300만분위다)에 계속 적용될 것이라고 가정하면, 이 분위의 몫은 2013년 세계 전체 부의 1.5퍼센트에서 2050년 7.2퍼센트, 2100년 59.6퍼센트로 증가할 것이다.

6_ 미국, 프랑스, 영국, 독일의 다른 잡지들이 발표하는 각국의 부자 순위는 『포브스』의 세계 순위보다 부의 계층 구조에서 조금 낮다. 그리고 이들 몇몇 순위에 포함

된 부가 각국의 전체 민간부문 부에서 차지하는 비율은 2~3퍼센트다. 인터넷 부록 참조.

7_ 언론에서 억만장자의 부는 때때로 전 세계의 생산에 대한 비율로 표현된다.(혹은 어떤 국가의 GDP에 대한 것으로 표현되는데, 그 결과는 놀라울 정도다.) 이것은 이들 대규모 재산을 세계적 자본총량의 비율로 표현하는 것보다 더 이해하기 쉽다.

8_ 이 보고서는 특히 다음의 혁신적인 작업에 의한 것이다. James B. Davies, Susanna Sandström, Anthony Shorrocks, and Edward N. Wolff, "The Level and Distribution of Global Household Wealth," *Economic Journal* 121, no.551(March, 2011): pp.223~254. 또한 제10장에서 제시된 유형과 같은 자료에 기초하고 있다. 인터넷 부록 참조.

9_ 일반적으로 말하면, 부의 분배를 (나라별로 각각) 추정하는 데 사용된 자료는 과거에 약간씩 거리를 두고 있는 연도들에 관한 것이며, 거의 전적으로 국민계정 및 유사한 자료에서 얻은 집계 자료로만 갱신된 것이다. 인터넷 부록 참조.

10_ 예를 들어 수년간 프랑스에서 거액 재산의 대규모 해외 도피 행각을 보도해왔던 프랑스 언론은(몇몇 일화 외에는 그에 대한 정보를 입증하려고 그다지 노력하지 않았다) 2010년 이후 매년 가을 발행되는 크레디 스위스의 보고서를 보고 놀라움을 금치 못했다. 이 보고서에 따르면 프랑스는 유럽의 부유한 국가들 가운데 명백히 선두 주자였다. 또한 프랑스는 백만장자 수에 관한 순위에서 일관되게 세계 3위였다.(미국과 일본 다음이었지만 영국과 독일은 훨씬 더 앞질렀다.) 이 경우, 크레디 스위스의 조사 방식이 프랑스와 독일 간의 차이를 과장하는 경향이 있다는 점을 감안해도, 이 정보는 (이용할 수 있는 자료로 판단 가능한 범위에서) 정확해 보인다.

11_ 인터넷 부록 참조.

12_ 전 세계적 소득분배의 관점에서 보면, 상위 백분위 몫의 급속한 증가(이는 모든 나라에서 일어나지는 않는다)는 세계의 지니계수 감소를 막지 못했던 것 같다.(특히 중국 같은 나라의 불평등을 평가하는 것은 상당히 불확실하긴 하지만 말이다.) 글로벌 부의 분배는 상위계층에서 훨씬 더 많이 집중되어 있기 때문에, 소득분배에 비해 상위 백분위 몫의 증가는 더욱 큰 문제가 될 수 있다. 인터넷 부록 참조.

13_ 상위 만분위의 평균 재산(45억 성인 중 45만 명)은 약 5000만 유로, 즉 세계 성인 1인당 평균 부의 거의 1000배이며, 전체 세계의 부에서 차지하는 비율은 약 10퍼센트다.

14_ 빌 게이츠는 1995~2007년 『포브스』 순위 1위였는데, 이후 2008~2009년에는

주

워런 버핏이 그리고 2010~2013년에는 카를로스 슬림이 1위를 차지했다.

15_ 1907년에 처음 발명된 염색제는 당시 헤어스타일의 이름을 따라 후광을 연상시키는 '로레알'이라는 이름을 얻었다. 그 발명으로 1909년 프랑스 무해 모발염색 회사 French Company for Harmless Hair Dyes가 세워졌는데, 이 회사는 후에 많은 다른 상표를 출시한 뒤(1920년 몽사봉 같은 것), 결국 1936년 로레알L'Oréal이 되었다. 발자크의 작품에 나오는 세자르 비로토의 직업과 유사한 것이 인상적인데, 발자크는 그가 19세기 초반 '장 가스 배출액L'Eau Carminative'과 '터키 왕비들의 국수(호화로운 식사)La Pâte des Sultanes'를 발명하여 재산을 이루었다고 묘사했다.

16_ 재산이 100억 유로라면 단지 0.1퍼센트만 쓴다 하더라도 연간 1000만 유로를 소비하기에 충분하다. 자본수익률이 5퍼센트이면, 그 가운데 98퍼센트를 저축할 수 있다. 자본수익률이 10퍼센트이면 99퍼센트를 저축할 수 있다. 어쨌든 소비는 대수롭지 않다.

17_ Honoré de Balzac, *Le père Goriot*(Paris: Livre de Poch, 1983): pp.105~109.

18_ 『챌린지』의 경우, 그에 해당되는 구간의 부유세 신고 수치와 비교하면 5000만~5억 유로 구간에 포함되는 재산의 수는 너무 적어 보인다.(특히 사업자본의 대부분은 부유세가 부과되지 않고, 그러므로 통계에도 반영되지 않는다.) 이것은 『챌린지』가 다양한 재산을 살펴보지 않았기 때문이다. 사실 두 자료는 반대 이유로 대규모 재산의 실제 수를 과소평가했다. 『챌린지』의 자료는 사업자본을 과대평가하는 반면 금융 자료는 과소평가하며, 둘 다 애매하고 변하기 쉬운 정의에 기초하고 있다. 시민들은 이에 당혹스러워하면서 부라는 주제가 이해하기 매우 힘들다고 느끼게 된다. 인터넷 부록 참조.

19_ 더군다나 개념적으로 상속자산의 정상적인 수익률이 무엇인지 정의하기란 그리 간단한 문제가 아니다. 제11장에서 나는 모든 재산에 똑같은 평균 자본수익률을 적용했는데, 이는 분명히 릴리안 베탕쿠르를 (그녀의 자본수익률이 아주 높다는 관점에서) 매우 부분적인 상속자로 취급한다. 그녀는 순수한 상속자로 그녀를 분류했던 스티브 포브스보다 더욱 부분적인 상속자였다. 반면 포브스는 스스로를 상속된 재산을 '양육하는 사람'으로 생각했다. 인터넷 부록 참조.

20_ 슬림과 게이츠의 상대적 능력에 관한 특히 강력한 몇몇 주장에 대해서는 불행히도 어떠한 확실한 사실적 논거도 없다. 예를 들어 Daron Acemoglu and James A. Robinson, *Why Nations Fail: The Origin of Power, Prosperity, and Poverty*(New York: Crown Publishing, 2012): pp.34~41를 참조하라. 이 저자들

이 이상적 부의 분배에 관해 별로 논의하지 않는다는 점에서 볼 때 그들의 비판적인 어조는 더더욱 놀랍다. 이 책의 중심 내용은 발전과정의 영국, 미국, 프랑스의 혁명에서 유래한 재산권 제도의 역할에 대한 옹호다.(좀더 최근의 사회제도나 과세제도에 대해서는 거의 언급하지 않는다.)

21_ 예를 들어 잡지 *Capital*, no.255(December 3, 2012) 참조. "1억8000만 유로(…) 사장인 락슈미 미탈이 최근 그 금액의 3배로 영국에서 사들인 부동산 가치와 비교하면 훨씬 못 미치는 금액이다. 사실 그 사업가는 최근에 구필리핀 대사관을 사들였는데(7000만 파운드, 8600만 유로다), 아마도 그의 딸 바니샤를 위해서인 것으로 보인다. 그는 바로 그 이전에 그의 아들 아디탸에게 선물로 1억1700만 파운드(1억4400만 유로) 가치의 집을 아낌없이 주었다. 두 저택은 켄싱턴 궁전 공원에 위치해 있는데, 억만장자 거리로 알려진 곳으로 미탈 부부의 궁전과도 멀지 않다. 락슈미 미탈의 거주지는 '세계에서 가장 비싼 개인 주택'으로 회자되며 터키식 욕조, 보석으로 상감한 수영장, 타지마할과 같은 채석장에서 생산된 대리석, 하인의 방 등이 구비되어 있다…… 이 세 채의 집은 통틀어 5억4200만 유로인데, 플로랑주에 투자된 1억8000만 유로보다 3배 많다."

22_『포브스』순위는 흥미로운 기준을 사용하지만, 정확하게 적용하기는 힘들다. 그것은 '독재자'와 '정치적 지위'에서 나오는 부를 소유한 (영국 여왕과 같은) 사람은 제외한다. 그러나 권력을 얻기 전에 재산을 획득한 개인은 그 순위에 포함된다. 예를 들어 조지아의 로서 비지나 이바니슈빌리는 2012년 말 총리가 되었지만, 2013년 여전히 순위에 있다. 그의 재산은 50억 달러로 추정되는데, 이는 그 나라 GDP의 4분의 1이다.(조지아 국부의 5~10퍼센트.)

23_ 미국 대학 기금의 전체 금액은 GDP의 약 3퍼센트이고 이 자본의 연간 소득은 GDP의 약 0.2퍼센트인데, 이는 미국이 고등교육에 쓰는 총액의 약 10퍼센트를 조금 넘는다. 그러나 이런 비율은 대학 기금의 규모가 가장 큰 대학의 경우 30~40퍼센트까지 올라간다. 게다가 이런 기금은 이들 기관의 지배구조에서 중요한 역할을 하는데, 종종 화폐가치가 띠는 중요성을 능가한다. 인터넷 부록 참조.

24_ 여기서 사용된 자료는 하버드대, 예일대, 프린스턴대 및 다른 대학들이 발행한 보고서뿐만 아니라 미국대학교육사업자연합회가 발행한 보고서에서 주로 나온 것이다. 인터넷 부록 참조.

25_ 하위 기간의 결과는 인터넷 부록 참조. 부록 표 S12.2는 인터넷에서 이용할 수 있다.

주

26_ 그러나 이 둘 사이의 주된 차이는 대부분의 민간자산의 소유자들이 상당한 금액의 세금을 내야 한다는 사실에서 기인한 것임을 주목하라. 1980~2010년 미국에서 이들 민간자산의 평균 세전 실질수익률은 5퍼센트 정도였다. 인터넷 부록 참조.

27_ 표 12.2의 괄호에 나타난 범주별 대학의 숫자는 2010년 기금에 근거한 것이지만 결과에 편의를 만들어내지 않도록 수익은 매 10년의 시작 시점의 기부금에 따라 대학 순위를 매겨서 산출했다. 관련된 모든 상세한 결과는 인터넷 부록에서 이용 가능하다. 특히 인터넷에서 이용 가능한 부록 표 S12.2 참조.

28_ 세계의 변화를 제대로 볼 줄 안다면 부동산으로 아주 높은 투자 수익을 낼 수 있다. 실제로 이런 부동산에는 종종 주거용뿐만 아니라 매우 큰 규모의 사업용 및 상업용 부동산이 대거 포함된다.

29_ 게다가 이는 1980~2010년 30년 동안 재산 순위가 거의 바뀌지 않았다는 사실로도 확인된다. 대학 기금 순위는 그대로이다.

30_ 예를 들어 하버드 대학의 연례 금융보고서를 보면 1990년에서 2010년까지 기금으로부터의 연평균 실질수익률은 약 10퍼센트에 달한 반면 새로운 기부로 인한 기금의 증가는 평균 연 2퍼센트 정도다. 그러므로 전체 실질소득(기금 수익과 기부로 얻는)은 기존 기금 총액의 12퍼센트가 된다. 그중 기금의 5퍼센트에 해당되는 금액이 대학의 연간 예산으로 쓰이고, 나머지 7퍼센트는 기금에 추가되었다. 이것이 1990년의 50억 달러의 기금이, 대학들이 새로운 기부금에서 나오는 액수의 2.5배에 해당되는 연간 재원을 쓰면서도 2010년에 300억 달러로 증가하는 것을 가능케 했다.

31_ 그러나 자산 가격의 역사적 반등도 연간 수익률을 다소 높이는 정도에 지나지 않는 것으로 보인다는 점에 주목하자. 이는 필자가 논의해온 수익률 수준과 비교하면 상당히 적은 것이다. 인터넷 부록 참조.

32_ 예를 들어 빌 게이츠는 빌앤드멜린다 게이츠 재단의 자산을 효과적으로 통제하고 있기 때문에, 『포브스』는 재단의 자산을 게이츠의 개인 재산의 일부로 계산한다. 통제를 계속하는 것과 사심 없는 기부는 모순되는 것처럼 보인다.

33_ 베르나르 아르노는 사치품에서 세계 선두 주자인 LVMH의 주요 주주로, 그에 따르면 그의 자산을 보유한 벨기에 재단의 목적은 자선이나 절세가 아니며, 주로 유산 상속을 위한 장치다. 아르노는 "내가 죽은 뒤 분명 자녀 5명과 조카 2명 중에 한 명이 재산을 인수받을 수 있는 사람으로 판명될 것이다"라고 언급했다. 그러나 그는 그들 사이의 분쟁이 두려웠다. 그래서 자신의 자산을 재단에 둠으로써, "만약 내가 죽고 나서 내 후계자들이 합의를 도출하지 못할 경우, 그룹의 생존을 확실하게 하기 위

해" 그의 후계자들이 "불가분" 투표하도록 강제한 것이다. *Le Monde*, 2013년 4월 11일자 참조.

34_ 가브리엘 패크Gabrielle Fack와 카미유 랑데Camille Landais의 연구는 미국과 프랑스에서 이루어지는 이런 형태의 개혁에 관한 내용으로 이 점을 설득력 있게 언급하고 있다. 인터넷 부록 참조.

35_ 이와 관련한 미국에서의 불완전한 추정치를 살펴보려면 인터넷 부록 참조.

36_ 제5장 참조.

37_ 이런 문제는 19세기에는 더 심각했다. 적어도 도시, 특히 파리에서는 제1차 세계대전 이전에는 대부분의 건물이 개별 아파트로 나뉘어 분양되지 않았기 때문이다. 따라서 전체 건물을 구입하기에 충분할 정도의 재산이 필요했다.

38_ 제5장 참조.

39_ 1998~2012년 연평균 명목수익률은 단 5퍼센트였다. 그러나 이런 수익률을 위에서 살펴본 대학 기금의 수익률과 정확하게 비교하는 것은 어려운 일이다. 왜냐하면 우선 1998~2012년의 자료가 1990~2010년 혹은 1980~2010년의 자료보다 정확하지 않기 때문이며(안타깝게도 노르웨이 펀드에 관한 통계는 1998년부터 시작되었다), 다른 한편으로는 상대적으로 낮은 수익률은 노르웨이 크로네의 강세 때문이었다.

40_ 2010년 인구조사에 따르면, 아랍에미리트(이 가운데 아부다비가 인구가 가장 많은 국가다)에는 100만을 조금 넘는 국민이 있다.(외국인 노동자가 700만 명이 넘는다.) 쿠웨이트의 국민도 거의 동일한 규모다. 카타르의 인구는 30만 명의 국민과 150만 명의 외국인으로 구성되어 있다. 사우디아라비아만 거의 1000만 명의 외국인 노동자들을 고용하고 있다.(국민은 약 2000만 명이 넘는다.)

41_ 인터넷 부록 참조.

42_ 공식적으로 국부펀드에 포함되지 않는 금융자산뿐만 아니라 공공 비금융자산도 (공공건물, 학교, 병원 등) 고려해야 하며, 그다음 공공부채를 빼야 한다. 현재 부유한 국가들의 경우, 순공공자산은 평균적으로 민간자산의 3퍼센트 이하다.(때로는 순공공자산이 마이너스가 되기도 한다.) 따라서 큰 차이가 나지 않는다. 제3~5장과 인터넷 부록 참조.

43_ 만약 부동산과 비상장 사업자산을 제외한다면, 2010년에 좁은 의미의 금융자산이 세계 민간 부의 4분의 1과 3분의 1 사이를 차지한다. 이는 세계 GDP의 (4배가 아닌) 1~1.5배에 해당되는 것이다. 따라서 국부펀드는 세계 금융자산의 5퍼센트를 차지한다. 여기서 순금융자산은 가계 및 정부가 소유한 것이다. 국내와 국가 간의 금융

및 비금융 기업 간의 매우 큰 교차소유의 관점에서 보면 총금융자산은 국내총생산의 3배 이상이다. 인터넷 부록 참조.

44_ 천연자원에서 나오는 지대는 1970년대 중반부터 1980년대 중반까지의 기간에 이미 세계 GDP에서 차지하는 비율이 5퍼센트를 초과했다. 인터넷 부록 참조.

45_ 나의 가설은 암묵적으로 공공저축과 민간저축을 모두 고려한 중국(혹은 다른 지역)의 장기적 저축률을 가정한다. 그러나 미래 중국의 공공재산(특히 국부펀드에서)과 사유재산 사이의 관계를 예측할 수는 없다.

46_ 어쨌든 이렇게 지대가 (석유 지대로부터 다양한 지대로) 변화하는 뚜렷한 과정은 다음과 같은 점들을 보여준다. 즉 자본은 역사적으로 다양한 형태를 띠었지만(토지, 석유, 금융자산, 사업자본, 부동산 등) 그것의 기초가 되는 논리는 그다지 변하지 않았거나, 어쨌든 사람들이 생각하는 것보다 훨씬 덜 변화했다.

47_ 부과 방식에서는 현재의 노동자들이 연금에 내는 기여금이 따로 투자되지 않고 바로 퇴직자에게 지급된다. 이 문제에 관해서는 제13장 참조.

48_ 유럽과 미국 자본의 4분의 1 내지 2분의 1 사이(다양한 가정에 따라 심지어 그 이상도). 인터넷 부록 참조.

49_ 석유수출국에 의한 격차 확대는 과두적 격차 확대로도 볼 수 있는데, 석유 지대를 손에 넣은 소수의 개인들이 국부펀드를 통해 고도의 자본축적을 계속할 수 있기 때문이다.

50_ 유럽연합의 GDP는 2012~2013년에 15조 유로에 근접했는데, 구매력평가로 볼 때 중국의 GDP가 10조 유로인 것과 비교된다.(혹은 현재 시장환율로 6조 유로인데, 국제 금융자산은 시장환율로 비교하는 것이 더 나을 것이다.) 제1장 참조. 중국의 순해외자산이 빠르게 증가하고는 있지만 부유한 국가들의 민간자산을 추월하기에 충분할 정도로 빠른 것은 아니다. 인터넷 부록 참조.

51_ Aurélie Sotura "Les étrangers font-ils monter les prix de l'immobilier? Estimation à partir de la base de la chambre des Notaires de Paris, 1993~2008," Paris, Ecoles des Hautes Etudes en Sciences Social and Paris School of Economics, 2011 참조.

52_ 특히 도표 5.7 참조.

53_ 도표 12.6에서 '부유한 국가'는 일본, 서유럽 및 미국을 포함한다. 캐나다와 오세아니아를 추가해도 별 차이가 없을 것이다. 인터넷 부록 참조.

54_ 제3장~제5장 참조.

55_ 또는 전 세계 순금융자산의 7~8퍼센트.

56_ 조세정의네트워크의 제임스 헨리James Henry가 2012년에 작성한 높은 추정치와 로넨 팔란Ronen Palan, 리처드 머피Richard Murphy, 크리스티앙 샤바뇌Christian Chavagneux 가 작성한 중간 수준의 2010년 추정치 사이의 토론을 보려면 인터넷 부록 참조.

57_ 도표 12.6에 있는 자료는 가브리엘 쥐크망의 "The Missing Wealth of Nations: Are Europe and the U.S. Net Debtors or Net Creditors?" *Quarterly Journal Economics* 128, no.3(2013), pp.1321~1364에서 인용.

58_ Roine과 Waldenström의 추정에 따르면, 일정한 가정 하에 (스웨덴의 국제수지 의 불일치에서 추정된) 해외 은닉 자산이 차지하는 금액을 고려하면, 스웨덴의 상위 1퍼센트의 부가 미국의 상위 1퍼센트의 부(이것도 해외 은닉 자산을 고려하면 더욱 증가할 것이다)와 동일한 수준에 근접한다는 결론에 이른다. 인터넷 부록 참조.

13장

/

1_ 이 책에서는 관례에 따라 세수에 각종 세금과 공과금, 사회보장기여금 및 벌금 등을 모두 포함한다. 세금, 사회보장기여금과 같이 국가가 징수하는 각기 다른 종류 의 세수를 명확히 구분하기가 어려울 뿐만 아니라 국가마다 의미를 다소 다르게 적 용하기 때문이다. 세금과 관련된 각종 자료를 역사적, 국제적으로 비교하기 위해서 는 중앙정부나 주정부, 지방자치단체 및 공공기관을 포함한 모든 국가 기관에 국민 이 납부하는 총금액을 고려해야 한다. 논의를 단순화하기 위해 나는 때로 '세금'이라 는 단어를 사용할 것이지만, 별도의 언급이 없는 한 그것은 다른 의무적인 납부금들 을 모두 포함한다. 인터넷 부록 참조.

2_ 일반적으로 국방비 지출은 최소한 국민소득의 2~3퍼센트를 차지한다. 특히 군사 적 활동이 활발한 국가(예컨대 미국은 현재 국민소득의 4퍼센트 이상을 국방비로 지 출하고 있다)나 재산권 및 안보가 위협받고 있다고 느끼는 국가(예컨대 사우디아라비 아 및 페르시아 만 연안 국가들의 국방비는 국민소득의 10퍼센트 이상을 차지한다) 는 국방비의 비중이 훨씬 더 높아진다.

3_ 19세기에는 보통 의료 및 교육 예산이 국민소득의 1~2퍼센트 미만이었다. 국가 의 사회적 지출의 비중이 18~19세기에는 더디게 늘어났고 20세기에는 빠르게 증가 했다는 역사적 사실을 확인하려면 P. Lindert, *Growing Public: Social Spending* *and Economic Growth since the Eighteenth Century*(Cambridge: Cambridge University press, 2004) 참조.

4_ 여기서 언급된 의무적 납부금, 즉 세수의 비중은 국민소득(국민소득은 GDP에서 10퍼센트 정도인 자본의 소모분을 빼고 난 금액으로, 보통 GDP의 90퍼센트 정도다)에서 차지하는 비중을 나타낸다. 이런 방식의 계산법이 타당한 이유는 자본의 소모는 어느 누구의 소득도 아니기 때문이다(제1장 참조). 만약 국민소득 대신 GDP를 기준으로 계산하면 자본의 소모분이 포함되기 때문에 세수 비중이 10퍼센트 줄어든다.(예컨대 국민소득의 50퍼센트 대신 GDP의 45퍼센트가 된다.)

5_ 국가별로 단 1~2퍼센트의 차이가 난다면 이는 순전히 통계상의 차이에 불과할 수 있다. 하지만 5~10퍼센트의 차이는 현실의 차이이며 각국 정부가 수행하는 역할을 보여주는 현실적이고 중요한 지표다.

6_ 영국에서는 정부 역할의 축소를 추진했던 1980년대 대처 총리 재임 시절에 세수 비율이 감소했다가 1990~2000년 새 정부가 공공서비스에 재투자하면서 세수 비율이 다시 증가했다. 프랑스에서는 다른 나라보다 다소 늦은 시기부터 세수의 비율이 늘어났지만 1970~1980년에도 계속 빠르게 상승했고 1985~1990년에 이르러서야 안정화되기 시작했다. 인터넷 부록 참조.

7_ 장기적인 경향에 초점을 맞추기 위해 여기서는 10년 단위의 평균을 사용했다. 연간 세수 비율에는 종종 일시적이고 중요하지 않은 모든 종류의 작은 경기 변동이 반영되기 때문에 장기적 경향을 관찰하기에 적합하지 않을 수 있다. 인터넷 부록 참조.

8_ 일본은 미국보다 약간 더 높은 수준(국민소득의 32~33퍼센트)이다. 캐나다, 호주, 뉴질랜드는 영국과 엇비슷한 수준(35~40퍼센트)이다.

9_ 내가 보기에 '사회적 국가social state'라는 용어가 '복지국가'라는 용어보다 국가의 본질과 다양한 임무를 더 잘 나타낸다.

10_ 2000~2010년 프랑스, 독일, 영국, 미국의 급격한 공공지출의 삭감을 보려면 인터넷 부록 표 S13.2 참조.

11_ 보통 교육에는 5~6퍼센트를, 의료에는 8~9퍼센트를 지출한다. 인터넷 부록 참조.

12_ 1948년에 설립된 영국의 국민건강보험은 영국의 국가 정체성의 핵심적인 부분이라고 할 수 있다. 영국의 의료제도는 2012년 런던올림픽의 개막식에서 산업혁명, 1960년대의 록그룹과 함께 연극 형식으로 소개되기도 했다.

13_ 미국에서는 인구의 상당수가 보험에 가입되어 있지 않고 건강 지표들도 유럽만

큰 좋지 않지만, 개인들이 부담하는 민간 의료보험료를 합산하면 의료보험제도의 비용이 세계에서 가장 높다.(유럽이 국민소득의 10~12퍼센트인 데 반해, 미국은 거의 20퍼센트에 육박한다.) 결함이 전혀 없는 것은 아니지만, 보편적인 공적 의료보험제도가 미국의 의료제도보다 비용-편익 비율이 더 좋은 것은 분명하다.

14_ 이와 대조적으로 교육과 의료 분야의 사회적 지출은 가계의 (현금) 가처분소득을 감소시킨다. 이는 가계의 가처분소득이 20세기에는 국민소득의 90퍼센트였다가 21세기에 들어와 70~80퍼센트로 감소한 사실을 설명해준다. 제5장 참조.

15_ 지급 상한 규제가 있는 연금제도는 영국 사회적 국가 설계자의 이름을 따서 보통 '베버리지식Beveridigan'(영국에서처럼 극단적인 경우 모든 이에게 똑같은 액수를 지급하는)이라 불린다. 이는 인구 대다수에게 연금 지급액이 임금에 거의 비례하는 '비스마르크식' '스칸디나비아식' 또는 '라틴식' 연금제도와 대조된다.(게다가 프랑스의 경우는 국민 대부분이 연금을 받으며 최고 수급액이 매우 높다. 다른 많은 국가가 평균임금의 2~3배에 불과한 데 비해 프랑스는 최고 8배에 달한다.)

16_ 프랑스는 복지 혜택의 내용이 극도로 복잡하고 법규와 관련 기관이 무척 많아 근로연계 복지프로그램(극도의 저임금, 파트타임 노동자에게 소득을 보충해주는 소위 적극적 연대소득)의 혜택을 받을 자격이 되는 사람 가운데 절반 이하만이 이 급여를 신청하고 있다.

17_ 유럽과 미국의 중요한 차이 중 하나는 미국의 소득보전제도에서는 항상 자녀가 있는 사람들에 대해 별도로 예산이 배정된다는 것이다. 자녀가 없는 사람들에게는 때로 교도소가 복지부의 역할을 대신해주기도 한다. 2013년 미국 성인의 1퍼센트가 교도소에 수감되어 있다. 이는 세계에서 가장 높은 비율이다.(근소한 차이로 러시아가 뒤를 잇는다. 반면 중국은 수감률이 매우 낮다.) 모든 연령층에서 흑인 남성의 수감률은 5퍼센트 이상이다. 인터넷 부록 참조. 미국의 또 다른 특이 사항은 푸드스탬프의 사용이다.(푸드스탬프는 복지 수급자가 술이나 다른 나쁜 곳에 돈을 쓰지 못하고 오직 식료품만 구입할 수 있게 하기 위한 것이다.) 이 제도는 미국인들의 자유주의적 세계관과는 상반되는 것이다. 동시에 이는 가난한 사람들에 대한 미국인의 편견을 보여주는 징표이기도 한데, 그런 편견은 유럽인들보다 훨씬 더 강하며, 아마도 인종적 편견 때문일 것이다.

18_ 앞서 설명했듯이 이는 국가별로 차이가 있다.

19_ "다음과 같은 사실을 자명한 진리로 받아들인다. 모든 사람은 평등하게 태어났고, 창조주는 몇 가지 양도할 수 없는 자연권을 주었으며, 그 권리 중에는 생명과 자

유와 행복의 추구가 있다. 이 권리를 확보하기 위해 인류는 정부를 조직했으며, 이 정부의 정당한 권력은 국민의 동의로부터 나오는 것이다."

20_ '공익'이라는 개념은 끝없는 논쟁의 대상이었다. 이를 검토하는 것은 이 책의 주제를 넘어선다. 확실한 것은 1789년 프랑스 인간과 시민의 권리에 관한 선언의 입안자들이 공리주의 정신을 공유한 것은 아니라는 점이다. 공리주의는 밀John Stuart Mill 이후로 수많은 경제학자에 의해 활발히 논의되어왔다. 공리주의 정신은 (효용의 증가율이 소득의 증가에 따라 감소하므로 부자로부터 가난한 사람에게 소득을 재분배하는 것은 총효용을 증가시킨다는 의미를 지닌 효용함수가 '오목'함수적이라는 가정과 더불어) '효용의 수학적 합계'라는 개념으로 대표된다. 재분배의 바람직함을 수학적으로 이렇게 표현하는 것은 대부분의 사람이 이 문제에 관해 생각하는 방식과는 별로 관련이 없다. 오히려 권리의 개념이 더 적절한 것으로 보인다.

21_ 여기서는 '가장 혜택받지 못한 사람들'을 개인의 통제를 넘어서는 가장 불리한 요인들을 극복해야만 하는 개인들로 정의하는 것이 타당해 보인다. 생활 조건의 불평등이 적어도 부분적으로 불평등한 가정 환경(유산이나 문화적 자본) 또는 행운(특별한 재능, 운 등)과 같은 개인의 통제를 넘어서는 요인에 따른 것인 한 정부가 가능한 한 이런 불평등을 감소시키기 위해 노력하는 것은 정당한 일이다. 기회의 평등과 조건의 평등 간의 경계는 상당히 모호하다.(교육, 의료, 소득은 기회인 동시에 조건이다.) 롤스의 기본 재화에 대한 개념을 통해 이런 인위적인 반대 의견을 극복할 수 있다.

22_ "사회경제적 불평등은 (…) 불평등이 모든 이에게 이익이 될 때만, 특히 사회에서 가장 불리한 입장에 있는 사람에게 이익이 될 때만 정당화될 수 있다."(John Rawls, *A Theory of Justice*(Cambridge, MA: Belknap Press, 15)). 1971년에 이뤄진 이 공식화는 1993년에 출판된 *Political Liberalism*에서도 재차 언급된다.

23_ 이러한 이론적 접근들은 최근에 다소 시험적인 실증 연구를 통해 Marc Fleur-baey와 John Roemer에 의해 확장되었다. 인터넷 부록 참조.

24_ 유럽에서는 전반적으로 사회적 합의가 도출되어 있음에도 불구하고 국가별로 상당한 차이가 존재한다. 가장 부유하고 생산성이 높은 국가들은 세수가 가장 높고(스웨덴과 덴마크는 국민소득의 50~60퍼센트) 가장 가난하고 저개발된 국가에서는 세수도 가장 낮다.(불가리아와 루마니아는 국민소득의 겨우 30퍼센트.) 인터넷 부록 참조. 미국에서는 사회적 합의가 덜 이루어져 있다. 그래서 일부 유력한 소수 집단이 연방정부의 모든 복지프로그램의 정당성에 근본적으로 도전하고 있다. 미국의 경우 오

3_ 인두세는 1988년에 채택되어 1991년에 폐지되었는데, 소득과 부의 규모에 상관없이 성인이 똑같이 납부해야 하는 지방세였기 때문에 부자에게 적용된 세율이 더 낮았다.

4_ Camille Landais, Thomas Piketty, and Emmanuel Saez, *Pour une révolution fiscale: Un impôt sur le revenu pour le 21e siècle*(Paris: Le Seuil, 2010): pp.48~53 참조. www.revolution-fiscale.fr에서 이용 가능.

5_ 특히 이런 추정치는 조세피난처에 숨겨둔 소득을 산정해내지 못하며(제12장에서 지적했듯이 이렇게 숨겨둔 소득은 매우 크다) 모든 수준의 소득과 자산에 '감세 수단'이 동일하다고 가정한다.(이는 아마도 상류층에 대한 실제 과세율을 과대평가하게 될 것이다.) 또한 프랑스의 세금제도가 수많은 특별한 범주와 중복된 세금으로 유난히 복잡하다는 점에 주목하라.(예를 들어 프랑스는 사회보장기여금은 언제나 원천징수했지만 소득세는 원천과세하지 않는 유일한 선진국이다.) 이런 복잡함 때문에 제도는 더욱 역진적이 되고 이해하기 어려워진다.(연금제도를 이해하기 힘든 것과 마찬가지다.)

6_ 상속된 자본소득에만 누진적 소득세가 과세되었고 (다른 자본소득과 함께) 상속된 자본 자체에는 누진세가 과세되지 않았다.

7_ 예를 들어 프랑스에서 평균 상속세 및 증여세는 겨우 5퍼센트이며, 상속재산의 상위 1퍼센트에 대해서도 상속세는 겨우 20퍼센트다. 인터넷 부록 참조.

8_ 도표 11.9~11.11과 인터넷 부록 참조.

9_ 예를 들어 하위 50퍼센트에 40~45퍼센트의 세율, 다음 40퍼센트에 45~50퍼센트의 세율을 부과하는 대신 각각 30~35퍼센트, 50~55퍼센트를 부과할 수 있다.

10_ 세대 간의 낮은 이동성을 생각하면(제13장에서 논의된 공정함의 기준으로 볼 때) 이것이 좀더 공정할 것이다. 인터넷 부록 참조.

11_ 이 법으로 1914년 7월 15일 만들어진 '일반소득세IGR: impôt général sur le revenue'는 총소득에 대한 누진세다. 이것은 오늘날 소득세의 전신이다. 1917년 7월 31일 법이 수정되어, 종별소득세cédulaire tax가 만들어졌다.(이는 기업 이윤과 임금과 같은 서로 다른 범주의 소득을 구별하여 부과한다.) 이 법규는 오늘날 법인소득세의 전신이다. 1914~1917년 이후 급격하게 변화했던 프랑스 소득세의 역사에 대한 상세한 내용은 Thomas Piketty, *Les hauts revenus en France au 20e siècle: Inégalités et redistribution, 1901~1998*(Paris: Grasset, 2001) pp.233~334 참조.

12_ 누진적 소득세는 주로 상위 자본소득을 겨냥한 것이었다.(당시 사람들은 이것이

주

소득의 계층 구조에서 지배적이었다는 것을 모두 알고 있었다.) 어떤 나라의 어느 누구에게도 자본소득에 특별한 예외는 허용되지 않았다.

13_ 예를 들어 미국 경제학자 에드윈 셀리그먼Edwin Seligman은 1890~1910년 누진세를 찬양하는 많은 저작을 출판했는데, 이는 여러 나라 언어로 번역되어 격렬한 논쟁을 불러일으켰다. 이 시기의 이러한 논쟁에 관해서는 Pierre Rosanvallon, *La société des égaux*(Paris: Le Seuil, 2011), pp.227~233 참조. Nicholas Delalande, *Les batailles de l'impôt: Consentement et résistances de 1789 à nos jours*(Paris: Le Seuil, 2011) 참조.

14_ 최고세율이란 일반적으로 '한계marginal'세율을 말하는데, 어느 '한계' 즉 특정한 한도 이상의 소득 부분에 대해서만 적용된다. 최고세율은 보통 인구의 상위 1퍼센트보다 적은 이들에게 적용된다(몇몇 경우에는 0.1퍼센트). 세금의 누진성에 대해 포괄적으로 이해하기 위해서는 소득분배의 서로 다른 백분위 계층에 대해 부과되는 실효세율을 살펴보는 것이 더 낫다.(이 경우 세율이 훨씬 더 낮을 수 있다.) 어쨌든 최고세율의 변화는 흥미로우며 이는 당연히 가장 부유한 사람들에게 부과되는 실효세율에 상한선을 부여한다.

15_ 도표 14.1이 보여주는 최고세율은 1920년 도입된 무자녀 미혼 납세자와 '결혼 후 2년이 지났지만 무자녀'인 기혼 납세자에 대한 25퍼센트 증가분은 포함하지 않는다.(이를 포함했다면 최고세율은 1920년 62퍼센트, 1925년 90퍼센트일 것이다.) 이 법률 조항의 흥미로운 점은 세율을 통해 표현되는 나라의 희망 그리고 두려움과 관련된 정치인들의 무한한 상상력뿐만 아니라 출산율에 대한 프랑스인의 집착을 입증한다는 것이다. 이 조항은 이후 1939년에서 1944년까지 '가족보상세금'으로 개명되었고 1945년에서 1951년까지 가족지수제도로 확장되었다.(이 제도 아래에서 무자녀 기혼 부부는 2점, '결혼 3년 이후'에도 무자녀이면 1.5점으로 줄어든다.) 1945년 제헌국민의회는 국민연합이 1920년에 정한 유예 기간을 1년 더 연장했음을 주목하라. *Les hauts revenus en France*, pp.233~334 참조.

16_ 총소득에 대한 누진세는 일찍이 영국에서 나폴레옹 전쟁 중에 시행되었고, 미국에서도 남북전쟁 당시 시행되었는데, 두 경우 모두 전쟁이 끝난 이후 곧 폐지되었다.

17_ Mirelle Touzery, *L'invention de l'impôt sur le revenu: La taille tarifée 1715~1789*(Paris: Comité pour l'histoire économique et financière, 1994) 참조.

18_ 기업재고와 자본은 영업세patente라 불리는 분리과세의 대상이었다. 4가지 세금(4가지 직접세로 상속세와 함께 1791~1792년 신설된 세금제도의 핵심이다)에 대해서

는 *Le hauts revenus en France*, pp.234~239 참조.

19_ 19세기 누진적 상속세를 논의했던 많은 의회 위원회 중 하나는 다음과 같이 언급했다. "민법 입안자들에 따르면, 엄격하게 말해서 아들이 아버지를 계승할 때 재산이 양도되는 것이 아니라 단순히 재산의 향유가 계속되는 것이다. 이런 신조를 확고하게 받아들이면, 직접적인 상속유산에 대해서는 어떠한 세금도 부과해서는 안 된다. 어쨌든 과세율을 크게 낮추는 것이 필수적이다." 위의 책, p.245 참조.

20_ 르루아볼리외는 1880~1916년 파리정치대학과 콜레주 드 프랑스 교수로 재직했으며 그 당시 보수적인 경제학자들 사이에서 식민화에 대해 노골적으로 지지했던 사람이다. 그는 또한 오늘날의 『이코노미스트』와 거의 비등한 영향력을 지녔던 주간 *L'économiste français*의 편집자였는데, 이 매체는 특히 당시의 강력한 기득권 집단을 무제한적이고 종종 무분별하게 열성적으로 옹호했다.

21_ 예를 들어 그는 프랑스에서 원조를 받는 빈곤한 이들의 수가 1837년에서 1860년까지 겨우 40퍼센트 증가한 반면 원조 사무실의 수는 거의 두 배나 늘어났다고 만족스럽게 말했다. 이러한 수치들로부터 빈곤자의 실제 수가 감소했다고 추론하기 위해서는 매우 낙관적이어야 한다는 사실 말고는(그러나 르루아볼리외는 주저 없이 그렇게 생각했다) 경제가 성장하는 상황에서 빈곤자 수가 절대적으로 감소했다는 사실은 분명 소득불평등의 변화에 대해 아무것도 말해주지 않는다. *L'économiste français*, pp.522~531 참조.

22_ 사람들은 가끔 그가 몇 년 전 공항에 걸려 있던 HSBC 광고 문안 작성자가 아닐까 하는 인상을 받는다. "우리는 기회의 세상을 만납니다. 당신은 어떤가요?"라는 광고 말이다.

23_ 그 당시의 다른 고전적인 논쟁은 납세가가 소득을 신고하도록 요구하는 '조사 절차'가 독일과 같은 '권위주의적' 국가에서는 적합하지만 프랑스와 같은 국가의 '자유인'은 이를 즉시 거부할 것이라는 점이었다. *Les hauts revenus en France*, p.481 참조.

24_ 예를 들어 당시 재무부장관 조제프 카요는 다음과 같이 말했다. "우리 프랑스는 작은 부자들의 국가이며 자본이 무한대로 나뉘어 있고 분산되어 있는 국가라고 믿어왔으며 그렇게 주장해왔습니다. 그러나 새로운 상속세 제도의 통계를 보고 나니 이런 주장을 더 이상 할 수가 없습니다. (…) 의원 여러분, 이런 수치들이 나의 선입견을 어느 정도 바꾸었다는 사실을 숨길 수 없습니다. 소수의 사람이 이 나라 부의 대부분을 차지하고 있는 것이 사실입니다." Joseph Caillaux, *L'impôt sur le revenu*(Paris: Berger, 1910): pp.530~532 참조.

주

25_ 독일의 논쟁에 관해서는 Jens Beckert and Thomas Dunlap, *Inherited Wealth*(Princeton: Princeton University Press, 2008): pp.220~235 참조. 도표 14.2는 직계 자손에게 양도할 때 적용되는 세율이다(부모가 자녀에게 양도). 프랑스 와 독일의 경우 이 세율보다 다른 유산 관련 세율이 항상 더 높았다. 그러나 미국과 영국은 일반적으로 상속인의 신원에 따라 적용되는 세율이 달라지지 않는다.

26_ 상속세에 대한 태도 변화에 있어 전쟁의 역할에 관해서는 Kenneth Scheve and David Stasavage, "Democracy, War, and Wealth: Evidence of Two Centuries of Inheritance Taxation," *American Political Science Review* 106, no.1(December 2012): pp.81~102 참조.

27_ 극단적인 예를 들자면 소련은 그 자체의 경제체제가 주요 소득의 분배를 직접 통제했고 사유재산을 법적으로 거의 완전히 금지했기 때문에(분명 그 방식은 법을 별로 존중하지 않았지만) 과다한 소득이나 재산에 대해 고율의 몰수적인 과세가 결코 필요하지 않았다. 소련도 간혹 소득세를 시행하긴 했으나 최고세율이 아주 낮아서 별 의미가 없었다. 중국도 마찬가지다. 이 부분은 다음 장에서 다시 논의할 것이다.

28_ 르루아볼리외에게는 실례가 되겠지만, 윌퍼드 킹이 프랑스를 영국 및 프러시아 제국과 똑같은 부류로 분류한 것은 대체로 적절했다.

29_ Irving Fisher, "Economists in Public Service: Annual Address of the President," *American Economic Review* 9, no.1(March 1919): pp.5~21 참조. 피셔는 주로 이탈리아의 경제학자 에우제니오 리냐노Eugenio Rignano로부터 영감을 얻었다. G. Erreygers and G. Di Bartolomeo, "The Debates on Eugenio Rignano's Inheritance Tax Proposals," *History of Political Economy* 39, no.4(Winter 2007): pp.605~638 참조. 여러 세대에 걸쳐 전해 내려온 오래된 자산보다 이전 세대에 축적된 자산에 덜 무겁게 과세하자는 견해는 매우 흥미롭다. 두 경우 모두 서로 다른 세대에 따라서 서로 다른 개인이 관련된다 해도 전자의 경우보다 후자의 경우가 이중과세적 성격이 더 강하기 때문이다. 그러나 이 방식을 실제로 공식화하거나 시행하는 것은 어려운 일이며(유산은 종종 상속된 궤적이 복잡하기 때문이다), 그것이 아마도 이러한 제도가 결코 시도되지 못했던 이유일 것이다.

30_ 이 연방소득세율에 주소득세율을 더해야 한다(대체로 5~10퍼센트).

31_ 일본의 최고소득세율은 1947~1949년 미국 점령군에 의해 결정된 85퍼센트로 인상되었는데, 1950년 일본이 조세주권을 회복한 뒤 즉시 55퍼센트로 인하되었다. 인터넷 부록 참조.

32_ 이러한 세율은 직계 상속의 경우에 적용되었다. 형제, 자매, 사촌 및 비친족에게 적용된 세율은 때때로 프랑스와 독일이 더 높았다. 예를 들어 오늘날 프랑스에서 비친족 유산에 적용되는 세율은 60퍼센트다. 하지만 미국과 영국에서 어린이들에게 적용한 70~80퍼센트에는 결코 이르지 못했다.

33_ 98퍼센트라는 최고 기록은 1941년에서 1952년까지, 1974년에서 1978년까지 영국이 시행했던 기록이다. 전체 시계열 자료는 인터넷 부록 참조. 1972년 민주당의 미국 대통령 후보 조지 맥거번은 대선운동 과정에서 최저소득보장제를 도입하려는 그의 계획의 일부로 거액의 상속에 대해 심지어 100퍼센트의 최고세율을 제안했다.(당시 세율은 77퍼센트였다.) 맥거번이 닉슨에게 대패한 것은 소득 재분배를 향한 미국의 열정이 그 종착점에 접어들었다는 점을 보여준다. Beckert, *Inherited Wealth*, p.196 참조.

34_ 예를 들어 영국의 자본소득에 대한 최고세율은 1974~1978년까지 98퍼센트였는데, 노동소득에 대한 최고세율은 83퍼센트였다. 부록 도표 S14.1 참조. 인터넷 부록 참조.

35_ 존 스튜어트 밀과 같은 영국 사상가들은 이미 19세기에 상속에 관해 심사숙고하고 있었다. 좀더 정교해진 유언장 공증 자료를 이용할 수 있게 된, 두 차례 세계대전 사이에 이 문제에 대한 성찰은 한층 더 심화되었다. 서장에서 인용한 바 있는 제임스 미드와 앤서니 앳킨슨은 전후에 그들의 연구에서 이 주제를 지속적으로 다뤘다. 또한 니컬러스 칼도는 소비(실제로는 사치품 소비)에 대한 누진세라는 흥미로운 제안을 했다. 즉 그는 자신과 같은 대학교수들이 부과된 대로 소득세를 납부하는 것과는 달리 자본소득자들은 신탁기금을 통해 상속과 소득에 대한 누진세 모두를 교묘하게 탈세하고 있다고 의심했으며, 따라서 게으른 자본소득자들에게 더 많이 과세하기를 바라며 그런 제안을 했다. Nicholas Kaldor, *An Expenditure Tax*(London: Allen and Unwin, 1955) 참조.

36_ Josiah Wedgwood, *The Economics of Inheritance*(Harmondsworth, England: Pelican Books, 1929; new ed. 1939) 참조. 웨지우드는 이 과정에서 작용하는 다양한 힘을 꼼꼼하게 분석했다. 예를 들어 그는 자선 기부는 별로 중요하지 않다는 것을 보여줬다. 그의 분석은 오직 세금으로서만 그가 바라는 평등을 이룰 수 있다는 결론에 이르렀다. 또한 그는 프랑스의 상속재산은 1910년 영국의 상속재산만큼이나 소수에 집중되어 있었으며, 따라서 프랑스와 같은 상속재산의 평등한 분배는 비록 바람직한 일이지만 사회적 평등을 실현하는 데는 분명 충분하지 않았다고 결론

지었다.

37_ 프랑스에 관해서는 일반 사회보장기여금이나 CSG(현재 8퍼센트)를 현재 소득세 최고세율 53퍼센트에 포함시켰다. 전체 자료는 인터넷 부록 참조.

38_ 이것은 미국과 영국(첫 번째 그룹) 및 독일, 프랑스, 일본(두 번째 그룹)뿐만 아니라, 이 문제를 연구하는 데 사용된 WTID에 자료가 있는 OECD 18개국에서 모두 사실이다.

39_ Piketty et al., "Optimal Taxation of Top Labor Incomes," 도표 3, A1, 표 2 참조. 18개국을 모두 포함한 결과도 인터넷 부록에 나와 있다. 이러한 결론은 시작과 종료 연도를 어떻게 선택하는가에 따라 달라지지는 않는다. 모든 경우에 통계적으로 최고한계세율과 성장률 사이에 유의미한 관련성은 나타나지 않는다. 특히 1960년이나 1970년이 아니라 1980년부터 분석해도 결과는 달라지지 않는다. 1970~2010년 기간에 부유한 국가들의 성장률에 관해서는 이 책의 표 5.1 참조.

40_ 우리는 노동공급탄력성이 0.1~0.2보다 큰 경우를 배제할 수 있으며, 아래에 설명한 최적 한계소득세율이 타당함을 입증할 수 있다. 이론적인 주장과 결과에 관한 모든 상세한 내용은 Piketty et al., "Optimal Taxation of Top Labor Incomes"에 나와 있으며, 인터넷 부록에 요약되어 있다.

41_ 성장률의 비교가 의미를 갖기 위해서는 꽤 긴 기간(최소 10~20년)의 평균치를 내는 것이 중요하다. 더 짧은 기간에는 다양한 이유로 인해 성장률이 변화할 수 있으므로 타당한 결론을 이끌어내는 것이 불가능하다.

42_ 유럽인들보다 미국인들이 더 많은 시간 일을 하기 때문에 유럽과 미국의 1인당 GDP에 차이가 발생한다. 국제표준자료에 따르면 미국의 시간당 GDP는 유럽 대륙의 가장 부유한 국가와 대략 같다.(그러나 영국은 상당히 낮다. 인터넷 부록 참조.) 노동시간의 격차는 유럽의 휴가 일수는 길고 주당 노동시간은 짧다는 사실로 설명할 수 있다.(미국의 실업률은 독일이나 북유럽 국가와 비교해보면 거의 차이가 나지 않는다.) 여기서 이러한 세세한 문제점을 다루지 않더라도, 생산성이 증가하면 노동시간이 줄어든다는 사실은 그 반대의 경우(그러니까 생산성이 줄면 노동시간이 늘어난다는 사실)와 마찬가지로 당연하다는 것을 쉽게 알 수 있다. 나는 다음과 같은 점 또한 강조하고 싶다. 즉 독일과 프랑스는 고등교육에 대한 투자가 매우 적음에도 불구하고 이 두 나라의 시간당 GDP가 미국과 비슷한 수준이라는 것은 매우 신기한 일인데, 이는 좀더 평등하고 포괄적인 초등교육과 중등교육 시스템 때문이라고 설명할 수 있을 것 같다.

43_ 특히 도표 2,3 참조.

44_ 미국의 1인당 GDP 성장률은 1950~1970년 연간 2.3퍼센트를 기록했고 1970~1990년에는 2.2퍼센트, 1990~2012년에는 1.4퍼센트를 기록했다. 도표 2.3 참조.

45_ Daron Acemoglu, James Robinson and Thierry Verdier는 최근 "Can't We All Be More Like Scandinavians? Asymmetric Growth and Institutions in an Interdependent World"(MIT Department of Economics Working Paper no.12~22, August 20, 2012)라는 논문에서 미국이 세계 다른 국가들을 위해 혁신을 했다는 견해를 제시했다. 그러나 이것은 본질적으로 이론적 논문이다. 이 논문의 주요한 사실적 근거는 미국이 유럽보다 1인당 특허 수가 많다는 것이다. 이는 흥미롭긴 하지만 적어도 부분적으로는 법적 관행의 차이로 인한 결과로 보인다. 어쨌든 그것은 혁신적인 국가로 하여금 현저하게 높은 생산성을, 또는 더 높은 국민소득을 유지할 수 있도록 해줄 것이다.

46_ Piketty et al., "Optimal Taxation of Top Labor Incomes," 도표. 5, 표 3~4 참조. 여기에 요약된 결과는 14개 국가의 약 3000여 개 회사에 관한 세부 자료에 기초한 것이다.

47_ Xavier Gabaix와 Augustin Landier는 최고경영진 급여의 급상승이 기업 규모의 확장에 따른(짐작건대 가장 '재능 있는' 경영자들의 생산성을 향상시킬 수 있는) 기계적인 결과라고 주장했다. "Why Has CEO Pay Increased So Much?" *Quarterly Journal of Economics* 123, no.1(2008): pp.49~100 참조. 문제는 이 이론이 철저히 한계생산성 모델을 기초로 하고 있어서 자료에서 관찰되는 커다란 국제적 차이를 설명할 수 없다는 점이다.(회사의 규모는 거의 모든 곳에서 비슷한 비율로 커졌지만 급여는 그렇지 않았다.) 이 저자들의 연구는 미국의 자료에만 기초하고 있는데 이는 불행히도 실증 분석의 가능성을 제한한다.

48_ 많은 경제학자는 더 광범위한 경쟁이 불평등을 완화할 수 있다는 견해를 지지한다. 한 예로 Raghuram G. Rajan and Luigi Zingales, *Saving Capitalism from the Capitalists*(New York: Crown Business, 2003)와 L. Zingales, *A Capitalism for the People*(New York: Basic Books, 2012) 혹은 Acemoglu, Robinson, and Verdier, "Can't We All Be More Like Scandinavians" 참조. 일부 사회학자도 이런 입장을 취한다. David B. Grusky, "Forum: What to Do about Inequality?" *Boston Review*, March 21, 2012 참조.

49_ 우리가 종종 들어왔지만 거의 확인하기 어려운 견해와는 반대로 1950~1980년

에 임원들이 전용비행기나 화려한 사무실 등과 같은 현물 보상 대신 낮은 급여를 보
상받았다는 증거는 존재하지 않는다. 오히려 모든 증거는 1980년 이후 그러한 현물
혜택이 증가했다는 것을 보여준다.

50_ 엄밀히 말하면 82퍼센트다. Piketty et al., "Optimal Taxation of Top Labor
Incomes," 표 5 참조.

51_ 누진세는 (누진적 세금의 역사에서뿐만 아니라) 이런 이론적 모델에서 두 가지
서로 다른 역할을 한다는 것에 주목하라. 몰수적인 높은 세율(소득분배에서 상위
0.5퍼센트나 1퍼센트에 대한 대략 80~90퍼센트의 세율)은 부적절하고 쓸모없는 보
상을 억제할 것이고, 높지만 몰수적이지는 않은 세율(상위 5퍼센트나 10퍼센트에 대
한 50~60퍼센트의 세율)은 소득분배에서 하위 90퍼센트에서 나오는 세수 이상으로
사회적 국가의 재원을 조달하기 위한 세수를 증가시켜줄 것이다.

52_ Jocob Hacker and Paul Pierson, *Winner-Take-All-Politics: How Washington
Make the Rich Richer-And Turned its Back on the Middle Class*(New York: Simon
and Schuster, 2010); K. Schlozman, Sideny Verba and H. Brady, *The Unheavenly
Chorus: Unequal Political Voice and the Broken Promise of American
Democracy*(Princeton: Princeton University Press, 2012); Timothy Noah, *The
Great Divergence*(New York: Bloomsbury Press, 2012) 참조.

53_ Claudia Goldin and Lawrence F. Katz, *The Race between Education
and Technology: The Evolution of U.S. Educational Wage Differentials,
1890~2005*(Cambridge, MA: Belknap Press and NBER, 2010); Rebecca M.
Blank, *Changing Inequality*(Berkeley: University of California Press, 2011);
Raghuram G. Rajan, *Fault Lines*(Princeton: Princeton University Press, 2010)
참조.

54_ 학계 경제학자들의 급여는 유사한 능력에 대해 민간부문, 특히 금융부문이 제시
하는 급여에 의해 큰 영향을 받는다. 제8장 참조.

55_ 예를 들어 이들은 난해한 이론적 모델을 이용하여 최고의 부자들이 제로의 세
율을 적용받거나 심지어 보조금을 받아야 한다는 것을 증명하고자 한다. 이런 모델
들에 관한 간략한 참고문헌은 인터넷 부록 참조.

1_ 추가 세수는 기존 조세를 줄이는 데 사용하거나 추가적인 공공서비스의 재원으로 사용할 수 있다.(해외원조나 부채 감소 같은 것이다. 이에 대해서는 뒤에서 좀더 언급할 것이다.)

2_ 대륙마다 (예탁은행이나 청산결제소 같은) 기록과 보관 업무를 전문적으로 하는 금융기관들이 있는데, 이들의 주된 목적은 다양한 유형의 자산들의 소유권을 기록하는 것이다. 그러나 이 민간기관들의 기능은 문제의 증권을 발행하는 기업들에 서비스를 제공하는 것이며, 특정 개인이 소유한 모든 자산을 기록하는 것은 아니다. Gabriel Zucman, "The Missing Wealth of Nations: Are Europe and the U.S. Net Debtors or Net Creditors?" *Quarterly Journal of Economics* 128, no.3(2013): pp.1321~1364 참조.

3_ 예를 들어 로마제국의 몰락과 함께 제국이 토지에 부과하던 세금도 끝이 났고 그에 수반된 토지소유권 및 토지대장도 종말을 고했다. 피터 테민에 따르면 이는 중세 초기에 경제적 혼란을 야기했다. Peter Temin, *The Roman Market Economy*(Princeton: Priceton University Press, 2012): pp.149~151 참조.

4_ 그런 까닭에 기업의 순자본에 대해서는 낮은 세율을, 개인 재산에 대해서는 높은 세율을 적용하는 제도를 도입하는 것이 유용할 것이다. 그러면 정부는 지금 민간의 회계사협회에 맡겨두고 있는 회계 기준 설정을 직접 하지 않을 수 없을 것이다. 이 사안에 대해서는 Nicolas Véron, Matthieu Autrer and Alfred Galichon, *L'information financière en crise: Comptabilité et capitalisme*(Paris: Odile Jacob, 2004) 참조.

5_ 구체적으로 당국은 부동산의 여러 특성의 함수로서 시장가격을 산정하기 위해 '특성감안 회귀분석hedonic regression'이라는 방식을 활용한다. 이런 목적을 위한 매매 자료는 모든 선진국에서 이용할 수 있다. 그리고 부동산 가격지수를 산정하는 데 사용된다.

6_ 이런 유혹은 프랑스의 부유세 신고 체계와 같이 납세자의 자진 신고에 바탕을 둔 모든 제도에서 문제가 된다. 프랑스의 부유세 신고에는 항상 과세 기준에 약간 못 미치는 금액을 신고한 경우가 비정상적으로 많았다. 부동산 가격을 조금 낮춰 잡아, 보통 10퍼센트 정도 낮춰 신고하는 경향이 분명히 있다. 정부가 미리 계산해서 발부하는 고지서는 공개된 자료와 명확한 방법론에 바탕을 둔 객관적인 수치를 제공하며,

그래서 이 같은 행태를 막을 수 있다.

7_ 아주 묘하게도 프랑스 정부는 2013년에 이 옛날 방식으로 다시 변경했는데, 장관들의 자산에 대한 정보를 얻기 위해서였다. 공식적으로는 장관들 가운데 한 사람이 자신의 재산에 대한 세금을 회피한 것에 관해 거짓말을 하다가 적발된 후 신뢰를 되찾기 위한 목적으로 취한 조치였다.

8_ 예를 들어 채널 제도, 리히텐슈타인, 모나코 등이다.

9_ 그러한 손실 정도를 추정하기는 어렵지만, 룩셈부르크나 스위스 같은 나라에서 국민소득의 10~20퍼센트에 이를 수 있으며 이는 생활수준에 상당한 영향을 줄 것이다.(런던의 시티와 같은 금융 중심지에서도 마찬가지다.) 더 외딴 조세피난처와 초소형 국가의 손실은 국민소득의 50퍼센트에 이를 수 있으며, 실제로 유령회사의 주소지로만 기능하는 지역에서는 80~90퍼센트에 달할 수 있다.

10_ 사회보장기여금은 소득세의 한 유형이다. 몇몇 나라에서는 소득세에 포함된다. 제13장 참조.

11_ 특히 표 12.1 참조.

12_ 경제적 의미에서 소득에 대한 고전적인 정의를 상기해보자. 영국 경제학자인 존 힉스John Hicks는 다음과 같이 말했다. "개인이나 집단의 소득은 어떤 기간이 끝나는 시점의 부가 그 기간이 시작되는 시점과 같도록 유지하면서 그 기간 소비에 쓸 수 있는 최대한의 금액이다."

13_ 2퍼센트의 자본수익률(1987~2013년 베탕쿠르의 재산에 대한 실제 수익보다 훨씬 더 낮은)로 계산을 해도 300억 유로의 경제적 소득은 500만 유로가 아니라 6억 유로가 된다.

14_ 프랑스에서 규모가 가장 큰 베탕쿠르의 재산에는 추가적인 문제점이 있었다. 그 가족의 가족신탁을 예산처 장관의 아내가 관리했는데, 이 장관은 베탕쿠르로부터 많은 기부를 받았던 정당의 재무 책임자였다. 같은 정당이 정권을 잡은 기간 동안 부유세를 3분의 2나 인하했기 때문에, 그 이야기는 자연히 프랑스에서 상당한 반향을 불러일으켰다. 앞선 장에서 예시했듯이 부유한 사람이 미국에서만 상당한 정치적 영향력을 행사하는 것은 아니다. 문제의 예산처 장관이 물러난 후 그 자리를 물려받은 인물이 스위스 은행에 비밀 계좌를 갖고 있었다는 점이 드러나 물러나야 했다는 점도 기억할 필요가 있다. 프랑스에서도 부유한 사람들의 정치적 영향력은 정치적인 범주를 초월한다.

15_ 실제로 네덜란드의 제도는 완벽하게 만족스럽지는 않다. (특히 가족신탁을 통해

보유한 자산을 비롯해) 많은 유형의 자산이 제외되고, 모든 자산에 대해 4퍼센트의 수익률을 가정하는데, 이는 어떤 자산에 대해서는 지나치게 높고 다른 자산에 대해서는 지나치게 낮은 것이다.

16_ 가장 논리적인 방식은 유형별 재산의 관찰된 평균 수익률을 바탕으로 부족분을 가늠해 소득세와 자본세의 세율에 일관성을 갖도록 하는 것이다. 또한 자본소득의 함수로서 최소한과 최대한의 세율을 생각해볼 수도 있다. 인터넷 부록 참조.

17_ 유인incentive에 관한 논리는 모리스 알레Maurice Allais의 *L'impôt sur le capital et la réforme monétaire*(Paris: Editions Hermann, 1977)의 핵심적인 주장이다. 이 책에서 알레는 소득세와 다른 모든 세금을 완전히 없애고 대신 자본세로 이를 대체하자고 주장하기까지 했다. 이는 터무니없는 생각이고 관련된 금액을 고려하면 그리 합리적이지도 않다. 알레의 주장과 이를 확장한 논리는 인터넷 부록을 참조하라. 대략적으로 말하면, 일반적으로 자본세에 관한 논의는 극단적인 입장(자본세에 완전히 반대하든지, 아니면 모든 세금을 대체할 유일한 방법으로 받아들이든지)들로 나뉜다. 상속세도 마찬가지다.(전혀 과세하지 않거나 100퍼센트 과세.) 내가 보기에는 토론의 열기를 낮추고 각각의 주장과 유형별 세금을 적절히 받아들이는 것이 긴요하다. 자본세는 유용한 것이지만 다른 모든 세금을 대체할 수는 없다.

18_ 계속해서 많은 재산세를 내야 하는 실업자의 경우도 마찬가지다.(특히 주택담보 대출의 상환액에 대해 공제를 받을 수 없을 때 그렇다.) 과도한 부채가 있는 가계는 엄청난 영향을 받을 수 있다.

19_ 이런 절충안은 자본의 수익을 결정하는 데 있어 개인적인 유인과 예상치 못한 충격이 갖는 상대적인 중요성에 따라 달라진다. 어떤 경우에는 노동소득보다 자본소득에 대해 덜 무겁게 과세하는 것이 (그리고 주로 자본총량에 과세하는 것이) 나을 수 있고, 다른 경우에는 자본소득에 더 무거운 세금을 물리는 것이 적절할 수도 있다.(1980년 이전 영국과 미국이 그런 경우였는데 당시 자본소득은 특히 제멋대로 결정되는 것으로 보였다.) Thomas Piketty and Emmanuel Saez, "A Theory of Optimal Capital Taxation," NBER Working Paper 17989(April 2012) 참조. 더 간략한 판본은 "A Theory of Optimal Inheritance Taxation," *Econometrica* 81, no.5(September 2013): pp.1851~1886

20_ 이는 상속재산의 자본화된 가치가 평생에 걸쳐 얼마가 될지 상속 시점에서는 알 수 없기 때문이다. 예를 들어 1972년에 상속받은 파리 시내의 아파트가 당시 10만 프랑의 가치를 지니고 있었다 하더라도, 2013년에 100만 유로의 가치를 가질지, 1년

에 4만 유로 이상의 임대료를 절감할 수 있을지는 아무도 알 수 없었다. 상속 당시인 1972년에 무거운 상속세를 물리는 것보다는 그때 더 적은 상속세를 부과하고 시간이 지나면서 그 재산의 가치와 수익이 늘어남에 따라 해마다 재산세, 임대소득세, 가능하면 부유세를 내도록 요구하는 것이 더 효율적이다.

21_ Piketty and Saez, "Theory of Optimal Capital Taxation" 참조. 또한 인터넷 부록 참조.

22_ 도표 14.2 참조.

23_ 예를 들어 부동산 가치가 50만 유로라면, 연간 세금은 2500유로와 5000유로 사이의 값을 가질 것이며, 부동산의 연간 임대소득은 약 2만 유로가 될 것이다. 모든 자본에 대해 해마다 4~5퍼센트씩 세금을 물리면 국민소득 중 자본의 몫은 거의 없어질 것이며, 이는 공정하지도 현실적이지도 한다. 특히 자본소득에 대한 세금이 이미 존재하기 때문에 더욱 그렇다.

24_ 2013년에 유럽 성인 인구의 대략 2.5퍼센트는 100만 유로 이상, 약 0.2퍼센트는 500만 유로 이상의 재산을 소유하고 있었다. GDP가 15조 유로인 이 지역에서 제안된 조세로부터 창출되는 연간 세수는 약 3000억 유로에 이를 것이다. 인터넷 부록과 부록 표 S5.1 참조. 자세한 추정치 그리고 납세자 수와 다른 실행 가능한 조세 계획과 관련된 세수를 추정할 수 있는 간단한 시뮬레이션은 인터넷에서 이용 가능하다.

25_ 현재 상위 1퍼센트는 전체 부의 약 25퍼센트 또는 유럽 GDP의 약 125퍼센트를 차지한다. 가장 부유한 2.5퍼센트는 총재산의 거의 40퍼센트 또는 유럽 GDP의 약 200퍼센트를 소유한다. 따라서 1~2퍼센트의 낮은 세율을 과세하는 것이 GDP의 2퍼센트에 해당되는 세수를 창출한다고 해서 놀라운 것은 아니다. 이러한 세율이 과세 기준을 넘어서는 부분에만 적용되지 않고 재산 전체에 적용된다면 세수는 더 늘어날 것이다.

26_ 재산 연대세ISF: Impôt de solidarité sur la fortune라고 불리는 프랑스의 부유세(2013년 적용)는 과세 대상 재산 130만 유로 이상의 경우에(거주 주택에 대해서 30퍼센트를 공제해준 후) 적용되는데, (1000만 유로 이상의) 재산의 최고 구간에 대해 0.7~1.5퍼센트의 세율을 적용한다. 이 세금은 각종 공제와 면제의 허용으로 인해 GDP의 0.5퍼센트에 못 미치는 세수를 창출한다. 이론적으로 만약 소유주가 사업 관련 활동을 한다면 그 자산은 사업자산으로 불린다. 실제로 이 조건은 상당히 모호하며 쉽게 피해갈 수 있다. 특히 해가 가면서 면제 조항들이 추가되기에 더욱 그렇다.(주주들의 집단이 일정 기간 투자를 유지하기로 합의하는 '주주 협약'을 맺을 경우 부분적으

로 또는 전부 과세 대상에서 제외하는 것이 그 예다.) 이용 가능한 자료에 따르면 프랑스에서 가장 부유한 개인들은 부유세를 광범위하게 회피한다. 세무당국은 각 과세 구간에 대한 세부 통계치를 거의 공개하지 않는데(예를 들어 이는 20세기 초반부터 1950년대까지의 상속세 통계치보다 훨씬 적다), 이는 과세를 전체적으로 더 불투명하게 만든다. 인터넷 부록 참조.

27_ 이 책 제5장, 도표 5.4와 그 이하 참조.

28_ 따라서 누진적 자본세 징수액은 GDP의 3~4퍼센트에 이른다. 그 가운데 1~2퍼센트는 재산세를 대체한 것이다. 인터넷 부록 참조.

29_ 예를 들어 프랑스에서 부유세가 최근 1.8퍼센트에서 1.5퍼센트로 인하된 것을 정당화하기 위해서 그런 논리를 편다.

30_ 이 주제에 관해서는 P. Judet de la Combe, *Le jour où Solon a aboli la dette des Athéniens*, *Libération*(31 May, 2010) 참조.

31_ 실제로 내가 설명한 것처럼 토지 형태의 자본은 토지의 가치 증가분을 포함하며 해가 갈수록 가치가 증대된다. 따라서 장기간에 걸쳐 축적된 토지자본은 다른 형태의 축적 가능한 자본과 크게 다르지 않았다. 그럼에도 토지자본의 축적은 어떤 자연적인 한계에 의해 제약을 받았으며, 토지자본이 지배적이라는 것은 경제가 대단히 느리게 성장했음을 시사하는 것이었다.

32_ 이것이 (노동자, 단체, 협회 등을 포함한) 다른 '이해 당사자들'에게 적절한 투표권을 부여해 투자 결정에 영향을 미칠 수 있도록 하면 안 된다는 것을 의미하지는 않는다. 여기서는 금융 투명성이 핵심적인 역할을 한다. 이 부분은 다음 장에서 다시 다룰 것이다.

33_ 물론 $r > g$ 의 효과를 제한하기 위한 자본세의 최적 세율은 자본수익률 r과 성장률 g에 따라 달라진다. 예를 들어 어떤 가정 하에 최적 상속세율은, G를 한 세대의 성장률, R을 한 세대의 자본수익률이라고 할 때 공식 $t=1-G/R$로 주어진다.(이때 세율은 성장률이 자본수익률에 비해 극히 낮을 때 100퍼센트에 근접하며, 성장률이 자본수익률에 가까울 때 0퍼센트에 근접한다.) 그러나 이상적인 자본세는 누진적인 연간 세율을 요구하기 때문에 일반적으로 상황은 더 복잡하다. 기본적인 최적 세율 공식은 인터넷 부록에서 제시되어 있다.(그러나 토론의 조건을 명확히 하기 위해서일 뿐 곧바로 적용할 수 있는 해결책을 제시하기 위함은 아니다. 많은 요인이 작용하고 있고, 각각의 효과를 정확하게 파악하는 것은 어렵기 때문이다.)

34_ 토머스 페인은 그의 소논문 *Agrarian Justice*(1795)에서 상속세 10퍼센트를 제

안했다. 이는 그가 보기에 상속재산의 '축적되지 않은' 부분에 해당되는 것이었으며, '축적된' 부분에 대해서는 여러 세대에 걸쳐 상속되었더라도 전혀 과세 대상이 아니었다. 프랑스혁명 기간에 제시된 몇몇 '국가 상속세'는 좀더 급진적이었다. 그러나 많은 토론을 거친 후, 직계 상속에 대한 과세는 2퍼센트를 넘지 않도록 했다. 이 토론 및 제안에 관해서는 인터넷 부록 참조.

35_ 특히 1960년대, 그리고 다시 2000년대 초 미국과 영국에서는 많은 논의와 제안이 있었음에도 불구하고 그랬다. 인터넷 부록 참조.

36_ 이러한 계획의 결함은 자본세가 19세기에 시작되었다는 사실에서 비롯되었다. 그때는 물가상승이 미미했거나 없는 상태였기 때문에 (부동산에 대해) 자산가치를 10년 또는 15년마다 재평가하거나 또는 (종종 금융자산 평가 시 적용하는) 실제 거래 가격을 기준으로 하는 것만으로도 충분한 것으로 여겨졌다. 이 평가 체계는 1914~1945년 물가상승으로 인해 완전히 붕괴되었으며, 상당한 인플레이션이 지속되는 상황에서는 제대로 작동하지 않았다.

37_ 1891년 프러시아 제국 당시 도입되었다가 1997년 시행이 중단된(법은 공식적으로 폐지되지 않았다) 독일 자본세의 역사에 관해서는 Fabien Dell, *L'Allemagne inégale*, PhD diss., Paris School of Economics, 2008 참조. 스웨덴의 자본세는 1947년에 고안되었으며(하지만 실제로 1910년대까지 자본소득세에 대한 보충적인 세금으로 존재했다) 2007년에 폐지되었다. 앞서 인용한 Ohlsson 및 Waldenström의 연구와 참고문헌 참조. 이런 세금의 세율은 일반적으로 거액의 자산에 대해 1.5~2퍼센트 이하로 유지되며 1983년 스웨덴의 4퍼센트가 최고치였다.(이는 시장가치와는 크게 관련이 없는 평가액에만 적용되었다.) 이 두 나라의 상속세에도 영향을 미친 과세 기반 약화와는 별개로 조세경쟁에 대한 인식이 스웨덴의 세제를 변화시키는 역할을 했고, 스웨덴의 상속세는 2005년에 폐지되었다. 스웨덴의 평등주의 가치와 맞지 않는 이 사건은 작은 나라들이 독자적인 재정정책을 유지하는 것이 갈수록 더 어려워지고 있다는 것을 보여주는 좋은 예다.

38_ 거액의 재산에 대해 매기는 부유세는 1981년에 프랑스에 도입되었다가 1986년에 폐지되었다. 이것은 1988년 '재산 연대세'로 재도입되었다. 시장가치는 갑작스레 변할 수 있는데 이는 임의적인 요소를 부유세에 개입시키는 것으로 보일 수 있다. 하지만 시장가치는 그런 세금을 유일하게 객관적이고 보편적으로 받아들일 수 있는 과세 기준이다. 그럼에도 불구하고 세율과 과세 구간을 정기적으로 조정해야 한다. 그리고 세수가 부동산 가격과 함께 자동적으로 증가하지 않도록 주의해야 한다. 이것이 납

세자의 반란을 야기할 수 있기 때문이다. 재산세 인상을 제한하기 위해 1978년에 캘리포니아에서 채택된 유명한 주민발의안 13호(재산세를 절반으로 낮추고 세금 신설을 위해서는 의회에서 3분의 2의 동의를 얻어야 한다는 캘리포니아의 주민 발의안—옮긴이)가 보여주는 것처럼 말이다.

39_ 스페인의 세금은 과세 대상 자산이 70만 유로를 초과하는 경우에 (거주 주택에 대해 30만 유로를 공제한 후) 과세하며, 최고 세율은 2.5퍼센트(카탈루냐에서는 2.75퍼센트)다. 또한 스위스에는 연간 자본세가 있는데 이는 주 사이의 경쟁으로 인해 세율이 (1퍼센트 미만으로) 비교적 낮다.

40_ 혹은 외국 경쟁자가 앞서가는 것을 막기 위한 것이다.(19세기 초 영국 식민지 개척자들이 이제 막 성장하려고 하는 인도의 섬유산업을 파괴한 일이 인도인들의 기억 속에 남아 있다.) 이는 오래 지속되는 결과를 가져올 수 있다.

41_ 금융 통합에 따른 경제적 이득이 세계적으로 그리 크지 않다는 점을 시사하는 추정 결과가 이따금 나온다는 것을 고려하면 이는 더욱 놀랍다. 이러한 연구들이 무시하는 불평등과 불안정성에 대한 부정적인 영향은 고려하지 않더라도 말이다. Pierre-Olivier Gourinchas and Olivier Jeanne, "The Elusive Gains from International Financial Integration," *Review of Economic Studies* 73, no.3(2006), pp.715~741 참조. 정보의 자동 전송에 관한 국제통화기금의 입장은 막연하고 가변적이었다는 점에 주목하라. 그 원칙은 승인되었지만 납득하기 어려운 기술적인 주장을 근거로 그 구체적인 실행은 오히려 망쳐버렸다.

42_ 언론에서 가장 많이 보는 비교 방식은 (책임정치센터Center for Responsible Politics가 수집한 자료를 바탕으로) 미국 하원의원 535명의 평균 재산과 중국 인민대표대회 대의원 중 부자 상위 70명의 평균 재산을 비교하는 것이다. 미국 하원의원들의 평균 순자산은 '단' 1500만 달러인 데 비해 (명확하지 않은 방법, 즉 『포브스』식으로 재산 순위를 매기는 2012년 후룬Hurun, 胡潤 보고서에 따르면) 중국 대의원들의 순자산은 10억 달러 이상이다. 두 국가의 상대적 인구를 감안할 때 중국의 인민 대표 3000명 모두의 평균 재산을 비교하는 것이 더 합당할 것이다.(그런 추정치는 없는 것으로 보인다.) 어쨌든 중국 억만장자들에게 인민 대표로 선출되는 것은 주로 (입법자 기능을 하지 않는) 명예직을 갖는 일로 보인다. 아마도 그들과 미국의 가장 부유한 70명의 정치 헌금자를 비교하는 것이 더 나을 것이다.

43_ N. Qian and Thomas Piketty, "Income Inequality and Progressive Income Taxation in China and India 1986~2015," *American Economic Journal*:

Applied Economics 1, no.2(April 2009), pp.53~63 참조.

44_ 매우 장기적인 관점에서 볼 때, 유럽은 오랫동안 (국가 간 경쟁이 혁신, 특히 군사기술의 발전을 자극하기 때문에) 정치적 분열에서 이득을 보았으나 이는 나중에 중국과 비교할 때 단점이 되었다는 주장이 있다. Jean-Laurent Rosenthal and R. Bin Wong, *Before and Beyond Divergence: The Politics of Economic Change in China and Europe*(Cambridge, MA: Harvard University Press, 2011) 참조.

45_ 인터넷 부록 참조.

46_ 2000~2010년 영구적인 통합 비율(이민을 받아준 나라의 인구에 대한 이민자의 비율)은 여러 유럽 국가(이탈리아, 스페인, 스웨덴, 영국)에서 연 0.6~0.7퍼센트였는데, 이는 미국의 0.4퍼센트, 프랑스와 독일의 0.2~0.3퍼센트와 비교된다. 인터넷 부록 참조. 위기 이후로 이런 흐름은 특히 남부 유럽과 독일 사이에 이미 역전되기 시작했다. 전체적으로 볼 때 유럽으로의 영구 이민은 2000~2010년에는 북미의 수준과 매우 비슷했지만 출산율은 북미에서 상당히 더 높았다.

16장

/

1_ 특히 표 3.1 참조.

2_ 조세피난처에 있는 유럽 가계 소유의 자산까지 포함하면 다른 국가들에 대한 유럽의 순자산 포지션은 매우 큰 플러스의 수치가 된다. 유럽의 가계는 유럽 전체의 자산을 소유하고 있을 뿐만 아니라 다른 국가들의 부도 일부 소유하고 있다. 도표 12.6 참조.

3_ 공공금융자산의 매각 대금까지 합해서.(비금융자산에 비해 더 많지도 많다.) 제 3~5장과 인터넷 부록 참조.

4_ 공공부채에 대한 이자 지급이 없다면 세금을 줄일 수 있고 그리고/혹은 새로운 투자, 특히 교육에 대한 투자가 가능해진다.

5_ 이 둘이 완전히 똑같아지려면 단순히 소유주의 거주지가 아니라 부동산과 (유럽에서 발행된 국채를 포함하여) 금융자산이 실제 있는 곳을 근거로 세금을 부과해야 한다. 이 문제는 나중에 다시 짚어볼 것이다.

6_ 나중에 나는 장기적인 공공부채의 가장 바람직한 수준에 관한 질문에 관해 다시 살펴볼 것이다. 이는 공공자본 및 민간자본의 축적 수준에 관한 질문과 떼어놓고는

해결할 수 없다.

7_ 다른 세율 체계는 인터넷에서 이용 가능한 부록 표 S15.1을 이용하여 시뮬레이션했다.

8_ 제10장 참조.

9_ 상환 기금에 대해서는 독일 경제전문가 회의German Council of Economic Experts 참조, *Annual Report 2011*(November 2011); *The European Redemption Pact: Questions and Answers*(January 2012). 기술적으로 이 두 가지 생각은 완벽하게 상호 보완적이다. 그러나 정치적으로나 상징적으로 상환 기금의 개념은 (전체 집단의 장기적인 고통 분담을 내포하고 있는) 누진적 자본세와는 잘 어울리지 않을지도 모른다. 그리고 '상환'이란 단어는 잘못된 선택일 수 있다.

10_ 인플레이션을 통한 부채 감소뿐만 아니라, 독일 부채의 상당 부분이 제2차 세계 대전 이후 연합국에 의해 단순히 탕감되었다.(좀더 엄밀히 말해 언젠가 이뤄질 독일 통일 때까지 유예된 것이다. 그러나 통일이 된 지금까지도 상환되지 않고 있다.) 독일 역사학자 Albrecht Ritschl의 계산에 따르면, 합당한 비율로 환산하면 상당한 금액이 될 것이라고 한다. 이 부채의 일부는 독일이 그리스 점령 기간에 점령 비용으로 징수해간 것인데, 끝도 없고 타협하기 어려운 논란을 불러일으켰다. 이는 긴축재정과 부채 상환이라는 순수한 논리로 해결하려는 오늘날의 시도를 더 복잡하게 만들고 있다. 빈에서 열린 오스트리아중앙은행 제40회 경제학 회의에서 발표된 Albrecht Ritschl, "Does Germany Owe Greece a Debt? The European Debt Crisis in Historical Perspective"(London School of Economics, 2012) 참조.

11_ 만약 GDP가 1년에 2퍼센트 성장하고 적자가 1년에 1퍼센트라면(부채가 GDP에 근접한다고 가정했을 때), GDP에 대한 부채 비율은 1년에 약 1퍼센트 감소할 것이다.

12_ 위에서 기술한 자본에 대한 일회성 혹은 10년의 특별과세는 기초재정수지의 흑자를 사용해 부채를 감소시키는 방법으로 생각될 수 있다. 다른 점은 이 세금이 대다수 국민에게 부담을 주지 않는 새로운 재원이며 나머지 정부 예산에도 지장을 주지 않는다는 점이다. 실제로 각각의 해결 방안(자본세, 인플레이션, 긴축재정)은 비율이 다를 뿐 실제적인 적용에는 서로 연속성을 지닌다. 모든 것은 다양한 사회집단 간의 조정 부담의 규모와 그것을 배분하는 방법에 달려 있다. 자본세는 대부분의 부담을 부자들에게 지우는 반면 긴축재정 정책은 보통 그들을 보호하려 한다.

13_ 1920년대의 저축은 주식시장이 무너짐으로써 대부분 사라졌다. 그러나 1945~1948년의 인플레이션은 또 다른 충격이었다. 그 여파로 (1956년 제정된) 정년연장제

도old-age minimum와 (1945년 만들어져 이후에 계속 발전한) 부과식 연금제도가 등장했다.

14_ 이런 생각을 바탕으로 한 이론적 모형이 있다. 인터넷 부록 참조.

15_ 특히 제12장에 제시된 결과를 참조하라.

16_ 유로존 붕괴도 마찬가지다. 화폐를 찍어내고 인플레이션을 일으켜서 공공부채를 감소시키는 것은 언제나 가능하다. 그러나 그러한 위기 상황이 분배에 미치는 결과까지 통제하기는 어렵다. 그것이 유로화든, 프랑이든, 마르크든 아니면 리라 화폐든 말이다.

17_ 자주 거론되는 역사적 사례는 19세기 후반 산업화된 국가에서 나타난 가벼운 디플레이션(물가와 임금 하락) 현상이다. 이 디플레이션은 고용주와 노동자 모두를 분노케 했다. 그들은 자신들에게 직접 영향을 주었던 물가와 임금의 하락을 받아들이기 전에 다른 물가와 임금이 하락하길 기다리는 듯했다. 이런 임금과 물가 조정에 대한 저항은 때로 명목경직성nominal rigidity이라 언급되기도 한다. 낮은 수준의, 그러나 플러스의(전형적으로 2퍼센트) 인플레이션을 찬성하는 가장 중요한 논거는 그것이 제로나 마이너스 인플레이션보다 상대적인 임금과 물가의 조정을 더 수월하게 한다는 것이다.

18_ 스페인의 쇠퇴에 관한 고전적인 이론은 지배구조 이완의 원인이 된 금과 은에 비난을 돌린다.

19_ Milton Friedman & Anna J. Schwartz, *A Monetary History of the United States 1857~1960*(Princeton: Princeton University Press, 1963) 참조.

20_ 다음과 같은 의미에서 '화폐 인쇄기' 같은 것은 없다는 사실에 주목하라. 중앙은행이 정부에 대출해주기 위해 화폐를 발행할 때, 그 대출은 중앙은행의 장부에 기록된다. 이런 일은 1944~1948년 프랑스에서 가장 혼란스러웠던 시기에도 마찬가지였다. 그 돈은 단순히 선물로 주어지는 것이 아니다. 다시 말해 모든 것이 차후에 발생하는 일에 좌우된다는 것이다. 만약 화폐의 창출이 인플레이션의 증가를 불러온다면 부의 상당한 재분배가 일어날 것이다.(예를 들어 민간 명목자산에 손해를 입히면서, 공공부채의 실제 가치는 극적으로 감소될 수 있다.) 화폐의 발행이 국민소득과 자본에 대해 미치는 전반적인 영향은 국가의 전반적인 경제활동 수준에 대한 정책 효과에 달려 있다. 이는 이론상으로 민간주체에게 대출해주는 것과 같이 긍정적일 수도 부정적일 수도 있다. 중앙은행은 화폐적 부를 재분배할 수는 있지만 새로운 부를 직접 창출할 능력은 없다.

21_ 반대로 2011~2012년 경제 상황이 별로 튼튼하지 못한 국가들에는 극단적으로 높은 이자율이 요구되었다.(이탈리아와 스페인에서는 6~7퍼센트, 그리스에서는 15퍼센트.) 이것은 투자자들의 투자 성향이 급변할 수 있으며 당면한 미래 상황에 대해 확신이 없음을 보여주는 것이다.

22_ 금융자산과 부채의 총합계는 심지어 더 높다. 왜냐하면 그것은 대부분 선진국에서 GDP의 10~20배에 달하기 때문이다(제5장 참조). 이처럼 중앙은행은 부유한 국가의 총자산과 부채의 몇 퍼센트만을 보유하고 있을 뿐이다. 많은 국가의 중앙은행 대차대조표가 주간이나 월간 단위로 인터넷에 게재되고 있다. 대차대조표상 개별적인 자산과 부채의 규모는 집계 총액으로 표시된다.(그러나 중앙은행 대출의 수혜자별로 세분화해서 집계되지는 않는다.) 지폐와 정화specie는 대차대조표상 아주 적은 부분(보통 GDP의 2퍼센트 정도)을 차지할 뿐이며 나머지 대부분은 가계, 기업, 정부의 은행 계정과 마찬가지로 순전히 장부상 항목으로 구성된다. 과거에 중앙은행의 대차대조표는 때로 GDP의 90~100퍼센트에 맞먹는 규모였다.(예를 들어 프랑스에서는 1944~1945년 이후 인플레이션 때문에 대차대조표가 한낱 종잇조각으로 전락해버렸다.) 2013년 여름, 일본은행의 대차대조표는 GDP의 40퍼센트에 육박했다. 주요 은행 대차대조표의 역사적인 자료는 인터넷 부록 참조. 이 대차대조표에 대한 연구는 유익하며, 그것이 여전히 과거 기록 수준에는 못 미친다는 것을 보여준다. 더구나 인플레이션은 수많은 다른 요인, 특히 국제적인 임금과 가격 경쟁에 좌우되는데, 이는 현재 자산 가격은 상승시키는 반면 물가상승 추세는 약화시키고 있다.

23_ 앞선 장들에서 설명했듯이, 은행 자료의 공유를 규정하는 유럽의 규칙이 변할 가능성에 관한 논의가 2013년 이제 막 시작되었지만 그 결실을 맺기까지는 요원하다.

24_ 특히 가파른 누진세를 위해서는 키프로스뿐만 아니라 유럽연합 전역에 걸친 각각 다른 은행과 계좌에 소유한 개개인의 모든 자산에 대한 정보가 필요하다. 누진성이 적은 과세는 은행별로 따로 세금을 부과할 수 있다는 이점이 있다.

25_ 프랑스에서는 1803~1936년 프랑스은행의 200대 대주주들이 법에 따라 그 은행의 지배구조에서 핵심적인 역할을 할 자격이 있었고, 따라서 프랑스의 통화정책을 결정할 권한이 있었다. 인민 전선은 이런 상황에 도전해 정부가 주주 아닌 사람 중에서 은행 총재를 임명할 수 있도록 했다. 1945년 프랑스은행은 국유화되었다. 이후 프랑스은행은 다른 나라 대부분의 중앙은행과 마찬가지로 더 이상 개인 주주가 존재하지 않는 순수한 공공기관이 되었다.

26_ 그리스 위기의 결정적인 순간은 2009년 12월 유럽중앙은행이 만일 그리스의 채

권 등급이 강등될 경우 (어느 법규에도 그렇게 하도록 강제하는 항목이 없었음에도 불구하고) 그리스 채권을 더 이상 담보로 인정하지 않을 것이라고 발표했을 때였다.

27_ '상환 기금'의 또 다른 기술적인 한계는 '차환rollover' 규모를 감안하면 GDP의 60퍼센트라는 부채 한도에 몇 년 내에 도달하게 되기 때문에 결국은 모든 공공부채가 공동으로 부담되어야 한다는 것이다.(많은 미상환 부채의 만기가 몇 년 내에 도래하기 때문에 정기적으로 차환되어야 한다. 특히 이탈리아의 경우가 그렇다.)

28_ 예산의회는 인구에 비례하여 유로존 각국에서 50명 내외의 의원으로 구성될 수 있다. 의원들은 각국의 의회나 다른 국가 기관의 재정 및 사회 분야 위원회에서 다른 방식으로 선출될 수 있다. 2012년에 채택된 새로운 유럽 조약은 각국 의회 간의 회의를 제안하고 있지만, 이것은 순전히 협의체로서 그 자체의 권한은 없으며, 나아가 공동의 의무도 없다.

29_ 공식적인 발표는 키프로스 대통령의 요청에 의해 예금자에게 사실상 일률적인 세금이 부과되도록 결정되었다는 것이었다. 키프로스 대통령은 거액을 예치한 사람들의 자금이 이탈되지 않도록 하기 위해 소액 예금자들에게 무거운 세금을 부과하기를 원한 것이었다. 여기서 다음과 같은 사실은 의심의 여지가 없다. 경제위기가 발생하면 세계 경제 안에서 작은 국가들은 곤경에 처한다는 사실이다. 그래서 그들은 아마도 스스로 틈새를 개척하고, 심지어 평판이 좋지 않은 재원까지 동원하여 자본을 모으기 위해 무자비한 조세경쟁에 뛰어들 준비를 할지도 모른다. 문제는 모든 협상이 비밀리에 열렸기 때문에 우리가 전모를 결코 알 수 없을 것이라는 사실이다.

30_ 프랑스 지도자들은 대개 2005년 유럽 헌법조약에 관한 국민투표의 부결로 인한 충격이 여전하다고 해명한다. 하지만 이런 주장은 완전히 납득할 만한 것은 아니며, 추후에 유럽 헌법조약의 주요 조항은 국민투표의 승인 없이 채택되었다. 이 조약은 어떤 중요한 민주적 혁신에 관한 내용도 포함하지 않았고, 각국 정상과 장관들로 이루어진 위원회에 모든 권한을 부여했는데, 이는 무기력한 유럽의 현황에 대해 승인한 것일 뿐이었다. 아마도 이런 프랑스 대통령의 정치 문화는 유럽의 정치적 연합에 관해 왜 프랑스가 독일이나 이탈리아보다 덜 진보적인지 반영하는 것이라 하겠다.

31_ 프랑수아 올랑드 프랑스 대통령은 겉으로는 유럽 부채에 대한 공동 부담을 선호하는 것처럼 보이지만, 이에 대한 어떤 제안도 내놓은 적이 없으며, 앞으로도 지금처럼 모든 국가가 계속해서 각국이 원하는 부채 수준을 결정할 수 있을 것이라고 믿는 것처럼 보인다. 하지만 이는 불가능하다. 부채의 공동 부담은 총부채 규모에 대한 결정을 하는 투표가 필요하다는 것을 의미한다. 각국은 자신의 부채를 그대로 유지할

수는 있지만 그 크기는 미국의 주나 지방자치단체와 같이 적당한 수준으로 유지되어야 한다. 독일 분데스방크 총재는 정기적으로 언론에 성명을 발표해 논리적인 비유로서 신용카드는 사용한도 총액에 관한 동의 없이는 타인과 공유되어서는 안 된다고 밝혔다.

32_ 누진적 소득세와 누진적 자본세는 법인소득세보다 더 만족스런 효과를 가져온다. 왜냐하면 이런 누진세는 개별 납세자의 소득이나 자본에 따라 세율을 조정하는 것이 가능하기 때문이다. 반면 법인세는 같은 수준의 기업의 모든 이윤에 같은 비율로 세금을 부과하기 때문에 결국 대주주나 소액주주 모두에게 똑같은 영향을 미친다.

33_ 구글과 같은 회사의 경영자들이 하는 말을 믿는다면, 그들의 논리는 다음과 같다. 즉, 그들은 회사의 이윤이나 급여의 증가보다는 사회의 자산 증가에 훨씬 더 많이 공헌하고 있다. 그러므로 그들이 세금을 적게 납부하는 것은 전적으로 합리적이라는 것이다. 사실상 기업이나 개인이 경제 전체에 추가적으로 증가시킨 행복이 제품에 부과한 가격보다 훨씬 더 크다면(경제학자들은 이를 긍정적 외부효과positive externality라고 부른다), 세금을 적게 내는 것이나 심지어 보조금을 받는 것까지도 완전히 합리화될 수 있다. 문제는 분명히 모든 사람이 스스로의 이익을 도모하기 위해 자신이 사회에 커다란 긍정적 외부효과를 발생시키고 있다고 주장할 수 있다는 점이다. 구글은 물론 그들이 주장하는 만큼 실제로 사회에 공헌하고 있는지 입증할 만한 증거를 조금도 제시한 적이 없다. 어쨌든 개인들이 이런 식으로 자신의 세율을 결정할 수 있는 사회는 제대로 관리하기가 분명 쉽지 않을 것이다.

34_ 최근에 국제기구의 운영비를 글로벌 부유세를 부과하여 나오는 세수로 충당하자는 제안이 있었다. 그런 세금은 국적과 무관할 것이고, 따라서 다중 국적을 지닐 권리를 보호받는 방법이 될 수도 있다. Patrick Weil, "Let Them Eat Less Cake: An International Tax on the Wealthiest Citizens of the World," *Policy Network*(May 26, 2011) 참조.

35_ 이 결론은 국민국가, 민주주의, 세계화(셋 중 하나가 적어도 어느 정도까지는 다른 둘을 위해 양보해야만 하는)를 불안정한 트리오라고 명명한 대니 로드릭의 결론과 비슷하다. Dani Rodrik, *The Globalization Paradox: Democracy and the Future of the World Economy*(New York: Norton, 2011) 참조.

36_ 2006년 벨기에에서 채택된 '자본비용공제' 제도는 과세 대상 기업 이윤 가운데 자기자본에 대한 '정상적인' 수익에 해당되는 금액만큼을 납부할 세금에서 공제해줄 것을 승인한 제도다. 이러한 공제는 기업의 채무에 대한 이자를 세금에서 공제하는

주

것과 동등한 것이라고 주장되고, 세금 공제 혜택에 관한 한 부채와 자본의 지위를 동등하게 만든다고 생각된다. 하지만 독일, 그리고 좀더 최근에는 프랑스가 방향을 전환했다. 즉, 이자의 공제 금액을 제한한 것이다. 이 문제에 관한 논쟁에 참여했던 국제통화기금과 그리고 유럽위원회도 어느 정도, 사실상 그렇지 않음에도 불구하고 두 해결책이 동등하다고 주장한다. 만약 부채와 자기자본 두 가지 모두에 대해 '정상적인' 수익을 공제하면 법인세가 완전히 없어질 가능성이 매우 높다.

37_ 특히 소비재의 유형에 따라 세율을 달리 부과하는 것은 소득계층별로 소비세를 다르게 부과하는 목표를 정확하게 달성하지 못한다. 현재 유럽의 각국 정부가 부가가치세를 매우 선호하는 주된 이유는 이러한 유의 세금이 수입 제품에 대한 실질적 과세와 소규모의 경쟁적인 평가절하를 가능하게 만들기 때문이다. 물론 이것은 제로섬 게임이다. 왜냐하면 다른 나라들도 똑같이 실시하는 상황에서 경쟁우위라는 것은 의미가 없기 때문이다. 이것은 국제적 협력이 낮은 수준의 통화동맹의 부작용이다. 소비세를 합리화하는 또 다른 근거는 투자 촉진이다. 하지만 이런 접근법의 개념적 근거는 (특히 자본/소득 비율이 상대적으로 높은 기간에는) 뚜렷하지 않다.

38_ 금융거래세의 목적은 매우 빈번하게 일어나는 금융 거래의 횟수를 줄이는 것이므로, 이는 의심의 여지 없이 좋은 일이다. 하지만 금융거래세는 그 본질상 세수를 대폭 늘릴 수는 없을 것이다. 왜냐하면 이 세금의 목적은 세원을 마르게 하는 것이기 때문이다. 이로 인해 잠재적으로 예상되는 세수 효과는 흔히 너무 낙관적이다. 바람직하긴 하지만 그 총액이 GDP의 0.5퍼센트 이상은 되지 못할 것이다. 왜냐하면 금융거래세는 개인의 소득이나 부의 수준에 따라 세율을 달리 적용시킬 수 없기 때문이다. 인터넷 부록 참조.

39_ 도표 10.9~10.11 참조. 황금률을 검토하려면 (원칙적으로 자본의 한계생산성과 동일한) 세전 자본수익률을 이용해야 한다.

40_ 제목과는 달리 우화의 형식과 역설적으로 거리가 멀지만 펠프스의 원논문은 읽을 만한 가치가 있다. Edmund Phelps, "The Golden Rule of Accumulation: A Fable For Growthmen," *American Economic Review* 51, no.4(September, 1961): pp.638~643. 좀더 불분명하고 황금률도 언급하지 않지만 이와 비슷한 개념이 Maurice Allais, *Economie et intérêt*(Paris: Librairie des Publications Officielles, 1947)와 Von Neumann(1945)과 Malinvaud(1953)의 논문들에 나와 있다. (펠프스의 논문을 포함하여) 이 모든 연구는 순수하게 이론적이며 *r*과 *g*가 같아지기 위해서는 자본축적이 어느 정도의 수준에 도달해야 하는지를 논의하지 않는다.

인터넷 부록 참조.

41_ 국민소득 가운데 자본의 몫은 $\alpha = r \times \beta$ 공식으로 산출된다. 장기적으로 $\beta = s/g$이므로 $\alpha = s \times r/g$다. 만약 $r = g$라면 $\alpha = s$다. 그리고 오직 $r > g$일 때만 $\alpha > s$다. 인터넷 부록 참조.

42_ 황금률이 자본의 상한선을 설정하는 이유는 인터넷 부록에 좀더 정확하게 설명되어 있다. 핵심 내용은 다음과 같다. 황금률에 의해 설명된 자본 수준을 넘게 되면, 즉 자본수익률이 성장률보다 낮은 수준이 되면, 국민소득에서 자본이 차지하는 장기적인 몫이 저축률보다 낮아진다. 이런 상황은 사회적 측면에서는 터무니없는 것이다. 왜냐하면 이런 수준의 자본총량을 유지하기 위해서는 자본수익률 이상의 수익이 필요하기 때문이다. 이런 형태의 동태적 비효율성dynamic inefficiency은 개인들이 수익률에 신경쓰지 않고 저축을 할 때 발생할 수 있다. 예를 들면 개인들이 노후에 대비해서 저축할 때나 기대수명이 매우 긴 경우처럼 말이다. 이럴 때 효율적인 정책은 정부가 자본총량을 줄이는 것이다. 예컨대 (아마도 매우 큰 금액의) 공공부채를 발행하여 자본화된 연금제도를 사실상 부과식으로 바꿀 수 있을 것이다. 그러나 이런 흥미롭고 이론적인 정책은 실제로는 결코 실행될 수 없을 것으로 보인다. 왜냐하면 우리가 알고 있는 모든 사회에서 평균 자본수익률은 언제나 성장률보다 훨씬 더 높기 때문이다.

43_ 실제로 자본세(또는 공적 소유)는 그토록 많은 자본을 축적할 필요 없이, 국민소득 가운데 민간자본의 (세후) 소득으로 돌아가는 비율을 저축률보다 낮게 만든다. 이것이 전후 사회민주주의의 이상이었다. 즉, 이윤이 주주들의 고급스런 삶을 위한 재원이 아니라 투자의 재원이 되어야 한다는 것이다. 독일의 전 수상 헬무트 슈미트의 말처럼 오늘날의 이윤은 내일의 투자이자 모레의 일자리다. 자본과 노동은 협력한다는 것이다. 하지만 이런 상황은 (전례 없는 수준으로 자본축적이 이루어진 상황이 아니고서는) 조세제도와 공적 소유와 같은 제도에 기초하고 있음을 이해하는 것이 중요하다.

44_ 어떤 의미에서 황금률에 대한 소련의 해석은 자본가의 속성인 무제한적인 자본축적의 욕망을 단지 집산주의로 바꾼 것뿐이다. *The General Theory of Employment, Interest, and Money*(1936)의 16장과 24장에서 케인스는 "자본소득자의 안락사"라는 표현을 통해 자본의 포화 상태와 매우 유사한 개념을 발전시켰다. 즉, 자본이 너무 많이 축적되어 자본소득이 사라지면 자본소득자가 자연스럽게 사라질 것이라는 말이다. 하지만 케인스는 얼마만큼의 자본이 축적되어야 하는 것인지(그는

$r = g$를 언급하지 않는다)를 명백하게 제시하지 않았고 공공자본 축적에 관해서도 명시적으로 논하지 않았다.

45_ 이 문제에 관한 수학적 해답이 인터넷 부록에 제시되어 있다. 요약하면, 모든 것은 일반적으로 효용함수의 오목성($r = \theta + \gamma \times g$ 공식을 이용하여 앞서 제10장에서 논한 것으로, 종종 '수정된 황금률'이라고 불린다)이라고 불리는 것에 달려 있다. 효용함수의 오목성이 무한대라면, 미래 세대는 100번째로 추가되는 아이폰이 필요하지 않을 것이라고 가정하는 것이고, 이 경우 현세대는 미래 세대에 아무런 자본도 남겨주지 않게 된다. 정반대 극단의 경우는 황금률에 전면적으로 동의하는 것으로, 미래 세대에게 수십 년의 국민소득에 해당되는 자본을 남겨주어야 할 필요가 있다. 무한 오목성은 롤스주의자들의 사회적 목표와 빈번하게 연관되어서 매력적으로 보일 수도 있다. 문제는 후대를 위해 자본을 전혀 남겨두지 않는다면 생산성 상승이 동일한 속도로 계속될 것인지 전혀 확실하지 않다는 것이다. 이로 인해 이 문제는 일반인들뿐만 아니라 경제학자들에게도 혼란을 야기하며 대체로 논리적 증명이 불가능하다.

46_ 가장 일반적인 의미로, 황금률이라는 단어는 사람들이 서로 간에 지는 의무를 정의하는 도덕적 명령을 말한다. 경제학이나 정치학에서는 종종 황금률이 미래 세대에 대한 현세대의 의무를 정의하는 단순한 원칙들을 가리키기도 한다. 불행히도 이런 실존적 질문을 확실하게 풀 수 있는 단순한 원칙은 존재하지 않는다. 그러므로 이런 질문은 끊임없이 제기되어야 한다.

47_ 이런 수치들은 2012년에 조인된 새로운 조약에도 그대로 유지되고 있다. 게다가 이러한 조항들이 존중되지 않을 경우에는 자동적으로 제재가 가해진다는 내용과 함께, 구조적 적자 목표를 GDP의 0.5퍼센트로 유지해야 한다는 내용(구조적 적자는 경기변동의 효과를 교정한 재정적자를 의미한다)이 추가되었다. 유럽의 조약들에 포함된 모든 적자 수치는(부채에 대한 이자의 지출이 포함된) 통합재정수지의 적자를 언급하고 있다는 것에 주목하라.

48_ 공식 $\beta = s / g$를 공공부채에 적용시켰을 경우, 명목 GDP 성장률이 5퍼센트(예를 들어 2퍼센트의 인플레이션과 3퍼센트의 실제적 성장)라면 3퍼센트의 적자는 GDP 대비 부채 비율 60퍼센트라는 안정적인 비율을 유지시킬 것이다. 하지만 이 주장은 (특히 이와 같은 명목성장률은 실제로 타당성이 없기 때문에) 그다지 설득력이 없다. 인터넷 부록 참조.

49_ 미국에서는 거의 2세기 동안 노예제도와, 이후에는 인종차별이 헌법에 명시된 기본적인 인권과 완벽하게 양립되어왔을 뿐만 아니라, 대법원이 19세기 말과 20세기 초

에 몇 차례나 연방소득세를 과세하려는 시도를 가로막았고, 1930년대에는 최저임금의 법제화도 막았다. 좀더 최근에 프랑스 헌법재판소는 헌법에 위배되지 않는 최고 소득세율 이론을 분명하게 제시했다. 헌법재판소는 비공개적인 고위급의 법률적 토의 끝에 65퍼센트와 67퍼센트 사이에서 망설였고 그것이 탄소세를 포함해야 하는지에 대해 고심했다.

50_ 이 문제는 부과식 연금제도의 수익이 제기하는 문제와 비슷하다. 경제성장이 견조하고 재정 기반이 부채에 대한 이자와 같은 속도(혹은 비슷한 수준으로)로 확대되는 한 공공부채의 규모를 줄이는 것은 상대적으로 쉬운 일이다. 하지만 경제성장이 느리면 이런 양상은 달라진다. 즉 부채가 털어내기 힘든 부담이 되는 것이다. 우리가 1970~2010년의 성장률을 평균 낸다면 부채에 대한 이자 지출이 기초재정수지 적자의 평균치를 훨씬 웃돈다는 것을 알 수 있다. 현재 많은 나라에서 기초재정수지의 적자는 제로에 가깝고, 이탈리아의 경우 이 기간에 부채로 인한 평균 이자 지출액이 GDP의 7퍼센트라는 천문학적 수준에 도달했다는 사실은 주목할 만하다. 인터넷 부록 및 인터넷 부록 표 S16.1 참조.

51_ 그러나 만약 이 문제를 법률화한다면 누진적 자본세와 같은 해결책은 위헌이라고 판정될 가능성이 없지 않다.

52_ 스턴과 노드하우스가 각각 선호한 할인율을 선택한 방식에 대해서는 인터넷 부록 참조. 두 사람 모두 앞서 설명했던 수정된 황금률을 똑같이 사용했지만 사회적 효용함수의 오목성에 관해서는 완전히 반대 입장을 취한다는 것이 흥미롭다.(노드하우스는 미래 세대의 선호에 더 낮은 비중을 부여하는 것을 정당화하기 위해 스턴보다 롤스주의 이론에 더 부합하는 선택을 한다.) 논리적으로 좀더 만족스런 논의의 전개는 (로저 게스네리Roger Guesnerie와 토머스 스턴이 그랬던 것처럼) 자연자본과 다른 여러 형태의 부의 대체 가능성이 전혀 무한하지 않다는 사실을 도입한다. 다시 말해 일단 자연자본이 파괴되고 나면 미래에 아이폰 소비를 줄이는 것만으로는 훼손된 자연을 복구시키기에 충분하지 않을 것이라는 말이다.

53_ 앞서 지적한 바와 같이 정부 부채에 대한 현재의 낮은 이자율은 의심의 여지 없이 일시적인 현상이고 어쨌든 다소 오해의 소지가 있다. 사실 몇몇 국가는 매우 높은 이자율을 지불해야 한다. 그리고 오늘날 1퍼센트 미만의 금리로 자금을 조달하는 국가들이 앞으로 수십 년 동안 그렇게 낮은 금리를 누릴 가능성은 크지 않다.(1970~2010년의 자료를 분석해보면 부유한 국가들의 장기 공공부채에 대한 이자율은 3퍼센트 정도임을 알 수 있다. 인터넷 부록 참조.) 그럼에도 현재의 저금리는

주

(적어도 저금리가 지속되는 한) 공공투자를 지지하는 강력한 경제적 논거다.

54_ 지난 수십 년에 걸쳐 가장 부유한 국가들에서 이루어진 연간 공공투자(공공자산의 감가상각 차감 후)는 GDP의 1~1.5퍼센트 정도였다. 인터넷 부록 및 인터넷 부록 표 S16.1 참조.

55_ 에너지를 소비할 때 드는 비용을 이산화탄소 배출에 따라(이는 예산의 변화와는 무관한데, 예산 변화는 보통 유류세의 논리였다) 증가시키는 탄소세와 같은 수단을 포함한다. 그러나 가격신호는 공공투자와 (예를 들어 단열 규정과 같은) 건축 법규의 수정에 비해 탄소 배출을 줄이는 효과가 덜하다.

56_ 일정한 조건 아래에서 사적재산권과 시장이, 수많은 개인의 재능과 정보를 조정하고 효율적으로 사용하도록 해준다는 관념은 애덤 스미스, 하이에크, 케네스 애로, 클로드 드브뢰 등의 저서에 등장하는 고전 이론이다. 투표가 정보(좀더 일반적으로 말해 아이디어, 심사숙고의 결과 등)를 모으는 또 다른 효율적인 방법이라는 생각도 매우 오래된 것으로, 콩도르세까지 거슬러 올라간다. 정치제도와 선거제도에 관한 이런 구성주의적 접근법에 관한 최근의 연구는 인터넷 부록 참조.

57_ 예를 들어 다양한 국가에서 정치인들이 재산 및 소득계층의 어느 위치(앞 장의 내용 참조)에 있는지 연구할 수 있다는 사실은 중요하다. 그렇다 해도 개략적인 통계들로 그러한 목적을 달성하기에 충분하고 일반적으로 개개인에 대한 세부 자료는 불필요하다. 달리 방법이 없는 경우 신뢰 구축에 대해 말하자면, 예컨대 1789~1790년 혁명의회가 최초로 취한 행동 가운데 하나는 왕실 정부가 다양한 개인에게 지급한 금액(부채 상환액, 전임 관료들의 연금 및 노골적인 지원도 포함)과 그들의 이름의 목록이 나열된 '연금 개요'를 수집하는 것이었다. 이 1600쪽에 달하는 책자에는 2만3000명의 이름과 상세한 금액(개인별로 다양한 수입의 출처가 한 줄에 나열되어 있었다), 관련 부처, 개인의 연령, 지급의 최종 연도, 지급 사유 등이 기입되어 있었다. 그것은 1790년 4월에 출간되었다. 이 흥미로운 문서에 관해서는 인터넷 부록 참조.

58_ 이것은 주로 회계장부에 일반적으로 임금이 다른 중간적인 투입 요소들과(즉 그 또한 노동과 자본 모두에 지급되는 다른 회사로부터의 매수와 함께) 합산되어 한 줄로 기입된다는 사실 때문이다. 따라서 기업이 보고한 회계장부는 이윤과 임금 간의 소득분배를 결코 보여주지 못할 뿐만 아니라 중간 소비의 남용 가능성(고위 간부나 주주들의 수익을 증대시키는 방법이 될 수 있는)을 밝혀내지 못한다. 론민 사의 회계장부와 마리카나 광산의 사례는 인터넷 부록 참조.

59_ 이런 점에서 자크 랑시에르와 같은 철학자가 민주주의에 대해 보여주는 엄격

한 관점이 필수적인 것이다. 자세한 내용은 그의 저서 *La haine de la démocratie*(Paris: La Fabrique, 2005) 참조.

결론

1_ 또한 성장률 g가 높아지면 자본수익률 r도 높아지고, 따라서 그 둘의 차이 $r-g$가 반드시 줄어들지는 않을 것이라고 생각하는 것은 완벽하게 논리적이라는 데 주목하자. 제10장 참조.

2_ 장폴 사르트르, 루이 알튀세르, 알랭 바디우 같은 철학자들이 마르크스주의 그리고 공산주의와 논쟁한 내용을 읽어보면 자본과 계급 불평등 문제는 그들에게 그다지 큰 관심거리가 아니었으며, 주로 성격이 전혀 다른 싸움의 구실이 되었을 뿐이라는 인상을 받게 된다.

주

표

도표

도표

민주주의 8~9, 121, 139, 291, 503~504, 506, 521, 529, 565, 581, 595~596, 608, 617, 622, 627, 638, 683, 688, 691~692

/ ㅂ /

바네르지, 아비지트Banerjeee, Abhijit 28
발덴스트룀, 다니엘Waldenström, Daniel 30, 413
발자크의 소설
　『고리오 영감Père Goriot』 133, 287, 491
　『세자르 비로토의 흥망César Birotteau』 492
방어적 민족주의defensive nationalism 648
배로, 로버트Barro, Robert 164
백분위/상위 1퍼센트upper/top centile 301, 303~305, 307~309, 311~316, 318, 328~332, 334~338, 341~342, 344, 346, 350, 352, 356, 359~364, 377~382, 384, 386, 389~396, 400, 408~410, 412~419, 432, 436~438, 441, 445, 447~448, 453, 486~490, 499, 553, 593, 602, 614~616, 636
베른슈타인, 에두아르트Bernstein, Eduard 265, 603
베커, 게리Becker, Gary 461
베탕쿠르, 릴리안Bettencourt, Liliane 524~526, 528, 630
벨 에포크Belle Époque 시대 133, 156, 161, 178~180, 184, 186, 236, 271, 316, 318, 320, 327~329, 331~332, 334, 339, 386~387, 407, 410, 414~415, 432, 436,

438, 441~445, 450, 461, 468, 471, 480, 488~489, 503, 528, 592, 602~603, 616, 636
벨 커브bell curve 24, 101, 124, 126~127, 473, 594
보방, 세바스티앵 르 프르스트르 드 Vauban, Sebastien Le Prestre de 74, 599
보수혁명 56, 123, 168, 400, 612, 661
보트랭의 설교 287~292, 295, 315, 410, 445, 453, 483, 485~489, 492, 496~497
보호주의protectionism 49, 618
복지 혜택에 따르는 낙인효과stigma of welfare 570
볼리, 아서Bowley, Arthur 22, 75, 264~265
부wealth(→부의 분배, 글로벌 부의 불평등, 자본 소유의 불평등, 상속의 동학, 상속재산/상속자산/상속된 부/상속받은 부, 국부, 국민총자본, 민간부문 부/민간자산, 민간자본, 공공부문 부/공공자산, 공공자본 참조)
부가가치 63, 272, 397, 591
부과식 연금 시스템PAYGO system 467, 576, 581~583, 585, 694
부동산real estate 14, 18, 26, 29~30, 33, 38, 56, 59, 61, 64, 68, 70~71, 73, 76, 88, 107, 114, 141, 146~147, 149, 167~168, 171, 176, 181~182, 184~185, 199, 205, 207~210, 213, 216~217, 226~227, 230, 232, 237~238, 244, 247, 250~253, 259, 270, 282~283, 294, 299, 310~312, 338, 405~406, 410~411, 429, 444~445, 451, 461, 469, 493, 501, 505, 518, 530, 535, 537, 539~542, 544, 547, 549, 553, 590, 600, 619~620, 624, 633~635, 639~641,

찾아보기

659

/ ㅎ /

21세기 자본

1판 1쇄	2014년 9월 12일
1판 19쇄	2024년 1월 10일

지은이	토마 피케티
옮긴이	장경덕 유엔제이
감수	이강국
교열	이정우 김동진 노만수 윤철기 이채린 정경호
프랑스어 교열	김홍중 박상은 이두영

펴낸이	강성민
편집장	이은혜
마케팅	정민호 박치우 한민아 이민경 박진희 정경주 정유선 김수인
브랜딩	함유지 함근아 박민재 김희숙 고보미 정승민 배진성
제작	강신은 김동욱 이순호
독자모니터링	황치영

펴낸곳	(주)글항아리 | 출판등록 2009년 1월 19일 제406-2009-000002호

주소	10881 경기도 파주시 심학산로 10 3층
전자우편	bookpot@hanmail.net
전화번호	031-941-5158(편집부) 031-955-8869(마케팅)
팩스	031-941-5163

ISBN	978-89-6735-127-4 03300

잘못된 책은 구입하신 서점에서 교환해드립니다.
기타 교환 문의 031-955-2661, 3580

geulhangari.com